Der Große Restaurant & Hotel GUIDE

2025

Ein Guide für Gäste.
Informationen und
Inspirationen
für Menschen mit
Stil und Geschmack.

IMPRESSUM

© 2025 HDT Mediengesellschaft mbH, Stuhr

Alle Rechte vorbehalten, Reproduktion, Speicherung in Datenverarbeitungsanlagen oder Netzwerken, Wiedergabe auf elektronischen, fotomechanischen oder ähnlichen Wegen, Funk oder Vortrag - auch auszugsweise - nur mit ausdrücklicher Genehmigung des Copyright-inhabers.

PROJEKTLEITUNG
HDT Mediengesellschaft mbH
Stührmanns Höhe 7 · D - 28816 Stuhr
info@der-grosse-guide.de · www.hdt-medien.de
V.i.S.d.P. Herbert Wallor

REDAKTION
Redaktionsbüro Reichelt · Mühlbachstraße 28 · D-45891 Gelsenkirchen
redaktion@der-grosse-guide.de

Printed in Germany
ISBN 978-3-9826699-0-8
GeoCenter GeoNr. 17122
28. Auflage
Redaktionsschluss: 21. Dezember 2024

Alle Angaben in diesem Guide sind gewissenhaft geprüft, die Zusammenstellung der Daten erfolgt mit größtmöglicher Sorgfalt. Es ist nicht auszuschließen, dass nach Erscheinen dieser Ausgabe Preis- und Leistungsveränderungen eintreten.
Für eventuelle Fehler übernimmt der Verlag keine Haftung.

Für Hinweise, Verbesserungsvorschläge und Korrekturen ist der Verlag dankbar.
Bitte richten Sie Ihr Schreiben an:

Redaktionsbüro Reichelt · Mühlbachstraße 28 · D-45891 Gelsenkirchen

---

Die Bilder auf dem Cover zeigen:
(oben) Hotel Der Bär in Ellmau © Günter Standl
(unten) Restaurant Hilmar im Schlosshotel Münchhausen in Aerzen

CHAMPAGNER
CLUB

Entdecken Sie mit uns exklusive, besondere, limitierte oder einfach nur köstliche Champagner!

Club-Mitglied werden!

Wir reisen monatlich in die Champagne und durchstöbern unzählige Keller nach immer neuen Geschmackserlebnissen. Alle zwei Monate erhalten Club-Mitglieder eine Auswahl dieser Entdeckungen und haben die Möglichkeit kurzzeitig nachzuordern sowie an exklusiven Events, Reisen und Tastings teilzunehmen.

Mehr Infos unter www.champagner-club.de

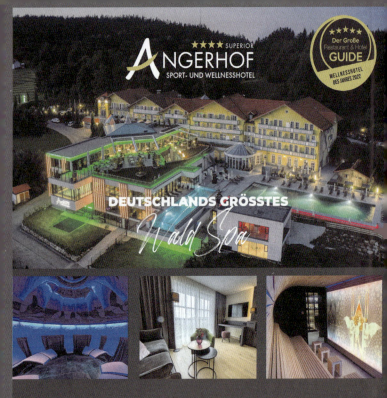

- einzigartiger WALD-SPA auf 6.500 m² Fläche
- 30.000 m² Gartenanlage mit Fitnessparcour und 500 m Barfussweg der Sinne
- 7 Pools in- und outdoor
- unvergleichliche Saunawelt
- Wald-Ruheräume der besonderen Art

Hotel Angerhof | Inh. Franz Wagnermayr,
Am Anger 38 | 94379 Sankt Englmar - Bayer. Wald
Tel.: 09965 1860 | Fax: 09965 186 19
info@angerhof.de | www.angerhof.de

INHALTSVERZEICHNIS

ALLGEMEINE INFORMATIONEN
Impressum 2
Zeichenerklärung 6
Benutzerhinweise 7
Vorwort . . . . 8 - 9
Unsere Auszeichnungen für Deutschland . . . . 10 - 43

SPECIALS
Kulinarische Träume . . . . 45 - 95
Hotel-Specials (Wellness - Sport/Golf - Tagung) . . . . . 97 - 137

RESTAURANT- UND HOTELINFORMATIONEN

 ### DEUTSCHLAND

Restaurants und Hotels . . . . 141 - 622

 ### ÖSTERREICH

Unsere Auszeichnungen für Österreich . . . . 623 - 633
Restaurants und Hotels . . . . 637 - 761

 ### SÜDTIROL

Restaurants und Hotels . . . . 763 - 797

HOTEL-KLASSIFIZIERUNG

✪✪✪
✪✪ = Luxuriöses Hotel mit absolut perfektem Komfort

✪✪
✪✪ = Hervorragendes Hotel mit außergewöhnl. Komfort

✪✪✪ = Sehr gutes komfortables Hotel

✪✪ = Gutes komfortables Hotel

✪ = Zweckmäßig ausgestattetes Hotel

♛ = Hervorhebenswert in seiner Kategorie

⛲ = Anspruchsvolles Wellness-& Beauty-Angebot

SERVICE-LEISTUNG
💎 💎 💎 💎 💎 = Exzellent
💎 💎 💎 💎 = Hervorragend
💎 💎 💎 = Sehr gut
💎 💎 = Gut
💎 = Lobenswert

RESTAURANT-KLASSIFIZIERUNG

 = eines der besten Restaurants des Landes

🎩🎩🎩🎩 = exzellentes Restaurant

🎩🎩🎩 = anspruchsvolles Restaur

🎩🎩 = gehobenes Restaurant

🎩 = sehr gutes Restaurant

◐ = mit Tendenz zur nächsthöheren Kategorie

♛ = Hervorhebenswert unter den 5 Hauben Restaurants

🪙🪙 = Gutes Genuss-Preis-Verhältnis

WEINANGEBOT
🍇 🍇 🍇 = Exzellent
🍇 🍇 = Sehr gut
🍇 = Gut

ALLGEMEINE ZEICHENERKLÄRUNG

- ♜ Histor. Gebäude
- 𝔸𝔼 American Express
- ⓪ Diners Club
- ◐ Mastercard
- *VISA* Visa Card
- EC Eurocheque
- ✕ NR-Zimmer
- ⌂ Ruhig gelegen
- ❆ Klimaanlage
- ⇈ Lift/Fahrstuhl

- 🚗 Garage
- 🅿 Parkplatz
- ⛩ Garten/Terrasse
- 💄 Beauty-Shop
- ⚓ Massage
- @ Whirlpool
- ♨ Sauna
- ⛱ Solarium
- 〰 Schwimmbad
- ⌇ Hallenbad

- 🔍 Tennisplatz
- 👁 Tennishalle
- ✚ Fitness-Raum
- ✖ Keine Vierbeiner
- ☼ Konferenzzimmer
- ♿ Rollstuhlgerecht
- ⛳ Golfplatz
- 📶 WLAN-Internet
- 📺 Pay-TV

BENUTZERHINWEISE

- Die Restaurant- und Hoteleinträge sind ortsalphabetisch gegliedert
- Klassifikation der Leistungen von Hotellerie und Gastronomie nach Fünf-Punkte-System.
- Hotel-Bewertungsskala: von einem Stern für einfache Häuser bis zu fünf Sternen für Luxus-Herbergen.
- Restaurant-Bewertungsskala: von einer bis zu fünf Hauben.
- Hotels mit dazugehörigem Restaurant, das zumindest eine Ein-Hauben-Küchenleistung bietet, sind einander zugeordnet. Dabei bildet der Hotelname das Einordnungskriterium innerhalb des Alphabets und falls der Restaurantname eigenständig ist, wird er zugeordnet.
- Die Hauben-Klassifizierung der Restaurants bezieht sich nicht allein auf die Qualität der Küche! Sie ist nach wie vor maßgeblich, aber Service und Ambiente fließen nun mit insgesamt 10% in die Gesamtwertung ein, weil wir der Überzeugung sind, dass beides einen nicht zu verleugnenden Anteil am Genusserlebnis hat.
- Differenzierte Beurteilungen ergeben sich aus den Beschreibungen der einzelnen Häuser.
- Die angegebenen Zimmerpreise verstehen sich in der Regel inkl. Frühstück.
- Die Preise für Doppelzimmer, Suiten etc. beziehen sich (soweit nicht anders angegeben) auf das Zimmer und nicht je Person.
- Preise und Öffnungszeiten ändern sich oft – deshalb vor einem Besuch bitte das Haus kontaktieren.

Vorwort

Crisis? What Crisis?

Dieser Albumtitel der britischen Band Supertramp aus dem Jahr 1975 kam mir im vergangenen Jahr oft beim Betreten von Restaurants in den Sinn.

Manche waren so voll, dass es eine Herausforderung war, unsere reservierten Plätze auf Anhieb zu finden. Andere wiederum wirkten fast gespenstisch leer, sodass man sich beinahe entschuldigen wollte, durch unsere Anwesenheit Kosten zu verursachen, die mit unseren Bestellungen unmöglich zu decken waren.

Dies verdeutlicht, dass die Krise der Gastronomie längst in unserem Bewusstsein verankert ist. Jeder Restaurantbesuch wird unweigerlich von der Frage begleitet: Ist dieses Restaurant betroffen? Als wäre es eine alte Gewohnheit hält man Ausschau nach Indizien: Im Angebot und den Preisen auf der Speisekarte, in der Raumtemperatur, in der Professionalität der Servicekräfte u.v.a.m.

Schlechte Nachrichten sind nicht gut fürs Geschäft

Natürlich ist es wichtig, über die Probleme der Branche zu sprechen und Lösungswege zu diskutieren. Doch paradoxerweise scheinen diese Debatten die Situation weiter zu zementieren. Dabei sollte man nicht vergessen, dass die Gastronomie bereits vor Corona, Personalmangel, dem Ukraine-Krieg und der Rückkehr zur alten Mehrwertsteuer mit Herausforderungen zu kämpfen hatte. Diese Krisen haben viele bestehende Probleme nur sichtbarer gemacht.

Allerdings hat die Branche immer wieder bewiesen, dass sie mit Engagement und Kreativität in der Lage ist, Lösungen zu finden.

Vorwort

Unsere diesjährigen Auszeichnungen

Um auch positive Entwicklungen stärker in das Blickfeld zu rücken, haben wir beschlossen, in diesem Jahr die Kategorien Newcomer, Aufsteiger und Neueröffnungen unseren Auszeichnungen voranzustellen und ihre Anzahl in jeder dieser Gruppen auf acht zu erhöhen.

Da wir in diesen Rubriken auf individuelle Würdigungen verzichten mussten, folgt hier eine kurze Erklärung:

Newcomer sind Köche, die im vergangenen Jahr entweder erstmals als Küchenchef tätig waren oder erstmalig namentlich im Guide erwähnt werden – und mit ihrer überzeugenden Kulinarik auf Anhieb anspruchsvolle Gäste begeistert haben.

Aufsteiger sind Köche, die ihr Können bereits bewiesen haben und denen im vergangenen Jahr ohne Zweifel der Sprung in eine höhere Liga gelungen ist.

Neueröffnungen erklären sich von selbst. Doch auch hier steht die Küchenleistung im Mittelpunkt.

Allen Schwierigkeiten zum Trotz zeigt sich: Es entwickelt sich auch viel Positives in der Gastronomie – und dies hat ebenso Aufmerksamkeit verdient.

Mit kulinarischen Grüßen

Herbert Wallor
Herausgeber

AUSERWÄHLT VON DEN BESTEN

Koch 2025

Dirk Hoberg
Ophelia – Konstanz

Harmonie auf dem Teller und im Team – Konstanz in Konstanz. So könnten zwei Leitsprüche von Dirk Hoberg lauten. In einer Welt, in der Aufreger und Neues immerwährend um Aufmerksamkeit buhlen, macht Dirk Hoberg im Restaurant Ophelia seit mehr als 14 Jahren besonnen "sein Ding". Die Gäste feiern ihn für die Sicherheit, grandiose Gaumenfreuden erwarten und genießen zu dürfen. Diese Konstanz auf höchstem Niveau ist aller Ehren wert.

Newcomer 2025

PETER WIRBEL
midi - Restaurant & Markt
St. Ingbert

JOHANNES STEINGRÜBER
Restaurant Harzfenster
Seesen

MAX REBHORN
Untere Apotheke
Waiblingen

JOHANNES MARIA KNEIP
Schlemmereule
Trier

Newcomer 2025

JULIUS REISCH
Esszimmer - Oberschwäbischer Hof
Schwendi

CAN BASAR
Zum Ackerbürger by Can Basar
Stuttgart-Bad Canstatt

DOMENICO GIGLIOTTI
HIO - Der Acker kocht
Hilzhofen

ERIC JADISCHKE
Silberstreif
Stolberg (Harz)

Aufsteiger 2025

MARCEL KAZDA
Das garbo zum Löwen
Eggenstein-Leopoldshafen

ROSINA OSTLER
Dallmayr -Restaurant ALOIS
München

ZSOLT FODOR
Solo Du
Bischofswiesen

GERALD SCHÖBERL
Bagatelle
Trier

Aufsteiger 2025

Lukas Jakobi
Zwanzig23 by Lukas Jakobi
Düsseldorf

Thorsten Bender
SEIN
Karlsruhe

J. Scherle & H. Haag
Zur Weinsteige
Stuttgart

Max Goldberg
IRORI im Isenhof
Knittelsheim

Restaurant 2025

ES:SENZ
Resort Das Achental – Grassau

In einer entspannten Atmosphäre, begleitet von einem zugewandten Serviceteam wird das Restaurant ES:SENZ für den Gast zu einem echten Wohlfühl- und Genussort. In der Küche von Edip Sigl steht das Motto „Chiemgau Pur" ganz obenan und wird zu einem elementaren Bestandteil der konzentrierten Speisen, die mit größter Klarheit und Regionalität faszinieren und von bleibender Erinnerung sind.

Neueröffnung 2025

SchwarzGold
Dortmund

Marcel von Winckelmann
Passau

Neueröffnung 2025

Restaurant LIMA
Aschau

Ca' Leone
Bad Tölz

Neueröffnung 2025

5 Sen:ses by Mario Aliberti
Karlsruhe

Essence Gourmet
München

Neueröffnung 2025

Gotthardt's by Yannick Noack
Koblenz

Marly privé
Mannheim

CHAMPAGNER
CLUB

Entdecken Sie mit uns exklusive, besondere, limitierte oder einfach nur köstliche Champagner!

Club-Mitglied werden!

Wir reisen monatlich in die Champagne und durchstöbern unzählige Keller nach immer neuen Geschmackserlebnissen. Alle zwei Monate erhalten Club-Mitglieder eine Auswahl dieser Entdeckungen und haben die Möglichkeit kurzzeitig nachzuordern sowie an exklusiven Events, Reisen und Tastings teilzunehmen.

Mehr Infos unter www.champagner-club.de

KÜCHENTEAM 2025

OPUS V
Mannheim

In der Küche des OPUS V greift ein Rädchen ins andere, ist jeder ein unverzichtbarer Teil des großartigen Ganzen.
Küchenchef Dominik Paul gelingt es auch gerade deshalb, das Restaurant OPUS V zu einem der besten in Deutschland zu machen, weil sein gesamtes Team mit Motivation, Freude und Leidenschaft bei der Sache ist.

Gastgeber 2025

Familie Künzer
Gräfinthaler Hof – Mandelbachtal

Dass der Gräfinthaler Hof seit vier Generationen in Familienbesitz ist, ist auch im Restaurant allgegenwärtig. Denn das Herzblut, dass die Künzers in ihr kulinarisches Kleinod stecken, ist enorm. Vater Jörg steht am Herd, während seine Frau Miriam und Tochter Maureen jedem Gast mit natürlicher Freundlichkeit begegnen, für eine wirklich einladende Atmosphäre sorgen, Fragen beantworten und auf die Wünsche ihrer Gäste eingehen.

AUSERWÄHLT VON DEN BESTEN

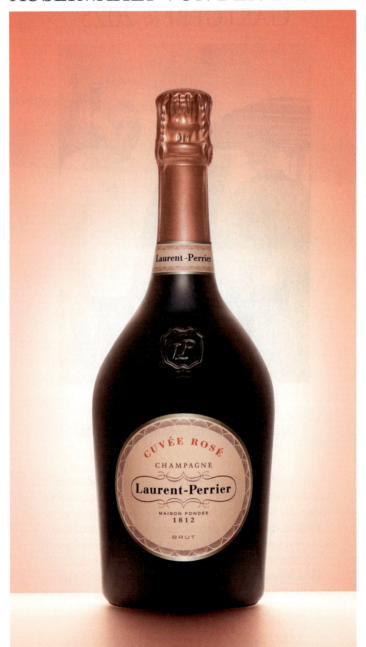

Maître 2025

Kilian Skalet
JAN – München

Kilian Skalet hat seinen Beruf von Grund auf gelernt.
Das Rüstzeug, umsichtig für den reibungslosen Ablauf
eines Restaurantbesuchs zu sorgen, ist das Eine.

Das Andere ist seine Art mit aufrichtiger Zugewandtheit
und echter Liebenswürdigkeit für die Gäste da zu sein.

Zusammen macht diese Kombination
Kilian Skalet zu einem vollendeten Maître.

SERVICETEAM 2025

KAI3
Hörnum/Sylt

Die Wohlfühlatmosphäre im KAI 3 beginnt mit dem Betreten des Restaurants.
Das liegt auch wesentlich an einem Serviceteam, das ohne einen Hauch von Aufgesetztheit agiert.
Im KAI3 wird es zur Gewissheit, dass das Bemühen um den Gast kein „Dienst" an ihm ist, sondern dem echten Bedürfnis entspringt, ihm engagiert, persönlich und interessiert zu begegnen.

Sommelier 2025

Robert Jankowski
LOUIS restaurant – Saarlouis

Man spürt, dass Robert Jankowski seinen Beruf liebt,
denn er geht ihm mit echter Leidenschaft nach.
Seinen Gästen gegenüber ist er aufmerksam und
empathisch, seinem Fachgebiet gegenüber ist und
bleibt er wissbegierig und interessiert.
Mit großem Fingerspitzengefühl lotet er Vorlieben,
Geschmäcker und Stimmungen aus und
berät sehr einfühlsam und einfallsreich
zu den passenden Weinbegleitungen.

Social Media Award

Alessandro Riemer
Wine & Dine – Reil/Mosel

Alessandro Riemer ist als @villa_sous_chef auf Instagram aktiv und begeistert dort seine Follower mit Reels, die zeigen, wie er kunstvoll und detailverliebt Speisen anrichtet, die jedesmal ein Augenschmaus sind. Nebenbei gewinnt man als Beobachter den Eindruck, dass es ihm dabei nicht um sich selbst, sondern um den Spaß an der Kreativität des Kochhandwerks geht. Aktuell 156.000 Fans sind natürlich auch ein guter Grund, regelmäßig neuen Content zu kreieren.

Patissier 2025

Matthias Spurk
ESPLANADE Restaurant – Saarbrücken

Klassische französische Patisserie wird von Matthias Spurk mit großer Kunstfertigkeit neu interpretiert.
Sein Streben nach steten Verbesserungen der verführerischen Kreationen wird zu einem grenzenlosen Spiel mit verschiedensten Texturen und Aromen. Allergrößte Warenkenntnis und kreativer Erfindergeist gehen unter seinen Händen eine perfekte Symbiose ein und bescheren dem Gast
unvergessliche Geschmackserlebnisse.

Brasserie 2025

Les Deux Brasserie by Kieffer
München

Die Brasserie von Katrin und Fabrice Kieffer ist
ein echtes Schmuckstück französischer Esskultur.
Eine lange Theke und moderne Fauteuils und Spiegel, die
dem Interieur eine Note von Eleganz und Chic verleihen,
sind die perfekte Kulisse, um französisches savoir vivre in
der bayerischen Landeshauptstadt zu erleben.
Absolutes Highlight in der Les Deux Brasserie by Kieffer
ist und bleibt allerdings die exzellente Küche.

Nachhaltigkeit 2025
Gastronomie

Marburger Esszimmer by Denis Feix
Marburg

Tiefer Respekt vor der Natur sind im Marburger Esszimmer gelebte Philosophie und kein Lippenbekenntnis, denn Green Fine-Dining ist das Motto unter dem Kathrin und Denis Feix ihr Restaurant führen. So setzt der Patron in seiner Küche traditionsreiche, selten genutzte Gemüse- und Kräutersorten ein, die zudem noch alle aus dem eigenen regionalen Anbau kommen. Fleisch und Fisch sind aus naturnaher Haltung oder freier Wildbahn.

Hoteliers 2025

Susanne und Klaus Graf von Moltke
Gut Steinbach – Reit im Winkl

Mit großem Einsatz und Leidenschaft hat das Ehepaar von Moltke aus Gut Steinbach ein „Heimatrefugium in den Bergen" gemacht, in dem gelebte Nachhaltigkeit allgegenwärtig ist. Mit großer Zuwendung und Herzenswärme stehen sie als Ansprechpartner bereit und sorgen dafür, dass jeder Gast sich in dem einladenden Naturhotel wie zu Hause fühlt.

Hotel-Neueröffnung 2025

Chiemgauhof Lakeside Retreat
Übersee

Die Lage des „Chiemgauhof – Lakeside Retreat" unmittelbar am Ufer des Chiemsees ist exklusiv, der Ausblick auf See und Berge überwältigend. Die Traditionen der Region verschmelzen mit dem aufs Wesentliche fokussierten Interior Design. Exklusive Suiten, die Sundowner Bar mit Lounge, ein kleines, feines Spa und das neue Bootshaus für besondere Events werden zur brillanten Kulisse für einen inspirierenden Urlaub.

Wellnesshotel 2025

Holzapfel
Bad Füssing

In der Holzapfel-Spa-Welt wird die Auszeit vom Alltag zu einem Erlebnis mit hohem Erholungs- und Erinnerungswert. Die Thermenlandschaft, Pools und der facettenreiche Saunabereich sind gepflegte Wohlfühlorte, an denen man Zeit und Raum vergisst und die Entspannung – nicht zuletzt dank der familiären Atmosphäre im Hotel – von ganz alleine kommt.

Traditionshotel 2025

Der Eisvogel
Bad Gögging

Fest in der Landschaft, in ihrem Jahresrhythmus und in ihrer Kultur verwurzelt, ist das Eisvogel Hotel & Spa ein Rückzugsort, in dem traditionelle Werte und moderne Architektur verschmelzen und Heimatverbundenheit zeitgemäß gelebt wird.
Diese Philosophie ist der tägliche Ansporn für das Bemühen der Gastgeberfamilie Zettl-Feldmann, auch in vierter Generation jedem Gast
das Besondere zu bieten.

Boutiquehotel 2025

Seezeitlodge
Nohfelden

Die Lage und das Konzept der Seezeitlodge
versprühen einen ganz besonderen Charme.
Im Naturpark Saar-Hunsrück auf einem kleinen,
bewaldeten Kap gelegen, begleitet die unmittelbare
Nähe zum Bostalsee jeden Aufenthalt.
Hier sind Natur und keltische Naturgeschichte
untrennbar verbunden und bündeln sich zu
einem mystischen Kraftort mit nachgewiesener,
intensiver Energie-Qualität.

Gesamtkonzept 2025

Sonnengut
Bad Birnbach

Unter dem Motto „Die Liebe zum Leben entdecken" wird im Hotel Sonnengut zuallererst an den Gast und sein Wohlbefinden gedacht. Das geht nur, weil Traditionen, Vertrauen in die vielen Mitarbeiter, das Bekenntnis zur Region, nachhaltiges Handeln und ein respektvolles Miteinander die Grundpfeiler der täglichen Arbeit sind. In dieser liebenswürdigen, familiären und offenen Atmosphäre wird die Philosophie des Hauses für jeden Gast erlebbar.

Nachhaltigkeit 2025
Hotellerie

Angerhof
St. Englmar

Im Angerhof war man schon immer mit der Region und Natur des Bayerischen Waldes verbunden. Nicht zuletzt, um diesen Lebens- und Erholungsraum zu erhalten, setzen sich alle Mitarbeitenden dafür ein, weitgehend klimaneutral zu arbeiten. Photovoltaikanlagen und eine eigene, mit biogenem Festbrennstoff betriebene Heizung schonen Ressourcen und Umwelt und lassen das Ziel der autarken Selbstversorgung immer näher rücken, ohne Erholung, Wohlfühlen und Genuss aus den Augen zu verlieren.

CHAMPAGNER
CLUB

Entdecken Sie mit uns exklusive, besondere, limitierte oder einfach nur köstliche Champagner!

Club-Mitglied werden!

Wir reisen monatlich in die Champagne und durchstöbern unzählige Keller nach immer neuen Geschmackserlebnissen. Alle zwei Monate erhalten Club-Mitglieder eine Auswahl dieser Entdeckungen und haben die Möglichkeit kurzzeitig nachzuordern sowie an exklusiven Events, Reisen und Tastings teilzunehmen.

Mehr Infos unter www.champagner-club.de

KULINARISCHE TRÄUME

Auf den nachfolgenden Seiten präsentieren wir Ihnen Restaurants, in denen Sie sich nicht nur kulinarisch verwöhnen lassen sondern auch Erinnerungen an wundervolle Abende mit nachhause nehmen können. Lassen Sie sich inspirieren.

Kulinarische Träume

Bad Birnbach

Sonnengut – Hirschstube

Bhf→2 km

✉ 84364 · Am Aunhamer Berg 2 · ☎ 0 85 63 30 50 · Fax: 30 51 00
Neue, geh. Reg. u. Mediterrane Küche (s. a. Kulinarisches Special) · Tische: 60/125 Plätze
info@sonnengut.de · www.sonnengut.de ·

Speisekarte: 1 Galamenü zu 61,00 €
600 Weinpos.

Chefkoch Christian Gsödl tüftelt und werkelt in seiner Küche, um immer wieder neue Speisen zu kreieren, die es in sich haben und das Feinschmeckerherz höher schlagen lassen. Die Zutaten sind handverlesen, das Fleisch stammt aus Muttertierhaltung von heimischen Höfen, Getreide, Obst und Gemüse kommen aus natürlichem Anbau, gewürzt wird mit frischen Kräutern aus dem eigenen Kräutergarten. Die erstklassigen Produkte kommen natürlich auch den Hausgästen im Sonnengut Restaurant zugute. Passende Weine gibt es in hinreißender Fülle und Top-Qualität. Für die fantastische Auswahl ist Restaurantleiter Andreas Schidlmeier verantwortlich, der stets auf der Suche nach neuen Tropfen ist und ergänzt sie mit kenntnisreichen Empfehlungen. Als umsichtiger Restaurantleiter sorgt er mit seinem liebenswürdigen Team auch für einen harmonischen Ablauf des Abends und hilft bei Fragen gerne weiter. An warmen Tagen ist ein Platz auf der großen, sonnenbeschirmten Terrasse mit herrlichem Blick in die Natur besonders schön. Die "Arthur's 1994" Bar ist ein beliebter Treffpunkt für Jedermann und Jederfrau: Der geölte Holzboden, gemütliches Lounge Mobiliar, Kuschelecken und der Steinway Flügel fügen sich zu einer echten Wohlfühl-Atmosphäre. Professionelle Barkeeper:innen servieren klassische Cocktails, frisch gezapfte Biere, Craft Biere und edle Tropfen.

Kulinarische Träume

Bad Peterstal-Griesbach

Hotel Dollenberg - Le Pavillon

Bhf→3 km

✉ 77740 · Dollenberg 3 · ☎ 0 78 06 7 80 · Fax: 12 72
Klassische, Neue u. Regionale Küche · **Tische:** 9/40 Plätze
info@dollenberg.de · www.dollenberg.de · f

Speisekarte: 1 Menü von 182,00 bis 240,00 € ♥♥♥♥♥ 🍇🍇🍇 540 Weinpos. Frankreich fast vor der Tür, kann man im Hotel "Dollenberg" nicht nur feinstes "savoir vivre" im Gourmetrestaurant "Le Pavillon" erleben, sondern in der Kaminstube auch gehobene regionale Spezialitäten genießen, die die Vielfalt der badischen Küche widerspiegeln. (tägl. 12-14/ 18:30-21 Uhr geöffnet) Hier wie da zeigt sich Chefkoch Martin Herrmann als Meister seines Faches. Gerne lässt er sich von den wechselnden Jahreszeiten inspirieren und erfreut sich und seine Gäste an den variierenden Zutaten, Aromen, Texturen, Farben und Formen. Ist das "Le Pavillon" zeitlos elegant eingerichtet und dem klassischen Küchenauftritt mit einem exklusiven Abendmenü vorbehalten, sind die zwei Stuben mit viel Holz und kleinen Nischen die gelungene und behagliche Variante "für jeden Tag". Stets sind die handverlesenen Zutaten – gerne von bekannten Händlern aus der Region – von kompromisslos guter Qualität und werden vom engagierten Team mit Achtung vor dem Produkt verarbeitet und harmonisch zusammengestellt. Im Sommer und an warmen Tagen sollte man es sich nicht entgehen lassen, die wirklich außergewöhnlichen Speisen mit herrlichem Panoramablick auf das Renchtal zu genießen. Dieses kulinarische Erlebnis wird garantiert ein unvergessliches sein und bereits kurz nach dem Verlassen des Restaurants beginnt die Vorfreude auf den nächsten Besuch.

Kulinarische Träume

Bad Tabarz

„Thüringer Stube" im AKZENT Hotel "Zur Post"

✉ 99891 · Lauchagrundstraße 16 · ☎ 03 62 59 66 60 · Fax: 6 66 66
Neue und Regionale Küche · Tische: 17/75 Plätze
info@hotel-tabarz.de · www.hotel-tabarz.de

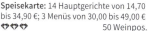

Speisekarte: 14 Hauptgerichte von 14,70 bis 34,90 €; 3 Menüs von 30,00 bis 49,00 € ❦❦❦ 50 Weinpos.

Die "Thüringer Stube" ist modern-behaglich eingerichtet und vermittelt eine lässig-entspannte Atmosphäre. Der Service ist ausnehmend freundlich und zuvorkommend und versucht auch gerne, den einen oder anderen Sonderwunsch zu erfüllen. Chefkoch Michael Töpfer kocht aromensicher und stellt die sorgfältig ausgesuchten Zutaten, die möglichst aus der näheren Umgebung stammen und auf die wechselnden Jahreszeiten abgestimmt sind, mit Bedacht und Harmonie zusammen. Dabei setzt er auch eigene Ideen zu zeitgeistigen Speisen um und bietet zusätzlich eine Anzahl köstlicher Thüringer Spezialitäten wie Wildgerichte, hausgemachte Rouladen und natürlich die überaus beliebte Thüringer Bratwurst. Die abwechslungsreiche Speisekarte hält für jeden Geschmack etwas bereit. Kleine Gäste können sich ein kindgerechtes Menü selber zusammenstellen. In der Erlebnis- und Musikbar "Postmarie" gibt es das ganze Jahr Musikveranstaltungen, Sonderevents und samstags Livemusik oder Diskothek. Ein großes Angebot mit Cocktails, kleinen Snacks, verschiedenen Biersorten sowie alkoholfreien- und Szenegetränken rundet den Besuch ab. Bei der individuellen Durchführung privater Feste in den Räumlichkeiten des Hotels ist das nette Team übrigens jederzeit behilflich.

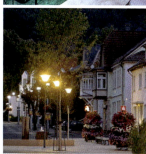

Kulinarische Träume

Billerbeck

Domschenke

Bhf→700 m

✉ 48727 · Markt 6 · ☎ 0 25 43 9 32 00 · Fax: 93 20 30
Regionale u. Crossover Küche · **Tische:** 26/100 Plätze
domschenke@t-online.de · www.domschenke-billerbeck.de · f

Speisekarte: 13 Hauptgerichte von 18,50 bis 48,50 €; 1 Menü von 78,00 bis 92,00 € ❤❤❤❤🍇🍇   250 Weinpos.

So beschaulich das kleine westfälische Billerbeck auch ist, mit der "Domschenke" gibt es hier ein Restaurant, das sehr weit über die Ortsgrenzen hinaus bekannt und immer ein lohnenswertes Ausflugsziel ist. Das Interieur ist zweigeteilt: Geradeaus findet sich ein dezent rustikal eingerichteter Raum mit klassischer Theke, der auch mittags gerne genutzt wird, im linken Teil kontrastiert der warme Rotton der Kirschholzmöbel reizvoll mit feinem Grau. Egal, wo man sitzt, die Tische sind geschmackvoll und edel eingedeckt und der Service ist ausnehmend freundlich, zuvorkommend und kompetent. Am Herd des traditionsreichen Familienbetriebes, der in nunmehr fünfter Generation geführt wird, steht Patron und Chefkoch Frank Groll. Er kann auf illustre Karrierestationen zurückblicken, beweist aber nun schon seit knapp drei Jahrzehnten, dass man im Münsterland mehr bieten kann als nur westfälische Küche. Das spricht sich herum und so findet die moderne Crossover-Küche, ergänzt von pfiffigen Bistrogerichten, auch bei Besuchern von außerhalb großen Anklang. Die erstklassigen Zutaten sind handverlesen und kommen möglichst aus der Region, was Frische garantiert. Im Sommer sitzt man an warmen Tagen auf der kleinen Terrasse eingangs der Fußgängerzone und genießt lockeres savoir vivre mitten in Westfalen.

Kulinarische Träume

Blankenhain

Gastronomie im Spa & GolfResort Weimarer Land

✉ 99444 · Lindenallee 1 · ☎ 03 64 59 61 64-0 · Fax: 61 64 44 19
Restaurants GolfHütte, Zum güldenen Zopf, Kornkammer, Masters, The First,
Vinothek, Augusta, Linden Bistro
info@spahotel-weimar.de · www.golfresort-weimarerland.de ·

Im "Spa & GolfResort Weimarer Land" findet man für jeden Geschmack und jede Stimmung ein passendes Restaurant. Mit den jeweils mit einem Michelinstern ausgezeichneten Restaurants "Masters", in dem Executive Küchenchef Danny Schwabe mit einer leichten und innovativen mediterranen und frankophilen Küche überzeugt, und dem „The First", in dem Chefkoch Marcello Fabbri für italienische und europäische Spezialitäten sorgt, gibt es gleich zwei Gourmetrestaurants. In den behaglichen Stuben des Restaurants "Augusta" unter Leitung von Küchenchef Marcel Hanslok trifft man sich abends nach der Golfrunde, dem Familienausflug oder dem erholsamen Spa-Tag und lässt sich vom Dinner-Menü verwöhnen. Die "GolfHütte" mit weitem Blick aufs Grün rund um Loch 18 im Feininger-Course steht für bodenständige, aber raffinierte Speisen. Klassische Thüringer Küche wartet im "Zum güldenen Zopf", einem wunderschön gestalteten, 500 Jahre alten Gasthaus. In der „Kornkammer" gibt es deftige Brotzeiten mit Wurst- und Käsespezialitäten. Das gemütliche LindenBistro bietet Spa-Gästen eine mediterran-marokkanische Fusion. Wer den Tag bei einem frisch gemixten Drink oder gezapften Bier ausklingen lassen möchte, wird sich in der schön gestylten Grand Slam Bar rundum wohlfühlen. Die Bobby Jones Smoker's Lounge mit offenem Kamin und die Vinothek mit exzellenter Weinauswahl komplettieren das facettenreiche Angebot.

Kulinarische Träume

Friedland (Kreis Göttingen)

♖ Schillingshof
Bhf→2 km

✉ 37133 · OT Groß Schneen · Lappstraße 14 · ☎ 0 55 04 2 28 · Fax: 4 27
Neue, Intern. u. Reg. Küche · **Tische:** 15/45 Plätze
info@schillingshof.de · www.schillingshof.de · f

Speisekarte: 4 Hauptgerichte von 29,00 bis 45,00 €; 4 Menüs von 61,00 bis 149,00 € ♥♥♥♥🍷 170 Weinpos.

Besonders in der kalten Jahreszeit vermittelt das historische Anwesen von Familie Erbeck-Schilling schon von weitem Geborgenheit und Wärme, im Sommer hingegen wartet eine wunderschöne Garten-Terrasse mit Pavillon. Im Interieur gefällt das Restaurant mit gediegener Einrichtung und heiterer Atmosphäre. Die über 400-jährige gastliche Tradition verpflichtet und so kümmern sich Stephan Schilling (als Chefkoch) und Petra Erbeck-Schilling (als Restaurantleiterin) sowie Sohn Felix (als Sommelier) liebevoll um ihre Gäste. Die Küche orientiert sich am saisonalen Marktangebot und man kann regionale, moderne und mediterran geprägte Speisen auf echtem Topniveau genießen. Die Zutaten kommen unter nachhaltigen Aspekten von bekannten Erzeugern und aus artgerechter Tierhaltung. Für private und geschäftliche Veranstaltungen stehen separate, stilvolle Räumlichkeiten zur Verfügung, kulinarische Events in den eigenen vier Wänden betreut ein exzellenter Catering-Service. Hervorhebenswert sind auch die mit edlen Materialien – hübsch kontrastiert der dunkelbraune Boden mit hellen Möbeln – gestalteten Zimmer. Sie sind ein sowohl technisch als auch dekorativ perfekt eingerichtetes, modernes Zuhause auf Zeit (5 DZ 145,- €, als EZ 78,- €), inklusive individuell zusammengestelltem, vieleitigem Frühstück.

Kulinarische Träume

Gengenbach

Bhf→800 m 🏛 **Die Reichsstadt – Gourmetrestaurant**

✉ 77723 · Engelgasse 33 · ☎ 0 78 03 9 66 30 · Fax: 96 63 10
Klass., Reg. u. Mediter. Küche · Tische: 15/70 Plätze
info@die-reichsstadt.de · www.die-reichsstadt.de · ❶   VISA AE ● ●

Speisekarte: 5 Hauptgerichte von 38,00 bis 48,00 €; 2 Menüs von 79,00 bis 155,00 € ✧✧✧ 129 Weinpos.

Im romantischen Gengenbach findet der Gast mit dem Hotel und Restaurant "Reichsstadt" ein von Familie Hummel persönlich geführtes gastronomisches Kleinod, das mit Stil und Geschmack eingerichtet wurde und sich auch jederzeit durch einen sehr persönlichen Service auszeichnet. Im Gourmetrestaurant präsentiert Küchenchef Matthias Schley durchdachte Speisen, die in der Region verwurzelt sind, in ihrer Raffinesse aber weit darüber hinaus gehen, und sowohl mediterrane als auch zeitgeistige Elemente verbinden. Die Küche setzt auf handverlesene Zutaten und das saisonale Angebot. In der urigen Schwarzwaldbrasserie „Cocotte" ist es am schönsten, wenn dieser verführerische Schmortopf in kleiner oder großer Ausführung auf dem Tisch steht, an dem gerne Freunde, Familien und kleine Gruppen beisammensitzen. Ob Fisch, Gemüse oder Fleisch – die Schmorgerichte laden zum Teilen (oder stiebitzen) in genießerischer Geselligkeit geradezu ein. Ein nach individuellen Wünschen festlich geschmückter Saal steht für vielerlei Veranstaltungen wie Hochzeiten oder Geburtstage bereit, die kulinarische Begleitung ist der erste Garant fürs gute Gelingen. Der romantische, üppig begrünte, an der historischen Stadtmauer liegende Garten ist ein open air Sehnsuchtsort für den Feinschmecker.

Grassau

Resort Das Achental – ES:SENZ

Bhf→14 km

✉ 83224 · Mietenkamer Straße 65 · ☎ 0 86 41 40 10
3-Sterne Gourmetrestaurant · **Tische:** 20/40 Plätze
essenz@das-achental.com · www.das-achental.com · f

Speisekarte: 2 Menüs von 195,00 bis 295,00 €

♛♛♛♛♛ 🍷🍷🍷 850 Weinpos.

Das gastronomische Angebot im Achental Resort ist beeindruckend. Hier findet jeder Gast die Einkehr, die seiner Stimmung, Lust und Laune entspricht. Flaggschiff ist das Gourmetrestaurant es:senz: Hier zeigt Chef de Cuisine Edip Sigl sein kulinarisches Ausnahmetalent und begeistert die Gäste mit einer modernen klassischen Küche, in der er auch regionale Elemente in raffiniertester Form als Bereicherung mit einbezieht. Im Restaurant Weißer Hirsch mit großer Terrasse präsentiert Chefkoch Matthias Brenner eine sehr abwechslungsreiche alpenländische Landküche. Vom üppigen Frühstück über regionale Schmankerl bis zur gesunden Vitalkost vom Buffet ist alles dabei – immer begleitet von einem herrlichen Ausblick ins Grüne. In der Achental Lounge kann man vor oder nach dem Spiel pausieren, abschalten oder den Tag ganz entspannt ausklingen lassen. In der Bar – bestückt mit edlen Spirituosen und einer verführerischen Cocktailauswahl sitzt man plaudernd am offenen Kamin. Damit nicht genug gibt es im Achental Resort mit der Jagd- und Reiterstube noch wunderschön gestaltete Räumlichkeiten für private Treffen und Feiern. In der original ausgestatteten Hubertushütte mitten im Grünen kann man deftige Schmankerl genießen oder aber auch exklusiv eine unvergessliche bayerische Traumhochzeit feiern.

Kulinarische Träume

Kaikenried
Oswald's Gourmetstube

Bhf→5 km
✉ 94244 · Am Platzl 2 · ☎ 0 99 23 8 41 00 · Fax: 84 10 10
Klass. u Regionale Küche · **Tische:** 6/16 Plätze
info@hotel-oswald.de · www.hotel-oswald.de · ▫

Speisekarte: 1 Menü von 124,00 bis 189,00 € 🍷🍷🍷🍷🥬🥬 300 Weinpos.
Gehobene Feinschmeckerküche ist im Bayerischen Wald nicht unbedingt selbstverständlich. In Oswald's Gourmetstube dagegen schon. Das geschmackvoll eingerichtete, in Braun- und Beigetönen gestaltete Restaurant mit eleganten Fauteuils, edel eingedeckten Tischen und doch zu jeder Zeit entspannter Atmosphäre verspricht kulinarischen Genuss der Extraklasse. Hier steht mit Thomas Gerber ein Chefkoch am Herd, der bei den Großen seiner Zunft gelernt und gearbeitet hat, sich ambitionierte Ziele gesteckt hat und nun sein exzellentes kulinarisches Können stetig individuell verbessert. Klassische Speisen verfeinert er mit innovativen Elementen, Regionales setzt er in einen spannungsreichen, zeitgeistigen Kontext. Seine Warenauswahl unterliegt größter Sorgfalt, die Jahreszeiten bestimmen wenn möglich die Auswahl. Fleisch und Wurst kommen in kompromisslos guter Qualität aus der hauseigenen Metzgerei. Abgerundet wird das kulinarische Angebot mit einer wirklich verführerischen Pâtisserie. Der wunderschöne Gastgarten mit einem Springbrunnen als zentralem Element ist an warmen Tagen ein besonderer Gästemagnet. Ein stets aufmerksamer und kompetenter Service, der auch in puncto Weinberatung immer ansprechbar ist, begleitet den Restaurantbesuch. Es steht ein verführerisch vielseitiges Angebot korrespondierender Tropfen zur Auswahl.

Kulinarische Träume

Mulfingen

♖ Landgasthof Jagstmühle

Bhf→15 km

✉ 74673 · Jagstmühlenweg 10 · ☎ 0 79 38 9 03 00 · Fax: 9 03 03 36
Neue u. gehobene Regionale Küche · **Tische:** 10/50 Plätze
rezeption@jagstmuehle.de · www.jagstmuehle.de · ﬀ

VISA AE ●E

Speisekarte: 9 Hauptgerichte von 19,00 bis 42,00 €; 3 Feinschmeckermenüs / im Kaminzimmer serviert von 75,00 bis 195,00 € ♥♥♥♥ 🍷🍷   150 Weinpos. Der reizvoll gelegene Landgasthof Jagstmühle mit seiner imposanten Fachwerkfassade ist kulinarisch bestens aufgestellt, denn hier kommt der Gast in den Genuss einer erstklassigen Küche, in der sich die traditionelle Schwäbische und die Moderne Küche perfekt ergänzen. Das in gefälliger Landhausromantik eingerichtete Kaminzimmer ist ein einladender und behaglicher Ort, um den Alltag in der unverkrampften, charmanten Atmosphäre hinter sich zu lassen und die frisch zubereiteten Speisen mit allen Sinnen zu genießen. Für deren Zubereitung zeichnet Küchenchef Steffen Mezger verantwortlich. Er bevorzugt Zutaten, die von verlässlichen und nachhaltig arbeitenden Händlern und Erzeugern aus dem an Produkten reichen Hohenlohe kommen. Gemeinsam mit seinem engagierten Team stellt er die Ingredienzien gekonnt und mit zeitgemäßen kulinarischen Ideen zusammen. Unverfälscht, innovativ und aromenstark überzeugen die sorgfältig zubereiteten, vielseitigen Gerichte auch den anspruchsvollen Feinschmecker. Für individuell geplante Feierlichkeiten, allen voran romantische Hochzeiten, gibt es in der Jagstmühle zauberhafte Räumlichkeiten, eine große kulinarische Auswahl vom Fingerfood bis zum Menü und dank des liebenswürdigen Serviceteams eine kompetente Begleitung.

Kulinarische Träume

München

♜ Bayerischer Hof

Bhf→1 km

✉ 80333 · OT Altstadt · Promenadeplatz 2-6 · ☎ 0 89 2 12 09 20 · Fax: 2 12 09 06
Facettenreiche Küche
info@bayerischerhof.de · www.bayerischerhof.de · [f]

Im Hotel Bayerischer Hof steht ein gastronomisches Angebot zur Auswahl, das sehr verführerisch ist und es jedem Gast ermöglicht, je nach individueller "Tagesform" zu wählen, wo und wie er speisen möchte. Kulinarisches Flaggschiff ist das mit zurückhaltender Eleganz in sehr edlen Naturmaterialien eingerichtete "Atelier". Hier wird in exklusivem, urbanem Ambiente eine leichte, sehr raffinierte und zeitgenössische Küche der großen Aromen und fein abgestimmten Texturen angeboten. Im "Garden" – gestaltet in schlichter Harmonie, mit Akzenten im Industrial-Style – wird eine raffinierte Küche mit bewährten Klassikern, zeitgeistigen Speisen und viel Gemüse präsentiert. Bayerisches Lebensgefühl versprüht der "Palais Keller". Im massiven Gewölbe aus dem Jahr 1425 – ursprünglich ein Salzlager – treffen sich heute Gäste aus aller Welt, die sich mit bodenständigen bayerischen Schmankerln, Bier vom Fass und Brez'n aus der eigenen Hof-Bäckerei verwöhnen lassen möchten. Eine exotische Abrundung erfährt das gastronomische Angebot mit dem Restaurant "Trader Vic's" – hier gibt es in entspannter Urlaubsatmosphäre polynesische Spezialitäten, Köstlichkeiten aus dem fernen Osten und die so beliebten wie legendären Südsee-Cocktails. Last but not least: An der "Blue Spa Bar", im Wintergarten und auf der Dachterrasse mit beeindruckender Aussicht über die Isarmetropole werden leichte Kreationen der Spa inspirierten Küche serviert.

Netphen

🍴 Gasthaus Klein Bhf→20 km

✉ 57250 · Marburger Str. 7 · ☎ 0 27 37 5 93 30 · Fax: 59 33 11
Regionale und Westfälische Küche · Tische: 16/70 Plätze
gasthaus-klein@gmx.de · www.gasthaus-klein-deuz.de · f

VISA ●● ⬛

Speisekarte: 11 Hauptgerichte von 19,50 bis 36,50 €; 2 Menüs von 43,50 bis 56,00 € ❦❦ 100 Weinpos.

Seit nunmehr über 300 Jahren als Gasthaus im Besitz der Familie Klein, werden hier Tradition und Gastfreundschaft besonders großgeschrieben. Corinna und Christian Klein ist es ein echtes Anliegen, ihren Gästen einen schönen und harmonischen Aufenthalt zu bereiten. Das spürt man jederzeit, das ließ mit den Jahren aus Fremden Freunde werden. Der Patron steht selber am Herd und kocht, was gefällt. Dabei sind die Jahreszeiten Inspiration für das abwechslungsreiche Speisenangebot. Mit viel Sorgfalt und Präzision verarbeitet Christian Klein-Wagner natürliche regionale Produkte – dazu gehören auch Kräuter und Blüten aus dem Garten sowie selber gesammelte Wildkräuter und Wildgemüse. Besonders gern verarbeitet er die frischen Zutaten zu westfälischen Spezialitäten, aber auch vegetarische Köstlichkeiten kommen auf die blank gescheuerten Tische in der behaglich und nostalgisch eingerichteten Gaststube. Für Veranstaltungen stehen mit dem romantischen Kaminzimmer, der Jagdstube und dem Graf-Johann-Zimmer stilvolle und passende Räumlichkeiten zur Verfügung. Im Sommer sitzt man ganz idyllisch im Garten zwischen alten Buchenhecken. Corinna Klein-Wagner kümmert sich mit ihrem Team liebenswürdig um die Besucher, berät zu den Speisen und Weinen und gibt Auskunft zu wechselnden Themen-Dinners.

Kulinarische Träume

Neubrandenburg

Bhf→15 km **Bornmühle – The View**

✉ 17094 · OT Groß Nemerow · Bornmühle 35 · ☎ 03 96 05 6 00 · Fax: 6 03 99
Neue u. Regionale Küche · **Tische:** 60/180 Plätze
info@bornmuehle.de · www.bornmuehle.de ·

Speisekarte: 8 Hauptgerichte von 21,00 bis 32,50 € ❖❖❖   50 Weinpos.

Ein Tag in der herrlichen Natur am Ostufer des Tollensesees, wo das persönlich geführte Hotel Bornmühle seine Gäste empfängt, macht hungrig. Wie schön, dass man da vom Frühstück bis zum Dinner im Restaurant „The View" einkehren kann. Dreigeteilt, ist es in unterschiedlichen Stilrichtungen von peppig-modern bis gediegen gestaltet und bietet einen hinreißenden Blick über den See. Das engagierte Küchenteam arbeitet präzise und gekonnt und sorgt für eine harmonische und gut durchdachte Frischeküche. Das Fleisch ist aus artgerechter Tierhaltung, die Zutaten kommen in allerbester Qualität von bekannten Erzeugern bevorzugt aus dem Umland und spiegeln das jahreszeitliche Angebot und Achtsamkeit wider. Neben köstlichen Fisch- und Wildspezialitäten aus heimischen Seen und Wäldern kommen regionale Spezialitäten sowie internationale Speisen auf die Tische. In der Kochschule „Culinary Club" werden für 8-12 Personen informative Kurse angeboten, wie man Gäste im eigenen Haus raffiniert bewirtet. Im Sommer sollte man sich unbedingt vom zuvorkommenden Service einen Platz auf der idyllischen Seeterrasse mit herrlichem Ausblick auf die wunderschöne Landschaft reservieren lassen. Besonders gesellig kann der Tag in der stylischen #Bornbar ausklingen. Neben verschiedensten Getränken begeistert das beeindruckende Gin-Angebot.

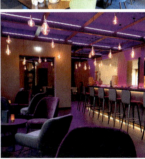

Kulinarische Träume

Neunburg vorm Wald

Der Birkenhof - Obendorfers Eisvogel   Bhf→20 km

✉ 92431 · Hofenstetten 55 · ☎ 0 94 39 95 00 · Fax: 95 01 50
Klass., Neue u. Intern. Küche · **Tische:** 6/24 Plätze
info@der-birkenhof.de · www.der-birkenhof.de ·

Speisekarte: 1 Menü ab 248,00 €
❀❀❀❀💎💎 300 Weinpos.
Das kulinarische Angebot im "Der Birkenhof" ist weit über die Grenzen der Oberpfalz hinaus bekannt. Dazu trägt auch die besonders gastorientierte freundliche Atmosphäre bei. Das Team ist mit so viel Engagement, Freude und Können bei der Arbeit, dass sich Besucher sofort wohlfühlen – egal ob sie das Gourmetrestaurant "Eisvogel", die "Turmstube" oder das "Kamin-Restaurant" besuchen. Die Heimat des "Eisvogel" ist ein halbrund gestalteter Raum mit zeitlos-eleganter Einrichtung und herrlichem Blick durch die fast bodentiefen Fenster ins Oberpfälzer Tal. Hier steht Sebastian Obendorfer am Herd. Fein, leicht und kreativ sind seine Speisen, die auf feinsten Zutaten – möglichst aus der näheren Umgebung und von umliegenden Bio-Bauern – basieren. Geschickt verarbeitet er sie zu modernen, kulinarischen Köstlichkeiten, die er zusätzlich mit regionalen Elementen bereichert. In der Mitte des Raumes ist die Weinvitrine gleichzeitig schöner Blickfang und Lagerraum für die edlen Weine, die hier in großer Fülle und exzellenter Qualität fachgerecht lagern. Zusätzlich zur Gourmetküche gibt es mit der "Turmstube" und dem "Kamin-Restaurant" die etwas bodenständigeren Varianten. Die dort angebotene, ideenreich verfeinerte und dem modernen Geschmack entsprechende, feine Regionalküche hält für jeden Geschmack etwas Passendes bereit und schmeckt großartig.

Kulinarische Träume

Pfronten

Bhf→4 km   ♖ **Boutique Hotel Blaue Burg – Pavo**

✉ 87459 · Auf dem Falkenstein 1 · ☎ 0 83 63 91 45 40
Klassische u. Neue Küche, eig. Kreat. · **Tische:** 8/20 Plätze
info@blaueburg.com · www.blaueburg.com

Speisekarte: 1 Menü zu 185,00 €
❤❤❤🍽🍽

Nur etwa 50 Meter unterhalb der berühmten Burgruine Falkenstein, oberhalb von Pfronten liegt auf 1.250 Metern das Boutique-Hotel Blaue Burg. Mit seinem Culinary Club kann es mit einem veritablen und abwechslungsreichen kulinarischen Angebot aufwarten. Das beginnt mit hausgemachtem Eis, Suppen, knusprigen Pommes, Wienerle, Toast, Kaffee und Kuchen aus dem Take Away Container und endet noch längst nicht mit Mittag- und Abendessen im à la carte „Restaurant 1250". Dort präsentiert Küchenchef Simon Schlachter in allerbester Familientradition eine aromenstarke, ehrliche Alpine Cuisine mit vielen Allgäuer Klassikern. Die schlicht hinreißende Aussicht tief hinab ins Tal – u. a. von der Lounge- und Felsenterrasse – ist immer inklusive und wird zur prächtigen Kulisse des köstlichen Geschehens. High End Genuss vom Allerfeinsten verspricht das „Pavo" und hat sich einen Stern vom nahen Himmel geholt. Hier kommt zusammen, was dank Simon Schlachters Ideenreichtum auch zusammenpasst: alpine und südostasiatische Elemente, eine Kombination, die auf den ersten Blick verblüfft und auf den zweiten Blick – und vor allem Biss – restlos begeistert. In ihrer Einzigartigkeit verführen, verwöhnen und verbinden die Speisen, denn sie werden als sharing dish serviert.

Kulinarische Träume

Schalkenmehren

Michels Restaurant

Bhf→25 km

✉ 54552 · St.-Martin-Straße 9 · ☎ 0 65 92 92 80 · Fax: 92 81 60
Klassische und Regionale Küche · **Tische:** 58/150 Plätze
info@michels-wohlfuehlhotel.de · www.michels-wohlfuehlhotel.de · f

Speisekarte: 6 Hauptgerichte von 20,00 bis 36,00 €; 12 Tagesgerichte von 20,00 bis 38,00 €; 1x 4-Gang-Menü ab 51,00 € ♥♥♥🐌 200 Weinpos.
Der hohe Wohlfühl-Faktor im Hotel trifft auch auf das sehr geschmackvoll im Landhausstil eingerichtete Restaurant im "Michels" zu. Ein motiviertes Mitarbeiterteam ist stets bedacht, die Gästewünsche zur vollsten Zufriedenheit zu erfüllen. Das engagierte Küchenteam arbeitet konzentriert, handwerklich präzise und nutzt marktfrische Zutaten möglichst aus dem nahen Umland von bekannten Erzeugern. Neben geschickt verfeinerten Eifeler Spezialitäten wartet auf der abwechslungsreich zusammengestellten Speisekarte täglich ein ausbalanciert zusammengestelltes 4-Gang-Menü mit drei Wahlmöglichkeiten beim Hauptgang (eine vegetarische Option ist immer dabei), das auch jahreszeitliche Elemente aufgreift. Die Tagesgerichte entsprechen dem aktuellen Marktangebot und wechseln in kurzer Taktung. Sehr beliebt sind gesellige Treffen in der urgemütlichen Vesperstube – vielleicht bei einem frisch gezapften Eifeler Landbier und Eifeler Premium Schinken –, in der großzügig geschnittenen Lobby oder auf der idyllischen Terrasse mit wunderschönem Blick in den üppig blühenden, romantischen Garten. In der schick gestylten Hotelbar kann man den Tag entspannt ausklingen lassen. Für individuell geplante Firmenevents und Familienfeste werden Angebote nach Gästewünschen erstellt.

Kulinarische Träume

Schirgiswalde-Kirschau

Bhf→3 km **Gastronomie im HOTEL BEI SCHUMANN**

✉ 02681 · Bautzener Straße 74 · ☎ 0 35 92 52 00 · Fax: 52 05 99
Gourmetküche · **Tische:** 9/32 Plätze
info@bei-schumann.de · www.bei-schumann.de

VISA AE ● EC

♥♥♥♥ ❦❦   495 Weinpos.

Das gastronomische Angebot im HOTEL BEI SCHUMANN ist faszinierend breit gefächert. Allen vier Restaurants gemein ist eine geschmackvolle Einrichtung mit großer Detailliebe und hohem Wohlfühlfaktor. Flaggschiff des Hauses ist fraglos das Gourmetrestaurant "JUWEL": Schlichte Eleganz gepaart mit räumlicher Großzügigkeit ist die Kulisse für die genussvolle Küche aus der Kreativabteilung des Küchenchefs Tobias Heldt. Ergänzt wird das Restaurant mit einem stilvollen, sehr edlen Fine Dining Room. Im KIRSCHGARTEN kann der Tag bereits ab 7.00 Uhr genussvoll mit dem Frühstücksbuffet beginnen. Eine kleine Snackkarte, Kaffee und Kuchen komplettieren das Angebot am Nachmittag. In der rustikalen "WEBERSTUBE" mit Kachelofen genießt man Regionales in sorgfältigen Zubereitungen und regelmäßig stattfindende Fondueabende. Authentische italienische Speisen warten im gemütlichen Ristorante "AL FORNO" mit einsehbarer Küche. Insgesamt stehen den Gästen 63 individuell eingerichtete Doppelzimmer und luxuriöse Suiten zur Verfügung. Im SEEFLÜGEL, mit Deutschlands erstem Flying Pool erwartet die Gäste ein exklusiver SPA-Bereich, der neben dem einzigartigen römischen SPA-TEMPEL Erholung und Entspannung bringt. In der KULT-HIPPO-BAR mit spanisch-maurischem Ambiente taucht man in ein verführerisches Märchen aus tausendundeiner Nacht ein und entflieht ganz einfach dem Alltag.

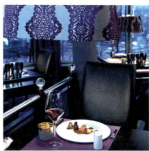

Kulinarische Träume

Seesen

Harzfenster
Bhf→1,5 km

✉ 38723 · Bulkstraße 1 · ☎
Moderne Regionale und Europäische Küche · **Tische:** 10/30 Plätze
info@hotel-goertler.de · www.hotel-goertler.de

Speisekarte: 2 Hauptgerichte von 30,00 bis 54,00 €; 1 Menü von 84,00 bis 155,00 € ♥♥♥♥🍷 60 Weinpos.

Im Hotel Görtler steht der Gast stets im Zentrum der Bemühungen von Familie Steingrüber und ihrem ganzen Team. Jedem Besucher einen entspannten und genussreichen Aufenthalt zu bescheren, ist der Anspruch, den sie haben und mit Leidenschaft erfüllen. Die herrliche Alleinlage mitten im Grünen und die liebevoll eingerichteten Zimmer garantieren von Stunde eins an Entspannung abseits von alltäglichem Stress. Hier kann man relaxen und sich rundum verwöhnen lassen. Das beginnt mit einem hinreißenden Verwöhnfrühstück, u. a. mit Säften, Salaten, Joghurt, Obst und einem Front-Cooking für diverse frisch zubereitete Eierspeisen. Das Verwöhnprogramm umfasst auch und besonders den kulinarischen Genuss, für den Johannes Steingrüber mit seinem staunenswerten Können in bester Familientradition sorgt. Er hat sein Handwerk von der Pike auf gelernt, an namhaften Adressen verfeinert und bringt sich nun mit all seinen Ideen und Vorstellungen in der eigenen Küche ein. Mit ausgesuchten, gerne regionalen Zutaten kreiert er Speisen, die nicht nur kreativ sind, sondern auch himmlisch schmecken und optisch kleine Kunstwerke sind. Traditionelle Rezepturen aus der Heimat und neugierige Blicke in europäische Kochtöpfe werden zur Inspiration für seine innovativen, aromenstarken Zusammenstellungen.

Kulinarische Träume

St. Ingbert

midi – Restaurant & Markt

✉ 66386 · OT Rohrbach · Ernst-Heckel-Straße 4 · ☎
klassische und gehobene Regionale Küche · **Tische:** 16/40 Plätze
info@midi-restaurant.de · www.midi-restaurant.de · f

Speisekarte: 2 Menüs von 65,00 bis 109,00 € 🍴🍴🍴 🍷🍷 250 Weinpos. Im Saarland konnte man schon immer – sicher auch wegen der Nähe zu Frankreich – gut essen. Im „midi-Restaurant & Markt" kann man sogar noch besser essen. Hier hat Patron Hubert Pirrung ein Restaurant mit einer ganz eigenen Note etabliert. Das beginnt mit dem außergewöhnlich gestalteten, modernen Interieur. Dunkle Decken und Böden werden von raffinierter Licht-Installationen erhellt, weich fließende Stoffe und Stühle setzen kräftige Farbakzente. Die blanken Tische unterstreichen das junge, entspannte und weltoffene Ambiente. Zu dieser lässigen, unverkrampften Atmosphäre passen die Speisen von Peter Wirbel perfekt. Die einsehbare Küche offenbart, mit wie viel Einsatz, Konzentration und Freude hier gekocht wird. Beste regionale und saisonale Zutaten aus dem Biosphärenreservat Bliesgau kommen zum Einsatz, wenn er die ehrlichen und unverfälschten, sorgfältig ausgetüftelten Menüfolgen zusammenstellt – gerne auch in einer exklusiven Runde am Chef's Table. Die Aromenküche mit Bodenhaftung, modernen und klassischen Elementen ist expressiv, manchmal wagemutig, aber immer verständlich. Der exzellente Mittagstisch hat einen eigenen Webauftritt (www.casino-beim-heckel.de). Außerdem gibt es noch einen feinen, kleinen Markt, in dem man verschiedene Spezialitäten in Bio-Qualität käuflich erwerben kann.

Kulinarische Träume

Stolberg

Silberstreif

Bhf→28 km

✉ 06536 · Schindelbruch 1 · ☎ 03 46 54 8 08 14 65
Regionale und Neue Küche · Tische: 9/18 Plätze
info@silberstreif.de · www.silberstreif-restaurant.de · ❚

VISA AE

Speisekarte: 2 Menüs von 130,00 bis 175,00 € 🎩🎩🎩

Das Restaurant „Silberstreif" ist ein echtes kulinarisches Kleinod. Das beginnt beim sehr geschmackvoll gestalteten Interieur mit edlem Parkettboden, dezenten Naturtönen, weich fallenden Stofflamellen, die den Raum unterteilen und angenehme Privatheit vermitteln, und wunderschönen Kupferstichen von Johann Elias Ridinger, die Jagd- und Tierszenen zum Motiv haben. Das Tafelservice aus der Ritter von Kempski Collection by MEISSEN wurde von der Porzellanmanufaktur exklusiv fürs Haus angefertigt und wird auf den mit Leder bezogenen Tischen perfekt in Szene gesetzt. Ein Abend im Restaurant „Silberstreif" ist eine genussreiche Auszeit vom Alltag. Küchenchef Eric Jadischke ist der Region sehr verbunden, er arbeitet unter Aspekten der Nachhaltigkeit und des Tierwohls und geht selber gerne in die umliegenden Wälder, um Wildpflanzen und Kräuter zu sammeln, die er nicht bereits selber im hauseigenen Garten zieht. Sie werden auch optisch zu prägenden Elementen der naturnahen Speisen. Seine Küche ist durchdacht, unverfälscht und aromentief. Kurzlebige Trends sind seine Sache nicht, vielmehr kreiert er Menüfolgen, die auf erstklassigen, gerne heimischen Zutaten basieren, die handwerklich präzise und saisonal inspiriert sind. Nie geht es ihm um Selbstverwirklichung, sondern stets um eine ehrliche Küche, die den Gästen schmeckt.

Kulinarische Träume

Waldenbuch

Bhf → 5 Min.   **Gasthof Krone**

✉ 71111 · Nürtinger Straße 14 · ☎ 0 71 57 40 88 49 · Fax: 40 88 54
Klassische u. Neue Küche · Tische: 13/35 Plätze
info@krone-waldenbuch.de · www.krone-waldenbuch.de · f

Speisekarte: 6 Hauptgerichte von 38,00 bis 48,00 €; Mittagsmenüs zu 72,00 €; 2 Menüs von 93,00 bis 154,00 €

500 Weinpos.

Der Gasthof Krone wurde bereits im 15 Jahrhundert das erste Mal urkundlich erwähnt und das idyllische Waldenbuch findet sich 1797 in einem Tagebucheintrag von Goethe. So viel Geschichte und Tradition müssen bewahrt werden. Eine Aufgabe, die die Gastgeber und Inhaber Matthias Gugeler und Erik Metzger mit Freude annehmen. Matthias Gugeler ist als stets ansprechbarer Patron gut aufgelegt für seine Gäste da. Er hilft bei Fragen und erläutert das hinreißende Weinangebot mit großer Expertise. In zeitloser Eleganz eingerichtet, kann man im Restaurant eine genussreiche Auszeit vom Alltag nehmen, denn Erik Metzger kocht mit großem Schwung und einer Fülle raffinierter Ideen. Seine Küche ist in der französischen Klassik verwurzelt, geht aber mit zeitgemäßen Interpretationen und dem ein oder anderen grenzübergreifenden Element weit darüber hinaus. Für Veranstaltungen ist der Gasthof Krone wie geschaffen. Es gibt schön gestaltete Räumlichkeiten, in denen 10 bis 200 Personen Platz finden. Letztere nutzen den Festsaal mit moderner Unterhaltungstechnik. Jedes Event – egal ob geschäftlich oder privat – wird individuell geplant und aufmerksam betreut. Beliebt ist auch an warmen Tagen die Gartenterrasse am idyllischen Flüsschen Aich mit sehr schönem Blick auf Altstadt und Schloss.

Kulinarische Träume

Weigenheim

 Gourmet-Restaurant Le Frankenberg Bhf→8 km

✉ 97215 · Schloß Frankenberg 1 · ☎ 0 93 39 97 14 0 · Fax: 97 14-1 17
Klassische fränkisch-französische Küche · **Tische:** 10/20 Plätze
lefrankenberg@schloss-frankenberg.com · www.lefrankenberg.de

Speisekarte: 1 Menü von 104,00 bis 168,00 € ♥♥♥🦞🦞 120 Weinpos. Wie schön, dass Schloss Frankenberg dank Prof. Dr. Dr. Peter Löw, im Rahmen des von ihm initiierten European Heritage Projects aus seinem Dornröschenschlaf geweckt und aufwendig restauriert wurde. Nun gibt es hier gleich zwei Restaurants, die neben dem kulinarischen Angebot einen hinreißenden Blick über die umgebenden Weinberge bieten. Für den Aufbau, die Konzeption und Gesamtleitung des gastronomischen Angebots ist Steffen Szabo verantwortlich, der am Fuße des Schlosses aufgewachsen ist und die Region, ihre Bauern und Händler bestens kennt. Im "Amtshaus" mit rustikaler Einrichtung kann man die Wanderung unterbrechen und mit den deftigen, traditionsreichen fränkischen Speisen neue Energie tanken – am besten auf der Terrasse mit dem beeindruckenden Panoramablick. Das Gourmet-Restaurant ist Donnerstag bis Samstag geöffnet. Hier zeigen Steffen Szabo und sein Souschef Stefan Ludwig die ganze Bandbreite ihres Könnens und präsentieren eine klassisch französische Küche mit fränkischen Elementen. Verschiedenste Räumlichkeiten stehen für Feiern in historischem Rahmen zur Verfügung, die auch wegen der exklusiven Lage zu einem unvergesslichen Event werden. Die zum Schloss gehörenden und nachhaltig bewirtschafteten Weinberge sind unter anderem mit Riesling, Weißburgunder und Silvaner bepflanzt.

Kulinarische Träume

Wolfsburg

Bhf → 2,5 km   **The Ritz-Carlton, Wolfsburg – Aqua**

✉ 38440 · Parkstraße 1 · ☎ 0 53 61 60 60 56 · Fax: 60 80 00
Modern-europäische Küche, eigene Kreationen · **Tische:** 11/36 Plätze
info@restaurant-aqua.com · www.restaurant-aqua.com ·

Speisekarte: 2 Menüs von 230,00 bis 260,00 €

❤❤❤❤❤🍇🍇🍇 900 Weinpos. Nicht weniger exklusiv als das Hotel ist das gastronomische Angebot im The Ritz Carlton, Wolfsburg. Je nach Lust, Laune oder auch Anlass kann man zwischen der Lobby Lounge, den Restaurants "Terra" und "Aqua" oder der eleganten "Newman's Bar" wählen. Die edel und puristisch gestaltete Lobby Lounge mit weißem Marmorkamin verlängert die Parklandschaft der Autostadt ins Innere des Hotels und ist ideal, um den klassischen Nachmittags-Tee zu genießen. Im exklusiv eingerichteten "Terra" genießt man eine feine saisonale und regionale Küche mit besten internationalen sowie erlesenen regionalen Zutaten. Viele Worte über das "Aqua" zu verlieren, hieße, Eulen nach Athen zu tragen. Chef de Cuisine Sven Elverfeld gehört zu den Besten, die seine Zunft zu bieten hat. Die innovative europäische, mit 3 Michelin-Sternen gekrönte Küche, hat ein unglaublich hohes Niveau und zeugt von größter Fachkenntnis und Fantasie. Restaurantleiterin Stefanie Weidner und Sommelière Anna-Helene Herpers begleiten mit kenntnisreichem, zuvorkommendem Service durch die Abende. Cognacfarbene Glasröhren an den Wänden und warme Farben prägen die "Newman's Bar" mit weltoffener Atmosphäre und einer Topauswahl von individuell gemixten (Wunsch-) Cocktails, Longdrinks und einer erlesenen Spirituosen-Auswahl.

Kulinarische Träume

Achenkirch

Gründler's Gourmetstüberl

✉ 6215 · Seestraße 35 · ☎ +43 52 46 68 00
Neue Küche, eigene Kreationen · **Tische:** 6/20 Plätze
hotel@kulinarikhotel-alpin.at · www.kulinarikhotel-alpin.at

Speisekarte: 1 Menü von 110,00 bis 160,00 € 250 Weinpos. Das Alpin Kulinarik und Genießerhotel von Familie Gründler verfügt über gleich zwei feine Restaurants. Je nach Lust und Laune kann der Gast zwischen klassischer Gourmetküche und gehobener Regionalküche wählen. Im „Alpin", dem Gourmetstüberl, sorgen Vater Armin und Sohn Alexander für innovative Speisen aus der Kreativabteilung. Aus besonders edlen Zutaten entstehen Speisen, die das Feinste der Alpenregion mit internationaler Klassik verbinden. Die beiden arbeiten mit Herz und ertüfteln immer wieder neue Menüfolgen, wobei auch hier vegetarische Alternativen nicht zu kurz kommen. Bodenständiger geht es im Genießerwirtshaus zu. Behaglich-edel eingerichtet, bietet es neben der reizvollen Aussicht in die schöne Landschaft dank der Doppelspitze am Herd eine raffinierte Regionalküche. Die Zutaten sind vorwiegend heimisch, so kommt das Wild aus der Karwendelregion und der Fisch aus den glasklaren Gewässern im Umland. In beiden Restaurants steht ein zugewandtes Serviceteam bereit und hilft bei Fragen gerne weiter. Die Weinkarte ist groß, wurde von Carolin Gründler zusammengestellt und ist u. a. mit hochwertigen Jahrgangsweinen bestückt. Im Sommer wartet eine großzügige Terrasse mit überwältigendem Ausblick in die umgebende imposante, alpine Landschaft und ermöglicht ein genussvolles, kulinarisches Open-Air-Erlebnis.

Kulinarische Träume

Bad Gleichenberg

♜ Restaurant Geschwister Rauch

✉ 8343 · Trautmannsdorf 6 · ☎ +43 31 59 41 06
Regionale und Gourmetküche · **Tische:** 11/45 Plätze
reservierung@geschwister-rauch.at · www.geschwister-rauch.at · f

Speisekarte: 2 Menüs von 130,00 bis 170,00 € ♥♥♥♥ 🍇🍇🍇 300 Weinpos.

Das kulinarische Reich der Geschwister Rauch ist groß und bunt. Tagsüber kehrt man im Wirtshaus ein, in dem Richard Rauch eine gelungene Regionalküche präsentiert, in der er tradierte Rezepturen neu, leicht und aromenstark interpretiert. Da wehen dem Gast Düfte der Kindheit um die Nase, da werden kulinarische Erinnerungen wach. Der Küchenchef setzt bevorzugt auf bekannte Händler und Erzeuger aus dem Umland, um die Zutaten im jahreszeitlichen Rhythmus zu beziehen. Der Abend im Restaurant Geschwister Rauch ist dann dem großen Gourmetauftritt vorbehalten. Mit Kreativität, Fantasie und jeder Menge Können kommen hier Menüs in faszinierenden Gangfolgen auf die fein eingedeckten Tische. Die expressiven Speisen sind kraftvoll, elegant und komplex zugleich.

Herrscherin über das önologische Reich ist Sonja Rauch, ihre Fachkenntnis und Serviceleitung sind überragend. Im Feinkostladen „Mein Bruder der Koch" gibt es viele der Leckereien aus der Rauch'schen Küche in Gläsern und Flaschen, so dass man den Genuss nach Hause tragen kann. Wer sich selber an den Rezepten versuchen möchte, bucht (möglichst früh!) einen der beliebten Kochkurse. Bleibt noch der wunderschöne, von Weinreben beschattete Gastgarten zu erwähnen, in dem man an warmen Tagen den verführerischen Genuss zum Open Air Ereignis werden lässt.

Kulinarische Träume

Ellmau

Kaiserhof - Kulinarium

Bhf→10 km

✉ 6352 · Harmstätt 8 · ☎ +43 53 58 20 22 · Fax: 2 02 26 00
Intern., Österreichische u. Reg. Küche · **Tische:** 8/26 Plätze
info@kaiserhof-ellmau.at · www.kaiserhof-ellmau.at

Speisekarte: 1 Menü von 97,00 bis 127,00 € ♦♦♦ 🍇🍇   400 Weinpos.
Es ist schwer zu sagen, in welchem der wunderschön eingerichteten Restaurantträumen man sich am wohlsten fühlt. Gemütlich ist die Tirolstube, heimelig und urig sind die Kaminstube mit dem imposanten Kachelofen und die rustikalschöne Zirbenstube, modern-trendig und schlicht-elegant ist das à-la-carte-Gourmetrestaurant „Kulinarium 2.0", das während der Saison jeweils von Donnerstag bis Samstag ab 17:30 Uhr – selbstverständlich auch für externe Gäste – geöffnet ist (um vorherige Tischreservierung wird gebeten). Überall genießt man die individuelle Gastlichkeit, den liebenswerten Charme und die Zugewandtheit des engagierten Service-Teams. Am Herd steht mit Küchenchef David Wagger ein Mann, der handwerkliches Können mit Fantasie und dem richtigen Gespür für die harmonische Kombination der Speisen verbindet und seinen Gästen ein erlesenes kulinarisches Erlebnis vermittelt ohne abzuheben. Großen Wert legt er auf die Topqualität der Zutaten, die er im saisonalen Rhythmus einkauft und die möglichst von Erzeugern aus dem Umland stammen. Im Weinkeller laden über 400 edelste Tropfen zu einer kulinarischen Weinreise rund um den Globus ein. Ansprechpartner mit großer Expertise, Liebenswürdigkeit und viel Feingefühl ist der diplomierte Sommelier Karl Rotheneder, der auch unaufdringlich und kompetent den Service leitet.

Kulinarische Träume

Golling

Bhf →500 m   **Döllerers Restaurant**

✉ 5440 · Markt 56 · ☎ +43 62 44 4 22 00 · Fax: 62 44 69 12 42
Klassische und Neue Küche · Tische: 14/60 Plätze
office@doellerer.at · www.doellerer.at ·

Speisekarte: 1 Samstagmittag Alpine-Lunch von 69,00 bis 109,00 €; 2 Menüs ab 159,00 €

♥♥♥♥♥🍇🍇🍇 3.000 Weinpos.

Im "Döllerers" ist die ganze, weitverzweigte Familie mit Herzblut dabei, den zahlreichen Gästen die verschiedensten Genussformen Tag für Tag nahe zu bringen. Die Pole-Position in der Kulinarik nimmt das Restaurant ein. Hier präsentiert Chefkoch Andreas Döllerer eine Feinschmeckerküche, die seine Handschrift trägt. Mit erntefrischen Zutaten, gerne auch tradierten und doch in Vergessenheit geratenen, kreiert er in virtuosen, zeitgemäßen Zusammenstellungen ganz neue Geschmackswelten. Bodenständiger, aber keinesfalls mit weniger hohem Anspruch, geht es in Döllerers Wirtshaus zu. Das ist bereits seit 1909 ein behaglicher Treffpunkt für alle, die Wert auf unverfälschten Heimatgenuss legen. Hier setzt Andreas Döllerer die kulinarische Vielfalt der Region gekonnt und vielseitig in Szene und punktet mit gutbürgerlichen Speisen in zeitgemäßem Gewand.

In Döllerers Enoteca genießt man kulinarische Kleinigkeiten, während offene Weine und Flaschenweine aus den besten Lagen der Welt bei einer Verkostung darauf warten, entdeckt zu werden. In Döllerers Feine Kost werden nach überlieferten Familienrezepten hergestellte Fleisch- und Wurstspezialitäten angeboten. Im Webshop auf shop.doellerer.at kann man die Schmankerl sowie edle Weine u.v.m. bestellen.

Kulinarische Träume

Grän

Gourmetrestaurant Alps & Ocean

✉ 6673 · Füssener-Jöchle-Straße 5 · ☎ +43 56 75 63 75
Klassische Küche · **Tische:** 7/16 Plätze
post@sonnenhof-tirol.com · www.sonnenhof-tirol.com/geniessen/gourmet-hotel-tirol ·

Speisekarte: 1 Menü zu 190,00 €

1500 Weinpos.

Der „Sonnenhof" im Tannheimer Tal ist auch kulinarisch bestens aufgestellt, gibt es doch gleich drei Restaurants, die mit verschiedenen Küchenlinien den Gast verwöhnen. Innerhalb der ¾-Verwöhnpension kommt der Besucher in den Genuss einer frischen und durchdachten Küche mit köstlichen Antipasti, Salaten, dreierlei Suppen sowie klassischen, weltoffenen und vegetarischen Hauptgängen. Unabhängig von diesem Angebot warten noch das Gourmetrestaurant „Alps & Ocean" und das Genießerwirtshaus "Das Müllers". Bei Ersterem verrät bereits der Name, wie facettenreich die Küche von Küchenchef Patrick Müller ist, der mit handverlesenen Zutaten ein Gourmetmenü zusammenstellt, das innovativ, gehoben regional, klassisch, modern und immer raffiniert ist. Zu den Jeunes Restaurateurs Österreich gehörend, ist für ihn Kochen Leidenschaft und Hingabe. Im Genießerwirtshaus geht es etwas bodenständiger, aber qualitativ keinesfalls schlechter zu. Größter Wert wird auf die konzentrierten Zubereitungen der unverfälschten, österreichischen und internationalen Spezialitäten mit erstklassigen Produkten gelegt. In allen Restaurants ist das Weinangebot nicht wegzudenken – fast 1.200 verschiedene Weine und Champagner liegen bereit, um der Küche im Sonnenhof das i-Tüpfelchen aufzusetzen. Unersetzliche Hilfe ist hier Sommelier Rainer Müller, der Hüter dieses Schatzes.

Kulinarische Träume

Grän
Gourmetrestaurant Grunstube

✉ 6673 · Am Lumberg 20 · ☎ +43 56 75 6 39 60
Klassische Küche · **Tische:** 7/16 Plätze
info@hotelbergblick.at · www.hotelbergblick.at · [f]

Speisekarte: 1 Menü zu 148.00 €

Alpenländische Behaglichkeit in stilsicherer, edler Anmutung prägt das à-la-carte Restaurant im „Bergblick". Hier werden authentische und ehrliche Sinnesfreuden in Perfektion kreiert. Verantwortlich dafür ist Küchenchef Daniel Kill, der sich auf ein engagiertes Team verlassen kann und für seine Küche den Produktreichtum der Region nutzt. Bekannte Händler und Erzeuger beliefern die Restaurants, Ideengeber für die abwechslungsreichen Speisen sind Tirol und die Berge mit ihrer Vielzahl an tradierten Rezepturen und überlieferten Techniken. Denen gibt der Chefkoch Raum und fügt das eigene Können hinzu, so dass die Gäste sich auf eine geerdete, saisonale Heimatküche mit internationalem Akzent freuen können. Außergewöhnliche kulinarische Genüsse gibt es von donnerstags bis samstags im Gourmetrestaurant „Grunstube". Hier fließen das Können, die überbordende Fantasie und die Leidenschaft fürs Kochen in ein sorgfältig ausgetüfteltes, fokussiertes Menü, das den Gast auf eine kulinarische Luxusreise mit intensiven Gourmetmomenten mitnimmt. Hausgäste lernen innerhalb der Genießerpension morgens, nachmittags und abends die große Bandbreite der Küche im „Bergblick" kennen und schätzen. Edle Weine, Cocktails und feine Destillate warten in der Bar & Lounge, die abends zu einem geselligen und kommunikativen Treffpunkt wird.

Kulinarische Träume

Graz

♟ Parkhotel Graz – Zur goldenen Birn   Bhf→3 km

✉ 8010 · Leonhardstraße 8 · ☎ +43 3 16 36 30
Neue Küche, eigene Kreationen · **Tische:** 9/18 Plätze   VISA AE ① ◐ ⓔ
zurgoldenenbirn@parkhotel-graz.at · www.zurgoldenenbirn.at

Speisekarte: 1 Menü ab 200.00 €
❦❦❦❦ ☙☙   250 Weinpos.

Die gastronomische Angebotspalette im „Parkhotel Graz" ist groß und bunt. Hier wird garantiert jeder Gast fündig, egal, ob er einen kleinen Snack zwischendurch genießen oder sich mit einem exklusiven Dinner verwöhnen lassen möchte. Das Restaurant „Florian", dessen Name eine Hommage an die Inhaberfamilie ist, wurde nicht zuletzt dank deren Einsatzes zu einem gesellschaftlichen Treffpunkt in der Altstadt und ist ein echter Treffer, wenn es um steirische Köstlichkeiten und klassische Speisen in modernem Gewand geht. Ganz besonders exquisit geht es im Gourmetrestaurant „Zur goldenen Birn" zu (der Name des Gasthauses, als es 1574 errichtet wurde), in dem Küchenchef Jan Eggers mit einer Küche begeistert, in der er traditionelle Kronländer Rezepturen ganz behutsam dem modernen Zeitgeist angepasst, um daraus wirklich exklusive kulinarische Köstlichkeiten zu machen. Eine erholsame Auszeit kann man im Sommer im zauberhaften Rosen-Gastgarten nehmen, er ist mit seiner duftenden Blütenpracht eine echte Oase der Ruhe. Tagsüber ist die "Flora" ein edles Café mit kleiner Karte und großer Weinauswahl und abends wird sie zu einem beliebten Hotspot in Graz: Für die selbst kreierten Cocktails werden ausschließlich Spirituosen von heimischen Brennern verwendet – das ist nicht nur hochprozentiger, das ist 100%iger Genuss.

Kulinarische Träume

Innsbruck
♜ Gaia Cuisine

✉ 6020 · Höttinger Gasse 6 · ☎ +43 676 9 11 20 12
Crossover-Küche · **Tische:** 13/60 Plätze
sanyonagpal@hotmail.com · www.gaiacuisine.at ·

Speisekarte: 7 Hauptgerichte von 27,00 bis 58,00 €; 1 Menü von 58,00 bis 75,00 € ❤❤🐝 80 Weinpos.

Das Restaurant „Gaia Cuisine" findet sich in einer der kleinen Gässchen inmitten der historischen Altstadt von Innsbruck. 1281 wurde das Gebäude, das im Besitz des Klosters Chiemsee war, erstmals urkundlich erwähnt und später einfach Chiemseehaus genannt. Wirklich ausgefallen ist die Kombination alter Bausubstanz und moderner Gestaltungselemente im Interieur des Restaurants, das durchaus schlicht, aber sehr einladend gestaltet ist. Sanyo Nagpal und Eva Martvonova leiten das Restaurant mit großem Einsatz. Die Dame des Hauses sorgt für die verführerische Patisserie und kümmert sich gemeinsam mit ihrem Serviceteam sehr freundlich um die Gäste. Sanyo Nagpal steht am Herd und zeigt die ganze Bandbreite seines handwerklichen Könnens. Die Speisen lassen sich keiner Küchenrichtung zuordnen, sondern sind vielmehr eine raffinierte Mischung unterschiedlicher Esskulturen, in der sich klassische Regional- und Nationalküchen vermischen. Ob aus Europa, Asien oder der Karibik – er versteht es, das Beste der landestypischen Elemente zu kombinieren, mit Kräutern und Gewürzen zu veredeln und in eine moderne Cross-Over-Küche münden zu lassen. Exzellente Steakspezialitäten ergänzen das Angebot. Im Sommer kann man zusätzlich zum Genuss auf der kleinen Terrasse dem quirligen Altstadttreiben zuschauen.

Kulinarische Träume

Ischgl

YSCLA - Stüva

Bhf→30 km

✉ 6561 · Dorfstraße 73 · ☎ +43 (0) 54 44 52 75 · Fax: 5 27 54
Klassische und Neue Küche · **Tische:** 11/30 Plätze
info@yscla.at · www.yscla.at

Speisekarte: 1 Menü von 138,00 bis 234,00 €

♥♥♥♥♥🍇🍇🍇 900 Weinpos.

Kulinarisch wird der Gast im Hotel YSCLA (rätoromanisch für Ischgl) rundum perfekt verwöhnt. Der Tag beginnt mit einem vielseitigen Frühstücksbüfett – das Spätaufsteher von 11 bis 16 Uhr auch in der Hotelhalle serviert bekommen können. Nach dem Ski- oder Wandertag kann die zünftige Nachmittagsjause je nach Laune mit einem frisch gezapften Pils oder einem Capuccino ergänzt werden. Der Abend ist dem großen kulinarischen Auftritt vorbehalten, dann betritt Chefkoch Benjamin Parth, einer der jüngsten Spitzenköche Europas, die Bühne. Er kocht mit überbordender Fantasie, verliert aber nie die Bodenhaftung, was auch an der Auswahl der Zutaten erkennbar ist. Gerne kombiniert er das Beste aus dem Meer mit Spezialitäten aus den Tiroler Bergen. Auch klassische französische Hochküche und Traditionelles wie das Backhenderl oder Wiener Schnitzel kommen in präziser Zubereitung auf die fein eingedeckten Tische im in modernem alpinem Charme gestalteten Gourmetrestaurant "Yscla". Sympathisch ist für kleine Gäste die Möglichkeit, jenseits der gängigen "Micky-Mouse-Karte" eigene Speisewünsche zu äußern. Bereits ab 16 Uhr ist die Bar SPACE 73 geöffnet, dem neuen 'space to be' in Ischgl, wo man bei Cocktails, exquisiten Snacks und Fingerfood allein, zu zweit oder mit Freunden eine coole Zeit verbringen kann.

Kulinarische Träume

Kitzbühel
Berggericht 🎩🎩🎩🎩🎩

✉ 6370 · Hinterstadt 15 · ☎ +43 6 70 6 04 54 50
Klassische Küche, eigene Kreationen · **Tische:** 9/36 Plätze
hallo@berggericht.at · www.berggericht.at

VISA ●● ⓔ

Speisekarte: 2 Menüs von 199,00 bis 239,00 € 🍷🍷🍷🍷🍲🍲🍲

Das European Heritage Project erwarb 2012/13 u. a. mit dem alten Berggerichtsgebäude ein wichtiges Haus der historischen Kitzbüheler Altstadt. Es war der höchste Profanbau der Stadt, über Jahrhunderte eines der wichtigsten Repräsentationsgebäude und beherbergt heute hinter den massiven Mauern das exzellente Restaurant „Berggericht". Das ist mit leichter Hand in zurückhaltender Eleganz eingerichtet und gefällt mit edler Tischkultur, einer ganz entspannten, weltoffenen Atmosphäre und einem sehr liebenswürdigen Service. Mit Marco Gatterer steht hier ein Meister seines Faches am Herd. Er kocht mit viel Fantasie und Können und kreiert unter dem Motto "Alpine Fine Dining" Speisen, die in ihrer Komplexität begeistern. Sie sind in der Klassischen Küche und immer auch in der Region verwurzelt. Tradierte Rezepturen setzt der Küchenchef in einen immer wieder neuen Kontext und überzeugt seine Gäste mit einem Reigen höchst fantasievoller Zusammenstellungen. Feine Weine runden das Menü perfekt ab. Wer sich vor oder nach dem Essen in geselliger Runde auf einen Aperitif oder Digestif treffen möchte, nutzt die charmante Restaurantbar unter dem mächtigen, spätgotischen Tonnengewölbe. Während der Sommersaison gibt es ein Sonntagmittag-Lunch mit saisonalen Höhepunkten wie z. B. dem Törggelen@Berggericht zur beginnenden Herbstzeit.

Leogang

Riederalm – Dahoam

✉ 5771 · Rain 100 · ☎ +43 65 83 73 42
Moderne, kreative Regionalküche · **Tische:** 6/20 Plätze
info@riederalm.com · www.riederalm.com · f

Speisekarte: 1 Menü von 140,00 bis 180,00 € 🍷🍷🍷🍷 220 Weinpos.

Die „Riederalm" hat nicht umsonst den Zusatz „Genießerhotel", denn neben dem fulminanten gastronomischen Angebot gibt es ein nicht weniger beeindruckendes kulinarisches. Für das ist Patron und Chefkoch Andreas Herbst verantwortlich. In der Steinberg- und Spielbergstube und in den Restaurants Abendrot, Kupfergold und Schneeweiß warten in entspannter Atmosphäre liebevoll vorbereitete Tische auf die Hotelgäste. Hier verbindet Andreas Herbst traditionelle österreichische Speisen mit internationalen Elementen und kreiert Speisen, die frisch, bunt und abwechslungsreich sind und immer auf ausgesuchten Zutaten basieren, die von Lieferanten und Erzeugern aus der Region stammen. Der kulinarische Gala-Auftritt findet im Gourmetrestaurant „Dahoam" statt, in dem der Chef de Cuisine vor einer beeindruckenden Bergkulisse seine ganze Kreativität und Experimentierfreude auslebt und Speisen ersinnt, die in der Heimat verwurzelt sind, aber ganz neu und anders interpretiert und zu seiner fulminanten Alpine Cuisine werden. Korrespondierende Weine gibt es in bester Auswahl, einmal wöchentlich findet im urigen Weinkeller die Riederalm-Weinreise mit Verkostung statt. Nach einem genussvollen Abend kann man den Tag in geselliger Runde in der gediegenen Hotelbar mit offenem Kamin bei netten Gesprächen und coolen Drinks ausklingen lassen.

Kulinarische Träume

Linz

🏛 Zum kleinen Griechen

Bhf → 2,5 km

✉ 4020 · Hofberg 8 · ☎ +43 7 32 78 24 67 · Fax: 94 40 96
Neue u. Internationale Küche · Tische: 11/42 Plätze
info@zumkleinengriechen.at · www.zumkleinengriechen.at · f

Speisekarte: 8 Hauptgerichte von 24,90 bis 49,00 €; 1 Menü ab 79,00 €

🍷🍷🍷🍽🍽 350 Weinpos.

Nicht nur Freunde der griechischen Küche werden im "kleinen Griechen" überzeugende Genussmomente erleben. Zwar ist Andreas Mair selber kein Grieche, aber seit nunmehr vier Jahrzehnten gemeinsam mit Ehefrau Renatá mit seinem Gourmetlokal inmitten der Linzer Altstadt mehr als erfolgreich. Nicht nur das historische Gewölbe, sondern auch die gediegene Einrichtung sorgen dafür, dass es hier ungemein gemütlich und entspannt zugeht. Bekannt ist das Restaurant "Zum kleinen Griechen" vor allem für die exzellente mediterrane Küche und die Zubereitung feinster Fischspezialitäten. Renatá Mair bereitet die Speisen aus hochwertigen und frischen Zutaten zu. Ziegenkäse mit Thymian, Walnüssen, Pinienkernen, Honig und Radicchio, Flusskrebse mit Polenta, wild gefangener Steinbutt mit Zuckerschoten oder lieber ein Filet vom Ibericoschwein mit Topfen-Kürbis-Knödel und Kohlrabigemüse – wer die Wahl hat, hat die Qual. Jeder Teller ist sorgsam arrangiert und überzeugt mit ausbalancierten, aromenstarken Speisen. Patron Andreas Mair kann auf Wunsch perfekte Empfehlungen aussprechen. Er ist außerdem für seinen erstklassigen Service und kompetente Weinberatung bekannt. Zigarrenraucher werden die eigene "Outdoor Smoking Area" zu schätzen wissen.

Kulinarische Träume

Maria Wörth

Gourmetrestaurant Hubert Wallner Bhf→25 km

✉ 9082 · Seeplatz 6 · ☎ +43 4273 38 58 9
Klassische, Neue und Gourmet-Küche · Tische: 12/32 Plätze
office@hubertwallner.com · www.hubertwallner.com

Speisekarte: 4 Hauptgerichte von 60,00 bis 75,00 €; 2 Menüs von 188,00 bis 208,00 €

❀❀❀❀❀🍷🍷🍷   5.000 Weinpos. Kerstin und Hubert Wallner sind Gastgeber aus Leidenschaft, das ist in ihrem gastronomischen Reich mit herrlicher Lage am Südufer des Wörthersees allgegenwärtig. Hier kann man abends den großen Gourmetgenuss frönen, wenn man sich von Hubert Wallner und seiner rechten Hand, Jan Eggers, mit erlesen komponierten Speisen einer klassischen und modernen "Alpe-Adria-Küche" verwöhnen lässt. Ein Weinangebot, das mit rund 5.000 erstklassigen Positionen mehr als staunenswert ist, begleitet den Besuch. Etwas bodenständiger geht es im stylish-modern eingerichteten "Bistro Südsee by Hubert Wallner" zu. Unter kulinarischer Leitung von Hubert Wallner präsentiert das Team eine frische und spannende Küche mit facettenreichen Bistrogerichten. Ob frisch zusammengebaute Burger, Muscheln, Pasta, Kasnudeln oder Caesar's Salad – die Speisen sind handwerklich korrekt, abwechslungsreich, präzise zubereitet und leicht. Die Terrasse gehört sicher zu den schönsten weit und breit und verwöhnt mit einem Traumblick. Im Bistro steht alles im Zeichen von Sommer-Sonne-See und unkompliziertem, lässigem Genuss. Es kann sogar als exklusive Party-Location für Freunde oder Geschäftspartner genutzt werden – Chill-out Musik und Südsee-Flair inklusive.

Kulinarische Träume

Mautern
Landhaus Bacher

Bhf →3 km

✉ 3512 · Südtirolerplatz 2 · ☎ +43 27 32 8 54 29
Klassische Küche · **Tische:** 17/60 Plätze
info@landhaus-bacher.at · www.landhaus-bacher.at · f

Speisekarte: 2 Tagesgerichte von 32,00 bis 38,00 €; 1 Mittagsmenü von 72,00 bis 84,00 €; 4 Menüs von 180,00 bis 235,00 € 🍷🍷🍷🍷🍷🍇🍇🍇 1200 Weinpos. Der erstklassige kulinarische Ruf des „Landhaus Bacher" geht weit über die Wachau und auch Österreich hinaus, wartet doch hier eine Küche, die jeder Feinschmecker einmal genossen haben sollte. Thomas Dorfer führt gemeinsam mit Ehefrau Susanne Dorfer-Bacher in bester Familientradition das Restaurant (mit angeschlossenem, kleinem Gästehaus) und sorgt dafür, dass der erstklassige Ruf nicht leiser wird. Das Interieur ist von schlichter Eleganz und eine angemessene Bühne für die fulminante Kochkunst des Patrons. Der kocht dem Grundsatz nach klassisch, ohne dass die französische Küche zu einem Dogma wird. Er spielt mit kulinarischen Elementen aus Japan und Südamerika, tüftelt mit verschiedensten Aromen, Texturen und Garzuständen und kreiert Speisen, die zu einem innovativen und unvergesslichen Geschmackserlebnis werden, das dem Gast aber immer verständlich bleibt. (Übrigens: Eins der angebotenen Menüs ist immer vegetarisch.) Im Weinkeller lagern fantastische 1.200 Tropfen, Raritäten aus Bordeaux, der Rhone und aus Burgund neben der Elite aus der Wachau. Nicht das Teuerste ist gut genug, sondern das Beste. Der wunderschöne, romantische Gastgarten wird im Sommer zur open-air-Kulisse – hier gerät der Genuss endgültig zu einem Fest für alle Sinne.

Kulinarische Träume

Mayrhofen

Zillergrund – Rocky 7

Bhf→2 km

✉ 6290 · Zillergrund 903 · ☎ +43 52 85 6 23 77
Klassische Küche · **Tische:** 3/12 Plätze
info@zillergrund.at · www.zillergrund.at ·

Speisekarte: 2 Menüs von 80,00 bis 155,00 € 🍷🍷🍷🥬🥬

Im „ZillerGrund Rock Luxury Mountain Resort" kann man sich rund um die Uhr kulinarisch verwöhnen lassen – und mit der Gourmetpension PLUS ist das Verwöhnprogramm sogar schon im Zimmerpreis inkludiert. Von 7:30-10:30 wartet das alpine Frühstücksbuffet mit allem, was das morgendliche Herz begehrt. Die Lunchtime mit knackigen Salaten, Pasta und warmen Gerichten, frisch in der Showküche zubereitet, ist ab 14 Uhr, daran anschließend bis um 16:30 gibt es den Late Lunch und Tea Time. Beim abendlichen Genussdinner werden Salate, Frischgemüse, Käse und Eis am Buffet angeboten, alles weitere wird am fest reservierten, schön eingedeckten Tisch gereicht. Quellwasser aus der Ahornachquell ist ganztägig kostenlos, Säfte und alkoholfreie Getränke sind es bis 17 Uhr ebenso. Und wenn man während des Urlaubs einmal eine besonders exklusive Genussreise starten möchte, besucht man das Gourmetrestaurant „Rocky 7". Hier sorgt Küchenchef Alexander Hönigsberger für fine dining in charmantem Ambiente. Klassische Küche interpretiert er raffiniert neu und passt sie behutsam modernen Strömungen an. Gastgeber Christian Pfister weiß als diplomierter Sommelier die passenden Tropfen zu empfehlen. „Hermann&Frieda – the bar" ist der place to be, wenn man in geselliger Runde bei frisch gemixten Drinks den Tag entspannt ausklingen lassen möchte.

Kulinarische Träume

Sölden

Bergland Sölden Design- und Wellnesshotel

✉ 6450 · Dorfstraße 114 · ☎ +43 52 54 2 24 00
Klassische und Internationale Küche · **Tische:** 8/16 Plätze
info@bergland-soelden.at · www.bergland-soelden.at ·

Speisekarte: 2 Menüs von 120,00 bis 210,00 € ♦♦♦🐑 200 Weinpos.
Im Bergland Design- und Wellnesshotel kommen auch Feinschmecker immer auf ihre Kosten. Man kann je nach Laune und Appetit (und immer am besten nach vorheriger Reservierung) wählen, ob man im „wine & dine" oder im Gourmetrestaurant „Black Sheep" speisen möchte. Chef de Cuisine Hannes Schwaiger ist für die Küchen verantwortlich. Seine handwerklich präzisen, unverfälschten Zubereitungen basieren auf erstklassigen Produkten, die bevorzugt aus dem Umland kommen und innerhalb eines 200 km Radius produziert und verarbeitet werden. Besonders kreativ ist die Küche im „Black Sheep", hier wird ein exklusives, sorgfältig ausgetüfteltes Degustationsmenü angeboten, das den Gast auf eine Genussreise um die ganze Welt mitnimmt - ein kulinarisches Erlebnis für alle Sinne. Im „wine & dine" geht es in den gemütlichen Stuben etwas bodenständiger zu, hier werden gerne tradierte Rezepturen raffiniert verfeinert und mit alpinen Spezialitäten ergänzt. Besonders beliebt sind die verschiedenen Specials wie z. B. Raclette und die Fondues Bourguignonne und Chinoise. Ein herrlich gediegener Ort der Begegnung und Geselligkeit ist die Kaminbar & Lounge – ob bei einem Glas Wein, edlem Obstbrand oder einem frisch Gezapften – die Auswahl ist formidabel. Und wenn im Winter ein Feuer im Kamin flackert und knistert ist das Wohlfühlambiente perfekt.

Kulinarische Träume

St. Andrä - Höch

🍴 Am Pfarrhof

✉ 8444 · Sankt-Andrä im Sausal 1a · ☎ +43 660 3 94 46 28
Kreative Neue Küche · **Tische:** 8/24 Plätze
office@ampfarrhof.com · www.ampfarrhof.com · f

Speisekarte: 1 Menü von 152,50 bis 177,50 € 🍷🍷🍷🍷 800 Weinpos. Im Zentrum der kleinen Gemeinde Sankt Andrä-Höch steht gegenüber der Kirche das alte Pfarrhaus, dessen Geschichte bis ins 14 Jh. zurückreicht. Hier haben Harald Irka und seine Lebensgefährtin Lisa Gasser ihr Restaurant etabliert, dass schon nach wenigen Jahren zu einem der besten in Österreich avancierte. Diese Position hat sich der Patron am Herd mit großem Fleiß und wenn möglich noch mehr Können erarbeitet. Seine Küche ist eine Demonstration wagemutiger Kombinationen, die trotz aller vordergründigen Gegensätzlichkeit einfach passen und in ausbalancierte Geschmackserlebnisse münden, die den Gast mit ihrer Wucht verblüffen. Im Grundsatz puristisch, sind die Speisen sehr intuitiv und bündeln verschiedenste Aromen und Texturen. Zum gastronomischen Gesamterlebnis im Pfarrhof gehört auch das außergewöhnliche Ambiente. Ursprünglich und doch zeitgemäß ist das Restaurant gestaltet. Mächtige, historische Gewölbedecken, klare Linien, blanke Tische, weich geschwungene Fauteuils fügen sich zu einem wirkmächtigen Interieur. Die von Weinstöcken umgebene Terrasse wird zum Sehnsuchtsort mit Blick in die weite Landschaft. Der alte Pferdestall wurde zu sechs Gästezimmern von ganz eigener architektonischer Klasse umgestaltet. Hier wie auch im Restaurant ist Lisa Gassner eine ungemein herzliche und zugewandte Gastgeberin.

Kulinarische Träume

Tux

Alpenhof – Genießerstube

✉ 6293 · Hintertux 750 · ☎ +43 52 87 85 50
Regionale Küche, eigene Kreationen · **Tische:** 4/16 Plätze
info@alpenhof.at · www.alpenhof.at · f

Speisekarte: 1 Menü von 125,00 bis 155,00 € ❤❤❤🐌 160 Weinpos. Dass im Alpenhof formidabel gekocht wird, ist schon länger kein Geheimnis mehr. Aber mit der „Genießerstube" gibt es zusätzlich zum à-la-carte-Restaurant noch den Ort für den ganz besonderen Genuss. Sehr klein und fein, finden in der vollholzverkleideten Stube, die charmant im alpenländischen Stil eingerichtet ist, 16 Gäste Platz, die von Chefkoch Maximilian Stock aufs Feinste bekocht werden. Im Tuxertal geboren und aufgewachsen, liegt ihm die Region besonders am Herzen, kennt er jeden der ausgewählten Händler und Erzeuger persönlich, wobei das Rind- und Kalbfleisch sogar direkt vom eigenen Bauernhof in Obsteig stammt. Erst, wenn ihre Zeit reif ist, kommen die Produkte in seine Küche, wo er sie mit großem Ideenreichtum immer wieder neu zusammenstellt. Sein Menü ist eine spannende Abfolge raffiniert ausgeklügelter Kombinationen, die gleichermaßen eine Verbeugung vor der Heimat als auch eine Demonstration innovativer Handwerkskunst sind. Er spielt mit den verschiedensten Garmethoden, Würzungen, Aromen und Texturen und kreiert seine ganz eigene Küchenlinie, die er „Alpine Taste" nennt und die den Gast in eine genussvolle Welt mitnimmt. Ein weiteres Bekenntnis zur Alpenrepublik mit ihren zahlreichen guten Winzern ist das formidable Weinangebot, hier kommen etwa 80% der edlen Tropfen aus Österreich.

Kulinarische Träume

Wien

Apron

Bhf→2 km

✉ 1030 · Am Heumarkt 35/37 · ☎ +43 1 71 61 60
Moderne Österreichische Küche · **Tische:** 6/30 Plätze
welcome@restaurant-apron.at · www.restaurant-apron.at · f

Speisekarte: 1 Menü von 160,00 bis 190,00 € 🍷🍷🍷🥂🥂 230 Weinpos. Im APRON ist alles schick, modern und weltoffen – ob das Interieur, die Küche oder der Service – hier wird der Gast mit einer exzellenten Küche verwöhnt und genießt die Auszeit vom Alltag in vollen Zügen. Das Restaurant ist modern eingerichtet, die Tischplatten gleichen Honigwaben aus sanft schimmerndem Gold. Die Showküche bietet spannende Einblicke ins emsige Geschehen und zusätzlichen Gesprächsstoff, denn es ist faszinierend, wie gekonnt und präzise Chefkoch Jakob Karner mit seinem Team aus den handverlesenen Zutaten leichte, moderne, österreichische Speisen zaubert. Altbekanntes interpretiert er raffiniert neu, die wechselnden Jahreszeiten sind zusätzlicher Ideengeber, wenn er die bevorzugt regionalen Zutaten gekonnt und kreativ kombiniert. Wichtig ist ihm, dass die Speisen unverfälscht und ehrlich sind, damit sie dem Gast schmecken und in bester Erinnerung bleiben. Hier erlebt man Casual Fine Dining at its best. Wer zu einem speziellen Anlass wie z. B. einer kleinen Feier oder einem Business-Meeting etwas wirklich Besonderes sucht, kann den schlicht-elegant und außergewöhnlich gestalteten Private Dining Room nutzen. Auch hier gehört der zugewandte Service unter Leitung von Alexander Fürst-Milenkovic, der ebenfalls kenntnisreich und feinfühlig zu den passenden Weinen und Getränken berät, zum perfekten Rundumerlebnis dazu.

Kulinarische Träume

Wien
El Gaucho

Bhf → 4 km

✉ 1030 · Rochusplatz 1 · ☎ +43 1 38 10 00
Internationale Küche, Steak-Spezialitäten · **Tische:** 35/170 Plätze
rochusmarkt@elgaucho.at · www.elgaucho.at · f

Speisekarte: 30 Hauptgerichte von 21,00 bis 68,00 € 250 Weinpos. Am Rochusmarkt im 3. Wiener Bezirk hält die U3 und ist nur einen Katzensprung vom El Gaucho entfernt. Steaks und gute Küche sind die große Leidenschaft von Küchenchef Jeffrey Bartolome und seinem Team. Das Restaurant im ersten Stock und empfängt die Gäste mit einer lässigen und weltoffenen Atmosphäre. Rot und goldfarben gepolsterte Fauteuils, deckenhohe Regale voller Weinflaschen und die offene Küche tragen zum entspannt-lockeren Flair bei. Schwerpunkt der Küche sind fraglos erstklassige Fleischzubereitungen. Das erlesene Gaucho- oder steirische Dry Aged Beef aus ausgewählter argentinischer und heimischer Zucht wurde mindestens 21 Tage trocken gereift, ist von Top-Qualität und wird von kreativen Side-Dishes und Saucen begleitet, wobei Nachhaltigkeit, Regionalität und Saisonalität nicht außer Acht gelassen werden. Ob mittags beim Businesslunch oder beim abendlichen Besuch – das Serviceteam sorgt für eine genussvolle Auszeit. Wer im etwas abgeschiedeneren Rahmen genießen möchte, nutzt den Private Room. Und wer das Gegenteil sucht, geht in die schick gestylte Bar im Erdgeschoss. Hier geht es ausgesprochen lebhaft und gesellig zu: Live-Musik oder bestens aufgelegte und auflegende Top DJs sorgen für rassige Atmosphäre, frisch gemixte Cocktails und Getränke von der Bar sind das passende Beiwerk.

Kulinarische Träume

Algund

Schlosswirt Forst – Luisl Stube

Bhf→1 km

39022 · Vinschgauer Straße 4 · ☎ +39 04 73 26 03 50
Mediterrane Küche · **Tische:** 4/12 Plätze
info@schlosswirt-forst.it · www.schlosswirt-forst.it

Speisekarte: 2 Menüs von 142,00 bis 175,00 €

Nur wenige Kilometer von Meran und wenige Meter von der bekannten gleichnamigen Brauerei entfernt liegt der Schlosswirt Forst. Hier sorgt Patron Luis Haller mit seinem engagierten Team dafür, dass sich jeder Gast in seinem sorgfältig geführten gastronomischen Reich rundum wohlfühlt. Das historische Anwesen ist von einem malerischen Garten umgeben und lädt zu genussreichen Stunden abseits täglicher Hektik ein. Traditionen bewahren und Innovationen wagen, könnte ein Leitspruch des Hauses sein, in dem man zwischen Gourmet- und Wirtshausküche wählen kann. Handbemalte Kachelöfen, Holzvertäfelungen, handwerklicher Zierrat an den Wänden – das Wirtshaus ist ungemein charmant eingerichtet: Hier werden die bodenständigen Produkte kraftvoll und unverfälscht zubereitet und überlieferte Rezepturen behutsam dem Zeitgeist angepasst, so dass authentische Südtiroler Speisen in einem neuen Gewand erscheinen. Im Gourmetrestaurant wird detailverliebter gearbeitet, ohne das große Ganze – ehrliche Küche mit hohem Genuss- und Kreativitätsfaktor – aus den Augen zu verlieren. Luis Haller kreiert ein täglich variierendes Chef's Menü, in dem das Beste aus der Region mit internationalen Einflüssen zu raffinierten Speisefolgen wird. Eine fantastische Weinauswahl – hier berät Nicola Spimpolo mit Expertise – begleitet die Restaurantbesuche.

Kulinarische Träume

Freienfeld

♜ Gourmetstube Einhorn

Bhf –3 km

✉ 39040 · Mauls 10 · ☎ +39 04 72 77 11 36
Klass., Neue u. Reg. Küche · **Tische:** 5/14 Plätze
info@stafler.com · www.stafler.com · 🅵

Speisekarte: 1 Menü von 159,00 bis 199,00 € 🍷🍷🍷🍷 🍇🍇   300 Weinpos.
Bereits seit 1270 kehren Reisende ins "Stafler" ein. Die lange gastliche Tradition des einstigen Post-Gasthauses spürt man noch heute in den traditionsreichen Gemäuern. Gleich in zwei Restaurants kommt der Gast in den Genuss sorgfältig zubereiteter Speisen, die Klassisches und Regionales, Tradiertes und Zeitgeistiges in harmonischer Kombination präsentieren. In der nostalgisch-elegant gestalteten Gourmetstube "Einhorn" schwingt Peter Girtler den Kochlöffel mit begeisternder Präzision und Kreativität. Das Wichtigste ist ihm die kompromisslos gute Qualität der Zutaten, von denen so viele wie möglich im saisonalen Rhythmus aus der Region kommen. Mit viel Fantasie und ebenso viel Können stellt er die Ingredienzen zu klassischen Speisen zusammen, denen auch moderne und regionale Elemente nicht fehlen, und nimmt den Gast auf eine faszinierende, kulinarische Entdeckungsreise mit. In der "Gasthofstube" geht es etwas bodenständiger zu: Heimisches und Internationales prägen hier die ausdrucksstarken „Mare e Monti" Kreationen von Peter Girtler und seinem Team. Die liebevoll eingerichtete Hans-Stafler-Stube und das Romantik-Gewölbe sind auch ideal, um zu zweit oder bei Familienfesten, Weihnachts- oder Firmenfeiern mit bis zu 40 Personen die feine Küche und den zuvorkommenden Service in entspannter, familiärer Umgebung zu genießen.

Girlan

Manuel's Chef Table

✉ 39057 · Runggweg 26 · ☎ +39 04 71 66 58 54
Neue Küche · **Tische:** 8/32 Plätze
info@rungghof.it · www.rungghof.it

Speisekarte: 1 Menü von 95,00 bis 145,00 €

Der Rungghof ist ein gastronomisches Kleinod von erlesener Klasse. Die findet sich auch im kulinarischen Angebot des „Bistro 1524" – dem Jahr der Grundsteinlegung des Ansitzes – und dem Gourmetableger „Manuel's Chef Table". Der Tag beginnt mit einem reichhaltigen, gesunden à la carte Frühstück mit vielen hausgemachten Spezereien. In landestypischem Stil ist das Bistro mit viel Geschmack behaglich eingerichtet. Hier wartet in urigen Stuben der unkomplizierte Genuss, egal, ob man nur eine Kleinigkeit wählt, ein leckeres Lunch oder feines Abendessen. Alles kommt frisch und sorgfältig zubereitet aus der Küche, für die Hausherr und Küchenchef Manuel Ebner verantwortlich ist. Er nutzt bevorzugt den heimischen Warenreichtum und bezieht die Zutaten mit hohem Qualitätsanspruch im jahreszeitlichen Rhythmus von bekannten Händlern und Erzeugern. Das gilt auch für die Grundzutaten seiner Gourmetküche. Nur werden sie im Fine Dining Restaurant noch raffinierter und finessenreicher verarbeitet. Jeder Teller ist ein kleines Kunstwerk und ein Feuerwerk von Aromen und Farben. In der Heimat verwurzelt, gehen die Zubereitungen weit darüber hinaus und entführen den Gast auf eine unvergessliche Genussreise. Die wird von einem weiten, überwältigenden Blick ins Etschtal und exzellenten Weinen begleitet, die zur DNA der Kulturregion Südtirol gehören.

Kulinarische Träume

Hafling
Le Cheval

✉ 39010 · Falzebener Straße 66 · ☎ +39 04 73 27 93 06
Klassische Küche · **Tische:** 4/10 Plätze
info@hotel-hirzer.com · www.hotel-hirzer.com · f

Speisekarte: 1 Menü zu 140.00 €
❦❦❦🕮🕮

Im „Hirzer 2781 Pure Pleasure Hotel" steht immer das Wohlergehen des Gastes im Fokus, und das ist auch nicht anders, wenn es um die Kulinarik geht, die hier zum exklusiven Genussprogramm wird. Innerhalb der ¾-Pension, die bereits im Zimmerpreis inkludiert ist, gibt es ein umfangreiches Frühstücksbuffet mit faszinierender Auswahl auch an frisch zubereiteten Mehl- und Eierspeisen, später ein Nachmittagsbuffet mit warmen Gerichten, Antipasti und süßen Verführungen und am Abend ein sorgfältig zusammengestelltes Wahlmenü mit Vorspeisenbuffet. Vielfältige Themenabende sorgen für zusätzliche Abwechslung. Küchenchef Peter Oberrauch ist aber nicht nur für das Geschehen im Fine Dining Restaurant verantwortlich, sondern sorgt im Gourmetrestaurant „Le Cheval" für außergewöhnlichen kulinarischen Genuss. Seine Speisen sind klar, ehrlich und wunderschön anzusehen. Französische Hochküche erscheint bei ihm in einem kreativen, neuen Gewand, er spielt mit den handverlesenen Zutaten, Aromen und Texturen und sorgt für einzigartige Genussreisen, in denen Traditionen und Innovationen sorgsam ausbalanciert sind. Exzellente Weine – Klassiker, Raritäten und Spitzenetiketten – runden die Speisen ab. Christoph Gerischer berät als leidenschaftlicher Weinkulturexperte und diplomierter Sommelier mit enormer Fachkenntnis und großer Sensibilität.

Kulinarische Träume

Mals

🏛 **Weisses Kreuz – Mamesa**   Bhf→3 km

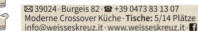

✉ 39024 · Burgeis 82 · ☎ +39 0473 83 13 07
Moderne Crossover Küche · **Tische:** 5/14 Plätze
info@weisseskreuz.it · www.weisseskreuz.it · 📘

Speisekarte: 3 Hauptgerichte von 45,00 bis 55,00 €; 1 Menü von 140,00 bis 170,00 € ❤❤❤🦪🦪

Das kulinarische Angebot im Hotel Weisses Kreuz passt zum hohen Anspruch des Hauses. Dafür sorgt mit Marc Bernhart ein junger, hoch motivierter und leidenschaftlich arbeitender Koch. Der Genuss beginnt bereits beim Wareneinkauf: Fleisch kommt von Rindern aus der eigenen Wagyu-Zucht, Speck wird hausgeräuchert, Honig und Eier aus Freilandhaltung bringt sein Vater mit und ganz vieles – u. a. Pasta, Ravioli, Brötchen, Kuchen, Eis, Pralinen – wird in der Küche selber gemacht. Der kulinarische Reigen beginnt mit einem erstklassigen Frühstücksbuffet. Die Mittagskarte um 12 Uhr wird von einem Snackangebot bis 18 Uhr gefolgt. Abends wartet ab 19 Uhr – im Übrigen auch für externe Gäste – ein 5-Gang-Wahlmenü. Wer sich von einer besonders exklusiven Küche begeistern lassen möchte, besucht das Gourmetrestaurant „Mamesa". Hier zeigt Marc Bernhart die große Bandbreite seines Könnens mit leichten und raffinierten Speisen, die in ein sorgfältig zusammengestelltes Menü münden. Immer wieder ertüftelt er neue Kombinationen, holt sich dafür Anregungen aus der Heimat, dem mediterranen Raum und jenseits europäischer Grenzen. Seine Offenheit für alles, was Zutaten, Zubereitungsarten, kulinarische Richtungen, Aromen, Würzungen und Texturen angeht, macht seine Küche so ungemein spannend und abwechslungsreich.

Kulinarische Träume

Villanders

Bhf → 5 km 🍴 **Fine Dining – Defregger**

✉ 39040 · Franz v. Defreggergasse 14 · ☎ +39 04 72 84 31 11
Intern., Reg. u. Mediterr. Küche · **Tische:** 4/14 Plätze
info@ansitzsteinbock.com · www.ansitzsteinbock.com · ￼

Speisekarte: 2 Menüs von 129,00 bis 156,00 € 🍷🍷🍷 🐌🐌🐌 850 Weinpos. Eine der drei Gaststuben aus dem 16. Jahrhundert mit getäfelten Decken, imposanten Truhen und Schränken scheint noch hübscher als die andere und verleiht dem "Ansitz Steinbock" ein einzigartiges historisches Flair. Das hochengagierte Küchenteam unter Leitung des jungen, hochambitionierten Küchenchefs René Tschager überzeugt mit einer raffinierten internationalen und anspruchsvollen regionalen Küche, die handwerklich präzis, minimalistisch und dennoch im Detail komplex ist. Sorgfältig zubereitet, werden die ausgesuchten Zutaten zu eleganten, durchdachten, bisweilen wagemutigen Speisen. Gerne greift der Chefkoch auf vergessene Zubereitungsformen zurück, die er kreativ in die Gegenwart holt. So wird das Bodenständige zum Edlen, das vermeintlich Einfache zum Besonderen. Chefsommelier Bastian Winkler hütet und kuratiert einen fulminanten, preisgekrönten Weinschatz (Weinkulturpreis 2024 Südtirol), der in sechs Meter Tiefe im alten Weinkeller lagert und auch für Veranstaltungen in außergewöhnlichem Rahmen genutzt werden kann. Im „Ansitz Steinbock" warten hinter historischen Mauern zwölf auserlesene Suiten – jede mit eigener Sauna – ein Private Spa und die gediegene, einladende Honesty Bar. Hier verbinden sich exklusive Logis und kulinarischer Genuss, gepaart mit unaufdringlichem Luxus aufs Feinste.

CHAMPAGNER
CLUB

Entdecken Sie mit uns exklusive, besondere, limitierte oder einfach nur köstliche Champagner!

Club-Mitglied werden!

Wir reisen monatlich in die Champagne und durchstöbern unzählige Keller nach immer neuen Geschmackserlebnissen. Alle zwei Monate erhalten Club-Mitglieder eine Auswahl dieser Entdeckungen und haben die Möglichkeit kurzzeitig nachzuordern sowie an exklusiven Events, Reisen und Tastings teilzunehmen.

Mehr Infos unter www.champagner-club.de

HOTEL-SPECIALS

Auf den folgenden Seiten präsentieren wir Ihnen Hotels, die spezielle Angebote für Wellness & Beauty, Sport & Golf oder Tagungen & Seminare für Sie bereithalten. Lassen Sie sich inspirieren.

Wellness & Gesundheit

Bad Birnbach

Bhf → 2 km Hotel Sonnengut Wellness, Therme & Spa

✉ 84364 · Am Aunhamer Berg 2 · ☎ 0 85 63 30 50 · Fax: 30 51 00 · Rest. Sonnengut und Hirschstube m. Kreativer u. Reg. Küche; Sport- u. Aktivprogramme, Arthur's 1994 Bar, Frühstück im Zi.-Preis inkl., Zi.-Preise pro Pers.
info@sonnengut.de · www.sonnengut.de · 300 m

60 **DZ** ab 141,00 €;
4 als **EZ** ab 141,00 €;
14 **EZ** ab 141,00 €;
14 **Suiten** von 151,00 bis 266,00 €

Sehr engagiert und freundlich leiten Petra und Hans-Jörg Franzke dieses ausgezeichnete Wellnesshotel. Die Philosophie des Hauses, echte Herzlichkeit und aufmerksame Gastfreundschaft zu zeigen, wird hier auch wirklich gelebt. Modern eingerichtete Zimmer und eine kreative Frischeküche sind die Grundlage des Verwöhnurlaubs. Im 3000 m² großen, sehr gepflegten Wellnessbereich stehen nachhaltige Erholung und Tiefenentspannung obenan. Der großzügige Spa-Bereich mit Gartenanlage und Kneippbecken, Saunalandschaft, Hamam, Freilufthof und drei Schwimmbecken wartet in der Wasserwelt des Hauses. Hier gibt es sogar eine Heiltherme mit Wasser aus der Bad Birnbacher Ursprungsquelle. Bei Akupunktmassagen und Ayurveda, die den Körper vitalisieren, werden Energiezentren aktiviert. Die La Stone Therapie und LOMI LOMI gehören ebenfalls zum vielseitigen Angebot. In den modernen Räumen der Kosmetik werden BABOR Produkte verwendet. Ein weiterer Garant, um Schönheit und Pflege auf hohem Niveau zu erleben. Medical Wellness gehört ebenfalls zum breit gefächerten Angebot und hilft dabei, eine gesundheitsorientierte Lebensführung zu erreichen. Im Sonnengut wird rund um Relaxen, Regeneration und Beauty wirklich an alles gedacht.

Wellness & Gesundheit

Bad Füssing

Holzapfel

Bhf→6 km

✉ 94072 · Thermalbadstr. 4 + 5 · ☎ 0 85 31 95 70 · Fax: 95 72 80 · Restaurants, Café, Weinlounge, Bar, E-Mobil-Ladestation, Zimmerpr. inkl. 3/4-Verwöhnpension

🍽🛏🛋🏠📶🚐✈⛵♨⛷♿🏊⛰↔🚶🎿♨⛰🕳🍷🥤 2 km   VISA ● E

info@hotel-holzapfel.de · www.hotel-holzapfel.de · f

64 **DZ** ab 162,00 €;
19 **EZ** ab 170,00 €;
7 **Jun.-Suiten** von 256,00 bis 334,00 €

Man kommt im "Holzapfel" an und fühlt sich sofort herzlich aufgenommen. Das Haupthaus ist durch einen "Bademanteltunnel" mit dem "Neuen Holzapfel" verbunden. Hier erwarten den Gast eine eigene Therme und eine überwältigende Fülle von Wellnessangeboten. Liebevoll betreut, genießt man eine familiäre Atmosphäre, logiert in individuell eingerichteten Zimmern und genießt eine abwechslungsreiche Frischeküche. In der Spa Alchemia Medica, im Zen Spa im Traditionshaus und in der dortigen medizinischen Abteilung wird größter Wert auf eine ganzheitliche Erholung gelegt. Nicht nur der Körper bekommt Streicheleinheiten, auch die Seele darf entspannen und man lernt, den stressigen Alltag und Ruhelosigkeit hinter sich zu lassen. Dafür sorgen die durchdachten Anwendungen (Hot Stones, Kräuterstempeln, Bäder, Massagen u.v.m.), die von fachkundigen Mitarbeiterinnen durchgeführt werden und die auch gerne auf die ganz individuellen Bedürfnisse und Wünsche des Gastes abgestimmt werden. Das kompetente Team von Kosmetikerinnen, über Masseure, Physiotherapeuten bis hin zur Heilpraktikerin, Angelika Holzapfel persönlich, ist jederzeit ansprechbar. Das ohnehin schon tolle Angebot erfährt 2024 eine 3.000 m² (!) große Erweiterung mit 6 Ruheräumen, 4 Pools, Physio- und Wellnessabteilung sowie einem Saunabereich.

Wellness & Gesundheit

Bad Kötzting

Bhf → 5 km
Hotel Bayerwaldhof ✪ ✪ ✪ ✪ ✪

✉ 93444 · Liebenstein 25 · ☎ 0 99 41 94 800 · Fax: 94 80 800
Restaurant, Bar, Gartenanlage, Arrangements, Reitmöglichkeiten
🍴🛏🐕🛋📺🎬✈⛷🏊♨🛁🌊🚲↕🌳🗝 15 km
info@bayerwaldhof.de · www.bayerwaldhof.de · 📘

74 **DZ** von 208,00 bis 356,00 €;
als **EZ** von 122,00 bis 203,00 €;
12 **Suiten** von 282,00 bis 450,00 €

Inmitten wunderschöner Natur eins werden mit Körper und Geist, den hektischen Alltag hinter sich lassen und nachhaltige Kraft schöpfen – wer wünscht sich das nicht? Im Hotel "Bayerwaldhof" kann dieser Traum Wirklichkeit werden. Die mit Bedacht konzipierte 10.000 m² große Wellnessoase mit ganz neuem SPA bezieht immer auch die malerische Landschaft des Bayerischen Waldes mit ein: So kann man sich im beheizten Solebecken, im Außenpool mit Panoramaaussicht oder im Naturschwimmbad inmitten des idyllischen Gartens einfach nur treiben lassen. Im Saunaplatzl warten verschiedenste Saunen, Erlebnisräume und angenehm gestaltete Ruhezonen. Schönheits- und Wellnessbehandlungen gibt es in vielen Varianten. Ob Gesichtsbehandlungen, Bäder mit edlen Ölen und klassische- Schröpf-, Sport- oder Vitalmassagen – gerne werden vom gut geschulten, sehr zuvorkommenden Team individuelle Programme zusammengestellt. Der Bayerwaldhof ist das erste haki®Hotel Deutschlands: Die von speziell ausgebildeten Therapeuten durchgeführte einzigartige Behandlung konzentriert sich auf die Bereiche Schulter, Nacken und Kopf und löst dortige Verkrampfungen. Die erstklassige 3/4-Pension des Hauses und das Engagement von Familie Mühlbauer und Team begleiten den Aufenthalt im Bayerwaldhof.

Wellness & Gesundheit

Bad Peterstal-Griesbach

 Hotel Dollenberg Bhf→3 km

77740 · Dollenberg 3 · ☎ 0 78 06 7 80 · Fax: 12 72 · Gartenrestaurant, Weinstube, Café, Cocktail-Bar, Bauern- u. Kaminstube, Zi.-Preise inkl. Frühstück
18 km
info@dollenberg.de · www.dollenberg.de

17 **DZ** ab 282,00 €;
83 **(Jui.-)Suiten** ab 344,00 €

Wo gibt es noch ein exklusives 5-Sterne-Hotel, das von der Inhaberfamilie persönlich geleitet wird? Diese Bodenständigkeit und traditionelle Gastlichkeit in elegantem Ambiente kann man im Hotel "Dollenberg" erleben und genießen. Wunderschöne Natur, gehobener Wohnkomfort, erlesene Speisen, Wellness und Beauty sind die Zauberworte in diesem "Relais-&-Châteaux"-Haus. Hier bleibt die Alltagshektik vor der Tür und der Besuch in der hinreißenden Wellnessoase, die sich über fantastische 5.000 m² erstreckt, ist wahrlich ein Fest für alle Sinne. Ausgeklügelte Beautyprogramme, kosmetische Anwendungen mit hochwertigen Produkten, ein Friseursalon, Massagen, Luxusbäder, wohltuende Packungen und vielfältige Trainingsprogramme (auf Wunsch mit Personal Trainer) werden mit Unterstützung der geschulten und freundlichen Mitarbeiter zu ganzheitlicher Erholung, die mit Langzeiteffekt noch lange wohltuend in den Alltag hineinwirkt. Im "DOLLINA Spa & Health" findet man neben der Saunawelt (Altholz,- Zirbelholz-, Bio- und Salz-Tocken-Sauna), Kräuter- und Sole-Dampfbäder, ein Sole- und Mineralwasserbad, Innen- und Außenschwimmbecken, Hamam, Erlebnisduschen, Grotten, Ruheraum u.v.m. Hier schöpft man Kraft und Energie mit Langzeitwirkung, am besten innerhalb eines der vielen, sehr gut durchdachten Arrangements.

Wellness & Gesundheit

Bad Staffelstein
♜ Best Western Plus Kurhotel an der Obermaintherme

✉ 96231 · Am Kurpark 7 · ☎ 0 95 73 33 30 · Fax: 33 32 99
Restaurant mit Regionaler Küche, Terrasse, Wintergarten, Lounge-Bar
🍽🛏♿🐕🅿🚗🚂⛰🏊🈁📶♨⛑👨‍🦽📺📻📺 ✈20 km   VISA AE ● EC
info@kurhotel-staffelstein.de · www.kurhotel-staffelstein.de · f

116 als **EZ** ab 121,00 €;
4 **Penthouse-Suiten**, p. Ps. ab 368,00 €;
16 **Classic Zimmer**, p. Ps. ab 90,00 €

Im Best Western Plus Kurhotel an der Obermaintherme ermöglicht der sehr gepflegte und großzügig gestaltete, eigene 1.100 m² große, barrierefreie Wellnessbereich VITUS SPA im Einklang mit der Natur erholsame Stunden fernab von Hektik und Stress und ein hohes Maß an Wohlbefinden und Lebensfreude! Der VITUS SPA steht für ein schönes, gepflegtes Aussehen, eine attraktive Ausstrahlung, einen gestärkten Körper in Balance sowie Fitness und Beweglichkeit bis ins hohe Alter. Schwimmbad, Ruheraum, Saunalandschaft, Massage und Wellnessabteilung mit Double-Treatment-Raum und Schwebeliege sowie Fitnessraum mit Internet/TV an jedem Trainingsgerät von Technogym warten auf den Gast. Zahlreiche Wellness-Pauschalen stehen zur Auswahl. Wem dieses wirklich umfangreiche Angebot noch nicht reicht: Die Obermaintherme ist über einen Bademantelgang vom Hotel aus bequem zu erreichen. Dort warten auf 36.000 m² Wellnessfläche im Thermenmeer u. a. 26 Innen- und Außenbecken, ein Gradierwerk, Ruhegalerien sowie im Saunaland 18 verschiedene Saunen. Und das besondere Schmankerl: Die Nutzung ist für Hotelgäste bereits im Zimmerpreis inkludiert. Außerdem ist das Kurhotel an der Obermaintherme ein idealer Ausgangspunkt, um die landschaftlich reizvolle Umgebung zu erkunden.

Wellness & Gesundheit

Bad Tabarz

AKZENT Hotel "Zur Post"

Bhf→25 km

✉ 99891 · Lauchagrundstraße 16 · ☎ 03 62 59 66 60 · Fax: 6 66 66
Restaurant mit Intern. und Regionaler Küche, Kellerbar, Gartenterrasse
×♨🅿🏩✉🅰🛏♨↟🚻🅿🖭📺📞25 km VISA AE ●● EC
info@hotel-tabarz.de · www.hotel-tabarz.de · 📘

36 **DZ** von 140,00 bis 160,00 €;
als **EZ** von 99,00 bis 119,00 €;
2 **Familienzimmer (Appartements)** von 160,00 bis 210,00 €;
2 **Junior-Suiten** von 160,00 bis 180,00 €
Arrangements: "Von Kopf bis Fuß" zu 353,- € p. P.; "Ayurveda Verwöhnzeit" zu 571,- € p. P.; "Schokoladengenuss ohne Reue" u.a. 2 x Ü/F, 1 x Ganzkörper Kaffeepeeling zum Aufbau der Haut, 1 x Massage (45min), 1 x Abschlusspfl. m. Schokoladen-Cream, 1 x Candle-Light-Dinner uvm. p. P./DZ 287,- €. Im modernen Hotel zur Post genießt man traditionelle Gastlichkeit. Persönlicher Service – dafür sorgen Mario Peschke und sein hervorragendes Team – wird hier groß geschrieben. Kurpark und Wald dank der idyllischen Lage in wenigen Minuten erreichbar und erhöhen den Erholungswert in diesem komfortablen Haus. Das Team des Beauty-Clubs kümmert sich um das körperliche Wohlbefinden der Gäste. Zum Entspannen und Relaxen stehen Sauna, Solarium und Fitnessgeräte zur Verfügung. Außerdem gibt es ein Kosmetikinstitut. Hier kann man bei einer Fülle attraktiver Angebote mit wertvollen Produkten nachhaltig tiefenentspannen. Spezialbehandlungen wie Aloe-Vera-Modelagen, Dekolleté-Behandlungen oder die Acerola-Vitamin-Maske werden von Bädern, Wärmebehandlungen, Massagen und ayurvedischen Anwendungen wie Shirodhara (Öl-Stirnguss) oder Garshan- (Seidenhandschuh-)Massage perfekt ergänzt.

Wellness & Gesundheit

Bad Teinach-Zavelstein

Bhf→4 km ♜ **Hotel Kronelamm im Schwarzwald** ✪✪ ✪✪ ♛ ⛲

✉ 75385 · Marktplatz 1-3 · ☎ 0 70 53 9 29 40 · Wellnessbereich königSPA, 3 Restaurants von schwäbisch rustikaler Wanderhütte bis Sternerestaurant Berlins Krone, Zi.-Preis inkl. 3/4-Verwöhnpension
🍴🛏🏠🐕📺🎰🅿✈⛵🚲♨♒≋🔍↔👶👟♿📶📞 16 km   VISA AE ⬤ EC
info@kronelamm.de · www.kronelamm.de · f

57 **DZ** ab 280,00 €;
als **EZ** ab 185,00 €;
3 **Suiten** ab 415,00 €

Die Philosophie im Hotel Kronelamm – die Wertschöpfung der eigenen Region an erste Stelle zu setzen – ist auch im königSPA Realität: Originale Buntsandsteinfelsen und Mauern sind naturbelassen und wunderbar harmonisch in den gesamten, 1.600 m² großen Wellnessbereich integriert. Tag für Tag setzen die engagierten und zuvorkommenden Mitarbeiter alles daran, dem Gast einen Aufenthalt abseits von Hektik und Stress mit schmeichelnden Anwendungen zu ermöglichen. Allein dafür stehen 14 Behandlungsräume zur Verfügung. Auch das weitere Angebot ist hinreißend: Warmbade-Erlebnispool mit Gegenstromanlage, Massagedüsen, ganzjährig beheiztes Außenschwimmbecken, große Liegewiese mit herrlichem Schwarzwaldblick, Aromadampfbad, Schwarzwälder Kräutersauna (75°C), Hochsitz-Sauna (80°C), Finnische Sauna (90° C), Softsauna mit Panoramapoolblick (65 °C), Erlebnisduschen mit Regenhimmel, Tauchbecken, Fitness-Vitalraum mit modernen Cardiogeräten usw. und viel Platz für Gymnastik, Yoga, Pilates, Wellnesslounge u.v.m. Hervorhebenswert ist die Salz-Inhalationskammer, in der die wohltuende und positive Wirkung von Salzkristallen genutzt wird, während man dem Plätschern der Sole und Wellenrauschen lauscht. Fazit: Im königsSPA ist nachhaltige Erholung Programm.

Wellness & Gesundheit

Baiersbronn

Sackmann Genusshotel   Bhf→200 m

✉ 72270 · Murgtalstraße 602 · ☎ 0 74 47 28 90 · Fax: 28 94 00 · „Murgstube" (ganzj. geöffn.) mit Reg. Küche, Bar, Terrasse, 3/4 Pension zubuchbar. Zi.-Preise inkl. Frühstück.

🗙🛏🛉🏠🖻🖩🍽🥂⛷🏊≋↔🕑︎🐾🛗↘15 km   𝙑𝙄𝙎𝘼 AE ⓓ ● Ⓔ

info@hotel-sackmann.de · www.hotel-sackmann.de

48 **DZ** ab 298,00 €;
13 **EZ** ab 165,00 €;
7 **App.** ab 99,00 €;
15 **Ju.-Suiten** ab 498,00 €

Im Hotel Sackmann wird mit den Wohlfühloasen "Burgfels SPA" (indoor) und der neu gestalteten Outdoor-Wellnessoase "Murgtal-Sky-SPA" mit Infinity-Sky-Pool (outdoor) auf insgesamt 2.500 m² ein besonderes Schmankerl geboten. Hier lassen sich die unerschöpfliche Aromenvielfalt und die wirkungsvollen Kräfte der Natur erleben, genießen und in nachhaltige Erholung umsetzen. Dafür sorgt auch ein kompetentes, sympathisches Team, das den Besucher auf seine ganz persönliche und unvergessliche Sinnesreise begleitet. Das neue, exklusive SPA Menü überzeugt z. B. mit den Sackmann Only Ölen – die speziell im Haus kreierten, aromatisierten Öle verwöhnen Haut und Sinne. Das Spektrum der möglichen Anwendungen ist breit gefächert und bietet neben Gesichtspflege und Kosmetik auch exotische Behandlungen. Mit „Eine Reise um die Welt" werden Massagen mit ayurvedischen Aspekten, wie Shirodhara (Stirnölguss) oder Abhyanga (Ganzkörpermassage) aber auch eine Lomi Lomi Nui oder die Polynesia angeboten. Im Hamam und Serailbad taucht man ein wie in ein Märchen aus 1000 und einer Nacht. Bei Packungen und schmeichelnden Bädern kommt echtes Schwarzwald-Feeling auf. Eine ganz besondere Auszeit nimmt man sich übrigens in der Private Spa Suite.

Wellness & Gesundheit

Berchtesgaden

Bhf→3,5 km   **Alm- & Wellnesshotel Alpenhof**

✉ 83471 · Richard-Voss-Straße 30 · ☎ 0 86 52 60 20 · Fax: 6 43 99
Rest. mit Intern. und Regionaler Küche, Zimmerpreise inkl. Verwöhnpension
info@alpenhof.de · www.alpenhof.de ·

7 **DZ** ab 230,00 €;
7 **EZ** ab 121,00 €;
38 **Fam.-Zi./Suiten** ab 332,00 €

In absolut ruhiger Toplage, eingebettet in die faszinierende Bergwelt der bayerischen Alpen, befindet sich der "Alpenhof" – ein Wellness- und Urlaubshotel, das zu jeder Jahreszeit persönliche Gastfreundschaft, Erholung, Spaß und Abwechslung garantiert. Die freundlichen Zimmer werden von behaglichen Gaststuben ergänzt. Hier kann man eine kreative Frischeküche mit vielseitigem Speiseangebot genießen. In der großzügigen Bade- und Saunalandschaft mit Pool, ganzjährig beheiztem Freibad und 37°C warmem Whirlpool im Außenbereich regeneriert man, lassen sich Alltag und Stress vergessen. In "Alpenhofs Wohlfühl-Alm" werden Körper und Geist zahlreiche durchdachte Wellnessanwendungen geboten: Wohltuende Massagen, Aromatherapien, die alle Sinne ansprechen, und fernöstliche Behandlungen verführen zum Abtauchen in eine tiefenentspannte Welt. Zu den Besonderheiten gehört das nach einem Verfahren von Johann Grander hergestellte Granderwasser, ein Informationswasser mit hoher innerer Ordnung, das von unzähligen Menschen als sehr weich, hautverträglich und belebend empfunden wird. Aber auch klassische Beautybehandlungen wie Kosmetik, Maniküre, Pediküre u.v.m. werden nach individuellen Wünschen zusammengestellt und vom geschulten Personal perfekt umgesetzt.

Wellness & Gesundheit

Bernried

Naturhotel Rebling — Bhf–12 km

✉ 94505 · Rebling 3 · ☎ 0 99 05 5 55 · Gourmetrestaurant, Restaurant mit Regionalküche, Zimmerpreise inkl. Frühstück
🍴 … 12 km   VISA
info@naturhotel-rebling.de · www.naturhotel-rebling.de

24 **DZ** von 140,00 bis 235,00 €;
als **EZ** von 99,00 bis 125,00 €;
3 **Junior-Suiten** von 238,00 bis 275,00 €

Das „Naturhotel Rebling" ist nicht nur wegen seiner idyllischen Panoramalage in der niederbayerischen Hügellandschaft perfekt, um einen entspannten Urlaub inmitten herrlicher Natur, umgeben von weiten Wiesen und Wäldern zu verleben – immer begleitet von einem Traumblick über das weite Donautal und dem morgendlichen Zwitschern der Vögel. Das Haus hat nämlich noch deutlich mehr als „nur" die malerische Aussicht zu bieten, denn hier wartet auf die Gäste neben einer schönen Liegewiese eine veritable Wellnesslandschaft mit allem, was man braucht, um nachhaltig zu relaxen und den Alltag hinter sich zu lassen. Der Tag kann mit ein paar erfrischenden Bahnen im Pool beginnen, bei gutem Wetter ist es noch schöner, im 25 m langen Naturpool zu schwimmen, die Sonne auf der Haut zu spüren und die Seele baumeln zu lassen. Eine besondere Abkühlung bietet er im Winter, wenn man sich dort nach einem Gang in der bis zu 90°C heißen Blockhaussauna wieder abkühlt. Mildere Wärme und Linderung von Verspannungen bietet die Dampfsauna. Ein echtes Highlight ist das balinesische Santai Spa mit indonesischen Klängen und verführerischen Düften. Hier komplettieren vom geschulten Fachpersonal individuell auf die persönlichen Wünsche und Bedürfnisse abgestimmte Massagen das tolle Wellnessangebot.

Wellness & Gesundheit

Cuxhaven

Bhf→6 km

Badhotel Sternhagen

✉ 27476 · Cuxhavener Str. 86 · ☎ 0 47 21 43 40 · Fax: 43 44 44 · Drei Restaurants inkl. Bistro, Bar und Lounge, eigene Konditorei, Weinkeller, Panorama-Café, Zimmerpreise inkl. Frühstück; Ferien: 23.11.-19.12.25
12 km   VISA AE ● ▣
sternhagen@badhotel-sternhagen.de · www.badhotel-sternhagen.de · f

13 **DZ** von 340,00 bis 405,00 €;
als **EZ** von 320,00 bis 385,00 €;
6 **EZ** von 225,00 bis 305,00 €;
28 (**Jui.-**)**Suiten** von 410,00 bis 695,00 €
Im „Badhotel Sternhagen" kann man nicht nur exklusiv logieren, sondern auch vortrefflich Abstand vom Alltag gewinnen. Pures Wohlbehagen vermittelt der 850 m² große Wellnessbereich mit Meerwasser-Badelandschaft (exklusiv für Hausgäste mit im Zimmerpreis inbegriffener Nutzung). Frisches Nordseewasser mit heilsamen Spurenelementen speist den Badebereich mit Fitnessbecken, Sprudel- und Quellbad, Meerwasserfall, außerdem gibt es verschiedene Saunen und Massagen sowie eine Beauty-Abteilung und die Möglichkeit, mit einem Personal-Trainer oder einer Yoga-Therapeutin zu trainieren. Das „Sternhagen" ist anerkanntes Original Nordsee-Thalasso-Therapie-Center, in dem die 2- bis 7-tägigen Programme auf Wunsch nach ärztlicher Eingangsuntersuchung stattfinden. Das "Nordsee-Thalasso-Spa" bekam das "Leading Spa Selection"-Siegel – die Höchstnote des europäischen Qualitätssiegels für Thalasso-Therapien. Die Anwendungen mit reinem Meerwasser in der "aerosolen Brandungszone" des Meeres sind ein Jungbrunnen für Körper und Geist und die ganzheitliche Thalasso-Therapie wird zur nachhaltigen Erholung. Die durchdachte, leichte Wellnessküche des Hauses mit vielen vegetarischen und auch veganen Speisen unterstützt die therapeutischen Maßnahmen perfekt.

Wellness & Gesundheit

Freudenstadt

Lauterbad
Bhf→3 km

✉ 72250 · OT Lauterbad · Amselweg 5 · ☎ 0 74 41 86 01 70 · Fax: 8 60 17 10
HP-Restaurant, Lounge, Wellness auf 1.800 m², Fitnesspark
🍽🐕♿🅿🚆✈⛳⚓♨🎰🏊↔🚭♿📶📞↘1 km   VISA AE ● ▬
info@lauterbad-wellnesshotel.de · www.lauterbad-wellnesshotel.de · ✱

33 **DZ** ab 240,00 €;
als **EZ** ab 120,00 €;
2 **EZ** ab 120,00 €;
6 (**Jui.-)Suiten** ab 304,00 €

Im Wellness Hotel Lauterbad kann man inmitten der waldreichen, sehr reizvollen Schwarzwälder Landschaft einen Wellnessurlaub der Extraklasse genießen. In fünf Wärme- und Dampfgrotten der LAUTERBAD-THERME sowie einem Außen- und Innenpool findet man Entspannung. Über 10 Fachkräfte verwöhnen charmant und professionell in der Beautyfarm mit Kosmetikarrangements mit Produkten von Thalgo und Comfort Zone. Neben Sport, Fitness und Animation gibt es noch die Massageabteilung (u. a. mit Pantai Luar, Klang- und Steinmassage). Sehr exklusiv ist das Wellness-Resort auf über 1800 m² mit Außenbecken und Indoorzugang, SIESTA-Rondell mit Swingliegen, Schlafsack mit offenem Kamin, Südsee-Relax-Erlebniswelten, Wasserbetten, Fitnesstheke, Fitness- und Bewegungspark u. v. m. Ein hervorhebenswertes Plus ist die im Verhältnis zur Zimmeranzahl große Anzahl an Ruheflächen. Das Restaurant schafft eine räumliche Ergänzung zum Bestehenden in naturtypischer Anmut, Panoramablick ins Grüne inklusive. In der angrenzenden Lounge "über den Wolken" erlebt man Genuss und Entspannung in vollkommener Harmonie. Die Familien Heinzelmann-Schillinger und das charmante Mitarbeiter-Team hinter und vor den Kulissen heißen den Gast stets herzlich willkommen.

Wellness & Gesundheit

Grassau

Bhf→8 km **Resort Das Achental**

✉ 83224 · Mietenkamer Straße 65 · ☎ 0 86 41 40 10 · Fax: 17 58 · Bar, E-Mobil-Ladestation, Hubertushütte, Seehütte10 mit Bergblick, Stuben und Kaminzimmer
🍽♨♿🐕📺🚗♿⛰🏨≋☺↔👁👁🔑📶📞 am Haus   VISA AE ⬤ EC
reservierung@das-achental.com · www.das-achental.com · 📘

135 **DZ** von 296,00 bis 640,00 €;
8 **EZ** von 247,00 bis 411,00 €;
36 **(Jui.-)Suiten** von 420,00 bis 1450,00 €

Die 2.000 m² große Wellnesslandschaft im Resort Das Achental ist wie geschaffen, sich eine Auszeit vom Alltag zu gönnen. Es gibt eine verführerische Auswahl an Anwendungen, die ganz individuell auf die Bedürfnisse des Gastes abgestimmt werden. Das kann mit verschiedenen Massagen – Schulter-/Nacken-, Fuß-/Bein-, Zirben- und Aromaöl – beginnen, über kosmetische Anwendungen mit ausschließlich hochwertigen biozertifizierten Naturprodukten gehen und muss mit Pediküre und Maniküre noch lange nicht enden. Übrigens: Gesundes Grander Wasser ist immer inklusive. Sehr gut geschulte, liebenswürdige Mitarbeiter*Innen helfen, mit einem Gefühl der nachhaltigen Erholung das Spa zu verlassen. Am besten, um am nächsten Tag direkt wiederzukommen, denn es gibt noch so viel mehr zu entdecken. Der lichtdurchflutete Infinity Pool wird von einem Outdoorpool, Liegebereich und Sonnenterrasse ergänzt. Saunen bescheren wohltuende Momente. Wer es aktiver liebt, findet garantiert das Richtige: Neben einem Fitnessraum mit modernsten Geräten gibt es In- und Outdoor-Kurse mit Faszientraining, Wassergymnastik und Zirkeltraining bis zu geführten Wanderungen und der Möglichkeit, Fahrräder zu leihen, Ski- oder Snowboard zu fahren – kurzum: Das Angebot im Resort Das Achental ist so vielseitig wie seine Gäste.

Wellness & Gesundheit

Kahl am Main

Zeller - Hotel + Restaurant - Bhf→1 km

✉ 63796 · Aschaffenburger Str. 2 · ☎ 0 61 88 91 80 · Fax: 91 81 00 · "Emmas Weinbar", kleine Parkanlage, Gartenterrassen, Ladestationen für E-Autos, Zi.-Preise inkl. Frühst.
🍴♿ ⛰ P 🚗 🅿 🛗 🧖 ♨ ⚕ 🎯 👁 📞 8 km
rezeption@hotel-zeller.de · www.hotel-zeller.de · ⬛

23 **DZ** von 240,00 bis 350,00 €;
58 **EZ** von 118,00 bis 250,00 €

Im wunderschön gestalteten Zeller GardenSPA kann man auf 600 m² den Alltag einfach hinter sich lassen. Für Hotelgäste ist die SPA-Nutzung kostenfrei, für jeden, der einen Wellness-Kurzurlaub sucht, ist es als attraktives Day-Spa geöffnet. Vom Pool mit Panorama-Glasfront über die sanfte Biosauna bis hin zum modernen Fitnessraum steht hier alles im Zeichen von Gesundheit, Vitalität und Regeneration. Bei vielfältigen Beauty- und Massageangeboten bis hin zu Maniküre und Pediküre kommt auch die innere und äußere Schönheit nicht zu kurz. Besonders überzeugend ist das sehr durchdachte Konzept von vier aufeinander abgestimmten Wirkungsfeldern. Naturkraft & Ruhe sorgen für Entschleunigung, Wohlgefühl und Ausgeglichenheit, z. B. bei einer Hot Stone Massage. Erneuerung & Energie führen zu einem ganz neuen Körperbewusstsein, dass die Vitalkraft – z. B. durch eine Sport- und Faszienmassage – erhöht. Verwurzelung & Erdung geben in Verbindung mit der Natur und anderen Menschen Stabilität, Kraft und Erdung, hier entspannt die Honigmassage. Schönheit & Entfaltung stärken die innere Lebensfreude und führen zu einer positiven Grundeinstellung, die hilft, die geistigen Kräfte wahrzunehmen, am besten bei einer der zahlreichen, schmeichelnden Körper- und Gesichtsbehandlungen. Diese komplexe Philosophie setzt auf nachhaltige Entspannung des ganzen Körpers.

Wellness & Gesundheit

Kühlungsborn

♜ Ringhotel Strandblick

Bhf →800 m

✉ 18225 · Ostseeallee 6 · ☎ 03 82 93 6 33 · Fax: 6 35 00 · Zi.-Preise inkl. Frühstück, Hotelbar, Gartenterrasse, Leihfahrräder, Vermittlung von Ausflugsfahrten
🍽🛏♿📺🚲⚓🏊♨🏖↔🚶☀🎯🎱🏋🍸 4 km   VISA AE ⬤ EC

kuehlungsborn@ringhotels.de · www.ringhotel-strandblick.de · ⓕ

46 **DZ** ab 160,00 €;
1 **EZ** von 135,00 bis 160,00 €;
5 **Suiten** ab 190,00 €

Das Ringhotel Strandblick mit dem Restaurant "Strandauster" ist in einer liebevoll renovierten, unter Denkmalschutz stehenden Jugendstilvilla beheimatet. (Die Zimmerpreise beinhalten das Frühstücksbuffet). Der Charme und die Nostalgie des Fin de Siècle wurden erhalten, aber durch mannigfache moderne Annehmlichkeiten ergänzt. Dazu zählt das modern gestaltete Wellness-SPA. Hier kann man ganz wunderbar ausspannen und den Alltag hinter sich lassen. Hotelgästen stehen das 11 m lange Hallenschwimmbad mit integrierter Whirlecke, der Saunabereich, u. a. mit Finnischer Sauna, Biosauna, Eisdusche, Sonnendeck und Liegewiese sowie der Fitnessraum kostenfrei zur Verfügung. Wer sich einfach nur verwöhnen lassen möchte, greift auf das umfangreiche Angebot an Anwendungen und Massagen zurück. Ob klassische Massagen des ganzen Körpers, von Rücken, Kopf, Nacken oder energetische Massagen mit warmem Ölguss, Meridian- oder Hot Stonemassagen sowie die Hot Stemp, eine pflegende Massage mit warmen Stempeln – die Auswahl ist groß, die Mitarbeiter sind geschult und sehr liebenswürdig. Gerne werden die schmeichelnden Anwendungen vom engagierten Team auf die individuellen Wünsche und Bedürfnisse des Gastes abgestimmt.

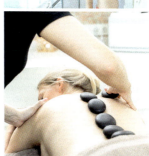

Wellness & Gesundheit

Neubrandenburg

Bornmühle OT Groß Nemerow ★★★★ Bhf→15 km

✉ 17094 · Bornmühle 35 · ☎ 03 96 05 6 00 · Fax: 6 03 99 · Seeterrasse, Lobby, Bar, Live-Cooking, reichhaltiges Frühstücksbuffet (im Zi.-Preis inkl.)
500 m
info@bornmuehle.de · www.bornmuehle.de ·

74 **DZ** ab 150,00 €;
als **EZ** ab 115,00 €;
13 **EZ** ab 99,00 €

Wer täglich Hektik, Unruhe und Stress ausgesetzt ist, muss sich einen Ausgleich schaffen. Ein Besuch in der "Bornmühle" ist dafür wie geschaffen. Hier kann man inmitten unberührter Natur, direkt am Ufer des idyllischen Tollensees einen wunderschönen Erholungsurlaub verbringen. Freundlich und sehr komfortabel gestaltete Zimmer mit exklusiven Schlafsystemen, liebevoller und persönlicher Service und eine abwechslungsreiche Frischeküche sind hier selbstverständlich. Neben vielen Freizeitmöglichkeiten (u. a. Golfen, Kanufahrten, Radfahren, Nordic Walking) wartet ein herrliches, gern auch individuelles Wellnessangebot auf den Gast. Das 14 x 7 m große Salzwasserhallenbad mit Gegenstromanlage, Schwalldusche und Whirl-Ecke sowie die Liegewiese mit Seeblick und eine herrliche Außensauna-Landschaft aus Keloholz sind schon da. Außerdem gibt es ein tägliches Aktivprogramm mit diversen Kursangeboten wie Yoga, Qi-Gong, Kung Fu, Faszientraining etc. oder Klettern an der hauseigenen 12-Meter Kletterwand mit faszinierendem Blick über den See. Tiefenentspannung garantieren ausgeklügelte Anwendungen, Massagen, Mei-Rituale, Phytomassopodia und vielfältige Gesundheitsangebote. Hier kann man den Alltag vergessen und sich ein ganz individuelles Wohlfühlprogramm zusammenstellen lassen.

Wellness & Gesundheit

Nohfelden

Bhf ~5 km   **Seezeitlodge Hotel & Spa** OT Gonnesweiler

✉ 66625 · Am Bostalsee 1 · ☎ 0 68 52 80 98-0 · Fax: 80 98-3 33 · Zimmerpreis inkl. 3/4 Pension Seezeit Kulinarik, Kursangebote, Nachhaltigkeits-Zertifikat

🍽♿🛗🐕🅿🚉🏋⚓♨♒☯⛱🌞📶 5 km
mail@seezeitlodge.de · www.seezeitlodge.de · ▒   VISA ●

83 **DZ** von 450,00 bis 690,00 €;
als **EZ** von 285,00 bis 405,00 €;
14 **Suiten** von 670,00 bis 1050,00 €
Architektonisch durchdacht und mit dem Ziel, größtmögliche Entspannung zu erreichen, kann man sich im Seezeit Spa von einem hinreißenden Angebot begeistern lassen. Die regionale Geschichte des Saarlandes ist eng mit den Kelten verknüpft und so lebt hier längst vergessenes Wissen aus der Heilkunst der Kelten weiter, indem es eine zeitgemäße Umformung in unverfälschte Wellness-Angebote und ursprüngliche Rituale erfährt. Der beheizte Innen- und Außenpool ist so konzipiert, dass er sich in die umgebende Landschaft integriert und gleichsam in den Bostalsee hineinreicht. Neben dem großen Naturbadeteich, der Poolterrasse mit Aussichtspunkt, dem Fitnesshaus „Bewegungsraum" und verschiedenen Indoor-Saunen ist das keltische Außensaunadorf ein Kraftplatz mitten im Grünen, der zu einem intensiven Naturerlebnis einlädt. Klarheit, Energie und Inspiration versprechen die pflegenden Verwöhnangebote wie Massagen, Lymphdrainage, Faszientherapie und ursprüngliche Rituale. Das zuvorkommende Mitarbeiterteam erstellt ein individuelles Wohlfühl-Programm (nach vorheriger Reservierung sind alle Angebote auch für externe Besucher möglich). Im Spa Bistro, das man im Bademantel besuchen darf, gibt es mittags und abends kleine Speisen, außerdem Tee, Kaffee, Kuchen und frische Smoothies.

Wellness & Gesundheit

Reit im Winkl
Relais & Châteaux Gut Steinbach Hotel Chalets Spa

Bhf→31 km

✉ 83242 · Steinbachweg 10 · ☎ 0 86 40 80 70 · Fax: 80 71 00 · Restaurant, Bar, Naturweiher, eigener Wald m. Tiergehege, E-Mobil-Ladestation, E-Bike-Verleih, gr. Sonnenterrasse

 6 km

info@gutsteinbach.de · www.gutsteinbach.de · [f]

VISA AE

39 **Zimmer** von 198,00 bis 399,00 €;
13 **Suiten** von 289,00 bis 959,00 €

Ein Heimatrefugium auf einem sonnigen Hochplateau in den Chiemgauer Alpen – das ist das Relais & Châteaux Gut Steinbach Hotel Chalets SPA. Langjährige Tradition verbindet sich hier mit bayerischer Moderne, gelebter Nachhaltigkeit sowie hervorragender und regional-inspirierter Kulinarik. Ruhesuchende finden mit dem Heimat & Natur SPA auf rund 2.000 m² eine Wellnessoase, die ihnen eine erholsame Auszeit in den Chiemgauer Bergen garantiert und die Weite und die Natur des Guts widerspiegelt. Gäste erwarten im Heimat & Natur SPA ein 16 Meter langer Indoor-Pool, drei Saunen (Finnische, Bio und Outdoor), ein Dampfbad sowie mehrere Ruhebereiche samt Wellness-Bibliothek und Kamin. Wer nicht nur entspannen, sondern sich auch fit halten möchte, findet hochwertige Geräte von Peloton und Precor, zudem werden verschiedene Sportkurse angeboten. Die Yogastunde mit inspirierendem Blick in die Natur wird durch meditative Erfahrung bereichert. Die großzügige Gartenanlage – bepflanzt mit regionalen Obstbäumen – lädt mit gemütlichen Lounges und weitläufiger Yogawiese zum Verweilen und Kraft schöpfen in der Natur ein. Auch bei den Treatments, Massagen und Beauty-Anwendungen ist der Fokus des Relais & Châteaux Hauses auf Tradition und Natürlichkeit spürbar: Das Gut Steinbach setzt dafür auf die hochwertigen Produkte und Wirkstoffkomplexe der Firma BABOR.

Wellness & Gesundheit

Scharbeutz

Bhf →2 km

Gran BelVeder ★★★ ★★

✉ 23683 · Strandallee 146 · ☎ 0 45 03 3 52 66 00 · Fax: 3 52 66 99 · Frühstück im Zi.-Preis inkl., Rest. "DiVa" und "BelVeder", Hotelbar, Arrangements
info@belveder.de · www.belveder.de

60 **DZ** ab 270,00 €;
60 als **EZ** ab 200,00 €;
23 (**Jui.-**)**Suiten** ab 420,00 €

Das "Gran BelVeder" ist zu jeder Jahreszeit das ideale Domizil, um dem Alltag zu entfliehen und eine Auszeit zu nehmen, die Regeneration für Körper und Geist zugleich bedeutet. In einem exklusiven und wirklich perfekt konzipierten Beauty SPA werden – auch für besondere Stunden zu Zweit – Massagen aus aller Welt, Packungen, orientalische Rasulbäder und Behandlungen mit hochwertigen Produkten angeboten. Unmittelbar ans Hotel angeschlossen und über einen Glasgang erreichbar, ist die 14.000 m² große Ostsee-Therme. Die subtropische Wellness- und Wasser-Erlebniswelt mit Saunalandschaft mit direktem Strandzugang und zahlreichen Kursen im 800 m² großen Fitness- und Healthclub VITA-SPA mit modernsten Geräten, ausgebildeten Trainern und attraktiven, äußerst vielfältigen Kursen steht den Hotelgästen ebenso kostenlos zur Verfügung wie das Angebot für Familien mit Kindern, auf die u. a. die 45 m Erlebnisrutsche, die 59 m Turborutsche, Fontänen, Wasserkanonen, Wildwasserkreisel und Kleinkinderbecken warten. Bei so vielen verschiedenen Möglichkeiten, sich von den geschulten Mitarbeitern auch bei individuellen Behandlungen nachhaltig verwöhnen zu lassen oder aktiv zu erholen, vergisst man fast die grandiose Lage des Hotels direkt am Timmendorfer Strand mit herrlich weitem Blick aufs Meer.

Wellness & Gesundheit

Schmallenberg

Waldhaus Ohlenbach Bhf→8 km

✉ 57392 · Ohlenbach 10 · ☎ 0 29 75 8 40 · Fax: 84 48
Terrasse, vielseitige Arrangements, Weinkeller, Showküche
🍴🛏🛗🏠📺📶🚗⛔♨☀☼🅿📞 8 km
info@waldhaus-ohlenbach.de · www.waldhaus-ohlenbach.de · 📘

44 **DZ** ab 280,00 €;
als **EZ** ab 140,00 €

Im sehr persönlich und familiär geführten Waldhaus Ohlenbach mit behaglichen Zimmern kann man zu jeder Jahreszeit einen erholsamen Urlaub verbringen. Das garantiert allein schon die hinreißende Lage begrenzt von Wiesen und Wäldern, mitten im Grünen. Nachhaltige Entspannung und Regeneration findet man besonders in der Wellnesslandschaft. Der ist sofort eine ganze Etage vorbehalten. Im Wellness & Spa Waldzauber stellen die motivierten und gut geschulten Mitarbeiterinnen gerne ein individuelles Erholungspaket zusammen, in dem persönliche Wünsche berücksichtigt werden. Die Auswahl ist ja auch zu verlockend: Bäder (u. a. mit Meersalz und Algen, Aroma Relax, Wildrosen- oder Orangen-Salz-Bad), der Hamam, Körper- und Kosmetikbehandlungen (Anti-Stress, Wickel etc.), Massagen (Ayurveda, Lomi-Lomi-Nui, Shiatsu, Fußreflexzonen, Hot Stone und, und, und ...) – das Angebot ist groß, die Qualität top und der Erholungsfaktor unbezahlbar. Das Hallenbad mit Wald- und Wiesen-Aussicht und die Finnische Sauna unterm Grasdach am Hang mit eiskaltem Quellwasser auf der eigenen, blickgeschützten Terrasse bieten zusätzliche Erfrischung und Erholung. Immer wieder ein beliebter Treffpunkt ist der ganzjährig auf 30° Grad beheizte 6 x 12 m große, von weiten Liegewiesen umgebene Infinity Panorama Pool mit weitem Blick in die Sauerländer Berge.

Wellness & Gesundheit

St. Englmar

Bhf ~35 km **Angerhof Sport- & Wellnesshotel**

✉ 94379 · Am Anger 38 · ☎ 0 99 65 18 60 · Fax: 1 86 19 · Panoramarest. m. Reg. u. Intern. Küche, "Kachelofenstube", Bar, Zi.-Preise inkl. 3/4-Verwöhnpension, E-Mobil-Ladestation

🍽️🛏️... 30 km *VISA* AE ●●
hotel@angerhof.de · www.angerhof.de · f

50 **DZ** von 330,00 bis 460,00 €;
10 **EZ** von 205,00 bis 250,00 €;
10 (**Jui.-**)**Suiten** von 380,00 bis 530,00 €

Wer den Angerhof besucht hat, wundert sich nicht, dass er zu den zehn besten Wellnesshotels Europas zählt – und außerdem noch eine Nachhaltigkeits- und Ökologie Zertifizierung hat. Das liegt auf der einen Seite an den komfortablen Zimmern sowie der köstlichen und kreativen Frischeküche. Auf der anderen Seite ist da das ausgewogene Angebot von aktiver und passiver Erholung, das den Urlaub zum puren Genuss macht. Der Tag beginnt gemütlich – das Langschläfer-Frühstücksbuffet kann bis 11:30 Uhr eingenommen werden. Auf 6.500 m² wartet alles, was man sich zur Erholung nur wünschen kann. Schmeichelnde Bäder, sanfte Packungen, Energie spendende Massagen im Massagetempel, Thalgo-, Anti-Aging- und Schönheitsbehandlungen können individuell zusammengestellt werden. Der Kristall-Farblicht-Aromaraum spricht alle Sinne an. Wer es aktiver bevorzugt, kann (auf Wunsch auch unter Anleitung) walken, sich an der hoteleigenen Kletterwand versuchen, den Kneipp-Pfad entdecken, auf dem 500 m langen "Barfußweg der Sinne" auf 70 verschiedenen Stationen die Reflexzonen der Füße anregen oder einfach in der großzügig gestalteten Sauna- und Wasserwelt mit 7 Pools, u. a. dem wunderschönen Vital-Felsenbad mit Sole-Freibecken und dem Infinity Pool nachhaltig entspannen.

Wellness & Gesundheit

Zweiflingen

♛♛♛ ♛♛ ♛ ⛲ Wald & Schlosshotel Friedrichsruhe Bhf→5 km

✉ 74639 · Kärcherstraße 11 · ☎ 0 79 41 60 87-0 · Fax: 60 87-8 88 · Golfplatz mit Spa-Bistro, "Le Cerf", "Flammerie", "Jägerstube" u. "Waldschänke", Bar, Café, Terrasse

100 m   VISA AE

hotel@schlosshotel-friedrichsruhe.de · www.schlosshotel-friedrichsruhe.de

32 **DZ** von 440,00 bis 520,00 €;
als **EZ** von 310,00 bis 390,00 €;
26 **Suiten** von 550,00 bis 1800,00 €

Eine nachhaltige Auszeit vom Alltag verspricht ein Besuch des Spa vom Wald & Schlosshotel Friedrichsruhe. Auf 4,4 Hektar sind die mit hellem Granit ausgekleideten Pools ein echter Hingucker. Die anspruchsvolle und luxuriöse Ausstattung der Wohlfühloase orientiert sich in der Gestaltung am Vorbild der Natur – ausdrucksstarke Hölzer, feine Stoffe, markante Steine und Keramik in Naturfarben mit angenehmer Haptik sprechen für sich. Über einen Sinnes- und Wandelgang direkt mit dem Wald & Schlosshotel Friedrichsruhe verbunden, kann man sich bei einer Vielzahl von Anwendungen verwöhnen lassen. Die aktivere Variante ist die Saunalandschaft (Damensauna mit Finnischer Sauna und Dampfbad sowie im Hauptbereich mit Aroma- und Soledampfbad, Erlebnisduschen, Eisbrunnen, Sanarium, Finnischer Sauna und Außenbereich mit Blockhaus-Sauna, Kneippgang, Hydro-Pool und dem Schaumdampfbad ESPURO VON KLAFS – eine Weltneuheit und pure Faszination), Gymnastikraum und dem High Tech Fitnesscenter. Letztere sind im Obergeschoss und werden dort von 13 Behandlungsräumen für Massage und Kosmetik mit der eigenen Pflegelinie Sanvino, dem Rasulbad und der privaten Spa-Suite ergänzt. Gepflegte Ruheräume und eine weitläufige Liegewiese bieten zusätzliche Möglichkeiten für Entspannung.

Wellness & Gesundheit

Bad Loipersdorf
Das Sonnreich

✉ 8282 · Schaffelbadstraße 219 · ☎ +43 33 82 2 00 00 · Restaurant "Styria", "Sunny" Bar, Hundezimmer, Zimmerpreise inkl. HP, Arrangements
info@sonnreich.at · www.sonnreich.at · f

170 **DZ** ab 288,00 €;
8 (**Jui.-**)**Suiten** ab 342,00 €

Im „Das Sonnreich" wird Erholung fast zu einem Kinderspiel, denn die Auswahl, Körper und Geist mit Entspannungsangeboten Gutes zu tun ist hier nicht zuletzt dank dem hauseigenen Spa ungemein vielfältig. Im 38 Meter langen Indoor-Pool kann man seine Bahnen ziehen und danach in der großen Ruhezone oder dem Liegebereich außen relaxen. Finnische und Farblicht-Sauna, Infrarotkabine, Sanarium und Dampfbad spenden von 45°C-90°C wohltuende Wärme. Wer's ganz aktiv mag, powert sich an modernen Cardiogeräten im Fitnessraum aus. Auf einen ganzheitlichen Ansatz und die Selbstreinigungskraft des Körpers setzen Heil- und Basenfasten-Angebote. Der Partner Merkur Health sorgt für verschiedenste Schönheitsbehandlungen und Massagen mit edlen Ölen, die Erholung pur verheißen. Damit noch lange nicht genug, kann jeder Gast den beheizten Verbindungsgang vom Hotel nutzen, um zum Thermenresort Loipersdorf, der vielseitigsten Therme der Steiermark, mit dem Schaffelbad zu gelangen. Hier gibt es in- und outdoor nichts, was es nicht gibt: 14 Saunen, Kneippbecken, Salzgrotte, Biotope, Wasserspielpark, Baby Beach – und überall sprudelt und plätschert das herrlich warme Thermalwasser, das seit über 40 Jahren aus vulkanischer Tiefe kommt und den höchsten Mineralstoff-Gehalt aller Thermen der Oststeiermark hat.

Wellness & Gesundheit

Deutsch Schützen

✪✪ Wohnothek
✪✪

✉ 7474 · Am Ratschen 5 · ☎ +43 33 65 2 00 82
Restaurant, Vinothek, Arrangements
🍴🛏♨🏛🕳≋♿🔉 *VISA* 💳
office@ratschen.at · www.ratschen.at

25 **Chalets** ab 216,00 €;
25 **Chalets zur Einzelnutzung** ab 136,00 €
Fernab vom hektischen Alltag wartet im beschaulichen Deutsch Schützen mit frei stehenden Bungalows eine außergewöhnliche Logis inmitten einer herrlichen Kulturlandschaft. Hier wird Entspannung zu einem Bestandteil des Aufenthaltes, denn die tiefe Ruhe und die umgebenden Weinhänge sind eine echte Kraftquelle. Zum Ensemble der Wohnothek gehört auch ein sehr gepflegter, moderner Wellnessbereich mit Sauna, Dampfbad und Ruheräumen. Man hat einen freien Blick auf eine bunte Blumenwiese und den angrenzenden Waldrand. Ein Blick, in dem man sich verlieren kann. Von April bis Oktober wartet außerdem ein Außenpool, der ins Grün eingebettet ist und in dem man schon bei Sonnenaufgang seine Bahnen ziehen kann. Sonntag bis Mittwoch ist der Day Spa von 10-18 Uhr geöffnet. Die Nutzung inklusive Infused Water, Tee und Obst kostet bis Ende März 36,- € und ab dem 1. April 42,- €. Zusätzlich sind Kombipakete buchbar, z. B. mit Frühstücksbuffet, Mittagsteller oder beidem. Am besten wählt man direkt eines der zwei- oder vier Tage-Arrangements „Ratschen – Wellness, Wein & Gourmeterlebnis" u. a. mit Weinverkostung, Burgenlandcard und Besuch des Gourmetrestaurants. Letzteres ist ein weiteres Highlight in der Wohnothek: Mittags gibt es regionale Schmankerl, abends feine Gourmetküche.

Wellness & Gesundheit

Ellmau

Bhf →10 km

Kaiserhof

✉ 6352 · Harmstätt 8 · ☎ +43 53 58 20 22 · Fax: 2 02 26 00 · HP-Restaurant, Panoramaterrasse, Skybar, Outdoor-Spielplatz, Unlimited Mountain Pool, 24-h-Rezeption

 5 km
info@kaiserhof-ellmau.at · www.kaiserhof-ellmau.at · f

52 Zimmer und Suiten ab 450,00 €

Vor der imposanten Naturkulisse des Bergmassivs Wilder Kaiser findet man mit dem „Kaiserhof" ein Tiroler Luxusidyll der Extraklasse. Von Familie Lampert mit großem Einsatz und Herzblut geführt, stimmt hier einfach alles, um unbeschwerte Tage in heiterem Ambiente zu verleben. Erstklassige Zimmer und Suiten und eine gehobene Küche gehören ebenso dazu wie ein sehr vielseitiges und attraktives Freizeitangebot. Nachhaltige Erholung verspricht der hinreißend gestaltete und gepflegte Wellnessbereich PurPur mit Beautyfarm. Schmeichelnde Beautyanwendungen und Schönheitsprogramme sorgen für wunderbare Entspannung. Das geschulte Team verwöhnt mit Massagen wie Ayurveda und Hot-Stone, Packungen, Modellagen und Bädern und stellt individuelle Anwendungen zusammen. Der biologische Naturbadeteich und der durchdacht konzipierte Spa bieten neben einer Vielzahl an Saunen, Ruheräumen und Infrarotkabine genügend Möglichkeiten, den Tag nach individuellen Wünschen als Auszeit vom Alltag zu gestalten. Des Weiteren kann man vor der eindrucksvollen Alpenkulisse im Adults-only-SPA in die Welt des puren Genusses eintauchen. Ein absolutes Highlight ist der Infinitypool mit grenzenlosem Weitblick. Wer es aktiver mag, nutzt den Fitnessraum mit modernsten Geräten und Trainingseinheiten wie Stretching, Wirbelsäulengymnastik, Yoga, Pilates uvm.

Wellness & Gesundheit

Grän

Hotel ***** Bergblick & SPA

✉ 6673 · Am Lumberg 20 · ☎ +43 56 75 6 39 60 · Kaminzimmer, Bar, Kinderspielzimmer, Billardzimmer, Bibliothek, Zimmerpreise inkl. HP

🍽 🐕 ♿ 🏠 📺 🚻 ✈ ⛷ 🏔 ≋ ⛵ ↔ ☀ ♿ 🛏 📞 30 km   VISA ●● ▪

info@hotelbergblick.at · www.hotelbergblick.at · 📘

32 **DZ** von 390,00 bis 520,00 €;
36 **Jui.-/Suiten** von 550,00 bis 650,00 €

Abschalten und zur Ruhe kommen wird dem Gast im Hotel ***** Bergblick & SPA leicht gemacht. Die traumschöne Alleinlage an einem Hang im Tannheimer Tal, inmitten von weiten Wiesen lädt zu vielen Outdoor-Aktivitäten ein. Aber auch im Hotel steht alles im Zeichen von Erholung und Entspannung, denn es gibt einen sehr gepflegten Wellnessbereich mit einer Fülle von Relax-Angeboten, die zu individuellen Packerln zusammengestellt werden können. In der Saunalandschaft, u. a. mit Almsauna, Sanarium, Infrarotlounge, Soledampfbädern und Ruheräumen mit Wasserschwebeliegen, umfängt wohlige Wärme den Körper. Unter den sensiblen Händen fachkundiger Mitarbeiterinnen gibt es Anwendungen, Packungen und Peelings sowie Körperbehandlungen, allen voran mehr als 11 verschiedene Massagearten, die Körper und Geist verwöhnen und wieder in Einklang bringen. Wer mag, kann auch Hatha-Yoga-Kurse besuchen oder sich von einer Personal Trainerin anleiten lassen. Eines der Highlights in der Wellnessoase ist der In- und Outdoorpool. Durch eine Schwimmschleuse gelangt man bei angenehmen 28-30°C ins Freie und kann nun im 19 Meter langen Infinity-Pool seine Bahnen ziehen. Die Berge werden zu einer atemberaubenden Kulisse, man hält unwillkürlich inne, um den Moment mit allen Sinnen zu genießen, und spürt, wie wohltuend die klare Bergluft ist.

Wellness & Gesundheit

Großarl
Tauernhof

✉ 5611 · Unterbergstraße 55 · ☎ +43 64 14 26 40
Restaurant, Bar, PKW-E-Ladestation, Arrangements, Zi.-Preise inkl. HP
 20 km
info@tauernhof.com · www.tauernhof.com

DZ ab 294,00 €;
Appartement ab 324,00 €

Den Alltag hinter sich zu lassen und abzuschalten, wird im Tauernhof zu einer höchst vergnüglichen und abwechslungsreichen Angelegenheit. Denn hier gibt es eine Pool-, Sauna- und Beauty-Landschaft, die nur noch vom Panoramablick in die Alpen getoppt wird. Egal, ob man schwimmen, saunieren und massiert werden möchte oder ganz einfach mal dem süßen Nichtstun frönt – für jeden Wellnesswunsch gibt es das richtige Angebot. Im Tauernbad hat man die Wahl zwischen zwei Innenpools, zwei Außenbecken, einem Riesen-Whirlpool und einem Babybecken für die Allerkleinsten. Das Saunaangebot steht dem in nichts nach: Finnische Sauna, Bio-Kräutersauna, die Infrarotkabine für eine ganz besondere Tiefenentspannung, das Sole-Dampfbad mit zerstäubten Meersalzen sowie der Ruheraum mit Wasserbetten und die Ruhegrotte mit tropischem Grün sorgen für wohlige Wärme. Wer auf sein regelmäßiges Fitnesstraining nicht verzichten möchte, muss keine Sorge haben: An den Technogym-Geräten können alle Muskelgruppen gezielt trainiert werden, um dann am besten wieder Pool und Sauna zum Relaxen zu nutzen. In der Beautyfarm steht alles im Zeichen von Schönheit und Kosmetik, ein gut geschultes Team erarbeitet gerne einen individuellen Plan. Abgerundet wird jeder Besuch der Wellnessoase mit gesunden Drinks von der inkludierten Saftbar.

Wellness & Gesundheit

Lech am Arlberg

Burg Vital Resort OT Oberlech   Bhf→17 km

✉ 6764 · Oberlech 568 · ☎ +43 55 83 31 40 · Fax: 31 40 16 · Restaurants mit Klass. und Regionaler Küche, Bar, Teebar, Terrasse, Indoor-Golf, E-Bike-Verleih
🐾🚲🏠🅿️🍴⚓🛏️♨️〰️⛰️♿☀️🕒🥂 2 km   VISA AE ◐ ◉

office@burgvitalresort.com · www.burgvitalresort.com · f

31 **DZ** von 423,00 bis 958,00 €;
als **EZ** von 306,00 bis 720,00 €;
6 **EZ** von 283,00 bis 500,00 €;
9 **App. (3-4 Ps.)** von 677,00 bis 1846,00 €;
20 **(Ju.-)Sui.** von 475,00 bis 6450,00 €
Diverse Pauschalen: im Winter mit Übernachtungen inkl. Skipass; im Sommer mit verschiedenen Schwerpunkten wie Kulinarik, Wellness, Aktiv, Familie. Preise auf Anfrage. In 1700 Meter Höhe – Licht, Sonne und Bergen so nah – entfaltet das „Burg Vital Resort" eine Faszination, der man sich kaum entziehen kann. Exklusiv und familiär zugleich, umfängt den Gast ein Ambiente romantischer Eleganz. Gemütliche Zimmer, das à-la-carte-Restaurant "Griggeler Stuba" und eine paradiesische, fantastische 3.800 m² große Wellnesslandschaft machen den Aufenthalt zu einem unvergesslichen Erlebnis. Das Engagement und die Freundlichkeit der Mitarbeiter und die heitere Atmosphäre in der „Vital-Spa-Oase" machen Wohlfühlträume wahr. Kosmetikbehandlungen, Yoga und Massagen bringen Entspannung. Wirbelsäulengymnastik und Body-Workout steigern die Fitness. Die Thalasso-Therapie nutzt die Heilkraft des Meerwassers: Vitalstoffe von Salzen und Algen werden vom Körper aufgenommen, während Giftstoffe im Körper entschlackt werden. Mit ayurvedischen Behandlungen werden die Selbstheilungskräfte nachhaltig aktiviert. Man spürt, dass es dem geschulten Team hier tatsächlich um persönliches Wohlbefinden geht.

Wellness & Gesundheit

Leogang

Bhf →5 km   **Naturhotel Forsthofgut**

5771 · Hütten 2 · ☎ +43 65 83 85 61 · Fax: 85 61-77 · ForsthofgutKüche, Wildgehege, waldSPA, weinWAld, Zimmerpreise inkl. 3/4 Pension
 15 km
info@forsthofgut.at · www.forsthofgut.at

35 **DZ** ab 480,00 €

Im „Forsthofgut" ist alles ein bisschen exklusiver, denn hier gibt es auf auf 5.700 m² ein traumschönes waldSPA, in dem der Gast der Natur ganz nahe ist, Ruhe, Erholung und sportliche Abwechslung findet. Das Angebot ist so vielseitig, dass einfach kein Wunsch mehr offen bleibt. Neben dem Adults Only-Bereich mit Altholzsauna mit Felsendusche, die aus der hoteleigenen Quelle gespeist wird, Dampfbädern, Sport- und Whirlpool gibt es noch viele weitere Möglichkeiten, wieder eins mit sich selbst zu werden. Rund um einen Bio-Badesee laden Liegeinseln auf Stegen im Schilf sowie die Kiefer-Holzterrasse mit Sonnensegel für Yoga, Pilates & Co. zum Entspannen ein. Im waldSPA Family & Kids warten mit Schwimmhalle, Rutschen, Kinder- und Babybecken sowie Wasserwerkstatt mit Wasserspielen und gemütlichen Familienkojen Spaß und Erholung. Große Gäste wissen den Sportpool mit Blick auf die Steinberge zu schätzen. Alle Behandlungen, seien es kräftigende Massagen, das fernöstliche Onsen Ritual, Treatments an der faceBAR oder das ganzheitliche waldYURVEDA werden auf die individuellen Bedürfnisse abgestimmt. Der Fitnessbereich mit Cardio- und Kraftgeräten und Kursen ist 24 h geöffnet, auf Wunsch stehen auch Personal Trainer bereit. Das SeeHAUS mit Infinity Pool und Bio-Badesee bietet einen tollen Blick auf die Steinberge und ist ein ganz besonderer Kraftort, um wieder zur Ruhe zu kommen.

Wellness & Gesundheit

Schloss Rosenau

🏰 **Schlosshotel Rosenau**

✉ 3924 · Schloss Rosenau · ☎ +43 2822 58 22 1 · Restaurant, Terrasse, Café, Arrangements, E-Bike-Verleih, Frühstück im Zimmerpreis inklusive

schloss@schlosshotelrosenau.at · www.schlosshotelrosenau.at · f

VISA

DZ von 198,00 bis 268,00 €;
EZ von 111,00 bis 123,00 €

Gerade weil das Schlosshotel Rosenau so ruhig und idyllisch inmitten weiter Wiesen liegt, bietet es sich für besonders gut für nachhaltige Erholung an. Dieser Vorgabe wird mit einem hinreißenden Wellnessbereich Rechnung getragen. Eine traumschöne Außenanlage bietet ei einer großen Liegewiese einen Kleinbadeteich mit Blick auf schön angelegte Blumenbeete und Ruheinseln mit sonnenbeschirmten Liegen und Entspannung pur. Natürlich fehlen auch weitere Wellnessangebote nicht. Dampfbad und Sauna sorgen fürs vitale Frischegefühl. Zahlreiche Beautyanwendungen und Massagen bringen Körper und Geist wieder ins Gleichgewicht. Von klassischer Ganzkörper- und Hot Stone-Massage, über Energie- und Fußreflexzonenmassage bis hin zu Cranio Sacraler Impuls Regulation, die Blockaden lockert und Stress abbaut, reicht das vielseitige Angebot, das ebenso wie Gesichtsbehandlungen, Energetische Bio-Lifting Balance, Detox-Zeremonie sowie typ- und farbgerechtes Make-up von gut geschulten Mitarbeiter*innen durchgeführt wird. Ganz besonders interessant sind die gut durchdachten Arrangements wie "Du & Ich", "1001 Nacht", "Relaxtage 3+1" oder "Entspannung pur 5+2 Tage" sowie das Day-Spa, das auch von externen Gästen genutzt werden kann. Ein paar Tage Verwöhnurlaub im Schlosshotel Rosenau haben einen nachhaltigen Erholungseffekt.

Wellness & Gesundheit

Tux

Bergfried – Aktiv- und Wellnesshotel ✪ ✪ ✪ ✪ ✪

✉ 6293 · OT Lanersbach · Lanersbach 483 · ☎ +43 52 87 8 72 39
Bar, Kaminzimmer, Arrangements, Zimmerpreise inkl. HP
 30 km
info@bergfried.at · www.bergfried.at ·

3 **EZ** ab 228,00 €;
6 **Suiten** ab 538,00 €;
60 **Doppelz. + Junior-Suiten** ab 462,00 €
Wer nachhaltig entspannen möchte, trifft im „Bergfried" auf eine 3000 m² große „World of Wellness", die dem Gast die Qual der Wahl lässt, womit er sein ganz persönliches Relaxerlebnis beginnt und wie er es im Verlauf gestaltet. In der Wasserwelt warten ein beheizter Infinity Skypool mit Dachterrasse, Outdoor- und Whirlpool mit Liegewiese, ein Funpool für Kids, Plantschbecken und Wasserrutsche. Nicht weniger erfrischend ist das Angebot in der Bergfried Saunawelt mit verschiedensten Saunen, Solegrotte, Laconium, Eisbrunnen, Sole- und Tauchgrotte, Schwitzstube, Ruhezonen uvm. Richtig aktiv wird es im Fitnessraum mit modernsten Geräten von Technogym, Unterstützung bei sämtlichen Übungen und Geräten leistet der geprüfte Fitnessguide. Bei pflegenden Anwendungen und Massagen, von denen es 16 (!) verschiedene gibt, genießt man den Moment und findet zu innerer Ruhe. Dieses Ziel hat auch das perfekt durchdachte Yoga-Angebot für Anfänger und bereits geübte Yogi, z. B. Aqua Yoga im Infinity Pool, im Freien auf der Dachterrasse – beides mit Blick in die alpine Landschaft – oder alternativ Yoga auf der Almwiese mit anschließendem Bergfrühstück. Mehr Sport und Bewegung inmitten der Natur und heilsamer Bergluft, Entspannung und Wellness als hier im „Bergfried" auf 1.300 m Höhe ist nicht oft zu finden.

Wellness & Gesundheit

Uderns

Wöscherhof

✉ 6271 · Kirchweg 26 · ☎ +43 52 88 6 30 54 · Restaurant, Liegewiese, Terrasse, Arrangements, Zimmerpreise inkl. 3/4-Pension

400 m

office@woescherhof.com · www.woescherhof.com ·

29 **DZ** ab 270,00 €;
32 **Suiten** ab 380,00 €

Im Wöscherhof wurde mit großem Aufwand der Wellness-Bereich immer wieder erweitert so dass das Haus zu den besten Wellness- und Gesundheitshotels in Österreich zählt. Hier steht alles im Zeichen von Entspannung und Erholung, hier stellt ein top geschultes Mitarbeiterteam (zusätzlich zu den angebotenen) individuelle Wohlfühl-Packages zusammen und sorgt für nachhaltige Regeneration. Das Angebot ist ungemein vielseitig und hält für jeden Geschmack das Richtige parat. Im wohltemperierten Hallen- und Freibad ist der Blick auf die Zillertaler Bergwelt inklusive, der 500 m² große Naturbadeteich erlaubt kräftige Schwimmzüge und ist in die wunderschön angelegte Gartenanlage mit Liegewiese integriert. Almkräuter-, Finnische- und Bio-Sauna fördern Abwehrkräfte und Durchblutung, der Erlebniskneippweg bietet die erfrischende Abkühlung. Auf Wasserbetten und im Raum der Stille kann man das Wellness-Programm unterbrechen. Beauty- und Spa-Anwendungen mit verschiedensten Massagen, Kosmetik, Pediküre und Maniküre gibt es in verführerischer Fülle. Ein Highlight für Paare sind die Behandlungen und Wohlfühlbäder im Private Spa. Wer es aktiver mag, lässt sich ein (Schneeschuh-)Wander-, Ski-, Biking-Package schnüren. Wellness im Wöscherhof ist Balsam für Körper und Geist und macht einen perfekten Urlaub tatsächlich unvergesslich.

Sport & Golf

Ellmau

Bhf ·20 km **Der Bär** ⭐⭐⭐⭐⭐

✉ 6352 · Kirchbichl 9 · ☎ +43 53 58 23 95 · Fax: 23 95 56 · Preise inkl. HP; Halbpensions- & à la carte-Rest., Bar, Terrasse, reichhaltiges Frühstücksbuffet
🍽🛏🐾🏠🅿🚂✈⛰♨↔☀📶📞 500 m
info@hotelbaer.com · www.hotelbaer.com · f   VISA ●

Family

32 **DZ** von 382,00 bis 508,00 €;
EZ von 220,00 bis 242,00 €;
30 **Suiten** von 484,00 bis 720,00 €

Das Hotel Bär am Fuße des Wilden Kaiser ist nicht nur ein Hotel, sondern ein ganzes gastronomisches Ensemble – praktisch ein kleines Dorf für sich – mit Zimmern (mit Balkon oder Terrasse), die alpinen Charme mit modernem Chic kombinieren und einem weitläufigen Wellnessbereich mit verschiedenen Saunen, Infinity Pool sowie einer Fülle von Anwendungen. In der landschaftlich beeindruckenden Umgebung wird Golf spielen zum ganz besonderen Genuss. Dafür sorgt natürlich auch der 27-Loch-Golfplatz "Wilder Kaiser" – einer der schönsten Plätze in Österreich. Das Driving-Range-Areal und der großzügige Übungsbereich bieten auch dem Golf-Neuling ideale Voraussetzungen und sehr gute Einstiegsmöglichkeiten in diese beliebte und faszinierende Sportart. Das Hotel Bär überzeugt zusätzlich mit einem großen gastronomischen Angebot und ausgezeichneter Küche. Mit Rodeln, Wandern, Skilaufen (Skiverleih) und Schneewandern gibt es auch in der kalten Jahreszeit attraktive Freizeitangebote. In der SkiWelt Wilder Kaiser/Brixental erleben Wintersportler auf 279 Pistenkilometern eine neue Dimension des Skifahrens. Fazit: In dem von Familie Windisch herzlich und sehr engagiert geführten Urlaubsdomizil gehört der majestätische Berg quasi zum Interieur, wird der Urlaub indoor und outdoor zu einem unvergesslichen Erlebnis.

Sport & Golf

Neunburg vorm Wald

Der Birkenhof – Spa & Genuss Resort Bhf→20 km

★★★
★★

✉ 92431 · Hofenstetten 55 · ☎ 0 94 39 95 00 · Fax: 95 01 50 · Rest. m. reg. Küche "Turmstube", HP-Restaurant "Landart", Bar, Zi.-Preise inkl. Genießer-HP
✕🛏🚲🏠🅿🖶🎾⚓⛰🏊🎱♨🛝🚶🏌☀🕯⛵ 5 km
info@der-birkenhof.de · www.der-birkenhof.de · [f] VISA ●

53 **DZ** ab 364,00 €;
2 **EZ** ab 186,00 €;
24 (**Jui.**-)**Suiten** ab 450,00 €
Arrangements: u. a. Golf: 2 x Ü/HP mit tgl. 5-Gang-Abendmenü, Greenfee in zwei Golfclubs 430,- € p. P./DZ Umgeben von üppigen Feldern, ist das Spa & Genuss Resort - Der Birkenhof mit seinem traumhaften Panoramablick auf die Seenlandschaft der Oberpfalz und einer fantastischen 2.000 m² großen Wellnessoase ein perfektes Refugium für den Ruhe und nachhaltige Erholung suchenden Urlauber. Neben einem großen Freizeitangebot mit vielen Events und Outdoor-Sportmöglichkeiten können hier besonders Golffreunde ihrem Hobby frönen. Gleich 15 Golfplätze (270 Spielbahnen) sind in der näheren und weiteren (bis 80 km) Umgebung. Direkt am Ort ist der Golf- und Landclub Oberpfälzer Wald. Wunderschön eingebettet in einer Talmulde bietet der landschaftlich herrlich gelegene 18-Loch-Platz mit Driving Range ein interessantes Profil und spektakuläre Bahnen, die auch erfahrene Golfer fordern. Die Nutzung des 3D-Golfsimulators hilft bei der Verbesserung der eigenen Schlagtechnik. In der Golfschule wird man in einem 5-tägigen Kurs nach intensivem Training, inkl. Regel- und Etikettkunde, auf die Platzerlaubnis-Prüfung vorbereitet. Nach einem erfolgreichen Tag auf dem Grün wartet der gepflegte Wellnessbereich, wo man bei zahlreichen Anwendungen entspannen oder sich eine muskellockernde Massage gönnen kann.

Tagungen & Seminare

Braubach

Bhf→200 m　♜ **Zum Weißen Schwanen**　✪ ✪
✉ 56338 · Brunnenstraße 4-12 · ☎ 0 26 27 98 20 · Fax: 88 02　✪ ✪
Historische Mühlenstube, Bar, Bistro, Biergarten, Frühstück im Zi.-Preis inkl.
🚯🚭🏠♿🅿🚇🚌☕🍽🛏 8 km　VISA ● E
info@zum-weissen-schwanen.de · www.zum-weissen-schwanen.de · f

19 **DZ** von 119,00 bis 150,00 €;
als **EZ** ab 95,00 €;
2 **EZ** von 75,00 bis 85,00 €;
3 **App.** von 130,00 bis 170,00 €

Mit den Jahren und großem familiärem Engagement hat sich das familiengeführte "Zum Weißen Schwanen" zu einer respektablen Hotelanlage gemausert. Die idyllische, naturnahe Lage im romantischen Mittelrheintal trägt natürlich zum hohen Erholungswert ebenso bei wie die sehr behaglich eingerichteten Zimmer sowie die feine Küche des Hauses. Tagen und Arbeiten in den vier Seminarräumen verspricht dank der inspirierenden Atmosphäre, moderner Veranstaltungstechnik und eines zubuchbaren Sekretariats-Service erfolgreich zu werden. Außerdem wird die malerische Burg Sterrenberg (Transfer vom Haus aus) ins Geschehen mit einbezogen und wird zu einer tollen Arbeits- oder Präsentations-Location. Ein weiterer Pluspunkt ist die Flexibilität, mit der das geschulte Mitarbeiterteam jeder Veranstaltung begegnet, denn gerne werden Raumgestaltungswünsche berücksichtigt, kann ein Meeting bei entsprechendem Wetter auch spontan in den Innenhof oder Garten verlegt werden. Und weil zu konzentriertem Arbeiten auch Regeneration gehört, gibt es verschiedene, sehr vielseitige Rahmen- und Freizeitprogramme: Ob Hochseilgarten, Kanufahren oder Golf, Stadtführungen, Weinproben oder Schifffahrten – die Auswahl ist bunt und vielfältig und wird bei der Planung mit einbezogen.

Tagungen & Seminare

Geisenheim-Johannisberg

♜ Relais & Châteaux Hotel Burg Schwarzenstein

Bhf→5 km

✉ 65366 · Rosengasse 32 · ☎ 0 67 22 9 95 00 · Fax: 99 50 99
Mediterraner Park, Burgrestaurant u. MÜLLERS auf der Burg, Arrangements
🍽 ⛱ ⇅ 📺 ☀ ♨ 🛎 ↘20 km   VISA AE ● ●
info@burg-schwarzenstein.de · www.burg-schwarzenstein.de · 📘

51 **DZ** ab 302,00 €;
10 **Junior-Suiten** ab 310,00 €;
2 **Suiten** ab 800,00 €

Wer eine Tagung in wirklich ausgefallenem Ambiente plant, findet mit dem Relais & Châteaux Hotel Burg Schwarzenstein und dem angeschlossenen Neubau Park Hotel den idealen Ort. Hier gehen Historie und die Annehmlichkeiten zeitgemäßen Komforts eine perfekte Verbindung ein. Wunderbar ruhig gelegen, kann man den Blick – je nach Wunsch konzentrationsfördernd oder entspannend – fast 50 km in die Ferne und ins Rheintal schweifen lassen. Die lichtdurchfluteten Tagungs- und Veranstaltungsräume sind individuell eingerichtet, medientechnisch hervorragend ausgestattet und lassen sich per Knopfdruck verdunkeln und durch bodentiefe Türen zu den vorgelagerten Terrassen öffnen. Hier wird Brainstorming & Co. in Management-Meetings, Aufsichtsrat-Sitzungen und Tagungen zum Vergnügen, was natürlich auch an der exquisiten kulinarischen Begleitung liegt. Ein bestens geschultes Hotelteam trägt nicht unwesentlich zum guten Gelingen bei. Teambuilding- und Teamevents gibt es in großer Auswahl: Das Angebot reicht von der E-Car Team-Challenge über den Drum & Wine Circle bis zu kulinarischen Genuss-Erlebnissen und beinhaltet auch (Outdoor-) Incentives – wie eine Schifffahrt zur Loreley, Events mit dem eigenen Sternekoch und Rundfahrten mit dem Oldtimerbus – die aus der Freizeit kleine Erlebnisse machen.

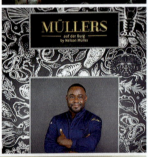

Tagungen & Seminare

Hohenkammer

Bhf→6 km ♜ **Schloss Hohenkammer**

✉ 85411 · Schlossstraße 20 · ☎ 0 81 37 93 40
Restaurant "Alte Galerie" mit Frischeküche, Biergarten
※ ♿ ⛔ 🅿 🚗 ♨ ↔ 🏃 🎱 ➤ 15 km   VISA AE ⬤ ⬛
mail@schlosshohenkammer.de · www.schlosshohenkammer.de · f

67 **DZ** ab 140,00 €;
101 **EZ** ab 85,00 €

Nur eine knappe halbe Autostunde von München entfernt, ist Schloss Hohenkammer für jeden Veranstalter eine wirkliche Top-Adresse, gibt es hier doch ein erstklassiges Tagungs- und Seminarzentrum, das in diesem Bereich die Messlatte enorm hochschraubt. Ob intensiver Workshop, Präsentation, Event oder klassische Konferenz, die von den engagierten Mitarbeitern stets an den individuellen Wünschen ausgerichtet werden – es findet sich immer eine passende Räumlichkeit mit einem kreativen Raumkonzept. Zwischen 20 m² und 250 m² groß, haben acht bis 180 Personen Platz und können neueste audiovisuelle Medientechnik nutzen, bei der die Bedienung und Steuerung – inklusive Displays und Projektoren – über drahtlose Funk-Touchpanels erfolgt. Aber nicht nur die zeitgemäße Technik überzeugt, vielmehr ist das Interieur der Räume so ästhetisch und geschmackssicher gestaltet, dass ein kreatives und inspirierendes Umfeld gewährleistet ist, in dem die Konzentration auf das Wesentliche leichtfällt. In der Freizeit bleibt die Qual der Wahl – geführte Ausflüge, Picknicks oder Grillabende werden organisiert, Fitnessraum, Flächen mit Fußballtoren, für Frisbee und Badminton warten. Mit der "Alten Galerie"und dem gemütlichen bayerischen Biergarten wird formidabel fürs leibliche Wohl gesorgt.

Tagungen & Seminare

Mainz

Atrium Hotel Mainz Bhf→6 km

✉ 55126 · Flugplatzstraße 44 · ☎ 0 61 31 49 10 · Fax: 49 11 28 · Gourmetrestaurant "GenussWerkstatt", ATRIUM Restaurant, Bar & Lounge, Atrium, Sommergarten

🍴 ⚐ ♿ 🏠 🅿 🚭 ⛑ 🛏 ☕ ✦ ♿ 📶 📺 ↘ 10 km   VISA AE ◐ ◑ ●

info@atrium-mainz.de · www.atrium-mainz.de · f

85 **DZ** ab 109,00 €;
31 **EZ** ab 109,00 €;
31 **Appartements (Preis p.P.)** ab 60,00 €

Die Voraussetzungen, im Atrium Hotel Mainz Tagungen und Veranstaltungen durchzuführen sind so optimal und vielfältig wie die Möglichkeiten, dies individuell zugeschnitten zu tun. Nicht umsonst zählt das Haus zu den besten Tagungshotels in Deutschland. Ob kleines, privates Meeting, feierlicher Empfang oder der Kongress mit 600 Gästen – die 2000 m² Veranstaltungsfläche lässt jede Variante zu. Dabei gefällt besonders das Motto: "Kommunikation mit Inspiration". Die top geschulten Mitarbeiter haben große Erfahrung, sorgen für eine professionelle Rundumbetreuung und sind stets ansprechbar. Nicht weniger als 22 (!) schallisolierte, klimatisierte, variable Tagungsräume mit modernster Infrastruktur (u. a. Mikrofon-Anlage, Anschlüsse für Telekommunikation, digitales Flip-Chart) stehen für effektives Arbeiten in inspirierender Atmosphäre bereit. Flächendeckendes, kostenfreies W-LAN ist selbstverständlich. Das ATRIUM Conference Center (ACC) liegt mitten im Grünen und lässt zu, dass auch der Gartenbereich in die Veranstaltung mit einbezogen wird. Eine gut durchdachte Frischeküche sorgt für kulinarische Energieschübe. Zahlreiche Rahmenprogramme wie z. B. Weinproben beim Spitzenwinzer oder eine Stadionführung der Heimstätte des Mainz 05 runden das umfangreiche Angebot ab.

Tagungen & Seminare

Baden

Bhf→1 km **At the Park Hotel** ✪✪ ✪✪

✉ 2500 · Kaiser Franz-Ring 5 · ☎ +43 22 52 4 43 86
Frühstück im Zimmerpreis inkludiert, Hotelbar, E-Auto-Ladestation
♿⚡🅿🚃♨🏊🎾🍽♥☕🚇♨12 km   VISA AE ◐ ● ▭
office@thepark.at · www.atthepark.at · f

83 **DZ** von 140,00 bis 170,00 €;
als **EZ** von 120,00 bis 150,00 €;
21 (**Jui.**-)**Suite** von 190,00 bis 290,00 €

Zu einer wirklich erfolgreichen Tagung gehören nicht nur passende Räumlichkeiten mit Equipment, sondern auch ein inspirierendes Umfeld. Und genau diese drei Basics sind im "At the Park" Standard. Räume gibt es von 40 m^2 bis 125 m^2 für jeden Anlass und jede Gruppe. Sie verfügen über moderne Präsentationstechnik, eine Klimaanlage und individuell gesteuerte Lüftungsanlagen mit Frischluft, haben teilweise Zugang zu einer Terrasse und können je nach Bedarf variabel bestuhlt werden. Der 50 m^2 große Raum "Casino" und der Raum „Kurpark" mit einer Fläche von 75 m^2 sind das Herzstück des Tagungsbereichs und können dank einer mobilen Trennwand zu einem 125 m^2 großen Raum verbunden werden. Verschiedene Incentives beziehen die Teilnehmer auf spannende Art mit ein, so gibt es Showkochen oder – besonders zum Ende des Arbeitstages sehr beliebt – es finden professionell geführte Weinseminare mit Verkostungen statt. Egal, ob man halb-, ganztags oder mehrtägig tagen möchte, individuelle Seminarpauschalen mit der passenden Verpflegung von bodenständig bis vital werden angeboten. Für kleinere Meetings oder Videokonferenzen gibt es eine Streaming-Suite und Hotelzimmer, die nach persönlichen Ansprüchen aufgeteilt und ausgestattet werden. Grundsätzlich wird jede Veranstaltung individuell geplant.

Auf den folgenden Seiten präsentieren wir Ihnen eine Auswahl an inspirierenden Destinationen für Urlaub und Genuss in Deutschland.

Aachen

Aachen

La Bécasse

Bhf→2 km

✉ 52064 · Hanbrucher Straße 1/Ecke Vaalser Straße · ☎ 02 41 7 44 44
Klassische Küche leichter Zubereitung · Tische: 11/45 Plätze
labecasse@t-online.de · www.labecasse.de

Speisekarte: 1 Mittagsmenü zu 48,00 €; 1 Menü von 111,00 bis 144,00 €
300 Weinpos.
Dank Chefkoch Andreas Schaffrath und seinem engagierten Team wird im modern gestalteten "La Bécasse" auf hohem kulinarischem Niveau gekocht. Auf Basis klassisch französischer Speisen bekommt die exzellente Produktküche einen raffinierten und kreativen Twist.

Parkhotel Quellenhof

Bhf→2 km

✉ 52062 · Monheimsallee 52 · ☎ 02 41 9 13 20 · Fax: 9 13 21 00
Restaurant "La Brasserie" mit intern. Küche, "Elephant Bar", Terrasse
info@parkhotel-quellenhof.de · www.parkhotel-quellenhof.de

125 DZ ab 109,00 €;
3 Suiten ab 289,00 €
Direkt am Kurpark gelegen, empfängt dieses traditionsreiche Luxushotel seine Gäste in sehr elegantem Ambiente. Das Haus verfügt außerdem über ein breit gefächertes gastronomisches Angebot.

St. Benedikt

Bhf→14 km

✉ 52076 · Benediktusplatz 12 · ☎ 0 24 08 28 88
Neue u. Internationale Küche · Tische: 10/24 Plätze
st-benedikt@t-online.de · www.stbenedikt.de

Speisekarte: 1 Mittagsmenü von 51,00 bis 60,00 €; 2 Menüs von 130,00 bis 201,00 €

Patron und Chefkoch Maximilian Kreus kocht nach Großmutter und Mutter in allerbester Familientradition und präsentiert klassisch französische Speisen, die er mit asiatischen Elementen und eigenen Ideen kreativ ergänzt.

Aerzen

Münchhausen - Gourmet-Restaurant HILMAR

Bhf→10 km

✉ 31855 · Schwöbber 9 · ☎ 0 51 54 7 06 00 · Fax: 7 06 01 30
Klassische und Neue Küche · Tische: 8/25 Plätze
info@schlosshotel-muenchhausen.com · www.schlosshotel-muenchhausen.com

Speisekarte: 1 Menü von 185,00 bis 200,00 €

Die filigranen Renaissance-Elemente im niveauvoll gestalteten Interieur des Gourmetrestaurants sind ebenso expressiv wie die Produktküche von Chefkoch Stephan Krogmann. Französische Haute Cuisine ist bei ihm einem stetigen Wandel unterworfen und wird mit mediterranen Komponenten kunstvoll und aromenprononciert erweitert.

Schlosshotel Münchhausen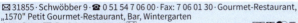

Bhf→8 km

✉ 31855 · Schwöbber 9 · ☎ 0 51 54 7 06 00 · Fax: 7 06 01 30 · Gourmet-Restaurant, „1570" Petit Gourmet-Restaurant, Bar, Wintergarten
info@schlosshotel-muenchhausen.com · www.schlosshotel-muenchhausen.com

56 DZ ab 195,00 €;
als EZ ab 195,00 €;
10 Suiten ab 445,00 €
Im Interieur und den Zimmern (Frühstücksbuffet 33,- € p. P.) des Schlosshotels überzeugen zurückhaltender Luxus und moderne Annehmlichkeiten. Beeindruckend ist der exklusive Wellnessbereich mit Innenpool (18 m), Sauna, Salina-Lounge und Erlebnisduschen. Für private Feiern und Tagungen stehen passende Räumlichkeiten zur Verfügung.

Alt Duvenstedt

LammButtRind

Bhf→12 km

✉ 24791 · Am See 1 · ☎ 0 43 38 9 97 10 · Fax: 99 71 71
Regionale Küche, eig. Kreationen, Klassisch, Neue Küche · **Tische:** 11/26 Plätze
geniessen@lammbuttrind.com · www.lammbuttrind.com

Speisekarte: 5 Hauptgerichte von 13,00 bis 29,00 €;
🍴🍴🍴

Nordische Schlichtheit sorgt für ein lässiges Ambiente im Restaurant des im Seehotel Töpferhaus beheimateten "LammButtRind". Hier wird alles frisch von Hand zubereitet. Die vielseitige Küche ist leicht, modern und wird mit köstlichen portugiesischen Spezialitäten ergänzt.

Altenahr

Hotel Zur Post

✉ 53505 · Brückenstraße 11 · ☎ 0 26 43 93 10
Rest. mit Deutscher und Regionaler Küche, Zimmerpreise inkl. Frühstück
🍽♿♿♿📺♿♿♿♿♿♿ 10 km
info@hotelzur-post.de · www.hotelzur-post.de · 📘

20 **DZ** von 89,00 bis 139,00 €;
als **EZ** von 69,00 bis 109,00 €;
1 **EZ** ab 59,00 €

Landschaftlich gehören das Ahr- und Moseltal zu den schönsten Regionen Deutschlands. Hier in Altenahr ist die Landschaft mit ihren zerklüfteten Felsen und ehrfurchtgebietenden Steilhängen voller Rebstöcke ganz besonders beeindruckend. Im Hotel Zur Post lebt Familie Lang gemeinsam mit ihrem Team ihr Motto „Willkommen zu Hause" und sorgt dafür, dass der Gast bestens umsorgt entspannte Urlaubstage verbringen kann. Das moderne Hotel bietet mit Restaurant, Bistro, Fitnessraum und kleinem Wellnessbereich ein gutes gastronomisches Angebot. Alle Zimmer (Preise inkl. Frühstück) mit Balkon sind mit zeitgemäßen Annehmlichkeiten ausgestattet und sind ein behagliches Zuhause auf Zeit. Die Ahr-Region bietet eine Fülle von Freizeitmöglichkeiten, ganz obenan stehen Wanderungen auf dem Rotweinwanderweg sowie Rad- und Motorradtouren durch die romantische Landschaft. Bonn und der Rhein sind nur einen Katzensprung entfernt. Gerne hilft das zuvorkommende Hotelteam mit Tipps weiter und gibt jedem Gast zur Begrüßung das Gästeticket, mit dem die Busse des VRM kostenfrei genutzt werden können.

 Sehr gutes, komfortables Hotel

Altenahr

Hotel Zur Post – Post-Stube

✉ 53505 · Brückenstraße 11 · ☎ 0 26 43 93 10
Gehobene Regionale u. Deutsche Küche · **Tische:** 20/50 Plätze
info@hotelzur-post.de · www.hotelzur-post.de · ❚

Speisekarte: 13 Hauptgerichte von 14,90 bis 31,90 € ♦♦♦   50 Weinpos. Felsen und immens steile Rebenhänge sind die wildromantische Kulisse, wenn man im Restaurant „Post-Stube" einkehrt, das im ehemaligen Gästehaus gegenüber vom Hotel beheimatet ist. Wertige Naturmaterialien, weich geschwungene Sessel in warmen Farbtönen und blanke Holztische verbinden sich zu einem modernen Interieur mit entspanntem, einladendem Ambiente. Chefkoch Max Schapdick kocht mit Schwung und guten Ideen. Er präsentiert eine abwechslungsreiche, deutsche und gehobene Regionalküche mit Eifeler Spezialitäten und internationalen Speisen, die auf nachhaltig angebauten und produzierten Produkten aus dem Umland basieren. Sehr fein die Tranchen von der hausgebeizten Entenbrust mit Feigensenf. Gerne nimmt er die wechselnden Jahreszeiten zum Anlass, auch saisonale Köstlichkeiten anzubieten. Alles kommt handwerklich präzise und frisch aus der Küche. Petra Lang und Michaela Knebel leiten mit Übersicht und großer Liebenswürdigkeit den Service und haben auch bei Sonderwünschen ein offenes Ohr. Für private Feierlichkeiten stehen Räumlichkeiten zur Verfügung, die Ahrtal-Romantik immer inklusive.

Altheim

Bhf→12 km

♜ Löwen Altheim

✉ 88699 · Hauptstraße 41 · ☎ 0 75 54 86 31
Regionale Küche · **Tische:** 17/50 Plätze
info@loewen-altheim.de · www.loewen-altheim.de

Speisekarte: 5 Hauptgerichte von 22,50 bis 32,00 €; 1 Menü von 49,00 bis 55,50 €
♦♦

Direkt an der Dorfkirche gelegen, ist der von Familie Pfaff in 4. Generation geführte Löwen seit mehr als 400 Jahren ein Ort der Gastlichkeit. Die saisonale Regionalküche von Sabrina Bourjaillat und Roman Pfaff ist herrlich unverfälscht und kreativ.

Amorbach

Bhf→3,5 km

♜ Abt- und Schäferstube

✉ 63916 · Schafhof 1 · ☎ 0 93 73 9 73 30 · Fax: 41 20
Klass. Küche, eig. Kreationen · **Tische:** 15/46 Plätze
rezeption@schafhof.de · www.schafhof.de

Speisekarte: 5 Hauptgerichte von 24,50 bis 46,00 €; 1 Menü von 89,00 bis 109,00 €
♦♦♦♦ 🍇🍇   450 Weinpos.

Das Ambiente in der historischen Abt- und Schäferstube ist bezaubernd. Hier präsentiert Chefkoch Achim Krutsch eine präzise zubereitete klassische Küche mit tiefgründigen Aromen. Der Weinkeller im ehemaligen Kelterhaus von 1524 ist sehenswert.

Andernach

PURS

Bhf→800 m

✉ 56626 · Steinweg 30-32 · ☎ 0 26 32 9 58 67 50
Innovative Gourmetküche · Tische: 10/40 Plätze
welcome@purs.com · www.purs.com

Speisekarte: 2 Menüs zu 190,00 €
♥♥♥♥♥♥♥♥ 900 Weinpos.
Chefkoch Peter Fridén, ursprünglich aus Südkorea, aufgewachsen in Schweden, kreiert eine „New Nordic-Japanese Cuisine". Dazu kombiniert er die klaren, feinen Aromen Japans mit den frischen, lokalen Zutaten Skandinaviens.

Appenweier-Nesselried

Landglück

✉ 77767 · OT Nesselried · Nussbacher Straße 8a · ☎ 0 78 05 9 16 49 55
Deutsche und Regionale Küche · Tische: 13/48 Plätze
anfrage@ronnymarzin.de · https://landglueck.com · f

Speisekarte: 1 Mittagsmenü zu 38,00 €; 2 Menüs ab 55,00 €
♥♥ 44 Weinpos.
Die Selbstständigkeit begann für Patron Ronny Marzin vor 10 Jahren mit seinem Feinkostatelier mit Kochschule in Oberkirch. Zu den Kochkursen, die er heute natürlich immer noch anbietet, gesellte sich ein hervorragender Catering-Service und last but not least das behagliche Restaurant in Nesselried. Hier setzt er seine Philosophie einer Küche um, die den Gästen gefällt, denn sie sollen am Ende zufrieden vom Tisch aufstehen. Convenience-Produkte kommen ihm nicht auf die Teller, vielmehr setzt er auf Zutaten, die bevorzugt von heimischen Händlern und Erzeugern kommen. Er kocht handwerklich präzise, bodenständig, grundehrlich und spielt gekonnt mit den verschiedensten Aromen. Badische Spezialitäten, Vesperklassiker und gerne auch mal etwas Ausgefallenes – man sieht und schmeckt die Leidenschaft, mit der Ronny Marzin kocht. Besonders schön ist der an Wiesen grenzende Gastgarten mit Blick auf die Nesselrieder Wälder, da wird der Restaurantname „Landglück" zum Programm. Luiza Feldmann kümmert sich liebenswürdig um die Gäste und hilft auch bei der Organisation von Veranstaltungen, die hier bestens aufgehoben sind.

 Dieses Restaurant bietet Ihnen ein gutes Genuss-/Preisverhältnis.

Appenweier-Nesselried

Bhf→2 km

♜ **Gasthof Engel** ★★★

✉ 77767 · Dorfstraße 43 · ☎ 0 78 05 91 91 81 · Weinkeller, Gartenterrasse, Garage für Motorräder, Arrangements, Frühstück im Zi.-Preis inkl.

 5 km   *Family*

info@gasthof-engel.de · www.gasthof-engel.de   VISA ●●

12 **DZ** ab 117,00 €;
3 **EZ** ab 85,00 €;
1 **Familien-App. f. 4 Ps.** ab 185,00 €

Die Ortenau ist eine wunderschöne, facettenreiche Kulturlandschaft. Hier findet sich im hübschen Appenweier-Nesselried zwischen Weinbergen und Obstwiesen der traditionsreiche Gasthof Engel. Seit mehr als 100 Jahren in Familienbesitz, lebt Familie Lott Gastfreundschaft, die von Herzen kommt, und kümmert sich mit ihrem engagierten Team sehr persönlich und zugewandt um die Gäste. Die logieren in stilvoll eingerichteten Zimmern mit zeitgemäßem Komfort, das reichhaltige Frühstücksbuffet ist bereits im Preis inkludiert. Für Tagungen und natürlich auch private Feiern stehen schöne Räumlichkeiten zur Verfügung. Es finden bis zu 90 Personen Platz, natürlich wird jede Veranstaltung sorgfältig geplant und auf individuelle Wünsche abgestimmt. In der Freizeit warten attraktive Ausflugsziele – Strasbourg ist nur 26 km, der Europapark Rust 35 km entfernt. Für Motorradfahrer ist die Schwarzwaldhochstraße beliebtes Ziel, Radfahrer finden ebenso wie Wanderer unzählige Wege vor. Gerne geben die freundlichen Mitarbeiter interessante Tipps, reichen Kartenmaterial und packen eine zünftige Schwarzwälder Vesper für unterwegs ein.

Bhf→2 km

♜ **Gasthof Engel**   👨‍🍳👨‍🍳

✉ 77767 · Dorfstraße 43 · ☎ 0 78 05 91 91 81
Regionale Küche · **Tische:** 14/100 Plätze
info@gasthof-engel.de · www.gasthof-engel.de   VISA ●●

Speisekarte: 10 Hauptgerichte von 18,50 bis 32,50 €

❤❤❤   61 Weinpos.

Der Gasthof Engel ist perfekt, um in entspannter Atmosphäre eine ehrliche Küche zu genießen. Liebevoll in einem schlicht-eleganten Landhausstil mit schönen Stoffen, warmen Farben und hübsch eingedeckten Tischen eingerichtet, sorgt Patron und Chefkoch Karl-Heinz Lott für ideenreiche und grundehrliche, aromenstarke Speisen, die das jahreszeitliche Angebot widerspiegeln. Badische Spezialitäten interpretiert er mit leichter Hand neu und berücksichtigt auch die große Nähe zum kulinarischen Elsass. Er arbeitet sorgfältig mit den ausgesuchten, bevorzugt heimischen Zutaten und geht wenn möglich auch auf den ein oder anderen Gästewunsch ein. Im Weinkeller warten erlesene badische (und weitere) Tropfen, die hauseigene Brennerei liefert neben dem weltberühmten Kirschwasser feinste Edelbrände. Direkt daneben ist ein traumschöner Gastgarten mit üppig blühender, duftender Blumenpracht. Hier wird die Genusszeit zum Kurzurlaub.

 Sehr gute Serviceleistung

Aschau

⭐⭐⭐ ♜ **Residenz Heinz Winkler** Bhf→500 m
⭐⭐

✉ 83229 · Kirchplatz 1 · ☎ 0 80 52 1 79 90 · Fax: 17 99 66 · Panorama-Bergterrasse, Bar, Golf-, Wander-Arrangement uvm., Zi.-Preise inkl. Gourmet-Frühstück
🍽🛏🛎🏠🅿🚭📶♿🏊🚲⛳🏞🚻⛰🎿🚶❄️🐾3 km   VISA AE ⓓ ⓜ ⓔ
info@residenz-heinz-winkler.de · www.residenz-heinz-winkler.de · 📘

18 **DZ** ab 190,00 €;
12 (**Jui.-)Suiten** ab 250,00 €

Inmitten einer Bilderbuchlandschaft, nahe der österreichischen Grenze, wurde 1405 eine der angesehensten Tafernwirtschaften im westlichen Chiemgau errichtet. Ab dem 16. Jh. stiegen Reisende dann ganz komfortabel im „Hotel zur Post" ab. Dank des großen Einsatzes von Familie Winkler wurde das Anwesen 1191 zur "Residenz", einer exklusiven Hotelanlage von internationalem Format. Die perfekte Mischung aus Luxus und lokalem Charme bezaubert Gourmets und anspruchsvolle Hotelgäste gleichermaßen. Der italienische Palazzo ist ein wunderschönes und harmonisches Ensemble auf gastronomischem Topniveau und bis heute ist die Residenz Heinz Winkler ein Familienhotel mit einzigartigem Stil und Charme. Die Gästezimmer sind elegant und stilvoll eingerichtet und verfügen selbstverständlich über jeden zeitgemäßen Komfort (das opulente Frühstück ist im Zimmerpreis inkludiert), denn das Wohlfühlen

eines jeden Gastes ist das höchste Ziel. Die ausgezeichnete Küche verwöhnt mit klassischen kulinarischen Köstlichkeiten. Persönliche Dienstleistung und eine mit Leben erfüllte Willkommenskultur sind für Familie Winkler und alle Mitarbeiten den selbstverständlich und so werden individuell geplante Veranstaltungen wie Hochzeiten, Geburtstags- und Jubiläumsfeiern zu unvergesslichen Erlebnissen.

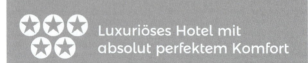

⭐⭐⭐ Luxuriöses Hotel mit
⭐⭐ absolut perfektem Komfort

Aschau

Residenz Heinz Winkler
Venezianisches Restaurant

✉ 83229 · Kirchplatz 1 · ☎ 0 80 52 1 79 90 · Fax: 17 99 66
Neue und Klassische Küche · **Tische:** 21/50 Plätze
info@residenz-heinz-winkler.de · www.residenz-heinz-winkler.de · f

Speisekarte: 1 Mittagsmenü von 140,00 bis 195,00 €; 2 Menüs von 140,00 bis 230,00 €

❀❀❀❀❀🍇🍇🍇   650 Weinpos.

Der Name „Venezianisches Restaurant" nimmt das prachtvolle Interior-Design des Gourmetrestaurants vorweg: Säulen, Ölgemälde, üppig blühende Pflanzen, deckenhohe Sprossen-Flügeltüren und Rundbogen, die sich zu einer malerischen Gartenterrasse hin öffnen, vermitteln barockes Flair und eine einzigartige Atmosphäre. Evi Winkler ist die Seele des Hauses und lebt eine natürliche und charmante Willkommenskultur. Der Gast steht im Mittelpunkt und soll sich jederzeit wohlfühlen. Stefan Barnhusen und Daniel Pape führen gemeinsam das engagierte Küchenteam an. Beide Köche bringen am Herd mit ihren Erfahrungen, ihrem Können und ihrer Leidenschaft beste Voraussetzungen mit und stellen mit hervorragenden Produkten kreative Gerichte mit klassischen Akzenten zusammen, die mit einem Michelinstern ausgezeichnet wurden, und den Gast zu einer leichten und faszinierenden Genussreise mitnehmen. Die Weinkarte ist hinreißend bestückt, hier hilft Alexander Winkler gerne weiter und spricht seine persönlichen Empfehlungen aus. Ein ganz besonderes Highlight ist es, die Speisen an warmen Tagen auf der Terrasse einzunehmen – der weite Blick auf die imposante Kampenwand inklusive.

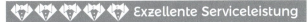
Exzellente Serviceleistung

Dieses Restaurant bietet Ihnen eine exzellente Küche.

Aschau

LIMA

✉ 83229 · Schulstraße 9 · ☎ 0 80 52 9 57 96 66
Moderne Klassische und Regionale Küche · Tische: 10/35 Plätze
info@lima-aschau.de · www.lima-aschau.de

Speisekarte: 6 Hauptgerichte von 15,00 bis 35,00 €; 1 Tagesempfehlung von 19,00 bis 45,00 €; 1 Menü von 55,00 bis 95,00 €
♕♕♕
60 Weinpos.

Mit ihrem Restaurant „Lima" haben sich Nina und Ufuk Cukadar einen Herzenswunsch erfüllt und stecken all ihre Leidenschaft hinein, jedem Gast einen Aufenthalt zu schaffen, der ihn Stress und Hektik des Alltags vergessen lässt. Mit viel Holz im Landhausstil eingerichtet, passen die Rahmenbedingungen: Das Ambiente ist einladend, gesellig und behaglich. Küchenchef Christian Amtmann versteht sein Handwerk - das er von der Pike auf gelernt hat - ganz ausgezeichnet. Mit ganz viel Talent, Können, Kreativität und Experimentierfreude kombiniert er die ausgesuchten Zutaten. Die kommen bevorzugt aus dem Umland und spiegeln das jahreszeitlich wechselnde Angebot wider. Seiner jungen, zeitgemäßen Küche liegen klassische französische Rezepturen zugrunde, die er raffiniert neu interpretiert, mit eigenen Ideen aufpeppt und in optisch farbenfroher und verführerischer Form präsentiert. An der integrierten Bar kann man Aperitifs einnehmen oder sich bereits hier von Ufuk Cukadar den passenden Wein zum Essen empfehlen lassen. Die begrünte, gemütliche Terrasse wird im Sommer zu einem echten place to be.

Sehr gute Serviceleistung

Aspach

🏛 Lamm Schank- und Speisewirtschaft   Bhf→7 km

✉ 71546 · Hauptstraße 23 · ☎ 0 71 91 2 02 71
Klassische, Neue u. Reg. Küche · Tische: 9/50 Plätze
info@lamm-aspach.de · www.lamm-aspach.de

Speisekarte: 9 Hauptgerichte von 26,90 bis 53,90 €; 1 Menü ab 62,00 €
♕♕
80 Weinpos.

Seit 2023 leiten Tabea und Manuel Fritz das "Lamm" mit großer gastronomischer Erfahrung. Neben der gehobenen mediterranen Küche gehören „der persönliche Kontakt zu Gästen und eine partnerschaftliche Zusammenarbeit mit Erzeugern aus der Region" zum Erfolgsrezept.

Asperg / Ludwigsburg

Asperg / Ludwigsburg

Bhf→800 m
♛ **Adler Asperg**

✉ 71679 · Stuttgarter Straße 2 · ☎ 0 71 41 2 66 00 · Fax: 26 60 60 · "Aguila" m.
Tapas und Cocktails, Gartenterrasse, Hotelbar, Zi.-Preise inkl. Frühstück
5 km   VISA AE ● ⬛
info@adler-asperg.de · www.adler-asperg.de · f

36 **DZ** ab 149,00 €;
31 **EZ** ab 104,00 €;
3 **App.** ab 199,00 €

Schwäbische Gastlichkeit, modernes Ambiente und großzügiges Flair sind die Pluspunkte des mitten in Asperg gelegenen, von Familie Ottenbacher engagiert geführten Hotels. Abseits der Hektik und dennoch gerade mal 4 km von Ludwigsburg entfernt, beeindruckt die harmonische Verbindung des alten Fachwerkhauses mit modernen Anbauten. Hier findet sowohl der Urlauber als auch Geschäftsreisende komfortable Zimmer von wohnlicher Qualität (Frühstück 27- € für externe Gäste). Besonders liebevoll und detailreich ausgestattet sind die weltbekannten, schwäbischen Tüftlern (Bosch, Porsche, Daimler) gewidmeten Themenzimmer. Die klimatisierten Tagungsräume garantieren effektives Arbeiten, herrlich die begrünte Tagungsterrasse. Festsaal und Bankettträume lassen sich individuell gestalten, für den reibungslosen Verlauf sorgt ein bewährtes Serviceteam. Zur nachhaltigen Entspannung gibt es einen großen, gepflegten Freizeitbereich mit Hallenbad und Sauna. In der Brasserie "Aguila" (spanisch für "Adler") genießt man raffinierte Tapas und frisch gemixte Cocktails, im "RichardZ" einen abwechslungsreichen Mittagstisch. Die "Schubart Stube" im Torturm der Festung Hohenasperg mit Regionalküche und schönem Biergarten ist ein beliebtes Ausflugsziel mit rustikalem Ambiente.

Hervorragendes Hotel mit außergewöhnlichem Komfort

Hervorhebenswert in seiner Kategorie

Asperg / Ludwigsburg

♜ Adler Asperg - Schwabenstube   Bhf→800 m

✉ 71679 · Stuttgarter Straße 2 · ☎ 0 71 41 2 66 00 · Fax: 26 60 60
Klassische und Neue Küche · **Tische:** 12/40 Plätze
info@adler-asperg.de · www.adler-asperg.de · f

Speisekarte: 5 Hauptgerichte von 42,00 bis 49,00 €; 2 Menüs von 75,00 bis 150,00 €
❀❀❀❀🍇🍇   200 Weinpos.

Ein historisches Fachwerkhaus ist die Heimat der "Schwabenstube", die mit ihrem entspannten, charmanten Flair einlädt, ein paar Stunden abseits vom Alltag zu verbringen und sich kulinarisch auf Top-Niveau verwöhnen zu lassen. Holzdecken und -böden, Sprossenfenster und Sitznischen auf der einen Seite, sanft schimmernde Polsterungen von Stühlen und Bänken, edel eingedeckte Tische, Aufmauerungen und mit Märchen-Zitaten, aus dem Schwabenland, bedruckte Wände und transparente Stoffbahnen auf der anderen sind eine perfekte Kombination von ländlicher Behaglichkeit und weltoffener Atmosphäre. In der Küche hat es einen Wechsel gegeben, den jeder Gourmet mit Neugierde begegnen und der dem hohen kulinarischen Anspruch in der „Schwabenstube" mehr als gerecht wird. Der erst 26-jährige Moritz Feichtinger, der auf eine top Ausbildung und erstklassige Karrierestationen

blicken kann, ist nun für die bevorzugt klassischen Speisen verantwortlich. Er hat viel Raum, um seine Kreativität und seinen Ideenreichtum auszuleben und in expressive, handwerklich perfekt inszenierte Speisen umzusetzen. Von den angebotenen Menüs ist eines vegan. Unterstützt wird er vom eingespielten, sehr engagierten Team um Marco Hünicke, der als umsichtiger Maître den Restaurantbesuch begleitet.

Auerbach

SoulFood   Bhf→15 km

✉ 91275 · Unterer Markt 35 · ☎ 0 96 43 2 05 22 25 · Fax: 2 05 22 28
Reg., Int., Neue Küche u. Eigene Kreationen · **Tische:** 14/40 Plätze
info@restaurant-soulfood.com · www.restaurant-soulfood.com

Speisekarte: 6 Hauptgerichte von 25,50 bis 72,50 €; 2 Menüs zu 115,00 €
❀❀❀❀🍇🍇   70 Weinpos.

Dank Chefkoch Michael Laus passt der Restaurantname. Denn seine kreativen Speisen, die auf saisonal-frischen Zutaten basieren, wechseln regelmäßig und sind tatsächlich Nahrung für die Seele. Christine Heß leitet charmant den Service und berät zu den Weinen.

Au

Au
Badischer Heldt

✉ 79280 · Dorfstraße 35 · ☎ 0 76 16 1 25 12 97
Regionale Küche · **Tische:** 15/70 Plätze
info@badischer-heldt.de · www.badischer-heldt.de

Speisekarte: 15 Hauptgerichte von 20,00 bis 40,00 € ♥♥♥ 31 Weinpos. Patron und Chefkoch Simon Heldt gibt dem behaglichen Restaurant im alten Wirtshaus am Dorfbach seinen Namen und seine Handschrift. Der urgemütliche Landhausstil prägt das Interieur ebenso wie die grün glasierte Kachelofenwand, die im Wetter eine angenehme Wärme abstrahlt und zu jeder Jahreszeit ein echter Hingucker ist. Simon Heldt setzt bewusst ausschließlich auf heimische Produkte und verarbeitet die saisonalen Zutaten zu aromenstarken typisch badischen Speisen. Man kann sich darauf verlassen, die beliebtesten Klassiker wie Flädlesuppe, Geschnetzeltes, Cordon Bleu, Käseknöpfle und „Sunnewirbele" – knackiger Feldsalat, hier mit Kracherle und Speck – auf der Karte zu finden und zusätzlich jahreszeitlich inspirierte Speisen. Eduardo Ferrera leitet umsichtig den Service, der an warmen Tagen auch draußen auf der kleinen, von Bäumen beschatteten Außenterrasse nach dem Rechten sieht. Für private Veranstaltungen ist das Gasthaus ebenfalls bestens geeignet. Hochzeiten, Jubiläen und Geburtstage werden sorgfältig geplant und aufmerksam begleitet.

Aue / Erzgebirge

Bhf→800 m   🍴 **Blauer Engel – Restaurant St. Andreas**

✉ 08280 · Altmarkt 1 · ☎ 0 37 71 59 20 · Fax: 2 31 73
Klassische, Neue und Regionale Küche · **Tische:** 4/16 Plätze
info@hotel-blauerengel.de · www.hotel-blauerengel.de

Speisekarte: 4 Hauptgerichte von 50,00 bis 67,00 €; 1 Menü von 115,00 bis 170,00 € ♥♥♥♥🍇🍇 300 Weinpos. Es gibt nicht viele Restaurants mit einem so facettenreichen kulinarischen Angebot wie im „Blauen Engel" in Aue. Noch seltener ist es, wenn ein Gourmetrestaurant von der Klasse des "St. Andreas" dazugehört. Das Interieur ist mit viel Geschmack gestaltet: Blanke Tische, cognacfarbene Lederfauteuils und raffinierte Details verbinden sich zu einem Interieur, das ganz ohne Chichi auskommt und mit seiner Klarheit die Natürlichkeit des Erzgebirges aufgreift. Ganz unaufgeregt geht es zu, was auch am zugewandten, freundlichen Service von Claudius Unger liegt, der als versierter Sommelier ein paar Schritte in die separate Weinstube geht, um echte Raritäten und aktuelle Spitzengewächse hervorzuzaubern. Sein Bruder Benjamin, der auch Mitglied bei den Jeunes Restaurateurs ist, sorgt für die kulinarischen Highlights. Er nutzt bevorzugt das üppige Warenangebot der Region mit seinen Wäldern und Feldern und sein erstklassiges Netzwerk von Händlern und Erzeugern. Mit großer handwerklicher Präzision und mindestens ebenso viel Kreativität stellt er die Zutaten zusammen, interpretiert überlieferte Rezepturen der Re-

Aue / Erzgebirge

gion neu, gibt klassischen Speisen eine eigene Note und überzeugt mit einem gekonnten Spiel von Aromen, Texturen und Garzuständen. Schon länger kein Geheimtipp mehr, ist ein Besuch im „St. Andreas" eine unbedingte Empfehlung.

Die Küchenleistung dieses Restaurants ist hervorhebenswert in seiner Kategorie.

🛏 Hotel Blauer Engel

Bhf→800 m

✉ 08280 · Altmarkt 1 · ☎ 0 37 71 59 20 · Fax: 2 31 73 · "Lotters Wirtschaft", Terrasse, Bar, Weinstube, Frühstücksbuffet (13,- € p. Ps.), Biermuseum
🍴🛏🅿🚗⛰🏊🏋♿🐕🍳🚭 5 km VISA AE 💳
info@hotel-blauerengel.de · www.hotel-blauerengel.de · f

31 **DZ** ab 101,00 €;
4 **Suiten** ab 141,00 €

Bereits 1663 wurde der im Herzen Aues liegende "Blaue Engel" urkundlich erwähnt. Das stilvolle Hotel mit schöner Gründerzeitfassade ist einer langen Familientradition verpflichtet, und so wird der Gast mit liebevollem Service betreut. Die Zimmer sind behaglich und bieten zeitgemäßen Komfort (Frühstück zzgl. 12.- € p. Ps.). Mit großem Engagement wird stetig weiter ins Haus investiert, so dass man immer auf einem hohen, gastronomischen Standard ist. Der attraktive Wellness- und Fitnessbereich sorgt für Entspannung. Gehobene, moderne Küche genießt man im Feinschmeckerrestaurant „St. Andreas", abwechslungsreiche Speisen in der gemütlichen „Tausendgüldenstube" mit Kachelofen und Regionales und Deftiges in der historischen Braustube "Lotters Wirtschaft". Gediegen ist die Weinstube mit Klimaschrank und Fromagerie und regelmäßig stattfindenden Weinproben. Für kleine Gäste gibt es ein Spielzimmer, die großen besichtigen das Auer Biermuseum u. a. mit der 3.500 Objekte umfassenden Bierkrug-Sammlung.

Auernhofen

Auernhofen
Winzerhof Stahl – Weingut und Restaurant

✉ 97215 · Lange Dorfstraße 21 · ☎ 0 98 48 9 68 96
Klassische und Neue Küche · Tische: 8/27 Plätze
mail@stahlweine.de · www.stahlweine.de · f

Speisekarte: 1 Überraschungsmenü mit Weinbegleitung ab 195,00 €
♥♥♥♥🥨🥨🥨

Dass der Winzerhof Stahl auch zu einer Adresse für anspruchsvolle Gourmets wurde, war nicht unbedingt vorauszusehen, lag der Fokus des 1814 von Familie Stahl landwirtschaftlich betriebenen Hofes mit Straußwirtschaft doch mit Weingut und eigenen Weinbergen auf dem Weinbau. 1990 nahmen sie die ländliche Lage am Rande des Taubertals zum Anlass, auf dem Weingut eine romantische und beliebte Hochzeitslocation zu etablieren. 25 Jahre später übernahmen Simone und Christian Stahl das Weingut, stockten es auf 40 ha Rebfläche auf und dachten sich, dass zu einem schönen Glas Wein doch feine Speisen perfekt passen – oder umgekehrt. So sind sie seit 2014 herzliche Gastgeber in ihrem charmanten Restaurant, in dem der Patron und Mirko Schweiger gemeinsam am Herd stehen und fulminant aufkochen. Eingekauft werden marktfrische Zutaten, deren Zeit auch wirklich reif ist, die Jahreszeiten sind ebenso Ideengeber wie die Fantasie des Duos am Herd und fließen in das sorgfältig zubereitete klassische und moderne 9-Gang-Menü ein. Köstliches Beispiel für ihr Können war Chicorée in Verbindung mit dem spritzigen Aroma von Orange und dem nussigen Geschmack von Krustentier. Großartig! Die passenden Weine und die entsprechende Beratung von Olivia Bönsch sind hier von allererster Güte. Maria Bätz leitet liebenswürdig das Serviceteam. In der Tenne mit charmanter Atmosphäre finden Hochzeitsfeiern und Events aller Art statt (es gibt 7 Gästezimmer), in der Vinothek kann man die verschiedenen Tropfen verkosten und die Terrasse wird an warmen Tagen zum Ort des Genusses und der Entspannung.

Augsburg

Nose & Belly

✉ 86152 · Heilig-Kreuz-Straße 10 · ☎ 08 21 50 89 57 91
Deutsche und Nordic Cusine · **Tische:** 10/36 Plätze
info@noseandbelly.de · www.noseandbelly.de · [f]

Speisekarte: 2 Menüs von 98,00 bis 155,00 € 🐺🐺🐺🐺 🍇🍇   200 Weinpos. Der Erfolg gibt Hendrik Ketter Recht, sein Restaurant eröffnet zu haben, als die Welt 2020 stillstand. Diese Chuzpe hat nicht jeder, umso schöner ist es, dass sie belohnt wurde. Das liegt natürlich vor allem an dem unermüdlichen Einsatz und der Leidenschaft des Patrons. Als Metzgerssohn weiß er den Wert von Lebensmitteln zu schätzen und hat an erstklassigen Karrierestation gelernt, daraus ganz besondere Genussmomente zu kreieren. Im schlicht, schön und in erdigen Farben gestalteten Restaurant zeigt er nicht nur seine Gastfreundschaft, sondern vor allem, dass Kochen Liebe ist. Gemeinsam mit seiner rechten Hand, Nico Sator, kreiert er moderne Speisen, die von den wechselnden Jahreszeiten und ihrem Produktreichtum inspiriert werden. Er setzt auf regionale Zutaten, ohne sich internationalen zu verschließen. Da wird Tradiertes mit großartigen Ideen zu etwas ganz Neuem, da gibt es für den Gast keine (Hemm-)Schwelle mehr, um mit dem Koch zu kommunizieren. Er stellt mit raffinierten und virtuosen Ideen immer wieder neue Menüs zusammen (eines wird immer auch als vegetarische Variante angeboten), die gerne Anleihen in der Nordic Cuisine nehmen. Und wenn er mit seinen Speisen gute Gefühle bewirken kann, ist er mehr als zufrieden. Lorena Scheske leitet den Service mit Übersicht, während Elias Gugel rund um die korrespondierenden Weine berät, erklärt und empfiehlt.

 Hervorragende Serviceleistung

Augsburg

Restaurant by Thomas Abele in Feinkost Kahn

✉ 86150 · Annastraße 16 · ☎ 08 21 31 20 31
Klassische und Neue Küche · Tische: 14/60 Plätze
restaurant@feinkost-kahn.de · www.feinkost-kahn.de

Speisekarte: 9 Hauptgerichte von 19,80 bis 39,50 €; 6 Tagesgerichte von 23,90 bis 38,90 € ♦♦♦ 50 Weinpos.

Seit über drei Jahrzehnten ist das Feinkosthaus Kahn Garant für erstklassige Delikatessen. Direkt in der Fußgängerzone der Augsburger City gelegen, ist es ein genussreicher Anziehungspunkt für Kunden, Touristen und Einheimische. Sie können die feinen Spezereien zum nach Hause tragen erwerben und profitieren zusätzlich von einem formidablen Speiseangebot, das dem Augsburg-Besuch ein kulinarisches Glanzlicht aufsetzt. Im ersten Stock ist das Bistro mit „schneller Küche", richtig raffiniert wird es in der Etage darüber, denn hier ist das „Restaurant by Thomas Abele". Eine mächtige, tragende Säule nimmt die Mitte des Raumes ein, der einen Blick bis hinunter ins Feinkost-Paradies erlaubt. Nach einem umfangreichen Facelifting erstrahlt das Interieur in neuem Glanz und dezenter Eleganz. Die Öffnungszeiten orientieren sich an denen des Ladengeschäfts: Im Bistro kann man ab 8 Uhr frühstücken, ab 11 Uhr ist das Restaurant geöffnet. Chefkoch Thomas Abele sorgt gekonnt und präzise für beste regionale Speisen, die er mit französischen und mediterranen Elementen ergänzt. Sein Ideenreichtum beschert immer wieder neue Geschmackserlebnisse, die er in verführerischer Optik präsentiert. Charmante Inhaberin und Dame des Hauses, das angenehm familiär geführt wird, ist Priska Kahn, die für ihre Gäste immer ansprechbar ist. Für Veranstaltungen steht ein hübscher Nebenraum auch außerhalb der Geschäftszeiten zur Verfügung.

Alte Liebe

✉ 86159 · Alpenstraße 21 · ☎ 08 21 65 05 78 50
Neue und Nachhaltige Küche
info@alte-liebe-augsburg.de · www.alte-liebe-augsburg.de

Speisekarte: 2 Menüs von 150,00 bis 210,00 € ♦♦♦

Das urbane Ambiente im Restaurant von Patron und Küchenchef Benjamin Mitschele passt zum unaufgeregten zweigleisigen, saisonalen Küchenkonzept, in dem Gemüse aus der eigenen Gärtnerei bevorzugt wird: Mittwoch und Donnerstag gibt es kleinere Speisen, gerne auch als sharing dish, Freitag und Samstag wird ein sorgfältig ausgetüfteltes Tasting-Menü präsentiert.

Bhf→1,5 km ## ♛ August by Christian Grünwald

✉ 86152 · Johannes-Haag-Straße 14 · ☎ 08 21 3 52 79
Eigene Kreationen · Tische: 5/12 Plätze
august.restaurant@gmx.de · www.restaurantaugust.de

Speisekarte: 1 Menü ♦♦♦

Christian Grünwald ist ein eher intuitiver Koch. Ohne vorab festgelegte (und einengende) Menüfolge lässt er sich alle Freiheiten, um mit dem aktuellen Marktangebot Speisen zu kreieren, die sich ihm über eine Vielzahl von Aromen, Düften und Bildern erschließen.

Augsburg

♛ Maximilian's ★★★★★

Bhf→2,4 km

✉ 86150 · OT Innenstadt · Maximilianstraße 40 · ☎ 08 21 50 36-0
Restaurants, 3M Bar, E-Mobil-Ladestation, Bibliothek
info@hotelmaximilians.com · www.hotelmaximilians.com

132 **DZ** von 259.00 bis 869.00 €;
4 **App.** von 259.00 bis 349.00 €

Das „Maximilian's" aus dem Jahre 1722 bietet seit Hunderten von Jahren im Zentrum Augsburgs erstklassige Logis und zählt heute zu den luxuriösesten Stadthotels in Deutschland. 2011 kernsaniert, wurde die historische Teehalle, das Herzstück des Hauses, mit einem gewölbten Glasdach versehen, die große Kunstsammlung wurde restauriert und in das heutige Gesamtkonzept eingebunden, so dass das Ambiente nun eine zauberhafte Mischung aus Tradition und Moderne ist. Jenseits anonymer Hotellerie ist die Handschrift einer privaten Leitung allgegenwärtig. Ein Mitarbeiterteam von natürlicher Herzlichkeit sorgt für einen perfekten Aufenthalt. Ob Hochzeiten oder geschäftliche Events – es stehen einzigartige Räumlichkeiten zur Verfügung, die jede Veranstaltung gelingen lassen. Neben einem exklusiven Wellnessbereich gibt es noch eine schöne Bibliothek mit einladenden, behaglichen Sofas und Fauteuils. Ein Besuch des sterngekrönten Restaurants „Sartory" gehört zu den Highlights im „Maximilian's".

Hervorhebenswert in seiner Kategorie

♛ Sartory

Bhf→2,4 km

✉ 86150 · OT Innenstadt · Maximilianstraße 40 · ☎ 08 21 50 36-0
Klassische Küche · Tische: 10/24 Plätze
info@sartory-augsburg.de · www.sartory-augsburg.de

Speisekarte: 5 Menüs von 159.00 bis 209.00 €

Johann Georg Sartory – Namensgeber des Restaurants – war ein bekannter Augsburger Küchenchef aus dem 19. Jh., in dessen Fußstapfen Chef de Cuisine Simon Lang mit großer Leidenschaft Tag für Tag tritt. Das Interieur ist mit klaren Linien puristisch gestaltet und lädt den Gast ein, sich auf die genussreichen Speisen zu konzentrieren, die mit unendlicher Sorgfalt in einem langen Prozess zusammengestellt wurden. Jeder im Team kann und soll sich und seine Ideen einbringen, gemeinsam erarbeiten sie eine dramaturgisch aufgebaute Menüfolge, probieren, verwerfen und befinden das für gut, was am Ende in eleganter und bildschöner Optik zum Gast gelangt. Um das Optimum zu erreichen, setzt Simon Lang auf erstklassige Zutaten von langjährig bekannten Händlern und Erzeugern, er macht keinerlei Kompromisse beim Einkauf. So arbeitet er mit edlen Ingredienzien und kreiert klassische Speisen, die über ihren französischen Ursprung hinausgehen und mit modernen Koch-

Augsburg

techniken in einen neuen Kontext gesetzt werden. Lars Vogel leitet den zuvorkommenden Service mit leichter Hand, berät zu den passenden Weinen und sorgt gemeinsam mit seinem Team für einen herrlich entspannten Abend.

Bad Birnbach
Sonnengut – Hirschstube

Bhf→2 km

✉ 84364 · Am Aunhamer Berg 2 · ☎ 0 85 63 30 50 · Fax: 30 51 00
Neue, geh. Reg. u. Mediterrane Küche (s. a. Kulinarisches Special) · **Tische:** 60/125 Plätze
info@sonnengut.de · www.sonnengut.de ·

Speisekarte: 1 Galamenü zu 61,00 €
❖❖❖ ❀❀ 600 Weinpos.

Weil der Gast im "Sonnengut" auch im Restaurant und der Hirschstube stets im Mittelpunkt steht, sorgt Chefkoch Christian Gsödl für abwechslungsreiche Speisen (tägl. Halbpension-Abendmenü: 40,- €/Pers., Sa. Galamenü: 61,- €/Pers.) mit hohem Genussfaktor. Das lichtdurchflutete Restaurant ist in schlichter Moderne gestaltet, die Hirschstube bezaubert mit einem landestypischem Interieur mit altem Holz, Sprossenfenstern und Stubenofen und kann auf Anfrage gerne für Veranstaltungen und exklusive Galamenüs gemietet werden. Die Zutaten für die durchdachte Produktküche kommen bevorzugt von örtlichen Bauern und Erzeugern, Obst und Gemüse ist aus natürlichem Anbau und die Kräuter sind aus dem hauseigenen Garten. Man schmeckt die erstklassige Qualität der Ingredienzen, die in der Küche mit vielseitigen Ideen und handwerklicher Präzision zusammengestellt werden. Die sorgfältig ausgetüftelten Speisen sind grundehr-

lich, aromenstark und werden mit mediterranen Elementen ergänzt. Der fantastische Weinkeller wurde von Andreas Schidlmeier bestückt, der mit Passion immer auf der Suche nach neuen Tropfen ist. Zur großartigen Auswahl berät er die Gäste mit sensiblem Gespür und leitet auch den zugewandten Service. An warmen Tagen kann man auf der Sonnenterrasse speisen und dabei den herrlichen, weiten Blick ins Rottal genießen.

 Dieses Restaurant bietet Ihnen ein gutes Genuss-/Preisverhältnis.

Bad Birnbach

Hotel Sonnengut Wellness, Therme & Spa Bhf→2 km

✉ 84364 · Am Aunhamer Berg 2 · ☎ 0 85 63 30 50 · Fax: 30 51 00 · Rest. Sonnengut und Hirschstube m. Kreativer u. Reg. Küche; Sport- u. Aktivprogramme, Arthur's 1994 Bar, Frühstück im Zi.-Preis inkl., Zi.-Preise pro Pers.
🍴♨🐕🛗🅿♿🚭🏊🌊≋🛶➕⚕♠♿🛁📶 300 m   VISA AE ⬤
info@sonnengut.de · www.sonnengut.de · f

60 **DZ** ab 141,00 €;
4 als **EZ** ab 141,00 €;
14 **EZ** ab 141,00 €;
14 **Suiten** von 151,00 bis 266,00 €

Im Hotel Sonnengut, das den Gast mit einer großzügigen Lobby empfängt, wird von Herzen kommende Gastlichkeit tatsächlich gelebt. Gäste, die gehobene Wohnkultur und attraktive Wellnessangebote und den Golfsport schätzen, sind hier genau richtig. Neben klassischen Kosmetikbehandlungen und Ayurveda werden auch physiotherapeutische Anwendungen sowie zahlreiche Arrangements angeboten. Täglich gibt es ein kostenloses Aktiv- und Sportprogramm, Fahrräder können geliehen werden. Der Gast logiert in freundlichen, modern eingerichteten, sehr komfortablen Zimmern (Preise inkl. reichhaltigem Frühstücksbuffet) und kann den 3.000 m² großen

Wellnessbereich, u. a. mit Hamam, Thermalbad und Themenräumen, nutzen und genießen. (s. a. Wellness-Special). Ein gutes Veranstaltungsangebot, Wellness und Golf gehen im Hotel Sonnengut eine perfekte Symbiose ein.

Bad Füssing

Holzapfel Bhf→6 km

✉ 94072 · Thermalbadstr. 4 + 5 · ☎ 0 85 31 95 70 · Fax: 95 72 80 · Restaurants, Café, Weinlounge, Bar, E-Mobil-Ladestation, Zimmerpr. inkl. 3/4-Verwöhnpension
🍴♨🐕🛗🅿♿🚭🏊🌊≋🛶➕⚕♠♿🛁📶 2 km   VISA ⬤
info@hotel-holzapfel.de · www.hotel-holzapfel.de · f

64 **DZ** ab 162,00 €;
19 **EZ** ab 170,00 €;
7 **Jun.-Suiten** von 256,00 bis 334,00 €

Bad Füssing ist ein Ort, an dem man viel unternehmen kann: die Therme, Radfahren, Nordic Walking, Wandern, Besichtigungen, Kulturelles uvm. – da ist es hilfreich, wenn man ein zentral und dennoch ruhig gelegenes Hotel wie das "Holzapfel" als Ausgangspunkt hat. Es ist ein sehr zuvorkommend und familiär geführtes Domizil mit einem vielfältigen Angebot in puncto Genießen und Erholen. Mit dem gegenüberliegenden Haupt- und Stammhaus unterirdisch verbunden, gefällt das Spa- & Wellnesshotel mit eige-

Bad Füssing

ner Therme, dem Thermalwasserbecken, einer schönen Saunalandschaft sowie zahlreichen Anwendungen und Wellnessangeboten. Die großzügig geschnittenen Zimmer sind individuell und elegant eingerichtet, zusammen mit dem stilvollen Interieur garantieren sie eine behagliche Atmosphäre (Preise inkl. 3/4-Verwöhnpension). Attraktive Arrangements gibt es rund ums Jahr. Auch kulinarisch ist man hier mit verschiedenen Restaurants bestens aufgestellt. Ob in der "Weinlounge", "Schwarzwaldstube", im zeitlos-modernen "Wintergarten" und dem Gartenrestaurant – jedes hat seine eigene Ausrichtung und seinen ganz eigenen Charme.

Bhf→6 km
Glockenturm im Holzapfel
✉ 94072 · Thermalbadstr. 4 + 5 · ☎ 0 85 31 95 70 · Fax: 95 72 80
Klass., Intern.und Reg. Küche · **Tische:** 8/24 Plätze
info@hotel-holzapfel.de · www.hotel-holzapfel.de

Speisekarte: 6 Hauptgerichte von 25,00 bis 42,00 €; 2 Menüs von 72,00 bis 165,00 €
160 Weinpos.
Das à la carte Restaurant „Glockenturm" wird von einem hohen, offenen Giebel überwölbt, in dem eine veritable, alte Glocke nicht nur als Namensgeberin, sondern auch als Hingucker hängt. Das Interieur ist mit braunem Holzboden, in edlem Weiß eingedeckten Tischen und petrolfarbenen Fauteuils in behaglicher Moderne gestaltet. Die Gastgeber Michaela und Christian Holzapfel haben dem Restaurant eine wirklich schöne, kultivierte Note gegeben. In der Küche sorgen Klaus Machl-Kosak und sein Souschef Simon Wisgalla dafür, das Beste aus Bayern und der ganzen Welt zu präsentieren. Die sai-

sonfrischen Zutaten sind erstklassig und werden so schonend wie möglich verarbeitet, damit der Eigengeschmack erhal-

Bad Füssing

ten und unverfälscht bleibt. Die ehrlichen Speisen sind feinsinnig, gekonnt und aromensicher zusammengestellt und überzeugen mit kreativen Ideen und präzisen Ausführungen. Der Restaurantbesuch wird von einem gut aufgelegten Service unter liebenswürdiger Leitung von Roman Sinclair begleitet. Er ist auch kompetenter Ansprechpartner, wenn es um passende Weine und Getränke geht.

Parkhotel Bhf→5 km

✉ 94072 · Waldstraße 16 · ☎ 0 85 31 31 92 80 · Fax: 20 61 · Parkrest. "Toskana" mit Neuer und Intern. Küche, Terrassen-Café, Zimmerpreise inkl. Halbpension
🍴♿☂🅿🍷🚭♨🛁♒≋↔🚶🧖📶📞3 km   VISA AE ⓓ ⓒ ⓔ
team@parkhotel.stopp.de · www.parkhotel.stopp.de · f

31 **DZ** ab 250,00 €;
60 **EZ** ab 127,00 €;
3 **Suiten** ab 324,00 €

Direkt am Kurpark gelegen, ist das Parkhotel in Bad Füssing eine Oase der Ruhe mitten im Grünen und erinnert mit seinem unaufdringlichen Luxus und dem lichtdurchfluteten Foyer an die Pracht des Fin de Siècle. Hier werden individuelle Wünsche ernst genommen und von der Betreiberfamilie Stopp und dem freundlichen Hotelteam gerne erfüllt. Neben den mit viel Liebe zum Detail eingerichteten Komfortzimmern (die Preise verstehen sich inklusive Halbpension!) überzeugt auch die vielseitige, kreative Frischeküche im stilvollen Gourmetrestaurant. Wandern, Radeln, Golfen – alles ist in unmittelbarer Nähe möglich. Sehr gepflegt ist die Sauna- und Wellnessland-

schaft, wo man sich bei einer Fülle von Angeboten cremen, baden, massieren und verwöhnen lassen kann, sowie die Thermalbäder, in denen das einzigartige Bad Füssinger Heilwasser strömt.

Bad Gögging

Der Eisvogel Hotel & SPA

Bhf →4 km

✉ 93333 · An der Abens 20 · ☎ 0 94 45 96 90 · Fax: 84 75 · Restaurant mit Terrasse, Wochenendarrangements, Bar, Bistro, Zi.-Preise inkl. Frühstück
500 m

info@hotel-eisvogel.de · www.hotel-eisvogel.de · f

42 **DZ** von 270,00 bis 320,00 €;
7 **EZ** von 100,00 bis 230,00 €

1949 baute Hans Zettl zusammen mit seinem Sohn Karl eine Wohnung aus, um darin ein kleines Café einzurichten. Damit begann dank dem Engagement und der Gastfreundschaft von Familie Zettl vor einem Dreivierteljahrhundert die Erfolgsgeschichte des „Eisvogel Hotel & Spa". Das sehr idyllisch am Flüsschen Abens gelegene Hotel bietet alles, was das Kur- und Urlaubsherz begehrt. Die Zimmer im „Eisvogel" sind sehr liebevoll eingerichtet, erinnern mit Blau-, Natur- und Rosttönen an das Gefieder des Eisvogels und sind sehr hochwertig – Holzboden, Fußbodenheizung, Klimaanlage – komfortabel, elegant und dennoch behaglich eingerichtet. Für Veranstaltungen und Tagungen stehen passende Räumlichkeiten mit Tageslicht bereit. Der großzügig gestaltete, lichtdurchflutete Wellnessbereich garantiert nachhaltige Erholung und Entspannung. Die riesige Gartenlandschaft mit Liegewiese ist vom Wellnessbereich mit idyllischer Terrasse aus erreichbar. Sehr beliebt sind die zahlreichen durchdachten Beautypackages und Fitnessangebote. Im "Eisvogel" verbinden sich traditionelle Werte, moderne Architektur und zeitgemäße Annehmlichkeiten auf so harmonische Weise, dass der Aufenthalt zu einer nachhaltigen Pause vom Alltag wird.

 Hervorhebenswert in seiner Kategorie

Bad Kötzting

Hotel Bayerwaldhof   Bhf→5 km

✉ 93444 · Liebenstein 25 · ☎ 0 99 41 94 800 · Fax: 94 80 800
Restaurant, Bar, Gartenanlage, Arrangements, Reitmöglichkeiten
🍴🐎♨⛷🅿🚗🍷⛰♨♒⛱♨≈↔♨📶⚓15 km   VISA ●● EC
info@bayerwaldhof.de · www.bayerwaldhof.de · f

74 **DZ** von 208,00 bis 356,00 €;
als **EZ** von 122,00 bis 203,00 €;
12 **Suiten** von 282,00 bis 450,00 €

Das Hotel "Bayerwaldhof" ist ein echtes gastronomisches Paradies in der wunderschönen Landschaft des Bayerischen Waldes. Hier kann man – nicht zuletzt dank der engagierten Gastgeberfamilie Mühlbauer – abseits von Hektik und Stress in herrlicher Ruhe entspannen. Das beginnt bereits in den liebevoll im edlen Landhausstil eingerichteten Zimmern, die über jeden zeitgemäßen Komfort verfügen und bei denen die 3/4-Verwöhnpension bereits im angegebenen Preis enthalten ist. Im Restaurant mit exzellenter Küche kommt auch der anspruchsvolle Feinschmecker auf seine Kosten. Highlight im Hause ist fraglos der hinreißende Wellnessbereich (s. a. Wellness-Special), der wirklich alles bietet, um zu regenerieren. Der Bayerische Wald lockt mit einer Fülle herrlicher Freizeitangebote – die kilometerlangen Wanderwege beginnen praktisch vor der Tür. Sehr attraktive und vielseitige Arrangements (z. B. Kulinarik-, Wellness- oder Reiterwochen) stehen zur Auswahl. Und stets begleitet ein sehr persönlicher Service die Urlaubstage und gibt gerne Tipps rund um die Tagesgestaltung. Besonders erwähnenswert ist das in allen Bereichen ausgezeichnete Hygienekonzept des Bayerwaldhofs, dem es bestens gelingt, die Bedürfnisse nach Sicherheit und Erholung zu vereinen.

www.der-grosse-guide.de

Bad Kötzting

Hotel Bayerwaldhof
Leos by Stephan Brandl

✉ 93444 · Liebenstein 25 · ☎ 0 99 41 94 800 · Fax: 94 80 800
Klassische, Neue u. Regionale Küche · **Tische:** 4/20 Plätze
info@bayerwaldhof.de · www.bayerwaldhof.de · f

Speisekarte: 2 Menüs von 160,00 bis 184,00 € 🍽🍽🍽🍽🍇🍇 250 Weinpos.

Die Hauptmaterialien – Holz, Leder und Kupfer – mit denen das „Leo's" eingerichtet ist, haben einen unmittelbaren Bezug zur Region, in der es beheimatet ist. Unprätentiös mit viel Geschmack gestaltet, fühlt man sich in dem entspannten Ambiente wohl. Echte Hingucker sind die Installationen an den Wänden: Küchenutensilien werden kunstvoll präsentiert und verweisen auf das, was da bald aus der Küche kommen wird. Dank Patron und Küchenchef Stephan Brandl ist das einiges. Zusammen mit seinem Souschef Sascha Ehrhardt und einem jungen, motivierten Team sorgt er für klassische Speisen, die seine ganz eigene, höchst kreative Handschrift tragen. Die Zutaten kommen bevorzugt aus der Region und dem hoteleigenen Kräutergarten und werden unter Aspekten von Nachhaltigkeit, Achtsamkeit und Tierwohl verarbeitet. Die Speisen sind trotz ihres Finessenreichtums unverfälscht und ehrlich und erfahren geniale Neuinterpretationen, die den Gast auf eine faszinierende kulinarische Reise mitnehmen. Lena Novack ist charmante Gastgeberin, begleitet mit ihrem gut aufgelegte Serviceteam durch den Abend und spricht kenntnisreiche Empfehlungen zu den begleitenden Weinen und Getränken aus.

Bad Hersfeld

♜ L'étable

Bhf → 1 km

✉ 36251 · Linggplatz 11 · ☎ 0 66 21 18 90 · Fax: 18 92 60
Klassische und Neue Küche · **Tische:** 9/30 Plätze
info@zumsternhersfeld.de · www.zumsternhersfeld.de

Speisekarte: 3 Hauptgerichte von 52,00 bis 62,00 €; 1 Menü von 92,00 bis 162,00 € 🍽🍽🍽🍇🍇 350 Weinpos.

Das "L'étable" ist in den einstigen Stallungen der früheren Postkutschenstation beheimatet. Chefkoch Constantin Kaiser sorgt auf hohem kulinarischem Niveau für eine facettenreiche Küche mit innovativ ausgetüftelten, sorgfältig zubereiteten Speisen, die auf erstklassigen Zutaten basieren und ihre Wurzeln in der klassischen Küche haben.

Bad Kissingen

Bad Kissingen

Laudensacks Gourmet Restaurant
Bhf→200 m

✉ 97688 · Kurhausstraße 28 · ☎ 09 71 7 22 40 · Fax: 72 24 44
Reg. Küche, eigene Kreationen · **Tische:** 10/22 Plätze
info@laudensacks.de · www.laudensacks.de

Speisekarte: 2 Menüs von 95,00 bis 180,00 €
♦♦♦♦♣♣ 200 Weinpos.
Basis der kreativen Speisen, die Chefkoch Frederik Desch mit seinem Team zubereitet, ist die klassische französische Küche. MIt raffinierten Ideen und modernen Zubereitungen ersinnt er immer wieder neue Kombinationen, die seine eigene, konzentrierte Handschrift tragen.

Bad Kreuznach

♜ Im Kittchen
Bhf→1 km

✉ 55545 · Alte Poststraße 2 · ☎ 06 71 9 20 28 11
Internationale u. Mediterrane Küche · **Tische:** 7/20 Plätze
nahekittchen@web.de · https://imkittchen.de/

♦♦♣
Patron Roy Unger kocht mit Hingabe frische und aromenbetonte Speisen. Regelmäßig wechselnde Angebote annonciert er im nostalgisch eingerichteten Restaurant auf einer Schiefertafel.

Bad Krozingen

♜ Storchen Restaurant Hotel
Bhf→4 km

✉ 79189 · Felix-Nabor-Straße 2 · ☎ 0 76 33 53 29 · Fax: 70 19
Klass. u. Reg. Küche · **Tische:** 9/45 Plätze
info@storchen-schmidhofen.de · www.storchen-schmidhofen.de

Speisekarte: 2 Hauptgerichte von 44,00 bis 56,00 €; 1 Mittagsmenü von 58,00 €; 2 Menüs von 84,00 bis 172,00 €
♦♦♣ 280 Weinpos.
Fritz und Jochen Helfesrieder präsentieren im Gourmetrestaurant des "Storchen" eine fulminante Produktküche, die in der Region verwurzelt ist, aber in ihren filigranen, aromenstarken und unverfälschten Zubereitungen weit darüber hinaus geht. Eins der angebotenen Abendmenüs ist vegetarisch.

Bad Laasphe

★★★★★ ♜ Jagdhof Glashütte
Bhf→5 km

✉ 57334 · Glashütter Str. 20 · ☎ 0 27 54 39 90 · Fax: 39 92 22
Rôtisserie Jagdhofstuben, Fuhrmannskneipe, Bauernstube, Wiener Café, Bar
info@jagdhof-glashuette.de · www.jagdhof-glashuette.de

17 **DZ** ab 336,00 €; 3 **EZ** ab 158,00 €;
9 **App.** ab 436,00 €
Das Relais & Châteaux Hotel „Jagdhof Glashütte" liegt im schönen Wittgensteiner Land. Engagiert von Familie Dornhöfer geführt, überzeugt neben den edel gestalteten Zimmern, Tagungsräumen, dem gepflegten Wellnessbereich und verschiedenen Restaurants besonders der persönliche Service.

Bad Neuenahr-Ahrweiler

Bhf→1 km **Zur Alten Post – Steinheuers Restaurant**

✉ 53474 · OT Heppingen · Landskroner Str. 110 · ☎ 0 26 41 9 48 60 · Fax: 94 86 10
Neue Deutsche Küche, Restaurant-Reservierung montags möglich · **Tische:** 8/25 Plätze
info@steinheuers.de · www.steinheuers.de ·

Speisekarte: 2 Menüs von 210,00 bis 285,00 €

1.600 Weinpos. Als Außenstehender kann man es gar nicht hoch genug bewerten, mit welch unerschöpflichem Einsatz Gabriele und Hans Stefan Steinheuer ihr gastronomisches Kleinod führen und vor allem das Gourmetrestaurant zu dem gemacht haben, was es heute ist – nämlich eines der besten Deutschlands. Eingerichtet ist es mit viel Geschmack, eher schlicht und geradlinig mit dezenten Farben und expressiven Bildern gestaltet. Man fühlt sich wohl und entspannt. Dazu trägt Gabriele Steinheuer nicht unerheblich bei. Gemeinsam mit ihrem Serviceteam sorgt sie für eine ganz unverkrampfte Atmosphäre und ist die perfekte Mittlerin des Geschehens vor und hinter dem Pass. Schwiegersohn Christian Binder übernahm nach und nach die Verantwortung für die Küche, kann sich aber stets auf Hans Stefan Steinheuer, der zunehmend im Hintergrund bleibt, verlassen, wenn es darum geht, perfekte Speisen zu ertüfteln. Einigkeit herrscht darüber, wie die auszusehen und vor allem zu schmecken haben: filigran und unverfälscht. Klassische Küche ist die Basis, von ihr aus entwickeln sie einzigartige, immer wieder neue und höchst kreative Kombinationen, die jedem Gourmet in ihrer Komplexität in Erinnerung bleiben. Die Menüs werden von einer Weinauswahl begleitet, die manchen Gast angesichts ihrer Fülle erschrecken könnte. Dass das nie geschieht, ist das Verdienst von Désirée Steinheuer, die als ausgebildete und sehr feinfühlige Sommelière wertvolle Hinweise, Tipps und Empfehlungen ausspricht.

Bad Neuenahr-Ahrweiler

Steinheuers Landhaus OT Heppingen   Bhf→1 km

✉ 53474 · Landskroner Straße 110 · ☎ 0 26 41 9 48 60 · Fax: 94 86 10 · 2 Rest., Bar, Vinothek, Zi.-Preise inkl. Frühstück, Stellplätze für Elektroautos mit Ladestation ⟶ 2 km
info@steinheuers.de · www.steinheuers.de · f

6 **DZ** von 159,00 bis 185,00 €;
als **EZ** von 118,00 bis 138,00 €

Für die reibungslosen Abläufe im kleinen, aber feinen Hotel sind vor allem Gabriele Steinheuer und Tochter Désirée verantwortlich. Die liebevoll und individuell eingerichteten Zimmer mit maßgefertigtem Mobiliar und edlen Bädern bieten höchstem Wohnkomfort und sind ein schönes Zuhause auf Zeit, zeugen von Geschmack und Stilsicherheit und bieten Gastlichkeit auf Topniveau. Der Tag beginnt mit einem hinreißenden Gourmet-Frühstück (im Preis inkludiert). Für effektives Arbeiten steht ein exklusiver Tagungsbereich bereit. Im direkt gegenüber liegenden Landhaus warten eine luxuriöse Penthouse-Suite und Junior-Suiten mit großzügigen Bädern. Ein Wohlfühlbereich mit Sauna und Jacuzzi-Wanne sorgt für zusätzliche Entspannung, die Kochschule für interessante Einblicke in kulinarische Abläufe. Freundlicher Service und exquisites Ambiente sind bei Steinheuers die Grundlagen bei jedem Aufenthalt und geben einen Vorgeschmack auf die feinen Restaurants des Hauses. Neben der Lounge mit Bibliothek und behaglichen Lederfauteuils findet man den Esskultur-Shop – hier werden feinste Öle, Balsamicos, hausgemachte Spezialitäten, Kochutensilien und ausgesuchte Produkte aus der Steinheuer'schen Küche angeboten. Der traumschöne Garten mit malerischer Terrasse lädt im Sommer zum open air Genuss ein.

Zur Alten Post - Landgasthof Poststuben   Bhf→1 km

✉ 53474 · Landskroner Straße 110 · ☎ 0 26 41 9 48 60 · Fax: 94 86 10
Regionale Küche · **Tische:** 12/45 Plätze
info@steinheuers.de · www.steinheuers.de · f

Speisekarte: 7 Hauptgerichte von 39,00 bis 46,00 €; 1 Menü von 73,00 bis 93,00 € 🍷🍷🍷🍷🍷 1.600 Weinpos.
„Steinheuers Landgasthof Poststuben" begrüßt den Gast mit einem wunderschön stimmigen Interieur. Edel und ländlich zugleich fügen sich die dunklen Deckenbalken und weinroten Fensterläden mit dem Parkettboden, umlaufenden Bänken, hochlehnigen Stühlen und schön eingedeckten Tischen zu einem harmonischen Ganzen. Chefkoch Christian Binder legt in den „Poststuben" ebenso viel Wert auf handwerklich präzise Speisen und handverlesene Zutaten wie im Gourmetrestaurant. Nur ist die Ausrichtung bodenständiger und traditioneller. Unterstützt vom Schwiegervater Hans Stefan Steinheuer und dem en-

Bad Neuenahr-Ahrweiler

gagierten Team werden tradierte Rezepturen gekonnt und fantasievoll neu interpretiert, kann man längst vergessene Gerichte wie Kalbsnierchen, hier mit Estragonsenfsauce und Spitzkohl, wieder ganz neu entdecken. Den Service leitet Mutter Gabriele Steinheuer mit Christina Zeyer, die Wein- und Getränkeberatung obliegt Tochter Désirée. An warmen Tagen ist es ein ganz besonderer Genuss und die perfekte Auszeit vom Alltag, im wunderschönen, begrünten und von Bäumen beschatteten Gastgarten zu sitzen.

Bad Orb

Bhf ›12 km

Rauchfang

✉ 63619 · Gutenbergstraße 15 · ☎ 0 60 52 91 23 76 · Fax: 91 23 81
Neue u. Mediterrane Küche · Tische: 2/6 Plätze
sifakijoanna@aol.com

Speisekarte: 6 Hauptgerichte von 39,00 bis 49,00 €; 1 Menü von 119,00 €

80 Weinpos.

Da das Restaurant "Rauchfang" – im Zentrum von Bad Orb direkt an der Stadtmauer gelegen – zu den kleinsten Restaurants in Deutschland zählt, sollte man unbedingt vorher einen Tisch reservieren. Es lohnt sich, denn hier ist ein charmanter Treffpunkt für das besondere kulinarische Erlebnis. Das Interieur mit Rundbogenfenstern, Sitznischen und fein eingedeckten Tischen ist rustikal-elegant, das Ambiente locker-entspannt. Pierantonio Maritan und seine Frau Joanna Sifaki sind Gastgeber aus Leidenschaft und bemühen sich charmant um ihre Gäste. Der Patron steht selber am Herd und sorgt mit seiner aromenstarken, leichten, zeitgemäßen und mediterranen Küche für exklusive Genussmomente. Die Zutaten kommen vom Dottenfelderhof, der unter Demeter-Aspekten bewirtschaftet wird. Sie werden präzise, achtsam und gekonnt mit Fantasie und Aromenvielfalt zu ausgeklügelten Speisen kombiniert, die in kunstvoller Optik präsentiert werden. Vieles ist selbst gemacht wie z. B. die erst nach der Bestellung frisch gezogenen Nudeln aus Bio-Eiern und Hartweizenmehl. Beim Filet vom Angus mit Kräuterseitling und frischem Trüffel schmeckte man die Top-Qualität des Fleisches. Joanna Sifaki ist liebenswürdige Ansprechpartnerin im Service. Eine hübsche, kleine, gut beschattete Terrasse lädt zum open air Genuss.

 Ein Restaurant mit anspruchsvoller Küche.

 Dieses Restaurant bietet Ihnen ein gutes Genuss-/Preisverhältnis.

Bad Peterstal-Griesbach

Hotel Dollenberg   Bhf→3 km

✉ 77740 · Dollenberg 3 · ☎ 0 78 06 7 80 · Fax: 12 72 · Gartenrestaurant, Weinstube, Café, Cocktail-Bar, Bauern- u. Kaminstube, Zi.-Preise inkl. Frühstück
18 km   VISA AE ● EC
info@dollenberg.de · www.dollenberg.de · f

17 **DZ** ab 282,00 €;
83 (**Jui.-**)**Suiten** ab 344,00 €

Aus der kleinen, in malerischer Schwarzwaldlandschaft gelegenen Pension seiner Eltern machte Meinrad Schmiederer mit den Jahrzehnten ein exklusives Hotel, das zur „Relais-&-Châteaux"-Gruppe gehört. Bereits beim Betreten der großzügigen Lobby erkennt man die Klasse dieses Hauses, erfährt sofort persönliche Zuwendung durch das liebenswürdige und herzliche Hotelteam. Erlesen eingerichtete Zimmer (Preise inkl. Frühstück) mit stilvoll-elegantem Ambiente bieten höchsten Wohnkomfort. Boutique und prächtiger Weinkeller fehlen nicht. Kernstück des Hauses ist die exklusive Bäder- und Wellnesslandschaft (s. a . Wellness-Special). In dieser Oase des Wohlbefindens stehen Gesundheit, Schönheit und Wohlbehagen im Mittelpunkt. Die Dollenberg-Dependance, die rustikale Renchtalhütte, ist nur 60 Gehminuten entfernt und beliebtes Ziel für fröhliche Wanderungen. In diesem außergewöhnlichen Haus überlässt man sich ganz dem Genuss mit allen Sinnen und genießt Schwarzwälder Gastlichkeit. Rund ums Jahr gibt es eine Fülle attraktiver Arrangements.

Hotel Dollenberg - Le Pavillon   Bhf→3 km

✉ 77740 · Dollenberg 3 · ☎ 0 78 06 7 80 · Fax: 12 72
Klassische, Neue u. Regionale Küche · **Tische:** 9/40 Plätze   VISA AE ● EC
info@dollenberg.de · www.dollenberg.de · f

Speisekarte: 1 Menü von 182,00 bis 240,00 € ❤❤❤❤❤ 540 Weinpos. Der ausgefallene, halbrunde Zuschnitt des Gourmetrestaurants "Le Pavillon" – Flaggschiff der Dollenberg'schen kulinarischen Flotte – wird durch bodentiefe Fenster mit weitem Ausblick auf die waldreichen Hänge des Schwarzwalds in Szene gesetzt. Im Interieur verbinden sich warmes Kirschbaumholz, gedeckte Blautöne, verspiegelte Decken und sanft fallende Stoffe zu einem eleganten Ganzen mit niveauvoller Atmosphäre. Mit Martin Herrmann steht seit mehr als zwei Jahrzehnten ein Mann am Herd, der nur 30 km von Bad Peterstal in Haslach zur Welt kam, im Dollenberg gelernt hat und der Region sehr verbunden ist. Das erkennt man an raffiniert integrierten regionalen Elementen in seiner exquisiten, klassischen Küche. Mit virtuosen Ideen stellt er aus den handverlesenen Zutaten detailreiche, aromenintensive Menüfolgen zusammen, die den Gast auf eine faszinierende Reise in die Welt der ganz großen Kulinarik mitnehmen. Das angebotene Menü kann von fünf bis zu acht Gängen bestellt werden und berücksichtigt immer auch das tagesaktuelle Marktangebot, weshalb es zu Gunsten größtmöglicher Frische auch schon mal zu einer kleinen Änderung kommen kann. Korrespondierende Weine gibt es in erlesener Qualität, badische Gewächse stehen im Fokus der Tropfen aus über 30 Ländern. Hier berät Christophe Meyer mit Expertise und großer Sensibilität. Das zugewandte Serviceteam wird liebenswürdig von Francois Ritter geleitet, er steht als Ansprechpartner jederzeit bereit.

Bhf→3 km ♜ **Hotel Dollenberg - Renchtalhütte**
✉ 77740 · Rohrenbach 8 · ☎ 0 78 06 91 00 75
Regionale und Elsässer Küche, Vesperkarte · Tische: 8/40 Plätze
info@renchtalhuette.de · www.renchtalhuette.de

Speisekarte: 15 Hauptgerichte von 11,50 bis 33,00 €; 1 Tagesgericht zu 24,50 €
🍷🍷 43 Weinpos.
Ein halbes Jahrhundert lang war die Renchtalhütte in wunderschöner Alleinlage Station und Heim der Ski- und Wandervereine des Renchtals. Nachdem sie 2001 einem verheerenden Brand zum Opfer fiel, ließ Patron Meinrad Schmiederer sie mit großem Aufwand und sehr viel Detailliebe wieder aufbauen. Hölzer jahrhundertealter Scheunen wurden genutzt, um authentische Schwarzwälder Gemütlichkeit wiederauferstehen zu lassen. Heute ist die Renchtalhütte mit dem antiken Kachelofen und der urigen Einrichtung eine zauberhafte Einkehr für jeden, der Schwarzwälder Gemütlichkeit atmen möchte. Unter der Leitung von Chefkoch Martin Herrmann begeistert das engagierte Küchenteam mit Schwarzwälder, Elsässer und französischen Spezialitäten. Maultaschen mit Zwiebeljus, Bäckeoffe, geräucherte Schwarzwaldbachforellen, Zwiebelrostbraten, Fondue, Raclette uvm. schmecken im heimeligen Ambiente besonders gut. Die Hütte nebst Spielplatz mit Streichelzoo ist ein mehr als lohnendes Wanderziel (es gibt aber auch Parkplätze). An warmen Tagen möchte man den Platz auf der Sonnenterrasse mit Aussicht am liebsten gar nicht mehr verlassen.

Restaurant mit gehobener Küche

Bad Schönborn

Der Erck – Dein Restaurant
Bhf→20 km

✉ 76669 · OT Bad Mingolsheim · Heidelberger Straße 22 · ☎ 0 72 53 97 79 10
Kreative Heimatküche · Tische: 15/45 Plätze
welcome@dein-erck.de · www.dein-erck.de · ﬁ

Speisekarte: 7 Hauptgerichte von 20,00 bis 50,00 €; 2 Menüs von 45,00 bis 95,00 €
♥♥♥🐝 92 Weinpos.

Auch im Restaurant DER ERCK werden Traditionen gepflegt und gelebt, gehört eine persönliche, individuelle und offene Unternehmenskultur zur Philosophie des Hauses. Hier geht es genussvoll und unkompliziert zu, steht alles im Zeichen einer leidenschaftlichen Küche. Für die sorgt Chefkoch Alexander Erck mit seinem engagierten Team. Er kauft er bevorzugt regional ein. Für Wild, das es in feinen Variationen gibt, sorgt er als passionierter Jäger ebenso selbst wie für Kräuter aus dem eigenen Garten und Wildkräuter aus Wald und Feld. Nachhaltigkeit beim Anbau und der Erzeugung der Produkte, beim Einkauf und beim Umgang mit den Lebensmitteln ist ihm enorm wichtig. Seine Küche ist authentisch und aromenstark, er spielt mit den einzelnen Zutaten und ihren verschiedensten Garzuständen und lässt sich bei seiner kreativen Heimatküche immer mal wieder vom nahen Elsass und den wechselnden Jahreszeiten inspirieren. Ein exklusives Catering-Angebot kann für außer Haus Events genutzt werden. Wer es etwas bodenständiger mag, kehrt in der Gaststube ein und lässt sich mit regional geprägten Speisen verwöhnen.

Dieses Restaurant bietet Ihnen ein gutes Genuss-/Preisverhältnis.

⭐⭐⭐ Erck – Dein Hotel
Bhf→20 km

✉ 76669 · OT Bad Mingolsheim · Heidelberger Straße 22 · ☎ 0 72 53 97 79 10 · Restaurant, 24/7 Lounge & Bar mit Selfservice-Bar, reichhaltiges Frühstücksbuffet
🍽 P 🚆 📶 ↘5 km
welcome@dein-erck.de · www.dein-erck.de · ﬁ

18 **DZ** ab 130,00 €;
5 **EZ** ab 99,00 €

In der Rhein-Neckar-Region, nahe Karlsruhe, am Übergang des Kraichgau zur Rheinebene findet sich dieses charmante und wunderbar persönlich geführte Hotel, in dem Nachhaltigkeit und Heimatnähe großgeschrieben werden. Hier sorgt Familie Erck mit ihrem engagierten Team dafür, dass jeder einzelne Gast liebenswürdig betreut wird und sich sofort wie zu Hause fühlt. Authentische, badische Lebensart und echte Herzlichkeit werden hier tatsächlich gelebt. Die Zimmer sind mit natürlichen Farben und warmen Hölzern in zeitlosem Design gestaltet und individuell eingerichtet. Morgens wird ein vielseitiges Frühstücksbuffet aufgebaut: selbstgemachte Konfitüre, Brot, Käse, Wurst von heimischen Händlern

Bad Schönborn

und frisch zubereitete Eierspeisen sind selbstverständlich und nur ein Teil des Angebotes, zu dem auch gehört, dass in Walters Wohnzimmer, einem gediegenen Gäste-Treffpunkt, Wasser, Kaffee und Tee 24/7 kostenfrei für Hotelgäste zur Verfügung stehen. Unbedingt lohnenswert ist auch ein Besuch des Restaurants.

Bad Sobernheim

BollAnts Spa im Park

Bhf→3 km

✉ 55566 · Felkestraße 100 · ☎ 0 67 51 9 33 90 · Fax: 9 33 92 69 · Rest. „Historischer Hermannshof" mit Intern. Küche, Terrasse, Zi.-Preise ink. Halbpension
🗙♨⚧☐⛬♿✈⚓⛱⚒≋⇄†☼ 🛈 2 km   VISA AE ● ●
info@bollants.de · www.bollants.de · f

89 **DZ** ab 348,00 €;
5 **EZ** ab 174,00 €;
20 **Mini-Suiten und Suiten** ab 448,00 €;
6 **Heimat-Lodges** ab 548,00 €

Eine malerische Parkanlage umgibt das Hotel mit heiter-mediterranem Ambiente. Die Zimmer bezaubern mit Stil und Eleganz (Preise inkl. durchdachter Halbpension mit Frühstücksbuffet, hausgebackenen Kuchen, Obst, 4-gängigem Abendmenü). Das Gästehaus "Halenberg" und sechs "Heimat-Lodges" (548,- € inkl. HP) – wunderschöne, rustikal eingerichtete komfortable Häuschen am Berghang mit 75 m² Wohnfläche – sind ein privater Rückzugsort der Extraklasse. Hinreißend ist das 3.500 m² große SPA u. a. mit Luftbadepark sowie Beautysalon, Bade- und Saunalandschaft und Medical Wellness. Regeneration mithilfe der sanften Kraft der Naturelemente verspricht die ganzheitliche Felke-Behandlungsweise. So wird Urlaub zu einer nachhaltigen und lange nachwirkenden Auszeit vom alltäglichen Stress. Ob Wellnessküche oder à-la-carte – zur Spitzengastronomie gehört das Angebot BollAnts Spa im Park immer.

Bad Sobernheim

BollAnts Spa im Park - Jungborn

Bhf→3 km

✉ 55566 · Felkestr. 100 · ☎ 0 67 51 9 33 90 · Fax: 9 33 92 69
Klassische u. Neue Küche, eigene Kreationen · Tische: 10/20 Plätze
info@bollants.de · www.bollants.de · f

Speisekarte: 2 Hauptgerichte von 46,00 bis 52,00 €; 2 Menüs von 156,00 bis 183,00 € ❀❀❀❀❀ 400 Weinpos. „Jungborn", der Name des Restaurants im BollAnts Spa im Park erinnert an die Gründungszeit des Felke-Kurhauses in Bad Sobernheim. Zu finden ist es in einem historischen Tonnengewölbe, dessen ursprünglicher Charakter bewahrt wurde und das mit einer ganz besonderen Atmosphäre begeistert. Hochlehnige, samtig gepolsterte Stühle, Teppiche und edel eingedeckte Tische kontrastieren raffiniert mit grob behauenen Sandsteinwänden und -decken. Küchenchef Philipp Helzle ist nach seiner Arbeit an renommierten und etablierten Gourmetadressen seit über zehn Jahren im „Jungborn" für die Küche verantwortlich. Gemeinsam mit seiner Küchenbrigade um Sous-Chef Niklas Maletzke und Chef-Patissier Frédéric Guillon kreiert er erstklassige moderne und ideenreiche Speisen, die mit Zutaten in bester Qualität gekonnt zubereitet werden. Bei der Auswahl sind Saisonalität und Regionalität wichtig, die heimische Produktvielfalt wird bevorzugt, ohne dass dabei der Blick über den Tellerrand vernachlässigt wird. Nach vorheriger Anmeldung können auch komplett vegetarische und vegane Menüs serviert werden. Umgeben vom Top-Weinanbaugebiet Nahe gibt es natürlich Weine in verführerischer Auswahl – Petra Helzle empfiehlt sensibel und mit großer Expertise den passenden Tropfen. Im Sommer wird die romantische, weinumrankte Innenhofterrasse zu einem begehrten Ort für das besondere kulinarische Rundumerlebnis.

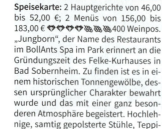

Bad Staffelstein

Best Western Plus Kurhotel an der Obermaintherme

Bhf→100 m

✉ 96231 · Am Kurpark 7 · ☎ 0 95 73 33 30 · Fax: 33 32 99
Restaurant mit Regionaler Küche, Terrasse, Wintergarten, Lounge-Bar
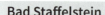 20 km
info@kurhotel-staffelstein.de · www.kurhotel-staffelstein.de · f

116 als **EZ** ab 121,00 €;
4 **Penthouse-Suiten, p. Ps.** ab 368,00 €;
16 **Classic Zimmer, p. Ps.** ab 90,00 €
Direkt neben der Obermain Therme gelegen, und durch einen Bademantelgang mit ihr verbunden, ist das ThermenMeer in der Hotelübernachtung inklusive (nicht in der Classic Kategorie). Zufriedene Gäste sowie Erholungssuchende reizt auch das Frankenland oder Angebote für Gesundheit und Golf. Tagungsgäste finden mit sieben technisch bestens ausgestatteten Räumlichkeiten ebenfalls optimale Bedingungen vor. Die Gästezimmer (38 m², Preise inkl. Frühstück) sind geschmackvoll eingerichtet. Im Security Floor befinden sich vier Penthouse Suiten (80 m²) und drei Executive Zimmer. Alle Hotelzimmer sind klimatisiert. Der 1.100 m² große VITUS SPA lädt mit Schwimmbad, Ruheraum, Saunalandschaft, Massage- und Wellnessab-

Bad Staffelstein

teilung nebst zahlreichen attraktiven Anwendungen sowie einem Fitnessraum zum Entspannen und Verweilen ein (s. a. Wellness-Special). Zusätzlich wartet die Obermain Therme mit sagenhaften 36.000 m² Wellnessfläche, deren Nutzung für Übernachtungsgäste des Hotels kostenfrei ist. Das kulinarische Angebot im bayerisch-regionalen Restaurant ist sehr abwechslungsreich.

Bad Tabarz
„Thüringer Stube" im AKZENT Hotel "Zur Post"

✉ 99891 · Lauchagrundstraße 16 · ☎ 03 62 59 66 60 · Fax: 6 66 66
Neue und Regionale Küche · **Tische:** 17/75 Plätze
info@hotel-tabarz.de · www.hotel-tabarz.de

Speisekarte: 14 Hauptgerichte von 14,70 bis 34,90 €; 3 Menüs von 30,00 bis 49,00 €
❧❧❧ 50 Weinpos.
Warme Naturtöne verbinden sich in der „Thüringer Stube" mit einer geradlinigen Einrichtung und vermitteln eine angenehm entspannte Atmosphäre. Hier kann man jeden Tag einkehren und genießt dank Michael Töpfer und seinem Team eine authentische Regionalküche. Der Chefkoch setzt auf ausgesuchte, bekannte Händler und Lieferanten, vorzugsweise aus dem Umland und legt allergrößten Wert auf Zutaten von Topqualität. Er arbeitet konzentriert und mit großem Einsatz, lässt sich von den wechselnden Jahreszeiten inspirieren und geht wenn möglich auch auf Gästewünsche ein. Das Zanderfilet zum frischen Spargel war auf den Punkt gebraten, schön aromastark war die gegrillte Avocado mit pikanter Tomatensalsa, Rucola und Baguette. Der ausgesprochen liebenswürdige Service ist präsent und sorgt für einen reibungslosen Ablauf. Das Restaurant, die gemütliche Kellerbar und ein Gesellschaftsraum stehen für Feiern und Veranstaltungen bereit, die individuell geplant und aufmerksam begleitet werden.

Bad Tabarz

AKZENT Hotel "Zur Post"   Bhf→25 km

✉ 99891 · Lauchagrundstraße 16 · ☎ 03 62 59 66 60 · Fax: 6 66 66
Restaurant mit Intern. und Regionaler Küche, Kellerbar, Gartenterrasse
🍴♿🅿🚭⚓🏊⚕⛰↔️💆‍♀️📶🛜↘25 km
info@hotel-tabarz.de · www.hotel-tabarz.de · 📘   VISA AE ● E

36 **DZ** von 140,00 bis 160,00 €;
als **EZ** von 99,00 bis 119,00 €;
2 **Familienzimmer (Appartements)** von 160,00 bis 210,00 €;
2 **Junior-Suiten** von 160,00 bis 180,00 €
Im Zentrum von Bad Tabarz gelegen, ist dieses moderne Hotel zu jeder Jahreszeit ein attraktives Domizil für Urlauber und Tagungsgäste (Preise inkl. Frühstück). Mario Peschke und sein Team bemühen sich mit ganz viel Engagement um ihre Gäste und werden von sehr zuvorkommenden Mitarbeitern tatkräftig unterstützt. Alle Gästezimmer wurden umfangreich modernisiert, verfügen über zeitgemäßen Komfort und sind ein behagliches Zuhause auf Zeit. Technisch bestens eingerichtete variable Tagungsräume mit Tageslicht garantieren effektives Arbeiten. Silke Lauer kümmert sich besonders um die gepflegte Wellnessoase (s. a. Wellness-Special). Im Restaurant genießt man eine abwechslungsreiche Küche. Geselliger Treffpunkt ist die urgemütliche Kellerbar "Zur Postmarie", wo man zu den Drinks kleinere Speisen – auch der Thüringer Küche – bestellen kann. Mit den Leih-E-Bikes lässt sich auf bequeme Art und mit großem Radius die landschaftlich reizvolle Umgebung erkunden.

 Hervorragendes Hotel mit außergewöhnlichem Komfort

♛ AKZENT Hotel Am Burgholz   Bhf→25 km

✉ 99891 · Am Burgholz 30 · ☎ 03 62 59 5 40 · Fax: 5 41 00
Restaurant, Arrangements, Zimmerpreise inkl. Frühstück
🍴♿🅿🚭⚓🏊⚕⛰↔️💆‍♀️📶🛜↘25 km
info@hotel-am-burgholz.de · www.hotel-am-burgholz.de   VISA AE ● E

36 **DZ** von 140,00 bis 160,00 €;
46 **EZ** von 99,00 bis 119,00 €;
14 **Familienzi.** von 160,00 bis 210,00 €
Egal ob Individual-, Kurz- oder Gruppenreisender, Erholung Suchender oder Tagungsgast – das AKZENT Hotel Am Burgholz ist zu jeder Jahreszeit die richtige Adresse. Mitten im Naturpark Thüringer Wald, nicht weit vom Rennsteig entfernt, präsentiert das Haus direkt am Waldrand mit Panoramablick zum Inselberg geschmackvoll und funktionell eingerichtete, lichtdurchflutete Zimmer mit Balkon. Es verfügt über einen Indoor Pool, eine Trockensauna, eine Bio-Sauna, eine Dampfsauna und eine Infrarotkabine. Neben vielfältigen Wellnessangeboten kann man hier besonders effektiv die guten Tagungsmöglichkeiten nutzen. Konferenzen, Schulungen, Seminare sowie private

Bad Tabarz

Feierlichkeiten finden einen perfekten, individuell gefertigten Rahmen und werden vom engagierten Hotelteam kompetent begleitet. Insgesamt stehen dafür 18 Räumlichkeitem zur Auswahl. Rund ums Jahr gibt es verschiedenste Arrangements. Im freundlich eingerichteten Restaurant werden regionale und internationale Speisen in feiner Qualität und saisonaler Frische angeboten.

Vapozon

Vapozon ist ein Dampfbad zur schonenden Tiefenreinigung der empfindlichen Gesichtshaut. Dabei wird durch eine feine Düse mit Ozon angereicherter Dampf auf dem Gesicht verteilt, was die Poren öffnet. Unreinheiten können danach leichter entfernt werden. Häufig werden auch kleine Kräutersäckchen in die Geräte eingelegt, die während der Behandlung einen wohltuenden Duft verbreiten

Zilgrei

Diese Selbstbehandlungsmethode ist von der klassischen Chiropraxis abgeleitet und wird bei Stress und Rückenschmerzen sowie Durchblutungs- und Verdauungsbeschwerden angewendet. Geht man davon aus, dass eine schlechte Körperhaltung verschiedene andere Beschwerden nach sich zieht, so ist es das Ziel von Zilgrei, diese Fehlstellungen durch dem Yoga ähnelnde Bewegungen und Stellungen zu korrigieren. Belgeitende Atemübungen sollen die Wirkung unterstützen.

Pilates

Pilates verbindet asiatischen Kampfsport mit Yoga-Elementen und westlicher Gymnastik. Die Methode wurde bereits in den 20er Jahren von Joseph Pilates entwickelt und vereinigt in fließenden Bewegungen spezielle Atemtechniken, Kraftübungen, Koordination und Stretching. Auf schonende Art und Weise könne so immer mehrere Muskelgruppen gleichzeitig gekräftigt und gedehnt werden.

Bad Teinach-Zavelstein

♜ Hotel Therme Bad Teinach Bhf→4 km

✉ 75385 · Otto-Neidhart-Allee 5 · ☎ 0 70 53 2 90 · Fax: 2 91 77 · „Quellenrestaurant" mit Internation. und Region. Küche, Otto's Bar, Schlossberghütte

info@hotel-therme-teinach.de · www.hotel-therme-teinach.de VISA AE ⬛

76 **DZ** ab 139,00 €;
34 **EZ** ab 79,00 €;
1 **Suite** ab 239,00 €;
8 **App.** ab 239,00 €;

Das 4 Sterne Superior Hotel im Nordschwarzwald bietet 119 Gästezimmer sowie eine neue Thermenlandschaft auf über 2500m². Im exklusiven Panorama Spa sauniert und relaxt man mit einmaliger Aussicht in die Natur.

♜ Gourmetrestaurant Berlins Krone Bhf→4 km

✉ 75385 · OT Zavelstein · Marktplatz 1-3 · ☎ 0 70 53 9 29 40
Klassische, gehobene Regionale und Neue Küche · **Tische:** 10/35 Plätze
VISA ⬤ ⬛

info@kronelamm.de · www.kronelamm.de · ❚

Speisekarte: 1 Menü von 149,00 bis 189,00 €

🍷🍷🍷🍷🎖🎖 210 Weinpos.

Das Gourmetrestaurant „Berlins Krone" ist mehr als einen Besuch wert. Das liegt nicht nur an der erstklassigen Küche, sondern auch am einladenden Interieur, das mit stilsicherem Geschmack und Referenz zur Region gestaltet wurde. Hier verbinden sich traditionelle Landhauselemente mit Holzboden und grünem Kachelofen, dessen Farbe an den Stühlen und Polstern der umlaufenden Bänke wieder aufgegriffen wird. Nichts ist überkandidelt oder gewollt stylish, sondern einfach stimmig und einladend. Ganz entspannt darf man sich auf die fulminante Gourmetküche von Patron und Chefkoch Franz Berlin freuen. Er hat sein Handwerk bei bekannten Küchenmeistern von der Pike auf gelernt und kehrte 2008 in den elterlichen Betrieb zurück, um hier gekonnt seine Philosophie einer unverfälschten, frischen und ideenreichen Naturküche umzusetzen. Bei der Auswahl marktfrischer, saisonaler Produkte kann

er auf ein sorgfältig aufgebautes Netzwerk verlässlicher und nachhaltig arbeitender Erzeuger und Lieferanten zurückgreifen. Sein enormes Fachwissen mündet in handwerklich präzise Speisen, die den Gast vom Schwarzwald aus um die ganze Welt mitnehmen. Michael Kolb ist umsichtiger Maître, leitet den zugewandten Service und berät mit großer Expertise zu den korrespondierenden Weinen und Getränken.

Bad Teinach-Zavelstein

Bhf →4 km   **🏨 Hotel Kronelamm im Schwarzwald**
✉ 75385 · Marktplatz 1-3 · ☎ 0 70 53 9 29 40 · Wellnessbereich königSPA, 3 Restaurants von schwäbisch rustikaler Wanderhütte bis Sternerestaurant Berlins Krone, Zi.-Preis inkl. 3/4-Verwöhnpension
🍽♨🛁🏠📺📶🍷⛰♨🏊🧖♨🔑✈🅿♿📺📶 16 km   VISA AE ● 🟰
info@kronelamm.de · www.kronelamm.de · f

57 **DZ** ab 280,00 €;
als **EZ** ab 185,00 €;
3 **Suiten** ab 415,00 €

Im wunderschönen Nordschwarzwald gelegen, kann man im Wellnesshotel Kronelamm mit traumhaftem Blick über die malerischen Täler des Teinachtals einen Entspannungs-Urlaub der Extraklasse genießen. Hier wird der Gast von den hochengagierten Mitarbeitern nach dem Motto "Königin und König sein in Zavelstein" perfekt umsorgt. Er logiert in behaglich eingerichteten komfortablen Zimmern (Frühstück inkl., LCD-TV, WLAN etc.) und kann aus einem vielseitigen kulinarischen Angebot wählen. Vom Gourmetrestaurant, über das Hauptrestaurant mit Panoramaterrasse bis hin zum Wanderheim mit deftig-schwäbischen Spezialitäten und Grill- und Fondueabenden sowie dem gemütlichen Biergarten gibt es alles, was das Herz begehrt. Für Tagungen und private Veranstaltungen stehen passende Räumlichkeiten zur Verfügung. Der Wellnessbereich königSPA lässt bezüglich Erholung und Entspannung keine Wünsche offen (s. a. Wellness-Special). In der Freizeit muss man nur entscheiden, welche Reihenfolge der Aktivitäten man wählt: Aktivprogramme, Fitnessraum, Personal Training, Radeln, Wandern uvm. gehören zum Angebot.

 Sie finden diese Hotels und Restaurants auch bei facebook oder instagram.

Bad Tölz

Ca' Leone

✉ 83646 · An der Isarlust 1 · ☎ 0 80 41 60 30
Italienische Gourmetküche · **Tische:** 14/35 Plätze
info@restaurant-caleone.com · www.restaurant-caleone.com

Speisekarte: 10 Hauptgerichte von 14,50 bis 42,00 €; 2 Menüs von 98,00 bis 135,00 €
❀❀❀❀🍷 120 Weinpos.

Im „Alten Fährhaus" gibt es neue Gesichter, die mit einem Lächeln auf den Lippen ihre Gäste begrüßen. Valeria und Mario Leone haben sich mit ihrem fine dining Restaurant Ca'Leone – oberhalb der Isar toll gelegen – den Traum der Selbstständigkeit erfüllt und setzen nun gemeinsam mit ihrem ganzen Team mit echter Leidenschaft und Hingabe alles daran, ihr kulinarisches Konzept mit Leben und Genuss zu füllen. Chefkoch Antonio Roberto Festa kommt aus Apulien und bringt aus seiner Heimat ein tiefes Verständnis für die DNA der italienischen Küche mit. Mediterrane Kochtraditionen verbindet er mit modernen Elementen und kreiert eine Küche, die aromenpronociert, lebendig, elegant und innovativ zugleich ist. Klassische italienische Rezepturen erscheinen in einem neuen Gewand und überzeugen auch anspruchsvolle Gourmets. Valeria Leone ist die gute Seele des Hauses begrüßt je-

den Gast mit natürlicher Herzlichkeit und sorgt mit ihrem Serviceteam für eine angenehme, entspannte und weltoffene Atmosphäre. Ehemann Mario, der ebenso wie seine Frau in Tophäusern gearbeitet hat, vermittelt sein großes Wissen rund um eine passende Weinauswahl und garantiert auch einen klassischen Service am Tisch wie bei der Zubereitung unseres Crêpe Suzette – eine Kunst, die nicht mehr selbstverständlich ist.

Bad Zwischenahn

🍴 Jagdhaus Eiden am See - Apicius

 Bhf→2,5 km

✉ 26160 · Eiden 9 · ☎ 0 44 03 69 84 16 · Fax: 69 83 98
Neue u. Regionale Küche, eig. Kreationen · **Tische:** 9/28 Plätze
info@jagdhaus-eiden.de · www.jagdhaus-eiden.de

Speisekarte: 1 Menü zu 141,00 €
❀❀❀❀❀🍷🍷🍷 800 Weinpos.
Chefkoch Tim Extra interpretiert die klassische, französische Küche raffiniert neu. Mit erstklassigen Zutaten – vieles aus dem hoteleigenen Gemüse- und Obstgarten – ertüftelt er durchdachte und moderne Speisen. Eines der angebotenen Menüs ist vegetarisch.

Bad Waldsee

♖ Gasthof Kreuz

Bhf → 500 m

✉ 88339 · Gut-Betha-Platz 1 · ☎ 0 75 24 39 27
Gehobene Regionale Küche · **Tische:** 14/60 Plätze
info@kreuz-gasthof.de · www.kreuz-gasthof.de

Speisekarte: 8 Hauptgerichte von 14,90 bis 28,90 €; 1 Regiomenü ab 29,00 €
♥♥♥ 🐝🐝   247 Weinpos.

Der Gasthof Kreuz im Zentrum von Bad Waldsee am Ende der Fußgängerzone ist ein Gasthaus, das zu den ältesten des Ortes gehört. Dank dem leidenschaftlichen Einsatz von Katrin Bock und Stephan Gruß ist hier ein Treffpunkt für Urlauber, Radler, Wanderer und Bad Waldseer, die eine ehrliche und genussreiche Regionalküche schätzen. Die beiden pflegen die überlieferten Traditionen, passen sie aber in der Küche behutsam dem Zeitgeist an. Dafür sorgt der Patron mit Können und Ideenreichtum. Er arbeitet mit heimischen Händlern und Erzeugern zusammen, damit die frischen Produkte nur kurze Wege haben. Als Slowfood-Förderer ist es ihm wichtig, dass Essen ein bewusster Genuss ist und er tut alles dafür, die Erwartungen seiner Gäste zu übertreffen, wenn er die Oberschwäbische mit ihren beliebten Spezialitäten und einigem in Vergessenheit Geratenen kulinarisch erlebbar macht. Gekocht wird im jahreszeitlichen Rhythmus, so dass es immer wieder auch Tagesaktuelles gibt, das auf einer Tafel annonciert wird. Das schafft ebenso viel Abwechslung wie die raffinierten Neuinterpretationen und die mediterranen Elemente, die immer wieder in die Speisen einfließen. Den Service leitet Katrin Bock charmant und liebenswürdig, sie berät auch mit bester Fachkenntnis zum Weinangebot.

Baden-Baden

♖ Brenners Park-Hotel & Spa

Bhf → 7 km

✉ 76530 · Schillerstraße 4/6 · ☎ 0 72 21 90 00 · Fax: 900 87 44
Rest. "Wintergarten", "Oleander-Bar", Kaminhalle, Terrasse
 2 km
information.brenners@oetkercollection.com · www.brenners.com · ⬛

56 **DZ** ab 590,00 €;
8 **EZ** ab 310,00 €;
40 (**Jui.-**)**Suiten** ab 900,00 €

Inmitten eines malerischen Parks gelegen, präsentiert sich das „Brenners" in Baden-Baden als eines der letzten wahren Grandhotels internationalen Zuschnitts. Legerer Luxus, Stil, Klasse und tadelloser Service sind hier genauso selbstverständlich wie erlesen eingerichtete Zimmer und erstklassige Tagungsräume. Die luxuriöse Erweiterung des Spas in der historischen „Villa Stéphanie" in unmittelbarer Nähe zum Hotel verfolgt einen ganzheitlichen Ansatz und konzentriert sich auf vier verschiedene Bereiche: Beauty, Detox & Nutrition, Emotional Balance und Medical Care. Das gepflegte Brenners Spa ist direkt mit dem „Haus Julius" verbunden, einem 1.700 m²-Anwesen, das ausschließlich der umfassenden medizinischen Versorgung der Gäste des Brenners dient. Sebastian Haverkemper sorgt als Executive Direktor für das breit aufgestellte gastronomische Angebot: Im Restaurant "Wintergarten" mit Traumblick in den Garten werden von Küchenchef Stefan Naatz vor allem regionale Produkte mit französischen Enflüssen serviert, die Küche von Farid Fazel im "Fritz & Felix" kredenzt ausgefallene kulinarische Kreationen aus aller Welt.

Brenners Park-Hotel & Spa – Wintergarten Bhf→7 km

✉ 76530 · Schillerstr. 4/6 · ☎ 0 72 21 900 890 · Fax: 6 13 87 72
Badische und Neue Küche · Tische: 12/50 Plätze
concierge.brenners@oetkercollection.com · www.brenners.com

VISA AE EC

Speisekarte: 7 Hauptgerichte von 38,00 bis 52,00 €; 1 Mittagsmenü von 32,00 bis 48,00 €; 1 Menü von 115,00 bis 145,00 € ♥♥♥🍇🍴 350 Weinpos.

Das Wintergarten-Restaurant passt perfekt zum mondänen Flair von „Brenners Park-Hotel & Spa". Mit Glaskuppel, Palmen, edel eingedeckten Tischen, weißen Korbsesseln und lichter Farbgestaltung nimmt das charmante Interieur sanfte Anleihen ans Fin de Siècle und vermittelt ein nostalgisch-elegantes Ambiente. Mit Stefan Naatz steht ein Chefkoch am Herd, der sein Handwerk nicht nur versteht, sondern mit großartigen Ideen ganz individuell interpretiert. Badische Rezepturen erfahren eine raffinierte Neuinterpretation und stehen neben leichten Speisen der Klassischen Küche. Zurückhaltend, aber pointiert kombiniert er die ausgesuchten Zutaten und präsentiert sie unverfälscht und in feinen, ausbalancierten Kompositionen. Können und Kunst gehen bei ihm Hand in Hand. Maître Darius Wieczorek leitet den Service unaufgeregt und mit großer Übersicht. Ein weiteres Highlight ist ein Aufenthalt auf der malerischen Parkterrasse mit Traumblick ins Grüne, hier Kaffee und Kuchen oder Feines aus der Küche zu genießen, ist eine genussreiche Auszeit vom Alltag, die man auf keinen Fall verpassen sollte.

Sehr gute Serviceleistung

Baden-Baden

🏛 Le Jardin de France

Bhf→6 km

✉ 76530 · Lichtertaler Straße 13 · ☎ 0 72 21 3 00 78 60 · Fax: 3 00 78 70
Klassische Küche · **Tische:** 18/60 Plätze   VISA AE ◐ ● 💳
info@lejardindefrance.de · www.lejardindefrance.de

Speisekarte: 7 Hauptgerichte von 42,00 bis 85,00 €; 1 Mittagsmenü zu 57,00 €; 1 Menü von 125,00 bis 165,00 €
🍷🍷🍷🐾🐾

Nicht nur, dass Sophie und Stéphan Bernhard ihr Restaurant mit Herzblut führen, auch die "cuisine du coeur" des Patrons zeugt von echter Leidenschaft. Mit besten Zutaten kreiert er französische Speisen, die dank seiner Kunstfertigkeit und Fantasie eine eigene, raffinierte Note haben.

Maltes hidden kitchen

✉ 76530 · Gernsbacher Straße 24 · ☎ 0 72 21 7 02 50 20
Regionale Gourmetküche
info@exquisite-concepts.com · https://exquisite-concepts.com

Speisekarte: 1 Menü von 135,00 bis 165,00 € 🍷🍷🍷

Malte Kuhns Restaurant ist tatsächlich versteckt – hinter einer verschiebbaren Wand – und Teil eines spannenden Doppelkonzepts: tagsüber Kaffeehaus, öffnet sich abends die Wand und der Patron präsentiert seine konzentrierte und klare Küche, die so innovativ wie schnörkellos und aromenreich ist.

Rizzi

✉ 76350 · Augustaplatz 1 · ☎ 0 72 21 2 58 38
Mediterrane und Asiatische Küche · **Tische:** 29/60 Plätze   VISA AE ◐ ● 💳
info@rizzi-baden-baden.de · www.rizzi-baden-baden.de

Speisekarte: 12 Hauptgerichte von 28,00 bis 48,00 €; 7 Tagesgerichte von 9,00 bis 20,00 € 🍷🍷🍷

Modern und lässig eingerichtet, kann man im „Rizzi" dank Chefkoch Alexander Gillis eine spannende und geradlinige Kreativküche genießen. Mediterranes kombiniert er mit asiatischen und regionalen Elementen und verliert saisonale Spezialitäten nicht aus dem Blick.

Badenweiler

🏛 Park Hotel & Spa KATHARINA

Bhf→10 km

✉ 79410 · Römerstr. 2 · ☎ 0 76 32 2 18 95 00 · Fax: 2 18 95 04
Restaurant, Bar, Café, Kamin, Zimmerpreise inkl. Frühstück
🍽🛏♿🅿🚭🎾⛰♨🛎→★🌐♿♿ VISA ● 💳
welcome@parkhotelkatharina.de · www.parkhotelkatharina.de

42 **DZ** ab 155,00 €;
6 **EZ** ab 109,00 €;
4 **Suiten** ab 249,00 €

Eines der traditionsreichsten und exklusivsten Häuser des Ortes – direkt am Kurpark im malerischen Badenweiler gelegen. Das Hotel zelebriert die Version einer Residenz mit gehobener Badekultur und bietet seinen Gästen jegliche Annehmlichkeiten. Das Restaurant offeriert eine exquisite Küche sowie eine hervorragende Weinauswahl.

Baiersbronn

Ailwaldhof

Bhf→1 km

✉ 72270 · Ailwald 3 · ☎ 0 74 42 83 60 · Fax: 83 62 00 · Rest., Café, Gartenlokal, Kaminz., Hirschgehege, Forellenzucht, Zi.-Preise inkl. Frühstück
🍽🛏♿🅿🚭🎾⛰♨🛎→★🌐♿ VISA ● 💳
info@ailwaldhof.de · www.ailwaldhof.de

14 **DZ** ab 124,00 €;
als **EZ** ab 124,00 €;
6 (**Jui.**-)**Suiten** ab 144,00 €

Das Hotel im ehemaligen königlichen Forst- und Jagdrevier liegt inmitten einer 14 ha großen Wiesen-, Wald- und Parklandschaft. Es überzeugt mit schön gestalteten Zimmern, einem feinen Restaurant, einer gepflegten Wellnessoase und einem sehr liebenswürdigen Service.

Baiersbronn

Bareiss

Bhf→5 km

72270 · Hermine-Bareiss-Weg · ☎ 0 74 42 4 70 · Fax: 4 73 20 · Zi.-Preis inkl. kulinarischem Ferientag, Weinkeller, Terr., Bar, Wanderhütte Sattelei, Morlokhof, Forellenhof Buhlbach
info@bareiss.com · www.bareiss.com · 12 km

33 **DZ** von 590,00 bis 640,00 €;
8 **EZ** von 300,00 bis 365,00 €;
10 **Suiten** ab 870,00 €;
48 **App.** von 720,00 bis 820,00 €

Das "Bareiss" wurde mit den Jahren zu einer imposanten Hotelanlage, die dank der liebenswerten Mitarbeiter von einer heiteren Atmosphäre und persönlichem Service geprägt ist. Es stehen dezent-elegant oder im legeren Landhausstil gestaltete Zimmer sowie exklusive Suiten, eine Penthouse-Etage und großzügige Appartements bereit. Im Restaurant für die Hausgäste genießt man mit dem kulinarischen Ferientag jeden Tag die exklusive Bareiss-Halbpension (im angegebenen Preis enthalten). Verschiedenste Erlebnisbereiche mit einer Bäder- und Saunawelt mit allein neun Pools, einem Naturteich und diversen Saunen, ein hinreißender, großzügiger Wellnessbereich, Beauty & Spa sowie das Gesundheits- und Wohlfühlzentrum sorgen für tiefenentspannte Urlaubstage. Täglich werden unterschiedlichste Ferien- und Sportprogramme angeboten, über 10 Golfplätze stehen im Umkreis zur Verfügung. An kleine Gäste jeder Altersgruppe ist mit einem täglichen Angebot gedacht in der „Villa Kunterbunt", der "Villa Sternenstaub" und im "Haus der Spiele" für die Teenies, außerdem gibt es einen Streichelzoo im Waldpark. Naturfreunde wissen die Wanderhütte "Sattelei" und den "Nationalpark Schwarzwald" vor der Haustür zu schätzen. Sehr durchdacht in der Gestaltung ist der attraktive Waldpark (u. a. mit Barfußpfad, Gymnastikwiese und Wasserspielplatz), der Jung und Alt gleichermaßen begeistert. Mit einem eigenen Blockheizkraftwerk wird das Verantwortungsbewusstsein hinsichtlich nachhaltiger und umweltfreundlicher Energiegewinnung klar unterstrichen. Beliebtes Ausflugsziel ist der hauseigene Forellenhof Buhlbach mit Forellenzucht und Fischlädle.

Ein Hotel mit speziellen Angeboten für Urlaub mit der ganzen Familie.

Bareiss – Restaurant Bareiss

Baiersbronn

Bhf →5 km

✉ 72270 · Hermine-Bareiss-Weg · ☎ 0 74 42 4 70 · Fax: 4 73 20
Französische Hochküche, eig. Kreationen; Ferien: 17.2.-14.3./21.7.-22.8.25
Tische: 8/32 Plätze
info@bareiss.com · www.bareiss.com ·

Speisekarte: 6 Hauptgerichte von 125,00 bis 198,00 €; 1 Mittagsmenü zu 178,00 €; 3 Menüs von 270,00 bis 330,00 €

🍷🍷🍷🍷🍽🍽🍽   1140 Weinpos.

Ob die Neugestaltung des Restaurants 2024 ein Geschenk zum 60. Geburtstag von Chefkoch Claus-Peter Lumpp war? Wenn, dann ist es mehr als gelungen, denn das umfangreiche Facelifting lässt das Interieur in neuem, messingfarbenem Glanz erstrahlen. Dezente, natürliche Grün- und Olivtöne, in edlem Weiß eingedeckte Tische und eine raffinierte Beleuchtung verbinden sich mit unaufdringlicher Eleganz und einem Hauch Romantik zu gestalterischer Klasse und einer angenehm entspannten Atmosphäre. Vor Beginn des großen Küchenauftritts ist gespannte Erwartung wahrnehmbar, die sich schon beim Gruß aus der Küche in leise Glückseligkeit verwandelt. Egal, wie lange Claus-Peter Lumpp noch am Herd steht und für die exklusive Küche im „Bareiss" sorgt, nie wird er sich mit dem status quo zufrieden geben, nie wird Kochen bei ihm zur Routine werden. Stets ersinnt er neue Kombinationen, die sich in einem Spannungsfeld von Tradition und Moderne bewegen. Sein Gespür für passende Aromen und Texturen und die feine Balance von scheinbar Gegensätzlichem sind staunenswert, seine Tüfteleien sind es nicht minder. Pâtissier Stefan Leitner kreiert Desserts, die schon allein einen Besuch wert sind. Im Service und der Weinberatung agiert das kongeniale Duo Thomas Brandt und Teoman Mezda. Ersterer ist ein Maître, der sein Team gekonnt leitet und auch bei Sonderwünschen ein offenes Ohr hat. Letzterer berät als kenntnisreicher Sommelier feinfühlig zu den korrespondierenden Weinen und Getränken.

 Sie finden diese Hotels und Restaurants auch bei facebook oder instagram.

Baiersbronn

Bareiss - Dorfstuben
Bhf→5 km

✉ 72270 · Hermine-Bareiss-Weg · ☎ 0 74 42 4 70 · Fax: 4 73 20
Regionale Küche, Vesper-Spezialitäten · **Tische:** 12/40 Plätze
info@bareiss.com · www.bareiss.com ·

Speisekarte: 16 Hauptgerichte von 18,50 bis 34,00 €
❤❤❤💎💎💎 815 Weinpos.

Die "Dorfstuben", das sind zwei wunderschöne, historische Stuben, in denen viel Holz, hübsche Stoffe und zauberhafte Details der originalen Einrichtung zweier Bauernstuben aus dem 19. Jahrhundert zu einem romantischen Interieur werden, und dazu einladen, die Zeit zu vergessen. Das liegt natürlich auch an der grundehrlichen, unverfälschten Regionalküche mit köstlichen badischen und schwäbischen Spezialitäten wie handgeschabten Spätzle, Maultaschen, Wurstsalat und nach Wunsch zubereiteten Forellen. Alles wird frisch angerichtet und ist ein schöner Querschnitt ehrlicher Kochkunst. Stammgäste – und davon gibt es viele – wissen, dass Ingrid Jedlitschka die gute Seele des Restaurants ist und sich mit ihrem Team ungemein liebenswürdig um die Besucher kümmert. Außerhalb der klassischen Küchenzeiten wird eine kleinere Vesperkarte gereicht.

Bareiss – Kaminstube
Bhf→5 km

✉ 72270 · Hermine-Bareiss-Weg · ☎ 0 74 42 4 70 · Fax: 4 73 20
Klassische Europäische Küche · **Tische:** 17/32 Plätze
info@bareiss.com · www.bareiss.com ·

Speisekarte: 4 Hauptgerichte von 27,00 bis 39,00 €; 2 Menüs von 62,00 bis 115,00 €
❤❤❤💎💎💎 815 Weinpos.

Der namengebende Kamin fügt sich harmonisch ins hübsche Gesamtbild der „Kaminstube" ein, die mit Holzvertäfelungen, floralen Mustern, und dekorativen Bildern die charmante Atmosphäre eines provencalischen Landhauses vermittelt und echte Urlaubsstimmung aufkommen lässt. Chefkoch Nicolai Biedermann versteht sein Handwerk und interpretiert tradierte Rezepturen gerne neu. Er setzt auf handverlesene, saisonale Zutaten, die er bevorzugt aus der Region bezieht und gerne im jahreszeitlichen Wechsel verarbeitet. Mit raffinierten Ideen und präzisem Handwerk kreiert er beliebte Klassiker und Speisen, die länderübergreifend sind, immer seine eigene Handschrift tragen und ansprechend auf den Tellern arrangiert werden. Im Sommer sollte man unbedingt auf der hübschen Terrasse speisen – der Blick ins Ellbachtal ist einfach wunderschön.

Baiersbronn

Sackmann Genusshotel

Bhf→200 m

✉ 72270 · Murgtalstraße 602 · ☎ 0 74 47 28 90 · Fax: 28 94 00 · „Murgstube" (ganzj. geöffn.) mit Reg. Küche, Bar, Terrasse, 3/4 Pension zubuchbar. Zi.-Preise inkl. Frühstück.

 15 km VISA AE ① ⬤ ⬤

info@hotel-sackmann.de · www.hotel-sackmann.de

48 **DZ** ab 298,00 €;
13 **EZ** ab 165,00 €;
7 **App.** ab 99,00 €;
15 **Ju.-Suiten** ab 498,00 €

Die landschaftlich reizvolle Umgebung im wildromantischen Murgtal ist zu jeder Jahreszeit wie geschaffen für einen Urlaub, der alle Sinne anspricht. Im Hotel "Sackmann" – idealer Ausgangspunkt für Wanderer und Spaziergänger – weiß man seit vier Generationen um die Bedürfnisse Erholung Suchender und geht ganz persönlich und herzlich auch auf individuelle Wünsche ein. Die Zimmer und Suiten sind modern und sehr komfortabel eingerichtet (Preise inkl. 3/4-Pension). Für Tagungen stehen medientechnisch erstklassig ausgestattete, großzügige Räumlichkeiten zur Verfügung. Gerne wird der komplette Ablauf betreut.

Großzügig und exklusiv gestaltet sind die Wohlfühloasen "Burgfels SPA" (indoor) und "Murgtal-Sky-SPA" mit Infinity-Sky-Pool (outdoor) auf insgesamt 2.500 m² (s. a. Wellness-Special). Hochgenuss dort bietet auch das umfangreiche Programm an Massagen und Beautybehandlungen in luxuriösem Ambiente. Im Gourmet Restaurant „Schlossberg" lässt man sich von Gerichten mit Aromen aus aller Welt begeistern, die mit großer Leidenschaft vom Vater-Sohn Duo Jörg und Nico Sackmann innovativ kreiert werden. In der behaglichen Murgstube stehen regional-vielseitig-urig-originelle Gerichte mit neu interpretierten schwäbischen Versucherle an erster Stelle. Das Hausgäste-Restaurant Silberberg/Haselbach mit regionalem Marktbuffet bietet eine vielseitige Verwöhnpension.

Baiersbronn

Sackmann Schlossberg

Bhf→200 m

✉ 72270 · Murgtalstraße 602 · ☎ 0 74 47 28 90 · Fax: 28 94 00
Neue Küche · Tische: 19/38 Plätze
info@hotel-sackmann.de · www.hotel-sackmann.de · f

VISA AE ⬤ ⬤

Speisekarte: 2 Menüs von 158,00 bis 230,00 €

❀❀❀❀❀ ❀❀ 380 Weinpos.

Kulinarisch ist das Sackmann'sche Familienunternehmen bestens aufgestellt, gibt es neben der „Murgstube" und dem „RheinHOLZ Café Bistro" mit dem „Schlossberg" nämlich noch ein ausgezeichnetes Gourmetrestaurant, in dem Vater Jörg und Sohn Nico Sackmann in familiärer Eintracht zeigen, wie facettenreich und gleichzeitig unverfälscht moderne Küche sein kann. Die genießt man hier in einem stilsicheren, einladenden Ambiente. Helles Beige, Naturtöne, goldfarbene, schimmernde Leuchter und wertige Materialien fügen sich zu einem harmonischen Ganzen. Das Duo am Herd setzt auf erstklassige, handverlesene Zutaten aus dem reichhaltigen Angebot der Region. Gemeinsam mit ihrem ambitionierten Team kreieren sie Speisen mit jahreszeitlichem Bezug, in denen Tradition und Innovation einander ergänzen. Sie spielen mit Aromen, Texturen und befeuern sich gegenseitig mit ihren Ideen. Die Kompositionen sind kunstfertig, originell und immer verständlich, eines der angebotenen Menüs ist ein vegetarisches. Uwe Joel ist ein umsichtiger Maître, der mit Feingefühl agiert und dafür sorgt, dass die Gäste entspannt sind und sich wohl fühlen. Zu den korrespondierenden Weinen und Getränken berät Daniel Dinev als kenntnisreicher Sommelier mit Expertise und Feingefühl.

♜ Traube Tonbach

Bhf→5 km

✉ 72270 · Tonbachstraße 237 · ☎ 0 74 42 49 20 · Fax: 49 26 92 · Kinderprogramm, Traube-Lädle zum Shoppen, Bar, Café, Vinothek, Zi.-Preise inkl. Frühstück
🍽🚲⛷🏠📺🛋✈♨🏊♀♂🐕↔☀⛳ 12 km
info@traube-tonbach.de · www.traube-tonbach.de · f

VISA AE ⬤ ⬤

95 **DZ** von 349,00 bis 849,00 €;
23 **EZ** von 229,00 bis 569,00 €;
16 **Suiten** von 609,00 bis 929,00 €;
6 **App.** von 609,00 bis 1029,00 €

Über 230 Jahre Familientradition als Gastgeber werden in der Hotelierfamilie Finkbeiner stets als wertvoller Ansporn gesehen, ebenso bedacht wie konsequent mit der Zeit zu gehen. Über Jahrzehnte Vertrautes vereint sich so harmonisch mit Zeitzeugen der jüngeren Hotelgeschichte wie dem neu konzipierten Stammhaus. Die Lage der legendären Traube Tonbach auf etwa 700 Metern am Nationalpark Nordschwarzwald ist der erste Garant für einen erholsamen Urlaub. Weitere folgen im Hotel selber. So professionell das Hotelteam auch agiert, Freundlichkeit und herzliche Gastfreundschaft sind hier selbstverständlich, niveauvolle Großzügigkeit und die individuelle Betreuung sprechen für sich. Die geschmackvoll und mit durchdachten Details in schlichter Eleganz eingerichteten Zimmer (die Preise verstehen sich inklusive einem exzellentem Gourmet-Frühstück) sind wunderschöne, harmonische Refugien mit weitem Blick ins Grüne. Kinder und Jugendliche werden dank der altersgerecht abgestimmten, zahlreichen Programme und – weil auch ihnen der persönliche Service gilt – den Aufenthalt in diesem Hotel lieben. Im weitläufigen SPA mit

Baiersbronn

neuer Sauna- und Ruhelandschaft erhalten Gesundheit und Lebensfreude einen ganz besonderen Rahmen. Aktivprogramme, Sportkurse, Yoga, Mountainbiking, E-Bike-Touren oder geführte Wanderungen durch die waldreiche Landschaft ergänzen die vielen Möglichkeiten einer abwechslungsreichen Freizeitgestaltung. Zusätzlich zum eleganten Restaurant „Silberberg" – exklusiv für Hotelgäste – sowie den zwei renommierten Gourmetrestaurants „Schwarzwaldstube" und „1789" lockt das entspannte „Schatzhauser" den ganzen Tag über mit einer vielfältigen A la Carte-Auswahl regionaler und internationaler Klassiker.

Bhf→5 km

Traube Tonbach – Schatzhauser

72270 · Tonbachstraße 237 · ☎ 0 74 42 49 26 65 · Fax: 49 26 92
Klassisch Küche mit asiatischen Einflüssen · **Tische:** 20/60 Plätze
reservations@traube-tonbach.de · https://www.traube-tonbach.de/restaurantsbar/schatzhauser-1 ·

Speisekarte: 7 Hauptgerichte von 22,00 bis 35,50 €

158 Weinpos.

Das modern eingerichtete Restaurant „Schatzhauser" – übrigens benannt nach dem Wünsche erfüllenden Waldgeist aus Hauffs berühmtem Schwarzwaldmärchen „Das Kalte Herz" – bietet wie alle Restaurants im Stammhaus der „Traube Tonbach" durch bodentiefe Fensterfronten einen herrlich weiten Blick ins grüne Tonbachtal. Einzig im Schatzhauser wird dies noch durch eine große Sonnenterrasse getoppt, die bei schönem Wetter schnell zum Lieblingsplatz avanciert. Durchgehend von mittags bis abends geöffnet, empfängt Maître Ansgar Fischer seine Gäste gerne auch spontan. Unter dem kulinarischen Motto „Wald&Welt" offeriert das engagierte Küchenteam um Florian Stolte dazu eine vielfältige Speisekarte, die ein breites Publikum vom Hotelgast bis zum Einheimischen glücklich machen soll. So treffen herzhafte schwäbisch-badische Traditionsgerichte nach alten Rezepten auf beliebte Klassiker aus aller Welt sowie feine Steak Cuts vom Lavastein-Grill.

Baiersbronn

♜ **Traube Tonbach – Schwarzwaldstube**   Bhf→5 km

✉ 72270 · Tonbachstr. 237 · ☎ 0 74 42 49 26 65 · Fax: 49 26 92
Französische Küche; Ferien: 6.-30.1./1.2./4.-28.8./15.-18.12.25 · **Tische:** 11/42 Plätze
reservations@traube-tonbach.de · www.traube-tonbach.de ·

Speisekarte: 3 Menüs von 295,00 bis 325,00 €

♡♡♡♡♡ 🍷🍷🍷   750 Weinpos.

Große, bodentiefe Glasfronten eröffnen dem Besucher der Schwarzwaldstube ein wunderbares Panorama über das Tonbachtal und ziehen den märchenhaften Schwarzwald mit üppigen Tannenwäldern und sattgrünen Wiesenhängen gleichsam ins Interieur hinein. Die Tische mit schlichten Fauteuils in hellen Naturtönen sind großzügig gestellt und edel eingedeckt. Die Atmosphäre ist entspannt und stimmt auf das Wesentliche ein: Die Küche in einem der besten Restaurants der Welt. Gerade dieses „weniger ist mehr" bereits in der Raumgestaltung sorgt für eine gespante Erwartung, die von Küchenchef Torsten Michel mit fokussierten und innovativen Speisen übererfüllt wird. Er interpretiert klassisch französische Küche mit Verve neu, tüftelt gerne mit in Vergessenheit geratenen Kulturpflanzen, Gemüsesorten und Kräutern und kreiert mit ihnen Kombinationen, die den Gourmet in neue Geschmackswelten mitnehmen und dennoch seltsam vertraut sind. Denn das ist doch die eigentliche Kunst eines großen Kochs: Bekanntes in einen aufregend neuen Kontext zu setzen, wie z. B. den mit Kaisergranat, Gamba Carabinera und gezupftem Taschenkrebsfleisch gefüllten, marinierten Kopfsalat. Exzellente Weine gibt es in verführerischer Auswahl: Sommelier Stéphane Gass berät, erklärt und macht perfekte Vorschläge. Dazu agiert sein bestens eingespieltes und stets zugewandtes Serviceteam mit fröhlicher Herzlichkeit. Im harmonischen Zusammenspiel besteht kein Zweifel daran, dass es in der Schwarzwaldstube einzig und allein um den Gast geht.

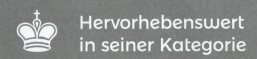

Hervorhebenswert in seiner Kategorie

Baiersbronn

🏛 Traube Tonbach – 1789 🎩🎩🎩

Bhf→5 km

✉ 72270 · Tonbachstraße 237 · ☎ 0 74 42 49 26 65 · Fax: 49 26 92
Klassische Küche mit asiatischen Einflüssen; Ferien: 9.–23.6./24.8.–8.9.25
Tische: 10/29 Plätze
reservations@traube-tonbach.de · www.traube-tonbach.de

Speisekarte: 2 Menüs von 165,00 bis 195,00 €

750 Weinpos.

Das „1789" ist eine Hommage an den Ursprung und das Gründungsjahr der Traube Tonbach. Wo mit einer winzigen Schänke für Waldarbeiter alles begann, zelebriert heute Traube-Talent Florian Stolte seine fernöstlich-inspirierte Gourmetküche. So weltgewandt das Konzept, so heimisch der Gastraum: Lehmputz und Hirnholzparkett schaffen hier einen ruhigen Kontrast, während das geradlinige Interieur mit blanken Holztischen, klaren Linien und expressiven Kunstwerken für eine weltoffene Atmosphäre sorgt, die bestens zur Küche passt. In der klassischen Haute Cuisine verwurzelt und bereits seit 15 Jahren auf seinem Posten, hat sich Stolte über die Jahre mutig weiterentwickelt. Motiviert durch seine große Passion für die thailändische

Küche vereint er heute gekonnt beste Zutaten der Saison mit exotischen Aromen und Zubereitungen. Lennart Brüwer leitet den Service, begleitet mit seinem Team durch den Abend und gibt gerne Auskunft zur exzellenten Weinauswahl, die durch Stéphane Gass kuratiert wird.

Balduinstein

🏛 Landhotel zum Bären ⭐⭐⭐

Bhf→200 m

✉ 65558 · Bahnhofstraße 24 · ☎ 0 64 32 80 07 80
Restaurant, Bar, Café, Kaminzimmer, Arrangements
info@landhotel-zum-baeren.de · www.landhotel-zum-baeren.de

8 DZ ab 169,00 €;
2 EZ ab 89,00 €

Mitten im Taunus mit Blick auf den weitläufigen Westerwald liegt das komfortable Landhotel „Zum Bären" im romantischen Lahntal. Allein schon die exklusive Lage ist einen Besuch wert. Klein, fein und individuell, ist das Hotel perfekt für Reisende, die eine besondere Logis mit persönlichem Service bevorzugen. Hier wird der Aufenthalt in den liebevoll im Landhausstil gestalteten Zimmern zu einer wohltuenden Auszeit vom Alltag. Parkettboden, Marmorbäder, Wasserkocher uvm. gehören ebenso dazu wie ein schöner Blick auf die Lahn oder ins Grüne. In achter Generation in Familienbesitz, wird das Haus, das früher Hotel, Restau-

Balduinstein

rant, Bürgermeisterei und Poststation in einem war, mit großem Einsatz und einem engagierten Mitarbeiterteam betrieben. Die idyllische Lage ist der perfekte Ausgangspunkt, um die schöne Kulturlandschaft des malerischen Lahntals auf ausgedehnten Rad- und Wanderwegen zu erkunden.

Restaurant zum Bären

Bhf→200 m

 65558 · Bahnhofstraße 24 · ☎ 0 64 32 80 07 80
Klassische und Mediterrane Küche · **Tische:** 18/60 Plätze
info@landhotel-zum-baeren.de · www.landhotel-zum-baeren.de

Speisekarte: 10 Hauptgerichte von 29,00 bis 49,00 €; 1 Menü ab 59,00 €
420 Weinpos.

Schön, wenn traditionsreiche Hotels auch eine empfehlenswerte Gastronomie ihr Eigen nennen können. Im „Landhotel zum Bären", das seit fast 200 Jahren von Familie Buggle geführt wird, ist das der Fall. Aktuell und in achter (!) Generation steht Joachim Buggle am Herd und ist für die feine Küche verantwortlich. Das Restaurant ist in einem zauberhaften Landhausstil gestaltet, hübsche Details wie der prachtvolle, historische Ofen fügen sich zu einer sehr charmanten, einladenden Atmosphäre. Der Patron arbeitet mit ausgesuchten, gerne regionalen Zutaten, kocht schnörkellos, aromenstark und fantasievoll. Klassischem gibt er behutsam eine moderne Note und ergänzt das Angebot mit mediterranen und deutschen Spezialitäten. Komplex und feinsinnig zugleich, macht es Spaß, auf eine spannende, kulinarische Reise mitgenommen zu werden. Monatlich wird ein neues Überraschungsmenü zusammengestellt, so dass auch jahreszeitliche Spezialitäten nicht zu kurz kommen. Ehefrau Corinna Buggle hat als liebenswürdige Gastgeberin ein Auge aufs Geschehen, leitet den Service und berät mit viel Fachkenntnis zur exzellent zusammengestellten Weinkarte. Die Terrasse mit schönen, alten Lindenbäumen lädt an warmen Tagen zum open-air-Genuss.

Bamberg

Bamberg
Die Küche – Esszimmer

✉ 96049 · Obere Sandstraße 27 · ☎ 09 51 29 99 39 66
Regionale und Internationale Küche · **Tische:** 6/27 Plätze
info@die-kueche-bamberg.de · www.die-kueche-bamberg.de

Speisekarte: 3 Hauptgerichte von 22,00 bis 28,00 € ❤❤❤ 45 Weinpos.
Zentral in der Bamberger Altstadt zwischen dem Dom und dem linken Regnitzarm gelegen, ist „Die Küche – Das Esszimmer" ein Restaurant, das sich in keine Schublade stecken lässt. Mit echter Leidenschaft setzen Julia Seuling und Michael Melber ihre Vorstellung einer modernen Küche um, die man in einer lässig-entspannten, weltoffenen Atmosphäre genießen kann. Alles kann, nichts muss und so bekommt jeder Besuch eine Portion Spontaneität. Blanke Tische, ein Holzdielenboden und -decke, unterschiedlichste Sessel und ein großes Regal mit schönen Dingen rund ums Thema Küche (von denen man etliches auch käuflich erwerben kann) werden zur Bühne für Speisen, die der Marktlage und den Jahreszeiten entsprechen, die ehrlich, unverfälscht und gerne auch ursprünglich sind. Ohne überflüssiges Chichi münden die Tüfteleien der beiden in eine genussreiche Crossover-Küche, in der auch fränkische Elemente nicht fehlen. Voller Hingabe lassen sie ihrer Fantasie freien Lauf, probieren und kreieren jeden Monat ein neues Angebot, das immer spannend bleibt. Da die Platzzahl begrenzt ist, sollte rechtzeitig reserviert werden (von 17-19:15 Uhr und ab 19:30 Uhr).

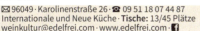

Edelfrei

Bhf→2 km

✉ 96049 · Karolinenstraße 26 · ☎ 09 51 18 07 44 87
Internationale und Neue Küche · **Tische:** 13/45 Plätze
weinkultur@edelfrei.com · www.edelfrei.com · ▯

Speisekarte: 6 Hauptgerichte von 21,50 bis 31,00 €; 1 Menü von 40,00 bis 60,00 €
❤❤🍷🍷 150 Weinpos.
Das „Edelfrei" ist der perfekte Ort, um sich in lässiger Atmosphäre zu treffen, ein Dinner zu genießen oder nur ein Glas Wein, einen Kaffee oder alles hintereinander, eben so, wie man mag. Beheimatet ist das Restaurant in einem historischen Sandsteinhaus, das im 18. Jh. für das edelfreie Adelsgeschlecht von Aufseß errichtet wurde und mitten in der Bamberger Altstadt nur einen Steinwurf vom Dom entfernt steht. Dem charmant gestalteten Interieur geben Bilder wechselnder Künstler*innen eine immer wieder neue Note. Das Team am Herd steht für eine produktorientierte, frische und moderne europäische Küche und sorgt für erlesene Geschmacksmomente. Die Speisekarte lebt von beliebten Klassikern

Bamberg

wie der Fischsuppe sowie saisonalen Gerichten. Eine feine Weinauswahl mit Fokus auf deutschen Tropfen steht bereit. Besonders gut lassen sich hier junge, oft noch unbekannte Winzereien entdecken. Der umfangreiche offene Ausschank ist auf die Speisen abgestimmt und lädt zum Verweilen und Probieren ein. Unweit des Restaurants gibt es die GenussVinothek Edelfrei (Karolinenstraße 16). Hier kann man seinen Lieblingswein zum Verschenken und für daheim erwerben.

HENRII casual dining

✉ 96047 · Untere Mühlbrücke 5 · ☎ 09 51 29 99 34 29
Mediterrane Küche · **Tische:** 22/95 Plätze
info@henrii-bamberg.de · www.henrii-bamberg.de ·

Speisekarte: 16 Hauptgerichte von 14,00 bis 44,00 €; 3 Wechselnde Mittagsgerichte von 12,00 bis 29,00 € 🍷🍷 150 Weinpos. Das restaurierte Gebäudeensemble der Unteren Mühlen setzt mit dem Welterbe-Besucherzentrum bewusst einen modernen Kontrapunkt zu den drei historische Mühlgrundstücken. Hier findet man auch das HENRII mit seinem minimalistisch gestalteten Interieur: Betonwände, sanft geschwungene Sessel an blanken Tischen und punktuelle Illumination vermitteln eine urbane, sehr weltoffene Atmosphäre. Direkt an der Regnitz gelegen mit Blick aufs historische Rathaus und den Fluss, gehört man hier praktisch zum Weltkulturerbe Bambergs. Eine viel bessere Lage, um das Konzept des HENRII kennenzulernen, lässt sich kaum finden. Städtereisende, Businessgäste und Bamberger haben hier einen Treffpunkt und können zwischen Business Lunch, casual dining und moderner Bar wählen. Chefkoch Jan Hamak kocht gekonnt, frisch und modern, Mediterranes und Internationales haben ebenso ihren Platz wie die beliebten Burger. Zu den Spezialitäten des Restaurants gehören hausgemachte Pasta und edle Cuts vom spanischen Josper-Grill, denen Holzkohle einen unvergleichlichen Edelholzrauch verleiht. Aber auch für Vegetarier findet sich ein vielseitiges Angebot. An warmen Tagen und vor allem Abenden ist die Terrasse über der Regnitz mit Altstadtblick ein wahrer Publikumsmagnet.

Berchtesgaden

Berchtesgaden

Bhf →3,5 km **Alm- & Wellnesshotel Alpenhof**

✉ 83471 · Richard-Voss-Straße 30 · ☎ 0 86 52 60 20 · Fax: 6 43 99
Rest. mit Intern. und Regionaler Küche, Zimmerpreise inkl. Verwöhnpension
🍴♨🛁🏊⛷🎿🎾🚴↔↕🏋🚭🏌🐕10 km VISA ●
info@alpenhof.de · www.alpenhof.de · f

7 **DZ** ab 230,00 €;
7 **EZ** ab 121,00 €;
38 **Fam.-Zi./Suiten** ab 332,00 €

Es ist nicht nur die ruhige und idyllische Lage inmitten einer schönen Landschaft, die das Alm- & Wellnesshotel (s. a. Wellness-Special) am Königssee besonders auszeichnet. Es ist auch nicht nur die 4-Sterne-Superior-Kategorisierung, vielmehr sind es die Werte – authentisch, bodenständig und wertschätzend –, die den Alpenhof einzigartig und unverwechselbar machen. Er ist ein familiengeführtes Haus, in dem regionale Traditionen gepflegt und herzliche Gastfreundschaft gelebt werden, der Alpenhof in Berchtesgaden, in dem man Genuss und Vielfalt erleben kann. Es heißt „in der Ruhe liegt die Kraft" – das bestätigen nicht zuletzt die vielen Gäste mit ihren schönen Urlaubserfahrungen. Ob es der Panoramablick auf den Watzmann im Hotelrestaurant ist, das schwerelose Treiben in einem der Pools oder ein gemütlicher Spaziergang in der Region Schönau am Königssee. Es gibt viele Wege, um im Alpenhof zu innerer Harmonie und Balance zu finden. Und ebenso viele, um die Lust nach Abenteuern und Entdeckungen zu stillen. Gerne gibt das engagierte Hotelteam eigene Insidertipps weiter, damit sich die schöne Alpenregion rund um Berchtesgaden noch besser kennenlernen lässt.

♖ Berchtesgadener Esszimmer

✉ 83471 · Nonntal 7 · ☎ 0 86 52 6 55 43 01
Regionale, Saisonale Küche · **Tische: 7/30 Plätze** VISA ●
info@esszimmer-berchtesgaden.com · www.esszimmer-berchtesgaden.com

Speisekarte: 3 Hauptgerichte von 39,00 bis 45,00 €; 2 Menüs von 119,00 bis 139,00 € ❦❦   30 Weinpos.
Patron Maximilian Kühbeck sorgt im charmant und urig eingerichteten Restaurant mit Leidenschaft für eine innovative, regionale Küche, die auf hochwertigen, nachhaltig produzierten Produkten basiert. Eines der angebotenen Menüs ist vegetarisch.

Berchtesgaden

Kempinski Hotel Berchtesgaden – PUR
Bhf→4 km

✉ 83471 · Hintereck 1 · ☎ 0 86 52 97 55-0 · Fax: 97 55 11 55
Klassische, Intern. u. Regionale Küche · **Tische:** 12/34 Plätze
info.berchtesgaden@kempinski.com · www.kempinski.com/berchtesgaden

Speisekarte: 1 Menü von 195,00 bis 255,00 €
600 Weinpos.
Moderne, schlichte Eleganz prägt das Gourmetrestaurant, in dem Chefkoch Ulrich Heimann mit viel Können und großer Warenkenntnis glänzt. Die modernen udn innovativen europäischen Speisen tragen immer seine ganz persönliche Handschrift.

Berlin

🛏 Adlon Kempinski
Bhf→500 m

✉ 10117 · Unter den Linden 77 · ☎ 0 30 2 26 10 · Fax: 22 61 22 22
Rest. "Quarré", Gourmetrest. "Lorenz Adlon Esszimmer", Adlon Day Spa
hotel.adlon@kempinski.com · www.kempinski.com/de/hotel-adlon

304 **DZ** ab 321.00 €;
(Jui.-)Sui. ab 520.00 €
Ein exzellenter Service, niveauvolles Ambiente und die Lage direkt am Brandenburger Tor machen das legendäre und weltbekannte "Adlon" zur ersten Adresse in Berlin. Restaurants, ein luxuriöser Spa-Bereich, eindrucksvolle Veranstaltungsräume und die elegante Bar lassen keine Wünsche offen.

Bricole
Bhf→2 km

✉ 10437 · OT Prenzlauer Berg · Senefelderstraße 30 · ☎ 0 30 84 42 13 62
Moderne Küche · **Tische:** 8/22 Plätze
info@bricole.de · http://www.bricole.de/

Speisekarte: 1 Menü ab 149,00 €
250 Weinpos.
Das „Bricole" ist ein Restaurant, das perfekt ins quirlige, multikulturelle Prenzlauer Berg passt. Es geht herrlich entspannt und unprätentiös zu, das Interieur ist eine einladende Mischung aus Mid Century, Shabby Chick und modernen Gestaltungselementen. Die urbane Atmosphäre passt perfekt zum weltoffenen Ambiente. So kosmopolitisch wie die Menschen in „Prenzlberg" sind, so sind es auch die Gäste im „Bricole", das von Patron Fabian Fischer, Jan Rethemeier und Steven Zeidler engagiert geführt wird. Jeder bringt seine Kenntnisse und Fähigkeiten ein: Fabian Fischer erläutert die Speisen, berät zu den Weinen und steht auch bei Sonderwünschen bereit, Jan Rethemeier sorgt in der integrierten Bar für frische Getränke und Steven Zeidler steht am Herd. Die Speisefolge seines ertüftelten Menüs basiert auf erstklassigen Grundprodukten und wird unverfälscht und dennoch raffiniert zusammengestellt. Regionales erfährt geschickte Verfeinerungen und der neugierige Blick geht immer auch weit über den nationalen Tellerrand hinaus. Diese pfiffige, ehrliche und expressive Küche macht einfach Spaß und schmeckt großartig. Kombiniert mit der lässigen Atmosphäre ist das „Bricole" einfach ein place to be in Berlin.

Berlin

Bonvivant

Bhf→1 km

✉ 10781 · Goltzstr. 32 · ☎ +49 176 61 72 26 02
Eig. Kreat., "Eat-Easy Cuisine" · **Tische:** 16/46 Plätze
info@bonvivant.berlin · https://bonvivant.berlin

Speisekarte: 1 Menü von 124,00 bis 137,00 €
❀❀❀

Das innovative Konzept – ein Cocktail Bistro, das die Kombination eines lässigen Cocktailabends in Verbindung mit bestem Essen bietet – kommt bei den Gästen an. Chefkoch Nikodemus Berger, selber von Kind an Vegetarier, kocht mit raffinierten Ideen und präsentiert saisonale und regionale Speisen, die bevorzugt auf heimischen Zutaten basieren.

CODA Dessert Dining & Bar

Bhf→8 km

✉ 12047 · OT Neukölln · Friedelstraße 47 · ☎ 030 91 49 63 96
Eigene Kreationen, Dessert Dinner Menü in 15 Servings · **Tische:** 7/30 Plätze

table@coda-berlin.com · www.coda-berlin.com ·

Speisekarte: 1 Menü ab 264,00 €
❀❀❀

Im CODA ist alles etwas anders: Spätes Seating (perfekt für einen Abend in Berlin), im Menü integrierte Pairing Drinks und dank René Frank eine außergewöhnliche Küche, die in den Techniken der Patisserie verwurzelt ist, aber mit den innovativen Kreationen weit darüber hinaus geht.

Cookies Cream

Bhf→2 km

✉ 10117 · Behrenstr. 55 · ☎ 030 27 49 29 40
eig. Kreat., Vegetarisch · **Tische:** 26/80 Plätze
cream@cookie.ch · cookiescream.com

Speisekarte: 5 Hauptgerichte von 22,00 bis 33,00 €; 1 Menü von 89,00 bis 140,00 €
❀❀❀ 60 Weinpos.

Sollte es angesichts vegetarischer und veganer Küche jemals ein Zaudern gegeben haben – nach einem Besuch im "Cookies Cream" gehört das der Vergangenheit an. Chefkoch Nicholas Hahn eröffnet mit erstklassigen Zutaten (bevorzugt von einem Bauern in Brandenburg) verblüffend neue und virtuose Geschmackswelten.

faelt

✉ 10823 · Vorbergstraße 10 a · ☎ 030 78 95 90 01
kreative, nachhaltige Küche
booking@faelt.de · www.faelt.de

Speisekarte: 1 Menü zu 134,00 €
❀❀ 40 Weinpos.

Holzboden, blanke Tische und eine puristische Linie prägen das Interieur. Ähnlich reduziert und auf das Wesentliche fokussiert ist auch die avantgardistische Produktküche von Björn Swanson. Ungezwungenes Fine Dining, das Spaß macht und zum Wiederkommen einlädt.

Hallmann & Klee

✉ 12055 · OT Neukölln · Böhmische Straße 13 · ☎ 0 30 23 93 81 86
Regionale und Internationale · **Tische:** 13/35 Plätze
kontakt@hallmann-klee.de · www.hallmann-klee.de

Speisekarte: 2 Menüs ab 98,00 €
❀❀

So minimalistisch und reduziert das Interieur des einstigen Frühstücklokals gestaltet ist, so klar, ehrlich und geradlinig sind die ambitionierten, anspruchsvollen Speisen von Sarah Hallmann, die saisonal und weltoffen sind.

Horváth

Bhf→600 m

✉ 10999 · Paul-Lincke-Ufer 44a · ☎ 0 30 61 28 99 92
Mod. Küche, 6 oder 8 Gang, auch alkoholfr. Begleitung, Weinreben-Terrasse
mail@restaurant-horvath.de · www.restaurant-horvath.de

Speisekarte: 1 Menü von 210,00 bis 240,00 € ❀❀❀❀ 250 Weinpos.

In den Räumen am Landwehrkanal war schon vor 100 Jahren ein gastronomischer Treffpunkt. Aber sicher noch nicht von der kulinarischen Klasse wie die

Berlin

"emanzipatorische Küche" – willl heißen, die eingesetzten Produkte sind gleichberechtigter, elementarer Bestandteil der aromentiefen und virtuos zusammengestellten Speisen – von Sebastian Frank im "Horváth" heute.

 ## Hotel Palace Berlin   Bhf→500 m

✉ 10787 · Budapester Straße 45 · ☎ 0 30 2 50 20 · Fax: 25 02 11 19 · Boutique Restaurant "beef 45", Lobby Lounge, House of Gin mit 150 Gins und innovativem Bar-Food, Smoker's Lounge
hotel@palace.de · www.palace.de

205 **DZ** ab 138,00 €;
33 als **EZ** ab 138,00 €;
39 **Suiten** ab 293,00 €
Die Zimmer und Suiten im "Hotel Palace Berlin" sind ein erstklassiges Refugium auf Zeit. Tagungen finden in 18 Räumlichkeiten (insgesamt 2.600 m²) statt. Entspannung wartet im 800 m² großen Spa. Das gastronomische Angebot ist sehr vielseitig.

 ## InterContinental Berlin - Hugos   Bhf→500 m

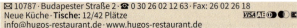

✉ 10787 · Budapester Straße 2 · ☎ 0 30 26 02 12 63 · Fax: 26 02 26 18
Neue Küche · **Tische:** 12/42 Plätze
info@hugos-restaurant.de · www.hugos-restaurant.de

Speisekarte: 2 Menü von 150,00 bis 235,00 €
770 Weinpos.
Die Skyline von Berlin wird zum Begleiter des Restaurantbesuchs im „Hugos". Doch Chefkoch Eberhard Lange lässt dank seiner fulminanten Küche den spektakulären Blick in den Hintergrund rücken. Er kocht kraftvoll, authentisch und doch mit faszinierender Detailfülle.

 ## Loumi   Bhf→5,6 km

✉ 10969 · OT Kreuzberg · Ritterstraße 2 · ☎ 0 15 11 272 1605
Klassische und Neue Küche · **Tische:** 8/17 Plätze
restaurant@loumi-berlin.org · www.loumi-dining.com

Speisekarte: 3 Menüs ab 111,00 €
Schlicht und schön eingerichtet, legt Chefkoch Karl-Louis Kömmler größten Wert auf erstklassige, saisonale Zutaten. Mit denen kreiert er in der klassischen Küche verwurzelte Menüs mit japanischem und nordischem Twist, aromatischer Vielfalt und großem Tiefgang.

 ## Macionga – Restaurant & Weinbar

✉ 10707 · Xantener Straße 90 · ☎ 0179 113 46 73
Klassische Küche · **Tische:** 18/40 Plätze
reservierung@restaurantmacionga.com · www.restaurantmacionga.com

Speisekarte: 4 Hauptgerichte von 22,00 bis 26,00 €; 1 Menü von 56,00 bis 96,00 €
750 Weinpos.
Im schlicht und einladend gestalteten Restaurant interpretiert das Team deutsche und französische Klassiker raffiniert neu. Patron André Macionga sorgt mit Leidenschaft für perfekte wine pairings.

 ## Nobelhart & Schmutzig   Bhf→2 km

✉ 10969 · Friedrichstr. 218 · ☎ 0 30 25 94 06 10 · Fax: 25 94 06 11
Reg. und Neue Küche, Eigene Kreationen
dubist@nobelhartundschmutzig.com · www.nobelhartundschmutzig.com

Speisekarte: 2 Menü von 115,00 bis 195,00 €   850 Weinpos.
Im "Nobelhart & Schmutzig" ist alles ein bisschen anders. Obwohl herrlich kosmopolitisch aufgestellt, geht es in der Küche "brutal regional" zu. Das beginnt mit den Lebensmittelproduzent*Innen ausschließlich aus dem Berliner Umland, geht über Micha Schäfers deutsche und innovative Küche und endet später am Abend mit anregendem, kommunikativem Austausch.

 ## Prism   Bhf→8 km

✉ 10627 · Fritschestraße 48 · ☎ 0 30 54 71 08 61
Levantinische und Europäische Küche · **Tische:** 7/26 Plätze
www.prismberlin.com

Speisekarte: 1 Menü zu 215,00 €
230 Weinpos.
Im "Prism" von Gal Ben Moshe wird faszinierend gekocht. Er verbindet Würzun-

Berlin

gen und Gartechniken der Levante und traditionelle mittelalterliche Küche dieser Region mit skandinavischen und mitteleuropäischen Elementen. Diese spannenden Kombinationen münden in komplett neue Geschmackswelten.

Bhf →1 km

Parc Fermé

✉ 10553 · Wiebestraße 36-37 · ☎ 0 30 20 61 30 50 · Fax: 20 61 30 40
Moderne, klassische Küche · **Tische:** 10/30 Plätze
parcferme@classic-driver.eu · www.classic-driver.eu

Speisekarte: 5 Hauptgerichte von 16,00 bis 38,00 € 🍷🍷🍷🍽🍽   80 Weinpos.
In Berlin gibt es überdurchschnittlich viele Restaurants an besonderen Orten, aber seine Heimat in einem historischen Straßenbahndepot zu haben, ist ein Alleinstellungsmerkmal für das "Parc Fermé". Umgeben von Werkstätten, Händlern und Automobilclubs rund um trendige Oldtimer, ist das Restaurant eine ansprechende kulinarische Oase für den gehobenen Geschmack. Ein edler Landhausstil prägt das Interieur und vermittelt eine entspannte und einladende Atmosphäre. Mit Alexander Goesmann steht ein Mann am Herd, der sein Handwerk mehr als versteht. Zur Philosophie seiner Küche gehört es, dass die Zutaten unter Aspekten artgerechter Tierhaltung und nachhaltiger Erzeugung von bekannten Händlern eingekauft werden und ein Bezugsradius von 100 km nicht überschritten wird. Der Chefkoch arbeitet konzentriert, präsentiert eine facettenreiche Aromenwelt und interpretiert klassisch französische Speisen mit großem Ideenreichtum neu. Highend-Catering gehört ebenso zum Portfolio des "Parc Fermé" wie das Ausrichten exklusiver Events. Auf Nachfrage kann das Restaurant auch außerhalb der Öffnungszeiten exklusiv gebucht werden.

Restaurant 136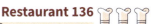

✉ 10115 · OT Mitte · Linienstraße 136 · ☎ 0 30 27 90 96 83
Italienisch-Peruanische Küche · **Tische:** 8/30 Plätze
booking@136-berlin.com · www.136-berlin.com

Speisekarte: 2 Menüs von 105,00 bis 125,00 € 🍷🍷🍷
Im lässigen Ambiente des unprätentiös eingerichteten Restaurants 136 wird Fine Dining dank Matias Diaz auf eine neue, ungewöhnliche Ebene gehoben, denn seine kreativen, aromenstarken Speisen sind eine faszinierende Kombination aus italienischen und peruanischen kulinarischen Strömungen.

Gespräche übers Kochen und gutes Essen mit Menschen die etwas davon verstehen.

Zum Mithören bei spotify, itunes und überall dort, wo es gute Podcasts gibt.

www.foodtalker.de

Berlin

Rutz - Restaurant Bhf→300 m

✉ 10115 · Chausseestraße 8 · ☎ 0 30 24 62 87 60
Innovative Küche · **Tische:** 12/38 Plätze
info@rutz-restaurant.de · www.rutz-restaurant.de

Speisekarte: 2 Menüs von 300,00 bis 350,00 € ♥♥♥♥🍇🍇🍇 650 Weinpos. Das „Rutz" gehört zu den europäischen Top-Restaurants. Ein Status, der nicht vom Himmel fiel, sondern hart erarbeitet wurde, ohne dass die Freude am Tun den Machern und Macherinnen abhanden gekommen wäre. Zwischen Charité und Rosenthaler Platz gelegen, wurde es in hektischen Zeiten zu einem Ort der Ruhe, des Besinnens, Genießens und Zufriedenseins. Viel mehr geht nicht. Warme Möbel in einem lässigen Mid-Century Stil und blanke Tische mit schlicht-eleganter Eindeckung vermitteln klare Linien und wohltuenden Purismus. Genialer Eyecatcher ist ein großes Regal voller unzähliger Gläser, die mit allem, was eingelegt werden kann, gefüllt sind. Ein raffiniertes Statement, worum es hier geht und was geht. Nahezu alles. Das beweisen Sternekoch und Küchendirektor Marco Müller und Küchenchef Dennis Quetsch mit einer Wucht, die beeindruckt. Alles beginnt mit zwei Zutaten und zwei Aromen. Von nun an bleibt nichts mehr, wie es ist, spielen die kreativen Köpfe mit Ingredienzien, Texturen, Garzuständen, Aro-

men, lassen sich von den Jahreszeiten inspirieren und von Viktualien, die in enger Abstimmung von ihnen bestens bekannten Bauern, Händlern, Sammlern, Fischern und Züchtern geliefert werden. Klassische und moderne Techniken kommen zum Einsatz, Unerwartetes trifft auf Kindheitserinnerungen, Gegensätzliches auf Harmonie. Maître Falco Mühlichen ist der perfekte Mittler zwischen Küche und Gast, trifft den richtigen Ton, erfüllt den kleinen Wunsch und trifft die Balance zwischen Lässigkeit und Professionalität.

Rutz – Zollhaus Bhf→1 km

✉ 10961 · Carl-Herz-Ufer 30 · ☎ 0 30 23 32 -7 66 70
Regionale Küche · **Tische:** 13/40 Plätze
info@rutz-zollhaus.de · www.rutz-zollhaus.de

Speisekarte: 8 Hauptgerichte von 25,00 bis 42,00 €; 1 Überraschungsmenü ab 85,00 €

♥♥♥♥🍇🍇 200 Weinpos. Küche und Gastlichkeit für jeden Tag. Klingt einfach, aber ist mit dem Anspruch, der auch im „Rutz – Zollhaus" gelebt wird, Herausforderung und Herzenssache. Englische Landhausarchitektur und deutsche Fachwerkbaukunst prägen das unter Denkmalschutz stehende Haus direkt am Landwehrkanal. Schmuckreliefs und -kacheln wurden nach ihrem historischen Vorbild handgefertigt und werden mit umlaufenden Bänken, blanken Tischen, modernen Leuchten und sanft

Berlin

geschwungenen Sesseln ergänzt. Das Ergebnis ist eine stimmige Melange mit entspanntem Flair und kosmopolitischer Atmosphäre. Küchenchef Florian Mennicken und Küchendirektor Marco Müller präsentieren hier Ursprüngliches: Speisen aus der Region, deutsche Gerichte, vergessene Rezepturen. Jede Kombination bekommt eine neue, ideenreiche Note und wird innovativ dem Zeitgeist angepasst, ohne beliebig zu werden. Die Weinkarte bietet einige Tropfen, die perfekt zur bodenständigen Küche mit hohem Kreativitätsfaktor passen. Garten, Terrasse im Grünen und der Bootsanleger ums Eck werden an warmen Tagen zum Lieblingsort für kulinarischen Genuss in hinreißender 'Easy Living'-Kulisse.

The Mandala Hotel - Facil

Bhf→2 km

✉ 10785 · Potsdamer Str. 3 · ☎ 0 30 5 90 05 12 34 · Fax: 5 90 05 22 22
Klassische und Europäische Küche · **Tische:** 14/48 Plätze
welcome@facil.de · www.facil.de

Speisekarte: 1 Mittagsmenü von 67,00 bis 88,00 €; 2 Menüs von 175,00 bis 285,00 € ♥♥♥🍇🍇 420 Weinpos. Küchendirektor Michael Kempf und Küchenchef Joachim Gerner vermögen, das vermeintlich Einfache so innovativ und aufregend anders zu präsentieren, dass jeder Gourmet angesichts der überbordenden Fantasie und präzisen Fachkenntnis ins Staunen gerät.

Tim Raue

Bhf→2 km

✉ 10969 · Rudi-Dutschke-Str. 26 · ☎ 0 30 25 93 79 30
Asiatisch-Europäische Küche · **Tische:** 17/50 Plätze
office@tim-raue.com · www.tim-raue.com

Speisekarte: 2 Mittagsmenüs von 148,00 bis 250,00 €; 3 Menüs von 258,00 bis 292,00 €
♥♥♥♥🍇🍇🍇
Wenn es eine kulinarische Institution in Berlin gibt, ist es Tim Raue mit seinem gleichnamigen Restaurant. Seine Kenntnis der asiatischen Küchen ist mindestens so faszinierend wie seine Kunstfertigkeit, mit Süße, Schärfe und Säure zu spielen und noch nie geschmeckte Aromen auch in veganen Menüs zu bündeln.

 Restaurant mit exzellenter Weinkarte

Tulus Lotrek

Bhf→7 km

✉ 10967 · Fichtestr. 24 · ☎ 030 41 95 66 87
eig. Kreat., innovative Gourmetküche · **Tische:** 14/34 Plätze
mail@tuluslotrek.de · www.tuluslotrek.de

Speisekarte: 2 Menüs zu 225,00 €
♥♥♥🍇 160 Weinpos.
Das, was Chefkoch Maximilian Strohe und sein engagiertes Team im "Tulus Lotrek" veranstalten, passt perfekt zum urbanen, quirligen und weltoffenen Berlin. Die Küche lässt sich in keine Schublade stecken und hat als einzige Pflicht eine handwerkliche Qualität auf Topniveau. Alles andere ist die Kür und verblüfft den Gast auf angenehmste und genussvollste Weise.

Berlin

 Vienna House Andel's Berlin – SKYKITCHEN Bhf→100 m

✉ 10369 · Landsberger Allee 106 · ☎ 0 30 45 30 53-26 20 · Fax: 45 30 53-20 99
Klassische u. Moderne Küche · **Tische:** 18/60 Plätze   VISA AE ◐ ● EC
restaurant@skykitchen.berlin · https://www.skykitchen.berlin/de/

Speisekarte: 2 Menüs zu 179,00 € ❦❦❦❦ 190 Weinpos. So bunt der Stilmix im Interieur des Restaurants im 12. Stock ist, so vielschichtig und vor allem intuitiv ist die Küche von Chefkoch Sascha Kurgan. Der präsentiert eine aufregende Mischung aus Fine Dining und Berliner Vielseitigkeit.

 VOX Restaurant

✉ 10785 · OT Tiergarten · Marlene-Dietrich-Platz 2 · ☎ 0 30 25 53 17 72
Klassische und Neue Küche   VISA AE ● EC
vox.berlin@hyatt.com · www.vox-restaurant.de

Speisekarte: 5 Hauptgerichte von 35,00 bis 42,00 €; 1 Menü zu 90,00 € ❦❦❦ Chef de Cuisine Hugo Thiébaut ist kulinarisch weit gereist und bringt seine top Ausbildung und große Expertise im Vox Restaurant ein. Gemeinsam mit einem engagierten Team interpretiert er die klassische französische Küche modern neu und bereichert sie mit europäischen und asiatischen Einflüssen.

Bernkastel-Kues

 Hotel & Weingut Roussel Bhf→17 km

✉ 54470 · OT Andel · Am Ring 37 · ☎ 0 65 31 9 72 60
Weinproben, Fahrrad-Garage, Arrangements, Preise inkl. Frühstück
🍴♿🅿⛔📶❤50 km   VISA ● EC
info@roussel.de · www.roussel.de

12 **Appartements** von 96,00 bis 161,00 €
Das Hotel & Weingut Roussel ist ein Familienbetrieb wie aus dem Bilderbuch. Das moderne Feriendomizil liegt in einem ruhigen Vorort von Bernkastel-Kues direkt gegenüber von üppigen Weinbergen. Individuell und sehr geschmackvoll eingerichtete Appartements mit Balkon oder Terrasse stehen zur Verfügung, um abseits von Hektik und Stress entspannte Urlaubstage zu verbringen, in denen man sich verwöhnen lässt oder die weite Landschaft mit ihren unzähligen Rad- und Wanderwegen aktiv nutzt. Im Appartement-Preis ist das reichhaltige Frühstück bereits im Preis inbegriffen und man muss auch darüber hinaus auf keinen hotelüblichen Service verzichten. Zum Betrieb gehört noch das von Vater Dominique geführte Weingut mit der Bernkasteler Schlossberg Lage hinter dem Haus und wöchentlichen Verkostungen. Meister am Herd ist Thierry Roussel in seinem Restaurant „Bonne Adresse". Hervorhebenswert ist die familiäre Atmosphäre bei den Roussels, von denen jeder seinen Bereich hat, aber auch immer zur Stelle ist, wenn es darum geht mitanzupacken.

Bernkastel-Kues

Bhf→17 km

Roussels "La Bonne Adresse"

✉ 54470 · OT Andel · Am Ring 37 · ☎ 0 65 31 9 72 60 · Fax: 9 72 628
Klassische Küche · **Tische:** 7/18 Plätze
info@roussel.de · www.roussel.de

Speisekarte: 4 Hauptgerichte von 39,00 bis 60,00 €; 1 Menü von 67,00 bis 143,00 € ❦❦❦❦❦ 100 Weinpos.

Das Restaurant „La Bonne Adresse" macht seinem Namen alle Ehre und ist tatsächlich eine formidable Adresse für den anspruchsvollen Feinschmecker. Charmant eingerichtet, fügen sich Beige- und Cremetöne, viele Naturmaterialien und schöne Bilder an den Wänden (übrigens von der Schwester des Patrons) zu einem feinsinnigen und sehr geschmackvoll gestalteten Interieur, in dem man sich jederzeit entspannt und wohl fühlt. Zu diesem hohen Anspruch passt die Küche von Chefkoch Thierry Roussel. Der gebürtige Franzose hat es den Eltern abgeguckt, wie man mit ganz viel Einsatz auch alleine viel bewirken kann und legt am Herd eine fast unglaubliche One-Man-Show hin. Die Nähe zu Frankreich weist nur die kulinarische Richtung, Kreativität und facettenreiche Ideen steuert Thierry Roussel selber bei. Erstklassige, bevorzugt regionale Bioprodukte, viel Fisch, viele Kräuter und auch Vegetarisches stehen zur Auswahl. Ebenso wie die Entscheidung, das Menü oder à la carte zu bestellen. Egal, wie die Wahl ausfällt – sie ist nie falsch und verspricht verführerischen Genuss. Lebensgefährtin Jane Kölchens ist die liebenswürdige Dame des Hauses und kümmert sich mit natürlicher Herzlichkeit um die Gäste, denen sie auch mit großer Expertise und Feingefühl Empfehlungen und Tipps zu den begleitenden Weinen und Getränken gibt.

 Hervorragende Serviceleistung

 Die Küchenleistung dieses Restaurants ist hervorhebenswert in seiner Kategorie.

Bernried

Bernried

Naturhotel Rebling

Bhf→12 km

94505 · Rebling 3 · ☎ 0 99 05 5 55 · Gourmetrestaurant, Restaurant mit Regionalküche, Zimmerpreise inkl. Frühstück
12 km
info@naturhotel-rebling.de · www.naturhotel-rebling.de

24 **DZ** von 140,00 bis 235,00 €;
als **EZ** von 99,00 bis 125,00 €;
3 **Junior-Suiten** von 238,00 bis 275,00 €
Mit viel Engagement und Leidenschaft führen Katharina und Erich Schwingshackl ihr „Naturhotel Rebling". Gemeinsam mit dem engagierten und zugewandten Team legen sie größten Wert auf individuelle Betreuung und persönlichen Service. Die liebevoll in einem eleganten Landhausstil eingerichteten Zimmer mit Balkon sind ein charmantes Zuhause auf Zeit, manche sind bis zu 48 m² groß, das Frühstück ist im Preis inbegriffen. Umgeben von Wäldern, Obstwiesen und einem Wildgehege – die Tiere kommen praktisch bis zum Haus – genießt man einen herrlichen Panoramablick, relaxt auf der Liegewiese, im Bade-Biotop und dem großzügigen Wellnessbereich (s. a. Wellness-Special). Tennis und Minigolf bieten Abwechslung für die ganze Familie. Bodenständige und raffinierte Südtiroler Speisen in der Heimatküche versprechen kulinarischen Genuss. Ein Glanzlicht des erholsamen Aufenthalts im „Naturhotel Rebling" ist ein Besuch des Gourmetrestaurants „Schwingshackl ESSKULTUR".

Schwingshackl ESSKULTUR

Bhf→12 km

94505 · Rebling 3 · ☎ 0 99 05 5 55
Klassische und Neue Küche · **Tische:** 6/25 Plätze
info@schwingshackl-esskultur.de · www.naturhotel-rebling.de

Speisekarte: 1 Menü von 135,00 bis 185,00 €

650 Weinpos.
Das Gourmetrestaurant „Schwingshackl ESSKULTUR" bekam ein umfangreiches Facelifting, das ihm gut zu Gesicht steht. In schlichter Eleganz gestaltet, verbinden sich die silberfarbenen Stühle mit ihrer Polsterung in goldschimmernder, dezenter Ornamentik und edel eingedeckte Tische zu einer Demonstration erlesenen Geschmacks. War das Restaurant bereits zuvor ein Treffpunkt für anspruchsvolle Gourmets, werden die nun zusätzlich mit dem neuen, feinsinnig gestalteten Interieur belohnt. Die Küche von Erich Schwingshackl ist und bleibt eine Klasse für sich. Er kocht bevorzugt mit Zutaten aus der Region – oft sogar

aus dem eigenen Garten und Wildgehege. Die stellt er mit ausgeklügelten Ideen gekonnt, präzise und innovativ zusammen und setzt klassische Speisen in

Bernried

einen neuen, zeitgemäßen Kontext, der durch mediterrane Elemente eine ausbalancierte Abrundung erfährt. Ehefrau Katharina Schwingshackl weiß als IHK-geprüfte Diplom-Sommelière, die leidenschaftlich gerne junge und aufstrebende Winzer fördert, welche Weine der fantastisch sortierten Karte, die immer noch erweitert und verbessert wird, am besten zu den feinen Speisen ihres Gatten passen. Als ungemein liebenswürdige Dame des Hauses leitet sie den tadellos agierenden Service und ist für den Gast stets präsente Ansprechpartnerin.

Bhf → 12 km

Schwingshackl HEIMAKTÜCHE

✉ 94505 · Rebling 3 · ☎ 0 99 05 5 55
Regionale und Südtiroler Küche · Tische: 14/50 Plätze
info@schwingshackl-esskultur.de · www.naturhotel-rebling.de

Speisekarte: 4 Hauptgerichte von 16.50 bis 39.00 €; 1 Mittagsmenü von 59.00 bis 75.00 €; 1 Menü von 59.00 bis 75.00 €

650 Weinpos. Geradeaus durch die Hotellobby gelangt man in die Tiroler Stube, wo „Schwingshackl HEIMAKTÜCHE" wartet. Das ebenfalls sehr aufwändig renovierte Interieur gefällt mit viel Holz, hellgrauer Farbgebung und einem rustikalen Bruchsteinkamin. Mit leichter Hand eingerichtet, ist es der perfekte Ort, um in entspanntem Ambiente die erstklassige Regionalküche von Erich Schwingshackl kennenzulernen. Die ist wunderbar ehrlich, aromenstark, basiert auf Produkten aus eigener Produktion und spiegelt immer auch das saisonale Warenangebot der Region. Gerne ergänzt er das facettenreiche Angebot mit Spezialitäten aus seiner Südtiroler Heimat. Passende Weine – nicht nur aus Südtirol – empfiehlt Katharina Schwingshackl, die auch charmant den Service leitet. Die Terrasse bietet einen schönen Blick ins Galloway und Rotwild-Gehege und weit hinein ins Donautal.

 Dieses Restaurant bietet Ihnen ein gutes Genuss-/Preisverhältnis.

Bescheid

Bescheid

Gasthaus Zur Malerklause

Bhf→30 km

✉ 54413 · Im Hofecken 2 · ☎ 0 65 09 5 58 · Fax: 10 82
Klass. u. Mediterr. Kü., eig. Kreationen · **Tische:** 5/16 Plätze
malerklause@t-online.de · www.malerklause.de

VISA AE

Speisekarte: 6 Hauptgerichte von 39,00 bis 52,00 €; 1 Menü von 95,00 bis 129,00 €

Die "Malerklause" ist sehr liebevoll und behaglich eingerichtet. Hier kommt man dank Patron und Chefkoch Hans Georg Lorscheider in den Genuss einer Küche, die frisch, vielfältig und handwerklich korrekt ist und deren feine Aromen sehr ausbalanciert sind.

Bielefeld

Abendmahl

Bhf→5 km

✉ 33611 · Johannisstraße 11a · ☎ 05 21 8 61 05
Klass. u. Regionale Küche · **Tische:** 7/20 Plätze
info@abendmahl-restaurant.de · www.abendmahl-restaurant.de

VISA AE

Speisekarte: 1 Menü von 90,00 bis 120,00 €

180 Weinpos.

Ein charmanter Stilmix prägt das Interieur in Sebastian Höptners "Abendmahl" und greift seiner Küchenlinie vor. Denn auch die ist frisch, bunt, abwechslungsreich und handwerklich präzise. Das angebotene Menü wechselt alle sechs Wochen, basiert auf erstklassigen Zutaten und kann auf Vorbestellung auch als vegetarische Variante serviert werden.

♜ Bielefelder Hof

Bhf→20 m

✉ 33602 · Am Bahnhof 3 · ☎ 05 21 5 28 20 · Fax: 5 28 21 00
Restaurant, Bistro-Bar, Terrasse, Leihfahrräder ab 10,- €

info@bielefelder-hof.de · www.bielefelder-hof.de

VISA AE

120 **DZ** ;
22 als **EZ** ab 112.00 €;
19 **Suiten**

Mitten im Stadtzentrum findet sich hinter einer hübschen, historischen Gründerzeit-Fassade dieses moderne und privat geführte Traditionshaus, das mit komfortablen, wohnlich-eleganten Zimmern und durchdachtem Tagungsbereich punktet.

♜ Tomatissimo

Bhf→10 km

✉ 33619 · Am Tie 15 · ☎ 05 21 16 33 33 · Fax: 16 33 26
Neue u. Mediter. Küche, eig. Kreat. · **Tische:** 22/60 Plätze
info@tomatissimo.de · www.tomatissimo.de

VISA AE

Speisekarte: 6 Hauptgerichte von 29,00 bis 42,00 €; 3 Menüs von 79,00 bis 84,00 €

80 Weinpos.

Patron und Chefkoch Bernhard Grubmüller präsentiert in seinem charmant eingerichteten "Tomatissimo" eine handwerklich präzise, aromen- und kräuterprononcierte Küche, in der mediterrane Speisen mit erstklassigen Steakcuts und Vegetarischem ergänzt werden.

Bietigheim-Bissingen

♜ Maerz - Das Restaurant

Bhf→5 min

✉ 74321 · Kronenbergstr. 14 · ☎ 0 71 42 4 20 04
Neue, Intern. und Reg. Küche · **Tische:** 12/30 Plätze
info@hotel-rose.de · www.maerzundmaerz.de

VISA AE

Speisekarte: 1 Menü zu 159,00 €

205 Weinpos.

Die Brüder Maerz führen das gastronomische Werk der Eltern fort und haben aus dem Restaurant ein viel beachtetes Kleinod gemacht. Benjamin Maerz überzeugt mit einer präzisen und sehr kreativen Produktküche, während Christian Maerz den Service leitet, die Speisen erläutert und zu den Weinen berät.

Billerbeck

Bhf→700 m ♜ **Domschenke**

✉ 48727 · Markt 6 · ☎ 0 25 43 9 32 00 · Fax: 93 20 30 · Gaststätte, Bauernstübchen, Kaminzimmer, Terrasse, Frühstücksbuffet im Zi.-Preis inkl. ⤫ 🏠 🚞 ♿ ⓘⓐⓘ 📞18 km
domschenke@t-online.de · www.domschenke-billerbeck.de · f

Family

24 **DZ** von 110,00 bis 120,00 €;
4 **EZ** ab 90,00 €;
DZ als EZ von 100,00 bis 95,00 €;
1 **Suite** ab 125,00 €

Am Fuße des beeindruckenden Billerbecker Doms steht dieses komfortable Hotel. Hier werden die Gäste mit typisch Münsterländer Gastfreundschaft empfangen. Schon seit dem Jahr 1668 eine Stätte gepflegter Gastlichkeit, kamen natürlich seitdem etliche Neuerungen hinzu. Die Zimmer sind mit viel Geschmack und wertigen Materialien eingerichtet und ein wirklich hübsches Zuhause auf Zeit. Für Businessgäste stehen technisch bestens ausgestattete Tagungsräume zur Verfügung, die mit ruhiger Atmosphäre für einen angenehmen Arbeitsaufenthalt sorgen und dank attraktiver Tagungs-Pauschalen optimal genutzt werden können. Die hübschen Räumlichkeiten – mal im altdeutschen Stil, elegant-rustikal und feinsinnig-heiter – und der persönliche Service lassen auch jede individuell gestaltete private Feier zum Erfolg werden. Dafür ist das nette Hotelteam verantwortlich, allen voran Familie Groll, die das Gasthaus mit dem erstklassigen Restaurant nunmehr in fünfter Generation engagiert führt.

Bhf→700 m **Domschenke**

✉ 48727 · Markt 6 · ☎ 0 25 43 9 32 00 · Fax: 93 20 30
Regionale u. Crossover Küche · **Tische:** 26/100 Plätze
domschenke@t-online.de · www.domschenke-billerbeck.de · f

Speisekarte: 13 Hauptgerichte von 18,50 bis 48,50 €; 1 Menü von 78,00 bis 92,00 €
🍷🍷🍷🍴🍴 250 Weinpos.

Im Schatten des St. Ludgerus Doms, dem Billerbecker Wahrzeichen, findet sich gegenüber vom rechten Seitenportal die traditionsreiche "Domschenke" mit ihrem Restaurant, dass Dank Patron Frank Groll zu den besten in der Region gehört. Nach dem Eintreten steht man im rustikal gestalteten Teil mit schick gestyltem Thekenbereich und westfälischer Behaglichkeit, links geht es ins Restaurant, das in zurückhaltender Eleganz in Grautönen und mit warmen Kirschbaummöbeln gestaltet ist. Frank Groll ist in fünfter Generation fürs leibliche Wohl verantwortlich. Eine Verpflichtung, die Herausforderung zugleich ist. Im Münsterland gibt es viele Höfe, die nachhaltig und achtsam betrieben werden, in denen Tierwohl

Billerbeck

wichtig ist, entsprechend gut ist das Netzwerk verlässlicher Händler und Erzeuger, das Frank Groll sich aufgebaut hat. Seine Speisen sind grenzübergreifend, regional, mit mediterranem Twist und immer aromenstark, unverfälscht und ideenreich. Stets spiegelt er die wechselnden Jahreszeiten mit saisonalen Spezialitäten. Ein zuvorkommender Service begleitet den Besuch. Im Sommer kann man auf der vorgelagerten Terrasse sitzen, eine kleine Auszeit nehmen und neben dem Genuss der Speisen das Kleinstadttreiben auf sich wirken lassen.

Bingen

Das Bootshaus

Bhf→2,5 km

✉ 55411 · Hafenstraße 47 · ☎ 0 67 21 3 50 10
Regionale Küche · **Tische:** 40/160 Plätze   VISA AE ● ☒
hallo@paparheinhotel.de · www.paparheinhotel.de

Speisekarte: 11 Hauptgerichte von 22,00 bis 38,00 €; 3 Tagesgerichte von 16,00 bis 39,00 €; 1 Menü von 69,00 bis 79,00 €

❤❤❤   98 Weinpos.

Mit seinem vintage Charme ist das Interieur des BOOTSHAUS ungemein lässig. Die Flussauen des Rheins vor Augen, präsentiert das Team um Nils Henkel eine regionale, authentische und gesunde Küche mit abwechslungsreichen Speisen.

Binz

freustil

Bhf→1,5 km

✉ 18609 · Zeppelinstraße 8 · ☎ 03 83 93 5 04 44 · Fax: 5 04 31
Neue und Regionale Küche · **Tische:** 12/32 Plätze   VISA AE ● ☒
info@freustil.de · www.freustil.de · f

Speisekarte: 1 Menü von 88,00 bis 128,00 €

❤❤❤ 🍷   85 Weinpos.

Das "freustil" ist herrlich bunt und unorthodox gestaltet. Chefkoch Rolf Haug sorgt für kulinarischen frischen Wind: Seine Küche basiert auf saisonfrischen Zutaten und ist modern und ideenreich. Der natürliche Service trägt ungemein zur lässigen Atmosphäre bei.

Birkenau (Odenwald)

🏆 Lammershof - WILD X BERG

Bhf→8 km

✉ 69488 · Abtsteinacher-Straße 2 · ☎ 0 62 01 84 50 30
Moderne Fusionküche · **Tische:** 6/20 Plätze   VISA ● ☒
info@lammershof.de · www.lammershof.de

Speisekarte: 1 Menü von 122,00 bis 139,00 €

❤❤❤ 🍷   129 Weinpos.

Historisches Holzständerwerk und moderne Elemente ergänzen sich im Restaurant WILD X BERG aufs Feinste. Chefkoch Philip Thier stellt ein saisonorientiertes, sehr durchdachtes Menü zusammen, das leichten und modernen Genuss verspricht.

Die Küchenleistung dieses Restaurants ist hervorhebenswert in seiner Kategorie.

Bischofswiesen

Bischofswiesen
Kulturhof Stanggass

Bhf→3 km

✉ 83483 · Berchtesgadener Straße 111 · ☎ 0 86 52 9 58 50 · Fax: 95 85 10
Gasthaus, Bar, Biergarten, Arrangements, Zi.-Preise inkl. Frühstück
🍽 🛏 ⚡ 🏠 🅿 🚲 🏧 ≈ ↔ ● ♿ 📶 ⚓ 10 km   VISA AE ● ▣
info@kulturhof.bayern · www.kulturhof.bayern · f

10 **DZ** von 240,00 bis 300,00 €;
als **EZ** von 190,00 bis 270,00 €;
1 **Suite** von 310,00 bis 420,00 €;
10 **Stadlzimmer** von 270,00 bis 330,00 €
Im Berchtesgadener Land gelegen, strahlt das Ensemble des „Kulturhof Stanggass" eine Ruhe und Klarheit aus, dass man sofort spürt: Hier steht abseits eingefahrener Touristenpfade die ganz persönliche Erholung im Fokus. Das Konzept wird von fünf Säulen getragen – Hotel, Kulinarik, Veranstaltung, Kreativität und Bewegung. Man kann die Gemeinschaft suchen, sich austauschen und kennenlernen, aber auch die Nähe zur Natur genießen, Kraft tanken und abschalten. In jedem Fall findet man hier ein Zuhause in den Bergen, dass mit Bedacht gestaltet wurde. Die Hotelzimmer und 10 Stadlzimmer im Grünen (Preise inkl. Frühstück) sind mit Naturmaterialien wie Lehm und Mondholz gestaltet, barrierefrei und haben Balkon oder Terrasse, aber ganz bewusst keinen Fernseher, denn mit Blick auf die schneebedeckten Gipfel von Watzmann und Hochkalter und über die malerischen Streuobstwiesen gibt es wahrlich genug zu sehen. Und zu tun natürlich auch: Das Wegenetz des nahegelegenen Nationalpark Berchtesgaden erstreckt sich über 250 km, Naturschwimmteich, Saunabereich und Yogakurse ermöglichen Erholung vor Ort und im Werkstatt-Atelier warten verschiedenste Angebote der kreativen Tagesgestaltung. Es kann auch für Tagungen, Begegnungen und große Feste in inspirierender Umgebung genutzt werden. Und jederzeit spürbar wird, dass das Team des „Kulturhof Stanggass" vor allem eines im Sinn hat: das Wohlbehagen jedes einzelnen Gastes.

Bischofswiesen

Kulturhof Stanggass – Solo Du Bhf→3 km

✉ 83483 · Berchtesgadener Straße 111 · ☎ 0 86 52 9 58 50 · Fax: 95 85 10
Klassische und Neue Küche · **Tische:** 4/16 Plätze
info@kulturhof.bayern · www.kulturhof.bayern · f

Speisekarte: 2 Menüs von 135,00 bis 155,00 € ♥♥♥🐾   150 Weinpos.

Viel Holz in einem schlicht-eleganten Landhausstil prägt das Interieur des „Solo Du", die großzügig gestellten Tische vermitteln eine angenehm private Atmosphäre und werden von einem schönen Blick ins Grüne ergänzt. Hier kann Chefkoch Zsolt Fodor seine ganz eigenen kulinarischen Ideen umsetzen. Gelernt hat er in Top-Restaurants, seine Arbeit geht aber weit über erstklassige Grundlagen hinaus. Mit großartigen Ideen – aber ganz ohne verspieltes Chichi – kreiert er für seine Gäste besondere Genussmomente, die sein Motto „vom Einfachen das Beste" zu kulinarischem Hochgenuss werden lassen. Mit hochwertigen Zutaten interpretiert er traditionelle Rezepturen neu, moderne Gerichte werden zu einer urbanen und ehrlichen Feinschmeckerküche mit internationalen Akzenten wie das Bressehuhn mit Mais, Pfifferlingen, Trüffel und einer grandiosen Jus. Die Menüs, inklusive vegetarischer Variante, wechseln monatlich. Martin Bielik sorgt als Maître mit seinem Team für eine aufmerksame Begleitung des Restaurantbesuchs, außerdem berät er als geschulter Sommelier mit Expertise zu den passenden Weinen. Wer es bodenständig mag, kehrt im Gasthaus (oder dem schönen Biergarten) ein und lässt sich von geerdeten Spezialitäten aus Bayern und Österreich verwöhnen.

les étoiles
Fine Dining Stories

Unsere kulinarischen Momente zum Miterleben in Film, Foto und Text.

www.les-etoiles.de

Bitburg

Bitburg
♜ Zum Simonbräu

✉ 54634 · OT Zentrum · Am Markt 7 · ☎ 0 65 61 33 33
Klassische und Neue Küche, eig. Kreationen · Tische: 16/35 Plätze
kontakt@simonbraeu.de · www.simonbraeu.de · [f]

Speisekarte: 8 Hauptgerichte von 22,00 bis 36,00 €; 1 Menü ab 44,00 €
❦❦❦ 20 Weinpos.

Hört man den Namen Bitburg, assoziieren ihn viele sicher mit „Eifel", aber vermutlich ebenso viele mit „Pils". Bereits 1817 wurde die Bitburger Brauerei gegründet und wurde 1842 mit dem Brauerei-Ausschank „Zum Simonbräu" erweitert (Ludwig Simon hatte Elisabeth Wallenborn, die Tochter des Firmengründers geehelicht). Trotz kriegsbedingter Zerstörung gab es einen Neuanfang, Ausbauten und Modernisierungen. Seit 2023 führen Julia und Marcel Foegen das alteingesessene Haus im Zentrum Bitburgs. Julia Foegen ist liebenswürdige Gastgeberin und sorgt mit ihrem Serviceteam für die richtige Wohlfühlatmosphäre im Restaurant, das in geradliniger Landhausmoderne eingerichtet ist. Ehemann Marcel ist für die Küche verantwortlich und sorgt für Speisen, die mit Aromenstärke und Ehrlichkeit überzeugen und mit Dorade, Bouillabaisse, Lachs, Wildgarnelen und Co. klar ganz weit über deftige Brauhausküche hinausgehen. Man schmeckt einfach die Hingabe, mit der er kocht. Wer im Bitburger Imperium ein Gläschen Bier zu viel getrunken hat oder vom hübschen Eifelstädtchen aus die Region erkunden möchte, kann eines der fünf Gästezimmer nutzen (EZ ab 90,-/DZ ab 115,-, Frühstück 13,50 €/Ps.). Mit dem Restaurant selber, dem eleganten Kaminzimmer und der rustikalen Braustube gibt es verschiedene Räumlichkeiten, um in entspannter Atmosphäre beieinander zu sitzen, zu feiern oder sich an der Theke mit Hochtischen einfach nur entspannt auf ein leckeres Feierabendbier zu treffen.

 Sie finden diese Hotels und Restaurants auch bei facebook oder instagram.

Blankenhain

Spa & GolfResort Weimarer Land   Bhf→20 km

✉ 99444 · Lindenallee 1 · ☎ 03 64 59 61 64-0 · Fax: 61 64 44 19 · Restaurants, E-Bike-Verleih, geführte Wanderungen, Kinderbetreuung und -programme
🍽 ♿ ⚐ 🅿 🚐 ✓ ⚓ ☕ ♨ ♒ ≋ ⇄ ✝ ☀ ♭ 🛜 ✆ am Haus   VISA AE ● 🅳
info@spahotel-weimar.de · www.golfresort-weimarerland.de · f

76 **DZ** ab 409,00 €;
als **EZ** ab 309,00 €;
18 **Suiten** ab 589,00 €

Umgeben von einer 45-Loch-Golfanlage findet man in der Lindenstadt Blankenhain das stilvolle Spa & GolfResort mit ländlich-elegantem Charakter. Viele Naturmaterialien und ein lässiger Einrichtungsstil geben dem gesamten Haus ein herrlich entspanntes Ambiente. Ob Groß oder Klein, Erholung suchend oder sportbegeistert – das Angebot im 5-Sterne Superior klassifizierten Spa & GolfResort Weimarer Land ist so vielfältig wie seine Gäste und lässt keine Wünsche offen. In der Spa-Welt steht alles im Zeichen von ganzheitlicher Ruhe und Entspannung: Verschiedene Pools, Saunen, Dampfbäder, Massagen, Anwendungen und Beauty-Treatments sorgen für nachhaltige Erholung. Die 45-Loch Golfanlage mit traumhafter Naturkulisse besteht aus zwei 18-Loch Golfplätzen, die in Kombination in drei 18-Loch-Varianten bespielt werden können. Mit dem dritten, dem Königin-Luise 9-Loch-Course, ist jeder Spieler unabhängig von seinem Handicap angesprochen. Außerdem wartet mit der Luke Ross Hall eine neue Indoor-Golfanlage mit drei TrackMan 4 Simulatoren. Personal Trainings und geführte Wanderungen machen den Urlaub zum sportlichen Vergnügen. Für kleine Gäste reicht das Spektrum vom liebevoll gestalteten Spielhaus über Kids-Golf bis zu Kreativprogrammen. Nicht weniger durchdacht als die vielseitigen Freizeitmöglichkeiten ist das gastronomische Angebot auf kulinarischem Topniveau. Die Zimmerpreise verstehen sich inklusive des reichhaltigen Frühstücksbuffets.

Restaurant THE FIRST   Bhf→20 km

✉ 99444 · Lindenallee 1 · ☎ 03 64 59 61 64-0 · Fax: 61 64 44 19
Italienische und Klassische Küche   VISA AE ● 🅳
info@spahotel-weimar.de · www.golfresort-weimarerland.de · f

Speisekarte: 1 Menü ab 125,00 €
🍷🍷🍷🍷 ⌘   140 Weinpos.

Bereits der Restaurantname des „The First" im "Spa & GolfResort Weimarer Land" hat es in sich, verweist er zum einen auf den tollen Blick aufs First Hole des Goethe-Golf-Course und zum anderen auf seine exklusive kulinarische Klasse. Für die zeichnet Chef de Cuisine Marcello Fabbri verantwortlich. Das In-

Blankenhain

terieur im Wintergarten mit goldfarbenen, samtigen Fauteuils, blanken Tischen und kosmopolitischer Atmosphäre ist stilvoll gestaltet, der Blick in die Showküche zeigt, mit welchem Einsatz und mit wie viel Detailliebe hier gearbeitet wird. Die Speisen basieren auf Grundzutaten von kompromisslos guter Qualität und sind ein Fest für alle Sinne. Aufwändig zusammengestellt und vor Aromenfülle strotzend, münden die ausbalancierten 5-Gang-Menüs in mediterrane Leichtigkeit und werden zu einem unvergesslichen Genuss. Thomas Stobbe begleitet als Sommelier durch den Abend, er liebt und lebt seinen Beruf, wovon sich jeder Gast dank der top Weinempfehlungen überzeugen kann. Events und Themenmenüs runden das Angebot im mit einem Michelinstern gekrönten Restaurant ab.

 Die Küchenleistung dieses Restaurants ist hervorhebenswert in seiner Kategorie.

Bhf→20 km

Restaurant MASTERS

✉ 99444 · Lindenallee 1 · ☎ 03 64 59 61 64-0 · Fax: 61 64 44 19
Frankophile Küche
info@spahotel-weimar.de · www.golfresort-weimarerland.de · f

Speisekarte: 1 Menü von 110,00 bis 140,00 €

❀❀❀❀ 140 Weinpos.

Im Spa & GolfResort Weimarer Land gibt es nicht nur ein Gourmetrestaurant, sondern sogar zwei. Im „Masters" – ausgezeichnet mit einem Michelinstern – stimmt die Mischung: In behaglicher Eleganz eingerichtet, gefallen die warmen, abgetönten Farben und stilvollen Sitzmöbel, feinste Tischkultur und geschmackvolle Accessoires, die sich zu einem lässigen, weltoffenen Ambiente verbinden. Executive Küchenchef Danny Schwabe präsentiert eine facettenreiche, französisch inspirierte Küche. Die Zutaten sind handverlesen, kommen bevorzugt aus der Region und spiegeln das saisonale Marktangebot wider. Ausbalancierte Aromen und fein aufeinander abgestimmte Gewürze und Texturen geben jeder Kom-

bination eine ganz eigene, sehr kreative Note. Die Speisen sind handwerklich präzise und expressiv. Frankophile und mediterrane Elemente bestimmen die finessenreiche Küche. Zu den korrespondierenden Weinen berät Adrian Imm als fein-

Blankenhain

fühliger und kenntnisreicher Sommelier. Ein zuvorkommender Service begleitet den Restaurantbesuch. Wer mag, lässt den Tag harmonisch in der Grand Slam Bar ausklingen oder trifft sich mit Freunden in der Vinothek zu einer Verkostung.

Böblingen

Restaurant Reussenstein
Bhf→1 km

✉ 71032 · Kalkofenstraße 20 · ☎ 0 70 31 6 60 00
Schwäbische Küche · **Tische:** 40/80 Plätze
info@reussenstein.com · www.reussenstein.com

Speisekarte: 8 Hauptgerichte von 27,00 bis 36,00 €; 1 Menü von 60,00 bis 90,00 €
70 Weinpos.

Das Restaurant Reussenstein ist die Bühne für die leidenschaftliche Küche von Patron und Chefkoch Timo Böckle, der alle Zutaten aus der Region bezieht und damit saisonal inspirierte Speisen kreiert, die die kulinarische Quintessenz Schwabens sind.

Bonn

Kameha Grand
Bhf→2 km

✉ 53227 · Am Bonner Bogen 1 · ☎ 02 28 43 34-50 00 · Fax: 43 34-50 05
Brasserie, Gourmetrestaurant, Bar & Lounge, Rheinalm
info@kamehagrand.com · www.kamehabonn.de

218 DZ
49 Suiten

Im "Kameha Grand" bekam das klassische Grandhotel ein zeitgemäßes Gewand. Das Haus punktet mit einer Fülle von Angeboten und Serviceleistungen, Seminar- und Veranstaltungsräumen, einem exklusiven Wellnessbereich sowie einem beheizbaren Außenpool auf der Dachterrasse, Rheinblick inklusive.

Kameha Grand – Yunico
Bhf→1 km

✉ 53227 · Am Bonner Bogen 1 · ☎ 02 28 43 34 50 00
Fusion Küche · **Tische:** 20/40 Plätze
yinico@kamehagrand.com · www.kamehabonn.de

Speisekarte: 2 Hauptgerichte von 65,00 bis 175,00 €; 2 Menüs von 119,00 bis 169,00 €
120 Weinpos.

Hoch überm Rhein, in der obersten Etage des Kameha Grand zeigt Chefkoch Christian Sturm-Willms im „Yunico" die große Bandbreite seines Könnens und verbindet mit spannenden kulinarischen Ideen japanische Elemente sehr finessenreich mit modernen, mediterranen Strömungen.

Bonn

Bhf→1 km ♖ **Redüttchen**

✉ 53177 · Kurfürstenallee 1 · ☎ 02 28 68 89 88 40
Moderne Internationale Küche
willkommen@reduettchen.de · www.reduettchen.de

Speisekarte: 5 Hauptgerichte von 36,00 bis 60,00 €; 2 Menüs von 70,00 bis 121,00 €

Die nostalgische Eleganz im Interieur ist sehr charmant, das kulinarische Spektrum von Chefkoch Matthias Pietsch groß. Seine kreative und gerne saisonale Küche ist aromenprononciert und unverfälscht.

Borkum

Bhf→500 m **Essbar da Leo**

✉ 26757 · Jann-Berghaus-Straße 1c · ☎ 0 49 22 99 04 55
Italienische und Regionale Küche · **Tische:** 18/60 Plätze
leonardoiannantuoni@gmail.de · www.essbarborkum.de

Speisekarte: 20 Hauptgerichte von 12,00 bis 29,00 €; 4 Menüs von 40,00 bis 90,00 € 26 Weinpos.

Behaglich eingerichtet, ist das Restaurant „Essbar da Leo" wegen der Speisen und der Lage der perfekte gastronomische Treffpunkt auf Borkum. Es liegt unmittelbar an der Strandpromenade und bietet einen herrlichen Blick aufs Meer, da wird pures Urlaubsfeeling zum Essen gleich mitserviert. Patron Leonardo Iannantouni kocht mit großem Einsatz und präsentiert italienische Spezialitäten in präziser Zubereitung. Von Fischspezialitäten über Entrecôte mit gemischten Pilzen und Zwiebeln, Spaghetti, Gambas mit Sherrytomaten uvm. bis hin zu einem großen Frühstücksangebot kann man hier von morgens bis abends nach Herzenslust schlemmen. Frische Kräuter aus dem eigenen Kräutergarten geben den Speisen den nötigen Aromakick. Pizza gibt es in großer Auswahl und neben den Klassikern auch in gewagterten Zusammenstellungen, z. B. als Pizza Maruzella mit Bananen, Schinken und Gorgonzola. Und um das Urlaubserlebnis zu komplettieren, wartet noch die Cocktailbar. Hier gibt es frisch gemixte Drinks mit und ohne Alkohol. Ein Platz auf der Terrasse mit einem eisgekühlten Getränk in der Hand und den Sonnenuntergang direkt vor Augen – kann Urlaub schöner sein?

Bhf→600 m ♖ **Strandhotel Hohenzollern**

✉ 26757 · Jann-Berghaus-Str. 63 · ☎ 0 49 22 9 23 30 · Fax: 92 33 44
Restaurant "Palée" mit Internationaler u. gehobener Regionaler Küche, Bar
info@strandhotel-hohenzollern.com · www.strandhotel-hohenzollern.com

10 **DZ** ab 164,00 €;
als **EZ** ab 160,00 €;
12 **Suiten** ab 194,00 €

Seit 1898 steht das Strandhotel Hohenzollern für gehobene Hotelleriekultur. Heute präsentiert sich das Haus in einem Mix aus historischen und modernen Stilelementen.

Brandenburg

🏛 Inspektorenhaus

Bhf→3 km

✉ 14770 · Altstädtischer Markt 9 · ☎ 03381 32 82 139
Regional, deutsch mit intern. Einflüssen · **Tische:** 8/32 Plätze
info@inspektorenhaus.de · www.inspektorenhaus.de ·

Speisekarte: 4 Hauptgerichte von 33,00 bis 45,00 €; 2 Menüs von 79,00 bis 82,00 €
❦❦❦ 40 Weinpos.

Das heutige Restaurant „Inspektorenhaus" ist in dem Haus beheimatet, das früher den Inspektoren zustand, die das Brandenburger Marktgeschehen im Auge behalten mussten. Hier sitzt man in einem wirklich charmanten, lässigen Ambiente, denn das Interieur ist mit viel Geschmack gestaltet: Das historische Fachwerk wurde geweißelt und harmonisch integriert. Shabby Chick, fein eingedeckte Tische und hübsche Accessoires verbinden sich zu einem geradlinigen, skandinavisch inspirierten Design. Patron Benjamin Döbbel führt sein Restaurant mit ganz viel Herzblut, Fleiß und gelungenen Ideen für die Küche. Er legt großen Wert auf erstklassige Zutaten, die von regionalen Fleischern und Biohöfen kommen. Hier werden nicht nur die Edelteile eines Tieres verarbeitet, sondern alles findet in seinen sorgfältig ausgetüftelten Zusammenstellungen Verwendung. Die regionale und deutsche Küche ergänzt er mit grenzübergreifenden Elementen. Traditionelle Küchentechniken kommen beim Einwecken und Fermentieren zum Einsatz: Essig, eingelegte Senfgurken, Bouillabaisse, Wildgulasch und Chutneys sind nur einige der selbst hergestellten Produkte. Es werden zwei Menüs angeboten, die in der Speisefolge ungemein innovativ sind. Im Service ist Mutter Jaqueline Döbbel herzliche Ansprechpartnerin und zeigt im Sommer gerne einen Platz auf der ruhigen Hofterrasse. Treffen ab 10 Personen können auch außerhalb der eigentlichen Öffnungszeiten stattfinden.

Ein Restaurant mit anspruchsvoller Küche.

🏛 Am Humboldthain

Bhf→3 km

✉ 14770 · Plauer Straße 1 · ☎ 0 33 81 33 47 67
Neue u. Regionale Küche · **Tische:** 9/35 Plätze
restaurant@am-humboldthain.de · www.am-humboldthain.de

Speisekarte: 8 Hauptgerichte von 16,50 bis 34,90 €; 1 Menü von 56,00 bis 96,00 €
❦❦❦ 60 Weinpos.

Seit fast zwei Jahrzehnten gehört das Restaurant "Am Humboldthain" zur gastronomischen Szene in Brandenburg und ist eine echte Bereicherung für jeden Gourmet. Am Grüngürtel der Stadt, dem Humboldthain gelegen, verbirgt sich das schlicht-elegante Interieur hinter der Fassade eines liebevoll restaurierten Barockhauses. In entspannter, weltoffener Atmosphäre kommt man hier in den Genuss einer facettenreichen Küche mit hohem Genussfaktor. Patron und Chefkoch Jasper Krombholz kocht sehr ambitioniert und ideenreich und präsentiert eine durchdachte, präzise und durchaus spontane Produktküche. Die erntefrischen Zutaten bezieht er am liebsten von bekannten Händlern und Erzeugern in der Region. Seine Küche ist nicht festgefahren, sondern offen für viele Strömungen, bleibt aber immer konzentriert und auf dem Punkt, egal, ob er Regionales neu interpretiert oder raffinierte mediterrane und asiatische Elemente vorstellt. Kleine Extrawünsche sind hier keine Be-

Brandenburg

lastung, sondern eine Herausforderung, die gerne gemeistert wird. Für Hochzeiten und andere Feierlichkeiten für bis zu max. 40 Personen ist man bestens aufgestellt. Außerdem gibt es ein exklusives Catering, in dem auf Wunsch sogar die Ausstattung von Bestuhlung über Tischwäsche bis zum Blumenschmuck übernommen wird. Dazu werden Buffets in überzeugender Gourmetqualität geliefert.

Braubach

Bhf → 200 m

Zum Weißen Schwanen

✉ 56338 · Brunnenstraße 4-12 · ☎ 0 26 27 98 20 · Fax: 88 02
Historische Mühlenstube, Bar, Bistro, Biergarten, Frühstück im Zi.-Preis inkl.
🍽 8 km
info@zum-weissen-schwanen.de · www.zum-weissen-schwanen.de · f

19 **DZ** von 119,00 bis 150,00 €;
als **EZ** ab 95,00 €;
2 **EZ** von 75,00 bis 85,00 €;
3 **App.** von 130,00 bis 170,00 €

Das Hotel „Zum Weißen Schwanen" ist in einem wunderschönen Fachwerkhaus aus dem Ende des 17. Jh. beheimatet und ein zertifiziertes Welterbe Gastgeber(in)- und Wanderhotel, das auch mit seiner stimmigen Kombination aus Kultur und Kulinarik begeistert. Die historische Atmosphäre macht einen Aufenthalt hier unvergesslich. Viel altes Gebälk, Tüllgardinen und Sprossenfenster bestimmen das Ambiente der gemütlichen Zimmer, zeitgemäßer Komfort ergänzt die Nostalgie. (Das Frühstück ist im Preis inklusive) Rustikal, aber mit moderner Technik (kostenfreies W-LAN) ausgestattete Seminarräume garantieren erfolgreiches Tagen. Golffreunde wissen zu schätzen, dass es im Radius von 18 km drei Plätze gibt. Der Bauerngarten mit vielen Wildkräutern, Zier- und Nutzpflanzen ist so schön, dass er zur Route der UNESCO Welterbe-Gärten gehört. Karolin König-Kunz, die Tochter des Hauses, ist IHK-geprüfte Kräuterexpertin, ausgebildete Sommelière und gibt ihr fundiertes Wissen gerne weiter. Die nahe gelegen Burg Sterrenberg (s. u. Kamp Bornhofen) hoch überm Mittelrheintal gehört zum Haus und wird für exklusive kulinarische Events und effektive Tagungen genutzt.

Braubach

 Zum Schwanen Bhf→200 m

✉ 56338 · Brunnenstraße 4-12 · ☎ 0 26 27 98 20 · Fax: 88 02
Klass., Neue u. Reg. Küche · **Tische:** 11/30 Plätze
info@zum-weissen-schwanen.de · www.zum-weissen-schwanen.de

Speisekarte: 1 Menü von 45,00 bis 82,00 €
♢♢♢♢♢🍷🍷🍷   350 Weinpos.
Das Restaurant "Zum Schwanen" ist ein Ort zum Genießen, Schwelgen und Entspannen. Mit viel Geschmack und Liebe eingerichtet, verbinden sich viel Holz, dekorative Accessoires, ausgewählte Bilder und hübsch eingedeckte Tische zu einem romantischen Ambiente mit hohem Wohlfühlfaktor. Was auch am zugewandten Service liegt, für den Anna Grüttner mit ihrem Team und viel Übersicht sorgt. Nada Gavric steht seit über vier Jahrzehnten am Herd und wird nicht müde, immer wieder Neues und hochwertige kulinarische Kreationen zu ertüfteln. Sie verfügt über ein tolles Netzwerk sorgfältig arbeitender Händler und Erzeuger, die ebenso für erstklassige, marktfrische Zutaten von Topqualität sorgen wie heimische Bauern und Jäger. Die Chefköchin kocht mit Ideenreichtum und weiß sowohl traditionelle Spezialitäten als auch moderne Speisen präzise zuzubereiten. Kräuter von den umliegenden Wiesen und aus dem eigenen Garten mit mehr als 80 Kräutersorten geben den zusätzlichen Aromakick. Das Lieblingskraut kann man auch in natura kennenlernen, denn den Kräutergarten am Fuße der Marksburg darf man besuchen. Der Weinkeller wurde umfangreich erweitert, hier weiß Karolin König-Kunz als gelernte Sommelière mit Expertise zu beraten. Die historische Mühlenstube lädt zu regionalen Spezialitäten sowie der Winzervesper ein und die zum Haus gehörende, nahe gelegene Burg Sterrenberg lockt mit Speisen aus der Burgküche und feinen Kaffee- und Kuchenspezialitäten (s. a. Burg Sterrenberg unter Kamp-Bornhofen).

Braunsbedra

⭐⭐⭐ **Warias** Bhf→500 m

✉ 06242 · Markt 13-14 · ☎ 0 34 63 3 90 90
Restaurant, Biergarten, Bar, Fahrradkeller, hundefreundlich
 30 km
hallo@daswarias.de · www.daswarias.de

19 **DZ** ab 80,00 €;
8 **EZ** ab 65,00 €;
2 **App.** ab 100,00 €
In der Weinregion Saale-Unstrut nahe dem Geiseltalsee gelegen, verspricht das Warias Hotel nachhaltige Erholung. Das freundliche Hotelteam kümmert sich liebevoll um die Gäste, die in komfortablen Zimmern logieren und feine Speisen im Restaurant genießen können.

 Sehr gutes, komfortables Hotel

Bremen

Das Kleine Lokal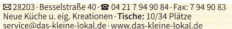

Bhf→1,2 km

✉ 28203 · Besselstraße 40 · ☎ 04 21 7 94 90 84 · Fax: 7 94 90 83
Neue Küche u. eig. Kreationen · **Tische:** 10/34 Plätze
service@das-kleine-lokal.de · www.das-kleine-lokal.de

Speisekarte: 2 Menüs von 97,00 bis 138,00 € ♥♥♥❀ 180 Weinpos.
So schön und geschmackvoll das Interieur gestaltet ist, so gut und abwechslungsreich ist die Küche von Chefkoch Stefan Ladenberger. Er kocht handwerklich präzise, ehrlich und legt großen Wert auf fein aufeinander abgestimmte, gerne saisonale Speisen. Eines der angebotenen Menüs ist vegetarisch.

Due Fratelli Ristorante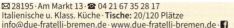

Bhf→4 km

✉ 28195 · Am Markt 13 · ☎ 04 21 67 35 28 17
Italienische u. Klass. Küche · **Tische:** 20/120 Plätze
info@due-fratelli-bremen.de · www.due-fratelli-bremen.de · ▮

Speisekarte: 10 Hauptgerichte von 19,50 bis 32,50 €; 4 Tagesgerichte von 11,90 bis 19,50 €; 1 Mittagsmenü von 23,50 bis 28,50 €; 2 Menüs von 59,00 bis 135,00 € ♥♥♥❀ 215 Weinpos.

Was liegt näher, als in einem ehemaligen (Gilde- und) Kosthaus, dem Schütting, gastronomisch verwöhnt zu werden? So möglich ist das im Restaurant "Due Fratelli" mit großer Terrasse, das unmittelbar am historischen Bremer Marktplatz zu finden ist. Die Brüder Denis und Elvis Behljuljevic sind Gastgeber aus Leidenschaft und setzen alles daran, jedem Besucher einen genussreichen Aufenthalt zu bieten. Das beginnt mit der herzlichen Begrüßung durch Elvis Behljuljevic und sein zuvorkommendes Serviceteam und geht mit der durchdachten Küche seines Bruders weiter. Auf der Basis erstklassiger Zutaten präsentiert Denis Behljuljevic eine aromenstarke, herrlich unverfälschte italienische Küche mit vielen Rezepturen, die in der Familie schon über Generationen weitergegeben wurden und die er raffiniert neu interpretiert. Er kocht handwerklich präzise und ideenreich. Die Speisekarte wechselt monatlich, der "schnelle" und fair kalkulierte Mittagstisch – hier gibt's auch frisch gebackene Pizza – wöchentlich.

 Die Küchenleistung dieses Restaurants ist hervorhebenswert in seiner Kategorie.

Bremen

Küche 13

Bhf→1,2 km

✉ 28203 · Beim Steinernen Kreuz 13 · ☎ 0421 20 82 47 21
Neue Küche · **Tische:** 10/40 Plätze
post@kueche13.de · www.kueche13.de

Speisekarte: 5 Hauptgerichte von 22,00 bis 39,00 € ❤❤

Den Gast erwartet ein kleines, ungemein gemütliches Restaurant mit eng gestellten und abgewetzten Tischen in einer ruhigen Lage im ansonsten pulsierenden Bremer Ostertorviertel. In der Showküche überzeugt Chef Jan-Philipp Iwersen mit sehr gelungenen, ideenreichen Aromenkombinationen.

Topaz

✉ 28203 · Horner Straße 90 · ☎ 04 21 7 76 25
Regionale und Internationale Küche
info@topaz-bremen.de · www.topaz-bremen.de

Speisekarte: 9 Hauptgerichte von 24,00 bis 39,50 €; 1 Tagesgericht zu 16,50 €
❤❤❤

Im behaglich gestalteten „Topaz" im Bremer Viertel stehen Gastlichkeit und ehrlicher Genuss obenan. Heimatküche und Internationales mit raffiniertem Twist werden vom ambitionierten Team in der offenen Küche ehrlich und aromenstark zubereitet.

 Die Küchenleistung dieses Restaurants ist hervorhebenswert in seiner Kategorie.

Bremerhaven

MULBERRY ST

Bhf→2,6 km

✉ 27568 · Columbusstraße 67 · ☎ 04 71 90 22 40
Regionale und Internationale Küche · **Tische:** 10/35 Plätze
info@liberty-bremerhaven.com · https://www.liberty-bremerhaven.com ·

Speisekarte: 4 Hauptgerichte von 28,00 bis 36,00 €; 4 Menüs ab 65,00 €
❤❤❤

Die Mulberry Street in Downtown Manhattan verläuft zwischen Baxter und Mott Street von Norden nach Süden durch das alte Zentrum von Little Italy bis nach Chinatown. Hier ist ein Hotspot für Gemüse- und Fischhändler, Metzger, Restaurants und Streetfood-Stationen verschiedenster Kulturen. Diese große und bunte Vielfalt steht nicht nur Pate beim Namen MULBERRY ST, sondern auch beim Restaurantkonzept. Denn Chefkoch Phillip Probst kocht, was gefällt. Er setzt sich keine kulinarischen Grenzen, vielmehr lässt er sich von Küchen aus aller Welt inspirieren und sorgt mit immer wieder neuen Rezepturen und gelungenen Zusammenstellungen für eine ungemein facettenreiche Küche. So offen er für Neues ist, so kompromisslos ist er beim Einkauf der nachhaltig erzeugten Produkte und

seinem Leitfaden, keine Ressourcen und Lebensmittel zu verschwenden. Das sich täglich ändernde Angebot lässt viel Platz für Spontaneität und Fantasie. Auch hier sorgt Dimas Pratama mit seinem Serviceteam für einen reibungslosen Ablauf und ist Ansprechpartner bei kleinen Sonderwünschen.

Bremerhaven

Bhf→2,6 km ### Fine Dining by Phillip Probst

✉ 27568 · Columbusstraße 67 · ☎ 04 71 90 22 40
Klassische Küche, eigene Kreationen · **Tische:** 8/15 Plätze
info@liberty-bremerhaven.com · www.liberty-bremerhaven.com

Speisekarte: 1 Menü von 110,00 bis 175,00 €

Im THE LIBERTY Hotel Bremerhaven gibt es gleich zwei, nur durch eine Glaswand getrennte Restaurants, so kann man je nach Gusto wählen, ob es im MULBERRY ST die Küche „für jeden Tag" werden soll oder im FINE DINING BY PHILLIP PROBST die Gourmetvariante für den besonderen Anlass. Letzteres ist in schlichter Eleganz unprätentiös eingerichtet, dank der bodentiefen Fenster lichtdurchflutet und es gewährt einen herrlichen Blick direkt auf den Hafen und sein reges Treiben. Chefkoch Phillip Probst kommt aus dem Norden und hat sein Handwerk nah und fern verfeinert. Er arbeitet mit hohem kulinarischem Anspruch und echter Leidenschaft. Allergrößten Wert legt er auf nachhaltig erzeugte Produkte, eine Philosophie, die auch seine Lieferanten teilen müssen. Vieles kommt vom eigenen Hof in Spieka, so dass Frische und Regionalität garantiert sind. Unter Zero Waste Aspekt stellt er die Zutaten mit viel Fantasie, Liebe zum Detail und sensiblem Gespür für passende Aromen zusammen, und kreiert Speisen, die über ihre klassischen Wurzeln hinausgehen, innovativ und herrlich unverfälscht sind. Es macht einfach Spaß, seine Küche kennenzulernen und sich von ihm auf eine kulinarische Weltreise mitnehmen zu lassen. Durch den Abend führt der liebenswürdige Dimas Pratama mit seinem aufmerksamem Serviceteam.

Bhf→2,6 km ### THE LIBERTY Hotel Bremerhaven

✉ 27568 · Columbusstraße 67 · ☎ 04 71 90 22 40
Zwei Restaurants, Bar, Arrangements, zwei Saunas
4,7 km
info@liberty-bremerhaven.com · www.liberty-bremerhaven.com

93 **DZ** von 150,00 bis 300,00 €;
als **EZ** von 120,00 bis 270,00 €;
5 (**Jui.-**)**Suiten** von 220,00 bis 500,00 €

Das THE LIBERTY Hotel Bremerhaven steht an dem historischen Ort am neuen Hafen, wo über sieben Millionen Auswanderer in der Hoffnung auf Freiheit und ein besseres Leben Europa Richtung Vereinigte Staaten verließen. Diese Freiheit ist heute für uns selbstverständlich und findet doch in diesem modernen Themenhotel schönsten Ausdruck. Hier hat man einen perfekten Ausgangspunkt, um den Tag nach Gusto zu gestalten. Die Zimmer sind mit 24 bis 30 qm sehr großzügig geschnitten, modern und in schlichter Eleganz gestaltet. Über zwei Drittel haben einen Balkon und bieten einen tollen Blick auf den Yachthafen und hinaus auf die Außenweser bis zur Nordsee. Im MIAMI SPA im Dachgeschoss warten eine Finnische und -Bio-Sauna, ein Ruheraum sowie ein Fitnessbereich mit Cardiogeräten. Und auf der Dachterrasse kann man auch wieder den Blick auf den Neuen Hafen und die Weser schweifen lassen. Die wird im Sommer zur Outdoor-Erweiterung der NEW YORK BAR, in der man in gediegener Atmosphäre frisch gemixte Drinks genießen und mit Gästen aus aller Welt ins Gespräch kommen kann. Bremerhaven bietet einiges: Das Deutsche Auswandererhaus, das Historische Museum und das Schifffahrtsmuseum so-

Bremerhaven

wie der Zoo am Meer sind nur ein paar der Möglichkeiten, die Freizeit zu gestalten. Gerne gibt das liebenswürdige Hotelteam weitere Tipps.

Bühl

♜ Burg Windeck

Bhf→5 km

✉ 77815 · Kappelwindeckstr. 104 · ☎ 0 72 23 9 49 20 · Fax: 94 92 90
Panorama-Restaurant mit Klass./Reg. Küche, Wein- und Vesperstube, Terrassen
🍴 ⛱ 🏠 🅿 📶 ♿ ↕ ● ⛄ ↘ 15 km   VISA AE ● ●
kontakt@burg-windeck.de · www.burg-windeck.de

18 **DZ** von 143,00 bis 153,00 €;
als **EZ** ab 125,00 €;
1 **Familienzimmer** ab 169,00 €;
1 **Maisonette** ab 179,00 €

Burg Windeck liegt auf dem eigenen Weinberg an den Hängen des nördlichen Schwarzwalds. Der Ausblick von der Veste, die im Jahre 1200 als Lehen der Grafen von Eberstein erbaut wurde, sucht seinesgleichen. Im schlichten, aber eleganten Landhausstil sind die Zimmer mit zeitgemäßem Komfort eingerichtet (Preise inkl. Frühstück). Bei einem Essen im eleganten Panorama-Restaurant wird der Weitblick zur herrlichen optischen Begleitung. Am schönsten sitzt man an warmen Tagen auf einer der zwei Terrassen, wo man zusätzlich zum hinreißenden Blick übers Rheintal burgeigene Weine und rustikale Kleinigkeiten genießen kann. Moderne Tagungseinrichtungen stehen für effektives Arbeiten ebenso zur Verfügung wie Räumlichkeiten für kompetent betreute, private Veranstaltungen. Attraktiv sind die Burg-Romantik- und Gourmet-Romantik Specials mit Ü/F und 4-5 Gang-Menü sowie diverse kulinarische Events (u. a. Musik-Barbecue, Küchenparty, Herbstbrunch), die rund ums Jahr stattfinden. Kaffeespezialitäten und hausgemachte Kuchen werden (außer Dienstag) von 12-16.30 Uhr angeboten.

Bühl

Bhf→5 km 🏰 **Burg Windeck - Panorama-Restaurant**

✉ 77815 · Kappelwindeckstraße 104 · ☎ 0 72 23 9 49 20 · Fax: 94 92 90
Regionale u. Mediterrane Küche · Tische: 19/65 Plätze
kontakt@burg-windeck.de · www.burg-windeck.de · ⓕ

Speisekarte: 8 Hauptgerichte von 23,50 bis 37,00 €; 2 Menüs von 49,00 bis 68,00 €
❤❤ 105 Weinpos.

Das Gebäude-Ensemble von Burg Windeck gruppiert sich um die Turmruine, die auf mehr als 800 Jahre Geschichte zurückblicken kann. Die herrliche Alleinlage auf dem hauseigenen Weinberg bietet einen hinreißenden Blick über das weite Land und Bühl. Hier kann man perfekt die Wanderung unterbrechen und sich mehr als nur schnöde stärken. Denn die Küche von Chefkoch Rolf Fischer ist abwechslungsreich, saisonal ausgerichtet und grundehrlich. Er arbeitet mit einem guten Netzwerk verlässlicher Händler und Produzenten und präsentiert badische Speisen, die er mit kreativen Elementen verfeinert. Mediterrane Spezialitäten voller südländischer Aromenfülle ergänzen das Angebot ebenso wie vegetarische Gerichte und Fischzubereitungen. Aus den angebotenen Menüs können auch einzelne Gänge bestellt werden.

In der Burgstube gibt es deftigere Speisen und in der Vesperstube – der ehemaligen Pferdetränke – geht es mit Flammkuchen & Co. ebenfalls rustikaler zu. Alle Stuben können auch für Festivitäten in ausgefallenem Rahmen genutzt werden. In der hauseigenen Brennerei nebst Probierstube warten edle Obstbrände und Weinverkostungen. An warmen Tagen gibt es auf den zwei Terrassen (50 + 70 Plätze) zum Kaffee verführerische, hausgemachte Patisserie, der Traumblick in die Natur ist selbstverständlich immer inklusive.

 Restaurant mit gehobener Küche

Bhf→3,5 km **Jägersteig**

✉ 77815 · Kappelwindeckstraße 95a · ☎ 0 72 23 98 59-0 · Fax: 98 59-98
Regionale Küche · Tische: 20/80 Plätze
info@jaegersteig.de · www.jaegersteig.de · ⓕ

Speisekarte: 14 Hauptgerichte von 19.80 bis 37.00 €; 1 Menü von 42.00 bis 52.00 €
❤❤

Im Restaurant „Jägersteig" einzukehren kommt einem Genuss-Kurzurlaub gleich: die Atmosphäre im stilvollen Interieur ist entspannt, die Küche abwechslungsreich und unverfälscht und der weite Ausblick in die Rheinebene großartig. Patron und Chefkoch Peter Leppert hat sein Handwerk von der Pike auf gelernt und bildet selber angehende Köch(e)*innen aus. Basis seiner gehobenen Küche sind Zutaten, die bevorzugt im saisonalen Rhythmus aus der Region kommen. Mit Leidenschaft steht er am Herd und interpretiert mit raffinierten Ideen und Zubereitungstechniken tradierte Rezepturen immer wieder neu. Seine Küche verbindet Elemente aus Baden, Frankreich und dem Schwarzwald und bietet neben Fleisch- und Fischspeisen auch leichte saisonale, vegetarische und vegane Spezialitäten. Passende Weine gibt es in feiner Auswahl: Das Restaurant wurde schon mehrfach als „Haus des baden-württembergischen Weines" klassifiziert. Dank des Engagements von Peter Leppert finden rund ums Jahr verschiedene Wein-Events mit Winzern oder bekannten Sommeliers statt. Der „Jägersteig" eignet sich auch vorzüglich für individuell geplante, private Veranstaltungen, die hier einen festlichen Rahmen und eine zuverlässige Betreuung bekommen. Im Sommer sind die 100 m² große Terrasse mit Fernblick und die behagliche Weinlaube bei den Gästen besonders beliebt.

Bühl

★★★ Jägersteig  Bhf→3,5 km

✉ 77815 · Kappelwindeckstraße 95a · ☎ 0 72 23 98 59-0 · Fax: 98 59-98
Panoramaterrasse, reichhaltiges Frühstücksbuffet im Zi.-Preis inklusive
🍴🐕🅿🚗🎵📶 15 km   VISA AE
leppert@jaegersteig.de · www.jaegersteig.de · f

12 **DZ** ab 160,00 €;
als **EZ** ab 102,00 €

Umgeben von malerischen Weinbergen, ist der "Jägersteig" in der "Zwetschgenstadt" Bühl ein idyllisch auf einem kleinen Plateau gelegenes Hotel, in dem man abseits von alltäglicher Hektik und Lärm, begleitet von persönlichem Service Ruhe und Erholung genießen kann. Die Zimmer mit herrlicher Fernsicht– die meisten davon klimatisiert – sind liebevoll eingerichtet und mit edlen Naturmaterialien und zeitgemäßem Komfort ausgestattet. Das reichhaltige Frühstücksbuffet ist im Zimmerpreis enthalten. Hervorhebenswert sind die fast 50 m² großen Deluxe-Zimmer. Die über 100 m² große Panoramaterrasse bietet einen weiten Blick über die Rheinebene. In passenden Räumlichkeiten kann man auch wunderschöne private Feiern ausrichten lassen. Ein vielseitiges gastronomisches Angebot rundet den Aufenthalt im "Jägersteig" perfekt ab. Rund ums Jahr werden verschiedene Arrangements (Wein, Gourmet) angeboten. In der Umgebung warten zahlreiche Wanderwege, Mountainbikestrecken und viele weitere Freizeitmöglichkeiten (Ballonfahren, Gleitschirmfliegen).

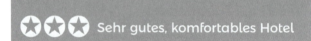
★★★ Sehr gutes, komfortables Hotel

Zur Traube

✉ 77185 · Weinstraße 77 · ☎ 0 72 23 91 19 43
Regionale Küche · Tische: 20/80 Plätze   VISA AE
info@traube-gasthof.de · www.traube-gasthof.de · f

Speisekarte: 19 Hauptgerichte von 14,90 bis 34,90 €; 15 Vesperspeisen ab 17 Uhr von 6,90 bis 28,90 € ♥♥   34 Weinpos. Im Gasthaus „Zur Traube" steht alles im Zeichen von Tradition, ohne die aktuelle Zeit unberücksichtigt zu lassen. Die herrliche Lage in der sehenswerten Kulturlandschaft der Ortenau zwischen Rhein und Schwarzwald mit ihren Hügeln, Tälern, Weinbergen und Auen bestätigt Marion Wagner wie wichtig ihr Einsatz ist, um die traditionsreiche, mehr als 200-jährige gastliche Geschichte ihres Hauses zu bewahren. Direkt an der Badischen Weinstraße und dem Weinradweg, im Zentrum des Dorfes Eisental steht das Gasthaus mit seiner urigen und gemütlichen Gaststube. In behaglicher Atmosphäre kommt man in den Genuss einer frischen, regionalen Landküche mit vielen sorgfältig und konzentriert zubereiteten badischen und saisonalen Speziali-

Bühl

täten. Ausgesuchte Biere und Weine begleiten die Speisen. Hier wird das Motto „Schmeck den Schwarzwald" täglich in die genussvolle Tat umgesetzt. An warmen Tagen wartet der großzügige Biergarten vor dem Haus.

Büttelborn

Monika ★★★

Bhf → 8 km

✉ 64572 · Im Mehlsee 1-5 · ☎ 0 61 52 18 10 · Fax: 18 150
Restaurant, Terrasse, Bar, Bauernstube, Frühstück im Zimmerpreis inklusive,
🍴 ♨ 🅿 🛋 ✎ 🛏 ↔ 🚃 ⚲ ♿ 📶 📺 ⌙ 5 + 7 km VISA AE ● ▣
info@hotelmonika.de · www.hotelmonika.de

14 **DZ** ab 128,00 €;
27 **EZ** ab 96,00 €

Seit fast 90 Jahren heißen die Familien Scheuermann und Gries ihre Gäste im familiär geführten Business Hotel zwischen Frankfurt und Darmstadt herzlich willkommen. Bereits in dritter Generation Gastgeber aus Leidenschaft, können sie sich auf ein engagiertes Team langjähriger Mitarbeiter verlassen, dass sich aufmerksam und freundlich um kleine und große Gästewünsche kümmert. Die Rezeption ist von 6:00 Uhr bis 23:00 Uhr durchgehend besetzt. Die geschmackvoll und modern eingerichteten Zimmer sind ein behagliches Zuhause auf Zeit (Zimmerpreise inkl. Frühstück). Beste Voraussetzungen für nachhaltige Entspannung bieten die Saunalandschaft und der Fitnessraum im Waldesruh Spa. Die Lage des Hauses direkt an der Autobahnausfahrt 67, 800 m zum Bahnhof Groß Gerau-Dornberg (Richtung: Frankfurt und Mannheim) und nur 10 Autominuten vom Loop 5 Shopping Center in Weiterstadt entfernt, ist nicht nur für Geschäftsleute ideal. Das gastronomische Angebot ist durchdacht und das Konzept im Hotel Monika – gutes Essen, freundliches Personal, angenehmes Ambiente – geht auf und sorgt für einen rundum entspannten Aufenthalt.

Büttelborn

Monika
Bhf→8 km

✉ 64572 · Im Mehlsee 1-5 · ☎ 0 61 52 18 10 · Fax: 18 150
Deutsche und Mediterrane Küche · **Tische:** 20/76 Plätze
info@hotelmonika.de · www.hotelmonika.de

VISA AE ● EC

Speisekarte: 16 Hauptgerichte von 27,00 bis 36,00 €
❤❤ 67 Weinpos.

Das Restaurant im Hotel Monika gefällt mit einer klaren Gestaltung in schlicht-eleganter Moderne. Viele Bilder und unzählige, verschiedenfarbige und -geformte Lampen geben dem Interieur ein charaktervolles Niveau. Das engagierte Küchenteam sorgt für ein facettenreiches Angebot. Beste, bevorzugt regionale, marktfrische Zutaten werden zu einer abwechslungsreichen, zeitgemäßen deutschen Küche kombiniert, die durch mediterrane Elemente einen besonderen Twist bekommt und mit jahreszeitlichen Spezialitäten sowie Steaks und Burgern ergänzt wird. Ein zuvorkommender Service begleitet den Besuch. Für Veranstaltungen mit bis zu 25 Personen ist die gemütliche, vollholzverkleidete Bauernstube die perfekte und stimmungsvolle Kulisse. An warmen Tagen wartet eine schöne, begrünte Terrasse. Eine besondere Location ist die beheizte Schirmbar, der "Scherm", mit dem Charme einer urigen, geselligen Eckkneipe. Hier finden bis zu 50 Personen Platz. Nach dem Essen trifft man sich auch gerne in der M-Bar auf ein frisch gezapftes Bier oder genießt feine Spirituosen. Kurzum: Das Hotel Monika bietet nicht nur beste Logis, sondern auch ein breit gefächertes kulinarisches Angebot.

Burg (Spreewald)

★★★ ♜ Bleiche Resort & Spa
★★
Bhf→8,5 km

✉ 03096 · Bleichestraße 16 · ☎ 03 56 03 6 20 · Fax: 6 02 92
Restaurants, Biosphärenlokal, Bar, Biergarten, Kaminzimmer
reservierung@bleiche.de · www.bleiche.de

EC

63 **DZ** von 310,00 bis 360,00 €;
als **EZ** von 445,00 bis 545,00 €;
27 **Suiten** von 920,00 bis 1020,00 €

Das verwunschene Refugium steht in landschaftlich reizvoller Lage an einem Seitenarm der Spree. Die edel eingerichteten Zimmer und die Landtherme, ein exklusives Badehaus, und ein facettenreiches gastronomisches Angebot überzeugen auch anspruchsvolle Gäste.

Burghausen

restaurant 271
Bhf→2,5 km

✉ 84489 · Mautnerstraße 271 · ☎ 0 86 77 9 17 99 49
Moderne Deutsch-österreichische Küche · **Tische:** 18/45 Plätze
info@restaurant271.de · www.restaurant271.de · f

VISA AE ● EC

Speisekarte: 4 Hauptgerichte von 31,00 bis 45,00 €; 1 Menü von 70,00 bis 145,00 €
❤❤❤ 60 Weinpos.

Hinter historischen Mauern verbirgt sich

Burghausen

ein minimalistisch gestaltetes Restaurant von großer kulinarischer Klasse. Dominik Lobentanzer arbeitet unter nose-to-tail-Aspekten und kombiniert raffiniert bodenständige und innovative Ideen zu exquisiten Speisen.

Bürgstadt

♜ Weinhaus Stern

Bhf→5 km

✉ 63927 · Hauptstraße 23-25 · ☎ 0 93 71 4 03 50 · Fax: 40 35 40
Reg., Bürgerl. u. Neue Küche · **Tische:** 10/40 Plätze
info@hotel-weinhaus-stern.de · www.hotel-weinhaus-stern.de

Speisekarte: 6 Hauptgerichte

Gediegene Landhausromantik im Restaurant des Weinhaus Stern ist die stimmungsvolle Kulisse für die Speisen von Chefkoch Klaus Markert, der mit ausgesuchten Zutaten Gutbürgerliches neu interpretiert und zu zeitgemäßen, leichten und aromenstarken Speisen macht.

Burrweiler

♜ Ritterhof zur Rose

✉ 76835 · Weinstr. 6a · ☎ 0 63 45 40 73 28
Klass., Reg. Küche und eig. Kreat. · **Tische:** 15/50 Plätze
info@ritterhofzurrose.de · www.ritterhofzurrose.de

Speisekarte: 2 Hauptgerichte von 32,00 bis 37,00 €; 3 Menüs von 59,00 bis 97,00 €
498 Weinpos.

Karin und Florian Winter begrüßen ihre Gäste in ihrem traditionsreichen Haus mit elegant-charmanter Atmosphäre. Die frische, kreative Regionalküche des Patrons überzeugt ebenso wie die vielseitige Weinkarte. An warmen Tagen wartet eine wunderschöne Terrasse.

Celle

♜ Fürstenhof Celle

Bhf→1 km

✉ 29221 · Hannoversche Straße 55-56 · ☎ 0 51 41 20 10 · Fax: 20 11 20
Gartenterrasse, Foyerbar, kulinarische Arrangements
info@fuerstenhof-celle.com · www.fuerstenhof-celle.com

51 **DZ** ab 112,00 €;
6 **EZ** ab 92,00 €;
5 (**Jui.-)Suiten** ab 210,00 €

Kostbare Antiquitäten und edle Stoffe bestimmen das erlesene Interieur im traditionsreichen „Fürstenhof". Tagungsräume mit perfekter medientechnischer Ausstattung stehen ebenso bereit wie eine gepflegte Wellnessoase. In der "Taverna & Trattoria Palio" genießt man eine variationsreiche, authentische, italienische Küche.

Chemnitz

♜ Alexxanders

Bhf→1 km

✉ 09130 · Ludwig-Hirsch-Str. 9 · ☎ 03 71 4 31 11 11 · Fax: 4 31 11 13
Klassisch-mediterran-asiatische Küche · **Tische:** 16/50 Plätze
info@alexxanders.de · www.alexxanders.de

Speisekarte: 12 Hauptgerichte von 21,00 bis 49,00 €; 6 Tagesgerichte von 11,00 bis 16,00 €
73 Weinpos.

Roland Keilholz und Dominik Barthmann stehen mit echter Leidenschaft am Herd und präsentieren eine unverfälschte und ehrliche deutsche Küche mit internationalen Einflüssen. Ob raffiniert-klassisch oder exotisch-modern – die Zutatenliste wird vom saisonalen und regionalen Frischeangebot bestimmt.

Chemnitz

Villa Esche

Bhf→5 km

✉ 09120 · Parkstr. 58 · ☎ 03 71 2 36 13 63 · Fax: 2 36 13 65
Regionale Küche · **Tische:** 15/50 Plätze
info@restaurant-villaesche.de · www.restaurant-villaesche.de

Speisekarte: 5 Hauptgerichte von 32,00 bis 36,00 €; 8 Tagesgerichte von 13,50 bis 15,00 €; 1 Überraschungsmenü ab 76,00 € ❤❤❤❤ 🍷🍷 200 Weinpos.
Mal davon abgesehen, dass das Restaurant in der historischen und architektonisch reizvollen Villa Esche beheimatet ist, die 1903 von Henry van de Velde erbaut wurde, kann es sich mehr als nur dieses besonderen Ortes rühmen, denn mit Patron Falk Heinrich und Chefkoch Lucas Sander kümmern sich zwei Fachleute gemeinsam mit ihrem engagierten und zuverlässigen Team darum, Chemnitz kulinarisch ein Glanzlicht aufzusetzen. In ihrer Genussmanufaktur wird gekonnt und fantasievoll stets frisch gekocht. Die Zutaten kommen bevorzugt aus der Region und werden zu facettenreichen Speisen mit Tiefgang. Unverfälscht, aromenstark und präzise präsentiert Lucas Sander internationale, saisonale und auch vegetarische Spezialitäten mit kreativer, eigener Note. Den liebenswürdigen Service leitet Tobias Berg. An warmen Tagen verlagert sich das kulinarische Geschehen gerne auf die Terrasse mit Blick in den malerischen Park. Feierlichkeiten und Veranstaltungen (außer und im Haus) profitieren vom durchdachten Catering. Da die Villa Esche der Stadt gehört, gibt es hier noch ein Kulturforum, Tagungsräume und ein Museum.

max louis

✉ 09113 · Schönherrstraße 8 · ☎ 03 71 46 40 24 33
Neue Küche, Grill-Spezialitäten
info@max-louis.de · www.max-louis.de

Speisekarte: 12 Hauptgerichte von 19,00 bis 38,00 € ❤❤
In einer ehemaligen Webstuhlfabrik beheimatet, ist das stylische Ambiente im „max louis" lässig und urban. Das passt zur frechen und fantasievollen Küche, die auf marktfrischen Zutaten basiert und dank des engagierten Teams mit Grillgerichten und Vegetarischem authentischen, modernen Essgenuss zelebriert.

Gespräche übers Kochen und gutes Essen mit Menschen die etwas davon verstehen.

Zum Mithören bei spotify, itunes und überall dort, wo es gute Podcasts gibt.

www.foodtalker.de

Cuxhaven

Cuxhaven

★★★ **Badhotel Sternhagen** Bhf→6 km
★★

Family

✉ 27476 · Cuxhavener Str. 86 · ☎ 0 47 21 43 40 · Fax: 43 44 44 · Drei Restaurants inkl. Bistro, Bar und Lounge, eigene Konditorei, Weinkeller, Panorama-Café, Zimmerpreise inkl. Frühstück; Ferien: 23.11.-19.12.25
🍽✖⚓🅿🚭♨🐾♿⛱🛥♒⇄⇅•⚙•📞 12 km   VISA AE ● ☰
sternhagen@badhotel-sternhagen.de · www.badhotel-sternhagen.de · f

13 **DZ** von 340,00 bis 405,00 €;
als **EZ** von 320,00 bis 385,00 €;
6 **EZ** von 225,00 bis 305,00 €;
28 (Jui.-)**Suiten** von 410,00 bis 695,00 €
Direkt an der Nordsee gelegen, bezaubert das familiär geführte "Badhotel Sternhagen" mit maritimem Stil und dezenter Eleganz. Gemäß dem Motto "Stillstand ist Rückschritt" wird im November stets erneuert, verbessert und verschönert, so dass sich das Haus immer in einem makellosen Zustand präsentiert. Die Zimmer sind stilsicher mit hanseatischer Noblesse gestaltet – reichhaltiges, nordisches Frühstücksbuffet im Preis inklusive – und ein wunderschöner Rückzugsort mit hohem Erholungsfaktor. Der DeHoGa Umwelt-Check bescherte dem Badhotel 2024 zu Recht Gold, denn es wird großer Wert auf Nachhaltigkeit, Tierwohl und den Bezug regionaler Produkte gelegt. Als Attraktion erlebt man die 850 m² große Meerwasser-Wellness-Landschaft (s. a. Wellness-Special) mit eigener Zuleitung zur Nordsee, deren Nutzung im Zimmerpreis enthalten ist, sowie das Original Nordsee-Thalasso-Therapie-Center „Nordsee SPA" mit entspannenden Anwendungen in der Beauty- und Massage-Abteilung. Der 24-h-Service

im Hause (u. a. Botengänge, Wäscheservice, Kinderbetreuung, kostenlose Tageszeitung) ist unschlagbar. Im stilvollen Panorama-Restaurant "Schaarhörn" werden die Gäste mit gehobener à-la-Carte-Küche verwöhnt. Grundsätzlich werden in den Küchen Unverträglichkeiten der Gäste berücksichtigt und vegetarisch/vegane Speisen angeboten. Die EIX-Bar ist unprätentiöses bietet neben Cocktails und Getränken frische, kleine Bistrogerichte. Im "Café und Sonnengarten am Meer" mit Strandkörben sowie im Panorama-Café genießt man Kaffee und Kuchen aus der eigenen Konditorei.

Hervorhebenswert in seiner Kategorie

Cuxhaven

Badhotel Sternhagen
Panorama-Restaurant Schaarhörn

27476 · Cuxhavener Str. 86 · ☎ 04 72 14 34 0 · Fax: 43 44 44
Neue Deutsche Küche m. mediter. u. asiat. Einflüssen · Tische: 27/84 Plätze
sternhagen@badhotel-sternhagen.de · www.badhotel-sternhagen.de

Speisekarte: 10 Hauptgerichte von 29,00 bis 46,00 €; 1 täglich wechselndes Menü von 61,00 bis 72,00 €

540 Weinpos. Die Lage des Restaurants "Schaarhörn" direkt an der Strandpromenade von Duhnen gewährt einen herrlich weiten Blick auf Nordsee, Wattenmeer und den Weltschifffahrtsweg mit seinem regen Verkehr. Man sitzt in einem in schlichter Eleganz eingerichteten Restaurant, genießt den Ausblick und freut sich auf eine aromenstarke, ehrliche und facettenreiche Küche. Für die sorgt Chefkoch Thomas Hildebrandt gemeinsam mit seinem Team und einer Menge pfiffiger Ideen. Moderne, deutsche Speisen stehen im Fokus, die Zutaten sind bevorzugt aus biologischem Anbau von ausgesuchten Höfen und Erzeugern aus der Region. Alles wird frisch zubereitet. Mediterrane und asiatische Akzente stehen für zusätzliche Raffinnesse. Zusätzlich zum vegetarischen Menü gibt es eine Karte mit veganen und vegetarischen Gerichten. Abseits vom Dinner gibt es den ganzen Tag über kulinarische Schmankerl. Das beginnt morgens mit einem nordisch geprägten Frühstücksbuffet, mittags und abends gefolgt von einer durchdachten Wellness-Küche sowie einer Kinderkarte und nachmittags kann man Kaffee und hausgebackenen Kuchen genießen. Regina Bartz leitet den zugewandten und liebenswürdigen Service mit großer Übersicht und wird von Anika Nührenberg als kenntnisreicher und sensibler Sommelière vortrefflich ergänzt.

Bhf →6 km

Badhotel Sternhagen – Sterneck

27476 · OT Duhnen · Cuxhavener Str. 86 · ☎ 04 72 14 34 0 · Fax: 43 44 44
Deutsche Küche m. span. u. frz. Akzenten · Tische: 6/20 Plätze
sternhagen@badhotel-sternhagen.de · www.badhotel-sternhagen.de

Speisekarte: 2 Menüs von 95,00 bis 235,00 € 540 Weinpos. Das Gourmetrestaurant im Badhotel ist mit leichter Hand eingerichtet und umfängt den Gast mit einer Atmosphäre stilvoller Eleganz, ohne überkandidelt zu wirken. Ein heller Teppichboden, helles Mobiliar und cremefarben eingedeckte Tische fügen sich zu einem harmonischen Gesamtbild und unterstreichen das elegante Ambiente des "Sterneck", das seine Vollendung durch einen hinreißend schönen Blick durch die Panoramafenster auf die Nordsee, den Weltschifffahrtsweg und das Weltnaturerbe Wattenmeer bekommt. So wird jeder Besuch zu einem wirklich besonderen Erlebnis, was selbstverständlich vor allem an der exzellenten Küche von Chefkoch Marc Rennnack liegt. Gemeinsam mit seinem ambitionierten Team präsentiert er klassische Speisen, die er behutsam, gekonnt und mit großer Warenkenntnis zeitgemäß neu interpretiert. Finessenreich und pointiert lässt er spanische, französische und auch saisonale Elemente einfließen, bietet exquisite Meeres-Spezialitäten an und rundet die Kombinationen mit raffinierten Würzungen ab. Eines der zwei angebotenen Menüs, bei denen der Gast

Cuxhaven

die Anzahl der Gänge selber bestimmen kann, ist vegetarisch, außerdem werden nach Absprache eventuelle Unverträglichkeiten berücksichtigt und es können einzelne Speisen getauscht werden. Zum entspannten Genuss trägt Restaurantleiterin Anika Nührenberg nicht unerheblich bei, denn sie agiert mit ihrem Team so präsent wie unaufdringlich. Mit großer Liebenswürdigkeit und Kompetenz berät sie auch zu den korrespondierenden Weinen, die in einem drei Meter unter NN auf einer Sanddüne gebauten, 200 m² großen, begehbaren Weinkeller lagern.

Hotel Strandperle

Bhf→5 km

✉ 27476 · Duhner Strandstr. 15 · ☎ 0 47 21 4 00 60 · Fax: 4 00 61 96
Restaurant, Fitnessraum, Hotelbar, Zimmerpreise inkl. Frühstücksbuffet
info@strandperle-hotels.de · www.strandperle-hotels.de

40 **DZ** ab 173.00 €;
EZ ab 163.00 €;
19 **Suiten** ab 242.00 €;
16 **App.** ab 233.00 €
Im direkt am Meer gelegenen Hotel "Strandperle" mit gemütlichen Komfortzimmern (Preise inkl. Frühstücksbuffet) kann man zu jeder Jahreszeit das gute Angebot mit Wellnessbereich, Bar und Restaurant genießen.

Strandhotel Duhnen

Bhf→7 km

✉ 27476 · Duhner Strandstraße 5-9 · ☎ 0 47 21 40 30 · Fax: 40 33 33
Zimmerpreise inkl. Frühstück, Hunde sind willkommen
info@kamp-hotels.de · www.kamp-hotels.de

52 **DZ** ab 149.00 €;
21 **EZ** ab 87.00 €
Egal, ob man als Gast Erholung, professionelle Tagungsmöglichkeiten oder ausgezeichnete Kulinaria sucht - dieses von Familie Kamp und ihrem Team sehr persönlich geführte Hotel hält für jeden Gast das Richtige bereit.

Dahn

Hotel Pfalzblick

Bhf→3,5 km

✉ 66994 · Goethestr. 1 · ☎ 0 63 91 40 40 · Fax: 40 45 40
Vinothek, Bar, Kamintreff, Preise inkl. 3/4-Wohlfühlpension
info@pfalzblick.de · www.pfalzblick.de

63 **DZ** ab 190.00 €;
7 **EZ** ab 207.00 €;
2 **Suite** ab 279.00 €
Erholung pur findet der anspruchsvolle Gast in diesem Hotel im großzügigen Wellnessbereich oder im 53.000 m² großen Garten. Die geschmackvoll eingerichteten Zimmer garantieren modernen und höchsten Komfort. Attraktive Arrangements zu allen Jahreszeiten.

Darscheid

Kucher's Gourmet Restaurant

Bhf → 20 km

✉ 54552 · Karl-Kaufmann-Straße 2 · ☎ 0 65 92 6 29 · Fax: 36 77
Neue Küche · **Tische: 9**
info@kucherslandhotel.de · www.kucherslandhotel.de

Speisekarte: 1 Menü von 115,00 bis 180,00 €

❦❦❦🍷🍷   1619 Weinpos.

Patron und Chefkoch Florian Kucher arbeitet mit echter Freude und Leidenschaft. Seine Küche ist intuitiv, er lässt sich von verschiedensten Ideen zu ausbalancierten und raffinierten Speisen inspirieren. In „Kucher´s Weinwirtschaft" geht es etwas bodenständiger zu.

Deggendorf

restaurant [KOOK] 36

✉ 94469 · Oberer Stadtplatz 18 · ☎ 0 99 19 95 99 913
Innovative Küche · **Tische: 9/30 Plätze**
daniel.klein@kook36.de · www.kook36.de · f

Speisekarte: 1 Menü von 119,00 bis 155,00 €

Im 4. Stock des ERL-Gebäudes in Deggendorf beheimatet, ist der erste Eindruck vom [KOOK] 36 der von Transparenz, Privatheit und Lässigkeit. Dank großer Fensterfronten lichtdurchflutet, ist das Interieur stylisch und modern, obwohl ganz viel helles Holz verbaut wurde, das aber in klarer, geradliniger Form und von sanftem Taubenblau kontrastiert. Raffinierte Einrichtungsdetails wie ursprüngliche Birkenstämme strukturieren den Raum, in dem die offene Küche spannende Einblicke ins kulinarische Geschehen gewährt. Daniel Klein und Josefine Noke betreiben ihr Restaurant mit viel Engagement und echtem Herzblut. Er steht am Herd und setzt auf erstklassige Zutaten – gerne aus der Region – um sie frisch, frech und gerne ungewöhnlich zusammenzustellen. Immer hat er das große Ganze im Blick, spielt ausbalanciert mit verschiedensten Aromen und Texturen, bleibt mit den Speisen in Summe aber immer geerdet und verständlich. Das angebotene Menü kann von fünf auf bis zu sieben Gänge erweitert werden. Josefine Noke ist die Seele des Restaurants, sie sorgt mit großer Herzlichkeit für einen schönen Abend, erläutert die Speisen, leitet den Service und ist Ansprechpartnerin, wenn es um professionell ausgerichtete Veranstaltungen geht.

 Sehr gute Serviceleistung

Deidesheim

🏛 Leopold Restaurant

Bhf→1 km

✉ 67146 · Weinstr. 10 · ☎ 0 63 26 9 66 88 88 · Fax: 9 66 88 89
Reg. neue Küche, eig. Kreat. · **Tische:** 17/55 Plätze
leopold@von-winning.de · www.von-winning.de

Speisekarte: 13 Hauptgerichte von 23,00 bis 98,00 €

323 Weinpos.
Christian Meier und Siegfried Gebhart offerieren traditionelle Gerichte mit zeitgeistigen Nuancen. Hochwertige, regionale Produkte bilden die Basis der sorgsam zubereiteten Speise. Zusätzlich zum vielseitigen Angebot gibt es erstklassige Steakzubereitungen.

🏛 Deidesheimer Hof

Bhf→500 m

✉ 67146 · Am Marktplatz · ☎ 0 63 26 9 68 70 · Fax: 76 85
Restaurants, Weingarten, Bar, Terrasse, exkluisves Catering
🍴⛲↕🏠🅿🚭♨●✦15 km
info@deidesheimerhof.de · www.deidesheimerhof.de

24 **DZ** von 189,00 bis 260,00 €;
als **EZ** von 155,00 bis 220,00 €
Der traditionsreiche "Deidesheimer Hof" findet sich in einem prächtigen Renaissancegebäude am Deidesheimer Marktplatz. In diesem Domizil von besonderer Klasse erlebt man auf Topniveau eine weltoffene Hotelleriekultur, kombiniert mit Pfälzer Gastlichkeit. Hier wird das Motto "Für unsere Gäste nur das Beste" tatsächlich gelebt. Die harmonisch und geschmackvoll gestalteten Zimmer (Frühstücksbufett 30,- €/p. P.) lassen keinen modernen Komfort missen. Repräsentative Räumlichkeiten für Tagungen und Bankette stehen zur Verfügung – im Cyriakus-Gewölbe feiert man ebenso exklusiv wie im Schlosskeller oder im alten Kelterhaus. Verschiedenste Tagungsräume und eine kompetente Veranstaltungsbegleitung ermöglichen effektives Arbeiten in einem inspirierenden Umfeld. Eine wunderschöne und liebevoll mediterran gestaltete Gartenanlage mit Restaurant-Terrasse lädt zur Entspannung ein. Inmitten des Hofgartens sind das lichtdurchflutete "Gartenhaus", das gediegene "Kelterhaus" mit verschiedenen Stuben sowie die rustikale "Alte Scheune" die perfekte Kulisse für alle Arten von Veranstaltungen. Fürs kulinarische Wohlergehen wird im Restaurant "St. Urban" und dem Gourmetrestaurant "Schwarzer Hahn" gesorgt. Zahlreiche, gut durchdachte Arrangements (Weihnachten, Last Minute, Fahrrad, Kochkurs und vieles mehr) machen den Aufenthalt zusätzlich attraktiv.

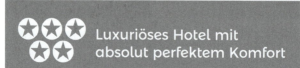

Luxuriöses Hotel mit absolut perfektem Komfort

Deidesheim

Bhf→500 m **Deidesheimer Hof – Schwarzer Hahn**

✉ 67146 · Am Marktplatz · ☎ 0 63 26 9 68 70 · Fax: 76 85
Klassische und Neue Küche · **Tische:** 17/45 Plätze
info@deidesheimerhof.de · www.deidesheimerhof.de

Speisekarte: 4 Hauptgerichte von 38,00 bis 79,00 €; 1 Menü von 115,00 bis 185,00 €

800 Weinpos.

Das Gourmetrestaurant "Schwarzer Hahn" findet sich in einem 300 Jahre alten Sandsteingewölbe und beeindruckt mit mächtigen Pfeilern, die das historische Kreuzgewölbe tragen. Darunter finden sich samtene Fauteuils in Aubergine-Mauve und einem warmen Korallenrot-Orange, blanke Tische in schlicht-edler Eindeckung; ein opulentes Wandbild und fein ziselierte Lüster komplettieren das elegante Gesamtbild. Das Interieur ist mit großer Stilsicherheit und Geschmack gestaltet und wird zur passenden Bühne für den gelungenen Küchenauftritt der beiden Männer, die für das kulinarische Geschehen verantwortlich sind: Stefan Neugebauer und Chefkoch Felix Jarzina vertreten gemeinsam dieselbe durchdachte Philosophie, die das Produkt in den Fokus des Geschehens rückt. Nur Zutaten in kompromisslos guter Qualität – bevorzugt von Produzenten, Händlern und Lieferanten aus der Region, nachhaltig erzeugt und aus artgerechter Tierhaltung – gelangen in die Küche und werden zu Speisen zusammengestellt, die in der Haute Cuisine wurzeln, aber dank der überbordenden Fantasie der beiden in einen innovativen Kontext gesetzt werden. Die Zubereitungen bleiben stets klar, geradlinig und auf den Geschmack, die Aromen und die Verständlichkeit fokussiert. Ein top geschultes und liebenswürdiges Serviceteam begleitet den Besuch. Carlos Dos Santos als kenntnisreicher Sommelier gibt wertvolle Tipps rund um die fulminante Weinauswahl. Edle Tropfen von renommierten Weingütern rund um den Globus kann man auch im hinteren Bereich des Restaurants in der Vinothek "Cave à rouge" kosten.

Bhf→500 m **Deidesheimer Hof – St. Urban**

✉ 67146 · Am Marktplatz · ☎ 0 63 26 9 68 70 · Fax: 76 85
Gehobene Regionale Küche · **Tische:** 15/66 Plätze
info@deidesheimerhof.de · www.restaurant-sankt-urban.de

Speisekarte: 10 Hauptgerichte von 19,00 bis 42,00 €; 2 Menüs von 45,00 bis 79,00 €

800 Weinpos.

Im Restaurant „St. Urban" wird unkomplizierter Genuss großgeschrieben. Verschiedene Stuben (Wappen- und Kaminzimmer, Geißbock- und Schmankerlstube) und die Weinbibliothek sind in gediegener Landhausromantik gestaltet, laden zu einem entspannten, genussreichen Aufenthalt ein und stehen auch für Feierlichkeiten zur Verfügung. Küchen-

Deidesheim

direktor Stefan Neugebauer präsentiert eine raffinierte Pfälzer Landküche, die weit über den oft zitierten Saumagen hinausgeht. Beste Zutaten aus der Region sind die Basis für die handwerklich präzise zubereiteten Speisen, die durch jahreszeitlich wechselnde Spezialitäten ergänzt werden. Die Speisekarte mit verschiedenen Menüs und durchdachten Gerichten wechselt alle drei Wochen. Das zuvorkommende Serviceteam agiert zugewandt und aufmerksam und erfüllt auch kleine Sonderwünsche. An warmen Tagen sitzt man besonders schön auf der Terrasse mit Blick auf den plätschernden Brunnen am historischen Marktplatz.

Dermbach

 ### BjoernsOx

✉ 36466 · Bahnhofstraße 2 · ☎ 03 69 64 86 92 30
Moderne Küche · Tische: 5/14 Plätze
info@rhoener-botschaft.de · www.rhoener-botschaft.de

Speisekarte: 1 Überraschungsmenü zu 169,00 €
❦❦❦

Bjoern Leist zeigt in seinem kleinen Restaurant, dass man in die landschaftlich reizvolle Rhön auch zu einer kulinarischen Reise einladen kann. Sein regional inspiriertes Überraschungsmenü begeistert mit innovativen und traditionellen Elementen, die er virtuos kombiniert.

Detmold

 ### Porte Neuf

✉ 32756 · Woldemarstraße 9 · ☎ 0 52 31 30 27 55 3
Neue Küche · Tische: 8/28 Plätze
reservierung@portenuef.de · www.portenuef.de

Speisekarte: 1 Menü von 95,00 bis 130,00 € ❦❦❦

Erdige Farben und raffinierte Lichtquellen geben dem Restaurant ein charmant-behagliches Ambiente. Daniel Fischer kocht mit Leidenschaft und präsentiert moderne Speisen mit hohem Kreativitätsfaktor.

♜ Detmolder Hof

Bhf→1 km

✉ 32756 · Lange Straße 19 · ☎ 0 52 31 98 09 90 · Fax: 98 09 92 20
Business und De Luxe Zimmer, versch. Arrangements, Frühst. im Preis inklusive
10 km
info@detmolder-hof.de · www.detmolder-hof.de

12 **DZ** ab 154,00 €;
als **EZ** ab 104,00 €;
1 **Suite** ab 194,00 €

Im historischen Stadtkern Detmolds liegt das charmante Stadthotel mit exklusiven Zimmern, einem sehr persönlichen Service und einem unbedingt empfehlenswerten Gourmetrestaurant.

Detmold

Bhf→1 km ♜ **Detmolder Hof – Jan's Restaurant**

✉ 32756 · Lange Straße 19 · ☎ 0 52 31 98 09 90 · Fax: 98 09 92 20
Neue Küche · **Tische:** 12/50 Plätze
info@detmolder-hof.de · www.detmolder-hof.de · [f]

Speisekarte: 3 Hauptgerichte von 36,00 bis 44,00 €; 1 Menü von 85,00 bis 160,00 €
♣♣♣ 150 Weinpos.

Die Basis der modernen und leichten Speisen von Chefkoch Jan Diekjobst sind bevorzugt regionale Produkte, die das jahreszeitliche Marktangebot spiegeln und unter seiner Regie zu aromenstarken und finessenreichen Kombinationen werden.

 Dieses Restaurant bietet Ihnen eine exzellente Küche.

Dierhagen

Bhf→12 km **STRANDHOTEL FISCHLAND**

✉ 18347 · Ernst-Moritz-Arndt-Str. 6 · ☎ 03 82 26 5 20 · Fax: 5 29 99
Gourmet- u. Marktplatz-Restaurant, Sport-Center, FISCHLAND BAR & LOUNGE
※⛱♨☐☂⌘⚓♿☩☀♥☆[●●]10 km
info@strandhotel-ostsee.de · www.strandhotel-fischland.de · [f]

66 **DZ** ab 274,00 €;
als **EZ** von 231,00 bis 300,00 €;
7 **Suiten** ab 465,00 €;
49 **App.** ab 150,00 €

Magische Momente und ungezwungene Herzlichkeit – dafür steht das gesamte Team des STRANDHOTEL FISCHLAND. Direkt am Meer, mit luxuriös ausgestatteten Zimmern, Suiten, Ferienwohnungen und -häusern (16 von 175,-/470,- €/Tag) gelegen, ist es eine exklusive Urlaubswelt, die nicht nur an der Ostsee ihresgleichen sucht. Das STRANDHOTEL FISCHLAND mit seiner 4.500 m² großen Spa- und Sportwelt MEERzeit ist der perfekte Wohlfühlort für Freizeitsportler, Familien und alle, die das Meer lieben. Rundum wohlfühlen – bei entspannenden Stunden im Pool, im SPA und in der Saunalandschaft. Hier kann man sich einfach zurücklehnen und bei einladender Wärme, sanfter Musik und sinnlichem Duft ein ganz persönliches SPA-Treatment genießen. Der Genuss gilt auch für die facettenreiche Kulinarik – von der Sterneküche des Gourmetrestaurants OSTSEELOUNGE bis zu regional-saisonaler Kochkunst im Marktplatzrestaurant oder bei Cocktails und Drinks in der modernen Bar und Lounge. STRANDHOTEL FISCHLAND heißt, jeden Tag Herzlichkeit, Wellness und Genuss in einzigartiger Atmosphäre zu erleben, denn jeder Mitarbeiter ist mit Liebe und Leidenschaft ein persönlicher Gastgeber.

Dierhagen

Fischland Restaurant
Bhf→12 km

✉ 18347 · Ernst-Moritz-Arndt-Straße 6 · ☎ 03 82 26 5 20 · Fax: 5 29 99
Moderne Regionalküche
info@strandhotel-ostsee.de · www.gourmetrestaurant-ostseelounge.de · f

Speisekarte: 1 Menü von 148,00 bis 172,00 €
🍷🍷🍷🍷 110 Weinpos.

Im STRANDHOTEL FISCHLAND hat es eine kulinarische Konzeptänderung gegeben. Das Sternerestaurant OSTSEELOUNGE zieht im Sommer 2024 aus Platzmangel um und wird seine neue Heimat im Schwesterhotel STRANDHOTEL DÜNENMEER finden. Dafür geht es im STRANDHOTEL FISCHLAND abwechslungsreich zu. Matthias Stolze kümmert sich um das facettenreiche kulinarische Angebot. Modern, unprätentiös und behaglich eingerichtet, ist der Restaurantbesuch eine entspannte Angelegenheit, egal, ob man sich zum Frühstück, Lunch oder Dinner dort einfindet. Die Zutaten von regionalen Händlern und Erzeugern sind von erstklassiger Qualität und werden mit handwerklicher Sorgfalt zu verschiedenen Küchenlinien mit 4-Gang-Abenddinner, Wellnessdinner und veganen Angeboten. Gerne nimmt das Team dabei auf bestimmte Vorlieben vor allem Unverträglichkeiten Rücksicht. Wenn man diesbezügliche Wünsche bereits bei der Anreise äußert, wird sogar ein individueller Speiseplan erstellt. Die STRANDBUDE wird in den Sommermonaten zum Lieblingsplatz direkt am Meer, in der es abends kleine, feine kulinarische Highlights gibt. In der GRILLSENKE zwischen den Dünen inmitten des Küstenwaldes finden zünftige Events mit Buffet und Grillgerichten statt.

 Dieses Restaurant bietet Ihnen ein gutes Genuss-/Preisverhältnis.

Strandhotel Dünenmeer
Bhf→12 km

✉ 18347 · Birkenallee 20 · ☎ 03 82 26 5 01-0 · Fax: 5 01-5 55
Restaurant Strandläufer, Restaurant Kaminlounge, Hotel für Erwachsene
🍽️♿🏨🛏️🅿️⛱️♨️🏊✂️☕↔✝️♿🚭🅿️🚗 6 km VISA
info@strandhotel-ostsee.de · www.strandhotel-duenenmeer.de · f

49 **DZ** ab 317,00 €;
als **EZ** ab 289,00 €

Das Strandhotel Dünenmeer ist das einzige 5 Sterne Hotel der Halbinsel und nicht nur durch seine privilegierte Lage am Meer ein Hideaway für Genießer. Das Hotel steht für exzellenten Service und eine leidenschaftliche Verbindung von ungezwungenem Luxus mit Wellness und kulinarischem Genuss. Die beiden exklusiven Restaurants bieten regional-kreative Kulinarik auf höchstem Niveau. Weinkenner finden hier den perfekten Rückzugsort zum Genießen und Entdecken. Ein besonderes kulinarisches Highlight ist auch das regionale Frühstück, das jeden Morgen frisch und à la carte serviert wird. Auch als Wellnesshotel ist das Strandhotel Dünenmeer einzigartig in der Region. In stilvollen Räumen, in den verschiedenen Saunen und bei vielseitigen Anwendungen schöpft jeder Gast

Dierhagen

neue Energie für Körper und Geist. Über zwei Etagen erstreckt sich der 1.500 m² große SPA mit Indoor Pool. Ein besonderes Highlight sind die traumhaften Sonnenuntergänge über der Ostsee. Ob in den exklusiven Zimmern und Suiten, im Restaurant oder im SPA – das Strandhotel Dünenmeer ist Wellness, Genuss und Luxus für jeden, der das Leben und die Weite des Meeres liebt.

Strandhotel Dünenmeer
Restaurant Kaminlounge

✉ 18347 · Birkenallee 20 · ☎ 03 82 26 5 01-0 · Fax: 5 01-5 55
Regional-kreative Kulinarik, erlesene Weine · **Tische:** 25/90 Plätze
info@strandhotel-duenenmeer.de · www.strandhotel-duenenmeer.de

Speisekarte: 5 Hauptgerichte von 19,00 bis 44,00 €; 1 Menü zu 68,00 €
❤❤❤ 60 Weinpos.
Die innenarchitektonische Gestaltung im Restaurant "Kaminlounge" ist mehr als ausgefallen: Eine große, sich auffächernde Säule, die an einen überdimensionalen Pilz erinnert, ist ein echter Eyecatcher und überwölbt die grau-petrolfarbenen, samtigen Fauteuils und edel eingedeckten Tische. Man sitzt in heiter-entspannter Atmosphäre, erlebt magische Momente mit Blick auf Dünen und das Meer und wird mit einer facettenreichen Küche verwöhnt, für die Ronny Schäfer und Matthias Bäumer verantwortlich sind. Sie kaufen bevorzugt marktfrische Waren im nahen Umland ein, lassen sich von den wechselnden Jahreszeiten inspirieren und präsentieren sorgfältig zubereitete, aromenstarke, ehrliche, moderne und europäische Speisen, die mit feinen Fischspezialitäten ergänzt werden. Besonders verführerisch sind die Köstlichkeiten aus der hauseigenen Patisserie. Das Restaurant ist ein echter Rückzugsort für Genießer und Entdecker und eine Heimat für Weinkenner.

 Sehr gute Serviceleistung

Dießen am Ammersee

Seefelder Hof
Bhf→300 m

✉ 86911 · Alexander-Koester-Weg 6 · ☎ 08807 10 22 · Fax: 10 24 · Rest. mit gehobener regionaler und französischer Küche, Biergarten, Zi.-Preise inkl. Frühstück
✕ ♿ ⇧ ⛔ ⌂ ☕ ☀ ⛵ 8 km
info@seefelder-hof.de · www.seefelder-hof.de   VISA AE

17 **DZ** von 131,00 bis 208,00 €;
4 **EZ** von 110,00 bis 195,00 €

Dießen ist der südlichste Ort am Westufer des Ammersees – hier findet man mit dem kleinen Hotel "Seefelder Hof" das ideale Domizil, um erholsame Urlaubstage zu verbringen. Bereits seit vier Generationen in Familienbesitz, ist der Service sehr gastorientiert und persönlich. Das Haus gefällt mit einem heiteren bayerisch-mediterranen Ambiente und verfügt über freundliche Zimmer mit zeitgemäßem Komfort (Preise inkl. Frühstück). Für Tagungen und Veranstaltungen stehen passende Räumlichkeiten zur Verfügung, die Preise werden auf Anfrage kalkuliert. Das malerische Umland lädt

zu Wanderungen und Wassersport ein, der Dießener Ortskern, Dampfsteg, Segelschule und -club sowie das Strandbad sind in wenigen Minuten fußläufig erreichbar. Neben dem Restaurant wartet im Sommer noch ein klassischer Biergarten unter schattenspenden Kastanien.

Seefelder Hof
Bhf→300 m

✉ 86911 · Alexander-Koester-Weg 6 · ☎ 08807 10 22 · Fax: 10 24
Regionale und Französische Küche · **Tische:** 30/120 Plätze
info@seefelder-hof.de · www.seefelder-hof.de   VISA AE

Speisekarte: 10 Hauptgerichte von 14,80 bis 29,90 €; 1 Monatsmenü ab 65,00 €
♦♦♦   25 Weinpos.

Der "Seefelder Hof" ist ein schöner, traditioneller Landgasthof mit einladender Atmosphäre und regionalem Flair. Hier kann man im klassischen Wirtshaus einkehren, die gesellige Atmosphäre und eine grundehrliche Küche genießen. Die Einrichtung gefällt mit fast 100 Jahre alten Bänken in dunklem Holz, dem Herrgottswinkel, Sprossenfenstern mit hübschen Gardinen und in edlem Weiß eingedeckten Tischen. Man spürt einfach, mit wieviel Einsatz Familie Filgertshofer ihr Gasthaus betreibt. Für die Küche ist Alexandra Filgertshofer verantwortlich. Sie kauft die marktfrischen, saisonalen Zutaten bevorzugt bei Händlern und Erzeugern aus dem Umland. Der Ammersee ist nur einen Steinwurf entfernt und Garant für erstklassigen, frischen Fisch wie Hecht und Zander, den es in präzisen Zubereitungen zu genießen gibt. Die Chefköchin peppt die regionalen Speisen mit modernen, internationalen und mediterranen Elementen raffiniert auf. Im Sommer ist der klassische und urgemütliche Biergarten unter ausladenden Kastanienbäumen ein echter Lieblingsort. Nach Absprache und ab 15 Personen, kann man auch mittags im Restaurant speisen. Für Veranstaltungen stehen schöne Räumlichkeiten zur Verfügung.

Dingolfing

lenis – Wine & Dine

✉ 84130 · Marienplatz 25 · ☎ 0170 55 26 145
Neue Küche · **Tische:** 8/30 Plätze
info@daslenis.de · www.daslenis.de   VISA

Speisekarte: 3 Tagesgerichte von 15,00 bis 21,00 €; 2 Menüs von 75,00 bis 125,00 €
♦♦♦

Rustikaler Charme und moderne Eleganz werden im „lenis" zur Bühne für die unprätentiöse Genussküche von Küchenchef Sinar Tayyara. Er kocht mit hochwertigen Zutaten ehrliche, geradlinige und aromenstarke Speisen, die in keine vorgefertigte Schublade passen.

Donaueschingen

Donaueschingen
Hotel Die Burg ✪✪✪

Bhf → 6 km

✉ 78166 · Burgring 6 · ☎ 0771 17 51 00 50 · Restaurant "Die Burg", Bar, Biergarten, Café, Frühstück 11,- € p. Ps., Arrangements
🍴🛏♿📺🚭🐾📶2 km
info@burg-aasen.de · www.burg-aasen.de

5 **DZ** ab 135,00 €;
4 **EZ** ab 68,00 €

Im idyllischen Örtchen Aasen zwischen Schwarzwald und Schwäbischer Alb ist das Hotel "Die Burg" beheimatet und wird seinem Namen als schönes Refugium mehr als gerecht. Engagiert von den Brüdern Niklas und Jason Grom geleitet – und unterstützt von Frau Mama und einem sehr zuvorkommenden Team – ist das Hotel ideal, um unbeschwerte Urlaubstage zu verbringen oder in inspirierender Atmosphäre im technisch gut ausgestatteten Seminarraum zu tagen. Das geradlinige Interieur der barrierefreien Hotelzimmer bekommt durch schlichte Möbel aus heimischen Hölzern eine sehr individuelle und warme Atmosphäre. Egal, welchen privaten (oder geschäftlichen) Anlass man feiern möchte – hier wird jede Veranstaltung auf persönliche Wünsche abgestimmt, vorab geplant und aufmerksam begleitet. In einer sehr gediegenen Bar mit zurückhaltender Atmosphäre kann man in bequemen Fauteuils den Tag beschließen und aus der reichhaltigen Getränke- und Barfoodkarte wählen. Die Lage des Hauses auf der Baar, einer landschaftlich reizvollen Hochebene, ist wie geschaffen, um Wandertouren zu unternehmen oder die Region mit dem Rad zu erkunden.

Die Burg

Bhf → 6 km

✉ 78166 · OT Aasen · Burgring 6 · ☎ 07 71 17 51 00 50
Regionale und Moderne Küche · **Tische:** 20/60 Plätze
info@burg-aasen.de · www.burg-aasen.de

Speisekarte: 7 Hauptgerichte von 25,00 bis 49,00 €; 2 Menüs von 90,00 bis 165,00 €
🍷🍷🍷🍷 210 Weinpos.

Dank des familieneigenen Betriebs „Restaurant Gartencafé Paradies" sind die Brüder Jason und Niklas Grom von Kindesbeinen an mit der Gastronomie vertraut und sorgen heute – noch tatkräftig unterstützt von ihrer früheren Lehrmeisterin Mutter Barbara Grom – in ihrem schlicht-eleganten Restaurant „Die Burg" selber für ehrlichen Genuss und zufriedene Gäste. Ersteres zieht letzteres nach sich und ist folgerichtig der Kern der Grom'schen Gourmetküche ohne Allüren. Jason Grom ist für die Speisen verantwortlich, er bezieht die Zutaten vor allem aus der Region und verarbeitet sie leicht, zeitgemäß und handwerklich gekonnt. Die Menüs – eines ist vegetarisch – nehmen den Gast auf eine faszinierende Genussreise mit, die ihn herausfordert, jedoch nie überfordert, weil sie immer geerdet bleibt. Niklas Grom ist der Ansprechpartner im Service und mit seinem Team stets präsent und zugewandt. Mit

Donaueschingen

Expertise und Freude berät er zu den Weinen, die zuvor sorgfältig auf die Speisefolgen abgestimmt wurden.

Der Öschberghof   Bhf→5 km

✉ 78166 · Golfplatz 1 · ☎ 07 71 84-0 · Fax: 84-6 00 · Fine-Dining-Restaurant "Ösch Noir", Terrasse, Vinothek, Arrangements, Zi.-Preise inkl. HP
   VISA AE ◉ ⬛
info@oeschberghof.com · www.oeschberghof.com

94 **DZ** ab 380,00 €;
17 als **EZ** ab 270,00 €;
16 **Suiten** ab 534,00 €
Der "Öschberghof" nahe Bodensee, Schwarzwald und der Schweiz ist ein Luxusresort internationalen Zuschnitts für den gehobenen Geschmack. Moderne Zimmer (Preise inkl. HP), ein 5.000 m² großer SPA und exklusive Spezialitäten-Restaurants gehören zum Angbeot.

Der Öschberghof – ÖSCH NOIR   Bhf→5 km

✉ 78166 · Golfplatz 1 · ☎ 07 71 84-6 10 · Fax: 84-6 00
Moderne Französische Küche · **Tische:** 13/35 Plätze   VISA AE ◉ ⬛
info@oeschberghof.com · www.oeschberghof.com

Speisekarte: 2 Menüs von 225,00 bis 270,00 €
   1000 Weinpos.
Dank Chefkoch Manuel Ulrich kann man im Gourmetrestaurant ÖSCH NOIR eine raffiniert neu interpretierte französische Haute Cuisine genießen. Ein klares Geschmacksbild und komplexe Aromen prägen die zwei Menüs – das "Noir" und das vegetarische "Vert".

Dorsten

Rosin   Bhf→250 m

✉ 46286 · Hervester Straße 18 · ☎ 0 23 69 43 22 · Fax: 68 35
Moderne Gourmetküche · **Tische:** 16/40 Plätze   VISA AE ◉ ⬛
j.bauer@frankrosin.de · www.frankrosin.de

Speisekarte: Menü von 128,00 bis 216,00 € 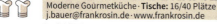 800 Weinpos.
Im Restaurant "Frank Rosin" sorgt der Patron mit Chefkoch Oliver Engelke für eine ausgeklügelte Küche, in der unterschiedlichste Aromen in spannungsvollem Kontrast stehen und in ausbalancierte Kompositionen münden.

Wirtshaus Durstine   Bhf→6 km

✉ 46286 · Söltener Landweg 127 · ☎ 0 23 62 9 46 90
Regionale und Intern. Küche · **Tische:** 13/52 Plätze   VISA AE ◉ ⬛
info@das-kleine-landhotel.de · http://www.das-kleine-landhotel.de/dasrestaurant/

Speisekarte: 8 Hauptgerichte von 19,50 bis 64,00 €; 1 Überraschungsmenü von 45,00 bis 71,00 €
Inmitten der Wald- und Wiesenlandschaft des Naturparks Hohe Mark an der Römerradwanderroute, die von Detmold nach Xanten führt, findet sich „Das kleine Landhotel". Dank seines Restaurants „Wirtshaus Durstine" kann man hier sonntags wunderbar die Radtour unterbrechen

Dorsten

oder sich abends dort treffen, um die vielseitige, durchdachte und aromenstarke Küche von Maximilian Grothoff, dem Sohn des Hauses, zu genießen. Ziegelstein- und Holzwände, hübsche Accessoires und blanke, schön eingedeckte Tische fügen sich zu einem harmonischen Erscheinungsbild und vermitteln eine lässig-entspannte Atmosphäre, zu der auch der zugewandte und natürliche Service von Dagmar Grothoff und Heike Lindgens beiträgt. Die Küche basiert auf Zutaten, die bevorzugt aus dem Umland kommen oder direkt vom Feld hinter dem Haus und vom Chefkoch gekonnt zu unverfälschten, saisonfrischen Speisen mit regionalem und alpinem Bezug zusammengestellt werden. Im Sommer wartet ein schöner Biergarten, um die Speisen open air zu genießen.

Dortmund

Bhf→8 km ■ **Haus Überacker** OT Höchsten

📧 44267 · Wittbräucker Straße 504 · ☎ 0 23 04 98 28 50 · Fax: 8 68 44
Gutbürgerliche und saisonale Küche · **Tische:** 50/120 Plätze   VISA ● ▩
info@haus-ueberacker.de · www.haus-ueberacker.de

Speisekarte: 20 Hauptgerichte von 14,50 bis 34,50 €
❖❖

"Haus Überacker" ist in einem imposanten Fachwerkhaus am Rande des Niederhofener Waldes im Stadtteil Höchsten beheimatet. Seit über 300 Jahren in Familienbesitz, ist die Verwurzelung in der Region sehr stark, werden Traditionen großgeschrieben und so steht der Gast stets im Zentrum der Bemühungen von Patron Wilhelm Überacker und Ehefrau Ute Überacker, die mit ihrem Service-Team für einen schönen Besuch sorgt. Man sitzt in gesellig-entspannter Atmosphäre in stilvollen und modern-behaglichen Räumlichkeiten und wird mit einer facettenreichen Küche verwöhnt. Wilhelm Überacker steht selber am Herd und kauft die saisonfrischen Zutaten bevorzugt bei heimischen Händlern und Erzeugern ein. Seine Speisen sind in der Region verwurzelt, aromenstark und unverfälscht und werden mit jahreszeitlichen Spezialitäten wie Muschel- und Spargel-, Wild-, Pilz- und Gansgerichten ergänzt, wobei auch Vegetarisches auf der Karte steht. Für kompetent und sorgfältig geplante und betreute Festlichkeiten jeglicher Art gibt es schöne Räume für bis zu 90 Personen. An warmen Tagen kann man auf der hübschen Terrasse mit herrlichem Blick ins Grüne speisen. Wer ein komfortables Logis sucht, kann auch eines der behaglichen Zimmer (60,-/90,- €, Frühstück 15,- € p./Ps.) nutzen.

SchwarzGold

📧 44369 · OT Huckarde · Emscherallee 11 · ☎ 02 31 22 61 96 17
Neue Küche · **Tische:** 15/60 Plätze   VISA AE ● ● ▩
kontakt@schwarzgold-dortmund.de · www.schwarzgold-dortmund.de

Speisekarte: 2 Menüs von 135,00 bis 155,00 €

Industriekultur meets Gourmetküche: Pierre Beckerling – in der Gastroszene kein Unbekannter – zeigt in der ehemaligen Kokerei Hansa im Restaurant „SchwarzGold", wie gut die verschiedensten kulinarischen Einflüsse aus den Heimatküchen der im Ruhrgebiet Arbeitenden zusammenpassen. In der Showküche präsentiert er sein "Straight outta Ruhrpott" Menü in einzigartiger Atmosphäre.

Bhf→3 km **The Stage**

📧 44225 · Karlsbader Str. 1a · ☎ 02 31 7 10 01 11
Neue Küche   VISA ▩
contact@thestage-dortmund.com · www.thestage-dortmund.com

Speisekarte: 2 Menü von 115,00 bis 169,00 €
❖❖❖

Im 7. Stock des Dula-Centers beweisen Michael Dyllong in der Küche des THE STAGE und Ciro De Luca im Service, wieviel Spaß es machen kann, Gästen mit innovativen Speisen und persönlichem Service einen genussreichen Abend zu bereiten.

Dossenheim

Zum Neuen Schwanen

✉ 69221 · Bahnhofstraße 1 · ☎ 0 62 21 86 96 86
Gutbürgerliche Küche · Tische: 17/60 Plätze
info@zum-neuen-schwanen.com · www.schwanendossenheim.de · f

Speisekarte: 13 Hauptgerichte von 13,00 bis 27,00 € ❤❤ 29 Weinpos.
In der 5 km von Heidelberg entfernten Gemeinde Dossenheim findet sich seit über zwei Jahrzehnten direkt neben dem Rathausplatz das Restaurant „Zum Neuen Schwanen". Schlicht und unprätentiös eingerichtet, ist das Ambiente lässig und entspannt. Dazu passt die unverfälschte Küche von Chefkoch Manuel Böhler. Gerne nutzt er heimische Zutaten für die gutbürgerlichen Speisen, die er mit handwerklicher Sorgfalt konzentriert zubereitet. Neben der Hauptkarte gibt es immer auch ein saisonales Angebot, das im jahreszeitlichen Rhythmus wechselt. Ein sehr zuvorkommender und freundlicher Service unter Leitung von Janet Kolb steht bereit und hilft bei kleinen Wünschen wenn möglich weiter. Für Feierlichkeiten gibt es ein hübsches Kaminzimmer, in dem individuell geplante Veranstaltungen stattfinden können. Unbedingt erwähnenswert ist auch die Außenterrasse mit Holzboden und gestapelten Holzklaftern. Hier sitzt man an warmen Tagen geschützt, gemütlich und in geselliger Runde.

 Sie finden diese Hotels und Restaurants auch bei facebook oder instagram.

Dreis

Waldhotel Sonnora

Bhf→3 km

✉ 54518 · Auf dem Eichelfeld 1 · ☎ 0 65 78 9 82 20 · Fax: 14 02
Gourmet-Frühstück (im Zimmerpreis inkludiert), Aperitif-Terrasse
  10 km
info@hotel-sonnora.de · www.hotel-sonnora.de · f

13 **DZ** von 268,00 bis 298,00 €;
2 **Suiten** ab 348,00 €
Inmitten der Eifel gelegen und von einem 20.000 m² großen Park umgeben, der mit seiner grünen Pracht Balsam für die Seele ist, ist das Waldhotel Sonnora ein exklusives Hideaway. Das Haus ist mit hochwertigen und edlen Materialien in zurückhaltender Eleganz gestaltet. Die in dezentem Luxus eingerichtete Lounge und die individuell gestalteten, klimatisierten Zimmer mit allen zeitgemäßen,

Dreis

technischen Annehmlichkeiten werden zu einem ganz persönlichen Rückzugsort, an dem man tiefenentspannen kann. Von den Gästezimmern genießt man den herrlichen Ausblick in den Garten mit seinem mediterranen Flair. Ein vorzüglicher, sehr liebenswürdiger Service und ein Komfort, der keine Wünsche offen lässt, sind hier selbstverständlich – vom appetitlichen Obstkorb bis hin zum kuscheligen Bademantel wird an jedes kleine Detail gedacht, um dem Gast den Aufenthalt zum reinen Vergnügen zu machen. Bleibt uns noch, das wirklich exzellente Gourmetfrühstück zu erwähnen, das allein schon den Besuch wert ist.

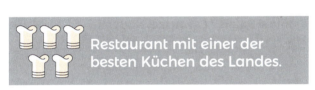

Waldhotel Sonnora

Bhf →3 km

✉ 54518 · Auf dem Eichelfeld 1 · ☎ 0 65 78 9 82 20 · Fax: 14 02
Französische Küche · **Tische:** 12/40 Plätze
info@hotel-sonnora.de · www.hotel-sonnora.de

Speisekarte: 5 Hauptgerichte von 125,00 bis 158,00 €; 1 Menü ab 339,00 €

❦❦❦❦❦ ⌘⌘ 750 Weinpos.

Die Eheleute Helmut und Ulrike Thieltges haben das Waldhotel Sonnora mit dem gleichnamigen Restaurant zu dem gemacht, was es heute noch ist – eine Gourmetadresse von internationalem Ruf. Das ist nicht selbstverständlich, denn weder steht ein Sponsor dahinter, noch befindet sich das Restaurant in einer quirligen Metropole, vielmehr liegt es idyllisch am Rande des Dreiser Walds westlich von Dreis. Aber auch dies unterstreicht die Exklusivität des Hauses, in dem herzliche Gastfreundschaft und exklusive Küche zu einer perfekten Symbiose verschmelzen. Das Interieur ist schlicht, stilvoll und elegant gestaltet und wird zu einer erlesenen Kulisse fürs außergewöhnliche kulinarische Geschehen. Magdalena Rambichler begrüßt die Gäste mit großer Natürlichkeit und sorgt mit ihrer Warmherzigkeit für eine ganz entspannte Atmosphäre. Clemens Rambichler präsentiert eine klassische Küche, die dank seiner Ideen und seiner Kunstfertigkeit ein unglaublich hohes Level erreicht. Akribisch, perfektionistisch im besten Sinne, innovativ und präzise stellt er die Zutaten zusammen und macht daraus Unikate voller Dichte und Leichtigkeit. Die Menüfolgen sind eine Demonstration seines Ausnahmekönnens. Und doch ist nichts in Stein gemeißelt, wird wann immer möglich, dem Gast ein Sonderwunsch erfüllt. So durften wir in unserem Lunchmenü statt des Desserts Käse wählen, der nach unseren Vorlieben genial zusammengestellt wurde. Nicht klein, sondern nur großartig war der kleine Eintopf vom Hummer mit Bohnen, geschmor-

Dreis

tem Chicorée, Endivie, eingelegter Birne und Lauchöl. Das Serviceteam unter aufmerksamer Leitung von Maître Maik Treis agiert mit der genau richtigen Mischung aus Zugewandtheit und Abstand. Erläuterungen rund um die facettenreiche Wein- und Getränkeauswahl liefert Sebastian Boucher mit Expertise und Vergnügen.

Dresden

 🍴 **Bülow Palais - Caroussel Nouvelle**   Bhf→4 km

✉ 01097 · Königstraße 14 · ☎ 03 51 800 31 40 · Fax: 8 00 31 00
Internationale Küche mit klassischen Elementen · **Tische:** 12/50 Plätze

info.palais@buelow-hotels.de · www.buelow-palais.de · 🅵   VISA AE ● ⬛

Speisekarte: 4 Hauptgerichte von 26,00 bis 34,00 €; 2 Menüs von 98,00 bis 132,00 € ❦❦❦❦❦❦ 500 Weinpos. Mit leichter Hand hat der Schweizer Stardesigner Carlo Rampazzi das Restaurant "Caroussel Nouvelle" eingerichtet. Die zeitgenössische Kunst und modernen Skulpturen im glasüberdachten Patio werden von verspielten Glaslüstern kontrastiert und lassen die gestalterischen Grenzen im Interieur ebenso fließend werden wie bei den raffiniert zusammengestellten Speisen von Küchenchef Sven Vogel und seinem Team. Bistroküche nimmt Anleihen in der Haute Cuisine und umgekehrt. Saisonales und Regionales wird mit traditionellen Rezepturen aus aller Herren Länder ergänzt, mit klassischen Elementen bereichert und auf edlem Meissener Porzellan präsentiert. Die Küche ist aromenstark, geradlinig und konzentriert. In den Sommermonaten warten auf der Sonnenterrasse 20 Plätze. Die Palais Bar und die Cigar Lounge runden das gastronomische Angebot ab. Maître Dennis Gläßer begleitet mit seinem top geschulten Team den Restaurantbesuch und berät mit Freude und Expertise zur hervorragend sortierten Weinkarte.

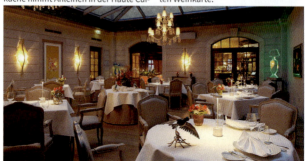

Dresden

Bhf →4 km ♜ **Relais & Châteaux Hotel Bülow Palais** ★★★★★

✉ 01097 · Königstraße 14 · ☎ 0351 8 00 30 · Fax: 8 00 31 00
„Palais-Bar" m. Cigar-Lounge, exklusives Frühstück zu 33.- € p. P.
 9 m info.palais@buelow-hotels.de · www.buelow-palais.de ·

42 **DZ** ab 165,00 €;
als **EZ** ab 165,00 €;
5 **EZ** ab 165,00 €

Das Hotel Bülow Palais befindet sich mitten im schönsten und größten Barockviertel Deutschlands. Als luxuriöses, zur Relais & Châteaux-Kooperation gehörendes, kleines, feines Boutique-Hotel, lässt es in Bezug auf Eleganz, Flair, Individualität und Komfort keine Wünsche offen. Ein gekonnter und immer harmonischer Stilmix aus barocken, modernen und farbintensiven Elementen prägt das Interieur und macht das Hotel zu einem außergewöhnlichen Kleinod kosmopolitischer Hotelleriekultur. Über den Dächern Dresdens findet sich im Obergeschoss auf 400 m² ein exklusiver Wellnessbereich. Im von Carlo Rampazzi designten „Caroussel Nouvelle" wird man kulinarisch hochklassig verwöhnt. Einen stimmungsvollen Abschluss des Tages garantiert ein Besuch der eleganten „Palais Bar"inklusive der im alt-englischen Stil eingerichteten Cigar Lounge.

Elements

✉ 01099 · Königsbrücker Str. 96 · ☎ 03 51 2 72 16 96
Reg. u. Intern. Küche, eig. Kreat. · **Tische:** 10/34 Plätze
lebensart@restaurant-elements.de · www.restaurant-elements.de

Speisekarte: 4 Hauptgerichte von 24,00 bis 26,00 €; 1 Menü zu 125,00 €
🍷🍷🍷 200 Weinpos.
Deli, Lounge und das Gourmetrestaurant findet man im "Elements" unter einem Dach. Chefkoch Stephan Mießner hat sich einer "regionalen Küche mit Weltläufigkeit" verschrieben, er arbeitet präzise, gekonnt, aromenprononciert und ungemein innovativ.

Bhf →2 km ♜ **Genuss-Atelier**

✉ 01099 · Bautzner Straße 149 · ☎ 03 51 25 02 83 37
Deutsche und regionale Küche · **Tische:** 15/42 Plätze
info@genuss-atelier.net · www.genuss-atelier.net

Speisekarte: 6 Hauptgerichte von 20,50 bis 40,50 €; 1 Menü von 66,00 bis 111,00 €
🍷🍷🍷

Das Restaurant in einem alten Gewölbe ist ein zauberhafter Ort zum Entspannen, Plaudern und vor allem Genießen. Für letzteres sorgt Marcus Blonkowski mit vielseitigen, aromenstarken und ambitionierten Speisen, während seine Schwester Nicole für den Service und die Getränkeberatung verantwortlich ist.

♜ Heiderand

✉ 01324 · OT Bühlau · Ullersdorfer Platz 4 · ☎ 03 51 2 68 31 66
Kreative, Neue Küche · **Tische:** 12/35 Plätze
kontakt@heiderand.restaurant · www.heiderand.restaurant ·

Speisekarte: 4 Hauptgerichte von 18,00 bis 32,00 €; 2 Menüs von 70,00 bis 115,00 €
🍷🍷🍷

Das „Café Heiderand" hat in Dresden eine lange Tradition, ging erst 2001 wieder in Familienbesitz über und wurde seitdem von der gebürtigen Breslauerin Elzbieta „Ella" und Ehemann Joachim Walther als gutbürgerliche Gaststätte mit eigenem Tanzsaal geführt. Inzwischen war Sohn Martin auf die kulinarische Walz gegangen und lernte das Kochhandwerk in Sternerestaurants im In- und Ausland. Um Missverständnissen vorzubeugen wurde das „Café" aus dem „Heiderand" entfernt und das Interieur liebevoll neu, klar und mit einem Hauch Skandinavien gestaltet. Der heimgekehrte Chefkoch steckt voller

Dresden

Neugier und überbordender Kreativität – handwerkliches Können und Präzision sind selbstverständlich bei ihm. Er lässt sich von verschiedensten kulinarischen Strömungen inspirieren und stellt wunderbar stimmige Menüs zusammen. Eines ist vegetarisch, man hat die Auswahl zwischen drei und fünf Gängen und darf sogar einen Gang als Hauptspeise wählen. Was nicht sehr schlau wäre, denn man würde einiges an Genuss verpassen, sind die Speisen doch expressiv, klar und vielseitig. Früher war das „Heiderand" besonders für Schlesisches aus Ellas Heimat bekannt, heute gibt es als kulinarische Reminiszenz häufig eine faszinierend leichte und elegante Piroggen-Variante im Menü. Viviane Walther ergänzt ihren Mann in der Serviceleitung, sie ist herzliche und natürliche Gastgeberin und sorgt dafür, dass sich jeder rundum wohlfühlt. Für Veranstaltungen gibt es passende Räumlichkeiten, so dass im „Heiderand" immer noch getanzt werden kann.

Kim Schlosshotel Dresden

Bhf→8 km

01156 · OT Altfranken · Otto-Harzer-Straße 2 · ☎ 03 51 41 02 400
Restaurant, Bistro
park@kim-hotel.de · www.kim-hotel.de

Im ehemaligen Schlosspark des Grafen von Luckner gelegen, eröffnet 2025 das neue Kim Schlosshotel Dresden. Besonders für Romantiker, die auf der Suche nach glaubwürdiger Schlossatmosphäre sind, ist dieses Hotel am westlichen Stadtrand von Dresden ein Volltreffer. Die 45 geräumigen, mit einem Marmorbad ausgestatteten Zimmer und Suiten sind mit sorgsam ausgewählten Details gestaltet und unterstreichen den individuellen, freundlichen Charakter. Ein besonderes Highlight sind die Turmsuiten mit einem atemberaubenden Blick über den Schlosspark. Das mediterran eingerichtete Bistro mit Terrasse lädt auf ein Glas Wein ein. Für Familien- und Firmenevents befindet sich im rechten Anbau ein großzügiger Saal für bis zu 200 Personen. Kostenfreie Parkplätze stehen direkt vor dem Hotel zur Verfügung. Im Lucknerpark werden die Gäste im Restaurant Enotria da Miri mit italienischen, kulinarischen Köstlichkeiten verwöhnt. Auf dem Gelände

Dresden

befindet sich auch das KIM HOTEL IM PARK mit 102 komfortablen Hotelzimmern. Nur einen Kilometer entfernt liegt das KIM Hotel Dresden mit 98 klimatisierten und freundlich eingerichteten Zimmern. Im Hotel befindet sich das urgemütliche Restaurant Kitzo Alpenstüberl. Die Kim Hotels sind optimal an das Netz der öffentlichen Verkehrsmittel angebunden, so dass die Gäste die Dresdner Innenstadt in nur wenigen Minuten erreichen können.

Landhaus Lockwitzgrund

Bhf →4,5 km

✉ 01257 · Lockwitzgrund 100 · ☎ 03 51 27 10 01-0 · Fax: 27 10 01-30
Restaurant mit gehobener Frischeküche, Zimmer-Preise inkl. Frühstück
🍴 ▣ 🚇 ♿ 🅿 ❄ 9 km   VISA AE ● E
tkaiser@landhaus-lockwitzgrund.de · www.landhaus-lockwitzgrund.de · f

9 **DZ** ;
2 **EZ** ;
1 **App.** von 69,00 bis 89,00 €

Im liebevoll restaurierten Stallgebäude, der so genannten "Makkaroni-Fabrik", entstand das komfortable, sehr ruhig im romantischen Lockwitztal gelegene "Landhaus Lockwitzgrund" mit individuell und behaglich eingerichteten Zimmern. Alle Räume im Hause sind mit kostenfreiem W-LAN versehen (Zimmerpreis inkl. Frühstück). Viele Accessoires und original erhaltene Details vermitteln den gediegenen Landhaus-Charakter des sehr persönlich geführten Hotels. Für Familienfeiern, Firmenjubiläen und auch Ta-  gungen und geschäftliche Treffen stehen verschiedene Räumlichkeiten zur Verfügung, u. a. der lichtdurchflutete, elegantfreundliche Wintergarten für bis zu 38 Personen. Das Elbtal und Dresden warten in der Freizeit darauf, erkundet zu werden.

Landhaus Lockwitzgrund

Bhf ·4,5 km

✉ 01257 · Lockwitzgrund 100 · ☎ 03 51 2 71 00 10 · Fax: 2 71 00 130
Mediterrane u. Reg. Küche · Tische: 22/80 Plätze   VISA AE ● E
tkaiser@landhaus-lockwitzgrund.de · www.landhaus-lockwitzgrund.de · f

Speisekarte: 15 Hauptgerichte von 17,90 bis 36,90 €; 3 Menüs von 33,90 bis 37,50 €
❀❀❀ 110 Weinpos.

Das Haus, in dem das „Landhaus Lockwitzgrund" beheimatet ist, hat eine lange und wechselvolle Geschichte, war es doch im 14. Jh. eine Mühle, später eine Papierfabrik und anschließend eine Teigwaren-Manufaktur, die im Volksmund genannte "Makkaroni-Fabrik". Patron und Chefkoch Thomas Kaiser führt Hotel und das im eleganten, mediterranen Landhausstil gestaltete Restaurant mit großem Einsatz und steht mit echter Leidenschaft am Herd. Für seine unverfälschtem ehrlichen Speisen bevorzugt er Zutaten aus der Region und lässt sich auch gerne von den wechselnden Jahreszeiten inspirieren. Die Zubereitungen sind präzise, ehrlich und handwerklich korrekt. Je nach Jahreszeit gibt es auch Zusatzkarten, z. B. mit Pfifferling- oder Matjes-Gerichten. Für private und geschäftliche Veranstaltungen stehen passende Räumlichkeiten zur Verfügung. Die überdachte Terrasse mit Blick ins Grüne

Dresden

ist an warmen Tagen der perfekte Ort, um die Speisen in geselliger Runde oder romantischer Zweisamkeit genießen. Beliebt sind die regelmäßig sattfindenden Weinproben, die von einem genussreichen 6-Gang-Menü begleitet werden.

VEN

✉ 01067 · OT Altstadt · Rampische Straße 9 · ☎ 03 51 / 79 51 50
Internationale u. Regionale Küche · **Tische:** 15/38 Plätze
innside.dresden@melia.com · www.ven-dresden.de

Speisekarte: 5 Hauptgerichte von 29,00 bis 38,00 €; 4 Menüs von 59,00 bis 79,00 €
🍷🍷🍷

Mitten im Dresdner Zentrum nahe der Frauenkirche ist das Restaurant VEN im Hotel Innside by Meliá Dresden mehr als einen Besuch wert. Executive Chef Marcel Spahn überzeugt mit einer weltläufigen, aromenprononcierten Küche, die er mit regionalen Spezialitäten ergänzt.

Duderstadt

Zum Löwen Design Hotel Resort & Spa   Bhf→1 km

✉ 37115 · Marktstraße 30 · ☎ 0 55 27 84 90 00
Gewölbekeller, Kaminzimmer, Zimmerpreise inkl. Frühstück, Arrangements
🍽🛏🏊♨🍴🅿🚭♿🛜📶🐕6 km
info@hotelzumloewen.de · www.hotelzumloewen.de · 📘

40 **DZ** ab 135,00 €;
4 **EZ** ab 125,00 €

Das Hotel Zum Löwen ist ein echtes gastronomisches Kleinod. Das denkmalgeschützte Fachwerkhaus mit seiner klassizistischen Fassade wurde 2012 vollständig und rollstuhlgerecht modernisiert und darf sich seither offiziell Design Hotel™ nennen. Hier treffen jahrhundertealte Bausubstanz, extravagante Innenarchitektur und eine Fülle ausgefallener Kunstwerke aufeinander und verbinden sich zu einer harmonischen Atmosphäre, die von Historie und Moderne geprägt ist. Die individuell eingerichteten Zimmer sind mit allen zeitgemäßen Annehmlichkeiten ausgestattet und bestechen durch ein sehr stylisches Interior-Design. Das Kaminzimmer – ein charmanter Stilmix aus unterschiedlichsten Materialien – ist perfekt für Meetings und Gespräche in lässiger Clubatmosphäre. Pool, Sauna, Dampfbad, Salzgrotte und

Eisbrunnen versprechen wohlverdiente Entspannung. Ein weiteres Highlight des Hauses ist der Gewölbekeller aus dem 17 Jh. Er kann für Events gemietet werden, steht für Weinverkostungen oder zum Cocktailabend bereit. Es gibt nicht viele Hotels mit einem so großartigen und inspirierenden Angebot.

Duderstadt

Zum Löwen Design Hotel Resort & Spa

Bhf→1 km

✉ 37115 · Marktstraße 30 · ☎ 0 55 27 84 90 00
Internationale und Regionale Küche · Tische: 30/60 Plätze
info@hotelzumloewen.de · www.hotelzumloewen.de

Speisekarte: 9 Hauptgerichte von 22,00 bis 44,00 €; 1 Menü ab 49,00 €
200 Weinpos.

Im Restaurant des „Löwen" einzukehren, kommt einer kleinen Auszeit vom Alltag gleich. Das beginnt mit der unverkrampften, einladenden Atmosphäre und dem stilbewussten und sehr geschmackvollen Interieur: Sei es der Teppichboden mit kunstvollem Rankenmotiv, der offene Kamin, die raffiniert in Szene gesetzten Weinflaschen oder die einzigartigen Warhol-Polaroids – das niveauvolle Design ist allgegenwärtig. Chefkoch Christian Valić sorgt für eine abwechslungsreiche, gut durchdachte und ehrliche Küche, die bevorzugt auf Zutaten aus der Region basiert. Weltoffen und heimatverbunden, präsentiert er sowohl internationale Speisen als auch Eichsfelder Spezialitäten, alles gewürzt mit der Prise Fantasie und Exotik, die den feinen Unterschied macht. Dimitri Root, stellvertretender Direktor des Hauses, und sein gut aufgelegtes Serviceteam stehen aufmerksam für die Gäste bereit und geben gerne informative Tipps zu der auffallend gut sortierten Weinauswahl.

Restaurant mit gehobener Küche

Dudeldorf / Bitburg

Torschänke

Bhf→10 km

✉ 54647 · Philippsheimer Straße 1 · ☎ 0 65 65 20 24
Klassische u. geh. Regionale Küche · **Tische:** 23/80 Plätze
info@torschaenke-dudeldorf.de · www.torschaenke-dudeldorf.de

Speisekarte: 8 Hauptgerichte von 25,50 bis 35,00 €; 1 Weinbegleitung zum Menü von 19,50 bis 30,00 €; 2 Menüs von 46,00 bis 70,00 € 120 Weinpos.

Dudeldorf nahe Bitburg ist ein kleiner Eifelort inmitten von Wiesen, Feldern und Wäldern. Die "Torschänke" ist in einem wunderschönen, historischen Haus beheimatet, das unmittelbar an den Torturm des Obertors aus dem 14. Jh. grenzt, und ist ein Gasthaus im besten Wortsinn. Simon Berhard, der den Service leitet und zuvorkommender Gastgeber ist, führt es gemeinsam mit seinem Lebensgefährten Kilian Rau, der sein großes Weinwissen ebenso gerne weitergibt wie Empfehlungen aus dem top sortierten Weinkeller, in dem auch einige echte Raritäten schlummern. Beiden ist es gelungen einen Ort zu schaffen, der durch die wirklich unkomplizierte Mischung aus Restaurant, guter, gemütlicher Stube und entspannter Atmosphäre zum Besuch einlädt. Mit Chefkoch Alexander Ettlinger steht ein Mann am Herd, der den Produktreichtum der wald- und wasserrei-

chen Eifel für seine durchdachte, ehrliche und aromenstarke Küche nutzt und das Konzept „GenussEifel" mit Köstlichkeiten füllt. Die Zutaten kommen aus dem Umland und werden zu handwerklich korrekten, bodenständigen Speisen, die er mit pfiffigen Ideen bereichert. Neben beliebten Klassikern gibt es saisonal wechselnde Gerichte und Menüs mit passender Weinbegleitung. Die Torschänke mit ihren gemütlichen Stuben ist auch für

Dudeldorf / Bitburg

Feierlichkeiten wie gemacht. Links vom Thekenbereich ist das Restaurant, im ersten Stock und im historischen Torzimmer sind Gesellschaftsräume. An warmen Tagen ist die romantische Terrasse besonders gut besucht.

Duggendorf

Gasthaus Hummel – Gourmetstube

✉ 93182 · OT Wischenhofen · Heitzenhofener Straße 16 · ☎ 0 94 73 3 24
Neue Küche
post@gasthaushummel.de · www.gasthaushummel.de VISA

Speisekarte: 1 Menü zu 145,00 €
In zurückhaltender Eleganz sehr stilvoll eingerichtet, begeistert Patron und Chefkoch Stefan Hummel seine Gäste mit einem sorgfältig ausgetüftelten Menü, das bevorzugt auf heimischen Zutaten basiert und eine gelungene Kombination aus Tradition und Innovation ist.

Duisburg

[mod] by Sven Nöthel

✉ 47199 · Grafschafter Str. 197 · ☎ 0176 23557864
Neue, Nordische und Regionale Küche
info@mod-dining.com · www.mod-dining.com VISA

Speisekarte: 3 Hauptgerichte von 45,00 bis 49,00 €; 2 Menüs von 105,00 bis 159,00 €

Die Küche von Sven Nöthel ist herrlich authentisch und handwerklich ungemein präzise. In der Region verwurzelt, wächst sie weit darüber hinaus und spiegelt Kreativität und Einfallsreichtum des Chefkochs wider.

Eurohof am See

Bhf→7 km

✉ 47199 · Elisenstraße 39 · ☎ 0 28 41 36 87 00 · Fax: 36 87 04 00
Restaurant mit Internationaler und Regionaler Küche, Kaminzimmer
info@hotel-eurohof.de · www.hotel-eurohof.de VISA AE

21 **DZ** ab 134,00 €;
6 **EZ** ab 109,00 €
Idyllisch an einem ruhigen See und dennoch verkehrsgünstig gelegen, verfügt dieses familienfreundliche Hotel über helle Zimmer im mediterranen Stil. Im gemütlichen Kaminzimmer kann man den Tag ausklingen lassen.

Hervorragendes Hotel mit außergewöhnlichem Komfort

Durbach

♜ [maki:'dan] im Ritter

Bhf→16 km

✉ 77770 · Tal 1 · ☎ 07 81 9 32 30 · Fax: 9 32 31 00
Regionale Küche · **Tische:** 13/60 Plätze
info@ritter-durbach.de · www.ritter-durbach.de

Speisekarte: 1 Menü von 65,00 bis 75,00 € 🍷🍷🍷🍇🍇 850 Weinpos.
Küchenchef André Tienelt bietet das klassische Menü mit raffinierten Gerichten in der Größe eines Zwischenganges an.

Die kann man beliebig kombinieren und die erstklassigen, klaren und innovativen Speisen in größtmöglicher Vielfalt genießen.

♜ Hotel Ritter Durbach

Bhf→16 km

✉ 77770 · Tal 1 · ☎ 07 81 9 32 30 · Fax: 9 32 31 00 · Gourmetrestaurant, Hausgastrestaurant "Ritter Wiedergrün", Preise inkl. Gourmet-Frühstück
info@ritter-durbach.de · www.ritter-durbach.de

77 **DZ** ab 152,00 €;
EZ ab 114,00 €;
7 **Suiten** ab 314,00 €
Eingebettet zwischen Schwarzwald und Elsass, gelegen in den Durbacher Weinbergen, begeistert das Hotel mit komfortablen Zimmern und Suiten, facettenreicher Kulinarik, einem riesigen Ritter-SPA und einer eigenen Oldtimer Flotte.

Düsseldorf

1876 Daniel Dal-Ben

Bhf→3 km

✉ 40239 · Grunerstraße 42a · ☎ 02 11 1 71 73 61 · Fax: 1 71 73 61
Internationale Küche · **Tische:** 8/12 Plätze
info@1876.restaurant · www.1876restaurant.de · f

Speisekarte: 1 Abendmenü von 155,00 bis 200,00 € 🍷🍷🍷
Daniel Dal-Ben führt sein Restaurant mit großem Einsatz und präsentiert eine spannende Küche, in der die Küche seiner väterlichen Heimat, Venetien, besonders viel Raum einnimmt und mit faszinierender Aromenfülle überzeugt.

Agata's

Bhf→1 km

✉ 40217 · Kirchfeldstraße 59 · ☎ 02 11 20 03 06 16
Cross-Over Küche, eigene Kreationen · **Tische:** 11/50 Plätze
info@agatas.de · www.agatas.de · f

Speisekarte: 2 Menüs von 179,00 bis 199,00 € 🍷🍷🍷🍇🍇 300 Weinpos.
Die Küche im "Agata's" ist wahrlich nicht von der Stange: Küchenchef Marcel Förster sorgt mit einer kreativen Küche für begeisterte Gäste, die von einem versierten Service unter der Leitung von Gastgeberin Agata Reul herzlich umsorgt werden.

Fritz's Frau Franzi

Bhf→2 km

✉ 40215 · Adersstraße 8 · ☎ 02 11 370 750
Moderne, Internationale Küche · **Tische:** 15/60 Plätze
info@fritzsfraufranzi.com · www.fritzs-frau-franzi.de

Speisekarte: 2 Menüs von 133,00 bis 165,00 € 🍷🍷🍷🍇 100 Weinpos.
Mit Chefkoch Tobias Rocholl wird die Küche im „Fritz's Frau Franzi" noch weltoffener. Sein Konzept „Gourmet in Action" ist durchdacht und schließt vegetarische Gerichte ausdrücklich mit ein.

♜ Im Schiffchen

Bhf→10 km

✉ 40489 · Kaiserswerther Markt 9 · ☎ 02 11 40 10 50 · Fax: 40 36 67
Klassische Küche
restaurant@im-schiffchen.de · www.im-schiffchen.de

Speisekarte: 7 Hauptgerichte von 39,00 bis 89,00 €; 1 Menü von 159,00 bis 188,00 € 🍷🍷🍷🍇🍇 800 Weinpos.
Seit über 45 Jahren ist das "Im Schiffchen" unter der Ägide von Jean-Claude Bourgueil ein Wunschziel für anspruchs-

251

Düsseldorf

volle Gourmets. Die klassischen, mit modernen und mediterranen Ideen ergänzten Speisen setzen nach wie vor kulinarische Maßstäbe.

Jae

✉ 40215 · Keplerstraße 13 · ☎ 02 11 99 91 99 66
Europäische Küche mit asiatischen Einflüssen · Tische: 2/22 Plätze   VISA ● ▬
info@jae-restaurant.de · www.jae-restaurant.de

Speisekarte: 2 Menüs von 139,00 bis 159,00 € ♥♥♥
Jörg Wissmann hat sich mit dem puristisch gestalteten Jae nach vielen Berufsjahren den Wunsch nach einem eigenen Restaurant erfüllt. Hier überrascht und überzeugt er mit einer klassisch europäischen Gourmetküche, die durch koreanische Einflüsse einen eleganten Twist bekommt.

Le Flair

Bhf→3 km

✉ 40477 · Marc-Chagall-Straße 108 · ☎ 02 11 51 45 56 88
Klassische Küche · Tische: 7/25 Plätze
mail@restaurant-leflair.de · www.restaurant-leflair.de

Speisekarte: 4 Hauptgerichte von 24,00 bis 33,00 €; 1 Menü zu 95,00 € ♥♥♥
Unprätentiös und lässig ist das "Le Flair" eingerichtet. Zum weltoffenen Ambiente passen die aromenstarken und kreativen Speisen von Chefkoch Dany Cerf, die in der klassischen französischen Küche verwurzelt sind.

Nagaya

Bhf→1 km

✉ 40211 · Klosterstraße 42 · ☎ 02 11 8 63 96 36
Japanische Küche · Tische: 12/48 Plätze   VISA ● ▬
www.nagaya.de

Speisekarte: 2 Mittagsmenüs von 85,00 bis 98,00 €; 1 Abendmenü von 179,00 bis 218,00 € ♥♥♥♥🍷
Moderne Eleganz und klare Linien prägen das Restaurant. Patron und Küchenchef Yoshizumi Nagaya präsentiert eine puristische japanische Küche, die durch die Verbindung mit europäischen Elementen in spannende, neue Geschmackswelten mündet.

Rubens

✉ 40479 · Kaiserstraße 5 · ☎ 02 11 15 85 98 00
Österreichische und Neue Küche   VISA ● ▬
info@rubens-restaurant.de · www.rubens-restaurant.de

Speisekarte: 8 Hauptgerichte von 29,00 bis 39,00 €; 4 Menüs von 72,00 bis 110,00 € ♥♥♥🍷   100 Weinpos.
Patron Ruben Baumgart steht am Herd und präsentiert österreichische Klassiker und landestypische Speisen, die er mit Raffinesse dem Zeitgeist anpasst und in einen modernen Kontext setzt. Dabei arbeitet er "from nose to tail" unter nachhaltigen Aspekten.

Setzkasten

Bhf→1 km

✉ 40212 · Berliner Allee 52 · ☎ 02 11 2 00 57 16
Internationale Küche, eigene Kreationen   VISA AE ● ▬
setzkasten@zurheide-feine-kost.de · www.setzkasten-duesseldorf.de

Speisekarte: 1 Mittagsmenü zu 89,00 €; 1 Menü von 99,00 bis 129,00 €
♥♥♥🍷🍷🍷   1000 Weinpos.
Das Restaurantkonzept – im Supermarkt Zurheide Feine Kost im Crown gelegen – ist ungewöhnlich. Noch facettenreicher ist die Küche von Egor Hopp. Er kreiert aus dem hinreißenden Warenangebot innovative und moderne Speisen mit Tiefgang.

Sofian Food Foundation – Shizen

✉ 40233 · Ackerstraße 79, Hinterhof · ☎ 0176 843 395 51
Japanisch-Skandinavische Küche · Tische: 1/14 Plätze   VISA ● ▬
info@shizen-duesseldorf.de · www.shizen-duesseldorf.de

Speisekarte: 2 Menüs: Donnerstag + Samstag von 79,00 bis 89,00 €
♥♥♥
Im Shizen ist der Chef's Table von Sofian Neubauer ein Platz an der Theke, an der sich die Gäste bunt gemischt platzieren, mit dem Chefkoch in spannendem Austausch stehen und gleichzeitig eine ungemein kreative japanisch-skandinavische Naturküche genießen.

Düsseldorf

Yoshi by Nagaya

Bhf→1 km

✉ 40210 · Kreuzstr. 17 · ☎ 0211 86 04 30 60
Trad. japan. Küche, eig. Kreationen · **Tische:** 14/34 Plätze
www.nagaya.de

Speisekarte: 1 Menü von 169,00 bis 189,00 €
Im "Yoshi by Nagaya" wird das kulinarische Konzept von Yoshizumi Nagaya präzise umgesetzt, verschmelzen hier doch japanische und europäische Küche auf eine geschmacklich überwältigende Art und Weise.

Zwanzig23 by Lukas Jakobi

✉ 40223 · Brunnenstraße 35 · ☎ 0173 922 0294
Klassische u. Internationale Küche mit asiatischen Elementen
info@zwanzig23.com · www.zwanzig23.com

Speisekarte: 2 Menü von 185,00 €

Im „Zwanzig23" mit Frontcooking ist das Zusammenspiel von Service, Atmosphäre, Musik und Ambiente wunderbar stimmig. Lukas Jakobi setzt sein Konzept von nachhaltigem Fine Dining mit zero waste, Regionalität und Saisonalität gekonnt um und kocht faszinierend kreativ, frech, heraus-, aber nie überfordernd.

Edesheim

🏛 Hotel Schloss Edesheim

Bhf→800 m

✉ 67483 · Luitpoldstr. 9 · ☎ 0 63 23 9 42 40 · Fax: 94 24 11 · Schlossfestspiele Edesheim, Wittelsbachkeller, Schlossstube, Frühstücksbuffet im Zi.-Preis inkl.
🍴♿🖨🅿♨☎📶🛏 6 km
info@schloss-edesheim.de · www.schloss-edesheim.de

19 **DZ** von 155,00 bis 188,00 €;
als **EZ** von 114,00 bis 134,00 €;
5 **EZ** von 99,00 bis 112,00 €;
14 **Suiten** von 204,00 bis 289,00 €;
1 **App.** ab 115,00 €

Die wechselhafte und ereignisreiche Geschichte von "Schloss Edesheim" reicht bis ins Jahr 756 zurück. Inmitten von Weinreben, Wasseranlagen und Parkidyll zeigt sich das historische Anwesen mit persönlichem Service als Oase der Ruhe und des Genusses. Gastgeber Andreas Lorenz ist stets ansprechbar für seine Gäste, die bereits bei der Ankunft herzlich von seiner Frau begrüßt werden. In der individuellen, großzügigen Suite mit Kamin oder den behaglich eingerichteten Zimmern mit nostalgischem Charme genießt man zeitgemäßes Wohnen. Das Frühstücksbuffet ist bereits im Preis inkludiert. Für den Geschäftsreisenden sind alle Voraussetzungen für erfolgreiches Tagen gegeben, private Feiern finden in stilvollen Räumlichkeiten, dem festlichen Ballsaal oder historischen Gewölbekeller einen passenden und ausgefallenen Rahmen. Außerdem gibt es rund ums Jahr attraktive Arrangements aus den Bereichen "Genuss und Romantik", "Aktivurlaub" oder "Wohlfühlen".

Edesheim

♜ Hotel Schloss Edesheim
Gourmetrestaurant

Bhf→1 km

✉ 67483 · Luitpoldstr. 9 · ☎ 0 63 23/9 42 40 · Fax: 94 24 11
Mediterrane Küche · **Tische:** 10/30 Plätze
info@schloss-edesheim.de · www.schloss-edesheim.de · ▪

Speisekarte: 4 Hauptgerichte von 32,00 bis 39,00 €; 3 Menüs von 53,00 bis 88,00 €
🍷🍷🍷🍷 70 Weinpos.

Das Gourmetrestaurant Schloss Edesheim ist zauberhaft eingerichtet und mit florentinischer Ornamentik elegant gestaltet. Der historische, offene Kamin ist ein echter Hingucker, Wandmalereien, edel bespannte Stühle, Antiquitäten und feinste Teppiche vermitteln eine warme mediterrane Atmosphäre. Zu diesem entspannt-lässigen Ambiente passt die Küche von Chefkoch Sebastian Köhn perfekt. Er kocht ehrlich, aromenprononciert und präsentiert abwechslungsreiche Speisen, gerne aus dem Mittelmeerraum, die monatlich wechseln, so dass es auch immer wieder neue saisonale Spezialitäten zu genießen gibt. Er nutzt die Produktvielfalt der Region und arbeitet vorzugsweise mit heimischen Zutaten. Bei den drei angebotenen Menüs – eines klassisch, eines vegetarisch, eines saisonal – findet jeder Gast etwas Passendes. Im Sommer laden die Schloss-Terrasse und idyllische Plätzchen im romantischen Garten dazu ein, die Speisen umgeben von üppiger Natur zu genießen. Außerdem gibt es rund ums Jahr verschiedene kulinarische Events wie musikalische Dinnershows, Kellerzauber, Krimi- und Gruseldinner uvm.

Efringen-Kirchen

♜ Traube

Bhf→4 km

✉ 79588 · Alemannenstraße 19 · ☎ 0 76 28 94 23-7 80 · Fax: 94 23-78 90
Gourmetrestaurant, Terrasse, Zimmerpreise inkl. Frühstück
info@traube-blansingen.de · www.traube-blansingen.de

8 **DZ** ab 165,00 €;
1 **Junior-Suite** €

Das sehr geschmackvoll eingerichtete Boutique-Hotel im malerischen Markgräflerland ist ideal, um abseits von großstädtischer Hektik zu entspannen, den kleinen SPA-Bereich zu nutzen und exklusiv zu speisen.

♜ Traube Blansingen

Bhf→4 km

✉ 79588 · Alemannenstr. 19 · ☎ 0 76 28 94 23-7 80 · Fax: 94 23-78 90
Gehobene Regionale Küche · **Tische:** 5/15 Plätze
info@traube-blansingen.de · www.traube-blansingen.de

Speisekarte: 1 Menü ab 170,00 €
🍷🍷🍷🍷 200 Weinpos.

Die Küche von Brian Wawryk wird von tagesfrischen Zutaten inspiriert, die bevorzugt im Markgräflerland angebaut, geerntet, gejagt und gezüchtet werden. Der Patron und Chefkoch verarbeitet sie so ideenreich, spontan und gekonnt, dass Nachhaltigkeit und Genuss kein Widerspruch sind.

Eggenstein-Leopoldshafen

♜ Landgasthof Zum Goldenen Anker

Bhf→15 km

✉ 76344 · Hauptstraße 16-20 · ☎ 07 21 70 60 29
Restaurant, Gartenterrasse, Arrangements, Zimmerpreise inkl. Frühstück
✆ 15 km
info@hotel-anker-eggenstein.de · www.hotel-anker-eggenstein.de · ▪

12 **DZ** ab 122,00 €;
als **EZ** ab 98,00 €;
19 **EZ** ab 83,00 €;
1 **3-Bett-Zimmer** ab 146,00 €

In der Rheinebene, etwa 12 km von der Karlsruher City entfernt, findet sich im beschaulichen Eggenstein-Leopoldshafen das Hotel "Zum Goldenen Anker", das bereits seit seit 1850 in Familienbesitz ist. Stephanie und Armin Radtke führen den wunderschönen, historischen Landgasthof aus dem Jahre 1726 mit sehr viel Herzblut und großem Engagement gemeinsam mit einem freundlichen und

Eggenstein-Leopoldshafen

motivierten Team. Die Zimmer (Preise inkl. Frühstück) sind sehr liebevoll mit viel Geschmack eingerichtet, garantieren eine echte Wohlfühl-Atmosphäre und sind ein behagliches Zuhause auf Zeit. Verschiedene, hübsche Accessoires und unterschiedliche Farben sind wesentliche Gestaltungselemente und geben jedem Raum eine ganz individuelle Note. Auch Tagungen und Events finden im Haus einen passenden Rahmen, werden auf persönliche Wünsche abgestimmt und von Anfang bis Ende aufmerksam betreut.

Bhf →15 km

🏰 Landgasthof Zum Goldenen Anker

✉ 76344 · Hauptstraße 16-20 · ☎ 07 21 70 60 29
Regionale und Internationale Küche · Tische: 14/50 Plätze
info@hotel-anker-eggenstein.de · www.hotel-anker-eggenstein.de · f

Speisekarte: 12 Hauptgerichte von 21,70 bis 41,80 €; 1 Menü von 47,00 bis 70,00 € ♡♡♡ 58 Weinpos.

Im Restaurant „Zum Goldenen Anker" einzukehren, bedeutet, eine kleine Auszeit vom Alltag zu nehmen und in aller Ruhe feine Speisen zu genießen. Man sitzt in unaufgeregter Atmosphäre in einem behaglichen Interieur und wird von einem liebenswürdigen Serviceteam unter kompetenter Leitung von Franziska Trautwein aufmerksam betreut. Patron und Chefkoch Armin Radtke steht am Herd, er sorgt mit Einsatz und Leidenschaft für handwerklich präzise Speisen, die auf Topzutaten basieren, in der Region verwurzelt sind, aber regelmäßig darüber hinausgehen. Mal gutbürgerlich und traditionell, mal mediterran, mal mit asiatischem Twist – er hat seine Neugier und Offenheit für andere Küchen nie verloren und holt sich zusätzliche Inspira-

tionen aus dem Wechsel der Jahreszeiten. Das macht das Angebot facettenreich und Lust auf wiederholte Besuche im ältesten Wirtshaus in Eggestein. Verschiedene Events im Jahr sorgen für zusätzliche Abwechslung.

Hotels und Restaurants mit diesem Zeichen befinden sich in einem historischen Gebäude.

255

Eggenstein-Leopoldshafen

♜ Das garbo zum Löwen

Bhf→15 km

✉ 76344 · Hauptstraße 51 · ☎ 07 21 78 00 70 · Fax: 7 80 07 99
Klassische, Neue u. Regionale Küche · **Tische:** 10/20 Plätze
info@garbo-loewen.de · www.garbo-loewen.de

VISA ●● ●●

Speisekarte: 4 Hauptgerichte von 39,00 bis 65,00 €; 1 Mittagsmenü von 49,00 bis 69,00 €; 2 Menüs von 149,00 bis 169,00 € ❤❤❤❤🍴 380 Weinpos.

Behagliche Landhaus-Romantik prägt das wunderschöne Interieur des Restaurants „das garbo zum Löwen". Holzvertäfelungen, schöne Deckenmalereien, warme Farben und edel eingedeckte Tische verbinden sich zu einem stimmigen Ganzen mit hohem Wohlfühlfaktor. Hermine und Marcel Kazda sind spürbar Gastronomen aus echter Leidenschaft. Marcel Kazda zeigt nun im „garbo zum Löwen" die ganze Bandbreite seines kulinarischen Könnens. Klassische Küche ist die Basis seiner sorgfältig ertüftelten Speisen. Behutsam interpretiert er sie vor diesem Hintergrund neu, setzt zeitgemäße Elemente und kombiniert Neues mit Regionalem. Mit ausgesuchten Zutaten, deren Herkunft bekannt ist und die den Respekt gegenüber der Umwelt und Nachhaltigkeit spiegeln, kreiert er Speisen, die bei aller Fantasie immer verständlich

bleiben, schmecken und in Erinnerung bleiben. Sommelier Philipp Spielmann hält eine sehr gut sortierte Weinkarte mit Tropfen aus Deutschland, aber auch aus Österreich und Frankreich vor und berät zur passenden Begleitung mit Expertise. Er ist auch umsichtiger Restaurantleiter, der jederzeit für seine Gäste ansprechbar ist, ihm zur Seite steht ein geschultes Serviceteam.

Eisenach

♜ Weinrestaurant Turmschänke

Bhf→300 m

✉ 99817 · Karlsplatz 28 · ☎ 0 36 91 21 35 33 · Fax: 88 88 12
Neue u. Regionale Küche · **Tische:** 15/60 Plätze
info@turmschaenke-eisenach.de · www.turmschaenke-eisenach.de

VISA AE ●● ●●

Speisekarte: 11 Hauptgerichte von 23,00 bis 34,00 €; 1 Menü von 55,00 bis 70,00 € ❤❤🍴 140 Weinpos.

"Höchster Genuss in romantischer Atmosphäre" – so lautet das Motto des 1912 erbauten Restaurants. Chef de Cuisine Ulrich Rösch präsentiert solide Handwerkskunst, indem er die frischen Produkte zu einer perfekten Melange aus Tradition und Moderne verbindet.

Ellwangen

Ellwangen

♜ Hirsch ★★★

✉ 73479 · OT Neunheim · Maierstraße 2 · ☎ 0 79 61 91 98-0
Bar, Bistro, Café, Vinothek, Biergarten
VISA
kontakt@hirsch-ellwangen.de · www.hirsch-ellwangen.de

15 **DZ** ab 94,00 €;
24 **EZ** ab 74,00 €

Die Geschichte des „Hirsch – Das Ellwanger Landhotel" beginnt vor 1720 als landwirtschaftlicher Betrieb, heute wird das Haus in nunmehr 12. Generation geführt. Heike und Martin Hald sind engagierte Gastgeber aus Leidenschaft, Sohn Dennis Wiche ist der verlässliche Chefkoch in der Küche. Ellwangen liegt in der landschaftlich reizvollen Schwäbischen Alb, die einzigartige schwäbische Kulturlandschaft lädt zu einer Vielzahl abwechslungsreicher Aktivitäten – Wanderungen, Besichtigungen, Golf, Mountainbiking uvm. – ein und der „Hirsch" ist dafür der perfekte Ausgangspunkt. Verschiedenste schön eingerichtete Zimmer, u. a. moderne Business-Einzelzimmer mit besonders breiten Betten, stehen zur Auswahl und sind ein behagliches Zuhause auf Zeit. Tagungsgäste finden mit bestens ausgestatteten Räumlichkeiten perfekte Bedingungen für effektives Arbeiten vor. Neben dem Restaurant mit ambitionierter Küche betreibt Familie Hald noch im Schloss Ellwangen die gleichnamige Schenke, die nur wenige Gehminuten vom alten Stadtkern entfernt ist und mit dem romantischen Biergarten zur beliebten Einkehr für Wanderer, Einheimische und Gäste wurde.

♜ Hirsch

✉ 73479 · OT Neunheim · Maierstraße 2 · ☎ 0 79 61 91 98-0
Regionale und Saisonale Küche · **Tische:** 50/140 Plätze
VISA
kontakt@hirsch-ellwangen.de · www.hirsch-ellwangen.de

Speisekarte: 16 Hauptgerichte von 22,00 bis 41,00 €; 1 Menü von 55,00 bis 80,00 €
✿✿✿

Im Restaurant „Hirsch" gibt es verschiedene wunderschöne Stuben, in denen man die frische und saisonale Küche von Dennis Wiche genießen kann. Er hat sein Handwerk von der Pike auf gelernt, kehrte nach top Karrierestationen ins Elternhaus zurück und kocht hier mit echter Leidenschaft. Die gilt auch der handverlesenen Auswahl der erstklassigen Produkte, von denen 90% aus regionaler Herstellung stammen – Qualität, die man schmeckt. Mit vielen Ideen und handwerklicher Sorgfalt stellt er die Zutaten zusammen und kreiert Speisen, die die wechselnden Jahreszeiten spiegeln und gleichzeitig ein köstliches kulinarisches Bekenntnis zur Heimat sind. Zum Ende des Jahres konzipiert er ein edles Feinschmeckermenü, das für begrenzte Zeit im eigens dafür etablierten Pop-Up-Restaurant präsentiert wird.

 Die Küchenleistung dieses Restaurants ist hervorhebenswert in seiner Kategorie.

Elmau

♖ Schloss Elmau
Bhf→7 km

✉ 82493 · Schloss Elmau · ☎ 0 88 23 1 80
6 SPAs, 9 Restaurants, Akustik-Konzertsaal
🍴⚓♿📶🚗🅿✈🏊⛰☕🔍🎾🎿🌬❄🔱 15 km
info@schloss-elmau.de · www.schloss-elmau.de · f

20 **DZ** ab 550,00 €;
16 **EZ** ab 310,00 €;
39 **Suiten** ab 870,00 €;
87 **Ju.-Suiten** ab 650,00 €

Schloss Elmau ist wahrlich ein Spitzenhotel von Weltklasse. Die Aussicht auf die imposante Bergwelt ist spektakulär, die Leistungen sind es auch. Die großzügig geschnittenen Zimmer mit unaufdringlichem Luxus und allen erdenklichen modernen Annehmlichkeiten sind ein hinreißendes Zuhause auf Zeit. Großer Wert wird auf ungestörte Erholung gelegt: Neben dem Nature Spa gibt es ein Badehaus und ein Hamam für Erwachsene. Kinder und Familien steht ein exklusives, eigenes Luxus-Spa offen. Gleich neun Restaurants (u. a. Live-Cooking-Buffet, Family- und Spa-Restaurant, Gourmetrestaurant, Fidelio mit Indian Cuisine, Tutto Mondo mit Eastern Mediterranean Cuisine, Ananda mit Thai Cuisine und dem Summit Pavillon Retreat mit Moriawase) decken das gesamte kulinarische Spektrum ab. Ergänzen möchten wir noch u. a. die 4 Terrassen, 4 Lounges und Bars, 3 Bibliotheken und 3 Golfplätze ganz in der Nähe sowie die Möglichkeit der Teilnahme am Kids & Teens- und Fit & Aktiv Programm. Einzigartig ist auch das kulturelle Angebot: In einem akustisch einmaligen Konzertsaal gibt es regelmäßige Veranstaltungen (Lesungen, Konzerte, Debatten u.v.m.), die den Gästen niveauvolle Unterhaltung bieten. All diese durchdachten Angebote und Leistungen inkl. einem fantastischen Frühstücksbuffet, machen den Aufenthalt in Schloss Elmau zusätzlich attraktiv.

♖ Schloss Elmau – IKIGAI
Bhf→7 km

✉ 82493 · Schloss Elmau · ☎ 0 88 23 1 80
Französisch Japanische Küche · **Tische:** 9/28 Plätze
info@schloss-elmau.de · www.schloss-elmau.de · f

Speisekarte: 1 Menü von 199,00 bis 269,00 € 🍷🍷🍷🍇🍇🍇 650 Weinpos. Das Gourmetrestaurant in Schloss Elmau heißt nun IKIGAI. Es hat nicht nur einen neuen Namen, sondern auch eine neue kulinarische Ausrichtung bekommen. Geblieben sind das geradlinige, schlichte mit viel Holz gestaltete Interieur, eine entspannte Lässigkeit und die weltoffene Atmosphäre. Chefkoch Christoph Rainer betrachtet das Kochen als dynamischen Prozess und so schlägt sich seine jahre-

Elmau

lange Auseinandersetzung mit der japanischen Küche und Lebensphilosophie nun im IKIGAI nieder. Dazu gehören Wertschätzung, Achtsamkeit und eine harmonische Atmosphäre am Herd, im Restaurant und im Team. Sorgfältig, unter nachhaltigen Aspekten und mit einem ganzheitlichen Ansatz im Blick, werden die erstklassigen Zutaten – gerne in der Region – eingekauft und fachkundig zu eleganten französischen und japanischen Speisen zusammengestellt. In der Anzahl überschaubare Ingredienzien münden in ein großartiges Spiel von Säure, Süße und Schärfe, verschiedensten Aromen, Texturen und Konsistenzen. Zusätzlich zum Menü Ikigai gibt es mit dem Midori noch ein veganes Menü. Jeder Gang ist auch optisch ein echter Hingucker und ein staunenswertes kleines Kunstwerk.

Eltville

Jean 👨‍🍳👨‍🍳👨‍🍳

✉ 65343 · Wilhelmstraße 13 · ☎ 0 61 23 90 40
Deutsche und Französische Küche · **Tische:** 12/40 Plätze
info@hotel-frankenbach.de · www.hotel-frankenbach.de   VISA ● ▪

Speisekarte: 4 Hauptgerichte von 32,00 bis 59,00 €; 2 Menüs von 69,00 bis 149,00 € ❤❤❤❤ 🍇   200 Weinpos.
Gehobene deutsche und französisch inspirierte Küche kommt im charmant eingerichteten Restaurant in handwerklicher Präzision auf die Tische. Küchenchef Johannes – "Jean" – Frankenbach legt größten Wert auf erstklassige, bevorzugt regionale Zutaten.

Bhf → 500 m 🏛 **Restaurant Kronenschlösschen** 👨‍🍳👨‍🍳👨‍🍳

✉ 65347 · Rheinallee · ☎ 0 67 23 6 40 · Fax: 76 63
Klass. u. Regionale Küche · **Tische:** 14/38 Plätze
info@kronenschloesschen.de · www.kronenschloesschen.de   VISA AE ● ● ▪

Speisekarte: 1 Menü von 110,00 bis 148,00 €
❤❤❤❤ 🍇🍇🍇   2000 Weinpos.
Chefkoch Roland Gorgosilich präsentiert im charmant eingerichteten Restaurant moderne, europäische Speisen, denen er

Eltville

gerne einen grenzübergreifenden Twist gibt. Regionale Produkte von kompromissloser Qualität sind die Basis für die präzise und expressive Küche.

★★★★★ Schloss Reinhartshausen

✉ 65346 · OT Erbach · Schlossplatz 1 · ☎ 0 61 23 7 01 94 94 · Rest. Blue Garden Panasian Cuisine & Grill, Bar, Bistro, Zimmerpreise inkl. Frühstück
🍽🍺🏨🚗🅿🚻♿⛱🏊↔︎☀️♨️🛁🕓🎰📞 15 km   VISA/AE 💳 💳
info@schloss-hotel.de · www.schloss-hotel.de · 📘

38 **DZ** von 279,00 bis 695,00 €;
als **EZ** von 249,00 bis 595,00 €;
15 **Suiten** von 480,00 bis 1050,00 €

Eingebettet zwischen Rhein und Reben, ist das Hotel Schloss Reinhartshausen ein Refugium des Wohlbefindens und Genusses. Bei der aufwändigen und detailreichen Restaurierung war der Geist der höchst unkonventionell seit 1855 hier lebenden Prinzessin Marianne von Nassau-Oranien stilprägend. Die edel in zeitloser Moderne in Weinrot, dunklem Blau und Smaragdgrün gestalteten Zimmer präsentieren Kunstwerke aus ihrer Sammlung, gerne wurden auch Einrichtungsgegenstände aus der Historie des Hauses wiederhergestellt und harmonisch im eleganten Interior Design integriert. Im "Blue Garden Panasian Cuisine & Grill" warten erstklassige kulinarische Spezialitäten, ein herrlicher Ausblick und eine der schönsten Terrassen im Rheingau. Die Sekt- und Champagnerbar ist eine prickelnde Ergänzung und schöner Treffpunkt. Im Wellnessbereich mit Pool, zwei Saunen und Dampfbad bleibt der Alltag außen vor. Egal ob geschäftliche Anlässe oder private Feiern – jede Veranstaltung wird individuell geplant und kompetent begleitet. Im Hotel Schloss Reinhartshausen verbinden sich unaufdringlicher Luxus, Entspannung, Genuss und zugewandter Service aufs Feinste und garantieren einen unvergesslichen Aufenthalt.

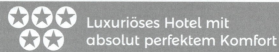
Luxuriöses Hotel mit absolut perfektem Komfort

Eltville

Y Gourmetrestaurant by Karsten Fricke 🎩🎩🎩

✉ 65343 · OT Innenstadt · Rheingauer Straße 22 · ☎ 0 61 23 7 09 65 63
Neue Küche · **Tische:** 6/24 Plätze
eltville@y-wineandkitchen.com · www.y-wineandkitchen.com · f

Speisekarte: 3 Hauptgerichte von 32.00 bis 39.00 €; 1 Mittagsmenü von 55.00 bis 89.00 €; 1 Abendmenü von 75.00 bis 169.00 € 🍷🍷🍷🍇🍇   390 Weinpos.

Bereits beim Betreten des „Y Gourmetrestaurant by Karsten Fricke" spürt man die einladende und weltoffene Atmosphäre, denn es ist stylisch, urban und modern gestaltet. Petrolfarbene Samtbänke und magentafarbene Samtfauteuils stehen an schlicht eingedeckten, blanken Tischen vor einer Wand mit unzähligen, abgebildeten Flamingos, alternativ sind es rote Samtbänke vor einem Dschungeltableau. Das ist so raffiniert und cool, dass man direkt neugierig wird, wie sich hier die Küche von Chefkoch Karten Fricke einfügt. Um es mit einem Wort zu sagen: Perfekt. Er nimmt den Gast auf eine faszinierende Genussreise mit, die man am besten innerhalb des Y Tasting Colour Menüs kennenlernt. Alles steht im Zeichen verschiedener Farben – so wird jeder Gang auf einer andersfarbigen kleinen Karte annonciert. Karsten Fricke hat in verschiedensten Sterneküchen gearbeitet und setzt nun hier seine gesammelten Erfahrungen, kombiniert mit ei-

genen raffinierten Ideen detailreich um. Er arbeitet heimatverbunden und nachhaltig, das unverfälschte Produkt steht im Mittelpunkt und wird von ihm in immer wieder neue Kontexte gesetzt. Eine Küche, die einfach Spaß macht und großartig schmeckt. Die Speisen werden von erstklassigen Weinen aus der hauseigenen Y Weinmanufaktur abgerundet, hier berät Simone Schiller-Yildirim, die auch charmante Gastgeberin und Serviceleiterin ist, mit großer Fachkenntnis und viel Sensibilität.

Bhf→6 km

🍴 Zum Krug 🎩🎩🎩

✉ 65347 · OT Hattenheim · Hauptstraße 34 · ☎ 0 67 23 9 96 80
Trad. Küche mit modernen Prägungen, veget. · **Tische:** 12/50 Plätze
info@zum-krug-rheingau.de · www.zum-krug-rheingau.de

Speisekarte: 9 Hauptgerichte von 29.00 bis 48.00 €
🍷🍷🍷🍇🍇   1348 Weinpos.

Das Restaurant „Zum Krug" wurde 1720 in einem Fachwerkhaus in Eltville als Weinausschank eröffnet. Im modernen und doch traditionellen Ambiente bringt Küchenchef Josef Laufer hier heute regionale Gerichte auf den Tisch – klassisch inspiriert und neu interpretiert.

Emsdetten

Emsdetten

 ## 🏛 Lindenhof Bhf→100 m

✉ 48282 · Alte Emsstraße 7 · ☎ 0 25 72 92 60 · Fax: 92 62 00
Restaurant, Bar, Biergarten, Arrangements, Frühstück im Zi.-Preis inklusive
🍽🛏♿🏠🅿🚊♨↔👤★☀💻⛳ 10 km   VISA ● E

41 **DZ** von 130.00 bis 145.00 €;
41 **EZ** von 105.00 bis 115.00 €;
2 **Juniorsuiten** von 125.00 bis 179.00 €
Im Herzen von Emsdetten findet sich dieses traditionsreiche Familienhotel, das seit 2021 mit dem Nachhaltigkeitssiegel GreenSign Level 4 zertifiziert ist und in dem die Gastfreundschaft noch von Herzen kommt. Hier behält Uromas Standuhr auch neben einer modernen Designervitrine ihren Charme. Die komfortablen Zimmer in den vier historischen Wohnhäusern sind mal rustikal, mal modern eingerichtet. Außerdem gibt es auch noch sechs Langzeitappartements im "Alten Wiegehaus". Das reichhaltige Frühstücksbuffet in einem separaten Raum ist bereits im Zimmerpreis enthalten. Der 40 m² große, technisch modern ausgestattete Tagungs- und Veranstaltungsraum ist ideal für vielseitige Events. Mit Seerosenteich und Ruhebänken ist der Garten eine Oase der Entspannung. Die umliegenden, landschaftlich reizvollen Partnergolfplätze gewähren eine Greenfee-Ermäßigung. Nahe am sehr beliebten Ems-Radweg gelegen, ist man hier als "fahrradfreundliches Hotel" (es gibt u. a. kostenfreie Fahrradgaragen mit Lademöglichkeit für E-Bikes) bestens auf Radfahrer eingestellt und bietet ein Fahrrad-Wochenende-Arrangement an.

🏛 Lindenhof Bhf→100 m

✉ 48282 · Alte Emsstraße 7 · ☎ 0 25 72 92 60 · Fax: 92 62 00
Klassische und Regionale Küche · **Tische:** 25/80 Plätze
info@lindenhof-emsdetten.de · www.lindenhof-emsdetten.de · f   VISA AE ● E

Speisekarte: 7 Hauptgerichte von 23.50 bis 36.50 €; 2 Menüs von 50.00 bis 70.00 €
🍴🍴🍴🍷 150 Weinpos.
Der „Lindenhof" ist ein mit Herzblut geführter Landgasthof, in dem Tradition und Moderne in der genau richtigen Mischung zu einem entspannten Aufenthalt beitragen. Familie Hankh ist Gastgeber mit Leidenschaft. Christine Hankh, die gute Seele des Hauses, leitet charmant und natürlich den zuvorkommenden Service und berät kenntnisreich zur gut sortierten Weinkarte. Altdeutsch eingerichtet, verbinden sich fein eingedeckte Tische, Antiquitäten und schöne Bilder zu einem gediegenen, einladenden Ambiente. Patron und (Eurotoques-) Chefkoch Udo Hankh hat sein Handwerk von der Pike auf gelernt, er führt den Gastronomiebetrieb verantwortungsbewusst und engagiert in dritter Generation. Er kocht ehrlich und unverfälscht, bevorzugt Zutaten aus der Region und präsentiert regionale Speisen mit modernem Twist und jahreszeitliche Spezialitäten. Eines der zwei gut durchdachten Menüs ist vegetarisch. Private und auch geschäftliche Veranstaltungen finden dank verschiedener, stilvoll ausgestatteter Räumlichkeiten einen passenden Rahmen.

CHAMPAGNER
CLUB

Entdecken Sie mit uns exklusive, besondere, limitierte oder einfach nur köstliche Champagner!

Club-Mitglied werden!

Wir reisen monatlich in die Champagne und durchstöbern unzählige Keller nach immer neuen Geschmackserlebnissen. Alle zwei Monate erhalten Club-Mitglieder eine Auswahl dieser Entdeckungen und haben die Möglichkeit kurzzeitig nachzuordern sowie an exklusiven Events, Reisen und Tastings teilzunehmen.

Mehr Infos unter www.champagner-club.de

Erfurt

Bachstelze

Bhf→500 m

✉ 99094 · Hamburger Berg 5 · ☎ 03 61 7 96 83 86
Moderne Deutsche Küche · Tische: 5/30 Plätze
info@bachstelze-erfurt.de · www.mariaostzone.de

Speisekarte: 1 Menü von 115,00 bis 185,00 € 450 Weinpos. Ländlich und mitten im Grünen vor den Toren Erfurts gelegen, ist das Haus, in dem Maria Groß und ihr Lebensgefährte Matthias Steube ihr Restaurant führen, ein seit über 90 Jahren beliebtes Lokal. Diese Tradition setzen die beiden mit leidenschaftlichem Engagement und großartigen Ideen fort. Hinter der Backsteinfassade verbirgt sich ein liebevoll gestaltetes Innenleben mit nostalgischem Charme und lässigem Vintage-Charakter und lädt zu legerem Fine Dining ganz ohne Dresscode ein. Hier wird der Chef's Table zum kommunikativen Mittelpunkt, die einsehbare Küche zum kulinarischen Hotspot. Tierwohl, Respekt vor den Zutaten, Nachhaltigkeit und Achtsamkeit im Umgang mit ihnen sowie kurze Wege bei deren Einkauf gehören zur Philosophie des Hauses. Brote werden alle selber gebacken. Unter Marias Händen entstehen ausdrucksstarke, unverfälschte Speisen,

die in der Region verwurzelt sind, aber in schillerndem neuem Gewand erscheinen. Das gemütliche "Wohnzimmer" im Obergeschoss ist perfekt für Events aller Art, auf Anfrage auch gerne außerhalb der Öffnungszeiten. Im traumschönen Biergarten wird im Sommer eine mächtige Kastanie, die so alt ist wie das Haus selber, zum Schattenspender.

🍷 Ballenberger

✉ 99084 · Gotthardstraße 25-26 · ☎ 03 61 64 45 60 88
Regionale und Internationale Küche · Tische: 15/45 Plätze
cb@das-ballenberger.de · www.das-ballenberger.de

Speisekarte: 3 Hauptgerichte von 32,00 bis 38,00 €; 1 Mittagsmenü von 40,00 bis 46,00 €; 2 Menüs von 48,00 bis 89,00 € 31 Weinpos. Christin Ballenberger hat einiges auf der Welt gesehen, bevor sie in ihre Heimatstadt zurückkehrte um sich hier den ganz persönlichen Traum eines Restaurants zu erfüllen, das gleichzeitig ein Treffpunkt für Jung und Alt, Touristen und Einheimische ist. Der Ort in der malerischen Erfurter Altstadt mit der historischen Krämerbrücke ums Eck und eine kleine Terrasse vor dem Haus, ist perfekt gewählt. Holzdielenboden, nostalgische Elemente, dekorative Bilder und bodentiefe Fester fügen sich zu einem einladenden Interieur mit weltoffenem Charakter. Hier setzt Christin Ballenberger ihre Vorstellung einer frischen und leichten, modernen und abwechslungsreichen und immer ehrlichen Küche um. Tradiertes Wissen, Neugierde, Experimentierfreude und Erfahrung bündeln sich zu einem ku-

Erfurt

linarischen Gesamtpaket des Genusses. Sie arbeitet konzentriert und aromensicher und lässt Internationales zu, um am Ende eine innovative, europäische Landküche zu präsentieren, die sie noch mit vegetarischen Gerichten ergänzt. Der Gast kann sich sein Wunschmenü zusammenstellen oder die Gänge auch einzeln bestellen. Bis 12 Uhr lässt sich üppig frühstücken, Feiern werden aufmerksam begleitet und für außer Haus Veranstaltungen steht ein gutes Cateringangebot zur Verfügung. Wer in Erfurts Altstadt noch eine charmante Bleibe sucht – zum "Ballenberger" gehören die "Schottennester" – sechs Ferienwohnungen (ab 99,- €), ebenfalls nahe der historischen Krämerbrücke.

 Sie finden diese Hotels und Restaurants auch bei facebook oder instagram.

Bhf → 400 m

♨ Clara Restaurant im Kaisersaal

✉ 99084 · OT Altstadt · Futterstr. 15-16 · ☎ 03 61 5 68 82 07 · Fax: 5 68 81 81
Klass., Neue Küche u. eig. Kreationen · Tische: 9/22 Plätze   VISA AE ● ɛ
info@restaurant-clara.de · www.restaurant-clara.de · f

Speisekarte: 1 Menü von 129,00 bis 177,00 € ♥♥♥♥ ⚜⚜ 220 Weinpos.
Das „Clara Restaurant im Kaisersaal" findet sich inmitten der historischen, malerischen Altstadt von Erfurt. Von der Namensgeberin Clara Schumann steht an der Stirnwand ein deckenhohes, grafisch ausgefallenes Portrait und ist ein echter Hingucker im schlicht-elegant gestalteten Interieur. Chefkoch Christopher Weigel ist seit über drei Jahre im „Clara" und hat seine Küche mit hohem kulinarischem Anspruch ideenreich weiterentwickelt. Die ambitionierten Speisen basieren auf handverlesenen Zutaten, die von kompromisslos guter Qualität sind und gerne im saisonalen Wechsel die komplexen und finessenreichen Speisen prägen. Die wurzeln in klassischen Rezepturen und werden mit Experimentierfreude modern und fantasievoll neu interpre-

tiert. Dorina Orlik ist eine zugewandte Gastgeberin, die den liebenswürdigen Service leitet und mit Expertise zu den passenden Weinen und Getränken berät. Kochkurse mit dem Chefkoch persönlich stehen weit oben auf der Beliebtheits-

Erfurt

skala, dicht gefolgt von Küchenparties mit dem Team, tanzbare Musik und edle Tropfen begleiten das entspannte informative Event.

 ♛ **Magda** Bhf→10 km

✉ 99090 · Brauhausgasse 3 · ☎ 03 62 08 24 38 96 · Fax: 24 38 91
Regionale und Saisonale Küche · **Tische:** 7/22 Plätze
info@restaurant-magda.de · www.restaurant-magda.de · f

Speisekarte: 1 Menü zu 84,00 €
❂❂❂ 42 Weinpos.

Um 1742 erbaut, ist das Magdalenengut ein historischer Vierseithof im Dorf Alach nahe Erfurt. Er wurde wunderschön saniert: das alte Fachwerk, das Restaurant, die einladende Terrasse und der Kräutergarten mit duftendem Lavendel verbinden sich zu einem ungemein charmanten Ensemble, das Veranstaltungen ein stilvollen Rahmen gibt, allen voran Hochzeiten, die hier dank der eigenen kleinen Kapelle und des erstklassigen Caterings den perfekten Ort haben. Der hat auch André Radke überzeugt, als er sich den Traum vom eigenen Restaurant erfüllt hat. Das Interieur hinter den Biedermeier-Flügeltüren ist bezaubernd: Hübsche, kleine Fenster, gedimmtes Licht, originale Klosterplatten und ein Kaminofen sorgen für Behaglichkeit und ein wirklich romantisches Flair. Wenn möglich, kauft der Patron die Zutaten im Umland von bekannten Händlern und Erzeugern. Monatlich ertüftelt er mit dem Koch László Kerekes ein neues, raffiniertes Überraschungs-Menü, das immer auch von den wechselnden Jahreszeiten inspiriert ist. Sie arbeiten gekonnt und sehr kreativ, wenn es darum geht, die verschiedensten Zutaten ausbalanciert und doch spannungsreich zu kombinieren. Den Service leitet Patrick Jost, der auch zu den Weinen berät. Gut (und gerne) besucht sind die Kochkurse beim Meister am Herd.

www.der-grosse-guide.de

Erlangen

Erlangen
muskat

Bhf→1 km

✉ 91054 · Hauptstraße 60 · ☎ 0 91 31 97 43 43
Klassische und gehobene Regionale Küche · **Tische:** 12/55 Plätze
mail@das-muskat.de · www.das-muskat.de

Speisekarte: 5 Hauptgerichte von 23,00 bis 45,00 €; 1 Mittagsmenü ab 26,00 €; 2 Menüs von 47,00 bis 110,00 €

140 Weinpos.

Daniela und Zacharias Dengler sorgen mit Herzblut und sehr viel Fleiß dafür, dass ihr Restaurant „muskat" ein Ort des Genusses und der Kommunikation ist, dass sich jeder Gast einfach wohlfühlt. Zacharias lag schon als Kleinstkind im Weidenkorb, der im Naturkostcafé von seiner Mutter Monika Dengler stand, wurde mit kulinarischen Genüssen groß und lernte früh, allen Zutaten und Produkten gegenüber Respekt zu zeigen und wirklich nachhaltig zu arbeiten. In dem uneingeschränkt zertifizierten BIO-Restaurant gehört die Wertschätzung gegenüber der Natur und ihren Lebewesen unabdingbar zur Philosophie, kommen Fisch und Fleisch nur nach guter Überlegung auf die Karte. Vielmehr stehen frisches, saisonales Gemüse und Kräuter in faszinierenden Variationen und Zubereitungen im Fokus, sind die Kombinationen, die Zacharias Dengler ertüftelt, Ausdruck seiner Leidenschaft für bewusstes Kochen unter ernährungswissenschaftlichen Aspekten.

Entsprechend unverfälscht, aromenstark und ehrlich sind die Speisen, bei denen jeder Biss ein Genuss ist. Daniela Dengler – unterstützt von Schwiegermutter Monika – ist die gute Seele im Restaurant, gibt Wein-Empfehlungen und verweist an schönen Tagen gerne auf die idyllische Innenhof-Terrasse. Dort kann man übrigens zu feinen Kaffee- und Tee-Variationen hausgemachtes Gebäck und Kuchen bekommen – selber machen ist im „muskat" einfach oberste Küchenpflicht.

Erkelenz
TROYKA

Bhf→500 m

✉ 41812 · Rurstraße 19 · ☎ 0 24 31 9 45 53 55
Russische Crossover Küche · **Tische:** 15/40 Plätze
info@troyka.de · www.troyka.de

Speisekarte: 1 Menü zu 179,00 €

650 Weinpos.

In großer Verbundenheit führen Alexander Wulf, Marcel Kokot und Ronny Schreiber ihr Restaurant „Troyka" – russisch für Dreiergespann. Die beiden ersteren sor-

Erkelenz

gen für eine visionäre Crossover-Küche. Letzterer ist leidenschaftlicher Sommelier und berät zur hinreißend bestückten Weinkarte.

Essen

Bliss
Bhf→3 km

✉ 45131 · Rüttenscheider Str. 237 · ☎ 02 01 95 98 55 95 · Fax: 95 98 55 97
Internationale u. Asiatische Küche
info@bliss-essen.de · www.bliss-essen.de

Speisekarte: 16 Hauptgerichte von 14,00 bis 28,00 €; 2 Menüs von 70,00 bis 80,00 €

Im "Bliss" kommen die gelungene Verbindung von Restaurant und Bar, das stylishe Ambiente und die lässige Atmosphäre bei den Gästen ebenso gut an wie der Mix aus europäischer und asiatischer Küche von Chefkoch Sascha Matic, der auch Sharing Plates sowie Sushi und Sahimi anbietet.

Chefs & Butchers
Bhf→10 km

✉ 45239 · Im Löwental 64 · ☎ 02 01 40 87 00 00
Internationale Küche, eigene Kreationen
info@chefsandbutchers.de · www.chefsandbutchers.de

Speisekarte: 6 Hauptgerichte von 25,00 bis 45,00 €; 2 Menüs von 75,00 bis 95,00 €

Das "Chefs & Butchers" ist mit schwarzen Wänden, moderner Möblierung und großformatigen Fotos in dezentem Industrial Design gestaltet. Die urbane und lässige Atmosphäre stimmt den Gast perfekt ein auf die weltoffene Küche von Michael Scheil und Matthäus Brol. Beide verbindet die Freude am Kochen und die Liebe zu gutem Essen und Trinken und da ist die Idee, damit auch andere zu begeistern, naheliegend und erfolgreich. Zum einen, weil die Grundzutaten handverlesen sind, aus der Region und der verbundenen, alteingesessenen Metzgerei Bremen kommen und zum anderen, weil sie von Michael Scheil und Matthäus Brol gekonnt und fantasievoll zusammengestellt werden. Ihre ambitionierte Produktküche überzeugt mit ideenreichen Kombinationen und klaren Aromen. An warmen Tagen verlagert sich das kulinarische Geschehen auch gerne auf die Terrasse, für jede Art von Veranstaltung gibt es einen passenden Rahmen. Und wer von der ausgezeichneten Küche privat profitieren möchte, holt sie sich mit dem erstklassigen Catering direkt ins Haus.

Sie finden diese Hotels und Restaurants auch bei facebook oder instagram.

Hannappel

Bhf→1 km

✉ 45279 · Dahlhauser Straße 173 · ☎ 02 01 53 45 06
Neue Küche und eigene Kreationen · **Tische:** 15/60 Plätze
info@restaurant-hannappel.de · https://restaurant-hannappel.de ·

Speisekarte: 3 Menüs von 128,00 bis 148,00 €

❦❦❦ 180 Weinpos.

Gestartet hat das Hannappel im Jahre 1908 als gemütliche Eckkneipe. Die Ruhrgebietskneipe wurde bisher im Familienbesitz geführt und in vierter Generation von Knut Hannappel ab 1993 in ein mehrfach ausgezeichnetes Fine-Dining-Restaurant umgewandelt. Nach gut 30 Jahren haben seit Anfang 2025 Chefkoch Tobias Weyers und Restaurantleiter René Silva Sampaio das Restaurant von Knut Hannappel übernommen. Die Speisen von Küchenchef Tobias Weyers basieren auf handverlesenen Zutaten, werden konzentriert und ideenreich zubereitet und bleiben bei aller Raffinesse für den Gast immer verständlich. Begleitet wird der Restaurantbesuch von einem zugewandten Team und der kompetenten Weinberatung durch Sommelier René Sampaio. Gerade, weil hier eine exzellente und spannende Küche so herrlich unverkrampft präsentiert wird, ist das „Hannappel" für Menschen, die in entspannter Atmosphäre ein paar genussreiche Stunden verbringen möchten, ein sehr empfehlenswerter Wohlfühlort.

Kettner's Kamota

✉ 45239 · Hufergasse 23 · ☎ 02 01 720 44 700
Österreichische Küche
info@kettnerskamota.de · www.kettnerskamota.de

Speisekarte: 1 Menü von 128,00 bis 165,00 €

❦❦❦

Im lässig eingerichteten Restaurant sorgt Jürgen Kettner für kreativ ausgeklügelte, präzise zubereitete Speisen aus seiner steirischen Heimat, die raffiniert mit asiatischen Elementen ergänzt werden und als sharing dishes auf die Tische kommen.

La Grappa

Bhf→50 m

✉ 45128 · Rellinghauser Straße 4 · ☎ 02 01 23 17 66 · Fax: 22 91 46
Italienische u. Mediter. Küche, eig. Kreationen · **Tische:** 12/58 Plätze
info@la-grappa.de · www.la-grappa.de

Speisekarte: 10 Hauptgerichte von 22,00 bis 58,00 €; 1 Mittagsmenü zu 66,00 €; 1 Menü ab 75,00 €

❦❦❦❦❦❦ 1000 Weinpos.

Das "La Grappa" von Patron Rino Frattesi gehört zu den besten italienischen Re-

Essen

staurants im Revier. Hier ist die italienische Küche wunderbar durchdacht, präzise und aromastark und wird von einer fantastischen Weinauswahl ergänzt.

 ### ♖ Pierburg Erika Bergheim

✉ 45219 · Schmachtenbergstraße 184 · ☎ 0 20 54 59 07
Klassische Küche mit eigenen Kreationen
info@pierburg-essen.com · www.pierburg-essen.com

Speisekarte: 7 Hauptgerichte von 12,00 bis 42,00 €; 1 Menü von 125,00 bis 150,00 € 🍷🍷🍷

Nach vielen Jahren, in denen Erika Bergheim für die exzellente Küche im Schlosshotel Hugenpoet sorgte, steht sie nun im Restaurant Pierburg ihre Frau. Die Speisen sind klar und geradlinig, ehrlich und ohne Chichi, aromenstark und filigran. Die Mischung zwischen Alltagsgerichten und Gourmetmenüs – die Selection E.B – ist perfekt.

 ### ♖ Schloss Hugenpoet – Restaurant 1831   Bhf→15 km

✉ 45219 · August-Thyssen-Str. 51 · ☎ 0 20 54 1 20 40 · Fax: 12 04 50
Eigene Kreationen
info@hugenpoet.de · www.hugenpoet.de

Speisekarte: 1 Menü von 90,00 bis 145,00 € 🍷🍷🍷🍷🍇🍇   250 Weinpos.

Im linken Wintergarten ist das Restaurant „1831" (das Jahr, in dem das verfallene Schloss an Freiherrn Friedrich Leopold von Fürstenberg geht) beheimatet und wird zur stilvollen Kulisse für die Küche von Dominik Schab. Er verbindet gekonnt kulinarische Traditionen mit verblüffend Neuem.

 ### Schote   Bhf→3 km

✉ 45130 · Rüttenscheider Straße 62 · ☎ 02 01 78 01 07 · Fax: 74 74 96 79
Klass., Reg. u. Intern. Küche, eig. Kreat. · **Tische:** 14/44 Plätze
schote@nelson-mueller.de · www.restaurant-schote.de

Speisekarte: 2 Menüs von 170,00 bis 195,00 €
🍷🍷🍷   53 Weinpos.

Patron und Chefkoch Nelson Müller sorgt gemeinsam mit seinem Team dafür, dass sein großes kulinarisches Können in genussvolle und erinnerungswürdige Geschmackserlebnisse mündet.

Ettlingen

 ### ♖ Gourmetrestaurant Erbprinz   Bhf→500 m

✉ 76275 · Rheinstraße 1 · ☎ 0 72 43 32 20 · Fax: 32 23 22
Modern interpr. klass. Küche, eig. Kreat. · **Tische:** 7/30 Plätze
info@erbprinz.de · www.erbprinz.de

Speisekarte: 3 Hauptgerichte von 32,00 bis 69,00 €; 1 Menü von 189,00 bis 219,00 €
🍷🍷🍷🍷🍇🍇🍇   519 Weinpos.

Mit überbordender Fantasie und klaren Linien inszeniert Chefkoch Ralph Knebel eine klassische Küche, die von ihm innovativ neu interpretiert wird. Ehefrau Jasmina sorgt für eine raffinierte wie verlockende Pâtisserie.

 Dieses Restaurant bietet Ihnen eine exzellente Küche.

Ettlingen

♖ Hartmaier's Villa Watthalden

Bhf→800 m

✉ 76275 · Pforzheimer Straße 67 · ☎ +49 72 43 76 17 20
Klassische und Regionale Küche · **Tische:** 24/55 Plätze
info@hartmaiers.de · www.hartmaiers.de

Speisekarte: 7 Hauptgerichte von 27,00 bis 47,00 €

In charmanter Atmosphäre genießt man in der hübschen Villa Watthalden dank Chefkoch Dieter Mettmann eine abwechslungsreiche Frischeküche. Die kreativen klassischen und badischen Speisen werden durch raffinierte Themen-Menüs und verschiedenste Events rund ums Jahr ergänzt.

Euskirchen

♖ Bembergs Häuschen

Bhf→8,1 km

✉ 53881 · Burg Flamersheim · ☎ 0 22 55 94 57 52 · Fax: 94 57 61
Klass., Reg. u. Intern. Küche · **Tische:** 7/26 Plätze
info@landlustburgflamersheim.de · www.burgflamersheim.de

Speisekarte: 1 Menü von 149,00 bis 219,00 €

250 Weinpos.

Burg Flamersheim ist die Heimat für das Gourmetrestaurant "Bemberg's Häuschen". Hier beweisen Patron Oliver Röder und Chefkoch Filip Czmok, dass Landlust- und Gourmetküche kein Widerspruch sind, sondern dank kulinarischem Geschick, Handwerkskunst und Fantasie zu einer raffinierten Melange werden können.

Falkensee

Sawito

Bhf→40

✉ 14612 · Spandauer Straße 14 · ☎ 0 33 22 1 21 85 66
Klassische Küche · **Tische:** 14/40 Plätze
kontakt@restaurant-sawito.com · www.restaurant-sawito.com

Speisekarte: 5 Hauptgerichte von 30,00 bis 40,00 €; 2 Menüs von 65,00 bis 109,00 €

Französische Küche ist die Basis der geschickt ausgetüftelten Speisen von Chefkoch Marco Wahl, der das Beste aus Orient und Okzident harmonisch miteinander kombiniert.

Faßberg

♖ Schäferstuben

Bhf→15 km

✉ 29328 · Hauptstraße 7 · ☎ 0 50 53 9 89 00 · Fax: 98 90 64
Neue u. Reg. Küche mit franz. Einfluss · **Tische:** 14/55 Plätze
info@niemeyers-posthotel.de · www.niemeyers-posthotel.de

Speisekarte: 4 Hauptgerichte von 23,00 bis 49,00 €; 1 Menü von 54,00 bis 70,00 €

120 Weinpos.

Rustikale Eleganz prägt das Interieur der "Schäferstuben". Alexander Niemeyer bereichert seine geradlinige, moderne und ehrliche, deutsche Küche mit mediterranen und regionalen Elementen.

Feldberger Seenlandschaft

♖ Alte Schule Fürstenhagen – Klassenzimmer

✉ 17258 · Zur alten Schule 5 · ☎ 03 98 31 2 20 23 · Fax: 2 20 31
Neue u. Regionale Küche · **Tische:** 8/32 Plätze
hotelalteschule@googlemail.com · www.hotelalteschule.de

Speisekarte: 2 Menüs von 150,00 bis 170,00 €

120 Weinpos.

Nicole und Daniel Schmidthaler führen ihr Restaurant mit Herzblut. Der Patron kocht nach dem Motto "Alles hat seine Zeit" und lässt sich bei seinen expressiven und raffinierten Kompositionen gerne vom saisonal wechselnden, reichhaltigen, regionalen Warenangebot inspirieren.

Feldkirchen-Westerham

★★★ ♛ **♖ Aschbacher Hof** Bhf→3 km

✉ 83620 · Aschbach 3 · ☎ 0 80 63 80 66-0 · Fax: 80 66-20 · Restaurant, große Terrasse, Café, Veranstaltungsräume, Zi.-Preise inkl. Frühstück
 3 km
info@aschbacher-hof.de · www.aschbacher-hof.de · ▮   VISA AE ● ▮

20 **DZ** von 160,00 bis 175,00 €;
als **EZ** von 120,00 bis 135,00 €

In der malerischen bayerischen Voralpenlandschaft findet man dieses schöne Urlaubs- und Tagungshotel oberhalb des Mangfalltals. Landestypische Behaglichkeit prägt die Zimmer (Frühstück im Preis inkl.), die 2021 umfangreich renoviert wurden, mit individuell geschreinerten Naturholzmöbeln charmant eingerichtet und mit zeitgemäßem Komfort ausgestattet sind. Hier kann man begleitet von sehr liebenswürdigem Service unbeschwerte Urlaubstage verbringen, aber auch die bestens konzipierten Tagungsräume nutzen, um effektiv zu arbeiten. Eine fein abgestimmte Frischeküche gibt es im Restaurant und am Nachmittag feine Kuchen und Torten – und im Sommer auch auf der großen Terrasse mit hinreißender Aussicht. Stets wird der Aufenthalt von einem herrlichen Alpenpanorama und zahlreichen, attraktiven Freizeitmöglichkeiten begleitet.

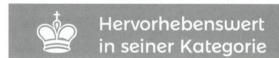

Hervorhebenswert in seiner Kategorie

♖ Aschbacher Hof Bhf→3 km

✉ 83620 · Aschbach 3 · ☎ 0 80 63 80 66-0 · Fax: 80 66-20
Regionale u. Internationale Küche · **Tische:** 23/80 Plätze
info@aschbacher-hof.de · www.aschbacher-hof.de · ▮   VISA AE ● ▮

Speisekarte: Hauptgerichte von 23,00 bis 37,00 €; 2 Menüs von 29,90 bis 47,90 €
❦❦❦   80 Weinpos.

Der „Aschbacher Hof" ist eine Landgasthaus wie aus dem Bilderbuch. Umgeben von Wiesen und Wäldern hat man an klaren Tagen eine Fernsicht von 200 km bis hin zu den Alpen. Eine Aussicht, die die Terrasse zum Logenplatz macht. Aber auch im Restaurant selber geht es mit täglicher, durchgehend warmer Küche von 12-21 Uhr genussvoll zu. Egal ob Urlauber, Hotelgast oder Wanderer – jeder ist aufs herzlichste willkommen und erfährt echte Gastfreundschaft. Die Stube ist mit viel Holz, Sprossenfenstern und kunstvollem Schnitzwerk stilvoll, detailreich und behaglich gestaltet. Chefkoch Heiko Obermaier sorgt gemeinsam mit seinem engagierten Team jeden Tag ab 12 Uhr dafür, dass niemand wieder hungrig des Weges ziehen muss. Er bevorzugt saisonfrische Zutaten aus dem nahen Umland, die von bekannten Händlern und Erzeugern angebaut und produziert werden. Damit kocht er frisch, bodenständig und unverfälscht und lässt sich zusätzlich gerne von den wechselnden

Feldkirchen-Westerham

Jahreszeiten inspirieren. Grenzübergreifende Themenwochen ergänzen das Angebot ebenso wie monatlich wechselnde kulinarische Events.

Fellbach

Hirsch – Oettingers Restaurant

Bhf→5 km

✉ 70736 · Kanalstraße 1-7 · ☎ 0711 95 130 · Fax: 5 18 10 65
Klassische, Neue und Regionale Küche, eig. Kreat. · **Tische:** 14/40 Plätze

info@hirsch-fellbach.de · www.hirsch-fellbach.de ·

Speisekarte: 1 Menü von 108,00 bis 198,00 € ❦❦❦❧❧   160 Weinpos.
In „Oettinger's Restaurant" im Hotel Hirsch erwarten den Gast ein sehr geschmackvolles Ambiente in einem hellen, freundlichen Landhausstil und zuvorkommende, herzliche, schwäbische Gastlichkeit. Chefkoch Kay Lurz arbeitet bevorzugt mit heimischen Zutaten und geht in seiner französisch inspirierten Küche über die Landesgrenzen hinaus, ohne den regionalen Fokus aus den Augen zu verlieren. Seine Speisen sind kreativ zusammengestellt, aromenstark, facettenreich und zeugen von der großen Bandbreite seines Könnens. Ob Geschäftsessen, eine Veranstaltungen (für bis zu 22 Personen) oder im privaten Rahmen – das Genusserlebnis in „Oettinger's Re-

staurant" bleibt in allerbester Erinnerung. Ein liebenswürdiger Service begleitet den Aufenthalt und trägt zum perfekten Abend bei.

Fellbach

Hirsch
Bhf→5 km

✉ 70736 · Kanalstraße 1-7 · ☎ 0711 9 51 30 · Fax: 5 18 10 65
Weinstuben "Im Schnitzbiegel", Biergarten, Zimmerpreise inkl. Frühstück
info@hirsch-fellbach.de · www.hirsch-fellbach.de   VISA AE ◉ ● ⌾

24 **DZ** von 133,00 bis 143,00 €;
70 **EZ** von 90,00 bis 108,00 €;
6 **Suiten**
Seit über 100 Jahren hat sich Familie Oettinger auf die Fahnen geschrieben, ihren Gästen einen möglichst angenehmen Aufenthalt zu bereiten. Das zentral gelegene Haus ist besonders bei Businessgästen beliebt.

Panorama

✉ 70734 · Auf dem Kapellenberg 1 · ☎ 07 11 5 78 15 06
Griechische und Deutsche Küche · **Tische:** 14/40 Plätze
info@panorama-stuttgart.de · www.panorama-restaurant-stuttgart.de   VISA ● ⌾

Speisekarte: 10 Hauptgerichte von 24,00 bis 32,00 €; 1 Candlelight-Dinner f. 2 Ps. von 195,00 bis 280,00 € ♥♥

Das auf dem Kappelberg stehende Restaurant „Panorama" bietet, was sein Name verspricht: einen herrlichen Blick über Fellbach, weit ins Neckartal, über Wiesen, Weinberge und Wälder. Die klare und modern-elegante Einrichtung passt zur zeitgemäßen Küche, die den Gast erwartet. Patron und Chefkoch Aggelos Bakopoulos präsentiert gemeinsam mit seiner Crew eine neue, griechische Küche, die ganz weit über das Essen „beim Griechen" hinausgeht. All die Speisen, für die Hellas bekannt ist, bekommt man hier in erstklassigen Zubereitungen. Jung und zeitgemäß sind die Zusammenstellungen, aromastark und vielseitig. Da lernt man Griechenland von einer ganz modernen kulinarischen Seite kennen. Vassilios Markudis berät zu den Weinen und leitet den aufmerksamen Service, der auch bei Geschäftsessen und Familienfeiern für bis zu 150 Personen, die mit ausgeklügelten Speisen aufs Feinste begleitet werden, zuvorkommend agiert. Ein ganz besonderes Erlebnis sind die romantischen Candlelight-Dinner mit exklusivem Menü.

Finsterwalde

Goldener Hahn
Bhf→200 m

✉ 03238 · Bahnhofstr. 3 · ☎ 0 35 31 22 14 · Fax: 7 19 80 26
Neue, Reg. u. Neue Lausitzer Küche · **Tische:** 10/40 Plätze
info@goldenerhahn.com · www.goldenerhahn.com   VISA AE ◉ ● ⌾

Speisekarte: 3 Hauptgerichte von 30,00 bis 35,00 €; 2 Menüs von 69,00 bis 140,00 €
♥♥♥♥ 🍷   150 Weinpos.
Patron und Chefkoch Frank Schreiber ist fest in der Region verwurzelt, was sich auch in seiner Küche widerspiegelt. Die deutschen Speisen basieren auf ausgesuchten, gerne heimischen Zutaten und werden mit kreativen Ideen aus der traditionellen Lausitzer Küche abgerundet.

Flensburg

Das Grace

Bhf →4,9 km

✉ 24944 · Fördepromenade 30 · ☎ 04 61 1 67 23 60
Regionale Küche und eigene Kreationen · **Tische:** 15/58 Plätze
contact@dasjames.com · www.dasjames.com

Speisekarte: 1 Menü Farm + Förde von 170,00 bis 235,00 €

Die sieben Meter hohe Decke mit seidenumhüllten Kronleuchtern und der Ausblick auf den Yachthafen fügen sich im „Das Grace" zu einer eleganten Atmosphäre. Hier sorgt Küchenchef Quirin Brundobler für ein ambitioniertes, aromenprononciertes Menü mit filigranen, saisonalen Genüssen von Farm und Förde.

Port Culinar – Brasserie & Bar by Mario Laabs

✉ 24937 · Harniskai 13 · ☎ 04 61 40 68 15 63
Neue Küche · **Tische:** 10/40 Plätze
ask@port-culinar.de · www.mariolaabs.kitchen

Speisekarte: 6 Hauptgerichte von 22,00 bis 77,00 €; 1 Menü von 74,00 bis 129,00 €

Hoch im Norden sorgt Mario Laabs im Port Culinar für echte „Fienkost". Nach erstklassigen Karrierestationen zeigt er nun eigenverantwortlich die große Bandbreite seines Könnens. Natürlich mit Topzutaten, handwerklicher Präzision und einem Kopf voller kreativer Ideen.

Föhr (Insel)

Alt Wyk

✉ 25938 · Große Straße 4 · ☎ 0 46 81 32 12 · Fax: 5 91 72
Regionale und Neue Küche
info@alt-wyk.de · www.alt-wyk.de

Speisekarte: 1 Menü von 125,00 bis 163,00 €

Authentisch, saisonal und kompromisslos frisch – die Küche von Patron und Chefkoch René Dittrich ist wunderbar ehrlich und schnörkellos. Das Produkt ist der Star und er rückt es mit kreativen Ideen und handwerklicher Präzision im charmant eingerichteten Restaurant ins rechte Licht.

Frankenberg (Eder)

🏛 Philipp Soldan

Bhf →1 km

✉ 35066 · Marktplatz 2-4 · ☎ 0 64 51 750-0 · Fax: 750-500
Klass., Int. u. Neue Küche · **Tische:** 14/36 Plätze
info@sonne-frankenberg.de · www.sonne-frankenberg.de

Speisekarte: 1 Menü zu 145,00 €

600 Weinpos. Küchenchef Erik Arnecke spielt virtuos mit den Zutaten, die er bevorzugt in der Region bezieht, und kreiert daraus Speisen, die innovativ und doch geerdet sind. Sonntagmittag gibt es ein exklusives 3- oder 4-Gang-Menü zum Einstieg in die Sterneküche.

Frankfurt (Main)

bidlabu

✉ 60313 · OT Zentrum · Kleine Bockenheimer Strasse 14 · ☎ 0 69 95 64 87 84
Neue Küche
info@bidlabu.de · www.bidlabu.de

Speisekarte: 2 Mittagsmenüs von 51,00 bis 59,00 €; 2 Menüs von 84,00 bis 120,00 €
ca. 170 Weinpos.

Behagliches, urbanes Ambiente begleitet die großartige Küche von André Rickert und Patrick Löhl im trendigen „bid-

Frankfurt (Main)

...labu". Ehrlich, ohne großes Chichi, aber mit umso mehr Können, Fantasie und Präzision stellen sie facettenreiche, aromenstarke Speisen zusammen.

Casa de Rosé

✉ 60313 · Opernplatz 14 · ☎ 0 69 90 02 89 99
Mediterrane Fusionsküche · Tische: 25/80 Plätze
hola@casaderose.de · www.casaderose.de

Speisekarte: 8 Hauptgerichte von 36,00 bis 42,00 €; 1 Mittagsmenü von 31,00 bis 38,00 €; 1 Menü von 85,00 bis 99,00 €

400 Weinpos. Frisch, fröhlich, kosmopolitisch – das Ambiente im Restaurant „Casa de Rosé" am Frankfurter Opernplatz ist lässig, unkompliziert und einladend, denn das Interieur ist ein bunter Gestaltungsmix mit oliv-, lila- und petrolfarbenen Fauteuils, Stühlen in Pink und Salbei, weißen Stellwänden, die an eine Orangerie erinnern, üppigen Lüstern und ausgefallener Wanddeko. Das passt zu der raffinierten Fusionsküche von Simone Scantena. Ihre Küche ist eine geniale Mischung aus mediterranen Elementen, innovativen Einflüssen aus aller Welt, verführerischen Aromen und verschiedensten Texturen und Gartechniken. Ob zum frischen, saisonalen Lunch oder dem abendlichen Menü – die kreativen Zusammenstellungen schmecken und machen Spaß. Julian Kammerer leitet den gut aufgelegten Service und wird von Andrea Bergaminelli mit einer kenntnisreichen Weinberatung ergänzt. Wer ein größeres Event (bis 100 Personen indoor und 140 outdoor) plant, ist im „Casa de Rosé" auch richtig, man kann das ganze Restaurant nebst Terrasse mieten, alternativ nutzt man das High-End Catering.

Main Tower Restaurant & Lounge

Bhf→2 km

✉ 60311 · Neue Mainzer Straße 52-58 · ☎ 0 69 36 50 47 77 · Fax: 36 50-48 71
Klassische u. Asiatische Küche · Tische: 16/40 Plätze
contact@maintower-restaurant.de · www.maintower-restaurant.de

Speisekarte: 1 Tasting-Menü, 5-7 Gänge von 169,00 bis 198,00 €

140 Weinpos. Es gibt nicht viele Restaurants, denen aus einer Höhe von 187 Meter gleich eine ganze Großstadt zu Füßen liegt. In Frankfurt ist es genau eins: Der Main Tower. Hier ist aber nicht nur der Panoramablick spektakulär, auch die Küche mit wunderschön angerichteten Tellern steht dem in nichts nach. Am besten, man wechselt immer wieder den Blickwinkel und genießt den Restaurantbesuch mit allen Sinnen. Chefkoch Martin Weghofer arbeitet konzentriert, gekonnt und ambitioniert. Er kocht klassisch, lässt aber auch gerne asiatische Elemente in seine virtuos ausgetüftelten, grenzübergreifen-

den Speisen einfließen. Seine Kochkunst mündet in ein raffiniert kombiniertes Tasting-Menü, das der Gast sich aus ein-

Frankfurt (Main)

zelnen Gerichten selber zusammenstellen kann. Dem Restaurant vorgelagert ist eine kleine Lounge mit an den Fenstern platzierten Clubsesseln, hier genießt man in angenehm entspannter Atmosphäre einen Aperitif und stimmt sich auf einen beeindruckenden Abend ein. Die erstklassige Küche sorgt bei individuell geplanten und begleitenden Veranstaltungen für kulinarische Highlights. Ein Event über den Dächern der Mainmetropole wird garantiert zu einem beeindruckenden Erlebnis. Um einen Parkplatz muss man sich im Übrigen keine Gedanken machen – die Parkhäuser Junghofstraße und Goetheplatz sind nur etwa drei kurze Fußminuten entfernt. Und mit der Restaurantreservierung in der Tasche muss man sich auch nicht zur Besichtigung der Aussichts-Plattform anstellen.

L'Arome

✉ 60311 · Neue Mainzer Straße 20 · ☎ 0 69 30 07 95 01
Neue und Internationale Küche · Tische: 16/56 Plätze
info@larome-frankfurt.de · www.larome-frankfurt.de

👨‍🍳👨‍🍳👨‍🍳   59 Weinpos.
Der kulinarische Leitfaden „Düfte der Welt" wird im schlicht und elegant eingerichteten L'Arôme von Küchenchef Hai Hoang Minh im Erdgeschoss mit Live-Cooking, im Obergeschoss mit Fine Dining konzentriert, raffiniert und weltoffen umgesetzt.

Bhf → 3 km

Restaurant Lafleur

✉ 60325 · Palmengartenstraße 11 · ☎ 0 69 9 00 29-100 · Fax: 9 00 29-155
Klassisch-Moderne, Neue, Vegetar. u. Vegane Küche · Tische: 14/50 Plätze

info@restaurant-lafleur.de · www.restaurant-lafleur.de ·

Speisekarte: 2 Menüs von 175,00 bis 450,00 €
👨‍🍳👨‍🍳👨‍🍳👨‍🍳👨‍🍳🍇🍇🍇   1.200 Weinpos.
Im malerischen Palmengarten in Frankfurt liegt das Restaurant "Lafleur" im Anbau des Gesellschaftshauses, benannt nach dem renommierten Weingut Château Lafleur im Pomerol. Das Interieur besticht durch eine stilvolle, moderne Eleganz und schafft eine einladende Atmosphäre mit internationalem Flair. Executive Chefkoch Andreas Krolik bringt ein außergewöhnliches Talent mit, das sich in seiner kreativen Küche widerspiegelt. Mit einem feinen Gespür für die Aromen der Natur kreiert er innovative Gerichte basierend auf klassischer Haute Cuisine. Als leidenschaftlicher Angler ist er bekannt für seine exzellenten Fischzubereitungen und gilt als Pionier der veganen Küche – bereits 2014 präsentierte er

ein vollständig veganes Menü. Im Restaurant werden die Menüs Grands Produits und Ethical Vegan Cuisine angeboten, die in 3- bis 7-Gang-Varianten erhältlich sind. Chef Sommelière Alexandra Himmel bringt ihre umfassende Expertise

Frankfurt (Main)

und ein feines Gespür für Wein in die beeindruckende Weinkarte des Restaurants ein, die über 1.200 Positionen umfasst. Das Service-Team unter der Leitung von Maître Boris Häbel sorgt für einen unvergesslichen Abend und bemüht sich, die Wünsche der Gäste stets zu erfüllen. Zudem können Gäste von Mittwoch bis Freitag zwischen 12:00 und 15:00 Uhr ein köstliches Lunch-Angebot genießen.

Tiger-Gourmetgastronomie Bhf→3 km

✉ 60313 · Heiligkreuzgasse 16-20 · ☎ +49 69 92 00 22 25 · Fax: 92 00 220
Moderne, weltoffen, vegetarische Küche · Tische: 12/70 Plätze VISA AE ⊙ ⦿ ⬛
info@tigerpalast.de · www.tigerpalast.de · f

Speisekarte: 2 Menüs : Tigermenü mit Fleisch & Fisch und Menü Jardin Vegan von 88,00 bis 106,00 €
♥♥♥🍷🍷 1.000 Weinpos.

„Speisen, Getränke, Sensationen …" Die Tiger-Gourmetgastronomie ist seit über drei Jahrzehnten ein Garant für eine beeindruckende und unvergessliche Gourmetküche. Die Räumlichkeiten, darunter das Gewölbe mit seinen unverputzten Ziegelsteinwänden, schaffen ein harmonisches Zusammenspiel von Eleganz und Ungezwungenheit und bieten einen Ort des spürbar guten Geschmacks. Chef de Cuisine Coskun Yurdakul präsentiert hier seine eigene kulinarische Handschrift. Er kreiert feine Menüs und Gerichte, die auf der Philosophie von Nachhaltigkeit und Slow Food basieren, und kombiniert klassische Rezepte mit frischen, hochwertigen Zutaten. Dabei finden auch Einflüsse

seiner türkischen Heimat ihren Weg auf die Teller und werden ebenso unkompliziert wie raffiniert verarbeitet. Michael Ligda leitet den liebenswürdigen Service mit großer Zuvorkommenheit und Übersicht und sorgt so für das Wohl der Gäste.

Ristorante Carmelo Greco Bhf→3 km

✉ 60598 · Ziegelhüttenweg 1-3 · ☎ 0 69 60 60 89 67 · Fax: 60 60 89 84
Neue u. Ital. Küche, eig. Kreat. · Tische: 14/44 Plätze VISA AE ⦿ ⬛
info@carmelo-greco.de · www.carmelo-greco.de

Speisekarte: 1 Menüs zu 169,00 €
♥♥🍷 150 Weinpos.

Patron Carmelo Greco und Küchenchef Benedetto Russo verstehen es, dem Gast in ihrem edel eingerichteten Restaurant, Sizilien und das Piemont kulinarisch von der verführerischsten Seite zu zeigen. Unverfälscht, feinsinnig und handwerklich präzise, wissen die Speisen zu begeistern.

Ein Restaurant mit anspruchsvoller Küche.

Frankfurt (Main)

Bhf→2 km

Seven Swans

✉ 60327 · Mainkai 4 · ☎ 0 69 21 99 62 26
Vegane Küche · **Tische:** 8/16 Plätze
service@sevenswans.de · www.sevenswans.de · f

Speisekarte: 1 Menü zu 189,00 €

Zu finden ist das Restaurant „Seven Swans" im schmalsten Haus Frankfurts. Bis in den siebten Stock geht es hoch, belohnt mit einem großartigen Mainblick. Ein cooler, dezenter Mid Century Stil unterstreicht den unorthodoxen Charakter des Restaurants, denn hier gibt es ausschließlich vegane Speisen. Sterngekrönt. Was man nirgendwo anders im Lande findet. Mitinhaber und Chefkoch Ricky Saward hat sich seine Küchen-Philosophie hart erarbeitet. Ein bisschen learning by doing war dabei als sein großes Talent immer konzentrierter in vegetarische und in letzter Konsequenz vegane Speisen mündete. Viele der Zutaten kommen vom eigenen Feld, sammelt er selbst oder lässt sie auf dem Hof Braumannswiesen im Taunus anbauen. Aus Übersee kommt nichts in seine Küche, „nachgebautes" Fleisch oder Fisch gibt es nicht. Das setzt eine Warenkenntnis, Neugier, Experimentierfreude und ein handwerkliches Können voraus, mit denen er zu den Topköchen der Republik gehört. Er spielt mit verschiedenen Garzuständen, Aromen und Zubereitungsformen, ohne den Spaß- und Genussfaktor aus den Augen zu verlieren und präsentierte einzigartige, wahrhaftige Kombinationen, die auch den weitgereistesten Gourmet verblüffen werden. Mit seinem Team sucht er den Kontakt zu den Gästen, kommuniziert, erklärt ohne zu belehren und sorgt für ein Genusserlebnis der Extraklasse.

Masa Japanese Cuisine

✉ 60314 · OT Ostend · Hanauer Landstraße 131 · ☎ 0 69 60 66 62 47
Euro-Japanische Küche
info@masa-frankfurt.de · masa-frankfurt.de

Speisekarte: 1 Mittagsmenü zu 165,00 €; 1 Menü zu 185,00 €

Es ist Masaru Oae ein echtes Anliegen, den Gästen einerseits die Tiefe der puristischen, japanischen Kaiseki-Kochkunst zu vermitteln, andererseits japanische Küche so mit europäischer zu kombinieren, dass ganz neue Aromen und Texturen mit wunderbar ausbalanciertem Geschmack entstehen.

 Die Küchenleistung dieses Restaurants ist hervorhebenswert in seiner Kategorie.

Frankfurt (Main)

♟ Villa Merton

Bhf→4 km

✉ 60487 · Am Leonhardsbrunn 12 · ☎ 0 69 70 30 33
Deutsch-Französische Küche · **Tische:** 16/70 Plätze
info@restaurant-villa-merton.de · www.restaurant-villa-merton.de · ⓕ

Speisekarte: 1 Hauptgericht ab 32,00 €; 2- oder 3-Gang Wochenmenü von 45,00 bis 53,00 €; 2 Menüs von 135,00 bis 180,00 € ♥♥♥🍴🍷 250 Weinpos. Richard Merton war ein erfolgreicher Fabrikant und Politiker, der 1927 im Frankfurter Diplomatenviertel eine Privatvilla erbauen ließ, die er 1953 der Stadt Frankfurt übertrug, verbunden mit der Auflage, sie zu einem Ort der internationalen Begegnung zu machen. So wurde 1956 der Union International Club gegründet. Aber längst nicht nur seine Mitglieder wissen zu schätzen, dass es hier mit der „Villa Merton" ein exklusives Restaurant in edler Neo-Barock Gestaltung gibt, dessen Küche auch anspruchsvolle Gourmets überzeugt. Patron und Pächter André Großfeld ist für die erstklassige Gastronomie verantwortlich. Chefkoch Philippe Giar setzt die gemeinsame Philosophie konzentriert mit seinem engagierten Küchenteam um. Aus bevorzugt regionalen Zutaten und raffinierten Ideen werden ausdrucksstarke, handwerklich präzise Speisen, die in ihrer Aromenvielfalt und Komplexität überzeugen. Die Küche ist eine perfekte Mischung aus tradier-

ten Rezepturen und innovativen, modernen Elementen, eines der angebotenen Menüs ist immer vegetarisch. Maître und Sommelier Markus Klug leitet den zuvorkommenden Service mit leichter Hand und berät kenntnisreich und sensibel zu den begleitenden Weinen. Im eleganten Bistro wird regional und bodenständig gekocht, ohne dass die Speisen Kreativität missen lassen. Besonders exklusiv ist einer von maximal sechs Plätzen am unter Feinschmeckern beliebten und begehrten Chef's Table.

Frasdorf

Michael's Leitenberg

Bhf→20 km

✉ 83112 · Weiherweg 3 · ☎ 0 80 52 22 24
Neue Küche · **Tische:** 20/80 Plätze
info@michaels-leitenberg.de · www.michaels-leitenberg.de

Speisekarte: 1 Menü von 130,00 bis 189,00 €
♥♥♥🍴🍷 200 Weinpos.
Das in zeitloser Moderne charmant eingerichtete Restaurant ist die perfekte Kulisse für die raffinierte Küche von Chefkoch Michael Schlaipfer. Handwerklich präzise kombiniert er die bevorzugt heimischen Zutaten mit Feingefühl und großer Aromensicherheit.

Freiburg (im Breisgau)

Freiburg (im Breisgau)

Colombi ✪✪✪ ✪✪ ♛

Bhf · 300 m

✉ 79098 · Am Colombi Park · ☎ 07 61 2 10 60 · Fax: 2 10 66 20 · E-Tankstelle; Café "Graf Anton" mit Intern. Küche + Kaffee/Kuchen, Terrasse, Bar
✕✝🏠🅿🚲⚔⛰♨≋⚓↔☀︎🎭⚑5 km   VISA AE DC
info@colombi.de · www.colombi.de · 📘

33 **DZ** ab 303,00 €;
als **EZ** ab 237,00 €;
65 **Suiten** ab 354,00 €

Täler, waldreiche Höhen und idyllische Weinberge prägen das Umland Freiburgs. In der historisch gewachsenen Stadt mit mediterranem Flair findet sich das "Colombi Hotel" – ein persönlich geführtes Privat- und Stadthotels der Luxusklasse. Was Roland Burtsche sowohl als Hotelier wie auch als Gastronom gemeinsam mit seiner Frau Waltraud über die Jahre kontinuierlich geschaffen hat, verdient Respekt und größte Bewunderung und wird nun in nächster Generation von den Töchtern weitergeführt. Sanfte Farben, edle Hölzer und stilvolle Accessoires geben den individuell und luxuriös eingerichteten Gästezimmern eine ganz besondere Wohnatmosphäre. Das raffinierte Frühstücksbuffet im großzügig verglasten Restaurant kostet 26,- € pro Person, das kontinentale Frühstück im Café "Graf Anton" 22,- €. Edle Salons sind die perfekte Kulisse für Feiern in unvergesslichem Rahmen. Modernste Technik und eine professionelle Atmosphäre dominieren die medientechnisch perfekt ausgestatteten Tagungsräume. Entspannung und Vitalität lässt sich in der vorbildlichen Fitness- und Beauty-Farm tanken. Als Belohnung wartet süßer Genuss im Café mit hauseigener Konditorei und Confiserie, im Sommer auch auf der schönen Terrasse.

Luxuriöses Hotel mit absolut perfektem Komfort

Freiburg (im Breisgau)

Colombi - Gourmetrestaurant Zirbelstube Bhf→300 m
✉ 79098 · Am Colombi Park · ☎ 07 61 2 10 60 · Fax: 2 10 66 20
Klass., Neue u. Mediter. Küche · **Tische:** 14/35 Plätze
info@colombi.de · www.colombi.de · f

Speisekarte: 2 Hauptgerichte von 45,00 bis 55,00 €; 1 Menü von 129,00 bis 159,00 €

❤❤❤❤❤ 🍷🍷🍷 600 Weinpos.

Komplett mit hellem Zirbelholz – dem Namensgeber der "Zirbelstube" – vertäfelt, nimmt das Interieur in elegantem Landhausstil Bezug auf die waldreiche Region des Südschwarzwalds, erfährt jedoch durch sanft geschwungene, anthrazitfarbene Fauteuils einen modernen Kontrast und wird in seinem eleganten Gesamtbild zur perfekten Bühne für die facettenreiche Gourmetküche von Henrik Weiser und Sven Usinger. Sie ertüfteln mit erstklassigen Zutaten klassische Speisen in raffinierten Neuinterpretationen und setzen die finessenreichen Ideen gemeinsam mit ihrem ambitionierten Team gekonnt und präzise um. Die sehr durchdachten, unverfälschten Zubereitungen mit aromenstarken, mediterranen Akzenten geraten durch wohl dosierte Verspieltheit auch optisch zu kleinen Kunstwerken. Ein top geschulter Service beglei-

tet mit sehr viel Überblick, zugewandt und stets ansprechbar durch den Abend. Begleitende Weine empfiehlt Gerd Mauerhan, als kenntnisreicher Sommelier bringt er zusätzlich die nötige Sensibilität mit, um die vinologischen Vorlieben der Gäste schnell zu erfassen. Bodenständiger geht es in der „Weinstube" zu, die Dienstag bis Samstag auch ein Menu du Jour bietet.

Colombi - Hans Thoma Stube + Falkenstube Bhf→300 m
✉ 79098 · Am Colombi Park · ☎ 07 61 2 10 60 · Fax: 2 10 66 20
Klassische und Regionale Küche · **Tische:** 16/52 Plätze
info@colombi.de · www.colombi.de · f

Speisekarte: 4 Hauptgerichte von 35,00 bis 45,00 €; Mittagsmenüs von 42,00 bis 54,00 €; 2 Menüs von 85,00 bis 139,00 €
❤❤❤❤ 🍷🍷🍷 500 Weinpos.

Die Hans-Thoma- sowie Falkenstube sind echte gastronomische Kleinode, weil sie in mit originalen Elementen lange vergangener Zeiten ausgestattet sind und ihr historischer Charme der Gegenwart einen bezaubernden Schimmer gibt. Die Falkenstube mit dunkel gebeizten Eichen-

Freiburg (im Breisgau)

wänden hat ihren Ursprung in einer alteingesessenen Freiburger Weinstube, die Hans-Thoma-Stube entstammt einer originalen Bauernstube aus dem Jahre 1776 und ist eine liebevolle Hommage an den berühmten Heimatdichter. Beide sind mit viel Holz, Kachelöfen und hübsch eingedeckten Tischen die perfekte Kulisse für die Küche von Henrik Weiser und Sven Usinger. Sie kaufen bevorzugt in der Region ein und haben sich ein verlässliches Netzwerk bekannter Händler und Erzeuger aufgebaut. Saisonal, erntefrisch und in Top-Qualität stellen sie die Zutaten handwerklich gekonnt zu aromenstarken Speisen zusammen. Wer mag, kann auch hier aus der Gourmetkarte wählen. Der exzellente Service wird ebenso wie in der Zirbelstube, von Gerhard Mauerhan unterstützt, dessen vinologische Expertise staunenswert ist. Im Café-Bistro "Graf Anton" kann man den kleinen Hunger stillen und die himmlische, hausgemachte Confiserie genießen. In der eleganten Piano-

Drexlers Restaurant

Bhf →500 m

✉ 79098 · Rosastr. 9 · ☎ 07 61 5 95 72 03 · Fax: 5 95 72 04
Klassische u. Regionale Küche · **Tische:** 12/40 Plätze
info@drexlers-restaurant.de · www.drexlers-restaurant.de

Speisekarte: 2 Menüs von 84,00 bis 114,00 € ❤❤❤ 57 Weinpos.
Vieles wird in "Drexlers Restaurant" selber hergestellt und unterstreicht die Leidenschaft, mit der Küchenchef Mario Fuchs arbeitet. Klassisches ergänzt er mit badischen Spezialitäten und italienisch-französischen Elementen.

Hotel Stadt Freiburg

Bhf →3 km

✉ 79110 · Breisacher Straße 84 · ☎ 07 61 8 96 80 · Fax: 8 09 50 30 · E-Tankstelle;
Rest. m. Reg. u. Intern. Küche, Frühstücksbuffet im Zi.·Preis inkl., Lobbybar
🍴🛏📺🎮🏊‍♂️⚽♿♨️🚲6 km
info@hotel-stadt-freiburg.de · www.hotel-stadt-freiburg.de · f

100 **DZ** ab 190,00 €;
EZ ab 160,00 €;
10 (**Jui.)Suiten** ab 290,00 €;
40 **DZ-Superior** ab 230,00 €
Weltoffen mit internationalem Flair und gastfreundlich präsentiert sich das Partnerhotel des Colombi mit einem hellen und einladenden Foyer, klaren Linien und heiterem Ambiente. Die freundlichen Zimmer und Suiten bieten gehobenen Wohnkomfort und die Annehmlichkeiten moderner Hotellerie. Die Preise enthalten das reichhaltige Frühstücksbuffet. Das feine à-la-carte-Restaurant, Bar, fünf Tagungsräume, Lobby und die Bibliothek sind klimatisiert. Alle Einrichtungen des Hauses sind barrierefrei erreichbar. Für Tagungsgäste sind sowohl die Lage – nur 1,5 km von der Neuen Messe und 300 m von der Uniklinik entfernt – als auch die gut organisierten Arrangements attraktiv. So gibt es z. B. als Partnerhotel des SC Freiburg ein Arrangement mit zwei Übernachtungen, Frühstück, einem 3-Gang-Menü und Sitzplatzticket. Freiburgs Altstadt ist bequem in wenigen Minuten mit der Straßenbahn erreichbar, die vor dem Hotel hält. Entspannung findet man in der Sauna und dem Dampfbad. In unmittelbarer Nähe zum Hotel Stadt Freiburg steht noch ein Appartementhaus für Gäste zur Verfügung.

Eichhalde

✉ 79104 · OT Herdern · Stadtstraße 91 · ☎ 07 61 58 99 29 20
Italienische Küche · **Tische:** 10/20 Plätze
info@eichhalde-freiburg.de · www.eichhalde-freiburg.de

Speisekarte: 6 Hauptgerichte von 26,00 bis 49,00 €; 1 Menü von 155,00 bis 215,00 €

❤❤❤🌿 180 Weinpos.
Im Restaurant „Eichhalde" wird dank Patron und Chefkoch Federico Campolat-

Freiburg (im Breisgau)

tano italienische Küche auf ein neues Level gehoben. Er interpretiert traditionelle italienische Gerichte wohlüberlegt und zeitgenössisch neu.

♜ Kuro Mori Bhf→2km

✉ 79098 · Grünwalder Straße 2 · ☎ 07 61 38 84 82 26
asiat. Küche, japan. interpretiert · Tische: 25/8 Plätze
info@kuro-mori.de · www.kuro-mori.de

Speisekarte: 5 Hauptgerichte von 18,00 bis 28,00 €; 1 Menü von 88,00 bis 105,00 €
❀❀❀❀ 74 Weinpos.
„Black Forest meets Asia" - das ist das Motto von Sternekoch Steffen Disch. Aus regionalen Zutaten werden hier zeitgeistige Gerichte kreiert, die schon so manche Geschmacksknospen verblüfft haben. Das hippe Ambiente ist geschickt in dem historischen Rahmen eingefasst.

Restaurant Jacobi

✉ 79098 · Herrenstraße 43 · ☎ 07 61 380 30
Neue., reg. int. Küche, eig. Kreationen · Tische: 11/32 Plätze
restaurant@jacobi-freiburg.de · jacobi-freiburg.de

Speisekarte: 1 Menü von 185,00 bis 235,00 €
Im Restaurant Jacobi kreieren Chefkoch Christoph Kaiser und sein Team anspruchsvolle Geschmackswelten rund um die Freiburger Region und ihre Jahreszeiten. Das originelle Menü wird im stimmungsvollen Ambiente des Schwarzwälder Hofs serviert.

Ristorante San Marino Bhf→4 km

✉ 79117 · Hansjakobstraße 110 · ☎ 07 61 6 94 20 · Fax: 6 12 92 94
Italienische und Mediterrane Küche · Tische: 22/90 Plätze
sanmarino-freiburg@t-online.de · www.ristorante-pizzeria-sanmarino.eatbu.com

Speisekarte: 11 Hauptgerichte von 21,00 bis 28,00 €; 12 Tagesgerichte von 12,00 bis 28,00 €
❀❀❀ 133 Weinpos.

Das „Ristorante San Marino" von Francesco Caridi, das in einer ruhigen Wohngegend nahe dem Dreisamstadion liegt, gehört zu den bekanntesten „Italienern" in Freiburg. Zwei Jahre fehlen noch, dann steht er vier Jahrzehnte am Herd und verwöhnt seine Gäste mit einer unverfälschten italienischen Landesküche. Freundlich und rustikal eingerichtet und mit vielen Grünpflanzen ausgestattet, ist die Atmosphäre entspannt-locker und gesellig. Francesco Caridi kauft bevorzugt von heimischen Händlern und stellt aus den handverlesenen Zutaten italienische und mediterrane Speisen zusammen. Klar, aromenstark und ehrlich bündeln sie die Aromen des Südens. Tagesgerichte werden in marktfrischer Qualität auf einer Tafel annonciert. Egal ob Antipasti, Salate, beste Pizzen aus dem Steinofen und hausgemachte, gerne üppig gefüllte Pasta – die Zubereitungen sind präzise und zeugen von exzellenter Warenkunde. Zu den Spezialitäten des Hauses zählen feine Meeresfrüchte- und Fischgerichte sowie verführerische Desserts. An warmen Tagen gibt es eine kleine Außengastronomie. Zu den Weinen, die es in guter Auswahl gibt, berät Francesco Caridi und empfiehlt gerne den neuen Lieblingstropfen. Veranstaltungen finden im Haus einen schönen Rahmen und werden aufmerksam begleitet.

♜ Zur Wolfshöhle Bhf→1,5 km

✉ 79098 · Konviktstraße 8 · ☎ 07 61 3 03 03
Klass. saisonale Küche neu interpretiert · Tische: 25/60 Plätze
info@wolfshoehle-freiburg.de · www.wolfshoehle-freiburg.de

Speisekarte: 3 Hauptgerichte von 53,00 bis 57,00 €; 1 Mittagsmenü zu 63,00 €; 1 Menü von 149,00 bis 164,00 €
❀❀❀❀❀❀❀ 500 Weinpos.

Freiburg (im Breisgau)

Die sorgfältig ausgetüftelte Frischeküche von Chefkoch Martin Fauster basiert auf erstklassigen, saisonalen Zutaten, die er mit leichter Hand, geschickten Ideen und handwerklicher Präzision zu hochklassigen Gerichten komponiert.

Freinsheim

♜ Amtshaus ✪✪✪

✉ 67251 · Hauptstraße 29 · ☎ 0 63 53 5 01
Restaurant, Arrangements, Zimmerpreise inkl. Frühstück
info@amtshaus-freinsheim.de · www.amtshaus-freinsheim.de

18 **DZ**;
2 **EZ** ab 77,00 €
Das Amtshaus ist ein kleines, feines Boutique-Hotel im Herzen der historischen Altstadt von Freinsheim. Das Gebäudeensemble aus dem Jahre 1706 begeistert mit außergewöhnlicher Architektur und sehr charmanten Zimmern.

♜ Atable

✉ 67251 · Hauptstraße 29 · ☎ 0 63 53 5 01
Klassische Küche · **Tische:** 12/35 Plätze
info@amtshaus-freinsheim.de · www.amtshaus-freinsheim.de

Speisekarte: 5 Hauptgerichte von 38,00 bis 45,00 €; 1 Mittagsmenü zu 46,00 €; 1 Menü von 69,00 bis 120,00 €
392 Weinpos.
Patron und Chefkoch Swen Bultmann präsentiert in seinem historischen Kleinod eine facettenreiche Küche. Er nutzt bevorzugt regionale Produkte, um leichte und modern interpretierte klassische Speisen zu präsentieren.

Freising

Hilton Munich Airport ✪✪✪✪✪

Bhf→200 m

✉ 85356 · Terminalstraße Mitte 20 · ☎ 0 89 9 78 2-0 · Fax: 97 82 26-10
Doppelpass-Arrangement, Restaurant "Charles Lindbergh", "Nightflight" Bar
info.munichairport@hilton.com · www.munichairport.hilton.com

505 **DZ**;
46 **(Jui.-)Suiten**
Ein Haus der Extraklasse ist dieses internationale First-Class-Hotel. Eingebettet in einen imposanten, sehr gepflegten Garten empfängt es seine anspruchsvollen Gäste in einem einzigartigen Ambiente legerer Eleganz, gepaart mit unaufdringlichem Luxus.

Hilton Munich Airport Mountain Hub Gourmet

✉ 85356 · Terminalstraße Mitte 20 · ☎ 0 89 97 82 45 10
Klassische und Neue Küche
mountain.hub@hilton.com · www.mountainhub.de

Speisekarte: 3 Hauptgerichte von 30,00 bis 60,00 €; 1 Mittagsmenü zu 79,00 €; 2 Menüs von 115,00 bis 185,00 €
Gäste aus aller Welt wissen die Klasse der modernen Küche von Chefkoch Marcel Tauschek zu schätzen. Unverfälscht und ehrlich mit klassischen und alpinen Elementen, immer neu und individuell, begeistern die Speisen mit verführerischen Aromen und raffiniertem Twist.

 Hervorragende Serviceleistung

Freudenstadt

★★★ Adler   Bhf→200 m

✉ 72250 · Forststraße 15-17 · ☎ 0 74 41 91 52-0 · Fax: 91 52-52
Restaurant, Kaminlounge, Arrangements, Zimmerpreise inkl. Frühstücksbuffet

info@adler-fds.de · www.adler-fds.de · f   VISA AE ● ▬

19 **DZ** ab 126,00 €;
als **EZ** ab 92,00 €;
2 **Juniorsuiten** ab 159,00 €

Im heilklimatischen Kurort Freudenstadt findet sich direkt am größten Marktplatz Deutschlands das seit über 80 Jahren familiengeführte Hotel "Adler". Tradition und Gastfreundschaft werden hier besonders großgeschrieben. Die Zimmer verfügen über zeitgemäßen Komfort und sind individuell und behaglich eingerichtet. Die Preise verstehen sich inklusive des feinen Frühstücksbuffets. Neben dem Restaurant ist die gediegen-moderne Raucherlounge ein beliebter Treffpunkt. Ein technisch gut ausgestatteter Raum steht für geschäftliche Treffen zur Verfügung. Ein großes Rad- und Wandernetz beginnt fast vor der Haustüre. Die Schwarzwaldhochstraße zählt zu einer der schönsten Motorradstrecken, da ist es perfekt, dass Garagenstellplätze fürs Motorrad vorhanden sind. Entsprechend willkommen sind also auch Wanderer, Rad- und Motorradfahrer. Im Hotel "Adler" kann man tatsächlich zu jeder Jahreszeit und bei sehr persönlichem Service einen herrlichen Entspannungsurlaub verbringen, bei den verschiedenen Arrangements findet gewiss jeder das für ihn passende.

Adler   Bhf→200 m

✉ 72250 · Forststraße 15-17 · ☎ 0 74 41 91 52-0 · Fax: 91 52-52
Regionale Küche · Tische: 19/60 Plätze   VISA AE ● ▬
info@adler-fds.de · www.adler-fds.de · f

Speisekarte: 13 Hauptgerichte von 15,20 bis 20,80 €; 9 Tagesgerichte von 9,00 bis 18,00 €

Unprätentiös, behaglich und einladend ist das Restaurant im „Adler" in einer Kombination aus zeitloser Moderne und gediegenem Landhausstil eingerichtet. Patron Armin Gaiser steht selber am Herd und kocht mit echter Hingabe. Die Zutaten kauft er marktfrisch vorzugsweise von heimischen Händlern aus der Region ein. Seine Speisen sind abwechslungsreich, immer frisch zubereitet und hausgemacht. Regionales wird von saisonalen Spezialitäten wie Spargel-, Matjes-, Pfifferling- und Wildzubereitungen ebenso ergänzt wie von kalten und warmen Vespergerichten sowie feinen Flammkuchen und knackigen Salaten. Ehefrau Beate Gaiser ist die gute Seele des Hauses, leitet charmant den freundlichen Service und berät zu den passenden Weinen. Für Familienfeste stehen passende Räumlichkeiten bereit. Das Restaurant ist behindertenfreundlich eingerichtet und für Rollstuhlfahrer*innen geeignet.

 Restaurant mit sehr guter Küche

Freudenstadt

Lauterbad

Bhf →3 km

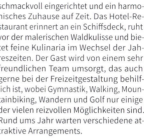

✉ 72250 · OT Lauterbad · Amselweg 5 · ☎ 0 74 41 86 01 70 · Fax: 8 60 17 10
HP-Restaurant, Lounge, Wellness auf 1.800 m², Fitnesspark
1 km   VISA AE
info@lauterbad-wellnesshotel.de · www.lauterbad-wellnesshotel.de

33 **DZ** ab 240,00 €;
als **EZ** ab 120,00 €;
2 **EZ** ab 120,00 €;
6 (**Jui.**-)**Suiten** ab 304,00 €

Erfreulich persönlich ist die Atmosphäre in diesem familiengeführten Urlaubshotel der Extraklasse. Der 1.800 m² große Wellnessbereich (s. a. Wellness-Special) mit der Lauterbad Therme im Hause, mit Saunawelt und Beautybereich ist eine Oase der nachhaltigen Erholung. Die großzügig geschnittenen Komfortzimmer (Preise inkl. Frühstück) sind geschmackvoll eingerichtet und ein harmonisches Zuhause auf Zeit. Das Hotel-Restaurant erinnert an ein Schiffsdeck, ruht vor der malerischen Waldkulisse und bietet feine Kulinaria im Wechsel der Jahreszeiten. Der Gast wird von einem sehr freundlichen Team umsorgt, das auch gerne bei der Freizeitgestaltung behilflich ist, wobei Gymnastik, Walking, Mountainbiking, Wandern und Golf nur einige der vielen reizvollen Möglichkeiten sind. Rund ums Jahr warten verschiedene attraktive Arrangements.

Lauterbad – 'Stüble

Bhf →3 km

✉ 72250 · Amselweg 5 · ☎ 0 74 41 86 01 70 · Fax: 8 60 17 10
Internationale, Regionale u. Mediter. Küche · **Tische:** 10/38 Plätze   VISA AE
info@lauterbad-wellnesshotel.de · www.lauterbad-wellnesshotel.de

Speisekarte: 14 Hauptgerichte von 21,50 bis 43,00 €; 1 Menü ab 59,00 €

100 Weinpos.

Aus dem recycelten Holz einer alten badischen Kapelle wurde mit handgehobelten Wänden und Decken das Interieur des „'Stüble". Mit der Patina einer alten Bauernstube aus längst vergangenen Zeiten versehen, lädt das zauberhafte Kleinod zum Speisen ein. Ein engagiert arbeitendes Küchenteam, dass die Umgebung mit ihrem reichen Warenangebot zu schätzen weiß, stellt die bevorzugt heimischen Zutaten gekonnt und kreativ zu abwechslungsreichen Speisen mit großer Aromenvielfalt und hohem Genussfaktor zusammen. Zusätzlich zu den vielfältigen Hauptspeisen gibt es eine extra Steak-Karte, Vegetarisches und saisonale Spezialitäten. Der liebenswürdige Service unter Leitung von Markus Bach begleitet aufmerksam den Restaurantbesuch. An warmen Tagen sollte man einen Platz auf der Terrasse mit Blick ins Grüne wählen.

 Restaurant mit gehobener Küche

Freudenstadt

Fritz Lauterbad

Bhf→2 km

✉ 72250 · OT Lauterbad · Am Zollernblick 1 · ☎ 07441 95 09 90 · Fax: 95 09 910
Restaurant "nice to feed you!", Bar, E-Bike-Ladestation, Arrangements
2 km
info@fritz-lauterbad.de · www.fritz-lauterbad.de

54 **DZ** ab 140,00 €;
als **EZ** ab 98,00 €;
10 **Suiten** ab 320,00 €

Am Waldrand oberhalb von Lauterbad gelegen, gilt es, ein Hotel zu entdecken, dass mit einer dunkelsilbrig schimmernden Fassade aus kontrolliert abgebranntem Holz nicht nur optisch den üblichen Rahmen sprengt, sondern auch mit einem exklusiven Konzept zu überzeugen weiß. Erst war es nur eine Vision der Familien Heinzelmann und Schillinger, dann wurde es unter großem Einsatz zur Realität. Einer Realität in der der urbane Schick eines Smart Luxury Designhotels auf die traditionelle Ursprünglichkeit der Kulturlandschaft des Schwarzwalds trifft. Das traditionsreiche Stammhaus bekam eine architektonisch so ausgefallene Ergänzung, dass das Hotel mit dem German Design Award 2020 bedacht wurde. Luxus und Lifestyle verschmelzen abseits von jeglicher Hektik mit Ruhe und Rückbesinnung und münden in nachhaltige Erholung. Dank regionaler Produkte und heimischer Materialien kommen die erlesenen, hochwertigen Ausstattungselemente (Designer-Möbel, unverputzte Betondecken, Holzböden, bodentiefe Fenster) in den Zimmern und dem großzügigen Interieur des Hauses perfekt zur Geltung. Ein Wellnessbereich mit Saunen und Fitnessraum findet sein Outdoor-Gegenstück mit einem ganzjährig nutzbaren Infinity-Pool. Im Restaurant "#nice to feed you!" genießt man eine unverfälschte, ambitionierte und aromenstarke Regionalküche. Das "Fritz Lauterbad" zu beschreiben, ist das eine, es zu erleben, ist eine unbedingte Empfehlung.

Freyung

Landgasthaus Schuster

Bhf→35 km

✉ 94078 · Ort 19 · ☎ 08551 71 84
Regionale Küche, eig. Kreationen · **Tische:** 7/20 Plätze
info@landgasthaus-schuster.de · www.landgasthaus-schuster.de

Speisekarte: 4 Hauptgerichte von 32,00 bis 45,00 €; 2 Menüs von 49,00 bis 116,00 €

Chefkoch Leopold Schuster verwöhnt seine Gäste in dem gemütlichen Landhaus mit abwechslungsreichen Speisen, die jahreszeitlich und regional abgestimmt sind und dank dem wohlsortierten Weinkeller von Bärbel Schuster immer einen passenden Wein als Begleiter finden.

 Sehr gute Serviceleistung

♜ Genusshotel Zum Wendl ✪✪✪✪

Bhf→1 km

✉ 94078 · Stadtplatz 2 · ☎ 0 85 51 5 79 60
Bar, Vinothek, E-Mobil-Ladestation, Arrangements
info@zumwendl.de · www.zumwendl.de

15 **DZ** von 150,00 bis 180,00 €;
8 **EZ** von 90,00 bis 110,00 €;
1 **App.** von 200,00 bis 250,00 €;
6 **Junior-Suiten** von 180,00 bis 200,00 €

Das Genusshotel „Zum Wendl" wird in der Region rund um Freyung auch gerne einfach „Zur Post" genannt, denn 1650 war hier eine Posthalterei. 1889 kaufte Familie Wendl das Haus. Seitdem ist es in Familienbesitz – dank Franziska und Felix Raitner nunmehr in 6. Generation. In den letzten knapp 150 Jahren wurde das Haus immer wieder erweitert, umgebaut, renoviert und modernisiert. Der Text aus der Anzeige von 1902: „In schönster Lage, Mitte des Marktes. Freundliche Fremdenzimmer, gute Betten. Vorzügliche Speisen … Hochfeines Bier. Gute reine Weine. Aufmerksame Bedienung …" trifft auch heute noch zu, wobei es inzwischen deutlich komfortabler zugeht. So haben die zum Garten hin ruhig gelegenen, geschmackvoll eingerichteten Zimmer alle einen Balkon oder eine Terrasse (Preise inkl. HP). Es gibt einen kleinen Wellnessbereich und eine wunderschöne Innenhofterrasse. Kulinarisch kann man sich mit bodenständiger Wirtshaus- oder genussreicher Fine Dining Küche verwöhnen lassen – „vorzügliche Speisen" eben. Der Service ist aufmerksam wie zur "guten alten Zeit", kann aber inzwischen viele neue Tipps rund um die Freizeitgestaltung geben: Der Nationalpark Bayerischer Wald mit Rad- und Wanderwegen, der mit 1,3 km längste Baumwipfelpfad der Welt, Alpin-Ski, Schneeschuh-Wandern und Skilanglauf im Winter sind da nur einige der vielen, vielen Möglichkeiten. Es ist einfach schön, in ein Hotel einzukehren, in dem Traditionen aus Überzeugung gelebt werden und man dennoch immer auf der Höhe der Zeit ist.

Freyung

  ♜ **Genussrestaurant Zum Wendl** Bhf→1 km

✉ 94078 · Stadtplatz 2 · ☎ 0 85 51 5 79 60
Gehobene Regionale Küche, eig. Kreationen · Tische: 20/60 Plätze
info@zumwendl.de · www.zumwendl.de

Speisekarte: 12 Hauptgerichte von 14,90 bis 45,00 €; 2 Menüs von 35,00 bis 59,00 € ♥♥♥♥🍇🍇 200 Weinpos.

Das Fine Dining „Genussrestaurant Zum Wendl" ist in schlichter, moderner Eleganz eingerichtet, mit warmen, erdigen Farben gestaltet und ist die perfekte Bühne für die ambitionierte Küche des Hauses. Für die sorgt Gastgeberin und Chefköchin Katrin Andreas mit zwei engagierten Jungköchen. Der Tag beginnt mit dem Einkauf erstklassiger Zutaten, die bevorzugt von bekannten Händlern und Erzeugern aus dem Umland kommen, die die Philosophie des Teams bezüglich Tierwohl und Nachhaltigkeit teilen. Mit Feinsinn, guten Ideen und handwerklichem Geschick werden daraus Speisen, die mal traditionell sind wie der kraftvolle Hirschbraten oder zur neu interpretierten „Bayrisch Cuisine" gehören wie das auf den Punkt gegrillte Rinderfilet mit Garnelen, Kartoffel-Pavé, Pimentos de Padron, Vadouvan-Sauce und leichtem Whiskyschaum. Pfiffig: Bei den zwei Menüs kann man unter der historischen und zeitgenössischen Variante wählen. Hinzu kommt eine sehr durchdachte Weinauswahl, die stetig weiterwächst. Hier wie auch in der Serviceleitung ist Patron Felix Raitner kompetenter Ansprechpartner.

 Hotels und Restaurants mit diesem Zeichen befinden sich in einem historischen Gebäude.

Friedberg

♜ Bastian's Restaurant

Bhf → 500 m

✉ 61169 · Erbsengasse 16 · ☎ +49 60 31 6 72 65 51
Deutsche und Französische Küche · **Tische:** 11/30 Plätze
info@bastians-restaurant.de · www.bastians-restaurant.de · f

Speisekarte: 2 Menüs von 79,00 bis 109,00 €
❦❦❦ 40 Weinpos.

Im bäuerlichen Anwesen der historischen Dorheimer Hofreite ist „Bastian's Restaurant" beheimatet, das Dank der ländlich-modernen Gestaltung und der genussreichen Küche ein beliebter Anlaufpunkt für GenießerInnen ist. Der schlichte Namenszug „Bastian" auf hellem Bruchstein verweist auf Patron und Chefkoch Chris Bastian Draisbach. Der werkelte schon als Kind gerne in der Küche, wollte früh Koch werden und startete folgerichtig eine Ausbildung, die ihn auch zu gastronomischen Topadressen führte. Solcherart gerüstet verwirklicht er hier seine ureigene Vorstellung einer frischen Küche, die in ansprechendem Ambiente serviert wird. Basis für die sorgfältig ausgetüftelten, zeitgemäßen französisch-deutschen Speisen sind ausgesuchte Grundprodukte. Die kommen bevorzugt von bekannten Händlern und Erzeugern aus dem Umland und spiegeln das saisonale Angebot wider. Eins der angebotenen Menüs ist vegetarisch, beide zeugen von handwerklicher Präzision, Experimentierfreude und finessenreichen Ideen. Die schöne Terrasse lädt an warmen Tagen zum open air Genuss, Veranstaltungen finden Raum und professionelle Begleitung. Tobias Schnell leitet den zuvorkommenden Service und ist kompetenter Ansprechpartner für passende Getränke.

 Dieses Restaurant bietet Ihnen ein gutes Genuss-/Preisverhältnis.

 Sie finden diese Hotels und Restaurants auch bei facebook oder instagram.

Friedland (Kreis Göttingen)

Friedland (Kreis Göttingen)

♟ Genießer Stube - Daniel Raub
Bhf→500 m

✉ 37133 · Weghausstraße 20 · ☎ 0 55 04 9 35 00 · Fax: 93 50 40
Klassische Küche · Tische: 5/20 Plätze
kontakt@geniesserstube.de · www.geniesserstube.de · f

VISA AE D ● E

Speisekarte: 1 Menü von 140,00 bis 195,00 €

♕♕♕♕🍷 300 Weinpos.

Der Name der Genießer-Stube klingt verheißungsvoll und ist gut gewählt. Denn hier steht alles im Zeichen einer erstklassigen, ambitionierten Küche, die jederzeit hält, was sie verspricht. Das historische Fachwerk des Hauses ist harmonisch in das schlichten, zeitlos-elegant gestalteten Restaurant integriert. Patron Daniel Raub sah von klein auf im elterlichen Betrieb, was Arbeit für den Gast bedeutet, hat sein Handwerk an Top-Adressen von der Pike auf gelernt und lernt immer noch weiter. Denn seine Küche verharrt nicht, sondern der Chefkoch bleibt stets offen für alles, ohne in seiner Arbeit beliebig zu werden. Handverlesene Zutaten sind die Basis seiner durchdachten Produktküche, die in der französischen Klassik verwurzelt ist, durch den Ideenreichtum und jahreszeitliche Inspirationen aber weit darüber hinausgeht. Die raffiniert ausgeklügelten, innovativen Speisen nehmen

den Gast auf eine spannende, kulinarische Genussreise mit. Ehefrau Anne Raub sorgt mit ihrem zugewandten Serviceteam liebenswürdig dafür, dass sich jeder Gast wohlfühlt und in ihr eine kompetente Ansprechpartnerin hat, die auch Auskunft zum Menü und dessen exzellenter Weinbegleitung gibt. Für aufmerksam begleitete Feierlichkeiten gibt es im Landhaus Biewald stilvolle Räumlichkeiten.

Landhaus Biewald
★★
★★
♛

✉ 37133 · Weghausstraße 20 · ☎ 0 55 04 9 35 00 · Restaurant "Zur Tränke" mit Intern. u. Reg. Küche, Zimmerpreis inkl. HP Arrangements

kontakt@biewald-friedland.de · www.biewald-friedland.de · f

VISA AE ● E

20 **DZ** ab 200,00 €;
als **EZ** ab 130,00 €

Im alten Ortskern von Friedland findet sich das traditionsreiche Landhaus Biewald. Hier wird mit viel Herzblut und großer Detailliebe von Familie Raub zugewandte und liebenswürdige Gastlichkeit gelebt. Das historische Fachwerkhaus aus dem 17. Jahrhundert ist ebenso wie die Zimmer sehr charmant in einem schönen Landhausstil eingerichtet. Alternativ kann man auch im Neubau mit 19 modernen, lichtdurchfluteten Zimmern wohnen, zeitgemäße Annehmlichkeiten sind in beiden Gebäuden selbstverständlich. Das morgendliche Frühstück steht im be-

Friedland (Kreis Göttingen)

haglichen Restaurant „Zur Tränke" als Buffet bereit oder wird wahlweise auch am Tisch serviert, mittags und abends sorgt hier ein engagiertes Team für eine genussreiche Regionalküche, die mit internationalen Speisen ergänzt wird. Die Zimmerpreise inkludieren das Frühstück und ein Abendmenü. Attraktive Arrangements stehen rund ums Jahr bereit. Besonders individuell geplante Hochzeiten, Geburtstage und Jubiläen finden Im „Landhaus Biewald" einen edlen Rahmen. Ein Blick in die Bankett- und Catering-Mappe gibt einen schönen Überblick.

Bhf→2 km

Schillingshof

✉ 37133 · OT Groß Schneen · Lappstraße 14 · ☎ 0 55 04 2 28 · Fax: 4 27
Neue, Intern. u. Reg. Küche · **Tische:** 15/45 Plätze
info@schillingshof.de · www.schillingshof.de ·

Speisekarte: 4 Hauptgerichte von 29,00 bis 45,00 €; 4 Menüs von 61,00 bis 149,00 € ♥♥♥♥🕮 170 Weinpos.
Seit 1648 in Familienbesitz, verpflichten im Schillingshof die jahrhundertelange Geschichte des Anwesens mit Tante-Emma-Laden, Pferdezucht und Wirtshaus und der Anspruch jeder Generation die Tradition mit großem Einsatz fortzuführen. Den Staffelstab haben Petra Erbeck-Schilling, Stephan Schilling und Sohn Felix in der Gegenwart inne. Das historische Fachwerk im Restaurant wurde ins Interieur integriert und erinnert an vergangene Tage, die schlichte und zeitlos elegante Einrichtung ist ganz im Hier und Jetzt zu verorten. Stephan Schillings Küche ist die perfekte Mischung aus Tradiertem und Modernem. Die erstklassigen, saisonalen Zutaten kommen bevorzugt von ausgewählten Händlern, Bauern und den Märkten der Region und sind überwiegend aus biologisch-kontrolliertem Anbau. Sie werden mit virtuosen Ideen zu innovativen Speisen zusammengestellt, in denen überlieferte Rezepturen nicht in Vergessenheit geraten, sondern geschickt neu interpretiert werden. Der familiäre Zusammenhalt –

auch im täglichen beruflichen Miteinander – ist allgegenwärtig. Petra Erbeck-Schilling ist liebenswürdige Gastgeberin, Sohn Felix Schilling kompetenter Sommelier, der perfekte Tipps rund um die erlesenen Weine gibt. Veranstaltungen aller Art finden in Schillings-Saal und -Scheune einen stilvollen Rahmen und werden individuell geplant und professionell begleitet. Wer das verführerische kulinarische Angebot in die eigenen vier Wände holen möchte, greift auf das außergewöhnliche Catering zurück.

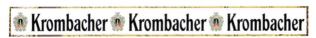

Friedrichshafen

Die Speiserei im Maier

Bhf→200 m

✉ 88048 · OT Fischbach · Poststraße 1-3 · ☎ 0 75 41 40 40
Nachhaltige Lokale Küche kreativ interpretiert · Tische: 27/80 Plätze

info@hotel-maier.de · www.hotel-maier.de

Speisekarte: 9 Hauptgerichte von 24,00 bis 67,00 €; 1 Menü von 40,00 bis 78,00 € 🍷🍷🍷🍽 121 Weinpos.

Die Speiserei im Maier begeistert mit einem Interieur, das Allgäuer Handwerkskunst, Eichendielenboden und bleiverglaste Fenster auf stilvolle Weise kombiniert. Das Ergebnis: eine lässig-behagliche Atmosphäre, die den perfekten Rahmen für die kreative Küche von Chefkoch Philipp Heid bildet. Sein Küchenkonzept verbindet die Vielfalt der Bodenseeregion mit Einflüssen aus dem Kulturraum der Alpen. Mit großem Können und raffinierten Ideen setzt er auf schützenswerte Produkte aus handwerklicher Herstellung, die im Einklang mit der Natur stehen. Obst stammt von benachbarten Höfen, Wild ausschließlich von lokalen Jagdgenossenschaften. Die Gerichte spiegeln den Rhythmus der Jahreszeiten wider, werden nachhaltig und nach Slow-Food-Prinzipien zubereitet und überzeugen durch Leichtigkeit und Ehrlichkeit. Den kulinarischen Genuss ergänzt eine erstklassige Weinauswahl, die Hendrik Fennel mit Fachkenntnis und Leidenschaft zusammenstellt – bevorzugt aus der Bodenseeregion. Abgerundet wird der Besuch durch das aufmerksame Serviceteam, das für eine harmonische und unvergessliche Atmosphäre sorgt.

Maier

Bhf→200 m

✉ 88041 · OT Fischbach · Poststraße 1-3 · ☎ 0 75 41 40 40
Bar, Café, Sonnenterrasse
📍18 km
info@hotel-maier.de · www.hotel-maier.de

69 **DZ** ab 80,00 €;
6 **EZ** ab 60,00 €;
4 **App.** ab 107,00 €

Nur 300 Meter vom idyllischen Naturbadestrand am Fischbacher Bodenseeufer entfernt, erwartet das traditionsreiche Hotel Maier seine Gäste – ein Familienbetrieb, der seit 1936 mit viel Leidenschaft geführt wird. Was als kleine Café-Pension begann, hat sich über Generationen hinweg zu einem modernen Refugium entwickelt. Besonders beeindruckend: das 2020 eröffnete Hofhaus, das mit stilvollen Designzimmern, Tagungsräumen und einem einladenden Patio neue Maßstäbe setzt. Ob geschäftlich oder privat – das Hotel Maier vereint herzliche Gastfreundschaft mit einem aufmerksamen Service, der keinen Wunsch offenlässt. Businessgäste profitieren von optimal ausgestatteten Räumen und einer inspirierenden Arbeitsatmosphäre, während Erholungssuchende den modernen Wellnessbereich mit Zirbenholz-Sauna, Dampfbad, Erlebnisduschen und wohltuenden Massagen schätzen. Kulinarisch verwöhnt das hoteleigene Restaurant Die Speiserei im Maier, das mit kreativen Gerichten aus saisonalen und regionalen Zutaten überzeugt – ein Genuss, der bereits im Guide empfohlen wird. Die Bodenseeregion bietet vielfältige Möglichkeiten:

Friedrichshafen

Touren mit der Weißen Flotte, eine Fahrt nach Konstanz mit dem Katamaran oder mit der Autofähre in die Schweiz. Das engagierte Hotelteam steht jederzeit mit persönlichen Tipps zu Sehenswürdigkeiten, Events und Freizeitaktivitäten zur Seite, um den Aufenthalt unvergesslich zu machen.

Fulda

Bhf→1 km ## Christian & Friends Tastekitchen

✉ 36037 · Nonnengasse 5 · ☎ 01 62 4 13 95 88
Moderne und Französische Küche
kontakt@christianandfriends.de · www.christianandfriends.de

Speisekarte: 2 von 69,00 bis 149,00 €
♦♦♦☘ 250 Weinpos.
"Tastekitchen" gehört nicht umsonst zum Restaurantnamen: Chefkoch Christian Steska möchte seinen Gästen ein unmittelbares Geschmackserlebnis bieten, wenn er die ausgesuchten Zutaten zu einer fulminanten und virtuosen Produktküche zusammenstellt.

Bhf→800 m ## ♜ Goldener Karpfen

✉ 36037 · Simpliziusbrunnen 1 · ☎ 06 61 8 68 00 · Fax: 8 68 01 00
Frische Küche, regional, eigene Kreationen · **Tische:** 26/120 Plätze

goldener-karpfen@romantik.de · www.hotel-goldener-karpfen.de

Speisekarte: 11 Hauptgerichte von 24,00 bis 45,00 €; 1 Menü zu 90,00 €
♦♦☘ 120 Weinpos.
Im traditionsreichen, im Landhausstil eingerichteten Goldenen Karpfen präsentiert Chefkoch Matthias Klein-Arndt in entspannter Atmosphäre eine unverfälschte, regionale Frischeküche mit raffinierten Fischspezialitäten und saisonal inspirierten Speisen.

Fürstenfeldbruck

Fürstenfelder

✉ 82256 · Fürstenfeld 15 (Parken Navi: Zisterzienserweg) · ☎ 81 41 88 87 54 10
Regionale und Saisonale Küche · **Tische:** 40/180 Plätze
restaurant@fuerstenfelder.com · www.fuerstenfelder.com

Speisekarte: 6 Hauptgerichte von 23,00 bis 29,50 €
♦♦ 60 Weinpos.
Im bio-zertifizierten Fürstenfelder Restaurant stammen die erstklassigen Zutaten – ausgewählte Fleisch- und Fischprodukte, saisonales und regionales Gemüse – aus artgerechter Haltung und werden schonend und mit feinem Gespür fürs richtige Aroma von Chefkoch Andreas Wagner zubereitet. Montags bis freitags gibt es für 23,50 € p. P. ein frisches Bio-Mittagsbuffet, am Samstag und an Feiertagen für 29,50 € p. P.

Fürth

Kupferpfanne
Bhf→900 m

✉ 90762 · Königstr. 85 · ☎ 09 11 77 12 77 · Fax: 77 76 37
Klass. u. Neue Küche, eig. Kreat. · **Tische:** 10/30 Plätze
restaurant@ew-kupferpfanne.de · www.ew-kupferpfanne.de

Speisekarte: 5 Hauptgerichte von 34,00 bis 42,00 €; 1 Mittagsmenü zu 42,00 €; 1 Menü zu 78,00 € ♢♢♢ 🍇 250 Weinpos. Unaufdringliche Eleganz prägt das in zeitloser Moderne eingerichtete Restaurant. Wenn er die ausgesuchten Zutaten mit viel Fantasie zu ausbalancierten Speisen zusammenstellt, zeigt Chefkoch Erwin Weidenhiller die ganze Bandbreite seines Könnens.

Tim's Kitchen
Bhf→300 m

✉ 90762 · Friedrichstraße 20/22 · ☎ 09 11 7 40 56-0 · Fax: 7 40 56 30
Regionale und Internationale Küche · **Tische:** 10/35 Plätze
hallo@timskitchenfuerth.com · www.timskitchenfuerth.com

Speisekarte: 2 Menüs von 115,00 bis 170,00 €
♢♢♢ 50 Weinpos.
Chefkoch Tim Reinwald kocht mit Kön- nen und Leidenschaft. Er kreiert Speisen von wohl dosierter Aromenvielfalt, die von spannenden Strömungen aus aller Welt inspiriert sind.

Füssen

Schlosskrone
Bhf→100 m

✉ 87629 · Prinzregentenplatz 2-4 · ☎ 0 83 62 93 01 80 · Fax: 9 30 18 50
Rest. m. Intern. u. Reg. Küche, Weinkeller, Kurcafé, Konditorei
rezeption@schlosskrone.de · www.schlosskrone.de

58 **DZ** ab 99,00 €;
2 **EZ** ab 79,00 €;
4 **Suiten** ab 229,00 €
Hinter einer wunderschönen historischen Fassade findet sich dieses charmante 4-Sterne-Superior-Hotel. Die Liebe zum Detail und historische Elemente prägen jeden Raum und finden sich auch in den hübschen Zimmern mit Wohlfühlambiente wieder.

Gaggenau

Vinophil
Bhf→1 km

✉ 76571 · Max-Roth-Straße 16 · ☎ 0 72 25 9 88 48 80
Moderne und Regionale Küche · **Tische:** 13/15 Plätze
info@vinophil-murgtal.de · www.vinophil-murgtal.de

Speisekarte: 7 Hauptgerichte von 26,00 bis 42,00 €; 1 Menü zu 89,00 €
♢♢♢ 🍇🍇 287 Weinpos.
Im Restaurant „Vinophil" kann man beides: fein essen oder fein trinken und am besten alles zusammen. Denn hier gibt es neben dem Restaurant mit zeitgemäßer und gehobener Regionalküche eine Vinothek, die verschiedenste Tropfen bereithält. Für deren Auswahl ist Bruno E. Craveiro verantwortlich, der gemeinsam mit Julian Meiswinkel auch liebenswürdiger Gastgeber ist. Mit großer Sorgfalt kuratiert er eine beeindruckend vielfältige Weinauswahl, in der vertraute Klassiker aus aller Welt ebenso enthalten sind wie viele regionale Weine. Gerne bietet der Fachmann informative Verkostungen an! Julian Meiswinkel steht am Herd und sorgt für ein sorgfältig zusammengestelltes Speiseangebot. Die Zuta-

Gaggenau

ten kauft er bei bekannten Händlern und Erzeugern ein, die möglichst aus dem nahen Umland kommen. Mit großer Warenkunde, Können, Präzision und Aromensicherheit werden daraus moderne Speisen, die er mit internationalen und asiatischen Elementen und frischen Kräutern aus dem eigenen Kräutergarten abrundet. So gelingen ihm unverfälschte und geradlinige Gerichte, die schmecken. Die Atmosphäre im stilsicher eingerichteten Restaurant mit integrierter Bar ist locker und ungezwungen, im Sommer wird die Terrasse mit schönem Blick ins Grüne zur open air Erweiterung. Sabrina Golling sorgt mit ihrem zugewandten Serviceteam für einen reibungslosen Ablauf des Besuchs im „Vinophil".

Unimog

✉ 76571 · An der B 462 · ☎ 0 72 35 9 81 31 30
Regionale Küche · Tische: 12/40 Plätze
tasty-kitchen-catering@web.de · https://www.unimog-museum.com/museum/unimog-restaurant/

Speisekarte: 16 Hauptgerichte von 14,00 bis 26,00 €; 1 Tagesgericht zu 10,00 €; 1 Menü von 28,00 bis 65,00 €
♡♡

Im Nordschwarzwald, einer sehr reizvollen Ferienregion, ist der kleine Ort Gaggenau. Hier findet sich das Unimog-Museum, in dem Zeitgeschichte ab 1945, Technik, Wirtschafts- und Arbeitsleben rund um den legendären Geräteträger greifbar werden. Nach dem Besuch der Ausstellung ist es ein weiteres Highlight, im Restaurant „Tasty Kitchen" einzukehren. Dort kann man eine sehr abwechslungsreiche Frischeküche genießen, für die Patron und Chefkoch Andreas Petric verantwortlich ist. Er hat bereits in erstklassigen Restaurants, u. a. in der Schweiz, gekocht, bevor er das „Tasty Kitchen" übernommen hat und hier seine Vorstellung einer leichten und gehobenen badischen Küche umsetzt. Er verarbeitet ausgesuchte Zutaten und schaut auch über den regionalen Tellerrand. Gerne werden zusätzlich Feiern und Veranstaltungen betreut, entweder im Rahmen eines sehr guten Caterings oder direkt im Restaurant mit tollem Blick auf die ausgestellten historischen und aktuellen Fahrzeuge.

Geisenheim-Johannisberg

🍳🍳🍳 ♔ MÜLLERS auf der Burg – by Nelson Müller Bhf→5 km

✉ 65366 · Rosengasse 32 · ☎ 0 67 22 9 95 00 · Fax: 99 50 99
Klassische und Neue Küche · **Tische:** 16/40 Plätze
muellers@burg-schwarzenstein.de · www.burg-schwarzenstein.de

VISA AE ● E

Speisekarte: 10 Hauptgerichte von 18,00 bis 68,00 €; 1 Menü von 98,00 bis 148,00 € ♥♥♥♥🍇🍇🍇 550 Weinpos.

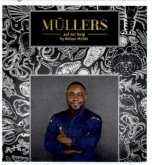

Was haben das Ruhrgebiet und der Rheingau gemeinsam? In beiden Regionen kann man das raffinierte Küchenkonzept von Nelson Müller kennenlernen. Zugegeben, im Rheingau landschaftlich etwas schöner, findet sich das „MÜLLERS auf der Burg" im verglasten Pavillon inmitten von Weinbergen und bietet einen hinreißenden Blick tief ins Rheintal. Das Interior Design mit Stoffen und Wänden in dunklem Grün, sanft geschwungenen, samtigen Fauteuils in Grau- und Beigetönen und Tischen mit schlicht-eleganter Eindeckung ist elegant-modern und vermittelt eine lässige, kosmopolitische und völlig unverkrampfte Atmosphäre. Küchenchef und Namensgeber des Restaurants, Nelson Müller, arbeitet mit Marco Stenger und einem motivierten und verlässlichen Team zusammen und setzt sein Leitmotiv um: "Essen soll vor allen Dingen eines: Dich glücklich machen." Wie Recht er hat und wie perfekt dieses Motto hier umgesetzt wird, sieht und schmeckt man. Unkomplizierte, frische Speisen von Kalbs-Currywurst und Wagyu-Burger bis zum Lammrücken werden sorgfältig zubereitet. Echter Hingucker ist die Fruit de Mer-Bar aus poliertem Marmor mit edlen Schalentieren und Austern in der Auslage. Wer zu einem privaten (oder geschäftlichen) Event einlädt, kann sich mit bis zu 20 Personen in den eleganten Private Dining Room zurückziehen. Wer gerne outdoor speist, nutzt die schicke Terrasse mit Weitblick.

 Restaurant mit exzellenter Weinkarte

 Hervorragende Serviceleistung

Geisenheim-Johannisberg

♜ Relais & Châteaux Hotel Burg Schwarzenstein

✉ 65366 · Rosengasse 32 · ☎ 0 67 22 9 95 00 · Fax: 99 50 99
Mediterraner Park, Burgrestaurant u. MÜLLERS auf der Burg, Arrangements
✕ ⌇ ⚑ P ☉ ♿ ♨ ☎ 20 km   *VISA* AE ● ⌾
info@burg-schwarzenstein.de · www.burg-schwarzenstein.de · f

51 **DZ** ab 302,00 €;
10 **Junior-Suiten** ab 310,00 €;
2 **Suiten** ab 800,00 €

Eine Lage, wie man sie sich kaum erträumen mag: Hoch droben über dem Johannisberg, umgeben von einer mediterran anmutenden Parkanlage mit einem hinreißenden Blick weit hinein ins Rheingau und auf endlose Rebenreihen – Burg Schwarzenstein, das zur renommierten Relais & Châteaux Gruppe gehört, ist ein Kleinod gehobener Hotelleriekultur. Hier zu tagen (s. a. Tagungs-Special), seine Urlaubstage zu verbringen oder ein Schlemmerwochenende zu genießen, ist keine Vorstellung mehr von Perfektion, sondern schlichte Realität. Die wunderschön und individuell eingerichteten Zimmer (inkl. Frühstück) mit ausgesuchten Seidenstoffen und mediterranem Flair sind ein wahres Refugium der Gastfreundschaft. In der erweiterten Parkresidenz gibt es weitere Zimmer und Tagungsräume. Mühelos kann man nette Kontakte knüpfen: auf der von Rieslingreben umrankten Sommerterrasse mit südländischem Flair, im lichtdurchfluteten Rheingau-Zimmer, dem gemütlichen Erkerzimmer oder in der Kaminbar. Im hübschen Burgrestaurant, das direkt im historischen Burgensemble liegt, werden ausgesuchte Rheingauer Köstlichkeiten angeboten und im großen Glas-Kubus verwöhnt das Restaurant "Müllers auf der Burg" mit einer frischen und abwechslungsreichen Brasserie-Küche und weitem Blick ins Rheintal.

Gengenbach

♖ **Die Reichsstadt**   Bhf→800 m

✉ 77723 · Engelgasse 33 · ☎ 0 78 03 9 66 30 · Fax: 96 63 10 · Romantische Gartenanlage, Terrasse, Bar, angegebene Zi.-Preise pro Person. reichhaltiges Frühstücksbuffet im Zi.-Preis inkl.
🍽🛏⇑⇕🐾🚭🏛🚗🛗♿💤 10 km   VISA AE ●● EC
Info@die-reichsstadt.de · www.die-reichsstadt.de · f

21 **DZ** ab 95,00 €;
als **EZ** ab 155,00 €;
5 **Suiten** ab 140,00 €

In einem sorgfältig sanierten historischen Gebäude im mittelalterlichen Gengenbach ist dieses kleine, aber feine Hotel beheimatet. Die in modernem Design eingerichteten Zimmer (Preise inkl. Frühstück, Tee, Wasser, Obst und vieler weiterer Extras) stehen in spannungsreichem Kontrast zur gelebten gastlichen Tradition und sind ein komfortables, helles und freundliches Zuhause auf Zeit. Die Betreuung durch das zuvorkommende Hotel-Team könnte aufmerksamer nicht sein. Gerne trifft man sich auf der schick gestalteten Dachterrasse mit Sky-Lounge. Neben dem Gourmetrestaurant gibt es mit der Schwarzwaldbrasserie "Cocotte" einen Ort, an dem man in geselliger Runde köstliche Schmorgerichte teilen und genießen kann. Der Weinkeller, Kamin-Lounge und Bar runden das Angebot ab. Hervorhebenswert ist die wunderschöne romantische Gartenanlage mit der Terrasse an der Stadtmauer. Hier kann man entspannen und den Urlaub mit allen Sinnen genießen.

 ♖ **Die Reichsstadt – Gourmetrestaurant**   Bhf→800 m

✉ 77723 · Engelgasse 33 · ☎ 0 78 03 9 66 30 · Fax: 96 63 10
Klass., Reg. u. Mediter. Küche · **Tische:** 15/70 Plätze
info@die-reichsstadt.de · www.die-reichsstadt.de · f

Speisekarte: 5 Hauptgerichte von 38,00 bis 48,00 €; 2 Menüs von 79,00 bis 155,00 €
♢♢🍷   129 Weinpos.

Warme, erdige Farben, klare und moderne Linien treffen im schlicht-elegant eingerichteten Gourmetrestaurant auf historischen Charme und sorgen für eine lockere, einladende und heiter-entspannte Atmosphäre. Auch hier ist Familie Hummel mit Leidenschaft Gastgeber und bietet dem Besucher ganz besondere Genusserlebnisse. Küchenchef Matthias Schley kann sich auf Patron Gerhard Hummel und seine große handwerkliche Klasse verlassen, wenn sie Speisen kreieren, die in der Region verwurzelt sind und mit Raffinesse, mediterranen Elementen und ideenreichen Eigenschöpfungen weit darüber hinausgehen. Verführerische Desserts, gerne mit saisonalem Bezug, runden die fein-

Gengenbach

sinnig zusammengestellte Karte ab. Eines der angebotenen Menüs ist vegetarisch, ein weiteres kann man sich zu einem individuellen Dreigangmenü kombinieren. Im Sommer erfährt das Restaurant eine traumschöne open-air-Erweiterung: An der einen Seite von der historischen Stadtmauer begrenzt, sitzt man im Garten zwischen prächtig blühenden weißen Hortensien, duftendem Lavendel, Zypressen und Olivenbäumchen und lässt den Alltag einfach vor der Tür. Besondere Auszeiten gibt es im Restaurant zu besonderen Anlässen, so warten z. B. am Valentins- und Muttertag, Ostern, Weihnachten und Silvester kulinarische Specials.

Ponyhof Stammhaus

Bhf → 1,5 km

✉ 77723 · Mattenhofweg 6 · ☎ 0 78 03 14 69
Neue Küche · **Tische:** 20/120 Plätze
info@ponyhof.co · www.ponyhof.co

Speisekarte: 15 Hauptgerichte von 24,50 bis 75,00 €; 1 Menü von 80,00 bis 90,00 €
🍷🍷 372 Weinpos.

Bei Familie Wussler kann das Leben doch ein Ponyhof sein, denn die Brüder Tobias und Marco sowie Vater Alois kochen verführerisch gut und begeistern mit einer neu interpretierten, frischen und unverfälschten badischen Wirtshausküche.

Gera

Küche im Keller

Bhf → 2,1 km

✉ 07546 · Lutherstraße 20 · ☎ 03 65 77 30 89 95
Regionale und Neue Küche · **Tische:** 8/28 Plätze
brauchmarco@online.de · www.marco-brauch.de · f

Speisekarte: 2 Menüs von 59,00 bis 79,00 € 🍷🍷

Keine Angst, im Restaurant „Küche im Keller" ist der kulinarische Genuss nur eine Stufe entfernt. Dann betritt man einen urgemütlichen Raum mit blanken Holztischen und unzähligen Küchengeräten aus Omas Zeiten. Die alten Kaffeemühlen, Töpfe, Siebe und Reiben und der bildschöne Emailleofen fügen sich zu einem wunderbar nostalgischen Flair mit schön entspannter Atmosphäre. Die Küche von Patron und Chefkoch Marco Brauch hingegen ist ganz im Hier und Jetzt angesiedelt. Er selber nennt das konzentrierte Geschehen am Herd "Klassische Moderne trifft auf Gegenwart". Basis der zeitgemäßen, leichten Speisen sind frische Zutaten aus der Region, von denen viele zu Unrecht in Vergessenheit geraten sind und die nun im jahreszeitlichen Wechsel in genussvoller Form wiederentdeckt werden können. Traditionelles interpretiert er neu und erfrischend anders. Man spürt und schmeckt, mit wie viel Leidenschaft Marco Brauch kocht. Monatlich stellt er ein neues Menü zusammen, aber auch individuelle Wünsche, z. B. nach vegetarischen Kombinationen, werden möglichst berücksichtigt. Für Marco Brauch und in der Folge auch seine Gäste haben sich die Lehr- und Wanderjahre, bevor er in seine alte Heimat Gera zurückkam, offensichtlich gelohnt.

Germersheim

♖ PAN Vinothek

✉ 76726 · Klosterstraße 2 · ☎ 0 72 74 49 19 20 95
Klassische, Regionale und Neue Küche · **Tische:** 14/40 Plätze   VISA ● E
pan@pandievinothek.de · www.pandievinothek.de · f

Speisekarte: 3 Hauptgerichte ab 39,00 €; 1 Mittagsmenü ab 39,00 €; 2 Menüs von 76,00 bis 110,00 € ♥♥♥♥ 154 Weinpos. Ein historisches Fabrikgebäude beheimatet die PAN Vinothek. Sorgfältig restauriert, gefällt der Industrie-Charme der roten Ziegelsteine, der besonders auf der romantischen Terrasse mit üppig bepflanzten Blumenkübeln augenfällig ist. Man spürt einfach, dass das Restaurantteam es liebt, Gäste zu bewirten und ihnen einen entspannten Aufenthalt zu bieten. Das Restaurant ist in schlichter Eleganz gestaltet, warme Naturtöne, sanft geschwungene Sitzmöbel, ein schöner Holzdielenboden und Moderne Kunst an den Wänden geben dem Interieur eine geschmackvolle Note. Die Küche präsentiert frisch zubereitete Speisen, die auf erstklassigen Zutaten basieren. Zu den finessen- und aromenreichen Gerichten und Menüs – eines ist immer vegetarisch – passen die edlen Tropfen aus dem Weinkeller, in dem auch einige feine österreichische und Südtiroler Gewächse lagern. Feierlichkeiten finden in einem schönen Rahmen statt und werden von der abwechslungsreichen Küche ebenso begleitet wie vom liebenswürdigen Serviceteam unter der Leitung von Serpil Güzel.

Gernsbach

★★
★★
♛

♖ Schloss Eberstein   Bhf→2 km

✉ 76593 · Schloss Eberstein 1 · ☎ 0 72 24 99 59 50 · Fax: 9 95 95 50 · "Gotischer Raum", Schloss-schenke, Bibliothek, Terrasse, Vinothek, Zimmerpreise inkl. Frühstück
🗶🛇♿🅿🚭♨☀✱♿🛏   VISA AE ● ● E
info@schlosseberstein.com · www.schlosseberstein.com · f

9 DZ ;
5 (Jui.-)Suiten
Grandios die Lage von Schloss Eberstein direkt am eigenen Weinberg. Die klimatisierten Hotelzimmer (Preise inkl. Frühstück) sind romantisch eingerichtet. Das Schlosshotel ist eine schöne Kulisse für Festivitäten, sogar standesamtliche Trauungen sind hier möglich.

♖ Schloss Eberstein - Werners Restaurant   Bhf→2 km

✉ 76593 · Schloß Eberstein 1 · ☎ 0 72 24 99 59 50 · Fax: 9 95 95 50
Klass. u. Neue Küche, eig. Kreat. · **Tische:** 14/40 Plätze   VISA AE ● ● E
www.schlosseberstein.com · f

Speisekarte: 4 Hauptgerichte von 19,00 bis 49,00 €; 2 Menüs von 69 € bis 94,00 € ♥♥♥♥♥ 🍇🍇   450 Weinpos. Das Restaurant ist mit viel Geschmack stylish und edel eingerichtet. In der Küche geht es ebenso ambitioniert zu: Hier

Gernsbach

begeistert Bernd Werner den anspruchsvollen Gourmet mit einer genussreichen und raffinierten badisch-französischen Küche.

Glonn

Wirtshaus zum Schweinsbräu

✉ 85625 · Hermannsdorf 7 · ☎ 0 80 93 90 94 45
Österreich. und Saisonale Küche
info@biorestaurant-steirereck.de · wirtshaus-zum-schweinsbraeu.de

Speisekarte: 2 Menüs von 69,00 bis 199,00 €

Das Restaurant mit hohem, offenem Giebel und Scheunencharakter ist sehr behaglich gestaltet. In der Küche wird größter Wert auf Nachhaltigkeit und Zutaten in bester Bioqualität gelegt. Die aromenstarken und grundehrlichen Speisen spiegeln das jahreszeitliche Marktangebot wider.

Glücksburg

Restaurant Meierei Dirk Luther

Bhf→10 km

✉ 24960 · Uferstraße 1 · ☎ 0 46 31 6 19 94 11 · Fax: 61 99 99
Klass. Küche m. modernen Akzenten · **Tische:** 10/24 Plätze
restaurant@alter-meierhof.de · www.alter-meierhof.de

500 Weinpos. Der großartige Blick über die Flensburger Förde begleitet den faszinierenden kulinarischen Auftritt von Chef de Cuisine Dirk Luther. Die klassisch französische Küche trägt seine ganz individuelle Handschrift und ist gleichermaßen expressiv und filigran.

Gmund am Tegernsee

Der Margarethenhof

Bhf→5 km

✉ 83666 · Gut Steinberg · ☎ 0 80 22 7 50 60 · Fax: 7 48 18 · Restaurant mit gehobener Reg. u. Intern. Küche, Terrasse, Zi.-Preise inkl. Frühstücksbuffet
info@margarethenhof.com · www.margarethenhof.com

als **EZ** ab 275,00 €;
35 **Suiten** ab 292,00 €

Eingebettet in den Golfplatz liegt das Hotel des Margarethenhofs mit stilvoll eingerichteten Suiten, Wellnessoase und Tagungsräumen. Das Restaurant und diverse Stuben bieten für jede Mahlzeit den perfekten Rahmen.

Göhren

Vju Hotel Rügen

Bhf→18 km

✉ 18586 · Nordperdstraße 2 · ☎ 03 83 08 5 15 · Fax: 5 16 00 · Restaurant "Strandläufer", Drinks, Kaffee & Kuchen im "Lounge Wohnzimmer", Terrasse
info@vju-ruegen.de · www.vju-ruegen.de

83 **DZ** ab 114,00 €;
15 **EZ** ab 109,00 €

Mitten im Biosphärenreservat in Göhren steht das Haus am höchsten Punkt einer ins Meer ragenden Landzunge. Die exquisit und individuell eingerichteten Zimmer mit eingebauter Pantry sind ein komfortables Zuhause auf Zeit und bieten viel Raum zum Entspannen.

Görlitz

⭐⭐⭐ ♜ **Obermühle** Bhf→2 km

Family

✉ 02826 · An der Obermühle 5 · ☎ 0 35 81 87 98 32 · Fax: 87 99 33
Restaurant, Bootsverleih, Arrangements wie Krimidinner
🍴♿📶📺🅿️🚗🛏️ 5 km
info@obermuehle-goerlitz.de · www.obermuehle-goerlitz.de   VISA 💳 💳

13 **DZ** ab 107,00 €;
als **EZ** ab 85,00 €

Bereits 1305 wurde hier direkt an der Neiße eine Mühle erbaut, die 1830 nach einer Mehlexplosion komplett zerstört, wiederaufgebaut und 1972 enteignet wurde. 1990 dann ging sie an den letzten Besitzer zurück. Dessen Tochter, Susanne Daubner, war gelernte Bierbrauerin und eröffnete im Jahre 2001 ein Restaurant; die östlichste Brauerei Deutschlands sowie ein Hotel folgten. Heute kümmert sich ihr Sohn Jörg Daubner mit großem Einsatz und nicht weniger großem sozialem Engagement um das Anwesen. Er ist offen für Neues, löst sich von wettbewerbsorientierter Gewinnmaximierung und arbeitet eng mit anderen Gastronomen der Stadt Görlitz zusammen. Das Haus mit sehr schönen, individuell eingerichteten Zimmern ist ein lebendiger Treffpunkt für jedermann und -frau und ein idealer Standort, um die schöne umgebende Landschaft zu erkunden. Egal, ob zu Fuß, mit dem Rad oder einem der hauseigenen Ruderboote – das Freizeitangebot ist vielseitig. Und die Obermühle Brauerei gibt es natürlich auch noch, wer mag, kann sich dort zur Bierverkostung anmelden.

♜ **Obermühle** Bhf→2 km

✉ 02826 · An der Obermühle 5 · ☎ 0 35 81 87 98 32 · Fax: 87 99 33
Regionale und Internationale Küche · **Tische:** 9/40 Plätze   VISA 💳 💳
info@obermuehle-goerlitz.de · www.obermuehle-goerlitz.de

Speisekarte: 5 Hauptgerichte von 15,00 bis 32,00 €; 1 Menü von 35,00 bis 61,00 €
🍷🍷🍷 34 Weinpos.

Viele Restaurants werben mit Nachhaltigkeit und Regionalität, aber nur in wenigen wird dieses Konzept so überzeugend und konsequent umgesetzt wie im Restaurant „Obermühle", wo es zur Lebenseinstellung gehört. Da ist es nur folgerichtig, dass man der Slow-Food-Vereinigung angehört, dass in der Küche von Chefkoch Konrad Lehel Geschmacksverstärker und Convenience-Produkte keinen Platz finden. Vielmehr wird unter dem Label RainKost Obermühle das Gemüse auf einem Feld in Görlitz selber angebaut, Brot, Kuchen, Nudeln werden selber hergestellt, der naturbelassene Apfelsaft ist

aus Früchten von der eigenen Streuobstwiese. Der Radius für den Bezug von Fleisch, Käse, Eiern, Milch und Fisch beträgt höchstens 100 km. Entsprechend saison- und erntefrisch sind die Zutaten, die Konrad Lehel mit handwerklichem Können und kreativen Ideen zu unverfälschten regionalen und grenzübergreifenden Speisen verarbeitet. Farm-to-table ist hier kein Lippenbekenntnis, sondern tägliche Verpflichtung. Vegetarisches und Veganes ergänzt selbstverständlich das wöchentlich wechselnde Angebot. Jörg Daubner und Rafał Osses leiten den Service, der Patron ist auch Ansprechpartner, wenn es um die Weinberatung und Bier aus der Hausbrauerei geht. Veranstaltungen finden u. a. auf dem Mehlboden mit integrierter Bar einen schönen Rahmen.

Grainau

♜ Romantik Alpenhotel Waxenstein

Bhf -2 km

✉ 82491 · Höhenrainweg 3 · ☎ 0 88 21 98 40 · Fax: 84 01 · Rest. mit Klass. u. Alpenländ. Küche, Bar, Café-Terrasse, Zi.-Preise inkl. Frühstück
info@waxenstein.de · www.waxenstein.de

DZ ab 140,00 €;
EZ ab 100,00 €;
Junior-Suite ab 240,00 €

Das an einem sonnigen Hügel am Fuße der bayerischen Alpen gelegene Romantik Alpenhotel Waxenstein ist zu jeder Jahreszeit ein einladendes Logis mit erstklassigem und dennoch familiärem Charakter. Die stilvoll eingerichteten Zimmer, die einen fantastischen Blick auf Zugspitze, Waxenstein, Wank oder Kramer bieten, sind ein wunderschönes Zuhause auf Zeit. Die Preise verstehen sich inklusive Frühstück. Das Interieur des Hauses ist mit edlen Hölzern, dezenten Stoffen und zeitgenössischer Kunst sehr exklusiv gestaltet. Für Tagungen und auch stimmungsvolle Feiern in privatem Kreis stehen passende Räumlichkeiten zur Verfügung. Nahe Grainau und dem Hotel liegen der Eib- und Badersee, zahlreiche Wander- und Mountainbike-Routen, Kletter-, Golf- und Wassersport-Möglichkeiten sowie wunderschöne Skigebiete, so dass einer vielseitigen Freizeitplanung nichts im Wege steht. Außerdem bietet der durchdachte Wellnessbereich"Vital Alpin Spa" eine Vielzahl entspannender Anwendungen und ein facettenreiches kulinarisches Angebot.

♜ Romantik Alpenhotel Waxenstein Henri Philippe

✉ 82491 · Höhenrainweg 3 · ☎ 0 88 21 98 40 · Fax: 84 01
Neue, Klass. u. Regionale Küche · Tische: 20/60 Plätze
info@waxenstein.de · www.waxenstein.de

Speisekarte: 4 Hauptgerichte von 23,00 bis 54,00 €; 2 Menüs von 92,00 bis 148,00 € 135 Weinpos.
Das Gourmetrestaurant "Henri Philippe" ist sehr charmant in alpiner Eleganz gestaltet. Warm schimmernde Holz-Kassettendecken, umlaufende Bänke, hübsche, gepolsterte Stühle, ein Teppichboden in warmen Rottönen und die fein eingedeckten Tische verbinden sich zu einem behaglichen Landhaus-Ambiente und vermitteln eine locker-entspannte Atmosphäre. Die vielseitige und genussreiche Küche von Chefkoch Andre Feldmeier

Grainau

basiert auf marktfrischen Zutaten, die bevorzugt aus dem Umland von nachhaltig betriebenen Höfen kommen. Zugrunde liegt ihr die klassisch französische Küche, die er mit Elementen einer durchdachten Alpe-Adria-Küche und mediterranen Akzenten ergänzt. Handwerklich präzise und optisch ein kleines Kunstwerk, wird jede Speise sorgfältig zusammengestellt und zubereitet. Jeden Abend kann man ein anderes Viergang-Menü genießen, das dem aktuellen Marktangebot entspricht. Hervorhebenswert ist das Angebot für kleine Gäste, nach morgendlicher Absprache für den Abend ihr Lieblingsessen vorzubestellen. Viktor Smidt leitet den aufmerksamen Service und hilft bei Fragen gerne weiter. Letzteres macht auch Thorsten Kuhne, wenn es um die Auswahl passender Weine und Getränke geht. An warmen Tagen wird die Terrasse zu einem besonderen Publikumsmagneten, das umgebende Bergpanorama ist einfach überwältigend schön.

 Die Küchenleistung dieses Restaurants ist hervorhebenswert in seiner Kategorie.

Grassau

Resort Das Achental Bhf→8 km

✉ 83224 · Mietenkamer Straße 65 · ☎ 0 86 41 40 10 · Fax: 17 58 · Bar, E-Mobil-Ladestation, Hubertushütte, Seehütte10 mit Bergblick, Stuben und Kaminzimmer 🍽🐕🌳♿🅿🚭🚬⚓⛷🏔♨☯↔☀♿💻📶 am Haus   VISA AE 💳 💳
reservierung@das-achental.com · www.das-achental.com · 📘

135 **DZ** von 296,00 bis 640,00 €;
8 **EZ** von 247,00 bis 411,00 €;
36 (**Jui.-**)**Suiten** von 420,00 bis 1450,00 €
In den 1950er Jahren noch ein Reiterhof zwischen Chiemsee und Kampenwand, ist das Resort Das Achental heute ein luxuriöses Hotel, in dem man sich formidabel erholen kann. Das Ambiente ist edel und behaglich zugleich, die exklusiven Zimmer begeistern mit natürlichen Materialien wie Lärchenholz und Loden und kombinieren alpenländischen Chic mit modernsten Annehmlichkeiten (Flatscreen TVs, WLAN, Telefon, Bademäntel, Softgetränke aus der Minibar). Zum Resort gehört ein wunderschön gestalteter 18-Loch-Golfplatz mit herrlichem Blick in die malerische Landschaft. Wer nicht ganz so aktiv werden möchte, lässt im

2.000 m² großen Wellnessareal mit Saunen, Pools, Garten, Fitnessraum und bei schmeichelnden Beauty- und Massageangeboten die Seele baumeln (s. a. Well-

Grassau

ness-Special). Mit 15 klimatisierten, erstklassig ausgestatteten Tageslicht-Konferenzräumen von 40 m² bis 260 m² ist auch an Tagungsgäste gedacht, die die umfassende Betreuung und attraktive Incentives zu schätzen wissen. Ein sehr abwechslungsreiches gastronomisches Angebot mit verschiedenen Restaurants und Hütten gehört ebenso zum Resort Das Achental wie die Möglichkeit, besondere Festtage in einem besonderen Ambiente zu verleben – z. B. im Kaminzimmer, der Jagd- und Reiterstube oder der Hubertushütte mitten im Grünen.

Resort Das Achental - Vinothek

Bhf→14 km

✉ 83224 · Mietenkamer Straße 65 · ☎ 0 86 41 40 10
Mediterrane Küche · **Tische:** 12/32 Plätze
essenz@das-achental.com · www.das-achental.com

VISA AE ● ●

Speisekarte: 5 Hauptgerichte von 18,00 bis 38,00 € 🍴🍴🍴🍷🍷🍷 400 Weinpos. La Dolce Vita kann man nicht nur in Italien erleben, sondern auch im Chiemgau, genauer gesagt in der Vinothek des Resorts Das Achental. Charmant und einladend eingerichtet, werden auf großen Schiefertafeln tagesaktuelle Spezialitäten annonciert. Executive Küchenchef Edip Sigl wählt gemeinsam mit seinem Team mediterrane Speisen aus, um mit Antipasti, hausgemachter Pasta und ofenfrischer Pizza südliche Aromenfülle in die Vinothek zu holen. Perfekt ergänzt werden die beliebten Klassiker durch eine umfangreiche Weinkarte mit rund 400 Positionen. Mit großen Fenstern zum Gar-

ten lädt die Vinothek im Sommer auch auf die schöne Terrasse ein.

Grassau

Resort Das Achental – ES:SENZ

Bhf→14 km

✉ 83224 · Mietenkamer Straße 65 · ☎ 0 86 41 40 10
3-Sterne Gourmetrestaurant · Tische: 20/40 Plätze
essenz@das-achental.com · www.das-achental.com · f

Speisekarte: 2 Menüs von 195,00 bis 295,00 €

♥♥♥♥♥❦❦❦ 850 Weinpos.

ES:SENZ – der Name des Gourmetrestaurants ist Programm, denn er greift auf, worum es Chef de Cuisine Edip Sigl in seiner Küche geht: um das Wesentliche. Und das ist der Geschmack der Speisen, der das Gefallen der Gäste finden soll. Weil zu einem exzellenten Essen auch eine schöne Umgebung gehört, steht das Interieur des Restaurants den ambitionierten Ansprüchen in nichts nach: Wertige Naturmaterialien, erdige Farben, edel eingedeckte Tische und ein verglaster Kamin im Zentrum des Raumes vermitteln ein niveauvolles Bild und eine angenehm entspannte und sehr weltoffene Atmosphäre. Gemäß dem Motto „Chiemgau Pur" bevorzugt Edip Sigl regionale Produkte aus dem Chiemgau in bester und erntefrischer Bio-Qualität. Die kommen von heimischen Produzenten und Erzeugern, die seine Philosophie und seine hohen Ansprüche eines nachhaltigen und respektvollen Umgangs mit den Lebensmitteln teilen. Deshalb kennt er auch jeden seiner Lieferanten persönlich und den 150 m² großen Kräutergarten in- und auswendig. Hier werden viele Kräuter und Gemüse selber gezogen und geerntet, die anschließend gleichsam taufrisch in die Küche gelangen. Hier kann sich Edip Sigl auf ein hochmotiviertes Team verlassen. Er tüftelt mit Leidenschaft, Können, Akribie und großem Ideenreichtum, um Speisen zu kreieren, die im Chiemgau verwurzelt sind und doch immer wieder die Grenzen des Gewohnten sprengen. Jeder Teller erzählt seine eigene Geschichte und gerät auch optisch zu einem kleinen Kunstwerk. Iiro Lutter hütet als kenntnisreicher Sommelier einen beeindruckenden Weinschatz und weiß die passenden Tropfen zu empfehlen. Maître Simon Adam leitet liebenswürdig durch den Abend, kann sich auf sein gut geschultes und aufmerksames Serviceteam verlassen und hat auch bei kleinen Sonderwünschen ein offenes Ohr.

Restaurant mit einer der besten Küchen des Landes.

Grassau

Resort Das Achental – Weißer Hirsch

Bhf →14 km

✉ 83224 · Mietenkamer Straße 65 · ☎ 0 86 41 40 10
Klassische und Regionale Küche · **Tische:** 37/112 Plätze
restaurant@das-achental.com · www.das-achental.com · f

Speisekarte: 6 Hauptgerichte von 25,00 bis 43,00 €; 1 Tagesgericht von 22,00 bis 40,00 € ❦❦❦❦🍇🍇🍇 850 Weinpos. Das Restaurant "Weißer Hirsch" wird morgens genutzt, um das fantastische Frühstücksbuffet aufzubauen und abends, um die kulinarische Vielfalt der Küche zu präsentieren. Das landestypische Interieur mit unzähligen Geweihen, die von der Holzbalken-Decke hängen, trifft auf fein eingedeckte Tische und Stühle mit weißen Hussen – so entsteht ein edel-rustikales Ambiente, das den lässigen Charakter des Restaurants unterstreicht. Chefkoch Matthias Brenner sorgt für eine abwechslungsreiche und frische alpenländische Landküche, die von klassischen Speisen über gesunde Vitalkost vom Buffet bis zu regionalen Schmankerln reicht. Neben den Hauptspeisen werden Tagesempfehlungen und wechselnde Gerichte, gerne auch für zwei Personen angeboten. Bei schönem Wetter

kann man auf der großen Terrasse sitzen und zusätzlich zu den feinen Speisen den großartigen Ausblick in die Chiemgauer Bergwelt genießen. Innen wie außen sorgt ein zuvorkommender Service unter umsichtiger Leitung von Sager Mukataran dafür, dass sich jeder Gast rundum wohlfühlt.

Grenzach-Wyhlen

Bhf →1 km

♜ **Eckert Hotel-Restaurant-Bar**

✉ 79639 · Basler Str. 20 · ☎ 0 76 24 9 17 20
Intern. u. Reg. Küche, eigene Kreat. · **Tische:** 25/70 Plätze
info@hotel-eckert.de · www.hotel-eckert.de

Speisekarte: 7 Hauptgerichte von 35,00 bis 54,00 €; 2 Menüs von 119,00 bis 139,00 €
❦❦❦🍇🍇🍇 450 Weinpos. Im Restaurant "Eckert" gehen nicht nur im Interieur Tradition und Moderne eine gelungene Verbindung ein. Auch die Küche von Patron Nicolai P. Wiedmer ist eine raffinierte Melange aus tradierten und zeitgeistigen Elementen, die er zu expressiven Speisen kombiniert. Eines der angebotenen Menüs ist vegan.

 Restaurant mit exzellenter Weinkarte

Groß-Gerau

Pizarro fine dining

✉ 64521 · Frankfurter Straße 13 · ☎ 01 76 40 45 13 76
Französische u. Peruanische Küche · **Tische:** 10/20 Plätze
info@restaurant-pizarro.de · www.restaurant-pizarro.de

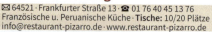

Speisekarte: 1 Menü zu 125,00 €
❀❀❀❀
Schlichte Eleganz prägt das Restaurant, in dem der weit gereiste Chefkoch Julio Pizarro mit erstklassigen Zutaten traditionelle Einflüsse mit modernen Techniken verbindet und eine innovative Küche kreiert, in der peruanische, französische und saisonale Elemente zu einem außergewöhnlichen Menü werden.

Großbundenbach

🛡 WurzelWerk

✉ 66501 · Bergstraße 7a · ☎ 0 63 37 9 95 28 70
Regionale und Neue Küche · **Tische:** 17/38 Plätze
bendzko@restaurant-wurzelwerk.de · https://wurzelwerk.beachy.rocks/

Speisekarte: 6 Hauptgerichte von 20,00 bis 36,00 €; 1 Menü ab 50,00 €
❀❀❀ 46 Weinpos.
Ursprünglich seit 1875 landwirtschaftlich genutzt, wurde das Gebäude, in dem das „WurzelWerk" beheimatet ist, 1932 zu einer Bäckerei. Nach einigen Jahren des Leerstands erwarb Familie Bendzko 2001 die „alte Bäckerei" und baute das vordere Haus zu einem Gäste- und Kaffeehaus um. Vor knapp drei Jahren hat Sohn Benjamin die Leitung übernommen, das Anwesen um ein Restaurant erweitert und führt beides nun gemeinsam mit seiner Partnerin Cleo Thalheim. Mit frischen Ideen und ganz viel Einsatz haben sie ein Restaurantkonzept erarbeitet, dass sie mit Leben und Genuss erfüllen. Benjamin Bendzko ist auch der verantwortliche Mann am Herd und präsentiert eine saisonfrische Marktküche. Er bezieht die Zutaten von bekannten Händlern, bevorzugt aus der Region, und verarbeitet sie

mit handwerklichem Geschick und kreativem Twist, um die Gäste mit kraftvollen und unverfälschten Speisen zu verwöhnen. Cleo Thalheim leitet liebenswürdig und mit natürlicher Herzlichkeit den Service. An warmen Tagen wird die hübsche Gartenterrasse zu einem echten Publikumsmagneten.

Großräschen

Großräschen

Bhf→2 km   ♜ **SeeHotel Großräschen**   ⭐⭐ ⭐⭐

✉ 01983 · Seestraße 88 · ☎ 03 57 53 69 06 60 · Fax: (03 57 53) 69 06 69 · Rosengarten, Fahrradverleih, Grillplatz mit Weidenlaube, Frühstück 9,90 €/p. Ps.

info@seehotel-grossraeschen.de · www.seehotel-grossraeschen.de

50 **DZ** ab 73,00 €;
als **EZ** ab 71,00 €;
3 **Fam.-Zi.** ab 168,00 €;
4 **Jui.-Suiten** ab 93,00 €

Das SeeHotel Großräschen ist ein architektonisches Kleinod inmitten der Lausitzer Seenlandschaft. Die geschmackvoll eingerichteten Zimmer verfügen über alle zeitgemäßen Annehmlichkeiten, außerdem gibt es einen schönen Wellnessbereich und zahlreiche, attraktive Arrangements.

Grünwald

Bhf→5 km   **Bio Hotel Alter Wirt**   👨‍🍳👨‍🍳

✉ 82031 · Marktplatz 1 · ☎ 0 89 64 19 34-0
Gehobene Regionale Küche
info@alterwirt.de · www.alterwirt.de

Speisekarte: 10 Hauptgerichte von 13,50 bis 36,50 €; 6 Schmankerl von 9,00 bis 18,00 €
❤❤

Chefkoch Michael Kaiser wählt die Zutaten für seine gehobene Landküche mit Bedacht aus: Nur frische Produkte aus biologischem Anbau direkt von kleinen, handwerklich arbeitenden Betrieben und Bauern aus der Region kommen zum Einsatz und sind Grundlage für die regionalen und saisonalen Speisen.

Gummersbach

Bhf→800 m   ♜ **Die Mühlenhelle**   👨‍🍳👨‍🍳👨‍🍳

✉ 51645 · Hohler Str. 1 · ☎ 0 22 61 29 00 00 · Fax: 2 90 00 20
Klass., Neue, Intern. u. Reg. Küche · **Tische:** 6/30 Plätze
kontakt@muehlenhelle.de · www.muehlenhelle.de

Speisekarte: 7 Hauptgerichte von 29,00 bis 45,00 €; 2 Menüs von 64,00 bis 176,00 €
❤❤❤ 🍷🍷🍷   650 Weinpos.
Chefkoch Michael Quendler kocht sehr ambitioniert, konzentriert und präsentiert eine finessenreiche europäische Küche. Das Angebot wechselt monatlich. Aus den angebotenen Menüs können auch nur Hauptspeisen gewählt werden, eines von ihnen ist vegan/vegetarisch.

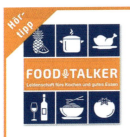

Gespräche übers Kochen und gutes Essen mit Menschen die etwas davon verstehen.

Zum Mithören bei spotify, itunes und überall dort, wo es gute Podcasts gibt.

www.foodtalker.de

Güstrow

Kurhaus am Inselsee   Bhf→4,5 km

✉ 18273 · Heidberg 1 · ☎ 0 38 43 85 00 · Fax: 85 01 00 · Rest. mit Internationaler und Regionaler Küche, Bar, Terrasse, Arrangements, Zimmerpreise inkl. Frühstück
32 km
info@kurhaus-guestrow.de · www.kurhaus-guestrow.de · f

43 **DZ** von 149,00 bis 179,00 €;
4 **EZ** von 99,00 bis 109,00 €;
5 **Suiten** von 219,00 bis 239,00 €;
43 **DZ als EZ** von 109,00 bis 129,00 €
Familie Hinz leitet dieses Traditionshaus, in dem sich hinter der historischen Fassade modernster Komfort verbirgt und das sich mit seiner großzügigen Architektur harmonisch in die reizvolle Landschaft im Süden der Residenzstadt Güstrow einfügt. Die zeitlose Eleganz und der Komfort in den Zimmern, oftmals mit Seeblick, sind überzeugende Argumente für diese gastliche Adresse. Die Preise inkludieren ein üppiges Frühstücksbuffet. Der Wellnessbereich mit überdachtem Schwimmbad, Dampfbad, Sauna, Ruheliegen und Massagemöglichkeiten ist ein Refugium der Entspannung. Ideal für eine Vielzahl gut organisierter Veranstaltungen sind die stilvoll eingerichteten Festsäle. Die vielseitige Küche lässt sich im Sommer besonders schön auf der Terrasse mit Seeblick genießen und die gediegene Bar ist ein geselliger Treffpunkt, wo man gerne am Abend zusammensitzt. In der Freizeit kann man das Wegenetz durch die Güstrower Heidberge zum Wandern und Spazierengehen nutzen. Der Radfernweg Berlin-Kopenhagen führt am Haus vorbei. Fahrräder und Boote, mit denen man die idyllische Region zu Lande und Wasser erkunden kann, können direkt vor der Haustür gemietet werden.

Haan

Essensart

✉ 42781 · Bachstraße 141 · ☎ 0 21 29 37 79 21
Moderne Küche
info@essensart-haan.de · www.essensart-haan.de

Speisekarte: 5 Hauptgerichte von 28,00 bis 39,00 €; 2 Menüs von 65,50 bis 115,50 €
❦❦❦

Kunst an den Wänden im schick gestalteten Restaurant und dank Chefkoch Jens Lommel auch Kunst auf den Tellern: Seine frischen und modernen Speisen sind nicht nur optische Hingucker, sondern begeistern mit peppigen Ideen, Aromentiefe, ausbalancierten Zusammenstellungen und handwerklich präzisen Zubereitungen.

Halsenbach

Hotel & Restaurant FEINHEIT

Bhf →1 km
✉ 56283 · Auf der Katz 6 · ☎ 0 67 47 9 50 00 85
Klass., Neue u. gehobene Reg. Küche · Tische: 12/45 Plätze
info@feinheit-hotel.de · www.feinheit-hotel.de

Speisekarte: 5 Hauptgerichte von 26,00 bis 34,00 €; 1 Menü von 56,00 bis 67,00 €
40 Weinpos.

Kim Wagner und Etienne Weber sind Gastgeber aus Leidenschaft. Das gilt nicht nur für ihr schmuckes Hotel, sondern auch für ihr Restaurant FEINHEIT in Halsenbach. Warme Naturtöne und eine schlichte, geschmackvolle Einrichtung verbinden sich zu einem einladenden Interieur mit entspannter Atmosphäre. Etienne Weber legt allergrößten Wert auf erstklassige, nachhaltig erzeugte Produkte und Tierwohl. Dem entsprechend sucht er seine Händler und Erzeuger aus, von denen es gerade im Rhein-Hunsrück-Kreis einige gibt. Vieles – wie z. B. Eis, Sorbets, Nudeln und täglich frisch gebackenes Brot – wird gleich selber hergestellt. Unterstützung am Herd liefern Lucas Breder und Lars Fischer, das Trio steht für eine unverfälschte, ideenreiche und handwerklich präzise Küche. Die Zutaten werden raffiniert und in feiner Balance aufeinander abgestimmt und experimentierfreudig zu genussreichen

Speisen, die hohen kulinarischen Ansprüchen gerecht werden. Kim Wagner ist die überaus liebenswürdige Dame des Hauses, gemeinsam mit Jana Liesenfeld und Anna-Lena Henn umsorgt sie die Gäste mit herzlicher Natürlichkeit und berät zu den Weinen und passenden Getränken. Bis zu 130 Personen können für aufmerksam betreute Feierlichkeiten und Veranstaltungen den großen Festsaal und die weitläufige Festwiese nutzen.

 Die Küchenleistung dieses Restaurants ist hervorhebenswert in seiner Kategorie.

Halsenbach

⭐⭐⭐ Hotel & Restaurant FEINHEIT

Bhf→5 km

✉ 56283 · Auf der Katz 6 · ☎ 0 67 47 95 00 0 85
Restaurant, Terrasse, Frühstück 16,- € p. Ps., Sonntag 1-2 Mal im Monat Brunch
🍽 🛏 🅿 🚭 🐾 ⛷ 15 km VISA/AE
info@feinheit-hotel.de · www.feinheit-hotel.de

16 **DZ** von 95,00 bis 120,00 €;
3 **EZ** von 85,00 bis 110,00 €;
1 **Fam.-Zimmer** von 120,00 bis 260,00 €

Nachdem Kim Wagner und Etienne Weber ihr Restaurant FEINHEIT in Emmelshausen zu einer beliebten Einkehr gemacht hatten, bot sich die Gelegenheit, ein kleines Hotel zu übernehmen. Engagierte Gastronomen wie sie sind, ergriffen sie die Gelegenheit und kauften das im Rhein-Hunsrück regional bekannte und beliebte ehemalige „Hotel zur Katz" und ließen es von Grund auf renovieren. Entstanden ist ein kleines Schmuckstück, das sie mit sehr viel Herzblut führen. Die 20 charmant, individuell und behaglich mit vielen Naturmaterialien eingerichteten Zimmern, verfügen über zeitgemäßen Komfort, viele haben einen Balkon. Tagungsgäste finden zwei gut ausgestattete Räume mit professionellen Arbeitsbedingungen vor. Natürlich ist auch das Restaurant mit umgezogen, um am neuen Ort mit der gewohnt guten Küche zu überzeugen. Halsenbach liegt zwischen Rhein und Mosel und ist perfekter Ausgangspunkt für Wanderungen durch die weitläufigen Hunsrückwälder oder die Ehrbachklamm. Dank der Nähe zum romantischen Mittelrhein warten unzählige kleine Orte, Weinlokale, Winzereien, Ausflugsziele und Freizeitangebote für die ganze Familie.

Haltern am See

👨‍🍳👨‍🍳👨‍🍳 Ratsstuben

✉ 45721 · Mühlenstraße 3-5 · ☎ 0 23 64 34 65 · Fax: 1 61 17
Internationale Küche · **Tische:** 8/21 Plätze VISA
mail@hotel-haltern.de · www.hotel-haltern.de · f

Speisekarte: 1 Menü von 139.00 bis 199.00 €

300 Weinpos.

Im Zentrum von Haltern gelegen, wurden die "Ratsstuben" unter der Regie von Chefkoch Daniel Georgiev dank seiner produktorientierten Küche zu einer sehr empfehlenswerten Adresse.

Hamburg

Hamburg
100/200

✉ 20539 · Brandshofer Deich 68 · ☎ 0 40 30 92 51 91
Moderne Fine Dining Küche
mail@100200.kitchen · www.100200.kitchen

Speisekarte: 2 Menüs von 200,00 bis 250,00 €

Der Molteni-Ofen und die offene Küche sind die Hingucker im "100/200" und unterstützen die weltoffene und kommunikative Atmosphäre ebenso wie der nahbare Chefkoch Thomas Imbusch. Der kocht so kreativ und virtuos (auch Vegetarisches), dass man als Gast aus dem Staunen nicht mehr herauskommt.

Bhf→2,8 km

bianc

✉ 20457 · Am Sandtorkai 50 · ☎ 040 18 11 97 97
Internationale, mediterrane Küche · **Tische:** 15/40 Plätze
office@bianc.de · www.bianc.de

Speisekarte: 2 Menü von 190,00 bis 250,00 €

In der Hamburger Hafencity gelegen, gefällt das lässige Piazza-Ambiente im charmant eingerichteten Restaurant. Chefkoch Matteo Ferrantino kombiniert Topzutaten mit Können, Kreativität und Leidenschaft und lässt diese Eigenschaften in seine fulminante mediterrane Küche einfließen.

Bhf→2 km

♜ Fairmont Hotel Vier Jahreszeiten

✉ 20354 · Neuer Jungfernstieg 9-14 · ☎ 040 3 49 40 · Fax: (040) 34 94 26 00
Café „Condi", Condi Lounge, Jahreszeiten-Bar, Terrasse mit Binnenalsterblick
hamburg@fairmont.com · www.fairmont-hvj.de

99 **DZ** ab 555,00 €;
27 **EZ** ab 505,00 €;
30 (**Jun.-**)**Suiten** ab 819,00 €

Seit 126 Jahren begrüßt das Hotel Vier Jahreszeiten Hamburg seine Gäste aus aller Welt und ist bis heute Inbegriff europäischer Grandhotellerie. Einer großen Tradition verpflichtet, das Bild der Hansestadt Hamburg über Jahrzehnte prägend, hat das Hotel Vier Jahreszeiten in den vergangenen Jahren keinen Halt davor gemacht, das Haus stetig weiterzuentwickeln und eine einzigartige Verbindung aus Historie und Moderne geschaffen. Von der kulinarischen Vielfalt mit neun verschiedenen Restaurants und Bars über das umfangreiche Angebot im Vier Jahreszeiten Spa & und Fitness mit verschiedenen Behandlungen und hochwertigen Beautyprodukten bis hin zu Deutschlands außergewöhnlichstem Küchen-Eventbereich bleiben keine Wünsche offen, welche das als bestes Hotel Deutschlands ausgezeichnete Hotel Vier Jahreszeiten Hamburg nicht erfüllen könnte.

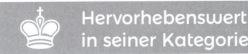

Hervorhebenswert in seiner Kategorie

Hamburg

♜ Fairmont Hotel Vier Jahreszeiten – GRILL Bhf→2 km

✉ 20354 · Neuer Jungfernstieg 9-14 · ☎ 040 34 94 33 12
Regionale und Internationale Küche · **Tische:** 20/60 Plätze
grill.hvj@fairmont.com · www.hvj.de/grill.html

Speisekarte: Hauptgerichte von 29,00 bis 83,00 € ❖❖❖❖ 170 Weinpos. Der Architekt Professor Emil Fahrenkamp setzte 1926 seine Entwürfe für vornehme Fest- und Gesellschaftsräume mit Tea Room um und erschuf mit kaukasischem Nussholz, wertigen Materialien und in einer klaren Formensprache ein Interieur, dass auch 100 Jahre später als GRILL Room nichts von seinem Art déco Charakter und einzigartigem Flair verloren hat. Nicht zuletzt, weil während der umfangreichen Renovierung 2023 Tradition und Moderne eine perfekte Verschmelzung erfuhren. Internationale Klasse prägt die Umsetzung des Grill-Konzepts, in dem man sich erstklassige Fisch- und Fleischspezialitäten wie Wolfsbarsch, Seezunge, hochwertige und handselektierte Cuts von Rind, Lamm und Kalb mit Beilagen und Saucen ganz nach eigenem Gusto zusammenstellen kann. Viele der Zubereitungen finden direkt am Tisch des Gastes statt, der sich live von der erstklassigen Qualität der Zutaten überzeugen kann. Die Cuts werden auf einem 800° Celsius heißen amerikanischen „Southbend" Infrarot Steak-Grill gegrillt. Luxusprodukte wie Austern, Hummer und Kaviar runden das Angebot ab. Maître José dos Santos trägt mit seinem aufmerksamen Team dazu bei, dass der GRILL bis heute nichts von seiner ursprünglichen Faszination eingebüßt hat.

♜ Fairmont Hotel Vier Jahreszeiten NIKKEI NINE Bhf→2 km

✉ 20354 · Neuer Jungfernstieg 9 · ☎ 040 34 94 33 99
Japanisch-peruanische Küche · **Tische:** 30/104 Plätze
gastronomie.hvj@fairmont.com · www.nikkei-nine.de

Speisekarte: 6 Hauptgerichte von 42,00 bis 159,00 €; 2 Menüs von 115,00 bis 145,00 €
❖❖❖

Das NIKKEI NINE direkt an der Binnenalster ist a place to be für Menschen, die außergewöhnliche Speisen in einem inspirierendem Ambiente genießen möchten. Dafür sorgt Chefkoch Kai Weigand mit Speisen, die das Beste aus zwei vordergründig kontrastierenden Welten verbinden. In der Nikkei Cuisine verschmilzt die Küche Südamerikas mit der japanischer Einwanderer, die Ende des 19. Jh. zum Eisenbahnbau nach Südamerika auswanderten und ihre traditionellen Gerichte nicht missen wollten. Sie griffen auf das dortige Warenangebot zurück und kreierten eine ungemein spannende Fusionsküche, die von Kai Weigand handwerklich präzise in Szene gesetzt wird. Er nutzt in der Showküche den japanischen Robata-Grill, um über offenem Feuer zu grillen und verbindet puristische japanische Küche mit ihren reduzierten Techniken und Zubereitungsarten mit der Farbigkeit und Opulenz peruanischer Geschmackswelten. Ein Glossar erläutert die Fachbegriffe und erleichtert die Auswahl auf der schön zusammengestellten Karte. Wer noch genauer in dieses faszinierende kulinarische Angebot eintau-

Hamburg

chen möchte, hat den Restaurantmanager Matthias Förster an der Seite, der mit Freude und Begeisterung Gastgeber im NIKKEI NINE ist.

♖ Fairmont Hotel Vier Jahreszeiten Restaurant Haerlin

✉ 20354 · Neuer Jungfernstieg 9-14 · ☎ 0 40 34 94 33 10
Klassische u. Mediterrane Küche · Tische: 12/50 Plätze
gastronomie.hvj@fairmont.com · www.restaurant-haerlin.de · f

Speisekarte: 1 Menü ab 295,00 €
♛♛♛♛♛ ♖♖ 1.200 Weinpos. 1897 ersteigerte der Gastronom Friedrich Haerlin das „Hotel zu den Vier Jahreszeiten", Jahrzehnte später wurde er zum Namensgeber des Gourmetrestaurants, dessen Küche seit fast 23 Jahren von Christoph Rüffer geprägt wird. Im Interieur gehen feinsinnige Lebensart, Kultiviertheit und kosmopolitisches Flair mit nordischer Zurückhaltung die perfekte Verbindung ein. Handbemalte, chinesische Seidentapeten, helle Creme- und Grüntöne, ein maßgefertigter Weinschrank aus Glas und poliertem Messing mit Sommelier's Table werden ergänzt von wertvoller Kunst in Form eines handgefertigten Lüsters mit über 20.000 funkelnden Kristallen, Werken zeitgenössischer Künstler und Nymphenburger Porzellan-Jahreszeiten-Putten aus dem Eröffnungsjahr des Restaurants 1919. Die Küche ist klassisch ausgerichtet und trägt die Handschrift von Christoph Rüffer, der sich immer wieder neue Interpretationen einfallen lässt und mit handwerklicher Präzision ins Tellerrund platziert. Mit verschiedensten Aromen, Texturen und Würzungen, alten und neuen Techniken, bodenständigen und exotischen Zutaten kreiert er Speisen, die gerne das saisonale Produktangebot spiegeln und unbegrenzte Geschmackswelten eröffnen. Sommelier Christian Scholz berät mit Sensibilität zu den korrespondierenden Weinen, eine eigene Auswahl oder der spätere Einstieg in die Menü-Weinbegleitung ist nur eine der möglichen Spielarten. Den sehr aufmerksamen, top geschulten Service leitet Marius Jürke. Der sehr beliebte Chef's Table steht im „Haerlin" nicht wie üblich vor der Küche, sondern in einem eigenen Raum im Zentrum des Küchenbereiches und wird für bis zu acht Gäste zu einem Ort für unvergesslichen kulinarischen Genuss.

Hamburg

Glorie by 100/200

✉ 20539 · Brandshofer Deich 68 · ☎ 0 40 30 92 51 91
Deutsche und Französische Küche
mail@100200.kitchen · www.100200.kitchen

Speisekarte: 12 Hauptgerichte von 30,00 bis 69,00 € ❤❤❤❤🍽

Das Glorie auf der Empore ist die à la carte Variante des 100/200. Hier interpretiert Thomas Imbusch französische und deutsche Klassiker raffiniert neu und ergänzt sie mit erlesenen Steak-Cuts sowie vegetarischen Spezialitäten.

Haebel Bhf→5 km

✉ 22767 · Paul-Roosen-Straße 31 · ☎ 040 01517-2 423 046
Klassische Küche mit Nordischen Elementen · **Tische:** 6/14 Plätze
eat@haebel.hamburg · www.haebel.hamburg

Speisekarte: 2 Menüs von 139,00 bis 169,00 €
❤❤❤ 55 Weinpos.

Während Fabio Hæbel und Kevin Bürmann mit dem hochmotivierten Team handwerklich präzise Menüs – Flora und Fauna – zubereiten, die in der nordischen Küche verwurzelt sind, kann man ihnen dank der Showküche bei der konzentrierten Arbeit zuschauen.

Heimatjuwel

✉ 20255 · Stellinger Weg 47 · ☎ 0 40 42 10 69 89
Moderne und Regionale Küche · **Tische:** 10/22 Plätze
info@heimatjuwel.de · www.heimatjuwel.de

Speisekarte: 1 Menü von 62,00 bis 105,00 €
❤❤❤

Im Restaurant "Heimatjuwel" sind saisonale Produkte bevorzugt von lokalen Höfen Taktgeber für das Küchenangebot. Chefkoch Marcel Görke kocht fast ausschließlich vegetarisch, kombiniert mit leichter Hand, Können und in optischer Raffinesse die ausgesuchten Zutaten. Er versteht es, mit seinen ausgeklügelten Menüs den Gästen die Begeisterung über die bunten und verführerischen Gaben der Natur zu vermitteln.

Hobenköök Restaurant & Markthalle Bhf→500 m

✉ 20457 · Stockmeyerstraße 43 · ☎ 0 40 22 86 55 38
Norddeutsche Küche
wasgeht@hobenkoeoek.de · www.hobenkoeoek.de

Speisekarte: 10 Hauptgerichte von 25,00 bis 42,50 €; 5 Tagesgerichte von 9,50 bis 19,50 €
❤❤

Am Rande der HafenCity gelegen, ist das "Hobenköök" eine geniale Mischung aus Restaurant, Markthalle und Catering. Regionale und saisonale Produkte werden nachhaltig und ganzheitlich zu facettenreichen norddeutschen Speisen verarbeitet. Die Markthalle wird mit Produkten beliefert, die zu 70% biozertifiziert sind.

🛏 Hotel Atlantic Hamburg Bhf→500 m

✉ 20099 · An der Alster 72-79 · ☎ 0 40 2 88 80 · Fax: 2 88 88 52 · Atlantic Restaurant mit internationaler Küche; Atlantic Grill & Health mit regionaler Küche, Bar
atlantic-hamburg@brhhh.com · brhhh.com/atlantic-hamburg

188 **DZ** ab 313,00 €;
als **EZ** ab 313,00 €;
33 (**Jui.**-)**Suiten** ab 469,00 €

Das legendäre „Hotel Atlantic Hamburg" mit der außergewöhnlichen Architektur des frühen 20. Jhs. ist unbestreitbar eines der bekanntesten Hotels der Welt und überzeugt neben der Traumlage an der Alster mit klassischer Hotellerie auf höchstem Niveau. Allein 13 Veranstaltungsräume unterstreichen den kosmopolitischen Charakter des Hauses.

Koer Kulinarik & Bar Bhf→5 km

✉ 22301 · OT Winterhude · Maria-Louisen-Straße 3 · ☎ 0151 685 032 38
Neue Küche · **Tische:** 15/38 Plätze
moin@koer-hamburg.de · www.koer-hamburg.de

Speisekarte: 3 Hauptgerichte von 38,00 bis 42,00 €; 1 Menü zu 128,00 € ❤❤❤

Abwechslung, Qualität und handwerkliche Präzision kennzeichnen die Küche

Hamburg

von Küchenchef Paul Decker, der mit erstklassigen Zutaten und einer Fülle kreativer Ideen moderne Speisen mit saisonalem Bezug präsentiert.

Jellyfish

Bhf →5 km

✉ 20357 · Weidenallee 12 · ☎ 0 40 4 10 54 14
Klassische, Intern. u. Regionale (Fisch-)Küche · Tische: 16/46 Plätze
info@jellyfish-restaurant.de · www.jellyfish-restaurant.de · f

Speisekarte: 1 Menu, 4- bis 8-Gang von 118,00 bis 198,00 €

In Hamburg hat man bezüglich Fischrestaurants sicher die Qual der Wahl. Aber man kann sie auch abkürzen, indem man einfach im "Jellyfish" einkehrt. "Fisch, frisch as Fisch can be" könnte hier das Motto sein. Blanke Tische, schlichtes Mobiliar und an der Wand der Namensgeber des Restaurants – eine Qualle in fließender Bewegung – verbinden sich zu einer sehr entspannten und weltoffenen Atmosphäre. Patron und Chefkoch Stefan Fäth steht am Herd und verarbeitet ausschließlich Fisch aus Wildfang, nachhaltiger und regionaler Zucht sowie erstklassige Meeresfrüchte. Er konzipiert regelmäßig ein immer wieder neues Menü, das von vier auf sechs und acht Gänge erweitert werden kann und das zu einer Genussreise gerät, die in ihrer Abfolge eine spannende, kulinarische Geschichte erzählt, denn ein Gang baut auf dem anderen auf, so dass es mehr als schade wäre, auf einen zu verzichten. Ein zuvorkommendes Serviceteam kümmert sich aufmerksam und natürlich um die Gäste, während Linh Nguyen als kenntnisreicher Sommelier zu den Weinen berät. Samstag- und Sonntagmittag gibt es von 12-14 Uhr eine Bistrokarte.

♜ Landhaus Flottbek

✉ 22607 · Baron-Voght-Straße 179 · ☎ 0 40 8 22 74 10
HYGGE Brasserie und Bar, Tagungsmöglichkeiten
info@landhaus-flottbek.de · www.landhaus-flottbek.de

21 **DZ** ab 125,00 €;
4 **EZ** ab 102,00 €;
1 **Suite** ab 170,00 €

Hinter den historischen Mauern eines Bauernhofes aus dem 18. Jh. verbirgt sich ein komfortables Boutique-Hotel mit modernen Tagungsräumen, individuell eingerichteten Zimmern und hohem Wohlfühl- und Entspannungsfaktor im ganzen Hause.

♜ Landhaus Flottbek – HYGGE Brasserie und Bar

✉ 22607 · Baron-Voght-Straße 179 · ☎ 0 40 82 27 41 60 · Fax: 82 27 41 51
Moderne Landhausküche
info@landhaus-flottbek.de · www.landhaus-flottbek.de

Speisekarte: 19 Hauptgerichte von 16,00 bis 42,00 €; 2 Menüs von 45,00 bis 96,00 €
60 Weinpos.

Chefkoch Thomas Nerlich sorgt für eine durchdachte saisonale und facettenreiche Küche mit französischem Schwerpunkt. Gerne werden die präzise zubereiteten Speisen zum "teilen" serviert, was die kommunikative Atmosphäre im Restaurant mit historischem Holzständerwerk, modernem Interieur und schönem Garten zusätzlich unterstützt.

Hamburg

Landhaus Scherrer
Bhf→1,5 km

✉ 22763 · Elbchaussee 130 · ☎ 0 40 88 30 700 30 · Fax: 88 30 700 20
Intern. u. Regionale Küche leichter Zubereitung · **Tische:** 20/80 Plätze

info@landhausscherrer.de · www.landhausscherrer.de

Speisekarte: 12 Hauptgerichte von 18,50 bis 35,50 €; 4 Menüs von 112,00 bis 163,00 €

600 Weinpos.

Biobauern aus der Region liefern die Waren für die fulminante Produktküche von Patron Heinz O. Wehmann. Der zeigt seit Jahrzehnten, wie man mit Können und Fantasie auf Topniveau faszinierend aromenstarke Speisen kreieren kann. Die à la carte Speisen können zu einem eigenen Menü zusammengestellt werden.

Louis C. Jacob
Bhf→10 km

✉ 22609 · Elbchaussee 401-403 · ☎ 0 40 82 25 50 · Fax: 82 25 54 44
Weinwirtsch."Kleines Jacob", "Jacobs Bar", "Carls a. d. Elbphilharmonie"

jacob@hotel-jacob.de · www.hotel-jacob.de

50 **DZ** ab 203,00 €;
16 **EZ** ab 167,00 €;
19 (**Jui.-)Suiten** ab 283,00 €

Das noble, hanseatisch geprägte Hotel begeistert mit sehr privatem Charme, exzellentem Service und einem traumhaften Ausblick auf die Elbe. Alle Gästezimmer sind mit hochwertigen Möbeln eingerichtet und verfügen über Natursteinbadezimmer.

Memory
Bhf→200 m

✉ 22589 · Sülldorfer Landstr. 222 · ☎ 0 40 86 62 69 38 · Fax: 86 62 69 39
Klassische u. Regionale Küche · **Tische:** 12/35 Plätze
hh@memory-hamburg.de · www.memory.metro.bar

Speisekarte: 1 Menü ab 65,00 €

60 Weinpos.

Chefkoch Heiko Hagemann verbindet im Restaurant "Memory" mit Können und Ideenreichtum Trends und Traditionen zu kulinarischen Köstlichkeiten. Das Menü kann man sich 2- oder 3-gängig aus verschiedenen, handwerklich präzisen Speisen selber zusammenstellen.

Morellino la légère

✉ 20251 · Falkenried 54 · ☎ 0 40 4 20 62 95
Mediterrane Küche mit nordischen Elementen · **Tische:** 4/12 Plätze
info@morellino-hamburg.eu · www.morellino-hamburg.eu

Speisekarte: 2 Menüs von 97,00 bis 148,00 €

Chefköchin Silvia Theiss sorgt im unaufgeregt eingerichteten Restaurant für eine mediterran inspirierte Küche mit Einflüssen moderner Nordic Cuisine. Konzentriert, geradlinig, klar und unverfälscht sind die Speisen, die auf erstklassigen, saisonalen Zutaten basieren.

Petit Amour

✉ 22765 · Spritzenplatz 11 · ☎ 040 30 74 65 56
Eigene Kreationen · **Tische:** 11/22 Plätze
mail@petitamour-hh.com · petitamour-hh.com

Speisekarte: 1 Menü zu 169,00 €

Im Petit Amour nimmt Chefkoch Eike Iken seine Gäste mit auf eine kulinarische Reise. Dazu kombiniert er die Aromen der Saison und die besten regionalen Zutaten auf besonders raffinierte Art.

Piment
Bhf→4 km

✉ 20251 · Lehmweg 29 · ☎ 0 40 42 93 77 88 · Fax: 42 93 77 89
Klass., Int. Küche, eig. Kreationen · **Tische:** 10/26 Plätze
info@restaurant-piment.de · www.restaurant-piment.de

Speisekarte: 1 Menü zu 188,00 €

100 Weinpos.

Piment ist eines der ältesten und variantenreichsten Gewürze der Welt. Da ist der Name von Wahabi Nouris Restaurant verständlich und gleichzeitig ein Vorgriff auf seine vielseitige, expressive Küche, in der er Inspirationen aus aller Welt und gerne auch aus Nordafrika zu neuen Geschmackserlebnissen kombiniert.

Hamburg

Bhf→5 km **Portomarín**

✉ 22299 · Dorotheenstraße 180 · ☎ 0 40 46 96 15 47 · Fax: 28 80 06 96
Span. Küche, eig. Kreat. · **Tische:** 10/40 Plätze
info@portomarin.de · www.portomarin.de

Speisekarte: 6 Hauptgerichte ab 33,50 €; 1 Menü zu 79,00 € ✿✿✿✿ 250 Weinpos. Im "Portomarín" kommt man in den Genuss einer authentischen spanischen Küche, zusätzlich gibt es noch erstklassige Premium-Cuts. Edle Weine, Spirituosen und Delikatessen werden auch zum Außer-Haus-Verkauf angeboten.

Bhf→2,5 km **The Fontenay**

✉ 20354 · Fontenay 10 · ☎ 040 605 6 605-0 · Fax: 605 6 605-888
Restaurant, Bar, Atrium Lounge, Bibliothek, Smokers Room
info@thefontenay.de · www.thefontenay.de

113 **DZ** ab 355,00 €;
EZ ab 320,00 €;
17 **Suiten** ab 750,00 €
Das internationale 5-Sterne-Hotel lässt keine Wünsche offen. Die individuell eingerichteten Zimmer und Suiten bieten jeglichen Luxus und überzeugen als erholsamer Rückzugsort. Der 1.000 m² große Spa-Bereich ist hoch über den Dächern von Hamburg.

Bhf→2,5 km **The Fontenay – Lakeside**

✉ 20354 · Fontenay 10 · ☎ 040 605 6 605-740 · Fax: 605 6 605-888
Intern. Küche, eigene Kreationen · **Tische:** 10/40 Plätze
lakeside@thefontenay.de · https://www.thefontenay.com/restaurants-bar/lakeside-restaurant/

Speisekarte: 1 Menü zu 275,00 €
✿✿✿✿✿
Lichtdurchflutet und mit spektakulärem Panoramablick über Hamburg begrüßt das „Lakeside" seine Gäste. Chefkoch Julian Stowasser präsentiert Speisen in ebenso großartiger Optik, die allesamt handwerklich präzise, aromenprononciert und ungemein finessenreich sind.

The Lisbeth

✉ 20459 · Deichstraße 32 · ☎ 0 40 36 09 67 67
Regionale und Neue Küche · **Tische:** 8/26 Plätze
andre@cplisbeth.de · www.cantinepapalisbeth.de

Speisekarte: 1 Menü von 136,00 bis 158,00 € ✿✿✿
Einst eine klassische Kneipe, blieb das lässige Ambiente im modernen Restaurant „The Lisbeth" erhalten und wird durch eine fulminante Küche ergänzt. Das kreative Degustationsmenü hat norddeutsche Wurzeln, geht aber dank des Ideenreichtums von Chefkoch André Stolle weit darüber hinaus.

Bhf→1,6 km **The Table Kevin Fehling**

✉ 20457 · Shanghaiallee 15 · ☎ 0 40 22 86 74 22
Neue und Int. Küche, eig. Kreationen · **Tische:** 1/22 Plätze
info@the-table-hamburg.de · www.the-table-hamburg.de

Speisekarte: 1 Menü zu 315,00 €
✿✿✿✿ 150 Weinpos.
Der „Table" mäandert durch das Restaurant im luxuriösen Industriedesign, bietet einen guten Blick in die offene Küche und lädt zur Kommunikation mit Kevin Fehling und seinem Team ein. Klassisches erscheint in einem neuen Kontext und wird mit fabelhaften kulinarischen Ideen zu einer Demonstration von Können und Virtuosität.

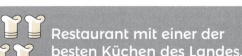

Restaurant mit einer der besten Küchen des Landes.

Hamburg

Tschebull

Bhf→300 m

✉ 20095 · Mönckebergstr. 7 · ☎ 0 40 32 96 47 96 · Fax: 32 96 47 97
Österreichische Küche · **Tische:** 55/160 Plätze
restaurant@tschebull.de · www.tschebull.de   VISA AE ● ●

Speisekarte: 11 Hauptgerichte von 29,50 bis 48,00 €; 11 Tagesgerichte von 29,50 bis 48,00 €
♢♢♢   100 Weinpos.
Österreich meets Hansestadt – im "Tschebull" ist das möglich, denn hier zeigt Patron Alexander Tschebull, wie geschickt man aus regionalen Zutaten Klassiker und Neuinterpretationen des Alpenstaates zubereiten kann. Highlights sind natürlich immer die verführerischen Mehlspeisen.

Zeik

Bhf→4 km

✉ 22299 · Sierichstraße 112 · ☎ 0 40 46 65 35 31
Neue und Gehobene Regionale Küche · **Tische:** 15/30 Plätze
info@zeik.de · www.zeik.de · f   VISA ● ●

Speisekarte: 2 Menüs ab 149,00 €
♢♢♢♢♢ ☙☙   370 Weinpos.

Das Restaurant „Zeik" hat sich im schönen, grünen Stadtteil Winterhude etabliert. Der Gastraum bekam ein kleines Facelift und das steht ihm ausgesprochen gut. Er kommt optisch nun den Erwartungen der Gäste an ein modernes Casual Fine Dining Restaurant entschieden näher. Die Atmosphäre ist wie gewohnt entspannt, der zuvorkommende Service unter charmanter Leitung von Barbara Janulewicz trägt sein Übriges zum weltoffenen Flair bei. Chefkoch Maurizio Oster kann und will seine norddeutsche Herkunft nicht verleugnen. Er beweist, dass das vordergründig Einfache zu tiefgründigen und expressiven Speisen werden kann, dabei steht immer das handverlesene Produkt im Fokus. Grundehrlich, kulinarisch der Region verbunden und geschickt und ideenreich im Umgang mit den Zutaten, kreiert er eine norddeutsche Küche voller raffinierter und länderübergreifender Ideen und gelungener Neuinterpretationen, die sein Motto „Der Luxus liegt im Bodenständigen" aufs Schönste und Genussvollste unterstreicht. Eines der angebotenen Menüs ist ein vegetarisches. Korrespondierende Weine und Getränke gibt es in verführerischer Auswahl, zu der Sommelier Tobias Greve sehr gern und kenntnisreich Entscheidungshilfe gibt.

Hannover

Handwerk

✉ 30173 · Altenbekener Damm 17 · ☎ 05 11 26 26 75 88
Reg. Küche, eig. Kreationen · **Tische:** 10/32 Plätze
info@handwerk-hannover.com · www.handwerk-hannover.com   VISA AE ● ●

Speisekarte: 1 Menü von 139,00 bis 149,00 €
♢♢♢

Ann-Christin und Thomas Wohlfeld sind nicht nur im Restaurant „Handwerk" mit Showküche ein tolles Team. Er sorgt für eine präzise, konzentrierte und innovative Fine-Dining-Küche, sie ist kenntnisreiche Sommelière und liebenswürdige Gastgeberin.

Hannover

JANTE

✉ 30171 · Marienstraße 116 · ☎ 05 11 54 55 56 06
Regionale, Saisonale Küche
info@jante-restaurant.de · www.jante-restaurant.de

Speisekarte: 1 Menü von 140,00 bis 220,00 €
✧✧✧

Entspannen und genießen gehen im „Jante" Hand in Hand. Für letzteres sorgt Chefkoch Tony Hohlfeld, der mit Ehrgeiz, Neugierde und Visionen Zutaten so zubereitet und kombiniert, dass am Ende immer wieder neue, fulminante Geschmackserlebnisse stehen.

Bhf → 750 m

Schorse

✉ 30159 · Hannah-Arendt-Platz 1 · ☎ 05 11 30 30 24 11
Klassische Küche · **Tische:** 15/50 Plätze
info@leineschloss.de · www.schorse-im-leineschloss.de · ▫

Speisekarte: 10 Hauptgerichte von 18,00 bis 39,00 €; 1 Mittagsmenü von 30,00 bis 35,00 € ✧✧✧

Das "Schorse" ist ein perfekter Ort für die kleine Auszeit. Dank bodentiefer Fenster ist der Raum lichtdurchflutet, lädt das Interieur mit Bistrocharakter zum entspannten Besuch ein. Inhaber Johannes Lühmann führt die Gastronomie im historischen Leineschloss in bester familiärer Tradition, denn Urgroßvater Schorse – und schon ergibt der ungewöhnliche Restaurantname Sinn – begann vor vielen Jahrzehnten mit einer Kneipe in der Altstadt von Hannover. Davon ist das „Schorse" kulinarisch inzwischen zwar weit entfernt, aber immer noch ist die Atmosphäre einladend und unaufgeregt. Hinzugekommen ist jetzt nach einem Konzeptwechsel eine Küche, die in Frankreich ihren Ursprung hat, aber dank Chefkoch Maik Neumann kreativ darüber hinausgeht. Das Anrichten der Teller vor dem Gast auf speziell angefertigten Wagen ist hierzulande selten, obwohl es ein Großteil der Gäste zurecht sehr mag. Marie-Claire Tasky leitet mit Übersicht den zuvorkommenden Service, während Luise Volkert mit viel Fachkenntnis sensibel zu den passenden Weinen berät.

Bhf → 10 km

Titus im Röhrbein

✉ 30519 · Wiehbergstraße 98 · ☎ 05 11 83 55 24 · Fax: 8 38 65 38
Moderne Klassische Küche · **Tische:** 6/18 Plätze
restaurant-titus@t-online.de · www.restaurant-titus.com

Speisekarte: 4 Hauptgerichte zu 34,00 €; 2 Menüs von 92,00 bis 122,00 €
✧✧✧🍷 210 Weinpos.

Seit Jahrzehnten ist das charmant eingerichtete Restaurant "Titus im Röhrbein" ein Ort des ehrlichen Genusses. Chefkoch Dieter Grubert kauft sorgsam ein und stellt die handverlesenen Zutaten in den Mittelpunkt seiner präzisen und herrlich unverfälschten Speisen.

 Die Küchenleistung dieses Restaurants ist hervorhebenswert in seiner Kategorie.

Hannover

VOTUM

Bhf→1 km

✉ 30159 · Hannah-Arendt-Platz 1 · ☎ 05 11 30 30 24 12
Neue Küche, eig. Kreationen · Tische: 9/30 Plätze
info@vo-tum.de · www.vo-tum.de ·

Speisekarte: 1 Menü zu 210 € ❀❀❀❀
Das Restaurant VOTUM und der Hannover'sche Landtag finden sich im Leineschloss. Hier gibt jeder seine Stimme ab: Der Gast für eine der spannendsten Küchen des Bundeslandes, das Team des Restaurants für sein leidenschaftliches Tun und seine Gäste. Das Interieur mit umlaufenden Polsterbänken, blanken Tischen und klaren Linien ist schick, modern und stylish, die Atmosphäre lässig und weltoffen. Spätestens jetzt kommt Chefkoch Benjamin Gallein ins Spiel, dessen Werdegang immer ergebnisoffen war, reicht seine berufliche Laufbahn doch ganz ohne Berührungsängste von der Skihütte bis zum Sternerestaurant. Gerade diese Offenheit für Neues zieht sich auch wie ein Roter Faden durch seine Küche. Kompromisslos im Einkauf der Zutaten, die von erstklassiger Qualität sein müssen, gibt es ab da kein Dogma mehr, keinen festgefahrenen Stil. Vielmehr spielt er mit den Produkten, Aromen, Garzuständen, ertüftelt raffinierte Kombinationen und lässt seiner Fantasie freien Lauf, ohne den Gast zu überfordern, denn seine Küche bleibt immer ehrlich und verständlich. In Anlehnung an die politischen Gepflogenheiten hat der Gast dabei sein eigenes Votum – die Erststimme ist für die Menüfolge, die Zweitstimme für den begleitenden Wein. Den hat Sommelier Jonas Gohlke kenntnisreich und mit Bedacht gewählt, gerne empfiehlt er aber auch rassige Alternativen. Schlussendlich gibt es doch keine Wahl – ein VOTUM-Besuch muss sein.

Hattingen

Diergardts Kühler Grund

✉ 45527 · Am Büchsenschütz 15 · ☎ 0 23 24 9 60 30 · Fax: 96 03 33
Deutsche Küche
info@diergardt.com · www.diergardt-hattingen.de

Speisekarte: 12 Hauptgerichte von 24,00 bis 48,00 €
❀❀❀

In nunmehr 4. Generation von Chefkoch Philipp Diergardt geführt, ist der schöne Landgasthof eine Einkehr für genussreiche Stunden. Mit Können und Leidenschaft präsentiert er eine durchdachte Saisonküche, in der Tradiertes ein neues Gewand bekommt.

Hayingen-Ehestetten

Hayingen-Ehestetten
BIO-Fine-Dining-Restaurant 1950

✉ 72534 · Aichelauer Straße 6 · ☎ 0 73 83 9 49 80
Nachhaltige Gourmetküche · **Tische:** 20/70 Plätze
tisch@tress-gastronomie.de · www.tressbrueder.de/bio-fine-dining-restaurant-1950 ·

Speisekarte: 1 CO_2-Menü© ab 125,00 €
❤❤ 73 Weinpos.
Im Restaurant 1950 wird mit wirklicher Leidenschaft konsequent und transparent ein außergewöhnliches Gourmetkonzept umgesetzt, dass es in dieser Form kein zweites Mal gibt. Es ist das weltweit erste sterngekrönte Demeter & Bioland Fine-Dining Restaurant. Schon 1950 brachte der Großvater von Daniel und Simon Tress, den biologisch-dynamischen Gedanken nach Hayingen-Ehestetten und stellte auch seinen Bauernhof nach demeter-Richtlinien um. Dieses Erbe und diese Tradition sind für seine Enkel ein echter Ansporn, die nachhaltige Unternehmensphilosophie fortzuführen, die auch das Lebenswerk der Eltern war. Simon Tress ist der verantwortliche Mann am Herd. Bei jedem Gericht erfährt der Gast bis ins Kleinste sämtliche Zutaten (die bis aufs Salz alle in Demeter- und Bioland-Qualität sind), deren Herkunft, inklusive der Angabe zum CO_2-Ausstoß und wie viele Kilometer sie vom Erzeuger bis ins Restaurant hinter sich gebracht haben – nie mehr als 25 (!). Hier gehört es zum Standard, nach dem "Leaf-to-Root"- und "Nose-to-Tail"-Prinzip zu arbeiten. Das setzt nicht nur enormes Fachwissen, sondern auch Können, Ehrgeiz und großen Eifer voraus. Diese Mühe und Begeisterung fließen in jedes Element des angebotenen CO_2-Menü© ein. Daniel Tress, der für den Service verantwortlich und kompetenter Ansprechpartner ist, wenn es um Veranstaltungen im Hause geht, steht ebenso wie Simon für die TressBrüder-Philosophie: Miteinander für Mensch und Natur.

BIO Restaurant Rose

✉ 72534 · Aichelauer Straße 6 · ☎ 0 73 83 9 49 80
Regionale Frischeküche · **Tische:** 20/70 Plätze
tisch@tress-gastronomie.de · www.tressbrueder.de ·

Speisekarte: 5 Hauptgerichte von 10,50 bis 30,00 €
❤❤ 73 Weinpos.
Das BIO Restaurant Rose ist quasi die Keimzelle der kulinarischen Tressbrüder-Welt. Geradlinig, schlicht und geschmackvoll eingerichtet, ist das Restaurant ideal, um sich zurückzulehnen und den Alltag vor der Tür zu lassen. Am Herd stehen an der Seite von Simon Tress Pascal Martini und Omar Bondoc, die seine Philosophie einer ehrlichen und frischen Küche, die auf Bio-Produkten basiert, teilen. Die Zutaten kommen bevorzugt von Demeter- und Bioland-Betrieben aus der Region und dem eigenen Hausgarten. Nachhaltiges Arbeiten, keine Zusatzstoffe und Geschmacksverstärker, nur natürliche Kräuter und Gewürze gehören zum Küchen 1x1. Großvater und Vater haben stets vermittelt, Lebensmittel zu achten, Fleisch als etwas Besonderes zu sehen. So verfolgen die Tress Brüder ein Restaurantkonzept, in dem das Gemüse der Star auf dem Teller ist. Fleisch – natürlich auch in bester BIO-Qualität – gibt es

auf Wunsch als Beilage, gerne auch zum Teilen, das im Übrigen ausdrücklich erwünscht ist. So kann das Essen zu einem vielleicht kleinen, aber bewussten Beitrag werden, die Welt etwas klimafreundlicher und nachhaltiger zu gestalten.

Heidelberg

♖ "S"-Kastanie

Bhf→2 km

✉ 69117 · Elisabethenweg 1 · ☎ 0 62 21 72 80-343 · Fax: 72 80-344
Internationale u. Regionale Küche · **Tische:** 20/100 Plätze
info@restaurant-s-kastanie.de · www.restaurant-s-kastanie.de

Speisekarte: 6 Hauptgerichte von 18,50 bis 31,50 €; 6 Menüs von 41,00 bis 74,00 € ✿✿ 48 Weinpos.

Das Heidelberger Schloss ist nur fünf Gehminuten vom mitten im Grünen gelegenen Restaurant "S"-Kastanie entfernt. Das ist im historischen Schützenhaus aus dem Jahre 1904 beheimatet. Dunkler Holzboden, Sprossenfenster – z. T. mit aufwändigen Bleiverglasungen – und eine Decke, an der als Blickfang imposante, bebilderte Tafeln aus 400 Jahren Schützengeschichte hängen, verbinden sich zu einem elegant-nostalgischen Interieur. Patron und Küchenchef Sven Schönig präsentiert Gerichte, die in der Region zu Hause sind, und verfeinert sie mit handwerklichem Geschick und pfiffigen Ideen zu zeitgeistigen, gut aufeinander abgestimmten Speisen. Von den angebotenen Menüs ist eines vegetarisch und eines vegan. Die Restaurantleitung ist jederzeit ansprechbar und zuvorkommend und hilft kompetent bei der Planung und Durchführung zahlreicher kulinarischer Events (z. B. Barbecue, Wildwochen etc.) und privater Feiern. Zusätzlich gibt es ein vielseitiges Catering mit Fingerfood und Buffets. Feierlichkeiten, allen voran romantische Hochzeiten, finden im Restaurant "S"-Kastanie einen bildhübschen Rahmen.

Heidelberg

Adriatic Seven A 7

✉ 69126 · Karlsruher Straße 82 · ☎ 0 62 21 4 30 37 82
Italienische u. Mediterrane Küche · **Tische:** 8/26 Plätze
info@adriatic-seven.de · www.adriatic-seven.de · f

Speisekarte: 3 Menüs von 57,00 bis 175,00 € ♥♥♥   39 Weinpos.

In Kroatien nahe dem italienischen Friaul aufgewachsen, gehörte es zu seinen schönsten Kindheitserinnerungen die italienisch-kroatische Küche der Familie gemeinsam mit ihr zu genießen. Mit dem „Adriatic Seven", kurz A 7, ist die Verwirklichung seiner Vision eines besonderen Ortes, an dem man genießt, redet, lacht und sich einfach wohlfühlt. Der Patron kocht mit kreativem Schwung und handwerklichem Können. Erstklassige Qualität der handverlesenen Zutaten ist ebenso unabdingbar wie Respekt vor dem Produkt und Tierwohl. So kommt das Fleisch ausschließlich aus nachhaltiger Freilandhaltung, der Fisch wird nach Tierschutz- und Nachhaltigkeitskriterien ausgewählt. Die Küche von Drazen Postek ist unverfälscht und herrlich aromenstark. Das angebotene Menü (nach rechtzeitiger Absprache gibt es auch vegetarische und vegane Speisefolgen) ist die moderne Neuinterpretation italienischer und mediterraner Rezepturen, die immer wieder auch von der Natur und den wechselnden Jahreszeiten inspiriert werden. Besonders exklusiv genießt man am Chef´s table, der perfekt für eine geschlossene Gesellschaft ist.

Bhf → 1,5 km **♜ Der Europäische Hof Heidelberg** ★★★ ★★

✉ 69117 · Friedrich-Ebert-Anlage 1 · ☎ 0 62 21 51 50 · Fax: 51 55 06
„Europa-Bar", Terrasse, Kleines Frühstück 13,50, Gourmetfrühstück 38,- € p. P.
welcome@europaeischerhof.com · www.europaeischerhof.com · f

60 **DZ** ab 278,00 €;
40 **EZ** ab 229,00 €;
14 **Junior-Suiten (50 m²)** ab 460,00 €;
3 **Suiten (64 m²)** ab 640,00 € Seit über 100 Jahren ist das traditions- reiche Luxushotel in Familienbesitz. Die wunderschönen Zimmer sind mit allen modernen Annehmlichkeiten ausgestattet, der 600 m² große Panorama SPA bietet ein Vielzahl von Relax-Angeboten, Businessgäste wissen die guten Tagungsmöglichkeiten zu schätzen.

 Hervorhebenswert in seiner Kategorie

Heidelberg

♜ Der Europäische Hof Heidelberg
Die Kurfürstenstube

Bhf→1,5 km

✉ 69117 · Friedrich-Ebert-Anlage 1 · ☎ 0 62 21 51 50 · Fax: 51 55 06
Klassische u. Neue Küche · **Tische:** 15/55 Plätze
welcome@europaeischerhof.com · www.europaeischerhof.com

Speisekarte: 4 Hauptgerichte von 45,00 bis 59,00 €; 1 Menü von 146,00 bis 225,00 € ♥♥♥🍾🍾 300 Weinpos. Die elegante "Kurfürstenstube" ist die perfekte Kulisse für gehobenen kulinarischen Genuss. Für den sorgt nun Chefkoch Daniel Stelling mit einer klassischen französischen Küche, die er behutsam dem Zeitgeist anpasst und gerne gekonnt neu interpretiert.

♜ Chambao

Bhf→3 km

✉ 69117 · Dreikönigstraße 1-3 · ☎ 0 62 21 7 25 82 71
Mediterrane und Crossover Küche · **Tische:** 12/60 Plätze
info@chambao-heidelberg.com · www.chambao-heidelberg.com ·

Speisekarte: Sharing-Gerichte von 74,00 bis 99,00 € ♥♥♥ 42 Weinpos. In dem weltoffenen Restaurant präsentiert das kreative Küchenteam klassische Hauptspeisen sowie raffinierte Kombinationen der mediterranen Küche mit Crossover-Elementen, die in ihrer Frische, Echtheit und Aromenkraft begeistern.

♜ Herrenmühle

✉ 69117 · Hauptstraße 239 · ☎ 0 62 21 60 29 09
Klassische und Regionale Küche · **Tische:** 10/40 Plätze
mail@herrenmuehle.net · www.herrenmuehle.net

Speisekarte: 5 Hauptgerichte von 32,50 bis 40,50 €; 1 Menü von 85,00 bis 125,00 € ♥♥♥🍾🍾

Am Fuße des Heidelberger Schlosses findet man mit der „Herrenmühle" ein Restaurant, das seinen Ursprung in einer Getreidemühle aus dem 17 Jh. hat. Das historische Fach- und Ständerwerk wurde mit viel Geschmack stilsicher ins Interieur integriert. Dunkle Wandvertäfelungen, warme Farben, schöne Stoffe und fein eingedeckte Tische geben dem Gastraum die nostalgische Note eines behaglichen Landgasthauses. Patron Joachim Hess steht am Herd und kocht mit ganz viel Können und Feingefühl. Die unverfälschten Zubereitungen basieren auf erstklassigen, gerne regionalen Zutaten. Er ist immer offen für Neues, lässt sich von den unterschiedlichsten kulinarischen Strömungen inspirieren und begeistert mit einer frischen und wohlüberlegten Crossover-Küche, in der sich mediterrane, asiatische und europäische Strömungen sowie orientalische Gewürze zu einem spannenden und ausbalancierten Geschmacksbild verbinden. Faouzi Ben Saad leitet zuvorkommend den Service, während Joachim Saad für eine sensible Weinberatung sorgt. Feierlichkeiten finden im ersten Stock mit einem stilvollhistorischen Raume einen ganz besonders stimmungsvollen Rahmen. Ein weiteres Highlight ist der begrünte, romantische Garten-Innenhof.

Heidelberg

♜ Restaurant OBEN

Bhf→12 km

✉ 69117 · Am Kohlhof 5 · ☎ 01 72 9 17 17 44
Klassische, Regionale Küche, eigene Kreationen · Tische: 4/20 Plätze
info@restaurant-oben.de · www.restaurant-oben.de

Speisekarte: 1 Menü zu 175,00 €

75 Weinpos.

Im ausgehenden 19. Jh. war der damalige Kohlhof ein beliebtes Ausflugsziel, heute finden sich hier Gourmets ein, um die Naturküche von Chefkoch Robert Rädel zu genießen. Der arbeitet mit großem Respekt vor den ausgesuchten Zutaten und kombiniert sie zu raffinierten Speisen mit Regionalcharakter.

♜ Scharffs Schlossweinstube im Heidelberger Schloss

Bhf→3 km

✉ 69117 · Schlosshof 1 · ☎ 0 62 21 8 72 70 10 · Fax: 8 72 70 11
Kreative Produktküche · Tische: 12/50 Plätze
info@heidelberger-schloss-gastronomie.de · www.heidelberger-schloss-gastronomie.de · f

Speisekarte: 2 Menüs mit 3-6 Gängen, klassisch u. vegetarisch von 78,00 bis 139,00 € großes Sortiment an Weinpos.

Das berühmte Heidelberger Schloss am Neckar ist die Kulisse für die direkt im Schlosshof gelegene „Scharffs Schlossweinstube im Heidelberger Schloss", in der fürstlicher Genuss den Gast erwartet. Zugewandter Gastgeber ist Martin Scharff, der in den historischen Räumen mit Blick auf die prächtige Renaissance-Fassade für seine Gäste da ist. Gemeinsam mit Küchendirektor Lemanja Nemaić und dem ambitionierten Team setzen sie die durchdachten und kreativen Speisen perfekt in Szene. Scharff, der 30 Jahre lang mit einem Michelin-Stern ausgezeichnet war, konzentriert sich auf eine aromenstarke Produktküche. Im Einklang mit den Jahreszeiten, auf Grundlage der klassisch-französischen Kochkunst und mit höchster Produktqualität entstehen raffinierte Gerichte, die behutsam den Zeitgeist bedienen und dabei stets auf vollkommenen Geschmack setzen. Seine klassischen oder vegetarischen (auch vegan ist auf Anfrage möglich) Menüs akzentuiert der Spitzenkoch mit feinem Gespür für Aromen und Gewürze und lässt auch internationale Einflüsse zu. Je nach Saison gibt es zusätzlich Spezialitätenmenüs. Der Schlosskeller ist reich gefüllt: Die Weinkarte zeugt von Kenntnis und guten Verbindungen zu regionalen und überregionalen Winzern. Im Sommer wird der gesamte Schlossinnenhof zum großen, romantischen Open Air Restaurant mit regelmäßig wechselnden Musik- und Kulinarik-Events.

♜ Traube Rohrbach

✉ 69126 · OT Rohrbach · Rathausstraße 75 · ☎ 0 62 21 6 73 72 22
Regionale und Vegane Küche · Tische: 17/44 Plätze
post@traube-heidelberg.de · www.traube-heidelberg.de

Speisekarte: 6 Hauptgerichte von 18,00 bis 45,00 €; 1 Menü zu 149,00 €

155 Weinpos.

Lisa Ziegler und Ole Hake führen das weithin bekannte Restaurant unter nachhaltigen Aspekten. So wird in der Küche von

Heidelberg

Ole Hake ausschließlich gejagtes Fleisch, also Wild (und Angelfisch) verwendet und von nose-to-tale verarbeitet. Die kreativen Speisen sind ehrlich und saisonal.

Heilbronn

♨ Ratskeller Heilbronn

✉ 74072 · Marktplatz 7 · ☎ 0 71 21 8 46 28
Regionale und Mediterrane Küche · Tische: 25/80 Plätze
info@ratskeller-heilbronn.eu · www.ratskeller-heilbronn.eu

Speisekarte: 12 Hauptgerichte von 20,00 bis 39,00 €; 9 Tagesgerichte von 14,00 bis 26,00 €; 1 Tagesempfehlung ab 16,00 €
❀❀❀

Direkt am Marktplatz in Heilbronn findet man den historischen Ratskeller. Ganz im Hier und Jetzt ist die Küche von Chefkoch Michael Ochmainski anzusiedeln. Seit drei Jahrzehnten steht er am Herd und hat sich einen mehr als guten Ruf erarbeitet.

Rebstock la petite provence   Bhf→3 km

✉ 74080 · Eppinger Straße 43 · ☎ 0 71 31 4 05 43 51
Provençalische Küche · Tische: 8/20 Plätze
info@rebstock-provence.de · www.rebstock-provence.de

Speisekarte: 3 Hauptgerichte von 20,00 bis 24,00 €; 1 Menü von 68,00 bis 98,00 €
❀❀❀   20 Weinpos.

Das "Rebstock la petite provence" ist ein wunderbar charmantes, kleines Restaurant, in dem persönlicher Service, leidenschaftliche Küche und das große Engagement von Patron und Chefkoch Dominique Champroux Hand in Hand gehen. Der schlicht-elegante Landhauscharakter des Interieurs sorgt für eine sehr behagliche, gesellige Atmosphäre. Dominique Champroux verleugnet seine alte französische Heimat nicht: Mit erstklassigen, erntefrischen Zutaten, selbst gesammelten, frischen Wildkräutern und -blüten kreiert er provençalische Spezialitäten und aromenstarke Speisen mit mediterranem Charakter. Er arbeitet sorgfältig, gekonnt und präzise und ist stets offen für Neues. Nach Vorbestellung wird gerne auch ein vegetarisches Menü zubereitet. Saisonale Spezialitäten, Tapasabende und Themenmenüs unterstreichen die Vielseitigkeit der Küche. Ehefrau Beate Champroux leitet liebenswürdig und herzlich den freundlichen Service und zeigt an warmen Tagen gerne einen Platz auf der Innenhof-Terrasse. Da das Restaurant nur 20 Plätze hat, sollte man grundsätzlich vorab reservieren. Private Feiern werden individuell ausgerichtet oder man holt sich dank des sehr guten Caterings die exklusive Küche direkt in die eigenen vier Wände.

 Dieses Restaurant bietet Ihnen ein gutes Genuss-/Preisverhältnis.

Heiligendamm

Heiligendamm

♛ Grand Hotel Heiligendamm - Friedrich Franz

✉ 18209 · Prof.-Dr.-Vogel-Str. 6 · ☎ 03 82 03 740 6210 · Fax: 740 74 74
Regionale Küche · **Tische:** 10/26 Plätze
info@grandhotel-heiligendamm.de · www.grandhotel-heiligendamm.de ·

Speisekarte: 1 Menü von 190,00 bis 280,00 €

Am Abend lädt das Gourmet Restaurant Friedrich Franz ins historische Kurhaus ein. Mit handbemalten Seidentapeten, funkelnden Kronleuchtern und zehn Tischen für insgesamt 26 Gäste bietet das Friedrich Franz eine exklusive und private Atmosphäre. 2024 jährt sich Ronny Siewerts Einstieg in das Gourmet Restaurant des Hauses Friedrich Franz zum 16. mal. Die jahrelange Zusammenarbeit mit Restaurantleiter und Sommelier Norman Rex sorgt bei den Gästen immer wieder für unvergessliche Abende in einer ganz besonderen Atmosphäre, deren Geheimnis offenbar die richtige Mischung aus exquisitem Genuss und einer gewissen Leichtigkeit ist.

Heringsdorf

Steigenberger Grandhotel & Spa ★★★★★

Bhf → 500 m

✉ 17424 · Liehrstraße 11 · ☎ 03 83 78 49 50 · Fax: 49 5-999
Verschiedene Restaurants, Bars, Weinsalon, Sonnenterrasse
🍴♿🛏🐕🍷⛱🎾🏊🛶↔🌞🅿📶 7 km
heringsdorf@steigenberger.de · www.heringsdorf.steigenberger.de

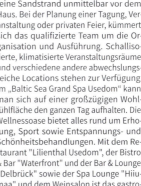

114 **DZ** ab 229,50 €;
als **EZ** ab 216,00 €;
55 **(Jui.-)Suiten** ab 324,00 €

Auf Deutschlands schönster Sonneninsel Usedom kann man seinen ganz persönlichen Traumurlaub erleben. Direkt an der Strandpromenade gelegen, empfängt das Steigenberger Resorthotel mit Grand Palais, zwei Residenzen, zwei historischen Villen sowie verschiedenen Restaurants und Bars seine Gäste. Das Resorthotel umfasst sieben Gebäude mit insgesamt 170 luxuriösen Zimmern und Suiten im eleganten, maritimen Flair. Die Preise inkludieren immer das Frühstück. Der Krabbenclub sorgt für jede Menge Spaß bei den Kindern und der Teens Club ist für die Jugendlichen geöffnet. Eine kleine Auszeit bietet der 42 km lange, feine Sandstrand unmittelbar vor dem Haus. Bei der Planung einer Tagung, Veranstaltung oder privaten Feier, kümmert sich das qualifizierte Team um die Organisation und Ausführung. Schallisolierte, klimatisierte Veranstaltungsräume und verschiedene andere abwechslungsreiche Locations stehen zur Verfügung. Im „Baltic Sea Grand Spa Usedom" kann man sich auf einer großzügigen Wohlfühlfläche den ganzen Tag aufhalten. Die Wellnessoase bietet alles rund um Erholung, Sport sowie Entspannungs- und Schönheitsbehandlungen. Mit dem Restaurant "Lilienthal Usedom", der Bistro & Bar "Waterfront" und der Bar & Lounge "Delbrück" sowie der Spa Lounge "Hiiumaa" und dem Weinsalon ist das gastronomische Angebot sehr breit gefächert.

Heringsdorf

The O'ROOM
✉ 17424 · Kulmstraße 33 · ☎ 03 83 78 18 39 12 · Fax: 18 39 11
Kreative Reg. u. Intern. Küche · **Tische:** 7/18 Plätze
info@strandcasino-marc-o-polo.com · www.strandcasino-marc-o-polo.com

Speisekarte: 1 Menü zu 189,00 €
180 Weinpos.
Im ersten Concept-Store des Modelabels Marc O'Polo kann man nicht nur bestens shoppen, sondern auch formidabel speisen. Dafür sorgt Chefkoch André Kähler mit einer grenzübergreifenden Küche, die auf erstklassigen Zutaten basiert und besonders gelungen neu interpretierte Regionalia in Szene setzt.

Herleshausen

Hohenhaus
Bhf→5 km

✉ 37293 · Holzhausen · ☎ 0 56 54 98 70 · Fax: 13 03 · Bar, Terrasse, 1 Zimmer für Raucher, reichhaltiges Frühstücks-Landbuffet im Zi.-Preis inklusive, E-Ladestationen
20 km
info@hohenhaus.de · www.hohenhaus.de

27 **DZ** ab 210,00 €;
als **EZ** ab 175,00 €;
9 **EZ** ab 120,00 €

Abseits von täglicher Hektik findet man in der herrlichen, waldreichen osthessischen Hügellandschaft des Ringgau das exklusive First-Class-Domizil „Hohenhaus". Das stilvolle L'Art de Vivre Hotel ist eine perfekte Oase für Gourmets und Naturliebhaber, für Romantiker, Kulturinteressierte und Menschen, die das Besondere lieben. Eine großzügige Halle mit behaglichen Lesenischen und offenem Kamin dient der Entspannung, stilvoll eingerichtete Tagungs- und Banketträume sowie die Event-Scheune stehen für exklusive Veranstaltungen bereit. Die Zimmer sind komfortabel, sehr liebevoll und individuell eingerichtet. Ein großes Schwimmbad, Massage- und Beautyräume ergänzen das Angebot. Persönliche Ansprache und attraktive Arrangements gehören mit zum Standard. Zusätzlich zum Gourmetrestaurant gibt es den "Hohenhaus Grill", wo Traditionelles und Regionales in moderner Interpretation zur Auswahl steht. Über das Jahr gehören verschiedenste interessante Veranstaltungen zum vielseitigen Angebot des Hotels. Kurzum: Aus dem einstigen Rittergut wurde ein romantisches Hideaway für anspruchsvolle Gäste. Hier präsentiert Patron Peter Niemann einen Eventkalender, der prall gefüllt ist mit Highlights wie Autorenlesungen, Jazzkonzerten, Verkostungen, Kochkursen und dem legendären Weihnachtsmarkt auf dem Gutsgelände.

Luxuriöses Hotel mit absolut perfektem Komfort

Herleshausen

♜ Hohenhaus – La Vallée Verte

Bhf→5 km

✉ 37293 · Holzhausen · ☎ 0 56 54 98 70 · Fax: 13 03
Klass., Neue u. Regionale Küche · **Tische:** 5/15 Plätze
info@hohenhaus.de · www.hohenhaus.de · f

Speisekarte: 1 Menü von 175,00 bis 255,00 € ❀❀❀❀🐚🐚🐚500 Weinpos.

Mit wie viel Einsatz und Liebe zum Detail sich Patron Peter Niemann um Gut Hohenhaus bemüht, ist mehr als aller Ehren wert. Er weckte nicht nur das gesamte Anwesen aus einer Art Dornröschenschlaf, sondern erweiterte das kulinarische Angebot vor Jahren um ein formidables Gourmetrestaurant. Hotel und Gut Hohenhaus sind Teil eines langen, grünen Tals abseits der üblichen Touristenpfade, entsprechend vielsagend ist der Name "La Vallée Verte" dieser exklusiven Feinschmeckeradresse. Es gibt nur 15 Plätze (weshalb eine Reservierung unbedingt erforderlich ist) im feinsinnig gestalteten Interieur, in dem ein exquisites, florales Gobelin zum Eyecatcher wird. Peter Niemann steht gemeinsam mit Küchenchef Luca Allevato am Herd, die beiden setzen auf eine ehrliche, aromenstarke Küche. Als Produkt-Fetischisten, ist ihnen nichts wichtiger als eine Zutat, die höchsten Qualitätsansprüchen genügt. Weshalb also in die Ferne schweifen, wenn das Allerbeste so nah, nämlich in der unmittelbaren Umgebung liegt. Hier wachsen Beeren und Pilze werden Hühner und Schweine gehalten, wird das Braune Bergschaf gezüchtet. Wild kommt natürlich aus dem hauseigenen Revier. Und was die Region nicht liefert, stammt aus der zweiten Heimat des Patrons, der Bretagne. Genau die und der Ringgau sind genussreiche Ideengeber in der Küche und sind der köstliche Beweis, dass man mit Können und Kreativität scheinbar Gegensätzliches in ausbalancierte Speisen münden lassen kann. So ist das zehngängige Menü eine schnörkellose Abfolge raffiniert verfeinerter heimischer Klassiker und authentischer bretonischer Spezialitäten. Die Zubereitungen sind kraftstrotzend und doch feinsinnig, zurückhaltend und doch expressiv. Zum Team gehört auch Patissier Marco Schütz, der geniale Desserts und raffinierte Leckereien beisteuert. Der Service ist sehr zugewandt und zuvorkommend, passende Weine gibt es in verführerischer Fülle.

 Dieses Restaurant bietet Ihnen eine exzellente Küche.

333

Herleshausen

♖ Hohenhaus Grill
Bhf→5 km

✉ 37293 · Hohenhaus 1 · ☎ 0 56 54 98 70 · Fax: 13 03
Regionale und Saisonale Küche · **Tische:** 10/46 Plätze
info@hohenhaus.de · www.hohenhaus.de

Speisekarte: 11 Hauptgerichte von 24,00 bis 56,00 €; 1 Menü von 39,00 bis 84,00 € ❤❤

Da man nicht jeden Abend Gourmetküche genießen möchte, ist es umso schöner, dass es mit dem "Hohenhaus Grill" noch ein Restaurant gibt, in das man jeden Tag einkehren kann, egal, ob man gut speisen oder nachmittags Kaffee und Kuchen genießen möchte. Gediegen und behaglich eingerichtet, begeistert hier bereits der weite Blick über Wiesen bis hinunter ins Tal. Küchenchef Lars Pfister sorgt für eine geerdete und grundehrliche Küche, die in der Region verwurzelt ist. Die Zutaten für die modern interpretierten Speisen kommen überwiegend aus Eigenproduktion oder der unmittelbaren Umgebung. Besonders empfehlenswert sind die Spezialitäten rund ums Braune Bergschaf, das im Gut selber gezüchtet wird und in nachhaltiger Weise in der eigenen Herde lebt. Je nach Verfügbarkeit wechselt das Menü täglich. Im Sommer wird der Genuss auf der Sonnenterrasse zur perfekten Auszeit vom Alltag.

Heroldsberg

Restaurant Freihardt
Bhf→300 m

✉ 90562 · Hauptstraße 81 · ☎ 09 11 5 18 08 05 · Fax: 5 18 15 90
Gehobene Regionalküche, eigene Kreationen · **Tische:** 18/60 Plätze
info@freihardt.com · www.freihardt.com · f

Speisekarte: 15 Hauptgerichte von 24,00 bis 46,00 €; 6 Tagesgerichte von 11,00 €; 2 Menüs von 55,00 bis 75,00 € ❤❤❤🍾

Patron Hans-Jürgen Freihardt verbindet seine große – nicht nur Fleisch betreffende – Warenkenntnis mit sorgfältig erlernter, kreativer Kochkunst und präsentiert eine ungemein frische Produktküche, in der regionale Speisen raffiniert verfeinert und mit saisonalen Spezialitäten und pfiffigen Eigenschöpfungen ergänzt werden.

Herrsching am Ammersee

♖ Chalet am Kiental
Bhf→600 m

✉ 82211 · Andechsstraße 4 · ☎ 0 81 52 9 82 57-0 · Fax: 9 82 57-25
Neue u. Regionale Küche · **Tische:** 6/18 Plätze
info@chaletamkiental.de · www.chaletamkiental.de · f

Speisekarte: 4 Hauptgerichte von 28,00 bis 58,00 €; 3 Menüs von 52,00 bis 180,00 € ❤❤❤❤🍾 250-300 Weinpos.

Jürgen Lehn ist nicht nur Gastgeber im "Chalet im Kiental", er ist auch Galerist mit einer formidablen Privatsammlung. Aus der finden sich erstklassige Werke im Restaurant wieder, das mit ungemein viel Geschmack schön und behaglich gestaltet ist. Holzdielenboden, Bruchsteinwände und nostalgische Accessoires werden von modernem Mobiliar raffiniert

Herrsching am Ammersee

ergänzt. Küchenchef Marko Vukovíc, ein Mann mit enormem kulinarischem Können, schickt Teller aus der Küche, die ähnlich kunstvoll wie die Bilder an den Wänden sind. Er nutzt am liebsten das heimische Warenangebot für seine klassischen und internationalen Speisen, die er handwerklich präzise und ideenreich zubereitet. Regionales interpretiert er raffiniert neu. Die ganze Bandbreite seines Könnens entdeckt man am besten in einem der angebotenen, harmonisch zusammengestellten Menüs, von denen eines vegan ist. Johannes Boehm leitet zugewandt den Service, während die Dame des Hauses, Maria Lehn, mit großem Sachwissen und Sensibilität zu den korrespondierenden Weinen berät. Die kleine, romantische Terrasse lädt an warmen Tagen zum open air Genuss.

♜ Romantik Boutique Hotel Chalet am Kiental

✉ 82211 · Andechsstraße 4 · ☎ 0 81 52 9 82 57-0 · Fax: 9 82 57-25
Design-Hotel, Rest. mit gehobener Küche, Weinkeller, Tagungsmöglichkeit
🍴 ♿ 🅿 🚭 ♨ ⛰ 🛗 📶 🛜 ⛵ 9 km   VISA AE ● 🄳
info@chaletamkiental.de   www.chaletamkiental.de ｆ

9 **DZ** von 185,00 bis 265,00 €;
als **EZ** von 165,00 bis 215,00 €
Es gibt nicht viele Hotels, die so charmant gestaltet sind wie das Chalet am Kiental und mit so viel Herzblut geführt werden. Tradition und Moderne gehen in diesem engagiert geführten Haus mit der landestypischen Fassade eine perfekte Symbiose ein. So unterschiedlich die Gäste, so individuell sind auch die Zimmer in ausgefallenem Design mit edlen Naturmaterialien und historisch belassenen Elementen gestaltet (Frühstück von 18,00 €-35,00 €). Von romantischen Zimmern, rustikalen Räumen im Landhaus-Stil, elegant eingerichteten Salons und ausgefallenen Designerzimmern reicht das Angebot. Hier und in den öffentlichen Bereichen findet man viele Bilder aus der Kunstsammlung des Gastgebers, Jürgen Lehn, die begeistern und inspirieren. Ein weiteres Plus dieses exklusiven Hideaways ist die ruhige, idyllische Lage im Fünf-Seen-Land. Sehr durchdachte Arrangements und eine exzellente Küche runden das niveauvolle Angebot ab.

Herxheim

♜ Zur Krone Bhf→6 km

✉ 76863 · Hauptstraße 62-64 · ☎ 0 72 76 50 80 · Fax: 5 08 14 · Pfälzer Stube mit gehobener gutbürgerlicher Küche, Terrasse, exklusives Frühstücksbuffet

info@hotelkrone.de · www.hotelkrone.de · VISA AE

54 **DZ** ab 165,00 €;
8 **EZ** ab 115,00 €;
4 **Suiten** ab 390,00 €

Im Hotel „Krone" werden die Gäste unter dem Motto „Daheim auf Zeit" engagiert und zugewandt von Familie Kuntz und dem gesamten Team umsorgt. Dabei verbinden sich Tradition und Moderne aufs Feinste, ist die lange, über 200-jährige gastliche Tradition Freude und Verpflichtung zugleich. Das Haus ist mit wertigen Materialien großzügig gestaltet und verfügt über individuell eingerichtete Zimmer, die mit zeitgemäßen Annehmlichkeiten ebenso punkten wie mit einer charmanten Wohlfühlatmosphäre. Technisch modern ausgestattete Tagungsräume ermöglichen effektives Arbeiten. Entspannung findet man im gepflegten Wellnessbereich mit Pool, Saunen, Dampfbädern, und Salzsteingrotte sowie im herrlichen Garten, der eine echte Oase der Ruhe ist, mit ganzjährig beheiztem Außenpool. Unweit der Südlichen Weinstraße in einer wunderschönen Kulturlandschaft gelegen, ist das Freizeitangebot in der „Krone" mehr als vielseitig. Abgesehen von hauseigenen Arrangements warten Weinberge, Burgen und Schlösser, Golfplätze und natürlich zahllose Rad- und Wanderwege. Gerne gibt das Hotelteam gute Tipps.

Hervorhebenswert in seiner Kategorie

Zur Krone Bhf→6 km

✉ 76863 · Hauptstraße 62-64 · ☎ 0 72 76 50 80 · Fax: 5 08 14
Regionale und Neue Küche · Tische: 10/40 Plätze
info@hotelkrone.de · www.hotelkrone.de · VISA AE

Speisekarte: 9 Hauptgerichte von 25,00 bis 45,00 €; 2 Menüs von 65,00 bis 74,00 €
700 Weinpos.

Die Krone in Herxheim ist und bleibt ein Garant für feine Kulinarik. In charmanter Landhausromantik gestaltet, kann man hier in einer entspannten und einladenden Atmosphäre genussreiche Stunden verbringen. Patron und Chefkoch Fabio Daneluzzi nutzt bevorzugt das reichhaltige Warenangebot der Region und kreiert damit Speisen, die das Beste aus zwei Welten präsentieren. Tradierte Pfälzer Rezepturen interpretiert er mit Elementen aus seiner italienischen Heimat raffiniert neu. Das Ergebnis sind verführerische Speisen mit kraftvollen Aromen und modern-kreativem Twist. Aus dem – auch saisonal geprägten – Angebot kann der Gast sich sein Menü nach Lust, Laune und Appetit 3-5-gängig selber zusammenstellen oder nur einen Hauptgang wählen.

Herxheim

Gerne steht das von Erika Kuntz sehr liebenswürdig geleitete, auffallend gut geschulte Service-Team den Gästen beratend zur Seite.

Hilzhofen

HIO – Der Acker kocht

Bhf→15 km

✉ 92367 · Hilzhofen 18 · ☎ 0 91 86 2 37 · Fax: 90 88 00
Klassische und geh. Regionale Küche · **Tische:** 8/16 Plätze
servus@hilzhof.de · www.hilzhof.com/de/hio-finedining/

Speisekarte: 1 Menü von 118,00 €
Der MEIER ist in Hilzhofen und darüberhinaus Garant für ehrliche Regionalküche, das HIO ist sein Fine Dining Ableger, in dem genauso leidenschaftlich, bewusst und nachhaltig gekocht wird – nur raffinierter. Die Gastgeber Claudia und Michael Meier stehen gemeinsam mit ihrem hochmotivierten Team für eine ambitionierte Gourmetküche. Ihr Wahlspruch „Der Acker kocht" könnte zu „Der Acker gestaltet" erweitert werden, bezieht er sich sogar auf das moderne, hell- und dunkelgraue Interieur des Restaurants, denn für dessen Wände wurde extra eine Farbe mit Ackererde angemischt. Dieser Acker nebst Kräuter- und Gemüsebeeten liegt direkt vor der Tür und ist für nicht mehr als 16 Gäste um 18:30 Uhr mit dem ersten Amuse-Gueule der Ausgangspunkt einer kulinarischen Reise, die dank Chefkoch Domenico Gigliotti wunderbar ehrlich, klar und unverfälscht ist. Die Speisen sind vom Grundsatz her klassisch und bekommen faszinierende nordische und japanische Glanzlichter. Immer steht das bio-zertifizierte Produkt in Demeter-Qualität im Fokus, kommt das Fleisch von artgerecht gehaltenen Tieren und wird von „nose to tail" verarbeitet. Und weil der Acker kocht, entscheidet oft erst der tagesaktuelle Reifegrad über manche Speisefolge. Das verlangt dem Küchenteam Spontaneität und sehr viel Können ab und macht einen Besuch des Restaurants umso faszinierender, denn nicht zuletzt dank des integrierten Küchenblocks geht es im HIO auch sehr kommunikativ zu.

Hirschberg

Hirschberg

⭐⭐⭐ ♜ Krone
Bhf→300 m

✉ 69493 · Landstraße 9-11 · ☎ 0 62 01 50 5-0
Restaurant, Bar, Café, Biergarten, Zimmerpreise inkl. Frühstücksbuffet
🍴♨↺🅿🚊⛵↘5 km
info@krone-grosssachsen.de · www.krone-grosssachsen.de *VISA* ● ⋮

50 **DZ** ab 100,00 €;
15 **EZ** ab 80,00 €
Ländlicher Charme zeichnet das Hotel mit historischen Wurzeln ebenso aus wie ein breit gefächertes gastronomisches Angebot mit individuell eingerichteten Zimmern, Tagungsmöglichkeiten und einem Restaurant mit formidabler Küche.

Hohenkammer

⭐⭐ ♜ Schloss Hohenkammer
⭐⭐
♔
⛲

Bhf→6 km

✉ 85411 · Schlossstraße 20 · ☎ 0 81 37 93 40
Restaurant "Alte Galerie" mit Frischeküche, Biergarten
🍴♨↺🅿🚊🏨↔⚫📞↘15 km
mail@schlosshohenkammer.de · www.schlosshohenkammer.de · ▪ *VISA* AE ● ⋮

67 **DZ** ab 140,00 €;
101 **EZ** ab 85,00 €
Als Schloss Hohenkammer im Jahre 2003 restauriert wurde, gab es ein Konzept, das Historisches mit moderner Architektur verbinden sollte. Das Ergebnis ist die perfekte Symbiose aus Funktionalität, Stil und hohem ökologischem Anspruch. Entfernt vom täglichen Stress kann man hier einfach ein paar Urlaubstage verbringen oder Tagungen durchführen, die den Teilnehmern neben der Atmosphäre kraftvoller Gelassenheit effektives Arbeiten ermöglichen (s. a. Tagungsspecial). Stein, Holz und Verputz sind die bevorzugten Materialien in den edel gestalteten Zimmern. (Preise inkl. Frühstück) Der konsequent geradlinig konzipierte Wellnessbereich garantiert wohltuende Ruhe und Besinnung bei entspannenden Anwendungen. Die Gastronomie bietet gehobene Küche in der Alten Galerie und klassische bayerische Schmankerl im Biergarten. Das jahrhundertelang zum Schloss gehörende Gut Eichethof bildet mit der Hotelanlage eine ökonomisch-ökologische Einheit, liefert Produkte für die Küchen des Hauses und wird ebenfalls sehr bewusst unter nachhaltigen Aspekten bewirtschaftet.

Hotel mit anspruchsvollem Wellnessangebot

Homburg (Saar)

Homburg (Saar)

Bhf →1 km **Schlossberg Hotel Homburg** ✪✪ ✪✪

✉ 66424 · Schlossberg-Höhenstraße 1 · ☎ 0 68 41 666-0 · Fax: 666 700 · Restaurant, Bar, Ballsaal, Arrangements, Frühstücksbuffet inkl. Saft und Prosecco 26,- € p. Ps.

🍴♿♥ 🅿🚇🐕‍🦺 ⚓ 6 km   VISA AE ● ● ●

info@schlossberghotelhomburg.de · www.schlossberghotelhomburg.de · 📘

Family

39 **DZ** ab 119,00 €;
27 **EZ** ab 89,00 €;
4 **Suiten** ab 194,00 €

Das "Schlossberg Hotel Homburg" findet sich am Rande des Biosphärenreservats Bliesgau, nahe der Ruine Hohenburg, auf dem Gipfel des Schlossbergs. Nicht zuletzt wegen der tollen Lage und spektakulären Aussicht ins Tal und auf die Stadt reicht die gastronomische Geschichte auf dem Schlossberg bis ins Jahr 1845 zurück. Heute geht es natürlich ungleich komfortabler zu, logiert der Gast in individuell und geschmackvoll eingerichteten, klimatisierten Zimmern und erfreut sich am liebenswürdigen Service eines engagiert und familiengeführten Hauses. Für effektive Tagungen und unvergessliche Feste stehen erstklassige, mit moderner Technik ausgestattete Räumlichkeiten, eine große Dachterrasse und ein Ballsaal zur Verfügung – der hinreißende

Blick auf Homburg immer inklusive. Alle Veranstaltungen werden nach persönlichen Wünschen gestaltet und kompetent betreut. An der schick gestylten Schlossberg-Hotelbar kann man mit frisch gemixten Cocktails den Tag entspannt und gesellig ausklingen lassen.

Homburg (Saar)

Schlossberg Hotel Homburg

Bhf→1 km

✉ 66424 · Schlossberg-Höhenstraße 1 · ☎ 0 68 41 666-0 · Fax: 666 700
Klassische u. gehobene Regionalküche · **Tische:** 20/80 Plätze
info@schlossberghotelhomburg.de · www.schlossberghotelhomburg.de

Speisekarte: 7 Hauptgerichte von 25,50 bis 42,00 €; 2 Menüs von 69,00 bis 89,00 €
150 Weinpos.

Das Hotel-Restaurant ist mit viel Geschmack in zeitloser Moderne eingerichtet und vermittelt eine ganz entspannte und weltoffene, einladende Atmosphäre. Zusätzlich zur raffinierten Küche von Chefkoch Mirko Bunk erwartet den Gast ein hinreißend schöner Panoramablick weit übers Land und auf Homburg. Mirko Bunk, der sein Handwerk viele Jahre bei Klaus Erfort verfeinert hat, bevorzugt Zutaten aus dem Umland, kauft erntefrisch ein und nutzt den eigenen Gemüseanbau in Bioqualität, um seine Küche mit den besten Zutaten zu bereichern. Frisch und expressiv sind die klassischen Speisen, die er gerne innovativ neu interpretiert, so dass seine handwerklich korrekte, saisonale Küche spannend, kreativ und abwechslungsreich bleibt. Mittwochs gibt es ein Überraschungsmenü für 74,- € und außerdem ein monatlich wechselndes 3- oder 4-Gang-Menü. Als zuvorkommender Maître kümmert sich Jérôme Pourchère mit seinem Team liebenswürdig um die Gäste. Außerdem kuratiert er mit Sachkenntnis die Weinkarte und stimmt die einzelnen Tropfen auf die Speisen und individuelle Wünsche ab.

Hoppegarten

CLINTONs

✉ 15366 · Neuer Hönower Weg 7 · ☎ 0 3 3 42 3 06 61 02
Intern., Reg. u. Neue Küche · **Tische:** 15/60 Plätze
restaurant@clintons.de · www.clintons.de ·

Speisekarte: 12 Hauptgerichte von 19,00 bis 75,00 €; 1 Menü von 59,00 bis 79,00 €

So unprätentiös und stylish das CLINTONs in Berlin-Hoppegarten eingerichtet ist, so lässig und entspannt ist dort die Atmosphäre. Zu dieser Unaufgeregtheit passt die Küche von Stefan Lorenz perfekt. Er lässt sich Beschränkungen allenfalls bei der Auswahl der Zutaten auferlegen, denn die müssen von erstklassiger Qualität und Frische sein.

Hörnum

BUDERSAND Hotel – Golf & Spa Sylt

Bhf→18 km

✉ 25997 · Am Kai 3 · ☎ 0 46 51 4 60 70 · Fax: 4 60 74 50
Restaurants, Außenterrassen, Bibliothek, Spa, Preise inkl. Frühstück
hotel@budersand.de · www.budersand.de

48 **DZ** ab 345,00 €;
8 **EZ** ab 290,00 €;
17 (**Jui.**)-**Suiten** ab 500,00 €

Dieses exklusive 5-Sterne-Hotel der Superior-Kategorie bietet dem anspruchsvollen Gast Wohnkomfort auf Topniveau. Im Süden der Insel, direkt am Meer gelegen, fügen sich vier über Brücken verbundene Häuser in die ursprüngliche Sylter Landschaft ein. Große Lichthöfe verbinden das Foyer, die Restaurants und den exklusiven, über 1.000 m² großen Spa mit Indoor-Pool, Dampfbad und Saunen. Die Zimmer (Preise inkl. Frühstück) in sportlich-elegantem Design sind mit edelsten Materialien und jeglichem modernen Komfort ausgestattet. Die Lobby-Bar ist ein beliebter und geselliger Treffpunkt, die von Elke Heidenreich bestückte Bibliothek mit mehr als 1.200 Titeln lässt jeden Regentag zum erholsamen Schmöker-Genuss werden. Golfspieler kommen in diesem außergewöhnlichen Hotel mehr als auf ihre Kosten, befindet sich der in Deutschland einzigartige 18-Loch-Links-Golfplatz inmitten der herrlichen Dünenlandschaft doch direkt am Hotel.

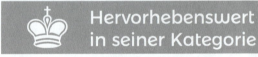

Hervorhebenswert in seiner Kategorie

KAI3

Bhf→18 km

✉ 25997 · Am Kai 3 · ☎ 0 46 51 4 60 70 · Fax: 4 60 74 50
Saisonale Nordische Küche m. Nutzung regionaler Produkte · **Tische:** 13/40 Plätze
f.gabel@budersand.de · www.budersand.de

Speisekarte: 2 Menüs von 168,00 bis 228,00 € 🍷🍷🍷🍷🍷 500 Weinpos. Nordische Klarheit prägt das Interieur des Gourmetrestaurants „KAI3". Die schlicht und edel eingedeckten Tische sind großzügig gestellt und bieten neben angenehmer Privatheit einen hinreißenden Blick aufs Meer. Seit knapp zehn Jahren steht Felix Gabel im „KAI3" am Herd und begeistert die Gäste mit seiner „Nordic Fusion" Küche. Den fantasievollen und innovativen Tüfteleien kommt es zugute, dass Felix Gabel u. a. in der Schweiz, Kanada und Australien Station gemacht hatte, bevor er seine weltumspannenden kulinarischen Erfahrungen hier einbringen konnte. Seine Speisen basieren bevorzugt auf heimischen Produkten von ausgewählten Erzeugern und Lieferanten aus Norddeutschland und Skandinavien, zu denen er engen Kontakt hält. Mit den handverlesenen Zutaten kreiert er verblüffende Kombinationen. Die vordergründigen Kontraste der Zusam-

Hörnum

menstellungen münden mit unterschiedlichen Küchenstilen und internationalen Elementen unter Einsatz raffinierter Gewürze und Kräuter in eine ausbalancierte Menüfolge, die den Gast auf eine weltumspannende, genussvolle Reise mitnimmt. Unterstützung liefern ein engagiertes Küchen- sowie Serviceteam und Tim Blaszyk, der zur Stelle ist, wenn es um passende Weine und Getränke geht.

Immenstaad

Bhf→8 km

♜ Seehof

✉ 88090 · Am Yachthafen · ☎ 07545 9360 · Fax: 936133
Klass. u. Reg. Küche · **Tische:** 27/80 Plätze
seehof-immenstaad@t-online.de · www.seehof-hotel.de

Speisekarte: 9 Hauptgerichte von 25,00 bis 36,00 €; 1 Tagesgericht von 18,00 bis 22,00 €

🍷🍷🍷   117 Weinpos.

Unaufdringliche Eleganz prägt das Restaurant, in dem Chefkoch Jürgen Hallerbach für eine saisonal geprägte Produktküche sorgt. Er kauft gerne in der Region ein und überzeugt mit durchdachten, präzisen und vielseitigen Speisen.

Iphofen

Bhf→7 km

♜ Augustiner am See

✉ 97346 · Klostergasse 6 · ☎ 0 93 26 97 89 50 · Fax: 97 89 60
Regionale und Neue Küche · **Tische:** 12/45 Plätze
info@augustiner-am-see.de · www.augustiner-am-see.de ·

Speisekarte: 10 Hauptgerichte von 15,00 bis 32,00 €
🍷

Das "Augustiner am See" wird engagiert von Familie Schwab geführt, der Patron steht selber am Herd und kocht kreativ, frisch und saisonal. Er nutzt die Warenvielfalt Frankens, arbeitet mit Respekt vor den Zutaten, konzentriert und kocht abwechslungsreich.

Bhf→1 km

♜ Romantik Hotel Zehntkeller ★★★★

✉ 97346 · Bahnhofstr. 12 · ☎ 0 93 23 84 40 · Fax: 84 41 23
Restaurant mit gehobener Küche, Innenhofterrasse, Weinterrasse
zehntkeller@romantikhotels.com · www.zehntkeller.de

43 **DZ** ab 151,00 €;
als **EZ** ab 121,00 €;
11 **EZ** ab 110,00 €;
5 (Jui.-)**Suiten** ab 189,00 €

Das familiär geführte, historische Haus inmitten eines fränkischen Weinortes ist charmant im Landhausstil eingerichtet und verfügt über komfortable Zimmer mit edlen Antiquitäten, Tagungsräume, ein feines Restaurant und einen großzügigen Garten.

Illschwang

♜ Landhotel Weißes Roß Bhf→10 km

✉ 92278 · Am Kirchberg 1 · ☎ 0 96 66 1 88 05-0 · Fax: 1 88 05-285 · Wirtshaus-Restaurant "Weißes Roß", veganes Pop-Up-Restaurant, Bar-Lounge, Arrangements, Frühst. im Zi.-Preis inkl.

15 km   VISA

info@weisses-ross.de · www.weisses-ross.de · ▮

39 **DZ** von 198,00 bis 340,00 €;
2 **EZ** ab 106,00 €;
3 **Suiten** von 390,00 bis 490,00 €

Das Landhotel Weißes Roß liegt idyllisch inmitten der reizvollen Oberpfälzer Hügellandschaft und ist dennoch nur 3 km von der A 6 entfernt. Dank der zuvorkommenden und sehr liebenswürdigen Gastfreundschaft von Susanne und Hans-Jürgen Nägerl bietet das Traditionshaus Ruhe und Erholung in familiärer, entspannter Atmosphäre. Mit Christian Fleischmann und Ehefrau Katharina, geborene Nägerl, ist es jetzt sogar schon die 7. Generation, die sich in die gastronomische familiäre Tradition einbringt. Die Gäste übernachten in komfortablen, modernen Zimmern (das Frühstück ist im Zimmerpreis inkludiert), relaxen im großzügig gestalteten Wellness- und Beautybereich "Hopfentherme" mit 5 Behandlungsräumen, Saunen, Ruhebereich sowie Innen- und Außenpool und können Räumlichkeiten für Tagungen oder Feierlichkeiten nutzen. In einem Anbau ist die Lobby mit angegliederter Hotelbar ein beliebter geselliger Treffpunkt. Kulinarisch hat der Gast die Qual der Wahl: Im Restaurant im Weißen Roß (Di.-Do. 18-21, Fr.-So. 11:30-14 + 18-21 Uhr) und noch ambitionierter im Gourmetrestaurant "Cheval Blanc" (Mi.-Sa. ab 18 Uhr) kann man genussvoll speisen. Seit 2024 gibt es mit dem Pop-Up-Restaurant "Wurzel" eine neue kulinarische Erweiterung. Bei schönem Wetter lockt der lauschige Biergarten. Auf Naturliebhaber warten ein sehr ausgedehntes Wander- und Radwegenetz, der Nordic-Walking-Park. Weitere Outdoor-Aktivitäten bieten gleich fünf attraktive Golfplätze in der näheren Umgebung, Reitmöglichkeiten u.v.m.

Illschwang

Bhf→10 km ♜ **Landhotel Weißes Roß – Cheval Blanc**
✉ 92278 · Am Kirchberg 1 · ☎ 0 96 66 1 88 05-0 · Fax: 1 88 05-285
Klassische, Neue u. gehobene regionale Küche · **Tische:** 6/19 Plätze   VISA ●● ▮
info@weisses-ross.de · www.weisses-ross.de · f

Speisekarte: 1 Menü von 120,00 bis 188,00 €

 350 Weinpos.

Das „Cheval Blanc" ist das Flaggschiff in der kulinarischen Flotte des „Landhotel Weißes Roß". Holz als wertiges Naturmaterial dominiert das Interieur, ist hier aber in modern-eleganter Form verbaut und gibt dem Raum zusammen mit Sitznischen mit silbrig schimmernden, gepolsterten Bänken ein nobles Ambiente. Das schlicht-elegante Interior Design unterstreicht den besonderen Charakter des Restaurants, in dem Katharina Fleischmann und Ehemann Christian hoch engagiert die gastliche Familientradition von Katharinas Familie Nägerl fortführen. Schwiegersohn Christian steht gemeinsam mit seinem Souschef Frank Pelikan am Herd und begeistert mit sorgfältig ausgetüftelten Speisen, die auf erntefrischen Zutaten basieren, vieles kommt aus familieneigener Produktion, Fleisch aus der hauseigenen Metzgerei, Küchenkräuter aus dem eigenen Garten. Mit diesen Topzutaten wird dem Grundsatz nach klassisch gekocht, jedoch gehen viele Speisen in puncto Individualität und Leichtigkeit darüber hinaus und demonstrieren das große kulinarische Spektrum, das Können und den Ideenreichtum des Chefkochs. Zoe Werges begleitet mit ihrem top geschulten Serviceteam charmant durch den Abend, unterstützt von Katharina Fleischmann, die sensible Mittlerin zwischen Küche und Keller ist und mit großer Sachkenntnis und Feingefühl zu den passenden Weinen berät. Das "Cheval Blanc" kann auch für Familienfeiern genutzt werden oder man holt sich die Kochkünste des Teams mittels eines exzellenten Caterings in die eigenen vier Wände.

Jena

Bhf→300 m **SCALA**

✉ 07743 · Leutragraben 1 · ☎ 0 36 41 35 66 66 · Fax: 35 66 72
Intern. u. Neue Küche, eig. Kreationen · **Tische:** 19/68 Plätze   VISA AE ●● ▮
post@scala-jena.de · www.scala-jena.de

Speisekarte: 1 Mittagsmenü von 35,00 bis 75,00 €; 2 Sharing-Menüs von 85,00 bis 129,00 €

♦♦♦ 90 Weinpos.

Das Restaurant „Scala" ist im 159 Meter hohen JenTower beheimatet und bie-

Jena

tet neben der beeindruckenden Aussicht über Jena spannende Einblicke in die kreative und moderne Küche von Chefkoch Christian Hempfe.

Johannesberg

Auberge de Temple - Helbigs Gasthaus Bhf→10 km

✉ 63867 · Hauptstraße 2 · ☎ 0 60 21 4 54 83 00
Int. Küche · **Tische:** 18/60 Plätze
info@auberge-de-temple.de · www.auberge-de-temple.de

Speisekarte: 6 Hauptgerichte von 30,00 bis 53,00 €; 2 Menüs von 63,50 bis 72,50 € 🍷🍷🍷🥂🥂 250 Weinpos.

Ob eine kulinarische Kleinigkeit oder das mehrgängige (auch vegetarische) Menü – im stilvoll eingerichteten Restaurant sorgt Chefkoch Ludger Helbig für beides mit derselben Sorgfalt. Er kombiniert Klassisches mit Regionalem und kreiert aromentiefe, moderne Speisen.

Jugenheim

🏛 Weedenhof

✉ 55270 · Mainzer Straße 6 · ☎ 0 61 30 94 13 37 · Fax: 94 13 38
Regionale u. Mediterrane Küche · **Tische:** 12/55 Plätze
info@weedenhof.de · www.weedenhof.de

Speisekarte: 6 Hauptgerichte von 28,00 bis 36,00 €; 2 Menüs von 45,00 bis 69,00 € 47 Weinpos.

Das familiär geführte Hotel und Restaurant Weedenhof findet sich im hübschen Jugenheim, einem von Weinbergen und Obstwiesen umgebenen, traditionsreichen Weindorf in wunderschöner, rheinhessischer Kulturlandschaft. Das alte Fachwerk wurde ebenso harmonisch in den behaglichen Landhausstil integriert wie viel Holz, Bruchstein und kleine Sitzecken, so dass das Ambiente sowohl geschmackvoll als auch sehr charmant und behaglich ist. Patron und Chefkoch Michael Knöll kauft die Zutaten für seine handwerklich präzise und abwechslungsreiche Küche bevorzugt von bekannten Händlern und Erzeugern im Umland ein. Er arbeitet sorgfältig, aromenstark und setzt auch gerne den ein oder anderen mediterranen und saisonalen Akzent. Eines der angebotenen Menüs ist vegetarisch. Im Sommer wartet eine hübsche Garten-Terrasse. Hier wie dort leitet Christine Knöll liebenswürdig den Service und verweist auch gerne auf eines der sieben komfortablen Hotelzimmer (EZ/DZ 70,-/80,- €, Landfrühstück 12,00 € p. Ps.).

 Dieses Restaurant bietet Ihnen ein gutes Genuss-/Preisverhältnis.

Kahl am Main

Kahl am Main

Bhf→1 km **Zeller - Hotel + Restaurant -**

✉ 63796 · Aschaffenburger Str. 2 · ☎ 0 61 88 91 80 · Fax: 91 81 00 · "Emmas Weinbar", kleine Parkanlage, Gartenterrassen, Ladestationen für E-Autos, Zi.-Preise inkl. Frühst.
※🛏🛉♿🖃🛎✔🏊♨↔☼🍴🛎⛳8 km   VISA AE ● ●
rezeption@hotel-zeller.de · www.hotel-zeller.de · f

23 **DZ** von 240,00 bis 350,00 €;
58 **EZ** von 118,00 bis 250,00 €

Das familiengeführte Hotel "Zeller" steht für moderne Hotellerie und gastliche Tradition zugleich. Dafür sorgen als hervorragende und liebenswürdige Gastgeberinnen mit großem Engagement Alexandra und Renate Schleunung. Die individuell mit viel Geschmack eingerichteten Zimmer sind ein sehr niveauvolles Zuhause auf Zeit (Preise inkl. Frühstück). Geschäftsreisende finden in den modern ausgestatteten Tagungsräumen mit aktueller Technik ideale Bedingungen vor. Entspannung bietet das Erkunden der seenreichen Umgebung und der Wellnessbereich mit vielfältigen Anwendungen (s. a. Wellness-Special). Einen angenehmen Abend in geselliger Atmosphäre verspricht die schick gestaltete offene Hotelbar mit Terrasse. Attraktive Arrangements werden rund ums Jahr angeboten. Hervorhebenswert ist das Engagement, immer auf modernstem Stand zu sein: So

gibt es vier „Tanksäulen", um sein Elektro-Auto aufzutanken. In unmittelbarer Nähe zum "Zeller" findet sich "Emmas Weinbar" (der Name ist eine Hommage an die Großmutter von Alexandra Schleunung): Der einstige Krämerladen ist ein schick gestylter, geselliger Treffpunkt mit kleinem Speise- und großem Weinangebot und Di.-Sa. ab 17 Uhr geöffnet.

Bhf→1 km **Zeller - Hotel + Restaurant -**

✉ 63796 · Aschaffenburger Str. 2 · ☎ 0 61 88 91 80 · Fax: 91 81 00
Klass., Reg., Neue mediterr. Küche · Plätze: 23/75 Plätze   VISA ● ●
rezeption@hotel-zeller.de · www.hotel-zeller.de · f

Speisekarte: 12 Hauptgerichte von 24,50 bis 48,00 €; 1 Mittagsmenü ab 29,50 €; 1 Menü von 74,00 bis 86,00 €
♥♥♥♥❀❀   150 Weinpos.

Das Restaurant „Zeller" im historischen Teil des Hauses lädt mit seiner behaglichen Landhausnote zu einem entspannten Aufenthalt ein. Das Interieur gefällt mit schmiedeeisernen Verzierungen, umlaufenden Bänken mit Sitznischen, warmen Stoffen und viel Holz. Chefkoch Harald Wiedenhöft steht für eine frische, ehrliche, aromastarke Küche, die immer auch feine saisonale Spezialitäten bereithält. Die Zutaten kauft er bevorzugt bei bekannten Händlern und Erzeugern aus der Region, um sie anschließend mit handwerklichem Können ideenreich zu unverfälschten regionalen und klassischen Speisen zu verarbeiten, denen frische Kräuter das duftende i-Tüpfelchen aufsetzen. An Vegetarier wird ebenso gedacht wie an den Mittagsbesucher – un-

ter der Woche gibt es ein fair kalkuliertes Lunch. Mit Engagement und Leidenschaft gibt Frau Ute Wiedenhöft als Sommelière kenntnisreiche Weinempfehlungen. Das elegante Rats- und moderne Terrassenzimmer sind perfekt für Feierlichkeiten aller Art, die von einem aufmerksamen Service begleitet werden. Die Ter-

Kahl am Main

rasse mit Lounge-Möbeln unter üppigen Bäumen lädt an warmen Tagen zum Entspannen und Träumen ein. Zum "Zeller" gehört auch "EmmasWeinbar" mit lässig-lockerer, geselliger Atmosphäre – ein einstiger Krämerladen nahe dem Haupthaus, der zu einem gemütlichen Bistro mit kleiner Speise- und großer Weinkarte wurde und Dienstag bis Samstag ab 17 Uhr geöffnet ist.

Kaikenried

Relais & Châteaux Landromantik Wellnesshotel Oswald
Bhf→5 km

✉ 94244 · Am Platzl 2 · ☎ 0 99 23 8 41 00 · Fax: 84 10 10 · A-la-carte-Restaurant, Tagungen, Wintergarten, Preise inkl. Voll-Verwöhnpension 20 km
info@hotel-oswald.de · www.hotel-oswald.de

30 **DZ** ab 418,00 €;
2 **EZ** ab 219,00 €;
25 **Suiten** ab 498,00 €

Das "Landromantik Wellnesshotel Oswald" ist herrlich ruhig gelegen und wird sehr persönlich und familiär geführt. Hier kann man wunderbar ausspannen, die reizvolle Landschaft erkunden und im großen und gepflegten Landromantik SPA mit verschiedenen Saunen, der Salzwelt, Pools und Ruheräumen relaxen oder sich bei schmeichelnden Anwendungen verwöhnen lassen. Die komfortablen Zimmer (Preise inkl. Voll-Verwöhnpension) sind individuell mit viel Geschmack eingerichtet. Wertige Naturmaterialien prägen das stilvolle Erscheinungsbild. Tagungsgäste finden mit medientechnisch gut ausgestatteten Räumen optimale Arbeitsbedingungen in einer inspirierenden Umgebung vor. Eine breite gastronomische Palette, u. a. mit Restaurant und Gastgarten rundet das vielseitige Angebot ab. Die Region bayerischer Wald bietet eine Fülle von Freizeitmöglichkeiten – Wandern, (Mountain)Biken, Golfen und im Winter Skifahren beginnen fast vor der Haustür. Ausflugsziele wie Passau, Salzburg, die Westernstadt Pullman City oder der Silberberg mit Besucher-Bergwerk sind lohnenswerte Ziele für die ganze Familie.

Oswald's Gourmetstube
Bhf→5 km

✉ 94244 · Am Platzl 2 · ☎ 0 99 23 8 41 00 · Fax: 84 10 10
Klass. u Regionale Küche · **Tische:** 6/16 Plätze
info@hotel-oswald.de · www.hotel-oswald.de

Speisekarte: 1 Menü von 124,00 bis 189,00 €   300 Weinpos.
"Oswald's Gourmetstube" ist der perfekte Ort für den besonderen Geschmack. Nicht nur, dass das Restaurant sehr edel eingerichtet ist – warme Braun- und Beigetöne werden von raffinierter Illumination mit goldenem Schimmer gekonnt in Szene gesetzt, behagliche Fauteuils und fein eingedeckte, großzügig gestellte Tische ergänzen das stilsichere Interior Design –, auch die Küche steht dem hohen Anspruch in nichts nach. Chefkoch Thomas Gerber beherrscht sein Handwerk und erhebt es dank facettenreicher Ideen und präzisen Könnens zu einer echten Kunstform. Er entwickelt die klassisch französischen Speisen innovativ weiter, gibt ihnen seine ganz eigene, leichte und expressive Handschrift und kreiert aus-

Kaikenried

balancierte Menüs voller Aromendichte. Den Service leitet Ulrich Illig mit Übersicht und Liebenswürdigkeit, korrespondierende Weine empfiehlt er mit sensibler Fachkenntnis. Wer ein geschäftliches oder familiäres Essen in Privatheit und ganz besonderer Atmosphäre genießen möchte, findet mit 6-8 Personen im gediegen eingerichteten Weinkeller einen ausgefallenen Ort.

Herrenstube/Galerie/Platzl
Bhf→5km

✉ 94244 · Am Platzl 2 · ☎ 0 99 23 8 41 00 · Fax: 84 10 10
Klassische u Regionale Küche · **Tische:** 30/140 Plätze
info@hotel-oswald.de · www.hotel-oswald.de

Speisekarte: 7 Hauptgerichte von 19,00 bis 27,00 €; 1 Menü von 64,00 €
♥♥♥🐽🐽 300 Weinpos.

Im Landromantik Wellnesshotel „Oswald" gibt es neben dem Gourmetrestaurant noch verschiedene, sehr behaglich und charmant eingerichtete Stuben, in denen man ebenfalls formidabel speisen kann. Ob im modern gestalteten Wintergarten, der holzverkleideten Mariastube, der gediegenen Herrenstube und dem Platzl oder der zeitlos eleganten Galerie – Küchenchef Thomas Gerber und Souschef Andreas Oswald sorgen für abwechslungsreiche Speisen mit hohem Genussfaktor. Das durchdachte kulinarische Angebot schmeckt überall und bietet für den kleinen und großen Hunger und jeden Geschmack etwas Passendes. Die Zutaten für die innovative Küche mit Bodenhaftung kommen bevorzugt aus der Region, das Fleisch direkt aus der hauseigenen Metzgerei. Da sind Frische und Topqualität garantiert. Zusätzlich zu beliebten Klassikern und saisonalen Spezialitäten gibt es deftige bayerische Schmankerl. Den zugewandten Service leitet Thomas Illig, er berät auch mit großem Fachwissen zu den passenden Weinen. An schönen Tagen ist die gut beschirmte Sonnenterrasse ein besonders beliebter Ort zum Genießen und Entspannen.

Kaiserslautern

Barbarossahof
Bhf→3 km

✉ 67657 · Eselsfürth 10 · ☎ 06 31 4 14 40 · Fax: 4 14 42 00
Restaurant mit Intern. und Regionaler Küche, Terrasse, Biergarten, Sky-TV
hotel@barbarossahof.com · www.barbarossahof.com · f

113 **DZ** ab 120,00 €;
als **EZ** ab 120,00 €;
Suiten ab 201,00 €

Neben einem sehr familiären Ambiente punktet der „Barbarossahof" mit behaglichen Komfortzimmern, Bankett- und Tagungsräumen mit umfangreicher Technik, einem kleinen Fitnesscenter mit Sauna und Solarium. Das Restaurant mit Außenterrasse, ein Biergarten sowie die Hotelbar komplettieren das vielseitige Angebot.

 Dieses Restaurant bietet Ihnen ein gutes Genuss-/Preisverhältnis.

Kaiserslautern

♖ Julien

✉ 67655 · Altenwoogstraße 3 · ☎ 06 31 6 48 87
Französische Küche · **Tische:** 22/60 Plätze
info@restaurant-julien.de · www.restaurant-julien.de   VISA

Speisekarte: 10 Hauptgerichte von 17,00 bis 33,00 €; 1 Menü ab 35,00 €
🍷🍷 19 Weinpos.
Das „Julien" ist ein französisches Restaurant mit charmantem Bistro-Flair comme il faut. Martina Langguth und Eddie Brandstätter führen es mit Leidenschaft und präsentieren saisonale, frische und unverfälschte französische Spezialitäten mit kreativer Note. Wunderbar romantisch ist der Gastgarten, erstklassig der Catering-Service.

Kallstadt

♖ Weinhaus Henninger Bhf→3 km

✉ 67169 · Weinstr. 93 · ☎ 06 3 22 22 77 · Fax: 6 28 61 · Restaurant, Weinbar, Kaminzimmer, Hofgarten, Hoflandfrühstücks-Buffet 18,50 € p./Ps.
🍴♿✈🅿🎭★☕🖥
info@weinhaus-henninger.de · www.weinhaus-henninger.de   VISA

12 **DZ** ab 180,00 €;
EZ ab 90,00 €
Hinter der denkmalgeschützten Fachwerkfassade verbergen sich ein rundum renoviertes Hotel mit höchst komfortablen, sehr geschmackvollen Zimmern und ein Restaurant mit gehobener regionaler Küche.

Kamp-Bornhofen

♖ Burg Sterrenberg Bhf→8 km

✉ 56341 · Zu den Burgen 2 (Im Navi die 1. Burg!) · ☎ 0 26 27 98 20 · Fax: 88 02
Gehobene Regionale Küche · **Tische:** 12/50 Plätze
info@zum-weissen-schwanen.de · www.burg-sterrenberg.com · f

Speisekarte: 1 Menü von 37,50 bis 55,00 €
🍷🍷🍷🍽 60 Weinpos.
Die Burganlage "Feindliche Brüder" im UNESCO-Welterbe Oberes Mittelrheintal ist weithin bekannt und auch sichtbar mit ihrer Lage hoch oben über dem Fluss. Einer der beteiligten "Brüder" ist Burg Sterrenberg, deren großes Potenzial von Karolin König-Kunz – die auch das Hotel "Zum weißen Schwanen" in Braubach führt – erkannt wurde und die die Burg aus einem langen Dornröschenschlaf weckte. Das vielseitige Angebot hält für jeden Besucher etwas Passendes bereit, denn hier kann man den Tagesausflug genussvoll unterbrechen, speisen, tagen, heiraten und feiern. Ein emsiges Küchenteam sorgt im rustikal-gediegen eingerichteten Restaurant für kleine Gerichte und Brotzeiten, die handwerklich korrekt zubereitet werden, unverfälscht und aromenstark sind und mit Kräutern aus dem burgeigenen Kräutergarten abgerundet werden. Liebenswürdige Gastgeberin ist Karoline König-Kunz, ihr Lebensgefährte Patric Paquet leitet sehr zugewandt den Service. Auf der Rheinterrasse nachmittags Kaffee und Kuchen

oder abends einen Sonnenuntergang zu genießen, gehört zu einem unvergesslichen Erlebnis. Das gilt auch für Tagungen, Feiern und vor allem Hochzeiten an diesem einzigartigen Ort. Die Trauung findet im historischen Bergfried oder unter freiem Himmel statt. Auf Wunsch wird die Veranstaltung von Anfang bis Ende komplett organisiert. Übernachten (2 Übern. ab 130,- €) kann man im gotischen Frauenhaus mit Traumblick auf den Romantischen Rhein. Rund um die gesamte Burganlage gibt es informative Führungen.

Kandel

♜ Zum Riesen ✪✪✪

Bhf→1,5 km

✉ 76870 · Rheinstr. 54 · ☎ 0 72 75 34 37 · Fax: 6 13 95 · Restaurant mit klassischer, regionaler Küche; schöne Hofterrasse, Frühstücksbuffet 10,- € p. Ps.
kontakt@hotelzumriesen.de · www.hotelzumriesen.de

12 **DZ** ab 80,00 €;
3 **EZ** ab 68,00 €;
1696 erstmals als Gasthaus erwähnt, kümmert sich heutzutage Familie Wenz um das Wohlergehen seiner Gäste. Alle Zimmer sind individuell eingerichtet und bieten zeitgemäßen Komfort in familiärer Atmosphäre.

♜ Zum Riesen

Bhf→1,5 km

✉ 76870 · Rheinstr. 54 · ☎ 0 72 75 34 37 · Fax: 6 13 95
Klass. u. Neue Küche, eig. Kreat. · **Tische:** 10/40 Plätze
kontakt@hotelzumriesen.de · www.hotelzumriesen.de

Speisekarte: 5 Hauptgerichte von 24,00 bis 39,00 €; 1 Menü von 70,00 bis 110,00 € 85 Weinpos.
In dem charmanten Restaurant kocht Hausherr Andreas Wenz persönlich. Er bietet seinen Gästen eine gehobene Crossover-Küche, die sich stets der Auswahl an frischen, regionalen Produkten und der Jahreszeit anpasst. Die rustikale Weinstube lädt zum Verweilen ein.

Kappelrodeck

♜ Rebstock Waldulm

Bhf→2 km

✉ 77876 · OT Waldulm · Kutzendorf 1 · ☎ 0 78 42 94 80 · Fax: 9 48 20
Reg. Küche, eig. Kreat. · **Tische:** 16/50 Plätze
info@rebstock-waldulm.de · www.rebstock-waldulm.de

Speisekarte: 8 Hauptgerichte von 28,00 bis 36,00 €; 2 Menüs von 47,00 bis 92,00 € 500 Weinpos.
Oliver Vogel und Karl Hodapp lassen sich gerne von Baden und dem Elsass inspirieren, um ihre kreativen und finessenreichen, auf marktfrischen Zutaten basierenden Speisen in handwerklicher Präzision zu präsentieren. Erstklassige Weine runden die Speisen ab.

Karlsruhe

Bistro Margarete

✉ 76185 · Scheffelstraße 55 · ☎ 07 21 40 24 47 73
Klassische und Regionale Küche · **Tische:** 12/42 Plätze
hallo@bistro-margarete.de · www.bistro-margarete.de

Speisekarte: 7 Hauptgerichte von 23,50 bis 39,00 €; 1 Mittagsmenü von 28,00 bis 33,00 €; 2 Menüs von 48,00 bis 65,00 €

In zurückhaltender Moderne sehr stylish eingerichtet, ist das Bistro Margarete (der "Ableger" von Thorsten Bender neben seinem Gourmetrestaurant „Sein") der perfekte Ort für den entspannten kulinarischen Genuss. Michael Grammel sorgt für die facettenreiche, aromenstarke und präzise Küche.

Der Blaue Reiter ✪✪✪✪

Bhf→1 km

✉ 76227 · Amalienbadstr. 16 · ☎ 0721 94 26 60 · Fax: 9 42 66 42
Rest., Bar, Bistro, Cafe, Biergarten, Ladestation für PKW
info@hotelderblauereiter.de · www.hotelderblauereiter.de

45 **DZ** ab 103,00 €;
als **EZ** ab 87,00 €;
19 (**Jui.-**)**Suiten** ab 137,00 €
Das Tagungs- und Designhotel verbindet die Ausdrucksstärke der Kunstvereinigung „Der Blaue Reiter" mit der Wohnkultur des 21. Jahrhunderts. Ruhig und dennoch zentral gelegen, bietet es dem

Karlsruhe

Gast exzellente Tagungsmöglichkeiten und Eventflächen sowie individuell und stilvoll eingerichtete Zimmer mit kunstvollem Interieur.

5 SEN:SES by Mario Aliberti

✉ 76133 · Blumenstraße 19 · ☎ 07 21 2 06 28
Italienische Fusionsküche · **Tische:** 22/48 Plätze
info@5senses-ka.de · www.mario-aliberti.com

Speisekarte: 4 Mittagsmenüs von 25,00 bis 50,00 €; 2 Menüs von 79,00 bis 113,00 € ♥♥♥

Stylisch und modern eingerichtet, fügen sich taubenblaue und cognacfarbene, samtige Bänke und Fauteuils und blanke Tische zu einem urbanen Ambiente und geben dem Restaurant „5 sen:ses by Mario Aliberti" eine entspannte Lounge-Atmosphäre. Als echter Familienmensch fühlt sich der in Würzburg geborene Chefkoch seinen italienischen Wurzeln und der Liebe zur Kommunikation besonders verbunden. Da ist sein Motto, dass Essen auch Kommunikation ist, zugleich die Philosophie, die seine Küche prägt. Gelernt hat er sein Handwerk an Topadressen, das Charakteristische seiner modernen und frischen Küche erwarb er auf zahlreichen Reisen. Er mag das Spiel mit kraftvollen mediterranen Aromen und Texturen, die er gerne mit verschiedensten regionalen und grenzübergreifenden Elementen– allen voran asiatischen – kombiniert. So ist seine ganz persönliche, handwerklich präzise und innovative Fusionsküche entstanden, die italienisches Fine Dining auf ein ganz neues Level hebt. Zugewandt und gut aufgelegt leitet Elena Reiner den zuvorkommenden Service und gibt gute Tipps rund um die Wein- und Getränkeberatung.

9|65 Fine Dining Restaurant Durlach

✉ 76227 · OT Durlach · Zunftstraße 5 · ☎ 0 72 21 9 41 60 60
Internationale Küche · **Tische:** 24/60 Plätze
info@965.de · www.965.de

Speisekarte: 6 Hauptgerichte von 35,00 bis 42,00 € ♥♥♥🍷🍷🍷 9.950 Weinpos.
„9|65" – der ungewöhnliche Name ist schnell erklärt: Er ist eine Hommage an Mama und Papa Kata und Vedran Bobanović, die 1997 das Restaurant in der wunderschönen Durlacher Altstadt eröffneten. 9, der September, war der Geburtsmonat vom Papa, 65 das Geburtsjahr der Mama. In fünf verschiedenen Räumlichkeiten – mal ländlich rustikal mit historischem Holzständerwerk, mal vor der Kulisse unzähliger Weinflaschen und mal bunt, wild, peppig und modern – kann man die abwechslungsreiche, internationale, mit französischen und asiatischen Einflüssen geprägte, innovative Küche von Yanik Gukelberger genießen. Die Zutaten kommen bevorzugt von regionalen und umliegenden Lieferanten, Olivenöl und Nüsse sind von nachhaltig bewirtschafteten, eigenen Bäumen aus Kroatien. Der Gast kann sich sein Menü nach Gusto zusammenstellen und dafür aus verschiedenen Vor- und Hauptspeisen, Zwischengerichten und Desserts wählen. Man schmeckt die Leidenschaft, mit der gekocht wird. Jan Kerner leitet den gut aufgelegten Service, während Mario Koncarevic zu den unzähligen Weinen, viele aus Italien, Frankreich, Spanien und Deutschland, mit Fachwissen

Karlsruhe

und Freude berät. Das „9|65" ist auch bestens aufgestellt, wenn es um die Durchführung individuell geplanter Veranstaltungen geht.

Bhf →3 km

✉ 76131 · Ahaweg 6-8 · ☎ 07 21 1 61 14 92
Internationale Küche · **Tische:** 15/60 Plätze
kontakt@cantinamajolika.de · www.cantinamajolika.de · f

♜ Cantina MAJOLIKA

Speisekarte: 7 Hauptgerichte von 19,00 bis 39,00 €; 1 Mittagsmenü zu 27,50 €; 1 Menü von 45,00 bis 55,00 €

100 Weinpos.

Wer den unkomplizierten Genuss sucht, in der Mittagspause entspannen oder mal nur eben einen Espresso trinken möchte, mit Freunden einen Barbesuch plant – in der CANTINA MAJOLIKA ist er oder sie richtig. Direkt am Karlsruher Schlossgarten gelegen, bietet das Restaurant genau diese Fülle von Möglichkeiten. Mit großer Liebe zum Detail wurde die ehemalige Gipserei der staatlichen Majolika umgestaltet, aufwändig renoviert, räumlich erweitert und stilvoll eingerichtet. Das besondere Ambiente und die Kombination der drei Bereiche Bar, Restaurant und Außenterrasse sind eine Mischung aus anspruchsvoll modernem Flair und traditionsreichem Fabrikchic. Im Restaurant vermitteln die großzügig gestellten Tische eine angenehme Privatheit, die moderne und stylishe Gestaltung sorgt für eine lässige, urbane und weltoffene Atmosphäre. Unter mediterranen Sonnensegeln kommt im Sommer, auf der von Palmen umrahmten Terrasse Urlaubstimmung auf. Küchenchef Thomas Rohleder und sein Team sorgen für eine facettenreiche Küche, in der Regionales ebenso kreativ aufgepeppt wird wie internationale Spezialitäten. Ob Vegetarier, Fleisch- oder Fischliebhaber – die breit gefächerte Karte mit den zusätzlichen Empfehlungen lässt keine Wünsche offen. Restaurantleiter Jürgen Schwarz berät kenntnisreich und gut aufgelegt zur gut sortierten Weinkarte. Bei der Ausrichtung individuell geplanter Veranstaltungen hat sich die CANTINA MAJOLIKA in mehr als zwei Jahrzehnten einen exzellenten Ruf als exklusive Event-Location erworben.

Karlsruhe

♖ EigenArt
Bhf→1,3 km

✉ 76133 · Hebelstraße 17 · ☎ 07 21 5 70 34 43
Internationale u. Regionale Küche
kontakt@eigenart-karlsruhe.de · www.eigenart-karlsruhe.de

VISA ● ▪

Speisekarte: 2 Hauptgerichte von 26,00 bis 50,00 €; 2 Menü von 48,00 bis 81,00 € ♥♥♥ 20 Weinpos.
Im biozertifizierten Restaurant wird sehr großer Wert auf Nachhaltigkeit gelegt und auch die Slow Food-Philosophie unterstützt. Entsprechend saisonal, marktfrisch und qualitativ hochwertig sind die Zutaten, entsprechend schonend und unverfälscht ist die Küche.

♖ erasmus
Bhf→2 km

✉ 76199 · Nürnberger Straße 1 · ☎ 07 21 40 24 23 91
Italienische und Europäische Küche · **Tische:** 12/28 Plätze
a.gallotti@erasmus-karlsruhe.de · www.erasmus-karlsruhe.de

VISA ● ▪

Speisekarte: 8 Hauptgerichte von 24,00 bis 38,00 €; 2 Menüs von 109,00 bis 164,00 € ♥♥♥🍇🍇 372 Weinpos.
Im ersten Bio-fine-dining-Restaurant Deutschlands bemühen sich Chefkoch Marcello Gallotti und seine Frau Andrea leidenschaftlich um ehrlichen kulinarischen Genuss, der für sie nur unter Aspekten von Nachhaltigkeit und Tierwohl möglich ist.

Il Teatro[2]
Bhf→600 m

✉ 76137 · Ettlinger Straße 2c · ☎ 07 21 35 65 66
Italienische Küche · **Tische:** 17/60 Plätze
reservieren@ilteatro.de · www.ilteatro.de · f

VISA AE ● ▪

Speisekarte: 6 Hauptgerichte von 46,00 bis 55,00 €; 2 Tagesgerichte von 27,00 bis 29,00 €; 1 Mittagsmenü von 40,00 bis 47,00 €; 2 Menüs von 78,00 bis 140,00 € ♥♥♥🍇 180 Weinpos.
Das "Il Teatro[2]" am Kongresszentrum in Karlsruhe ist „ein Italiener" von Format. Charmant in einem lässigen Stil mit vielen Bildern an den Wänden, weiß eingedeckten Tischen und dunklen Stühlen eingerichtet, ist die Atmosphäre herrlich entspannt, urban und weltoffen. Der Vater, Giovanni Di Sario, hatte das Restaurant 1984 eröffnet, Sohn Daniele führt es seit 2019 weiter. Die Leidenschaft fürs Kochen und Gäste bewirten wurde ihm praktisch in die Wiege gelegt, er hat sein Handwerk bei erstklassigen Adressen gelernt und verfeinert und steht mit echter Hingabe und Leidenschaft am Herd. Die zeitgemäßen Speisen basieren auf ausgesuchten, gerne auch saisonalen Zutaten, die er zu optisch verführerischen, authentischen und aromenstarken italienischen Spezialitäten und raffinierten Pastagerichten zusammenstellt. Sorgfältig und kreativ ausgetüftelte Menüs, die die kulinarische Quintessenz des Südens einzufangen, ergänzen die Karte. Italienische Weiß- und Rotweine – gerne ausgefallene Tropfen – runden die Speisen ab. Den herzlichen Service leitet Carmelo Solarino sehr aufmerksam. Ob Mittagstisch oder feines Dinner – die Kombination aus bester Küche und entspannter Atmosphäre im "Il Teatro[2]" ist einfach perfekt.

Karlsruhe

Bhf→2 km

Ivy

✉ 76133 · Karlstraße 34 · ☎ 07 21 47 00 45 28
Int. Küche · **Tische:** 21/60 Plätze
info@ivy.restaurant · ivy.restaurant

Speisekarte: 8 Hauptgerichte von 22,00 bis 43,00 €; 1 Sharing-Menü von 69,00 bis 79,00 € 🍷🍷🍷 54 Weinpos. Das kreative Küchenteam begeistert mit einer innovativen Cross Over Küche und kombiniert internationale, asiatisch angehauchte Gerichte mit besten Frischezutaten aus der Region.

Bhf→6,5 km

♜ Kesselhaus H3

✉ 76185 · Griesbachstraße 10c · ☎ 07 21 6 69 92 69
Moderne Küche · **Tische:** 28/70 Plätze
info@kesselhaus-ka.de · www.kesselhaus-ka.de · f

Speisekarte: 7 Hauptgerichte von 31,00 bis 48,00 €; 1 Mittagsmenü zu 34,00 €; 1 Menü von 72,00 bis 94,00 € 🍷🍷🍷🍷 300 Weinpos.

"Kesselhaus H3" – das Dreiergespann Sven Hemmann mit seiner Frau Lisa und seinem Bruder Chris sind die Betreiber des Restaurants, das in einer ehemaligen Textilfabrik beheimatet ist. Hinter der prägnanten Backsteinfassade verbirgt sich ein sehr stylisches Interieur mit ganz viel Industriecharme, das zur Bühne für die formidable Küche von Küchenchef Kilian Wachter und Küchenleiter Sven Hemmann wird. Die beiden sind offen für alles, lassen sich nicht durch angesagte Trends einengen, sondern kochen, was der Markt hergibt, was gefällt, was schmeckt und können so ihren kreativen, bisweilen avantgardistischen Ideen freien Lauf lassen. Am Ende präsentieren sie – nachhaltiges Arbeiten ist die Basis – expressive Speisen voller einzigartiger Genussmomente. Christophe Gamblin berät mit großem Fachwissen zu den Weinen, die es hier in stattlicher Auswahl gibt – viele davon im Offenausschank. Die schicke Weinlounge im Industrial Jungle Ambiente ist perfekt fürs Business-Meeting oder zum gemütlichen Treffen mit Freunden. Chris begleitet mit seinem aufmerksamen Serviceteam jeden Besuch. Das "Kesselhaus H3" hört jedoch nicht in der Küche auf, sondern überzeugt auch durch eine Fülle von Angeboten und Veranstaltungen, wie z. B. Kochkursen, Weinabenden, Martinsgans-Essen uvm. In den exklusiven Räumlichkeiten finden Events von Hochzeiten bis zur Tauffeier statt – top Service, Qualität, Geselligkeit und Spaßfaktor inklusive.

 Dieses Restaurant bietet Ihnen ein gutes Genuss-/Preisverhältnis.

Karlsruhe

♜ Oberländer Weinstube
Bhf→3,5 km

✉ 76133 · Akademiestraße 7 · ☏ 07 21 2 50 66
Reg. u. bürgerl. Küche, eig. Kreat. · **Tische:** 13/46 Plätze
kontakt@oberlaender-weinstube.de · www.oberlaender-weinstube.de

VISA

Speisekarte: 3 Hauptgerichte von 26,50 bis 38,50 €; 1 Mittagsmenü zu 44,50 €; 1 Menü von 74,00 bis 125,00 €

❀❀❀🍷 130 Weinpos.

Das traditionsreiche Restaurant ist nostalgisch-rustikal eingerichtet. Chefkoch Jörg Hammer kauft marktfrisch ein, arbeitet konzentriert und präsentiert vor allem gut durchdachte, ausbalancierte, regionale Speisen.

Rim Wang

✉ 76185 · Eckenerstr. 1 · ☏ 07 21 69 77 76
Gehobene Thailändische Küche · **Tische:** 30/100 Plätze
rim-wang@mail.de · www.rimwang.com

VISA AE

Speisekarte: 40 Hauptgerichte von 16,00 bis 29,00 €; 10 Tagesgerichte von 7,00 bis 11,00 €; 3 Menüs von 34,00 bis 43,00 €

❀❀ 23 Weinpos.

Das Interieur im Restaurant „Rim Wang" ist sehr stimmig, denn es wurde mit eigens aus Thailand importierten Einrichtungsgegenständen ausgestattet. Hier wird nach überlieferten, landestypischen Traditionen gekocht, werden die Speisen nach Art des königlichen Hofes in Thailand zubereitet. Dafür sorgt Chefkoch Boonchu Choti, dessen Speisen sehr facettenreich und ausgewogen sind. Getragen von fein aufeinander abgestimmten Aromen, die den Gast in eine faszinierend andere Geschmackswelt entführen, lernt man hier eine wirklich authentische Thailändische Küche kennen. Die ist so unverfälscht, dass das Restaurant sogar von der Königlich Thailändischen Botschaft Berlin mit dem Logo THAILAND'S BRAND ausgezeichnet wurde. Ein sehr

aufmerksameres Team unter Leitung von Peter Brecht umsorgt die Gäste, die für Veranstaltungen auch einen der zwei Festräume nutzen können. Der Hofgarten mit thailändischem Ambiente und hübschem Pavillon wird an warmen Tagen zu einem zauberhaften, exotischen Refugium inmitten der Großstadt.

♜ Sein
Bhf→2,4 km

✉ 76135 · Scheffelstr. 57 · ☏ 0721 40 24 47 76
Klassische Küche, eigene Kreationen · **Tische:** 6/20 Plätze
zugast@restaurant-sein.de · www.restaurant-sein.de

VISA

Speisekarte: 1 Mittagsmenü zu 100,00 €; 1 Menü von 180,00 bis 240,00 €

❀❀❀🍷 126 Weinpos.

Unprätentiös eingerichtet, überzeugt Thorsten Bender im "Sein" mit einer Küche, die tatsächlich mehr "sein als

Karlsruhe

Schein" ist. Ehrlich, konzentriert und ideenreich kombiniert er die marktfrischen Zutaten, ohne sich stilistisch in eine Schublade pressen zu lassen.

Bhf → 2 km

Tawa Yama Fine

✉ 76227 · Amalienbadstraße 41b – Bau B · ☎ 07 21 90 98 95 15
Klassische und moderne Fusions-Küche · Tische: 16/30 Plätze
info@tawayama.de · www.tawayama.de

Speisekarte: 1 Menü Fr./Sa. von 149,00 bis 169,00 €

300 Weinpos. Das TAWA YAMA FINE findet man im Gebäude B der Durlacher RaumFabrik – hier wurden einst die weltbekannten Pfaff-Nähmaschinen hergestellt. Heute findet kleinteilige Arbeit in einer Küche statt, ist das Interior Design nicht länger industriell, sondern mit viel Geschmack sehr edel gestaltet: Üppig gepolsterte Bänke in edlem Silbergrau treffen auf Fauteuils in samtigem Dunkelgrün und lebendig geäderte, grüne Marmorwände. Hier wartet Gastrokultur auf Topniveau. Für die kulinarische Höchstleistung ist Chef de Cuisine Igor Yakushchenko verantwortlich. Seine weltoffene Produktküche ist in der klassischen Küche verwurzelt, ohne darin zu verharren. Er tüftelt mit Zutaten, Aromen, Texturen und Stilen, um seine eigene puristische und innovative Handschrift einfließen zu lassen. Die Speisen sind geradlinig und klar, basieren auf wenigen, handverlesenen Zutaten und werden zu einzigartigen und erinnerungswürdigen Geschmackserlebnissen mit asiatischem Twist. Andrés Martí Merinas ist nicht nur ein zuvorkommender Gastgeber und liebenswürdiger Maître, als Chefsommelier weiß er auch erstklassige Wein-Empfehlungen auszusprechen. Wer eine gehobene asiatische „Küche für jeden Tag" sucht, kehrt im TAWA YAMA EASY ein, in dem mittags (Di.-Fr.: 11:30-14 Uhr) und abends (Di.-Sa.: 18-24 Uhr) nach dem Motto „fresh.local.homegrown" gekocht wird.

 Dieses Restaurant bietet Ihnen eine exzellente Küche.

Keitum

Severin's Resort & Spa – Tipken's by Nils Henkel

✉ 25980 · Am Tipkenhoog 18 · ☎ 0 46 51 46 06 65 33
Klassische Küche
info@tipkens-sylt.de · www.severins-sylt.de

Speisekarte: 4 Hauptgerichte von 38,00 bis 68,00 €; 2 Menüs von 165,00 bis 240,00 €

Nils Henkel steht für eine gelungene Symbiose aus regionalen und grenzübergreifenden Speisen und verfeinert seine nordisch interpretierten „Flora" und „Fauna" Menüs mit immer wieder neuen, ausgefallenen Elementen. Küchenchef René Verse begeistert Sie bei Ihrem Besuch mit einzigartigen Gerichte in einer angenehmen und zwanglosen Atmosphäre.

Kenzingen

★★★ 🏨 Schieble   Bhf→300 m

✉ 79341 · Offenburger Straße 6 · ☎ 0 76 44 9 26 99 90
Restaurant, Tagungsraum, Zimmerpreise inklusive Frühstück
🍽🛏🅿🚭♿🐕🛂📶🏊 5 km   VISA AE ● 🅴
info@hotel-schieble.de · www.hotel-schieble.de

17 **DZ** von 109,00 bis 129,00 €;
als **EZ** ab 89,00 €;
3 **Suiten** von 129,00 bis 280,00 €

Das Hotel "Schieble", nördlich von Freiburg, nahe der französischen Grenze gelegen, ist ein perfekter Ort, für einen abwechslungsreichen Urlaub oder ein paar Tage Auszeit von alltäglicher Hektik. Besonders angenehm ist die private und familiäre Atmosphäre in dem traditionsreichen Familienbetrieb. Die Zimmer, Appartements und Suiten (Preise inkl. Frühstück) verfügen über eine zeitgemäße Ausstattung und sind mit viel Geschmack sehr behaglich in einem freundlichen Landhaustil eingerichtet. Entspannung bietet die hauseigene Sauna, kulinarischen Genuss das Restaurant. In der Freizeit lässt sich viel unternehmen: Wandern, Radeln, Freiburg erkunden, den Europa-Park in Rust besuchen oder die reizvolle Schwarzwald- und Vogesen-Landschaft entdecken – Langeweile kommt garantiert nicht auf und das engagierte Hotelteam gibt gerne gute Tipps.

🏨 Schieble   Bhf→300 m

✉ 79341 · Offenburger Straße 6 · ☎ 0 76 44 92 69 99-0
Regionale und Französische Küche · **Tische:** 20/75 Plätze   VISA AE ● 🅴
info@hotel-schieble.de · www.hotel-schieble.de

Speisekarte: 8 Hauptgerichte von 12,80 bis 19,80 €; 1 Menü ab 42,50 €
♦♦   59 Weinpos.

Auch im Hotel Restaurant Schieble geht es darum, dem Gast einen entspannten und hier besonders genussreichen Aufenthalt zu bieten. Mit Dielenboden, weiß eingedeckten Tischen und wechselnden Bildern verschiedener Künstler ist das klimatisierte Restaurant geradlinig, schlicht und einladend gestaltet. Patron Markus Schmid steht selber am Herd. Er kauft die ausgesuchten Zutaten bevorzugt im jahreszeitlichen Rhythmus von bekannten Händlern und Erzeugern. Seine sorgfältig zubereiteten regionalen und deutschen Speisen ergänzt er mit feinen Spezialitäten aus dem nahen Frankreich. Wenn möglich werden kleine kulinarische Wünsche gerne erfüllt. Auf der

von großen Sonnenschirmen beschatteten Dachterrasse kann man ganz entspannt an warmen Tagen im Freien genießen. Die Restaurantleitung hat Barbara Schmid inne, sie ist stets aufmerksame

Kenzingen

Ansprechpartnerin und wird von Bettina Stölzel in der Weinberatung kompetent unterstützt. Für aufmerksam begleitete Familienfeiern stehen passende Räumlichkeiten zur Verfügung.

♜ Scheidels Restaurant zum Kranz

Bhf→1 km

✉ 79341 · Offenburger Str. 18 · ☎ 0 76 44 68 55 · Fax: 93 10 77
Klass., mediter. u. Reg. Küche · **Tische:** 10/50 Plätze
info@scheidels-kranz.de · www.scheidels-kranz.de

Speisekarte: 7 Hauptgerichte von 19,00 bis 38,00 €; 3 Menüs von 42,00 bis 69,00 €
❦❦❦ 200 Weinpos.

Küchenchef Franz Scheidel pflegt im nostalgisch eingerichteten Restaurant eine fein komponierte Küche von klassisch über regional bis hin zu mediterran. Mit viel Kreativität und handwerklichem Geschick peppt er die tradierten Rezepturen auf.

Kiel

ICHI - japanese fine ding

✉ 24103 · Falckstraße 16 · ☎ 04 31 69 66 14 44
Moderne Japanische Küche · **Tische:** 20/40 Plätze
info@ichi-finedining.de · www.ichi-finedining.de · f

Speisekarte: 2 Menüs von 75,00 bis 98,00 €
❦❦❦

Angesichts der japanischen Wabi-Sabi Philosophie, die Schönheit im Einfachen und Schlichten zu suchen, ist die klare und geradlinige Gestaltung des Interieurs im Restaurant ICHI folgerichtig. Blanke Tische mit Blumenarrangements vermitteln ein weltoffenes und einladendes Ambiente. Patron Shuichi Umino, der auch als zugewandter Gastgeber und Maître für seine Gäste präsent ist, sang seit 1998 als ausgebildeter Sänger am Opernhaus Kiel. Seine Leidenschaft galt jedoch ebenso den uralten Traditionen der japanischen Esskultur, die er mit der Raffinesse einer modernen japanischen Küche verbinden wollte. Er eröffnete 2010 das Restaurant „ann", in dem die Gäste die noch sehr unbekannte japanische Esskultur erleben und genießen konnten. Dessen Nachfolger „ICHI" präsentiert dank Chefkoch Izuta eine ebenso authentische japanische Küche. Traditionelle Speisen interpretiert er innovativ und zeitgemäß neu und bringt dem Gast damit unverfälschte und filigrane Zusammenstellungen nahe. Ichi-go ichi-e, was so viel wie einmalige Begegnung, einzigartiger Moment heißt, wird im ICHI leidenschaftlich mit Leben gefüllt. Sushi und Sashimi aus frischen Meeresfrüchten aus der Region Schleswig-Holstein sowie kreative warme Gerichte können auch à la carte bestellt werden.

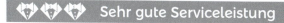
Sehr gute Serviceleistung

Kernen im Remstal

Restaurant Malathounis Bhf→5 km

✉ 71394 · Gartenstraße 5 · ☎ 0 71 51 4 52 52 · Fax: 4 33 80
Neue + Griech. Küche, eig. Kreationen · **Tische:** 7/26 Plätze
info@malathounis.de · www.malathounis.de

Speisekarte: 2 Menüs von 90,00 bis 115,00 €

400 Weinpos.

Traditionelle griechische Küche ist die Basis der Speisen, die Patron Joannis Malathounis mit modernen Kochtechniken neu interpretiert, mit mediterranen Spezialitäten geschickt ergänzt und so fulminante und innovative Genusserlebnisse vermittelt.

Kirchdorf an der Iller

★★★ 🏛 Landgasthof Löwen Bhf→10 km

✉ 88457 · OT Oberopfingen · Kirchdorfer Straße 8 · ☎ 0 83 95 6 67 · Fax: 91 17 28
Terrasse, informative Kochkurse, Festsaal, Stüble, Zi.-Preise inkl. Frühstück
 12 km
info@loewen-oberopfingen.de · www.loewen-oberopfingen.de · f

4 **DZ** von 98,00 bis 120,00 €;
6 **EZ** von 69,00 bis 95,00 €

Im Landgasthof Löwen gefallen besonders die entspannte Atmosphäre und der liebenswürdige und individuelle Service. Jahrzehntelanger gastlicher Tradition verpflichtet, sorgen Alexander Ruhland und Ehefrau Simone mit ihrem engagierten Team für das Wohlbefinden jedes Gastes. Die zeitlos schönen Gästezimmer sind ein behagliches Zuhause auf Zeit und ein perfekter Ausgangspunkt, um das malerische Allgäu mit seiner Vielzahl an Sehenswürdigkeiten und Veranstaltungen zu entdecken. Für Events verschiedenster Art gibt es passende, schön gestaltete Räumlichkeiten. Besonderes Highlight ist natürlich ein Besuch im Restaurant mit der exzellenten Küche von Alexander Ruhland oder die Teilnahme an einem seiner beliebten und informativen Kochkurse. Im Sommer ist die malerische Terrasse perfekt, um die Radel- oder Wandertour mit Speisen, Brotzeiten und Kaffee und Kuchen genussvoll zu unterbrechen.

 Sie finden diese Hotels und Restaurants auch bei facebook oder instagram.

Kirchdorf an der Iller

Bhf→10 km

♜ Landgasthof Löwen

✉ 88457 · OT Oberopfingen · Kirchdorfer Straße 8 · ☎ 0 83 95 6 67 · Fax: 91 17 28
Klass., Neue u. Mediter. Küche · **Tische:** 9/40 Plätze
info@loewen-oberopfingen.de · www.loewen-oberopfingen.de · ￼

Speisekarte: 9 Hauptgerichte von 29,00 bis 40,00 €; 2 Menüs von 79,00 bis 98,00 € ❦❦❦🍷 100 Weinpos.

Im "Landgasthof Löwen" einzukehren, fühlt sich wie ein paar Stunden Urlaub an, so herzlich, einladend und entspannt geht es hier zu. Warme Farben, schöne Stoffe und in Weiß eingedeckte Tische treffen auf Sprossenfenster, Holzboden und liebevoll platzierte Accessoires. Alexander Ruhland arbeitet in vierter Generation im Löwen, was für ihn sowohl Verpflichtung als auch Herausforderung zugleich ist. Mit großem Einsatz kümmert er sich nicht nur um die kulinarischen Belange. Aber am Herd trumpft er besonders auf, hat er sein Handwerk doch bei den Großen seiner Zunft gelernt, ist aktives Mitglied bei den Jeunes Restaurateurs und versteht es, mit den bevorzugt regionalen Zutaten aromenstarke Speisen mit hohem Kreativitätsfaktor zusammenzustellen. Stets neugierig, ertüftelt er immer wieder andere Kombinationen, ergänzt Klassisches und Regionales mit mediterranen Elementen und gibt seinen Speisen eine zeitgeistige Note. Er lässt sich gerne von den wechselnden Jahreszeiten inspirieren, so dass Abwechslung und Frische garantiert sind. Zusätzlich zu den zwei angebotenen Menüs (eines ist vegetarisch) gibt es das Reinschmecker-Menü, ein 5-Gang-Menü für 2 Personen inkl. Aperitif für 210,- €. Simone Ruhland leitet charmant den aufmerksamen Service und berät mit viel Sachkenntnis zu den passenden Weinen. Großer Beliebtheit erfreuen sich die Kochkurse mit unterschiedlichen Schwerpunkten.

Kirchdorf bei Haag

🍴 Christians Restaurant OT Haag-Mühldorf — Bhf→15 km

✉ 83527 · Dorfstraße 1 (Navi: Alte Schulstr. 2) · ☎ 0 80 72 85 10 · Fax: 33 04
Klassische und Neue Küche · Tische: 7/30 Plätze   VISA ●●
info@christians-restaurant.de · www.christians-restaurant.de · 🅕

Speisekarte: 1 Menü von 90,00 bis 155,00 €

❤❤❤❤❤ 🍇🍇🍇   1100 Weinpos.

Im nahe Wasserburg am Inn gelegenen, oberbayerischen Kirchdorf bei Haag ist das hübsche Landgasthaus mit Natursteinmauer, üppigem Blumenschmuck und Holzläden ein gewohnter Anblick, ist es doch seit dem 16. Jahrhundert im Besitz von Familie Grainer. Die aktuelle Generation – vertreten durch Christiane und Christian Grainer – führt ihr gastronomisches Schmuckstück mit großer Zugehörigkeit und echter Leidenschaft. Die Gaststube ist behaglich eingerichtet, halbhohe Holzkassettenwände, feine Stoffe und schlicht eingedeckte Tische verbinden sich zu einem einladenden Ambiente. Christian Grainer ist fürs kulinarische Geschehen verantwortlich. Eine Verantwortung, die ihm Freude und Verpflichtung zugleich ist. Heimische Jäger sorgen fürs Wild, Pilze, Gemüse und Obst kommen bevorzugt aus dem Umland. Die Arbeit unter nose-to-tail Aspekten gehört hier seit jeher zum Standard. Die Küche ist in der Klassik verwurzelt, lässt Christian Grainer aber genügend Raum, regionale und moderne Elemente einzubauen und raffinierte Kombinationen zu ertüfteln, die den Gast auf eine spannende Genuss-

reise mitnehmen. Ein veganes Menü gibt es nach Vorbestellung. Christiane Grainer ist die Seele des Hauses, ihre Herzlichkeit, Fröhlichkeit und Zugewandtheit sind nie aufgesetzt, sondern Ausdruck für die ehrliche Hinwendung, die sie jedem Gast mit ihrem Serviceteam entgegenbringt. Als kenntnisreiche Sommelière erläutert sie mit Feingefühl die fulminante Weinkarte und weiß genau, welche Tropfen die Speisen ihres Mannes perfekt abrunden. Feierlichkeiten finden in der hauseigenen Kapelle, dem Stucksaal oder bei schönem Wetter auf der Sommerterrasse unter Kastanienbäumen einen exklusiven Rahmen.

 Dieses Restaurant bietet Ihnen ein gutes Genuss-/Preisverhältnis.

Kirchheim an der Weinstraße

Ochs & Schwan – Cuisine Régionale

Bhf→500 m

✉ 67281 · Weinstraße Nord 24 · ☎ 0 63 59 20 50 60
Crossover u. gehobene Regionale Küche · **Tische:** 9/30 Plätze
info@ochsundschwan.de · www.ochsundschwan.de

Speisekarte: 6 Hauptgerichte von 22,00 bis 62,00 € 🍷🍷🍷 70 Weinpos. Das Restaurant „Ochs & Schwan" findet sich in einem denkmalgeschützten Haus aus dem Jahre 1598 im Leininger Hof des Bioweinguts Benzinger. Dunkelbraune Stühle auf honigfarbenem Holzdielenboden, halbhohe Holzvertäfelungen und weiß eingedeckte Tischen verbinden sich zu einem schlichten, geschmackvollen und einladenden Interieur mit ländlichem Charme. Swantje Schauss führt das Restaurant mit ganz viel Herzblut. Sie steht am Herd und überzeugt mit sehr durchdachten, ehrlichen und aromenstarken à la carte Speisen, die auch am Sonntagmittag angeboten werden. Sie lässt sich von den wechselnden Jahreszeiten ebenso inspirieren wie von Küchen aus aller Herren Länder. Hervorhebenswert sind heimische Rezepturen, die sie mit raffinierten Ideen neu interpretiert. Die Zutaten kommen von bekannten, regionalen Erzeugern und werden von ihr mit leichter Hand handwerklich präzise zusammengestellt. Passende Weine gibt es in feiner Auswahl, der zuvorkommende Service empfiehlt die passenden Tropfen. An schönen Tagen ist die Terrasse mit mediterranem Flair beliebter Treffpunkt und wenn es um Feierlichkeiten geht, stehen auch dafür passende Räumlichkeiten zur Verfügung.

les étoiles
Fine Dining Stories

Unsere kulinarischen Momente zum
Miterleben in Film, Foto und Text.

www.les-etoiles.de

Kirchheim an der Weinstraße

Schwarz Gourmet & à la Carte

✉ 67281 · Weinstraße Süd 1 · ☎ 0 63 59 9 24 17 02
Klassische und Neue Küche · **Tische:** 4/10 Plätze
info@schwarz-restaurant.de · www.schwarz-restaurant.de

Speisekarte: 6 Hauptgerichte von 59,00 bis 93,00 €; 1 Menü von 159,00 bis 179,00 €

♥♥♥♥♥🍧🍧 250 Weinpos.

Ein hübsches kleines Haus am Anfang der Deutschen Weinstraße ist das mit großem Einsatz von Angelika und Manfred Schwarz etablierte Schwarz Gourmet & à la Carte Restaurant, ein kulinarisches Refugium wie aus dem Bilderbuch. Schlicht und geradlinig gestaltet, zeugt die Einrichtung mit grauen Sitzmöbeln, Teppichen im Vintage-Design von stilsicherem Geschmack. Ein echter Hingucker im Gourmetbereich ist eine Wand mit 10 Plätzen (Reservierung erforderlich), die mit fein ziselierten Bäumen und dräuenden Wolken an einen Schwarzweiß-Kupferstich aus dem 18. Jh. erinnert. Patron Manfred Schwarz und sein Küchenchef Dawid Hermanski kochen mit Hingabe klassische französische und italienische Speisen, die auf edlen Zutaten basieren und von ihnen immer wieder neu und ideenreich anders interpretiert werden. Ihr Spiel mit Aromen und Texturen ist federleicht, gekonnt und fantasievoll. Mit besonderem Twist verstehen sie es, Pfälzer Elemente so einzubauen, dass sie zum ausbalancierten Menü unbedingt beitragen. Im à la carte Bereich (8 Tische/28 Plätze) kann sich der Gast zwei bis sechs einzelne Gänge je nach Gusto selbst zusammenstellen. Als Dame des Hauses ist Angelika Schwarz charmante Gastgeberin; sie wird von Rafaella Spangenmacher ergänzt, die mit großer Liebenswürdigkeit den Service leitet und zu den exzellenten Weinen berät. Ein weiteres Highlight ist der herrlich bepflanzte, mediterrane Garten, der an warmen Tagen zu einem echten Sehnsuchtsort wird.

Kirchheim unter Teck

SAMS

Bhf→1 km

✉ 73230 · Dettinger Straße 45 · ☎ 0 70 21 9 56 06 94
Klass., int. Küche · **Tische:** 8/25 Plätze
hallo@sams-kirchheim.de · www.sams-kirchheim.de

Speisekarte: Wechselnde Pop up Events

♥♥♥

Das SAMS lädt zu kulinarischen Pop Up Events ein, deren Termine über Sozial Media und die Website bekanntgegeben werden. Der charmante Gastgeber und Sommelier Marc Schnierer verwöhnt

Kirchheim unter Teck

seine Gäste bei den wechselnden Events mit saisonalen Klassikern oder kulinarischen Highlights und passender Trinkkultur.

Klingenmünster

♜ Gasthaus zum Adler

✉ 76889 · Weinstraße 47 · ☎ 0 63 49 64 73
Regionale, Deutsche und lateinamerikanische Küche · Tische: 12/24 Plätze
VISA
info@zum-adler.net · www.zum-adler.net

Speisekarte: 3 Hauptgerichte von 34,00 bis 40,00 €; 2 Menüs von 59,00 bis 69,00 € ✿✿✿

Die Schwestern Christine und Franziska Baumann haben mit viel Schwung das familiäre Erbe angetreten, das historische Gasthaus Adler übernommen, vier Jahre aufwändig kernsaniert und führen es heute in fünfter Generation. Das Interieur ist schlicht und bezaubernd, die unverputzten Bruchsteinwände vermitteln ein ganz besonderes Flair. Christine Baumann ist talentierte und neugierige Köchin, Franziska hat Betriebswirtschaft studiert, lebte 12 Jahre in Guatemala und leitet den Service. Gemeinsam präsentieren sie eine junge und moderne deutsche Küche mit ein bisschen Pfalz und einer rassigen Prise Lateinamerika. Die wechselnden Jahreszeiten sind zusätzlicher Ideengeber, so dass am Ende Speisen stehen, die in keine Schublade passen und den Gast mit kreativen Zusammenstellungen immer wieder aufs Neue überraschen. Ausgesuchte Weine von regionalen Winzern runden die feine Küche ab.

Knittelsheim

Bhf →3 km

♜ IRORI im Isenhof

✉ 76879 · Hauptstraße 15 a · ☎ 0175 243 7801
Japanische und Neue Küche · Tische: 9/30 Plätze
VISA
info@isenhof.de · www.isenhof.de

Speisekarte: 1 Menü zu 140,00 €
✿✿✿✿ 🍷 250 Weinpos.
Kerstin Bauer und Max Goldberg haben sich mit der Übernahme des Isenhof einen Traum erfüllt. In der Küche des IRORI zeigt der Patron – z. B. mit Kabayaki und Pflaume oder Sellerie und Shiitake – welch raffinierte und harmonische Verbindung Heimisches und Japanisches eingehen können.

 Dieses Restaurant bietet Ihnen eine exzellente Küche.

Koblenz

FÄHRHAUS Koblenz Bhf→5 km

✉ 56072 · OT Metternich · An der Fähre 3 · ☎ 02 61 20 17 10 · Fax: 20 17 11 11
Restaurants, Bar, Café, Vinothek, Boots-Lounge, Arrangements
20 km VISA AE
hotel@faehr.haus · www.faehr.haus ·

37 **DZ** ab 270,00 €;
als **EZ** ab 235,00 €;
10 **Suiten** ab 450,00 €

Das FÄHRHAUS Koblenz – einzigartiger Luxus in schönster Lage. Mit 37 Zimmern verschiedenster Kategorien und 10 Suiten hat es die richtige Größe, um herzliche Gastfreundschaft und individuellen Service zu gewährleisten. Unmittelbar an der Mosel gelegen, verfügt das Hotel über einen eigenen Yachthafen mit acht Bootsanlegeplätzen. Der Gast logiert in lichtdurchfluteten Zimmern, die mit hochwertigsten Materialien in warmen Farben und moderner Eleganz eingerichtet sind – mit Mosel- oder Landblick, mit Balkon oder ohne – jeder Raum hat smarte Einrichtungskonzepte und seinen ganz eigenen Charme (Preise inkl. Frühstück). Die Konferenzräume sind mit hochmodernster Technik und Equipment ausgestattet und stehen für erstklassige Meetings und Veranstaltungen für bis zu 150 Personen bereit. Nach getaner Arbeit wartet die wohlverdiente Ruhe: Umgeben von einer malerischen Landschaft wird im SPA-Bereich die Kraft der Natur mit modernsten Massagen und Behandlungstechniken kombiniert. Die Dampfsauna, die Wellness-Terrasse und der Panorama-Pool mit unglaublichem Ausblick auf die Mosel lassen keine Wünsche offen. Das hauseigene Fitnessstudio rundet das umfassende Angebot ab.

www.der-grosse-guide.de

Koblenz

GOTTHARDT'S by Yannick Noack

Bhf→5 km

✉ 56072 · OT Metternich · An der Fähre 3 · ☎ 02 61 20 17 10 · Fax: 20 17 11 11
Moderne avantgardistische Küche · Tische: 9/20 Plätze
hotel@faehr.haus · www.faehr.haus

Speisekarte: 11 Gerichte wählbar 5- bis 8-Gänge ab 225,00 €

200 Weinpos.

Im Dezember 2024 eröffnete im FÄHRHAUS Koblenz das Restaurant GOTTHARDT'S by Yannick Noack, ein Ort, der für kulinarische Exzellenz und durch die offen gestaltete Küche für besondere Erlebnisse steht. Unter der Leitung von Yannick Noack, Deutschlands jüngstem Zwei-Sterne-Koch, erwartet die Gäste eine avantgardistische Küche, die mit kreativer Raffinesse, Leidenschaft und Präzision neue Maßstäbe setzt. Das neue Restaurant GOTTHARDT'S by Yannick Noack mit 20 Sitzplätzen setzt auf Exklusivität und bietet Gourmets eine außergewöhnliche Atmosphäre. Ein besonderes Highlight ist der Chef's Table mit vier limitierten Plätzen direkt an der Showküche. Von hier aus können die Gäste nicht nur den Blick auf die Mosel genießen, sondern auch das Geschehen in der Küche hautnah miterleben. Das Restaurant GOTTHARDT'S by Yannick Noack im FÄHRHAUS Koblenz ist ganzjährig von Mittwoch bis Samstag am Abend geöffnet.

LANDGANG

Bhf→5 km

✉ 56072 · OT Metternich · An der Fähre 3 · ☎ 02 61 20 17 10 · Fax: 20 17 11 11
Gehobene Regionalküche
hotel@faehr.haus · www.faehr.haus

Speisekarte: 6 Hauptgerichte von 29,00 bis 41,00 €

360 Weinpos.

Gleich nach Betreten des großzügigen Eingangsbereichs wartet eine Etage höher mit dem Restaurant „LANDGANG" ein formidables Restaurant „für jeden Tag". Die Küche sorgt für handwerklich und sorgfältig zubereitete Speisen, die bevorzugt auf heimischen Zutaten basieren. Traditionelles wird mit regionalen Komponenten verbunden. Die wechselnden Jahreszeiten sind zusätzliche Ideengeber für die frische Küche. Nicht nur Businessgäste wissen den wöchentlich wechselnden Mittagslunch zu schätzen. Neben Touristen finden auch Einheimische gerne den Weg ins Restaurant und besonders gerne auf die wunderschöne und angrenzende Terrasse mit direktem Blick auf die Mosel und den eigenen Yachthafen. Ab dem frühen Abend werden klassische Aperitifs und kreativ gemixte Cocktails serviert. Begleitet von einem herzlichen Service ist das Restaurant „LANDGANG" mehr als einen Besuch wert.

Verbene

Bhf→1 km

✉ 56068 · Königsplatz 1 · ☎ 02 61 10 04 62 21
Klass. moderne Küche · **Tische:** 8/22 Plätze
info@restaurant-verbene.de · www.restaurant-verbene.de

VISA ● ●

Speisekarte: 1 Menü von 119.00 bis 159.00 €
❦❦❦   40 Weinpos.
Patron und Chefkoch David Weigang schaute schon seiner Oma gerne beim Kochen zu und wusste früh, Qualität und Geschmack von Lebensmitteln zu schätzen. Die Zutaten werden zu harmonisch aufeinander abgestimmten, zeitgeistigen Speisen mit kreativen Elementen und machen aus jedem angerichteten Teller ein kunstvolles Unikat.

 Sie finden diese Hotels und Restaurants auch bei facebook oder instagram.

Kollnburg

Bhf →5 km 🏛 **Burggasthof Hauptmann** ✪✪✪

✉ 94262 · Burgstraße 11 · ☎ 0 99 42 9 43 50 · Fax: 71 46 · Rest. mit geh. regionaler Küche, Salzladen, Motorradfahrer willkommen, Zi.-Preise inkl. Frühstück
🍽🛏🅿🚗⛰🛌 ✆35 km
info@burggasthof-hauptmann.de · www.burggasthof-hauptmann.de · f

13 **DZ** ab 119,00 €;
als **EZ** ab 71,50 €;
3 **EZ** ab 59,50 €;
4 **Dreibett-Zimmer auf Anfrage**

Inmitten der ursprünglichen Natur des Bayerischen Waldes findet man im idyllischen Kollnburg mit dem Burggasthof Kollnburg eine nicht alltägliche Logis. Fünf individuell gestaltete, ausgefallene Themenzimmer – wie die Ritter- oder Kornblumenstube – alle mit zeitgemäßen Annehmlichkeiten (Flatscreen, Fön, Safe) und Panoramablick erwarten den Gast. In der "BurgWellness" gibt es neben Sauna und Tepidarium noch eine Alphaliege, Hydro-Jet-Massage sowie eine Salzoase. Hier entsprechen nur 50 Minuten Aufenthalt drei Erholungs-Tagen am Meer. Das vielseitige Angebot im Hause wird mit liebevoller Gastlichkeit und bayerischer Behaglichkeit kombiniert und mündet in einen wirklich erholsamen Aufenthalt. Das liegt auch an den behaglich eingerichteten Zimmern (Preise inkl. Frühstück). Für nur 21,00 € zusätzlich p. P. kann man die Halbpension buchen.

Bhf →5 km 🏛 **Burggasthof Hauptmann**

✉ 94262 · Burgstraße 11 · ☎ 0 99 42 9 43 50 · Fax: 71 46
Regionale u. Internationale Küche · **Tische:** 20/110 Plätze
info@burggasthof-hauptmann.de · www.burggasthof-hauptmann.de · f

Speisekarte: 20 Hauptgerichte von 12,00 bis 28,00 €; 10 Tagesgerichte von 12,00 bis 17,00 €; 5 Menüs von 20,00 bis 37,50 €
🍷🍷 20 Weinpos.

Egal ob Tourist, Einheimischer oder Wanderer, der "Burggasthof Hauptmann" im malerischen Kollnburg ist perfekt für eine genussvolle Einkehr, die von herzlicher Gastfreundschaft begleitet wird. Verschiedene Räumlichkeiten stehen zur Auswahl, der Speiseraum mit Kamin ist mit frischen Farben gestaltet, die Gaststube gefällt mit uriger Einrichtung und ist ein geselliger Treffpunkt. Cornelia Hauptmann, die Seele des Hauses, ist mit ihrem Serviceteam stets ansprechbar. Küchenchef Peter Hauptmann kocht mit Sorgfalt, handwerklich korrekt und sorgt für abwechslungsreiche und frische Speisen, die bodenständig, ehrlich und aromastark sind. Die Zutaten kommen aus dem Umland und das Fleisch direkt aus der hauseigenen Metzgerei – Topqualität inklusive. Das vielseitige Angebot reicht von altbayerischen Schmankerln über knackige Salate, Vegetarisches und Fischgerichte bis zu sehr empfehlenswerten Fleischspezialitäten aus dem hauseigenen Dry Aged Reifeschrank. Außerdem gibt es eine Karte mit täglich wechselnden Speisen. Auf der Sonnenterrasse kann man nachmittags auch ganz klassisch Kaffee und Kuchen genießen. Ein Saal mit Galerie und Tanzfläche bietet sich für private Feiern an.

Köln

♟♟♟ Alfredo
Bhf→600 m

✉ 50667 · Tunisstr. 3 · ☎ 02 21 2 57 73 80
Innovative Ital. Küche · **Tische:** 13/40 Plätze
info@ristorante-alfredo.com · www.ristorante-alfredo.com

Speisekarte: 7 Hauptgerichte von 38,50 bis 52,50 €
♛♛♛

Patron und Chefkoch Roberto lässt sich von kulinarischen Strömungen seiner Heimat – vom Piemont bis nach Sizilien – inspirieren und kocht mit sehr viel Leidenschaft, Können und faszinierenden Ideen in klassischer Klarheit mit aromatischem Tiefgang.

♟♟ AUGUSTIN

✉ 50668 · Dagobertstr. 32 · ☎ 02 21 95 31 33 54
Bürgerliche Küche · **Tische:** 20/70 Plätze
info@augustin-restaurant.com · www.augustin-restaurant.com

Speisekarte: 5 Hauptgerichte von 25,00 bis 35,00 €
♛♛♛   80 Weinpos.

Ende 2022 eröffnete Eric Werner mit dem AUGUSTIN im denkmalgeschützten Kolpinghaus sein zweites Restaurant in Köln. Hier werden abwechslungsreiche, traditionelle und neu interpretierte nationale und internationale Klassiker aus der „fokussierten Viktualienküche" angeboten.

 Luxuriöses Hotel mit absolut perfektem Komfort

✪✪✪✪✪ ♚ Excelsior Hotel Ernst
Bhf→180 m

✉ 50667 · OT Zentrum · Trankgasse 1-5 · ☎ 02 21 27 01 · Fax: 2 70 33 33
Zwei Restaurants, Charles Bar, Wintergartenlobby, Afternoon-Tea
🍽♨❄🚗🏊🛏♿🕗🐕📶 10 km
info@excelsior-hotel-ernst.de · www.excelsior-hotel-ernst.de

88 **DZ** von 300,00 bis 920,00 €;
19 **EZ** von 270,00 bis 890,00 €

Zeitlose Eleganz und Tradition prägen das seit 1863 familiengeführte Excelsior Hotel Ernst – ein klassisches Grandhotel – und faszinieren Gäste aus aller Welt. Die exponierte Lage im Herzen der Stadt und vis-à-vis zum Kölner Dom ermöglicht eine einfache Anreise aus allen Richtungen. Die Zimmer sind mit allem zeitgemäßen Komfort ausgestattet und vermitteln eine feinsinnige Wohnatmosphäre. Businessgästen stehen acht technisch optimal ausgestattete Tagungsräume zur Verfügung. Edle Materialien und wertvolle Antiquitäten verleihen dem Hotel seinen großen Charme und individuellen Charakter. Hotelgäste und Kölnbesucher gleichermaßen schätzen den exklusiven Afternoon-Tea: Executive Chef-Pâtissier Fabian Scheithe hat die britische Teezeremonie perfektioniert: Das Rezept sei-

ner original englischen Scones hat er aus London mitgebracht. Wie es sich für eine englische Tea Time gehört, werden dazu Clotted Cream, hausgemachte Marmeladen, Lemon Curd, herzhafte und süße Begleiter wie Sandwiches, Mini Kuchen und Törtchen serviert. Hervorhebenswert ist

Köln

natürlich auch der individuelle und sehr gastorientierte Service mit der rund um die Uhr besetzten Rezeption und dem umfangreichen Concierge-Angebot.

Bhf→180 m 🍴 **Excelsior Hotel Ernst - Hanse Stube**
✉ 50667 · OT Zentrum · Trankgasse 1-5 · ☎ 02 21 27 01 · Fax: 2 70 33 33
Franzö. Küche m. regionalen Einflüssen · **Tische:** 25/75 Plätze   VISA AE ⓓ ● E
info@excelsior-hotel-ernst.de · www.excelsior-hotel-ernst.de · f

Speisekarte: 5 Hauptgerichte von 34,00 bis 62,00 €; 1 Mittagsmenü von 59,00 bis 139,00 €; 1 Menü von 139,00 bis 149,00 €
❦❦❦🍷🍷🍷   650 Weinpos.
In der täglich geöffneten „Hanse Stube" erwarten den Gast gediegene Eleganz, eine entspannte Atmosphäre und eine weltoffene Küche. Für die sorgt Küchenchef Joschua Tepner mit seinem Team und dem Anspruch, unverfälschte und ehrliche Speisen mit fantasievoller Note zusammenzustellen. Weitgereist, hat er sich aus aller Herren Länder und auf den Weltmeeren Inspirationen geholt, die er mit handwerklicher Sorgfalt in eine Haute Cuisine mit rheinischem Twist einbringt. Der top geschulte Service unter Leitung von Klaus Sasse arbeitet comme il faut und tranchiert und filetiert noch am Tisch. Lashey Welters berät mit Ex-

pertise zu den Weinen und Getränken. Es ist immer eine Bereicherung, den Kölnbesuch mit einem genussreichen Aufenthalt in der „Hanse Stube" zu unterbrechen oder zu ergänzen.

Köln

Excelsior Hotel Ernst - taku

Bhf→180 m

✉ 50667 · OT Zentrum · Trangasse 1-5 · ☎ 02 21 270-1 · Fax: 270-33 33
Asiatische Küche · **Tische:** 13/42 Plätze
info@excelsior-hotel-ernst.de · www.excelsiorhotelernst.de

Speisekarte: 2 Menüs von 155,00 bis 188,00 €

650 Weinpos.

Ein Gourmetrestaurant, dessen Name "taku" Gasthaus bedeutet, ist gleichzeitig ein Statement, dass hier Schwellenängste unnötig sind, dass es hier vielmehr darum geht, jedem Gast einen schönen und genussreichen Abend zu bereiten. Das Interior Design ist schlicht, minimalistisch und sehr stilvoll, ein geschickt illuminierter Steg trennt den Raum in zwei Hälften. Die Atmosphäre ist privat, ungezwungen und weltoffen. Letzteres passt zur Küche von Chefkoch Mirko Gaul, der seinen Fokus auf die Hochküchen Japans, Chinas, Thailands, Vietnams, Indonesiens und Malaysias legt und sie in einen neuen, europäischen Kontext setzt, ohne ihnen das Charakteristische und Puristische zu nehmen. Dank seiner handwerklichen Präzision und Kreativität erfahren die erlesenen Zutaten in kompromisslos guter Qualität ein kreatives Spiel mit Farben, Formen, Texturen und unterschiedlichsten Garzuständen. Am Ende kommt man in den Genuss einer asiatisch inspirierten Fine Dining Küche, die den Gast auf eine hochspannende Gourmetreise mitnimmt. Daniel Malskorn berät zu den passenden Weinen und begleitet diese Reise mit seinem gut geschulten Serviceteam. Gerne hilft er auch mit Begriffserläuterungen zu den asiatischen Kreationen weiter.

Restaurant mit exzellenter Weinkarte

Ito

✉ 50672 · Antwerpener Straße 15 · ☎ 02 21 3 55 73 27 · Fax: 3 55 73 29
Japanische Küche
info@ito-restaurant.de · www.ito-restaurant.de

Speisekarte: 4 Hauptgerichte von 42,00 bis 89,00 €; 3 Mittagsmenüs von 28,00 bis 39,00 €; 1 Omakase-Menü von 109,00 bis 137,00 €

Kengo Nishimi interpretiert mit handverlesenen Zutaten traditionelle japanische Küche neu und modern, setzt den ein oder anderen europäischen Akzent und bleibt in seinem Stil immer klar und puristisch. Rolls, Sushi, Nigiri, Hosomaki und Sashimi ergänzen die klassischen Hauptspeisen.

Köln

La Cuisine Rademacher

✉ 51069 · Dellbrücker Hauptstraße 176 · ☎ 02 21 96 89 88 98
Klassische und Neue Küche
info@la-cuisine-koeln.de · www.la-cuisine-koeln.de · 🅵

Speisekarte: 1 Mittagsmenü von 60,00 bis 80,00 €; 2 Menüs von 149,00 bis 175,00 € ❀❀❀ ca. 70 Weinpos. Das Interieur des Restaurants „La Cuisine Rademacher" erinnert an eine charmante Brasserie. Zur lässigen Atmosphäre passt die authentische französische Küche von Marlon Rademacher, die er mit grenzübergreifenden Elementen bereichert.

Bhf → 500 m

La Société

✉ 50674 · Kyffhäuserstraße 53 · ☎ 02 21 23 24 64 · Fax: 21 04 51
Moderne und Klassische Küche · **Tische:** 9/32 Plätze
info@restaurant-lasociete.de · www.restaurant-lasociete.de

Speisekarte: 4 Hauptgerichte von 36,00 bis 42,00 €; 1 Menü von 140,00 bis 190,00 €
❀❀🏵🏵 400 Weinpos.
Mitten im quirligen "Kwartier Latäng", dem Kölner Studentenviertel, findet sich das einladende "La Société" mit weltoffener Atmosphäre und leichtem und modernem Speiseangebot. Für das sorgt Chefkoch Leon Hofmockel mit einer präzisen und faszinierend fantasievollen Produktküche.

Bhf → 6,5 km

Luis Dias

✉ 50996 · Wilhelmstraße 35a · ☎ 02 21 9 35 23 23
Moderne Aromaküche
info@luis-dias.com · www.luis-dias.com

Speisekarte: 6 Hauptgerichte von 39,00 bis 41,00 € ❀❀❀
Chefkoch Luis Dias steht für eine unverfälschte Küche der klaren Aromen. Er lässt sich kulinarisch in kein Schema pressen, präsentiert Saisonales, neu interpretierte Klassiker und raffinierte regionale Speisen.

Bhf → 2,5 km

NeoBiota

✉ 50672 · Ehrenstraße 43c · ☎ 02 21 27 08 89 08 · Fax: 27 24 08 31
Neue Küche, eigene Kreationen · **Tische:** 12/35 Plätze
info@restaurant-neobiota.de · www.restaurant-neobiota.de

Speisekarte: 2 Menüs von 140,00 bis 195,00 €
❀❀❀
Im "NeoBiota" wird gekocht, was gefällt und vor allem, was schmeckt. Ganz ohne selbst auferlegte Begrenzungen tüfteln Sonja Baumann und Erik Scheffler mit natürlichen, gerne saisonalen Zutaten, grenzübergreifenden Techniken, deutschen Aromen und ganz eigenen Ideen.

Bhf → 3 km

Ox & Klee

✉ 50678 · Kranhaus 1 (Mittleres Kranhaus); Im Zollhafen 18 ☎ 02 21·16 95 66 03
Innovative Küche, eigene Kreationen · **Tische:** 10/46 Plätze
reservierung@oxundklee.de · www.oxundklee.de

Speisekarte: 2 Menüs von 185,00 bis 290,00 €
❀❀❀❀
Das "Ox & Klee" – Menüs mit Fisch und Fleisch und vegetarisch – wird von Daniel Gottschlich mit kulinarischem Leben gefüllt. Er lädt zu einer Reise durch die Geschmackssinne und ersinnt Menüs mit spannenden Tellergerichten und kreativem Fingerfood.

Pottkind

✉ 50678 · Darmstädter Straße 9 · ☎ 02 21 42 31 80 30
Moderne Küche
info@restaurant-pottkind.de · www.restaurant-pottkind.de

Speisekarte: 1 Überraschungsmenü zu 135,00 € ❀❀
So lässig wie es im Restaurant zugeht, so undogmatisch ist die raffinierte Küche von Enrico Sablotny. Der Gast kann (u. a.) an der beliebten Chefstheke ein Überraschungs-Menü genießen, dass das Marktangebot und die frechen Ideen des Chefkochs spiegelt – interessante Kommunikation inklusive.

Köln

Sahila

✉ 50676 · Kämmergasse 18 · ☎ 02 21 24 72 38
Neue Weltküche
info@sahila-restaurant.de · www.sahila-restaurant.de

Speisekarte: 1 Menü von 179,00 bis 194,00 €

Ihre Neugierde und Leidenschaft, Menschen und ihre Küchen kennen zu lernen, führten Julia Komp schon um die halbe Welt. Heute lässt sie die gewonnenen Erfahrungen und Kenntnisse in ihre authentische und innovative Küche ohne Grenzen einfließen.

Köngen

Schwanen

Bhf→3 km

✉ 73257 · Schwanenstraße 1 · ☎ 0 70 24 9 72 50
Restaurant, Frühstück im Zimmerpreis inkludiert
 8 km
info@schwanen-koengen.de · www.schwanen-koengen.de

23 **DZ** ab 104,00 €;
35 **EZ** ab 75,00 €

Mit bester Anbindung nach Stuttgart und zur Messe, ist das familiengeführte Hotel ein perfektes Logis für jeden Gast. Veranstaltungs- und Tagungsräume, ein gutes Restaurant und der Cateringservice zeugen von der Vielseitigkeit des Hauses.

Schwanen
Bhf→3 km

✉ 73257 · Schwanenstraße 1 · ☎ 0 70 24 9 72 50
Regionale und Internationale Küche · **Tische:** 15/50 Plätze
info@schwanen-koengen.de · www.schwanen-koengen.de

Speisekarte: 15 Hauptgerichte von 24,50 bis 38,90 €; 1 Mittagsmenü von 25,90 bis 29,90 €; 1 Dreigangmenü zu 51,90 €

97 Weinpos. Dank Chefkoch Patrick Domon und seinem engagierten Team ist die Küche im Schwanen-Restaurant abwechslungsreich, konzentriert und durchdacht und bietet neben saisonalen Spezialitäten fein abgestimmte Menüs.

Tafelhaus

✉ 73257 · Bahnhofstraße 19 · ☎ 0 70 24 9 72 20
Regionale und Neue Küche
info@hotel-neckartal.com · www.hotel-neckartal.com

Speisekarte: 7 Hauptgerichte von 24,00 bis 48,00 €; 3 Menüs von 49,00 bis 110,00 €

Produkte aus der Region sind die Basis der sorgfältig ausgetüftelten Speisen von Patron Bernd Nödinger. Bodenständig und raffiniert zugleich, ist seine Küche fein ausbalanciert, handwerklich präzise und sehr ideenreich. Eines der angebotenen Menüs ist ein vegetarisches.

Köngernheim

Jordan's Untermühle

Bhf→6 km

✉ 55278 · Außerhalb 1 · ☎ 0 67 37 7 10 00
Restaurant, Arrangements, Herz & Rebe Spa
 2 km
info@jordans-untermuehle.de · www.jordans-untermuehle.de

34 **DZ** ab 350,00 €;
5 **EZ** ab 190,00 €

„Jordan's Untermühle" ist ein bezauberndes Hotel mitten in Rheinhessen. Einst eine Wassermühle, entdeckten Martina und Gerhard Jordan vor Jahrzehnten das historische Haus aus dem 17. Jh. als es ein kleines Hotel mit Weinstube war und hatten die Vision, daraus einen Ort erinnerungswürdiger Gastfreundschaft zu machen. Bis heute ist das große und leidenschaftliche familiäre Engagement allgegenwärtig und gibt dem Haus einen ganz besonderen Charakter. Viel Holz, Fachwerk und Licht sind feste Bestandteile im Interieur des Hotels und des "Herz & Rebe Spa" und tragen zum entspannten Aufenthalt bei. In den kom-

Köngernheim

fortablen und individuell eingerichteten Zimmern verbinden sich Behaglichkeit, schlichte Einfachheit und eleganter Schick und machen sie zu einem wunderschönen Zuhause auf Zeit. Gute Entspannungsangebote machen einen Urlaub zu einem nachhaltigen Erlebnis und so ist das auf drei Pfeilern – Wein, Wellness und Yoga – fußende Erholungs- und Wellnesskonzept perfekt durchdacht.

Bhf→6 km 🍴 **Jordan's Untermühle – Lu's Bunter Genuss** 👨‍🍳👨‍🍳👨‍🍳
✉ 55278 · Außerhalb 1 · ☎ 0 67 37 7 10 00
Neue Küche · **Tische:** 40/80 Plätze
info@jordans-untermuehle.de · www.jordans-untermuehle.de · f   VISA

Speisekarte: 1 Menü ab 55,00 € ❤❤❤
"Lu's Bunter Genuss" – der Name des Restaurants nimmt die kulinarische Ausrichtung vorweg: Frisch, bunt, abwechslungsreich. Gekocht von einer Könnerin ihres Fachs. Das Restaurant, in dem Luisa „Lu" Jordan, Tochter des Hauses, ihre Speisen präsentiert ist sehr charmant eingerichtet. Ein hübscher Landhausstil verbindet sich mit klaren Linien und modernen Elementen zu einer lässigen und herrlich weltoffenen Atmosphäre. Das Klappern der Töpfe, Brutzeln des Öls und die verführerischen Düfte in einer Küche, prägten Luisa Jordan bereits in ihrer Kindheit. Nach Lehr- und Wanderjahren an Top-Adressen kehrte sie ins elterliche Haus zurück und bringt in ihrem Restaurant mit viel Talent, Fleiß, Leidenschaft und Präzision „Die Welt auf den Teller". Nationale Grenzen und feste Schubladen gibt es nicht (höchstens regionale beim Wareneinkauf), vielmehr lässt sie sich von den wechselnden Jahreszeiten und den Küchen der Welt inspirieren, um traditionsreiche Gerichte wagemutig und neu zu interpretieren. Innerhalb des täglich wechselnden drei Gänge-Menüs stehen drei Hauptspeisen zur Auswahl und können sich Hotelgäste ebenso wie à la Carte Gäste verwöhnen lassen. An warmen Tagen wird die schöne Sonnenterrasse zum Lieblingsplatz für die spannende und eindrucksvolle Genussreise.

 Dieses Restaurant bietet Ihnen ein gutes Genuss-/Preisverhältnis.

Königsbronn

♜ ursprung – das restaurant
Bhf→8 km

✉ 89551 · OT Zang · Struthstraße 17 · ☎ 0 73 28 96 27-0 · Fax: 96 27 10
Kreative Gourmetküche · Tische: 5/18 Plätze
info@widmanns-albleben.de · www.widmanns-albleben.de · f

Speisekarte: 1 Menü von 145,00 bis 170,00 € ❦❦❦

Anna-Maria und Andreas Widmann führen den elterlichen Betrieb mit echter Leidenschaft und großer Gastfreundschaft weiter und haben mit dem „ursprung" ein formidables fine dining Restaurant etabliert, in dem nicht nur der Ort – hier war früher die erste Gaststube –, sondern auch die Arbeit ursprünglich ist. Im Restaurant, das mit großer Stilsicherheit in dezent eleganter Schlichtheit gestaltet ist, setzt Andreas Widmann am Herd seine kulinarische Philosophie um: mit handverlesenen Zutaten eine feinsinnige und ehrliche Küche zu präsentieren, die der Region und ihren Jahreszeiten verbunden ist, in der die Produkte der Heimat in einen neuen und modernen „Alb.style"-Kontext gesetzt werden. Dieses Konzept "Fein & Wein auf schwäbisch" geht nicht zuletzt deshalb auf, weil er mit großer Präzision, Fleiß, Neugierde und raffinierten Ideen arbeitet. Bevorzugt heimische Top-Zutaten werden von ihm unter „nose to tail" und „leaf to root" Aspekten sorgfältig verarbeitet, traditionell konserviert, fermentiert, auf offenem Feuer zubereitet und verbinden sich in innovativen Kombinationen zu ganz neuen Geschmackserlebnissen. Anna-Maria Widmann begrüßt die Gäste mit natürlicher Herzlichkeit, leitet den zugewandten Service und sorgt als diplomierte und feinfühlige Sommelière für die passende Weinbegleitung.

♜ Widmann's Löwen
Bhf→8 km

✉ 89551 · OT Zang · Struthstraße 17 · ☎ 0 73 28 96 27-0 · Fax: 96 27 10
Restaurants, behaglicher Biergarten, geführte Wanderungen
info@loewen-zang.de · www.loewen-zang.de · f

20 **DZ** ab 130,00 €;
2 **EZ** ab 64,00 €;
2 **Chalets, 2 Pers.** ab 390,00 €;
3 **Albstyle-Wagen, 2 Pers.** ab 148,00 €

Am Ostrand der Schwäbischen Alb gelegen, ist das "Widmann's Löwen" ein familiär geführtes, gastronomisches Refugium. Die liebevoll eingerichteten Zimmer gibt es in verschiedenen Kategorien: vom klassischen Hotelzimmer (Komfort und Exquisit), über die behaglichen Landhauszimmer bis hin zu den besonders großzügig geschnittenen ALB.style-Wohnräumen, in denen die Naturmaterialien edel in Szene gesetzt werden (das frische, reichhaltige Frühstück ist im Preis inklusive). Allen Räumen gemein ist die zeitgemäße Ausstattung. Umgeben von üppiger Natur gibt es hier zwei historische Chalets, in denen traditionelle Handwerkskunst auf moderne Ausstattungselemente trifft. Für Konferenzen stehen zwei Räume mit der nötigen Tagungstechnik bereit. Die Lage des Hotels ist die perfekte Ausgangsbasis, um die landschaftlich reizvolle Umgebung zu erkunden. Nordic Walking Strecken, Wander- und Joggingwege, im Winter gespurte Langlaufloipen, gut beschilderte Radtouren sowie geführte Wande-

Königsbronn

rungen mit Alb-Guide stehen ebenso zur Auswahl wie vielseitige Ausflufsziele (u. a. Felsenmeer Wental, historische Altstädte Nördlingen, Rothenburg und Dinkelsbühl, Kloster Neresheim). Gerne gibt das engagierte Mitarbeiterteam hilfreiche Tipps. Abgerundet wird das Angebot von einer vielseitigen Gastronomie.

Königsfeld im Schwarzwald

Restaurant Café Rapp

Bhf →7 km
✉ 78126 · OT Buchenberg · Dörfle 22 · ☎ 0 77 25 91 51-0
Deutsche und moderne Regionale Küche · **Tische:** 15/50 Plätze
info@cafe-rapp.de · www.cafe-rapp.de

Speisekarte: 8 Hauptgerichte von 25,00 bis 45,00 €; 3 Menüs von 38,00 bis 75,00 € 93 Weinpos.

Nicht weit von Villingen-Schwenningen entfernt, findet sich im Naturpark Südschwarzwald in einem Königsfelder Ortsteil das traditionsreiche Café Restaurant Rapp. In einem schönen Fachwerkhaus mit großen Sprossenfenstern beheimatet, ist das Interieur mit viel Geschmack einladend und behaglich gestaltet, fügen sich die Holzkassettendecke, ein schöner Orientteppich, klassische und moderne Stilelemente zu einem sehr entspannten Ambiente. Chefkoch Alexander Rapp kocht mit Leidenschaft und legt größten Wert auf erstklassige Zutaten. Er hat sich ein Netzwerk verlässlicher Händler und Erzeuger aufgebaut, zu denen er engen Kontakt hält. Beim Einkauf orientiert er sich immer auch am jahreszeitlichen Angebot und lässt saisonale Speisen in sein Angebot gehobener regionaler Spezialitäten einfließen. Geschmacksverstärker sind in seiner Küche tabu, entsprechend viel wird selber gemacht. Hier gehören kraftvoll angesetzte Saucen zu den unerlässlichen Elementen der frischen Heimatküche. Klassiker wie Rinderroulade und Tafelspitz ergänzt er mit erstklassigen Fischzubereitungen. Man schmeckt einfach, mit wie viel handwerklicher Präzision und Freude er kocht. Ein zuvorkommender Service unter liebenswürdiger Leitung von Alexander Pfaff begleitet den Besuch. Zum Haus gehören auch noch sechs charmant eingerichtete Zimmer (125,-/145,- € inkl. Frühstück).

Konstanz

Papageno zur Schweizer Grenze

✉ 78462 · Gottlieber Straße 64 · ☎ 07531 368660
Klassische u. Europäische Küche · Tische: 9/30 Plätze
info@restaurant-papageno.net · www.restaurant-papageno.net

VISA

Speisekarte: 4 Hauptgerichte von 42,00 bis 52,00 €; 2 Menüs von 115,00 bis 150,00 € 310 Weinpos. Klein, aber fein, ist das „Papageno zur Schweizer Grenze". Der Namenszusatz verweist zum einen darauf, dass man das Restaurant nicht mehr in der alten Innenstadtlage findet und zum anderen, dass es tatsächlich an der Ländergrenze liegt, nämlich am Grenzübergang Tägerwilen. Die alte Holzvertäfelung in den Stuben hat genau die richtige Patina, um historischen Charme zu vermitteln, elegant eingedeckte Tische gehören zum traditionsreichen Interieur. Im Gegensatz dazu ist die Küche von Chef de Cuisine Patrick Stier ganz im Hier und Jetzt angesiedelt. Er kocht klassisch mit mediterranen Elementen und versteht es, bekannte Rezepturen raffiniert, aromastark und sehr ideenreich neu zu interpretieren. Eines der angebotenen Menüs ist vegetarisch. Mittwochs und donnerstags gibt es ein viergängiges Überraschungsmenü für sehr faire 82,- €. Der zugewandte Service wird liebenswürdig von Pascal Roth geleitet. Ein echtes Outdoor-Kleinod ist die komplett mit wildem Wein bewachsene, romantische Terrasse.

Riva

Bhf→2,5 km

✉ 78464 · Seestraße 25 · ☎ 0 75 31 36 30 90 · Fax: 3 63 09 99
Dachterrasse, Pooldeck, Hotelbar und Lounge "Riva" mit offenem Kamin
welcome@hotel-riva.de · www.hotel-riva.de

VISA AE

40 **DZ** ab 212,50 €;
EZ ab 161,50 €;
5 **Suiten** ab 328,00 €
Direkt am Ufer des Bodensees ist das Boutiquehotel RIVA ein Domizil für den gehobenen Geschmack. Hinreißend der Swimmingpool auf der Dachterrasse mit imposantem Bodenseepanorama.

Riva – Ophelia

Bhf→2,5 km

✉ 78464 · Seestr. 25 · ☎ 0 75 31 36 30 90 · Fax: 3 63 09 99
Klass. u. Neue Küche, eig. Kreat. · Tische: 12/30 Plätze
welcome@hotel-riva.de · www.hotel-riva.de

VISA AE

Speisekarte: 1 Menü von 250,00 bis 275,00 € 354 Weinpos. Das Motto von Dirk Hoberg – „Das Bessere schlägt immer das Gute" – klingt in

Konstanz

der Theorie einfach, ist aber in der Praxis eine Kunst. Diese Herausforderung nimmt der Chefkoch gerne an, wenn er erstklassige Zutaten zu einer genussreichen, expressiven Gourmetküche verarbeitet.

Bhf →500 m   ♜ **Steigenberger Inselhotel** ✪✪✪✪

✉ 78462 · Auf der Insel 1 · ☎ 0 75 31 12 50 · Fax: 2 64 02
„Seerestaurant" mit Internat. Küche, „Dominikanerstube" mit Region. Küche
🍴♨️✿👤ⓅⅢ♿↔🛌   VISA AE ● ●
konstanz@steigenberger.de · www.konstanz.steigenberger.de

72 **DZ** ab 146,00 €;
als **EZ** ab 124,00 €;
EZ ab 108,00 €;
2 (**Junior-**)**Suiten** ab 221,00 €
Die Zimmer (Preise inkl. Frühstück) des einstigen Dominikanerklosters sind erlesen eingerichtet; funktional ausgestattete Tagungsräume erlauben effektives Arbeiten.

Kraiburg (am Inn)

Bhf →4,5 km   ♜ **Hardthaus** 👨‍🍳👨‍🍳

✉ 84559 · Marktplatz 31 · ☎ 0 86 38 7 30 67 · Fax: 7 30 68
Neue u. Int. Küche, eig. Kreat. · **Tische:** 12/42 Plätze   VISA AE ● ●
mail@hardthaus.de · www.hardthaus.de

Speisekarte: 5 Hauptgerichte von 23,00 bis 42,00 €; 2 Menüs von 59,00 bis 95,00 € 🍷🍷🍷🥃🥃   120 Weinpos.
Patron und Chefkoch Marc Vermetten kocht im ungemein charmant eingerichteten Restaurant, das einst ein Kolonialwarenladen war, mit handwerklichem Geschick, Präzision und guten Ideen facettenreiche Speisen von großer Aromenvielfalt.

Krakow am See

Bhf →20 km   **Ich weiß ein Haus am See** 👨‍🍳👨‍🍳👨‍🍳

✉ 18292 · Paradiesweg 3 · ☎ 03 84 57 2 32 73 · Fax: 2 32 74
Klass. u. Reg. Küche, eig. Kreat. · **Tische:** 12/40 Plätze   ●
einhausamsee@t-online.de · www.hausamsee.de

Speisekarte: 1 Menü zu 135,00 €
🍷🍷🍷🥃🥃
Im liebevoll eingerichteten Restaurant kocht Chefkoch Raik Zeigner mit kulinarischem Schwung und interpretiert bevorzugt regionale Speisen mit fantasievollen Ideen und handwerklichem Geschick immer wieder neu.

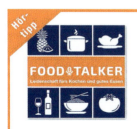

Gespräche übers Kochen und gutes Essen mit Menschen die etwas davon verstehen.

Zum Mithören bei spotify, itunes und überall dort, wo es gute Podcasts gibt.

www.foodtalker.de

Kreischa

Rosenschänke

✉ 01731 · Baumschulenstraße 17 · ☎ 03 52 06 2 18 70
Regionale und Saisonale Küche · **Tische: 7/25 Plätze**
info@landhotel-rosenschaenke.de · www.landhotel-rosenschaenke.de · f

Speisekarte: 5 Hauptgerichte von 18,00 bis 35,00 €; 1 Menü von 54,00 bis 62,00 €
121 Weinpos.

Der Name „Rosenschänke" in Kreischa nimmt Bezug auf den hübschen kleinen Ort in der Sächsischen Schweiz nahe Dresden, der für seine Rosen-Anzucht bekannt ist. Das Landhotel ist seit 1990 in Familienbesitz und wird engagiert von Evelyn Walther und Tochter Stephanie Connerth-Walther Naturfarben, liebevoll platzierte Dekoration, bequeme, schön geschwungene Stühle und charmant gedeckte Tische verbinden sich zu einer lässigen Atmosphäre mit hohem Wohlfühlfaktor. Zu dem tragen auch die grundehrlichen, facettenreichen Speisen bei, die in der Region verwurzelt sind, aber dank Evelyn Walthers Fantasie immer eine kreative und zeitgemäße Note bekommen. Handwerklich präzise, mit viel Neugier und dem Wunsch, Traditionen innovativ zu bewahren, ist ihre frische Landküche ein verführerischer Grund, hier einzukehren. Im Sommer ist der romantische Rosengarten ein echter,

kleiner Sehnsuchtsort. Stephanie Connerth-Walther leitet herzlich den Service, während Ehemann Christian Connerth zu den Weinen berät. Für private und geschäftliche Veranstaltungen stehen stilvolle Räumlichkeiten bereit. Auf Anfrage kann bei bestimmten Anlässen auch an den Ruhetagen geöffnet werden. In den hübschen Landhauszimmern (EZ/DZ 90,-/115,- €) findet man ein ruhiges Zuhause auf Zeit. (Fotos: Andy Paulik)

Sie finden diese Hotels und Restaurants auch bei facebook oder instagram.

Kreuzwertheim

♜ La Boucherie

Bhf→2 km
✉ 97892 · Hauptstraße 18a · ☎ 0 93 42 66 00
Klassische u. Crossover Küche · **Tische:** 6/20 Plätze
info@landgasthofzumkaffelstein.de · www.landgasthofzumkaffelstein.de

Speisekarte: 1 Menü von 120,00 bis 130,00 € 🍴🍴🍴🍴 243 Weinpos. Gemeinsame, erfolgreiche Jahre im Würzburger Restaurant „Kuno 1408" haben Daniel Schröder und Elias Plömpel inspiriert, den Schritt in die Selbstständigkeit zu wagen und ihr eigenes kulinarisches Reich aufzubauen. Das ist ihnen mit dem Gourmetrestaurant „La Boucherie" in besonders feiner Ausführung gelungen. Dunkle Töne dominieren das in einem schicken Mid-Century Stil eingerichtete Restaurant, in dem eine raffiniert illuminierte Wand in türkis-grauem Art déco Muster einen reizvollen Kontrast setzt. Das Ambiente ist edel, die Atmosphäre einladend und charmant. Daniel Schröder ist der verantwortliche Mann am Herd. Er arbeitet konzentriert, kocht ideenreich und lässt sich von klassisch französischer Küche inspirieren, um eigene Speisen zu ertüfteln, die in keine

feste Schublade passen und gerne Anleihen in den verschiedensten Weltküchen nehmen. Elias Plömpel leitet mit viel Übersicht sehr zugewandt den Service, stimmt beste Weine auf die Menüfolgen ab und kuratiert eine exzellent bestückte Weinkarte.

Bhf→2 km ### ♜ Landgasthof zum Kaffelstein ⭐⭐⭐

✉ 97892 · Hauptstraße 18a · ☎ 0 93 42 66 00
Gasthaus u. Gourmetrestaurant, Biergarten, Bar, Kaminzimmer, Arrangements

info@landgasthofzumkaffelstein.de · www.landgasthofzumkaffelstein.de

10 **DZ** ab 129,00 €;
6 **EZ** ab 95,00 €;
1 **Appartement** ab 140,00 €
Schön, dass der behagliche „Landgasthof zum Kaffelstein" von Familie Franz seit Januar 2024 von der zweiten Generation (Schwiegersohn Daniel Schröder und Ehefrau Rebecca) sowie Elias Plömpel geführt wird. Im malerischen Weinort Kreuzwertheim zwischen Weinbergen und der reizvollen Mainlandschaft gelegen, kann man hier entspannte, genussreiche Urlaubstage verbringen. Die Zimmer sind modern und mit Geschmack eingerichtet und verfügen über sehr moderne Bäder. Das reichhaltige Frühstücksbuffet ist bereits im Zimmerpreis inkludiert (der Aufpreis für die Halbpension beträgt 29,- €/Ps.). Wer seinen Vierbeiner mitbringen möchte: Für Hunde gibt es separate Hundezimmer. Zweiradfahrer, auch motorisierte, wissen die Fahrrad-

Kreuzwertheim

und Motorradgarage zu schätzen. Hervorhebenswert im „Landgasthof zum Kaffelstein" sind die familiäre Atmosphäre, der liebenswürdige Service und das kulinarische Angebot. Zusätzlich zum gemütlichen Gasthaus mit vielfältiger, regionaler Küche gibt es noch ein feines Gourmetrestaurant.

Kronberg (im Taunus)

♜ Schlosshotel Kronberg
Bhf→1,5 km

✉ 61476 · Hainstraße 25 · ☎ 0 61 73 7 01 01 · Fax: 70 12 67
Schlossrestaurant m. gehobener Küche, Viktoria-Lounge, English Afternoon Tea
info@schlosshotel-kronberg.de · www.schlosshotel-kronberg.de

30 DZ ab 242,00 €;
als EZ ab 228,00 €;
9 (Jui.-)Suiten ab 432,00 €
Um 1889 von Kaiserin Victoria erbaut, blieb die einmalige Atmosphäre dieses Schlosses inmitten eines malerischen Parks bis heute erhalten. Die großen Zimmer sind erlesen eingerichtet, auch das luxuriös gestaltete Restaurant ist einen Besuch wert.

Kuchelmiß

♜ Martinus
Bhf→8 km

✉ 18292 · Dobbiner Weg 24 · ☎ 03 84 56 6 69 22 55 · Fax: 6 69 22 00
Neue Küche, eigene Kreationen, Cross Over · Tische: 18/60 Plätze
serrahn@vandervalk.de · www.serrahn.vandervalk.de/restaurant

Speisekarte: 8 Hauptgerichte von 15,00 bis 29,00 €; 5 Tagesgerichte von 14,50 bis 27,00 €
Das Restaurant „Martinus" bietet eine deutsche Crossover-Küche mit internationalen Akzenten sowie neu interpretierte klassische Gerichte. Das kulinarische Angebot richtet sich dabei nach saisonalen Produkten von regionalen Lieferanten und Erzeugern.

Kühlungsborn

♜ Ringhotel Strandblick
Bhf→800 m

✉ 18225 · Ostseeallee 6 · ☎ 03 82 93 6 33 · Fax: 6 35 00 · Zi.-Preise inkl. Frühstück, Hotelbar, Gartenterrasse, Leihfahrräder, Vermittlung von Ausflugsfahrten
kuehlungsborn@ringhotels.de · www.ringhotel-strandblick.de

46 DZ ab 160,00 €;
1 EZ von 135,00 bis 160,00 €;
5 Suiten ab 190,00 €
Das Ringhotel Strandblick ist ein wunderschönes, denkmalgeschütztes Haus mit einer beeindruckenden Jugendstilfassade. Liebevoll renoviert, wurde großer Wert darauf gelegt, dass der Charme des fin de siècle erhalten blieb. Wer also ein Hotel mit Charakter liebt und zeitgemäße Annehmlichkeiten nicht missen möchte, ist hier genau richtig. Der Gast logiert in Zimmern (tw. mit Balkon, die Preise verstehen sich inklusive Frühstücksbuffet) mit maßangefertigten Schränken und viel Komfort. Für Tagungen gibt es einen technisch gut ausgestatteten Raum; kostenfreies Internet gibt es im gesamten Haus. In der Freizeit warten Wanderwege in unmittelbarer Nähe vom

Hotel sowie die sonnige Gartenterrasse. Mit Leihfahrrädern und Pedelecs lässt sich entspannt die reizvolle Umgebung erkunden oder man schnürt sein "persönliches Freizeit-Paket". Nachhaltige Erholung findet man im wunderschön gestalteten, zweigeschossigen Wellness- und SPA-Bereich mit einer Vielzahl von Anwendungen (s. a. Wellness-Special). Im empfehlenswerten Restaurant "Strand-

Kühlungsborn

auster" wird man mit einer regionalen Frischeküche verwöhnt. Im "Strandblick" stellt sich im Handumdrehen eine herrliche Urlaubs-Leichtigkeit ein.

Ringhotel Strandblick - Strandauster

Bhf→800 m

✉ 18225 · Ostseeallee 6 · ☎ 03 82 93 6 33 · Fax: 6 35 00
Regionale Frischeküche · **Tische:** 30/90 Plätze
kuehlungsborn@ringhotels.de · www.ringhotel-strandblick.de ·

Speisekarte: 14 Hauptgerichte von 18,00 bis 33,00 €; 2 Menüs ab 49,00 €
🍷🍷   50 Weinpos.

Dank bodentiefer Fenster, die sich zur Terrasse mit Blick ins Grüne hin öffnen, ist das Restaurant "Strandauster" hell und lichtdurchflutet und vermittelt eine herrlich entspannte, luftig-transparente Atmosphäre. Eingerichtet in dezenter Eleganz, geben verschiedenste Jugendstilelemente und schöne Art déco Bilder dem Interieur ein nostalgisches Flair. Chefkoch Enrico Scherz arbeitet ambitioniert und mit handwerklicher Präzision. Er kocht nach dem Motto: "Frisch, regional und saisonal". Da die kompromisslos gute Qualität der Zutaten für ihn das A und O in seiner Küche ist, sind ihm verlässliche, nachhaltig arbeitende Händler und Erzeuger wichtig und er bevorzugt Produkte aus dem Umland. Mit leichter Hand, peppigen Ideen und gekonnt kombiniert er sie geschickt und lässt sie in aromenstarke, ehrliche und unverfälschte Zubereitungen münden. Fischgerichte, jahreszeitlich geprägte Spezialitäten, Vegetarisches und Köstlichkeiten aus dem Räucherofen bereichern das gute Angebot zusätzlich. Ein freundlicher und zugewandter ist für den Gast da.

Kusel

Daniels am Markt

✉ 66869 · Marktplatz 8 · ☎ 0 63 81 4 25 29 98
Neue Küche · **Tische:** 6/18 Plätze
info@daniels-am-markt.de · www.daniels-am-markt.de

Speisekarte: 1 Menü von 79,00 bis 133,00 € 🍷🍷🍷   98 Weinpos.

Mit viel Leidenschaft führen Ulrike und Daniel Bößhar ihr Restaurant. Letzterer steht am Herd, kocht mit Können, Einsatz, Ideenreichtum und stellt mit handverlesenen Zutaten ein modernes Menü zusammen – ehrlich, unverfälscht und aromenstark. Ulrike Bößhar leitet liebenswürdig den Service.

Lahr (Schwarzwald)

Adler

Bhf→8,5 km

✉ 77933 · Reichenb. Hauptstr. 18 · ☎ 0 78 21 90 63 90 · Fax: 9 06 39 33
Frühstück im Zi.-Preis inklusive, Restaurant, Garten
adler@adler-lahr.de · www.adler-lahr.de

15 **DZ** ab 150,00 €;
5 **EZ**

Warme Hölzer, moderne Farben und eine hochwertige Ausstattung laden den

Lahr (Schwarzwald)

Gast zum Wohlfühlen ein. Golfbegeisterte Gäste erwarten drei 18-Loch-Golfplätze im Umkreis von 20 km.

Adler
Bhf→8,5 km

✉ 77933 · Reichenb. Hauptstr. 18 · ☎ 0 78 21 90 63 90 · Fax: 9 06 39 33
Reg., eig. Kreationen · **Tische:** 9/30 Plätze
adler@adler-lahr.de · www.adler-lahr.de

VISA AE ◐ ◑ EC

Speisekarte: 4 Hauptgerichte zu 56,00 €;
1 Menü von 99,00 bis 220,00 €

❦❦❦ ❧❧

Der Küchenstil von Chefkoch Daniel Fehrenbacher lässt sich als weltoffen und mit französischen Wurzeln beschreiben. Die hochwertigen Zuaten setzt er in einen sehr kreativen und innovativen Kontext. Do./Fr./Sa.-Abd. kann man mit max. 3 Personen direkt in der Küche am Chef's Table 15 Kostproben inkl. Getränkebegleitung für 249.- € p. Ps. genießen.

Landshut

Bellini
Bhf→2 km

✉ 84034 · Papiererstraße 12 · ☎ 08 71 63 03 03 · Fax: 9 66 28 37
Neue und Italienische Küche · **Tische:** 20/75 Plätze
info@bellini-landshut.de · www.bellini-landshut.de

VISA EC

Speisekarte: 15 Hauptgerichte von 23,50 bis 35,90 €; 2 Mittagsmenüs von 19,90 bis 24,90 €; 1 Menü zu 79,90 €

❦❦❦ ❧❧   270 Weinpos.

Das Restaurant „Bellini" ist aus Landshut nicht mehr wegzudenken, ist es doch seit Jahrzehnten „der Italiener", wo man ehrliche und unverfälschte südländische Spezialitäten in sorgfältigen Zubereitungen genießen kann. Das Interieur mit warmen Farben, liebevoll eingedeckten Tischen und schönen Bildern vermittelt eine lässig-entspannte, gesellige Atmosphäre. Der namensgebende, große Komponist Bellini war für den akustischen Genuss verantwortlich, Patron Maurizio Ritacco sorgt für den kulinarischen. Seine sorgfältig zusammengestellten, handwerklich präzise zubereiteten italienischen Speisen basieren auf erstklassigen, handverlesenen Zutaten (Trüffel aus Umbrien und Alba gehören zu den Spezialitäten), sie sind klar, kreativ und spiegeln auch das saisonale Marktangebot wider. Ehrlichkeit und Genuss stehen ganz obenan. Ein kleines Pizza-Angebot in Top-Qualität sowie frische Pastagerichte und exklusive Gourmetempfehlungen ergänzen die Auswahl. Ehefrau Petra Ritacco ist die gute Seele des Hauses und umsorgt die Gäste herzlich und zugewandt. An warmen Tagen lädt die üppig begrünte, malerische Terrasse zur Auszeit vom Alltag ein.

 Die Küchenleistung dieses Restaurants ist hervorhebenswert in seiner Kategorie.

Landshut

Bhf→3 km

🏰 Stegfellner

✉ 84028 · Altstadt 71 · ☎ 08 71 2 8015
Internationale Küche, eig. Kreationen · **Tische:** 20/60 Plätze
info@stegfellner-landshut.de · www.stegfellner-landshut.de · f

Speisekarte: 10 Hauptgerichte von 13,00 bis 25,00 €; 1 Menü von 35,00 bis 45,00 € 🍷🍷 50 Weinpos.

Das "Stegfellner" ist ein Feinkosthaus im Herzen Landshuts, das seit 1877 in Familienbesitz ist und in fünfter Generation engagiert geführt wird. Zuerst war die erstklassige Metzgerei da, gefolgt von einem Imbiss, in dem man von 9-15 Uhr täglich wechselnde, frisch zubereitete Speisen erwerben kann – übrigens auch Vegetarisches – sowie einem sehr guten Catering. Kulinarisches Highlight ist das in schlichter Eleganz gestaltete Restaurant, in dem Eva-Maria Stegfellner seit über 11 Jahren für bayerisch-österreichische Spezialitäten sorgt, die dank peppiger Ideen eine moderne Interpretation erfahren. Das Fleisch – natürlich aus der hauseigenen Metzgerei – ist aus regionalen Betrieben, die für respektvollen Umgang mit den Tieren stehen. Das Wild wird von bekannten Jägern geliefert, Wagyu-Rinder kommen von einem nahe gelegenen Züchter und Fisch gibt es in großer Auswahl in bayerischen Gewässern. Frühstück, Mittagstisch sowie Kaffee und Kuchen begleiten den Tag. Im Sommer sitzt man gerne vor dem historischen Landshuter Altstadthaus und schaut dem geschäftigen Treiben zu.

Langenau

Bhf→800 m

Hotel Gasthof zum Bad

✉ 89129 · Burghof 11 · ☎ 07 34 5 96 00 0 · Fax: 96 00 50
Neue und Klassische Küche · **Tische:** 15/60 Plätze
info@gasthof-zum-bad.de · www.gasthof-zum-bad.de

Speisekarte: 6 Tagesgerichte von 32,00 bis 44,00 €; 2 Mittagsmenüs von 48,00 bis 69,00 €; 3 Menüs von 77,00 bis 173,00 € 🍷🍷 97 Weinpos.

Das Restaurant ist in zeitloser Eleganz eingerichtet und die passende Bühne für den gekonnten Küchenauftritt von Küchenchef Hans Häge jun. Er arbeitet mit handverlesenen, gerne saisonalen Zutaten und stellt sie mit leichter Hand zu modernen und weltoffenen Speisen zusammen.

Langenzenn

Bhf→3 km

🏰 Keidenzeller Hof

✉ 90579 · Fürther Straße 11 · ☎ 0 91 01 90 12 26 · Fax: 90 12 27
Neue und Int. Küche, eig. Kreat. · **Tische:** 8/25 Plätze
info@keidenzeller-hof.de · www.keidenzeller-hof.de

Speisekarte: 1 Mittagsmenü zu 95,00 €; 1 Menü zu 130,00 € 🍷🍷🍷

Bei aller Fantasie und Vielseitigkeit verliert sich Chefkoch Martin Grimmer in seiner Küche nie in Nichtigkeiten. Seine Speisen basieren auf marktfrischen nachhaltig erzeugten Produkten und werden mit offenem Blick für alle Stilrichtungen mit Können, Präzision und Aromentiefe zusammengestellt.

Lauingen

♜ Genusswerkstatt Lodner

Bhf→1,5 km

✉ 89415 · Imhofstraße 6 · ☎ 0 90 72 95 89-0
Neue und Regionale Küche · **Tische:** 10/30 Plätze
info@hotel-lodner.de · www.hotel-lodner.de

Speisekarte: 8 Hauptgerichte von 20,00 bis 39,00 €; 1 Menü von 79,00 bis 119,00 € ♦♦♦♦

Küchenchef Tobias Eisele setzt in seiner Küche die Philosophie des Hauses „Genuss mit regionaler Identität" perfekt um. Er bevorzugt heimische Produkte, besinnt sich auf alte Gemüsesorten, arbeitet nachhaltig, stellt vieles selber her, kocht modern und aromenstark und lässt regionale Elemente in die Speisen mit einfließen.

Leipzig

♜ Max Enk

Bhf→700 m

✉ 04109 · Neumarkt 9 · ☎ 03 41 99 99 76 38
Internationale u. Regionale Küche · **Tische:** 20/64 Plätze
reservierung@max-enk.de · www.max-enk.de · ƒ

Speisekarte: 6 Hauptgerichte von 26,00 bis 66,00 €; 1 Mittagsmenü von 27,00 bis 30,00 €; 2 Menüs von 66,00 bis 90,00 € ♦♦♦♦🍷 120 Weinpos.

Ende des 15. Jh. war in dem Gebäude, dass das Restaurant MAX ENK beheimatet, ein Gewandhaus, 1901 wurde hier das Städtische Kaufhaus etabliert. Zeugen dieser Vergangenheit sind zwei imposante, historische Lichthöfe in schlichter, klarer Gestaltung. In einem sitzt man an edel eingedeckten Tischen in weltoffener, lebendiger Atmosphäre und bekommt eine Ahnung, weshalb Leipzig seit Jahrhunderten eine weltbekannte Messestadt war. Torsten Hempel ist für die Küche verantwortlich und lebt mit dem gesamten Team sein Motto "Qualität ist kein Luxus, sondern die Basis". Deshalb beginnt die Arbeit mit dem Einkauf bevorzugt regionaler Topzutaten bei bekannten Händlern und Erzeugern. Seine Passion für eine vielseitige Heimatküche, die slow food Aspekten unterliegt, mündet in unverfälschte und aromenstarke Speisen. In Vergessenheit geratene Klassiker belebt er gerne zeitgeistig neu und ergänzt sie mit kraftvollen Schmorgerichten. Ein zuvorkommender Service begleitet den Restaurantbesuch. Ob Präsentationen oder exklusive private Veranstaltungen – der Lichthof kann prächtig illuminiert werden und ist ein ausgefallener Rahmen für jedes Event. Die vorgelagerte Bar eignet sich als perfekter Treffpunkt vor oder nach dem Dinner.

 Sehr gute Serviceleistung

Leipzig

Bhf→2 km ♜ **La Mirabelle**

✉ 04105 · Gohliser Straße 11 · ☎ 03 41 5 90 29 81 · Fax: 5 90 29 81
Französische Küche · **Tische:** 18/45 Plätze
info@la-mirabelle.de · www.la-mirabelle.de

Speisekarte: 10 Hauptgerichte von 14,00 bis 23,00 €; 15 Tagesgerichte von 8,00 bis 13,00 €
❦❦❦ 80 Weinpos.

Seit über einem Vierteljahrhundert erlebt man unweit der Leipziger City in Südgohlis französisches savoir vivre mit Herz. Denn seit 1997 führt Patron und Chefkoch Joachim Scharf hier sein hübsches Restaurant in einem imposantes Gründerzeithaus. Dunkles Bistromobiliar, schwarzweiß gewürfelter Fliesenboden, warmes Licht, Wände in abgetöntem Gelb, eine Bar und Bilder über Bilder fügen sich zu einem wunderbar stimmigen Ambiente mit einer lässigen, weltoffenen Atmosphäre. Dank der kulinarischen Ideen von Joachim Scharf finden hier sächsische und französische Küche zueinander, wobei der Fokus auf frankophilen Spezialitäten wie Zwiebelsuppe, Weinbergschnecken, Coq au Vin, Boeuf Bourguignon, Foie gras oder gebratener Entenbrust liegt. Die Speisen sind handwerklich präzise, unverfälscht und aromenprononciert. Marktfrische, saisonale Angebote werden tagesaktuell auf Schiefertafeln annonciert. Wein gibt es in guter Auswahl, französische Gewächse sind natürlich in der Überzahl, hier gibt Joachim Scharf gute Tipps. An warmen Tagen wird der Freisitz geöffnet – hier lässt sich auch nur ein Gläschen Wein genießen, der mit einem frisch gebackenen Flammkuchen natürlich extra gut schmeckt. Der Service im „La Mirabelle" ist stets ausgesprochen gut aufgelegt und kompetent.

 Dieses Restaurant bietet Ihnen ein gutes Genuss-/Preisverhältnis.

Bhf→2,5 km **Frieda**

✉ 04155 · Menckestraße 48-50 · ☎ 03 41 56 10 86 48
Moderne Küche · **Tische:** 10/30 Plätze
post@frieda-restaurant.de · www.frieda-restaurant.de

Speisekarte: 1 Menü von 119,00 bis 135,00 € ❦❦❦

Mit Herzblut führen Lisa Angermann und Andreas Reinke ihr Restaurant. Letzterer steht am Herd und präsentiert innovative Speisen, die auf handwerklicher Präzision basieren und Tradition mit Zeitgeist verbinden.

Leipzig

Stadtpfeiffer

Bhf→500 m

✉ 04109 · Augustusplatz 8 · ☎ 03 41 2 17 89 20 · Fax: 1 49 44 70
Neue u. Klassische Küche · **Tische:** 13/28 Plätze
info@stadtpfeiffer.de · www.stadtpfeiffer.de

Speisekarte: 2 Menüs von 135,00 bis 180,00 € ❤❤❤❤🐌🐌   300 Weinpos.

Drei im Jahre 1479 von der Stadt Leipzig engagierte Musiker sind die Namensgeber des Restaurants, das im weltberühmten Gewandhaus am schönen Augustusplatz in Sichtweite der Universität beheimatet ist, und als „Stadtpfeiffer" auch für weit gereiste Feinschmecker ein lohnenswertes Ziel ist. Die schlicht-elegante Gestaltung des Interieurs ist eine Demonstration guten Geschmacks, die Atmosphäre weltoffen und einladend. Was vor allem an der natürlichen Zugewandtheit von Petra Schlegel liegt, die als herzliche und sehr liebenswürdige Gastgeberin mit ihrem Serviceteam für eine ganz entspannte Stimmung und erstklassige Bewirtung sorgt. Ihr Ehemann Detlef ist für die ambitionierte Küche verantwortlich. Er kocht mit echter Leidenschaft und Hingabe, hat ein sensibles Gespür für ausbalancierte Kombinationen, feinsinnige Würzungen und verführerische Aromen. Gemeinsam mit seinem Team präsentiert er klassische Speisen in innovativen Neuinterpretationen. Aus den zwei angebotenen Menüs darf man auch à la carte wählen, eine Freiheit, die nicht mehr überall selbstverständlich ist. Petra und Detlef Schlegel lieben und leben ihre Arbeit und arbeiten so gastorientiert, dass es einfach eine Freude ist, sich von ihnen umsorgen zu lassen. Neben der Kochschule, Raum für Feierlichkeiten und der Möglichkeit, die Gourmetküche ins eigene Haus zu holen, werden auch Packages angeboten, in denen Konzerte im Gewandhaus oder der Thomaskirche mit einem durchdachten Menü kombiniert werden.

❤❤❤ Hervorragende Serviceleistung

C'est la vie

Bhf→500 m

✉ 04109 · Zentralstr. 7 · ☎ 03 41 97 50 12 10
Klass. frz. Küche · **Tische:** 10/35 Plätze
info@cest-la-vie.restaurant · www.cest-la-vie.restaurant

Speisekarte: 2 Menüs ab 90,00 €
❤❤❤❤🐌   110 Weinpos.

Das in lässiger Eleganz eingerichtete Restaurant wird zur perfekten Bühne für die Küche von Chef David Mahn. Der kocht mit erlesenen Zutaten in einwandfreier Qualität französische Klassiker.

Leipzig

Kuultivo

✉ 04229 · Könneritzstraße 24 · ☎ 03 41 24 88 41 61
Innovative Küche · **Tische:** 8/30 Plätze
info@kuultivo.com · www.kuultivo.com

Speisekarte: 1 Menü zu 110,00 € ❦❦❦
Ein Blick in die offene Küche zeigt, mit wie viel Konzentration, Leidenschaft und Detailliebe Klaus Schunack am Herd steht. Mit den bevorzugt lokalen Zutaten kombiniert er wagemutig und raffiniert vermeintlich Alltägliches zu ständig wechselnden Speisen.

Lichtenstein
Schönburger Palais

Bhf→2 km

✉ 09350 · Schlossberg 19 · ☎ 03 72 04 60 10 10
Neue Küche, eigene Kreationen · **Tische:** 12/44 Plätze
info@schoenburger-palais.de · www.schoenburger-palais.de

Speisekarte: 8 Hauptgerichte von 15,00 bis 39,00 €; 1 Menü von 45,00 bis 70,00 € ❦❦❦ 75 Weinpos.
Bereits im Jahre 1200 entstand eine Schlossanlage, an deren Fuße um 1706 das barocke Schönburger Palais erbaut wurde. Es ist mit der Schlossanlage durch unterirdische Gänge verbunden, die heute genutzt werden, um die angebotenen Weine perfekt temperiert zu lagern. Das gesamte Areal steht unter Denkmalschutz, ganz besonders charmant ist das Palais, in dem Patron und Chefkoch Christian Weidt sein Restaurant mit echter Leidenschaft führt. Direkt hinter der historischen Eingangstür ist ein Kreuzgewölbe mit einigen Tischen, der größere Gastraum ist schlicht und freundlich gestaltet, in der angrenzenden Rauchfangküche geht es fast privat zu, weil in dem liebevoll sanierten Raum vor der Esse nur ein Tisch Platz findet. Außerdem gibt es eine kleine Terrasse vor dem Haus und einen hübschen Innenhof. Christian Weidt kauft die Zutaten für seine abwechslungsreiche, präzise und unverfälschte Küche am liebsten im Umland und lässt sich dabei vom aktuellen Marktangebot inspirieren. Seine Küche unterliegt keinen Zwängen, er nimmt klassische, regionale und auch länderübergreifende Anleihen und kocht raffiniert, fantasievoll, detailreich und expressiv. Das Angebot wechselt alle paar Wochen, so dass nie Langeweile aufkommt. Für größere Veranstaltungen steht die Kulturfabrik in Lichtenstein mit modernem Industrie-Chic zur Verfügung. Das erstklassige Catering von Christian Weidt garantiert nach genauer, vorheriger Absprache dort und in den eigenen vier Wänden eine kulinarische Begleitung mit hohem Genuss- und Kreativitätsfaktor.

 Restaurant mit gehobener Küche

Lichtenberg

♜ Harmonie

✉ 95192 · Schlossberg 2 · ☎ 0 92 88 2 46 · Fax: 92 45 41
Moderne und Mediterrane Küche · **Tische:** 12/60 Plätze
info@harmonie-lichtenberg.com · www.harmonie-lichtenberg.com

Speisekarte: 6 Hauptgerichte von 27,00 bis 37,50 €; 2 Menüs von 51,50 bis 67,50 €
♟♟♟

Im Restaurant mit wunderschönem Kachelofen präsentiert Chefköchin Iris Mayer aromendichte Speisen, die mit innovativen und mediterranen Elementen bereichert. Die Zutaten der stets frisch zubereiteten Gerichte kommen im saisonalen Wechsel aus der Region.

Limbach-Oberfrohna

Ratsstube

✉ 09212 · Rathausplatz 1 · ☎ 0 37 22 9 24 80
Internationale Küche, eigene Kreationen
info@ratsstube-restaurant.de · www.ratsstube-restaurant.de

Speisekarte: 5 Hauptgerichte von 18,00 bis 32,00 €; 1 Menü von 100,00 bis 140,00 €
♟♟♟

Im Südwesten von Sachsen, im Erzgebirgsvorland liegt die hübsche Kreisstadt Limbach-Oberfrohna. Hier ist in einem Seitenflügel des Rathauses das Restaurant "Ratsstube" beheimatet. Soweit klingt alles nach biederer Gediegenheit, aber da setzen Antje und Ronny Pester einen klaren Kontrapunkt. Der Chefkoch ist nach seinen Lehr- und Wanderjahren in seine Heimatstadt zurückgekehrt und hat das Interieur mit viel Geschmack sehr wohnlich gestaltet: Stäbchenparkett, mit geweißelten Flächen wechselnde Sandsteinwände, moderne Bilder, ein offener Kamin fügen sich zu einer einladenden, weltoffenen Atmosphäre zusammen. Ein echtes Highlight ist die ambitionierte Küche des Patrons. Er legt größten Wert auf erstklassige Zutaten, gerne regionale aus dem Umland. Gekonnt, präzise, nachhaltig und mit einer großen Portion Kreativität kombiniert er sie zu Speisen, die in keine feste Schublade passen, mal lässt er sich von regionalen Rezepturen inspirieren, mal von den wechselnden Jahreszeiten oder von asiatischen und grenzübergreifenden Elementen. Nach dem Motto „Alles kann, nichts muss" werden daraus fantasievolle Genussreisen. Antje Pester ist die Seele des Hauses, sie leitet liebenswürdig den Service, verweist im Sommer auf einen Terrassenplatz und trägt mit ihrem Team enorm zum Wohlfühlambiente in der "Ratsstube" bei.

Ein Restaurant mit anspruchsvoller Küche.

Lieser

♜ Schlosshotel Lieser ✪✪✪✪✪

✉ 54470 · Moselstraße 33 · ☎ 65 31 98 69 90
Restaurant, Bar, Schlossgarten-Terrasse, Arrangements
info@schlosslieser.de · www.schlosslieser.de

38 **DZ** ab 211,00 €;
3 (**Jui.**-)**Suiten** ab 339,00 €;
4 **Suiten** ab 542,00 €

Das wunderschön restaurierte Schloss und die spektakuläre Aussicht auf die Mosel versprechen einen luxuriösen Aufenthalt ganz besonderer Güte. Ein hervorragendes gastronomisches Angebot und ein großzügiger Spa & Wellness-Bereich, machen dieses außergewöhnliche Hotel zu einem perfekten Ort für anspruchsvolle Erholungssuchende.

Limburg

Margaux 👨‍🍳👨‍🍳👨‍🍳

✉ 65549 · Kornmarkt 7 · ☎ 0 64 31 5 97 56 77
Klassische und Neue Küche · **Tische:** 15/40 Plätze
info@margaux-limburg.de · https://margaux-restaurant.de

Speisekarte: 4 Hauptgerichte von 25,00 bis 44,00 €; 1 Mittagsmenü ab 39,00 €; 1 Menü von 89,00 bis 99,00 €

❀❀❀

Mitten in der Fußgängerzone der schönen Limburger Altstadt gelegen, findet man das Restaurant „Margaux" in einem historischen Haus aus dem 14. Jahrhundert unweit des berühmten Doms. Das modern-elegante, unprätentiöse Interieur mit rustikalem Dielenboden und Mid-Century-Flair steht in raffiniertem Kontrast zur prächtigen historischen Fachwerkfassade und betont den hohen gastronomischen Anspruch. Das „Margaux" ist perfekt für die Auszeit vom Alltag, was auch am bestens aufgelegten Service unter liebenswürdiger Leitung von Judith Haas liegt. Und natürlich vor allem an der exzellenten Küche von Chef de Cuisine Fabian Sollbach. Er kocht mit kulinarischem Schwung und handwerklicher Präzision. Seine ambitionierten Speisen sind feinsinnig und tiefgründig zugleich. Er spielt mit Aromen und Texturen und ersinnt Gerichte, die in der französischen Küche verwurzelt sind, aber dank seiner Fantasie und Kreativität darüber hinausgehen und dem Gast auch optisch intensive Aha-Erlebnisse bescheren. Passende Weine sind sorgfältig ausgewählt.

 Sehr gute Serviceleistung

Limburg an der Lahn

Restaurant 360° Bhf→50 m

✉ 65549 · Bahnhofsplatz 1a · ☎ 0 64 31 2 11 33 60 · Fax: 2 11 33 61
Neue Küche · **Tische:** 8/30 Plätze
info@restaurant360grad.de · www.restaurant360grad.de   VISA AE ●

Speisekarte: 2 Hauptgerichte von 39,00 bis 45,00 €; 1 Mittagsmenü von 47,50 bis 62,00 €; 1 Menü von 135,00 bis 195,00 €
❖❖❖❖❖❖   200 Weinpos.

Das Restaurant „360°" punktet nicht auf den ersten Blick mit seiner Lage in einem Bürogebäude, dafür umso mehr mit seiner Küche und dem Rundumblick, der im raffiniert gestalteten 360°-Logo spielerisch aufgegriffen wird. Der Genuss beginnt beim Betreten des Restaurants, das schlicht, modern und edel gestaltet ist. Rebekka Weickert begrüßt ihre Gäste herzlich und so liebenswürdig, dass sich auch jeder willkommen fühlt. Ihr Lebenspartner Alexander Hohlwein steht am Herd und begeistert mit einer fulminanten Aromenküche. Die Speisen sind leidenschaftlich, innovativ und kennen keine Ländergrenzen. Kompromisslos ist er nur bei der Auswahl der Zutaten, denn hier ist nur das Beste für seine „weltoffene Aromenküche" gut genug. In seinem Menü „Weltreise" fiel kein Gang ab, exemplarisch für seinen gekonnten und einfallsreichen Umgang mit Garzuständen, Aromen und Texturen war der Black Cod mit pikanter Thom Ka Gai, spritziger Bergamotte und Zuckererbse. Für den süßen Schlusspunkt sorgt Rebekka Weickert mit einer verführerisch guten Patisserie. Mittwoch- bis Samstagmittag bietet der durchdachte Business Lunch eine perfekte Vorschau auf die Kochkunst von Alexander Hohlwein. An warmen Tag lockt die schicke Dachterrasse mit Blick auf Limburg und den berühmten Dom.

Lindau (Bodensee)

★★★ Schachener Hof Bhf→2 km

✉ 88131 · OT Bad Schachen · Schachener Straße 76 · ☎ 08382 94 29 199
Restaurant, Zimmerpreise inkl. Frühstück
✕ ⛟ P ♨ 📶 ⚓ 3 km   VISA ●
info@hotel-schachenerhof-lindau.de · www.hotel-schachenerhof-lindau.de

9 **DZ** ab 120,00 €
Die Lage des Schachener Hof ist einfach perfekt: Westlich der Insel Lindau und östlich von Wasserburg gelegen, ist der Bodensee nur ein paar Straßen entfernt. Umgeben von viel Grün ist es angenehm ruhig im Haus, das seit dem Sommer 2022 engagiert von Simone Kieble ge-

Lindau (Bodensee)

führt wird. Ihr Team sorgt für eine familiäre und angenehm entspannte Atmosphäre. Die Zimmer des Hauses sind hell und freundlich eingerichtet und verfügen über zeitgemäßen Komfort. Der Tag beginnt mit einem tollen Frühstücksbuffet, das bereits im Zimmerpreis inbegriffen ist. Hier kommen beste Produkte, viele davon aus dem Umland und einiges selber gemacht, zum Einsatz. Das Haus ist ein idealer Ausgangspunkt, um die landschaftlich so reizvolle Bodensee-Region zu erkunden. Für Fahrräder und Motorräder gibt es gute Abstellmöglichkeiten am Hotel. Ein Café mit feinen Kuchen und Patisserie sowie ein Gasthof und ein herrlicher Biergarten komplettieren das gastronomische Angebot.

Bhf→500 m

♜ Seerose ★★★

✉ 88131 · Auf der Mauer 3 · ☎ 0 83 82 2 41 20 · Fax: 94 60 12
Zimmer-Preise inkl. Frühstück, Arrangements
🍽🚲🏠🅿🚂🛜📶📞 3 km
office@seerose-lindau.de · www.seerose-lindau.de   VISA ●● ⬛

14 **Einzel- und Mehrbettzimmer** von 65,00 bis 250,00 €

Das Hotel "Seerose" steht in der Straße "Auf der Mauer". Dieser Name kommt nicht von ungefähr, wurden die Gebäude hier doch auf der historischen Stadtmauer errichtet. Die Lage nur wenige Minuten vom Zentrum der Altstadt entfernt, ist perfekt, um die Geschichte, die Sehenswürdigkeiten und die vielen, kleinen Lädchen von Lindau zu entdecken. Das Haus wird familiär und engagiert von Familie Kieble geführt, der Service ist sehr persönlich und individuell. Die Zimmer (Preise inkl. Frühstück) verfügen über zeitgemäßen Komfort, sind klimatisiert und bieten neben WLAN auch ein ebenso kostenfreies Pay-TV-Angebot. Wer mit der ganzen Familie anreist, kann auch nach der Ferienwohnung (für bis zu 6 Personen) in Lindau-Aeschach fragen. Die Bodenseeregion am Dreiländereck von

Deutschland, Österreich und der Schweiz ist eine traumschöne Kulturlandschaft, in der Tradition und Moderne aufeinandertreffen, und das Hotel "Seerose" ist der perfekte Ausgangspunkt, um sie innerhalb zahlloser Ausflüge zu Fuß, mit dem Rad oder Auto zu entdecken.

Bhf→3 km

VILLINO ★★ ★★

✉ 88131 · Mittenbuch 6 · ☎ 0 83 82 9 34 50 · Fax: 93 45 12
Rest. mit Mediter.-Asiat. Kü., Terrassen, Wintergarten; Preise inkl. Frühstück
🍽🚲🅿🚂⛵🏔♨🅿   VISA ⬛ ●● ⬛
info@villino.de · www.villino.de

7 **DZ** ab 220,00 €;
als **EZ** ab 150,00 €;
13 (**Jui.**-)**Suiten** ab 280,00 €

Das zum Relais & Châteaux Verband gehörende Hotel "Villino" ist sehr charmant eingerichtet. Die eleganten Zimmer sind

393

Lindau (Bodensee)

ein wunderschönes Zuhause auf Zeit, der Service ist unaufdringlich und familiär zugleich.

VILLINO Bhf→3 km
✉ 88131 · Mittenbuch 6 · ☎ 0 83 82 9 34 50 · Fax: 93 45 12
Italo-Asiat. Kü., eig. Kreat. · **Tische:** 18/50 Plätze
info@villino.de · www.villino.de VISA AE ●

Speisekarte: 3 Menüs von 144,00 bis 188,00 € ❤❤❤❤❤ 🍇🍇

Das zauberhaft-elegante Interieur ist die perfekte Bühne für die grenzübergreifende Küche von Toni Neumann. Der versteht es mit genialen Ideen, Edelviktualien in ein ausbalanciertes Menüs fließen zu lassen, das echte Emotionen weckt.

Lübeck

♜ Roy Petermann Restaurant Wullenwever Bhf→800 m
✉ 23552 · Beckergrube 71 · ☎ 04 51 70 43 33 · Fax: 7 06 36 07
Neue Küche · **Tische:** 12/60 Plätze
restaurant@wullenwever.de · www.wullenwever.de VISA AE ●

Speisekarte: 1 Menü von 95,00 bis 175,00 € ❤❤❤❤❤ 🍇🍇 650 Weinpos.

Ein Kaufmannshaus aus dem Jahre 1585 in der Lübecker Altstadt ist die Bühne für den gekonnten Küchenauftritt von Patron und Chefkoch Roy Petermann, der mit großer Beständigkeit auf kulinarischem Topniveau kocht. Mediterranes kombiniert er raffiniert mit nordischen Elementen.

Lüchow

Field Bhf→12 km
✉ 29439 · Bergstraße 6 · ☎ 0 58 41 97 76-0 · Fax: 97 76-60
Neue Küche, eigene Kreationen · **Tische:** 8/24 Plätze
mail@hotel-katerberg.de · www.hotel-katerberg.de · f VISA AE ●

Speisekarte: 2 Hauptgerichte von 42,00 bis 44,00 €; 1 Menü von 99,00 bis 160,00 € ❤❤❤❤ 🍇🍇

Im ländlich geprägten Wendland sticht das Restaurant „Field" mit stylischem und urbanem Ambiente und sehr lässiger Atmosphäre hervor. Hier verwirklicht Patron und Küchenchef Salvatore Fontanazza seine Vorstellung einer modernen und anspruchsvollen Küche, die auf hochwertigen, gerne saisonalen Zutaten basiert.

Luckenwalde

♜ Vierseithof Bhf→1,5 km
✉ 14943 · Am Herrenhaus 1 · ☎ 0 33 71 6 26 80 · Fax: 62 68 68
Restaurant, Bar, Terrasse, Innenhof, Zi.-Preise inkl. Frühstück
🗲🛎️🅿️🏛️🐕🎮 VISA AE ●
info@hotel-vierseithof-luckenwalde.de · www.hotel-vierseithof-luckenwalde.de

32 **DZ** ;
9 **EZ**

Vor den Toren Berlins bietet die denkmalgeschützte Hotelanlage mit herrlichem Innenhof und komfortablen Gästezimmern (Zimmerpreise inkl. Frühstück) einen erholsamen Aufenthalt.

Ludwigsburg

♜ Dein Schützenhaus Bhf→7 km
✉ 71642 · Gschnait 1 · ☎ 0 71 41 564 47 44
Reg. Küche · **Tische:** 9/40 Plätze
info@dein-schuetzenhaus.com · www.dein-schuetzenhaus.com VISA ●

Speisekarte: 14 Hauptgerichte von 19,00 bis 33,00 € ❤❤🍇🍇 296 Weinpos.

Dem einstigen Jägerheim wurde ein neues, modernes Gesamtkonzept gege-

Ludwigsburg

ben und es ist nun – dank seinem außergewöhnlichen Standort inmitten der Natur – ein Ort der Entspannung und des Genusses. Die Küche knüpft an traditionelle schwäbische Küche an und überzeugt mit „einfach guten Gerichten".

Bhf→1,5 km 🍴 **Parkcafé im Blühenden Barock**

✉ 71640 · In den Anlagen 2 · ☎ 0 71 41 92 38 67
Moderne, leichte Küche · Tische: 8/25 Plätze
info@restaurant-parkcafe.com · www.restaurant-parkcafe.com

Speisekarte: 4 Hauptgerichte von 30,00 bis 40,00 €; 1 Mittagsmenü von 69,00 bis 89,00 €; 1 Überraschungsmenü inkl. Weinbegleitung von 150,00 €
107 Weinpos.

Geprägt vom weltbekannten Ludwigsburger Schloss, umschließt das über 30 ha große Blühende Barock – eine der ältesten und zugleich schönsten Gartenschauen in Deutschland – die prächtige barocke Anlage. Hier findet man im Oberen Ostgarten das ehemalige Spielhaus der Herzöge mit daran angeschlossenem großem Wintergarten und dem darin beheimateten Restaurant-Parkcafé. Laura Ledig ist fürs kulinarische Geschehen verantwortlich. Sorgfältig zubereitete, moderne Speisen mit mediterranen Akzenten ergänzt sie mit feinen, saisonalen Spezialitäten. Alles wird frisch zubereitet und man kann sich sein Menü aus verschiedenen Elementen zusammenstellen und in den Salons genießen. Hausgebeizter Lachs als Vorspeise, Rinderbäckchen als Hauptgericht und feine Desserts zum Abschluss sind nur einige der genussreichen Kombinationsmöglichkeiten. Der Gelbe und Blaue Salon des Spielhauses sind traumhaft schöne Kulissen für jede Veranstaltung. Natürlich ist das Restaurant die perfekte Bühne für romantische Hochzeitsfeiern bestens. Beliebt bei den Gästen ist der regelmäßig stattfindende Sonntagslunch.

Bhf→5 km 🍴 **Schlosshotel Monrepos - Gutsschenke**

✉ 71634 · Domäne Monrepos 22 · ☎ 0 71 41 30 20 · Fax: 30 22 00
Gehobene Regionale Küche · Tische: 12/20 Plätze
info@schlosshotel-monrepos.de · www.gutsschenke-ludwigsburg.de

Speisekarte: 7 Hauptgerichte von 29,00 bis 47,00 €; 2 Menüs von 69,00 bis 119,00 €
300 Weinpos.

Hell und freundlich eingerichtet, kommt der Gast in der "Gutsschenke" dank eines bestens aufgelegten Küchenteams in den Genuss einer frischen, abwechslungsreichen und unverfälschten Küche, in der regionale Speisen und saisonale Spezialitäten obenan stehen.

Ludwigshafen (Bodman-Ludwigshafen)

Bhf→7 km 🍴 **Seehotel Villa Linde**

✉ 78351 · Kaiserpfalzstraße 50 · ☎ 0 77 73 9 59 93-0 · Restaurant, E-Bike-Vermietung, geführte Wanderungen, Zimmerpreise inkl. Frühstück
rezeption@seehotelvillalinde.de · www.seehotelvillalinde.de

12 **DZ** ab 135,00 €;
3 **Suiten** ab 395,00 €

Einst eine Posthalterei, entstand hier in den 1920er Jahren das Hotel Linde. Auf-

Ludwigshafen (Bodman-Ludwigshafen)

wändig modernisiert und 2019 neu eröffnet, bietet es hochwertig ausgestattete Komfortzimmer, ein feines Restaurant und als ständigen Begleiter einen herrlichen Blick auf den Bodensee.

🍽 Seehotel Villa Linde – s'Äpfle

Bhf→7 km

✉ 78351 · Kaiserpfalzstraße 50 · ☎ 0 77 73 9 59 93-0
Regionale Küche · **Tische:** 8/24 Plätze
rezeption@seehotelvillalinde.de · www.seehotelvillalinde.de   VISA

Speisekarte: 8 Hauptgerichte von 28,00 bis 44,50 €; 1 Menü von 60,00 bis 75,00 €
♥♥♥🐌   112 Weinpos.
Im s'Äpfle wird nur handwerklich präzise und produktorientiert gekocht, sondern es wird die selbst gesetzte Vorgabe R90 – d. h. dass die frischen und saisonalen Zutaten einen Herkunftsradius von 90 km nicht überschreiten – kreativ und abwechslungsreich in die Tat umgesetzt.

Magdeburg

🍽 Landhaus Hadrys

✉ 39116 · An der Halberstädter Chaussee 1 · ☎ 03 91 6 62 66 80
Deutsche und Französische Küche · **Tische:** 14/40 Plätze   VISA AE ● ⬛
info@landhaus-hadrys.de · www.landhaus-hadrys.de

Speisekarte: 4 Hauptgerichte von 28,00 bis 39,00 €; 2 Menüs von 50,00 bis 105,00 €
♥♥♥   88 Weinpos.
Ein Besuch im Restaurant „Hadrys" ist eine schöne Auszeit vom Alltag. In einem sehr schönen Landhaus beheimatet, ist das Interieur mit viel Geschmack in schlichter Eleganz unprätentiös und charmant eingerichtet. Dank Patron und Chefkoch Sebastian Hadrys kommt man in den Genuss einer Küche, die geerdet und raffiniert zugleich ist. Er kocht präzise, ausbalanciert und präsentiert sorgfältig zubereitete deutsche und französische Spezialitäten. Gerne nimmt er die wechselnden Jahreszeiten als zusätzliche Ideengeber für sein abwechslungsreiches Speiseangebot. Freitag gibt es zusätzlich ein dreigängiges „ins-Wochenende-Menü", das gute Laune macht. Eine gut sortierte Weinkarte steht zur Verfügung, hier berät Jenny Ebeling mit Fachwissen. Sie leitet auch mit Übersicht den zuvorkommenden Service. Rund ums Jahr warten verschiedene kulinarische Specials wie z. B. Küchenpartys, Familienbrunch zum Weihnachtsfest, Whisky- und Weinabende, es gibt eine Kochschule und außerdem kann ein exzellentes Catering genutzt werden, um die Küche auch in die eigenen vier Wände zu holen. Besonders schön sitzt man an Sommerabenden auf der überdachten Terrasse mit Blick ins Grüne.

 Restaurant mit gehobener Küche

Lunden

Lunden

Lindenhof 1887

✉ 25774 · Friedrichstraße 39 · ☎ 0 48 82 4 07
Klassische und Regionale Küche · **Tische:** 12/40 Plätze
info@lindenhof1887.de · www.lindenhof1887.de

Speisekarte: 9 Hauptgerichte von 26,00 bis 37,00 €; 1 Menü von 76,00 bis 119,00 € ❤❤❤

Schlichte Eleganz prägt das Restaurant, Aromenstärke und Kreativität die Speisen von Chefkoch Tjark-Peter Maaß. Er bevorzugt heimische Zutaten, die er ideenreich un dmit handwerklicher Sorgfalt zu klassischen Speisen und regionalen Spezialitäten kombiniert.

Maintal-Dörnigheim

Fleur de Sel

Bhf→1 km

✉ 63477 · Florscheidstraße 19 · ☎ 0 61 81 9 68 33 85
Französische und Mediterrane Küche · **Tische:** 13/50 Plätze
info@restaurant-fleurdesel.de · www.restaurant-fleurdesel.de

Speisekarte: 6 Hauptgerichte von 25,00 bis 47,00 €; 3 Menüs von 44,00 bis 65,00 € ❤❤ 32 Weinpos.

Im Restaurant „Fleur de Sel" wird mit Herz, Leidenschaft und Können gekocht und das nicht erst seit gestern. Doch seit kurzem gibt Chefkoch Patrick Theumer allein die Richtung vor und sein Ziel lautet unzweifelhaft: Das Fleur de Sel soll ein Fine Dining Restaurant werden. Dafür bezieht er marktfrische Produkte aus Frankreich und der Region, kombiniert sie mit Können, handwerklichem Geschick und kreativen Ideen und kocht wunderbar unverfälschte und aromenprononcierte französisch-mediterrane Speisen mit hohem Kreativitätsfaktor. Die Speisekarte wechselt am ersten Mittwoch jedes Monats und orientiert sich immer auch am saisonalen Angebot. Dank der offenen Küche sieht man, wie konzentriert das Team bei der Sache ist und kann sich vielleicht schon mit einem Glas Bordeaux auf die kommenden Gaumenfreuden einstimmen. Vater Horst Theumer berät mit Sachkenntnis zu den Weinen, während Yasemine Theumer liebenswürdig den Service leitet. Veranstaltungen finden hier einen schönen Rahmen und werden aufmerksam begleitet. An warmen Tagen nutzen die Gäste des Fleur de Sel gern die hübsche Terrasse.

 Sie finden diese Hotels und Restaurants auch bei facebook oder instagram.

Mainz

Atrium Hotel Mainz Bhf→6 km

✉ 55126 · Flugplatzstraße 44 · ☎ 0 61 31 49 10 · Fax: 49 11 28 · Gourmetrestaurant "GenussWerkstatt", ATRIUM Restaurant, Bar & Lounge, Atrium, Sommergarten

🍽🍷🚗🅿🚉✈🏨🧖‍♀️☼👫♿♛📶📞10 km   VISA AE ◐ ● ▬

info@atrium-mainz.de · www.atrium-mainz.de · f

85 **DZ** ab 109,00 €;
31 **EZ** ab 109,00 €;
31 **Appartements (Preis p.P.)** ab 60,00 €

Drei Jahrzehnte konsequenter Einsatz für die Hotellerie haben dem Atrium Hotel Mainz den ausgezeichneten Ruf des größten Privathotels in Mainz und eines der erfolgreichsten im Land beschert. Mit zehn Gebäuden auf 15.000 m² und dank seiner exquisiten Gästezimmer, dem einladenden Sommergarten und der Bade- und Saunalandschaft ist es ein Hotel, in dem heitere Gastlichkeit, Ruhe und Harmonie zu Hause sind. Moderne Eleganz gepaart mit gehobenem Komfort dominiert die Zimmer (Frühstück 17,- €/P./Tag). Dank durchdachter Verbesserungen (Umbau der Gastronomie, Neugestaltung der Lobby und Hotelbar, Neubau einer Lounge mit 40 Plätzen, kostenfreies W-LAN für die Gäste) wird der top Standard stetig verbessert. Langzeitgäste werden die klimatisierte "Residenz" mit ihren wohnlichen Appartements als individuelle Alternative zum Hotelzimmer begrüßen. Das ACC 3 – Atrium Congress Center – umfasst über 2.000 m² Konferenz-, Event- und Tagungsfläche mit großzügigem Foyer und Gartenanlage (s. a. Tagungs-Special). Das gastronomische Angebot ist vielfältig und gastorientiert. Die Frühstücks- und Buffetrestaurants „Allegro" und „Cucina" (mit Live-Cooking-Station mit Wok, Grill und heißem Stein) können auch für kleine Küchenpartys, exklusive Kochkurse und private Events individuell genutzt oder in Veranstaltungsabläufe integriert werden.

Atrium Hotel Mainz – ATRIUM Restaurant Bhf→6 km

✉ 55126 · Flugplatzstr. 44 · ☎ 0 61 31 49 10 · Fax: 49 11 28
Moderne, regionale Frischeküche · **Tische:** 20/60 Plätze   VISA AE ◐ ● ▬
info@atrium-mainz.de · www.atrium-mainz.de · f

Speisekarte: 5 Hauptgerichte von 24,00 bis 39,00 €; 1 Menü von 60,00 bis 65,00 €
♥♥✿

Das ATRIUM Restaurant ist mit einer stylischen Note eingerichtet: Das moderne Raumkonzept wird durch verspielte Accessoires aufgebrochen, ein eher dunkles Braun bekommt durch strahlendes Petrol eine kontrastierende Farbe, Holzboden und eine raffinierte Illumination sorgen zusätzlich für einen hohen Wohlfühlfaktor. Internationales Publikum trägt zum weltoffenen Charakter bei. Chefkoch Helge Straub-Schilling kocht "aus der Region für die Region". Das beginnt bereits beim Einkauf der vorwiegend heimischen Zutaten. Mit handwerklichem Geschick macht er daraus geerdete und aromenstarke Speisen, die genussvolle Beispiele seiner durchdachten Heimatküche sind, in der internationale Spezialitäten das Angebot ergänzen. Beim 4-5-gängigen Menü kann man aus verschiedenen Vor- und Hauptspeisen wählen (eine vegetarische Variante ist möglich). Kathrin Hurstjes leitet den zugewandten Service und berät mit Expertise zu den passenden Weinen, die es in Top-Qualität gibt. Im Sommer ist ein Platz unterm roten Sonnensegel inmitten üppig blühender Pflanzen im Atrium-Sommergarten mit Grill-Haus ein besonders beliebter Ort für den leichten Genuss und um den Alltag vor der Tür zu lassen.

Atrium Hotel Mainz – GenussWerkstatt

Bhf →6 km
✉ 55126 · Flugplatzstraße 44 · ☎ 0 61 31 49 10 · Fax: 49 11 28
Gourmetküche · **Tische:** 5/20 Plätze
info@atrium-mainz.de · www.atrium-mainz.de

Speisekarte: 1 Menü zu 120,00 € 200 Weinpos.

Im Atrium Hotel Mainz ist die "Genuss-Werkstatt" ein perfekter Ort, um in einer besonders ruhigen und entspannten Atmosphäre Essen zu einem Erlebnis zu machen. In warmen, erdigen Farben klar und geradlinig gestaltet, gefällt das kosmopolitische Ambiente, in dem man in einem kleinen Rahmen zu einer kulinarischen Reise aufbricht. Der neue Küchenchef Helge Straub-Schilling kann sich auf Händler und Erzeuger verlassen, die nachhaltig arbeiten und für die Tierwohl zur Selbstverständlichkeit gehört. Er kauft bewusst in der Region und im jahreszeitlichen Wechsel ein und kreiert ein Menü, dass er besonders fantasievoll und ideenreich ausgeklügelt hat. Er liebt das Spiel von Textur und Geschmack, kombiniert seine Leidenschaft für die regionale Küche mit klassisch französischer und ersinnt eigene, neue und moderne Speisen. Der Gast kann aus bis zu zehn Genuss-Abfolgen wählen. Jeder der auf handgemachtem Steingut präsentierten Gänge ist optisch ein kleines Kunstwerk. Nach vorheriger Absprache werden auch spezielle Wünsche, z. B. nach einem vegetarischen Menü, berücksichtigt. Milena Bernhard leitet charmant den Service und hilft bei der Auswahl passender Weine und Getränke. Eine vorherige Reservierung ist unbedingt anzuraten, am besten, man bucht gleich eines der Übernachtungsspecials.

 Sehr gute Serviceleistung

Mainz

Geberts Weinstuben

✉ 55118 · Frauenlobstraße 94 · ☎ 0 61 31 61 16 19
Klassische Deutsche und Regionale Küche · **Tische:** 13/48 Plätze
info@geberts-weinstuben.de · www.geberts-weinstuben.de

Speisekarte: 6 Hauptgerichte von 22,00 bis 49,00 €; 1 Menü zu 47,00 €

 1.140 Weinpos.

Patron Frank Gebert steht im traditionsreichen Restaurant selber am Herd und stellt mit großem handwerklichem Können sehr ideenreich frische regionale und saisonale Speisen zusammen, die auf sorgfältig ausgewählten, bevorzugt heimischen Zutaten basieren.

FAVORITE restaurant

Bhf→2 km

✉ 55131 · Karl-Weiser-Str. 1 · ☎ 0 61 31 80 15-0 · Fax: 80 15-420
Gehobene Weltküche · **Tische:** 13/45 Plätze
gastronomie@favorite-mainz.de · www.favorite-mainz.de

Speisekarte: 7 Hauptgerichte von 48,00 bis 74,00 €; 1 Mittagsmenü von 75,00 bis 85,00 €; 1 Menüs von 160,00 bis 210,00 €

Tobias Schmitt kocht mit echter HIngabe und macht mit handverlesenen Zutaten aus dem vermeintlich Einfachen das Besondere. Seine Speisen sind leicht, zeitgemäß und sehr innovativ.

♟ Steins Traube

Bhf→7 km

✉ 55126 · Poststraße 4 · ☎ 0 61 31 4 02 49
Klassische und Saisonale Küche · **Tische:** 12/60 Plätze
info@steins-traube.de · www.steins-traube.de

Speisekarte: 2 Hauptgerichte von 48,00 bis 61,00 €; 2 Menüs von 91,00 bis 180,00 €

 200 Weinpos.

Die über 100-jährige gastronomische Geschichte von "Steins Traube" bekommt dank Chefkoch Philipp Stein ein weiteres Glanzlicht. Mit innovativen Ideen und kreativen Ausführungen verbindet er in seiner Küche gekonnt Tradition und Moderne.

Malente

Gut Immenhof – Rodesand

✉ 23714 · Rothensande 1 · ☎ 0 45 23 88 28-0
Saisonale und Internationale Küche · **Tische:** 7/28 Plätze
kontakt@gut-immenhof.de · www.gut-immenhof.de

Speisekarte: 10 Hauptgerichte von 34,00 bis 44,00 €; 1 Menü von 98,00 bis 118,00 €

Historie und zeitlose Moderne prägen das bildschöne Interieur des Restaurants „Rodesand". Saisonale Speisen, Spezialitäten vom Holzkohlegrill und Raffiniertes rund um Seafood, Krustentiere, Trüffel und Sushi von Chefkoch Patrick Kühn erwarten den Gast.

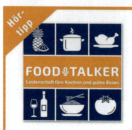

Gespräche übers Kochen und gutes Essen mit Menschen die etwas davon verstehen.

Zum Mithören bei spotify, itunes und überall dort, wo es gute Podcasts gibt.

www.foodtalker.de

Mandelbachtal

Mandelbachtal

♖ Gräfinthaler Hof

Bhf →8 km

✉ 66399 · Gräfinthal 6 · ☎ 0 68 04 9 11 00 · Fax: 9 11 01
Klassische und Neue Küche · Tische: 22/70 Plätze
info@graefinthaler-hof.de · graefinthaler-hof.de · ▮

Speisekarte: 8 Hauptgerichte von 22,50 bis 45,00 €; 1 Mittagsmenü ab 35,00 €; 1 Menü von 45,00 bis 49,00 €

🍇🍇🍇🍇🍇 150 Weinpos. Am Unterlauf der Blies, zwischen Lothringen und der Südspitze des Saarlandes finden sich die Überreste des einstigen Wilhelmitenklosters "Gräfinthal". Das ganze Areal ist ein bekanntes und sehr beliebtes Wandergebiet und Wallfahrtsziel des Saarlandes. Es ist nicht schwierig, den Namen des Restaurants „Gräfinthaler Hof" herzuleiten. Der wird mit großem Einsatz von Familie Künzer geführt. Alle fassen mit an, jeder hat seine Aufgabe und erfüllt sie mit Einsatz und Freude. Mutter Miriam und Tochter Maureen sind Gastgeber aus Leidenschaft und kümmern sich mit viel Engagement und nimmermüdem Einsatz um die Gäste, um die Getränkeberatung und den Ablauf im Restaurant. Das Interieur ist dank bodentiefer Fenster hell und freundlich, beigefarbene Lederbänke und -stühle tragen zum lässigen und charmanten Ambiente bei. Vater Jörg Künzer – manchmal noch unterstützt vom Junior – ist fürs kulinarische Geschehen verantwortlich. Er nutzt die große Warenpalette der Region, um klassische und moderne Speisen kreativ zusammenzustellen, die aromenstark, unverfälscht und ideenreich sind. Pikant-frisch war die Gâteau mit Ziegenkäse, Brombeere, Biscuit und Frisée, schön saftig das gebratene Saiblingsfilet mit Champagnersauce und Bärlauch-Risotto. Ein Platz auf der mediterranen Terrasse mitten im Grünen mit Kastanienbäumen und Palmen in großen Kübeln kommt einem Urlaubstag gleich.

 Restaurant mit sehr gutem Weinangebot

Mannheim

Amarone

✉ 68161 · N3, 5 · ☎
Italienische Küche · Tische: 15/60 Plätze
info@amarone-mannheim.de · www.amarone-mannheim.eatbu.com

VISA ● ▩

Speisekarte: 8 Hauptgerichte von 25,90 bis 35,90 €

♥♥ 32 Weinpos.

Das „Ristorante Amarone" findet sich im Zentrum von Mannheim und ist ein perfekter Ort, um den Shoppingtag genussreich zu unterbrechen oder sich in geselliger Runde abends zu treffen. In schlichter Moderne eingerichtet, kommt man hier in den Genuss einer authentischen, italienischen Küche. Für die sorgen Jorida Metani und Griselda Albert mit handwerklichem Geschick und großem Einsatz am Herd. Es gibt ausgesuchte aromenstarke Fisch- und Fleischspezialitäten, die auf den Wunschpunkt zubereitet werden. Und natürlich fehlen die allseits beliebten Pizza- und Pastagerichte ebenso wenig wie Risotto – mal mit Garnelen, mal mit Steinpilzen – oder die ein oder andere Tagesempfehlung. Der Service ist aufmerksam und zuvorkommend und sorgt mit guter Laune für einen angenehmen Aufenthalt.

OPUS V

Bhf→1 km

✉ 68161 · O5, 9-12 · ☎ 06 21 1 67 11 99 · Fax: 1 67 11 59
Klass. u. Neue Küche, eig. Kreationen · Tische: 12/40 Plätze
gastro@engelhorn.de · www.restaurant-opus-v.de · ▮

VISA AE ● ▩

Speisekarte: 1 Menü von 99,00 bis 249,00 €

♥♥♥♥♥ ▩▩▩ 500 Weinpos.

Über den Dächern Mannheims findet sich im sechsten Stock des engelhorn Modehauses das Restaurant "Opus V." Hier tritt es den Beweis an, dass exklusive Mode und casual Fine Dining unter einem Dach zu einer zwar ungewöhnlichen, aber herrlich passenden Symbiose werden können. Das Interieur ist skandinavisch reduziert, schlicht und einladend. Schwellenängste sind unangebracht und werden spätestens vom locker, entspannt und zugewandt agierenden Serviceteam unter Leitung des bestens aufgelegten Adrian Dastig aufgehoben. Chefkoch und Creative Director in diesem kulinarischen Kleinod ist Dominik Paul. Er setzt ein sorgfältig erarbeitetes, grenzenloses Konzept um und lässt sich von allem inspirieren, dass seine Küche innovativ und genuss-

voll macht, so lange die Basis stimmt: Das sind saisonale und regionale Erzeugnisse – bevorzugt aus dem Umland – Klarheit, Geradlinigkeit und Nachhaltigkeit. Mit diesen Elementen kreiert er seine Urban-Nature-Cuisine, in der handwerkliche Präzision und faszinierende Optik

Mannheim

seine Leidenschaft fürs Kochen auf den Punkt bringen. Felicita Stengle berät zu den passenden Weinen und Getränken, die an warmen Tagen auch gerne auf der vorgelagerten Terrasse mit weitem Blick über Mannheim serviert werden.

Marly privé

✉ 68165 · Lameystraße 17 · ☎ 06 21 73 61 70 01
Klassische Küche · **Tische:** 5/12 Plätze
gregor@restaurant-marly.com · www.restaurant-marly.com

Speisekarte: 1 Mittagsmenü von 75,00 bis 89,00 €; 1 Abendmenü von 110,00 bis 150,00 €

 395 Weinpos.

Gregor Ruppenthal ist in der Gastroszene kein Unbekannter, der gebürtige Pfälzer kann während seines Berufslebens auf erstklassige Karrierestationen blicken. Mit dem „Marly privé" haben er und Partnerin Maia Valente ein exklusives, kleines Restaurant etabliert, das für jeden Gourmet mehr als einen Besuch wert ist und dessen Interieur bereits seine Klasse und Extravaganz vermittelt. Ein ursprünglicher, honigfarbener Holzdielenboden trifft auf edle, bespannte, in braun changierende Wände und in edlem Weiß eingedeckte Tische. Gregor Ruppenthal ist ein Meister seines Fachs, der sich einer leidenschaftlichen, französischen Küche verschrieben hat. Sein Netzwerk bekannter, bewusst und handwerklich arbeitender Produzenten ist beachtlich, entsprechend erstklassig ist die Auswahl der Produkte, mit denen er sorgfältig ausgeklügelte, Menüs zusammenstellt, in denen verschiedenste Aromen und Texturen in raffinierter Kombination in ein stimmiges Gesamtbild münden, das zu einem komprimierten Hochgenuss wird. Wer Freitagmittag genussreich das Wochenende einläuten möchte, kann das mit einem verführerischen 4- oder 5-gängigen Menü tun. Maia Valente führt als charmante Gastgeberin liebenswürdig und zugewandt durch den Abend, erläutert die Speisen und berät mit Expertise zu den korrespondierenden Weinen.

 Restaurant mit exzellenter Weinkarte

Mannheim

Dobler's Restaurant Bhf→1 km

✉ 68159 · Seckenheimer Straße 20 · ☎ 06 21 1 43 97 · Fax: 2 05 13
Neue u. Reg. Küche · **Tische:** 11/55 Plätze
info@doblers-restaurant.de · www.doblers.de

Speisekarte: 5 Hauptgerichte von 47,00 bis 58,00 €; 1 Menü von 132,00 bis 148,00 € ♦♦♦♦ 🍇🍇 230 Weinpos. Nach fast 40 Jahren verabschiedet sich das Ehepaar Dobler endgültig in den wohlverdienten Ruhestand und Eric Schumacher setzt ambitioniert, gekonnt und mit eigener Handschrift die anspruchsvolle Gourmetlinie mit klassischen und innovativen Speisen fort.

Marburg

Marburger Esszimmer by Denis Feix Bhf→500 m

✉ 35037 · OT Zentrum · Anneliese-Pohl-Allee 17 · ☎ 0 64 21 8 89 04 71
Klassische Küche, eigene Kreationen · **Tische:** 11/26 Plätze
info@marburger-esszimmer.de · www.marburger-esszimmer.de

Speisekarte: 1 Sonntags-Überraschungsmenü ab 99,00 €; 1 Menü von 139,00 bis 169,00 €

♦♦♦♦ 🍇🍇🍇 400 Weinpos. Warme Naturtöne und viel Moosgrün dominieren das Interieur des „Marburger Esszimmer by Denis Feix", das in schlichter Eleganz sehr geschmackvoll gestaltet ist. Kathrin und Denis Feix sind Gastgeber aus Leidenschaft und machen sich viele Gedanken über eine nachhaltige Küche. So entwickelten sie ihr „Green Fine-Dining" Konzept und füllen es mit großem Aufwand und viel Herzblut mit Leben. Er nutzt nicht nur den regionalen Anbau des nahen Hofguts Dagobertshausen, sondern bewirtschaftet dort ein eigenes Feld, auf dem er Kräuter und Gemüse zieht, die mit den Jahrzehnten in Vergessenheit gerieten. Seine Leidenschaft gilt der Tüftelei mit diesen alten Sorten, er stellt sie in den Fokus seiner Speisen, ohne komplett vegetarisch oder vegan zu kochen. Seine hohen Qualitätsansprüche umfassen aber auch Fleisch und Fisch, die immer aus naturnaher Haltung oder freier Wildbahn kommen. Die Küche ist nah an der Natur und ihrem natürlichen Fruchtwechsel, den Denis Feix zu einem Ideengeber für seine außergewöhnlichen Speisen nimmt, die von unkonventionellen Ideen und überbordender Fantasie zeugen und seiner Liebe zu unverfälschtem Geschmack und dem Respekt vor der Natur Ausdruck geben. Kathrin Feix ergänzt die kulinarische Kunst ihres Mannes mit einer liebenswürdigen und unaufgeregten Serviceleitung und einer brillanten Weinberatung, die auf einer erstklassigen Ausbildung, nicht versiegender Neugier und ganz viel Liebe zum Beruf gründet.

Marktbreit

Marktbreit

♜ Alter Esel

Bhf→400 m

✉ 97340 · Marktstraße 10 · ☎ 0 93 32 5 94 94 77
Regionale und Internationale Küche · **Tische:** 10/30 Plätze
info@alteresel-marktbreit.de · www.alteresel-marktbreit.de

Speisekarte: 4 Hauptgerichte von 16,00 bis 27,00 €; 1 Menü von 56,00 bis 89,00 €
❦❦

Das gemütliche Restaurant mit Landhauscharakter ist die perfekte Bühne für die grundehrliche, saisonale Genussküche von Markus Söder, der bevorzugt regionale Zutaten nutzt. Ehefrau Ramona ist die gute Seele im Haus und stets für ihre Gäste da.

♜ Michels Stern

Bhf→300 m

✉ 97340 · Bahnhofstr. 9 · ☎ 0 93 32 13 16 · Fax: 13 99
Klass. u. Reg. Küche · **Tische:** 9/30 Plätze
post@michelsstern.de · www.michelsstern.de

Speisekarte: 8 Hauptgerichte von 22,00 bis 32,00 €; 1 Menü von 43,50 bis 57,00 €
❦❦❦❦ 200 Weinpos.

Rustikale Eleganz prägt das Interieur in "Michels Stern", das seit über 100 Jahren in Familienbesitz ist. Chefkoch Wolfgang Michel verwöhnt seine Gäste mit unverfälschten regionalen Speisen, die er geschickt mit mediterranen Elementen bereichert.

Marktheidenfeld (Main)

Hotel & Weinhaus Anker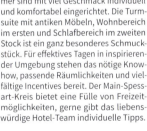

Bhf→18 km

✉ 97828 · Kolpingstraße 7 · ☎ 0 93 91 6 00 40 · Fax: 60 04 77
Holzfasskeller (Kleinkunst- u. Weinevents), Innenhof, Franken-Weingut
info@hotel-anker.de · www.hotel-anker.de

23 **DZ** ab 126,00 €;
13 **EZ** ab 96,00 €;
4 (**Jui.-**)**Suiten** ab 189,00 €

Bereits seit 1872 in Familienbesitz, setzt Familie Deppisch im Weinhaus Anker mit großem Engagement und viel Herzblut das Werk vieler Generationen fort. Tradition und Zeitgeist gehen im familiär geführten Haus eine sehr harmonische Verbindung ein. Um einen romantischen Innenhof gruppieren sich mehrere Gebäudeteile, in der Mitte sind Lobby, Rezeption, Bar und der Gartensaal. Die Zimmer sind mit viel Geschmack individuell und komfortabel eingerichtet. Die Turmsuite mit antiken Möbeln, Wohnbereich im ersten und Schlafbereich im zweiten Stock ist ein ganz besonderes Schmuckstück. Für effektives Tagen in inspirierender Umgebung stehen das nötige Knowhow, passende Räumlichkeiten und vielfältige Incentives bereit. Der Main-Spessart-Kreis bietet eine Fülle von Freizeitmöglichkeiten, gerne gibt das liebenswürdige Hotel-Team individuelle Tipps.

Marktheidenfeld (Main)

Weinhaus Anker Bhf→18 km

✉ 97828 · Obertorstraße 13 · ☎ 0 93 91 6 00 48 01 · Fax: 60 04 77
Intern. u. Regionale Küche · **Tische:** 15/70 Plätze
info@hotel-anker.de · www.hotel-anker.de

Speisekarte: 10 Hauptgerichte von 18,00 bis 43.00 €; 3 Menüs von 43,00 bis 126,00 €
❤❤❤🍇🍇   150 Weinpos.
Traditionsreich, niveauvoll, ambitioniert – im "Weinhaus Anker" wird eine formidable Küche geboten, die dem Gast im Zusammenspiel mit Ambiente und Service für Stunden eine Auszeit vom Alltag beschert. Die "Alte Weinstube" ist ein ganz besonderes Kleinod mit einem zauberhaften, romantischen Interieur. Die nach einer Renovierung behutsam freigelegte historische, bemalte Decke lässt jeden Gast zum Hans guck' in die Luft werden. Harmonisch fügt sie sich in den Raum mit Holzdielenboden, bleiverglasten Scheiben und der fast deckenhohen Wandvertäfelung. Chefkoch Bernhard Lermann hat im "Weinhaus Anker" seinen Beruf von der Pike auf gelernt und vor allem in Frankreich an Top-Adressen verfeinert. Seit fast 15 Jahren verwöhnt er an seiner alten Wirkungsstätte die Gäste mit einer fulminanten Aromenküche, die bevorzugt auf heimischen Zutaten basiert, aus denen er Speisen kreiert, die regional, weltoffen und abwechslungsreich sind und immer auch das jahreszeitliche Marktangebot spiegeln. Er arbeitet präzise und unverfälscht, wiewohl spielerische Elemente zeigen, wie gekonnt und kreativ er kocht. Umsichtig leitet Wolfgang Engelhardt den zugewandten Service und trägt gemeinsam mit Sommelière Elisabeth Deppisch zu einem genussreichen Besuch bei.

Maßweiler

♖ Borst

✉ 66506 · Luitpoldstraße 4 · ☎ 0 63 34 14 31
Klass. reg. Küche mit frz./mediterr. Einflüssen · **Tische:** 20/60 Plätze
harryborst@restaurant-borst.de · www.restaurant-borst.de

Speisekarte: 2 Menüs von 83,00 bis 142,00 € ❤❤❤🍇🍇   319 Weinpos.
Abseits jeglichen Trubels befindet sich das kleine, aber sehr feine Restaurant „Borst". Maximillian und Harry Borst überzeugen hier mit einer nuancierten, leichten Küche und setzen dabei auf Zutaten höchster Güte direkt aus der Region.

Meersburg

Residenz am See - Casala Bhf→17 km

✉ 88709 · Uferpromenade 11 · ☎ 0 75 32 8 00 40 · Fax: 80 04 70
Neue u. Int. Küche · **Tische:** 5/14 Plätze
info@hotel-residenz-meersburg.com · www.hotel-residenz-meersburg.com

Speisekarte: 1 Menü von 98,00 bis 150,00 €
❤❤❤🍇🍇   400 Weinpos.

In schlichter Eleganz modern eingerichtet, kommt man im „Casala" dank Chefkoch Markus Philippi in den Genuss ei-

Meisenheim

♜ Meisenheimer Hof ✪✪✪
Family

Bhf → 10 km

✉ 55590 · Obergasse 33, Rezeption Obergasse 27 · ☎ 0 67 53 123 77 80 · Umfangreicher Weinkeller in historischem Gewölbekeller, Weinproben m. Weinen des Weingutes Disibodenberg im angegliederten Adelshof Boos von Waldeck
🍴♿🅿🚇🐾📶⛳ 20 km   VISA AE ● ●
mail@meisenheimer-hof.de · www.meisenheimer-hof.de · f

18 **DZ** ab 184,00 €;
als **EZ** ab 139,00 €;
6 **(Jui.-)Suiten** ab 209,00 €;
1 **Ferienwohnung 2-6 Ps.** ab 229,00 €

Aufwändig und mit großer Liebe zum Detail restauriert, ist der Meisenheimer Hof im nordpfälzischen Meisenheim ein echtes gastronomisches Schmuckstück. Drei barocke Gebäude wurden in perfekter Harmonie mit einem Neubau verbunden. Die Mischung aus neuer und alter Bausubstanz ist hinreißend, integriert sie z. B. einen antiken Brunnen, der durch gläserne Bodenplatten zum Hingucker wird. Die individuell eingerichteten Zimmer (das Frühstücksbuffet ist im Preis inklusive) sind sehr großzügig geschnitten, bieten zeitgemäßen Komfort und bezaubern mit einem exklusiven Stilmix aus Antiquitäten und modernen Gestaltungselementen. Für Tagungen und private Feiern stehen perfekt ausgestattete Räumlichkeiten zur Verfügung. Eine Freilichtbühne findet man in den alten Mauern eines Festsaals aus dem 19. Jahrhundert. Dach-, Ruheterrasse und der duftende Kräutergarten sind Orte der Entspannung und Inspiration, der schattige Innenhof mit abschließender Stadtmauer lädt an warmen Tagen ein, das herrliche Weinangebot der Region zu genießen. Die Umgebung bietet vielfältige und attraktive Freizeitmöglichkeiten, die schon mit einem Picknick in der malerischen Landschaft beginnen können und mit einem Kurs in der Kochschule noch nicht enden müssen – das engagierte Hotelteam ist hier sehr zuvorkommend und ideenreich.

Meisenheim

♜ Meisenheimer Hof

Bhf→10 km

✉ 55590 · Obergasse 33 · ☎ 0 67 53 123 77 80
Klass., Neue u. Reg. Küche · Tische: 22/48 Plätze
mail@meisenheimer-hof.de · www.meisenheimer-hof.de · f

VISA AE ● ●

Speisekarte: 5 Hauptgerichte von 39,00 bis 70,00 €; 2 Menüs von 89,00 bis 148,00 €
890 Weinpos.

Überall im "Meisenheimer Hof" begegnen dem Gast charmante, historische Details, die das Restaurant zu einem Ort mit ganz besonderem Flair machen. Eine Stube in diesem zauberhaften barocken Kleinod ist schöner als die andere – mehrfache Besuche sind also angebracht. Historische Vertäfelungen, Blumenbordüre, Holzfelderboden und Wandschrank prägen den Raum "Zur Blume". In der "Brunnenstube" ist der mit einer Glasplatte abgedeckte historische Quellbrunnen mitten im Raum Namensgeber und Hingucker zugleich. Die Glaswand zum Innenhof direkt an der Stadtmauer wird an warmen Tagen geöffnet – ein ausgefallenes und außergewöhnlich reizvolles Ambiente. Mit waidmännischem Zierrat ist das "Jägerzimmer" (auch Stammtisch der heimischen Jäger) geschmückt. Der große Einsatz und die Leidenschaft mit der Clarissa und Markus Pape ihr Haus führen ist allgegenwärtig. Der Patron – übrigens auch Mitglied bei den Jeunes Restaurateurs – kocht grundehrlich, gekonnt und ausgesprochen ideenreich. Er bevorzugt heimische Zutaten, die er harmonisch und mit feinem Gespür für ausbalancierte Aromen zusammenstellt. Dabei lässt er sich in keine feste kulinarische Schublade stecken, vielmehr fließen regionale, grenzübergreifende, traditionelle und innovative Elemente in die Speisen und Menüs (eines ist vegetarisch) ein. Zwischen Innenhof und der Weinbar gibt es noch das Grotto – hier kann man unter der Gewölbedecke in schönem Ambiente Feste feiern und Weine verkosten.

Meschede

Landhotel Donner

Bhf→5 km

✉ 59872 · Zur alten Schmiede 4 · ☎ 02 91 95 27 00 · Fax: 9 52 70 10
Restaurant, Gartenterrasse, Preise inkl. Frühstück
🍴♿🅿🚭🚻🐕📶📺 19 km
info@landhotel-donner.de · www.landhotel-donner.de · f

VISA ● ●

14 **DZ** ab 136,00 €;
als **EZ** ab 94,00 €

Familiär seit nunmehr drei Generationen engagiert geführt, gefällt das "Landhotel Donner" im idyllischen Remblinghausen nahe dem Stausee mit einem behaglichen, stilvollen Ambiente und ist ein Landhotel der harmonischen Art mit

Meschede

marktfrischer Küche im Restaurant. Die warme Atmosphäre im Interieur mit viel honigfarbenem Holz setzt sich auch in den mit viel Geschmack und individuell eingerichteten Zimmern fort (Preise inkl. Frühstück, HP zzgl. 39.- € p. P.). Für Tagungen und Feiern stehen verschiedene, passende und technisch gut ausgestattete Räumlichkeiten zur Verfügung. Jede Veranstaltung wird auf die individuellen Wünsche zugeschnitten und professionell betreut. In der Idylle des Sauerlandes – der Hennesee, Fort Fun, Wildgehege und Burgen sind ganz in der Nähe – locken Wiesen, Wälder, zahlreiche Wanderwege und verschiedene Golfplätze fast vor der Haustür. Entspannung findet man auch auf der Gartenterrasse bei Kaffee und hausgebackenem Kuchen. Attraktive Arrangements (u. a. "Schlemmerwochenende", "Landhotel-Bonbon", "Sauerländisch auftanken", "Genusswanderwoche") können rund ums Jahr gebucht werden.

Bhf ↦6 km   **Landhotel Restaurant Donner**

✉ 59872 · Zur alten Schmiede 4 · ☎ 02 91 95 27 00 · Fax: 9 52 70 10
Klass., Reg. Küche u. eigene Kreationen · **Tische:** 21/100 Plätze
info@landhotel-donner.de · www.landhotel-donner.de · ｆ

Speisekarte: 10 Hauptgerichte von 21,40 bis 39,00 €; 4-Gang-Überraschungsmenü ab 68,00 € ♥♥   45 Weinpos. Das Restaurant im Landhotel Donner ist ein schönes Beispiel für ländliche Genusskultur. In einem sehr charmanten Landhausstil eingerichtet, fügen sich Holzverkleidungen, warme Farben, weich fallende Stoffen und edle Tischkultur zu einer kultivierten und entspannten Atmosphäre. Patron und Chefkoch Georg Donner kocht für seine Gäste und nicht, um sich selbst zu verwirklichen. Dafür nutzt er bevorzugt das heimische Warenangebot und richtet sich gerne nach den wechselnden Jahreszeiten, so dass es immer auch saisonale Spezialitäten wie Wild-, Pfifferling-, Spargelgerichte und weitere Highlights rund ums Jahr gibt. Die Speisen sind handwerklich korrekt und zeugen von einem feinen Gefühl für harmonische Zusammenstellungen. Unter den regionalen Speisen und modernen, leichten Zubereitungen findet sich für jeden Geschmack das Richtige. Ausgesuchte Weine und Getränke stehen als Speisebegleitung zur Auswahl. Den zuvorkommenden Service leitet Manuela Meier kompetent und liebenswürdig. An warmen Tagen sollte man sich einen Platz auf der beschirmten Terrasse suchen und sich vielleicht zusätzlich noch ein Stück hausgebackenen Kuchen gönnen – so schön kann eine Auszeit sein.

 **Ein Restaurant mit anspruchsvoller Küche.**

 Dieses Restaurant bietet Ihnen ein gutes Genuss-/Preisverhältnis.

Mettlach

🍴 Buchnas Dorfküche   Bhf→6 km

✉ 66693 · Buchnas Landhotel Saarschleife e. K., Cloefstraße 44 · ☎ 0 68 65 17 90 · Fax: 1 79 30 · Gehobene Regionale und feine Internationale Küche · **Tische:** 20/50 Plätze
info@hotel-saarschleife.de · www.hotel-saarschleife.de ·

Speisekarte: 11 Hauptgerichte von 24,00 bis 36,00 €; Tagesmenü zu 39,00 €; 1 Menü von 59,00 bis 69,00 €

Angenehm entspannt und einladend ist die Atmosphäre im Restaurant „Buchnas Dorfküche". Seit über 30 Jahren ist Celine Weisse dem Haus verbunden, steht dort am Herd und präsentiert den Gästen eine frische und jahreszeitlich geprägte Küche. Die Zutaten kommen vorzugsweise aus dem Umland und werden ökologisch und ökonomisch sinnvoll verarbeitet, Regionalität und Nachhaltigkeit sind unabdingbar. Die frisch zubereiteten Speisen sind sorgfältig durchdacht, klar und unverfälscht. Wirklich angenehm ist, dass man je nach Gusto die Hauptspeisen auch als kleine Portion bestellen kann und es auch vegetarische und vegane Speisen gibt. Sabine Buchna ist die gute Seele des Hauses, kümmert sich um alle Details und sorgt im Restaurant gemeinsam mit ihrem freundlichen Team für einen freundlichen Service.

🏨 Buchnas Landhotel Saarschleife   Bhf→6 km

✉ 66693 · Buchnas Landhotel Saarschleife e. K., Cloefstraße 44 · ☎ 0 68 65 17 90 · Fax: 1 79 30 · Attraktive Arrangements, Zimmerpreise inkl. Frühstück, Day-Spa
18 km
info@hotel-saarschleife.de · www.hotel-saarschleife.de ·

32 **DZ** ab 180,00 €;
4 **(Jui.-)Suiten** ab 310,00 €

In zehn Minuten am Naturdenkmal Saarschleife – mitten im romantischen Saarland liegt Buchnas Landhotel Saarschleife mit vier Sternen, in dem der Gast mit traditioneller Gastfreundschaft von Familie Buchna herzlich willkommen geheißen wird. Es warten ländlich-moderne Wohlfühlzimmer (Preise inklusive Frühstück) und eine 500 m² große moderne Spa- und Wellnessanlage, in der man neue Kraft und Energie tanken kann. Businessgäste wissen das erstklassige Angebot an Tagungsmöglichkeiten (mit individuellen oder vorgefertigten Packages) in produktiver Arbeitsatmosphäre zu schätzen. Aber auch private Feierlichkeiten profitieren von den exzellenten Räumlichkeiten, Locations und top begleiteten Events. Die Hotelbar mit regionalen Getränken und die Dorfküche gehören zum gastronomischen Angebot. Ein professionelles und sehr liebenswürdiges Mitarbeiterteam umsorgt die Gäste

umsichtig und hat auch für individuelle Wünsche ein offenes Ohr. Eine Fülle attraktiver Arrangements steht rund ums Jahr zur Auswahl. Die Region bietet eine Fülle toller Freizeitmöglichkeiten für Groß und Klein – Wandern, Biken, Outlet-Shopping Center, die Erlebniswelt von Villeroy & Boch, das UNESCO Weltkulturerbe Völklinger Hütte sind nur eine kleine Auswahl davon.

Mittenwald

Das Marktrestaurant

Bhf→1 km

✉ 82481 · Dekan-Karl-Platz 21 · ☎ 0 88 23 9 26 95 95 · Fax: 9 26 96 07
Neue u. Regionale Küche · **Tische:** 16/42 Plätze
info@das-marktrestaurant.de · www.das-marktrestaurant.de

Speisekarte: 6 Hauptgerichte von 32,00 bis 59,00 €; 3 Menüs von 115,00 bis 159,00 €   80 Weinpos. Das Interieur im „Marktrestaurant" ist eine herrlich bunte und doch dezente, Mischung aus rustikalem Bruchstein, mediterranen Farbtönen, Holzdielen, stilvollen Stühlen, blanken Tischen, antiken Möbeln, alten und neuen Bildern. Man spürt, dass Nancy und Andreas Hillejan mit Herzblut bei der Sache sind. Andreas Hillejan steht am Herd und beginnt seine Arbeit mit dem Einkauf erstklassiger Zutaten, die bevorzugt aus dem Umland kommen. Er arbeitet mit Können, Sorgfalt und einer großartigen Fülle kreativer Ideen, die in seine "Karwendelküche" münden. Die verbindet Traditionelles mit zeitgeistigen Elementen, ist in der Region verwurzelt, wird aber leicht, modern und innovativ neu interpretiert. Er spielt mit Aromen, Texturen und verschiedenen Garmethoden. Nancy Hillejan ist herzliche Gastgeberin, immer ansprechbar und leitet mit guter Laune ihr zugewandtes Serviceteam. Für private Feiern stehen wunderschöne Räumlichkeiten, u. a. der historische Gewölbekeller, zur Verfügung. Die Innenhofterrasse mit herrlichem Karwendel-Blick garantiert eine perfekte Auszeit vom Alltag. Zum umfangreichen Angebot gehören auch ein exklusives Catering, kulinarische Events rund ums Jahr und nur ein paar Häuser weiter am Dekan-Karl-Platz 13 der einladende Genuss-Shop mit feinen Spezereien.

Mitterskirchen

Freilinger Wirt

Bhf→6 km

✉ 84335 · Hofmarkstraße 5 · ☎ 0 87 25 2 00 · Fax: 74 77
Regionale Küche · **Tische:** 16/90 Plätze
info@freilinger-wirt.de · www.freilinger-wirt.de

Speisekarte: 12 Hauptgerichte von 15,90 bis 42,00 €; 2 Tagesgerichte von 19,00 bis 42,00 €; 2 Menüs von 39,00 bis 65,00 €   75 Weinpos. Wenn es um Speis und Trank geht, ist der „Freilinger Wirt" über Mitterskirchen hinaus ein Begriff, denn bereits seit 1870 können hier hungrige Gäste – egal ob Einheimische oder Touristen – einkehren und alle Vorzüge einer echten Wirtshauskultur genießen. Seit Sohn Michael, dank Lehr- und Wanderjahren in der internationalen Sternegastronomie bestens gerüstet, in den elterlichen Betrieb zurückgekehrt ist, gibt es hier mehr als deftige Schmankerl. Noch immer wird ausschließlich frisch gekocht, noch immer kommen bekannte Zutaten auf die Teller. Die Tradition wird nun durch regionale, innovative Küche bereichert und erweitert. Die Zutaten für seine Regionalküche, die er neu interpretiert und in einem frischen Gewand präsentiert, kommen von bekannten Händlern, Erzeugern und Höfen aus dem Umland und genügen einem hohen Qualitätsstandard (Fleisch-

Mitterskirchen

und Wurstwaren sind aus der eigenen Metzgerei, Kräuter aus dem eigenen Garten). Geschmacksverstärker und Fertigsaucen gibt es nicht, stattdessen eine gehörige Portion Freude am Kochen mit der genau richtigen Prise Kreativität. Da die Karte oft häufiger als monatlich wechselt, finden sich dort auch immer saisonale Spezialitäten, und natürlich fehlen auch die klassischen bayerischen Schmankerl nicht. Fragen und Bitten begegnet Michael Freilinger gerne kommunikativ selber, während Vater Ludwig den Service leitet. Verschiedene, behagliche Räumlichkeiten stehen für aufmerksam begleitete Feierlichkeiten bereit. Der gemütliche Biergarten ist an warmen Tagen ein beliebter Treffpunkt.

Moers

♜ Kurlbaum

Bhf→3 km

✉ 47441 · Burgstraße 7 · ☎ 0 28 41 2 72 00 · Fax: 2 23 55
Neue Küche, eig. Kreat. · **Tische:** 10/50 Plätze
kontakt@restaurant-kurlbaum.de · www.restaurant-kurlbaum.de

Speisekarte: 4 Menüs von 65,00 bis 89,00 €

❦❦🐌   182 Weinpos.

Das in der Altstadt gelegene, traditionsreiche Restaurant ist zeitlos modern eingerichtet. Chefkoch Detlev Hufschmidt arbeitet präzise und mit kreativer Freude bei der Zubereitung aromensicherer und harmonischer Speisen. Auch der Service überzeugt.

Mönchengladbach

♜ Weinhof Voosen

✉ 41179 · Voosen 51a · ☎ 0 21 61 58 10 27
Deutsche und Regionale Küche
info@weinhof-voosen.de · www.weinhof-voosen.de

VISA

Speisekarte: 11 Hauptgerichte von 21,00 bis 36,00 €
❦❦

Der Weinhof Voosen ist im historischen Gebäude einer ehemaligen Sauerkrautfabrik beheimatet und urgemütlich eingerichtet. Das Motto von Patron und Chefkoch Denny Neumann „Unsere Heimat, unsere Liebe" setzt er in seiner unverfälschten und aromenstarken Saisonküche gekonnt in die Tat um und nutzt dabei traditionelle Küchentechniken wie Fermentieren, Räuchern, Pökeln, Einwecken uvm.

Hotels und Restaurants mit diesem Zeichen befinden sich in einem historischen Gebäude.

Moosbach

Bhf→25 km **Landhotel Goldenes Kreuz**

✉ 92709 · Saubersrieth 12 · ☎ 0 96 56 3 04 · Fax: 17 28 · Rest. mit gehobener regionaler Küche, Biergarten, Catering, Zimmerpreise inkl. Frühstücksbuffet
🍴♨♿🅿🐕‍🦺🚭 ✈ 20 km   VISA ●● 💳
info@landhotel-goldenes-kreuz.de · www.landhotel-goldenes-kreuz.de · f

26 **DZ** ab 150,00 €;
als **EZ** von 80,00 bis 100,00 €;
1 **Familienzimmer**

Das Landhotel „Goldenes Kreuz" wird mit viel Herzblut engagiert von Familie Schieder geführt, ist im regionalen Landhausstil eingerichtet und mit den individuell gestalteten, komfortablen Zimmern ein behagliches Zuhause auf Zeit. Ruhig gelegen, kann man hier herrlich entspannen. Für Feierlichkeiten, die von A-Z individuell geplant werden, steht ein schöner Festsaal zur Verfügung. Das Haus ist ein idealer Ausgangspunkt für Biker, Radfahrer und Wanderer, die die vielen ausgesuchten und gut ausgeschilderten Routen durch das herrliche Naturparkland Oberpfälzer Wald zu jeder Jahreszeit nutzen können. Auch kulinarisch ist man mit der gehobenen regionalen Küche im behaglichen Restaurant bestens auf die Gäste eingestellt.

Bhf→25 km **Landhotel Goldenes Kreuz**

✉ 92709 · Saubersrieth 12 · ☎ 0 96 56 3 04 · Fax: 17 28
Regionale Küche · **Tische:** 25/84 Plätze   VISA ●● 💳
info@landhotel-goldenes-kreuz.de · www.landhotel-goldenes-kreuz.de · f

Speisekarte: 14 Hauptgerichte von 16,00 bis 33,00 €
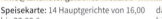 30 Weinpos.

Dass Sonja und Michael Schieder in ihrem Landhotel Gastgeber aus Leidenschaft sind, ist auch im Restaurant allgegenwärtig. Sie arbeiten mit hohem Eigenanspruch und dem Wunsch, jedem Gast einen schönen Aufenthalt und perfekten Genuss zu ermöglichen. Unprätentiös, einladend und behaglich eingerichtet, fühlt man sich hier sofort wohl und wird von der Dame des Hauses und ihrem Serviceteam aufmerksam betreut. Michael Schieder kehrte nach kulinarischen Lehr- und Wanderjahren in seine Heimat und den elterlichen Betrieb zurück und zeigt, dass er zusätzlich zum Erlernten eine gehörige Portion Kreativität mitbringt, um seine grundehrliche Küche zu bereichern. Er nutzt bevorzugt das reiche Warenangebot der Region und arbeitet mit bekannten Händlern und Erzeugern zusammen. Die erntefrischen Top-Zutaten spiegeln auch die wechselnden Jahreszeiten wider und münden in handwerklich perfekte, regionale Speisen mit unverfälschtem Geschmack, die mit pfiffigen Ideen gerne neu interpretiert werden. Die Sonntagskarte und verschiedene kulinarische Specials sorgen rund ums Jahr für zusätzliche Abwechslung. Die hübsche Terrasse und der Biergarten werden im Sommer zum Genussziel.

Die Küchenleistung dieses Restaurants ist hervorhebenswert in seiner Kategorie.

 Sie finden diese Hotels und Restaurants auch bei facebook oder instagram.

Mulfingen

🏨 Landgasthof Jagstmühle Bhf→15 km

✉ 74673 · Jagstmühlenweg 10 · ☎ 0 79 38 9 03 00 · Fax: 9 03 03 36 · Restaurant, Bar, Bibliothek, Wintergarten, Terrasse, Event-Scheune, Frühstücksbuffet (im Zi.-Preis inkl.)
🍴🛏🏠🅿🚭🐾🛜 30 km
rezeption@jagstmuehle.de · www.jagstmuehle.de · f   VISA AE ● ec

26 **DZ** ab 155,00 €;
als **EZ** ab 125,00 €

Im Hohenloher Land, im Herzen des Jagsttals, liegt das liebevoll und mit Bedacht restaurierte Hotel Jagstmühle mit Haupt- und Gästehaus. Hier kann man inmitten einer wunderschönen Naturlandschaft den Alltag hinter sich lassen, dem Plätschern der Jagst und dem Zwitschern der Vögel lauschen, auf der kleinen Insel den Tag verträumen. Der sympathische Gastgeber Steffen Mezger führt seit Mitte Oktober 2021 den Landgasthof Jagstmühle. Begleitet von einem sehr liebenswürdigen und familiären Service steht nachhaltiger Erholung nichts im Wege. Die großzügig geschnittenen Zimmer (Preise inkl. Frühstück) sind sehr charmant gestaltet, natürliche Materialien wie Holz und Stein prägen die Einrichtung und fügen sich zu einem eleganten Landhausstil. Fast alle Zimmer im Gästehaus haben eine eigene Terrasse mit Fluss-Blick. Die umsichtig ausgestatteten Tagungs- und Veranstaltungsräume ermöglichen effektives Arbeiten und unbeschwertes Feiern in einer inspirierenden Umgebung. Vielfältige Freizeitmöglich-

keiten rund um die Jagstmühle warten – gerne hilft das Hotelteam mit Tipps weiter. Wandern und Radeln, Angeln, Kanu fahren, Reiten, Freilichtspiele in Jagsthausen, Konzerte, malerische Städtchen wie Rothenburg ob der Tauber sowie Burgen und romantische Schlösser sind nur einige der Möglichkeiten, den Tag zu gestalten. Die Scheune steht für individuell betreute Events aller Art bereit. Innerhalb attraktiver Arrangements sollte man die Jagstmühle am besten bald einmal selber kennenlernen.

Hervorragendes Hotel mit außergewöhnlichem Komfort

Mulfingen

Bhf→15 km ### 🍴 Landgasthof Jagstmühle
✉ 74673 · Jagstmühlenweg 10 · ☎ 0 79 38 9 03 00 · Fax: 9 03 03 36
Neue u. gehobene Regionale Küche · **Tische:** 10/50 Plätze   VISA AE ● ᴅᴄ
rezeption@jagstmuehle.de · www.jagstmuehle.de · f

Speisekarte: 9 Hauptgerichte von 19,00 bis 42,00 €; 3 Feinschmeckermenüs / im Kaminzimmer serviert von 75,00 bis 195,00 €

✿✿✿✿🍴🍴   150 Weinpos.

Einladende Landhausromantik prägt das Restaurant im Landgasthof Jagstmühle, das im Kaminzimmer beheimatet ist und in dem traditionelle Stilelemente mit eleganten harmonisch kombiniert werden. Dank großzügig gestellter Tische sitzt man in angenehmer Privatheit und kann sich auf sorgfältig zubereite Gourmetmenüs aus der Küche von Chefkoch Steffen Mezger freuen. Er ist in seiner Hohenlohe-Heimat fest verwurzelt und nutzt das reichhaltige Warenangebot der Region für seine kreativen Speisen. Die Produkte dafür bezieht er von bekannten Händlern und Erzeugern im jahreszeitlichen Kreislauf und kombiniert sie mit raffinierten Ideen und präzisem Handwerk. Gerne interpretiert er tradierte Rezepturen neu, gibt ihnen eine leichte und innovative Note. Jeder einzelne Teller wird auch optisch zu einem kleinen Kunstwerk und unterstreicht, dass Steffen Mezger mit echter Leidenschaft und Freude kocht. Der Service ist überaus kompetent, sehr liebenswürdig und hat bei kleinen Sonderwünschen ein offenes Ohr. Die gewohnt vielseitige Jagstmühlen-Karte wird im charmant eingerichteten Restaurant gereicht. Rund ums Jahr gibt es zudem verschiedene kulinarische Specials.

München

Acquarello 🍴🍴🍴

Bhf→5 km

✉ 81677 · Mühlbaurstraße 36 · ☎ 0 89 4 70 48 48 · Fax: 47 64 64
Ital.-Mediter. Küche, eig. Kreationen · **Tische:** 18/70 Plätze   VISA ● ᴅᴄ
info@acquarello.com · www.acquarello.com

Speisekarte: 3 Hauptgerichte von 45,00 bis 69,00 €; 1 Mittagsmenü zu 85,00 €; 1 Menü zu 169,00 €

✿✿✿✿🍴   200 Weinpos.

Das "Acquarello" ist Mario Gamba und Mario Gamba ist das "Acquarello" – mit Hingabe führt er sein Restaurant und mit großer Leidenschaft kocht er. Neugierde, Offenheit und Fleiß sind immer dabei, wenn er die aromenstarken Speisen seiner verführerischen "Cucina del Sole" präsentiert.

München

Bavarie Bhf→10 km

✉ 80809 · Am Olympiapark 1 · ☎ 0 89 3 58 99 18 18 · Fax: 3 58 99 18 25
Neue Küche · **Tische:** 20/80 Plätze
bavarie.bmw-welt@feinkost-kaefer.de · www.bavarie-muenchen.de · f

Speisekarte: 6 Hauptgerichte von 26,50 bis 31,50 €; 1 Mittagsmenü ab 37,00 €; 1 Dinner, 4-Gang ab 56,00 €

♡♡♡   40 Weinpos.

Die „Bavarie" in der ersten Etage der BMW-Welt ist perfekt für den unkomplizierten Genuss und so entspannt und lässig, dass sich Geschäftsreisende, Touristen, Fahrzeugabholer und Familien gleichermaßen wohlfühlen. Hier gehen französisch inspirierte Brasserie und bayerische Gasthaus-Kultur eine geniale Verbindung ein. Üppige Pflanzen ranken von den Decken und werden zum Hingucker, alternativ schaut man in die BMW-Welt oder den Olympiapark. Aber am besten blickt man auf den Teller, denn dort präsentiert Chefkoch Henning Aldag einen gelungenen Mix aus traditionellen, regionalen Rezepturen und aromenprononcierten Bistro-Klassikern. Erntefrische, heimische, nachhaltig produzierte Produkte sind die Basis seiner Küche. Ob kleine Gerichte, Suppen, Salate oder im Sommer frisch Gegrilltes auf einer der schönsten Restaurant-Terrassen in München, Frankophiles wie Coq au Vin oder Bayerisch-Österreichisches wie das Wiener-Schnitzel – hier findet sich für jeden Geschmack das Richtige. Ein aufmerksames, gut aufgelegtes Serviceteam begleitet den Restaurantbesuch.

🍴 Bayerischer Hof Bhf→1 km

✉ 80333 · OT Altstadt · Promenadeplatz 2-6 · ☎ 0 89 2 12 00 · Fax: 2 12 09 06
Restaurants, Frühstücksbuffet 48,- € p. P., Cinema-Lounge, Dachterrasse
7 km
info@bayerischerhof.de · www.bayerischerhof.de · f

263 **DZ** von 480,00 bis 820,00 €;
74 **Suiten** von 950,00 bis 15500,00 €

Unter den großen Hotels der Welt besticht das Hotel Bayerischer Hof – seit 1897 im Besitz der Familie Volkhardt – im Herzen der Isar-Metropole durch seinen vornehmen Luxus in Verbindung mit legerer Weltläufigkeit. Stilistisch reicht die Vielfalt bei Zimmern und Suiten von Kolonial- und Cosmopolitan-Atmosphäre über Grand Hotel-Grandezza hin zur Reihe in Perlgrau- und Champagnertönen. Weitere exklusive Zimmer finden sich im erlesenen von Axel Vervoordt designten Süd- und Nordflügel, hier ist die 350 m² große Penthouse Garden Suite mit einer Terrasse, die sich über drei Seiten erstreckt und einen atemberaubenden Ausblick über München gewährt, unumstrittenes Highlight. Gemeinsam ist allen Zimmern stets der unvergleichliche Komfort. Im von Andrée Putman gestalteten Blue Spa, einem luxuriösen Wellnessbereich in der 7. Etage, entspannt man sich über den Dächern Münchens mit Blick auf die Frauenkirche. Elegant-lebhafte Treffpunkte sind das Atrium, die „falk´s Bar" und der Night Club mit Live-Jazz-Programm. Insgesamt punktet das Haus mit sechs Bars und fünf Restaurants. Für Konferenzen und Feiern stehen 40 Tagungsräume sowie Ballsäle zur Verfügung. Das Premiumkino astor@Cinema Lounge mit modernster Technik kann auch für Präsentationen gemietet und genutzt werden. Ein weiteres Glanzlicht des Hauses ist der von Jouin Manju gestaltete Dachgarten, der das Frühstück mehr als

416

München

gekonnt in Szene setzt: Zweigeteilt, mit bodentiefen Fenstern und Dachterrasse kann man vor der Münchner Skyline vom klassischen Buffet oder aus nicht weniger als 7 (!) verschiedenen à-la-carte-Frühstücken wählen.

Bhf→1 km

♜ Bayerischer Hof – Garden

✉ 80333 · OT Altstadt · Promenadeplatz 2-6 · ☎ 0 89 21 20 993 · Fax: 2 12 09 06
Gehobene Regionale und Brasserie Küche · **Tische:** 13/47 Plätze VISA AE ⬤ ⬤ ⬤
info@bayerischerhof.de · www.bayerischerhof.de · f

Speisekarte: 10 Hauptgerichte von 26,00 bis 68,00 €

♦♦♦♦ ⬟⬟⬟ 450 Weinpos.

Das Restaurant "Garden" im Parterre des Haupthauses wurde ebenso wie das Gourmetrestaurant von Axel Vervoordt gestaltet, der hier mit einem Kamin das Restaurant vom Garden-Salon mit angrenzender Garden-Terrasse unterteilt und dank Industrial-Style-Akzenten eine unprätentiöse, lässige Atmosphäre schafft – perfekt, um durchaus spontan einen Tag in der bayerischen Metropole genussreich zu unterbrechen. Das kulinarische Konzept "Green Gusto" von Chefkoch Philipp Pfisterer passt zur unbeschwerten Atmosphäre, verbindet es doch Klassiker mit zeitgemäßen, leichten Gerichten, saisonalen Gemüsen, frischen Kräutern und wird zusätzlich durch Rôtisserie-Spezialitäten ergänzt. Auch Vegetarisches und Veganes findet sich im facettenreichen Angebot. Bei Fragen und kleinen Sonderwünschen ist Gernot Pichler mit seinem zuverlässigen Serviceteam ein aufmerksamer Ansprechpartner.

 Sie finden diese Hotels und Restaurants auch bei facebook oder instagram.

München

♜ Bayerischer Hof – Atelier

Bhf→1 km

✉ 80333 · OT Altstadt · Promenadeplatz 2-6 · ☎ 0 89 2 12 09 93 · Fax: 2 12 09 06
Kreative saisonale Gourmetküche auf höchstem Niveau · **Tische:** 10/30 Plätze

info@bayerischerhof.de · www.bayerischerhof.de

Speisekarte: 2 Menüs von 195,00 bis 275,00 €

450 Weinpos.

Kunstvoll wurde das Atelier gestaltet und kunstvoll geht es dort auch kulinarisch zu. Handgefertigte Möbel in greifbarer Ursprünglichkeit, dunkle Naturtöne und eine indirekte Illumination, die dem Restaurant eine goldschimmernde Patina gibt, fügen sich zu einer urbanen Kulisse und unterstreichen den kosmopolitischen Charakter des Restaurants, dessen Interior Design von Axel Vervoordt, einem Kunsthändler mit internationalem Renommee, entworfen wurde. Anton Gschwendtner ist für das kulinarische Geschehen verantwortlich. Neugierig und experimentierfreudig, ist er zusätzlich ein Perfektionist, der zusammenfügt, was zusammenpasst. Auch wenn die verschiedensten Aromen und Texturen vordergründig in spannungsvollem Kontrast stehen können, am Ende münden sie in ein ausbalanciertes Menü von großer Dichte und Eleganz. Das Produkt – bevorzugt unter nachhaltigem Aspekt regional und saisonal eingekauft – steht im Fokus und wird mit Fantasie und Expertise zu klassischen Gourmandisen mit französischen Elementen und manchmal auch japanischen Akzenten kombiniert. Erstklassiges Beispiel seiner Kunst war die Miéral Taube mit kräftigem Trevisano Tardivo, Granatapfel, Pinienkernen und Aceto Balsamico. Daniela Heizmann ist zugewandte und charmante Gastgeberin, liebenswürdig und natürlich begleitet sie mit ihrem Topteam durch den Abend. Begleitende Weine gibt es in erstklassiger Auswahl, hier berät Shahzad Talukder mit ungeheurem Fachwissen und Sensibilität. Wer den Restaurantbesuch mit einem ganz besonderen geschäftlichen oder familiären Ereignis verbinden möchte, kann das hinter einer mobilen Wand verborgene, behagliche Privé (für bis zu 10 Personen) nutzen.

Brothers

✉ 80801 · OT Schwabing · Kurfürstenstraße 31 · ☎ 01 70 4 09 19 10
Neue und Klassische Küche
hello@brothers-munich.com · www.brothers-munich.com

Speisekarte: 3 Hauptgerichte von 54,00 bis 57,00 €; 1 Menü zu 168,00 €

450 Weinpos.

Die Zwillinge Tobias und Markus Klaas sind Sommelier und Maître in ihrem schlicht und stylish eingerichteten Restaurant mit Showküche, in dem Küchenchef Daniel Bodamer für aromen-

München

starke und facettenreiche Speisen sorgt. Er kocht weltoffen, pflegt keinen festgefahrenen Stil und überrascht mit raffinierten Kombinationen.

Bhf→400 m **Dallmayr – Restaurant Alois**

✉ 80331 · Dienerstr. 14-15 · ☎ 0 89 21 35-100 · Fax: 21 35-441
Klassische und Neue Küche · **Tische:** 13/30 Plätze
alois@dallmayr.de · www.dallmayr.com/alois · f

Speisekarte: 1 Mittagsmenü von 185,00 €; 1 Abendmenü von 285,00 €
♥♥♥♥♥ 🍷🍷🍷 1.000 Weinpos.

Der erste Eindruck des Gourmetrestaurants „Alois" ist: ausgefallen, charmant, einladend und behaglich. Das Interior Design ist eine wunderschöne Mischung aus warmen Rottönen, Marmor, Messing und 1920er-Jahren Elementen und wird von einer sehr edel gestalteten Wand mit Kranichmotiven (die sich auch auf der Menükarte finden) ergänzt, so dass eine mild exotische, weltoffene Atmosphäre den Raum prägt. Mit Rosina Ostler steht eine Frau am Herd, die nach wirklich erstklassigen Karrierestationen in ihre Heimatstadt zurückgekehrt ist und hier mit großer Präzision, Freude und Können ihr modernes Küchenkonzept umsetzt. Basis allen Tuns sind erstklassige und exklusive Produkte, die die jahrhundertelange Expertise des Dallmayr'schen Delikatessen-Reichs widerspiegeln. Klassische Küche wird von ihr leicht und neu interpretiert wie die Zubereitung eines Hirschkalbs nach Art eines Filet Wellington. Scheinbar spielerisch, aber nicht verspielt, sondern unverfälscht, kombiniert sie die Ingredienzien und kreiert expressive, aromenbetonte Speisen voller Tiefe. Julien Morlat ist ein zuvorkommender, natürlich agierender Maître, dem ein gut geschultes Team zur Seite steht. Er ist Hüter des rund 1.000 Positionen umfassenden Weinschatzes und spricht kenntnisreiche und sensible Empfehlungen aus.

les étoiles
Fine Dining Stories

Unsere kulinarischen Momente zum Miterleben in Film, Foto und Text.

www.les-etoiles.de

419

München

ESSENCE GOURMET

Bhf→100 m

✉ 81245 · Gottfried-Keller-Str. 35 · ☎ 0 89 80 04 00 25
Klassische, Neue u. Internationale Küche · **Tische:** 15/30 Plätze
info@essence-restaurant.de · www.essence-restaurant.de

Speisekarte: 2 Menüs von 135,00 bis 149,00 € ♦♦♦ 🥂   120 Weinpos.

Das Restaurant "ESSENCE GOURMET" in Münchens Stadtteil Pasing gefällt mit einem dezent gestalteten Interieur: Farbtöne in hellem Mokka und Creme, eine historisch anmutende Wandgestaltung in raffiniertem Vintagestil und schlicht-elegante Tischkultur verbinden sich zu einer entspannten, kosmopolitischen Atmosphäre. Daniela und Daniel Roch arbeiten mit großem Einsatz, führen ihr Restaurant mit leichter Hand, setzen auf junge Mitarbeiter, flache Hierarchien und sorgen dafür, dass es eine erstklassige kulinarische Adresse ist. Chefkoch Phillip Schnabel kocht konzentriert und unverfälscht. Nur beste Zutaten – bevorzugt aus dem Umland – gelangen in seine Küche, wenn ihre Zeit reif ist und werden gekonnt und nachhaltig verarbeitet. Die Speisen sind in der französischen Klassik verwurzelt, greifen aber auch Elemente mediterraner und asiatischer Aromenwelten auf. Mit großer kreativer Freiheit

kann Phillip Schnabel sein Können unter Beweis stellen und platziert die sorgsam ausgetüftelten Zusammenstellungen auch optisch verführerisch ins Tellerrund. Daniela Roch leitet den zuvorkommenden Service mit großer Liebenswürdigkeit und Leidenschaft. Im Sommer wartet eine wunderschöne, große Terrasse, die zum Verweilen und Genießen einlädt.

Gabelspiel

Bhf→5 km

✉ 81539 · Zehentbauernstraße 20 · ☎ 0 89 12 25 39 40
Klassische Küche · **Tische:** 6/20 Plätze
info@restaurant-gabelspiel.de · www.restaurant-gabelspiel.de

Speisekarte: 1 Menü von 175,00 bis 185,00 €
♦♦♦

Chefkoch Florian Berger kocht auf der Basis klassischer französischer Küche und spielt gekonnt mit Würzungen, Aromen und Texturen, um die bevorzugt regionalen Zutaten virtuos in innovative und genussreiche Geschmackswelten münden zu lassen.

München

EssZimmer ♟♟♟♟♟

Bhf →10 km

✉ 80809 · Am Olympiapark 1 · ☎ 0 89 3 58 99 18 14 · Fax: 3 58 99 18 25
Klassische u. Neue Küche · **Tische:** 14/40 Plätze
esszimmer.bmw-welt@feinkost-kaefer.de · https://www.feinkost-kaefer.de/
esszimmer-muenchen ·

Speisekarte: 2 Menüs von 190,00 bis 270,00 €

♨♨♨♨♨ 🍷🍷🍷 550 Weinpos.

Ein Aufzug fährt den Gast in den dritten Stock der BMW Welt. Hier wartet hinter dem Lounge-Bar-Bereich das „EssZimmer", in dem die außergewöhnliche Architektur des Hauses mit der Raffinesse des Interieurs eine perfekte Symbiose eingeht. Von den edel eingedeckten Tischen aus schaut man durch die bodentiefe Fensterfront in den Hightech-BMW-Showroom. Puristische Holzregale mit interessanten Objekten und klassische Eames-Loungechairs unterstreichen den niveauvollen Charakter des Restaurants. Aussparungen in den Wänden erlauben spannende Einblicke in die mittig gelegene Küche, wo Bobby Bräuer das kulinarische Zepter an seine rechte Hand, Jens Madsen, weitergegeben hat. Gemeinsam mit dem eingespielten Team werden präzise und gekonnt Speisen zubereitet, die genussreiche Beispiele für exzellentes casual fine dining sind. Handverlesene Topzutaten kombiniert der neue Chefkoch mit eigener Handschrift zu ausdrucksstarken, innovativen Kompositionen. Seinen aromenbetonten, unverfälschten und verständlichen Menüs liegt klassische Haute Cuisine zugrunde, vor deren Hintergrund er seinen expressiven Stil weiterentwickelt. Stefanie Davis leitet charmant und unaufgeregt ihr Serviceteam, das entspannt und konzentriert zum reibungslosen Ablauf des Restaurantbesuchs beiträgt. Herr der Weine ist Ireneo Tucci, der seine Leidenschaft für edle Tropfen und sein großes Fachwissen in sensiblen Empfehlungen und spannenden Tipps zu bündeln weiß.

 Restaurant mit einer der besten Küchen des Landes.

München

JAN

Bhf→1,5 km

✉ 80333 · Luisenstraße 27 · ☎ 0 89 23 70 86 58
Klassische und Moderne Küche · **Tische:** 10/40 Plätze
reservation@jan-hartwig.com · www.jan-hartwig.com · f

VISA AE ● EC

Speisekarte: 1 Mittagsmenü von 295,00 bis 340,00 €; 1 Abendmenü ab 340,00 €
❤❤❤❤❤ 🍇🍇 400 Weinpos.

Fraglos, Jan Hartwig hat mit seinem Restaurant „Jan" binnen kürzester Zeit ein Gesamtkunstwerk geschaffen, dessen Wirkung sich bereits beim Betreten entfaltet. Das Interieur ist von betörender Schlichtheit und erlesener Klasse. Der Douglasien-Holzboden findet seine Entsprechung in offenen Kassetten-Elementen an der Decke und wird durch Kalkputz-Wände, runde Eichentische und ein Regal mit blauen Glasböden ergänzt. Ein Ort des Genusses, an dem es mühelos gelingt, sich unaufgeregt wohlzufühlen. Jan Hartwigs Küche ist von einer faszinierenden Klarheit und Schnörkellosigkeit und man könnte Stunden mit dem Sinnieren darüber verbringen, wie es ihm gelingt so unglaublich fokussiert und ausdrucksstark zu kochen. Beste Produkte, bevorzugt aus der Region, sind die Grundlage, präzises Handwerk, klassische und moderne Techniken, traditionelle und originelle Aromatik und natürlich Fantasie und faszinierende Ideen kommen hinzu. Er bietet ein Sieben-Gänge-Menü an, das sich durch Signatur-Dishes er-

gänzen bzw. verändern lässt. Wer in einem besonders exklusiven Rahmen speisen möchte, wählt den Private Dining Room für bis zu 18 Personen im hinteren Teil des Restaurants. Der zuvorkommende, umsichtige und natürlich agierende Maître Kilian Skalet leitet ein top geschultes Serviceteam und ist präsenter Ansprechpartner für seine Gäste. Das ist auch Julia Kolbeck, wenn es um korrespondierende Weine geht. Die exzellent bestückte Karte gibt dank ihrer formidablen Beratung einige Geheimtipps preis.

❤❤❤❤ **Exzellente Serviceleistung**

 Hervorhebenswert in seiner Kategorie

München

KOMU

✉ 80331 · Hackenstraße 4 · ☎ 0173 156 0415
Klassische und Neue Küche · **Tische:** 10/35 Plätze
hello@komu-restaurant.de · www.komu-restaurant.de · f

Speisekarte: 1 Mittagsmenü ab 139,00 €;
1 Menü ab 279,00 €

✿✿✿✿🞖🞖 250 Weinpos.
Es trägt durchaus zur einladenden Atmosphäre im KOMU bei, dass direkt hinter dem Entree eine Bar wartet, die man perfekt zum Aperitif oder Digestiv nutzen kann. Helles Holz, helle Wände, Sitznischen mit kleinen Tischen – die Gestaltung des Interieurs ist schlicht, elegant und unterstreicht die lässige, herrlich unverkrampfte Atmosphäre. Patron und Chef de Cuisine Christoph Kunz wollte mit seinem Restaurant einen Ort der Begegnung und des Genusses für alle Sinne schaffen – mission fulfilled, kann man da nur sagen. Mit einer kulinarischen Vita der feinsten Adressen ausgestattet, ist es ihm eine Freude, sein Können mit seinen eigenen Ideen zu verschmelzen und Speisen zu kreieren, die selten mehr als drei Zutaten benötigen, um ihr breites Spektrum an Aromen, Würzungen und Texturen zu offenbaren. Manchmal wagemutig und kühn, aber immer verständlich, sind die Kombinationen faszinierende Unikate mit bleibendem Erinnerungswert. Maître Maximiliane Lemli und sein top geschultes Team agieren so zurückhaltend wie zugewandt. Die faszinierend vielseitige Wein- und Getränkebegleitung obliegt Alena Büker mit ihren kenntnisreichen, sensiblen Tipps.

Sie finden diese Hotels und Restaurants auch bei facebook oder instagram.

423

München

Les Deux by Kieffer

Bhf→800 m

✉ 80333 · Maffeistraße 3a · ☎ 0 89 7 10 40 73 73 · Fax: 7 10 40 73 74
Klassische u. Neue Küche · **Tische:** 20/55 Plätze
info@lesdeux-muc.de · www.lesdeux-muc.de

Speisekarte: 2 Hauptgerichte ab 59,00 €;
1 Menü von 150,00 bis 198,00 €

🍷🍷🍷🍷🍷 🥂🥂🥂 800 Weinpos.

Katrin und Fabrice Kieffer sind nicht nur ausgezeichnete Gastgeber, sie sind herzliche, charmante und mithin perfekte Gastgeber. In ihrem in unmittelbarer Nähe zur Frauenkirche gelegenen "Les Deux by Kieffer" haben sie ein Gourmetrestaurant etabliert, das keine Schwellenängste hervorruft, sondern mit einem zeitlos-eleganten Interieur und kosmopolitischer Atmosphäre zum entspannten Genuss einlädt. Chefköchin Nathalie Leblond liebt ihr Handwerk, sie kocht mit Leidenschaft und vielen, vielen kreativen Ideen. Aus saisonfrischen Topzutaten stellt sie Speisen zusammen, die in der Klassik verwurzelt sind, aber dank ihrer Tüfteleien und raffinierten Kombinationen deutlich darüber hinausgehen und moderne Elemente mit einbeziehen. Weil sie stets für Neues offenbleibt, wird ihre Küche nie langweilig, was den Gast gerne zum Wiederholungstäter macht. Vincent Leblond begleitet mit einem gut geschulten Serviceteam den Restaurantbesuch und weiß wertvolle Tipps zur hinreißend sortierten Weinkarte geben.

Les Deux Brasserie by Kieffer

Bhf→800 m

✉ 80333 · Maffeistraße 3a · ☎ 0 89 7 10 40 73 73 · Fax: 7 10 40 73 74
Neue und Mediterrane Küche · **Tische:** 15/45 Plätze
info@lesdeux-muc.de · www.lesdeux-muc.de

Speisekarte: 9 Hauptgerichte von 24,00 bis 45,00 €; 1 Mittagsmenü ab 69,00 €

🍷🍷🍷🍷🍷 800 Weinpos.

Im Zentrum Münchens, nahe dem Marienplatz gelegen, ist die Brasserie der perfekte Ort, um einen Shopping-, Sightseeing- oder Kulturtag in der Landeshauptstadt genussreich zu unterbrechen – am besten natürlich im Sommer auf der großen Außenterrasse mit Blick aufs lebendige Großstadt-Treiben. Hier gehen französisches savoir vivre und bayerische

München

Lebensart eine harmonische Verbindung ein und werden von einer handwerklich präzisen, facettenreichen Küche begleitet. Für die ist Nathalie Leblond verantwortlich. Gemeinsam mit ihrem Team präsentiert sie moderne und leichte Speisen, bei denen beliebte Klassiker wie Beef Tatar, Wolfsbarsch, Austern, aber auch hausgemachten Spaghetti und Flammkuchen nicht fehlen. Ehemann Vincent Leblond leitet den liebenswürdigen Service und weiß auch das passende Getränk – egal ob ein frisch gemixter Cocktail, Mocktail oder passender Wein – zu empfehlen.

Mural

Bhf→1,5 km

✉ 80331 · OT Altstadt · Hotterstraße 12 · ☎ 089 23 02 31 86
Intern., Reg. u. Neue Küche, eig. Kreationen
contact@muralrestaurant.de · www.muralrestaurant.de

Speisekarte: Mittagsmenüs von 32,00 bis 58,00 €; 2 Menüs zu 125,00 €
1.100 Weinpos.
Das ehemalige Umspannwerk der Stadtwerke München (heute das MUCA) ist integrativer Bestandteil des stylishen Industriedesigns im "Mural". Mit handverlesenen regionalen Produkten kreiert das Team facettenreiche, expressive und verblüffende Speisen, die den Gast auf eine spannende kulinarische Reise mitnehmen.

♜ Hotel Neumayr ★★★

Bhf→250 m

✉ 81377 · OT Großhadern · Heiglhofstraße 18 · ☎ 0 89 7 41 14 40 · Fax: 7 19 33 76
Rest. mit intern. u. regionaler Küche, Restaurantgarten, Terrasse, Tagungen
info@restaurant-johannas.de · www.restaurant-johannas.de

24 **DZ** von 155,00 bis 295,00 €;
18 **EZ** von 110,00 bis 250,00 €;
1 **Suite** von 210,00 bis 400,00 €

Im Münchner Südwesten, in Großhadern, findet sich in ruhiger Lage das engagiert und sehr persönlich von Familie Neumayr geführte, freundlich eingerichtete Hotel. Die Zimmer (tw. mit Balkon o. Terrasse, das reichhaltige Frühstück ist bereits im Preis enthalten) sind ein behagliches Zuhause auf Zeit, zwei der Suiten sind behindertengerecht gestaltet. Hotelgäste wissen sowohl die technisch gut ausgestatteten Räume, die individuell erstellten Angebote und die gute Verkehrsanbindung zu schätzen. Der ausgesprochen freundliche und individuelle Service hilft bei Fragen gerne weiter, gibt Tipps, vermittelt Tickets uvm. Die feine

Küche des Patrons genießt man im Sommer auch im idyllischen Restaurantgarten, für aufmerksam betreute Feiern gibt es passende Räumlichkeiten.

München

🍴 Hotel Neumayr - Restaurant Johannas   Bhf→250 m

✉ 81377 · OT Großhadern · Heiglhofstraße 18 · ☎ 0 89 7 41 14 40 · Fax: 7 19 33 76
Klassische und Neue Küche · **Tische:** 12/60 Plätze   VISA AE
info@restaurant-johannas.de · www.restaurant-johannas.de

Speisekarte: 7 Hauptgerichte von 25,00 bis 50,00 €; 1 Mittagsmenü von 35,00 bis 55,00 €; 1 Abendmenü von 85,00 bis 165,00 €

♥♥♥♥♥🍷🍷🍷   2.000 Weinpos.

Das Restaurant "Johannas" ist in schlichter, einladender Eleganz gestaltet und vermittelt bereits beim Eintreten eine gänzlich unverkrampfte und dennoch kultivierte Atmosphäre. Andreas (Andi) Neumayr möchte nicht nur kulinarische Wünsche erfüllen, er möchte hier auch einen Ort der entspannten Begegnungen schaffen, einladend und gesellig zugleich. Der Anspruch gelingt dank großem Einsatz im "Johannas" auch deshalb, weil Traditionen gelebt werden, ohne dass zeitgemäße Ideen hintüber fallen. Der Patron steht selber am Herd und trägt mit seinem Können wesentlich zum einnehmenden Gesamtauftritt bei. Seine klassisch französisch inspirierten Speisen sind von der Produktvielfalt der Region mit ihren unzähligen Höfen, Wiesen und Wäldern geprägt. Die unverfälschten und ehrlichen Speisen sind saisonal inspiriert und punkten mit sorgsam ausbalancierten Aromen und harmonisch abgestimmten Texturen. Das Fleisch aus der eigenen Jagd mündet in exzellente, aromenstarke Wildzubereitungen. "Nose to tail", also bewusste Ganztiernutzung, unterstreicht den Respekt, mit dem in Andi Neumayrs Küche gekocht wird und wunderbar old school werden die Fleisch- und Fischgerichte vor den Augen des Gastes tranchiert oder filetiert. Weine gibt es in schier unglaublicher Fülle und bester Qualität. Davon kann man sich durch die kenntnisreiche Beratung von Andi Neumayr und auch bei einem Besuch im überwältigenden Weinkeller überzeugen. Ein zuvorkommendes, gut geschultes Serviceteam begleitet den Restaurantbesuch.

🍴 Pageou   Bhf→1 km

✉ 80333 · Kardinal-Faulhaber-Str. 10 · ☎ 0 89 24 23 13 10
Eigene Kreationen, Mediterr. u.Orient. Küche · **Tische:** 20   VISA AE
info@pageou.de · www.pageou.de

Speisekarte: 2 Hauptgerichte von 54,00 bis 59,00 €; 1 Menü von 109,00 bis 179,00 €

♥♥♥♥🍷🍷   300 Weinpos.

"Pageou" ist der Geburtsort von Ali Güngörmüs. Der versteht es mit präziser Technik, umfassendem Können und überbordender Kreativität, das Beste aus mediterranen und orientalischen Küchen zu innovativen Speisen zusammenzufügen.

München

Sigi Schelling Werneckhof

Bhf → 3 km

✉ 80802 · Werneckstraße 11 · ☎ 0 89 2 44 18 91 90
Produktbezogene, saisonale Küche · Tische: 14/40 Plätze
info@werneckhof-schelling.de · www.werneckhof-schelling.de

Speisekarte: 1 Mittagsmenü von 155,00 bis 210,00 €; 1 Menü von 240,00 bis 270,00 €

300 Weinpos.

Einen Namen unter Feinschmeckern machte sich Sigi Schelling als Souschefin im Restaurant Tantris. 2021 hatte sie sich im traditionsreichen Werneckhof in Schwabing selbstständig gemacht und zeitgleich auch noch einer weltweiten Pandemie getrotzt. Diese Durchsetzungskraft lässt sich vermutlich nur mit ihrem Motto „Kochen ist mein Leben" erklären. Und mit einer Küche, die begeistert. Basis dafür sind erstklassige Zutaten, deren kompromisslos gute Qualität unverhandelbar ist. Auf einem Bauernhof aufgewachsen, weiß sie, wovon sie spricht und hat auch entsprechenden Respekt und Wertschätzung gegenüber den Zutaten. Mit großartigen Ideen präsentiert sie klassische, produktbezogene Speisen, die sie gekonnt, aromenstark und ausbalanciert zusammenstellt. Anne Schatzel begleitet mit ihrem top geschulten Serviceteam liebenswürdig den Restaurantbesuch. Sommelier Xavier Didier bietet nicht nur für jeden Gang den passenden Wein, sondern auch noch eine Alternative an. Darüber hinaus wird jeder Gruß aus der Küche von einem passenden Tropfen begleitet.

 Die Küchenleistung dieses Restaurants ist hervorhebenswert in seiner Kategorie.

Tantris

Bhf → 5 km

✉ 80805 · Johann-Fichte-Str. 7 · ☎ 0 89 3 61 95 90 · Fax: 36 19 59 22
Moderne Klassische Küche
info@tantris.de · www.tantris.de

Speisekarte: 1 Mittagsmenü von 150,00 bis 200,00 €; 2 Menüs von 295,00 bis 345,00 €

550 Weinpos.

Ehrliches Handwerk, verblüffende Kochkunst, von Herzen kommende Gastfreundschaft und Traditionen – das Tantris steht für ein modernes Lebensgefühl und fine dining der Extraklasse. Benjamin Chmura setzt das Werk der Chefköche, die das Tantris zu dem gemacht haben, was es heute ist, fort und verbindet ebenso wie sie kulinarische Leidenschaft mit Genuss und Lebensfreude.

München

Tantris DNA

✉ 80801 · OT Schwabing · Johann-Fichte-Straße 7 · ☎ 0 89 36 19 59-0
Klassische und Neue Küche
contact@tantris.de · www.tantris.de

Speisekarte: 7 Hauptgerichte von 82,00 bis 88,00 €; 1 Mittagsmenü Samstag Special zu 225,00 €; 2 Menüs von 225,00 bis 250,00 € ♛♛♛♛🍷🍷🍷 550 Weinpos.
Im "Tantris Maison Culinaire" gibt es neben dem „Tantris" noch das à la carte Restaurant „Tantris DNA" mit Rôtisserie. Auch hier ist Benjamin Chmura Küchenchef und sorgt dafür, dass es zusätzlich zu vielen Tantris-Klassikern auch herrlich innovative, grenzübergreifende Speisen gibt, die auf edlen Zutaten basieren.

♜ Tohru in der Schreiberei

Bhf→1,4 km

✉ 80331 · Burgstraße 5 · ☎ 089 21 52 91 72
Klass. franz. m. japan. Einflüssen · **Tische:** 12/35 Plätze
kontakt@schreiberei-muc.de · www.schreiberei-muc.de

Speisekarte: 1 Menü zu 315,00 €
♛♛♛♛🍷🍷🍷
Das elegante TOHRU überzeugt seine Gäste mit pointierter Spitzen-Kulinarik. Executive Chef Tohru Nakamura und Küchenchef Dominik Schmidt richten den Genuss für alle Sinne mit viel handwerklichem Geschick und Liebe zum Detail facettenreich an.

♜ Torbräu

Bhf→100 m

✉ 80331 · Tal 41 · ☎ 0 89 24 23 40 · Fax: 24 23 42 35
Hotel-Restaurant, Klimt-Bar mit kleinen Snacks, Café
🍴🛗🏠📶🅿️🐕
info@torbraeu.de · www.torbraeu.de

56 **DZ** ab 215,00 €;
23 **EZ** ab 165,00 €;
6 **(Jui.-)Suiten** ab 325,00 €

Das "Torbräu", inmitten der historischen Altstadt, kann auf 533 (!) Jahre gastronomische Tradition zurückblicken und ist damit das älteste Hotel Münchens. In Familienbesitz ist es schon seit über 115 Jahren. Diese imposanten Zahlen sind für die vierte Generation Familie Kirchlechner Verpflichtung und Ansporn zugleich und so erwartet den Gast ein Haus, in dem sich Tradition und Moderne perfekt ergänzen und das mit niveauvoller Atmosphäre, persönlicher Zuwendung und dem gewissen Extra im Service punktet. Die klimatisierten Zimmer sind mit Geschmack individuell eingerichtet und mit zeitgemäßer Sicherheits- und Kommunikationstechnik ausgestattet. Für Tagungen stehen ein Gruppenraum mit Tageslicht für max. 12 Personen und der historische Weinkeller mit besonderem Ambiente für max. 40 Personen zur Verfügung. Neben dem hervorhebenswerten, engagierten Service ist die hinreißend zentrale Lage ein weiterer Pluspunkt des Hauses: Oper, Hofbräuhaus und Viktualienmarkt sind praktisch um die Ecke und fußläufig erreichbar.

München

Bhf→800 m

Weinhaus Neuner

80331 · Herzogspitalstraße 8 · ☎ 0 89 2 60 39 54
Gehobene Bayerische und Österreichische Küche · Tische: 30/100 Plätze

office@weinhaus-neuner.de · www.weinhaus-neuner.de · f

Speisekarte: 9 Hauptgerichte von 32,00 bis 45,00 €; 3-5 Gang Menü von 69,00 bis 98,00 € 350 Weinpos. Seit 1892 in Familienbesitz, ist das denkmalgeschützte Stadthaus aus dem 15. Jh. in der Münchner City das älteste Weinhaus Münchens. Man betritt zunächst die „Schwemme", die mit handgefertigten Hochtischen im Eingangsbereich ein geselliger Treffpunkt erster Güte ist. Der Weg führt weiter zum Restaurant, das schlichtweg bezaubernd ist, weil dank Fabrice Kieffer dieses gastronomische Kleinod mit großem historischem Respekt detailgetreu restauriert wurde. Dunkle Wandtäfelungen, aufwendige Schnitzereien und alte Wandbilder mit Szenen vergangenen Münchner Stadtlebens verbinden sich zu einem einzigartigen, nostalgischen Ambiente. Chefkoch Benjamin Kunz kauft die Zutaten für seine frische und ambitionierte Küche bevorzugt bei heimischen Lieferanten und Erzeugern ein und kreiert daraus genussreiche, unverfälschte und ehrliche bayerische und österreichische Schmankerl. Klassische Gasthausspeisen wie Tafelspitz, Wiener Schnitzel und geschmorte Ochsenbäckchen gibt es in genial guter Ausführung. Das mit hellem Holz gestaltete Stüberl ist perfekt für verschiedenste Veranstaltungen, die Terrasse ist von März bis Oktober geöffnet. Frank Glüer leitet gewohnt umsichtig den flinken und zuvorkommenden Service und berät zu den Weinen, die es in Topqualität und stattlicher Zahl gibt.

München

★★★ 🛏 **Waldgasthof Buchenhain** OT Baierbrunn Bhf→12 km

Family

✉ 82065 · Am Klettergarten 7 · ☎ 0 89 7 44 88 40 · Fax: 7 93 87 01 · Rest. m. gehobener reg. Küche, Biergarten, Hüpfburg, Kinderkino, Preise inkl. Frühst. ✕ ♿ 🅿 🌐 ⛔ 🐕 10 km   VISA AE ⓓ ⓒ ⓔ
info@hotelbuchenhain.de · www.hotelbuchenhain.de · f

20 **DZ** von 139,00 bis 159,00 €;
20 als **EZ** von 129,00 bis 139,00 €;
20 **EZ** von 89,00 bis 99,00 €;
1 **Familien Suite** von 189,00 bis 259,00 €;
3 **Familien Zimmer** von 169,00 bis 199,00 €

Vor den südlichen Toren Münchens findet man dieses in vierter Generation engagiert und familiär geführte Hotel. Am Isarhochufer gelegen und von Wäldern umgeben, kann man hier in ländlicher Idylle herrlich entspannen und eine Auszeit vom Alltag nehmen. Dazu tragen die landestypisch und behaglich eingerichteten, komfortablen Zimmer nicht unerheblich bei (Preise inkl. reichhaltigem Frühstücksbuffet). Ob Geschäftsreisender, Familien mit Kindern, die hier mit offenen Armen empfangen werden, oder Tagesgast auf einer privaten Feier – der Service ist sehr zuvorkommend, individuell und liebenswürdig. Da Stefan Kastner, der Inhaber des Hauses, ein Faible für Antiquitäten hat, begegnet man im Hotel (und Kastners Antikladen) alter Handwerkskunst und wunderschönen antiken Möbeln, die man auch fast immer käuflich erwerben kann.

Waldgasthof Buchenhain Restaurant München Süd Bhf→12 km

✉ 82065 · OT Baierbrunn · Am Klettergarten 7 · ☎ 0 89 7 44 88 40 · Fax: 7 93 87 01
Regionale Küche · **Tische:** 40/230 Plätze   VISA AE ⓒ ⓔ
info@hotelbuchenhain.de · www.hotelbuchenhain.de · f

Speisekarte: 12 Hauptgerichte von 14,90 bis 29,90 €; 5 Tagesgerichte von 19,90 bis 28,90 €; 1 Tagesmenü von 18,90 bis 27,90 €

♥♥♥♥ 🍷   150 Weinpos.

„München Süd" ist auch die Richtung, in der dieser urgemütliche und gediegene Landgasthof mit traditioneller Wirtshauskultur zu finden ist. Das Interieur mit viel Holz, umlaufenden Bänken, rustikalen Stühlen, liebevoll platzierten Accessoires und fein eingedeckten Tischen punktet mit charmanter Atmosphäre und einladender Gesellligkeit. Chefkoch Carsten Wiedecke sorgt für eine ehrliche Basis seiner saisonfrischen, regionalen und gesunden Küche, denn weil ihm artgerechte Tierhaltung, kurze Wege und nachhaltige Erzeugungen wichtig sind, kauft er die Produkte bevorzugt bei bekannten, heimischen Händlern und Höfen aus dem Umland ein. Mit Können, guten Ideen und handwerklichem Geschick stellt er die Zutaten zu aromenstarken Speisen zusammen, die in der Region verwurzelt sind, und gibt ihnen immer wieder auch einen modernen Twist. Die Standardkarte wechselt monatlich und wird von einer Tageskarte ergänzt, außerdem gibt es rund ums Jahr köstliche Eventmenüs z. B. Wiesn-Schmankerl und Südtiroler Wochen. Deftige Brotzeit, die mit zwei Weißwürstln ab 3,95 € beginnt, geht immer, aber schmeckt im haueigenen Biergarten unter mächtigen, alten Kastanienbäumen am besten. Den zuvorkommenden und flinken Service leitet Stefan Kastner mit Übersicht. Im über 100

München

Jahre alten Kellergewölbe lagern beste Tropfen. Feierlichkeiten aller Art finden in wunderschönen, landestypisch eingerichteten Stuben statt.

Münster

BOK Restaurant Brust oder Keule

✉ 48149 · OT Kreuzviertel · Melchersstraße 32 · ☎ 02 51 9 17 96 56
Neue Küche
info@brustoderkeule.de · www.brustoderkeule.de

Speisekarte: 2 Menüs

Küchenchef Laurin Kux kocht mit echter Leidenschaft. Im licht-modernen Restaurant kreiert er mit handverlesenen Zutaten – bevorzugt aus biologischem Anbau mit regionalem Ursprung – Speisen, die von den wechselnden Jahreszeiten inspiriert werden und herrlich unverfälscht und ausdrucksstark sind.

Cœur D'Artichaut

✉ 48143 · Alter Fischmarkt 11a · ☎ 02 51 39 58 28 23
Bretonische, Intern. u. Regionale Küche
restaurant@coeur-dartichaut.de · www.coeur-dartichaut.de

Speisekarte: 1 Menü

150 Weinpos.
Der gebürtige Bretone Frédéric Morel steht im modern eingerichteten Restaurant am Herd, verbindet Spezialitäten der rauen Bretagne mit einer Prise westfälischer Regionalität und punktet vor allem mit erstklassigen Fisch- und Meeresfrüchten.

Giverny

Bhf → 1,5 km

✉ 48143 · Spiekerhof 25 · ☎ 02 51 51 14 35 · Fax: 51 17 52
Franz. Küche, eig. Kreat. · Tische: 18/70 Plätze
info@restaurant-giverny.de · www.restaurant-giverny.de

Speisekarte: 4 Hauptgerichte von 40,00 bis 52,00 €; 1 Mittagsmenü von 39,00 bis 49,00 €; 2 Menüs von 65,00 bis 120,00 €

60 Weinpos.

Chefkoch Cyril Courtin sorgt mit Leidenschaft für eine raffinierte, produktorientierte Küche, die auf regionalen französischen Rezepturen basiert.

♜ Spitzner

✉ 48143 · Königstraße 42 · ☎ 02 51 41 44 15 50
Klassische und Saisonale Küche · Tische: 12/50 Plätze
info@spitzner-restaurant.de · www.spitzner-restaurant.de

Speisekarte: 4 Hauptgerichte von 49,00 bis 62,00 €; 1 Menü von 124,00 bis 180,00 €

Im Oer'schen Hof aus dem Jahre 1753 beheimatet, setzt Karl-Nikolas Spitzner im gleichnamigen Restaurant seine Philosophie einer Küche um, die in der französischen Klassik verwurzelt ist, darüber hinaus aber auch saisonalen Speisen Raum gibt und in der die konzentrierte Arbeit unter dem Nose to Tail Aspekt steht.

Münstertal

Münstertal

 Romantik Hotel Spielweg   Bhf→5 km

✉ 79244 · Spielweg 61 · ☎ 0 76 36 70 90 · Fax: 7 09 66
Kreative Regionalküche
fuchs@spielweg.com · www.spielweg.com

Speisekarte: 7 Hauptgerichte von 25,00 bis 46,00 €; 8 Tagesgerichte von 16,50 bis 36,00 €; 1 Mittagsmenü von 75,00 bis 91,00 €; 3 Menüs von 64,00 bis 110,00 €

Produkte aus dem Naturpark Schwarzwald sind die Hauptzutaten in der sehr innovativen und unverfälschten Küche von Viki Fuchs und Johannes Schneider. Die sehr kreativen, saisonalen Speisen ergänzen sie gerne mit asiatischen Elementen.

Murnau am Staffelsee

 Alpenhof Murnau   Bhf→2 km

✉ 82418 · Ramsachstraße 8 · ☎ 0 88 41 49 10 · Fax: 49 11 00
Restaurant, Bar, Terrasse, Frühstücksbuffet
info@alpenhof-murnau.com · www.alpenhof-murnau.com

80 **DZ** ab 253,00 €;
als **EZ** ab 211,00 €

Dieses Wohlfühlhotel ist im alpenländischen Stil eingerichtet, vermittelt heitere, bayerische Lebensart und verfügt über zeitgemäße Komfortzimmer, Tagungs- und Bankettträume sowie eine Wellnessoase.

 Alpenhof Murnau   Bhf→2 km

✉ 82418 · Ramsachstraße 8 · ☎ 0 88 41 49 10 · Fax: 49 11 00
Int. und Reg. Küche · **Tische:** 100/250 Plätze
info@alpenhof-murnau.com · www.alpenhof-murnau.com

Speisekarte: 8 Hauptgerichte von 27,00 bis 45,00 €; 4 Tagesgerichte von 26,00 bis 38,00 €

900 Weinpos.

Chefkoch Claus Gromotka kombiniert Bodenständiges aus der Region Oberbayern mit internationalen Elementen und kreiert eine frische und zeitgemäße Küche, die saisonal, abwechslungsreich und herrlich unverfälscht ist.

Naumburg

 Gasthof Zufriedenheit   Bhf→2 km

✉ 06618 · Steinweg 26 · ☎ 0 34 45 7 91 20 51
Weinstube, Hofgarten, Kulinarische Veranstaltungen
welcome@gasthof-zufriedenheit.de · www.gasthof-zufriedenheit.de

12 **DZ** ab 166,00 €;
als **EZ** ab 126,00 €;
2 **Suiten** ab 245,00 €

"Gasthof Zufriedenheit" – hier ist der Name tatsächlich Programm. Das Boutiquehotel in der Naumburger Altstadt versprüht gastlichen Charme in einem stilvollen und heiter-entspannten Ambiente. Das liebenswürdige Service-Team steht jederzeit mit Rat und Tat zur Seite.

 Gasthof Zufriedenheit   Bhf→2 km

✉ 06618 · Steinweg 26 · ☎ 0 34 45 7 91 20 51
Gehobene Regionale Küche · **Tische:** 10/40 Plätze
welcome@gasthof-zufriedenheit.de · www.gasthof-zufriedenheit.de

Speisekarte: 5 Hauptgerichte von 21,50 bis 39,50 €; 4 Tagesgerichte von 21,50 bis 24,50 €; 1 Menü von 65,00 bis 91,00 €

50 Weinpos.

Nomen est omen – die Küche im charmant eingerichteten Restaurant fällt dank Chefkoch Alexander Frömel zu aller Zufriedenheit aus, denn sie ist unverfälscht, raffiniert und aromenstark.

Naurath (Wald)

Bhf→25 km

🏨 Rüssels Landhaus ✪✪✪ ♔

✉ 54426 · Büdlicherbrück 1 · ☎ 0 65 09 9 14 00
Sommerterrasse, ausgezeichnetes Landfrühstück im Zi.-Preis inkl.
info@ruessels-landhaus.de · www.ruessels-landhaus.de
VISA AE ● E

11 DZ; 3 Suiten

Das reizvoll gelegene Hotel empfängt seine Gäste mit herzlicher Gastfreundschaft und in einem freundlichen Ambiente. Die individuell gestalteten Zimmer sind allesamt im gehobenen Landhausstil eingerichtet und verfügen über allen zeitgemäßen Komfort.

Bhf→25 km

🏨 Rüssels Landhaus 👨‍🍳👨‍🍳👨‍🍳👨‍🍳

✉ 54426 · Büdlicherbrück 1 · ☎ 0 65 09 9 14 00 · Fax: 91 40 40
Reg. Kü., eig. Kreat. · **Tische:** 11/35 Plätze
info@ruessels-landhaus.de · www.ruessels-landhaus.de
AE ● E

Speisekarte: 1 Menü von 160,00 bis 195,00 € 🍷🍷🍷🍲🍲 360 Weinpos. Erstklassige Produkte von ausgesuchten Händlern und Erzeugern sind die Basis der Neuen Deutschen Küche von Chefkoch Harald Rüssel, der den Speisen seine ganz eigene, innovative Handschrift gibt.

Netphen

Bhf→20 km

🏨 Gasthaus Klein 👨‍🍳👨‍🍳

✉ 57250 · Marburger Str. 7 · ☎ 0 27 37 5 93 30 · Fax: 59 33 11
Regionale und Westfälische Küche · **Tische:** 16/70 Plätze
gasthaus-klein@gmx.de · www.gasthaus-klein-deuz.de · f
VISA ● E

Speisekarte: 11 Hauptgerichte von 19,50 bis 36,50 €; 2 Menüs von 43,50 bis 56,00 € 🍷🍷 100 Weinpos.

Die wunderschöne, historische Fachwerkfassade des Gasthauses Klein ist ein echter Hingucker. Hier kümmert sich Familie Klein seit inzwischen mehr als 300 Jahren mit ganz viel Herzblut und Einsatz um ihre Gäste. Das Interieur ist sehr liebevoll gestaltet – ob Gaststube, das schön gestaltete Kaminzimmer oder Jagdstube – liebevoll platzierte Accessoires und hübsch eingedeckte Tische geben den nostalgischen Räumen eine persönliche und einladende Note. Patron Christian Klein-Wagner steht selber am Herd und präsentiert eine grundehrliche Küche, die bevorzugt auf Zutaten aus dem Umland basiert. Er nutzt das saisonale Marktangebot, entdeckt "altes" Gemüse neu und rundet die Speisen mit Kräutern und Blüten aus dem eigenen Kräutergarten gekonnt ab. Westfälische Spezialitäten stehen obenan, werden aber raffiniert leicht und neu interpretiert und von grenzübergreifenden und vegetarischen und auch veganen Speisen ergänzt.

Corinna Klein-Wagner ist die gute Seele des Hauses, sie berät zu den passenden Weinen, die in bester Auswahl im historischen Weinkeller lagern. Außerdem ist sie Ansprechpartnerin, wenn es um die Durchführung von Festlichkeiten geht. Die finden u. a. im Graf-Johann-Zimmer einen stilvollen Rahmen. Der malerische Garten zwischen alten Buchenhecken, duftenden Edelrosen und Kräutern ist bei schönem Wetter geöffnet und eine zauberhafte Oase abseits vom Alltag.

Neu-Ulm

Stephans Stuben by Marco Langer

✉ 89231 · Bahnhofstraße 65 · ☎ 0173 708 2023
Klassische und Neue Küche · **Tische:** 12/27 Plätze
welcome@stephansstuben.com · www.stephansstuben.com

Speisekarte: 2 Menüs von 95,00 bis 135,00 € ❤❤❤ 100 Weinpos.

Die Stephans Stuben – beheimatet in einem historischen Gründerzeit-Gebäude – können auf eine lange und gehobene gastliche Tradition zurückblicken. Diese Tradition hat Chefkoch Marco Langer im Sommer 2023 übernommen, führt sie stolz weiter und fügt sein eigenes, exklusives kulinarisches Kapitel hinzu. Und das kann sich sehen lassen. Mit viel Geschmack in eleganter Moderne eingerichtet, lädt die entspannte Atmosphäre zu genussreichen Stunden ein. Marco Langer kocht sehr ideenreich – seine Menüs wechseln alle zwei Monate und bleiben gerne bis zuletzt eine (gelungene) Überraschung, übrigens auch für Vegetarier. Er kreiert leichte Speisen mit sehr viel Tiefgang. Scheinbar Bekanntes interpretiert er raffiniert neu, asiatische Elemente ergänzen die Zusammenstellung, die verblüffen, aber nie die Bodenhaftung verlieren. Die ersten Küchengrüße bringt er selber an den Tisch, erklärt und erläutert und ist ein nahbarer, kommunikativer Koch, der auch die Verabschiedung seiner Gäste persönlich übernimmt. Dazwischen kommt liebenswürdig und zuvorkommend Raphaela Thaler mit ihrem Serviceteam ins Spiel und begleitet aufmerksam den Restaurantbesuch.

Ein Restaurant mit anspruchsvoller Küche.

Neubeuern

Neubeuern

Bhf→1 km **Auers Schlosswirtschaft**

✉ 83115 · Rosenheimer Straße 8 · ☎ 0 80 35 26 69 · Fax: 35 34
Regionale und Saisonale Küche · **Tische:** 10/40 Plätze
kontakt@auers-schlosswirtschaft.de · www.auers-schlosswirtschaft.de

Im schlicht und sehr behaglich eingerichteten Restaurant sorgt Chefköchin Astrid Hilse für eine grundehrliche und unkonventionelle, frische Fleisch-, Fisch- und Gemüseküche, die die wechselnden Jahreszeiten widerspiegelt.

Neubrandenburg

Bhf→15 km **Bornmühle** OT Groß Nemerow

✉ 17094 · Bornmühle 35 · ☎ 03 96 05 6 00 · Fax: 6 03 99 · Seeterrasse, Lobby, Bar, Live-Cooking, reichhaltiges Frühstücksbuffet (im Zi.-Preis inkl.)
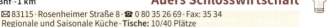 500 m
info@bornmuehle.de · www.bornmuehle.de · ꜰ

74 **DZ** ab 150,00 €;
als **EZ** ab 115,00 €;
13 **EZ** ab 99,00 €

Nicht umsonst kann das Hotel Bornmühle mit dem Slogan "Natürlich. Authentisch. Individuell. Gesund" werben. Inmitten einer weithin unberührten mecklenburgischen Parklandschaft in Groß-Nemerow am Ufer des Tollensesees gelegen, schweift der Blick auf grüne Weiden mit Pferden aus eigener Zucht. Die geschmackvoll eingerichteten, komplett neu gestalteten und mit exklusiven Schlafsystemen ausgestatteten Zimmer sind ein echtes Refugium. Sehr großzügig konzipiert ist der Bereich für Beauty- und Wellnessanwendungen (s. a. Wellness-Special) mit Salzwasserhallenbad, Außensaunalandschaft, Yoga, Qi-Gong, Kung Fu, Rückenschule, Kletterwand, Fitnessraum, schöner Liegewiese und Nordic Walking Angeboten. Mit Leihfahrrädern sollte man die malerische Umgebung mit großem Wegenetz erkunden. Dank eines neuen Anbaus stehen mehr Zimmer zur Auswahl, ohne dass die Exklusivität des Hauses und der individuelle Service verloren gehen. In der "Bornmühle" wartet eine erholsame Auszeit vom Alltag.

Bhf→15 km **Bornmühle – The View**

✉ 17094 · OT Groß Nemerow · Bornmühle 35 · ☎ 03 96 05 6 00 · Fax: 6 03 99
Neue u. Regionale Küche · **Tische:** 60/180 Plätze
info@bornmuehle.de · www.bornmuehle.de · ꜰ

Speisekarte: 8 Hauptgerichte von 21,00 bis 32,50 €

50 Weinpos.

Kulinarisch ist das Panorama-Restaurant „The View" bestens aufgestellt, denn hier kommt man in den Genuss einer herrlich frischen und vielseitigen Küche. Drei separate Räumlichkeiten mit jeweils einem eigenständigen Charakter und Einrichtungsstil warten auf den Gast: Das Lakeside ist mit Naturmaterialien wie Holz und Filz ausgestattet und bietet einen

Neubrandenburg

herrlichen Blick über den Tollensesee. Der Wintergarten gefällt mit gediegenem, britischem Flair und ebenso schöner Aussicht aufs Wasser. Im Bereich The Corner, einer kleinen, aber feinen Genießer-Location, ist das tolle Lichtkonzept augenfällig. Egal, wo man speisen möchte, die Speisen des engagierten Küchenteams überzeugen. Die bevorzugt regionalen und saisonalen Zutaten werden mit einer Fülle von Ideen abwechslungsreich zusammengestellt. Unter der Maxime „traditionsverbunden und weltoffen" geht der Blick mit sorgfältig zubereiteten, internationalen Spezialitäten immer auch über den regionalen Tellerrand. Ein zuvorkommender, gut aufgelegter Service begleitet den Restaurantbesuch.

Neuenstein

Goldene Sonne

✉ 74632 · Vorstadt 2 · ☎ 0 79 42 9 29 06 14
Klassische und Neue Küche · **Tische:** 8/30 Plätze
mail@goldene-sonne.com · www.goldene-sonne.com

Speisekarte: 1 Menü von 100,00 bis 125,00 €

Constanza Piccolo und Heiner Bohnet führen ihr Restaurant mit echter Leidenschaft. Sie ist charmante Dame des Hauses und Sommelière, er präsentiert jede Woche ein neues Menü. Die Speisen sind schnörkellos und raffiniert zugleich, bereits das Amuse Bouche – Brot mit Rehleber – war schlicht großartig.

Neuenstein (Hessen)

Landgasthof Hotel Hess   **Bhf→15 km**

✉ 36286 · Geistalstraße 8 · ☎ 0 66 77 9 20 80 · Fax: 13 22 · Rest. "Hess" mit Reg. u. Bürgerl. Küche, sehr reichh. Frühstücksbuffet (im Zi.-Preis inkl.)
info@landgasthof-hess.de · www.landgasthof-hess.de

39 **DZ** ab 115,00 €;
9 **EZ** ab 75,00 €

Das Fachwerkhaus von Familie Hess aus dem Jahre 1859 wurde behutsam erweitert und überzeugt mit Zimmern (Preise inkl. Frühstücksbuffet) mit herrlichem Gartenblick. Im Restaurant wird man von Karsten Hess persönlich mit leckeren Speisen der saisonalen Frischeküche verwöhnt.

Neuhausen

Alte Baiz **Bhf→200 m**

✉ 75242 · Hauptstr. 2 · ☎ 0 72 34 9 47 38 99
Klass. u. Int. Küche, eig. Kreat. · **Tische:** 9/22 Plätze
info@gruenerwald.de · www.gruenerwald.de

Speisekarte: 1 Menü von 146,00 bis 192,00 €   119 Weinpos.

Claudio Urru kocht ist umsichtiger Patron im Gourmetrestaurant „Alte Baiz". Hier

Neuhausen

hat nun Eduard Knecht die Verantwortung am Herd übernommen und setzt mit Präzision und kreativen Ideen die Philosophie einer leichten, modernen und aromenprononcierten Produktküche in die Tat um.

Neuhütten
Le temple

Bhf → 20 km

✉ 54422 · Saarstraße 2 · ☎ 0 65 03 76 69 · Fax: 98 05 53
Neue Küche · **Tische:** 6/24 Plätze   *VISA* AE ◐ ⌷
le.temple@t-online.de · www.le-temple.de

270 Weinpos. Das Restaurant ist in schlichter Eleganz gestaltet und ein niveauvoller Ort um eine wirklich raffinierte und gekonnte klassische französische Küche zu genießen. Für die sorgen Christiane Detemple-Schäfer und Oliver Schäfer mit Können, Fleiß und Leidenschaft.

Neunburg vorm Wald
Der Birkenhof - Obendorfers Eisvogel

Bhf → 20 km

✉ 92431 · Hofenstetten 55 · ☎ 0 94 39 95 00 · Fax: 95 01 50
Klass., Neue u. Intern. Küche · **Tische:** 6/24 Plätze
info@der-birkenhof.de · www.der-birkenhof.de · ▫   *VISA* AE ◐ ⌷

Speisekarte: 1 Menü ab 248,00 €

300 Weinpos. Sobald man das Restaurant „Eisvogel" betritt, weiß man: „das hier ist etwas ganz besonderes". Denn schon der erste Blick zeigt, dass das Interieur von großer gestalterischer Klasse ist. Zentrales Element und echter Eyecatcher ist der mittig stehende, eigens angefertigte, ovale, begehbare Weinschrank, der von einem raffiniert gestalteten, verschiedenfarbig illuminierten Objekt überwölbt wird, und unzählige Bouteillen edler Weine ins warme Licht rückt. Hubert Obendorfer hat dieses kulinarische Kleinod etabliert und kann ungemein stolz auf Sohn Sebastian sein, der nicht nur in seine kreativen Fußstapfen trat, sondern diese ganz offensichtlich auch ausfüllt. Das Tun des Vaters war ihm ein solches Vorbild, dass er sein Handwerk von der Pike auf gelernt hat und die Küche nun mit seinem Können und seinen Ideen bereichert. Mit viel Fantasie, Neugierde und Fleiß ertüftelt er faszinierende Kombinationen, die in der Klassik verwurzelt sind, von ihm aber ganz modern und leicht interpretiert werden. Weil stets das Produkt im Fokus steht, werden die Zutaten nur eingekauft, wenn ihre Zeit reif ist. Das angebotene Menü nimmt den Gast auf eine herausfordernde, aber nie überfordernde Genussreise mit. Bleibt noch zu erwähnen, dass der "Eisvogel" auch durch seine fantastische Aussicht zu einem wahren Sehnsuchtsort wird: Der Blick durch die fast bodentiefen Panoramafenster über die Oberpfälzer Seenlandschaft berührt die Seele und vermittelt ein Gefühl von Ruhe und Weitsicht.

Neunburg vorm Wald

✪✪✪ ✪✪ Der Birkenhof – Spa & Genuss Resort Bhf→20 km

✉ 92431 · Hofenstetten 55 · ☎ 0 94 39 95 00 · Fax: 95 01 50 · Rest. m. reg. Küche "Turmstube", HP-Restaurant "Landart", Bar, Zi.-Preise inkl. Genießer-HP
🍽🚭♿🏨🛌🅿🍷🛀💆🏊🎾🚲↔👶🐕📶 5 km VISA 💳 💶
info@der-birkenhof.de · www.der-birkenhof.de · f

53 **DZ** ab 364,00 €;
2 **EZ** ab 186,00 €;
24 **(Jui.-)Suiten** ab 450,00 €

Inmitten herrlicher weitläufiger Wiesen findet sich an einer Anhöhe im hübschen Dörfchen Hofenstetten dieses niveauvolle und sehr persönlich von Familie Obendorfer und einem engagierten Team geführte Hotel auf 5-Sterne-Niveau. Jedes der individuell gestalteten Zimmer bietet gehobenen Komfort und ist ein behagliches Refugium (Preise inkl. Genießerhalbpension). Im "Spa & Genuss Resort Birkenhof" kann man in ruhiger Abgeschiedenheit ausspannen, die vielseitigen Wellness- und Freizeitangebote (s. a. Golf-Special) wie z. B. den Badeteich, den herrlichen Außenpool und die großzügige Gartenanlage nutzen und sich auch kulinarisch rundum verwöhnen lassen. Dank top ausgestatteter Veranstaltungsräume und einem umfassenden Service finden in anregender Atmosphäre effektive Tagungen statt. Events, Outdoor-Trainings und eine komplette Blockhütte können ebenfalls gebucht werden. Im Hoteltrakt mit Blick über das Oberpfälzer Seenland gibt es hochwertige bis zu 70 m² große Suiten, edle Terrassen- und Bäderanlagen, einen 800 m² großen, sehr gepflegten Fitness- und Beautybereich, eine Tiefgarage sowie ein umweltschonendes Blockheizkraftwerk für die gesamte Hotelanlage. Am besten bucht man eines der zahlreichen Arrangements (von Golf über Wellness bis Kulinarik), um die ganze Klasse des "Birkenhof" kennenzulernen.

Neustadt an der Weinstraße

♜ Das Esszimmer Bhf→2 km

✉ 67433 · Hintergasse 38 · ☎ 06 32 21 35 49 96
Italienisch-mediterran, regional · **Tische:** 11/30 Plätze VISA 💳 💶
info@esszimmer-neustadt.de · www.esszimmer-neustadt.de

Speisekarte: 8 Tagesgerichte von 12,50 bis 19,50 €; 1 Tastingmenü am Donnerstagabend zu 58,00 €

🍷🍷🍷🍽   142 Weinpos.

Das, was Chefkoch Thomas Manthey in seinem modern gestalteten „Esszimmer" präsentiert, sind sorgfältig zubereitete, unverfälschte und aromenstarke italienische Speisen, die er mit internationalen Elementen erweitert.

 Restaurant mit gehobener Küche

Neuzelle

Klosterhotel Neuzelle ✪✪✪

Bhf→1 km

✉ 15898 · Bahnhofstraße 18 · ☎ 03 36 52 82 39 91
Boutiquehotel, Arrangements, Restaurant, Bar, Weingarten, Kaffee/Kuchen
🍽♿↓🅿🚻↔🏊♨ 46 km   VISA 💳
anfrage@hotel-neuzelle.de · www.hotel-neuzelle.de · f

10 **DZ** ab 109,00 €;
3 **EZ** ab 74,00 €;
2 **Suiten mit Sauna** ab 239,00 €

In unmittelbarer Nähe zum Kloster Neuzelle – einem Zisterzienserkloster aus dem 13. Jh., das eine der wenigen noch vollständig erhaltenen Klosteranlagen Europas ist – findet man mit dem Boutiquehotel „Klosterhotel Neuzelle" eine wunderschöne Unterkunft, um von hier aus den anerkannten Erholungsort Neuzelle und die reizvolle Oder-Spree-Landschaft zu erkunden. Der Gast logiert in ausgesprochen geschmackvoll gestalteten, charmanten Zimmern mit jeglichem zeitgemäßen Komfort. Der Blick geht aufs Kloster oder den malerischen Garten, die zwei Suiten verfügen gar über eine eigene Sauna. Der Wohlfühlfaktor im gesamten Haus ist hoch, das Serviceteam sehr zugewandt, persönlich und hilfsbereit. Hier kann man den Alltag hinter sich lassen, entschleunigen, genießen, die Zeit verträumen und sich in der „Wilde(n) Klosterküche" auch noch kulinarisch verwöhnen lassen. Private Veranstaltungen – allen voran Hochzeitsfeiern – finden im „Klosterhotel Neuzelle" nicht nur einen exklusiven, sondern auch einen besonders stil- und stimmungsvollen Rahmen.

Wilde Klosterküche 👨‍🍳👨‍🍳👨‍🍳

Bhf→1 km

✉ 15898 · Bahnhofstrasse 18 · ☎ 03 36 52 82 39 91
Neue Küche, veget./vegan · **Tische:** 8/20 Plätze   VISA 💳
reservierung@wildeklosterkueche.de · www.wildeklosterkueche.de · f

Speisekarte: 3 Hauptgänge von 27,00 bis 36,00 €; 1 Menü ab 59,00 €

❀❀❀   52 Weinpos.

Der Osten Brandenburgs ist nicht gerade für seine Dichte von Gourmetrestaurants bekannt, Abhilfe schafft da das Restaurant „Wilde Klosterküche". Denn dort arbeitet das Küchenteam um Patron und Chefkoch Christian Bauer mit hohem Anspruch, echter Leidenschaft und großem Können. Modern und geradlinig gestaltet, gefällt die unverkrampfte, weltoffene Atmosphäre. Hier werden die konzentriert zubereiteten Speisen perfekt in Szene gesetzt. Allergrößter Wert wird auf die erstklassige Qualität der nachhaltig erzeugten Zutaten gelegt, die bevorzugt von lokalen Landwirt*Innen kommen, ei-

niges an Obst und Gemüse wird selber angebaut und gekocht wird mit kreativem Schwung unter nose-to-tail-Aspek-

Neuzelle

ten. Immer wieder kommen saisonale Köstlichkeiten in aromenstarken, herrlich unverfälschten und raffinierten Zubereitungen auf den Tisch, die auch optisch echte Hingucker sind. Anne Hensel ist die gute Seele im Restaurant, sie leitet liebenswürdig den Service und hat bei Fragen ein offenes Ohr.

Nideggen

Brockel Schlimbach – Burg Nideggen

✉ 52385 · Kirchgasse 10 · ☎ 0 24 27 9 09 10 66
Klassische und Moderne Küche · **Tische:** 5/12 Plätze
info@burgrestaurant-nideggen.de · www.burgrestaurant-nideggen.de

Speisekarte: 1 Menü von 124,00 bis 175,00 € ♥♥♥
Modernes Interieur verbirgt sich im Restaurant hinter historischen Mauern. Diese harmonische Gegensätzlichkeit findet sich auch bisweilen in den raffiniert ausgeklügelten Speisen von Herbert Brockel und Tobias Schlimbach, die aromentief, ideenreich und ungemein präzise kochen.

Niederkassel

♖ Clostermanns Le Gourmet

✉ 53859 · Heerstraße 2a · ☎ 0 22 08 9 48 00 · Fax: 9 48 01 00
Moderne Küche · **Tische:** 6/34 Plätze
info@clostermannshof.de · www.clostermannshof.de

Speisekarte: 1 Menü von 139,00 €
♥♥♥🍇🍇 290 Weinpos.
Chefkoch Thomas Gilles sorgt im Restaurant mit Blick in den wunderschön gestalteten Garten für exklusives Fine Dining, bei dem er Elemente der mediterranen Küche mit bodenständigen saisonalen Produkten verbindet.

Niederwinkling

♖ Restaurant Buchner   Bhf→8 km

✉ 94559 · Freymannstraße 15 · ☎ 0 99 62 7 30
Klass., Reg. u. Intern. Küche · **Tische:** 12/40 Plätze
info@buchner-welchenberg.de · www.buchner-welchenberg.de

Speisekarte: 4 Hauptgerichte von 18,50 bis 38,00 €; 1 Menü von 86,00 bis 189,00 €
♥♥🍇🍇 200 Weinpos.
Nicht nur der Mix aus Alt und Neu macht einen Besuch im engagiert in 4. Generation geführten Gutshof so lohnenswert, sondern vor allem die durchdachte und leidenschaftliche Gourmetküche von Mathias Achatz. Ausgewählte Weine runden die Speisen ab.

Niederweis

Niederweis

Bhf→7 km ♜ **Schloss Niederweis**

✉ 54668 · Hauptstraße 9 · ☎ 0 65 68 9 69 64 50 · Fax: 9 69 64 59
Klassische, Neue Küche, eigene Kreationen · **Tische:** 25/50 Plätze
kontakt@schloss-niederweis.de · www.schloss-niederweis.de

Speisekarte: 6 Hauptgerichte von 33,00 bis 38,00 €; 3 Menüs von 54,00 bis 73,00 € ✿✿✿✿🍴🍴 250 Weinpos.

"Schloss Niederweis" ist in mehreren Beziehungen ein echtes Kleinod. Die Geschichte des historischen Gebäudeensembles, das für Franz Eduard Anton Baron von der Heyden, den Präsidenten des Provinzialrates von Luxemburg, erbaut wurde, ist ab 1751 verbrieft. Nach umfangreichen Renovierungen erstrahlt die wunderschöne barocke Anlage seit 2005 wieder in neuem Glanze. Historisches wurde sorgfältig integriert: So ist noch heute im Südflügel mit teilweise kreuzgewölbten Räumen die Küche mit offener Feuerstelle und Backofen, im Gewölbekeller in der Schlosstaverne finden Weinproben statt. Das Barockzimmer beherbergt ein Standesamt, so dass besonders für Hochzeiten Schloss Niederweis eine echte Traumlocation ist. Grundsätzlich profitiert aber auch jede andere Veranstaltung von einem weiteren Trumpf des Hauses, nämlich der großen Gastfreundschaft, mit der die Inhaber-Familie Poss ihre Gäste begleitet. Hinzu kommt eine exzellente Küche, für die Sebastian Poss verantwortlich ist. Er kocht vor dem Hintergrund klassischer Haute Cuisine, hat jedoch seinen eigenen Stil entwickelt und interpretiert verschiedenste Rezepturen mit großem Ideenreichtum und Experimentierfreude ganz neu und modern. Die Zutaten für die saisonal geprägte Produktküche kommen bevorzugt aus dem Umland. Wunderbar ausbalanciert waren bei der Rotbarbe die milde Süße des Babyfenchels und die Säure der Kapern, Bouchot-Muscheln, Safran und Risotto rundeten die Speise ab. Die Seele des Restaurants ist Ehefrau Sandra Poss, sie begrüßt herzlich ihre Gäste, leitet den zugewandten Service und berät zu korrespondierenden Weinen und Getränken, außerdem ist sie erste Ansprechpartnerin, wenn es um die individuelle Planung und Ausrichtung von Festlichkeiten im Schloss geht.

 Die Küchenleistung dieses Restaurants ist hervorhebenswert in seiner Kategorie.

Nohfelden

Seezeitlodge Hotel & Spa OT Gonnesweiler   Bhf→5 km

✉ 66625 · Am Bostalsee 1 · ☎ 0 68 52 80 98-0 · Fax: 80 98-3 33 · Zimmerpreis inkl. 3/4 Pension Seezeit Kulinarik, Kursangebote, Nachhaltigkeits-Zertifikat
🗓 5 km   VISA 💳
mail@seezeitlodge.de · www.seezeitlodge.de · f

83 **DZ** von 450,00 bis 690,00 €;
als **EZ** von 285,00 bis 405,00 €;
14 **Suiten** von 670,00 bis 1050,00 €

In einer der schönsten Regionen des Saarlands liegt die Seezeitlodge direkt am Bostalsee. Sie ist der perfekte Ort für den Rückzug von Hektik und Stress, hier wird die viel zitierte "Entschleunigung" zu nachhaltiger Erholung. Das liegt nicht nur an der warmen, entspannten und heiteren Atmosphäre, sondern natürlich auch an den wirklich geschmackvoll eingerichteten und durchdacht konzipierten Zimmern, die über allen zeitgemäßen Komfort und das gewisse Mehr an Wohlfühl-Ambiente verfügen. Die Preise enthalten die 3/4 Seezeit-Kulinarik, u. a. mit Kuchen, Torten, Kaffee und Tee am Nachmittag und Nutzung der Smoothie Bar. Ein besonderes Highlight ist fraglos das Seezeit Spa (s. a. Wellness-Special). Auf 5.000 m² wird hier alles geboten, was Wellness so verlockend macht. Verwurzeltes, oft vergessenes Wissen aus der Heilkunst der Kelten macht das Spa zu einem Kraftort der außergewöhnlichen Art. Im Restaurant "LUMI" – natürlich mit herrlich schönem Seeblick – kommt auch der kulinarische Genuss nicht zu kurz: Frisch, leicht, unverfälscht und im Rhythmus der Jahreszeiten gelangen die Speisen auf den Tisch. Ausgewogen, bio und regional trifft auch schon morgens auf das verführerische Frühstücksbuffet zu. Bei der Vielzahl abwechslungsreicher Angebote in der Seezeitlodge selber (u. a. Walking-, Yoga- und Meditationskurse) warten zusätzlich die Freizeitmöglichkeiten in der Umgebung. Da bleibt es nur, den Abend in der Bar NOX mit frisch gemixten Cocktails in netter Gesellschaft zu beschließen und dank der Lage auf der Equinox-Achse die Tag- und Nachtgleiche unmittelbar zu verfolgen.

Nonnenhorn

Nonnenhorn

Haus am See

Bhf→1 km

✉ 88149 · Uferstraße 23 · ☎ 0 83 82 9 88 51-0 · Fax: 9 88 51 75 · Restaurant mit gehobener Küche, Wellness-Angebote, Café, Frühstücksbuffet im Zi.-Preis inkl.
mail@hausamsee-nonnenhorn.de · www.hausamsee-nonnenhorn.de

21 **DZ** ab 130,00 €;
2 **EZ** ab 80,00 €;
(**Junior-**)**Suite** ab 190,00 €

In Top-Lage direkt am Bodensee findet sich dieses familiär geführte, charmante Hotel mit eigenem Strand und Liegewiese. Viele der Zimmer wurden unter Feng Shui Aspekten eingerichtet und sind ein bezauberndes Zuhause auf Zeit.

Haus am See

Bhf→1 km

✉ 88149 · Uferstraße 23 · ☎ (0 83 82)9 88 51-0 · Fax: (0 83 82)9 88 51 75
Regionale Küche · **Tische:** 15/65 Plätze
mail@hausamsee-nonnenhorn.de · www.hausamsee-nonnenhorn.de

Speisekarte: 6 Hauptgerichte von 29,00 bis 44,00 €; 2 Menüs von 64,00 bis 79,00 €

Die bodentiefen Fenster und die vorgelagerte Terrasse gewähren einen traumschönen Blick über den Bodensee, der zu einer perfekten Kulisse für den Küchenauftritt von Chefkoch Valentin Knörle wird. Der steht in bester Familientradition am Herd und präsentiert eine Küche, die ihre Wurzeln in der Region hat.

Norderney (Insel)

♜ Seesteg

✉ 26548 · Damenpfad 36A · ☎ 0 49 32 89 36 00 · Fax: 89 36 66 · Restaurant mit gehobener Küche, Private-SPA auf dem Dach, Preise inkl. à la carte Frühstück
empfang@seesteg-norderney.de · www.seesteg-norderney.de

7 **DZ** ab 390,00 €;
9 **Suiten** ab 520,00 €

Vor über 110 Jahren als Lagerhalle für den damaligen Norderneyer Seesteg erbaut, findet sich hier nun ein exklusives, großzügig gestaltetes Designhotel mit hauseigenem Gourmetrestaurant. Das auf dem Dach des Gebäudes befindliche Private-Spa bietet Entspannung in ausgefallenem Ambiente.

♜ Seesteg

✉ 26548 · Damenpfad 36a · ☎ 0 49 32 89 36 00 · Fax: 89 36 30
Klass. u. Neue Küche, eig. Kreat. · **Tische:** 33/60 Plätze
empfang@seesteg-norderney.de · www.seesteg-norderney.de

Speisekarte: 1 Mittagsmenü von 70,00 bis 92,00 €; 2 Menüs von 70,00 bis 145,00 €

Der Blick aufs Meer ist hinreißend schön, der in die offene Küche ungemein interessant, denn hier kann man Chefkoch Markus Kebschull dabei zuschauen, wie er klassische Speisen mit modernen Elementen kreiert, die unverfälscht und ehrlich im Geschmack und verführerisch schön in der Optik sind.

Nordhausen

Feine Speiseschenke

✉ 99734 · Winkelberg 13 · ☎ 0 36 31 4 73 64 90
Klass., reg. Küche m. mediterr. Einfluss, veget./vegan · **Tische:** 9/30 Plätze

info@speiseschenke.de · www.speiseschenke.de

Speisekarte: 6 Hauptgerichte von 21,00 bis 34,00 €; 2 Menüs von 52,00 bis 86,00 € 67 Weinpos.

In diesem eleganten Wohlfühl-Restaurant, das sich in der schönen Rüdigsdorfer Schweiz befindet, werden von Chef-

Nordhausen

koch Andreas Oberbüchler regionale und saisonale Spezialitäten mit mediterranen Einflüssen kreiert. Vor allem überzeugt die besondere Fleischqualität vom schottischen Hochlandrind und vom Bison aus eigener Zucht und naturnaher Haltung.

Nördlingen

Restaurant Meyers Keller Jockl Kaiser   Bhf→1,5 km

✉ 86720 · Marienhöhe 8 · ☎ 0 90 81 44 93 · Fax: 2 49 31
Neue Küche · **Tische:** 8/40 Plätze
restaurant@meyerskeller.de · www.jockl-kaiser.de

Speisekarte: 6 Hauptgerichte von 29,50 bis 44,50 €; 1 Menü zu 150,00 € ♔♔♔
Patron und Chefkoch Jockl Kaiser liebt und lebt seinen Beruf. Das fühlt man, sobald man das Restaurant betritt und schmeckt man, wenn man seine Küche kennenlernt, in der er nachhaltig produzierte Produkte zu unverfälschten, facettenreichen regionalen und klassischen Speisen kombiniert.

Nürnberg

[W]einklang

✉ 90419 · Johannisstraße 130 · ☎ 09 11 91 94 74 80
Eigene Kreationen, mediterrane Elemente · **Tische:** 18/50 Plätze
contact@weinklangristorantino.com · www.weinklangristorantino.com

Speisekarte: 4 Hauptgerichte von 30,00 bis 45,00 €; 2 Menüs von 85,00 bis 98,00 € ♔♔♔ 🍷 90 Weinpos.
Außergewöhnlich, frisch und jeden Monat anders geht es im [W]einklang von Tomas Spanu zu. Das moderne Ambiente und der Service garantieren einen kleinen Urlaub vom Alltag. Im [W]einklang genießen die Gäste eine wohltuende Zeit umgeben von gemütlichen Interior. Als gelernter Hotelfachmann und Koch bringt Tomas Spanu seine Chef Expertise aus New York, Barcelona sowie Sardinien zurück nach Nürnberg. In der Küche spiegelt sich das feine Gespür für Harmonie und Kontraste der Saisonalität und Regionalität im Frankenland wider. In Kombination mit den über 90 ausgesuchten Weinen aus Weingärten weltweit führt der Besuch im [W]einklang zu einem unverwechselbarem Geschmackserlebnis. Geboten wird ein stetig wechselndes Menü mit vier oder fünf Gängen - dazu die vegetarische Alternative. Wiederkehrenden Gästen gefällt besonders der Einklang zwischen Speisen und Weinen. Das handwerkliche Können der [W]einklang Mannschaft präsentiert sich in neu interpretierten Klassikern sowie Eigenkreationen. Im [W]einklang hat Tomas Spanu einen Ort geschaffen, der aus dem stressigen Alltag abschottet.

Nürnberg

Bhf→1 km ♜ **Essigbrätlein**

✉ 90403 · Weinmarkt 3 · ☎ 09 11 22 51 31 · Fax: 3 36 98 85
Eigene Kreationen · **Tische:** 10/30 Plätze
info@essigbraetlein.de · www.essigbraetlein.de

Speisekarte: 1 Mittagsmenü von 130,00 bis 145,00 €; 2 Menüs von 180,- bis 210,- € 🍷🍷🍷🍷 900 Weinpos. Im "Essigbrätlein" wird mit staunenswerter Konstanz auf Topniveau gekocht. Yves Ollech, Andree Köthe und Ivan Jakir verstehen es, die Zutaten – allen voran Gemüse – ungemein gekonnt, unverfälscht, elegant und kreativ in einen immer wieder neuen Kontext zu setzen.

Bhf→4 km **etz**

✉ 90419 · Wiesentalstraße 40 · ☎ 09 11 47 71 28 09
Eigene Kreationen · **Tische:** 15/30 Plätze
etz@etzrestaurant.de · www.etzrestaurant.de

Speisekarte: 2 Menüs
🍷🍷🍷🍷

Im Restaurant „etz" sind die Jahreszeiten in sieben Phasen unterteilt und jede wird zum Taktgeber für die virtuose Küche von Chefkoch Felix Schneider. Säen, pflanzen, ernten, mit dem arbeiten, was die Natur gibt – die Schneider'sche Küche besinnt sich auf ihre Wurzeln und geht kunstfertig darüber hinaus.

Bhf→2 km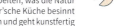

✉ 90402 · Grasersgasse 15 · ☎ 09 11 24 27 86 50
Internationale Küche, Steaks & Seafood · **Tische:** 20/7 Plätze
pudel@goldenerpudel.com · www.goldenerpudel.com · ⓕ

Speisekarte: 11 Hauptgerichte von 22,00 bis 86,00 € 🍷🍷🍷🍷 200 Weinpos. Nahe dem Hauptbahnhof und seitlich vom Germanischen Nationalmuseum findet sich das Restaurant "Goldener Pudel" schön zentral in der Nürnberger Altstadt (ein Parkhaus ist in unmittelbarer Nähe). Geradlinig eingerichtet, mit integrierter Bar und raffiniertem Lichtkonzept ist die Atmosphäre kommunikativ und entspannt. Der Zusatz unterm Restaurantnamen "Finest Steaks and Seafood" zeigt, wo der Fokus der Küche liegt: bei erstklassigen Fleisch- und Fischzubereitungen, wobei auch Vegetarier etwas Passendes auf der vielseitigen Karte finden. Steak-Cuts in naturbelassener Topqualität – vorwiegend aus den USA, Schleswig-Holstein und Australien – werden auf den Wunschpunkt gebraten. Das bedarf nicht nur in der Küche einiges Könnens, sondern erfordert auch ein bisschen Geduld: Nach dem Grillen ruht das Fleisch nämlich mindestens 15 Minuten, damit es den optimalen Entspannungs- und Reifezustand erreicht. Neben knackigen Salaten gibt es verschiedenste Beilagen, Burger und Tagesspecials. Das Restaurant kann auch für aufmerksam begleitete Veranstaltungen gebucht werden.

 Restaurant mit gehobener Küche

Nürnberg

Imperial by Alexander Herrmann

✉ 90402 · Königstraße 70 · ☎ 09 11 24 02 99 55
Fränkische und Moderne Küche
info@ah-imperial.de · www.ah-imperial.de

VISA AE

Speisekarte: 3 Menüs von 129,00 bis 199,00 €
🍴🍴🍴

Im "Imperial by Alexander Herrmann" gefällt die kosmopolitische Atmosphäre.

Sie ist die perfekte Kulisse für in der Heimat verwurzelte Speisen, die eine moderne Erweiterung erfahren und treffend mit "minimalistische Opulenz" charakterisiert werden.

Koch + Kellner

Bhf→ca. 2 km

✉ 90429 · Obere Seitenstraße 4 · ☎ 09 11 26 61 66
Klass. Reg. Kü., Eigene Kreat. · **Tische:** 13/50 Plätze
info@kochundkellner.de · www.kochundkellner.de

VISA AE

🍴🍴🍴🍴

Während der "Koch" moderne Kulinaria aus marktfrischen Zutaten auf den Teller bringt, ist „Kellner" Frank Mackert stets freundlich und gut gelaunt im Einsatz.

Restaurant Entenstuben

Bhf→5 km

✉ 90489 · Schranke 9 · ☎ 09 11 5 20 91 28 · Fax: 5 20 91 64
Klass., Int. u. Neue Küche · **Tische:** 12/30 Plätze
info@entenstuben.de · www.entenstuben.de · [f]

VISA AE

Speisekarte: 1 Menü von 119,00 bis 139,00 €
🍴🍴🍴🍴🍇🍇

Patron und Chefkoch Fabian Denninger kocht mit echter Leidenschaft. Er lässt sich gerne von den wechselnden Jahreszeiten inspirieren, nutzt bevorzugt das reichhaltige Warenangebot der Region und präsentiert eine fulminante Produktküche.

Tisane

✉ 90403 · Augustinerhof 1 · ☎ 09 11 3 76 76 62 76
Moderne Küche · **Tische:** 1/16 Plätze
post@restaurant-tisane.de · www.restaurant-tisane.de

VISA

Speisekarte: 1 Menü von 190,00 bis 210,00 €
🍴🍴🍴

Im „Tisane" ist die Küche(ntheke) integrativer Bestandteil des Restaurants und wird zum kommunikativen Hotspot.

Nicht zuletzt dank der formidablen Kochkunst von René Stein geht es hier um modernen und emotionalen Genuss, der seinen Ursprung in präzisem Handwerk, raffinierten kulinarischen Ideen und expressiven Kombinationen hat.

Veles

✉ 90429 · Kernstraße 29 · ☎ 09 11 5 98 53 85
Neue und Saisonale Küche
info@restaurant-veles.de · veles-restaurant.de

VISA

Speisekarte: 1 Menü von 155,00 bis 195,00 €
🍴🍴🍴

Unprätentiös und behaglich eingerichtet, steht Patron und Chefkoch Vadim Karasev in der einsehbaren Küche seines Restaurants und bringt den Gästen nicht nur optisch nahe, wie verführerisch, intensiv, bewusst, aromenbetont und sorgfältig er Bekanntes neu interpretiert.

🏆 Waidwerk

Bhf→5 km

✉ 90431 · Winterstraße 15/17 · ☎ 09 11 61 20 32 · Fax: 61 37 59
Moderne Gourmetküche · **Tische:** 18/70 Plätze
event@rottner-hotel.de · www.rottner-hotel.de

VISA AE

Speisekarte: 1 Menü von 109,00 bis 210,00 € 🍴🍴🍴🍇🍇 250 Weinpos.

Eng mit der Natur und den wechselnden Jahreszeiten verbunden, präsentiert Valentin Rottner eine unverfälschte, vielseitige und raffinierte Neue Küche, in die Verarbeitung der Zutaten unter „nose-to-tail"-Aspekten zur Philosophie gehört.

Nürnberg

Bhf→3 km
Würzhaus

✉ 90419 · Kirchenweg 3a · ☎ 09 11 9 37 34 55
Regionale und Intern. Küche · **Tische:** 14/50 Plätze
info@wuerzhaus.info · www.wuerzhaus.info   VISA AE ● ● ■

Speisekarte: 4 Tagesgerichte von 18,00 bis 21,00 €; 1 Mittagsmenü von 31,50 bis 35,50 €; 1 Menü von 85,00 bis 133,00 €
100 Weinpos. Chefköchin Diana Burkel versteht es, Speisen ihrer fränkischen Heimat mit modernen Elementen zu verbinden und eine raffinierte Feinschmeckerküche zu präsentieren. Mittags geht es etwas bodenständiger zu.

Bhf→7 km
♜ Zirbelstube

✉ 90455 · Friedrich-Overbeck-Str. 1 · ☎ 09 11 99 88 20 · Fax: 9 98 82 20
Reg. und Int. Küche · **Tische:** 10/30 Plätze   VISA ● ● ■
genuss@zirbelstube.com · www.zirbelstube.com

Speisekarte: 2 Menüs von 74,00 bis 107,00 €
60 Weinpos. Patron und Chefkoch Sebastian Kunkel kombiniert heimische Zutaten mit Aromen aus aller Welt und präsentiert eine ehrliche und genussreiche Küche, die einfach nur schmeckt.

Bhf→100 m
ZweiSinn Meiers I Bistro I Fine Dining

✉ 90491 · Äußere Sulzbacher Straße 118 · ☎ 09 11 92 30 08 23
Innovative Gourmetküche · **Tische:** 30/80 Plätze   VISA AE ● ● ■
reservierung@meierszweisinn.de · www.meierszweisinn.de

Speisekarte: 1 Menü von 89,00 bis 160,00 €   180 Weinpos.
In der Gourmetabteilung des "ZweiSinn Meiers" kann Stefan Meier die ganze Bandbreite seines Könnens zeigen und zeichnet für eine handwerklich präzise und kreativ ertüftelte saisonale Küche verantwortlich.

Oberammergau

Bhf→1,5 km
Maximilian ✪ ✪ ✪ ✪ ✪

✉ 82487 · Ettaler Straße 5 · ☎ 0 88 22 94 87 40 · Fax: 9 48 74 49 · Restaurant "Maxbräu" mit Brauerei u. Biergarten, Terrasse, Spielplatz, Zi.-Preise inkl. Frühstück
VISA AE ● ● ■
hotel@maximilian-oberammergau.de · www.maximilian-oberammergau.de

18 **DZ**; 2 **Suiten**
Moderne Zimmer, ein edel gestaltetes Wellnessareal sowie ein top ausgestatteter Tagungsraum und das Restaurant "Maxbräu" mit Brauerei zeichnen das privat geführte, alpine Designhotel aus.

Oberhausen

Bhf→1 km
Hackbarth's Restaurant

✉ 46047 · Im Lipperfeld 44 · ☎ 02 08 2 21 88 · Fax: 8 59 84 19
Int. u. Reg. Crossoverküche · **Tische:** 20/80 Plätze   VISA ● ● ■
info@hackbarths.de · www.hackbarths.de

Speisekarte: 6 Hauptgerichte von 29,50 bis 38,00 €
250 Weinpos. Die Küche von Chefkoch Stefan Kutzner ist sehr geschmackssicher und verwendet ausnahmslos frische, regionale Produkte. Das Mittagstisch-Angebot ist abwechslungsreich. Wirklich empfehlenswert ist das Azubi-Menü für 36.- € p./Ps.

Oberkirch

Oberkirch

Restaurant Springbrunnen

✉ 77704 · OT Tiergarten · Springstraße 11 · ☎ 0 78 02 7 05 83 83
Regionale und Mediterrane Küche · **Tische:** 15/50 Plätze
reservierung@restaurant-springbrunnen.de · www.restaurant-springbrunnen.de · f

Speisekarte: 7 Hauptgerichte von 26,50 bis 39,00 €; 3 Menüs von 49,00 bis 99,00 € 124 Weinpos.

Das Restaurant „Springbrunnen", nahe dem malerischen Weindorf Tiergarten findet sich in einem schönen Fachwerkhaus unterhalb des Rebberges. Hier kehrt man ein, hier fühlt man sich sofort wohl. Das liegt zum einen an der entspannten Landhaus-Atmosphäre und zum anderen am zuvorkommenden Service unter Leitung von Lucie Sklenar und der feinen Küche ihres Mannes Martin Sklenar. Er kocht handwerklich präzise und sorgt für Speisen, die auf ausgesuchten, möglichst heimischen Zutaten basieren. Er verarbeitet sie konzentriert und mit kreativen Ideen im jahreszeitlichen Wechsel. Doch seine Küche geht weiter über regionale und deutsche Spezialitäten hinaus, denn er hat fast drei Jahrzehnte auf den Balearen gelebt und erweitert das frische Angebot gekonnt um spanische und mediterrane Spezialitäten wie Paella, Tapas, gebratenes Spanferkel, Muscheln, Meeresfrüchte und vieles mehr. Eines der drei angebotenen Menüs ist saisonal und eines vegetarisch. Von der bunten Vielfalt profitiert auch jede Feier, die im Hause einen schönen Rahmen findet und von einem liebenswürdigen Service begleitet wird. Im Sommer wartet ein wunderschöner Weinberggarten am Fuße des Berghügels, auf dem einst die Ullenburg stand.

Oberotterbach

★★★ **Schlössl** Bhf→5 km

✉ 76889 · Weinstraße 6 · ☎ 0 63 42 92 32 30 · Fax: 92 32 31 · Gewölbekeller, Weinkeller, eigene Brennerei, Barockgarten, Zi.-Preise inkl. Frühstück 20 km
info@schloessl-suedpfalz.de · www.schloessl-suedpfalz.de · f

6 **DZ** ab 155,00 €;
als **EZ** ab 120,00 €;
1 **EZ** ab 80,00 €;
1 **Jun.-Suite** ab 170,00 €

Das prächtige kleine Schlössl – im Jahre 1740 als Sommerresidenz eines Adelsgeschlechts aus Zweibrücken erbaut – wurde mit viel Herzblut und Detailliebe komplett saniert wie auch fachgerecht restauriert und verbindet nun den historischen Charme der längst vergangenen Tage mit den Annehmlichkeiten der Neuzeit. Hier wurde Alt mit Neu sehr sorgfältig mit architektonischem Können wunderbar kombiniert. Gastgeberin Margarete Düppre sorgt gemeinsam mit ihrer Schwester Inge Fischer für eine sehr freundliche Atmosphäre, welche die Gäste sehr zu schätzen wissen, und in dessen Folge sich mittlerweile ein großes Stammkundenklientel etabliert hat. Die stilvollen acht Zimmer sind ein gemütliches Zuhause im Hotel und lassen keine Wünsche offen, die Preise sind nach An-

Oberotterbach

zahl der Nächte gestaffelt. Der Gewölbekeller bietet für Feierlichkeiten einen einzigartigen Rahmen für unvergessene Feste aller Art. Hervorzuheben sind die Arrangements im ganzen Jahr sowie interessante Veranstaltungen wie Hoffeste oder Kunstausstellungen – auch im Barockgarten. Das Schlössl gilt als absolutes Kleinod im äußersten Süden der Weinregion Pfalz und hat sich mittlerweile einen Namen unter "Liebhabern des guten Geschmacks" gemacht. Reservierungen sind unbedingt erforderlich.

Bhf→5 km   **♜ Gudd Gess**

✉ 76889 · Weinstraße 6 · ☎ 0 63 42 92 32 30 · Fax: 92 32 31
Gehobene Regionale und Internationale Küche · Tische: 5/24 Plätze
info@schloessl-suedpfalz.de · www.schloessl-suedpfalz.de

Speisekarte: 5 Hauptgerichte von 22,00 bis 32,00 € ❖❖❖☒☒   250 Weinpos. "Gudd Gess" ist der perfekte Name für das Restaurant im „Schlössl", denn „gut gegessen" hat man nach dem Besuch hier. Freundlich und einladend eingerichtet, sitzt man in einer entspannten Atmosphäre und genießt dank Chefkoch Christian Oberhofer abwechslungsreiche, frische und ideenreiche Speisen. Er nutzt bevorzugt das reiche Warenangebot der Südpfalz, kocht saisonal, regional und immer ehrlich und unverfälscht. Zu den Speisen gibt es passende Weine von erlesener Qualität – viele im offenen Ausschank, aber auch Winzersekte, Champagner oder ein frisch gezapftes Bier. In der eigenen Destillerie wird das Schnapsbrennen zur Kunstform erhoben, so dass man sich nach dem Essen unbedingt einen edlen Obstbrand gönnen sollte. Ein echtes Highlight ist es, an warmen Tagen einen Platz auf der Terrasse zu wählen. Der Blick auf den zauberhaft angelegten Barockgarten mit Blumenrabatten und Springbrunnen ist einfach traumschön.

 Hotels und Restaurants mit diesem Zeichen befinden sich in einem historischen Gebäude.

Oberstaufen

Oberstaufen

★★★ **Allgäu Sonne**   Bhf→1,5 km
★★

✉ 87534 · Stießberg 1 · ☎ 0 83 86 70 20 · Fax: 7 02 78 26 · Rest. mit Intern. und Reg. Küche, Bar, Café-Terrasse, Zimmerpreis inkl. Frühstücksbuffet
    VISA AE ◐ ◉
info@allgaeu-sonne.de · www.allgaeu-sonne.de

38 **DZ** ab 288,00 €;
65 **EZ** ab 144,00 €;
12 **(Junior-)Suiten** ab 490,00 €;
34 **App. (im Landhaus)** ab 288,00 €
Hier genießt man einen einzigartigen Panoramablick vom sonnigen Südhang über das Allgäu. Eine Wellness- und Fitnesswelt bietet täglich bis zu 10 versch. Sportkurse. Außerdem: geführte Wanderungen, Schrothkuren, Metabolic Balance® und jeden Abend Live-Musik & Tanz im Stießbergstüble.

Oberstdorf

★★ **Löwen u. Strauss Alpin Lifestyle Chalet Hotel**
★★

✉ 87561 · Kirchstraße 1 · ☎ 0 83 22 80 00 80 · Fax: 80 00 81 · "Löwen-Genusswirtschaft" m. Reg. u. Intern. Küche, Berggold-Bar, Terrasse, Alpin Lounge
    3 km   VISA AE ◐ ◉
willkommen@loewen-strauss.de · www.loewen-strauss.de ·

23 **DZ** von 160,00 bis 220,00 €;
als **EZ** ab 140,00 €;
EZ von 90,00 bis 130,00 €
Im "Löwen u. Strauss Alpin Lifestyle Chalet Hotel" verbinden sich regionales Flair, Tradition und Moderne aufs Feinste. Ganz im Sinne familiärer Tradition und generationsübergreifend sind Peter A. Strauss und Sohn Sebastian herzliche und engagierte Gastgeber. Das Haus ist mit leichter Hand und viel Geschmack jenseits gängiger alpenländischer Klischees gestaltet. Individuell eingerichtete Zimmer (Alpin-Frühstück im Preis inkludiert) in modernem, alpinem Design mit zeitgemäßem Komfort sowie wertvolle Stoffe und edle Teppiche geben dem Haus eine niveauvolle Note. In der urigen "Löwenwirtschaft" genießt man regionale Speisen und bayerische Schmankerl in frischer Zubereitung. In der Freizeit warten die Aromasauna, Tepidarium und eine Dachterrasse mit Bergpanorama. Außerdem bietet das Umland herrliche Outdoor-Aktivitäten wie (Berg-)Wandern, Rafting, Mountainbiking, Klettern, Golf etc. Das Hotelteam hilft gerne bei der Gestaltung eines individuellen Freizeitprogramms und gibt wertvolle Tipps. In der Bar „Berggold" kann man den Tag ausklingen lassen. Neben kleinen Gerichten einer kreativen Crossover-Küche gibt es viel selbst produziertes (wie den hausgemachten Gin und Craft-Biere), werden frische Drinks gemixt, gerührt und geschüttelt. In der Highend Bar treffen alpines Lebensgefühl, urbane Weltoffenheit und entspannte Lässigkeit aufeinander.

Oberstdorf

Bhf→500 m

Ess Atelier Strauss

✉ 87561 · Kirchstraße 1 (Bachstr. 12) ☎ 0 83 22 80 00 80
Klassische u. Neue Küche · Tische: 7/22 Plätze
willkommen@loewen-strauss.de · www.loewen-strauss.de · ▮

Speisekarte: 2 Hauptgerichte von 45,00 bis 55,00 €; 2 Menüs von 125,00 bis 195,00 €

♦♦♦♦♦ ❀❀❀ 550 Weinpos.

Im „Ess Atelier Strauss" ist nichts von der Stange. Eigens gefertigte Altholzmöbel, Holzboden, warme Erdtöne, edle Stoffe und ein Weinschrank, der eine ganze Wand einnimmt, fügen sich zu einem sehr geschmackssicheren, stilvollen Interieur, in dem die raffiniert beleuchteten Edelweißblüten an der Decke den alpinen Bezug gleich mitliefern. Patron Peter Armin Strauss führt das Restaurant mit großem Einsatz, der am Herd besonders augenfällig wird, kann man ihm doch dank der in einer Spiegelwand eingelassenen Fenster bei der Arbeit zuschauen. Dort zaubert er, was die Zutaten und die Fantasie hergeben. Mit großer handwerklicher Präzision und virtuosen Ideen macht er aus den handverlesenen Zutaten, die in erntefrischer Qualität auf kurzen Wegen von bekannten Lieferanten und Erzeugern kommen, immer wieder neue, kleine Kunstwerke, die den Gast auf eine kulinarische Entdeckungsreise mitnehmen. Mit ausgeklügelten Würzungen, Zubereitungsformen und Garmethoden stellt er modern interpretierte klassische Speisen zu seiner "Gourmet Cuisine Alpine" zusammen. Ein zuvorkommender, gut geschulter Service steht bei Fragen und Weinempfehlungen bereit.

 Dieses Restaurant bietet Ihnen ein gutes Genuss-/Preisverhältnis.

Bhf→800 m

♜ Königliches Jagdhaus

✉ 87561 · Ludwigstraße 13 · ☎ 0 83 22 98 73 80
Regionale Küche · Tische: 40/120 Plätze
info@das-jagdhaus.de · www.das-jagdhaus.de

Speisekarte: 10 Hauptgerichte von 21,00 bis 33,00 €; 1 Menü zu 54,00 €

♦♦ 43 Weinpos.

Im urig-gemütlich eingerichteten Restaurant setzt Chefkoch Ludger Fetz auf eine aromenstarke, bodenständige Frischeküche mit Zutaten, die konsequent und ausschließlich aus der Region stammen. Im Sommer lädt ein schöner Biergarten mit altem Baumbestand zum Verweilen ein.

Oberstdorf

 Romantik Hotel Freiberg - Maximilians Rest. Bhf→900 m

✉ 87561 · Freibergstraße 21 · ☎ 0 83 22 9 67 80 · Fax: 96 78 43
Klass., Neue Küche, eig. Kreationen · **Tische:** 8/24 Plätze
info@das-maximilians.de · www.das-maximilians.de

Speisekarte: 6 Hauptgerichte von 26,00 bis 43,00 €; 1 Menü von 65,00 bis 99,00 € ❤❤❤☙ 215 Weinpos.
Die produktorientierte, klassische Küche im charmanten Restaurant wird von Chefkoch Henrik Weiser mit Warenkenntnis, raffinierten Ideen und großer Aromensicherheit immer wieder neu und anders interpretiert.

Oberthal

 Zum Blauen Fuchs Bhf→5 km

✉ 66649 · Walhausener Straße 1 · ☎ 0 68 52 67 40 · Fax: 8 13 03
Neue Küche, eig. Kreationen · **Tische:** 8/30 Plätze
info@zumblauenfuchs.de · www.zumblauenfuchs.de

Speisekarte: 2 Menüs von 84,00 bis 115,00 €
❤❤❤☙ 150 Weinpos.
Unaufgeregt und entspannt ist die Atmosphäre im stilvoll eingerichteten Restaurant. Herrlich kreativ und aromenbetont ist die zeitgeistige Küche mit wöchentlich wechselndem Angebot von Chefkoch Olaf Bank. Seine Frau leitet mit viel Liebe den freundlichen Service.

Oberursel

 ♛ **Kraftwerk** Bhf→1,9 km

✉ 61440 · Zimmersmühlenweg 2 · ☎ 0 61 71 92 99 82
Neue u. Int. Küche, eig. Kreat. · **Tische:** 18/40 Plätze
willkommen@kraftwerkrestaurant.de · www.kraftwerkrestaurant.de

Speisekarte: 6 Hauptgerichte von 26,00 bis 49,00 €; 2 Menüs von 129,00 bis 149,00 € ❤❤❤☙ 160 Weinpos.
Bertl Seebacher beherrscht die Kunst, mit ausgewählten Zutaten aus tradierten Rezepturen mit kreativen Ideen innovative Speisen zu zaubern, die mit ausbalancierten Aromen überzeugen.

Oberwiesenthal

 Relaxhotel Sachsenbaude Bhf→4 km

✉ 09484 · Fichtelbergstraße 4 · ☎ 03 73 48 13 90 · Fax: 13 91 40 · Rest. „Loipenklause" mit Reg. u. Intern. Küche, Wintergarten, Zi.-Preise inkl. Frühstück
info@sachsenbaude.de · www.sachsenbaude.de

14 **DZ** ab 174,00 €;
17 **Suiten** ab 185,00 €
Dieses Urlaubshotel im Naturpark Erzgebirge vereint allen zeitgemäßen Komfort, einen freundlichen Service und einen gepflegten Wellnessbereich. Die hellen Zimmer und Suiten sind geschmackvoll eingerichtet und ideal für die ganze Familie.

 Hotel mit anspruchsvollem Wellnessangebot

Oberwolfach

Oberwolfach

♜ Landidyll Hotel Hirschen ★★★

Bhf→50 m

✉ 77709 · Schwarzwaldstraße 2-3 · ☎ 0 78 34 83 70
Rest. mit Internationaler und Regionaler Küche, Terrasse, Biergarten
20 km
info@hotel-hirschen-oberwolfach.de · www.hotel-hirschen-oberwolfach.de

25 **DZ** ab 130,00 €;
3 **EZ** ab 85,00 €;
2 **Ferienwohnungen** ab 80,00 €

Inmitten der wunderschönen Berglandschaft des mittleren Schwarzwalds liegt dieses familiengeführte Hotelensemble und bietet inmitten reizvoller Natur Erholung pur. Der freundliche Service und das Freizeitangebot (u.a. Kegelbahn, Billard, Verleih von E-Mountain- und City-Bikes, Liegewiese, Yogakurse) machen einen Aufenthalt zu jeder Jahreszeit für die ganze Familie lohnenswert. Die Zimmer sind geschmackvoll und komfortabel eingerichtet, für Tagungen stehen technisch gut ausgerüstete Räume mit Tageslicht zur Verfügung. Morgens gibt es ein umfangreiches Genießer-Frühstück, das im Zimmerpreis inkludiert ist (die Halbpension ist für 35,- €/Person/Nacht zubuchbar). Das engagierte Hotelteam ist gerne behilflich, wenn es um die Planung von Wander- und Biketouren und Ausflügen ins Umland geht.

 Ein Hotel mit speziellen Angeboten für Urlaub mit der ganzen Familie.

♜ Landidyll Hotel Hirschen 👨‍🍳👨‍🍳

Bhf→50 m

✉ 77709 · Schwarzwaldstraße 2-3 · ☎ 0 78 34 83 70
Regionale und Internationale Küche · **Tische:** 30/100 Plätze
info@hotel-hirschen-oberwolfach.de · www.hotel-hirschen-oberwolfach.de

Speisekarte: 16 Hauptgerichte von 18,50 bis 36,50 €; 1 Menü zu 58,00 €
❤❤ 81 Weinpos.

Im Hirschen-Restaurant einzukehren, verspricht eine entspannte Atmosphäre und ehrlichen Genuss. Ein hübscher Landhausstil ist die Kulisse für die gehobene Regionalküche, für die Vater Eberhard Junghanns und Sohn Stefan in familiärer Eintracht sorgen. Die Zutaten beziehen sie bevorzugt aus dem Umland, in dem es zahlreiche verlässliche Händler, Erzeuger und Jäger gibt. Die Kräuter kommen direkt aus dem eigenen Garten und alles Übrige aus biologischem Anbau. Im Einklang mit den Jahreszeiten bringen sie handwerklich präzise zubereitete, raffiniert verfeinerte badische und internationale Spezialitäten auf den Tisch. Vom Hirschen Wild Burger bis hin zur Schwarzwaldforelle ist das Angebot gut durchdacht, aromenstark und herrlich unver-

Oberwolfach

fälscht. Freitags kann man die ideenreiche Küche besonders gut kennenlernen, denn dann gibt es ein Menü mit 10 kleinen, sehr feinen Gängen. Besonders beliebt ist in der Winterzeit der regelmäßig stattfindende Fondue-Abend. Das familiäre Engagement bleibt nicht auf die Küche beschränkt: Renate Junghanns ist als Gastgeberin stets ansprechbar und leitet charmant den zugewandten Service.

Odenthal

♜ Zur Post

Bhf→6 km

✉ 51519 · Altenberger-Dom-Straße 23 · ☎ 0 22 02 97 77 80 · Fax: 9 77 78 49
Klass., Reg. Küche, eig. Kreat. · **Tische:** 15/40 Plätze
hotel@zurpost.eu · www.zurpost.eu   VISA AE ⬤ ⬤ ⬤

Speisekarte: 2 Menüs von 89,00 bis 159,00 €
♥♥🐌🐌

Wie der Vater, so die Söhne – Christopher und Alejandro Wilbrand führen das Restaurant in bester Familientradition mit Einsatz, Leidenschaft und Können und präsentieren eine Küche, in der Mediterranes und Regionales genussreich zueinanderfinden.

Offenburg

♜ Liberty

Bhf→1,5 km

✉ 77652 · Grabenallee 8 · ☎ 07 81 28 95 30 00 · Park am Haus, Arrangements, Veranstaltungen mit Livemusik, Zi.-Preise inkl. Frühstück
✕🅿🛏♿ ⬤ 10 km   VISA AE ⬤ ⬤ ⬤
info@hotel-liberty.de · www.hotel-liberty.de

33 **DZ** ab 180,00 €;
1 **Suite** ab 595,00 €;
4 **Junior-Suiten** ab 355,00 €

"Liberty" – Freiheit hätten sich die badischen Revolutionäre und weiteren Insassen, die in der ab 1840 erbauten Justizvollzugsanstalt in Offenburg ihre Strafen absitzen mussten, auch gewünscht. Der Luxus, den die Gäste heute hier erwartet, hätte mit Sicherheit ihre Vorstellungskraft gesprengt. Behutsam und mit Respekt vor der Geschichte dieses alten Hauses wurde es liebevoll umgestaltet. Mit Blick und Begeisterung fürs Detail blieben viele der massiven Mauern erhalten, einige wichen, um mehr Raum zu schaffen und am Ende erwartet den Gast, der kommen und gehen kann, wie es ihm beliebt, ein außergewöhnliches Hotel. Alt und Neu gehen eine faszinierende Symbiose ein. Die Zimmer – jedes ein echtes Unikat – integrieren die historischen Ziegelsteine, Mehrfachgewölbe, manches Holzständerwerk und wurden mit neuen, wertigen Materialien wie Parkett, versteckten Lichtleisten und edlen Badezimmern ausgestattet. Für Tagungen und Events gibt es exklusive Räumlichkeiten wie den schwebenden Bankett-Raum, verschiedenste Arrangements werden rund ums Jahr angeboten. Das durchdacht gestaltete Gesam-

Offenburg

tensemble des einstigen Gefängnisses mit großem Park direkt am Haus ist einfach nur beeindruckend und bleibt jedem Gast in bleibender Erinnerung.

Bhf → 1,5 km

♜ Liberty – Wasser & Brot

✉ 77652 · Grabenallee 8 · ☎ 07 81 28 95 30 00
Regionale und Saisonale Küche · **Tische:** 20/70 Plätze
info@hotel-liberty.de · www.hotel-liberty.de

Speisekarte: 9 Hauptgerichte von 25,00 bis 42,00 €; 3 Mittagsmenüs ab 19,00 €; 1 Menü ab 69,00 €

👨‍🍳👨‍🍳👨‍🍳

Bereits architektonisch ist das Restaurant ein Hingucker, verbindet doch ein großer Glaskubus im ehemaligen Gefängnishof zwei freistehende Zellengebäude. Der Name „Wasser & Brot" erinnert an lange vergangene Zeiten, heute erwartet den (freiwilligen) Gast hinter den hohen, historischen Sandsteinmauern dank Chefkoch Dakota Wyneken eine moderne und facettenreiche Küche. Herzstück des Interieurs ist die offene Küche mit dem großen Grill, der das Restaurant von der Bar trennt. Die Ortenau mit ihrem Warenreichtum ist Hauptlieferant für die heimischen Produkte, die mit handwerklichem Geschick und Ideenreichtum bevorzugt zu regionalen und saisonalen Speisen mit mediterranen Elementen kombiniert werden. Zu den Spezialitäten des Restaurants gehören erstklassige Fleisch Cuts, die auf den Wunschpunkt grilliert werden. Kompetente Ansprechpartnerin im Service ist Amanda Soulas, die ihr freundliches Team mit Übersicht leitet. Die von Mai bis September geöffnete Outdoor-Lounge ist ein echter Publikumsmagnet.

 Restaurant mit gehobener Küche

Ofterschwang

Ofterschwang

Sonnenalp - Silberdistel

Bhf→6 km

✉ 87527 · Sonnenalp 1 · ☎ 0 83 21 27 29 00 · Fax: 27 22 42
Klass., Neue u. Regionale Küche · **Tische:** 19/42 Plätze
info@sonnenalp.de · www.sonnenalp.de

VISA ● ▣

Speisekarte: 3 Hauptgerichte von 75,00 bis 85,00 €; 1 Menü zu 139,00 €
❀❀❀❀❀ 450 Weinpos.
Die Allgäuer Bergwelt ist die Kulisse für die ausdrucksstarke Küche von Chefkoch Florian Wagenbach. Seine moderne Fusion Cuisine ist eine gelungene Kombination aus regionalen Gerichten, internationalen Einflüssen und raffinierten Techniken.

Ohmden

🏛 Landgasthof am Königsweg

Bhf→8 km

✉ 73275 · Hauptstraße 58 · ☎ 0 70 23 9 42 29 29 · Fax: 82 66
Klassische u. Mediterrane Küche · **Tische:** 19/36 Plätze
info@landgasthof-koenigsweg.de · www.landgasthof-koenigsweg.de · ▪

VISA ● ▣

Speisekarte: 5 Hauptgerichte von 24,00 bis 44,00 €; 2 Menüs von 44,00 bis 79 €
❀❀❀ 235 Weinpos.
In der Küche von Chefkoch Sascha Grampp werden die meisten der erstklassigen, gerne saisonalen Produkte aus dem Umland bezogen. Regionales interpretiert er mit verschiedensten zeitgemäßen Garmethoden und raffinierten Würzungen neu und lässt seiner Kreativität dabei freien Lauf.

Öhningen

🏛 Falconera

Bhf→13 km

✉ 78337 · Zum Mühlental 1 · ☎ 0 77 35 23 40 · Fax: 23 50
Klass., mediter. Küche · **Tische:** 18/75 Plätze
info@restaurant-falconera.de · www.restaurant-falconera.de

VISA AE ● ▣

Speisekarte: 2 Mittagsmenüs von 69,00 bis 93,00 €; 2 Menüs von 99,00 bis 155,00 €
❀❀❀ 275 Weinpos.
Seit mehr als 20 Jahren sind Anne und Johannes Wuhrer in ihrem Restaurant Gastgeber aus Leidenschaft. Der Patron kreiert exzellente, kulinarische Köstlichkeiten, die sich stets an Jahreszeit und Frischeangebot orientieren.

Oldenburg

Kaiserküche

Bhf→250 m

✉ 26122 · Kaiserstraße 18 · ☎ 0176 96 66 46 38
Regionale und Neue Küche · **Tische:** 15/40 Plätze
moin@kaiserkueche-ol.de · www.kaiserkueche-ol.de

VISA ● ▣

Speisekarte: 3 Hauptgerichte von 28,00 bis 45,00 €; 2 Menüs von 85,00 bis 110,00 €
❀❀❀
Vom anspruchsvollen Catering zum feinen Restaurant – Clarissa und Malte Ibbeken sind Gastgeber aus Leidenschaft. Der Patron steht in seiner Küche mitten im Gastraum und präsentiert Speisen, die ausschließlich auf regionalen Produkten basieren und unter nachhaltigen und ganzheitlichen Aspekten gekonnt und ideenreich zubereitet werden.

Restaurant Kevin Gideon

Bhf→800 m

✉ 26123 · Donnerschweer Str. 325 · ☎ 04 41 18 00 50 66
Neue Küche · **Tische:** 11/22 Plätze
restaurant@kevingideon.de · www.kevingideon.de

VISA ● ▣

Speisekarte: 2 von 110,00 bis 210,00 €
❀❀❀
Zum Restaurant-Interieur im Industrial Design passen die lässige Atmosphäre und vor allem die genussreiche und klare Küche von Patron und Chefkoch Kevin Gi-

Oldenburg

deon. Er kombiniert bevorzugt regionale Zutaten zu klassischen Speisen mit französischen und asiatischen Elementen.

Oppenweiler

Einhorn ✪✪✪ ♛

Bhf→1 km

✉ 71570 · Hauptstraße 55 · ☎ 0 71 91 34 02 80
Restaurant, Weinkeller für Veranstaltungen, Zi.-Preise inkl. Frühstück
🍽🛏♿🐕🅿🚭📶🍴♨⚓ 18 km   VISA AE ●● ■■
info@restaurant-einhorn.de · www.restaurant-einhorn.de

19 **DZ** ab 159,00 €;
als **EZ** ab 129,00 €

Die Familien Munz und Decker führen das Restaurant-Hotel "Einhorn" mit viel persönlichem Engagement und Leidenschaft. Mit warmen Farben und hellen Hölzern gemütlich und ansprechend eingerichtet, lädt es zu einem entspannten Aufenthalt ein. Das malerische Oppenweiler im Rems-Murr-Kreis bietet viele Möglichkeiten, den Alltag zu vergessen. Die Zimmer des Hauses, das komplett klimatisiert ist, sind sehr geschmackvoll gestaltet und verfügen über alle zeitgemäßen Annehmlichkeiten. Kostenfreies WLAN in allen Bereichen sowie kostenlose Parkplätze gehören ebenso dazu wie ein kleiner Fitnessraum mit modernen Geräten und eine schöne Außenterrasse. Das üppig bestückte Frühstück wird im separaten Frühstücksraum angeboten und ist im Zimmerpreis inkludiert. Sehr gern richtet man im Haus auch Veranstaltungen aller Art aus: Egal ob Tagungen, Seminare und private Feiern – allen voran Hochzeiten, Geburtstage und Jubiläen – jedes Event wird individuell geplant und kompetent begleitet. Einen (besser mehrere) Besuch(e) im Restaurant sollte man unbedingt einplanen.

Bhf→1 km

Einhorn 🍴🍴🍴

✉ 71570 · Hauptstraße 55 · ☎ 0 71 91 34 02 80
Neue u. gehobene Regionale Küche · **Tische:** 25/90 Plätze   VISA AE ●● ■■
info@restaurant-einhorn.de · www.restaurant-einhorn.de

Speisekarte: 7 Hauptgerichte von 24,80 bis 35,50 €; 1 Tagesgericht von 16,20 bis 26,50 €; 2 Menüs von 47,50 bis 80,00 €
🍷🍷🍷   90 Weinpos.

1806 war das Haus, in dem das "Einhorn" beheimatet ist, eine Brauerei und Poststation. Aus der Zeit blieben die historische Fachwerkfassade, dunkle Holzbalken, Sprossenfenster und grüne Fensterläden erhalten und fügen sich in ihrer romantischen Prägung zu einem Bild wie aus dem Märchenbuch. Das zweigeteilte Interieur ist mit blanken Tischen, warmen Farben und braun gepolsterten Stühlen in behaglicher, zeitloser Moderne gestaltet. Alexander Munz und Jan Decker stehen am Herd und sind fürs kulinarische Geschehen verantwortlich. Sie arbeiten ausschließlich mit qualitativ hochwertigen, frischen Zutaten und nutzen das wechselnde jahreszeitliche Angebot, um marktfrisch einzukaufen und aus den handverlesenen Produkten ausbalanciert zusammengestellte, aromenstarke und unverfälschte Speisen zu kreieren. Ihre Küche ist vielseitig, leicht und zeitgemäß und wird mit ideenreich verfeinerten regionalen und saisonalen Gerichten ergänzt. Kräuter von der hauseigenen Kräuterterrasse geben den finalen Aro-

Oppenweiler

makick. Für Desserts und weitere Leckereien wie handgemachte Pralinen und Eis sorgt die Dame des Hauses. Als gelernte Pâtissière weiß Ute Wagner-Munz um den süßen Zahn ihrer Gäste. Sie ist es auch, die die Gäste mit ihrem Serviceteam aufs Herzlichste begrüßt und für einen harmonischen und entspannten Aufenthalt sorgt.

Osnabrück

✪✪✪ Westermann Bhf→1,2 km

✉ 49080 · Koksche Straße 1 · ☎ 05 41 98 11 40 · Fax: 9 81 14 66
Westermann's Restaurant ab 17:00 Uhr, Hotelbar, Zimmerpreise inkl. Frühstück
✖ ✈ 🏠 🅿 🚂 ⚓ 15 km *VISA* AE 💳
info@westermann-hotel.de · www.westermann-hotel.de

54 **DZ** ab 108,00 €;
12 **EZ** ab 79,00 €

Das "Westermann" nahe der Osnabrücker City (kostenloses Parken ist auf drei Stellflächen in Hotelnähe möglich) ist ein modernes Stadthotel mit sehr persönlichem und zuvorkommendem Service. Die Zimmer sind mit Geschmack komfortabel und geradlinig eingerichtet und ein gepflegtes Zuhause auf Zeit, in dem man sich wirklich wohlfühlen kann. Morgens wird ein reichhaltiges Frühstücksbuffet angeboten (im Zimmerpreis inkludiert) und am Abend kann man sich an der Bar treffen. Gerne ist das Hotelteam auch bei der Organisation von Radtouren in die reizvolle Umgebung, bei Stadtführungen oder anderen Unternehmungen behilflich. Im Hotel-Restaurant kann man ab 17 Uhr à la carte speisen, es stehen vielfältige Gerichte zur Auswahl. Hier können auch individuell abgesprochene, aufmerksam betreute Veranstaltungen durchgeführt werden.

www.der-grosse-guide.de

Osnabrück

Friedrich

✉ 49078 · Lotter Straße 99 · ☎ 05 41 96 38 08 99
Neue und Mediterrane Küche · **Tische:** 9/30 Plätze
info@friedrich-osnabrueck.de · www.friedrich-osnabrueck.de

Speisekarte: 1 Menü von 179,00 bis 198,00 € ❖❖❖
Chefkoch Lars Keiling und Lebensgefährtin Gina Duesmann, die im charmant eingerichteten Restaurant sensible Sommelière ist, führen das „Friedrich" mit Herzblut und großem Einsatz. Der Patron offeriert genial ausgetüftelte Menüfolgen, in denen ausbalancierte Aromen und Texturen für Wow-Effekte sorgen.

Bhf→6 km

IKO

✉ 49086 · Stadtweg 38a · ☎ 05 41 440 180 30
Crossover Küche · **Tische:** 8
hallo@iko-restaurant.de · www.iko-restaurant.de

Speisekarte: 1 Menü von 165,00 bis 192,00 € ❖❖❖
Stylish, modern und puristisch eingerichtet, ist das Restaurant der perfekte Ort, um den Speisen von Chefkoch Tom Elstermeyer die nötige Aufmerksamkeit zu schenken. Seine präzise, moderne Crossover Küche bereichert er mit japanischen Elementen und präsentiert Teller von hinreißend schöner Optik.

Bhf→1,3 km

Kesselhaus

✉ 49084 · Neulandstraße 12 · ☎ 05 41 97 00 00 72
Neue Küche
info@kesselhaus-osnabrueck.de · www.kesselhaus-os.de

Speisekarte: 1 Mittagsmenü ab 110,00 €; 1 Menü von 164,00 bis 199,00 € ❖❖❖
Im einstigen Kesselhaus werden die alten Ziegelwänden mit frischem Popart-Design kontrastiert. Ähnlich spannend und ausgefallen ist die innovative und grenzübergreifende Küche von Randy De Jong. Der tüftelt mit Leidenschaft und kreiert Speisen abseits des kulinarischen Mainstreams.

Osthofen

Landhaus Dubs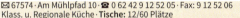

✉ 67574 · Am Mühlpfad 10 · ☎ 0 62 42 9 12 52 05 · Fax: 9 12 52 06
Klass. u. Regionale Küche · **Tische:** 12/60 Plätze
landhaus@dubs.de · www.dubs.de

Speisekarte: 3 Hauptgerichte von 32,00 bis 44,00 €; 1 Tagesgericht von 21,00 bis 22,50 €; 1 Menü am Samstagabend ❖❖❖
Mitten in den Weinbergen liegt das modern eingerichtete Landhaus, in dem Patron Wolfgang Dubs mit handwerklicher Präzision für eine raffiniert verfeinerte Küche mit rheinhessischen und saisonalen Gerichten überzeugt.

Ostrach

Bhf→15 km

♜ Landhotel Gasthof zum Hirsch

✉ 88356 · Hauptstraße 27 · ☎ 0 75 85 92 49-0 · Fax: 92 49 49
Restaurant, kostenloses W-LAN, Catering-Service, Zimmerpreise inkl. Frühstück

ermler@landhotel-hirsch.de · www.landhotel-hirsch.de · ▫

12 **DZ**;
3 **EZ**
Der Gasthof zum Hirsch ist ein engagiert und nunmehr in fünfter Generation von Familie Ermler geführtes Landhotel. Hier sind die geschmackvoll eingerichteten, sehr komfortablen Zimmer ein schönes Zuhause auf Zeit (Preise inklusive Frühstück). Ein sehr persönlicher Service begleitet den Aufenthalt und steht bei Fragen jederzeit zur Verfügung. Private Feiern finden in der renovierten Storchenstube oder der traditionellen Gaststube einen hübschen Rahmen. Für Tagungen stehen das kleinere Stüble oder der mit moderner Tagungstechnik ausgestattete Seminarraum zur Verfügung. In der Freizeit zahlt sich die gute Lage des Hotels

Ostrach

aus, denn am südöstlichen Ortsrand von Ostrach beginnt das zweitgrößte Moorgebiet Südwestdeutschlands. Die faszinierende Moorlandschaft und der größte Bannwald Baden-Württembergs versprechen 440 ha unberührte Natur. Das nahe gelegene Pfrunger-Burgweiler Ried lädt zu Wanderungen und Radtouren ein.

♛ Landhotel Gasthof zum Hirsch   Bhf→15 km

✉ 88356 · Hauptstraße 27 · ☎ 0 75 85 9 24 90 · Fax: 92 49 49
Regionale Küche · **Tische:** 20/60 Plätze
ermler@landhotel-hirsch.de · www.landhotel-hirsch.de · ▮   VISA ●● EC

Speisekarte: 6 Hauptgerichte von 22,50 bis 34,90 €; 7 Tagesgerichte von 16,80 bis 28,30 €; 2 Menüs von 37,00 bis 38,50 € ❀❀❀
77 Weinpos.
Das Restaurant vermittelt mit alten Holzvertäfelungen und hübschen Gardinen aus Großmutters Zeiten den Charme eines liebevoll eingerichteten Landgasthofs. Frische Wiesenblumen in handgetöpferten Vasen komplettieren den einladenden und behaglichen Gesamteindruck. Patron und Chefkoch Johannes Ermler kocht handwerklich präzise, sorgfältig und aromenstark. Er hat sich der schwäbischen Küche seiner Heimat verschrieben und präsentiert sie in zeitgemäßer und kreativer Form, setzt internationale und saisonale Akzente und bietet neben den beliebten Klassikern wie Maultaschen, Zwiebelrostbraten, handgeschabten Spätzle und Linseneintopf auch Wurstsalat mit kräftigem Bauernbrot und die Vesperplatte an. Die Zutaten dafür stammen zu 90% aus Baden-Württemberg, was auch für die durchdacht zusammengestellten Tagesgerichte gilt. Johannes Ermler berät auch mit Sachkenntnis zu den passenden Weinen. In den Sommermonaten sollte man sich den feinen Genuss auf der wunderschönen, malerischen Gartenterrasse inmitten üppig blühender Pflanzen gönnen. Außerdem gibt es einen guten Catering-Service, der die Feier in den eigenen vier Wänden zum Erfolg macht.

Ötisheim

♛ Gasthof Sternenschanz   Bhf→50 m

✉ 75443 · Gottlob-Linck-Straße 1 · ☎ 0 70 41 86 21 55
Regionale Frischeküche · **Tische:** 12/60 Plätze   VISA EC
info@sternenschanz.de · http://www.sternenschanz.de/

Speisekarte: 8 Hauptgerichte von 17,00 bis 34,00 € ❀❀❀
Kreativ und doch bodenständig, versteht es Chefkoch Werner Linck, saisonale Zutaten raffiniert zu kombinieren und zu unverfälschten und aromenstarken regionalen und zeitgemäßen Speisen zusammenzustellen.

 Sehr gute Serviceleistung

Oy-Mittelberg

Oy-Mittelberg

Parkhotel Tannenhof

Bhf→5 Min.

✉ 87466 · Tannenhofstraße 19 · ☎ 0 83 66 98 84 40 · Fax: 98 84 49 · Restaurant mit Neuer und Regionaler Küche, Panorama-Terrasse, Bar, Preise inkl. Frühst., E-Tankstelle

info@tannenhof-allgaeu.com · www.tannenhof-allgaeu.com   VISA

22 **DZ** ;
6 **EZ**
Im charmant eingerichteten "Parkhotel Tannenhof" mit charmanten Zimmern (Frühstück im Preis inkl.), Wohlfühloase und gediegenem Restaurant kann man zu jeder Jahreszeit einen Urlaub mit allen Sinnen genießen.

Paderborn

Balthasar

Bhf→3 km

✉ 33098 · Warburger Straße 28 · ☎ 0 52 51 2 44 48
Klassisch, Reg. u. Neue Küche · **Tische:** 15/45 Plätze
schlotzig@restaurant-balthasar.de · www.restaurant-balthasar.de   VISA AE

Speisekarte: 3 Menüs von 110,00 bis 185,00 €
350 Weinpos.
Ein Vierteljahrhundert ununterbrochen sterngekrönt – Chapeau! Patron Elmar Simon macht an seinem Herd alles richtig, wenn er die marktfrischen Zutaten mit großem Können und innovativen Ideen zu einem Reigen aromenpronocierter Speisen kombiniert.

Panker

Forsthaus Hessenstein

✉ 24321 · Am Turm 1 · ☎ 0 43 81 94 16
Gehobene regionale Küche
www.forsthaus-hessenstein.com

Speisekarte: 6 Hauptgerichte von 24,00 bis 34,00 €; 1 Menü von 54,00 bis 76,00 €

Das zum Gut Panker gehörende Forsthaus Hessenstein mit Ostseeblick liegt auf dem 135 m hohen Pilsberg. Hier sorgt Chefkoch Werner Kohut für eine ländlich-regionale Küche mit modernen Elementen. Im Sommer wartet eine bezaubernde Terrasse und auch für Feierlichkeiten ist das charmante Ensemble perfekt.

♜ Ole Liese

Bhf→25 km

✉ 24321 · Gut Panker · ☎ 0 43 81 9 06 90 · Fax: 9 06 92 00
Rest. "Ole Liese" und "1797", Terrasse, Gestüt, Zimmerpreis inkl. Frühstück
info@ole-liese.de · www.ole-liese.de   VISA

20 **DZ** ab 113,00 €;
als **EZ** ab 96,00 €;
3 **Suiten** ab 176,00 €
Ein romantisches Refugium wie aus dem Bilderbuch ist dieses idyllisch gelegene Landgut mit liebevoll gestalteten Zimmern (Landhaus-Frühstück im Zimmerpreis inklusive) und einem kleinen aber feinen Wellnessbereich. Zum Haus gehört auch ein eigenes Trakehner-Gestüt.

♜ Restaurant 1797

Bhf→25 km

✉ 24321 · Gut Panker · ☎ 0 43 81 9 06 90
Gehobene Regionale Küche · **Tische:** 5/15 Plätze
reservations@ole-liese.de · www.ole-liese.de   VISA

Speisekarte: 1 Menü zu 155,00 €

Unter der Ägide von Küchenchef Johannes Sommer wird im charmant eingerichtete, saisonal geöffneten Gourmetrestaurant konzentriert und innovativ gekocht.

Passau

Marcel von Winckelmann

✉ 94036 · Hans-Höst-Straße 3 · ☎ 08 51 37 93 00 98
Neue Küche · **Tische:** 1/15 Plätze
genuss@marcel-von-winckelmann.de · www.marcel-von-winckelmann.de

Speisekarte: 2 Menüs von 120,00 bis 150,00 € 🎩🎩🎩🎩🎩. 150 Weinpos. Wer kennt sie nicht, die Feiern, bei denen die Gäste sich in der Küche knubbeln, weil dort die beste Stimmung ist? Patron und Chefkoch Marcel von Winckelmann kennt sie gewiss, denn genau so hat er sein Restaurant konzipiert: Die Küche ist der Mittelpunkt des Geschehens, ein Chef's Table in Hufeisenform umgibt sie. Grenzenloses Kochen und grenzenloser Genuss sind hier zur Begeisterung der Gäste eins. Kommunikationsbarrieren zwischen Gast und Koch gibt es hier nicht, man plaudert locker per du und muss sich nicht scheuen, Fragen zu stellen. Was Marcel von Winckelmann, der an Topadressen gearbeitet hat, vor den staunenden Augen der Gäste zubereitet, ist schlicht großartig. Das raffiniert ertüftelte Menü ist von den naturverbundenen Produkten und den wechselnden Jahreszeiten inspiriert und eine Demonstration kreativer Ideen und erlesener Kochkunst. „Genießt den Abend - ihr sitzt in

der ersten Reihe!" ist das gelebte Motto und beschert eine hinreißende kulinarische Reise. Wer doch einmal mit der Familie oder Freunden unter sich bleiben möchte, reserviert das Séparée. Immer ist Ehefrau Lisa-Marie charmante Gastgeberin, kümmert sich liebenswürdig und wird von Nico Romano unterstützt, der Auskunft gibt, wenn es um Weine und andere Getränke geht.

Passau

Bhf→1 km

✉ 94032 · Schrottgasse 12 · ☎ 08 51 98 84 88 40
Neue Küche mit euroasiatischen Elementen · **Tische:** 14/64 Plätze
zwo20passau@gmail.com · www.zwo20passau.com

♜ Zwo20 Passau

Speisekarte: 10 Hauptgerichte von 20,20 bis 48,40 €

♥♥♥ 120 Weinpos.

Sophie Herzog und Andrea von Csiszer haben einen ausgefallenen Ort für ihr Restaurant „Zwo20 Passau" (das Gründungsjahr) gewählt, denn es ist in einer einstigen Kapelle beheimatet. Geblieben sind die Gewölbe und Säulen, ersetzt wurde das Dach durch eine moderne gläserne Konstruktion. Unprätentiös eingerichtet, geben raffinierte Wandmalereien, Lampen und eine harmonische Farbgebung dem Restaurant eine einladende und ausgefallene Note und ein entspanntes, weltoffenes Ambiente. Dazu passt die Küche von Andrea von Csiszer perfekt. Man schmeckt einfach, dass sie gekonnt und mit Leidenschaft kocht. Neben erstklassigen Steak- und Fischspezialitäten kreiert sie eigene Speisen, tüftelt mit den handverlesenen Zutaten und gibt ihren Gerichten gerne eine euro-asiatische Note. Mit ihren spannenden Kombinationen verlässt sie eingetretene, kulinarische Pfade, die man auch noch monatlich neu entdecken kann. Sophie Herzog und Tamara Schmid sind Ansprechpartnerinnen im Service, geben Tipps rund um die Wein- und Getränkeauswahl und kümmern sich zugewandt und liebenswürdig um die Gäste. Die rund ums Jahr stattfindenden Veranstaltungen sind sehr beliebt und von daher eine rechtzeitige Reservierung empfohlen.

les étoiles
Fine Dining Stories

Unsere kulinarischen Momente zum Miterleben in Film, Foto und Text.

www.les-etoiles.de

Perasdorf

Gasthaus Jakob

Bhf→25 km

✉ 94366 · Haigrub 19 · ☎ 0 99 65 8 00 14
Klassische, Moderne Küche, eig. Kreationen · **Tische:** 10/35 Plätze
info@genuss-jakob.de · https://genuss-jakob.de/gasthaus-jakob/

Speisekarte: 1 Hauptgericht von 38,00 bis 42,00 €; 2 Menüs von 89,00 bis 119,00 € ♦♦♦♦♦ 🍷 150 Weinpos.

Michael (Michi) Ammon als Küchenchef, Lebensgefährtin Mona Haka in der Serviceleitung und Andreas Ammon als Sommelier leiten das historische "Gasthaus Jakob" mit echtem Herzblut, großen Ambitionen und ganz viel Einsatz. Die Lage südlich von St. Englmar, umgeben von üppigen Wiesen und Wäldern ist perfekt, um sich eine kleine Auszeit vom Alltag zu nehmen, die kulinarischen Hochgenuss verspricht. Für den sorgt Chefkoch Mathias Grimm mit einer fulminanten Küche, die in der Klassik zu Hause ist, aber von ihm ganz im Hier und Jetzt modern neu und aufregend anders interpretiert wird. Er versteht sein Handwerk aus dem Effeff und kombiniert die handverlesenen Zutaten mit kreativen Ideen und spielt gekonnt mit den Aromen und Texturen. Mona Haka ist im "Gasthaus Jakob", das stylish und nostalgisch zugleich eingerichtet ist, charmante Gastgeberin und leitet mit Natürlichkeit den liebenswürdigen Service, während Andreas Ammon für eine kompetente und sensible Weinberatung sorgt. Der Landkreis Straubing-Bogen bietet einiges an Ausflugszielen, so dass man sich am besten einen Urlaub in der Region gönnt, drei luxuriöse, bildschöne Jakob Chalets mit eigenem, kleinen Wellnessbereich (ÜN/F p. Ps. 180.-/200,- €) stehen bereit.

Perl

♛ Victor's Fine Dining by Christian Bau

Bhf→2 km

✉ 66706 · Schlossstr. 27-29 · ☎ 0 68 66 7 91 18 · Fax: 7 94 58
Frz. u. Jap. Küche, eig. Kreat. · **Tische:** 9/28 Plätze
info@victors-fine-dining.de · www.victors-fine-dining.de

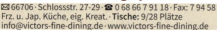

Speisekarte: Menü von 285 bis 334 € ♦♦♦♦♦ 🍷 750 Weinpos. Zutaten von kompromisslos guter Qualität sind unabdingbar für das kulinarische Ziel von Christian Bau – Perfektion. Nicht mehr und nicht weniger will er mit seinem „Bau.Stil" – französische Klassik in faszinierender Symbiose mit japanischen Techniken und Geschmackswelten – erreichen.

Perl

Bhf→1 km ♜ **Victor's Residenz-Hotel Schloss Berg** ★★★
★★

✉ 66706 · Schlossstr. 27-29 · ☎ 0 68 66 7 90 · Fax: 7 91 00 · Gourmet-Restaurant "Victor's Fine Dining by Christian Bau", Schlosshof-Terrasse
info.nennig@victors.de · www.victors.de   VISA AE ⬤ ⬤

105 **DZ** ab 196,00 €;
als **EZ** ab 158,00 €;
(Junior-)Suiten ab 336,00 €

Reizvoll und ruhig inmitten idyllischer Weinberge liegt dieses aus einer mediterranen Villa und einem Renaissance-Schloss bestehende Hotelensemble. Hier verbindet sich luxuriöses Ambiente mit allem zeitgemäßen Komfort.

Pfronten

Bhf→7 km ♜ **Boutique Hotel Blaue Burg** ★★
★★

✉ 87459 · Auf dem Falkenstein 1 · ☎ 0 83 63 91 45 40 · Restaurants, Panorama-Terrassen, Bar, Wellness-Tempel, Zi.-Preis inkl. Frühstücksbuffet
✗ 12 km   VISA AE ⬤
info@blaueburg.com · www.blaueburg.com · f

17 **DZ** von 300,00 bis 460,00 €

1883 wollte König Ludwig II. an der Stelle einer mittelalterlichen Burgruine auf dem Falkenstein ein Schloss errichten, das noch prächtiger als Neuschwanstein werden sollte. Straßen, Wasserleitungen und Pumpstation wurden gebaut, als die Pläne nur drei Jahre später mit dem Tod des Monarchen endeten. Anstelle des Schlosses gab es eine Jausenstation, aus der 1896 ein kleines Hotel wurde, das seit 1988 in Besitz von Familie Schlachter ist. Die haben mit unglaublichem Einsatz daraus ein gastronomisches Kleinod gemacht, das mehr als staunenswert ist. Auf 1.250 m empfängt den Gast ein Panoramablick aufs Vilstal, die Alpen nebst Zugspitze, das legendäre Märchenschloss und den Bodensee – ein Augenblick, für den Goethe "Verweile doch, du bist so schön" gedichtet haben muss. In den individuell gestalteten Themenzimmern vom „Alpenglück" bis zum „Vogelnest" treffen charmantes Interior Design auf Achtsamkeit. Im Burgtempel, der Wellnessoase des Hauses, wird alles geboten, was nachhaltige Entspannung so verlockend macht. Für Tagungen und Feierlichkeiten gibt es selbstverständlich auch passende Räumlichkeiten. Außerdem wartet ein Restaurant, in dem Genuss großgeschrieben wird und das mit dem "Pavo" eine Gourmetperle an die Seite bekam. Das Boutiquehotel "Blaue Burg" muss man erleben – garantiert bleibt es nicht beim einmaligen Besuch.

 Hervorragendes Hotel mit außergewöhnlichem Komfort

Pfronten

🍴 Boutique Hotel Blaue Burg – Pavo Bhf→4 km

✉ 87459 · Auf dem Falkenstein 1 · ☎ 0 83 63 91 45 40
Klassische u. Neue Küche, eig. Kreat. · **Tische:** 8/20 Plätze
info@blaueburg.com · www.blaueburg.com   VISA AE ⦿ ● ⓔ

Speisekarte: 1 Menü zu 185.00 €
🍇🍇🍇🍇🍇🍇

Von einem, der auszog, das Kochen zu lernen: Simon Schlachter, jüngster Sohn der Familie, wusste schon als Kind, dass Kochen zu seiner Leidenschaft wird, und holte er sich das unabdingbare Rüstzeug direkt an Stationen von internationalem Rang (u. a. Le Canard Nouveau, The Restaurant Dolder Grand, Schloss Schauenstein). Ehrgeiz, Neugierde, Experimentierfreude, Fleiß und innovative Ideen brachte er gleich selber mit. Er setzt jugendliche Unbekümmertheit, überbordende Fantasie und das Bewusstsein für gelebte Traditionen ein, um im "Pavo", dessen Name aus dem Persischen kommt und "Pfau" heißt, die schillernden Facetten seiner Kreativküche zu zeigen. Simon Schlachter kombiniert die ausgewählten Zutaten von lokalen Produzenten gerne mit Elementen der asiatischen Küche und hebt so mit großer Virtuosität seine faszinierende alpine Heimatküche auf ein ganz neues Level. Seine exklusive Genussreise, die als sharing dish beginnt, begeistert jeden Gast, denn er kann ganz ungezwungen die große Bandbreite des Schlachter'schen Küchenkosmos entdecken. Sabrina Haas leitet zugewandt und liebenswürdig den gut geschulten Service, berät zu den Weinen und Getränken und steht bei Fragen und Bitten gerne bereit.

🍇🍇🍇 Restaurant mit exzellenter Weinkarte

Berghotel Schloßanger Alp Bhf→5 km

✉ 87459 · Am Schlossanger 1 · ☎ 0 83 63 45 50 · Fax: 45 55 55
Neue, Intern. u. Reg. Küche · **Tische:** 30/120 Plätze
info@schlossanger.de · www.schlossanger.de   VISA AE ⦿ ● ⓔ

Speisekarte: 12 Hauptgerichte von 26,00 bis 41,00 €; 6 Tagesgerichte von 20,00 bis 39,00 €; 1 Mittagsmenü zu 54,00 €
🍇🍇🍇

Das Restaurant ist charmant im landestypischen Stil eingerichtet und wird zur Bühne für die abwechslungsreichen Speisen von Chefkoch Bastian Ebert. Er bevorzugt heimische Zutaten, kocht grundehrlich und mit kreativen Ideen.

Piesport

schanz.restaurant.

Bhf → 18 km

✉ 54498 · Bahnhofstr. 8 a · ☎ 0 65 07 9 25 20 · Fax: 92 52 52
Klass. u. Neue Küche · **Tische:** 10/30 Plätze
info@schanz-restaurant.de · www.schanz-restaurant.de

Speisekarte: 8 Hauptgerichte von 90,00 bis 138,00 €; 1 Menü von 239,00 bis 285,00 €

❁❁❁❁❀❀❀ 430 Weinpos.

„schanz.restaurant" – zwei Worte, die in der kulinarischen Szene die pure Verheißung sind und Genuss versprechen, der sogar über das Besondere hinausgeht. Interieur, Ambiente, Küche und Service sind eine harmonische Einheit. Schlicht und wertig eingerichtet – die Wandgestaltung aus Moselschiefer ist eine Hommage an die Region –, gefallen die runden, blanken Holztische, weich fallenden Stoffe und der im Licht von Gold zu Bronze changierende Farbton der sanft geschwungenen Fauteuils und Sitznischen. Dieses kleine gastronomische Kunstwerk hat Thomas Schanz erschaffen, nachdem er – knapp 15 Jahre ist das her – den elterlichen Betrieb übernommen hatte. Von klein auf mit den gastronomischen Geschehnissen vertraut, galt seine besondere Leidenschaft früh dem Kochen. Neben dem Vater zählten Harald Wohlfahrt, Helmut Thieltges und Klaus Erfort zu den Lehrmeistern, die ihm die große Kunst des Kochens nahebrachten. Seitdem verwirklicht er seine eigenen Ideen, ist immer neugierig und offen für Neues, und lässt sich auf eine Arbeit ein, die nicht in acht Stunden am Tag erledigt ist. Große Warenkenntnis, grandioses Können und sehr viel Sensibilität fließen in seine Küche ein, die bei aller Detailfülle wunderbar ausbalanciert und verständlich ist. Sein Spiel mit Traditionen und Innovativem ist elegant und intensiv zugleich und nimmt den Gast auf eine einzigartige Genussreise mit, die stets Platz für Neues lässt. Denn trotz aufeinanderfolgender Besuche wurde an jedem Abend ein komplett unterschiedliches 6-Gang-Menü serviert. Die Damen des Hauses, Mutter Gabi Schanz und Ehefrau Isabelle Schanz, heißen die Gäste mit Wärme und Herzlichkeit willkommen, während Maria Friedrich den top geschulten Service leitet und Aleksandar Petrovic für eine Weinbegleitung sorgt, die gekonnt und sensibel auf die Menüfolge abgestimmt ist.

 Dieses Restaurant bietet Ihnen ein gutes Genuss-/Preisverhältnis.

Piesport

schanz.hotel.

Bhf→18 km

✉ 54498 · Bahnhofstraße 8 a · ☎ 0 65 07 9 25 20 · Fax: 92 52 52
Gourmet-Restaurant, Terrasse, Zimmerpreise inkl. Frühstück
🍴 ♿ 🅿 📶 🅿 ⛱ ↘ 16 km   VISA AE ◐ ▣
info@schanz-hotel.de · www.schanz-hotel.de

12 **DZ** von 183,00 bis 195,00 €;
12 als **EZ** von 159,00 bis 168,00 €;
3 **App.** von 239,00 bis 248,00 €

Das "schanz.hotel" steht nicht nur für von Herzen kommende Gastfreundschaft, sondern auch für großen familiären Einsatz. Von Erich und Gabi Schanz bis zu Sohn Thomas und Ehefrau Isabelle sowie dem ganzen Team erfährt jeder Gast individuelle und persönliche Zuwendung und bekommt ein selten gewordenes Gefühl von echter Aufmerksamkeit vermittelt. Hier fühlt man sich einfach sofort wohl und kann in dem schönen Winzerhotel Erholung und die Leidenschaft für gutes Essen aufs Feinste kombinieren. Mit leichter Hand und großem Aufwand wurde das Haus mit viel Geschmack renoviert, die weiße Fassade und weißen Balkone mit schlammfarbenem Holz gestaltet und behutsam ans Restaurant angepasst. Die freundlichen Zimmer (Preise inkl. Frühstück, die Appartements können von drei Personen genutzt werden) sind mit modernen Annehmlichkeiten in exklusivem Interior-Design ausgestattet. Die Terrasse ist eine mediterrane Oase der Entspannung. Hauseigene Weine kann man in der gemütlichen Weinstube probieren und im Weinshop von Erich und Gabi Schanz auch käuflich erwerben. Verschiedene Arrangements stehen zur Auswahl und sind auf der Webseite einsehbar. Das "schanz" ist einfach der perfekte Ort, um sich in landschaftlich reizvoller Umgebung eine wohlverdiente Auszeit vom Alltag zu gönnen. Dazu trägt nicht unerheblich das vielseitige und große Freizeitangebot bei, in dem Rad- und Wanderwege, Wein- und Straßenfeste, Musik- und Kultur-Festivals uvm. warten.

Pinneberg

Restaurant Rolin im Hotel Cap Polonio

✉ 25421 · Fahltskamp 48 · ☎ 0 41 01 5 33-0
Regionale und Neue Küche · **Tische:** 16/60 Plätze
info@cap-polonio.de · www.cap-polonio.de

Speisekarte: 7 Hauptgerichte von 27,50 bis 48,00 €; 2 Menüs von 64,00 bis 83,00 € ♥♥♥♣ 200 Weinpos. Elemente des Luxusdampfers „Cap Polonio" geben dem Restaurant „Rolin" eine Note hanseatischer Gediegenheit. Küchenchef Marc Ostermann stellt bevorzugt mit regionalen Zutaten und frischen Kräutern leichte und zeitgeistige Speisen mit hohem Kreativitätsfaktor zusammen.

Pirmasens

Emils Hotel ★★★

Bhf →3,5 km

✉ 66954 · Luitpoldstraße 2 · ☎ 0 63 31 8 75 70
Bar, Bistro, Vinothek, Arrangements
✗♨↕☂🅿🚉↔●🕓✆20 km
info@emilshotel.de · www.emilshotel.de

38 **DZ** von 116,00 bis 140,00 €;
als **EZ** von 100,00 bis 142,00 €

Direkt gegenüber vom Stammhaus Kunz gibt es mit "Emils Hotel" einen formidablen "Ableger". Catharina Kunz vertritt die vierte Familiengeneration und führt dieses moderne Business-Hotel – in dem sich auch Urlaubsgäste wohlfühlen werden – sehr engagiert. Die Zimmer sind freundlich eingerichtet und verfügen über viele Annehmlichkeiten wie z. B. die digitale Gästemappe, eine Walk-in-Dusche, Boxspring-Betten sowie einen 49" Ultra-HD TV. Der Tag beginnt mit einem Frühstücksbuffet (10,- € p./Ps.). Für effektives Arbeiten in inspirierender Atmosphäre stehen Tagungsräume mit neuesten Technologien zur Verfügung, u. a. höhenverstellbare, knapp 100" große Ultra HD Touch-Screens, fortschrittliches Video Conferencing, zentrale Medientechnik-Steuerung über Tablets. Jede Veranstaltung wird auf die individuellen Bedürfnisse abgestimmt. Nach getaner Arbeit kann man im Fitness-Studio mit einer umfangreichen Auswahl an ERGOFIT Premium Fitness Geräten den Kopf freibekommen, sich am gemütlichen Bierzapftisch für 4-10 Personen treffen oder im Gamer Saloon an neuesten Konsolen seine Reaktionsschnelligkeit testen. Das Bistro ist von 17-22 Uhr geöffnet und sorgt mit einer kleinen Karte für kulinarische Abwechslung. Emil beamt die Hotellerie konsequent ins Zeitalter der Digital Natives – und zwar perfekt!

 Sehr gutes, komfortables Hotel

Pirmasens

♜ Die Brasserie
Bhf→1 km

✉ 66953 · Landauer Straße 103-105 · ☎ 0 63 31 7 25 55 44
Klassische und Neue Küche · **Tische:** 15/40 Plätze
info@diebrasserie-ps.de · www.diebrasserie-ps.de

Speisekarte: 3 Hauptgerichte von 46,00 bis 55,00 €; 1 Mittagsmenü ab 39,00 €; 2 Menüs von 98,00 bis 119,00 €

❀❀❀❀🏵🏵 220 Weinpos.

Von Beginn an war das Ende des 19. Jh. mitten im Wald erbaute "Waldschlöß'l" ein ungemein beliebtes Ausflugsziel. 2003 wurde das Haus behutsam restauriert und in kräftigem Sienarot gestrichen. Patron Vjekoslav Pavic und Ehefrau Lena, die sich als charmante Dame des Hauses mit ihrem Team liebenswürdig um die Gäste kümmert, führen das Restaurant engagiert und mit viel Herzblut. Die bodentiefen Fenster erlauben einen schönen Blick ins Grüne, die historischen Wandmalereien mit Girlanden, Blattwerk und Felsen blieben erhalten und geben dem Interieur eine besonders individuelle Note. Blanke Tische, schlicht und schön eingedeckt, verweisen aufs Wesentliche – die geniale Küche von Chefkoch Sándor Kálmán. Er legt allergrößten Wert auf Zutaten von kompromisslos guter Qualität. Obst und Gemüse sind bevorzugt aus der Region, der Fisch ist aus nachhaltigem Fang und das Fleisch aus artgerechter Haltung. Er kocht im jahreszeitlichen Wechsel Speisen, die in der französischen Klassik verwurzelt sind, aber mit modernen Interpretationen weit darüber hinaus gehen. Wichtig sind ihm klare, ausbalancierte Aromen, unverfälschter Geschmack und schlussendlich der unvergessliche Genuss für den Gast. Edin Malicbegovic steht bereit, wenn es um die Wein- und Getränkeauswahl geht. Last but not least muss die wunderschöne Terrasse erwähnt werden: Von Sonnenschirmen beschattet sitzt man im Grünen, genießt die edlen Speisen und fühlt sich wie im Urlaub.

Hotel Kunz
Bhf→3,5 km

✉ 66954 · OT Winzeln · Bottenbacher Straße 74 · ☎ 0 63 31 87 50 · Fax: 87 51 25
Grill-Restaurant, Gartenlokal, Bar, Terrasse, Biergarten, Café
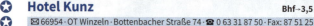
info@hotel-kunz.de · www.hotel-kunz.de

36 **DZ** von 135,00 bis 166,00 €;
als **EZ** ab 115,00 €;
7 **EZ** von 99,00 bis 150,00 €

Begegnungen und liebenswürdigen Gastlichkeit zu machen. Im nur 2 km vom Ortskern entfernten Hotel trifft man in harmonischer Atmosphäre heute mit Eric und Cordula Kunz auf Gastgeber aus Leidenschaft. Individuell eingerichtete, komfortable Zimmer (Preise inklusive reichhaltigem Frühstücksbuffet) und die vielseitige Gastronomie machen den Aufent-

Pirmasens

halt sehr angenehm. Exklusiv ist der Wellness- und Spa-Bereich, empfehlenswert sind die vielseitigen Arrangements zu attraktiven Preisen. Gediegen eingerichtet, ist "Emil's Bar" – benannt nach dem Großvater des Patrons – ein sehr beliebter abendlicher Treffpunkt, u. a. mit einer Auswahl exklusiver Whiskys. In der Vinothek im Gewölbekeller lagern 5.500 Flaschen verteilt auf fast 500 Weinsorten, die man auf einer digitalen Karte einsehen kann. Neben individuellen Weinproben gibt es auch attraktive Specials rund um den Rebensaft.

Kunz

Bhf →3,5 km

✉ 66954 · OT Winzeln · Bottenbacher Straße 74 · ☎ 0 63 31 87 50 · Fax: 87 51 25
Intern. und gehobene Reg. Küche · **Tische:** 21/90 Plätze
info@hotel-kunz.de · www.hotel-kunz.de ·

Speisekarte: 15 Hauptgerichte von 21,50 bis 52,00 €; 1 Mittagsmenü zu 39,50 €; 4 Menüs von 42,00 bis 95,00 €

480 Weinpos. Das Restaurant von Familie Kunz mit einladendem Landhaus-Charme wird ebenso engagiert betrieben wie das Hotel und ist eine ungemein gemütliche Einkehr. Großflächige, holzgeschnitzte, bäuerliche Szenen an der Stirnwand, hübsche Stoffe und warme Farben fügen sich zu einem Interieur von rustikaler Eleganz. Dazu passt die bodenständige und einfallsreiche Küche von Sascha Schwartz und Thorsten Kindler. Ersterer ist dem Hause seit über 30 Jahren verbunden, letzterer wurde hier ausgebildet und kam nach seiner Wanderschaft zurück ins „Kunz". Die beiden setzen auf saisonale, gerne heimische Zutaten, arbeiten sorgfältig und stellen eine Karte mit international und geschickt verfeinerten regionalen Speisen zusammen. Genussreiches Beispiel ihres Könnens war die gebratene Gänseleber mit Rhabarber, Brioche und aromatischem Erdbeersorbet. Den Service leitet Heike Ziegelmeier gewohnt kompetent und liebenswürdig, während Stefan Knecht zu den Weinen und Getränken berät. Sehr beliebt sind die Weinproben in der hauseigenen Vinothek im behaglichen Gewölbekeller.

Pirna

Pirna

 Designhotel Laurichhof   Bhf→600 m

✉ 01796 · Hauptplatz 4 · ☎ 0 35 01 7 70 90 77
Restaurant, Ticketservice, Bistro, Café, Dachterrasse
🍽🍷♨🏠📶🅿🎰♿👶🏊25 km   VISA/AE/●/●
info@laurichhof.de · www.laurichhof.de · f

27 **Designer-Suiten** von 110,00 bis 380,00 €

Pirna liegt an der Schnittstelle zwischen Dresdner Großstadtflair und der üppigen Natur des Elbsandsteingebirges. Der Ort ist ideal, um in beiden Welten zu wandeln. Und ein perfektes Traumdomizil ist das Designhotel Laurichhof. Hier warten Suiten, von denen eine ausgefallener als die andere gestaltet ist. Romantik, Klassik und Moderne sind die groben gestalterischen Unterteilungen, „Honey-Mohn, Marrakesch, Waldmannsheim, Big in Japan, Unter dem Meer" sind nur einige der Themen der 27 Suiten. Jede ist wunderbar aufregend in einem anderen Design gehalten, erlaubt ist, was gefällt. Allen gemein sind das Rundum-Wohlgefühl, ein Kühlschrank, der bei Bedarf aufgefüllt wird, und ein ungemein persönlicher und zuvorkommender Service. Da wird Freude am Besonderen großgeschrieben, da werden Urlaub und Erholung zum Kinderspiel. Gastgeberin Annette Katrin Seidel und ihr Sohn Franz Philip Seidel, beide Designer, haben ihr Motto "Ein Hotel, so vielseitig wie seine Gäste und so wohnlich wie ein schöneres Zuhause – das war die Idee.", so bezaubernd umgesetzt, dass man abseits ausgetretener Pfade ins Schwärmen gerät.

 Hervorragendes Hotel mit außergewöhnlichem Komfort

 Designhotel Laurichhof – Lazy Laurich

✉ 01796 · Hauptplatz 4 · ☎ 0 35 01 7 70 90 77
Regionale und Crossover Küche · **Tische:** 40/60 Plätze   VISA/AE/●/●
info@laurichhof.de · www.lazylaurich.de · f

Speisekarte: 6 Hauptgerichte von 19,00 bis 42,00 € ♥♥♥♥☕ 122 Weinpos.

Genau wie im Hotel, ist das Interior-Design im Restaurant – kräftiges Rot trifft auf schwarze Stühle – herrlich ausgefallen, urban und stylish. Entsprechend lässig und entspannt ist die Atmosphäre. So modern das Ambiente und die Speisen sind, so traditionalistisch gestaltet sich der Wareneinkauf, der findet nämlich bei ortsansässigen Bauern, Klein- und Familienbetrieben statt, die mit saisonalen Naturprodukten und regionaler Feinkost aufwarten können. Bekannte Speisen und regionale Spezialitäten werden von Küchenchef Sören Oertel raffiniert neu interpretiert, Klassiker treffen auf exotische Gewürze und unerwartete Variationen. Im Sommer wird die schicke Dachterrasse zum kulinarischen Hotspot.

Pirna

Den zuvorkommenden Service leitet Stefanie Schäfer mit Übersicht. Für Gesellschaften, Feiern, Bankette, Meetings und Firmenevents gibt es passende Räumlichkeiten, damit jede Veranstaltung zum durchschlagenden Erfolg wird.

Felsenbirne

✉ 01796 · OT Altstadt · Lange Straße 34 · ☎ 0 35 01 7 59 97 91
Regionale und Vegetarische Küche · **Tische:** 12/40 Plätze
felix.mikulla@gmail.com · www.felsenbirne-restaurant.de

Speisekarte: 5 Hauptgerichte von 22,40 bis 30,90 €; 1 Menü von 57,00 bis 91,00 € ❤❤ 32 Weinpos.
Das helle und schlicht-elegante Interieur kontrastiert reizvoll mit den mächtigen Gewölbedecken. Patron und Chefkoch Felix Mikulka setzt mit sorgfältig zubereiteten Speisen und einem engagierten Team alles daran, den Gästen einen genussvollen Aufenthalt zu bieten.

Pleinfeld

Landgasthof Zur Linde

Bhf →5 km

✉ 91785 · Spalter Straße 2 · ☎ 0 91 44 2 54 · Fax: 9 30 03
Regionale Küche · **Tische:** 27/160 Plätze
info@zur-linde-stirn.de · www.zur-linde-stirn.de

Speisekarte: 16 Hauptgerichte von 12,00 bis 38,00 € ❤❤❤ 20 Weinpos.
In vier verschiedenen, behaglichen Stuben kann man sich in entspannter Atmosphäre von der Küche von Chefkoch Stefan Maurer verwöhnen lassen. Die unverfälschten Speisen spiegeln das jahreszeitliche Angebot wider.

Pleiskirchen

♜ Gasthof Huberwirt

Bhf →10 km

✉ 84568 · Hofmark 3 · ☎ 0 86 35 2 01 · Fax: 8 63
Reg. u. Neue Küche, eig. Kreat. · **Tische:** 23/65 Plätze
landgasthof@huber-wirt.de · www.huber-wirt.de

Speisekarte: 3 Hauptgerichte von 23,00 bis 35,00 €; 1 Mittagsmenü zu 48,00 €; 3 Menüs von 90,00 bis 240,00 €
❤❤❤🕸 220 Weinpos.
Den Huberwirt gibt es seit 1612 – für Chefkoch Alexander Huber Tradition und Ansporn zugleich. Entsprechend genial und expressiv sind seine Speisen mit ihren innovativen Kombinationen von bayerischer Wirtshaus- und leichter, moderner Gourmetküche.

Pliezhausen

Pliezhausen

 Landgasthaus Zur Linde — Bhf→6 km

✉ 72124 · Schönbuchstr. 8 · ☎ 0 71 27 89 00 66
Klass., Reg., Mediterr. Kü. · **Tische:** 12/45 Plätze
info@linde-doernach.de · www.linde-doernach.de

Speisekarte: 2 Menüs von 103,00 bis 112,00 €
❦❦❦❦❦❦   340 Weinpos.

In entspannter Landhaus-Atmosphäre sorgt Chefkoch Andreas Goldbach für eine ambitionierte und raffinierte Küche. Er bevorzugt regionale Zutaten in marktfrischer Qualität und stellt sie präzise und ideenreich zu frischen und zeitgemäßen Speisen zusammen.

Plochingen

 Cervus — Bhf→400 m

✉ 73207 · Bergstraße 1 · ☎ 0 71 53 55 88 69
Regionale und Saisonale Küche · **Tische:** 11/38 Plätze
mail@gasthaus-cervus.de · gasthaus-cervus.eatbu.com

Speisekarte: 4 Hauptgerichte von 28,00 bis 33,00 €; 2 Menüs von 49,00 bis 82,00 €
❦❦❦

Patron Johannes Füller versteht es, mit handverlesenen Zutaten eine aromenintensive, ehrliche Marktküche zu kreieren, die hohen Ansprüchen genügt. Sehr empfehlenswert ist das Überraschungsmenü.

 ♜ **Stumpenhof** — Bhf→3 km

✉ 73207 · Stumpenhof 1 · ☎ 0 71 53 2 24 25 · Fax: 7 63 75
Klass., Reg. Küche · **Tische:** 30/100 Plätze
restaurant@stumpenhof.de · www.stumpenhof.de

Speisekarte: 10 Hauptgerichte von 23,50 bis 53,50 €; 1 Mittagsmenü von 22,00 €
❦❦❦   73 Weinpos.

Mit einem wunderschönen Ausblick auf den Neckar genießt man im traditionsreichen "Stumpenhof" dank Chefkoch Uli Wägerle Speisen, die in der Region verwurzelt sind und die wechselnden Jahreszeiten widerspiegeln.

Potsdam

★★ ★★ ♜ **Hotel Brandenburger Tor Potsdam** — Bhf→1 km
★★ ★★

✉ 14467 · Brandenburger Str. 1 · ☎ 03 31 87 70 00 00 · Fax: 23 60 75 55
Verwöhnfrühstück, Arrangements, "Voltaire"-Bar
info@hotel-brandenburger-tor.de · www.hotel-brandenburger-tor.de

36 **DZ** ab 113,00 €;
als **EZ** ab 95,00 €;
3 (**Jui.-)Suiten** ab 203,00 €

Das Hotel nahe dem Hauptportal des Schlossparks von Sanssouci liegt im historischen Stadtkern von Potsdam und ist ein komfortables Zuhause auf Zeit mit persönlichem Service und zeitgemäßen Annehmlichkeiten.

 ♜ **Kochzimmer** — Bhf→1 km

✉ 14467 · Am Neuen Markt 10 · ☎ 03 31 20 09 06 66
Neue preußische Küche, eig, Kreat.
info@restaurant-kochzimmer.de · www.restaurant-kochzimmer.de

Speisekarte: 1 Menü von 135,00 bis 155,00 €
❦❦❦   70 Weinpos.

Das Restaurant im Gebäude der historischen „Gaststätte zur Ratswaage" ist von schlichter Schönheit. Chefkoch David Schubert geht mit seiner "Neuen Preußischen Küche" zu kulinarischen Wurzeln zurück und interpretiert Tradiertes virtuos und sehr kreativ neu.

Potsdam

Pino - Das Gourmetlokal

✉ 14469 · Weinbergstraße 7 · ☎ 03 31 2 70 30 30
Italienische Küche · **Tische:** 6/15 Plätze
info@pino-potsdam.de · www.pino-potsdam.de

Speisekarte: 6 Hauptgerichte von 27,00 bis 60,00 €; 2 Menüs von 75,00 bis 200,00 €
♦♦♦ 🍷 88 Weinpos.
Bruchsteinwände, edel eingedeckte Tische und auf Schiefertafeln annoncierte Speisen verbinden sich im Restaurant „Pino" zu einem lässig-eleganten, charmanten Interieur. Nahe dem Schlosspark Sanssouci in einer ruhigen Seitenstraße gelegen, kann man hier italienische Speisen in raffinierter Zubereitung genießen. Küchenchef Ardonit Meta kauft frische, saisonale Produkte ein – bevorzugt aus der Region – und macht daraus mit Können und peppigen Ideen aromenproncierte, mediterrane Speisen. Tradiertes interpretiert er mit viel Liebe zum Detail neu und modern. Eine gute Auswahl von Spitzenweinen, vornehmlich aus dem italienischen Süden, begleiten die Speisen und werden mit ihren Charakteristika auf der Karte vorgestellt. Gashi Ardonit leitet das zuvorkommende Serviceteam. Eine kleine Außenterrasse wird im Sommer zum perfekten Ort für den gehobenen open air Genuss.

Presseck

♜ Der Berghof Restaurant + Wirtshaus Ursprung

✉ 95355 · Wartenfels 85 · ☎ 0 92 23 2 29 · Fax: 94 56 47
Neue Küche, Int. und Reg. · **Tische:** 15/50 Plätze
mail@berghof-wartenfels.de · www.berghof-wartenfels.de

Speisekarte: 11 Hauptgerichte von 26,00 bis 79,00 €; 2 Menüs von 48,00 bis 119,00 €
♦♦♦ 60 Weinpos.
Die Kombination aus stylischem Ambiente und gelebter Tradition macht dieses Restaurant zu etwas ganz Besonderem. Chefkoch Alexander Schütz kann mit frischen Speisen für jeden Geschmack dienen – mal einfach, mal raffiniert – aber immer präzise, aromenstark und einfallsreich.

Prien am Chiemsee

Wachter Foodbar

✉ 83209 · Bernauer Straße 31 · ☎ 0 80 51 96 68 88
Neue Küche, eigene Kreationen · **Tische:** 2/22 Plätze
info@wachter-foodbar.de · www.wachter-foodbar.de

Speisekarte: 1 Menü von 120,00 bis 150,00 € ♦♦♦
Patron und Küchenchef Dominik Wachter holt sich als gebürtiger Priener die Inspirationen für seine spannende und facettenreiche Küche am liebsten aus der umliegenden Natur. An einem langen Tresen mit Kücheneinblick genießt man die kreativen Speisen und lässt sich auf eine kulinarische Reise mitnehmen.

Quedlinburg

♜ Romantikhotel am Brühl
Bhf→2 km

✉ 06484 · Billungstraße 11 · ☎ 0 39 46 96 18 0
Restaurant, Bar, Biergarten, Zimmerpreise inkl. Frühstück
 15 km
kontakt@hotelambruehl.de · www.hotelambruehl.de · f

VISA ●● ▪

29 **DZ** ab 161,50 €;
als **EZ** ab 139,00 €;
3 **Appartements** ab 238,00 €;
9 **Suiten** ab 261,00 €

Die Welterbestadt Quedlinburg ist für ihren wunderschönen, historischen Stadtkern bekannt und ein beliebtes Urlaubsziel. Schön, dass es dort mit dem Hotel am Brühl ein Logis gibt, das dem in puncto Romantik in nichts nachsteht. Ein außergewöhnliches, denkmalgeschütztes Ensemble mit dem Fachwerkgebäude eines früheren Saatzuchtbetriebes, dem Gründerzeitpalais der ehemaligen Harzer Likörfabrik und einem ehemaligen Stallgebäude, das den Hotelgarten einfassen, findet sich auch das Romantikhotel. Liebevoll restauriert, stehen ursprüngliche Bruchsteinwände in reizvollem Kontrast zu gediegenen Sitzecken, gefallen die Zimmer mit einer charmanten Einrichtung und einem großen Plus an zeitgemäßen Annehmlichkeiten (das Frühstück ist im Preis inkludiert). Man spürt sofort, dass das Haus in privater Hand ist, so zugewandt und herzlich ist die Gastfreundschaft. In einer entspannten und inspirierenden Atmosphäre von mediterraner Leichtigkeit kann man hier den Harz-Aufenthalt gestalten. Gerne gibt das freundliche Hotelteam Tipps zu Veranstaltungen und Ausflügen. (Für letztere werden auf Bestellung gerne Lunchpakete gepackt.) Den Tag kann man in der Kaminlounge oder der Bar bei einem Cocktail ausklingen lassen, in der nachmittags auch Kaffee und hausgemachter Kuchen angeboten werden.

♜ Weinstube am Brühl
Bhf→2 km

✉ 06484 · Billungstraße 11 · ☎ 0 39 46 96 18 0
Gehobene Regionale und Cross Over Küche · Tische: 15/60 Plätze
kontakt@hotelambruehl.de · www.hotelambruehl.de · f

VISA ●● ▪

Speisekarte: 5 Hauptgerichte von 25,00 bis 34,00 €; 2 Menüs von 76,50 bis 136,00 €
♥♥♥

Zum Ensemble des Romantikhotels „Am Brühl" gehört eine ehemalige Stallung in der das Restaurant „Weinstube" seinen Platz gefunden hat. Sehr liebevoll in einem rustikal-eleganten Landhausstil eingerichtet, lädt es zu einem ganz entspannten Aufenthalt und nachhaltigem Genuss ein. Für letzteren sorgt Chefkoch Sebastian Lorenz mit großem Können und einer Fülle raffinierter Ideen. Die Zutaten für seine frische Produktküche kommen bevorzugt aus der Region. Gekonnt kombiniert er sie zu aromenprononcierten, in Geschmack und Textur ausbalancierten Speisen. Regionales interpretiert er ebenso innovativ neu wie beliebte Klassiker. Aktuelles wird täglich auf einer Tafel annonciert. Der Zuspruch der Gäste gibt seiner Arbeit und seinem fantasievollen Küchenstil Recht. Peggy Wölfer ist umsichtige und aufmerksame Serviceleiterin, sie berät zu den passenden Weinen und Getränken, hilft bei Fragen weiter, ist Ansprechpartnerin, wenn es um Veranstaltungen geht, und leitet

Quedlinburg

mit guter Laune durch den Abend. Wenn es kulinarisch noch ausgefallener werden soll, kann man im November und Dezember im kleinen Gourmetableger „le Mariage" Freitag- und Samstagabend einen der 20 Plätze reservieren und ein exklusives, mehrgängiges Menü genießen.

 Hotels und Restaurants mit diesem Zeichen befinden sich in einem historischen Gebäude.

Radebeul
Atelier Sanssouci

✉ 01445 · Augustusweg 48 · ☎ 03 51 7 95 66 60
Klassische Küche · **Tische:** 8/27 Plätze
info@hotel-villa-sorgenfrei.de · www.hotel-villa-sorgenfrei.de

Speisekarte: 1 Menü von 177,00 bis 228,00 €

250 Weinpos. Der einstige Fest- und Gartensaal der Villa Sorgenfrei ist schlicht bezaubernd und atmet Geschichte. Vor dieser traumschönen Kulisse kommen die erlesenen, von Chefkoch Marcus Langer ersonnenen Speisefolgen perfekt zur Geltung. Seine klassische französische Küche passt er gekonnt und behutsam modernen Strömungen an.

Rammingen
♜ Romantik Hotel Landgasthof Adler

Bhf →2 km

✉ 89192 · Riegestraße 15 · ☎ 0 73 45 9 64 10 · Fax: 96 41 10
Neue, Intern. u. Reg. Küche · **Tische:** 12/45 Plätze
info@adlerlandgasthof.de · www.adlerlandgasthof.de

Speisekarte: 6 Hauptgerichte von 25,00 bis 36,50 €; 1 Menü von 68,00 bis 114,00 €

Der traditionsreiche Landgasthof "Adler" ist perfekt, um sich eine kleine Auszeit vom Alltag zu nehmen. Die frische und präzise deutsch-französische Landhausküche wird von Küchenchef Jan Oliver Bimboes mit traditionellen schwäbischen Gerichten ergänzt.

Rantum

✪✪✪ ✪✪ Dorint Söl'ring Hof
Bhf→10 km

✉ 25980 · Am Sandwall 1 · ☎ 0 46 51 83 62 00 · Fax: 8 36 20 20
Kaminbar, Terrasse, November bis April Winterarrangements auf Anfrage
info.soelringhof@dorint.com · www.soelring-hof.de
VISA AE

13 **DZ** ab 645,00 €;
2 **Suiten** ab 940,00 €
Das reetgedeckte Friesenhaus ist eine kleine, aber hochexklusive Luxusherberge mit zuvorkommendem, unverkrampftem Service, erlesen eingerichteten Zimmern und traumhaftem Blick auf Meer und Strand.

Dorint Söl'ring Hof
Bhf→10 km

✉ 25980 · Am Sandwall 1 · ☎ 0 46 51 83 62 00 · Fax: 8 36 20 20
Neue Küche · **Tische:** 14/40 Plätze
info.soelringhof@dorint.com · www.soelring-hof.de
VISA AE

Speisekarte: 1 Menü von 319,00 bis 379,00 € 🍷🍷🍷🍷🍷 800 Weinpos. Gastgeber und Chefkoch Jan-Philipp Berner sorgt im Restaurant, das in zeitloser Moderne gestaltet ist, für eine sinnliche, elegante und tiefgründige Küche, in der nordische Rezepturen eine fantasievolle Neuinterpretation erfahren.

Rastatt

✪✪✪ ♜ Gasthaus und Hotel zum Engel
Bhf→2,5 km

✉ 76437 · Kaiserstraße 65 · ☎ 0 72 22 7 79 80 · Fax: 77 98 77
Restaurant, Frühstück im Zimmerpreis inkludiert, Tiefgarage
10 km
info@hotel-engel-rastatt.de · www.hotel-engel-rastatt.de
VISA AE

6 **DZ** ab 99,00 €;
4 **EZ** ab 77,00 €;
2 **Mehrbettzimmer** ab 121.00 €

Bereits im Jahre 1475 wurde das Gasthaus Zum Engel das erste Mal urkundlich erwähnt und ist damit das älteste Gasthaus in Rastatt. Und seit nunmehr über 100 Jahren ist es im Besitz von Familie Heim. Die sorgt gemeinsam mit ihrem engagierten Mitarbeiterteam dafür, dass sich jeder Gast in dem freundlich eingerichteten Hotel wohlfühlt. Die Zimmer (Preise inkl. Frühstück) sind modern eingerichtet, verfügen über zeitgemäße Annehmlichkeiten und haben eine Minibar, die man selber befüllen kann. Neben dem Restaurant gibt es noch eine hauseigene Brauerei, die zusätzlich zu einigen Klassikern auch monatlich wechselnde Saisonbiere wie Rauchbier, Maibock, Porter, Festbier oder Weihnachtsbier anbietet. Für Feiern und berufliche Treffen stehen passende Räumlichkeiten für bis zu 30 Personen zur Verfügung. Der Nordschwarzwald bietet eine Fülle von Freizeitmöglichkeiten. In der wunderschönen Barock- und Festungsstadt selbst warten das bekannte Residenzschloss und rund ums Jahr verschiedenste Führungen und Veranstaltungen. Gerne geben die freundlichen Mitarbeiter*Innen hilfreiche Tipps.

Rastatt

Bhf→2,5 km ♜ **Gasthaus und Hotel zum Engel**

✉ 76437 · Kaiserstraße 65 · ☎ 0 72 22 7 79 80 · Fax: 77 98 77
Badische und Bürgerliche Küche · Tische: 9/34 Plätze
info@hotel-engel-rastatt.de · www.hotel-engel-rastatt.de

Speisekarte: 12 Hauptgerichte von 12,30 bis 30,40 €; 6 Kleinigkeiten von 11,40 bis 14,70 € ♡♡ 20 Weinpos.
Im Restaurant des „Gasthaus Zum Engel" einzukehren, ist eine genussreiche Angelegenheit. Liebenswürdig von Doris Heim, der Dame des Hauses, und ihrem Serviceteam begrüßt, kann man hier in ganz entspannter, geselliger Atmosphäre eine grundehrliche Küche genießen. Für die ist Patron Philip Heim verantwortlich. Er kocht frisch, gerne auch saisonal und sorgt für ein facettenreiches Speiseangebot mit badischem Schwerpunkt. Aber auch gutbürgerliche und internationale Gerichte werden in guter Qualität angeboten. Man schmeckt, dass Suppen, Saucen, Nudeln, Parfaits und Cremes hausgemacht sind. Hervorhebenswert ist, dass man – sogar bei den Speisen für den kleinen Hunger und Vegetarischem – kleine Portionen bestellen kann. Besonders beliebt bei den Gästen sind die hausgebrauten Biere, denn Philip Heim ist auch gelernter Bierbrauer und ertüftelt leidenschaftlich verschiedenste Sorten wie das Philips Engelbier oder saisonale Spezialbiere. Die kann man auch in geselliger Runde mit bis zu 15 Personen bei einer Bierprobe entdecken.

Rauhenebrach

Bhf→10 km ♜ **Gasthaus Hofmann**

✉ 96181 · Schindelsee 1 · ☎ 0 95 49 9 87 60 · Fax: 98 76 27
Reg. u. Neue Küche, eig. Kreationen · Tische: 20/70 Plätze
info@schindelsee.de · www.schindelsee.de

Speisekarte: 7 Hauptgerichte von 22,00 bis 43,00 €; 2 Menüs von 65,00 bis 94,00 €
♡♡♡
Die Dame des Hauses, Bettina Hofmann, steht am Herd und legt großen Wert auf nachhaltig erzeugte, erstklassige und erntefrische Produkte. Die kombiniert sie mit raffinierten Ideen zu einer genussvollen, modernen Regionalküche. Eines der angebotenen Menüs ist vegetarisch.

Ravensburg

Bhf→2 km ♜ **Atelier Tian**

✉ 88212 · Veitsburg 2 · ☎ 07 51 95 12 59 49
Klassische, Neue u. Regionale Küche · Tische: 7/20 Plätze
kontakt@atelier-tian.de · www.atelier-tian.de

Speisekarte: 3 Menü ab 3 bis 7 Gänge von 99,00 bis 169,00 € ♡♡♡ 120 Weinpos.
Das „Atelier Tian" bietet nicht nur erstklassige Speisen und dank Petra und Chris Ott von Herzen kommende Gastfreundschaft, sondern auch einen großartigen Blick über Ravensburg. Das Ensemble mit Restaurant, Biergarten mit schwäbisch-deutscher Küche, Jugendherberge und Standesamt gehört zur historischen Burganlage der welfischen „Ravensburg" (heute Veitsburg). Das Interieur ist mit viel Geschmack in einem charmanten Mid-Century-Stil gestaltet und vermittelt eine weltoffene und lässige Atmosphäre. Patron und Chefkoch Chris Ott kocht mit echter Leidenschaft – Neugierde, Fleiß, handwerkliches Geschick und Kreativität inklusive. Sein Motto „handgemacht, weltoffen, saisonal" lebt er auch Tag  für Tag am Herd. Die Basis der Küche sind Zutaten, denen artgerechte Tierhaltung und ökologische Landwirtschaft zugrunde liegen. Das Beste ist gerade gut genug, um damit französisch und asia-

Ravensburg

tisch inspirierte Speisen zu kreieren, die mit prononcierten Aromen begeistern. Es stehen drei Menüs („Heimat" | „Klassik" | „Vegan/Vegetarisch") zur Wahl, die der Gast sich nach Gusto zu einem individuellen Menü zusammenstellen kann. Liebenswürdige Dame des Hauses ist Petra Ott, die den unaufdringlichen und zugewandten Service leitet und mit Feingefühl und Expertise zu den Weinen mit deutschem und französischem Fokus berät.

🏨 Kaiserhof Bhf→1 km

✉ 88212 · Mauerstraße 17 · ☎ 07 51 3 62 47 70 · Hermanns Restaurant Café Bar, Gourmetrestaurant "Kaisersaal", Arrangements, Genussevents
🍴🛏🐕♿🍽🏛⛲↔♿⛵↘10 km VISA AE ●
willkommen@kaiserhof-rv.de · www.kaiserhof-rv.de

40 **DZ** ab 175,00 €;
4 **EZ** ab 135,00 €;
6 **(Jun.-)Suiten** ab 220,00 €

Kornstadel, Wagenremise, Weberei – der Kaiserhof-Komplex war vieles, bevor er 1906 zu einem Hotel wurde, das für seine Küche und ausgelassene Tanzveranstaltungen bekannt war. Mit den Jahrzehnten verblasste der mondäne Schimmer und später siedelte ein Möbelhaus an, bevor das am Rande der Ravensburger Altstadt gelegene Haus mit großem Aufwand und sehr viel Detailliebe von Inhaber Hermann Müller restauriert und zu einem Boutique-Hotel wurde, in dem sich Tradition und Moderne aufs Charmanteste verbinden und die Philosophie des Bewahrens und Erneuerns allgegenwärtig ist. Die neobarocke Fassade blieb weitestgehend erhalten und wurde mit französischen Balkonen bereichert, hinter denen sich erlesen eingerichtete Komfort-Zimmer finden. Mit neuestem technischem Equipment ausgestattete Veranstaltungsräume bieten individuell geplanten privaten Feiern und geschäftlichen Veranstaltungen einen stilvollen Rahmen. Im „Hermanns" Restaurant, Café und Bar, kann man sich zu jeder Tageszeit in entspannter Atmosphäre treffen. Ein sehr aufmerksames Hotelteam ist bei Fragen, Bitten und Tipps jederzeit zur Stelle und trägt zur Wohlfühlatmosphäre in diesem exklusiven Hotel bei.

Ravensburg

Bhf→1 km

♜ Kaisersaal

✉ 88212 · Mauerstraße 17 · ☎ 07 51 3 62 47 70
Klassische und Neue Küche, eigene Kreationen · Tische: 8/30 Plätze
reservierung@kaiserhof-rv.de · www.kaiserhof-rv.de/restaurant-kaisersaal/

Speisekarte: 3 Hauptgerichte von 42,00 bis 58,00 €; 1 Menü von 109,00 bis 169,00 € ❤❤❤🍇🌱 245 Weinpos.

Der 1899 erbaute „Kaisersaal" – legendär für ausgelassene Tanzveranstaltungen und erlesene Gastronomie – wurde mit seltener Akribie und großem Aufwand über Jahre saniert und beheimatet nun das gleichnamige Gourmetrestaurant, in dem historische Stuckelemente, edler Fischgrät-Parkettboden und fein eingedeckte Tische auf Moderne Kunst treffen und sich zu einem weltoffenen, charmanten Ambiente verbinden. Herzstück des Speiseraums ist ein integrierter Glaskubus, in dem die Küche von Chefkoch Kevin Leitner bestens einsehbar ist. Seine ambitionierten Speisen basieren auf handverlesenen Zutaten und sind eine genussreiche Symbiose aus klassischen und modernen Elementen. Durchaus bodenständige, regionale Akzente fließen raffiniert in die zeitgeistigen Zubereitungen, die den Gast auf eine spannende kulinarische Reise mitnehmen. Maître Holger Birner begleitet mit seinem zuvorkommenden Serviceteam den Besuch und berät mit Expertise zu den passenden Weinen, die es in bester Auswahl und exzellenter Qualität gibt.

Regensburg

♜ Leerer Beutel

Bhf→1,5 km

✉ 93047 · Bertoldstraße 9 · ☎ 09 41 5 89 97 · Fax: 56 57 34
Slow Food · Tische: 22/90 Plätze
info@leerer-beutel.de · www.leerer-beutel.de ·

Speisekarte: 8 Hauptgerichte von 19,80 bis 29,80 €; 4 Tagesgerichte von 9,40 bis 24,80 €; 2 Abendmenüs von 35,00 bis 45,00 €
❤❤ 60 Weinpos.

Das Kulturhaus "Leerer Beutel" in der Regensburger Altstadt – nur wenige Minuten vom Dom entfernt – ist in einem imposanten Gebäude beheimatet, das im Spätmittelalter ein Getreidespeicher war. Hier gibt es zusätzlich zur städtischen Galerie und der filmGalerie ein Restaurant, das mit großer Leidenschaft von Winfried Freisleben betrieben wird. Seit über 30 Jahren sorgt er für „Genuss für Auge, Ohr und Gaumen", kuratiert regelmäßig stattfindende Wechselausstellungen und Konzerte des Jazzclubs Regensburg und hat mit Küchenchefin Iliana Ilieva eine Frau am Herd, die mit Können, Anspruch und Ideenreichtum unter "Slow

Regensburg

Food"-Aspekten kocht. Mittags wird ein sehr fair kalkuliertes, zweigängiges Auswahlmenü angeboten und abends steht die abwechslungsreiche Speisekarte bereit. Mit ausgesuchten regionalen Zutaten kreiert sie grundehrliche Speisen, die gerne auch die wechselnden Jahreszeiten widerspiegeln. Eines der angebotenen Menüs ist ein Vegetarisches. Alles wird frisch und sehr sorgfältig zubereitet. Entsprechend aromenstark und unverfälscht sind die Speisen. Für bestens betreute Feste (Hochzeiten, Firmenjubiläen, Kommunion, Weihnachtsfeiern) stehen das Restaurant (90 Plätze) und der historische Festsaal (180 Plätze) zur Verfügung.

Ontra restaurant

Bhf→1 km

✉ 93053 · Franz-Mayer-Straße 5a · ☎ 09 41 20 49 20 49
Neue und gehobene Regionale Küche · **Tische:** 20/80 Plätze
kontakt@ontra-regensburg.de · www.ontra-regensburg.de · f

VISA

Speisekarte: 6 Hauptgerichte von 24,00 bis 40,00 €; 1 Mittagsmenü zu 34,00 €; 1 Menü von 109,00 bis 159,00 €

🍷🍷🍷🍷 250 Weinpos.

„Ontra's Gourmetstube" ist eine moderne und lässige Bereicherung für die Gastroszene in Regensburg. Südlich der City ist es im Technologiezentrum "TechSquare" beheimatet und gefällt mit einem stylischen Interieur. Braun als dominierende Farbe, an schimmernde Satelliten erinnernde, raffiniert designte Lampen und tiefschwarze, lebendig gemaserte, schlicht und edel eingedeckte Tische verbinden sich zu einem lässigen, urbanen und sehr weltoffenen Ambiente. Chefkoch Peter Grasmeier und Christina Listl, seine Partnerin und Co-Geschäftsführerin, sind leidenschaftliche Gastgeber und setzen ihr ganzes Bemühen daran, jedem Besucher einen denkwürdigen, genussreichen Aufenthalt zu bereiten. Da trifft es sich gut, dass der Service unter Leitung von Christina Listl aufmerksam und liebenswürdig ist und die Küche des Patrons verführerisch. Er kombiniert handverlesene, regionale und saisonale Produkte mit nachhaltigen Lebensmitteln aus aller Welt und macht

daraus unverfälschte und kreative Speisen wie z. B. exquisite hausgemachte Ziegenkäsetaschen mit Walnuss, Fenchel und Orange. Traditionelles interpretiert er neu und blickt immer auch über den regionalen Tellerrand. Korrespondierende Weinen bringt Julian Poschacher dem Gast näher. Mittags kann man sich mit Geschäftsfreund*Innen zum Lunch treffen, an warmen Tagen die Speisen auf der überdachten und beheizten Terrasse genießen oder sich einen besonderen Fleischcut aus dem Dry Age Schrank gönnen.

 Hervorragende Serviceleistung

Regensburg

Bhf→3 km   ♜ **Roter Hahn** ★★★

✉ 93047 · Rote-Hahnen-Gasse 10 · ☎ 09 41 59 50 90 · Fax: 59 50 945 · Restaurant-terrasse in der historischen Altstadt, Zi.-Preis inkl. Frühstück, Cateringservice
30 km
hotel@roter-hahn.com · www.roter-hahn.com   VISA AE

20 **DZ** von 130,00 bis 180,00 €;
3 **EZ** ab 80,00 €;
3 (Jui.-)**Suiten** von 300,00 bis 450,00 €
1210 wurde das Gebäude inmitten der Regenburger Altstadt erbaut, 2011 zum letzten Mal teilrenoviert. Dass das Mittelalter in der Moderne angekommen ist, erkennt man bereits beim Empfang in der Hotel-Lobby. Hier und im gesamten Haus, das passioniert vom Gastgeberpaar Laura und Maximilian Schmidt geführt wird, ist das Ambiente charmant und einladend. Das Interieur – natürlich auch in den komfortablen Zimmern – ist mit viel Geschmack sehr originell und pfiffig gestaltet. Der Morgen beginnt mit einem reichhaltigen Frühstück, das im Zimmerpreis inkludiert ist. Städtetouristen und Geschäftsreisende, aber auch Familien mit Kindern sind hier herzlich willkommen und können das Hotel „Roter Hahn" als Ausgangspunkt nehmen, um die pittoreske, von der UNESCO als Welterbe ausgezeichnete Altstadt mit ihren vielen, kleinen Läden, Reichstagsmuseum, Porta praetoria und Salzstadel zu entdecken oder im reizvollen Umland zu wandern und zu radeln. Ein sehr zuvorkommendes Serviceteam gibt gerne Tipps rund um die Freizeitgestaltung. Attraktive Arrangements wie das Menü-Hotel- oder Business Menü-Hotel-Erlebnis sind ideal, um das Haus und vor allem auch die exzellente Küche von Maximilian Schmidt kennenzulernen. Ein erfahrener und exklusiver Cateringservice gehört zum Angebot des Hauses und macht jedes Event zu einem unvergesslichen Erlebnis.

Bhf→3 km   ♜ **Roter Hahn by Maximilian Schmidt**

✉ 93047 · Rote-Hahnen-Gasse 10 · ☎ 09 41 59 50 90 · Fax: 59 50 945
Neue Küche mit euro-asiatischen Elementen · **Tische:** 18/45 Plätze   VISA AE
hotel@roter-hahn.com · www.roter-hahn.com · f

Speisekarte: 3 Menüs von 105,00 bis 199,00 € ❤❤❤❤ 295 Weinpos.
Bereits beim Betreten des Restaurants "Roter Hahn by Maximilian Schmidt" spürt man das besondere, unverkrampfte Ambiente. Gepolsterte Lederbänke an den Längsseiten, teils unverputzte Natursteinwände, blanke Tische, punktuelle Beleuchtung sowie Wandgemälde und skulpturale Arbeiten vermitteln eine entspannte, weltoffene Atmosphäre. Die kann man ganz ohne Dresscode genießen, denn das einzige, was der Gast mitbringen muss, ist die Bereitschaft, den Alltag vor der Tür zu lassen, sich zu entspannen und grenzenlos zu ge-

Regensburg

nießen. Letzteres gerät dank der Küche von Maximilian Schmidt zum Kinderspiel, denn er kocht herrlich unbekümmert und gleichzeitig gekonnt auf. Nach illustren Karrierestationen kam er ins Elternhaus zurück und setzt hier sein Küchenmotto "Finesse" um. Das basiert auf ausgesuchten Zutaten, die er mit großem Respekt vor dem Lebensmittel unter regionalen und nachhaltigen Aspekten verarbeitet und verfeinert. Ganz undogmatisch stellt er eine kulinarische Reise mit Einflüssen aus Asien, Frankreich, Skandinavien und Deutschland zusammen und entführt den Gast in seine ideenreiche Genusswelt. Wunderbar zart war die Rinderzunge mit fermentierten Karotten, Pfifferlingen, Wildkräutern und Gyoza (kleinen japanischen Teigtaschen) sowie einer aromenprononcierten, intensiven Sauce vierge. Gerne bringen er und Ehefrau Laura die Speisen selber zum Gast und sind nahbar und kommunikativ. Lukas Eigelt ist umsichtiger Maître und mit sei-

Restaurant mit exzellenter Weinkarte

♜ storstad

Bhf→1 km

✉ 93047 · OT Altstadt · Watmarkt 5 · ☎ 09 41 59 99 30 00
Neue Küche m. asiatischen Elementen · **Tische:** 12/40 Plätze
info@storstad.de · https://storstad.de/ ·

Speisekarte: 3 Mittagsmenüs von 70,00 bis 185,00 €; 2 Menüs von 185,00 bis 200,00 €

♥♥♥♥♥🍇🍇🍇 300 Weinpos.

Das frühgotische, zinnengekrönte Goliathhaus in der historischen Altstadt Regensburgs gehört mit der namensgebenden Wandmalerei des Kampfes David gegen Goliath zum Stadtbild. Hier ist im fünften Stock das „storstad" (Schwedisch für Großstadt) beheimatet. Skandinavische Schlichtheit prägt das Interior Design – edle Materialien, erdfarbene Fauteuils und klare Linien vermitteln ein urbanes, nordisches Flair und eine herrlich entspannte Atmosphäre. Küchenchef Josef Weig versteht sein Handwerk und setzt mit Leidenschaft und vielen eigenen Ideen das moderne Küchenkonzept von Patron Anton Schmaus um. Seine Speisen lassen sich in kein festes Schema pressen, er ist grundsätzlich offen für alle kulinarischen Richtungen und Entwicklungen, ohne jemals beliebig zu werden.

Asiatisches wird gerne mit deutschen und skandinavischen Elementen kombiniert und in einen zeitgemäßen, europäischen Kontext gesetzt. Als sehr nahbarer Gastgeber begrüßt Anton Schmaus seine Gäste am Tisch, deren Besuch von Veronika Lanz und dem top geschulten Team begleitet wird. Weine aus der top sortierten Karte und weitere Getränke runden

Regensburg

die Speisen perfekt ab. Ab schönen Tagen wird ein Platz auf der Dachterrasse mit grandiosem Blick auf den Regensburger Dom zum Outdoor-Hotspot.

Bhf →1 km　　　　　　　　　　　　　　　　　　　　**♜ Aska**

✉ 93047 · OT Altstadt · Watmarkt 5 · ☎ 09 41 59 99 30 00
Japanische Küche · Tische: 4/13 Plätze
mail@aska.restaurant · www.aska.restaurant · f

Speisekarte: 1 Menü von 160,00 bis 185,00 € 🍷🍷🍷🍷 🥢🥢🥢🥢 300 Weinpos. Das „Aska" – die exklusive Sushi-Bar von Patron Anton Schmaus – ist im Goliath-Haus gegenüber vom „storstad. Hier steht das schwedische „Aska" für „Asche", die als farbgebendes Stilmittel im Interieurs allgegenwärtig ist, denn verschiedenste Schwarz-Schattierungen werden durch raffinierte Beleuchtungen toll in Szene gesetzt und geben dem Raum eine sehr edle Note. Sushi ist dank Meister Atsushi Sugimoto hier weit mehr als nur eine Speise, unter seinen Händen und seinem Wissen um authentische, japanische Küche gerät es zur Kunst, in der Fisch und Reis im Fokus stehen. Es hat eine ganz eigene Faszination, dank der Showküche Meister Sugimoto und seinem Team bei der konzentrierten Arbeit zuzuschauen und staunend zu sehen, wie kunstvoll und rituell, einer Zeremonie gleichkommend, die filigranen Zubereitungen sind. Das Acht- oder Zehn-Gang-Menü ist tief in der japanischen Klassik verwurzelt und eine kompromisslose Reduktion auf das Wesentliche. Veronika Lanz ist in der Serviceleitung ansprechbar und sorgt mit ihrem gut aufgelegten Team für eine gastnahe Begleitung. Korrespondierende Weine gibt es in erlesener Auswahl.

 Sie finden diese Hotels und Restaurants auch bei facebook oder instagram.

Rehlingen-Siersburg

✪✪✪ 🏛 **Niedmühle - Land & Genuss Hotel**   Bhf→4 km

✉ 66780 · Niedtalstraße 13-14 · ☎ 0 68 35 6 74 50 · Fax: 6 07 04 50 · Restaurant, Wintergarten, romantische Gartenterrasse, Zi.-Preise inkl. Frühstück
 10 km   VISA AE ● ⊑
info@restaurant-niedmuehle.com · www.restaurant-niedmuehle.com · f

10 **DZ** ab 150,00 €;
als **EZ** ab 110,00 €;
1 **Appartement** ab 220,00 €

Der Zusatz „Land & Genusshotel" hinter dem Namen „Niedmühle" trifft das Angebot in diesem kleinen, aber feinen Hotel perfekt. Am Flüsschen Nied gelegen und von ganz viel Natur umgeben, findet man hier herrliche Ruhe und kann abseits von städtischer Hektik wunderbar nachhaltig entspannen. Die Zimmer sind mit Geschmack eingerichtet und verfügen über zeitgemäßen Komfort. Das Frühstück ist bereits im Preis inkludiert. Hervorhebenswert ist der zuvorkommende Service im Hause, die liebenswürdigen und freundlichen Mitarbeiter helfen gerne weiter, egal, ob man Karten für eine Rad- oder Wandertour braucht, das Essen auf dem Zimmer einnehmen oder Ausflüge unternehmen möchte. Letztere könnten z. B. zum Baumwipfelpfad Saarschleife mit spektakulärem Ausblick führen, zur Burg Siersberg, dem Wolfspark Werner Freund oder dem Weltkulturerbe Völklinger Hütte.

🏛 **Niedmühle – Restaurant**   Bhf→4 km

✉ 66780 · OT Eimersdorf · Niedtalstraße 13-14 · ☎ 0 68 35 6 74 50 · Fax: 6 07 04 50
Internationale und Regionale Küche · **Tische:** 16/60 Plätze   VISA AE ● ⊑
info@restaurant-niedmuehle.com · www.restaurant-niedmuehle.com · f

Speisekarte: 5 Hauptgerichte von 32,00 bis 46,00 €; 1 Mittagsmenü zu 39,00 €; 3 Menüs von 89,00 bis 110,00 €

❦❦❦🕮   200 Weinpos.

Das Restaurant „Niedmühle" – nomen est omen – liegt direkt am Flüsschen Nied und ist nicht zuletzt wegen seines freundlichen, einladenden Ambientes ein perfekter Ort, um den Alltag für ein paar Stunden hinter sich zu lassen. Dank Patron und Chefkoch Stefan Burbach wird diese Zeit besonders genussvoll, denn er hat sein Handwerk von der Pike auf gelernt und kocht mit echter Hingabe. Mit großer Sorgfalt kauft er die feinen Frischeprodukte bevorzugt im Umland ein. Er arbeitet präzise, kocht grundehrlich, stimmt Aromen und Texturen harmonisch aufeinander ab und schaut bei der Zubereitung gerne über den nationalen Tellerrand. Internationale Spezialitäten werden mit asiatischen Elementen bereichert. Von den sorgfältig ertüftelten und fair kalkulierten Menüs ist eines vegetarisch. Ehefrau Tamara leitet mit viel Übersicht den Service und berät kenntnisreich zur sehr guten Weinauswahl. Veranstaltungen für bis zu 30 Personen finden im Wintergarten mit exklusivem Ausblick einen stimmungsvollen Rahmen.

Reil/Mosel

Reil/Mosel

Bhf→900 m   ♜ **Boutique Hotel Villa Melsheimer** ✪✪ ✪✪

✉ 56861 · Moselstraße 5 · ☎ 0 65 42 9 00 34 · Fax: 9 01 90 07 · Restaurant und Gourmetrestaurant, Bar, Terrasse, eigenes Weingut, Kräutergarten
🗙🐕🏠🅿🚲♨☕🎱📶9 km   *VISA* AE ⓓ ● ▪
hotel@melsheimer.de · www.melsheimer.de · ᶠ

24 **DZ** von 90,00 bis 145,00 €;
als **EZ** von 65,00 bis 105,00 €;
3 **Suiten/Loft** von 190,00 bis 295,00 €

Zwischen Zell und Traben-Trarbach gelegen, gehört Reil zu den schönsten Moselgemeinden. Hier findet sich das Areal der historischen Villen Melsheimer. Es umfasst drei Gebäudeteile – das Stammhaus, die „Villa" und das „Müllehaus" – die durch kleine Grünanlagen alle miteinander verbunden sind. Direkt am Fluss stehend, bieten sie aber noch deutlich mehr als nur eine großartige Aussicht. Das liegt zuerst einmal am Gastgeberehepaar Britta und Dirk Melsheimer, die ihr Hotel und Restaurant gemeinsam mit einem engagierten Team mit viel Herzblut und privatem Einsatz führen. Das Interieur ist mit hochwertigen Materialien charmant in zeitloser Moderne gestaltet. Die geschmackvoll eingerichteten und fair kalkulierten Zimmer sind ein wunderschönes Zuhause auf Zeit und verfügen über zeitgemäße Annehmlichkeiten (das Frühstück ist im Preis inkl.). Das bestens aufgestellte Gastronomieangebot umfasst zwei Restaurants, eine traumschöne Terrasse mit Blick auf den Fluss und die Weinberge, den hübsch angelegten Steingarten und ein Kaminzimmer mit Bar. Am besten, man bucht direkt eines der verschiedenen Arrangements, die rund ums Jahr angeboten werden, und lernt zusätzlich zur romantischen Mosellandschaft die liebenswürdige Gastfreundschaft in der Villa Melsheimer kennen.

Reil/Mosel

Bhf→900 m ♜ **Villa's Wine & Dine by Villa Melsheimer**
✉ 56861 · Moselstraße 5 · ☎ 0 65 42 9 00 34 · Fax: 9 01 90 07
Neue und Internationale Küche · **Tische:** 14/40 Plätze
hotel@melsheimer.de · www.melsheimer.de · f

Speisekarte: 4 Hauptgerichte von 28,00 bis 54,00 €; 3 Menüs von 79,00 bis 186,00 €
♥♥♥※ 140 Weinpos.

Wer an der Mosel mit seinem Wein (oder einem anderen Getränk) eine besondere kulinarische Genussreise antreten möchte, muss das Gourmetrestaurant "Wine & Dine" besuchen. In dezenter Eleganz und zeitloser Moderne eingerichtet, bietet es einen herrlichen Blick auf den Fluss und die direkt gegenüberliegenden Weinberge. Doch der Hauptgrund des Kommens ist fraglos die Küche von Patron Dirk Melsheimer und Alessandro Riemer. Die beiden arbeiten mit Produkten in kompromisslos guter Qualität, die bevorzugt von bekannten Händlern und Erzeugern aus dem Umland kommen. Mit großer Fachkenntnis und raffinierten Ideen stellen sie die Zutaten zu zeitgemäßen, leichten Speisen zusammen. Trotz der detailreichen und aufwändig ausgetüftelten Kombinationen bleiben sie unverfälscht und verständlich. Gerade die perfekte Balance zwischen Tradition und Innovation holt jeden Gast ab und steht für eine Küche, die einfach Spaß macht. Eines der angebotenen Menüs ist vegetarisch, je nach Gusto kann man aus den Menüs auch einfach nur eine Hauptspeise wählen. Ein gut aufgelegter Service unter liebenswürdiger Leitung von Katharina Riemer begleitet den Restaurantbesuch. An warmen Tagen wird die mediterran blühende Panoramaterrasse unmittelbar an der Mosel zu einem echten Sehnsuchtsort.

Bhf→800 m ♜ **Reiler Hof** ★★★
✉ 56861 · Moselstraße 27 · ☎ 0 65 42 26 29 · Fax: 14 90 · Restaurant mit Feinschmeckerküche, Terrasse, Zimmerpreise inklusive Frühstück

info@reiler-hof.de · www.reiler-hof.de

24 **DZ** ab 175,00 €;
2 **Suiten** ab 260,00 €
Unmittelbar an der Mosel gelegen, kann man im familiengeführten Reiler Hof formidabel Urlaub machen. Die Zimmer (Preise inkl. Frühstück) sind sehr geschmackvoll und individuell eingerichtet. In der Freizeit wartet ein großes Outdoor-Angebot, das zuvorkommende Hotelteam gibt gerne wertvolle Tipps..

Reit im Winkl

HEIMAT

Bhf→31 km

✉ 83242 · Steinbachweg 10 · ☎ 0 86 40 80 70 · Fax: 80 71 00
Bayerisch Alpenländische Küche · **Tische:** 25/80 Plätze
info@gutsteinbach.de · www.gutsteinbach.de ·

Speisekarte: 10 Hauptgerichte von 11,00 bis 49,00 €; 9 Tagesgerichte von 8,00 bis 36,00 €; 2 Menüs von 55,00 bis 65,00 €
110 Weinpos.

Im Restaurant HEIMAT wird bayerische Tradition geliebt und gelebt. Familiärer Mittelpunkt eines Hauses war stets die Stube, die ein Ort des geselligen Beisammenseins, der Kommunikation und des gemeinsamen Genusses war. In Gut Steinbach gibt es gleich drei dieser Stuben – und eine ist schöner als die andere eingerichtet. Urgemütlich ist die Auerhahn Stube, helleres Holz, viel Tageslicht und schöne Vertäfelungen prägen die Bayern Stuben und dunkleres Holz, üppige Schnitzereien und freundliche Stoffe geben den Tiroler Stuben ihr behagliches Ambiente. Chefkoch Achim Hack überzeugt mit einer wunderbar kraftvollen, ehrlichen und unverfälschten alpenländischen Küche, die auf ausgesuchten Zutaten basiert. Die kommen bevorzugt von bekannten Händlern und Erzeugern aus der Region, spiegeln das saisonale Marktangebot wider und sind im Einklang mit der Bewahrung traditioneller Werte beim Anbau und Tierwohl, was dem Hause auch den Grünen Stern einbrachte. Der Meister am Herd arbeitet sorgfältig und lässt auch kreative Ideen in seine Speisen mit einfließen. Ab 15 Uhr gibt es eine kleine Brotzeitkarte. Das junge Serviceteam unter Leitung von Benjamin Schuster ist gut geschult und aufmerksam. Auf der Sonnenterrasse und dem Salettl mit lässigem Loungecharakter kann man an warmen Tagen nicht nur die feine Küche, sondern auch den weiten Blick in die Chiemgauer Alpen genießen.

 Sie finden diese Hotels und Restaurants auch bei facebook oder instagram.

Reit im Winkl

Relais & Châteaux
Gut Steinbach Hotel Chalets Spa

✉ 83242 · Steinbachweg 10 · ☎ 0 86 40 80 70 · Fax: 80 71 00 · Restaurant, Bar, Naturweiher, eigener Wald m. Tiergehege, E-Mobil-Ladestation, E-Bike-Verleih, gr. Sonnenterrasse
🍽 ⋯ 6 km
info@gutsteinbach.de ·

VISA AE EC

39 **Zimmer** von 198,00 bis 399,00 €;
13 **Suiten** von 289,00 bis 959,00 €

Ein 51 ha großes Heimatrefugium in den Bergen: Dieses traumhafte von der Familie Graf von Moltke eigentümergeführte Relais & Châteaux Gut Steinbach mit seinem Hotel, seinen Höfen und Chalets liegt in wunderschöner Alpenlandschaft auf einem ruhigen, sonnigen Hochplateau. Das Forsthaus beherbergt die Rezeption und die MOLTKE Wein-Lounge. Im Stammhaus befinden sich neben den regionaltypischen und gleichwie zeitgeistigen 49 Zimmern und Suiten auch moderne Tagungs- und Veranstaltungsräume. Kulinarisch besticht die Küche durch Regionalität und Nachhaltigkeit sowie typische Gerichte, die zuweilen an die eigene Kindheit erinnern, im Restaurant HEIMAT und in den gemütlichen Stuben. Sieben hochwertigst ausgestattete Chalets rund um einen Naturweiher, jeweils zwischen 150 und 185 m² und je mehreren Schafzimmern inkl. eigenen Bädern und eigenem Private SPA ergänzen das Angebot, natürlich mit direkter Angliederung an das Hotel und Nutzung aller Services. Im 2.000 m² großen Heimat- und Natur SPA, der komplett neu gestaltet wurde, und dem 16 m Pool kann man bei vielfältigen Anwendungen entspannen. Bereits im Ruheraum mit traumhaftem Panoramablick in die Berge lässt man den Alltag einfach hinter sich. Arrangements rund ums ganze Jahr ergänzen das alpine Angebot und das Erleben von „Bayern in seiner schönsten Form".

Remshalden

Bhf → 2 km
♜ Lamm Hebsack

✉ 73630 · Winterbacher Straße 1-3 · ☎ 0 71 81 4 50 61 · Restaurant, Sonnenterrasse, historischer Weinkeller mit Weinproben, Zi.-Preise inkl. Frühstück
⋯ 18 km
info@lamm-hebsack.de · www.lamm-hebsack.de

VISA AE EC

15 **DZ** ab 144,00 €;
8 **EZ** ab 99,00 €

Inmitten von Obstwiesen und malerischen Weinbergen im schönen Remstal gelegen, kann man im „Lamm Hebsack" eine Auszeit vom Alltag nehmen und sich

491

Remshalden

verwöhnen lassen. Dafür sorgt die Familie Polinski sowie das gesamte Hotel-Team mit ganz viel Gastfreundschaft und großem Einsatz. Die Zimmer sind charmant eingerichtet, zeitgemäß ausgestattet und ein hübsches Zuhause auf Zeit. Der Morgen beginnt mit einem üppigen Frühstück (im Zimmerpreis inkludiert) mit vielen regionalen Produkten. Gemütliche Stuben, eine großzügige Sonnenterrasse und ein historischer Weinkeller aus dem 13. Jahrhundert, in dem auch interessante Verkostungen mit Sommelier Daniel Hasert stattfinden, gehören zum Haus. Für Feiern und Veranstaltungen stehen verschiedenste, charmante Räumlichkeiten zur Verfügung. Insgesamt finden bis zu 90 Personen Platz. Jedes Event wird individuell geplant und professionell von den liebenswürdigen Mitarbeitern betreut. Das Remstal ist eine zauberhafte Kulturlandschaft vor den Toren Stuttgarts und lädt zu Wander-, Bike- und Bootstouren ein. Jederzeit gern gibt das Hotelteam Tipps für eine individuelle Freizeitgestaltung.

Lamm Hebsack
Bhf→2 km

✉ 73630 · Winterbacher Straße 1-3 · ☎ 0 71 81 4 50 61
Regionale und Internationale Küche · **Tische:** 20/80 Plätze
info@lamm-hebsack.de · www.lamm-hebsack.de

Speisekarte: 6 Hauptgerichte von 28,00 bis 42,00 €; 6 Tagesgerichte von 18,90 bis 34,00 €; 2 Mittagsmenüs von 39,90 bis 42,90 €; 1 Menü von 64,00 bis 94,00 €
 286 Weinpos.

Verschiedenste Stuben laden im Restaurant zu unverfälschtem Genuss ein. Alle sind von einem charmanten und behaglichen Landhausstil geprägt und die perfekte Kulisse für die grundehrliche Küche von Patron Markus Polinski, Sohn Moritz Polinski und Küchenchef Matthias Nägele, alle drei Meisterköche. Hier passt alles zueinander und mündet in eine entspannte Auszeit vom Alltag. Die leichten, regionalen und gerne mediterran inspirierten Speisen basieren auf erstklassigen, marktfrischen Zutaten, die bevorzugt aus dem Umland kommen, denn kurze Wege und langfristige Kooperationen mit bekannten Händlern gehören zur nachhaltigen Philosophie des Hauses. Saisonale und feine traditionelle Spezialitäten ergänzen die kreativen Zu-

sammenstellungen. Für Vegetarier gibt es eine kleine Speiseauswahl und ein eigens zusammengestelltes Menü. Passende Weine begleiten alle Speisen und werden von Florian Thiele kenntnisreich erläutert, während Jessica Polinski zugewandt den liebenswürdigen Service leitet. An warmen Tagen ist ein Platz auf der weinumrankten Terrasse sehr begehrt.

 Restaurant mit sehr gutem Weinangebot

Rheda-Wiedenbrück

Reuter

Bhf→500 m

✉ 33378 · Bleichstraße 3 · ☎ 0 52 42 94 52 0 · Fax: 94 52 44
Crossover Küche · Tische: 6/30 Plätze
info@hotelreuter.de · www.hotelreuter.de

Speisekarte: 1 Menü ab 165,00 €
250 Weinpos.
Im Ostwestfälischen ist die ganze Welt zu Hause, denn Chefköchin Iris Bettinger verbindet klassische französische Küche mit regionalen Spezialitäten und präsentiert so Speisen, die gleichermaßen kreativ wie handwerklich präzise sind.

Rheinau

Gioias Restaurant

✉ 77866 · Hauptstraße 215-217 · ☎ 0 78 44 9 18 22 99
Fusion-Küche · Tische: 11/25 Plätze
hallo@gioias.de · www.gioias.de

Speisekarte: 5 Hauptgerichte von 31,00 bis 56,00 €; 1 Trust Me Menü zu 99,00 €
52 Weinpos.
Das Gioias besticht durch ein besonders Flair. Die innovative Fusionsküche von Küchenchef Francesco D'Agostino und seinem Team bietet ein unvergessliches Geschmackserlebnis mit raffinierten Einflüssen aus Italien, Südamerika, Frankreich und Deutschland.

Rheine

Hotel- und Restaurant Borcharding ★★★

Bhf→500 m

✉ 48432 · Alte Bahnhofstr. 13 · ☎ 0 59 75 12 70 · Fax: 35 07
Restaurant mit sieben verschiedenen Galerien, Terrasse
1,8 km
info@borcharding.de · www.borcharding.de

Family

9 DZ von 67,00 bis 93,00 €;
als EZ von 47,00 bis 69,00 €
Seit 1712 ist das Traditionshaus im Besitz von Familie Borcharding und wird nunmehr in 15. (!) Generation geführt. Die individuell eingerichteten Zimmer sind überaus gemütlich und ein schönes Zuhause auf Zeit. Hervorhebenswert ist hier auch der persönliche Service. Das Freizeitangebot ist sehr vielseitig und das freundliche Hotelteam gerne bei der Planung behilflich. Golfplätze, Rad- und Wanderwege sind von herrlichen Mischwäldern und weiten Münsterländer Moor- und Heidelandschaften geprägt. Ein Ausflug nach Münster kann mit Sightseeing, einem Museumsbesuch oder einer Shoppingtour verbunden werden. Neben dem Restaurant Borcharding gibt es noch die nostalgische Weinstube, die mit ihrer Einrichtung direkt vom Schloss derer von Hülshoff stammen könnte.

Hotel- und Restaurant Borcharding

Bhf→500 m

✉ 48432 · Alte Bahnhofstr. 13 · ☎ 0 59 75 12 70 · Fax: 35 07
Regionale u. moderne Frischeküche · Tische: 20/80 Plätze
info@borcharding.de · www.borcharding.de

Speisekarte: 15 Hauptgerichte von 18,00 bis 32,00 €
Dass ein gastronomischer Betrieb seit 15 Generationen bzw. 1712 in Familienbesitz ist, ist wahrlich keine Selbstverständlichkeit. Familie Borcharding lebt ihre Traditionen Tag für Tag und vergisst darüber nie den aktuellen Zeitgeist. Tobias Borcharding hat den verantwortlichen Posten am Herd übernommen, Vater Josef steht ihm immer noch gerne unterstützend zur Seite und ist auch der kenntnis-

reiche Ansprechpartner, wenn es um sein Steckenpferd, das erstklassige Weinange-

Rheine

bot geht. Verschiedenste Räumlichkeiten stehen zur Verfügung, um die abwechslungsreiche Frischeküche des Juniors zu genießen. Das gläserne Atrium ist modern und einladend gestaltet, die anderen Räume – u. a. ein Gastraum aus dem Gründungsjahr – vermitteln mit Butzenscheiben, Kamin, historischen Kacheln und vielen nostalgischen Details westfälische Behaglichkeit. Tobias Borcharding beizieht die Zutaten bevorzugt von heimischen Händlern, saisonale Produkte wie Spargel, Pfifferlinge, Matjes und Wild kommen in seine Küche, wenn ihre Zeit reif ist und werden zu gelungenen Spezialitäten, die er mit italienischen und asiatischen Elementen aufpeppt. Dienstag und Freitag gibt es ein Dinner for two mit Sektcocktail, Amuse bouche und drei Überraschungsgängen für faire 56,- € p. Ps. Ein stets beliebter Treffpunkt ist auch die wunderschöne, gediegene Weinstube.

Rheinstetten-Mörsch

♖ Da Gino

✉ 76287 · Rheinaustraße 53 · ☎ 0 72 42 95 38 400
Italienische Küche · **Tische:** 16/60 Plätze
kontakt@dagino.de · www.dagino.de

Speisekarte: 21 Hauptgerichte von 14,00 bis 28,50 €

✿✿✿✿ 16 Weinpos.

Vaida und Giovanni Scarafile führen ihr Restaurant "Da Gino" in Rheinstetten, das Giovanni vor sieben Jahren von seinem Onkel übernahm mit so viel Engagement und herzlicher Gastfreundschaft, dass es sich bei den Gästen großer Beliebtheit erfreut. Der rustikale sorgt für eine gemütliche, gesellige Atmosphäre. Hier kann man in familiärer Runde oder romantischer Zweisamkeit eine bodenständige und herrlich authentische italienische Küche genießen. Steak- und Fischgerichte werden ebenso unverfälscht zubereitet wie die verschiedenen Pizzen. Das Pasta-Angebot ist so vielseitig, dass es in verschiedene Nudelsorten wie Penne, Tagliatelle oder Rigatoni unterteilt wird. Aktuelle Tagesgerichte werden zusätzlich auf einer Schiefertafel annonciert. Alles wird sorgfältig und frisch zubereitet und im Sommer auch auf der Außenterrasse unter schattigen Bäumen serviert. Vaida Scarafile leitet gut gelaunt und aufmerksam den Service und steht auch bei Sonderwünschen gerne zur Verfügung.

Rinteln

♖ Fachwerk im Hotel Stadt Kassel

✉ 31737 · Klosterstraße 42, Navi: Bäckerstr.1 · ☎ 0 57 51 95 04-0
Gehobene Landhausküche · **Tische:** 16/65 Plätze
info@hotel-stadtkassel.de · www.hotel-stadtkassel.de

Speisekarte: 14 Hauptgerichte von 21,00 bis 46,00 €; 1 Menü von 75,00 bis 105,00 €
✿✿✿✿

Historisches Fachwerk gibt dem Restaurant den Namen und steht in reizvollem Kontrast zur zeitlos-modernen Einrichtung. Chefkoch Daniel Klein verarbeitet erstklassige, gerne regionale Bio-Zutaten mit Können und großem Ideenreichtum zu einer saisonalen Landhausküche.

Rohrdorf

Hotel zur Post ✪✪✪

Bhf → 10 km

✉ 83101 · Dorfplatz 14 · ☎ 0 80 32 18 30 · Fax: 58 44 · Gaststuben, Festsaal für bis zu 270 Pers., eig. Metzgerei, Fahrradverleih, Frühst. im Zi.-Pr. inklusive
🚫🐕 ♿ 🅿 🚂 ✈ 📶 ☎ 20 km
hotel@post-rohrdorf.de · www.post-rohrdorf.de · f   VISA AE ●● DC

113 **Gästezimmer** ab 89,00 €

Wunderschön ist die Lage des "Hotel zur Post" inmitten der Chiemgauer Alpen, das seit dem Jahr 1803 von der Gastgeber-Familie Albrecht-Stocker bereits in der 6. Generation mit Herzblut geführt wird. Entsprechend individuell werden die Gäste hier von den Mitarbeitern begrüßt, sind auch Kinder stets willkommen. Erst 2022 wurden der Frühstücksraum und die Gaststube komplett renoviert und erstrahlen in neuem Glanze. Die gemütlichen, im hellen Landhausstil eingerichteten Zimmer lassen keinen Komfort missen. Der Morgen beginnt mit einem sehr reichhaltigen Frühstücksbuffet (im Zimmerpreis inkludiert) mit vielen regionalen Produkten. Weitere, über 30 m² große Zimmer mit edlen Hölzern, Balkon oder Terrasse und modernem Klimakonzept gibt es direkt gegenüber im ebenfalls komplett renovierten "Poststadl". Für Tagungen und Feiern – die kompetent begleitet werden – stehen passende Räumlichkeiten zur Verfügung. In der gemütlichen Gaststube Zur Post (Mo.-Do. ab 16 Uhr, Fr.-So./Feiert. 11-22 Uhr) sorgen Fleisch- und Wurstwaren aus eigener Produktion dafür, dass stets eine sehr gute, frische Küche mit vielen regionalen Schmankerln auf den Tisch kommt. Eine deftige Brotzeit genießt man im Sommer am besten im urigen Biergarten. In der Metzgerei gibt es ein kleines Bistro mit regionalen Speisen für den eiligen Gast. Ob wandernd oder radelnd (Fahrradverleih-, Werkstatt- und Garage gibt es im Hause) – eine Erkundung der schönen Hochries-Landschaft in der Chiemsee-Alpenland-Region lohnt immer und ist einfach wunderbar erholsam.

 Ein Hotel mit speziellen Angeboten für Urlaub mit der ganzen Familie.

Rohrbach

Rohrbach

Gasthaus Goldener Stern
Bhf→8 km

✉ 86316 · Dorfstraße 2 · ☎ 0 82 08 4 07 · Fax: 95 90 89
Regionale und Saisonale Küche
mail@gasthaus-goldenerstern.de · www.gasthaus-goldenerstern.de

Speisekarte: 13 Hauptgerichte von 17,00 bis 40,00 €; 1 Menü an bestimmten Tagen zu 105,00 €
✿✿

Patron und Chefkoch Stefan Fuß setzt im charmant eingerichteten Restaurant auf nachhaltig arbeitende Produzenten und präsentiert eine ehrliche, aromenstarke und abwechslungsreiche Landküche – mittags traditionell, abends gehoben.

Rosenberg

Landgasthof Adler

✉ 73494 · Ellwanger Straße 15 · ☎ 0 79 67 5 13
Neue und Regionale Küche · Tische: 14/60 Plätze
reservierung@landgasthofadler.de · www./landgasthofadler.de

Speisekarte: Hauptgerichte von 26,00 bis 52,00 €; 1 Überraschungsmenü von 75,00 bis 115,00 €
✿✿✿✿

Patron und Chefkoch Michael Vogel setzt in seiner saisonalen Küche, in der höchste Qualität, Regionalität und Nachhaltigkeit zur Philosophie gehören, auf eine durchdachte Verbindung von Tradition und Moderne.

Rostock

Yachthafenresidenz Hohe Düne
Bhf→1 km

✉ 18119 · Am Yachthafen 1 · ☎ 03 81 5 04 00 · Fax: 50 40 60 99
Restaurants, Bars, Boutiquen, exklusives Spa, Terrasse, Kinderclub, Hafen
info@yhd.de · www.hohe-duene.de

342 DZ ab 239,00 €;
als EZ ab 203,00 €;
26 Suiten ab 395,00 €

Diese Hotelanlage der Extraklasse erwartet ihre Gäste mit 368 liebevoll maritim eingerichteten Zimmern und Suiten, exklusivem SPA und einem breit aufgestellten gastronomischen Konzept mit Gourmet- und zahlreichen Spezialitätenrestaurants.

Yachthafenresidenz Hohe Düne - Der Butt
Bhf→1 km

✉ 18119 · Am Yachthafen 1 · ☎ 03 81 5 04 00 · Fax: 50 40 60 99
Klassische u. Regionale Küche · Tische: 6/16 Plätze
info@yhd.de · www.hohe-duene.de

Speisekarte: 1 Menü von 189,00 bis 249,00 € ✿✿✿✿ 550 Weinpos.

Gediegen ist das Restaurant eingerichtet, wunderschön der Blick auf den Yachthafen. Aber noch verheißungsvoller ist die Küche von Chefkoch André Münch. Die erstklassigen, mit leichter Hand, sehr kreativ zubereiteten Speisen ergänzt er mit raffiniert ausgearbeiteten nordischen und asiatischen Elementen.

Rotenburg (Wümme)

Landhaus Wachtelhof Boutique Hotel & SPA
Bhf→1 km

✉ 27356 · Gerberstraße 6 · ☎ 0 42 61 85 30 · Fax: 85 32 00
Bar, Wintergarten, Terrasse, Weinkeller, Fahrräder, EMS-Training
info@wachtelhof.de · www.wachtelhof.de

33 DZ ab 142,00 €;
3 EZ ab 116,00 €;
2 Junior-Suiten ab 258,00 €

In herrlicher Lage – der prachtvolle Garten geht unmerklich in ein Naturschutzgebiet über – präsentiert sich dieses ni-

Rotenburg (Wümme)

veauvolle, familiengeführte Privathotel mit freundlicher Atmosphäre und unaufdringlicher Eleganz. Die Zimmer sind mit erlesenem Mobiliar, edlen Materialien und zeitgemäßen Annehmlichkeiten ausgestattet. Mit modernster Technik bestückte Tagungsräume ermöglichen kreatives Arbeiten in stilvollem Ambiente. Die Wachtelhof-Therme verwöhnt auf über 1.000 m² mit Massagen, Erlebnissauna, Sternenhimmel-Dampfbad uvm. sowie Kosmetikanwendungen u. a. mit Produkten von Clarins und Mary Cohr. Das Haus bietet zahlreiche Arrangements, die vom Weinliebhaber bis zum passionierten Golfer jeden Gast begeistern werden. Das selbst gesetzte Motto "Erleben, Entspannen und Genießen" wird vom engagierten und herzlichen Hotelteam jederzeit erfüllt. Nach rechtzeitiger Reservierung kann man auch eines der hoteleigenen Fahrräder nutzen (im Zimmerpreis inkludiert), um das malerische Umland zu erkunden.

Bhf→1 km   **Landhaus Wachtelhof – Die Wachtelei**
✉ 27356 · Gerberstraße 6 · ☎ 0 42 61 85 30 · Fax: 85 32 00
Mediterrane und Regionale Küche · Tische: 22/70 Plätze
info@wachtelhof.de · www.wachtelhof.de

Speisekarte: 9 Hauptgerichte von 24,00 bis 48,00 €; 5 Tagesgerichte von 21,00 bis 31,00 €; 1 Überraschungsmenü ab 68,00 €
260 Weinpos.
Die "Wachtelei" ist die Art Restaurant, in der man sich sofort wohlfühlt, in der man mit ambitionierten Speisen verwöhnt und von einem aufmerksamen, entspannten Service – unter Leitung von Maître Jens Lünsmann – begleitet wird. Das Interieur ist mit warmen Naturtönen niveauvoll gestaltet und vermittelt ein schlicht-elegantes Landhausflair mit lässig-entspannter Atmosphäre. Chefkoch Daniel Rundholz ist von Beginn an für die Küche verantwortlich und arbeitet engagiert, gekonnt und offen für Neues. Respektvoll gegenüber den Gaben der Natur und immer das Tierwohl im Auge, hat er sich ein Netzwerk verlässlicher Händler, Bauern und Erzeuger aufgebaut, die sein kompromissloses Bekenntnis zu diesen Werten und zur Region teilen. Entsprechend bewusst kauft er die Zutaten für seine handwerklich präzise und durchdachte Küche ein. In Vergessen-

heit geratene Urgemüse und Kräuter – viele aus dem eigenen Landhaus-Garten – kommen wieder zum Einsatz und bereichern das vielseitige Angebot. Regionales und tradierte Rezepturen interpretiert er raffiniert neu und setzt gerne mediterrane Akzente. Mittags und auch nachmittags wird eine Extrakarte gereicht. Der von alten Bäumen beschattete Landhausgarten wird an Sommertagen zu einem ganz besonderen Sehnsuchtsort.

Rothenburg ob der Tauber

✪✪ 🏰 **Villa Mittermeier** Bhf→1 km
✪✪ ✉ 91541 · Vorm Würzburger Tor 7 · ☎ 0 98 61 9 45 40 · Fax: 94 54 94 · Reichhaltiges Frühstücksbuffet (30,- € p./P.), Terrasse, Vinothek, E-Mobil-Ladestation
🍽 ♿ 🏠 📶 🚗 🅿 📞 ✆ 18 km   VISA AE ⓘ ● E
vm@mittermeiershospitality.com · www.villamittermeier.de

18 **DZ** ab 115,00 €;
als **EZ** ab 90,00 €;
6 **EZ** ab 70,00 €;
4 **(Jui.-)Suiten** ab 135,00 €

Unmittelbar am historischen Würzburger Tor findet man dieses charmante Boutique-Hotel, das Ulli und Christian Mittermeier mit echter Gastfreundschaft führen und zu einem lässigen Treffpunkt gemacht haben, für Menschen, die das Besondere lieben, aber nichts Überkandideltes brauchen. Die Dame des Hauses ist maßgeblich für das niveauvolle, stylische Interior-Design im Hotel und den Zimmern verantwortlich. Die sind mit allem zeitgemäßen Komfort ausgestattet und ein individuell gestaltetes Zuhause auf Zeit. Das ganze Hotel zeichnet sich durch eine sehr entspannte, lässige und weltoffene Atmosphäre aus. Hervorzuheben ist der persönliche Service, das ungemein zuvorkommende und liebenswürdige Mitarbeiterteam ist jederzeit ansprechbar und hilft gerne bei der Freizeitgestaltung abseits ausgetretener touristischer Pfade. Um Rothenburg und die Umgebung kennenzulernen, lohnt auch immer ein Blick in die zahlreichen, gut durchdachten Arrangements. Für Feiern und Tagungen findet man im Gewölbekeller passende Räumlichkeiten, so u. a. in der Bar „Blaue Sau". Wer seine Veranstaltung lieber ausrichten lassen möchte, ist bei Mittermeiers ebenfalls goldrichtig.

Hervorragendes Hotel mit außergewöhnlichem Komfort

Rothenburg ob der Tauber

Bhf → 1 km   **Restaurant Mittermeier**

✉ 91541 · Vorm Würzburger Tor 7 · ☎ 0 98 61 9 45 40 · Fax: 0 98 61 94 54 94
Klassische und Neue Küche · **Tische:** 10/30 Plätze
vm@mittermeierhospitality.com · www.mittermeierhospitality.com

Speisekarte: 1 Menü von 135,00 bis 185,00 € 🍷🍷🍷🐝🐝   200 Weinpos.

Flache Hierarchien und Teamspirit gehören zum Restaurant Mittermeier wie die erlesene Küche in optimal lässiger Atmosphäre, denn es geht den Gastgebern Ulli und Christian Mittermeier um Genuss ohne Schnörkel und Selbstgefälligkeit, einfach um Casual Dining im besten Wortsinn. Da haben sie mit Chefkoch Thorsten Hauk seit über einem Jahrzehnt den perfekten Mann am Herd. Seine Küche passt in keine feste Schublade, sie fordert den Gast heraus, aber überfordert ihn nie. Denn am Ende steht ehrlicher und geerdeter Genuss. Klassisches wird genauso präzise zubereitet wie moderne Speisen. Immer sind Aromen und Texturen harmonisch aufeinander abgestimmt, runden hinreißend gute Saucen die Gerichte virtuos ab. Der Service unter Leitung von Steffen Schilling ist sehr zugewandt, wobei jeder Mitarbeiter für den Gast präsent ist und den ein oder anderen Gang reicht. Die Gastronomen Lars Zwick, Jürgen Koch und Christian Mittermeier eint eine Leidenschaft: Taubertäler Wein – und so bewirtschaften sie in der Kooperation 'Die Tauberhasen' einen 1,5 ha großen Weinberg, in dem auch noch ihre Bienenvölker stehen. Das Restaurant und die Gäste danken es ihnen. Sommelier Sascha Plock weiß nicht nur einiges zum Taubertäler Wein, er berät auch zu allen anderen begleitenden Weinen und Getränken mit großer Sachkenntnis und Sensibilität.

Rothenburg ob der Tauber

★★ ♜ Mittermeiers Alter Ego Bhf→1 km

✉ 91541 · Vorm Würzburger Tor 15 · ☎ 0 98 61 94 54 94
Restaurant, Bar, Vinothek, Arrangements, Frühstück 24,50 € p./Ps.
🍽🐕🐾🏠 P 🚭 🛁 ☀ 🍷 18 km VISA AE ⓓ ⓔ
mae@mittermeiershospitality.com · www.mittermeiersalterego.de

8 **DZ** ab 124,00 €;
8 **DZ als EZ** von 110,00 bis 199,00 €
Ulli und Christian Mittermeier haben mit dem „alter ego" ein Hotel geschaffen, in dem sie selber gerne logieren würden, das jedem Gast die größtmögliche Freiheit lässt, die professionellen Annehmlichkeiten eines High-End-Hotels und die Ungezwungenheit eines privaten Appartements zu nutzen. Die Betonung liegt hier auf dem UND, denn im „alter ego" ist tatsächlich beides möglich. Dabei sind Klarheit und Einfachheit der eigentliche Luxus. 1905 als Villa eines Seifen- und Parfüm-Fabrikanten erbaut, wurde das Haus zeitgemäß renoviert und zu einem Refugium für Menschen, die das Besondere lieben – und es in dieser Form vielleicht in Berlin oder London, aber weniger im mittelalterlichen Rothenburg erwarten. Die stylisch und sehr geschmackvoll eingerichteten Zimmer mit teils unverputzten Ziegelsteinwänden sind – wie auch das ganze Haus – komplett smart, das persönliche iPad liegt bereit. An der

Stelle einer klassischen Rezeption gibt es eine moderne bulthaup Küche, einen langen Esstisch und eine gut gefüllte Trustbar. Treffen und gemeinsames Kochen sind erwünscht, aber natürlich kein Muss. Das „alter ego", in dem übrigens auch Kinder herzlich willkommen sind, ist das perfekte Hideaway für Gäste, denen Mittelmaß einfach zu langweilig ist, die neugierig und offen für Neues sind.

Rottach-Egern

👨‍🍳👨‍🍳👨‍🍳 Haubentaucher Bhf→3,5 km

✉ 83700 · Seestraße 30 · ☎ 0 80 22 6 61 57 04
Internationale und Regionale Küche
info@haubentaucher-tegernsee.de · www.haubentaucher-tegernsee.de

Speisekarte: 1 Menü ♥♥♥
Unmittelbar am Tegernsee gelegen, kommt man im "Haubentaucher" dank Chefkoch Alois Neuschmid ab mittags in den Genuss einer unverfälschten, zeitgemäßen und ungemein kreativen Küche. Wechselnde Tagesgerichte, nachmittags Kuchen und Gebäck und abends ein fulminantes Gourmetmenü sind mehr als einen Besuch wert.

Rottach-Egern

Bhf→6 km

Parkhotel Egerner Höfe

✉ 83700 · Aribostr. 19-26 · ☎ 0 80 22 66 60 · Fax: 66 62 00 · Kaminrestaurant, mit Stubn "Alois und Anton" mit Heimatküche, KostBar, Terrasse, Café
✗♨♦⌂▣☐♒▲⇌≞⊷+◐⸙⑰◡5 km
info@egerner-hoefe.de · www.egerner-hoefe.de · f

Parkhotel Egerner Höfe: DAS Boutique Hotel am Tegernsee – eine Destination für sich. Wetterunabhängig ist das Haus ein Wohlfühlort für alle Sinne. Vom Mangfall Spa bis hin zum Gourmetrestaurant Dichter. Es finden regelmäßige Lesungen in der Egerner Alm statt die ebenfalls als Eventlocation buchbar ist. Die neu gestalteten Zimmer und Suiten spiegeln dank wertiger Naturmaterialien und heimischer Hölzer die umgebende bayerische Voralpenlandschaft. Außen- und Innenbereiche des Hotels gehen oft fließend ineinander über und ergänzen sich zu einem harmonischen Gesamtkonzept. Große durchgängige Fensterfronten holen den weitläufigen Hotelpark und den Hausberg, den imposanten Wallberg, in den Blick der Gäste. Das "Mangfall Spa" bietet auf 1.500 m² mit verschiedenen Saunen, Kryokammer für Ganzkörperkältetherapie und Ruheräumen nachhaltige Entspannung. Tagungsteilnehmern stehen charmant und technisch top ausgestattete Räumlichkeiten zur Verfügung. In der KostBar gibt es ab 17 Uhr kleine Speisen, die auch auf der Restaurantterrasse mit Panoramablick eingenommen werden können. Für die besonderen Momente des Lebens gibt es ein exzellentes Angebot mit wunderschönen Räumlichkeiten und kompetenter Begleitung jeder Feier. Auf dem großzügigen Areal findet sich auch noch die Egerner Alm, die mit viel Altholz und landestypischen Details Bergromantik pur versprüht. Das neue, nachhaltige Hotelkonzept der Egerner Höfe hebt besonders die regionale Identität des Hauses hervor und lässt Tradition und Moderne aufs Feinste verschmelzen.

 Hervorhebenswert in seiner Kategorie

Rottach-Egern

Parkhotel Egerner Höfe
Gourmetrestaurant Dichter

Bhf→6 km

✉ 83700 · Aribostraße 19-26 · ☎ 0 80 22 5 68
Intern. u. Regionale Gourmetküche · **Tische:** 12/46 Plätze
dichter@egerner-hoefe.de · www.gourmetrestaurant-dichter.de

Speisekarte: 1 Menü von 198,00 bis 255,00 €

🍇🍇🍇🍇🍇🍷🍷🍷   450 Weinpos.

Bodentiefe, gläserne Panoramafronten geben dem modern gestalteten Gourmetrestaurant "Dichter" eine ungeheure Transparenz und erlauben einen herrlichen Blick auf die Berge und in den malerischen Park. Gläserne Kuben mit indirekt illuminierten japanischen Stechpalmen sind im Raum integriert und stellen einen schönen Bezug zur umgebenden Natur her. Die offene Küche ermöglicht den Blick in den Kraftraum des Restaurants. Auch die insgesamt sechs Plätze der „RockBar" im Gourmetrestaurant Dichter – ein klassischer Chef´s Table, aber neu interpretiert – gewährt Gourmets einen ganz besonderen Einblick hinter die Kulissen. Der Sternekoch nutzt den Produktreichtum der heimischen Landschaft und bezieht die meisten der Zutaten aus dem Tegernseer Tal von bekannten Höfen und Erzeugern. Regionalität und Nachhaltigkeit gehören zum Verständnis seiner Küche und so ertüftelt er aus den handverlesenen, saisonalen Ingredienzien immer wieder neue Kombinationen, die ein virtuoses Spiel mit Aromen, Texturen, Gewürzen und Kräutern sind. Die Reduktion auf das Wesentliche ist charakteristisch. Aus dem vermeintlich Einfachen etwas Besonderes zu machen, ist ein weiterer Beweis für seinen kulinarischen Sachverstand. Das 5-9-gängige Menü ändert sich etwa monatlich. Marianne Wiedemann leitet sehr liebenswürdig den zugewandten und kompetenten Service. Kompetenter Ansprechpartner in puncto korrespondierender Weine ist Tobias Blaha. Neben den verschiedenen Kochkursen mit Thomas Kellermann gibt es rund ums Jahr Veranstaltungen wie ein Sommerfest im August, ein Gastkochevent im Oktober sowie dreimal im Jahr Dichter, Denker & Legenden – ein "money-cant-buy" Event, zu dem gemeinsam mit Prominenten ein 5-Gang-Menü serviert wird.

Seehotel Überfahrt

Bhf→4 km

✉ 83700 · Überfahrtstraße 10 · ☎ 0 80 22 66 90 · Fax: 6 69 10 00
Restaurants, Bar, Zi.-Preise inkl. Frühst.
info@seehotel-ueberfahrt.com · www.seehotel-ueberfahrt.com

123 **DZ** ab 375,00 €;
als **EZ** ab 272,00 €;

53 (**Junior-**)**Suiten** ab 472,00 €
Direkt am Tegernsee gelegen, ist das ex-

Rottach-Egern

klusive „Seehotel Überfahrt" eine herrliche Hotelanlage. Ein fantastischer Panoramablick auf den See und die umliegende Landschaft sind inklusive.

Rottweil

Bhf→1,5 km ♜ **Ringhotel Johanniterbad**

✉ 78628 · Johannsergasse 12 · ☎ 07 41 53 07 00 · Fax: 4 12 73
Mediterrane und Regionale Küche
johanniterbad@ringhotels.de · www.johanniterbad.de

Speisekarte: 8 Hauptgerichte von 19,50 bis 42,00 €; 1 Menü zu 82,00 €
🍷🍷   700 Weinpos.
Im unprätentiös und behaglich eingerichteten Restaurant mit Gastgarten setzt Chefkoch Tobias Maier auf regionale Zutaten, um damit eine gehobene Regionalküche zu zaubern und aromenstarke, mediterrane Speisen zu kreieren.

Rötz

Bhf→15 km **Die Wutzschleife**

✉ 92444 · Hillstett 40 · ☎ 09 97 61 80 · Fax: 1 81 80
Restaurant "Gregor's Fine Dining", Bars, Biergarten
info@wutzschleife.com · www.wutzschleife.com

50 **DZ** ab 168,00 €;
als **EZ** ab 84,00 €;
4 (**Junior-**)**Suiten** ab 298,00 €
Die Wutzschleife ist ein privat geführtes First-Class-Hotel im Naturpark Oberer Bayerischer Wald und bietet einen zuvorkommenden Service, feine und mit zeitgemäßen Annehmlichkeiten ausgestattete Zimmer (Preise inkl. Frühstück), einen hinreißenden Wellnessbereich und mit "Gregor's Fine Dining" ein sehr gutes Gourmetrestaurant.

Bhf→20 km **Die Wutzschleife - Gregor's Fine Dining**

✉ 92444 · Hillstett 40 · ☎ 09 97 61 80 · Fax: 1 81 80
Klass., Neue u. Reg. Küche · Tische: 7/14 Plätze
info@wutzschleife.com · www.wutzschleife.com

🍷🍷🍷   300 Weinpos.
Das Gourmetrestaurant ist mit nostalgischem Charme eingerichtet. Chefköchin Angela Deml kocht intuitiv und mit raffinierten Ideen, sie setzt in ihrer "Emotionalen Küche" auf erlesene Zutaten, die sie zu ausbalancierten, aromenprononcierten Speisen kombiniert.

Rügen

Bhf→10 km ♜ **Panorama Hotel Lohme** OT Lohme

✉ 18551 · An der Steilküste 8 · ☎ 03 83 02 91 10 · Fax: 91 11 32 · Seeterrasse, reichhaltiges Frühstücksbuffet (im Zimmerpreis inkl.), attraktive Arrangements
2 km
info@panorama-hotel-lohme.de · www.panorama-hotel-lohme.de

30 **DZ** ab 109,00 €;
3 **EZ** ab 89,00 €;
2 **Suiten** ab 209,00 €;
3 **App.** ab 159,00 €
Spektakulär ist die Lage dieses traditionsreichen, historischen Hotels auf dem Vorsprung eines 60 Meter hohen Kreidefelsens. Ungehindert kann der Blick übers Meer bis hin zum Kap Arkona wandern – mithin ein echter Logenplatz für Romantiker – denn wenn die Sonne auf- und untergeht, bieten sich unvergessliche Impressionen. Das Haus ist ein stilvolles Ensemble aus mehreren Gebäuden. Ob im Haupthaus oder dem Gästehaus Greys, Harzendorf oder der Villa Joksch, die Zimmer (Preise inkl. reichhaltigem Frühstücksbuffet) sind geschmackvoll eingerichtet und viele haben einen herrlichen Seeblick. Matthias Ogilvie führt das Hotel gemeinsam mit seinem engagierten Team sehr persönlich und individuelle Wünsche werden gerne berücksichtigt. Rügen bietet unzählige Möglichkeiten,

Rügen

die Freizeit zu gestalten – Wanderungen stehen dabei sicher an erster Stelle. Und einer der bekanntesten Wege, der Hochuferweg durch den Nationalpark Jasmund zum berühmten Kreidefelsen, dem Königsstuhl, beginnt gleich am Hotel.

♜ Panorama Hotel Lohme
Panorama-Restaurant

Bhf→10 km

✉ 18551 · OT Lohme · An der Steilküste 8 · ☎ 03 83 02 91 10 · Fax: 92 34
Regionale Küche · **Tische:** 25/60 Plätze
info@panorama-hotel-lohme.de · www.panorama-hotel-lohme.de

Speisekarte: 13 Hauptgerichte von 17,90 bis 34,00 € ❤❤🦞 120 Weinpos.
Das Restaurant ist fester Bestandteil des Panorama Hotel Ensembles und bietet eine Aussicht, wie man sie nicht überall auf Rügen findet. Der große Speisesaal – in dem so manche Festivität stattfinden kann – mit Parkettboden, großem Flügel, warmen Farben und einem an die Belle Epoque erinnernden Ambiente ist zugleich das Entree des Restaurants. Daran anschließend betritt man einen Wintergarten mit Traumpanorama. Noch unmittelbarer wird die Aussicht, wenn man im Sommer auf der vorgelagerten Veranda sitzt und der Blick bis nach Kap Arkona mit seinem prägnanten Leuchtturm reicht. In der Küche wird mit Sorgfalt und Können gearbeitet. Das an Höfen, Gütern und verlässlichen Händlern reiche Umland sorgt für erstklassige, saisonale Produkte. Neben Fleischzubereitungen und einer feinen Auswahl an Vegetarischem gibt es noch präzise zubereitete Fischspezialitäten und eine feine Pasta-Auswahl. Patron Matthias Ogilvie berät kompetent zur gut sortierten Weinkarte und ist auch bei kleinen Sonderwünschen ein zuvorkommender Ansprechpartner für seine Gäste.

Ruhstorf a.d. Rott

Antoniushof

Bhf→300 m

✉ 94099 · Ernst-Hatz-Straße 2 · ☎ 0 85 31 9 34 90 · Fax: 9 34 92 10
Restaurant mit Internationaler und Regionaler Küche, E-Auto-Ladestation
🍴🛏📺🚗♿🐕🛁🚭☕✈♨📶 VISA AE ⓘ ● 💳
info@antoniushof.de · www.antoniushof.de

20 **DZ** ab 184,00 €;
14 **EZ** ab 124,00 €;
2 **Suite** ab 264,00 €
Liebevoller Service und harmonische Atmosphäre erwarten den Gast in diesem schönen Hotel im Herzen des niederbayerischen Rottals. Die komfortablen Zimmer sind allesamt individuell eingerichtet und werden von vielseitiger Gastronomie ergänzt.

Hervorragendes Hotel mit außergewöhnlichem Komfort

Rust (Baden)

Bhf →5 km   **Europa-Park Erlebnishotel Colosseo**

✉ 77977 · Europa-Park-Str. 4+6 · ☎ 0 78 22 860-0 · Fax: 860-57 47
Themenzimmer, Wohlfühlwochen, Aktionsraten, Zimmerpreise inkl. Frühstück
✕✲🏠📺🚭✔♨🏊♒≋⛑•☯⛱🎾‍12 km   VISA AE ●
hotel@europapark.de · www.europapark.de/hotels · f

324 **DZ** ab 244,00 €;
EZ ab 189,50 €;
22 (**Jui.**-)**Suiten** ab 282,50 €

Glaubt so manch einer unserer geneigten Leser*innen, alle Hotelkonzepte in Europa zu kennen, so wird er im Europa-Park Erlebnishotel "Colosseo" sicherlich eines Besseren belehrt. Hier – und in weiteren Erlebnishotels – können die Besucher des Europa-Park in Rust, Deutschlands größtem Freizeitpark und dem beliebtesten weltweit, mehr als nur übernachten. Die Häuser an sich sind schon die Reise wert. Im "Colosseo" wird das Alte Rom wieder lebendig: Im Stil der historischen Weltmetropole erbaut, warten Zimmer mit italienisch-römischem Flair und zeitgemäßem Komfort (Frühstücksbuffet, Hotel-Shuttle uvm. im Preis inkludiert). Ob Schwimmen im Außenpool, der unter dem beeindruckenden Kolosseumbogen hindurch in die Wohlfühloase (u. a. mit Venusdampfbad, Sauna, Laconium, Massagen, Packungen, Bädern) führt oder schmeichelnde Beautybehandlungen – nicht nur Cleopatra wäre begeistert gewesen. Genuss anderer Art wartet im Restaurant "Antica Roma" mit rustikalem, mediterranem Flair und einer authentischen, italienischen Küche. Heiter-beschwingt wie in der gleichnamigen italienischen Volkskomödie geht es im Café „Commedia dell'Arte" mit Cafékultur alla italiana an der belebten Piazza zu. Für kleine Gäste hält das Hotel ebenfalls Besonderes bereit: Morgens begrüßt Ed Euromaus die Kinder, tagsüber treffen sie sich gerne in der Lobby in der mehrstöckigen Kletterwelt. Kurzum: Das "Colosseo" garantiert jedem Familienmitglied einen unvergesslichen Aufenthalt.

Bhf →5 km   **Europa-Park Erlebnishotel Colosseo – Medici & Cesare**

✉ 77977 · Europa-Park-Str. 4+6 · ☎ 0 78 22 860-59 22 · Fax: 860-55 45
Italienische Küche · **Tische:** 63/200 Plätze   VISA AE ●
guestrelations.resort@europapark.de · www.europapark.de/hotels · f

Speisekarte: 10 Hauptgerichte von 23,00 bis 56,00 €; 2 Menüs von 76,00 bis 98,00 €
❤❤❤🍴🍴🍴   430 Weinpos.

Das Restaurant " Medici & Cesare" findet sich im direkt an der Piazza Roma gelegenen Hotel Colosseo und lässt in seinem Interieur das Florenz des 15. und 16. Jahrhunderts wieder lebendig werden. Fresken, üppige Wandgemälde, hohe Decken, funkelnde Kronleuchter, Kerzenschein und edle Tischkultur werden zu einem opulenten Ambiente vergangener Zeiten. Das Team rund um Chefkoch Raffaele Cannizzaro arbeitet sorgfältig und handwerklich korrekt und bietet Antipasti, Salate, hausgemachte Pasta, Trüffeln, Meeresfrüchte und erstklassige Fleischspezialitäten in punktgenauen, unverfälschten und perfekten Zubereitungen. Käse-Variationen des Affineurs „Eros Buratti" aus Intra und traditionelle Süßspeisen runden das Angebot ab. Als sensibler Som-

Rust (Baden)

melier mit großem Fachwissen berät Vincenzo De Biase zu den passenden Weinen und kann auch auf verschiedene kulinarische und vinologische Events verweisen.

Eine romantische, üppig begrünte Terrasse lädt an warmen Tagen zum open-air-Genuss.

Europa-Park Erlebnishotel Krønasår
TRE KRØNEN
Bhf→5 km

✉ 77977 · Europa-Park-Str. 4+6 · ☎ 0 78 22 860-0 · Fax: 860-57 47
Skandinavische, Internationale u. Regionale Küche · Tische: 8/48 Plätze

guestrelations.resort@europapark.de · www.europapark.de

Speisekarte: 11 Hauptgerichte von 27,00 bis 52,00 €; 2 Menüs von 75,00 bis 96,00 €
♨♨♨

Ein Stückchen Skandinavien erwartet den Gast im TRE KRØNEN Restaurant, das als schöne Einkehr für die ganze Familie klar und geradlinig gestaltet ist. Chefkoch Lukas Kowalski präsentiert nordische, regionale und internationale Spezialitäten, denen erstklassige, saisonfrische Zutaten zugrunde liegen. Mit einer gehörigen Prise Kreativität bereitet er mit seinem Team präzise Fleisch- und Fischspezialitäten und traditionelle Schmorgerichte bis hin zum authentischen, skandinavischen Signature Menü zu. Wenn man mit Freunden oder der Familie ein kulinarisches Highlight erleben möchte, ist der „Chef's Table" (max. 20 Personen) die perfekte Wahl. Der liebevoll gestaltete Raum mit wunderschönen blauweißen Kacheln mit maritimen Szenen bietet einen freien Blick in die offene Küche. Nicht nur für Kinder ist es ein ganz besonderes Erlebnis das gemeinsame Essen in kleinen bunten Booten auf dem Wasser im Fjord zu genießen.

Europa-Park Rust
Ammolite - The Lighthouse
Bhf→5 km

✉ 77977 · Peter-Thumb-Straße 6 · ☎ 0 78 22 77 66 99
Neue Küche · **Tische:** 10/36 Plätze
info@ammolite-restaurant.de · www.ammolite-restaurant.de

Speisekarte: 2 Menüs zu 235,00 €
♨♨♨♨♨ 🍷🍷 350 Weinpos.

In einem Freizeitpark – selbst wenn es wie der in Rust der größte seiner Art in Deutschland ist – vermutet man eher kein Sternerestaurant. Aber im Europapark Rust ist alles etwas anders und außergewöhnlicher, so auch das kulinarische Angebot. Hier ist das im Leuchtturm des Erlebnishotels "Bell Rock" beheimatete Gourmetrestaurant "Ammolite – The Lighthouse" Flaggschiff der großen Flotte. Mit wenigen Schritten betritt man eine andere Welt, eine Welt der Ruhe und des Genusses. Neben dem Eingang ist ein von der amerikanischen Künstlerin Mary Ann Toots Zynsky angefertigter Kubus mit mehr als 225 Kilometer Glasfäden in leuchtenden Farbvariationen ein faszinierender Eyecatcher. Eine perlmuttschimmernde Illumination greift das Thema Ammolit auf, auberginefarbene Fauteuils und silbern-transparente Stoffe verbinden sich zum stilsicheren und niveauvollen Interior-Design. Mit einer angenehmen, kosmopolitischen Unkonventionalität und Lässigkeit trifft man hier auf eine exklusive, handwerklich präzise Küche, für die Chef de Cuisine Peter Hagen-Wiest verantwortlich zeich-

Rust (Baden)

net. Er fokussiert sich auf das Wesentliche – Genuss und Geschmack. Mit seiner hochmotivierten Küchencrew kocht er nach dem Motto "weniger ist mehr" und steht für eine durchdachte, konzentrierte und auch immer wieder spontane Küche, die – detailverliebt, ohne verspielt zu sein – den Gast auf eine unfassbar geniale Reise mitnimmt, von der nicht schöner Schein in Erinnerung bleibt, sondern essenzieller Genuss. Die Basis für die zwei Menüs – "Around the World" und "Green Forest" – sind erstklassige Produkte aus dem Schwarzwald und Kaiserstuhl. Maître Marco Gerlach und sein top geschultes, zugewandtes Team, führen aufmerksam und unaufdringlich durch den Abend, erläutern die virtuosen Zubereitungen und sind jederzeit liebenswürdige und kompetente Mittler zwischen Küche und Gast.

Bhf → 5 km   **Europa Park Rust – Eatrenalin**
✉ 77977 · Europa-Park-Str. 4+6 · ☎ 0 78 22 860-0 · Fax: 860-57 47
Gourmetküche
hotel@europapark.de · www.eatrenalin.de
Speisekarte: 2 Menüs ab 255,00 €
♥♥

Das „Eatrenalin findet sich neben dem Erlebnishotel "Krønasår" und dem VR-Erlebniszentrum YULLBE. Hier werden alle Dimensionen mit Genuss und unvergesslichen Erlebnissen gefüllt, hier werden die Grenzen von Raum und Zeit scheinbar aufgehoben. Die beiden Geschäftsführer Thomas Mack und Oliver Altherr haben eine Vision umgesetzt, die den Gast auf eine Reise voller visueller, akustischer, olfaktorischer, gustatorischer und haptischer Elemente mitnimmt. Jeder Besucher wird zu seinem eigenen Floating Chair geleitet, der eine patentierte Neuentwicklung von MACK Rides und ausschließlich im Eatrenalin zu finden ist. Er ist für die nächsten zwei Stunden Ausgangs-, Dreh- und Angelpunkt für ein von Juliana Clementz und Ties van Oosten perfekt orchestriertes Arrangement. Fast schwerelos gleitet man durch einzelne Räume, während das Experience hochwertige kulinarische und sinnliche Überraschungen bereithält. Spitzengastronomie wird in Form zweier außergewöhnlicher Acht-Gänge-Menüs "Red Dimensions" und "Green Dimensions" präsentiert und gerät zu einer nie dagewesenen Form ganzheitlichen Genusses. Jeder einzelne Gang ist ein Kunstwerk, das überrascht und verblüfft. Die Menüs werden innerhalb des Eatrenalin-, Champagne- und Sommelier Dinners angeboten und sind multisensorische Inszenierungen, bei denen die Details und Abläufe präzise aufeinander abgestimmt sind. Die Einstimmung beginnt in der Lounge. Wenn der perfekte Ausklang – in der Bar – gewählt wird, sollte man etwa drei Stunden für den Eatrenalin-Besuch einplanen und wahrscheinlich nicht viel weniger, um über das Erlebte zu berichten.

 Die Küchenleistung dieses Restaurants ist hervorhebenswert in seiner Kategorie.

Saarbrücken

🛎 Boutique Hotel ESPLANADE Bhf→2 km

✉ 66111 · Nauwieser Straße 5 · ☎ 06 81 84 49 91 20 · (Terrassen-) Lounge, Bar, Bistro, Room-Service von 7-1 Uhr, Zimmerpr. inkl Frühstück, Shuttleservice
🍽 ♿ 🛏 ⚡ 🅿 ♨ 🚭 ☕ ✱ 📺 ✆ 30 km VISA AE 💳
hotel@esplanade-sb.de · www.esplanade-sb.de · 📘

16 **DZ** von 320,00 bis 480,00 €;
als **EZ** von 240,00 bis 390,00 €

Lebenszeit ist der größte Luxus – nach dieser Philosophie bietet das Team um Hotelmanager Manfred Bolsch seinen Gästen alles für einen rundum entspannten, genussreichen und unvergesslichen Aufenthalt in Saarbrücken. Umsäumt von Platanen liegt das Boutique Hotel ESPLANADE direkt am Max-Ophüls-Platz, am Eingang des sympathischen Nauwieser Viertels. In nur wenigen Gehminuten erreicht man die quirlige Altstadt im typischen Stengel-Barock oder kann durch die Innenstadt mit ihren zahlreichen Einkaufsmöglichkeiten flanieren. Auch die Museumsmeile, mehrere Galerien, das Saarländische Staatstheater sowie die Saarpromenade sind fußläufig erreichbar und laden zu einem Besuch oder ausgedehnten Spaziergängen ein. Das denkmalgeschützte Gebäude aus der Gründerzeit wurde respektvoll und mit viel Liebe zum Detail renoviert und modernisiert. Heute verbinden sich Außen und Innen, die klassizistische Architektur und das modern-elegante Interieur zu einem harmonischen Gesamtkunstwerk mit mondänem Flair. Die 16 lichtdurchfluteten Zimmer – nach Lichteinfall in die Kategorien Chambre Cosy und Chambre Lumière unterteilt – zeichnen sich durch ein hochwertiges und zugleich formreduziertes Interieur in zeitlosem Design aus. Mid-Century-Designklassiker wie der Diamond Chair von Harry Bertoia bilden mit dem dazu angefertigten Mobiliar eine harmonische Einheit. Alle Farben, Stoffe und Materialien sind genauestens aufeinander abgestimmt und geben jedem der Zimmer eine eigene, unverkennbare Note. Die handgefertigten, eigens für das Hotel gestalteten 3D-Fliesen greifen die jeweilige Farbe des Zimmers auf. Abgerundet wird das stringente Raumbild durch einen originalen Aquatinta-Druck aus der Serie Unité von Le Corbusier.

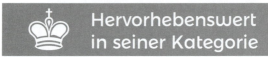

Hervorhebenswert in seiner Kategorie

Saarbrücken

Bhf→2 km

♜ ESPLANADE

✉ 66111 · Nauwieserstraße 5 · ☎ +49 6 81 84 49 91 25
Klassische und Neue Küche · **Tische:** 10/30 Plätze
restaurant@esplanade-sb.de · www.esplanade-sb.de · ▮

Speisekarte: 9 Hauptgerichte von 48,00 bis 77,00 €; 1 Mittagsmenü zu 72,00 €; 1 Abendmenu von 195,00 bis 235,00 €
♥♥♥♥♥🍷🍷🍷   720 Weinpos.

Am Eingang des Nauwieser Viertels, dem kulturellen Zentrum von Saarbrücken, beherbergt die schöne, denkmalgeschützte Villa das Hotel und im Parterre das Restaurant ESPLANADE. Das Interieur mit sanft geschwungenen Fauteuils in flaschengrünem, olivfarbenem und dunkel-korallenrotem Samt und edel eingedeckten Tischen ist von schlichter Eleganz. Prädikate, die auch die Küche von Chef de Cuisine Silio Del Fabro charakterisieren. Die feinsinnigen Speisen sind in der Haute Cuisine zu verorten und werden ungemein kreativ und innovativ neu gedacht, kombiniert und bekommen durch mediterrane und japanische Elemente eine zusätzliche, expressive Note. Nuancenreich tüftelt er mit den handverlesenen, marktfrischen Produkten, die aus eigener biodynamischer Landwirtschaft kommen, und kreiert staunenswerte Speisefolgen mit allerhöchstem Genussfaktor. Der wird durch edelste Weine vollendet, zu denen Hotelmanager Manfred Bolsch mit großer Expertise berät. Er steht dem Gast auch als gleichermaßen geschulter wie aufmerksamer Maître zur Seite, der gemeinsam mit seinem Team den Besuch zugewandt begleitet. Mittags ist das Restaurant nicht nur für Businessgäste ein beliebter Anziehungspunkt, es gibt u. a. eine zweigängige, sorgfältig zusammengestellte Plat du jour mit Amuse Bouche und verführerischen Petit Fours für 72,- €.

Bhf→5 km

Schlachthof Brasserie by Klaus Erfort

✉ 66121 · Straße des 13. Januar 35 · ☎ 06 81 6 85 33 32 · Fax: 6 85 35 71
Klass. u. Neue Küche, eig. Kreat. · **Tische:** 24/60 Plätze
mail@schlachthof-brasserie.de · www.schlachthof-brasserie.de

Speisekarte: 17 Hauptgerichte von 17,00 bis 49,00 €; 1 Mittagsmenü von 17,50 bis 34,00 €; 1 Menü des Monats zu 39,00 €
♥♥♥🍷

So wie die Schlachthof-Brasserie eingerichtet ist, stellt man sich eine französische Brasserie vor. Die ist auch Vorbild für das vielseitige Speiseangebot (Bouillabaisse, Steak tartare etc.), das mit bestens abgehangenen Fleischspezialitäten ergänzt wird. Küchenchef Björn Zapp kocht authentisch und ideenreich.

Saarbrücken

🜛 GästeHaus Klaus Erfort

Bhf→3 km

✉ 66121 · Mainzer Str. 95 · ☎ 06 81 9 58 26 82 · Fax: 9 58 26 84
Klass. u. Neue Küche · **Tische:** 8/35 Plätze
kontakt@gaestehaus-erfort.de · www.gaestehaus-erfort.de · f

Speisekarte: 1 Menü von 175,00 bis 244,00 €

🍇🍇🍇 620 Weinpos.

Seit über zwei Jahrzehnten beweist Klaus Erfort, dass man ein Restaurant ganz ohne weiteres Sponsoring führen und auf Topniveau kochen kann. Das liest sich natürlich viel einfacher als es in der Realität zu bewerkstelligen ist. Nimmermüder, überdurchschnittlicher Einsatz, umfassende Warenkunde und grenzenloser Ideenreichtum sind die Basis für die Leidenschaft, mit der Klaus Erfort seinen Gästen nicht weniger als das Beste bietet und sein Haus zu einer Adresse gemacht hat, die bei jedem weit gereisten Gourmet ganz weit oben auf der Liste steht. Die Rückfront der schönen Gründerzeit-Villa an der geschäftigen Mainzer Straße grenzt an einen stilvollen englischen Privatpark und bereits beim Betreten des Restaurants erkennt man seine Klasse, ist das Interieur doch eine Demonstration erlesenen Geschmacks: Edle Naturmaterialien, wunderschöner Parkettboden, weiß eingedeckte Tische, Violett als kontrastierender Farbton und bodentiefe Fenster mit Blick ins Grüne werden zur entspannten Kulisse für einen außergewöhnlichen Essgenuss. Für den sorgt Klaus Erfort mit einem engagierten, eingespielten Team. Er arbeitet mit edlen, in der Zahl überschaubaren Ingredienzien, ergänzt und kontrastiert sie mit vermeintlich unspektakulären Zutaten, ohne sich in Nichtigkeiten zu verlieren. Am Ende steht eine kunstvolle klassische Küche voller innovativer Ideen, die ein unvergesslicher Genuss und in der jeder einzelne Teller ein kleines Kunstwerk ist. Sue Nguyen leitet den zugewandten Service und führt mit großer Liebenswürdigkeit durch den Abend. Eine außergewöhnliche Weinkarte listet edle Tropfen.

🍇🍇🍇 Restaurant mit exzellenter Weinkarte

Saarlouis

Saarlouis

Bhf → 1,2 km ♖ **LA MAISON – LOUIS restaurant**

✉ 66740 · Prälat-Subtil-Ring 22 · ☎ 0 68 31 89 44 04 40 · Fax: 89 44 04 44
Europäische Küche mit japanischen Einflüssen · **Tische:** 7/22 Plätze

VISA AE ⓞ ◉ ⌾

reservierung@lamaison-hotel.de · www.lamaison-hotel.de · ❶

Speisekarte: 2 Menüs von 178,00 bis 235,00 €

♦♦♦♦ 🕸🕸🕸   400 Weinpos.

Im "LOUIS restaurant", das in einem einstigen Gerichtssaal in einer historischen Villa beheimatet ist, geht beides: Elegant und entspannt, niveauvoll und lässig. Das Interieur mit Fischgrät-Parkettboden, schimmerndem Oliv als dominantem Farbton der Fauteuils und Vorhänge, dazu bodentiefen Fenstern, die zur angrenzenden Parkterrasse mit Premiumblick hinausgehen, ist eine Demonstration erlesenen Geschmacks und die feinsinnige Kulisse für die verführerische und faszinierende Küche von Chef de Cuisine Sebastian Sandor und seinem Souschef Tristan Betz. Mit ausgesuchten Zutaten – tierische und vegetarische Produkte stehen gleichberechtigt nebeneinander – wird hinter den Kulissen konzentriert getüftelt, kombiniert, verworfen, neu bewertet und am Ende werden Speisefolgen kreiert, die einer modernen europäischen Küche mit klassischen und japanischen Elementen zur Ehre gereichen und in denen sich in Vergessenheit geratene Obst- und Gemüsesorten wieder entdecken lassen. Die große Warenkenntnis gepaart mit handwerklicher Präzision und Fantasie machen die Speisen zu einem unvergesslichen Genusserlebnis. Den zugewandten Service leitet Robert Jankowski kompetent und mit leichter Hand, seinen Wein- und Getränkeempfehlungen kann man blind vertrauen. Unter dem Namen „Sterne schnuppern" gibt es mittwochs und donnerstags für Gäste unter 30 Jahren drei Gourmet-Snacks, gefolgt von einem exklusiven 5-Gang-Menü zum Schnupperpreis.

 Hotels und Restaurants mit diesem Zeichen befinden sich in einem historischen Gebäude.

Saarlouis

♖ LA MAISON – PASTIS bistro
Bhf→1,2 km

✉ 66740 · Prälat-Subtil-Ring 22 · ☎ 0 68 31 89 44 04 40 · Fax: 89 44 04 44
Neue und gehobene Regionale Küche · **Tische:** 22/74 Plätze   VISA AE ⬤ ⬤ E
reservierung@lamaison-hotel.de · f

Speisekarte: 8 Hauptgerichte von 25,00 bis 49,00 €; 1 Tagesgericht von 27,00 bis 32,00 €; 1 Mittagsmenü von 42,00 bis 46,00 €

♦♦♦♦ 🍷   100 Weinpos.

Frankreich ist nur einen Katzensprung von Saarlouis entfernt, da liegt es doch nahe, ein Bistro mit französischen Anleihen zu etablieren. Und was für eins: Das "PASTIS bistro" mit ein bisschen Lounge-, ein bisschen Wohnzimmer- und ganz viel Bistro-Atmosphäre ist charmant eingerichtet. Die raffinierte Wandgestaltung und schlichte Holztische werden von einer Decke ergänzt, die voller Töpfe und Pfannen hängt. Dass es hier herrlich entspannt, weltoffen und gesellig zugeht, ist der Plan, und der geht wunderbar auf. Ebenso wie im LOUIS ist auch hier Sebastian Sandor für die Küche verantwortlich. Die ist einsehbar und man kann live bei der Zubereitung der unverfälschten Speisen zuschauen, staunen und anschließend genießen. Ob Moules frites, Coq au Vin, Fischsuppe à la Bouillabaisse oder Flammkuchen – die Speisen sind hand-

werklich korrekt und herrlich unkompliziert. Genau das Richtige für eine genussvolle Mittagspause mit einer plat du jour, für ein Gläschen Wein oder das für Hotelgäste vorbehaltene abendliche Dinner. Ines Schmal schaut mit ihrem flinken Serviceteam nach dem Rechten und zeigt wenn möglich auch einen Platz im angrenzenden Wintergarten, der, wenn die großen Glasflügel geöffnet werden, gleichsam mitten im Park steht.

♖ LA MAISON hotel
Bhf→1,2 km

✉ 66740 · Prälat-Subtil-Ring 22 · ☎ 0 68 31 89 44 04 40 · Fax: 89 44 04 44 · Park, Terrasse, Hotelbar, Private-Dining-Salon, Vinothek, Zi.-Preise inkl. Frühstück
⚑🐕♿♨🅿🎾🛎🍽♻↔☀♨ 9,6 km   VISA AE ⬤ ⬤ E
reservierung@lamaison-hotel.de · www.lamaison-hotel.de · f

43 **DZ** von 215,00 bis 260,00 €;
43 als **EZ** von 135,00 bis 170,00 €;
5 **Themensuiten** von 340,00 bis 400,00 €;
2 **Villen-Zimmer** ab 290,00 €

Am Rande einer waldähnlichen Parkanlage findet sich mit dem von Gastgeber Günter Wagner kompetent geführten "La MAISON hotel" ein Domizil der Extraklasse. Das ehemalige Oberverwaltungsgericht wurde kernsaniert und umfasst zusätzlich das einstige Hausmeisterhaus und einen minimalistischen Neubau. Das Hotel lebt von Gegensätzen, die trotz allem Spannungsreichtum zu einer harmonischen Einheit verschmelzen. Tradition und Moderne, Alt und Neu, Regionalität und Weltoffenheit werden zu einer Symbiose. Das Interieur des Hauses ist mit feinem Gespür für Licht, Farben und edle Materialien gestaltet. Die geschmackvolle Einrichtung setzt sich in den Zimmern fort, die mit zeitgemäßem Komfort wie kostenfreiem W-LAN und Nespresso-Kaffeemaschine

punkten (Preise inkl. Frühstück). Räumlichkeiten für geschäftliche und private Events sind ebenso vorhanden wie ein mit Techno-Gym-Geräten ausgestatteter Fitnessraum. Zwei exklusive Restaurants ergänzen diesen Treffpunkt gehobener Gastronomie mit einem vielseitigen und exzellenten Angebot. In der Hotelbar PETIT LOUIS kommt man am Donners-

Saarlouis

tag-, Freitag- und Samstagabend in den Genuss eines 14-Gänge Amuse Bouches Menüs, dass die ganze Klasse der Küche von Sebastian Sandor bündelt. Im Sommer 2024 wird auf 1000 m² eine exklusive Wellnessoase mit verschiedenen Saunen, Dachgarten, Außenpool und Lounge-Bereich eröffnet.

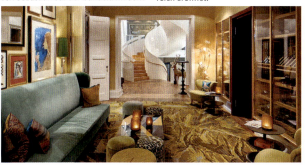

Salach

Bhf→2 km

🏰 Burghotel Staufeneck

✉ 73084 · Burg Staufeneck · ☎ 0 71 62 93 34 40 · Lobby-Bar mit Kamin, Panoramablick, exquisites Frühstücksbuffet (im Zi.-Preis inklusive)
🍴🛏🏠🅿🚗🚿⚡🏊♨🛁🧖‍♀️🐕🅿🚭🍷 3 km   VISA 💳
info@burg-staufeneck.de · www.burg-staufeneck.de · f

33 **DZ** ab 250,00 €;
5 **EZ** ab 155,00 €;
3 **App.** ab 275,00 €

Auf der Alb, dem Himmel ganz nah, haben die Inhaber Klaus Schurr und Rolf Straubinger aus der historischen Burganlage Staufeneck ein echtes gastronomisches Kleinod gemacht. Ruhe, Entspannung und Genuss sind hier gleichsam garantiert. Dafür sorgen der hinreißende Blick ins Filstal, die lichtdurchfluteten, individuell eingerichteten Zimmer, die höchsten Wohnkomfort bieten, und ein exklusiver Wellnessbereich. Hier warten der beheizte Panorama-Außenpool, die neue Panorama-Sauna, Fitnessraum mit modernsten Geräten, Blockhaus-Sauna, Sole-Stollen, Aromagrotte, Laconium, Tepidarium, der Eisbrunnen und zahlreiche Anwendungen auf Erholung suchende Gäste. Für Feiern und Tagungen stehen exklusive Räumlichkeiten und ein kompetenter Service bereit. Beliebt sind auch die Angebote inklusive Übernachtungen wie das Wochenstart-, Staufer- und Fine Dining Arrangement, letzteres mit einem Mehrgang-Menü im Sternerestaurant. Im Burghotel Staufeneck darf man das Besondere nicht nur erwarten – man bekommt es auch.

Salach

🏰 Gourmetrestaurant fine dining RS

✉ 73084 · Burg Staufeneck · ☎ 0 71 62 93 34 40
Neue, Intern. u. Reg. Küche · **Tische:** 15/40 Plätze
info@burg-staufeneck.de · www.burg-staufeneck.de

Speisekarte: 2 Menüs ab 145,00 €
♦♦♦♦♦ 🍇🍇🍇 1.200 Weinpos.

Ein Besuch des Gourmetrestaurants fine dining RS spricht alle Sinne an und ist eine kleine Auszeit vom Alltag. Das Interieur vermittelt eine angenehm entspannte und dank der runden Tische auch gesellige (und dennoch private) Atmosphäre. Weinrot- und petrolfarbene, samtene Fauteuils geben der Gestaltung eine warme Note. Die Panoramafenster erlauben einen weiten Blick über das malerische Filstal – hier kann man sich glatt verlieren, wären da nicht die exzellenten Speisen von Patron Rolf Straubinger und Küchenchef Markus Waibel. Verantwortungsvolle Küche beginnt für sie beim Einkauf, der immer unter Aspekten des Respekts vor den Produkten, Nachhaltigkeit und Tierwohl steht. Traditionelle und moderne Techniken werden ebenso eingesetzt wie verschiedenste Stilrichtungen. Auch wenn die konzentrierten und durchdachten Speisen klassische Wurzeln haben, lassen sie sich in keine Schublade stecken, nur Ehrlichkeit bei den Zubereitungen und unverfälschter Geschmack sind nicht verhandelbar. Feine Gewürze und Kräuter geben den Kompositionen eine individuelle Note und facettenreiche Aromen. Eines der zwei angebotenen Menüs ist vegetarisch. Ein aufmerksamer, zugewandter Service begleitet den Restaurantbesuch. Die hinreißend sortierte Weinkarte und -auswahl ist bei Markus Canestrini in besten Händen, er gibt wertvolle Tipps. Wer es bodenständiger mag, kehrt im Burgrestaurant "oifach andersch" ein.

Sasbach

Villa Erlenbad

✉ 77855 · Erlenbadstraße 77 · ☎ 0 78 41 6 64 40 48
Klassische und Regionale Küche · **Tische:** 13/40 Plätze
info@restaurant-erlenbad.de · www.restaurant-erlenbad.de

Speisekarte: 9 Hauptgerichte von 20,00 bis 40,90 €; 1 Menü zu 52,00 € ♦♦♦

In der „Villa Erlenbad", einem wunderschönen Gründerzeit-Anwesen, ist das gleichnamige Restaurant beheimatet, das Patron Miroslav Petic mit großem Einsatz und kulinarischem Anspruch führt. Wie gut, dass er mit Chefkoch Tobias Roth und dem höchst motivierten Küchenteam den richtigen Mann am Herd hat. Denn der setzt die Philosophie einer grundehrlichen, ideenreichen und kreati-

Sasbach

ven Regionalküche mit Einsatz, Können und Freude um. Höchste Priorität hat der qualitätsbewusste Einkauf der – gerne regionalen – Zutaten für die oft täglich wechselnden Speisen, die sich in kein festes Schema pressen lassen. Mal klassisch französisch, mal heimatverbunden und traditionell, mal modern, auf jeden Fall immer durchdacht, handwerklich konzentriert und unverfälscht – die Bandbreite sorgt für immer wieder neue kulinarische Entdeckungen. Miroslav Petic ist ein zugewandter Gastgeber, der gerne Auskunft zu den Speisen, Weinen, aber auch zu Veranstaltungen gibt, die hier einen schönen Rahmen finden.

Schalkenmehren

Michels Wohlfühlhotel

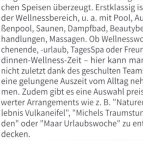

Bhf → 25 km

✉ 54552 · St.-Martin-Straße 9 · ☎ 0 65 92 92 80 · Fax: 92 81 60
Rest. mit Intern. und Regionaler Küche, Terrasse, vielfältige Arrangements
🍴♿️🐕🏠Ⓟ🎾⛱⚓️⛵️⛰☀️🌊🏊↔️🍸⚫️♿️📺📞 20 km   VISA 💳 💶
info@michels-wohlfuehlhotel.de · www.michels-wohlfuehlhotel.de · 📘

52 **DZ** von 220,00 bis 330,00 €;
6 **EZ** von 137,00 bis 167,00 €;
5 **App.** von 254,00 bis 356,00 €;
1 **Suite** von 298,00 bis 324,00 €

Das Michels Wohlfühlhotel, das nahe dreier reizvoller Eifeler Maaren gelegen ist, ist ein sehr empfehlenswertes und von Familie Drayer und ihrem Team engagiert und persönlich geführtes Haus. Gehobener Komfort erwartet den Gast in den behaglichen Zimmern (die Zimmer-Preise verstehen sich inklusive einem reichhaltigen Frühstücksbuffet) und im Restaurant, das im eleganten Landhausstil gestaltet ist und mit abwechslungsreichen Speisen überzeugt. Erstklassig ist der Wellnessbereich, u. a. mit Pool, Außenpool, Saunen, Dampfbad, Beautybehandlungen, Massagen. Ob Wellnesswochenende, -urlaub, TagesSpa oder Freundinnen-Wellness-Zeit – hier kann man nicht zuletzt dank des geschulten Teams eine gelungene Auszeit vom Alltag nehmen. Zudem gibt es eine Auswahl preiswerter Arrangements wie z. B. "Naturerlebnis Vulkaneifel", "Michels Traumstunden" oder "Maar Urlaubswoche" zu entdecken.

Schalkenmehren

Michels Restaurant
Bhf→25 km

✉ 54552 · St.-Martin-Straße 9 · ☎ 0 65 92 92 80 · Fax: 92 81 60
Klassische und Regionale Küche · Tische: 58/150 Plätze
info@michels-wohlfuehlhotel.de · www.michels-wohlfuehlhotel.de

Speisekarte: 6 Hauptgerichte von 20,00 bis 36,00 €; 12 Tagesgerichte von 20,00 bis 38,00 €; 4-Gang-Menü ab 51,00 € 200 Weinpos.

Michels Restaurant ist der perfekte Ort für entspannte und genussvolle Stunden. Wo man die verbringt, kann man nach Lust und Laune entscheiden, denn es stehen gleich fünf verschiedene Räumlichkeiten mit ganz unterschiedlichem Charakter zur Auswahl. Wirtschaft & Stübchen, Pitt-Kreuzberg-Stube, Pääsch, Maaruferstube und Carré sind mit viel Geschmack stilsicher eingerichtet, mal modern, mal nostalgisch, mal im feinen Landhausstil. Die gemeinsame Klammer ist spannende Kunst an den Wänden, frische Blumen auf den hübsch eingedeckten Tischen und sorgfältig zubereitete Speisen auf den Tellern. Für die abwechslungsreiche Küche ist das engagierte Team um Maurice Cailasson, Andreas Eckstein und David Atzor verantwortlich. Sie können auf bekannte Händler zugreifen, um die erntefrischen Zutaten und Erzeugnisse für die abwechslungsreiche Küche einzukaufen Eifeler Spezialitäten und deutsch-französische Klassiker werden gekonnt in Szene gesetzt. Das Halbpensionsmenü kann man sich aus einer feinen Auswahl individuell zusammenstellen, auch vegetarische und vegane Menüs können nach Absprache serviert werden. Außerdem gibt es ein ganz besonderes Candlelight-Menü. Sonntagmittag gibt es eine verkleinerte Sonderkarte. Patron Hubert Drayer empfiehlt die passenden Weine mit deutschem Schwerpunkt oder auch ein würziges Eifeler Landbier. Für Familienfeiern und Firmenevents stehen passende Räumlichkeiten zur Verfügung. Im Sommer ist ein Platz im überdachten Außenbereich mit Wasserspiel und Gartenblick begehrt.

Scharbeutz

Gran BelVeder
Bhf→2 km

✉ 23683 · Strandallee 146 · ☎ 0 45 03 3 52 66 00 · Fax: 3 52 66 99 · Frühstück im Zi.-Preis inkl., Rest. "DiVa" und "BelVeder", Hotelbar, Arrangements
info@belveder.de · www.belveder.de

60 **DZ** ab 270,00 €;
60 als **EZ** ab 200,00 €;
23 **(Jui.-)Suiten** ab 420,00 €

Das "Gran BelVeder" in Traumlage direkt am Timmendorfer Strand ist ein Domizil der Extraklasse für den gehobenen Geschmack. Mit viel Liebe zum Detail in warmen Farben, hell, freundlich und heiter-mediterran gestaltet, sind die exklusiven Zimmer mit windgeschützter Loggia oder Balkon und tollem Blick auf die Lübecker Bucht ein schönes Zuhause auf Zeit. Der Preis beinhaltet bereits das vielseitige Frühstücksbuffet und freien Eintritt in die Ostsee-Therme. Nachhaltige Entspannung findet man im Beauty Spa (s. a. Wellness-Special) oder man nutzt den Anschluss an die 14.000 m² große Ostsee Therme sowie die Fitnesswelt des Fitness- und Healthclubs Vita-Spa.

Scharbeutz

Für kleine Gäste gibt es den Kids Club „Große Haie, kleine Heuler" und ein buntes, gut durchdachtes Ferienprogramm, für große das Gourmetrestaurant DiVa und die Hotelbar CaVa's mit einer exquisiten Auswahl an Whiskys und Cocktails. Innerhalb verschiedenster, attraktiver Arrangements kann man die vielen Vorzüge des "Gran BelVeder" besonders gut kennen lernen.

Gran BelVeder - DiVa

Bhf→2 km

✉ 23683 · Strandallee 146 · ☎ 0 45 03 3 52 66 00 · Fax: 3 52 66 99
Neue und Regionale Küche · Tische: 8/22 Plätze
info@belveder.de · www.belveder.de · f

Speisekarte: 1 Menü von 105,00 bis 165,00 € 150 Weinpos. Sanfte Farben, weich fallende Stoffe und edel eingedeckte, großzügig gestellte Tische fügen sich im Gourmetrestaurant zu einem dezent-eleganten und privaten Ambiente und werden zur kultivierten Bühne für den großen Küchenauftritt von Chefkoch Gunter Ehinger. Er kocht mit Leidenschaft, Neugierde, Können und Experimentierfreude – mithin alles Eigenschaften, die einen guten Koch ausmachen. Die Zutaten für seine moderne Küche kommen bevorzugt von bekannten Händlern und Erzeugern aus der Region. Mit viel Fantasie und raffinierten Ideen kombiniert er die Ingredienzien, interpretiert Traditionelles neu, gibt Regionalem einen modernen Twist und kreiert im jahreszeitlichen Rhythmus immer wieder neue Menüfolgen, die auch optisch kleine Kunstwerke sind. Martin Hummel leitet den umsichtigen Service, begleitet durch den Abend und berät sehr kenntnisreich zu den sorgfältig aufs Menü abgestimmten Weinen.

Ein Restaurant mit anspruchsvoller Küche.

Schirgiswalde-Kirschau

★★★ ♛ HOTEL BEI SCHUMANN OT Kirschau Bhf→3 km
★★

✉ 02681 · Bautzener Str. 74 · ☎ 0 35 92 52 00 · Fax: 52 05 99 · SPA, Rest. Weberstube, Al Forno, Kirschlaube, Hippo Bar, Raucherlounge, Frühstück sowie Nutzung des SPA-Tempels im Zi.-Preis pro Person inklusive
28 km   VISA AE ● ▦
info@bei-schumann.de · www.bei-schumann.de · ❚

22 **DZ** ab 254,00 €;
41 **Suiten** von 348,00 bis 846,00 €

Im HOTEL BEI SCHUMANN mit kosmopolitischem und doch familiärem Flair stehen alle Zeichen auf Entspannung. Da sind zum einen die schönen Zimmer, die mit ihren warmen Farben und weichen Betten und individueller Einrichtung zum Träumen einladen (die Preise verstehen sich inklusive Frühstück + SPA). Von den 63 Zimmern sind 19 Junior-Suiten im Neubau SEEFLÜGEL, der im minimalistischen „slow living"-Design nicht nur ausreichend Raum bietet, sondern zudem Naturpanoramablick, luxuriöse Badezimmer und ganztägige Sonnenterrassen, im Winter sogar mit Terrassen-Infrarotbeheizung. Deutschlands erster Flying-Pool ist DAS Highlight im SEEFLÜGEL. Gleichzeitig mit dem Pool stehen im Spa 2.0 auf 1300 m² drei verschiedene Saunen – Panorama, Finnisch und Infrarot – ganzjährig zur Verfügung. Auf dem privaten Sonnendeck bieten ein Kneippbecken sowie die „Schneesauna" die Möglichkeit zur Abkühlung. Neben dem luxuriösen Wellnessbereich des SEEFLÜGELS dient der 4.700 m² große, einzigartig römische SPA-TEMPEL Erholung und Entspannung: Bestehend aus einer Saunawelt mit neun verschiedenen Saunen, darunter ein Biosanarium, ein Sudatorium und eine Heusauna, einem beheizten und großzügigen Innen- und Außenpool, einem Whirlpool, einem Eisbrunnen sowie einem modernen Fitnessraum. In der grünen Oase befinden sich neben dem PORTICUS Garten und dem SEEWUNDERBAR viele verschiedene Rückzugsorte zum Entspannen. Abgerundet werden die Tage im Hotel von der ausgezeichneten Küche in verschiedenen Restaurants und dem Gourmetrestaurant JUWEL mit Fine Dining Room. Stets ansprechbar und um die Erfüllung der Gästewünsche bemüht ist das top geschulte, freundliche Hotelteam. Das HOTEL BEI SCHUMANN ist ein 30.000 m² großes, exklusives und originelles Wellness- und Genussresort, welches für Entspannung Suchende, Verliebte, Gourmets und anspruchsvolle Individualisten geschaffen wurde. Liebhaber des guten Geschmacks kommen hier voll auf ihre Kosten.

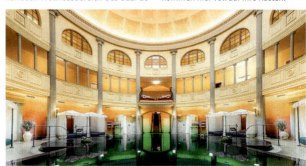

Hotel mit anspruchsvollem Wellnessangebot

Schirgiswalde-Kirschau

Gourmetrestaurant JUWEL mit Fine Dining Room

✉ 02681 · Bautzener Straße 74 · ☎ 0 35 92 52 00 · Fax: 52 05 99
Saisonale Französische Küche mit asiatischen Einflüssen · **Tische:** 9/32 Plätze

info@bei-schumann.de · www.bei-schumann.de · f

Speisekarte: 2 Menüs von 81,00 bis 189,00 €

♥♥♥♥🞲🞲   495 Weinpos.

Westlich von Dresden und nahe der tschechischen Grenze zu finden, wird die Lausitz ungerechtfertigterweise oft ein wenig stiefmütterlich behandelt. Umso bemerkenswerter, mit welcher Konstanz und Klasse das Gourmetrestaurant "Juwel" seinen eigenen Anspruch erfüllt und nicht nur einen Amethystkristall auf jedem Tisch funkeln lässt, sondern auch einen Stern. Im Interieur werden dunkle Farbtöne von einem kräftigen Lilaton kontrastiert und geben dem Raum zusammen mit der weichen Beleuchtung einen sehr niveauvollen und eleganten Charakter. Küchenchef Tobias Heldt kocht mit großem Einsatz und echter Leidenschaft. Er kann auf ein Netzwerk verlässlicher, nachhaltig arbeitender Händler und Erzeuger zurückgreifen und bevorzugt Produkte aus der Region, die erntefrisch und den Jahreszeiten entsprechend in die Küche kommen. Daraus kreiert er innovative Speisen mit Tiefgang, die in der Französischen Küche verwurzelt sind, aber mit asiatischen Elementen und Aromen bereichert werden. Auf hochklassigem Fürstenberg Porzellan werden die auch optisch verführerischen Kreationen ins rechte Licht gerückt. Der Käsewagen ist ein exklusiv angefertigtes Unikat und birgt edelste Sorten der Fromagerie Antony. Maître Patrick Grunewald leitet gewohnt professionell und umsichtig den zugewandten Service und hilft bei der großartig bestückten Weinkarte sensibel weiter. Geschäftliche und private Treffen finden im raffiniert illuminierten Fine Dining Room einen exklusiven Rahmen.

Schlier

Schlier

♜ Krone Schlier

✉ 88281 · Eibeschstraße 2 · ☎ 0 75 29 4 87 97 60
Klassische, Euroasiatische Küche · **Tische:** 8/25 Plätze
info@krone-schlier.de · www.krone-schlier.de

Speisekarte: 2 Menüs von 68,00 bis 108,00 € 🍷🍷🍷   55 Weinpos.

Seit fünf Jahren ist Familie Geßler für das gastronomische Geschehen im nahe Ravensburg gelegenen, traditionsreichen Restaurant Krone Schlier verantwortlich. Eine Herausforderung, der sie mit großem Einsatz und Freude begegnen. Das Interieur ist mit viel Geschmack wunderschön gestaltet und integriert mit warmen, alten Eichenböden und edler Kirschholzvertäfelung die lange Historie des Hauses perfekt. In raffiniertem Kontrast und dennoch in harmonischem Gesamtbild, stehen moderne Fauteuils an den edel eingedeckten Tischen. Patron und Küchenchef Benedikt Geßler nimmt seine Arbeit ernst, vor allem, was den Einkauf der Zutaten betrifft, die bevorzugt aus der Region kommen, viele sind Bio- oder Demeter-Produkte. Konzentriert und gekonnt stellt er sie zu ausbalancierten Speisen zusammen, die durch mediterrane und asiatische Elemente eine individuelle Note bekommen. Gerne

lässt er sich auch von den wechselnden Jahreszeiten inspirieren. Eines der angebotenen Menüs ist vegetarisch. Ehefrau Andrea Geßler sorgt gemeinsam mit ihrem Serviceteam dafür, dass sich jeder Gast rundum wohlfühlt, sie gibt kenntnisreich Auskunft zu den Speisen ihres Mannes und berät zu den passenden Weinen. Im Sommer ist ein Platz auf der herrlichen Sonnenterrasse sehr beliebt.

Schluchsee

♜ Mühle am Schluchsee

Bhf→1 km

✉ 79859 · Unterer Mühlenweg 13 · ☎ 0 76 56 2 09
Klassische Küche
info@muehle-schluchsee.de · www.muehle-schluchsee.de

Speisekarte: 1 Menü zu 219,00 €
🍷🍷🍷

Chefkoch Niclas Nussbaumer arbeitet bevorzugt mit Zutaten aus dem Umland und kreiert daraus konzentrierte, produktorientierte klassische Speisen, die er herrlich unverfälscht zubereitet und mit großartigen Saucen abrundet.

Schmallenberg

Schmallenberg

Deimann

Bhf → 17 km

✉ 57392 · Winkhausen 5 · ☎ 0 29 75 8 10 · Fax: 8 12 89 · Restaurants, Bierstube, Terrasse, attraktive Arrangements, Zi.-Preise inkl. 3/4-Pension

info@deimann.de · www.deimann.de

89 **DZ** ab 320,00 €; **EZ** ab 190,00 €;
10 **App.** ab 350,00 €; **(Junior-)Suite** ab 290,00 €

In der von einem schönen Park umgebenen, luxuriösen Hotelanlage mit der persönlichen Atmosphäre eines familiengeführten Hauses kann man erholsame Tage verbringen. Ein vielseitiges gastronomisches soiwe Freizeitangebot erwartet die Gäste.

Deimann - Hofstube

Bhf → 17 km

✉ 57392 · Winkhausen 5 · ☎ 0 29 75 8 10 · Fax: 8 12 89
Klass. und franz. Küche, puristisch modern · **Tische:** 5/30 Plätze
info@deimann.de · www.deimann.de

Speisekarte: 1 Menü

600 Weinpos.

Im stilvoll eingerichteten Fine Dining Restaurant "Hofstube" im Hotel Deimann steht mit Felix Weber ein Chefkoch am Herd, der eine wunderbar stimmige, klassische französische Küche mit kreativen Neuinterpretationen präsentiert.

Waldhaus Ohlenbach

Bhf → 8 km

✉ 57392 · Ohlenbach 10 · ☎ 0 29 75 8 40 · Fax: 84 48
Terrasse, vielseitige Arrangements, Weinkeller, Showküche

info@waldhaus-ohlenbach.de · www.waldhaus-ohlenbach.de ·

44 **DZ** ab 280,00 €;
als **EZ** ab 140,00 €

Am Fuße des Kahlen Asten entstand aus einem bescheidenen Haus am Waldesrand dieses eindrucksvolle Hotel. Allein die ruhige Lage inmitten des Hochsauerlandes ist ein Grund, hier eines der mit viel Geschmack eingerichteten, komfortablen Zimmer oder eine der exklusiven Suiten zu buchen (Preise inkl. Halbpension). Bei schönem Wetter kann das reichhaltige Frühstück auch auf der Terrasse mit herrlichem Panoramablick eingenommen werden. Liebevoll platzierte Details geben dem Interieur des Hauses eine sehr warme und kultivierte Atmosphäre, die durch den persönlichen Service zusätzlich unterstützt wird. Entspannung bieten u. a. der tolle Wellnessbereich (s. a. Wellness-Special), Hallenbad, der wirklich schöne 6 x 12 m große Panorama-Außenpool, Sauna und Solarium. Wandern, Golf spielen (zwei Plätze in der näheren Umgebung) und Ski fahren im Winter sind nur einige der vielfältigen Möglichkeiten, die Freizeit zu gestalten. Neben dem Gourmetrestaurant gibt es noch das Restaurant für die Hausgäste, hier wechselt die Halbpensions-Menükarte (u. a. mit 5 Hauptgerichten) täglich.

Schmallenberg

Waldhaus Ohlenbach - Schneiderstube
Bhf→8 km

✉ 57392 · Ohlenbach 10 · ☎ 0 29 75 8 40 · Fax: 84 48
Neue u. Regionale Küche · **Tische:** 9/30 Plätze
info@waldhaus-ohlenbach.de · www.waldhaus-ohlenbach.de · 📘

VISA ●

Speisekarte: 4 Hauptgerichte von 25,00 bis 40,00 €; 1 Menü zu 90,00 €

🍷🍷🍷🍷 400 Weinpos.

Ins à la Carte Restaurant "Schneiderstube" tritt man ein und fühlt sich wohl. Mit Holzvertäfelungen und Balkendecke, großem Teppich und edel eingedeckten Tischen verbindet sich das Interieur zu einem charmanten Landhausambiente. Patron Stefan Schneider steht auch am Herd und kümmert sich mit einem facettenreichen kulinarischen Angebot um seine Gäste. Er liebt die Herausforderung, ehrlichen und kreativen Genuss zu bieten. Die Zutaten kauft er mit Bedacht bei ausgewählten Händlern und Erzeugern – Nachhaltigkeit und Tierwohl sind wesentliche Aspekte der Küchen-Philosophie. Das reiche Warenangebot des waldreichen Sauerlands wird vor allem im Herbst durch erstklassiges Wildbret ergänzt. Die klassischen, handwerklich präzisen, aromenstarken Speisen ergänzt er gekonnt mit neu interpretierten regionalen Gerichten. Eric Namyslo gibt wertvolle Tipps zur passenden Weinbegleitung, edle Tropfen von bekannten und aufstrebenden Winzern lagern in großer und bester Auswahl im Weinkeller. Cemal Karakorkmaz begleitet zugewandt und ansprechbar mit seinem zuvorkommenden Serviceteam den Restaurantbesuch.

♜ Jagdhaus Wiese
Bhf→20 km

✉ 57392 · Jagdhaus 3 · ☎ 0 29 72 30 60 · Fax: 30 62 88
Restaurant mit Internationaler und Regionaler Küche, „Jagdstube", Terrasse
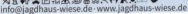
VISA ●
info@jagdhaus-wiese.de · www.jagdhaus-wiese.de

21 **DZ** ab 200,00 €;
17 **EZ** ab 131,00 €;
21 **(Junior-)Suiten** ab 243,00 €

Direkt am Rothaarsteig gelegen, ist dieses Hotel der optimale Ausgangspunkt für allerlei Aktivitäten. Komfortable Zimmer und die gepflegte Wellnessoase versprechen ganzheitliche Entspannung.

Hotels und Restaurants mit diesem Zeichen befinden sich in einem historischen Gebäude.

Schorndorf

Schorndorf

Bhf → 500 m ♜ **Gourmetrestaurant Nico Burkhardt**

✉ 73614 · Höllgasse 9 · ☎ 0 71 81 6 69 90 10
Klassische u. Neue Küche · **Tische:** 4/8 Plätze
rezeption@pfauen-schorndorf.de · www.pfauen-schorndorf.de

Speisekarte: 1 Menü von 134,00 bis 198,00 €

140 Weinpos.

Nico Burkhardt hat mit einem exklusiven Catering, dem edel bestückten Onlineshop, Kochkursen und vor allem mit seinem gleichnamigen Gourmetrestaurant ein kulinarisches Paradies geschaffen, das davon zeugt, mit wieviel Hingabe und Leidenschaft er sich außergewöhnlichem kulinarischem Genuss widmet. Erdige Farbtöne, Fauteuils in kontrastreichem Petrol und sanft schimmernde Beleuchtung fügen sich zu einem privaten Interieur von gestalterischer Klasse. Nico Burkhardt erhebt sein Handwerk zu einer echten Kunstform und kocht mit handverlesenen Zutaten. Neugierde mündet in raffinierte Tüfteleien mit verschiedensten Ingredienzien, Garmethoden und Texturen. Das Ergebnis sind in der französischen Klassik verwurzelte, modern interpretierte Speisen – kraftvoll und elegant zugleich. Jedes Menü ist detailreich durchdacht und wunderbar stimmig. Ehefrau Bianca Burkhardt ist die gute Seele des Hauses und liebenswürdige Ansprechpartnerin für kleine und große Gästewünsche. Gemeinsam mit ihrem top geschulten Team leitet sie durch den Abend und sorgt für eine entspannte Atmosphäre. Sie berät mit Fachkenntnis und feinem Gespür zu den korrespondierenden Weinen. Einen Tisch sollte man unbedingt rechtzeitig vor einem geplanten Restaurantbesuch reservieren, denn es gibt tatsächlich nur acht Plätze, was dem Aufenthalt im Restaurant eine noch persönlichere Note verleiht.

 Dieses Restaurant bietet Ihnen eine exzellente Küche.

Schorndorf

✪✪✪ ♜ Boutique Hotel Pfauen

Bhf→500 m

✉ 73614 · Höllgasse 9 · ☎ 0 71 81 6 69 90 10
Rest. "Pfauen" mit frischer Regionalküche, Bar, Zigarrenlounge
✂🚲🛏🏊♨🍴⛱5 km   VISA AE ⓓ ● 💳
rezeption@pfauen-schorndorf.de · www.pfauen-schorndorf.de

6 **DZ** ab 112,00 €;
1 **EZ** ab 90,00 €;
1 **Suite** ab 135,00 €

Im Herzen der historischen Schorndorfer Altstadt mit ihren malerischen Fachwerkhäusern findet sich direkt an der Fußgängerzone (nur 100 Meter entfernt gibt es ein Parkhaus) das liebevoll restaurierte Boutique Hotel Pfauen. Hier kann man Wand an Wand zum Geburtshaus von Gottlieb Daimler übernachten. Die individuell und mit sehr viel Geschmack und zeitgemäßen Annehmlichkeiten eingerichteten Zimmer sind alle nach einer bekannten Persönlichkeit aus der Automobil-Geschichte benannt. Ob im "Wilhelm Maybach", "Carl Benz" oder "Rudolf Diesel" Zimmer – die Räume sind mit edlen Materialien ausgestattet, begeistern mit einer sehr geschmackvollen Farbgestaltung und ausgewählten Accessoires. Hier kann man – am besten kombiniert mit einem Besuch des Gourmetrestaurants – eine perfekte Auszeit vom Alltag nehmen. Im ersten Stock ist das niveauvolle Restaurant "Pfauen" mit gehobener Saison- und Regionalküche. Den Abend kann man in der schicken Hotelbar oder der gediegenen Zigarren-Lounge ausklingen lassen. Liebenswürdige und bestens geschulte Mitarbeiter helfen bei Fragen, Buchungen, Reservierungen etc. gerne weiter.

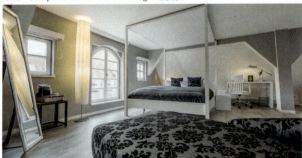

Schriesheim

RARO im Mühlenhof

Bhf→15 km

✉ 69198 · Talstraße 188 · ☎ 06 20 39 54 31 90
Regionale, nachhaltige Küche · Tische: 11/30 Plätze   VISA ● 💳
info@restaurant-raro.de · www.restaurant-raro.de

Speisekarte: 1 Menü von 155,00 bis 185,00 €

In einer 14 m hohen, schlicht und einladend gestalteten Halle wird dank Chefkoch Jan Hildenhagen eine produktfokussierte französische Küche präsentiert, die er unter einem nachhaltigen farm-to-table-Konzept ertüftelt. Die Zutaten für die ungemein ideenreichen Speisen kommen im streng saisonalen Rhythmus direkt von hauseigenen, landwirtschaftlichen Flächen rund um Heidelberg.

Schwäbisch Hall

Schwäbisch Hall

🍴 Reber's Pflug

Bhf→10 km

✉ 74523 · Weckriedener Str. 2 · ☎ 07 91 93 12 30 · Fax: 9 31 23 45
Neue u. Reg. Küche, eig. Kreat. · **Tische:** 20/50 Plätze
info@rebers-pflug.de · www.rebers-pflug.de

Speisekarte: 4 Hauptgerichte von 34,00 bis 52,00 €; 2 Menüs von 85,00 bis 158,00 € 320 Weinpos.
"Reber's Pflug" hat sich seine traditionellen Wurzeln bewahrt: Im modernen Interieur mit integriertem Fachwerk, in der Küche mit Speisen, in denen Harald Reber Bekanntes mit kreativen Ideen innovativ interpretiert.

Ringhotel Hohenlohe

Bhf→1 km

✉ 74523 · Weilertor 14 · ☎ 07 91 7 58 70 · Fax: 75 87 84 · Rest. mit Intern. und Reg. Küche, Bistro, Bar, Lounge, Dachterrasse, Zimmerpreise inkl. Frühstück
info@hotel-hohenlohe.de · www.hotel-hohenlohe.de

87 **DZ** ab 176,00 €;
als **EZ** ab 156,00 €;
21 **EZ** ab 132,00 €;
8 (**Junior-**)**Suiten** ab 290,00 €
Zentral gelegen, überzeugt dieses engagiert von Familie Dürr geleitete Hotel mit komfortabel und stilvoll eingerichteten Zimmern, einem herrlichen Wellnessbereich und modern ausgestatteten Tagungsräumen.

🍴 Wolf - Eisenbahn

Bhf→400 m

✉ 74523 · Karl-Kurz-Straße 2 · ☎ 07 91 93 06 60 · Fax: 93 06 61 10
Klass., Reg. u. Franz. Küche · **Tische:** 9/30 Plätze
info@landhauswolf.eu · www.landhauswolf.eu

Speisekarte: 1 Menü von 95,00 bis 185,00 € 450 Weinpos.
Im niveauvoll eingerichteten Restaurant präsentieren Josef und Sohn Thomas Wolf in familiärer Eintracht eine klassische Küche, die ihre eigene, ideenreiche Handschrift trägt. Der Weinkeller ist üppig und erlesen bestückt.

Schwangau

Das Rübezahl

Bhf→3 km

✉ 87645 · Am Ehberg 31 · ☎ 0 83 62 88 88 · Fax: 8 17 01
3 Restaurants mit Int. u. Reg. Küche, Café, Wintergarten, Bar, attr. Arrangements
info@hotelruebezahl.de · www.hotelruebezahl.de

35 **DZ** ab 324,00 €;
als **EZ** ab 162,00 €;
19 (**Jui.-**)**Suiten** ab 460,00 €
Herzstück des schmucken Hotels ist die weitläufige Lobby, die das Stamm- mit dem Landhaus verbindet. Die eleganten Zimmer garantieren höchsten Komfort und sind ein schönes Zuhause auf Zeit.

Schweinfurt

Kings & Queens

Bhf→1,9 km

✉ 97421 · Bauerngasse 101 · ☎ 0 97 21 53 32 42
Klass., Reg., Int. u. Neue Küche · **Tische:** 8/24 Plätze
info@kingsqueens.eu · www.kingsqueens.eu

Speisekarte: 3 Hauptgerichte von 26,00 bis 45,00 €; 3 Menüs von 63,00 bis 119,00 € 120 Weinpos.
Chefkoch Marc Wiederer bietet im sehr behaglichen Restaurant gut durchdachte, handwerklich präzise Speisen an, in denen Fränkisches einen innovativenn Anstrich bekommt. Gerne kann man aus den Menüs auch einzelne Hauptspeisen wählen.

Schweinfurt

Kugelmühle

Bhf→500 m

✉ 97421 · Georg-Schäfer-Straße 30 · ☎ 09721 91 47 02 · Fax: 91 47 14
Französische, Intern. u. Regionale Küche · Tische: 8/30 Plätze
info@restaurant-kugelmuehle.de · www.restaurant-kugelmuehle.de

Speisekarte: 5 Hauptgerichte von 35,00 bis 39,00 €; 1 Menü von 59,00 bis 85,00 € ❤❤❤❤ 🍇 130 Weinpos.

Hinter der Fassade eines sachlichen Fabrikgebäudes findet sich mit dem Restaurant „Kugelmühle" ein genussreicher und kommunikativer Ort. In zeitloser, eleganter Moderne eingerichtet, ist die Atmosphäre ungezwungen und weltoffen. Patron und Chefkoch Max Matreux – Kreisvorsitzender des DEHOGA und Prüfer im Prüfungsausschuss der IHK – liebt seinen Beruf und ist dem Hause seit mehr als zwei Jahrzehnten verbunden. Seine Küche ist herrlich leicht und aromenprononciert. Er legt größten Wert auf erstklassige Zutaten, die er erntefrisch, vorzugsweise in der Region einkauft. Mit Geschick und vielerlei Ideen kreiert er französische und mediterrane Speisen, die er mit regionalen und saisonalen Kombinationen ergänzt. Ein zuvorkommendes Serviceteam begleitet aufmerksam den Restaurantbesuch. Das „meat & eat" Konzept in der „Kugelmühle" verbindet vorzügliche Kulinarik mit einem perfekt ausgeklügelten Seminar- und Konferenz-Angebot, das höchste Ansprüche erfüllt. Auch private Feierlichkeiten finden hier einen stilvollen Rahmen und können nach entsprechender Planung sogar an den Ruhetagen stattfinden. In der Kochakademie werden informative Kurse rund um verschiedene Spezialitäten (Edle Krustentiere, Saucen uvm.) angeboten.

Schwendi

Esszimmer im Oberschwäbischen Hof

Bhf→20 km

✉ 88477 · Hauptstraße 9-15 · ☎ 07353 98 49-0
Klassische Küche, eigene Kreationen · Tische: 8/30 Plätze
info@oberschwaebischer-hof.de · www.oberschwaebischer-hof.de

Speisekarte: 2 Menüs von 119,00 bis 169,00 € ❤❤❤❤❤ 🍇🍇🍇 500 Weinpos.

Anna und Julius Reisch sind im schlichteleganten Gourmetrestaurant „Esszimmer" als zugewandte Gastgeber allgegenwärtig. Die Dame des Hauses begrüßt die Gäste, begleitet sie mit ihrem Serviceteam durch den Abend und sorgt als diplomierte Sommelière für eine sorgfältig auf die Speisen abgestimmte Weinbegleitung und gibt kenntnisreiche Tipps. Ehemann Julius Reisch, der nach illustren Ausbildungs- und Karriereadressen (u. a. in der Traube Tonbach und dem Pfefferschiff in Salzburg) im elterlichen Betrieb fürs kulinarische Geschehen verantwortlich ist, zeigt hier, unterstützt von Souschef Johann Seiringer und einem ambitionierten Team, die große Bandbreite seines Könnens. Das beginnt mit enormer Warenkenntnis, ausgeklügelter Tüftelei und einem sorgfältigen Einkauf der Topzutaten, – gerne aus dem Umland – die er raffiniert zusammenstellt. Das Produkt steht im Fokus und wird nicht von überflüssigem Chichi dominiert. Hervorhebenswert war der Fischgang als Hommage an die Heimat mit der Dietenbronner Forelle mit Brunnenkresse, Meerrettich und N25 Kaviar. Die klassischen Zubereitungen bekommen eine innovative

Schwendi

und vor allem individuelle, sehr expressive Note. Sein Fine Dining auf Topniveau mündet in zwei erlesene Menüs, von denen eines immer vegetarisch ist. Ebenso wie seine Frau ist Julius Reisch für die Gäste stets ansprechbar und trägt zum hohen Wohlfühl- und Genussfaktor im „Esszimmer" bei.

Bhf→20 km

Lazarus Stube

✉ 88477 · Hauptstraße 9-15 · ☎ 0 73 53 98 49-0
Gehobene Regionale Küche · **Tische:** 8/30 Plätze
info@oberschwaebischer-hof.de · www.oberschwaebischer-hof.de

Speisekarte: 6 Hauptgerichte von 24,00 bis 42,00 €; 1 Tagesgericht von 28,00 bis 48,00 €

❦❦❦ ❧❧❧   500 Weinpos.

Die „Lazarus Stube" nur als Zweitrestaurant zu bezeichnen, ist ein wenig despektierlich, denn auch hier kommt man in den Genuss einer sehr guten, durchdachten Küche. Dunkle Holzvertäfelungen, blanke Tische und grüne Pendelleuchten fügen sich zu einem modernen und geradlinigen Gesamtbild und sind die freundliche Kulisse für die raffinierte Regionalküche von Julius Reich und seinem Souschef Johann Seiringer. Die Zutaten für die handwerklich präzisen Speisen kommen bevorzugt aus der Region und spiegeln gerne das jahreszeitliche Angebot wider. Ob Maultaschen, Forelle und Zwiebelrostbraten, aber auch vegetarisches Risotto, Krustentierschaumsuppe und hausgemachte Bandnudeln mit Pfifferlingen – die Speisen zeugen von der hohen Qualität in der Küche, dem Eifer und dem Können, mit dem gearbeitet wird. Gastgeberin Anna Reisch berät zu den passenden Weinen und gemeinsam mit dem liebenswürdigen Serviceteam unter Leitung von Roland Babic sorgen sie für eine genussvolle Zeit.

 Restaurant mit gehobener Küche

Schwendi

Oberschwäbischer Hof

Bhf→20 km

✉ 88477 · Hauptstraße 9-15 · ☎ 0 73 53 98 49-0
Bar, Vinothek, Biergarten, Zimmerpreise inkl. Frühstück, Arrangements
info@oberschwaebischer-hof.de · www.oberschwaebischer-hof.de

26 **DZ** ab 149,00 €;
als **EZ** ab 129,00 €;
2 **App.** ab 149,00 €;
2 **Suiten** ab 189,00 €

Seit 1997 führt Familie Reisch das Hotel „Oberschwäbischer Hof" mit großer Gastfreundschaft und ganz viel Einsatz. Nachdem Sohn Julius von seinen Lehr- und Wanderjahren in der Topgastronomie zurückkehrte, übernahm er gemeinsam mit seiner Frau Anna Reisch die Verantwortung. Die beiden werden immer noch tatkräftig von Reisch senior unterstützt und gemeinsam haben sie ein wirklich schönes Haus etabliert, in dem man in angenehm familiärer und entspannter Atmosphäre unbeschwerte Urlaubstage verbringen kann. Die Zimmer sind freundlich eingerichtet, verfügen über zeitgemäßen Komfort, sind ein charmantes Zuhause auf Zeit und haben das Frühstück bereits im Preis inkludiert. Für private Feiern sowie Tagungen und geschäftliche Veranstaltungen ist man bestens aufgestellt. Attraktive Arrangements (z. B. Genuss & Golf) werden angeboten, die hauseigene Bowlingbahn bietet Unterhaltung. Sowohl das Gourmet-, als auch das regional ausgerichtete Restaurant sind mehr als einen Besuch wert, denn die Küche im Oberschwäbischen Hof ist weit über die Biberacher Grenzen hinaus bekannt. Die landschaftlich reizvolle Region bietet eine Fülle von Möglichkeiten der Freizeitgestaltung für Groß und Klein.

Schwerin

🍴 Cube by Mika

✉ 19055 · Domhof 6 · ☎ 03 85 77 88 77 06
Französische u. Euroasiatische Küche · **Tische:** 10/34 Plätze
info@cube-bymika.de · https://cube-bymika.de/ ·

Speisekarte: 11 Japanische Tapas von 4,90 bis 15,90 €; 1 Menü ab 120,00 €

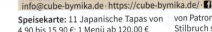

Am Rande der Schweriner Altstadt, nur wenige Schritte vom Dom und Marktplatz entfernt, findet sich in einem historischen Haus das moderne Restaurant von Patron Mika Drouin. Dieser gewollte Stilbruch spielt mit der Erwartungshaltung des Gastes, verspricht (und hält) das Besondere. Puristisch und geradlinig gestaltet, ist die Atmosphäre lässig und weltoffen. Der Chefkoch verfolgt ein Izakaya-Konzept, das Teilen, Genießen und Kommunikation verbindet. Izakayas sind eine Form japanischer Gastronomie, am ehesten mit deutschen Kneipen vergleichbar, nur gibt es in Izakayas immer auch einen Koch, der verschiedene Kleinigkeiten zubereitet. Diese Rolle nimmt im „Cube by Mika" Mika Drouin ein, wenn er die frischen, handverlesenen Zutaten mit großer Sachkenntnis und mindestens ebenso großem Ideenreichtum zu leichten Speisen kombiniert, die euroasiatische und französische Elemente ausbalanciert verbinden. Die Gerichte werden à la minute zubereitet, kommen ohne klassische Abfolge kontinuierlich auf die Tische und sind wie gemacht dafür, in geselliger Runde geteilt zu werden. Fragen, auch zur umfangreichen Weinkarte, beantwortet der Patron durchaus selber, denn als präsenter und nahbarer Koch sucht er gerne die Kommunikation mit seinen Gästen.

Bhf →0,8 km

♜ Weinhaus Uhle

✉ 19055 · Schusterstraße 13-15 · ☎ 03 85 48 93 94 30 · Fax: 48 93 94 59 · Bar, Rittersaal f. Veranstaltungen, à la Carte Frühstück ab 26,- € p. Ps. (Businessfrühst. 14,- € p./Ps.)
🍴🛏🐕🚭🅿️🐾♿🈂️🍷 20 km VISA ⓘ ⬤ ⓘ
mail@weinhaus-uhle.de · www.weinhaus-uhle.de · f

★ ★
★ ★
♔

16 **DZ** ab 145,00 €;
16 als **EZ** ab 135,00 €

Das Weinhaus Uhle ist das älteste gastliche Haus Schwerins und bekam 1751 von Herzog Christian Ludwig II. das Privileg verliehen, Wein auszuschenken. Wunderschöne historische Räumlichkeiten und Details blieben nach einer aufwändigen Restaurierung erhalten und geben dem gesamten Haus eine zauberhafte, individuelle Note. Mit dem Gourmetrestaurant „1751" im Biedermeierstil, dem Weinbistro „George", Bacchuszimmer und -keller, Grünem- und Damensalon sowie dem Rittersaal gibt es unzählige Möglichkeiten, hier auch private Feiern in sehr stilvollem Interieur auszurichten. Das Hotel liegt in einer ruhigen Seitenstraße mit teils fantastischen Ausblicken auf die Altstadt und verfügt über Zimmer, die mit ganz viel Geschmack und hochwertigen Möbeln in klarem Design und sanften Farben individuell gestaltet sind. Gerne kann man Weine oder kleine Snacks aus dem Weinbistro auch mit aufs Zimmer nehmen. Das Weinhaus Uhle liegt herrlich

Schwerin

zentral, so dass man alle Sehenswürdigkeiten der Landeshauptstadt von Mecklenburg-Vorpommern, inklusive dem imposanten Schweriner Schloss, fußläufig erreichen kann. Gerne gibt das Hotelteam Tipps für die Freizeitgestaltung.

Weinhaus Uhle – Gourmetrestaurant "1751"

✉ 19055 · Schusterstraße 13-15 · ☎ 03 85 48 93 94 30 · Fax: 48 93 94 59
Klassische, Neue und Regionale Küche · **Tische:** 12/26 Plätze
mail@weinhaus-uhle.de · www.weinhaus-uhle.de

Speisekarte: 2 Menüs von 115,00 bis 159,00 € 345 Weinpos. Im Gourmetrestaurant „1751" erkennt man angesichts des mächtigen Tonnengewölbes, das mit eingelassenen Fresken verschiedene Szenen rund ums Thema Wein zeigt, die lange Geschichte des Hauses. 1751 ist übrigens das Jahr, in dem das Privileg zum Weinausschank verliehen wurde. Halbhohe Kassettenwände aus dunklem Holz und die großen Sprossen-Rundbogenfenster verbinden sich zu einem modernen Biedermeierstil und vermitteln eine entspannte und exklusive Atmosphäre. Das kulinarische Konzept von Küchenchef Marcel Kube überzeugt mit einem Fokus auf Gemüse, das in großer Vielfältigkeit und verführerischer Frische mit Kreativität und handwerklichem Können schonend und aromensicher verarbeitet wird. Die Zutaten kommen bevorzugt aus dem Umland und spiegeln den jahreszeitlichen Wechsel und Regionalität wider. Auf den ersten Blick kontrastreich, fügen sich die einzelnen Elemente in ein ausgesprochen harmonisches Gesamtbild. Auf Wunsch kann der Gast auch ein komplett vegetarisches Menü bestellen. Charmante Dame des Hauses ist Annika Frymark, sie leitet den zuvorkommenden Service und ist auch bei Fragen rund um die erstklassig sortierte Wein- und Getränkekarte kompetente Ansprechpartnerin.

Ein Restaurant mit anspruchsvoller Küche.

Schwerin

Weinbistro "George"

Bhf → 0,8 km

✉ 19055 · Schusterstraße 13-15 · ☎ 03 85 48 93 94 30
Regionale Küche · **Tische:** 10/22 Plätze
mail@weinhaus-uhle.de · www.weinhaus-uhle.de

Speisekarte: 8 Hauptgerichte von 16,00 bis 36,00 €; 2 Menüs von 50,00 bis 65,00 €
345 Weinpos.

Das Weinbistro „George" ist der perfekte Ort, um den Schwerinbesuch kulinarisch ganz unkompliziert zu bereichern. Auch hier ist Chefkoch Marcel Kube für die Küche verantwortlich. Er kocht geerdet und unverfälscht, gerne regional und gibt den Speisen seine kreative Handschrift. Merkmal der grundehrlichen Küche ist ein Fokus auf gekonnten Gemüsezubereitungen, so dass auch vegetarische und vegane Kombinationen köstliches und tragendes Element sind. Eine facettenreiche Weinauswahl, die immer im Wandel ist und stetig erweitert wird – erfreulicherweise mit vielen offenen Tropfen und auch von jungen deutschen Winzern – begleitet die Speisen. Wie schön, dass man den neu entdeckten Lieblingswein in der angeschlossenen Weinhandlung direkt käuflich erwerben kann. Edle Spirituosen, viele von der DSM Berlin, runden das Angebot ab. Wie schön, dass das „George" täglich geöffnet ist und einer spontanen Einkehr nichts im Wege steht.

Seegebiet Mansfelder Land

Orangerie Seeburg

Bhf → 3 km

✉ 06317 · OT Seeburg · Schlossstraße 18 · ☎ 03 47 74 70 17 80
Italienische Küche · **Tische:** 10/35 Plätze
info@orangerie-seeburg.com · www.orangerie-seeburg.com

Speisekarte: 12 Hauptgerichte von 12,00 bis 36,00 €
70 Weinpos.

Wenn man es nicht besser wüsste, würde man annehmen, die "Orangerie Seeburg" stünde am Bodensee. Tatsächlich aber steht das Restaurant, das von den Mauern des über 1.000 Jahre alten Schloss Seeburg begrenzt wird, direkt am Süßen See im Mansfelder Land. Diese Region in Sachsen-Anhalt ist immer noch ein Geheimtipp und sollte unbedingt entdeckt werden. Dank Christian Zerban und Alexander Mönch entstand hier mit großem Einsatz ein kulinarisches Kleinod. In zeitloser Moderne, geradlinig eingerichtet, öffnen sich bodentiefe Panoramafenster zur Terrasse hin, die einen ungehinderten, weiten Blick auf den See erlauben und den Alltag sofort in weite Ferne rücken lassen. Hier kommt man in den Genuss einer authentischen und unverfälschten italienischen Küche mit sorgfältig zusammengestellten aromenstarken Spezialitäten. Polipetti, Sarde fritte, Pasta und exzellente Fleischgerichte gehören zum vielseitigen Angebot, das für jeden Gast etwas Passendes bereithält. Der Besuch wird von einem aufmerksamen Service unter liebenswürdiger Leitung von Christian Zerban begleitet.

 Sehr gute Serviceleistung

Seeheim-Jugenheim

♜ Brandhof

Bhf→1,2 km

✉ 64342 · Stettbacher Tal 61 · ☎ 0 62 57 50 500
Regionale Küche · **Tische:** 50/180 Plätze
info@hotel-brandhof.de · www.hotel-brandhof.de · ▮

VISA

Speisekarte: 21 Hauptgerichte von 17,50 bis 33,50 €; 5 Forellen-Spezialitäten von 25,50 bis 26,90 € ♥♥

Der heutige „Brandhof" kann auf eine lange Geschichte zurückschauen: Um 1400 als Mühle im "Gültbuch-Tannenberg" erwähnt, wurde er schon Ende des 17. Jh. gastronomisch als Gästehaus für den Adel genutzt, bevor er 1910 in Privatbesitz überging. Heute führen Adriana Dumitrascu und Laura Imhoff höchst engagiert den „Brandhof". Die Philosophie "Natur-Gastronomie und Wellness im Einklang" sind sowohl im Hotel als auch im Restaurant allgegenwärtig. Adriana Dumitrascu steht am Herd und nutzt das reichhaltige Warenangebot des Umlands, um saisonale Produkte einzukaufen, die sie gekonnt und handwerklich präzise zu aromenstarken, gerne regionalen Speisen zusammenstellt. Zusätzlich zum vielseitigen Speiseangebot gibt es variantenreich zubereitete Forellen-Spezialitäten mit Fischen aus dem hauseigenen Forellen-Becken sowie feine Wildspezialitäten. Bei gutem Wetter kann man vom Frühjahr bis in den Herbst hinein direkt an der Wiese und dem leise plätschernden Bach speisen – ein Genuss für alle Sinne. Für private Feiern und berufliche Veranstaltungen steht der lichtdurchflutete Wintergarten zur Verfügung. Joana Althaus und Laura Imhoff leiten den Service und sind liebenswürdige Ansprechpartnerinnen.

♜ Brandhof

Bhf→1,2 km

✉ 64342 · Stettbacher Tal 61 · ☎ 0 62 57 50 500
Restaurant, Terrasse, Zimmerpreise inkl. Frühstücksbuffet
🍽🛏♿🐕🅿🚞🛗☯♨🎱♘ ➘19 km
info@hotel-brandhof.de · www.hotel-brandhof.de · ▮

VISA

25 **DZ** ab 130,00 €;
als **EZ** ab 90,00 €;
14 **EZ** ab 85,00 €

In den Ausläufern des Naturparks Bergstraße-Odenwald gelegen und nur wenige Minuten von der A5 entfernt, ist der Brandhof das perfekte Hotel für Geschäftsreisende, die die Nähe zu Frankfurt/M., Darmstadt und Mannheim zu schätzen wissen und Urlauber, die eine gepflegte Unterkunft suchen, um fernab von Lärm und Stress zu entspannen – Seeheim-Jugenheim mit von Wäldern und Wiesen umgeben, vor dem Haus fließt ein kleiner Bach. Die Zimmer (Preise inkl. Frühstücksbuffet) verfügen über allen zeitgemäßen Komfort und sind ein schönes Zuhause auf Zeit. Für Businessgäste stehen verschiedene Tagungsräume mit Media-Equipment zur Verfügung. Der Brandhof ist ein guter Ausgangspunkt für vielseitige Freizeitaktivitäten: Wandern und Biken in der schönen Mittelgebirgslandschaft, die Kletterhalle in Bensheim, das Felsenmeer im Lauertal, verschiedenste Schlösser oder ein Besuch der hauseigenen Trocken- und Dampfsauna sind nur ein paar der Möglichkeiten, allein, zu zweit oder mit der ganzen Familie einen unterhaltsamen Tag zu verbringen. Das freundliche Hotelteam gibt gerne weitere Tipps.

Seeheim-Jugenheim

Bhf→4 km **Gasthaus Landgraf** OT Balkhausen

✉ 64342 · Felsbergstraße 49 · ☎ 0 62 57 5 05 17 95 · Fax: 5 06 28 58
Klass., Neue u. Mediter. Küche · **Tische:** 8/30 Plätze
info@gasthaus-landgraf.de · www.gasthaus-landgraf.de

Speisekarte: 10 Hauptgerichte von 23,00 bis 39,00 €; 1 Überraschungsmenü von 65,00 bis 75,00 €

🍴🍴🍴🍴 170 Weinpos.

Es geht wirklich behaglich zu im "Gasthaus Landgraf". Das liegt sowohl an der schönen Einrichtung im charmanten Landhausstil mit Deckenbalken, Holzdielenboden, stoffbezogenen Holzbänken, hübsch eingedeckten Tische, vielen alten Fotos und glänzenden Messinglampen mit warmem Schein, als auch am zugewandten und herzlichen Serviceteam unter Leitung von Volker Salm, der seine Gäste persönlich begrüßt. Entsprechend wohl fühlt man sich, sobald man die Türschwelle überquert hat. Gemeinsam mit Daniel McCabe, der fürs kulinarische Geschehen verantwortlich ist, führt er das Restaurant mit Herzblut, Leidenschaft und großem Arbeitseinsatz. Die Zutaten für die abwechslungsreiche Küche, die in kein festes Schema passt, kommen in bester Qualität vorzugsweise aus dem Umland. Die Speisekarte wechselt alle vier Wochen und wird immer auch von den vier Jahreszeiten geprägt. Im Winter sind die Zusammenstellungen etwas deftiger und im Sommer leichter, bunter und werden mit mediterranen Elementen bereichert. Außerdem gibt es regelmäßig Spezialmenüs, z. B. das Fisch- und Meeresfrüchtemenü. Hier sollte man schnell reservieren! Edle Tropfen ergänzen die Küche perfekt. Das angeschlossene "Esszimmer" ist ideal für Veranstaltungen und Feiern. Die hübsche, üppig begrünte Gartenterrasse ist ein lauschig-romantischer Genussort.

 Dieses Restaurant bietet Ihnen ein gutes Genuss-/Preisverhältnis.

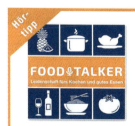

Gespräche übers Kochen und gutes Essen mit Menschen die etwas davon verstehen.

Zum Mithören bei spotify, itunes und überall dort, wo es gute Podcasts gibt.

www.foodtalker.de

Seesen

★★★ Görtler
Bhf→1,5 km

✉ 38723 · Bulkstraße 1 · ☎ 0 53 81 7 88 77
Restaurant, Zimmerpreise inkl. Genießerfrühstück, Arrangements
✕ ⭑ ⌂ 🄿 🛆 ⦿ ⦾ ↘40 km
info@hotel-goertler.de · www.hotel-goertler.de

VISA 💳 🄴

5 **DZ** von 110,00 bis 120,00 €;
als **EZ** von 75,00 bis 80,00 €;
3 **EZ** ab 70,00 €;
7 **App.** von 115,00 bis 150,00 €

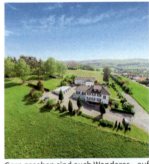

Das Hotel Görtler findet sich in einer idyllischen Alleinlage am Waldrand, begrenzt von weiten Wiesen und mit einem herrlichen Panoramablick auf Seesen, ein Städtchen mit malerischer historischer Innenstadt, das auch „Fenster zum Harz" genannt wird. 1973 etablierten Traudel und Felix Görtler oberhalb von Seesen ihre Pension, die stetig erweitertet und modernisiert und zeitgemäß angepasst wurde. 2014 übernahm Tochter Annette Steingrüber die Leitung und wird aktuell wiederum von ihrem Sohn Johannes unterstützt, der vor allem für die großartige Küche verantwortlich ist. Die Leidenschaft, mit der die Familie Steingrüber das Haus führt und dafür sorgt, dass jeder Gast herzlich willkommen geheißen wird, ist in jedem Winkel allgegenwärtig. Die freundlich und komfortabel ausgestatteten Zimmer sind ein schönes Zuhause auf Zeit. Für private und geschäftliche Anlässe gibt es passende Räumlichkeiten. Gern gesehen sind auch Wanderer – auf die hier im Harzvorland unzählige Wanderwege warten –, die auch ihren Hund mitbringen dürfen. Morgens wird ein hinreißend vielfältiges Frühstücksbuffet aufgebaut (im Zimmerpreis inkl.), bei dem es an nichts fehlt, es gibt sogar eine Live Cooking Station für frische Eierspeisen. Das Komplettpaket im Hotel Görtler ist perfekt geschnürt, hier beginnt die Erholung dank der Herzlichkeit des gesamten Teams bereits beim Betreten des Hauses.

Seesen

Bhf → 1,5 km

Harzfenster

✉ 38723 · Bulkstraße 1 · ☎
Moderne Regionale und Europäische Küche · **Tische:** 10/30 Plätze
info@hotel-goertler.de · www.hotel-goertler.de

Speisekarte: 2 Hauptgerichte von 30,00 bis 54,00 €; 1 Menü von 84,00 bis 155,00 €
🍷🍷🍷 60 Weinpos.

Mit einer erstklassigen Ausbildung gerüstet, hat Johannes Steingrüber sein Restaurant „Harzfenster" engagiert und ambitioniert gestaltet, eröffnet und sorgt nun als Chefkoch für kulinarischen Hochgenuss. Im Interieur stellen die dunklen Naturtöne der samtbezogenen Fauteuils in Tannengrün und Dunkelbraun einen schönen Bezug zur waldreichen Harz-Landschaft her, stehen in reizvollem Kontrast zum geweißten Fachwerk und geben dem Restaurant mit den blanken Tischen eine ganz unverkrampfte, lässige Atmosphäre. Johannes Steingrüber ist ein Mann der Tat, nach seiner Ausbildung erweiterte er sein Können bei namhaften Köch*Innen und kehrte 2022 in den elterlichen Betrieb zurück, um hier seine Ideen einer ehrlichen, unverfälschten und nachhaltigen Küche zu verwirklichen. Vorzugsweise mit den besten und hochwertigsten Produkte aus der Region kreiert er Speisen mit hohem Genussfaktor, die in der Klassik verwurzelt sind, aber Elemente aus der Heimat

und aller Herren Länder aufs Feinste verbinden. Aromen und Texturen stimmt er ausbalanciert und gekonnt aufeinander ab, immer mit einem Ziel vor Augen: Die Speisen sollen dem Gast schmecken und nicht der Selbstverwirklichung dienen. Diesen Anspruch erfüllt er mit großem Schwung und viel Fantasie. Weine und raffiniert zusammengestelltes Nichtalkoholisches gibt es in verführerischer Auswahl, hier hilft Marcel Schmidt, der auch den liebenswürdigen Service leitet, kompetent und gut gelaunt weiter.

Selzen

Bhf → 14 km

♜ Kaupers Restaurant

✉ 55278 · Kapellenstr. 18a/Kirschgartenstr. 13 · ☎ 0 67 37 83 25 · Fax: 76 07 57
Neue u. Regionale Küche · **Tische:** 4/16 Plätze
info@kaupers-kapellenhof.de · www.kaupers-kapellenhof.de

Speisekarte: 1 Menü von 99,00 bis 152,00 € 🍷🍷🍷 300 Weinpos. Ehrlich, unverfälscht und geradlinig. So präsentiert sich die Küche von Chefkoch Sebastian Kauper, die pointiert auf das Wesentliche aus besten und frischesten Zutaten aus der Region feinsinnig komponiert wird.

Siebeldingen

Tischlein deck dich by Lilly

✉ 76833 · Bismarckstraße 1 · ☎ 0 63 45 94 97 23
Regionale und Neue Küche · **Tische:** 7/22 Plätze
restaurant@tischleindeckdich.com · www.tischleindeckdich.com

Speisekarte: 1 Menü von 55,00 bis 65,00 €
♥♥♥

Die Weinberge und Wälder der Südpfalz gehören zur Kulisse des charmanten Restaurants. Hier sorgt Chefkoch Matthis Nowak für eine unverfälschte moderne und regionale Küche und bietet ein Menü mit drei Wahlmöglichkeiten an.

Singen

Gasthaus Sternen Bohlingen

✉ 78224 · OT Bohlingen · Bohlinger Dorfstraße 12 · ☎ 0 77 31 3 19 41 99
Regionale und Internationale Küche · **Tische:** 23/80 Plätze
gasthaus@sternenbohlingen.de · www.sternenbohlingen.de

Speisekarte: 9 Hauptgerichte von 19,00 bis 43,00 €; 1 Menü - Do.-Sa. von 79,00 bis 89,00 €
♥♥♥

Entspannt und lässig geht es im Sternen Gasthaus zu. Bruchsteinwände und grobe Holzdielen werden mit einer Prise Skandinavien ergänzt und fügen sich zu einem einladenden Ambiente. Chefkoch Peter Bogdanovic kocht, was gefällt, den Gästen schmeckt und vor allem, was die Jahreszeiten hergeben. Nachhaltigkeit gehört beim Wareneinkauf ebenso wie kurze Wege zu den Grundlagen des gastronomischen Konzepts. Die Zutaten kommen bevorzugt von umliegenden Bauern, Winzern und Feinkosthändlern aus dem Hegau und der Bodenseeregion, die für ihr Obst und Gemüse bekannt ist. Mit großer Warenkenntnis und handwerklichem Geschick kreiert Peter Bogdanovic herrlich unverfälschte Speisen, die sorgfältig zubereitet werden und gerade

durch ihre Ehrlichkeit ein feiner Genuss sind. Christina Ohme leitet mit Übersicht den liebenswürdigen Service. Feiern finden im Haus einen schönen Rahmen und werden nach individuellen Wünschen – vom modernen Menü bis zum ausgeklügelten Wunsch-Buffet – geplant und aufmerksam begleitet.

 Restaurant mit gutem Genuss-/Preisverhältnis.

Sommerhausen

Sommerhausen

Bhf→2 km

♜ Philipp

✉ 97286 · Hauptstraße 12 · ☎ 0 93 33 14 06 · Fax: 90 22 50
Klass. u. Neue Küche · **Tische:** 9/26 Plätze
info@restaurant-philipp.de · www.restaurant-philipp.de · ▪f

Speisekarte: 2 Mittagsmenüs von 79,00 bis 175,00 € ❦❦❦❦🝤   120 Weinpos. Hinter der Fachwerkfassade eines über 400 Jahre alten Renaissance-Palais verbirgt sich das Restaurant "Philipp" – ein kulinarisches Kleinod, dass es verdient hat, mehr als einmal besucht zu werden, denn hier gehen Ambiente und Küche eine symbiotische Verbindung ein. Das historische Fachwerk ist in die modern-elegante Gestaltung mit halbhohen Kassettenwänden in edlem Grau integriert, weiß getünchte Wände und edel eingedeckte Tische komplettieren das stilvolle Interieur. Patron und Chefkoch Michael Philipp arbeitet konzentriert und mit kulinarischen Ideen, die immer wieder aufs Neue begeistern. Seine Küche ist klassisch französisch, bekommt jedoch durch neu interpretierte regionale Elemente einen raffinierten fränkischen Twist und überzeugt mit einer aromenstarken Unverfälschtheit. Stets aufmerksame und sehr liebenswürdige Gastgeberin ist Ehefrau Heike Philipp, die den zugewandten Service leitet und als diplomierte Sommelière für eine erlesene, grenzübergreifende Weinauswahl sorgt. Zusätzlich zum Menü "Classique" gibt es (außer Freitag- und Samstagabend) das 3-6-gängige Überraschungsmenü "Carte Blanche". Kleine Gesellschaften ab 10 Personen sind auch außerhalb der Öffnungszeiten möglich, passende Räumlichkeiten stehen zur Verfügung. Für Übernachtungen gibt es ein Doppelzimmer (190,- €/2 Ps.), eine wunderschöne Barock- und eine Renaissance-Suite (235,- €/2 Ps.) inkl. Verwöhn-Frühstück. Kochabende mit dem Patron und seinem Team sowie kulinarische Arrangements ergänzen das Angebot im Restaurant "Philipp".

 **Hervorragende Serviceleistung**

Sonnenbühl

Bhf→22 km

Hirsch - Gourmetrestaurant

✉ 72820 · Im Dorf 12 · ☎ 0 71 28 9 29 10 · Fax: 31 21
Neue u. Reg. Küche, eigene Kreationen · **Tische:** 9/30 Plätze
info@restaurant-hotel-hirsch.de · www.restaurant-hotel-hirsch.de

Speisekarte: 5 Hauptgerichte von 53,00 bis 60,00 €; 4 Menüs von 78,00 bis 168,00 € ❦❦❦🝤   250 Weinpos.
Der elegante Landhausstil im Restaurant ist genauso individuell und feinsinnig wie die Küche von Patron und Chefkoch Gerd Windhösel. Der nutzt das erntefrische, saisonale Marktangebot der Region für ausbalancierte, aromenstarke und inspirierte Speisen.

Sonnenbühl

★★ ★★ Romantikhotel Hirsch   Bhf→22 km

✉ 72820 · Im Dorf 12 · ☎ 0 71 28 9 29 10 · Fax: 31 21
Dorfstube m. Reg. Küche, Wintergarten, Kinderspielzimmer
info@restaurant-hotel-hirsch.de · www.restaurant-hotel-hirsch.de

13 **DZ** ab 170,00 €;
als **EZ** ab 130,00 €; **EZ** ab 120,00 €;
(Junior-)Suiten ab 230,00 €
Dieses charmante Hotel empfängt seine Gäste mit einer romantischen Atmosphäre. Die liebevoll eingerichteten Zimmer (Preise inkl. Frühstück) verfügen über jedweden Komfort, die herrliche Sauna mit Altholzvertäfelung garantiert Entspannung.

St. Englmar

Angerhof – Glasgartenrestaurant   Bhf→35 km

✉ 94379 · Am Anger 38 · ☎ 0 99 65 18 60 · Fax: 1 86 19
Moderne Regionale Küche m. asiat. Einflüssen · **Tische:** 8/20 Plätze
hotel@angerhof.de · www.angerhof.de

Speisekarte: 4 Hauptgerichte von 24,00 bis 38,00 €; 4 Menüs von 43,00 bis 65,00 €
120 Weinpos.

Nicht nur der Ausblick durch die bodentiefen Fenster über Wiesen und Wälder weit ins Donautal hinein ist im „Glasgarten Restaurant" etwas Besonderes. Auch die Küche von Chefkoch Miron Pfau weiß zu begeistern. Das Interieur ist mit viel Geschmack gestaltet. Sanft geschwungene, anthrazitfarben gepolsterte Fauteuils an schön eingedeckten Tischen verbinden sich zu einem ungezwungenen Ambiente moderner Eleganz und vermitteln eine entspannte Atmosphäre. Für seine Speisen nutzt Miron Pfau bevorzugt Produkte aus dem Biogarten vor der Tür und von bekannten Händlern und Erzeugern aus der Region. Seine Küche ist modern und regional und wird mit klassisch französischen und asiatisch-thailändischen Elementen ergänzt. Den zuvorkommenden Service leitet Dieter Mayr mit Übersicht, er gibt auch kompetente Tipps rund um die Weinauswahl. Feiern jeder Art finden im Angerhof in verschiedenen, liebevoll eingerichteten Stuben einen schönen und stilvollen Rahmen und werden aufmerksam begleitet. Ein weiteres Glanzlicht ist ein Platz auf der überdachten Terrasse, hier einen Sonnenuntergang mit Blick über St. Englmar bis hin zur Alpenkette zu erleben, ist unvergesslich.

St. Englmar

Bhf→35 km   # Angerhof Sport- & Wellnesshotel

✉ 94379 · Am Anger 38 · ☎ 0 99 65 18 60 · Fax: 1 86 19 · Panoramarest. m. Reg. u. Intern. Küche, "Kachelofenstube", Bar, Zi.-Preise inkl. 3/4-Verwöhnpension, E-Mobil-Ladestation

🍽🛏♿🏠🎱✈⛷🏊♨🧖↔👣🎮🎿 30 km   VISA AE ● ■

hotel@angerhof.de · www.angerhof.de · f

50 **DZ** von 330,00 bis 460,00 €;
10 **EZ** von 205,00 bis 250,00 €;
10 (**Jui.-**)**Suiten** von 380,00 bis 530,00 €

Die Gastfreundschaft und Herzlichkeit, für die Franz und Maria Wagnermayr stehen und mit der jeder Besucher im Angerhof Sport- und Wellnesshotel umsorgt wird, ist unbedingt erwähnenswert. Man spürt, dass das in schönster naturnaher Südhanglage auf 900 m Höhe gelegene Anwesen in St. Englmar im Bayerischen Wald ein persönliches und inhabergeführtes Haus ist. Die Zimmer sind individuell, komfortabel und mit Geschmack eingerichtet (Die Preise verstehen sich inkl. der feinen 3/4-Verwöhnpension – Frühstücks-/Nachmittagsbuffet und Abendessen) Für Ausflüge in die Natur locken in unmittelbarer Nähe zahlreiche Wanderwege, Nordicwalking-Strecken und Langlaufloipen. Die mehrfach ausgezeichnete Spa- und Wellnesslandschaft bietet auf faszinierenden 6.500 m² Wellness pur für Körper, Geist und Seele (s. a. Wellness-Special). Auf 30.000 m² Hotelgelände warten ein einzigartiger Entschleunigungsparcours mit 500 m Barfußweg für alle Sinne, Naturlehrpfad und Outdoor-Fitnessstationen. Zusätzlich zu diesen zahlreichen Entspannungs- und Freizeitmöglichkeiten begeistert der Angerhof mit einer gesunden, abwechslungsreichen Gourmetküche. Veranstaltungen können für bis zu 150 Personen in stilvollem Rahmen ausgerichtet werden. Das "Panoramarestaurant" und die urige "Kachelofenstube" bieten kulinarische Gaumenfreuden, die Whisky- und Raucherlounge wird auch gerne als geselliger Treffpunkt genutzt. Ferien im Angerhof – so viel nachhaltige Erholung und Luxus sollte man sich einfach gönnen.

St. Goar

♜ Romantik Hotel Schloss Rheinfels Bhf→500 m

✉ 56329 · Schloßberg 47 · ☎ 0 67 41 80 20 · Fax: 80 28 02
Rest. „Auf Scharffeneck", Burgschänke „Der Landgraf", Zi.-Pr. inkl. Frühstück
✕☕♿🏠📺🛏🚗♨⛲🎾♿↔🚭🔊🏊🍽 12 km   VISA AE ⌾ ● ⛿
info@schloss-rheinfels.de · www.schloss-rheinfels.de · ⓕ

55 **DZ** ab 185,00 €;
55 als **EZ** ab 125,00 €;
8 **EZ** ab 100,00 €;
4 (Jui.-)**Suiten** ab 295,00 €

Die exponierte Lage auf den Rheinhöhen über St. Goar und die Integration in Teile der historischen Burg Rheinfels sind wahrhaft exklusiv und machen das 4-Sterne-Superior-Hotel zu einer der ersten Adressen in der Region des "UNESCO Welterbe Oberes Mittelrheintal". Die komplette Hotelanlage, zu der das Schloss, die Villa Rheinfels und die Appartementhäuser auf Gut Rheinfels gehören, wurde mit viel Liebe zum Detail restauriert und zeitgemäß ausgestattet. Die Zimmer sind stilvoll und individuell eingerichtet, die Preise verstehen sich inklusive des reichhaltigen Frühstücks. Für Feierlichkeiten gibt es Veranstaltungsräume und für große Events den größten Gewölbekeller Deutschlands, hinzu kommt ein moderner Tagungsbereich. Im Wellnessbereich "AusZeit" findet man auf 500 m² Ruhe und Entspannung. Fürs

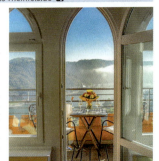

leibliche Wohl wird in zwei kulinarisch unterschiedlichen Restaurants gesorgt. Das Hotel-Restaurant "Auf Scharffeneck" mit hinreißendem Blick ins Rheintal wurde erweitert und hält eine klassische Speisekarte vor. In der rustikalen Burgschänke „Der Landgraf" mit der angrenzenden „Welterbe-Terrasse" werden im Sommer herzhafte Vesper und ofenfrische Flammkuchen serviert.

 Hotels und Restaurants mit diesem Zeichen befinden sich in einem historischen Gebäude.

St. Ingbert

St. Ingbert
midi – Restaurant & Markt

✉ 66386 · OT Rohrbach · Ernst-Heckel-Straße 4 · ☎
klassische und gehobene Regionale Küche · **Tische:** 16/40 Plätze
info@midi-restaurant.de · www.midi-restaurant.de · 🅵

Speisekarte: 2 Menüs von 65,00 bis 109,00 € ❤❤❤🐌🐝   250 Weinpos.
Das Bliesgau ist nicht nur landschaftlich sehr reizvoll, hier lädt die Nähe zu Frankreich zu einem saarländischen savoir vivre ein. Ganz entspannt genießen – eine Devise, die sich Gastgeber und Patron Hubert Pirrung mit seinem „midi" im hübschen St. Ingbert-Rohrbach auf die Fahnen geschrieben hat. Und so hat er ein Restaurant etabliert, dass viel mehr ist als ein Ort zum Essen. Denn hier gibt es auch einen kleinen Markt, wo man feine Spezialitäten in Bioqualität erwerben kann. Herzstück ist natürlich das Restaurant, in dem viele Pflanzen den Gourmetbereich auch optisch abtrennen. Gemeinsam ist beiden Teilen eine ungemein peppige Einrichtung. Bunte Neonröhren setzen das raffiniert gestaltete, moderne Interieur ins rechte Licht, an Planeten erinnernde Lampen schweben gleichsam über den blanken Tischen. Chefkoch Peter Wirbel kann auf illustre Karrierestationen zurückblicken und gibt nun mit

all seinem Können – und das ist beträchtlich – dem „midi" seine ganz eigene kulinarische Note. Er kauft gerne in der Region ein, ist experimentierfreudig, kocht mit handwerklicher Präzision und ganz viel Fantasie, elegant und bodenständig zugleich. Judith Weller leitet den liebenswürdigen Service mit Übersicht und berät mit feinsinniger Expertise zu den passenden Weinen.

St. Peter
Zur Sonne

Bhf↔14 km

✉ 79271 · Zähringer Str. 2 · ☎ 0 76 60 9 40 10
Reg. u. Badische, Bio-Zertif. Küche · **Tische:** 17/50 Plätze
sonne-st.peter@t-online.de · www.sonne-schwarzwald.de

Speisekarte: 4 Hauptgerichte von 37,00 bis 49,00 €; 1 Menü zu 74,00 €
❤❤❤🐝   141 Weinpos.
Chefkoch Hanspeter Rombach setzt auf biologische Produkte und raffinierte und bodenständige Rezepte. Der Bio-Philosophie folgend ist die Wohlfühl-Atmosphäre inklusive.

St. Wendel

Kunz Gourmet Bhf→5 km

✉ 66606 · Kirchstraße 22 · ☎ 0 68 54 81 45 · Fax: 72 54
Neue Küche · **Tische:** 5/20 Plätze
service@restaurant-kunz.de · www.restaurant-kunz.de

Speisekarte: 10 Hauptgerichte von 39,00 bis 68,00 €; 2 Menüs von 79,00 bis 188,00 € ❤❤❤🍇🍇 320 Weinpos.

Anke und Alexander Kunz führen ihr gleichnamiges Restaurant in bester Familientradition und sind in ihrem kulinarischen Kleinod liebenswürdige Gastgeber. So pittoresk die Umgebung direkt gegenüber der mächtigen St. Remigius Kirche ist, so schlicht und modern ist das Gourmetrestaurant gestaltet. Eine große Fensterfront zum Dom hinaus vermittelt ein lichtdurchflutetes Wintergarten-Ambiente. Alexander Kunz und Patrick Jenal stehen mit Freude, Ehrgeiz, Neugierde und viel Einsatz am Herd. Französische Haute Cuisine ist für sie Grundlage und Inspirationsquelle zugleich. Behutsam entwickeln sie die klassischen Rezepturen weiter und kreieren Speisen mit eigener, innovativer Note. Unabdingbar für die perfekte Umsetzung sind erstklassige Zutaten, die frisch und saisonal eingekauft werden und unter nachhaltigen Aspekten produziert wurden. Die Weinkarte ist exzellent sortiert, offene Tropfen und halbe Flaschen sind hier selbstverständlich – Anke Kunz und Susanne Jenal beraten kenntnisreich zur passenden Begleitung und führen den Service mit großer Liebenswürdigkeit. Weit über die Stadtgrenzen hinaus bekannt ist das „Kunz" übrigens auch für sein besonders exklusives Gourmet-Catering und das „Alexander Kunz Theatre" in Saarbrücken mit seiner wundervollen Kombination aus zirzensischen und kulinarischen Inszenierungen.

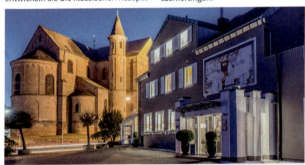

 Restaurant mit sehr gutem Weinangebot

Starnberg

Starnberg

Bhf→1 km **Hotel Vier Jahreszeiten Starnberg**

✉ 82319 · Münchner Straße 17 · ☎ 0 81 51 4 47 00 · Fax: 4470-161
Gourmetrestaurant Aubergine und Restaurant Oliv's, Hemingway Bar
info@vier-jahreszeiten-starnberg.de · www.vier-jahreszeiten-starnberg.de

117 **DZ** ab 139,00 €; als **EZ** ab 114,00 €;
9 (**Jui.-**)**Suiten** ab 199,00 €
Das vor den Toren Münchens gelegene Vier Sterne Superior Hotel überzeugt durch sein gelungenes Gesamtkonzept.

Der größte Tagungsbereich der Region, eine ausgezeichnete Kulinarik und die perfekte Lage nur 5 Gehminuten vom Starnberger See entfernt, mache den Aufenthalt zu einem besonderen Erlebnis.

Bhf→500 m **Gourmetrestaurant Aubergine**

✉ 82319 · Münchner Straße 17 · ☎ 0 81 51 4 47 0 -290 · Fax: 4470-161
Gourmetküche · Tische: 10/44 Plätze
aubergine@vier-jahreszeiten-starnberg.de · www.aubergine-starnberg.de

Speisekarte: 2 Menüs von 149,00 bis 169,00 € 125 Weinpos.
Chefkoch Maximilian Moser kreiert unverfälschte und optisch verführerische Menüs, die alle vier bis sechs Wochen wechseln, in einzelnen Gangfolgen die Jahreszeiten spiegeln und von denen eins immer vegetarisch ist.

Steinfurt

Locoselli

✉ 48565 · Burgstraße 17 · ☎ 0 25 51 9 33 33 44
Moderne Mediterrane Küche · Tische: 12/45 Plätze
info@ristorante-locoselli.de · www.ristorante-locoselli.de

Speisekarte: 4 Hauptgerichte von 31,00 bis 35,00 €; 1 Menü von 65,00 bis 100,00 €
112 Weinpos.
Gegenüber dem Wasserschloss Burgsteinfurt, direkt an der kleinen Steinfurter Aa liegt die historische Schlossmühle, ein charmantes Fachwerkhaus. Hier ist das Restaurant „Locoselli" zu Hause in dem der Gast mit einer frischen Gourmetküche verwöhnt wird. Sehr geschmackvoll eingerichtet, ist das Interieur eine wunderschöne Kulisse für die Speisen von Patron und Chefkoch Antonio Locoselli. Mit sorgsam ausgewählten Zutaten stellt er raffinierte Menüfolgen zusammen, bietet aber auch frisch zubereitete Pasta an. Aromenstark und detailreich präsentiert er wöchentlich wechselnde, authentische, italienische Gerichte und ausgefallene Zubereitungen aus der Molekularküche. Frische Kräuter geben den zusätzlichen Aromakick. Veranstaltungen finden für bis zu 80 Personen einen stilvoll-eleganten Rahmen und werden vom bestens aufgelegten Serviceteam unter liebenswürdiger Leitung von Katharina Locoselli aufmerksam begleitet. Wer die feine Küche während einer außer Haus Veranstaltung genießen möchte, kann das erstklassige Cateringangebot nutzen.

Stolberg

Naturresort & Spa Schindelbruch

Bhf→28 km

✉ 06536 · Schindelbruch 1 · ☎ 03 46 54 8 08 14 65
Biergarten, Bar, Bistro, Café, Arrangements, Zi.-Preise inkl. Frühstück
✕ 🍴 ♨ 🚭 🅿 🐕 🚴 ♿ 🏊 ♠ 🔍 ↔ ⛵ 25 km
info@schindelbruch.de · www.schindelbruch.de · f

80 **DZ** ab 179,00 €;
8 **EZ** ab 179,00 €;
17 **Suiten** ab 666,00 €

Ankommen, zur Ruhe kommen, sich wohlfühlen und genießen – das Naturresort & Spa Schindelbruch ist dafür der perfekte Ort. In Südharz in Stolberg gelegen, lädt die waldreiche Umgebung dazu ein durchzuatmen, gleichzeitig steht ein tolles, sehr engagiertes Team im Hotel bereit, um jeden Aufenthalt zu einem erinnerungswürdigen, genussreichen Erlebnis zu machen. Im Hauptgebäude und der neuen Neuen Landresidenz gibt es lichte Zimmer, in denen sich stilvolles Wohnen, liebevolle Details und zeitloses Design zu einer wohltuenden Atmosphäre verbinden (Preise inkl. Frühstück uvm.). Im 2.500 m² großen Spa bleibt der Alltag vor der Tür, steht mit Pools, Saunen, Massagen, Beauty-Anwendungen und Wellness für Familien alles im Zeichen tiefer Entspannung, wobei erwähnt werden muss, dass das Schindelbruch Resort das erste Wellnesshotel in Deutschland mit vollständig kompensierter CO_2-Bilanz ist. Tagungsgäste finden Räumlichkeiten für 4 bis 100 Personen mit modernster Technik in einer wirklich inspirierenden Umgebung vor, in der die wunderschöne Naturkulisse des Harz miteinbezogen wird. Die ist auch der Hauptakteur, wenn es um die Freizeitgestaltung geht, in der Wander- und Biketouren sowie Ausflüge zu Schlössern und Fachwerkstädtchen nur einige der Möglichkeiten sind.

Stolberg

Bhf→28 km

Silberstreif 🎩🎩🎩

✉ 06536 · Schindelbruch 1 · ☎ 03 46 54 8 08 14 65
Regionale und Neue Küche · **Tische:** 9/18 Plätze
info@silberstreif.de · www.silberstreif-restaurant.de · f   VISA AE ●

Speisekarte: 2 Menüs von 130,00 bis 175,00 €
❀❀❀

Das Interieur des Restaurants Silberstreif ist eine Demonstration guten Geschmacks. Parkettboden, dezente Naturtöne nehmen Bezug auf die waldreiche Landschaft des Südharz. Auf den mit Leder bezogenen Tischen kommt das exklusiv fürs Haus angefertigte Tafelservice aus der Ritter von Kempski Collection by MEISSEN perfekt zur Geltung. Originalwerke von Johann Elias Ridinger, einem bekannten deutschen Maler, Radierer und Kupferstecher, der für seine Jagd- und Tiermotive berühmt war, geben dem Raum eine besonders edle Atmosphäre. Küchenchef Eric Jadischke versteht sein Handwerk und lässt nur Zutaten in seine Küche, deren Zeit auch wirklich reif ist. Sein Steckenpferd sind Kräuter und Wildpflanzen – vieles zieht er im hauseigenen Garten oder sammelt es in den nahen Wäldern –, die seinen modernen und saisonalen Speisen eine faszinierende, aromenprononcierte Note geben und auch optisch zu echten Hinguckern werden. Nie gerät sein Kochen zum Selbstzweck, vielmehr arbeitet er im Einklang mit der Natur, lässt sich nicht von Trends beeinflussen oder setzt auf flirrendes Chichi, sondern lässt die Speisen in ihrer Unverfälschtheit und handwerklichen Präzision für sich sprechen. Kristin Steffens und Alexander March führen mit ihrem zugewandten Serviceteam durch den Abend und beraten kenntnisreich zu den begleitenden Weinen.

Stolpe (bei Anklam)

Bhf→10 km   ♜ **Gutshaus Stolpe** ⭐⭐⭐⭐

✉ 17391 · Peenstraße 33 · ☎ 03 97 21 55 00 · Fax: 5 50 99
Frühstück à la carte, Park, eigener Badesteg, führerscheinfreies Motorboot
info@gutshaus-stolpe.de · www.gutshaus-stolpe.de · f   VISA AE ●

28 **DZ** ab 95,00 €;
als **EZ** ab 75,00 €; 4 **EZ** ab 71,00 €

Das herrschaftliche Haus inmitten des Naturparks Peenetal mit individuell und edel eingerichteten Zimmern und Wellness-Lounge ist ein Hideaway mit Stil und Niveau und exklusiver Gastronomie. Hunde sind herzlich willkommen.

Bhf→15 km   ♜ **Gutshaus Stolpe - Gourmetrestaurant** 🎩🎩🎩

✉ 17391 · Peenstraße 33 · ☎ 03 97 21 55 00 · Fax: 5 50 99
Klassische Küche · **Tische:** 11/26 Plätze
info@gutshaus-stolpe.de · www.gutshaus-stolpe.de   VISA AE ●

Speisekarte: 2 Menüs von 79,00 bis 119,00 € ❀❀❀❀ 🍷🍷 400 Weinpos. Vom Spargel im April bis zur Gans ab dem Martinstag - im Gutshaus Stolpe wird das serviert, was die Natur saisonal offeriert. Dabei werden Kreativität, Ge-

Stolpe (bei Anklam)

schmack, Regionalität und Nachhaltigkeit zusammengebracht. 80 % der verwendeten Zutaten stammen aus einem Umkreis von max. 100 km.

Straubing

TONI's by Wenisch
Bhf→500 m

✉ 94315 · Innere Passauer Straße 59 · ☎ 0 94 21 99 31-0 · Fax: 99 31 80
Regionale Küche, Steakgerichte · **Tische:** 60/240 Plätze
info@genusshotel-wenisch.de · www.genusshotel-wenisch.de · f

Speisekarte: 14 Hauptgerichte von 12,00 bis 32,00 €; Dinner for Two von 55,50 bis 81,00 €

Chefköchin Marina Amann arbeitet mit echter Leidenschaft für ihren Beruf und legt großen Wert auf erstklassige Zutaten und eine ehrliche und unverfälschte Zubereitung. Die nachhaltige Küche ist ambitioniert und fest in der Region verwurzelt.

Stuhr

✪✪✪ Kreuz Meyer
Bhf→12 km

✉ 28816 · Hauptstraße 2 · ☎ 0421 89 85 50 · Fax: 8 98 55 44 · Rest. mit Regionaler Küche, Wintergarten, Sonnenterrasse, Frühstücksbuffet im Zi.-Preis inkl.
🕒 12 km
info@hotel-kreuzmeyer.de · www.hotel-kreuzmeyer.de · f

10 **DZ** von 140,00 bis 176,00 €;
5 **EZ** von 80,00 bis 105,00 €;
3 **Dreibettzimmer** von 165,00 bis 198,00 €

Vor den Toren Bremens gelegen, ist dieses familiengeführte Hotel mit Restaurant sehr einladend. Egal, ob als Hotelgast, Besucher des Restaurants oder Teilnehmer an einer der zahlreichen hier durchgeführten Festivitäten – man fühlt sich stets herzlich willkommen und wird von einem persönlichen Service individuell betreut. Im Zimmerpreis ist das reichhaltige Frühstücksbuffet bereits inbegriffen. Das Restaurant bietet frisch zubereitete norddeutsche Spezialitäten die je nach dem jahreszeitlichen Angebot – z. B. Grünkohl, Spargel, Matjes, Pfifferlinge, Gans, Wild – variieren. Von Januar bis März ist das Haus auch der perfekte Zielort für eine der beliebten Kohlfahrten der Region, denn im "Kreuz Meyer" weiß man zu feiern.

 Sie finden diese Hotels und Restaurants auch bei facebook oder instagram.

Stuttgart

5 Gourmetrestaurant

Bhf → 500 m

✉ 70173 · Bolzstr. 8 · ☎ 07 11 65 55 70 11 · Fax: 46 92 89 94
Moderne Crossover Küche · **Tische:** 14/34 Plätze
5@5.fo · www.5.fo

Speisekarte: Mittagsmenüs von 74,00 bis 114,00 €; 2 Menüs von 134,00 bis 224,00 €

❤❤❤❀❀

Die Kombination von Bar-Restaurant mit Frühstück, Lunch und Kaffee im Erdgeschoss und Gourmetrestaurant mit exquisiter Speisenauswahl eine Treppe höher ist nicht alltäglich und auf dem hohen kulinarischen Niveau wie im „Gourmet Restaurant 5" so gut wie nie anzutreffen. Ganz unverkrampft ist Gastgeber Michael Zeyer Ansprechpartner für seine Gäste und ist immer bemüht, ihnen einen erinnerungswürdigen Besuch zu ermöglichen. Die Vielseitigkeit im „5" ist faszinierend und Bestandteil des Restaurantnamens, der alle fünf Sinne des Menschen anspricht. Es beginnt mit dem Sehen und Fühlen: Historische Eisenträger des alten Stuttgarter Bahnhofs vermitteln ein an Steampunk erinnerndes Industrie-Design und werden mit gediegenem Kolonialstil und angesichts des psychedelischen Wandbildes mit ein bisschen fantastischer fünfter Dimension kombiniert – das Interieur im „5" ist großartig, denkwürdig, lässig-locker und herrlich kosmopolitisch. Zu diesem unanständig ausgefallenen Stil passt die facettenreiche Küche von Chefkoch Alexander Dinter perfekt, denn auch seine Speisen passen in keine vorgefertigte Schublade. Am besten lernt man sie innerhalb der Menüs (eines ist vegetarisch) seiner "Passion"-Küche kennen. Das Spiel mit verschiedensten Aromen, Texturen und Garzuständen ist gekonnt, leidenschaftlich und raffiniert, ohne zum Selbstzweck zu werden und ohne, dass Können und handwerkliche Präzision auf der Strecke bleiben. Alle fünf Kontinente sind Inspirationsquellen für Alexander Dinters Speisekombinationen und -folgen, die spannend und subtil zugleich sind. Ein top geschultes Serviceteam unter Leitung von Kyriazis Michalaudis begleitet den Besuch. Er berät auch mit viel Sachkenntnis zur feinen Weinauswahl. Im Bistro wird mittags (11:45-12:45 Uhr) eine kleine Auswahl der Gourmetkarte angeboten.

Dieses Restaurant bietet Ihnen eine exzellente Küche.

Stuttgart

♖ Augustenstüble

✉ 70197 · Augustenstraße 104 · ☎ 07 11 62 12 48
Französische Küche · **Tische:** 9/30 Plätze
spaetburgunder@online.de · www.augustenstüble.de

Speisekarte: 4 Hauptgerichte von 36,00 bis 43,00 €; 1 Menü zu 79,00 €

♥♥♥♥ 131 Weinpos.

Wer französisches savoir vivre in Stuttgart sucht, kommt am „Augustenstüble" (hier stand der urdeutsche Straßenname Pate) nicht vorbei. Und wenn, hätte man einiges verpasst, denn das Restaurant ist eine ungemein behagliche Mischung aus Bistro und Weinstube. Halbhohe Holzpanel-Wände, blanke Tische, ein paar Bücher hier, ein paar Bilder dort – das einladende Ambiente hat ganz viel Charme, die Atmosphäre ist lässig, entspannt und weltoffen. Mit großem Einsatz führen Sabine Grossmann-Oberkamm und Simon Oberkamm ihr kulinarisches Kleinod. Am Herd sorgen Simon Hölzer und Tobias Traub für unverfälschten Genuss und dafür, dass das Restaurant seit langem ein Garant für exzellente französische Küche ist. Gekonnt werden die handverlesenen Zutaten zu Spezialitäten aus dem nahen Nachbarland zusammengestellt, allen voran die wunderbar aromatischen Schmorgerichte. Aktuelles wird stilecht auf Schiefertafeln prononciert. Neben verschiedenen Thementagen und -wochen ist die jährlich stattfindende Tour de France – eine kulinarische Reise durch die verschiedensten Regionen Frankreichs – seit vielen Jahren fester Programmpunkt. Die Seele des Hauses ist Sabine Grossmann-Oberkamm, sie ist liebenswürdige Gastgeberin und leitet den Service, während Ehemann Simon Oberkamm der Fachmann in puncto Wein ist und auch unterhaltsam informative Seminare gibt.

 Sehr gute Serviceleistung

Bens Weinstube Klink

✉ 70597 · OT Degerloch · Epplestraße 1c · ☎ 07 11 69 34 86 02
Klassische und Regionale Küche · **Tische:** 4/30 Plätze
kontakt@bens-stuttgart.de · www.bens-stuttgart.de

Speisekarte: 4 Hauptgerichte von 30,00 bis 38,00 €

♥♥♥ 79 Weinpos.

Deckenbalken, Sprossenfenster, Tische aus grob bearbeitetem Holz – das Interieur in „Bens Weinstube Klink" ist von zauberhafter Ursprünglichkeit und ungemein gemütlich. Das liegt auch am lässigen Restaurantkonzept: Man kann formidabel speisen oder sich auch nur auf ein Gläschen Wein treffen. Was angesichts der feinen Küche von Ben Benasr allerdings schade wäre. Genuss, Geselligkeit und Kommunikation prägen die entspannte, weltoffene Atmosphäre. Der Patron hat sein Handwerk an Topadressen gelernt und verfeinert und setzt im Restaurant seine Philosophie bewusster Einfachheit um. Was zu keiner Zeit bedeutet, dass seine Speisen nicht ungemein ideenreich wären. Kreativität trifft auf Tradition, wenn er die ausgesuchten Zutaten präzise und sorgfältig zu französischen und schwäbischen

Stuttgart

Speisen kombiniert, die durch orientalische Elemente einen besonders raffinierten Twist bekommen. Gerne lässt er sich auch von den wechselnden Jahreszeiten inspirieren und nimmt den Gast auf eine abwechslungsreiche kulinarische Reise mit. Feierlichkeiten finden in „Bens Weinstube Klink" einen schönen Rahmen und werden vom liebenswürdigen Serviceteam aufmerksam begleitet.

Bhf →3 km

Christophorus im Porsche Museum

✉ 70435 · Porscheplatz 1 · ☎ 07 11 91 12 59 80
Klassische Küche, Steak-Spezialitäten · Tische: 18/65 Plätze
restaurant-christophorus@porsche.de · https://www.porsche.com

Speisekarte: 8 Hauptgerichte von 30,00 bis 110,00 €; 1 Mittagsmenü ab 59,50 €; 1 Menü ab 103,00 €

500 Weinpos.

Das Restaurant „Christophorus" ist direkt im Porsche Museum beheimatet und man hat die Wahl, entweder auf das Gelände der Premium-Automobilschmiede und die Museumsfahrzeuge zu gucken, oder doch lieber in die offene Küche, wo man zuschauen kann, wie mit viel Präzision und Sorgfalt die Speisen frisch zubereitet werden. Das moderne und stylische Interieur ist in Grautönen gehalten, weinrote, Sitzmöbel heben sich kontrastreich ab, die ruhige Atmosphäre ist sehr einladend. Das engagierte Küchenteam arbeitet mit ausgesuchten Zutaten, klassische Speisen werden von edlen Steakcuts ergänzt. Das Fleisch (bestes US Prime Beef, das seinen vollen Geschmack im hauseigenen Reifekeller erhält) wird dem Gast im Rohzustand präsentiert und anschließend im beeindruckenden, bis zu 800° heiß werdenden Grill auf den Wunschpunkt gegart. Beilagen (u. a. hausgemachte Pommes, Ofenkartoffeln mit Sauerrahm, Olivenbramata, Salat und Marktgemüse) kann man nach Gusto wählen. Weine gibt es in faszinierender Fülle und Topqualität. Ein Besuch im Restaurant „Christophorus" ist nicht nur ideal, um sich die Zeit bis zur Abholung des neuen Fahrzeugs genussvoll zu vertreiben, sondern wird auch zu einer perfekten Auszeit vom Alltag.

Stuttgart

CUBE

✉ 70188 · Kleiner Schlossplatz 1 · ☎
Neue und Regionale Küche · **Tische:** 37/120 Plätze
info@cube-restaurant.de · www.cube-restaurant.de

🍷🍷🍷🍇 142 Weinpos.
Im Restaurant CUBE ist der Name Programm, wird ein gläserner Würfel zum Place to be über den Dächern von Stuttgart. Im KUNSTMUSEUM STUTTGART beheimatet, ist die Atmosphäre unbeschwert, heiter und kosmopolitisch. Das Interieur ist klar, geradlinig, schlicht und edel gestaltet, der Fokus liegt beim kulinarischen Genuss, der hier dank Chefkoch Josip Stjepandic und seiner Küchencrew bereits mit einem Lunchmenü oder leichten Mittagsgerichten beginnt. Mit ausgesuchten, bevorzugt heimischen Zutaten kreiert er facettenreiche Speisen, in denen Klassisches neu interpretiert wird, mediterrane und asiatische Elemente die raffiniert zusammengestellten Speisen bereichern. Nachmittags kann man den Museumsbesuch bei Kaffee und Kuchen – bevorzugt auf der Terrasse mit Weitblick – genussvoll unterbrechen, um sich abends à la carte oder mit einem detail- und aromenreichen Menü verwöhnen zu lassen. Maximilian Krautter leitet mit Übersicht den Service, der auch jede kleinere und größere Veranstaltung begleitet. Für besondere Events kann das Restaurant an wenigen Tagen im Jahr komplett gebucht werden, was höchstmögliche Exklusivität mit individueller gastronomischer Leistung verbindet.

♜ Délice Gastrosophie & Weinkultur

✉ 70178 · Hauptstätter Straße 61 · ☎ 07 11 6 40 32 22
Intern. Küche, eig. Kreat. · **Tische:** 6/24 Plätze
info@restaurant-delice.de · www.restaurant-delice.de

Speisekarte: 1 Menü zu 155.00 €
🍷🍷🍷🍇🍇🍇 824 Weinpos.
Dank der offenen Küche kann man Chefkoch Andreas Hettinger und seinem Team bei der konzentrierten Arbeit zusehen und erkennt, mit wie viel Einsatz, Leidenschaft und Können hier die handverlesenen Zutaten in virtuosen Kombinationen zu klassisch-mediterranen Speisen werden.

 Restaurant mit exzellenter Weinkarte

♜ Fässle

Bhf→4 km

✉ 70597 · Löwenstraße 51 · ☎ 07 11 76 01 00 · Fax: 76 44 32
Franz., Klass., und Int. Küche · **Tische:** 25/70 Plätze
info@restaurant-faessle.de · www.restaurant-faessle.de

Speisekarte: 5 Hauptgerichte von 40,00 bis 49,00 €; 4 Tagesgerichte von 19,00 bis 34,00 €; 1 Mittagsmenü zu 40,00 €; 2 Menüs von 74,00 bis 110,00 €
🍷🍷🍷🍇 180 Weinpos.

Patrick Giboin hat sich einer klassischen Küche verschrieben, die er den Gästen mit einem beträchtlichen Maß an Ideenreichtum, Handwerkskunst und Präzision nahebringt.

Stuttgart

Bhf→1,6 km

Hegel Eins

✉ 70174 · Hegelplatz 1 · ☎ 07 11 6 74 43 60
Moderne, Neue und Internationale Küche · **Tische:** 10/30 Plätze
info@hegeleins.de · https://hegeleins.de   *VISA* ●● ⌹

Speisekarte: 2 Menüs von 186,00 bis 224,00 €
🍷🍷🍷

Das Restaurant "Hegel Eins" besticht durch eine perfekte Mischung aus Modernität und Gemütlichkeit. Die Küche von Chefkoch Felix Herp gehört in keine Schublade, vielmehr ist sie frisch, bunt und abwechslungsreich und so facettenreich wie die Gäste.

Bhf→330 m

Hupperts

✉ 70199 · Gebelsbergstraße 97 · ☎ 07 11 6 40 64 67 · Fax: 65 83 79 75
Klassische und Int. Küche · **Tische:** 10/28 Plätze
info@hupperts-restaurant.de · www.hupperts-restaurant.de   *VISA* ●● ⌹

Speisekarte: 1 Menü von 139,00 bis 149,00 € 🍷🍷🍷 🍇🍇 107 Weinpos.
"Reiner Geschmack aus der Region" ist das Motto von Chefkoch Michael Huppert. Man schmeckt, dass er es ehrlich meint, wenn er mit vielseitigen Ideen leichte und moderne Speisen aromensicher zusammenstellt.

New Josch

✉ 70192 · Feuerbacher Weg 101 · ☎ 07 11 3 60 83 50
Französische und Asiatische Küche · **Tische:** 14/45 Plätze
info@new-josch.de · 🅕   *VISA* Æ ●● ⌹

Speisekarte: 6 Hauptgerichte von 39,00 bis 49,00 €; 1 Menü von 149,00 bis 169,00 € 🍷🍷🍷 🍇🍇🍇 312 Weinpos. In einem Wohngebiet am Killesberg gelegen, ist das „New Josch" ein Restaurant, in dem der Alltag vor der Tür bleibt, weil bereits der Empfang so unkompliziert, liebenswürdig und gastfreundlich ist, dass man sich auf der Stelle wohlfühlt. Mit wertigen Materialien unprätentiös, schlicht und modern eingerichtet, vermittelt es eine unaufgeregte und lässige Atmosphäre. Küchenchef Sven Lacher versteht sein Handwerk und präsentiert eine frische Küche, die sich nicht in vorgefertigte Schubladen stecken lässt. Alle fünf Sinne zu entdecken und erinnerungswürdigen Genuss zu erleben, ist das Ziel seiner Arbeit. Er lässt sich von den wechselnden Jahreszeiten und verschiedensten Stilen inspirieren – allen voran französischen und asiatischen. Mit Präzision und guten Ideen, Können und feinem Gespür für ausbalancierte Aromen und vielseitige Texturen stellt er die ausgesuchten Zutaten raffiniert zusammen. Im Sommer wartet eine kleine Terrasse im Hinterhof – hier wie da leitet Cindy Volkmer den zuvorkommenden Service und gibt wertvolle Tipps zur top sortierten Weinkarte. Die edlen Tropfen lagern in einem Sandsteingewölbe. Für Businesstreffen oder private Veranstaltungen stehen stilvolle Räumlichkeiten zur Verfügung.

Die Küchenleistung dieses Restaurants ist hervorhebenswert in seiner Kategorie.

Stuttgart

Sansibar by Breuninger

✉ 707173 · Marktstraße 1-3 · ☎ 07 11 2 11 22 00
Internationale und Regionale Küche · **Tische:** 30/100 Plätze
sansibar-stuttgart@breuninger.de · www.e-breuninger.de

Speisekarte: 25 Hauptgerichte von 16,50 bis 75,00 €; 1 Lunchgericht (inkl. Wasser + Heißgetränk) zu 27,50 € ♥♥♥ 186 Weinpos.

„Sansibar" – der Name ist Kult und weit über Sylt hinaus zu einem Begriff geworden, der Assoziationen von nordischem Charme, Geselligkeit und Genuss weckt. Neben Düsseldorf ist in Stuttgart das zweite Sansibar-Restaurant. Es ist mit wertigen Materialien schlicht und einladend gestaltet, die Atmosphäre ist trotz der vielen Plätze angenehm privat. Beliebter Treffpunkt – nicht nur um das Shoppingerlebnis im Dorotheen Quartier zu unterbrechen – ist die integrierte Bar. Mit Götz Rothacker steht ein mehrfach ausgezeichneter Mann am Herd, der sein Handwerk nicht nur beherrscht, sondern mit Leidenschaft ausübt. Das kulinarische Angebot ist verführerisch: tagesfrische Speisen, die von Vorspeisen über Vegetarisches und Burger bis hin zu Meeresfrüchten reichen, küstenfrischer Fisch, Sylter Austern, edle US Steaks und natürlich auch die legendäre Sansibar Currywurst werden von regionalen Klassikern ergänzt. Entwickelt wurden das Konzept und die Küchenphilosophie vom Sansibar-Gründer (und gebürtigen Schwaben) Herbert Seckler, umgesetzt wird von Götz Rothacker und seinem Team mit Schwung, Präzision und kreativen Ideen. Der Service ist aufmerksam und wird kompetent und mit Übersicht von André Greven geleitet.

lions

✉ 70192 · Feuerbacher Heide 19 · ☎ 07 11 5 50 72 12
Schwäbische und Italienische Küche
zugast@lions-restaurant.com · www.lions-restaurant.com

Speisekarte: 6 Hauptgerichte von 15,00 bis 29,00 €; 3 Menüs zu 42,00 € ♥♥♥

Lion Bruno ist Patron und Koch aus Leidenschaft. In seinem klar und modern eingerichteten Restaurant „lions" verbindet er italienische Kulinarik mit schwäbischer und bietet neben klassischer Pizza weitere frisch zubereitete Speisen, denen Können, Kreativität und präzises Handwerk zugrunde liegen.

Pier 51 Restaurant & Bar

✉ 70597 · OT Degerloch · Löffelstraße 22-24 · ☎ 07 11 9 76 99 97
Crossover-Küche
info@pier51-stuttgart.de · www.pier51-stuttgart.de

Speisekarte: 24 Hauptgerichte von 26,00 bis 80,00 €
♥♥♥

Das Ambiente in einer alten Pier-Lagerhalle mit Backsteinwänden und Stahlträgern ist lässig-urban, die Küche von Chefkoch Philipp DiMineo großartig. Der Fokus liegt auf sorgfältig zubereiteten Steaks, Seafood und Edelbeilagen in allerfeinster Qualität.

Stuttgart

🏰 Zum Ackerbürger by Can Basar

✉ 70732 · OT Bad Canstatt · Sprenggasse 38 · ☎ 07 11 56 08 93
Moderne Klassische Küche · Tische: 12/50 Plätze
info@ackerbuerger.de · www.ackerbuerger.de

Speisekarte: 9 Hauptgerichte von 20,00 bis 39,00 €; 1 Tagesgericht von 35,00 bis 45,00 €; 1 Menü von 65,00 bis 105,00 € ✧✧✧ 25 Weinpos.

In Stuttgarts Stadtteil Bad Canstatt gelegen, gehört das Gebäude, in dem das empfehlenswerte Restaurant beheimatet ist, zu den ältesten Fachwerkhäusern der Region. 1561 erbaut, diente es einst als Wohnhaus der Ackerbürger. Heute bezaubert es mit einer wunderschön restaurierten Fassade, kleinen Fenstern und kunstvoll ins Interieur integriertem Fachwerk. Die rustikale Einrichtung mit Holzbalken, -vertäfelungen, -boden und schönen grünen Polsterbänken wird mit modernen Elementen kombiniert und ist wirklich einladend und behaglich. In der ersten Etage ist die Weinstube „Floh", die auch perfekt für Events geeignet ist, in der zweiten das Gourmetrestaurant, in dem Patron und Chefkoch Can Basar zeigt, was er am Herd alles kann. Das ist einiges: Die Lehrzeit hat er genau hier absolviert, um anschließend in Toprestaurants zu arbeiten und an seine alte Wirkungsstätte zurückzukehren. Er präsentiert unverfälschte Speisen, die ein facettenreicher Streifzug durch eine klassische und traditionelle Küche sind, die er mit zeitgemäßen Elementen und raffinierten Ideen neu interpretiert. Er kocht mit Respekt vor den ausgesuchten Zutaten, präzisem Handwerk, echter Leidenschaft, Liebe zum Detail und kreiert Gerichte, die den Gast auf eine unvergessliche Genussreise mitnehmen. Fabian Kisker stellt gerne die Speisen vor und leitet den zuvorkommenden Service mit großer Übersicht, während Philip Berg als geschulter Sommelier mit Expertise zur Wein- und Getränkeauswahl berät.

Dieses Restaurant bietet Ihnen ein gutes Genuss-/Preisverhältnis.

Stuttgart

♜ Speisemeisterei Bhf→8 km

✉ 70599 · Am Schloß Hohenheim · ☎ 07 11 34 21 79 79 · Fax: 34 21 79 78
Klass., Neue u. Reg. Küche, eig. Kreat.
info@speisemeisterei.de · www.speisemeisterei.de

Speisekarte: 1 Menü zu 245,00 €

411 Weinpos. Einst Sommerresidenz des Herzogs Carl Eugen von Württemberg, ist die "Speisemeisterei" in Schloss Hohenheim ein besonders exklusiver Ort, um genussund lustvoll zu speisen. Chefkoch Stefan Gschwendtner kocht modern und zeitgemäß und lässt dabei alte Rezepturen und Techniken nicht außer Acht. So gelingt ihm die perfekte Melange aus Tradition und Innovation.

♜ Hotel und Schlösschen "Zur Weinsteige" Bhf→3 km

✉ 70184 · Hohenheimer Str. 28-30 · ☎ 07 11 2 36 70 00 · Fax: 2 36 70 07 · Innenhof-Terrasse, Rebgarten, Weinhandel, reichh. Frühstücksbuffet (15,- € p. P.)
12 km
info@zur-weinsteige.de · www.zur-weinsteige.de

14 **DZ** von 130,00 bis 240,00 €;
10 **EZ** von 110,00 bis 210,00 €;
2 **App.** von 210,00 bis 330,00 €

Gerade so individuell geführte Häuser wie das Hotel und Schlösschen "Zur Weinsteige" sind es, in denen man besonders gerne logiert. Das Haus wird sehr engagiert von der Inhaberfamilie Scherle geführt. Hier erwartet den Gast das Unerwartete: Persönlich durch die liebenswürdige und sympathische Birgit Scherle begrüßt, geht es entweder in das traditionsreiche Haupthaus mit komfortablen Zimmern im elegant-rustikalen Stil oder – quasi im "Hinterhof" – ins Schlösschen mit klimatisierten, exklusiven, top ausgestatteten Doppelzimmern, luxuriösen Junior-Suiten und der Louis XVI. Suite. Einige verfügen über Jacuzzi-Wannen und alle bieten vom Balkon oder der Terrasse

aus einen Blick auf den großen Koi-Karpfenteich und bezaubern mit einer heitermediterranen Atmosphäre. Für das außergewöhnliche Außenambiente sorgen duftende Rosen, pittoreske Marmorsäulen, eine große Gastronomieterrasse sowie der idyllische Garten. Beliebter und geselliger Treffpunkt ist die großzügig und hübsch gestaltete, mit edlen Spirituosen bestückte Hotelbar.

 Hervorragendes Hotel mit außergewöhnlichem Komfort

Stuttgart

♜ Restaurant "Zur Weinsteige"

Bhf↔3 km

✉ 70184 · Hohenheimer Str. 28-30 · ☎ 07 11 2 36 70 00 · Fax: 2 36 70 07
Deutsche u. Japanische Küche · **Tische:** 10/40 Plätze
info@zur-weinsteige.de · www.zur-weinsteige.de · ❶

Speisekarte: 2 Menüs von 105,00 bis 175,00 €

1.700 Weinpos.
Das Gourmetrestaurant „Zur Weinsteige" wurde mit viel Liebe zum Detail umfangreich renoviert und erscheint nun in einem neuen, schicken Gewand. Schlichte, dunkle Massivholztische werden von stylischen lilafarbenen Polsterstühlen und -bänken kontrastiert. Die raffinierte Illumination in Form eleganter, goldfarbener, elipsenförmiger Lampen sorgt zusätzlich für eine lässige und einladende Atmosphäre. Fürs gastronomische Geschehen ist ein hochmotiviertes Quartett verantwortlich, in dem jeder seinen engagierten Beitrag leistet, dem Gast einen schönen Aufenthalt mit unvergesslichen Genussmomenten zu garantieren. Jörg Scherle und sein Souschef Holger Haag stehen am Herd und setzen ihre Ideen einer modernen, frischen und aromentiefen Küche um. Die handverlesenen Zutaten - gerne mit Blick auf die wechselnden Jahreszeiten – stellen sie zu leichten deutschen Speisen zusammen, die sie mit japanischen Elementen und Rezepturen bereichern. Jeder Teller ist ein kleines, originales, kulinarisches Kunstwerk, das

auch optisch begeistert. Andreas Scherle kümmert sich als zugewandter und liebenswürdiger Maître natürlich und zugewandt um die Gäste. Letzter im Bunde ist Sebastian Falge, der als kenntnisreicher und sensibler Sommelier den passenden Tropfen aus der fantastischen Weinkarte zu empfehlen weiß. An warmen Tagen erfährt das Restaurant mit dem kleinen Rebgarten eine romantische open air Erweiterung. Die Schlössschenterrasse ist ideal, um auch von größeren Gesellschaften (bis zu 60 Personen) für Feierlichkeiten und Festivitäten genutzt zu werden.

That's Amore Italian Steakhouse & Wine Lounge

✉ 70173 · Kronprinzstraße 24 · ☎ 07 11 41 45 71 21
Italienische Küche und Steak-Spezialitäten
info@thatsamore-restaurant.de · www.thatsamore-restaurant.de

Speisekarte: 13 Hauptgerichte von 22,90 bis 79,90 €

„That's Amore" sang Dean Martin und dieses unbeschwerte Lebensgefühl will das gleichnamige Restaurant vermitteln. Amerikanische Steakhouse-Kultur und italienische Küche mit ihrer Aromenfülle finden sich in Philipp Di Mineos Speisen in Form exklusiver Steak-Cuts, Pasta, Pizza, Vegetarischem und Seafood.

Stuttgart

Wielandshöhe

Bhf→3 km

✉ 70597 · Alte Weinsteige 71 · ☎ 07 11 6 40 88 48 · Fax: 6 40 94 08
Klass., Neue u. Reg. Küche, eig. Kreat. · **Tische:** 18/60 Plätze
restaurant@wielanshoehe.de · www.wielanshoehe.de

Speisekarte: 8 Hauptgerichte von 42,00 bis 60,00 €; 1 Mittagsmenü ; 1 Menü von 135,00 bis 155,00 €
♥♥♥🍷🍷 356 Weinpos.
Nicht nur bei seinen erlesenen, aromentiefen Speisen bringt Patron Vincent Klink es auf den Genusspunkt. Das gelingt ihm auch mit prägnanten Worten, denn das Multitalent kann kochen, dichten und künstlerisch gestalten und manchmal sind die Grenzen dabei sogar fließend.

Sulzburg

♜ Hirschen

Bhf→5 km

✉ 79295 · Hauptstraße 69 · ☎ 0 76 34 82 08 · Fax: 67 17
Klassische Küche · **Tische:** 14/45 Plätze
hirschen-sulzburg@t-online.de · https://www.douce-steiner.de

Speisekarte: 2 Menüs von 235,00 bis 348,00 €
♥♥♥🍷🍷 586 Weinpos.
Die Speisen der klassischen Küche von Chefköchin Douce Steiner sprechen alle Sinne an und werden in ihrer Virtuosität und Tiefgründigkeit zu einem einzigartigen Genusserlebnis.

Sulzemoos

Gasthof Hainzinger

Bhf→7 km

✉ 85254 · OT Einsbach · Dachauer Straße 1 · ☎ 0 81 35 9 91 87 18 · Fax: 9 91 87 19
Gehobene Regionale und Neue Küche · **Tische:** 20/95 Plätze
info@hotel-hainzinger-einsbach.de · www.hotel-hainzinger-einsbach.de

Speisekarte: 5 Hauptgerichte von 19,00 bis 36,00 €; 1 Tagesgericht von 16,80 bis 36,00 €
♥♥♥ 12 Weinpos.

Bayerische Gemütlich- und Geselligkeit prägen den Gasthof Hainzinger. Blanke Holztische, Dielenboden und warme Stoffe geben dem Restaurant, in dem der antike, grün glasierte Stubenofen mit umlaufender Polsterbank ein echter Hingucker ist und es immer noch den Stammtisch für die Sulzemoser gibt, einen zünftigen Charakter. Barbara Hainzinger steht selber am Herd und präsentiert eine ehrliche, frische Küche mit raffiniertem Twist. Die Zutaten dafür kommen bevorzugt von bekannten Lieferanten aus dem Umland. Handwerklich gekonnt und präzise sind die sorgfältig zusammengestellten Speisen modern, saisonal und regional. Das facettenreiche Angebot reicht von der Brotzeit über bayerische Schmankerl bis zu leichten, zeitgeistigen Gerichten. In der Serviceleitung ist Rosemarie Kalmbach liebenswürdige Ansprechpartnerin. Beim „Hainzinger" kann man übrigens auch bestens feiern, eine kompetente Begleitung sorgt für einen reibungslosen Ablauf.

✪✪✪ Hotel Hainzinger

Bhf→7 km

✉ 85254 · Dachauer Straße 1 · ☎ 0 81 35 9 91 87 18 · Fax: 9 91 87 19
Restaurant mit Regionaler Küche, reichhaltiges Frühstück (im Zi.-Preis inkl.)
✕ ⚑ 🏠 🅿 🚲 ✆ 7 km
info@hotel-hainzinger.de · www.hotel-hainzinger-einsbach.de

19 **DZ** von 110,00 bis 140,00 €;
als **EZ** von 85,00 bis 135,00 €;

10 **EZ** von 75,00 bis 125,00 €;
2 **App.** von 100,00 bis 180,00 €

Sulzemoos

Etwa 30 km nördlich von München gelegen und nur 1 km von der Autobahnausfahrt Sulzemoos an der A8 zwischen München und Augsburg entfernt (und damit perfekt für Reisen in alle Himmelsrichtungen positioniert), ist das im bayerischen Landhausstil gestaltete Hotel im malerischen Dorf Einsbach dennoch ruhig gelegen. Barbara Hainzinger leitet es mit großem Engagement und einem liebenswürdigen Mitarbeiterteam sehr familiär. Die hellen und freundlichen Zimmer – im Nebengebäude entstanden Ende 2019 zwei neue, Komfort-Appartements – sind geschmackvoll in stilvoller Moderne mit viel Holz ausgestattet, verfügen über zeitgemäßen Komfort, ein einladendes Ambiente und sind für Urlaubs- oder Übernachtungsgäste – auch von im Haus stattfindenden Familienfeiern – ein schönes Zuhause auf Zeit. Der Tag beginnt mit einem reichhaltigen Frühstück (im Zimmerpreis enthalten), abends kann man sich im Restaurant kulinarisch erstklassig verwöhnen lassen. Besonders gerne trifft man sich in den Sommermonaten in geselliger Runde im urgemütlichen Biergarten.

Teisendorf
MundArt2015

Bhf→5 km

✉ 83317 · Holzhausen 2 · ☎ 0 86 66 9 27 30 · Fax: 9 27 31 99
Moderne Produktküche · Tische: 12/30 Plätze
info@gut-edermann.de · www.gut-edermann.de

Speisekarte: 1 Menü, 5 Gang ab 72,00 €
❦❦❦ 40 Weinpos.

Das Restaurant "MundArt2015" mit unverkrampfter und einladender Atmosphäre ist in einer gelungenen Mischung aus zeitgemäßer Moderne und traditionellen Gestaltungselementen mit leichter Hand eingerichtet. Die Küche von Chefkoch Christian Martin ist ehrlich, unverfälscht und kommt ganz ohne Geschmacksverstärker aus. Dass dem Gut Edermann die BIO-Zertifizierung ausgestellt wurde, ist auch im Restaurant gegenwärtig, denn hier wird sorgfältig eingekauft: Kurze Wege zu kleineren Erzeugern aus dem nahen Umland werden bevorzugt, der größte Teil der Zutaten stammt aus BIO-Betrieben. Christian Martin und sein Team lassen echte Handwerkskunst, Leidenschaft und Kreativität in die Zubereitungen einfließen. Die moderne Produktküche ist kräuterbetont (hier sind umliegende Wiesen und der eigene Kräutergarten Lieferanten) und naturbelassen. Traditionellem gibt er mit raffinierten Ideen ein neues Gewand. Der Gast kann aus dem angebotenen Menü auch einen einzelnen Gang als Hauptspeise wählen. Ein Highlight ist es, in der liebevoll restaurierten, historischen Bauernstube zu speisen oder zu feiern. Die

Teisendorf

Terrasse mit Blick in den malerischen Garten und auf die imposante Alpenkulisse ist an warmen Tagen ein echter Sehnsuchtsort.

WellnessNaturResort Gut Edermann   Bhf→5 km

✉ 83317 · Holzhausen 2 · ☎ 0 86 66 9 27 30 · Fax: 9 27 31 99
Arrangements, Bar, Wintergarten, Zimmerpreise inkl. Frühstück
10 km   VISA AE ◐ ◉ ⬜
info@gut-edermann.de · www.gut-edermann.de · f

38 **DZ** ab 239,00 €;
8 **EZ** ab 119,00 €;
3 (**Jui.**-)**Suiten** ab 299,00 €

Wunderschön ist die Aussicht im Gut Edermann auf die malerische Voralpenlandschaft. Mit den Jahren wurde das Gut mit viel Aufwand zu einem einzigartigen Wellness-, Aktiv- und Genusshotel umgebaut, in dem größter Wert auf Umweltfreundlichkeit und Nachhaltigkeit gelegt wird. Die Zimmer (Preise inkl. Frühstücksbuffet) – fast alle haben einen Balkon – verfügen über zeitgemäßen Komfort und sind individuell und sehr wertig eingerichtet. Highlight ist fraglos der großzügig gestaltete Wellness- und Beautybereich, der harmonisch der Landschaft angepasst wurde. Hier kann man bei zahlreichen Anwendungen, Massagen, Schönheitsbehandlungen oder einem erfrischenden Bad im Naturbadeteich nachhaltig entspannen. Für aufmerksam betreute Gesellschaften und Feiern stehen im Hotel passende, stilvolle Räumlichkeiten zur Verfügung. Mit der Bauernstube und dem Design Restaurant "MundArt2015" ist das Haus auch kulinarisch bestens aufgestellt. In der Bar mit gemütlichen Sitzecken und einem formidablen Getränkeangebot kann der Urlaubstag perfekt ausklingen. Im Umland warten zahlreiche Ausflugsziele, unzählige Wanderwege, Angelgewässer und Möglichkeiten für sportliche Aktivitäten.

Hervorhebenswert in seiner Kategorie

Teistungen

Victor's Residenz Hotel   Bhf→8 km

✉ 37339 · Klosterweg 6-7 · ☎ 03 60 71 8 40 · Fax: 8 44 44 · „Victor's Restaurant" m. Int. Küche, Cocktail-Lounge, Biergarten, Grillhütte, E-Auto-Ladestation
VISA AE ◐ ◉ ⬜
info.teistungen@victors.de · www.victors.de

29 **DZ** ab 115,00 €;
als **EZ** ab 95,00 €;
6 **Suiten** ab 283,00 €

Das moderne Hotel wurde auf den Grundmauern eines einstigen Zisterzienserklosters erbaut und überzeugt mit stilvollen Zimmern, tadellosem Service, technisch optimal ausgestatteten Tagungsräumen nebst Kongresshalle und einer Wellnesoase.

Tiefenbronn

Tiefenbronn

♜ Ochsen Post

Bhf →15 km

✉ 75233 · Franz-Josef-Gall-Str.13 · ☎ 0 72 34 9 54 52 00 · Fax: 9 54 51 45
Reg. Küche, eig. Kreat. · Tische: 15/60 Plätze
info@ochsen-post.de · www.ochsen-post.de

Speisekarte: 19 Hauptgerichte von 20,00 bis 50,00 €; 2 Menüs von 68,- bis 99,- € 250 Weinpos.
Außergewöhnliche Genusserlebnisse bietet das Restaurant, in dem sich Theo und Peter Jost am Herd perfekt ergänzen und eine abwechslungsreiche, regionale Küche der prononcierten Aromen zelebrieren. Fleisch aus eigener Reifung.

Timmendorfer Strand

Maritim Seehotel ⭐⭐⭐

Bhf →2 km

✉ 23669 · Strandallee 73 · ☎ 0 45 03 60 50
Gourmetrest. "Orangerie" u. „Seeterrasse" mit Intern. und Reg. Küche, Bar
info.tim@maritim.de · www.maritim.de

200 **DZ** ab 165,00 €;
34 **EZ** ab 105,00 €;
7 **Penthouses** ab 500,00 €

Von der Ostsee nur durch den breiten Sandstrand getrennt, beeindruckt das Maritim Seehotel als Urlaubsparadies für anspruchsvolle Gäste. Schon allein der einzigartige Blick auf die Lübecker Bucht sucht seinesgleichen. Bemerkenswert großzügig geschnitten und komfortabel eingerichtet, verfügen die Zimmer und Suiten über hohen Komfort und zurückhaltenden Luxus. Das exzellente Frühstück ist im Preis inkludiert. Zum repräsentativen Tagungs- und Veranstaltungsbereich gehören passende Räume für den kleinen Workshop oder die große Tagung. Der sehr gepflegte Wellnessbereich ist mit 3.000 m² mehr als großzügig bemessen und lockt auf drei Ebenen mit ausgeklügelten Relax- und Verwöhnpro-grammen. Zahlreiche gut durchdachte Arrangements (Gourmet, Golf , Wellness uvm.) werden ebenso angeboten wie abwechslungsreiche Gästeprogramme und runden das hinreißend vielseitige Angebot perfekt ab.

 Sehr gutes, komfortables Hotel

Timmendorfer Strand

Maritim Seehotel - Orangerie   Bhf→2 km

✉ 23669 · Strandallee 73 · ☎ 0 45 03 6 05 24 24 · Fax: 6 05 24 50
Klassische Küche · Tische: 19/60 Plätze   VISA AE ⊙ ● ⊑
info.tim@maritim.de · www.orangerie-timmendorfer-strand.de

Speisekarte: 4 Hauptgerichte von 48,00 bis 75,00 €; 1 Menü von 105,00 bis 179,00 €

🍷🍷🍷🍷🍷 🎩🎩🎩   400 Weinpos.

Wer im hohen Norden eine besondere Feinschmeckerküche genießen möchte, ist im Gourmetrestaurant "Orangerie" genau richtig. Elegant, aber nicht abgehoben eingerichtet, verbinden sich Stoffe mit einem einfachen, aber kontrastreichen Muster in floraler Ornamentik, Beige-, Gold- und Schwarztöne, funkelnde Kristalllüster und abgetrennte Sitznischen zu einer privaten und zugleich weltoffenen Atmosphäre. Ganz entspannt und unaufgeregt ist das Ambiente, nicht zuletzt dank des natürlichen Service unter kompetenter Leitung von Rolf Brönner, der seit mehr als zwei Jahrzehnten umsichtiger und zugewandter Maître ist. Lutz Niemann, der dienstälteste Sternekoch an der Ostsee hat das Zepter weitergereicht und nun rücken Thomas Lemke und Simone Melis an den Herd, um für die gewohnt exklusive Küche zu sorgen. Die klassische Linie wir

beibehalten und mit Ideenreichtum neu interpretiert. Dank der von allen Seiten einsehbaren Küche kann man die Zubereitung live verfolgen und doch ist jeder Teller in seiner wunderschönen Optik am Ende eine fulminante Überraschung auf kulinarischem Topniveau. Korrespondierende Weine und Getränke empfiehlt Rolf Brönner mit enormem Fachwissen und sensiblem Gespür für den Geschmack des Gastes.

Strandhotel Fontana   Bhf→1,8 km

✉ 23669 · Strandallee 47-49 · ☎ 04503 87040 · Fax: 870428
Strandbistro, Restaurant, Kamin, Arrangements
🍽🛏🛗🅿🚻🚭🏖👶 ♨   VISA ● ⊑
info@strandhotel-fontana.de · www.strandhotel-fontana.de

17 **DZ** ab 89,00 €; als **EZ** ab 89,00 €;
1 **Suite** ab 178,00 €

Ein herrlicher Ausblick auf die Ostsee und Timmendorfer Strand, helle Zimmer sowie der neue Spa-Bereich machen dieses familiengeführte Hotel in klassizistischer Architektur zu einem erstklassigen Domizil für Erholungssuchende.

Tinnum

🏰 LANDHAUS STRICKER ✪✪✪✪✪ ♛ *Family*

Bhf→4,5 km

✉ 25980 · Boy-Nielsen-Str. 10 · ☎ 0 46 51 8 89 90 · Fax: 8 89 94 99 · Terrasse, Verwöhnfrühstück (im Zimmerpreis inkl.), Wintergarten, Bar, Arrangements
🍽 ♿ ⛳ 🅿 🚭 ✔ ⛵ ⛷ ≋ ✚ ☼ ♨ ⛴ ↘ 3 km   VISA AE ⬤ ▣
info@landhaus-stricker.de · www.landhaus-stricker.com/de/ · 📘

13 **DZ** ab 310,00 €;
als **EZ** ab 302,00 €;
3 **EZ** ab 270,00 €;
21 **Suiten (1 Suite Royale)** ab 470.00 €

Mit unglaublich viel Einsatz und Detailliebe führt Holger Bodendorf sein kleines, sehr privates Hotel, das inmitten eines großzügig angelegten Parks mit Teich und Bach, Ruhe und Abgeschiedenheit in niveauvoller Atmosphäre garantiert. Das hochwertige Material, oft von weltbekannten Markenausstattern wird z. T. mit recyceltem Material ergänzt, denn Nachhaltigkeit ist ein wesentlicher Gesichtspunkt unter dem das Haus geführt wird. Die luxuriös und individuell eingerichteten Zimmer, viele mit Balkon oder Terrasse, alle mit internetfähigen Smart-TV-Geräten und zeitgemäßem Komfort repräsentieren – wie auch das gesamte Haus – eine perfekte Symbiose aus traditionellen Werten und moderner Gastronomie. Ein hinreißendes, 700 m² großes Private Spa bietet neben diversen Saunen, Pools und Fitnessbereich auch eine Fülle von exquisiten Wellness-Anwendungen. Im reetgedeckten, historischen Stammhaus aus dem Jahre 1784 sind zwei Restaurants mit unterschiedlicher Küchenausrichtung sowie eine sehr trendige Bar. Mit dem Kinderspielplatz und praktischem Zubehör im Hause wie Babybett, Fläschchenwärmer etc. wird auch aufmerksam an die kleinen und ganz kleinen Gäste gedacht. Wer Sylt gemeinsam mit seinem Vierbeiner erleben möchte: Wohlerzogene Hunde sind durchaus willkommen.

Tinnum

Landhaus Stricker - BODENDORF'S   Bhf→4,5 km

✉ 25980 · Boy-Nielsen-Straße 10 · ☎ 0 46 51 8 89 90 · Fax: 8 89 94 99
Südfrz.-Mediterrane Küche · Tische: 8/22 Plätze
info@landhaus-stricker.de · www.landhaus-stricker.com/de/ · f

Speisekarte: 1 Menü von 244,00 bis 298,00 €

♥♥♥♥ 🌿🌿🌿🌿   1200 Weinpos.

Das Landhaus Stricker als traditionsreiche, erstklassige Logis ist weit über Sylt hinaus bekannt. Mit dem BODENDORF'S setzt Patron Holger Bodendorf auch glanzvolle kulinarische Akzente. Blanke, schlicht eingedeckte Tische an denen Schalen-Fauteuils in Grau- und Pastelltönen stehen und großformatige, plakative Bildcollagen von Devin Miles, in denen sich z. B. Brigitte Bardot und Flowerpower ein Stelldichein geben, fügen sich zu einem erlesenen Interieur von echter Klasse mit einer weltoffenen, lässigen Atmosphäre. Was Holger Bodendorf gemeinsam mit seinem Küchenchef Denis Brühl an Speisen und Menüfolgen ertüftelt, ist faszinierend. Die Zutaten – auf Sylt natürlich gerne Fisch – werden mit Leichtigkeit innovativ kombiniert und zubereitet und mit mediterranen Aromen ergänzt. Das Spiel mit tradierten und zeitgeistigen Elementen mündet in eine klare klassische Linie und eine progressive Produktküche, die es mit allen Sinnen zu genießen gilt. Als sensibler und kenntnisreicher Sommelier berät Martin Hackl zu den passenden Weinen und Getränken. Angesichts der prall gefüllten Karte (es gibt allein 100 Champagner!), ein Angebot, das man unbedingt nutzen sollte. Nicole Leipold leitet liebenswürdig den zugewandten und natürlichen Service.

Landhaus Stricker - SIEBZEHN84   Bhf→4,5 km

✉ 25980 · Boy-Nielsen-Straße 10 · ☎ 0 46 51 8 89 90 · Fax: 8 89 94 99
Moderne, regionale Küche · Tische: 20/75 Plätze
info@landhaus-stricker.de · www.landhaus-stricker.com/de/ · f

Speisekarte: 7 Hauptgerichte von 32,00 bis 48,00 €; 2 Menüs von 94,00 bis 106,00 €

♥♥♥♥ 🌿🌿🌿   1200 Weinpos.

"SIEBZEHN84" ist das Jahr, in dem das Landhaus Stricker erbaut wurde und gleichzeitig Namensgeber der Location, für den der Begriff „Zweitrestaurant" deutlich zu niedrig greift. Korallenrote, umlaufende Bänke, Wandleuchten mit raffiniertem Strahlenkranz und die expressiven Pop Art Bilder von Devin Miles an den fliederfarbenen Wänden verbinden sich zu einem stylischen, herrlich entspannten und kosmopolitischen Ambiente. Hier setzen Holger Bodendorf und sein Küchenchef Denis Brühl auf eine großartige, geradlinige und aromenstarke Küche, die bisweilen klassisch daherkommt und durch die Zugehörigkeit zur Feinheimisch-Vereinigung einen regionalen Fokus hat. Das ohnehin schon feine Angebot wird durch eine Auswahl erstklassiger Steakzubereitungen ergänzt. Und sein Menü kann man sich aus der Speisekarte ganz individuell zusammenstellen. Der Service hat jederzeit einen aufmerksamen Blick aufs Restaurantgeschehen und berät mit Fachkenntnis zu den Weinen von der wirklich fantastisch bestückten Karte.

Bhf→4,5 km

LANDHAUS STRICKER – MILES BAR

✉ 25980 · Boy-Nielsen-Str. 10 · ☎ 0 46 51 8 89 90 · Fax: 8 89 94 99
Ganzjährig, täglich bis weit nach Mitternacht geöffnet

info@landhaus-stricker.de · www.landhaus-stricker.com/de/

Gastronomisch ist das Landhaus Stricker einfach perfekt aufgestellt. Es fehlt an nichts, auch nicht an einer exklusiven Bar – der MILES BAR. Hier erlebt man die perfekte Melange von Kunst, Kultur, Küche, Wein und mehr. Der renommierte Künstler Devin Miles gibt nicht nur der Bar seinen Namen, sondern dem modernen Interieur mit seinen herausragenden Kunstwerken auch eine besonders weltoffene Note. Er hat die Großen Hollywoods in seinen Contemporary Pop Art Bildern verewigt und zu echten Hinguckern werden lassen, die man im Übrigen auch käuflich erwerben kann. Unter dem sinnlich-lasziven Blick von Marilyn Monroe oder den stahlblauen Augen von Steve McQueen sitzt man in einer wunderbar entspannten Atmosphäre und kann sich von einer speziellen kulinarischen Barkarte und der umfangreichen Getränkeauswahl inspirieren lassen: 80 Champagner Sorten, 40 Whisk(e)ys, 20 Gin Varianten, mehr als 900 Flaschen Wein und natürlich frisch gemixte Cocktails machen die Entscheidung nicht einfach. Im lässigen und unbeschwerten Ambiente werden in diesem "place to be" die verführerischen Cocktails, Tropicals, Sours und Longdrinks nicht nur geschüttelt und gerührt, sondern auch elegant präsentiert. An lauen Sommerabenden wird die Bar noch um eine Terrasse erweitert, auf der ein "Golden Dream" seinem Namen tatsächlich alle Ehre macht.

Titisee-Neustadt

★★★ **♜ Sonne-Post** Bhf→10 km

✉ 79822 · Landstraße 13 · ☎ 0 76 69 91 02-0 · Fax: 91 02 99
Restaurant, Terrasse, Kaminzimmer, Zi.-Preise inkl. Frühstücksbuffet
🍴♨⚐🏠🅿🍽♺≋🛉🛌13 km   VISA ●
info@sonne-post.de · www.sonne-post.de · f

22 **DZ** von 165,00 bis 233,00 €;
1 **EZ** von 99,50 bis 106,00 €;
4 **Familien-App.** von 198,00 bis 245,00 €
Im Zentrum des Naturparks Südschwarzwald, im idyllischen Bergdorf Waldau gelegen, beginnt die Geschichte der "Sonne-Post" bereits im Jahre 1870: Das Gasthaus „Zur Sonne" wird eröffnet und ist gleichzeitig die Poststaltestation der Großherzoglich Badischen Post. Auch Jahrhunderte später begeistern hier das Engagement und die große Gastfreundschaft eines traditionsreichen Schwarzwälder Familienbetriebs mit viel Charme, Herz und Gemütlichkeit. Hier kann man abseits vom Alltag Ruhe und Erholung finden. Dazu tragen die komfortablen, geschmackvoll eingerichteten Zimmer (Preise inkl. Frühstück und Kurtaxe) ebenso bei wie der persönliche und liebenswürdige Service. Im Jahre 2020 wurde die Sonne-Post erweitert und hat einen Anbau mit großzügigem Schwimmbad und Saunabereich erhalten. Entstanden ist ein Ort zum Wohlfühlen und Entspannen für alle Generationen. Der Naturpark Südschwarzwald bietet eine Fülle von Freizeitmöglichkeiten: Wandern, Radeln, Nordic Walking, Golf, Ski (-Langlauf), Freizeitparks, viele Naturschönheiten und Städtetouren sind nur einige der zahlreichen Angebote.

♜ Sonne-Post Bhf→10 km

✉ 79822 · Landstraße 13 · ☎ 0 76 69 91 02-0 · Fax: 91 02 99
Regionale Küche · Tische: 27/80 Plätze
info@sonne-post.de · www.sonne-post.de · f   VISA ●

Speisekarte: 15 Hauptgerichte von 19,00 bis 36,00 €
♥♥🐌   70 Weinpos.
Das Restaurant in der „der Sonne-Post" ist genauso wie man sich einen behaglichen Landgasthof vorstellt. Viel Holz, Schnitzwerk, bäuerliche Malereien und ein grüner Kachelofen verbinden sich zu einer einladenden und ganz ungezwungenen Atmosphäre – einfach perfekt, um hier entspannte Stunden zu verbringen. Was auch am großen Einsatz der Familien Eiche und Wehrle liegt, die ihr Haus mit echtem Herzblut führen. Das Küchenteam kocht grundehrlich und aromenstark. Es nutzt den Produktreichtum der Region und verarbeitet nur erntefrisches Gemüse und Obst sowie erstklassiges Geflügel, Fleisch und Fisch, das Wild stammt direkt aus heimischer Jagd. Die Speisen werden harmonisch und gekonnt zusammengestellt und handwerklich präzise zubereitet. Das Küchenteam verfeinert traditionelle Rezepturen und passt sie behutsam dem Zeitgeist an. Zusätzlich gibt es abwechslungsreiche Gerichte und ein täglich wechselndes Menü für vegetarische Gäste. Vom reichhaltigen Frühstücksbuffet bis hin zum abendlichen Menü wartet hier rund um die Uhr ein vielseitiges Angebot, das nachmittags von 13:30-17 Uhr mit Kaffee und Kuchen er-

Titisee-Neustadt

gänzt wird. Ein Platz auf der Sonnenterrasse ist besonders beliebt, hier gleitet der Blick über Wiesen und Wälder in die Weite der Landschaft.

Bhf→300 m ♜ **Trescher's Schwarzwaldhotel am See**

✉ 79822 · Seestraße 10 · ☎ 0 76 51 80 50 · Fax: 81 16 · Rest. mit Regionaler, Intern. und Bürgerl. Küche, Bar, Café, Terrasse, Zi.-Preise inkl. Frühstück
🍴🐾♿🏠📶🅿️♨️⚓🏊🛌♒🚭↔️☀️☯️ VISA 💳
info@schwarzwaldhotel-trescher.de · www.schwarzwaldhotel-trescher.de

57 **DZ** ab 225,00 €;
EZ ab 166,00 €;
13 **Juniorsuiten** ab 304,00 €
Inmitten einer Bilderbuchlandschaft direkt am Ufer des Titisees liegt dieses komfortable Hotel mit persönlichem Service, Außenpool mit Sonnenterrasse und Seeblick sowie einem behaglichen Restaurant. Zimmerpreise inkl. Vital-Frühstücksbuffet.

Todtnau

Bhf→50 m **derWaldfrieden**

✉ 79674 · Dorfstraße 8 · ☎ 07674 92093-0 · Fax: 9 20 93-90 · Restaurant, Bar, Café, Biergarten, E-Bike-Ladestation, Zimmerpreise inkl. Frühstück
🍴🐾♿🏠📶♨️🛌♒🚭↔️☀️15 km VISA 💳
info@derwaldfrieden.de · www.derwaldfrieden.de · 📘

14 **DZ** von 170,00 bis 230,00 €;
als **EZ** von 110,00 bis 120,00 €;
6 **Junior Suiten** von 250,00 bis 290,00 €;
2 **Suiten** von 310,00 bis 330,00 €
Auf einem Hochplateau im Südschwarzwald steht seit 1889 das Bauernhaus "derWaldfrieden". Verwurzelt in der Region, eng verbunden mit Traditionen und doch eine Begegnungsstätte für Menschen von heute, ist dieses seit drei Generationen engagiert von Familie Hupfer geführte Haus ein echtes gastronomisches Kleinod. Aus dem einstigen Dorfgasthaus wurde dieses architektonisch raffinierte Naturparkhotel mit warmer Atmosphäre, in dem Besinnung auf Ursprünglichkeit, Entschleunigung und Ruhe – Handyempfang gibt es nicht – inmitten herrlicher Natur ganz obenan stehen. Die Zimmer (Preise inkl. Frühstück) sind mit hochwertigen Naturmaterialien gestaltet, zeitgemäß eingerichtet und jedes hat seinen ganz individuellen Charme. Ein Ort

besonders nachhaltiger Entspannung ist das spaHaus: Hier warten die badeStube mit Saunen, Pool, Ruheräumen, Wellnessanwendungen sowie aktivProgramme – und immer setzt die traumschöne Schwarzwaldlandschaft direkt vor der Tür Akzente. Im "derWaldfrieden" ist es dem ganzen Hotelteam ein Bedürf-

Todtnau

nis, jedem Gast nachhaltige Erholung zu vermitteln und den Aufenthalt zur ganz persönlichen Erdung werden zu lassen.

♜ derWaldfrieden Bhf→50 m

✉ 79674 · Dorfstraße 8 · ☎ 07674 92093-0 · Fax: 9 20 93-90
Klassische und Regionale Küche · **Tische:** 20/80 Plätze
info@derwaldfrieden.de · 🅵   VISA ●● ▣

Speisekarte: 12 Hauptgerichte von 26,00 bis 42,00 €; 2 Menüs von 40,00 bis 60,00 €
♦♦♦ 61 Weinpos.

Das Restaurant „derWaldfrieden" wird ebenso engagiert geführt wie das Hotel. Egal morgens, mittags und abends, egal ob Wanderer, Feinschmecker und Urlauber – hier findet jeder in der abwechslungsreichen Speisekarte etwas Passendes. Landestypisch mit viel Holz in rustikaler Eleganz eingerichtet, vermittelt das Interieur eine locker-entspannte Atmosphäre. Patron und Chefkoch Volker Hupfer kann sich auf ein Netzwerk von verlässlichen Händlern und Erzeugern aus der Region verlassen. Man spürt seine Liebe zur Natur – bewusster Umgang bei Anbau und Tierhaltung sind ihm wichtig – und die Achtung vor den Zutaten, die er mit Leidenschaft und Können in abwechslungsreiche Speisen mit kreativem Twist verwandelt. Traditionelles verfeinert er geschickt, gerne lässt er sich auch von den wechselnden Jahreszeiten inspirieren und arbeitet mit dem richtigen Ge-

spür für feine Würzungen und ausbalancierte Aromen. Von 14-18 Uhr wird eine Vesperkarte mit Schwarzwälder Spezialitäten gereicht, alternativ kann man nachmittags auch Kaffee und hausgebackenen Kuchen genießen, an warmen Tagen auch gerne auf der hübschen Terrasse. Dorithee Hupfer leitet liebenswürdig und zugewandt den freundlichen und kompetenten Service.

Traben-Trarbach

♜ **Jugendstilhotel Bellevue** Bhf→900 m

✉ 56841 · An der Mosel 11 · ☎ 0 65 41 70 30 · Fax: 70 34 00
Restaurant "Belle Epoque", Bar, Mosel-Terrasse
✕🛏🏠⌂🎱🍴✎🎵☼♨•̇⭐ VISA AE ●● ▣
info@bellevue-hotel.de · www.bellevue-hotel.de

26 **DZ** ab 164,00 €;
EZ ab 109,00 €;
35 **(Jui.-)Suiten** ab 204,00 €

Wer einmal in der opulenten Pracht des Fin de Siècle schwelgen und dabei in einem Haus der Extraklasse logieren möchte, bekommt in diesem Hotel höchste Ansprüche erfüllt.

Trassem

♜ **Hotel Erasmus – Mein Wellness-Genusshotel** Bhf→5 km

✉ 54441 · Kirchstraße 6a · ☎ 0 65 81 92 20
Restaurant, Bar, Erasmus-Club, Day-Spa, Arrangements
✕🛏🏠⌂🎱🍴✎🎵☼♨•̇⭐25 km VISA AE ●● ▣
info@st-erasmus.de · www.st-erasmus.de

40 **DZ** ab 120,00 €;
2 **EZ** ab 90,00 €;
5 **App.** ab 120,00 €;
2 **Suiten** ab 300,00 €

Mit echter Leidenschaft und großer Gastfreundschaft führt Familie Boesen das traditionsreiche Hotel. Der große Einsatz gilt vor allem den Menschen, die ihr Haus besuchen. Ihnen möchten sie Momente der Entspannung und Erholung schenken, die in schöne, bleibende Erinnerungen an eine gute Zeit münden. Das Haus im idyllischen Trassem ist mit viel Geschmack eingerichtet, die Zimmer ver-

Trassem

fügen über zeitgemäße Annehmlichkeiten und sind ein behagliches Zuhause auf Zeit. Modern ausgestattete Tagungsräume bieten einen exklusiven Rahmen für geschäftliche Veranstaltungen, Workshops und Seminare. Nach getaner Arbeit wartet ein gepflegter Wellnessbereich mit Saunen, Ruheraum, einem Outdoorpool und Liegewiese. Das Freizeitangebot in der Region Trier, Saarburg und Luxemburg – und mittendrin das Hotel „Erasmus" – ist u. a. mit Wanderungen, Radtouren, Städtetrips, Golfen und Weinproben so groß, dass man sich gerne vom zuvorkommenden Hotelteam ein individuelles Bündel schnüren lässt.

Bhf→5 km

Erasmus

✉ 54441 · Kirchstraße 6a · ☎ 0 65 81 92 20
Regionale Küche · **Tische:** 20/80 Plätze
info@st-erasmus.de · www.st-erasmus.de

Speisekarte: 12 Hauptgerichte von 22,00 bis 37,00 €; 1 Überraschungsmenü von 49,00 bis 64,00 € ❤❤❤ 🍷100 Weinpos. Herrlich unverkrampft, gesellig und entspannt geht es im geschmackvoll und behaglich eingerichteten Restaurant „Erasmus" zu. Stets vom Wunsch getragen, den Gast mit rundum gelungenen Speisen zu verwöhnen, steht Patron Ewald Boesen höchst engagiert am Herd und sorgt für eine frische und aromenstarke Küche. Produkte aus dem Umland sind gerne gesehen und werden vom gesamten Team mit handwerklicher Sorgfalt zu regionalen Speisen mit kreativem Twist sowie vegetarischen und auch veganen Gerichten zusammengestellt. Ein ganz besonderes Highlight ist das 3-4-gängige Überraschungsmenü. Janina Elflein leitet den liebenswürdigen Service und berät zur gut sortierten Weinkarte. Nach dem Restaurantbesuch wartet die weinBAR „Pure" mit frischen Drinks und geselliger Lounge-Atmosphäre.

 Restaurant mit gehobener Küche

Travemünde

Travemünde

♔♔♔ ♔♔ ♛ 🏛 A-ROSA Travemünde
Bhf→400 m

✉ 23570 · Außenallee 10 · ☎ 0 45 02 3 07 00 · Fax: 3 07 07 00
Drei Restaurants, Kinderclub, Terrasse, Bar, Arrangements

travemuende@a-rosa.de · www.a-rosa-resorts.de · f   VISA AE ●● ▣

 Family

145 **DZ** ab 172,00 €;
7 **EZ** ab 135,00 €;
39 **(Junior-)Suiten** ab 249,00 €

Die Jahrhundertwende-Architektur des Hauses, die modern eingerichteten Zimmer, ein 4.500 m² großer Wellnessbereich, die gute Küche im Wintergartenrestaurant und der Weinwirtschaft sowie ein individueller Service setzen Maßstäbe für ein exklusives Urlaubsgefühl.

Trier

👨‍🍳👨‍🍳 👨‍🍳👨‍🍳 🏛 Bagatelle

✉ 54292 · Zurlaubener Ufer 78 · ☎ 06 51 43 69 73 80
Klassische u. Saisonale Küche · **Tische:** 8/24 Plätze   VISA ●● ▣
info@bagatelle.de · www.bagatelle.de · f

Speisekarte: 1 Menü von 150,00 bis 195,00 € ♥♥♥♥♥🍷🍴   230 Weinpos.

In unmittelbarer Nähe zur Uferpromenade der Mosel findet sich das stylische Restaurant „Bagatelle". Braun-grau marmorierte Steinfliesen, anthrazitfarben gepolsterte Stühle, in edlem Weiß eingedeckte Tische und moderne Bilder an den Wänden verbinden sich zu einem urbanen und lässigen Ambiente, das hervorragend zur weltoffenen Küche von Chef de Cuisine Gerald Schöberl passt. Saisonfrische, regionale Produkte – ergänzt von Hummer, Austern, Meeresfisch & Co. – von ihm bekannten, achtsam arbeitenden Händlern und Erzeugern gelangen in seine Küche und werden mit ganz individueller und sehr kreativer Handschrift zu klassischen und zeitgeistigen Speisen. Intensiv, perfekt ausbalanciert und mit subtilem Aromenspiel kombiniert er die Ingredienzien zu spannenden Gerichten und Menüfolgen mit saisonalen Elementen.

Martin Pasztusics begleitet mit seinem aufmerksamen Serviceteam den Besuch und berät zu den Weinen, von denen viele, aber längst nicht alle, natürlich von der Mosel kommen. An warmen Tagen lassen sich die bodentiefen Fenster öffnen oder man wählt gleich einen Platz auf der Terrasse direkt am Moselufer.

Trier

Becker's Hotel ★★★★

Bhf→3 km

✉ 54295 · Olewiger Str. 206 · ☎ 06 51 93 80 80 · Fax: 9 38 08 88
"Weinhaus" mit gehobener Landhausküche, Weinbar, Arrangements
info@beckers-trier.de · www.beckers-trier.de · ⧉

25 DZ ;
3 **Suiten**

Das Hotel begeistert mit einem ebenso ausgefallenen Interieur wie das Gourmetrestaurant. Ein gelungener Mix aus historischen und modernen Elementen bestimmt das Ambiente. Auch die mit allen modernen Annehmlichkeiten ausgestatteten Zimmer sind sehr geschmackvoll eingerichtet und voller exklusiver und überraschender Gestaltungselemente.

Das reichhaltige Frühstücksbuffet ist im Preis inkludiert. In der Lounge, die zugleich Weinbar ist, kann man edle Tropfen und kleine Speisen genießen, sie ist beliebter geselliger und kommunikativer Treffpunkt. Im Restaurant "Weinhaus" – in seiner Gestaltung an ein überdimensioniertes Fass erinnernd – mit angeschlossenem Gewölbekeller verbinden sich traditionelle Moselromantik und eine verfeinerte Landhausküche aufs Feinste.

BECKER'S

Bhf→3 km

✉ 54295 · Olewiger Str. 206 · ☎ 06 51 93 80 80 · Fax: 9 38 08 88
Eigene Kreationen · **Tische:** 8/32 Plätze
info@beckers-trier.de · www.beckers-trier.de · ⧉

Speisekarte: 1 Menü von 125,00 bis 175,00 € ❦❦❦❦ 250 Weinpos.
So fokussiert die Küche im BECKER'S ist, so konzentriert und verdichtet ist das Interieur gestaltet, das in seinem klaren Purismus in spannendem Kontrast zu den sanft geschwungenen Rebenhängen steht, die in Form des eigenen Weinguts die Keimzelle des Becker'schen Familienbetriebs sind. Das Restaurant ist mit erlesenem Geschmack und natürlichen Materialien eingerichtet: Schiefer-Riemchen von unterschiedlicher Tiefe, deren Anthrazit durch eine ausgesparte Reihe mit dezent farbigen Akzenten durchbrochen wird, fügen sich zu einer edlen Wandgestaltung zusammen. Weiße Fauteuils und die raffinierte Illumination ergänzen das niveauvolle Interior-Design. Patron und Chefkoch Wolfgang Becker ist in der Eifelregion zu Hause, er kennt die Händler und Erzeuger persönlich, die ihm die erstklassigen Produkte für seine Küche liefern. Die beeindruckt mit Speisen von großer Klarheit und Tiefe, die dennoch feinsinnig und subtil zusammengestellt sind. Durchaus herausfordernd in der Kombination von Aromen und Texturen, überfordert das großartige Gesamtergebnis den Gast nicht, sondern eröffnet ihm ganz neue kulinarische Welten. Der "Chefstable" mit unverstelltem Küchenblick und Erläuterungen von Wolfgang Becker persönlich ist die perfekte Wahl, wenn man ein besonderes Event oder Geschenk im Auge hat. Ab sechs Personen können im Restaurant auch außerhalb der Ruhezeiten individuelle Termine vereinbart werden. Ein exklusives Catering und die rustikale Weinstube mit Gewölbekeller und gehobener Landhausküche ergänzen das gastronomische Angebot.

Trier

♜ Schlemmereule
Bhf→1 km

✉ 54290 · Domfreihof 16 · ☎ 06 51 7 36 16 · Fax: 9 94 50 01
Neue u. gehobene Regionale Küche · **Tische:** 20/60 Plätze
info@schlemmereule.de · www.schlemmereule.de

Speisekarte: 9 Hauptgerichte von 35,00 bis 45,00 €; 1 Mittagsmenü zu 39,00 €; 1 Menü von 72,00 bis 115,00 €

❦❦❦❦ 🍷 150 Weinpos.

Die „Schlemmereule" findet sich an einem der geschichtsträchtigsten Orte im Herzen von Trier: Unmittelbar neben dem Turm Jerusalem, nahe dem Marktbrunnen und Hauptmarkt ist das Restaurant im wunderschönen, spätbarocken Palais Walderdorff beheimatet. Mit einem lachenden und einem weinenden Auge hat sich Peter Schmalen im Oktober 2023 nach über 20 Jahren verabschiedet und sein Restaurant an den jungen und ambitionierten Johannes Maria Kneip übergeben. Der übernimmt das Konzept der feinen, klassischen Küche und passt sie behutsam dem Zeitgeist an. Seine Speisen sind ehrlich, unverfälscht und doch detailreich und ungemein kreativ. Sehr fokussiert setzt er die ausgesuchten Zutaten ein und stellt mit ihnen facettenreiche und aromendichte Gerichte und Menüfolgen zusammen. Ein Highlight ist im Sommer ein Platz auf der Terrasse inmitten des historischen Gebäudeensembles, begleitet von Pianoklängen schmecken die Speisen und passenden Weine besonders gut. Ein aufmerksamer Service unter fachkundiger Leitung von Philippe Orthaus begleitet den Besuch. Das außergewöhnliche Ambiente ist natürlich wie geschaffen für exklusive Veranstaltungen, allen voran festliche Hochzeiten. Ein erstklassiges Catering ergänzt das kulinarische Angebot.

 Die Küchenleistung dieses Restaurants ist hervorhebenswert in seiner Kategorie.

♜ Villa Hügel
Bhf→1,5 km

✉ 54295 · Bernhardstraße 14 · ☎ 06 51 3 30 66 · Fax: 3 79 58
Hotel garni, reichhaltiges Frühstücksbuffet im Zimmerpreis inklusive
info@hotel-villa-huegel.de · www.hotel-villa-huegel.de

26 **DZ** ab 235,00 €;
als **EZ** ab 158,00 €
Die weiße Villa im Grünen lädt mit angenehmem Ambiente und freundlichem Service zum Verweilen ein. Entspannung bietet die Saunalandschaft.

Trittenheim

Wein- und Tafelhaus

Bhf → 18 km

✉ 54349 · Moselpromenade 4 · ☎ 0 65 07 70 28 03 · Fax: 70 28 04
Klass., Reg. u. Neue Küche · **Tische:** 10/45 Plätze
info@wein-tafelhaus.de · www.wein-tafelhaus.de

Speisekarte: 1 Menü von 160,00 bis 199,00 €
400 Weinpos.
Patron und Chefkoch Alexander Oos kocht mit viel Kreativität und Präzision im ländlich gestalteten Restaurant harmonisch zusammengestellte Speisen. Die sind ausbalanciert zusammengestellt und punkten mit facettenreicher und tiefgründiger Aromatilk.

Tübingen

Domizil

Bhf → 250 m

✉ 72072 · Wöhrdstr. 5-9 · ☎ 0 70 71 13 90 · Fax: 13 92 50 · Zi.-Preise inkl. Frühst., SUP-Station u. Bootsverleih am Hotel, Mountain- u. E-Bike-Verleih im Hotel
info@hotel-domizil.de · www.hotel-domizil.de

35 **DZ** ab 180,00 €;
38 **EZ** ab 125,00 €
Dieses gepflegte Hotel im Herzen der Stadt besteht aus drei Gebäuden. Die beeindruckende Architektur setzt sich auch im modernen Ambiente des Hauses fort, ohne dass dabei auf Komfort verzichtet wird.

Schranners Waldhorn

Bhf → 10 km

✉ 72074 · Schönbuchstr. 49 · ☎ 0 70 71 6 12 70 · Fax: 61 05 81
Klass., Neue, Intern. u. Reg. Küche · **Tische:** 15/45 Plätze
info@schranners-waldhorn.de · www.schranners-waldhorn.de

Speisekarte: 3 Hauptgerichte von 38,00 bis 44,00 €; 1 Mittagsmenü von 38,00 bis 44,00 €; 3 Menüs von 78,00 bis 107,00 €
127 Weinpos.
Im charmant in ländlicher Romantik eingerichteten Restaurant präsentiert Chefkoch Maximilian Schranner Gutbürgerliches und Innovatives, das dem saisonalen Marktangebot und dem Zeitgeist entspricht.

Tuttlingen

Anima

Bhf → 200 m

✉ 78532 · In Wöhrden 5 · ☎ 0 74 61 7 80 30 20
Moderne und Saisonale Küche · **Tische:** 14/26 Plätze
info@restaurant-anima.de · www.restaurant-anima.de

Speisekarte: 1 Menü von 174,00 bis 194,00 €
160 Weinpos.
Chefkoch Heiko Lacher bereitet seine ausgeklügelten Speisen aus Zutaten in kompromisslos guter Qualität. Inspiration holt er sich aus aller Welt, aber vor allem aus der Natur, die ihn antreibt, immer neue Kombinationen zu wagen.

Twist-Bült

🏛 Landgasthof Backers

Bhf → 20 km

✉ 49767 · Kirchstr. 25 · ☎ 0 59 36 90 47 70 · Fax: 9 047 79
Klass. u. Reg. Küche · **Tische:** 9/35 Plätze
info@gasthof-backers.de · www.gasthof-backers.de

Speisekarte: 4 Hauptgerichte von 23,00 bis 34,00 €; 2 Menüs von 57,00 bis 61,00 €
Patron und Chefkoch Helmut Backers arbeitet präzise und bezieht die Zutaten für seine saisonale Produktküche in der Region. Der "Kulinarische Kalender" bietet rund ums Jahr genussreiche Events.

Überherrn

⚜ Linslerhof
Bhf→10 km

✉ 66802 · Linslerhof · ☎ 0 68 36 80 70 · Fax: 8 07 17
Restaurant "Linslerstube" m. bürgerl. Küche, Grillhütte, Biergarten, Terrasse

info@linslerhof.de · www.linslerhof.de VISA

48 **DZ** ab 130,00 €;
15 **EZ** ab 90,00 €;
2 **Ju.-Suite** ab 184,00 €
Liebevoll ausgesuchte Details, edle Stoffe, altes Holz und Terrakotta in den Räumlichkeiten des historischen Gutshofs im englischen Landhausstil schaffen ein harmonisches Ambiente. Die komfortablen Zimmer sind ein wunderschönes Zuhause voller Charme.

Überlingen

⚜ Johanniter-Kreuz
Bhf→3 km

✉ 88662 · Johanniterweg 11 · ☎ 0 75 51 93 70 60 · Fax: 93 70 61 90
Klass., Neue, Intern. u. Reg. Küche · **Tische:** 25/70 Plätze
info@johanniter-kreuz.de · www.johanniter-kreuz.de VISA AE

Speisekarte: 6 Hauptgerichte von 28,50 bis 39,00 €; 2 Menüs von 68,00 bis 82,00 €
🍷🍷🍷 127 Weinpos.
Das Restaurant ist in einem behaglichen Landhausstil gestaltet und die perfekte Bühne für die grundehrliche und handwerklich präzise Küche von Andreas Liebig, der aus bevorzugt heimischen Zutaten kreative und leichte regionaltypische Speisen kocht.

⚜ Landgasthof Zum Adler
Bhf→8 km

✉ 88662 · OT Lippertsreute · Hauptstraße 44 · ☎ +49 75 53 82 550
Gehobene badische Küche · **Tische:** 14/24 Plätze VISA AE
info@landgasthauszumadler.de · www.adler-lippertsreute.de

Speisekarte: 5 Hauptgerichte von 16,50 bis 29,50 €; 11 Tagesgerichte von 22,50 bis 34,50 € 🍷🍷🍷
Genauso, wie das "Ahornstüble" im "Adler" gestaltet ist, stellt man sich einen traditionellen, behaglichen Landgasthof vor. Viel Holz, blanke Tische und Sprossenfenster verbinden sich zu einem romantisch-nostalgischen Ambiente. Hier kommt die unverfälschte und durchdachte Küche von Patron und Chefkoch Peter Vögele perfekt zur Geltung. Vieles – Brot, Würste, Marmeladen, Schnäpse – wird noch hausgemacht, eine handwerkliche Kunst, die wahrlich nicht mehr selbstverständlich ist. Das vielfältige Warenangebot der Bodenseeregion mit ihrem gedeihlichen Klima ist die Basis für die facettenreichen, badischen Speisen, denen Peter Vögele eine ganz eigene, kreative Handschrift gibt. Aromenstark und ehrlich kommen Klassiker auf die Teller und werden mit leichten Speisen der modernen Küche ergänzt.

⚜ Parkhotel St. Leonhard
Bhf→2 km

✉ 88662 · Obere St.-Leonhard-Str. 71 · ☎ 0 75 51 80 81 00 · Fax: 80 85 31
Rest. mit Regionaler und Internationaler Küche, Weinstube, Bar, Terrasse

info@parkhotel-st-leonhard.de · www.parkhotel-st-leonhard.de VISA AE

124 **DZ** ab 139,00 €;
als **EZ** ab 89,00 €;
16 **Familienzimmer** ab 239,00 €
In einer schönen Parkanlage mit Wildgehege gelegen, verwöhnen in dem erstklassigen Hotel neben dem herrlichen Blick auf Bodensee, Insel Mainau und Alpen ein attraktives Freizeitangebot, elegante Zimmer und moderne Tagungsräume.

Übersee

Übersee

Chiemgauhof – Lakeside Retreat ✪ ✪ ✪ ✪

✉ 83236 · Julius-Exter-Promenade 21 · ☎ +49 8642 3179800 · Restaurant, Sundowner Bar, Lounge, Terrasse, Suitenpreise f. 2 Ps./Nacht, inkl. Frühstück
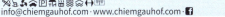
info@chiemgauhof.com · www.chiemgauhof.com · f   VISA AE ● €

28 (Jui.-)Suiten von 590,00 bis 2390,00 €
Lakeside Retreat – der Zusatztitel des „Chiemgauhofs" hält, was er verspricht. Eingebettet in die reizvolle Kulturlandschaft des Chiemgaus und direkt am See gelegen, ist die modern und nachhaltig gestaltete Anlage eine Destination für Gäste, die das Besondere zu schätzen wissen. Hier verbinden sich bayerische Gastfreundschaft und erstklassiger Service. Die 28 exklusiven Suiten mit atemberaubenden Ausblicken auf den Chiemsee und die Chiemgauer Berge wurden vom weltbekannten Architekten Matteo Thun kreiert und mit maßgefertigten Möbeln bestückt. Warme Holztöne, dezente Farbakzente und wertige Materialien verbinden sich zu einem einladenden Ambiente von natürlicher Eleganz und luxuriösem Komfort. Der Spa-Bereich mit beheiztem Outdoorpool, Yoga Retreats und verschiedenen Saunen ist ein Ort der Ruhe, Entspannung und des Wohlbefindens. Wer es etwas aktiver mag, nutzt das top ausgestattete Fitnessstudio, leiht ein E-Bike im Hotel oder erkundet auf

Fahrten mit dem Frauscher E-Boot die idyllischen Inseln und versteckten Buchten des Chiemsees. Die unmittelbare Umgebung des Chiemgauhofs ist ein Paradies für Naturliebhaber: Unzählige Wanderwege laden ein, die malerische Alpenlandschaft zu entdecken. Gerne gibt das Hotelteam Tipps. Das neu erbaute „Bootshaus" ist der perfekte Rahmen für individuell geplante, rundum begleitete Veranstaltungen.

Bhf →3 km

Chiemgauhof

✉ 83236 · Julius-Exter-Promenade 21 · ☎ +49 8642 3179800
Regionale und Saisonale Küche · Tische: 30/80 Plätze   VISA AE ● €
info@chiemgauhof.com · www.chiemgauhof.com

Speisekarte: 5 Hauptgerichte von 28,00 bis 55,00 €; 1 Menü ab 72,00 €
🍷🍷   300 Weinpos.
Auch das Interieur des Restaurants im Chiemgauhof ist eine Demonstration erlesenen Geschmacks. Schlichte Eleganz und alpiner Charme gehen eine perfekte

Symbiose ein, die eine wohltuend entspannte, weltoffene Atmosphäre schafft. Ebenso wie im Hotel wird großer Wert auf einen bewussten und nachhaltigen Umgang mit Ressourcen gelegt. Das betrifft auch und gerade den Einkauf der Zutaten für die vielseitige Küche von Küchenchef

Maximilian Müller. Er bevorzugt Zutaten von lokalen Höfen und Erzeugern aus der Region. Mit kreativen Ideen und handwerklicher Präzision verarbeitet er die Produkte zu aromenprononcierten Speisen. Er kocht unverfälscht, präzise und präsentiert sowohl regionale als auch jahreszeitlich inspirierte Spezialitäten. Das Zusammenspiel von ehrlichem Handwerk, feinsinniger Küche, hoher Weinkultur und zuvorkommendem, zugewandtem Service spricht alle Sinne an.

Uhingen

♜ Schloss Filseck

Bhf→2,5 km

✉ 73066 · Filseck 1 · ☎ 0 71 61 2 83 80 · Fax: 2 88 40
Mediterrane Crossover Küche · Tische: 9/30 Plätze
info@restaurant-auf-schloss-filseck.de · www.restaurant-auf-schloss-filseck.de

Speisekarte: 1 Mittagsmenü von 25,00 bis 40,00 €; 2 Menüs von 135,00 bis 150,00 € ❖❖❖❖🍇 200 Weinpos. Schloss Filseck, zwischen Uhingen und Göppingen gelegen, thront hoch über dem Filstal, lässt sich bis in die Stauferzeit des Hochmittelalters zurückverfolgen und ist mit dem gleichnamigen Gourmetrestaurant ganz in der Neuzeit angekommen. Patron Milos Vujicic und Küchendirektor Daniele Corona sorgen dafür, dass jedem Gast ein ganz besonderes kulinarisches Erlebnis geboten wird. Daniele Corona steht gemeinsam mit Souschef Riccardo Rossi am Herd und sie kreieren Speisen, die eine großartige Hommage an die italienische Heimat von Daniele Coronas Eltern sind. Ihre Küche soll mit ihren Geschmäckern, Garzuständen und Aromen Kindheitserinnerungen wecken und Emotionen erzeugen. Das gelingt ihnen dank einer Fülle fantasievoller Ideen. Sie setzen die handverlesenen Zutaten in einen immer wieder neuen Kontext und präsentieren moderne und unverfälschte Menüfolgen, die faszinieren und die Sinne für eine unerhört spannende mediterrane Küche öffnen. Beispielhaft dafür ist das Spiel mit Parmesan, den sie in den unterschiedlichsten Konsistenzen und Texturen präsentieren. Mittags gibt es von dienstags bis freitags ein frisches und leichtes Businesslunch. Erstklassige Weine begleiten das Speiseangebot. Feierlichkeiten finden auf Schloss Filseck übrigens einen besonders exklusiven Rahmen, die kulinarische Begleitung wird nach individuellen Wünschen zusammengestellt. Erwähnenswert ist auch der Shuttle-Service, der nach vorheriger Reservierung (2 Tage zuvor) max. 4 Personen Di.-Fr. von 17-23 im Umkreis von 20 km kostenlos zu Hause abholt und zurückbringt.

Dieses Restaurant bietet Ihnen eine exzellente Küche.

Uhldingen-Mühlhofen

Uhldingen-Mühlhofen
Seehalde

Bhf → 3 km

✉ 88690 · Maurach 1 · ☎ 0 75 56 9 22 10 · Fax: 65 22
Regionale Küche · **Tische:** 21/60 Plätze
info@seehalde.de · www.seehalde.de

Speisekarte: 8 Hauptgerichte von 27,00 bis 65,00 €; 1 Menü von 59,00 bis 72,00 € ❖❖ 156 Weinpos. Optischen Genuss bietet der herrliche Seeblick, für kulinarischen sorgt Chefkoch Markus Gruler mit facettenreichen, aromenprononcierten Speisen, die sowohl die wechselnden Jahreszeiten als auch das Bodenseefischangebot sehr kreativ spiegeln.

Ulm
LAGO – Treibgut

Bhf → 3 km

✉ 89073 · Friedrichsau 50 · ☎ 07 31 2 06 40 00 · Fax: 2 06 40 01 21
Gehobene Regionale Küche, eig. Kreationen
hotel@lago-ulm.de · www.hotel-lago.de ·

Speisekarte: 8 Hauptgerichte von 21,50 bis 33,80 € ❖❖❖🍷🍷 240 Weinpos. Viel Licht und klare Linien geben dem in skandinavischem Stil eingerichteten Restaurant „Treibgut" eine lässige, weltoffene Note. In der Küche von Nico Körner beginnt und endet alles mit Zutaten, die von kompromisslos guter Qualität sind und dem Konzept der eigens etablierten „LAGO Genusswerkstatt" unterliegen: Alle Erzeuger und Lieferanten sind persönlich bekannt, sehr viele Produkte werden direkt selbst hergestellt, so entstehen in der Metzgerei, Pasteria, Bäckerei, Patisserie und Brauerei unverfälschte Lebensmittel ohne Zusatzstoffe. 15 hauseigene Bienenvölker sorgen emsig für erstklassigen Honig. Die tagesfrischen Leckereien gibt es so nicht im Handel, sondern exklusiv hier im Haus. Chefkoch Nico Körner kocht klar, unverfälscht und facettenreich und präsentiert eine ideenreiche, saisonale und regionale Landküche, die  voller verführerischer Aromen steckt. Ein gut aufgelegtes Serviceteam unter liebenswürdiger Leitung von Anna Jansa begleitet den Restaurantbesuch. An warmen Tagen genießt man die Speisen am besten auf der kleinen Seeterrasse – da fühlen sich zwei entspannte Stunden wie ein ganzer Urlaubstag an.

Ulm

LAGO – Seestern

Bhf→3 km

✉ 89073 · Friedrichsau 50 · ☎ 07 31 2 06 40 00 · Fax: 2 06 40 01 21
Klass., Regionale und Neue Küche, eigene Kreationen · **Tische:** 6/24 Plätze

hotel@lago-ulm.de · www.hotel-lago.de · f

Speisekarte: 3 Hauptgerichte von 34,00 bis 52,00 €; 2 Menüs von 129,00 bis 189,00 €

240 Weinpos.

Aus viel Holz und großen Glasflächen ist die Fassade des quaderförmigen Hauses gestaltet, in dem das Fine Dining Restaurant „Seestern" beheimatet ist. Das Interior Design in einem lässigen Bootshausstil gefällt mit nordischer Klarheit und Geradlinigkeit, Türkis- und Grautöne dominieren das Farbspektrum, im Winter wird das dank der kleinen Terrasse gleichsam über dem See schwebende unmittelbar am See liegende Restaurant dank des prasselnden Kaminfeuers zu einem behaglichen kleinen Hideaway. Die Küchenchef-Doppelspitze Benedikt Wittek und Klaus Buderath arbeiten in der Küche Hand in Hand und leben ihren Beruf mit echter Hingabe. Unterstützt von einem ambitionierten Team kreieren sie Speisen, die auf erstklassigen Zutaten basieren. Das Spiel mit den verschiedenen Aromen und Texturen unterstreicht das Können und die Fantasie der beiden, deren Speisen in ihrer Virtuosität weit über das Grundbedürfnis des Gastes – satt zu werden – hinausgehen. Mal klassisch, mal zeitgeistig, mal saisonal und immer facettenreich und expressiv, ist stets das Produkt der Star, erfährt es große Wertschätzung und wird geschickt und unverfälscht kombiniert. Eines der zwei Menüs ist vegetarisch, beide können auch mit einer raffinierten, nicht-alkoholischen Begleitung bestellt werden. Liebenswürdig und mit Übersicht leitet Leonie Gring den Service, während Philipp Bieringer kenntnisreich zu den korrespondierenden Weinen und Getränken berät.

 Sie finden diese Hotels und Restaurants auch bei facebook oder instagram.

Ulm

Bhf→3 km

LAGO hotel & restaurant am see

✉ 89073 · Friedrichsau 50 · ☎ 07 31 2 06 40 00 · Fax: 2 06 40 01 21 · Lounge-Bar, Seeterrasse, Badesee, reichhaltiges Frühstücksbuffet (21,- p.P.), 24-h-Rezeption, Fahrrad-Verleih

5 km
hotel@lago-ulm.de · www.hotel-lago.de

60 **DZ** von 109,00 bis 156,00 €;
als **EZ** von 99,00 bis 136,00 €

Direkt neben einem wunderschönen Natursee, zentral und in bester Lage findet sich das familiengeführte Design Hotel LAGO inmitten der grünen Ulmer Friedrichsau. Sanftes Licht, helle Farben, edle und wertige Materialien prägen die geschmackvoll eingerichteten Zimmer, von denen in der ersten Etage elf Räume mit extragroßen Betten (2,20 x 2,00 m) ausgestattet sind. Das GreenCare zertifizierte Hotel wirtschaftet nachhaltig und nutzt erneuerbare Energien. Durch die direkte Anbindung an das städtische Straßenbahnnetz ist man in nur 10 Minuten in der Ulmer Innenstadt. Für Tagungen, Workshops und Präsentationen stehen mehrere Räume von 50 m² bis 2.800 m² zur Verfügung. Im Wellness-Bereich geht es deutlich erholsamer zu, gut geschulte Mitarbeiter verwöhnen Körper und Geist in angenehm ruhigem Ambiente. In der Freizeit steht ein facettenreiches Angebot zur Verfügung: Ob ein ausgedehnter Spaziergang durch die Friedrichsau und entlang der Donau, ein Stadtbesuch, Legoland, der Tier- oder Botanische Garten, das Steiff Museum, Ballonfahrten, Yoga-Workshops oder Touren mit dem Fahrrad und E-Bike (der Verleih im Hause ist kostenfrei!) – das liebenswürdige Hotelteam hilft gerne bei der Planung und gibt praktische Tipps. Eine vielseitige Gastronomie rundet das Angebot perfekt ab.

Untermünkheim

Bhf→10 km

♜ Landhotel Steigenhaus

✉ 74547 · Steigenhaus 1 · ☎ 07 91 83 01
Klassische, Neue und Regionale Küche · **Tische:** 15/70 Plätze
info@steigenhaus.de · www.steigenhaus.de

Speisekarte: 6 Hauptgerichte von 24,00 bis 34,00 €; 1 Menü zu 59,00 €

In charmanter Landhaus-Atmosphäre präsentiert das Steigenhaus feine Gerichte, bei denen regionale Akzente überwiegen. Das Weinangebot wird dabei gekonnt auf die Speisen abgestimmt.

Usedom

Usedom

Strandhotel Seerose OT Loddin - Kölpinsee   Bhf→1 km

✉ 17459 · Strandstraße 1 · ☎ 03 83 75 5 40 · Fax: 5 41 99 · Rest. mit Intern. Küche, Bibliothek, Bar, Raucherlounge, Meerterrasse, 2 Bowlingbahnen
🍴🛏♿🏠📺🏧✉🅿⚓🚭🍺🚻⇆♨🧖🚪🔊📶 20 km
info@strandhotel-seerose.de · www.strandhotel-seerose.de · f   VISA ●︎ ▪︎

Schon in den 1920/30er Jahren wussten berühmte UFA-Stars wie Willy Fritsch, Zarah Leander, Lilian Harvey, Hans Söhnker uvm. die herrliche Lage und den Komfort der „Seerose" zu schätzen. Versteckt hinter hohen Bäumen steht das 1997 wieder seiner alten Bestimmung zugeführte Urlaubshotel direkt am Meer und bietet stilvoll eingerichtete, komfortable Zimmer (Preise inkl. reichhaltigem Frühstück), gut ausgestattete Tagungsräume, zwei Bowlingbahnen und ein feines Restaurant mit delikater und abwechslungsreicher Frischeküche. Im Wellnessbereich mit Bade- und Saunalandschaft kann man verschiedenste schmeichelnde Körperbehandlungen und Anwendungen buchen. Miet-Strandkörbe stehen auf der Liegewiese an der Kliffkante mit großartigem Meerblick. Stetig wird das Hotelangebot erweitert und so gibt es neben einer behaglichen Bibliothek die Vinetabar mit Raucherlounge, das maritime Strandrestaurant und die Möglichkeit, Fahrräder zu leihen. Die kleinen Gäste sind bestens im hübschen Kinderspielzimmer aufgehoben.

Hotel mit anspruchsvollem Wellnessangebot

Strandhotel Seerose - Restaurant Alexander   Bhf→1 km

✉ 17459 · OT Loddin - Kölpinsee · Strandstraße 1 · ☎ 03 83 75 5 40 · Fax: 5 41 99
Internationale, Regionale u. Neue Küche · **Tische:** 40/150 Plätze
info@strandhotel-seerose.de · www.strandhotel-seerose.de · f   VISA ●︎ ▪︎

Allein der fantastische Meerblick lohnt schon den Besuch im Restaurant "Alexander". Aber dank Küchendirektor Claus Preuß und Küchenchef Sören Beitz kommt noch eine abwechslungsreiche Frischeküche dazu. Gekocht wird leicht und mit einer Fülle guter Ideen. Das reichhaltige Warenangebot der Region ist perfekt, um dort frische und saisonale Zutaten für die grundehrlichen, aromenstarken Speisen zu kaufen. Fischspezialitäten stehen obenan und werden u. a. von be-

Usedom

liebten Klassikern, Internationalem und einer sehr guten Auswahl an Vegetarischem ergänzt. Im Sommer gibt es eine leichte Vitalküche mit einer kleinen Extrakarte. Der Service unter liebenswürdiger Leitung von Cara Kümmel ist aufmerksam und freundlich. An warmen Tagen verlagert sich das kulinarische Geschehen auch gerne auf die vorgelagerte Terrasse mit herrlichem Ostseeblick.

Usingen

Bhf→2 km

🍴 Uwe & Uli – Zuhause bei uns 👨‍🍳👨‍🍳👨‍🍳

✉ 61250 · Marktplatz 21 · ☎ 0 60 81 5 76 37 60 · Fax: 5 76 37 66
Moderne und Regionale Küche; eig. Kreationen · Tische: 30/60 Plätze

usi@uwe-uli.de · www.uwe-uli.de

Speisekarte: 7 Hauptgerichte von 38,00 bis 44,00 €; 1 Mittagsmenü ab 22,00 €; 1 Menü von 103,00 bis 128,00 €

❦❦❦❦ 63 Weinpos.

Neben der Hugenottenkirche am schönen Usinger Marktplatz fällt dieses über 315 Jahre alte, denkmalgeschützte Fachwerkhaus ins Auge. Es wurde in liebevoller Kleinarbeit nach historischem Vorbild restauriert und bezieht das alte Holzständerwerk harmonisch ins zeitlos-elegante Interieur mit ein. Mit einer Bar im Erdgeschoss sowie einem Separee, der Marktstube, dem Salon und dem großen Gastraum ist man für jede Feierlichkeit, jedes kleine und große Treffen bestens aufgestellt und bietet darüber hinaus ein exzellentes Catering an. Patron Uwe Weber hat sein Handwerk bei den Großen seiner Zunft erlernt und verfeinert. Er nutzt ein handverlesenes Netzwerk von Lieferanten und Erzeugern, kocht marktfrisch, gerne regional, klassisch und zeitgeistig und setzt auch raffinierte asiatische und mediterrane Akzente. Sein Spiel mit Aromen und Texturen ist gekonnt und macht jedes Menü zu einem besonderen kulinarischen Genuss. Philipp Mußeleck leitet mit Übersicht und Natürlichkeit den zuvorkommenden Service, während Max Schreier mit Expertise zu den passenden Weinen und Getränken berät. An warmen Tagen ist die Terrasse direkt am Marktplatz ein besonders beliebter Treffpunkt.

Vaihingen an der Enz

★★★ Lamm Rosswag Bhf→3 km

✉ 71665 · OT Rosswag · Rathausstraße 4 · ☎ 0 70 42 2 14 13 · Fax: 2 61 89
Terrasse mit Blick auf die Weinberge, Gourmetrestaurant, Arrangements
 20 km
info@lamm-rosswag.de · www.lamm-rosswag.de · f   VISA ⬤ ⬤

8 **DZ** von 150,00 bis 170,00 €;
2 **EZ** von 95,00 bis 115,00 €

In einem hübschen Fachwerkhaus beheimatet, führen Sonja und Steffen Ruggaber das "Lamm Rosswag" sehr familiär und persönlich. Unterstützt werden sie von einem engagierten Team, das hilft, aus dem kleinen Hotel ein ungemein charmantes Zuhause auf Zeit zu machen. Die Zimmer sind hübsch, behaglich und modern eingerichtet und verfügen über alle zeitgemäßen Annehmlichkeiten. Der Tag beginnt mit einem sehr reichhaltigen Frühstücksbuffet, das wirklich keine Wünsche offenlässt und bereits im Zimmerpreis inkludiert ist. Eine schöne Idee ist, dass für Hausgäste eine kleine Speisekarte mit schwäbischen Gerichten bereitgehalten wird. Besonders erwähnenswert ist auch, dass Radfahrer ihre Räder in einem abschließbaren Raum sicher abstellen können. Wer das Haus nicht nur nutzen möchte, um nach einem Besuch des Gourmetrestaurants zu übernachten, wird von dem schönen Freizeitangebot der Region begeistert sein. Vaihingen an der Enz liegt an der Deutschen Fachwerkstraße; zahlreiche schöne Rad- und Wanderwege, Schloss Kaltenstein, der Eselsburgturm und das Bonbonmuseum sind nur einige der Möglichkeiten den Tag abwechslungsreich zu gestalten.

👨‍🍳👨‍🍳👨‍🍳 🍴 Lamm Rosswag Bhf→3 km

✉ 71665 · Rathausstr. 4 · ☎ 0 70 42 2 14 13 · Fax: 2 61 89
Klassische u. Neue Küche, eig. Kreationen · **Tische:** 9/30 Plätze   VISA ⬤ ⬤
info@lamm-rosswag.de · www.lamm-rosswag.de · f

Speisekarte: 1 Mittagsmenü von 95,00 bis 125,00 €; 2 Menüs von 110,00 bis 170,00 €

🍷🍷🍷🍷🍷   600 Weinpos.

Knapp 3 km westlich von Vaihingen an der Enz liegend, ist der Stadtteil Rosswag – bekannt für seinen Weinanbau – ein hübscher kleiner Ort mit vielen historischen Fachwerkhäusern. Der Blick darauf ist die idyllische Kulisse, wenn man im Restaurant „Lamm Roswag" einkehrt. Das Interieur ist in schlichter Eleganz stilsicher und behaglich gestaltet. Dank der Dame des Hauses, Sonja Ruggaber, fühlt sich jeder Gast aufs Herzlichste willkommen und kann ganz ohne Schwellenängste eine außergewöhnlich raffinierte Küche genießen. Für die ist Steffen Ruggaber verantwortlich. Er kocht mit

Vaihingen an der Enz

ganz viel Können und enormem Fachwissen. Das beginnt beim Einkauf von bekannten Händlern, bevorzugt aus der an erstklassigen Produkten reichen Region, aber auch grenzübergreifenden Zutaten verschließt er sich nicht. Wichtig sind der Anbau und die Erzeugung unter nachhaltigen Aspekten und Kompromisslosigkeit bezüglich der Top-Qualität. Intuitiv, kreativ und innovativ stellt er die Ingredienzien zusammen und ertüftelt Speisefolgen, deren klassische Wurzeln er mit modernen Techniken, raffinierten Würzungen, genialen Saucen und subtilem Aromenspiel bereichert. Auch eine vegetarische Variante wird bei rechtzeitiger Anmeldung mit der Tischreservierung gerne offeriert. Ein weiteres Steckenpferd von Steffen Ruggaber sind deutsche Weine, die auf der mehrfach prämierten Weinkarte gelistet sind. Ehefrau Sonja empfiehlt die auf die Menüs abgestimmten edlen Tropfen mit dem genau richtigen Gespür für den Gästegeschmack und berät auch gerne zu nichtalkoholischer Begleitung.

Vallendar

♜ Die Traube

Bhf → 1 km

✉ 56179 · Rathausplatz 12 · ☎ 02 61 6 11 62 · Fax: 6 79 94 08
Klass. u. Reg. Küche · **Tische:** 17/60 Plätze
dietraube@t-online.de · www.dietraube-vallendar.de

Speisekarte: 11 Hauptgerichte von 23,50 bis 49,50 €; 1 Tagesgericht von 14,50 bis 17,00 € ♥♥

Anita und Stefan Schleier führen ihr Restaurant mit Herzblut. Der Patron steht auch am Herd und sorgt mit ehrlichen Zubereitungen für eine abwechslungsreiche, jahreszeitliche Produktküche.

Velbert

♜ Haus Stemberg

Bhf → 3 km

✉ 42553 · Kuhlendahler Str. 295 · ☎ 0 20 53 56 49 · Fax: 4 07 85
Klass., Neue u. Reg. Küche; eig. Kreationen · **Tische:** 14/50 Plätze
stemmi@tv-stemberg.de · www.haus-stemberg.de

Speisekarte: 6 Hauptgerichte von 33.00 bis 69.00 €; 1 Menü von 115.00 bis 145.00 € ♥♥♥♥☙☙ 450 Weinpos.

In allerbester Familientradition steht Sascha Stemberg in 5. Generation für vielseitige Kulinarik in schönem Rahmen. Das Angebot reicht von gutbürgerlicher Landhausküche bis zu feinsinnigen Genussreisen in die Klassische und raffinierte regionale Küche.

 **Hervorragende Serviceleistung**

Verden (Aller)

Verden (Aller)

♜ Pades Restaurant
Bhf→1 km

✉ 27283 · Grüne Straße 15 · ☎ 0 42 31 30 60 · Fax: 8 10 43
Neue u. Reg. Küche, eig. Kreat. · **Tische:** 20/90 Plätze
Padesrestaurant@t-online.de · www.pades.de
VISA ● ▬

❀❀❀❀❀ 400 Weinpos.
Das Restaurant ist mit leichter Hand eingerichtet. Hier kann man die durchdachte Küche von Patron Wolfgang Pade in unverkrampfter Atmosphäre genießen. Die Karte wechselt monatlich und führt auch immer ein feines Menü und saisonale Speisen.

Viernheim

1930 – Das Restaurant

✉ 68519 · Alte Mannheimer Straße 5 · ☎ 0 63 22 9 79 84 74
Italienische Küche · **Tische:** 25/80 Plätze
info@1930dasrestaurant.de · www.1930dasrestaurant.de
VISA ● ▬

Speisekarte: 8 Hauptgerichte von 17,00 bis 33,00 €
❀❀ 78 Weinpos.
Zwischen Mannheim und Heidelberg in der Metropolregion Rhein-Neckar findet sich der Golfclub Mannheim-Viernheim 1930 e.V. Das Gründungsjahr ist zugleich Namensgeber des Restaurants, das mit großem Einsatz von Patron Claudio Giorgiutti geleitet wird. Der gelernte Koch hat seit Jahrzehnten gastronomische Erfahrung und sorgt gemeinsam mit Chefkoch Giuseppe Martinello für eine authentische italienische Küche mit Speisen, die die Aromen des Südens einfangen. Salate, Pizza, Pasta, aber auch Fleischgerichte wie Piccata Milanese sowie Regionales und Saisonales stehen auf der Karte, die mit auf Tafeln annoncierten tagesfrischen Spezialitäten ergänzt wird. Das Restaurant ist modern und geradlinig eingerichtet, große Fensterfronten bieten einen schönen Ausblick aufs und ins Grün(e). Ana-Reghina Sovea ist in der Serviceleitung aufmerksame Ansprechpartnerin. In unregelmäßigen Abständen finden kulinarische Themenabende mit Speis und Trank statt.

Vogtsburg

♜ Schwarzer Adler
Bhf→2 km

✉ 79235 · Badbergstr. 23 · ☎ 0 76 62 93 30 10 · Fax: 93 30 46
Klass. u. Neue Küche, eig. Kreationen · **Tische:** 20/80 Plätze
reservation@franz-keller.de · www.franz-keller.de
VISA AE ● ▬

Speisekarte: 2 Hauptgerichte zu 58,00 €;
1 Menü von 158,00 bis 177,00 €
❀❀❀❀❀ 2700 Weinpos.
Chefkoch Christian Baur kocht mit großer Warenkenntnis handwerklich korrekt und ungemein ideenreich. Behutsam interpretiert er klassische badisch-französische Speisen neu.

Volkach/Main

🏛 Gourmetrestaurant Weinstock

Bhf→30 km

✉ 97332 · Hauptstraße 12 · ☎ +49 93 81 8 06 60
Innovative Gourmetküche · **Tische:** 7/16 Plätze
info@schwane.de · www.schwane.de · f

Speisekarte: 2 Hauptgerichte von 42,00 bis 49,00 €; 1 Menü von 120,00 bis 179,00 €

🍴🍴🍴🍴🥓   200 Weinpos.

Dank Familie Düker ist auch das Restaurant in Ort, an dem Traditionen und Zeitgeist eine harmonische Verbindung eingehen. Im Gourmetrestaurant „Weinstock" blieb die historische Bausubstanz erhalten und wird raffiniert von modernen Elementen wie blanken Ledertischen, sanft geschwungenen, bequemen Fauteuils und stylishen Pendelleuchten kontrastiert. Mit Hendrik Friedrich steht ein junger und ambitionierter Koch am Herd, der seine große Fachkenntnis, die er sich in erstklassigen Restaurants erworben hat, ebenso mitbringt wie seine Philosophie einer ausgeklügelten, durchdachten und unverfälschten Gourmetküche. Die Wertschätzung der Natur, artgerechte Tierhaltung und eine ursprüngliche Lebensmittelkultur liegen ihm besonders am Herzen. Deshalb bezieht er beste Produkte von ausgewählten Bauern und Erzeugern und baut im über 600 m² großen hauseigenen Gewächshaus selber Kräuter und Gemüse an. Gemüse wird zu einem tragenden Element der Speisen, was sich auch in seinem Menü „Heimat und Kräuter" widerspiegelt. Raphaela Thaler empfiehlt nicht nur erstklassige Weine aus Franken und vom hauseigenen Weingut, sondern sorgt mit ihrem Team zusätzlich für einen harmonischen Restaurantbesuch.

🏛 Romantik Hotel Zur Schwane ⭐⭐⭐

Bhf→30 km

✉ 97332 · Hauptstr. 12 · ☎ +49 (0) 93 81 - 8 06 60 · Restaurant, hauseigene Weine/Sekte, eigene Obstbrände, E-Ladestation (Tesla und kompatibel)
🍴 P 🚭 ♿ 🛁 🐕 ⛳ 10 km
info@schwane.de · www.schwane.de · f

36 **DZ** ab 155,00 €;
als **EZ** ab 130,00 €;
4 **Suiten** ab 285,00 €

Bereits 1404 wurde der damalige Gasthof im malerischen Volkach von der Familie Schwan gegründet und bezaubert heute mit einer gelungenen Mischung aus nostalgischem Flair, modernen Elementen und zeitgemäßen Annehmlichkeiten. Romantik und Gemütlichkeit dominieren auch die individuell gestalteten, komfortablen Gästezimmer. Tagungen und private Feierlichkeiten finden mit verschiedenen Stuben einen auch technisch perfekten Rahmen. Ein eigenes VDP-Weingut und die Brennerei mit edlen Obstbränden gehören zur traditionsreichen Herberge ebenso wie die familiäre Atmosphäre und ein zuvorkommender Service, der fränkische Gastfreundschaft auf angenehmste Weise vermittelt. Nicht zu vergessen sind das Gourmetrestaurant "Weinstock", die gediegene, historische Weinstube "Schwane 1404" mit gehobener Heimatküche und ein malerischer, begrünter Innenhof, der jeden

Volkach/Main

Gast stets aufs Neue dem Alltag entrückt. Die reizvolle Landschaft kann man auf zahlreichen Wanderwegen oder mit Leihfahrrädern aus dem Hotel erkunden.

Wadern

♟ Zum Dompropst

✉ 66687 · OT Zentrum · Marktplatz 19 · ☎ 0 68 71 87 62
Gehobene Regionale Küche · **Tische:** 9/30 Plätze
info@dompropst-wadern.de · www.dompropst-wadern.de · f   VISA ●

Speisekarte: 10 Hauptgerichte von 18,90 bis 33,90 €; 1 Tagesgericht von 13,90 bis 15,00 €; 1 Menü von 38,50 bis 45,50 €
♡♡   40 Weinpos.

Wadern liegt auf halbem Weg zwischen Saarbrücken und Trier. Hier findet sich in einem historischen Haus direkt am Marktplatz das Restaurant „Zum Dompropst". Engagiert von Saskia und Christian Birtel geführt, kommt man in den Genuss einer frischen und ehrlichen Küche, für die letzterer sorgt. Das Interieur mit deckenhohen Sprossenfenstern, schwarzweiß gewürfeltem Fliesenboden und blanken Holztischen erinnert an ein französisches Bistro, entsprechend entspannt und gesellig ist die Atmosphäre. Der Patron kocht handwerklich präzise und unverfälscht. Mit regionalen und saisonalen Zutaten stellt er harmonisch aufeinander abgestimmte, aromastarke, jahreszeitlich geprägte Speisen zusammen. Dank der Tageskarte findet ein steter Wechsel statt. Im Sommer sitzt man besonders schön auf der Terrasse und kann das bunte Marktplatztreiben verfolgen. Wie geschaffen für Veranstaltungen in ganz besonderem Flair sind die urig eingerichtete Alte Backstube und der behagliche, historische Keller mit uraltem Bruchsteingewölbe. Die Dame des Hauses ist charmante Gastgeberin, berät zu den Getränken und kümmert sich liebenswürdig um die Gäste.

Waiblingen
Brunnenstuben

✉ 71334 · OT Beinstein · Quellenstraße 14 · ☎ 0 71 51 9 44 12 27
Regionale und Internationale Küche · **Tische:** 11/40 Plätze
info@brunnenstuben.de · www.brunnenstuben.de

Speisekarte: 5 Hauptgerichte von 29,00 bis 46,00 €; 1 Menü von 75,00 bis 100,00 €
❦❦❦ 400 Weinpos.

Im landschaftlich reizvollen Remstal in Waiblingen-Beinstein gelegen, führen Petra und Thorsten Beyer ihr Restaurant „Brunnenstuben" mit Leidenschaft und dem Wunsch, dass jeder Gast sich rundum wohlfühlt. Das fällt nicht schwer, denn bereits das Interieur ist behaglich und charmant in einem zeitlos-schlichten Landhausstil gestaltet. Petra Beyer steht am Herd und kocht unter dem Motto „Wer glaubt, gut zu sein, hört auf, besser zu werden.". Sie setzt bevorzugt auf heimische Zutaten, bereitet alles frisch zu und ertüftelt jeden Monat ein neues Speiseangebot, in dem sich schwäbische und mediterrane Elemente finden. Gerne lässt sie sich für ihre unverfälschten, aromenstarken Gerichte zusätzlich von den wechselnden Jahreszeiten inspirieren. Weinliebhaber finden in der „Brunnenstube" einen großen Schatz vor.

Die edlen Tropfen kommen von regionalen und europäischen Top-Winzern und werden dem Gast gerne von Thorsten Beyer, der auch den Service leitet, näher erläutert. Für individuell geplante und kompetent begleitete Veranstaltungen gibt es drei hübsche Räume, in denen bis zu 80 Personen Platz finden.

Gespräche übers Kochen und gutes Essen mit Menschen die etwas davon verstehen.

Zum Mithören bei spotify, itunes und überall dort, wo es gute Podcasts gibt.

www.foodtalker.de

Waiblingen

✪✪✪ ♜ **bachofer boutique hotel**   Bhf→2 km

✉ 71332 · Marktplatz 6 · ☎ 0 71 51 97 64 30 · Fax: 97 64 31 · Terrasse, Arrangements, Events, Kochkurse, Weinproben, Zimmerpreise inkl. Frühstück
🚫🐕 🏛 ♿ 🅿 ⛳ ⛵ 15 km   VISA AE ● 💳
mail@bachofer.info · www.bachofer.info · 📘

5 **DZ** von 165,00 bis 170,00 €;
2 **EZ** von 115,00 bis 120,00 €

Mit großem Engagement sind Bernd Bachofer und Robin Wendler sehr sympathische und herzliche Gastgeber in diesem zauberhaften Boutique Hotel. Das denkmalgeschützte, zweitälteste Haus Waiblingens, direkt am Marktplatz, lässt in den Zimmern (Preise inkl. Frühstück) zwar keine geraden Wände zu, dafür versprühen diese umso mehr Charme, ist doch jeder Raum individuell und mit viel Geschmack eingerichtet. Zimmernummern gibt es nicht, vielmehr Gewürznamen wie Kardamom, Honig, Ingwer, Safran, in deren Farbe eine Zimmerwand gestrichen ist. Die Holzbalkendecken dort und die sichtbaren Bruchsteinwände am Treppenaufgang vermitteln historisches Flair, die Ausstattungsmerkmale wie Kaffeemaschine, Wasser, Obst und Müsli zeitgemäße Annehmlichkeiten. Sogar für geschäftliche Treffen gibt es einen passenden Raum. Der engagierte Robin Wendler ist Ansprechpartner für große und kleine Gästewünsche. Im ersten Stock gibt es

ein behagliches Stübchen: Hier können Hotelgäste sich Kaffee, Säfte, Obst, kleine Snacks und verschiedene weitere Getränke nehmen – und alles ist im Hotelpreis inbegriffen. Auf der Terrasse am Marktplatz kann man dem bunten Treiben zuschauen. Daneben wurde eine gemütliche, beheizte und verglaste Lounge mit Outdoor-Charakter etabliert, in der man auch im Herbst noch Snacks oder einen Aperitif genießen kann.

Hervorhebenswert in seiner Kategorie

Hotels und Restaurants mit diesem Zeichen befinden sich in einem historischen Gebäude.

Waiblingen

bachofer restaurant

Bhf → 2 km

✉ 71332 · Marktplatz 6 · ☎ 0 71 51 97 64 30 · Fax: 97 64 31
Neue u. Asiat. Küche, eig. Kreat. · **Tische:** 12/40 Plätze
mail@bachofer.info · www.bachofer.info · f

Speisekarte: 1 Mittagsmenü von 53,00 bis 76,00 €; 2 Menüs von 95,00 bis 187,00 €
♥♥♥♥🍴🍴 210 Weinpos.

1647 war im zweitältesten Haus Waiblingens eine Apotheke, heute kommen hier im Restaurant "bachofer" auch Rezepturen zum Einsatz, aber die sind von ganz anderer Qualität als vor knapp 380 Jahren. Das Interieur hat sich ebenfalls verändert und besteht aus blanken, schlicht und edel eingedeckten Tischen, die in gerader Reihe an der Wand stehen und von einer gegenüberliegenden ESS-Bar ergänzt werden, an der man sich entweder zum feinen Dinner oder zum exklusiven Drink niederlässt. Von hier hat man beste Einblicke in die vollverglaste Showküche, in der Chefkoch Bernd Bachofer mit seinem Team konzentriert arbeitet. Seine Küche ist bunt, aromenstark und aufregend anders, weil er zahlreiche Asienreisen als zusätzliche Inspirationsquelle für seine innovativen Speisen nimmt, die voller faszinierender Aromen und facettenreicher Texturen stecken und mit molekularen Elementen sowie ungewöhnlichen Gar- und Präsentationstechniken bereichert werden. Charmante Restaurantleiterin ist Gabriela Predatsch, die außerdem als kenntnisreiche Sommelière mit Feingefühl zu den passenden Weinen berät, die in top Qualität im historischen Keller lagern. Neben einem exklusiven Catering, Kochkursen und Weinproben gibt es noch den Private Dining Room „Pranger11" für 12 Personen und eine prächtige Sommer-Terrasse, die nach der Dämmerung durch Fackelschein eine einzigartige Atmosphäre bekommt.

les étoiles
Fine Dining Stories

Unsere kulinarischen Momente zum
Miterleben in Film, Foto und Text.

www.les-etoiles.de

Waiblingen

Untere Apotheke

✉ 71332 · Marktplatz 9 · ☎ 0 71 51 2 06 09 91
Deutsche und Europäische Küche · **Tische:** 25/55 Plätze
info@untereapotheke.com · www.untereapotheke.com

VISA

Speisekarte: 3 Tagesgerichte von 15,90 bis 21,90 €; 1 Mittagsmenü von 36,00 bis 42,00 €; 3 Menüs von 53,00 bis 99,00 € ♦♦♦♦ 26 Weinpos.

In einem der ältesten Fachwerkhäuser Waiblingens aus dem Jahre 1643 war jahrhundertelang eine Apotheke. Das Gebäude wurde aufwändig saniert und seit Dezember 2023 hat Patron Pablo Fernandez hier ein Restaurant etabliert, in dem es ganz wunderbar unverfälscht zugeht. Das historische Fachwerk fügt sich harmonisch ins moderne Interieur, viele Grünpflanzen tragen zur einladenden Atmosphäre bei, die schlicht eingedeckten Holztische werden von einer langen Theke ergänzt, an der man ebenfalls speisen kann, und durch raffinierte Wandlampen und senkrecht hängende Glasröhren ins rechte Licht gerückt. Chefkoch Max Rebhorn hat an erstklassigen Adressen gearbeitet und setzt gemeinsam mit Pablo Fernandez, der mit seinem Serviceteam liebenswürdiger Ansprechpartner für die Gäste ist, konsequent ein farm-to-table-Konzept um. Die erstklassigen Zutaten kommen aus eigenem Anbau auf dafür gepachteten Flächen des Schmidener Felds. In Kooperation mit der Gartenabteilung des Berufsbildungswerks Waiblingens bewirtschaften Jugendliche mit Förderbedarf die Fläche, säen, hegen, pflegen und ernten, was Max Rebhorn im saisonalen Wechsel in fantastischer Frische zu grundehrlichen Speisen verarbeitet. Neben deutschen Gerichten stehen die Küchen Europas Pate. Er arbeitet konzentriert, kreativ und legt Wert auf Nachhaltigkeit. Für private und geschäftliche Treffen gibt es einen separaten Raum. An warmen Tagen wartet die Terrasse direkt am Marktplatz, der von wunderschönen historischen Häusern gesäumt wird.

 Restaurant mit gutem Genuss-/Preisverhältnis.

Waldbronn

Waldbronn

Bhf→500 m **Schwitzer's Hotel im Park** ✪✪✪✪

✉ 76337 · Etzenroter Straße 4 · ☎ 0 72 43 35 48 50 · Fax: 35 48 585
Restaurant, Brasserie, Cigar Lounge, Zimmerpreise inkl. Frühstück
🍴♿🐾🏠🅿🚭♨🛝⛲🏛⟷👶☕🖥📶 ⛰5 km VISA AE ● ☒
info@schwitzers.com · https://schwitzers.com

18 **DZ** ab 155,00 €;
130 als **EZ** ab 140,00 €;
2 **Suiten** ab 365,00 €

Im malerischen nördlichen Schwarzwald am Rande des Waldbronner Kurparks gelegen, ist ein Aufenthalt im komfortablen "Schwitzer's Hotel am Park" ideal, um den Alltag hinter sich zu lassen und in reizvoller Umgebung mit Blick ins Grüne und das Albtal nachhaltig zu entspannen. Dazu trägt der liebenswürdige und familiäre Service im Hotel ganz wesentlich bei. Man kann sich jederzeit an die zuvorkommenden Mitarbeiter wenden, die bei kleinen und großen Bitten gerne behilflich sind. Die individuell, in zeitloser Moderne elegant eingerichteten Zimmer bieten viel Tageslicht, sind mit wertigen Materialien ausgestattet und ein wunderschönes Zuhause auf Zeit. Der Tag beginnt mit einem hinreißenden Frühstück (im Zimmerpreis inkludiert). Der Wellnessbereich, u. a. mit Dampfbad, Sauna und Klangraum, ist klein, fein und exklusiv. Und natürlich wartet vor dem Haus das vielfältige Freizeitangebot der Region, wo unzählige Wanderwege nur ein Teil der Möglichkeiten sind. Im lichtdurchfluteten Restaurant „Pur" wartet Casual Fine Dining mit einem saisonal und länderübergreifend inspirierten Konzept. Leichter Genuss wartet fußläufig etwa 15 Minuten entfernt in Schwitzer´s Bistro in der Albtherme.

Bhf→500 m **Cédric Schwitzer's Gourmet-Restaurant** 👨‍🍳👨‍🍳👨‍🍳

✉ 76337 · Etzenroter Straße 4 · ☎ 0 72 43 35 48 50 · Fax: 35 48 585
Klassische Küche · **Tische:** 4/40 Plätze   VISA AE ● ☒
info@schwitzers.com · https://schwitzers.com

Speisekarte: 2 Menüs von 159,00 bis 189,00 € 🍷🍷🍷🍷🍇🍇🍇 660 Weinpos.

Das „Schwitzer's" ist ein Gourmetrestaurant mit so stylischem Interiordesign, dass man gewiss sein kann, auch kulinarisch etwas Besonderes geboten zu bekommen. Mit leichter Hand modern eingerichtet, stehen schwarz-magentafarbene Sessel an schlichten, weißen Tischen, wird die Szenerie von raffinierten Kugelleuchten erhellt und bietet die Showküche spannende Einblicke ins kulinarische Geschehen. Die Theke mit Platz für etwa sechs Personen ist ein beliebter Ort, um zu genießen und ins Gespräch zu kommen – man gerät ins Staunen, mit welcher Akribie, Können, Lust und Leidenschaft Patron und Chef de Cuisine Cédric Schwitzer und sein eingespieltes Team das ausbalancierte Menü (auch in einer vegetarischen Variante) zubereiten. In der klassischen französischen Küche verwurzelt, werden die edlen Zutaten mit überbordender Fantasie neu interpretiert und behutsam dem Zeitgeist angepasst. Das Spiel mit den verschiedensten Aromen und Texturen ist virtuos und mündet in innovativen und faszinierenden Geschmackswelten. Wer diesbezüglich gerne mit unbekanntem Ziel aufbricht, wird hoffen, dass die faszinierende Reise nicht endet. Ehefrau Stepha-

Waldbronn

nie Schwitzer ist charmante und liebenswürdige Gastgeberin und steht gemeinsam mit Maître Felix Daferner auch bei Fragen gerne zur Verfügung. Bei der Auswahl korrespondierender Weine – die es in großer Fülle und erlesener Qualität gibt – hilft Dominik Trick als geschulter Sommelier gerne weiter.

Waldenbuch

Gasthof Krone

Bhf→5 Min.

✉ 71111 · Nürtinger Straße 14 · ☎ 0 71 57 40 88 49 · Fax: 40 88 54
Klassische u. Neue Küche · Tische: 13/35 Plätze
info@krone-waldenbuch.de · www.krone-waldenbuch.de ·

VISA

Speisekarte: 6 Hauptgerichte von 38,00 bis 48,00 €; Mittagsmenüs zu 72,00 €; 2 Menüs von 93,00 bis 154,00 €

500 Weinpos. 1797 notierte Goethe in seinem Tagebuch: „Waldenbuch selbst ist ein artiger, zwischen Hügeln gelegener Ort mit Wiesen, Feld, Weinbergen und Wald und einem herrschaftlichen Schloss." In dieser in Teilen immer noch bestehenden Idylle steht der Gasthof Krone, der bereits vor rund 200 Jahren urkundlich erwähnt wurde. Die Gastgeber und Inhaber Matthias Gugeler und Erik Metzger setzen alles daran, diese lange Geschichte des denkmalgeschützten Hauses mit den Ansprüchen der Moderne zu verbinden. Das gelingt ihnen prächtig, besonders wenn man das elegant-nostalgisch eingerichtete Restaurant betritt und von Patron und Maître Matthias Gugeler aufs herzlichste begrüßt und vom aufmerksamen Service kompetent umsorgt wird. In der Küche ertüftelt Erik Metzger mit Fleiß, Neugierde und großem handwerklichem Können erstklassige Speisen, die den Gast auf eine spannende kulinarische Reise mitnehmen. Saisonale und regionale Produkte sind die Basis der klassischen Küche, die er mit zeitgemäßen Elementen raffiniert neu interpretiert. Matthias Gugeler wuchs gleichsam in den Weinbergen auf und kuratiert eine Weinkarte, die das Besondere von bekannten und unbekannten Winzern in verführerischer Auswahl bereithält. An warmen Tagen wartet eine schöne Gartenterrasse mit Blick auf Altstadt und Schloss.

Waldkirchen

Waldkirchen

Johanns

Bhf→25 km

✉ 94065 · Marktplatz 24 · ☎ 0 85 81 2 08-20 00
Regionale Küche, eig. Kreationen · **Tische:** 18/50 Plätze
info@restaurant-johanns.de · www.restaurant-johanns.de · f

Speisekarte: 10 Hauptgerichte von 19,00 bis 69,00 €; 1 Mittagsmenü von 49,00 bis 69,00 €; 1 Menü von 95,00 bis 135,00 €

300 Weinpos.

Im Modehaus des Familienunternehmens Garhammer in Waldkirchen ist im Dachgeschoss das Restaurant „Johanns" beheimatet. Wer nun hier eine kleine Snack-Küche vermutet, liegt falsch, ganz falsch. Denn dank Chefkoch Michael Simon Reis werden hier Speisen angeboten, die Gourmets weit außerhalb von Niederbayern anlocken. Er arbeitet mit hohem Anspruch, großer Leidenschaft und enormem Können. Die Top-Zutaten kauft er bevorzugt von bekannten Händlern und Erzeugern im Umland ein und macht daraus freche und kreative Speisen, die ihre traditionellen Wurzeln nicht verleugnen wollen. Die Speisen sind unverfälscht und spielen mit den Geschmacksbildern der Region. Den eher erdigen, getreidigen und deftigen Aromen setzt Simon Reis raffinierte, deutlich leichtere Neuinterpretationen entgegen, die den Gast in eine ganz neue Aromenwelt mitnehmen. Denise Ebertshäuser leitet sehr liebenswürdig und zugewandt den Service und gibt als diplomierte Sommelière wertvolle vinophile Tipps. Dank der bodentiefen Fenster bekommt das Interieur eine lichte, einladende Note und so wird der Restaurantbesuch zusätzlich von einem fantastischen Ausblick auf den Bayerischen Wald begleitet. An warmen Tagen ist die Terrasse eine großartige open-air-Erweiterung.

Waltrop

♜ Gasthaus Stromberg

Bhf→2 km

✉ 45731 · Dortmunder Straße 5 · ☎ 0 23 09 42 28 · Fax: 92 03 17
Klass., Neue u. Regionale Küche · **Tische:** 21/85 Plätze
info@gasthaus-stromberg.de · www.gasthaus-stromberg.de

Speisekarte: 9 Hauptgerichte von 22,00 bis 34,00 €

Stefan Manier kocht unverfälschte und geerdete Speisen, die in der Region verwurzelt sind. Für Events in außergewöhnlichem Ambiente steht die ehemalige Elektrowerkstatt der einstigen Zeche Waltrop zur Verfügung.

Wangen im Allgäu

⭐⭐⭐ ♛ Alte Post

Bhf→1 km

✉ 88239 · Postplatz 2 · ☎ 0 75 22 9 75 60 · Fax: 2 26 04
Rest. mit Regionaler und Neuer Küche, Zimmerpreise inkl. Frühstücksbuffet
altepost@t-online.de · www.hotel-alte-post-wangen.de

12 **DZ** ab 170,00 €; 6 **EZ** ab 85,00 €;
1 **Suite** ab 150,00 €
Dieses Haus ist ein Kleinod im Voralpengebiet des württembergischen Allgäus. Es liegt zentral im Herzen der prächtigen Altstadt. Komfortable Zimmer und ein aufmerksamer Service begleiten den Aufenthalt.

👨‍🍳👨‍🍳 Landgasthaus Adler

Bhf→5 km

✉ 88239 · Obere Dorfstr. 4 · ☎ 0 75 22 70 74 77 · Fax: 70 74 78
Regionale Küche · **Tische:** 11/45 Plätze
www.adler-deucheliried.de

Speisekarte: 6 Hauptgerichte von 29,50 bis 35,00 €
🍷🍷🍷
Im hübsch eingerichteten Landgasthof mit romantischer Gärtenterrasse sorgt Chefkoch Uwe Zöller für frische und abwechslungsreiche Speisen mit jahreszeitlichen Spezialitäten.

Warnemünde

👨‍🍳👨‍🍳 Sandbank Lounge by Bastian Opitz

✉ 18119 · Kurhausstraße 1 · ☎ 0173 721 0145
Nordische u. Mediterrane Küche · **Tische:** 13/40 Plätze
sandbank.lounge@gmail.com · www.restaurant-sandbank-lounge.de

Speisekarte: 6 Hauptgerichte von 19,00 bis 26,00 €; 2 Tagesgerichte ab 9,90 €
🍷🍷🍷 16 Weinpos.
Mit dem Restaurant „Sandbank Lounge by Bastian Opitz" hat der junge Koch, Bastian Opitz den Schritt in die Selbstständigkeit gewagt und erfolgreich sein eigenes Restaurant mit Casual Fine Dining Konzept eröffnet. Es findet sich in Strandnähe direkt gegenüber dem Kurpark im Souterrain des „Ostseehotel Warnemünde" und ist der perfekte Ort, um seine ambitionierte – nicht nur nordische – Küche zu genießen. Das Interieur ist schlicht gestaltet, graue, samtige Fauteuils und gepolsterte hochlehnige Bänke stehen auf einem braunen Holzdielenboden. Blanke Tische und moderne Muschel-Collagen-Bilder ergänzen das stimmige Gesamtbild. Bastian Opitz legt größten Wert auf erstklassige Zutaten, die aus der Region oder sogar aus eigenem Anbau kommen, denn in seiner Küche ist das möglichst unverfälschte Produkt der Star. Mit Können und Hingabe macht er daraus nordisch und mediterran inspirierte Speisen und sorgt für vollendeten Genuss. Ein zuvorkommender Service unter Leitung von Andrasch Glocka begleitet den Restaurantbesuch, der sich an warmen Tagen auch auf die kleine Terrasse verlagern kann.

Wartmannsroth

Bhf → 5 km ♜ **Neumühle Resort & Spa – Scheune –**

✉ 97797 · Neumühle 54 · ☎ 0 97 32 8 03 80
Regionale u. Internationale Küche · **Tische:** 16/50 Plätze
info@neumuehle-resort.de · www.neumuehle-resort.de · ￼

Speisekarte: 6 Hauptgerichte von 32,00 bis 46,00 €; 3 Menüs von 68,00 bis 84,00 €

Im Restaurant „Scheune" zeigt Küchenchef Dirk Abel die große Bandbreite seines Könnens. Mit Präzision und sehr viel Kreativität kombiniert er die Feinheiten der regionalen Küche mit internationalen Einflüssen und stellt wechselnde, saisonale Menüs zusammen.

Weigenheim

Bhf → 8 km ♜ **Amtshaus auf Schloss Frankenberg**

✉ 97215 · Schloß Frankenberg 1 · ☎ 0 93 39 97 14-5 71 · Fax: 97 14-1 17
Gehobene Regionale Küche · **Tische:** 16/90 Plätze
gastro@schloss-frankenberg.com · https://schloss-frankenberg.de · ￼

Speisekarte: 8 Hauptgerichte von 14,00 bis 23,00 €

20 Weinpos.

Im "Amtshaus" auf Schloss Frankenberg geht es ein wenig bodenständiger, aber nicht minder genussvoll zu. Rustikal mit Holzbänken und mächtigen, blanken Tischen eingerichtet, ist die Atmosphäre urig, gesellig und völlig uneitel. Hier werden Traditionen großgeschrieben und das Angebot mit herzhafter fränkischer Küche spricht Einheimische und Tagesausflügler gleichermaßen an. Chefkoch Steffen Szabo ist der verantwortliche Mann fürs kulinarische Geschehen. Das reicht von Bratwurst mit Kraut über Vegetarisches bis zum Vesperteller. Bei den grundehrlichen Speisen findet jeder etwas Passendes. Die große Außenterrasse wird an warmen Tagen zum Lieblingsort, nicht zuletzt, weil der Blick auf die Weinberge und die Schlossanlage so wunderschön ist. Der liebenswürdige und herzliche Service rundet den Besuch im Amtshaus ab. Ein besonderer Tipp sind die regelmäßigen Weinverkostungen mit dem Kellermeister in der historischen Vinothek, hier kann man die Weine verkosten und auch kaufen.

 Restaurant mit gutem Genuss-/Preisverhältnis.

Weigenheim

♜ Schloss Frankenberg ★★★★ ♔ Bhf→8 km

✉ 97215 · Schloss Frankenberg 1 · ☎ 0 93 39 97 14 0 · Fax: 97 14 117 · Gourmetrest. "Le Frankenberg", Rest. "Amtshaus", Vinothek, Billardzimmer, Zi.-Preise inkl. Frühstück
🍴♿🅿🚗♨♿📶🛏15 km
info@schloss-frankenberg.com · https://schloss-frankenberg.de   VISA AE 💳 💳

23 **DZ** ab 209,00 €;
4 **Suiten** ab 1250,00 €

Südwestlich des Steigerwalds erhebt sich über einer weiten, sanft geschwungenen Hügellandschaft Schloss Frankenberg, dessen Ursprung mindestens auf das Jahr 1254 zurückgeht. Umrahmt von steilen Weinbergen, trutzen die dicken Mauern und mittelalterlichen Türme seit Jahrhunderten der Geschichte. Seit vielen Jahren in einen Dornröschenschlaf gefallen, wurde es samt dem dazugehörigen Weingut dank dem neuen Besitzer, Unternehmer Prof. Dr. Dr. Peter Löw, innerhalb des von ihm initiierten European Heritage Project aufwendig restauriert. Gastronomie, Weinbau und nachhaltige Landwirtschaft gehen hier eine einzigartige Verbindung mit Tradition und Kultur ein. Neben dem 22 ha großen Weinanbaugebiet umfasst das Schlossgelände noch weitere 140 ha Wälder, Ackerland, Obstgärten sowie die historische Meierei am Fuße des Hügels. Zur Gastronomie gehört auch ein Hotel, das mit nur 23 Zimmern und 4 Suiten seine Exklusivität unterstreicht. Die Zimmer sind mit edlen Materialien eingerichtet und stilvollen Bildern und Antiquitäten ausgestat-

tet, so dass der Gast sich in vergangene Zeiten träumen und sich als sein eigener Schlossherr fühlen kann. Darüber hinaus warten ein Wellnessbereich mit Pavillon, erlesene Veranstaltungs- und Tagungsräume, ein Gewölbekeller, Schlossbar und Vinothek sowie eine eigene Kapelle für Trauungen. Die Hochzeitsfeiern können im Amtshaus, Innenhof oder im romantischen Schloss stattfinden. Neben dem Gourmet-Restaurant "Le Frankenberg" gibt es noch das "Amtshaus" – hier geht es bodenständiger, aber nicht weniger ambitioniert zu.

 Hotels und Restaurants mit diesem Zeichen befinden sich in einem historischen Gebäude.

Weigenheim

Bhf→8 km 🏰 **Gourmet-Restaurant Le Frankenberg**

✉ 97215 · Schloß Frankenberg 1 · ☎ 0 93 39 97 14 0 · Fax: 97 14-1 17
Klassische fränkisch-französische Küche · **Tische:** 10/20 Plätze
lefrankenberg@schloss-frankenberg.com · www.lefrankenberg.de

Speisekarte: 1 Menü von 104,00 bis 168,00 € ❤❤❤🍇 120 Weinpos.

Das Gourmet-Restaurant Le Frankenberg ist eine Klasse für sich. Das wird bereits beim Betreten des Restaurants augenfällig: Parkett, schwere Vorhänge, Kristallüster, samtbezogene Stühle, exquisite Bilder und edel eingedeckte Tische fügen sich zu einem eleganten Interieur, dank der Sitznischen auch mit privater Atmosphäre. Chefkoch Steffen Szabo gelingt der Spagat, französischer Hochküche und fränkischer Landküche eine gleichberechtigte Bühne zu bereiten. Es ist faszinierend, wie er Bodenständiges mit Filigranem so ausbalanciert kombiniert, das am Ende eine Speise in perfekter Vollendung in hinreißender Optik vor dem Gast steht. Die expressiven Speisen, bei denen Traditionen und Innovationen zu ganz neuen Geschmackserlebnissen werden, basieren auf handverlesenen, edlen Produkten. Die hauseigenen, historisch sehr

wertvollen Weinberge werden nachhaltig bewirtschaftet und sind vornehmlich mit Riesling und Weißburgunder bepflanzt – von der hinreißenden Qualität kann man sich im Restaurant überzeugen. Der liebenswürdige Service unter der Leitung von Roman Krüchel hilft bei Fragen jederzeit gerne weiter.

Weikersheim

Bhf→1 km **Laurentius Gewölberestaurant**

✉ 97990 · Marktplatz 5 · ☎ 0 79 34 9 10 80 · Fax: 91 08 18
Reg. Küche · **Tische:** 12/50 Plätze
info@hotel-laurentius.de · www.hotel-laurentius.de

Speisekarte: 3 Hauptgerichte zu 49,50 €; 1 Menü von 87,00 bis 152,00 €
❤❤❤🍇 207 Weinpos.

Der historische Gewölbekeller ist eine wunderschöne Kulisse für die schnörkellose und doch fulminante Küche von Chefkoch Jürgen Koch, der mit Einsatz, Neugierde und innovativen Ideen kocht.

Die Küchenleistung dieses Restaurants ist hervorhebenswert in seiner Kategorie.

Weimar (Thüringen)

✪✪✪✪✪ ♜ Elephant Weimar

Bhf→2 km

✉ 99423 · Markt 19 · ☎ 0 36 43 80 20 · Fax: 80 26 10 · Im Erdgeschoss: Wohnhalle, Bar, Weinkost mit Thüringer "Street Food", Terrasse

elephantweimar@luxurycollection.com · www.hotelelephantweimar.com

64 **DZ** ab 150,00 €;
18 **EZ** ab 133,00 €;
6 **Suiten** ab 403,00 €;
11 **Ju.-Sui.** ab 253,00 €

Nach umfangreichen Renovierungsarbeiten hat das legendäre „Elephant Weimar" seine Tore für Gäste aus aller Welt wieder ganz weit geöffnet. Die Eleganz und das hohe gastronomische Niveau blieben natürlich erhalten und wurden durch ein Mehr an Komfort und Luxus noch aufgewertet.

♜ Elephant Weimar - AnnA

Bhf→2 km

✉ 99423 · Markt 19 · ☎ 0 36 43 80 20 · Fax: 80 26 10
Klass. u. Intern. Küche, eig. Kreat. · **Tische:** 16/40 Plätze
elephantweimar@luxurycollection.com · www.hotelelephantweimar.com

Speisekarte: 5 Hauptgerichte von 28,00 bis 39,00 €; 1 Menü von 89,00 bis 99,00 €
350 Weinpos.
Im Stil der 1920er und 30er Jahre eingerichtet, genießt man dank Chefkoch Johannes Wallner eine unkomplizierte, vielseitige und aromenstarke Küche mit saisonalen Spezialitäten.

♜ Restaurant Andreas Scholz

Bhf→2 km

✉ 99423 · Prellerstraße 2 · ☎ 0 36 43 86 19 22
Neue Deutsche Küche mit klassischen Wurzeln
info@restaurant-andreas-scholz.de · www.restaurant-andreas-scholz.de

Speisekarte: Menü (3-9Gänge) von 57,00 bis 117,00 €

Im Hotel Alt-Weimar beheimatet, können Andreas und Stefanie Scholz hier ihre Vorstellung einer ambitionierten Küche verwirklichen. Die Zutaten kommen bevorzugt aus der Region und entsprechen dem saisonalen Marktangebot. Mit Können und Feinsinn kombiniert Andreas Scholz sie zu Speisen der Neuen Deutschen Küche, die in der klassischen verwurzelt ist.

Weingarten (Baden)

♜ zeit I geist

Bhf→3 km

✉ 76356 · Marktplatz 7 · ☎ 0 72 44 7 03 70 · Fax: 70 37 40
Intern. Küche., eig. Kreationen · **Tische:** 12/40 Plätze
info@walksches-haus.de · www.walksches-haus.de

Speisekarte: 6 Hauptgerichte von 25,00 bis 48,00 €; 1 Menü von 80,00 bis 119,00 €
202 Weinpos.
Zeitgeist prägt das modern eingerichtete Restaurant und Zeitgeist bestimmt auch die virtuose Küche von Chefkoch Sebastian Syrbe, der fest überzeugt ist, dass man Lebensfreude schmecken kann. Beim Genuss der Speisen bleibt festzuhalten: Recht hat er!

Weinheim (Bergstraße)

♜ bistronauten

Bhf→250 m

✉ 69469 · Kopernikusstr. 43 · ☎ 0 62 01 8 46 18 56
Klass. Küche, eig. Kreationen · **Tische:** 15/60 Plätze
info@bistronauten.de · www.bistronauten.de

Speisekarte: 1 Menü zu 62,00 €
Ein altes Bahnhofsgebäude ist die urige Kulisse für eine junge und moderne Küche ganz ohne Chichi. Drei Hauptgerichte (Fisch, Fleisch, Vegetaria) werden auf einer Tafel annonciert und von Max Stoll und seinem Team sorgfältig in der offenen Küche zubereitet.

Weinheim

esszimmer in der alten post

✉ 69469 · Alte Postgasse 53 · ☎ 0 62 01 8 77 67 87
Neue Küche · **Tische: 6/18 Plätze**
wilkommen@esszimmer-weinheim.de · www.esszimmer-weinheim.de

Speisekarte: 1 Menü von 95,00 bis 115,00 €

360 Weinpos. Hinter der imposanten historischen Fachwerkfassade der Alten Weinheimer Post verbirgt sich mit dem „esszimmer" ein Restaurant mit herrlich entspanntem, weltoffenem und sehr einladendem Ambiente. Die Wände in einem hellen Olivton, gerahmte Auszeichnungen und Bilder, Dielenboden, schlicht eingedeckte, blanke Tische, Korblampen und offene Weinregale verbinden sich zu einem lässigen Interieur. Das passt perfekt zur unverfälschten Küche von Chefkoch Philipp Weigold. Die Zutaten dafür kauft er täglich frisch ein und verarbeitet sie noch am selben Tag zu sorgfältig ertüftelten und präzise zubereiteten Speisen. In die raffinierten Kombinationen werden die wechselnden Jahreszeiten ebenso wie moderne, exotische und französische Elemente und sorgfältig darauf abgestimmte Weine mit einbezogen. Nie geht es Philipp Weigold um Selbstdarstellung, sondern stets um ehrlichen Genuss, der in bester Erinnerung bleibt. Jana Cielke begleitet mit ihrem liebenswürdigen Service-Team den Besuch und hilft bei Fragen gerne weiter.

Ein Restaurant mit anspruchsvoller Küche.

Weinsberg

Bhf → 2 km

♜ Rappenhof ★★★

✉ 74189 · Rappenhofweg 1 · ☎ 0 71 34 51 90 · Fax: 5 19 55
Restaurant, Terrasse, Wintergarten, Zimmerpreise inkl. Frühstücksbuffet
🚫🐕 🅿 🚭 ♿ 15 km
rezeption@rappenhof.de · www.rappenhof.de

18 **DZ** ab 135,00 €;
20 **EZ** ab 108,00 €;
1 **Familienzimmer** ab 145,00 €

Das auf einer Anhöhe liegende und sehr persönlich geführte Landhotel ist in einem ehemaligen Bauernhof beheimatet und bietet eine wunderbare Aussicht auf das Weinsberger Tal, die Weinberge und Wiesen der „Schwäbischen Toskana". Trotz aller landschaftlichen Idylle ist Heilbronn keine 10 Kilometer entfernt und das Autobahnkreuz A6/A81 in wenigen Minuten erreichbar. Was für Tagungsgäste besonders attraktiv ist. Für sie gibt es mit moderner Technik, Rundumbetreuung und Rahmenprogrammen optimale Be-

Weinsberg

dingungen, um effektiv zu arbeiten. Urlaubsgäste fühlen sich in den behaglichen Zimmern (zum großen Teil mit Balkon oder Terrasse, Frühstück im Preis inklusive) mit zeitgemäßem Komfort wie zu Hause und finden nachhaltige Erholung. Der Rappenhof ist ein idealer Ausgangspunkt für Weinverkostungen sowie Wanderungen und Radtouren im reizvollen Umland. Im biozertifizierten Restaurant gilt es, beste, traditionelle schwäbische Küche zu genießen.

 🍴 Rappenhof Bhf→2 km

✉ 74189 · Rappenhofweg 1 · ☎ 0 71 34 51 90 · Fax: 5 19 55
Gehobene Regionale u. Internationale Küche · Tische: 15/85 Plätze VISA AE ● EC
rezeption@rappenhof.de · www.rappenhof.de · f

Speisekarte: 11 Hauptgerichte von 20,50 bis 33,00 €; 2 Menüs von 46,50 bis 54,00 € ♥♥♥♨ 136 Weinpos.
Im „Rappenhof" kann man nicht nur formidabel wohnen, sondern auch bestens speisen. Das bio-zertifizierte, gleichnamige Restaurant im Panorama-Wintergarten ist lässig eingerichtet, vermittelt eine entspannte Atmosphäre und bietet einen hinreißenden Blick auf Weinberge, Wiesen und Felder, auf Weinsberg bis hin zur Burg Weibertreu. Chefkoch Robert Marzahn kennt seine Lieferanten, Bauern und Händler persönlich und legt allergrößten Wert auf erstklassige, nachhaltig erzeugte Zutaten (Angusrinder von der Weide, Freilandgeflügel und Lamm vom Weinsberger Wanderschäfer sind nur einige Beispiele für den hohen Anspruch). Er kocht aromenstark, unverfälscht und handwerklich korrekt. Mit pfiffigen Ideen peppt er die regionalen Speisen raffiniert auf und ergänzt sie mit internationalen und saisonalen Spezialitäten sowie kleinen Vespergerichten, die durchgehend angeboten werden. Mit verschiedenen fleischlosen Speisen und einem eigenen Menü wird auch an Vegetarier gedacht. Passende Weine gibt es in bester Auswahl. Private Feiern werden individuell abgestimmt und kompetent begleitet. Die malerische, beschirmte Terrasse möchte man an warmen Tagen am liebsten gar nicht mehr verlassen.

Weinstadt

CÉDRIC fine dining

✉ 71384 · Marktstraße 39 · ☎ 0 71 51 3 04 82 28
Moderne Küche · **Tische:** 5/14 Plätze
info@restaurant-cedric.de · www.restaurant-cedric.de · ﬀ

Speisekarte: 1 Menü zu 119,00 € ❦❦❦
Das historische Haus mit der einladenden Bruchsteinfassade, Fensterläden und Blumenschmuck ist aus dem Jahre 1800 und beherbergt in der zweiten Etage das Restaurant „Cédric fine dining". Tradierte Landhaus-Elemente verbinden sich mit raffinierten Lampen und schönen Stoffen und münden in ein ungemein behagliches, wirklich entspanntes Ambiente. Für die kulinarischen Ambitionen des jungen Patrons und Chefkochs Cédric Staudenmayer war der Großvater das erste Vorbild. Der Enkel hat sein Handwerk von der Pike auf gelernt und in Topküchen bei den Besten seiner Zunft verfeinert. Er kocht mit eigenen, frischen und modernen Ideen und lässt große Warenkenntnis, Können und seine überbordende Fantasie in ein sorgsam ausgetüfteltes Menü einfließen, dass es nach rechtzeitiger Absprache auch als vegetarische Variante gibt. Es basiert bevorzugt auf regionalen Zutaten, interpretiert schwäbische Klassiker gerne neu, geht aber in den Zusammenstellungen weit über deutsche Grenzen hinaus. Der sechswöchige Wechsel garantiert genussreiche Abwechslung. Cédric Staudenmayer sucht gerne den Austausch mit seinen Gästen und serviert den ein oder anderen Gang selber. Ausgesuchte, kommentierte Weine oder raffinierte nicht alkoholische Getränke begleiten die Speisen. Der zugewandte Service sorgt für einen harmonischen Abend.

Weisenheim am Berg

Admiral

Bhf→7 km

✉ 67273 · Leistadter Straße 6 · ☎ 0 63 53 41 75
Klassische und Neue Küche · **Tische:** 8/40 Plätze
info@admiral-weisenheim.de · www.admiral-weisenheim.de

Speisekarte: 1 Menü von 155,00 bis 190,00 €
❦❦❦ ca. 200 Weinpos. Holzständerwerk im Restaurant, ein romantischer Gastgarten davor – das Ambiente im "Admiral" ist zauberhaft. Patron und Chefkoch Holger Stehr arbeitet mit echter Leidenschaft, großem Können und überbordender Fantasie, wenn es darum geht, genussreiche, aromenprononcierte Speisen auf den Tisch zu bringen.

Ein Restaurant mit anspruchsvoller Küche.

Weißenbrunn

Weißenbrunn

Gasthof Alex

✉ 96369 · Gössersdorf 25 · ☎ 0 92 23 12 34
Klassische und Regionale Küche · Tische: 7/25 Plätze
info@gasthofalex.de · www.gasthofalex.de

VISA ●● ▆

Speisekarte: 1 Menü zu 145,00 € ❤❤❤
Am Fuße des Frankenwaldes gelegen, ist der Gasthof Alex seit 1886 in Familienbesitz. Patron und Chefkoch Domenik Alex sorgt im schlicht eingerichteten, behaglichen Restaurant für virtuos ausgetüftelte, raffinierte Speisen mit regionalem und saisonalem Twist.

Weissenhaus

🍴 BOOTSHAUS Weissenhaus

Bhf→10 km

✉ 23758 · Strandstraße 4 · ☎ 0 43 82 92 62 35 00
Italienische Küche · Tische: 18/65 Plätze
bootshaus@weissenhaus.de · www.weissenhaus.de

VISA AE ●● ▆

Speisekarte: 11 Hauptgerichte von 36,00 bis 79,00 €; 1 Menü zu 95,00 €
❤❤❤❤ 100 Weinpos.
Inmitten der Dünen, direkt am Strand, bietet das BOOTSHAUS neben dem kulinarischen Genuss einen optischen, der auf endlose Weite eingestellt ist und den Blick dank der bodentiefen Panoramafenster ungehindert über die Ostsee gleiten lässt. Viel Holz in geradliniger Ausführung unterstreicht den lässigen Charakter des Restaurants, in dem alles auf einen entspannten Aufenthalt mit unkompliziertem Genuss ausgerichtet ist. Angeboten wird eine leichte, mediterrane Küche. Saisonale Produkte von regionalen Erzeugern sind die Basis für handwerklich präzise, aromastarke, mediterrane Speisen. Beliebte italienische Klassiker werden zeitgemäß interpretiert und von vollmundigen italienischen Weinen begleitet. An warmen Tagen sind die Fenster zur weiten Terrasse hin geöffnet, lassen die Landschaft hinein und einen Traumblick zu oder man trifft sich in der 400 m² großen Außen-Lounge – welchen Platz auch immer man wählt, exklusiv und schön ist er!

🍴 COURTIER

Bhf→10 km

✉ 23758 · Parkallee 1 · ☎ 0 43 82 92 62 21 00 · Fax: 92 62 17 04
Französische Küche · Tische: 10/28 Plätze
courtier@weissenhaus.de · www.weissenhaus.de

VISA AE ●● ▆

Speisekarte: 1 Menü von 179,00 bis 269,00 € ❤❤❤❤ 🍷🍷🍷 500 Weinpos.
Die Lage des weitläufigen Weissenhaus Ensembles in unmittelbarer Nähe zur Ostsee ist großartig. Anfang des 17. Jhs. war hier eines der größten Güter Schleswig-Holsteins. Daran erinnert das zentral gelegene Schloss, in dem das Gourmetrestaurant "Courtier" das Herzstück ist. Namensgeber ist der Maler Jacques Courtier, der für seine imposanten Seeschlachten-Bilder bekannt war – einige davon kann man im eleganten Restaurant bewundern. Gestaltet mit honigfarbenem Parkettboden unter funkelnden Lüstern, samtenen Fauteuils und

Weissenhaus

aufwändigen Stuckierungen, ist das Interieur eine Demonstration erstklassigen Geschmacks. Die Gäste füllen das „Courtier" mit Leben, Chefkoch Christian Scharrer bereichert es mit einer exklusiven Küche, die Ausdruck seines großen Könnens und seiner Individualität ist. Er kocht ganz ohne Allüren und kreiert sehr komplexe, elegante Speisen, die in der französischen Klassik zu Hause sind, aber auch der ehrlichen Ostseeregion Rechnung tragen, wenn Tradiertes in faszinierender Ästhetik und Aromenfülle in ganz neuen Interpretationen erscheint. Ehefrau Nathalie Scharrer ist natürliche und charmante Gastgeberin und kompetente Mittlerin der Speisen ihres Mannes. Sie steht mit ihrem top geschulten Serviceteam bei Fragen bereit. An warmen Tagen ist es ein echtes Highlight, die Gourmetküche auf der dem Restaurant vorgelagerten, malerischen Terrasse zu genießen – ein Sehnsuchtsort mit traumschönem Blick über die Wiesen bis zum Meer.

WEISSENHAUS Private Nature Luxury Resort

23758 · Parkallee 1 · ☎ 0 43 82 9 26 20 · Fax: 92 62 17 04 · Restaurants, Terrasse, Frühstücksrestaurant Kavaliershaus, Schlosstherme, Saunalandschaft 15 km
info@weissenhaus.de · www.weissenhaus.de

35 **DZ** von 460,00 bis 810,00 €;
als **EZ** von 420,00 bis 770,00 €

Ein 75 ha großer, ehemaliger Herrensitz ca. eine Stunde nördlich von Hamburg, dessen Geschichte bis ins 16. Jh. zurückreicht, wurde zu einem hinreißend luxuriösen Resort mit Dorfcharakter ausgebaut. Dabei wurden das Schloss und elf historische Gebäude in das Konzept dieses Traumresorts integriert, in dem Tradition und Moderne zu einem harmonischen Ganzen für den anspruchsvollen Gast werden. Ob ein Haus mit Freunden, der Familie oder mit anderen Gästen oder ein Häuschen ganz für sich, näher am Leben vom WEISSENHAUS und dem Dorfplatz oder zurückgezogen, ganz privat – hier gibt es in exklusiver, wohnlicher und hochwertiger Gestaltung die perfekte Lösung für jeden Geschmack (Preise inkl. Frühstück). Der 3 km lange Naturstrand ist in wenigen Minuten erreichbar. In der SCHLOSSTHERME, dem 2.500 m² großen SPA, mit VITALBAR, Saunalandschaft, eigenem Solebecken und einem 20 m langen Innen- und Außenpool ist die Auszeit vom Alltag garantiert. Kulturelle Veranstaltungen und Freizeitangebote der Extraklasse sind ebenso selbstverständlich wie optimale Tagungsmöglichkeiten im einstigen Pferdestall und der Veranstaltungsscheune mit moderner Technik und historischem Charme.

Wenningstedt

Café Meeresblick Sylt

Bhf →5 km

25996 · Strandstraße 26 · ☎ 0 46 51 4 44 22
Norddeutsche und Deutsche Küche
office@cafemeeresblick.de · www.cafemeeresblick.de

Speisekarte: 15 Hauptgerichte von 16,00 bis 38,00 €

Seit über 35 Jahren ist das Café und Restaurant Meeresblick an der Wennings-

Wenningstedt

tedter Strandpromenade ein Ort zum Schnacken und Genießen. In der gemütlichen Friesenstube kommen die regionalen Speisen, Fischspezialitäten inklusive, von Chefkoch Florian Gabler besonders gut zur Geltung.

Werder/Havel

♛ Alte Überfahrt

✉ 14542 · Fischerstraße 48b · ☎ 0 33 27 7 31 33 36
Saisonale Küche, eigene Kreationen · **Tische:** 6/24 Plätze
info@alte-ueberfahrt.de · www.alte-ueberfahrt.de

Speisekarte: 1 Menü von 120,00 bis 140,00 € ✿✿✿

Das Restaurant in einem Gründerzeithaus an der Uferpromenade ist sehr charmant eingerichtet. Chefkoch Thomas Hübner richtet seinen Fokus auf eine unverfälschte Gemüseküche mit Zutaten exklusiv aus dem nahen Schlossgarten Petzow, in der Fisch und Fleisch eine Nebenrolle spielen. Er kocht mit präzisem handwerklichem Können und einer großen Prise Kreativität.

Wernigerode

Pietsch   Bhf→2 km

✉ 38855 · Breite Straße 53a · ☎ 0 39 43 6 94 78 34
Klassische Küche m. reg. und asiat. Einflüssen · **Tische:** 1/14 Plätze
info@restaurantpietsch.de · https://robin-pietsch.de

Speisekarte: 1 Menü von 150,00 bis 170,00 € ✿✿✿ 20 Weinpos.

Die Gäste sitzen an einem langen Tresen gegenüber der offenen Küche und dürfen gespannt sein, was Robin Pietsch an kulinarischen Überraschungen präsentiert. Es wird auf jeden Fall eine verführerische, aromenstarke Genussreise mit regionalen und weltoffenen Elementen mit Erinnerungswert.

Zeitwerk   Bhf→3 km

✉ 38855 · Große Bergstraße 2a · ☎ 0 39 43 6 94 78 84
Regionale Küche, eigene Kreationen · **Tische:** 9/26 Plätze
info@dein-zeitwerk.de · https://robin-pietsch.de ·

Speisekarte: 1 Menü von 150,00 bis 170,00 € ✿✿✿ 40 Weinpos.

Historisches Fachwerk wurde harmonisch ins Interieur des Restaurants integriert. Patron und Küchenchef Robin Pietsch hebt regional inspirierte Speisen auf eine ganz neue Ebene und begeistert mit innovativen Kombinationen.

Wertheim

★★★ Bestenheider Stuben   Bhf→4 km

✉ 97877 · Breslauer Straße 1 · ☎ 0 93 42 96 54 44
Restaurant, Bar, Biergarten, Arrangements, Zimmerpreise inkl. Frühstück
🍴 ⚐ 🏠 🅿 🚂 13 km
info@bestenheider-stuben.de · www.bestenheider-stuben.de ·

14 **DZ** ab 139,00 €;
4 **EZ** ab 99,00 €;
2 **Zweibettzimmer** ab 172.00 €

Wertheim ist eine mittelalterliche Residenzstadt im Main-Tauber-Kreis, direkt an der Grenze zu Bayern. In dieser vom Wein geprägten Fluss- und Kulturlandschaft findet sich das moderne Hotel „Bestenheider Stuben". Einladend gestaltet, ist es ein idealer Ausgangspunkt, um die reizvolle Umgebung zu erkunden und ein paar entspannte Tage zu verbringen. Alle Zimmer sind behaglich und mit zeitgemäßem Komfort eingerichtet. Mit einem umfangreichen Frühstücksbuffet, das bereits im Zimmerpreis integriert ist, startet der Tag optimal. Nach dem Besuch des Restaurants kann man den Abend in der gemütlichen Hotelbar "Shakes & Beer" ausklingen lassen. Stadtführungen, Wander- und Radtouren entlang an Flüssen, Weinbergen und hübschen Ortschaften und Shoppen im Designer Outlet „Wertheim Village" sind nur einige der vielfältigen Möglichkeiten, die Freizeit zu gestalten.

Wertheim

Bhf→4 km   ### Restaurant Bestenheider Stuben
✉ 97877 · Breslauer Straße 1 · ☎ 0 93 42 96 54 44
Klassische und Regionale Küche · **Tische:** 16/65 Plätze
info@bestenheider-stuben.de · www.bestenheider-stuben.de · f

Speisekarte: 10 Hauptgerichte von 19,90 bis 37,90 €; 1 Menü ab 94,00 €

Das Restaurant im Hotel „Bestenheider Stuben" ist charmant und behaglich in einem hübschen Landhausstil eingerichtet. Egal, ob man sich zu einem romantischen Dinner oder im Kreise von Familien und Freunden trifft – die Küche ist frisch und abwechslungsreich. Dafür sorgt Chefkoch Lars Häfner mit guten Ideen und handwerklicher Präzision. Er kocht mit handverlesenen Zutaten frisch und aromenstark. Klassisches wird ebenso angeboten wie Internationales, fränkische Spezialitäten sowie Vegetarisches. Das angebotene Menü ist kreativ zusammengestellt und ein echtes kulinarisches Erlebnis. Die Zufriedenheit des Gastes steht immer ganz obenan. Alexander Wald berät mit Expertise zur Weinauswahl, während Nina Hammerle gut aufgelegt den zuvorkommenden Service leitet. Für Feierlichkeiten im kleinen oder größeren Rahmen stehen mit dem Wintergarten oder dem Nebenzimmer der Stuben schöne Räumlichkeiten zur Verfügung.

Westerheim

Bhf→5 km   ### Brauereigasthof-Hotel Laupheimer
✉ 87784 · OT Günz · Dorfstraße 19 · ☎ 0 83 36 76 63 · Fax: 76 93
Regionale Küche · **Tische:** 60/350 Plätze
info@laupheimer.de · www.laupheimer.de · f

Speisekarte: 21 Hauptgerichte von 13,80 bis 33,50 €

 50 Weinpos.

Seit 1888 in Besitz von Familie Laupheimer ist diese lange gastliche Tradition im Brauereigasthof-Hotel Laupheimer Herzenssache und Verpflichtung zugleich. Die Gaststube ist wunderschön in einem rustikalen, landestypischen Stil mit viel Holz und hübschen Stoffen eingerichtet und eine stimmungsvolle Kulisse für die grundehrliche Küche von Patron und Chefkoch Martin Laupheimer. Für seine frischen, durchdachten und präzisen Zubereitungen nutzt er bevorzugt heimische Zutaten von bekannten Händlern und Erzeugern, das Wild z. B. kommt von Familienbetrieben und Jägern aus der Region. Besonders beliebt sind Schwäbische Schmankerl und Wildspezialitäten,

ergänzt wird das Angebot von vegetarischen und saisonalen Gerichten. Viele Speisen werden nach der schonenden Garung aromensicher direkt in Gläser abgefüllt, so hat man z. B. Rehragout, Böfflamott, Fischsuppe, vegane Bolognese oder Maultaschen immer zu Hause (Online-Bestellungen sind auch möglich). Bei gutem Wetter öffnet am 1. Mai der herrliche Biergarten unter alten Kastanien –

Westerheim

hier gibt es zum frisch Gezapften auch eine zünftige Brotzeit. Für Feierlichkeiten stehen verschiedene, urige Stuben zur Verfügung. Ein guter und vielseitiger Cateringservice ergänzt das gastronomische Angebot.

 ✪✪✪ ♛ **♖ Brauereigasthof-Hotel Laupheimer** — Bhf→5 km

✉ 87784 · OT Günz · Dorfstraße 19 · ☎ 0 83 36 76 63 · Fax: 76 93 · Rest. mit Regionaler Küche, Biergarten, Festsaal, Catering, Zi.-Preise inkl. Frühstück
✗ 🅿 ✱ 🖨 ↘ 10 km   VISA
info@laupheimer.de · www.laupheimer.de · f

6 **DZ** von 109,00 bis 126,00 €;
als **EZ** von 88,00 bis 94,00 €;
3 **EZ** €

Regionale und familiäre Traditionen werden seit über 130 Jahren im "Brauereigasthof-Hotel Laupheimer" in vierter Generation im Einklang mit persönlicher Zuwendung gepflegt und machen das Haus zu einem behaglichen gastronomischen Mittelpunkt. Die Zimmer sind ein komfortables Zuhause auf Zeit und in modernem Landhausstil eingerichtet (Die Preise verstehen sich inklusive einem reichhaltigen Frühstücksbuffet). Für Tagungen stehen zeitgemäß ausgestattete Räumlichkeiten zur Verfügung und auch private Feiern finden im "Laupheimer" in verschiedenen Stuben einen stilvollen Rahmen. Mächtige Kastanien beschatten den urigen Biergarten, der an warmen Tagen ein geselliger Treffpunkt ist. Ob Ulm, Neuschwanstein, Ottobeuren oder der Bodensee – Ausflugsziele gibt es in großer Fülle.

 Sehr gutes, komfortables Hotel

Wiesbaden

 ♖ DAS GOLDSTEIN by Gollner's — Bhf→6 km

✉ 65207 · Goldsteintal 50 · ☎ 06 11 54 11 87 · Fax: 2 05 52 97
Internationale und Neue Küche · **Tische:** 30/120 Plätze   VISA AE
das-goldstein@gollners.de · www.gollners.de · f

Speisekarte: 9 Hauptgerichte von 29,00 bis 65,00 €; 1 Menü zu 95,00 €
♥♥♥🍷🍷🍷

Das Interieur im "DAS GOLDSTEIN by Gollner's" ist eine Demonstration raffinierter Gestaltungsideen gepaart mit gutem Geschmack. Michael Hofmann ist ein Chefkoch, der kocht, was gefällt und was die Jahreszeiten und seine Händler und Lieferanten an erstklassigen Produkten hergeben. Seine Küche ist kraftvoll, kernig und raffiniert zugleich, vielseitig, durchdacht, handwerklich sauber und innovativ. Alexander Gollner hat ein Auge auf den Service, während Patron Günter Gollner die kenntnisreiche Weinberatung übernimmt. Der Private Dining Bereich ist perfekt für geschäftliche und private Events abseits des Tagesbetriebs.

Wiesbaden

Bhf →3 km   ## Nassauer Hof - Ente

✉ 65183 · Kaiser-Friedrich-Platz 3-4 · ☎ 06 11 13 36 66 · Fax: 13 36 32
Int. Küche, eig. Kreat. · **Tische:** 20/80 Plätze
info@nassauer-hof.de · www.hommage-hotels.com/nassauer-hof-wiesbaden/unser-hotel

Speisekarte: 2 Menüs von 150,00 bis 220,00 €
♥♥♥♥🐝🐝🐝   600 Weinpos.
Im traditionsreichen Restaurant "Ente" ist der Genuss grenzenlos. Denn Chefkoch Michael Kammermeier lässt sich für seine raffinierte Küche von kulinarischen Strömungen, Zubereitungsformen und Aromen aus aller Herren Länder inspirieren.

Rue 1 by Gollner's

✉ 65185 · Wilhelmstraße 1 · ☎ 06 11 7 63 83 33-0
Internationale Küche · **Tische:** 20/60 Plätze
info@rue-1.com · www.rue-1.com

Speisekarte: 7 Hauptgerichte von 26,00 bis 39,00 €; 4 Tagesgerichte von 16,00 bis 29,00 €
♥♥♥

Das Restaurant „Rue 1 by Gollner's" ist im 2024 eröffneten Museum Reinhard Ernst beheimatet. Das in beeindruckender, minimalistischer Architektur erbaute Gebäude macht abstrakte Kunst erlebbar. Eine Topadresse in Wiesbaden, ist die Wilhelmstraße unter „rue" bekannt, was als Namensgeber für dieses Restaurant an diesem außergewöhnlichen Ort perfekt ist. Kunst, Genuss und Lifestyle befruchten sich gegenseitig und machen die Küche – nicht zuletzt dank Chefkoch Klaus Mayer – zu einem Erlebnis. Er achtet auf die Herkunft der ausgewählten Zutaten und nimmt nur Topqualität. Ambitioniert spielt und tüftelt er mit den verschiedensten Ingredienzien, Aromen und Texturen, fügt sie zu einem kunstvollen Gesamtbild zusammen und nimmt den Gast auf eine kulinarische Weltreise mit. Bodentiefe Fensterfronten machen das „Rue 1 by Gollner's" licht und transparent, die puristische Einrichtung, kombiniert mit unverkrampften Service unter Leitung von Zsolt Seckeres zu einem kommunikativen place to be. Die vorgelagerte Terrasse ist im Sommer perfekt für den unkomplizierten, modernen Genuss.

Wildberg

Bhf →300 m   ## Talblick-Gourmetrestaurant

✉ 72218 · Bahnhofsträßle 6 · ☎ 0 70 54 52 47 · Fax: 52 99
Klass. u. Reg. Küche, eig. Kreat., frz.-mediterran · **Tische:** 6/20 Plätze

willkommen@talblick-wildberg.de · www.talblick-wildberg.de

Speisekarte: 1 Menü zu 135,00 €
   152 Weinpos.
In bester Familientradition sind Claus Weitbrecht als Chefkoch und sein Bruder Rainer als Pâtissier mit Leidenschaft, Einsatz und Können dabei, wenn es darum geht, die Gäste auf eine außergewöhnliche Gourmetreise mitzunehmen.

Wiesenbronn

★★★ RotHweinHotel

Bhf→10 km

✉ 97355 · Büttnergasse 8 · ☎ 0 93 25 97 94 08-0 · Fax: 97 94 08-40 · Weingut, Zi.-Preise inkl. reichhaltigem Frühstücksbuffet, Veranstaltungen, Arrangements 🍽 ♨ 🏠 🅿 🚭 ⚙ ♿ 🛏 ✆ 10 km   VISA ① ● E
info@rothweinhotel.de · www.rothweinhotel.de · f

27 **DZ** von 110,00 bis 150,00 €;
als **EZ** von 69,00 bis 99,00 €;
1 **Fe.-Wo.**; **Frühstücksservice zubuchbar**
Zum VDP-Weingut Roth am Fuße des Steigerwaldes gehört mit dem direkt daneben liegenden "RotHweinHotel" ein sehr liebevoll eingerichtetes und engagiert geführtes Hotel garni, dass sowohl für Urlauber als auch Tagungs- und Veranstaltungsgäste geschmackvoll eingerichtete Zimmer mit zeitgemäßem Komfort (u. a. Flatscreen, viele mit W-Lan und tw. mit Balkon) bereithält. Das reichhaltige Frühstück mit regionalen Bio-Produkten, selbstgemachten Marmeladen und Säften ist im Zimmerpreis bereits inkludiert.

Nach ökologischen Standards ausgestattet, wurden bei den von Schreinern gefertigten Möbeln nur natürliche Materialien verwendet, so dass auch Allergiker hier ein optimales Klima erwarten. Im gepflegten und schön gestalteten Wellnessbereich kann man u. a. bei verschiedenen Massagen tiefenentspannen. Der idyllische Weinort Wiesenbronn und die malerische Umgebung bieten für Wanderer, Sportler und Kulturinteressierte tolle Möglichkeiten zur Freizeitgestaltung. Außerdem bietet das Haus attraktive Veranstaltungen an wie z. B. "Der Rot(h)wein ist los - unser Sommerfest", "Von der Dämmerung in die Nacht" uvm.

Wildemann

Ratsstube

✉ 38709 · Bohlweg 37 · ☎ 0 53 23 62 61
Regionale und Neue Küche · **Tische:** 12/30 Plätze
info@hotel-rathaus-wildemann.de · www.hotel-rathaus-wildemann.de

Speisekarte: 9 Hauptgerichte von 27,00 bis 42,00 €; 1 Menü von 84,50 bis 89,50 €
❦❦❦

Das Restaurant ist charmant und in behaglicher Moderne eingerichtet. In der Küche kommen ausschließlich regionale Produkte zum Einsatz, die mit Bedacht und gekonnt zu aromenstarken, ehrlichen und vielseitigen Speisen zusammengestellt werden.

Sie finden diese Hotels und Restaurants auch bei facebook oder instagram.

Wingst

Hotel Peters – Oehlschläger-Stube

Bhf → 100 m

✉ 21789 · Bahnhofstraße 1 · ☎ 0 47 78 2 79 · Fax: 74 74
Euro-Asiat. u. Regionale Küche · Tische: 8/28 Plätze
info@peters-wingst.de · www.peters-wingst.de

Speisekarte: 10 Hauptgerichte von 23,90 bis 34,90 €; 2 Menüs von 49,90 bis 111,90 €
♦♦♦

Mario Oehlschläger war ein Landschaftsmaler, der die Region um Wingst kunstvoll darstellte und zum Namenspatron der "Oehlschläger-Stube" wurde, in der auch etliche seiner eindrucksvollen Bilder zu bewundern sind. Das Interieur mit Holzboden, hübsch eingedeckten Tischen und einem schönen Blick ins Grüne ist eine gelungene Mischung aus nostalgischer Eleganz und gefälligem Landhausstil. Patron Claus Peter steht selber am Herd und präsentiert eine unverfälschte und durchdachte Frischeküche. Nur Zutaten in kompromisslos guter Qualität werden verarbeitet: der fangfrische Fisch ist aus Nord- und Ostsee, alte Tierrassen sind aus nachhaltiger Zucht und das Gemüse ist erntefrisch und saisonal. Die gehobenen regionalen Speisen ergänzt er mit Elementen aus dem Fernen Osten, so dass die Speisen einen raffinierten Twist bekommen. Das Fisch- und Amuse-Bouche-Menü zeigen die ganze Bandbreite seines Könnens. Sven Fitzel leitet als umsichtiger Maître den zugewandten und herzlichen Service und steht auch bei Fragen rund um die Getränkeauswahl gerne bereit. Wer mag, kann am Ende eines schönen kulinarischen Abends noch die Hotelbar „1899" aufsuchen und den Tag ausklingen lassen.

Peters - Das Genusshotel in der Wingst ★★★

Bhf → 100 m

✉ 21789 · Bahnhofstraße 1 · ☎ 0 47 78 2 79 · Fax: 74 74
Kochkurse, Terrasse, reichhaltiges Frühstücksbuffet (im Zimmerpreis inkl.), Bar
✻ ♿ ▣ 🎾 ⛳ 🚲 ♨ 20 km
info@peters-wingst.de · www.peters-wingst.de · f

26 **DZ** ab 82,00 €; als **EZ** ab 65,00 €;
3 **EZ** ab 65,00 €

Seit 1898 prägt Tradition in Verbindung mit Komfort die Atmosphäre dieses sympathischen Familienbetriebes, der bereits in der vierten Generation engagiert geführt wird. Gastfreundliche Gemütlichkeit findet der Besucher in den hellen Zimmern, alle sind mit Terrasse bzw. Balkon ausgestattet. Vier Zimmer befinden sich in der Dependance "Apfeltenne", deren Ausstattung rollstuhlgerecht konzipiert wurde. (Das Frühstück ist im Preis inkludiert). Im "Peter" gibt es zusätzlich zum feinen Restaurant als geselliger Treffpunkt eine sehr schöne, im Jugendstil eingerichtete Bar mit selbstspielendem Klavier, kleiner Bistrokarte, frisch Gezapftem und einem sehr guten Whisky-

Angebot. Außerdem sind die Kochkurse beim Chef des Hauses, Claus Peter, gut besucht und sollten rechtzeitig reserviert werden.

 Dieses Restaurant bietet Ihnen ein gutes Genuss-/Preisverhältnis.

Winnenden

Altes Rathaus by what the food

✉ 71364 · Marktstraße 47 · ☎ 07 19 55 89 95 72
Neue Küche · **Tische:** 12/28 Plätze
info@w-thefood.de · www.w-thefood.de   VISA ● ●

Speisekarte: 3 Hauptgerichte von 26,00 bis 38,00 €; 1 Tagesgericht von 22,00 bis 26,00 €; 1 Menü von 99,00 bis 129,00 €
❤❤❤   63 Weinpos.

Mit großem – auch persönlichem – Einsatz haben Anne und Patrick Schubert im Alten Rathaus im Zentrum von Winnenden ein kulinarisches Kleinod geschaffen, in dem die gute Laune und Ambitionen des jungen Paares allgegenwärtig sind. Das Interieur ist zeitlos modern mit schönem Mid-Century-Touch und punktet mit einer sehr einladenden, lässigen Atmosphäre. Patrick Schubert steht am Herd und präsentiert den Gästen eine zeitgemäße, sehr ideenreiche Küche, für die er sich auf verschiedensten Reisen immer wieder neue Inspirationen geholt hat. Er arbeitet mit handverlesenen, saisonalen Zutaten, die er bevorzugt aus der Region bezieht, geht schonend und respektvoll damit um und kocht präzise und experimentierfreudig zugleich. Das ist eine Küche, die einfach Spaß macht und schmeckt. Anne Henrichs ist erste Ansprechpartnerin, wenn es um Organisatorisches und individuell geplante Veranstaltungen im fachwerkgestützten „Raum 47" geht oder darum, ein Event-Catering mit oder ohne den hauseigenen Foodtruck durchzuführen. Sophia Pathenschneider leitet kompetent den herzlichen Service und zeigt im Sommer gerne auch einen Terrassenplatz. Das „Altes Rathaus by what the food" ist mittags und abends ein perfekter Ort für entspannte Geselligkeit und zwanglosen kulinarischen Genuss.

Winterberg

Hotel Liebesglück - Genießen zu zweit   Bhf→800 m

✉ 59955 · Nuhnestraße 5 · ☎ 0 29 81 9 22 30 · Fax: 9 22 35 · Gourmetrestaurant, Steakhouse, Terrasse, Frühst. im Zimmerpreis inkl., Hotel nur f. Erwachsene
※ ♨ ♿ ☐ ♨ ✚ ☒ ≖ ♨ ☕ ◉ ♿ ◻ ◻ ≥3 km   VISA AE ● ●
info@hotel-liebesglueck.de · www.hotel-liebesglueck.de · f

14 **DZ** ab 79,00 €;
4 **EZ** ab 64,00 €;
5 **Suiten** ab 94,00 €

Im Ortskern von Winterberg gelegen, fühlt man sich im "Hotel Liebesglück" sofort wohl. Um mannigfache Verwechslungen mit diversen anderen "Asten...Hotels" zu vermeiden, wurde aus dem "Astenblick" das "Liebesglück" mit herrlichen romantischen Arrangements. Komfortabel, behaglich und mit edlen Naturmaterialien sind die Zimmer eingerichtet. Zwei Zimmer sind für Rollstuhlfahrer geeignet, barrierefrei ist das ganze Haus. Eine exklusive Wellnessoase, u. a. mit separat geführter Beautyfarm, bietet Entspannung. Tagungsräume, gemütliche Bibliothek und eine vielseitige Gastronomie runden das Angebot ab. Die reizvolle Landschaft des Sauer-

Winterberg

landes hält eine große Fülle an Freizeitmöglichkeiten bereit, gerne gibt das liebenswürdige Hotelteam Tipps und geht außerdem auf individuelle Wünsche ein.

Bhf→500 m **Restaurant Astenblick - die feine Küche**

✉ 59955 · Nuhnestr. 5 · ☎ 0 29 81 9 22 30 · Fax: 9 22 35
Neue u. Regionale Küche · Tische: 4/16 Plätze
info@hotel-liebesglueck.de · www.hotel-liebesglueck.de

Speisekarte: 1 Menü ab 47,00 €
👨‍🍳👨‍🍳 40 Weinpos.

Im "Restaurant Astenblick – die feine Küche" spürt man, dass Patron und Chefkoch Dirk "Pascha" Engemann mit Leidenschaft kocht und mit ganz viel Einsatz seinen Gästen einen schönen Aufenthalt bereitet. Das Interieur ist unprätentiös und in einem einladenden Stilmix gestaltet, ein bisschen nostalgisch, ein bisschen modern, mit einem Flügel als Hingucker und es vermittelt eine entspannt-lässige Atmosphäre. Pascha Engemann hat ein 10-Punkte-Küchen-Konzept aufgestellt, das der Leitfaden für seine Arbeit ist. Bio- und wild wachsende Produkte werden bevorzugt, Transportwege kurz gehalten, Landwirte, Jäger und Hausmetzger sind ihm alle persönlich bekannt, Tiere werden im Ganzen gekauft und verarbeitet, gekocht wird auf Feuer ... Die Speisen so unverfälscht wie möglich zuzubereiten, gehört zu seiner Küchen-Philosophie, auch deshalb sind Geschmacksverstärker tabu. Klassische deutsche Küche bereichert er immer wieder mit innovativen, grenzübergreifenden Elementen. Es wird ein viergängiges Menü mit drei verschiedenen Hauptspeisen angeboten, dieses Candlelightdinner wechselt täglich. Der liebenswürdige Service wird mit Herzlichkeit von Anke Dörr geleitet. Zünftiger geht es im Steakhaus „Ochsenwirt" zu (Freitag bis Montag von 16:00 Uhr bis 21:30 Uhr), hier gibt es auf den Wunschpunkt gebratene feine Cuts.

Wirsberg

Bhf→3 km 🍴 **Aura by Alexander Herrmann & Tobias Bätz**

✉ 95339 · Marktplatz 11 · ☎ 0 92 27 20 80 · Fax: 58 60
Eigene Kreationen
posthotel@romantikhotels.com · www.herrmanns-posthotel.de

Speisekarte: 3 Menüs zu 275,00 €
👨‍🍳👨‍🍳👨‍🍳👨‍🍳🌿

"Highendküche ohne Allüren" – so sieht Chefkoch Tobias Bätz (zurecht) das, was er mit überbordender Kreativität zubereitet. Nie lässt er die Region außer Acht, geht mit seinen wagemutigen Kombinationen aber weit darüber hinaus.

Dieses Restaurant bietet Ihnen eine exzellente Küche.

Wolfach

Adler Bhf→13 km

✉ 77709 · St. Roman 14 · ☎ 0 78 36 9 37 80 · Fax: 74 34
Terrassen, Raucher-Lounge, Arrangements und Packages, Medical Therapie
🍽🛏🏠🅿🍳🎾⚽♨💆♿♿ 25 km   VISA AE ● 💳
rezeption@naturparkhotel-adler.de · www.naturparkhotel-adler.de · 📘

34 **DZ** ab 274,00 €;
34 als **EZ** ab 137,00 €;
15 (**Jui.**-)**Suiten** ab 336,00 €;
5 **App.** ab 360,00 €

Aus dem einstigen von üppigen Wiesen und Wäldern umgebenen „Wirtshof" entstand ein zeitgemäßes Hotelensemble mit dem traditionellen Charme Schwarzwälder Gastlichkeit. Frau Meixner und ihr freundliches Team schaffen mit sehr persönlicher Gästeansprache und individuell gestalteten Zimmern (Preise inkl. Frühstück) ein äußerst behagliches Zuhause auf Zeit. Nachhaltige Entspannung findet man im Wellnessbereich mit Saunalandschaft, beheiztem Freibad, Massage- und Beautyanwendungen, Fitness- und Gymnastikraum sowie Ruheräumen mit herrlichem Panoramablick, Kinderbereich und Bistro. Mit modern ausgestatteten Tagungsräumen finden geschäftliche

Treffen einen professionellen Rahmen. W-LAN ist im gesamten Haus kostenfrei. Es gibt sehr gut durchdachte Arrangements, um den "Adler" mit alle seinen Facetten kennenzulernen. Besonders Wanderer und Mountainbiker wissen die paradiesische Lage im Naturpark Schwarzwald Mitte/Nord zu schätzen, in dem sich eine wilde Naturlandschaft mit der jahrhundertealten Kulturregion verbindet.

Adler Bhf→13 km

✉ 77709 · St. Roman 14 · ☎ 0 78 36 9 37 80 · Fax: 74 34
Regionale und Saisonale Küche · Tische: 53/170 Plätze   VISA AE ● 💳
rezeption@naturparkhotel-adler.de · www.naturparkhotel-adler.de

Speisekarte: 18 Hauptgerichte von 14,50 bis 34,50 € ♥♥🍷 142 Weinpos.
Das Hotel- Restaurant im "Adler" setzt sich aus dem lichtdurchfluteten Wintergarten und verschiedenen Stuben zusammen, die alle mit viel Holz gestaltet sind – mal im traditionellem Landhausstil, mal in moderner Anmutung, Hingucker sind immer die großformatigen, historischen Fotos an den Wänden. Die Atmosphäre ist jederzeit entspannt und einladend. Dazu passt die unverfälschte, ehrliche, aromenstarke und abwechslungsreiche Küche. Gekocht wird im jahreszeitlichen Rhythmus, man nutzt das reichhaltige Warenangebot der Region – die Forellen kommen aus eigener Zucht, das Wildbret aus eigener Jagd – und verarbeitet die Produkte mit pfiffigen Ideen und kreativen Elementen handwerklich präzise zu Schwarzwälder Köstlichkeiten und internationalen Spezialitäten. Angenehmes Extra ist die Möglichkeit, auch kleine Portionen zu bestellen und Sonderwünsche

nach veganer oder lactosefreier Kost zu äußern. Der Weinkeller ist bestens bestückt und hält eine große Palette verschiedener Tropfen bereit. Nachmittags verführen hausgemachte Kuchen und Torten aus der eigenen Konditorei. An schönen Tagen lässt sich das vielseitige kulinarische Angebot auf der schön gestalteten Terrasse mit herrlicher Aussicht genießen.

Wolfsburg

♜ Christalle

Bhf→5 km

✉ 38446 · An der Wasserburg 2 · ☎ 0 53 63 94 00 · Fax: 7 15 74
Internationale und Regionale Küche · Tische: 14/40 Plätze
info@an-der-wasserburg.de · www.an-der-wasserburg.de

Speisekarte: 6 Hauptgerichte von 34,00 bis 50,50 €; 1 Menü von 84,00 bis 142,00 € 🍷🍷🍸 200 Weinpos.
„Lang ist's her", dass Silvio und Bettina Kissling-Lange das Restaurant in der Wasserburg zu einem Ziel für anspruchsvolle Gourmets gemacht haben. Zurück an alter Wirkungsstätte zeigen die beiden wieder, was sie können. Und das ist einiges. Mit klaren Linien in schlichter Moderne gestaltet, ist das Interieur mit seiner weltoffenen Atmosphäre die perfekte Bühne für den exklusiven Küchenauftritt des Ehepaars, das konzentriert und gekonnt Hand in Hand arbeitet. Die von ihnen mit Fantasie und handwerklichem Geschick ertüftelten Speisen sprengen die Grenzen der klassischen Küche, tradiert und zeitgemäß kombinieren sie die handverlesenen Zutaten, lassen sich von den Jahreszeiten inspirieren, spielen mit Texturen und Garzuständen und überzeugen mit einem subtilen Aromenspiel. So kommt der Gast in den Genuss eines kulinarischen Erlebnisses, das in Erinnerung bleibt. Ein sehr zuvorkommendes Serviceteam unter liebenswürdiger Leitung von Annabelle Rohde begleitet den Abend. Nach Absprache können Hochzeiten und andere Veranstaltungen dank der großzügigen Räumlichkeiten für bis zu 150 Personen stattfinden.

♜ An der Wasserburg

Bhf→5 km

✉ 38446 · An der Wasserburg 2 · ☎ 0 53 63 94 00 · Fax: 7 15 74 · Restaurant "Lang is her", Bar, Lounge, Terrasse, Arrangements, Frühstück ab 24,50 €
🛏 20 km
info@an-der-wasserburg.de · www.an-der-wasserburg.de · ⓕ

23 **DZ** von 100,00 bis 165,00 €;
17 **EZ** von 85,00 bis 155,00 €;
7 **Suiten** von 125,00 bis 265,00 €;
12 **Ju.-Sui.** von 165,00 bis 235,00 €

Mit großem Einsatz haben Christine und Christian Rohde das Wellness- und Seminarhotel "An der Wasserburg" zu einer erstklassigen Adresse für Urlaubs- und Tagungsgäste gemacht und vor vier Jahren die Leitung an Tochter Annabelle übergeben. Innerhalb der ehemaligen Burgdomäne der Wasserburg Neuhaus aus dem Jahre 1370 gelegen, besticht das Haus durch ein vielseitiges Angebot und persönlichen Service. Besucher des Volkswagenwerkes wissen zu schätzen, dass sie in fünf Minuten dort sind, um ihr Wunschauto abzuholen oder die Autostadt zu besichtigen. Businessgäste finden 14 (!) komfortable mit High-Tech-Equipment versehene Tagungsräume vor. Man kann unter verschiedenen Zimmertypen wählen – allen sind eine stilvolle Einrichtung und Top-Ausstattung gemein (u. a. Schreibtisch, Hosenbügler, Teekocher mit div. Teesorten, Musikanlage). Nachhaltige Entspannung bietet der gepflegte Wellnessbereich, u. a. mit Saunen, Massagen und Beautybehandlungen. Für die Durchführung privater Feiern und geschäftlicher Events ist man im Hotel mit passenden Räumlichkeiten und einem begleitenden Service bestens gerüstet. Mit Leih- Fahrrädern und Oldtimern kann man in der Freizeit ganz entspannt die Region erkunden.

The Ritz-Carlton, Wolfsburg

Bhf→2,5 km

✉ 38440 · Parkstraße 1 · ☎ 0 53 61 60 70 00 · Fax: 60 80 00
„The Lobby Lounge", „Newman's" (Smoker's Bar), Terrasse
13 km
wolfsburg.reservation@ritzcarlton.com · www.ritzcarlton.com/Wolfsburg

147 **DZ** von 355,00 bis 525,00 €;
als **EZ** von 325,00 bis 495,00 €

Das The Ritz-Carlton, Wolfsburg am historischen Hafenbecken gelegen, bietet einen einzigartigen Ausblick auf die vier mächtigen Schornsteine des denkmalgeschützten Volkswagen Kraftwerkes. Der ringförmige Bau aus Glas und Naturstein im Westen der Autostadt beherbergt 147 luxuriöse Zimmer und 23 Suiten. Der außergewöhnliche The Ritz-Carlton Spa bietet Wellness und Entspannung und wartet mit dem schwimmenden Außenpool auf. Die Lobby Lounge lädt zum Verweilen ein, das mehrfach ausgezeichnete Gourmetrestaurant Aqua mit Chefkoch Sven Elverfeld, das Restaurant Terra, die Newman's Bar und das Restaurant Aura

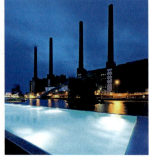

für ein reichhaltiges Frühstück vervollständigen das Angebot dieses Luxushotels in Niedersachsen. Für Veranstaltun-

Wolfsburg

gen und Meetings bietet The Ritz-Carlton, Wolfsburg hochwertig ausgestattete Tagungs- und Clubräume begleitet von maßgeschneidertem Service an.

Bhf→2,5 km The Ritz-Carlton, Wolfsburg – Terra

✉ 38440 · Parkstraße 1 · ☎ 0 53 61 60 70 91 · Fax: 60 61 58
Regionale, Intern. u. Saisonale Küche · **Tische:** 14/76 Plätze
ccr.wolfsburg@ritzcarlton.com · www.ritzcarlton.com/wolfsburg

Speisekarte: 7 Hauptgerichte von 22,00 bis 49,00 €; 1 Menü von 65,00 bis 95,00 € 🍷🍷🍷🍷🍷🍷🍷 900 Weinpos.
Ein großer, verglaster Kamin und erdige Naturtöne in der Restaurantgestaltung stellen im „Terra" einen augenfälligen Bezug zum Namen her. Auch hier fasziniert der Blick durch die bodentiefen Panoramafenster auf die imposante Industrie-Architektur der Autostadt. Vor allem mit Einbruch der Dämmerung steht das Interieur in starkem Kontrast zu deren kühler Sachlichkeit. Chefkoch Fabian Schröter arbeitet unter nachhaltigen Aspekten, kauft wohlüberlegt ein und arbeitet gemäß dem zero waste Gedanken. Die sorgfältig zusammengestellten Speisen sind unverfälscht, ehrlich und bekommen regelmäßig saisonale Ergänzungen. Das Repertoire reicht von Fisch- und Fleischspezialitäten bis zu raffinierten vegetarischen und veganen Gerichten sowie erstklassigen Steakzubereitungen. In puncto Weinberatung ist Anna-Helene Herpers die gefragte Expertin, sie weiß die passenden Tropfen sensibel zu empfehlen. Zwischen dem "Aqua" und "Terra" liegt das "Dune", ein Ess- und Besprechungszimmer für bis zu 20 Personen, das auch für ein Familientreffen – vielleicht mit einem Mittag- oder Abendessen im Family Style – bestens geeignet ist.

Ein Restaurant mit anspruchsvoller Küche.

Wolfsburg

The Ritz-Carlton, Wolfsburg – Aqua

Bhf→2,5 km

✉ 38440 · Parkstraße 1 · ☎ 0 53 61 60 60 56 · Fax: 60 80 00
Modern-europäische Küche, eigene Kreationen · Tische: 11/36 Plätze

info@restaurant-aqua.com · www.restaurant-aqua.com

Speisekarte: 2 Menüs von 230,00 bis 260,00 €

900 Weinpos.

Im „Aqua" geht der Blick durch die bodentiefen Panoramafenster auf die faszinierende Park- und Wasserlandschaft der Autostadt mit ihren hohen Schornsteinen und kantigen Fabrikgebäuden. Einen beeindruckenden Kontrast dazu liefert das puristische Interieur des Gourmetrestaurants, das in seiner schlichten Eleganz, gestaltet mit edlen Materialen, sanften Farben und feinen Stoffen wie ein weltentrückter Kokon wirkt. Das der Gast hier neben der entspannten, kosmopolitischen Atmosphäre eine außergewöhnliche Kulinarik kennen lernen darf, gehört zum besonderen Gesamtgenuss. Wirklich wegzudenken ist Sven Elverfeld nicht vom Herd. Stagnation ist seine Sache nicht, er steht für eine Küche, die einem stetigen Wandel unterliegt, die immer lebendig bleibt, nicht in Erreichtem verharrt und so tüftelt und kombiniert er ideenreich und bleibt immer offen für neue Strömungen, ohne auf beliebige Trends zu setzen. Seine modernen, europäischen Speisen – präsentiert in den Menüs "Neues Entdecken" und "Meine Verbundenheit" – vereinen verschiedenste Aromen und Texturen nie um deren Selbstzweck, sondern immer, um den charakteristischen Kern der Zutaten hervorzuheben. Restaurantleiterin Stefanie Weidner begleitet natürlich und zugewandt mit ihrem liebenswürdigen Serviceteam durch den Abend. Sommelière Anna-Helene Herpers berät zu den abgestimmten Weinen, weiß aber auch jederzeit mit Sensibilität individuell passende Tropfen zu empfehlen.

Worms

Dom-Hotel

Bhf→200 m

✉ 67547 · Obermarkt 10 · ☎ 0 62 41 90 70 · Fax: 2 35 15
Parkplätze direkt am Haus und eigene Tiefgarage
info@dom-hotel.de · www.dom-hotel.de

24 **DZ** ab 117,00 €;
26 **EZ** ab 89,00 €;
2 (**Junior-**)**Suite** ab 135,00 €

In bester Innenstadtlage präsentiert sich das „Dom-Hotel" mit stilvollen, komfortablen Zimmern (Preise inklusive Frühstücksbuffet) und funktionalen Tagungsräumen. Der Aufenthalt wird von einem freundlichen und aufmerksamen Service begleitet.

Worpswede

♜ Buchenhof ✪✪✪✪

Bhf→2 km

✉ 27726 · Ostendorfer Str. 16 · ☎ 0 47 92 9 33 90 · Fax: 93 39 29
Hotel garni, Kunst- u. Kultur-Arrangements, Ladestation für E-Autos
VISA ● ▭
info@hotel-buchenhof.de · www.hotel-buchenhof.de

24 **DZ** ab 107,00 €;
als **EZ** ab 81,50 €;
2 **EZ** ab 66,50 €;
2 **Juniorsuiten** ab 137,00 €
Dieses einzigartige Hotel garni war Anfang des 20. Jahrhunderts Heimat des Malers Hans am Ende. Der Charme der Jahrhundertwende hat sich bis heute erhalten, nicht zuletzt in den unterschiedlich gestalteten Zimmern.

Wuppertal

Esskultür[k]

Bhf→2,2 km

✉ 42285 · Besenbruchstraße 7 · ☎ 02 02 25 34 91 35
Fusionsküche · **Tische:** 9/24 Plätze
VISA AE ● ▭
info@esskultuerk.de · www.esskultuerk.de

Speisekarte: 4 Hauptgerichte von 21,00 bis 31,00 €; 1 Mittagsmenü von 15,00 bis 19,00 €; 1 Menü von 44,00 bis 55,00 €
👨‍🍳👨‍🍳👨‍🍳

Hakan (am Herd) und Volkan (im Service) Aybir setzen in ihrem kleinen, charmanten Restaurant in einem alten Fachwerkhaus ihre Philosophie „zwei Kulturen, eine Küche" gekonnt und leidenschaftlich um. Französische Klassik wird raffiniert mit türkischen, orientalischen und deutschen Einflüssen neu interpretiert.

Shiraz

✉ 42279 · Einern 120 · ☎ 02 02 26 53 37 79
Internationale Küche · **Tische:** 7/20 Plätze
VISA ● ▭
info@restaurant-shiraz.com · www.restaurant-shiraz.com

Speisekarte: 1 Menü zu 149,00 € 👨‍🍳👨‍🍳👨‍🍳
Küchenchef Reyad Danah präsentiert im eleganten Restaurant Speisen, die über die klassische Küche hinausgehen.

Das sorgfältig zusammengestellte Menü nimmt den Gast auf eine unvergessliche kulinarische Reise mit kunstfertig ausgetüftelten Menüs mit.

Würzburg

♜ Rebstock zu Würzburg - KUNO 1408

Bhf→2 km

✉ 97070 · Neubaustr. 7 · ☎ 09 31 30 93 14 08 · Fax: 3 09 31 00
Neue u. Regionale Küche · **Tische:** 8/26 Plätze
VISA AE ● ▭
info@restaurant-kuno.de · www.restaurant-kuno.de

Speisekarte: 1 Menü - 4 bis 6-Gänge von 140,00 bis 180,00 €
👨‍🍳👨‍🍳👨‍🍳

Kuno vom Rebstock entstammte dem gleichnamigen Rittergeschlecht und war gemäß einer Urkunde aus dem Jahr 1408 einer der ersten Besitzer des Hofes mit zahlreichen Weinbergen und Gütern. Noch heute wird die über 600-jährige Geschichte als Gasthaus und Herberge für gehobene Ansprüche fortgesetzt und wird im Restaurantnamen „Kuno" augenfällig. Dunkles Braun, Lime und Beige sind die prägnanten Farben im modernen, geradlinigen Interieur, das mit einer weltoffenen Atmosphäre gefällt. Mit Robin Hoffmann und Patrick Grieshaber steht eine Doppelspitze am Herd. Sie kochen frisch und intuitiv, wobei natürlich jede Speise akribisch ertüftelt wird, und bevorzugen Zutaten in Bio-Qualität, die, wenn immer möglich von regionalen Lieferanten und Erzeugern kommen. Erstklassige Gemüsezubereitungen stehen im Fokus, ohne dass auf Fisch und Fleisch verzichtet wird. Gemeinsam mit dem Team setzen die beiden ihre Philosophie einer frischen und naturnahen Küche ge-

Rebstock zu Würzburg

Bhf→2,5 km

✉ 97070 · Neubaustr. 7 · ☎ 09 31 3 09 30 · Fax: 3 09 31 00
Restaurant KUNO 1408, Shuttle- und Park-Service, Salon
🍽 ♿ 📶 🏠 🚗 💻 📺 5 km
rebstock@rebstock.com · www.rebstock.com · f

VISA AE ⦿ ⦿

90 **DZ** ab 219,00 €;
28 **EZ** ab 159,00 €

Urkundlich erwähnt und auch bereits als Gasthaus genutzt wurde das historische Haus schon 1408. Im Mittelalter befand es sich im Besitz der Patrizierfamilie von Rebstock. Die eleganten Zimmer mit zeitgemäßem Komfort sind ein schönes Zuhause auf Zeit (Frühstück 22,- € p. P.). Für Festivitäten bildet der "Rebstock" einen noblen Rahmen, beispielsweise im sehr schönen Salon mit Glaskuppel. Auf dem Nachbargrundstück stehen weitere Gästezimmer, Suiten, ein multifunktionaler Konferenzbereich für bis zu 180 Gäste und eine Tiefgarage zur Verfügung. Liebevoller Service wie Kissenwahl, Wärmflasche oder Milch mit Honig für Schäfchenzähler macht den Aufenthalt im "Rebstock" so behaglich. Das Feinschmeckerrestaurant "KUNO 1408" und der "Salon" mit dem reichhaltigen Frühstücksbuffet, feinen Speisen und Cocktails an der Bar runden die Verwöhnkur ab.

konnt und in verführerischer Optik um. Der liebenswürdige Service wird aufmerksam von Tanja Mieskes geleitet, die auch bei Sonderwünschen gerne weiterhilft.

MiZAR

✉ 97082 · Katzengasse 7 · ☎ 09 31 47 08 78 87
Neue Küche · Tische: 8/30 Plätze
info@restaurant-mizar.de · www.restaurant-mizar.de

VISA AE ⦿ ⦿

Speisekarte: 1 Menü von 120,00 bis 140,00 € 🍴🍴🍴

Konstantin Kuntzsch und Florian Mack, der eine Chefkoch, der andere Maître, führen mit dem „Mizar" ein Restaurant, in dem kreativ und feinsinnig gekocht wird. Modern, leicht und mit regionalen Akzenten, ist das sorgsam zusammengestellte Menü auch für den anspruchsvollen Gourmet ein echtes Highlight.

Xanten

Landhaus Köpp

Bhf→15 km

✉ 46509 · Husenweg 147 · ☎ 0 28 04 16 26 · Fax: 91 01 87
Neue Küche, eig. Kreationen · Tische: 9/27 Plätze
kontakt@landhauskoepp.de · www.landhauskoepp.de

AE

Speisekarte: 5 Hauptgerichte von 32,50 bis 39,50 €
🍴🍴🍴

Schlichte Eleganz vermittelt im "Landhaus Köpp" eine angenehm entspannte Atmosphäre. Dazu passt die klassische Küche von Patron und Chefkoch Jürgen Köpp, der die handverlesenen Zutaten sehr kreativ zu gelungenen Neuinterpretationen werden lässt.

Zell im Wiesental

Bhf →300 m   🏰 **Löwen** ⭐⭐⭐

✉ 79669 · Schopfheimer Straße 2 · ☎ 0 76 25 92 54-0
Restaurant, Arrangements, Catering-Service, Biergarten
🍽 🐕 🅿 📶 🖥 📺 🍷 ⤴ 7 km   VISA 💳

Family

info@hotel-loewen-zell.de · www.hotel-loewen-zell.com · f

24 **DZ** von 100,00 bis 120,00 €;
12 **EZ** von 65,00 bis 80,00 €

Die kleine, von 600 bis über 1.000 m hohen Bergen umgebene Stadt Zell im Wiesental begeistert mit ihrer landschaftlich reizvollen Umgebung. Hier findet man mit dem "Löwen" ein traditionsreiches Hotel-Restaurant, in dem schon immer ein Zeichen herzlicher Gastfreundschaft stand. Die Zimmer – alle verfügen über einen Schreibtisch und Flachbildschirm – sind geradlinig eingerichtet, sehr komfortabel und ein hübsches Zuhause auf Zeit. Das abwechslungsreich zusammengestellte Frühstücksbuffet ist bereits im Preis inbegriffen. Der ist im übrigen ungemein fair kalkuliert und kann am günstigsten im Hause selber gebucht werden. Die Garagennutzung kostet 5,- € pro Tag, gut erzogene Hunde sind erlaubt und dürfen sogar kostenfrei bei Herrchen und Frauchen wohnen. Die Lage

im westlichsten Zipfel von Baden-Württemberg erlaubt vielfältige Freizeitaktivitäten, die u. a. vom Europa Park Rust, über die Klopfsäge in Fröhnd und das Laguna Badeland bis zum Besuch des Basler Zoos reichen. Das überaus nette Hotelteam ist bei Planungen gerne behilflich.

Bhf →300 m   🏰 **Löwen**

✉ 79669 · Schopfheimer Straße 2 · ☎ 0 76 25 92 54-0
Gutbürgerliche und Regionale Küche · **Tische:** 45/160 Plätze   VISA 💳
info@hotel-loewen-zell.de · www.hotel-loewen-zell.com · f

Speisekarte: 20 Hauptgerichte von 16,00 bis 42,00 € ♦♦   42 Weinpos.
Auch im Löwen Restaurant wird gastliche Tradition großgeschrieben, wird der Besucher liebenswürdig umsorgt. Es ist mit viel Holz, handbemalten, bleiverglasten Fenstern, buntem Zierrat und fein eingedeckten Tischen in landestypischer Behaglichkeit eingerichtet. Patron Mike Kiefer steht selber am Herd und legt großen Wert auf eine frische und abwechslungsreiche Küche. Die Zutaten dafür bezieht er wenn irgendmöglich aus dem nahen Umland oder aus Baden-Württemberg. Er kocht im jahreszeitlichen Rhythmus und präsentiert unverfälschte, aromenstarke Gerichte der gutbürgerlichen Küche. Zusätzlich zum facettenreichen Angebot gibt es eine größere Auswahl an vegetarischen Gerichten und verschiedene Vesperspeisen. Nadine Weinstein leitet

den aufmerksamen Service. Für Feierlichkeiten stehen mit Löwen- und Gartensaal sowie Mozart-, Post- und Weinstube eine große Zahl hübscher Räumlichkeiten zur Verfügung. Im Sommer kann man im beschirmten Garten speisen.

 Die Küchenleistung dieses Restaurants ist hervorhebenswert in seiner Kategorie.

Zeltingen-Rachtig

Zeltingen-Rachtig

 Saxler's Restaurant   Bhf→9 km

✉ 54492 · Uferallee 9 · ☎ 0 65 32 6 80 · Fax: 6 84 20
Neue Küche · **Tische:** 17/70 Plätze
info@hotel-stephanus.de · www.hotel-stephanus.de · f   VISA ●

Speisekarte: 10 Hauptgerichte von 19,00 bis 34,00 €; 2 Menüs von 58,00 bis 115,00 €
♥♥♥ 150 Weinpos.

Wein und gutes Essen passen hervorragend zusammen. „Saxler's Restaurant" ist ein sehr gutes Beispiel dafür. Das Interieur ist mit viel Geschmack in schlichter Eleganz gestaltet, edel eingedeckte Tische laden zusätzlich ein. Patron Hermann Saxler ist für die Küche verantwortlich und zeigt, wie man mit handwerklichem Geschick, Sorgfalt und guten Ideen Speisen kreieren kann, die unverfälscht und dennoch raffiniert sind. Er lässt sich vom Warenreichtum der Region und den wechselnden Jahreszeiten inspirieren, kocht konzentriert und durchdacht. Regionales interpretiert er gerne neu, Zeitgeistiges und Klassisches bekommen eine individuelle Note und sind auch optisch ein Hingucker. Margret Siegmund leitet liebenswürdig den zuvorkommenden Service, ist zugewandte Gastgeberin und berät zu den Weinen, von denen viele Tropfen – aber längst nicht alle – von Moselwinzern kommen. Der historische Braukeller unter einem schweren Tonnengewölbe ist täglich ab 15 Uhr geöffnet und bietet neben regional gebrautem Klosterbier und Moselwein eine rustikale und regionale Speisekarte. Die Restaurant-Terrasse ist ein traumhaft schöner Ort, um während des kulinarischen Genusses den Blick auf die Mosel zu genießen und in entspannter Atmosphäre dem Alltag zu entfliehen.

Ein Restaurant mit anspruchsvoller Küche.

 Weinhotel St. Stephanus   Bhf→9 km

✉ 54492 · Uferallee 9 · ☎ 0 65 32 6 80 · Fax: 6 84 20 · Rest. mit Klass.u. Regionaler Küche, Gewölbe-Braukeller, Terrasse, Zimmerpreise inkl. Frühstück
 30 km
info@hotel-stephanus.de · www.hotel-stephanus.de · f   VISA ●

42 **DZ** von 120,00 bis 220,00 €;
als **EZ** von 95,00 bis 135,00 €;
EZ von 85,00 bis 125,00 €;
1 **Suite** von 190,00 bis 240,00 €

Inmitten der sonnigen Bilderbuchlandschaft der Mittelmosel findet man das Weinhotel St. Stephanus unmittelbar an der Uferpromenade. Einerseits klassizistisches Herrenhaus, andererseits moderner Anbau – Nostalgie trifft modernen Komfort. Die wohnlichen Gästezimmer (Preise inkl. Frühstück) verfügen über zeitgemäße technische Ausstattung. Überall finden sich herzliche Gastlichkeit und gastronomische Vielfalt. Im urgemütlichen Braukeller – der auch für Weinpro-

Zeltingen-Rachtig

ben und Veranstaltungen geeignet ist – kann man neben einer Vielfalt an Weinen auch regional gebrautes Klosterbier, Helles sowie Weizenbier vom Fass genießen. Das Fitness-und Erholungsangebot mit separatem Saunabereich (Finnischer und Bio-Sauna) sowie Hallenbad und gepflegter Beautyfarm, in der u. a. Massagen, Schönheitsanwendungen und Ayurveda angeboten werden, ist wirklich sehr beeindruckend. Zusätzlich gibt es attraktive Arrangements (u. a. "Romantische Auszeit", "Kleine Atempause", "Gourmetnacht", "Braukeller Arrangement").

Zinnowitz

Usedom PALACE ★★★ ★★

Bhf→1 km

✉ 17454 · Dünenstraße 8 · ☎ 03 83 77 39 60 · Fax: 3 96 99 · Restaurant mit Klassischer Küche, Terrasse, Zimmerpreise inkl. Frühstücksbuffet
25 km
empfang@usedom-palace.de · www.usedom-palace.de

40 **DZ** ab 120,00 €;
als **EZ** ab 110,00 €;
2 **EZ** ab 80,00 €

Wie in guten alten Zeiten erhebt sich auch heute wieder direkt an der Zinnowitzer Strandpromenade ein luxuriöses Hotel. In seiner prachtvollen Architektur im Stil der Kaiserbäder lässt es die Eleganz und den Charme einer vergangenen Epoche aufleben. Durch die Panoramafenster der stilvoll eingerichteten Zimmer reicht der Blick bis nach Rügen. Die kultivierte Wohnlichkeit im ganzen Haus beherrscht das Ambiente. Klassisch geschulter Service verwöhnt rund um die Uhr, besinnliche Stunden bescheren das exklusiv eingerichtete Kaminzimmer und eine weitläufige, luxuriöse Wellnessoase. Die großzügige Badelandschaft mit Swimmingpool, Whirlpool, Finnischer Sauna und Dampfsauna sowie der Beautybereich bieten jegliche Wohltaten für Körper und Geist. Ob Workshop oder große Tagung – klimatisierte Banketträume stehen zur Verfügung – das kompetente Hotelteam sorgt für einen reibungslosen Ablauf.

Zinnowitz

Usedom PALACE - Schwabe's Restaurant   Bhf→1 km

✉ 17454 · Dünenstr. 8 · ☎ 03 83 77 39 60 · Fax: 3 96 99
Klass., Intern. u. Regionale Küche · **Tische:** 18/65 Plätze
empfang@usedom-palace.de · www.usedom-palace.de   VISA AE

Speisekarte: 6 Hauptgerichte von 26,00 bis 29,90 €; 1 Menü von 44,00 bis 58,00 €
♢♢   55 Weinpos.
"Schwabe's Restaurant" ist mit viel Geschmack in zurückhaltender Eleganz gestaltet. Stilmöbel in warmem Kirschbaumton, ein Teppichboden in royalem Blau und klassisch eingedeckte Tische fügen sich zu einem harmonischen Ganzen mit herrlich entspannter Atmosphäre. Die Küche ist frisch und abwechslungsreich. Die Zutaten kommen bevorzugt aus dem Umland, Regionales und internationale Klassiker werden geschickt verfeinert, Fischspezialitäten werden hier an der Ostsee natürlich besonders großgeschrieben. Saisonale Spezialitäten werden gerne auf einer Sonderkarte angeboten, so dass es immer eine gute Auswahl jahreszeitlich geprägter Speisen gibt. Ein liebenswürdiges Serviceteam begleitet den Restaurantbesuch und betreut auch Veranstaltungen, für die es passende Räumlichkeiten gibt. Ein gelungener Urlaubs- (und auch Geschäfts-)tag klingt besonders entspannt beim Lieblingsgetränk in der gediegenen Vineta-Bar aus. Und an warmen Tagen lassen sich die bodentiefen Panoramafenster zur Terrasse hin öffnen, die zu einem besonderen Publikumsmagneten wird und einen schönen Blick ins Grüne gewährt.

Zweibrücken

♜ Landschloss Fasanerie   Bhf→3 km

✉ 66482 · Fasanerie 1 · ☎ 0 63 32 97 30 · Fax: 97 31 11
Rest. "ESSlibris" m. gehobener Küche, Terrasse
info@landschloss-fasanerie.de · www.landschloss-fasanerie.de   VISA AE

37 **DZ** ab 169,00 €;
als **EZ** ab 139,00 €;
13 **Suiten** ab 211,00 €
Das Romantik Hotel heißt seine Gäste in edel eingerichteten Komfortzimmern herzlich willkommen. Entspannungssuchende werden in der gepflegten Wellness-Landschaft fündig, Businessgäste in den technisch optimal ausgestatteten Tagungsräumen.

Hotels und Restaurants mit diesem Zeichen befinden sich in einem historischen Gebäude.

Zweiflingen

♜ Wald & Schlosshotel Friedrichsruhe ✪✪✪ ✪✪

Bhf → 5 km

✉ 74639 · Kärcherstraße 11 · ☎ 0 79 41 60 87-0 · Fax: 60 87-8 88 · Golfplatz mit Spa-Bistro, "Le Cerf", "Flammerie", "Jägerstube" u. "Waldschänke", Bar, Café, Terrasse

100 m   VISA AE ⓓ ⓒ

hotel@schlosshotel-friedrichsruhe.de · www.schlosshotel-friedrichsruhe.de · f

32 **DZ** von 440,00 bis 520,00 €;
als **EZ** von 310,00 bis 390,00 €;
3 **EZ** ab 220,00 €;
26 **Suiten** von 550,00 bis 1800,00 €

Umgeben von einer 4,4 Hektar großen Parklandschaft bietet das Resort stilvolle Zimmer und Suiten in fünf verschiedenen Gebäuden (Preise inkl. erstklassigem Frühstücksbuffet und Nutzung des Wellness-Bereichs). Im historischen Jagdschloss, Haupthaus, Spa-Haus, Torhaus und im Gartenhaus ist für jeden Geschmack das Passende dabei – ob englischer Landhausstil, fürstliche Eleganz oder klassische Moderne. Die Tagungsremise mit 5 modern ausgestatteten Tagungsräumen bietet Platz für bis zu 100 Personen. Sehr gediegen sind das Kaminzimmer mit offenem Kamin und die Hotelbar – ein wunderschönes Refugium der besonderen Art. Mit einem 27-Loch-Golfplatz (3 x 9 Loch) und der Golf-Akademie vor der Tür sowie einer gepflegten 4.400 m² großen und mehrfach ausgezeichneten Spa- und Wellnesswelt (s. a. Wellness-Special) bleiben keine Wellness-Wünsche offen. Dank Zigarrenlounge, Terrassen und den Möglichkeiten, die das Hohenloher Land bietet, kommt die Freizeitgestaltung nicht zu kurz. Ein variantenreiches kulinarisches Angebot erwartet den Gast: Das elegante, 2-Sterne-Gourmetrestaurant "Le Cerf" bietet klassische französische Küche auf Topniveau, das Restaurant „Jägerstube" verwöhnt mit kreativer regionaler Küche, im Spa Bistro "GenussMoment" warten gesunde, leichte Speisen, in der "Waldschänke" gibt es abwechslungsreiche Hohenloher Gerichte von der guten Vesperkarte und in der "Flammerie" Flammkuchen von klassisch bis modern und süß bis salzig. Alle stehen unter der Leitung des 5-Hauben-Kochs Boris Rommel.

 Hervorhebenswert in seiner Kategorie

 Hotel mit anspruchsvollem Wellnessangebot

Zweiflingen

♜ **Wald & Schlosshotel Friedrichsruhe – Le Cerf**
✉ 74639 · Kärcherstraße 11 · ☎ 0 79 41 60 87-0 · Fax: 60 87-8 88
Klassische und Neue Küche · **Tische:** 12/25 Plätze
hotel@schlosshotel-friedrichsruhe.de · www.schlosshotel-friedrichsruhe.de · f

Speisekarte: 4 Hauptgerichte von 54,00 bis 64,00 €; 2 Menüs von 169,00 bis 229,00 €

♙♙♙♙♙🍷🍷🍷 450 Weinpos.

Das kulinarische Flaggschiff im Wald & Schlosshotel Friedrichsruhe ist das formidable Gourmetrestaurant „Le Cerf". Das Interieur mit funkelnden Kristalllüstern, sanft schimmernder Ornamentik-Tapete, kannelierten Säulen und edel eingedeckten Tischen verbindet zurückhaltende Eleganz mit einer entspannten Atmosphäre. Letzteres liegt vor allem am unaufgeregten, zuvorkommenden Service unter Leitung von Gastgeber Sören Weiland, der liebenswürdig und kompetent agiert. Chefkoch Boris Rommel kann im „Le Cerf" die ganze Bandbreite und Klasse seines Könnens demonstrieren. Die Basis seiner expressiven Speisen ist die klassische französische Küche. Mit genialen Ideen und präzisem Handwerk interpretiert er sie neu, entwickelt sie behutsam weiter und gibt den sorgfältig ertüftelten Speisen seine ganz eigene Note. Die Produktauswahl erfolgt mit allergrößter Sorgfalt und höchstem Anspruch, der

riesige Kräutergarten hinter dem Haus ist Lieferant der faszinierendsten Aromen. Das Ergebnis der detaillierten Planung und schlussendlichen Zubereitung sind intensive und finessenreiche Speisen, die in kunstvoller Optik zum Gast gelangen. Exklusive alkoholfreie Begleitungen sowie passende Weine (mit erkennbarem Fokus auf heimischen Gewächsen) gibt es in verführerischer Fülle – hier berät Max Johne als versierter Sommelier mit Feingefühl.

Zwickau

★★★★ **First Inn Zwickau** Bhf→2,5 km

✉ 08056 · Kornmarkt 9 · ☎ 03 75 2 79 20 · Fax: 2 79 26 66
Rest. u. Bar "No.9" mit reg. und intern. Spezialitäten, Terrasse

hotel@fi-zwickau.de · www.hotel-firstinn-zwickau.de

82 **DZ** ab 117,00 €; 35 **EZ** ab 108,00 €; 3 **(junior-)Suiten** ab 186,00 €

Das Hotel liegt im Herzen der historischen Altstadt. Die modernen und vollklimatisierten Zimmer sind freundlich und geschmackvoll eingerichtet. Die 6 komfortablen Tagungsräume bieten Platz für bis zu 250 Personen.

Auf den folgenden Seiten präsentieren wir Ihnen eine Auswahl an inspirierenden Destinationen für Urlaub und Genuss in Österreich

IMMER UP TO DATE
Lassen Sie uns in Verbindung bleiben!

Alle Veranstaltungen und spannende Kulinarik News finden Sie hier:

Newsletter   JRE Inside APP   Facebook   Instagram

JRE-GUIDE ÖSTERREICH 2025

Entdecken Sie die Genusswelten der Spitzenköch:innen der Jeunes Restaurateurs im Österreich Guide. Darüber hinaus birgt der JRE-Guide 2025 noch eine Fülle an News und Hintergrundinfos. Kostenlos bestellen: www.jreguide.com

JRE – JEUNES RESTAURATEURS

„NEVER-ENDING PASSION"

Tauchen Sie ein in die Welt der außergewöhnlichen Gastronomie. Seit über 50 Jahren vereint JRE Spitzenrestaurants aus 16 Ländern, die für unverwechselbare kulinarische Kreativität und höchste gastromische Qualität stehen. Unsere JRE-Restaurants in Österreich begeistern durch persönliche, familiäre Führung und wurden mit zahlreichen Auszeichnungen in renommierten Restaurant-Guides gewürdigt. Entdecken Sie, was JRE-Österreich antreibt: Leidenschaft, Innovation und Tradition – für ein einzigartiges Geschmackserlebnis.

www.jre.eu

AUSERWÄHLT VON DEN BESTEN

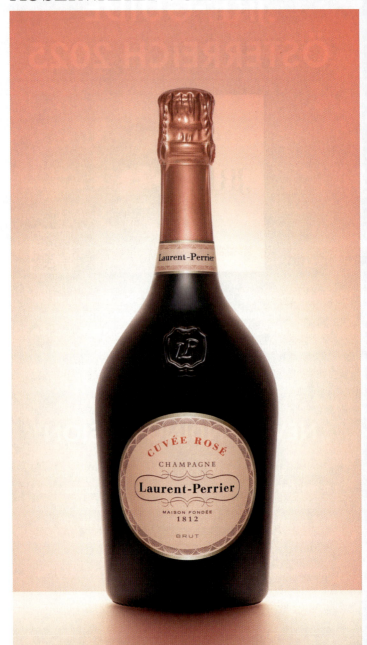

Koch 2025

Andreas Senn
Senns.Restaurant – Salzburg

Andreas Senn steht für kulinarische Exzellenz, Innovation und beständige Verbesserung. Seit der Eröffnung des SENNS.Restaurant im Jahr 2015 begeistert er mit außergewöhnlicher Kreativität und einem feinen Gespür dafür, was Gäste glücklich macht. Seine ständige Weiterentwicklung, kompromisslose Qualitätsansprüche und die visionäre Herangehensweise machen Andreas Senn zu einem herausragenden Botschafter der Spitzengastronomie in Österreich.

Aufsteiger 2025

Marco Gatterer
Berggericht – Kitzbühel

Mit tiefer Verbundenheit zu seiner Heimat Tirol
und ausgeprägtem handwerklichem Können vereint
Marco Gatterer traditionelle Rezepturen mit innovativen
Zubereitungsmethoden und hebt sie auf ein neues Level.
Die faszinierende Aromenwelt seiner Küche weckt
Erinnerungen und Emotionen, die im Gedächtnis bleiben.
Die Verschmelzung von Tradition, Innovation und
purem Genuss gelingt ihm meisterhaft.

Restaurant 2025

Riedel Room@Greil
Der Greil Wein und Gourmethotel – Söll

Zu einem gelungenen Restaurantbesuch trägt das Ambiente einen nicht unerheblichen Teil bei.
Die Atmosphäre im RIEDEL ROOM@GREIL spiegelt die Philosophie zweier Familienunternehmen wider, in der Handwerkskunst und Gastronomie harmonisch verschmelzen und stets den stilvollen Genuss der Gäste in den Mittelpunkt stellen.
Hier werden erlesene Weine ausschließlich aus mundgeblasenen Gläsern von Riedel, dem Spezialisten für funktionale Weingläser, serviert.
Der RIEDEL ROOM@GREIL ist ein besonderer Ort für Genussevents abseits großer Städte.

Gastgeberin 2025

Veronika Machreich
Triad – Krumbach

Veronika Machreich verbindet Professionalität mit einer warmen, natürlichen Ausstrahlung und begegnet jedem Gast mit aufrichtiger Wertschätzung.
Sie erkennt Wünsche oft, bevor sie geäußert werden, behält den Überblick und arrangiert den Service persönlich und gastfreundlich.
Veronika Machreichs Liebe zum Detail und ihre aufmerksame Art verleihen dem Restaurant Triad einen ganz besonderen Charme.

Pattisier 2025

Jan Eggers
Zur goldenen Birn – Graz

Jan Eggers ist ein Patissier, der mit Kopf, Hand und
Herz arbeitet – und mit einem untrüglichen Gespür
für Kontraste. Er versteht es, Aromen und Texturen in ein
spannendes Gleichgewicht zu bringen, Süße bewusst zu
dosieren und überraschende Kombinationen zu kreieren.
Er denkt klassisches Handwerk neu und
bringt Desserts auf die Teller, die begeistern.
Ein Ausnahmetalent – und völlig zu Recht
Patissier des Jahres!

Sommelier 2025

Christoph Gusenleitner

Gourmetrestaurant Hubert Wallner – Maria Wörth

Christoph Gusenleitner versteht es vorzüglich, charmant mit profundem Fachwissen zu glänzen, ohne damit dem Gast in belehrender Weise entgegenzutreten. Mit einem feinen Gespür für exzellente Weine leitet er den beeindruckenden Weinkeller, der mit über 3.500 Positionen aufwartet. Sein Talent, aus dieser schier unendlichen Auswahl die perfekte Weinbegleitung oder ein passendes alkoholfreies Getränk für jedes Gericht und jeden Anlass zu finden, macht ihn zu einem einem äußerst geschätzten Experten und Berater.

Designhotel WIESERGUT

Wiesern 48 / 5754 Hinterglemm / Österreich
www.wiesergut.com / info@wiesergut.com

Andere nennen es Sommer.

Wir nennen es Glück.

Achenkirch

Alpin Kulinarikhotel & Genießerwirtshaus

✉ 6215 · Seestraße 35 · ☎ +43 52 46 68 00
Café, Vinothek, Biergarten, E-Auto-Ladestation, Arrangements
hotel@kulinarikhotel-alpin.at · www.kulinarikhotel-alpin.at

24 DZ ab 258,00 €

Achenkirch, am nördlichen Teil des Achensees gelegen, ist im Osten vom Rofangebirge begrenzt und im Westen vom Naturpark Karwendel. Die hinreißend schöne Berglandschaft ist eine herrliche Kulisse für den Urlaub im Alpin Kulinarikhotel, das zu jeder Jahreszeit einen Besuch wert ist. Familie Gründler ist Gastgeber aus Leidenschaft und wird von einem herzlichen und hilfsbereiten Team engagiert unterstützt. Der Gast logiert in geschmackvoll eingerichteten Zimmern mit behaglichem Flair. Die Genießer-Halbpension ist bereits im Zimmerpreis inkludiert. Mit dem Genießerwirtshaus und dem Gourmetstüberl stehen gleich zwei exzellente Restaurants zur Verfügung, um sich kulinarisch verwöhnen zu lassen. Die lassen sich auch gut innerhalb der angebotenen Arrangements kennen lernen. Rund ums Jahr finden im Hotel und den Restaurants verschiedene Veranstaltungen wie das Sommernachtsfest oder Weinkulinarium statt. Ruheliegen, Saunen und Massagen warten im Wellnessbereich, hier kann man einfach nur entspannen. Golfen, Wandern, Mountainbiken, Wassersport, Skifahren uvm. warten winters wie sommers auf den Aktivurlauber und mit überdurchschnittlich vielen Angeboten und Freizeitmöglichkeiten für Familien ist die Region bestens aufgestellt.

 Restaurant mit gehobener Küche

Alpin Kulinarikhotel & Genießerwirtshaus

✉ 6215 · Seestraße 35 · ☎ +43 52 46 68 00
Regionale Küche · Tische: 20/60 Plätze
hotel@kulinarikhotel-alpin.at · www.kulinarikhotel-alpin.at

Speisekarte: 12 Hauptgerichte von 18,90 bis 45,00 €; 2 Menüs von 58,00 bis 90,00 € 250 Weinpos.
Wer's im Alpin Kulinarikhotel etwas bodenständiger mag, ist im „Genießerwirtshaus" genau richtig. In einem dezent eleganten Landhaususstil hübsch eingerichtet, gewähren die großen Fenster einen großartigen Ausblick in die beeindruckende Bergwelt. An der integrierten Bar kann man sich in lockerer Atmosphäre vor dem Essen treffen oder sich danach ein frisch Gezapftes oder einen feinen Obstbrand gönnen. Im „Genießerwirtshaus" sind – ebenso wie im „Gourmetstüberl" – Vater Armin und Sohn Alexander Gründler für die Speisen verantwortlich. Sie präsentieren eine gehobene Regionalküche, in der auch über den Tellerrand geschaut wird. Die Zutaten wie Almschwein, Achenseer Merinoschaf und Milchkalb kommen von gut geführten

Achenkirch

Bauernhöfen des Achen- und Zillertals und aus den umliegenden Regionen, die Fische schwimmen direkt im See vor der Tür, heimische Berg- und Gartenkräuter sorgen für den zusätzlichen Aromakick. Mit leichter Hand und handwerklichem Können interpretieren die Gründlers traditionelle Speisen neu und sorgen gemeinsam mit ihrem Team für genussreiche Stunden. Zu den Weinen berät Caroline Gründler als ausgebildete Sommelière mit viel Feingefühl und großer Fachkenntnis. Sonja Kern leitet den liebenswürdigen Service mit Übersicht.

Gründler's Gourmetstüberl

✉ 6215 · Seestraße 35 · ☎ +43 52 46 68 00
Neue Küche, eigene Kreationen · **Tische:** 6/20 Plätze
hotel@kulinarikhotel-alpin.at · www.kulinarikhotel-alpin.at · f

Speisekarte: 1 Menü von 110,00 bis 160,00 € 250 Weinpos. Gründlers Gourmetstüberl ist mit Stil und Geschmack eingerichtet. Landestypische, rustikale Materialien wie Naturstein in Riemchenverlegung an den Wänden kontrastieren mit der eleganten, hölzernen Kassettendecke und dem ornamentreichen Lüster. Dezente Farben und edel eingedeckte Tische komplettieren das einladende Interieur. Am Herd schwingen zwei Generationen den Kochlöffel: Vater Armin und Sohn Alexander Gründler, der auch Mitglied bei den Jeunes Restaurateurs ist, bereiten in schöner Eintracht kreative Speisen mit Bodenhaftung zu. Stilistisch lassen sie sich in keine Schublade pressen, vielmehr kochen sie, was gefällt und was die Jahreszeiten bieten. In der Region verwurzelt, gehen die Gerichte weit über eine Alpenküche hinaus, nehmen Anleihen in den Kochtöpfen der Welt und geraten so besonders fantasievoll und abwechslungsreich. Facettenreiche Aromen zeichnen die ausgeklügelten Zusammenstellungen aus, die bei aller Detailliebe und optischem Perfektionismus immer herrlich unverfälscht bleiben. Caroline Gründler unterstützt die Speisen ihres Mannes und Schwiegervaters mit einer sensiblen Weinberatung, die zu einer ebenso perfekten Ergänzung der Speisen gerät wie das verführerische Käseangebot zum Abschluss – hier ist Alexander Gründler als Käsesommelier Ansprechpartner Nummer 1.

Afiesl

Afiesl

♜ Genießerhotel Bergergut

✉ 4170 · Oberafiesl 7 · ☎ +43 72 16 44 51
Restaurant mit Neuer Küche, Zimmerpeise inkl. 3/4-Pension
bergergut@romantik.at · www.romantik.at

Das „Bergergut" ist ein charmantes, romantisches Hideaway für Paare, die das Extra an Service, Atmosphäre und Kulinarik suchen. Für letztere sorgt Thomas Hofer mit grundehrlichen Speisen, die vor ausbalancierten Aromen strotzen.

Alpbach

Fuggerstube

✉ 6236 · Alpbach 166 · ☎ +43 53 36 52 27
Klass., reg. Küche, eig. Kreationen · **Tische:** 4/26 Plätze
info@boeglerhof.at · www.boeglerhof.at/pure-nature-resort/

Speisekarte: 1 Menü von 75,00 bis 125,00 €

Die historische „Fuggerstube" aus dem 15. Jahrhundert ist ein ausgezeichnetes Gourmetrestaurant. Hier wird von Chefkoch Hansi Treichl ein raffiniertes 4- oder 7-Gang Menü aus regionale Köstlichkeiten zusammengestellt. Die exklusive Weinkarte umfasst 800 Positionen.

Bad Gleichenberg

♜ Genießerhotel Villa Rosa

✉ 8343 · Trautmannsdorf 6 · ☎ +43 3 1 59 41 06 · Kaminzimmer, Arrangements, Zi.-Preis inkl. Genießer-Frühstück, Gourmetfrühstück für 29,- € p. Ps.
office@geschwister-rauch.at · www.geschwister-rauch.at ·

8 **DZ** ab 250,00 €;
als **EZ** ab 160,00 €;
2 **Suiten** ab 280,00 €

Seit über 120 Jahren ist Familie Rauch mit Trautmannsdorf verbunden. Dieses Erbe ist für die Geschwister Sonja und Richard Verpflichtung und Freude zugleich. In ihrer Heimat ihre Form von Gastfreundschaft zu leben, füllt sie aus und macht sie zu den engagierten und herzlichen Menschen, die sie sind. Eine etwas verwaiste aus dem Jahre 1913 stammende Jugendstilvilla ließen sie mit großem Einsatz und vielen Ideen kernsanieren und haben darin nun ihr ungemein charmantes Boutique-Hotel „Villa Rosa" etabliert, in dem man sich sofort wie zu Hause fühlt. Das Interieur des Hauses und der Zimmer ist eine Mischung aus historischen Flair und moderner Lässigkeit. Hell und heiter, ist die Atmosphäre weltoffen und behaglich. In diesem liebevoll gestalteten Sehnsuchtsort lässt man den Alltag vor der Tür. Eines der Highlights ist das morgendliche Genießerfrühstück mit vie-

len regionalen Produkten, das im Frühstücksraum oder wahlweise im Garten eingenommen werden kann – ein Tag, der so verheißungsvoll beginnt, kann nur ein guter werden (Gourmetfrühstück zzgl. 29.- € p. Ps.). Und weil Genuss unabdingbar zum Hause gehört, ist hier such die Kochschule untergebracht, in der man die Kurse von Küchenchef Richard Rauch besuchen kann.

Bad Gleichenberg

♜ Restaurant Geschwister Rauch

✉ 8343 · Trautmannsdorf 6 · ☎ +43 31 59 41 06
Regionale und Gourmetküche · **Tische:** 11/45 Plätze
reservierung@geschwister-rauch.at · www.geschwister-rauch.at

Speisekarte: 2 Menüs von 130,00 bis 170,00 € ❤❤❤❤🍇🍇🍇 300 Weinpos.

Die Geschwister Rauch geben ihren Gästen die größtmögliche Freiheit zu entscheiden, was aus dem erstklassigen kulinarischen Portfolio sie kennen lernen möchten. Die Gourmetspeisen oder moderne Wirtshausküche oder – unbedingt Empfehlung – beides. Richard Rauch steht am Herd und er steht auch für eine Philosophie, in der der Unterschied zwischen der Wirtshaus- und Gourmetküche nur in der Speisekarte liegt. Seine Handschrift – Neugierde, Fleiß, Mut, Bodenhaftung und Präzision – prägt beide Küchenlinien. Und beiden gelten auch derselbe Einsatz, dieselben hohen Ansprüche und derselbe Wunsch, den Gästen nur das Beste zu bieten. Er nimmt sie auf eine kulinarische Genussreise mit, bei der sie selber über die Länge entscheiden. Die Ausführung der Menüfolgen obliegen dem Können des Küchenchefs. Und das ist enorm. Immer wieder probiert er Neues aus, ohne auf hippe Trends zu setzen, kocht, was Sinn ergibt und verbindet Aromen und Texturen zu einer harmonischen Einheit. Wenn er sich nicht von den

Küchen der Welt inspirieren lässt, entwickelt er Tradiertes weiter und nimmt ihm jedwede Schwere, um am Ende kulinarische Vollkommenheit im Tellerrund zu platzieren. Sonja Rauch trägt mit einer herrlich unverkrampften Serviceleitung zum großen Wohlfühlcharakter im Restaurant bei, sie ist herzliche Gastgeberin und eine perfekte Hilfe, wenn es um die Auswahl der passenden Weine geht. Da einige Hundert zur Auswahl stehen, ist ihre fachkundige Beratung hochwillkommen.

♜ Wirtshaus Geschwister Rauch

✉ 8343 · Trautmannsdorf 6 · ☎ +43 31 59 41 06
Regionale Küche · **Tische:** 11/45 Plätze
reservierung@geschwister-rauch.at · www.geschwister-rauch.at

Speisekarte: 9 Hauptgerichte von 24,50 bis 60,00 €; 1 Menü von 70,00 bis 90,00 € ❤❤❤🍇🍇🍇

Fast jeder kennt ein Gasthaus in ländlicher Lage, in dem man schon als Kind mit den Eltern eingekehrt ist und das man nicht zuletzt wegen der leckeren Speisen in bester Erinnerung hat. So ein Gasthaus ist das der Geschwister Sonja und Richard Rauch. Letzterer ist für die Küche verantwortlich und ebenso wie im Feinschmeckerbereich, steht auch hier seine Leidenschaft für gutes und unverfälschtes Essen über allem. Gemeinsam mit seinem motivierten Team setzt er bevorzugt auf Klassiker, tradierte Rezepturen und Schmankerl aus der steirischen Heimat. Ein verlässliches Netzwerk regionaler Landwirte und Produzenten sorgt für die Zutaten, die wechselnden Jahreszeiten sind zusätzliche Ideengeber für

sorgfältig zusammengestellte Speisen, die nicht nur satt, sondern auch glücklich machen, weil sie gute Gefühle transportieren und mit genussreicher Bodenständigkeit punkten.

Bad Loipersdorf

Das Sonnreich

✉ 8282 · Schaffelbadstraße 219 · ☎ +43 33 82 2 00 00 · Restaurant "Styria", "Sunny" Bar, Hundezimmer, Zimmerpreise inkl. HP, Arrangements
info@sonnreich.at · www.sonnreich.at · f

Family

170 **DZ** ab 288,00 €;
8 **(Jui.-)Suiten** ab 342,00 €

Die malerische Landschaft der Oststeiermark und ihr mildes Klima werden im Bad Loiperdorfer „Das Sonnreich" zur Kulisse für einen Urlaub der besonderen Art. Das gepflegte und niveauvolle Thermenhotel hat so viele Facetten, dass jeder Gast gerne ein*e Wiederholungstäter*in wird. Es sind nicht nur die geradlinig, mit wertigen Materialien freundlich eingerichteten Zimmer (Preise inkl. HP), die über alle zeitgemäßen Annehmlichkeiten verfügen, das Restaurant mit tollem kulinarischem Angebot und vielen Specials, die Bar als geselliger Treffpunkt oder das breit gefächerte Wellnessangebot (s. a. Wellness-Special), die „Das Sonnreich" zu einer Oase der Erholung machen. Vielmehr genießt man hier das gewisse Mehr, mehr an persönlicher Zuwendung durch das hoch engagierte Mitarbeiterteam, mehr an Herzlichkeit, sobald man das Haus durch die sonnendurchflutete Lobby betritt. Überhaupt ist der Name „Das Sonnreich" perfekt gewählt, denn hier ist alles offen, licht und transparent, warmes Holz trifft auf fri-

sche Farben. Jeder Raum erlaubt tolle Ausblicke über das Hotelensemble oder in die Landschaft. Das weithin bekannte Thermenresort Loipersdorf ist ganz einfach durch einen beheizten Bademantelgang erreichbar. Wer in seiner Freizeit darüber hinaus die faszinierende Kulturlandschaft der Steiermark kennenlernen möchte, hat die Qual der Wahl: Wandern, Radeln, Golfen, Klettern sowie eine Fülle kultureller und familiengerechter Ausflugsziele warten auf große und kleine Entdecker.

Bad St. Leonhard

Trippolt's "Zum Bären"

Bhf→500 m

✉ 9462 · Hauptplatz 7 · ☎ +43 43 50 22 57
Regionale Küche, eig. Kreat. · **Tische:** 14/50 Plätze
office@zumbaeren.at · www.zumbaeren.at

Speisekarte: 3 Hauptgerichte von 39,00 bis 42,00 €; 1 Menü zu 125,00 €

Patron und Chefkoch Josef Trippolt führt

Bad St. Leonhard

das kulinarische Erbe der Familie engagiert fort und sorgt für eine abwechslungsreiche verfeinerte Alpe-Adria-Naturküche mit genussreichen Speisen, die einen Bogen von traditionell bis zeitgeistig schlagen.

Baden

At the Park Hotel

Bhf→1 km

✉ 2500 · Kaiser Franz-Ring 5 · ☎ +43 22 52 4 43 86
Frühstück im Zimmerpreis inkludiert, Hotelbar, E-Auto-Ladestation
⟶12 km
office@thepark.at · www.atthepark.at ·

83 **DZ** von 140,00 bis 170,00 €;
als **EZ** von 120,00 bis 150,00 €;
21 (**Jui.**-)**Suite** von 190,00 bis 290,00 €

Im eher beschaulichen Baden vor den Toren Wiens, kann man vortrefflich und ruhig im "At the Park" logieren. So unterschiedlich die Gäste aus aller Herren Länder sind, so vielseitig präsentiert sich auch das Hotel. Es ist eine gelungene Melange verschiedener Einrichtungsstile, die Zimmer – ob geradlinig und modern oder nostalgisch-romantisch – sind wunderbar individuell gestaltet, wobei zeitgemäße Annehmlichkeiten natürlich zur Ausstattung gehören. Neben der angenehmen Atmosphäre und dem zuvorkommenden, persönlichen Service punktet die Lage des Hauses mit Blick auf den Kurpark und das Casino Baden. An warmen Tagen kann man das Frühstück (bereits im Zimmerpreis inkludiert) auch auf der wirklich schönen Parkterrasse einnehmen. In der hauseigenen Vinothek lassen sich auserlesene Weine von Winzern aus der Region entdecken. Tagungsgäste (s. a. Tagungs-Special) treffen optimale Bedingungen für jede Veranstaltung vor. Der Wellnessbereich bietet eine Sauna und ermöglicht professionelles Workout im Technogym-Fitnessraum mit modernen Ausdauer- und Kraftsportgeräten. Über einen eigenen Zugang gelangt man direkt in den Kurpark mit zahlreichen Laufstrecken.

Bizau

Biohotel Schwanen

✉ 6874 · Kirchdorf 77 · ☎ +43 55 14 21 33
Restaurant mit Küche nach der Hildegard von Bingen Lehre, Zi.-Preise inkl. Frühstück
emanuel@biohotel-schwanen.com · www.biohotel-schwanen.com

Speisekarte: 5 Hauptgerichte von 26,00 bis 39,00 €; 1 Menü zu 100,00 €

Das Biohotel – ein charmantes Hideaway – mit Restaurant im Bregenzerwald ist in fünfter Generation in Familienbesitz und Treffpunkt für „Wilde Weiber und Toughe Typen". Patron und Küchenchef Emanuel Moosbrugger sorgt für eine verführerisch gute Bioküche.

Bregenz

Bregenz

Bhf→800 m

♜ **Germania** ✪✪ ✪✪

✉ 6900 · Am Steinbach 9 · ☎ +43 55 74 4 27 66 0 · Restaurant, Bar, Zimmerpreise inkl. Frühstück, Arrangements, E-Bike- und Vespa-Verleih
✕⛱⇧⌂Ⓟ⌘↔☼▧↘3 km   VISA ● ▥
office@hotel-germania.at · www.hotel-germania.at · ⓕ

29 **DZ** ab 103,00 €;
4 **EZ** ab 90,00 €;
4 **App.** ab 165,00 €

Das „Germania" ist ein sehr charmantes Cityhotel, dessen Geschichte bis ins Jahr 1796 zurückgeht. Damals noch ein Handwerks- und Zunfthaus, wurde es am Ende des 20. Jh. zur Gastwirtschaft Germania, die wiederum unter Familie Fesenmayr stetig umgebaut und erweitert wurde, um die aktuelle Gestalt zu bekommen. Nicht zuletzt dank des ungemein freundlichen, zugewandten Service ist das Hotel ein wunderschönes Zuhause auf Zeit. Die Zimmer mit Echtholz-Parkettboden sind wertig und geschmackvoll eingerichtet und verfügen über zeitgemäßen Komfort (Preise inklusive Frühstück). Highlight am Morgen ist das CARPE DIEM Frühstück mit heimischen Spezialitäten, Cerealien, Obst, frischem Gebäck, hausgebackenem Kuchen uvm. Wenn das Wetter schön ist, kann man sogar im hübschen, sonnigen Gastgarten unter freiem Himmel in den Tag starten. Auch an Businessgäste wird gedacht, es stehen klimatisierte Konferenzräume mit Tageslicht und modernster Präsentationstechnik für kleinere bis mittlere Seminare zur Verfügung. So kann man im „Germania" perfekt das Nützliche mit dem Angenehmen verbinden und nach getaner Arbeit im kleinen City Spa mit Finnischer Sauna, Infrarotkabine, Ruheraum sowie Erlebnisdusche entspannen. Die Bodensee-Region rund um Bregenz (und natürlich Bregenz selber) bietet unzählige Möglichkeiten zur Freizeitgestaltung. Berge, See und Stadttouren – da ist für jeden Geschmack etwas bei. Am besten, man mietet sofort eines der hoteleigenen E-Bikes und radelt los.

Bregenz

Chen's Dining Bar am See Bhf→50 m

✉ 6900 · Seestraße 6 · ☎ +43 55 74 5 28 08 11
Asiatische Küche · **Tische:** 18/80 Plätze
diningbar.asiagourmet@gmail.com · https://diningbar.bregenz-asiagourmet.at/
· 🅵 VISA

❀❀❀ 52 Weinpos.

In Chen's Dining Bar am See in Bregenz gehen Orient und Okzident eine gelungene Mischung ein. Im modernen Ambiente, gestaltet vom Architekturbüro Silvestri, verwöhnt Chunxia Ye die Gäste mit Speisen aus frischen, erlesenen Zutaten. Die Speisekarte bietet eine Vielfalt an traditionellen bis modernen Asiatischen Gerichten. Mittags genießen Geschäftsleute ein raffiniertes Business-Lunch, abends lockt die Terrasse mit Blick auf See und Stadt. In Chen's Dining Bar kann man "The Magic of ASIA" spüren.

Brixlegg

⚜ Sigwart's Tiroler Weinstube "Zur Grauen Katze"

✉ 6230 · Marktstraße 40 · ☎ +43 53 37 6 33 90
Klassische und Neue Küche · **Tische:** 15/60 Plätze
tiroler-weinstuben@aon.at · www.tiroler-weinstuben.at · 🅵 VISA

Speisekarte: 5 Hauptgerichte von 35,00 bis 88,00 €; 2 Menüs von 90,00 bis 182,00 €
❀❀❀❀🍇

Sigwart's Tiroler Weinstube atmet Geschichte. Vor über 200 Jahren noch das "Gasthaus Zur Grauen Katze" genannt, ist es seit 1850 in Besitz von Familie Sigwart und wird in nunmehr sechster Generation als Gast- und Wirtshaus mit ganz viel Herzblut und Einsatz von ihr geführt. Die landestypisch eingerichteten, historischen Stuben haben die Patina vergangener Zeiten, sind urgemütlich und traumschön. Traudi Sigwart ist eine Küchenchefin, die ihr Handwerk nicht nur versteht, sondern auch liebt. Diese Leidenschaft sieht und schmeckt man immer wieder aufs Neue. Die erstklassigen Zutaten kommen vorzugsweise aus der Region, verschiedene Obst- und Gemüsesorten, Kräuter, Pilze uvm. sind aus eigenem Anbau, Brot, Nudeln, Säfte, Likör werden selber hergestellt. Die Küche ist wunderbar stimmig und expressiv. Tradiertes erscheint in neuem Gewand,

zeitgeistige Speisen ertüftelt Traudi Sigwart mit überbordender Fantasie. Sie setzt sich keine kulinarischen Grenzen, die Jahreszeiten können ebenso Inspiration werden wie Rezepturen aus fernen Ländern. Dabei verlieren die Speisen nie die Bodenhaftung, bleiben verständlich und sind für jeden Gourmet doch immer wieder eine kulinarische Entdeckungsreise. Ehemann Anton Sigwart

Brixlegg

und seine Schwester Verena sind liebenswürdige Ansprechpartner im Service und der Weinberatung. Über 300 feinste Tropfen lagern im historischen Gewölbekeller und werden von edlen Destillaten ergänzt. Ein idyllischer Gastgarten mit romantischem Gartenhäuschen rundet dieses gastronomische Kleinod ab und wird im Sommer zu einem ganz besonderen Sehnsuchtsort.

Deutsch Schützen
Wohnothek

✉ 7474 · Am Ratschen 5 · ☎ +43 33 65 2 00 82
Restaurant, Vinothek, Arrangements
office@ratschen.at · www.ratschen.at

25 **Chalets** ab 216,00 €;
25 **Chalets zur Einzelnutzung** ab 136,00 €
„Wohnothek" – nicht nur der Name dieses Anwesens ist ungewöhnlich, sondern auch die Lage ist es. Im Südburgenland, inmitten der Deutsch Schützener Weinberge wurden 25 frei stehende Holzbungalows mit Loftcharakter errichtet. Die futuristisch anmutenden Quader sind im 24 m² großen Interieur vollholzverkleidet und beherbergen einen Schlafbereich, Couch, Schreibtisch, ein modernes Bad und eine eigene Terrasse. Unmittelbarer als hier kann man die umgebende Naturlandschaft nicht in den Urlaub, den Aufenthalt und die Träume mit einbeziehen. Wem das noch nicht reicht, um den Alltag hinter sich zu lassen, kann auch den Wellnessbereich (s. a. Wellness-Special) nutzen. Morgens beginnt der Tag mit einem reichhaltigen Frühstücksbuffet mit vielen regionalen Produkten (im Zimmerpreis inklusive). Dafür gibt es ein eigenes Frühstücksrestaurant mit wunderschönem Blick auf Wald und Blumenwiese, das anschließend zum Bistro mit kleinem Speiseangebot wird. In der Vinothek lassen sich Weine von Top-Winzern des Burgenlandes verkosten. Deutsch Schützen gehört zum Naturpark Weinidylle, hier gibt es zahlreiche Wander- und Radwege, um die reizvolle Region zu erkunden.

Deutsch Schützen

Ratschen Restaurant

✉ 7474 · Am Ratschen 5 · ☎ +43 33 65 2 00 82
Regionale Küche, eigene Kreationen · **Tische:** 14/40 Plätze
office@ratschen.at · www.ratschen.at

Speisekarte: 4 Hauptgerichte von 24,00 bis 34,00 €; 1 Überraschungsmenü von 84,00 bis 117,00 €

🍷🍷🍷🐝🐝

Ähnlich der Häuschen der Wohnothek ist auch das Restaurant in einem schlichten, viereckigen Bungalow beheimatet. Inmitten der Südburgenländischen Weinberge gelegen, ist hier der optische Genuss nicht zu unterschätzen, so hinreißend und entspannend ist der Blick in diese wunderschöne Kulturlandschaft. Das Interior-Design ist zeitlos modern, frische Grüntöne an den Wänden, runde, fein eingedeckte Tische und eine große Fensterfront zur Terrasse verbinden sich zu einer einladenden Atmosphäre. Besonders magisch ist der Anblick, wenn es dunkel wird und das warm illuminierte Restaurant wie ein einladender Hafen wirkt. Küchenchef Mateo Lopez verwöhnt die Gäste mit facettenreichen, sehr kreativen Speisen. In der Region verwurzelt, geht die kulinarische Reise über alle Kontinente hinweg, er lässt sich von verschiedensten Strömungen inspirieren und kulinarisch in keine Schublade stecken. Handwerklich präzise, ist seine Küche leicht, modern

und unverfälscht. Wunderschön angerichtete Teller gehen über den Pass und werden von außergewöhnlichen Weinen begleitet. Die sind das Steckenpferd von Philipp Wild, er berät, empfiehlt und setzt mit dem passenden Tropfen das i-Tüpfelchen aufs Genusserlebnis. Mit leichter Hand leitet er einen Service, der sehr zugewandt, natürlich und liebenswürdig ist. Kulinarische Kleinigkeiten gibt es im lichtdurchfluteten Bistro, das wie das Restaurant die Landschaft gleichsam in den Raum holt.

Ein Restaurant mit anspruchsvoller Küche.

Dieses Restaurant bietet Ihnen ein gutes Genuss-/Preisverhältnis.

Deutschlandsberg

★★★ Kollar-Göbl

✉ 8530 · Hauptplatz 10 · ☎ +43 34 62 26 42
Restaurant, Zimmerpreise inkl. Frühstück, hauseigene Trekkingbikes
⏣ 4 km
genuss@kollar-goebl.at · www.kollar-goebl.at

16 **DZ** ab 139,00 €;
EZ ab 79,00 €

Deutschlandsberg liegt idyllisch am Fuße des Koralpengebirges. Die schöne Landschaft ist bekannt für die vielen kleinen Schilcherweinrieden, Streuobstgärten und die Kürbisäcker. Dieses bunte Bild wird zur perfekten Kulisse eines entspannten Urlaubs, für den man mit dem Hotel-Restaurant Kollar-Göbl die perfekte Logis gefunden hat. Der Betrieb wird seit Generationen engagiert von Familie Kollar-Göbl geführt. (Seit 2020 leiten Georg und Andrea Kollar das Hotel und Restaurant, sein Bruder Franz Kollar mit Ehefrau Sabine die Fleischmanufaktur). Stets ging man mit der Zeit, ohne die heimatlichen Wurzeln zu vergessen und so wird auch heute noch Gastfreundschaft ganz großgeschrieben, empfängt jeden Besucher eine einladende und familiäre Atmosphäre. Die umfangreich renovierten Zimmer mit zeitgemäßem Komfort sind mit viel Geschmack eingerichtet. Hochwertige Naturmaterialien, klare Linien und ein warmes Rot prägen das Interieur. Abseits von Hektik und Lärm kann man im Hause entspannte Tage verbringen. Für Seminare stehen passende Räumlichkeiten und verschiedene Packages zur Verfügung. Die inspirierende Umgebung lässt jede Veranstaltung gelingen. Fürs leibliche Wohl wird im Restaurant gesorgt. Das Freizeitangebot in der Weststeiermark ist vielseitig und reicht von sportlichen bis zu kulturellen Aktivitäten - gerne ist das freundliche Hotelteam mit Tipps zur Stelle.

Kollar-Göbl

✉ 8530 · Hauptplatz 10 · ☎ +43 34 62 26 42
Regionale Küche · **Tische:** 20/100 Plätze
genuss@kollar-goebl.at · www.kollar-goebl.at

Speisekarte: 20 Hauptgerichte von 11,50 bis 36,00 €; 2 Mittagsmenüs von 12,90 bis 15,90 € 80 Weinpos.

Nicht nur charmante Logis findet man bei Familie Kollar-Göbl, sie sorgt auch für feine Kost. Die Gaststube ist gemütlich-rustikal mit landestypischem Mobiliar und einem wunderschönen, grün glasierten Kachelofen ausgestattet. Das Restaurant setzt moderne Akzente, vermittelt dank der kleinen Sitzbereiche eine private Atmosphäre. Egal, welchen Raum man wählt, steirische Gastlichkeit und frische, abwechslungsreiche Speisen sowie ein fair kalkulierter Mittagstisch sind gewiss. Patron Georg Kollar steht selber am Herd und überzeugt mit einer grundehrlichen und aromenstarken Regionalküche. Gerne nutzt er das saisonal wechselnde Warenangebot und den Produktreichtum der Region für seine durchdachten Gerichte. Von absoluter Topqualität ist natürlich das Fleisch aus der hauseigenen Manufaktur, die Franz und Sabine Kollar betreiben. Das Schwäbisch Hällische Landschwein wird im eigenen Weingarten sogar selber gezüchtet. Geschmacksverstärker findet man in Georg Kollars Kü-

Deutschlandsberg

che nicht, vielmehr sorgen Kräuter aus dem eigenen Garten für den zusätzlichen Aromakick. Traditionell, ehrlich, genussreich – das Restaurant mit schöner Terrasse ist die perfekte Ergänzung zum Hotel Kollar-Göbl.

 Sie finden diese Hotels und Restaurants auch bei facebook oder instagram.

Theresas

✉ 8530 · Kirchengasse 4 · ☎ +43 34 62 3 91 82
Regionale und Mediterrane Küche · **Tische:** 12/40 Plätze
theresas70@gmx.at · www.theresas.at ·

Speisekarte: 9 Hauptgerichte von 9,00 bis 27,00 €; 1 Menü von 24,00 bis 42,00 €
❦❦🍇🍇   300 Weinpos.

Deutschlandsberg hat in der Gastronomieszene etwas, das es in nicht allzu vielen Orten gibt: Ein Restaurant, das viel mehr ist als ein Ort zur Nahrungsaufnahme. Der erste Hinweis darauf ist der Zusatztitel „eine ART Gasthaus". Im „Theresas" kann man wirklich so viel mehr als essen, denn hier gibt es so viel zu sehen und zu entdecken. Vor dem eigentlichen Speiseraum ist eine Bar mit Sitznischen, dekorativen Deckeln von Weinkisten und Autokennzeichen von Afrika bis Amerika. So weit so urig. Nicht weniger unkonventionell geht es weiter: Radierungen und Aquarelle wechseln mit Traxler-Cartoons, alten, hölzernen Kinositzen, Figuren, gerahmten Kinoplakaten aus den 1950/60er Jahren. Im Speiseraum mit Wänden in dunklem Rot prangen leere Bilderrahmen, ist das große, mahagonifarbene Buffet ein ebenso toller Hingucker wie das Angebot an verkäuflichen Antiquitäten und liebenswertem Trödel. Ob man es als Esslokal, Weinbar oder Bierbeisl sieht – die Grenzen

sind fließend, aber das Ergebnis ist großartig und das Speiseangebot von Patron und Chefkoch Gerhart Poprask, der am Herd eine tolle One-Man-Show abliefert, ist unverfälscht und ehrlich. Die Gerichte werden auf Tafeln annonciert und sind ein gekonnter Stilmix aus alpin-mediterran-regionalen Elementen. Gekocht wird, was die Jahreszeiten vorgeben, und immer sind die Zusammenstellungen kreativ, handwerklich präzise und aromenstark. Nicht weniger lobenswert als die Küche ist der unglaublich charmante Ser-

Deutschlandsberg

vice durch Constance Poprask, sie sorgt mit bester Laune für einen rundum gelungenen Besuch und gibt Tipps zur tollen Weinkarte. Und wer nun neugierig geworden ist: bitte vorab reservieren.

Ebbs

⭐⭐⭐ Der Unterwirt – Das kleine Gourmethotel

✉ 6341 · Wildbichlerstraße 38 · ☎ +43 53 73 4 22 88 · Restaurant, Veranstaltungsräume, Arrangements, Aufschlag für Halbpension 50,- € p./Ps.
✕♿🅿🛇🎪♨ 🅲 VISA ● ▬
info@unterwirt.at · www.unterwirt.at · f

21 **DZ** von 130,00 bis 210,00 €;
als **EZ** von 95,00 bis 135,00 €

Natur, Kulinarik und Brauchtum gehören in großer Vielfalt zum Kufsteinerland. Hier steht in Ebbs, der größten Gemeinde des Bezirks, der Unterwirt, dessen Aufteilung in Haupthaus, Hof und Gärten seit 1490 verbürgt ist. Naturgemäß hat so ein denkmalgeschütztes Haus Ecken und Kanten (die kaum im geraden Winkel stehen) und ist so herrlich individuell wie seine Gäste. Seit 1886 ist der Unterwirt im Steindl'schen Familienbesitz, Anni und Eduard Steidl haben inzwischen ihren Töchtern die Verantwortung im Hotel übertragen, sind aber noch immer präsent und können mit Stolz auf ihr Lebenswerk und ein langjähriges treues Team blicken. Die Zimmer (Preis inkl. Frühstück) sind genau wegen ihrer bewusst schlichten und hochwertigen Einrichtung ein echter Rückzugsort. Charmante Details vermitteln Stil und Lebensfreude. Die beginnt schon morgens mit einem exzellenten Frühstück, an schönen Tagen vielleicht sogar im wild-romantischen Garten. Der ist ebenso wie die Bank am alten Stall und Bach, die Tändelwiese und der runde Tisch unterm Walnussbaum ein Ort, um sich zu finden, die Natur bewusst zu erleben, herunterzukommen und das Leben zu genießen. Das Umland bietet vieles, was entdeckt werden kann – und für Proviant auf den Touren wird der Brotzeit-Rucksack mit köstlichen Leckereien gepackt.

Ebbs

Der Unterwirt

✉ 6341 · Wildbichlerstraße 38 · ☎ +43 53 73 4 22 88
Klassische und Neue Küche · **Tische:** 10/45 Plätze
info@unterwirt.at · www.unterwirt.at · f

Speisekarte: 4 Hauptgerichte von 32,00 bis 36,00 €; 4 Menüs von 55,00 bis 130,00 €

Familiär und weltoffen geht es im „Unterwirt" zu und es ist gerade diese lässige Mischung, die für jeden Gast so einladend ist. Ländlich, schlicht und wirklich schön eingerichtet, liegt hier das Besondere im Einfachen. Die Speiseauswahl ist so konzipiert, dass alles geht: viel oder wenig, ganz nach Gusto, auf jeden Fall qualitativ immer exzellent. Küchenchef Christian Ranacher setzt auf radikalen Genuss, was beim Einkauf für seine innovative Küche beginnt. Alle sorgfältig ausgeklügelten Speisen basieren auf möglichst biologisch erzeugten Produkten, werden schonend zubereitet und überzeugen durch Aromenfülle, Kreativität, den Blick über den Tellerrand und gebremste Modernität. Denn auch das Regionale kommt nicht zu kurz. Bereits Ende der 90er Jahre waren Edmund und Anni Steindl Vorreiter der Slow-Food-Bewegung und sahen Essen nicht nur als Nahrungsaufnahme, sondern bewussten Genuss und Freude. Sabrina Steindl, führt nun gemeinsam mit ihrer Schwester Katrin – als Unterwirtinnen – das denkmalgeschützte Ensemble aus Boutiquehotel, Wirtshaus, Fine-Dining-Restaurant, Bauernhof und Garten, zu dem auch noch das weitläufige Almgebiet „Lochner Horn" in den Chiemgauer Alpen in Österreich gehört. Unbedingt erwähnenswert ist ein ganz besonderes Kleinod – der traumschöne, urwüchsige und wunderschön wilde Gastgarten. Hier wird der kulinarische Genuss zur Auszeit vom Alltag, hier kann man auch sitzen, ein Buch vor der Nase und „nur" ein Glas Wein als Begleitung.

 Restaurant mit sehr gutem Weinangebot

 Sehr gute Serviceleistung

 Ein Restaurant mit anspruchsvoller Küche.

Ellmau

Der Bär
Bhf→20 km

✉ 6352 · Kirchbichl 9 · ☎ +43 53 58 23 95 · Fax: 23 95 56 · Preise inkl. HP; Halbpensions- & à la carte-Rest., Bar, Terrasse, reichhaltiges Frühstücksbuffet
🛉♨🏠🏦♒⚓≋❄☀🍴500 m
info@hotelbaer.com · www.hotelbaer.com · f   *VISA* 💳

32 **DZ** von 382,00 bis 508,00 €;
EZ von 220,00 bis 242,00 €;
30 **Suiten** von 484,00 bis 720,00 €

Der Bär in Ellmau in Tirol, am Fuße des Wilden Kaisers ist ein besonderes Hotel. In dem von Familie Windisch sehr sorgsam und herzlich geführten, weitläufigen Urlaubsdomizil kann man die perfekte Auszeit vom Alltag nehmen, lässt sich das Leben genießen, kann man zu jeder Jahreszeit gehobene Hotelleriekultur erleben. Die Zimmer (die angegebenen Preise verstehen sich inkl. Gourmet-HP Sommer- bis Wintersaison) und Kaminsuiten sind im modernen Landhausstil gestaltet und verfügen über Balkon oder Terrasse. Auch die edel und mit allem zeitgemäßen Komfort eingerichteten Zimmer im Haupthaus begeistern mit einem großartigen Blick aufs Alpenpanorama. Nach getaner Arbeit gibt es bei einer Fülle von Anwendungen Entspannung pur im hinreißenden Gesundheits- und Wellnessbereich mit Beautyabteilung und Fitnessraum, während sich die

kleinen Gäste im Bären-Miniclub vergnügen. Der 20 m lange, ganzjährig beheizte Infinity-Pool verspricht grenzenlose Erholung – ist aber „nur" ein Highlight von vielen! Denn das gesamte Badehaus mit Hallenbad, Saunalandschaft und Ruheraum mit Panoramafenstern begeistert. Ob drinnen oder draußen – hier wird man immer mit einem einmaligen Ausblick auf den Wilden Kaiser belohnt. Nicht nur, aber auch für Golfer gibt es attraktive Pauschalen wie z. B. Golf Unlimited (s. a. Golf-Special). In den Restauranträumen genießt man eine leichte, bodenständige und raffinierte Gourmetküche.

Der Bär
Bhf→20 km

✉ 6352 · Kirchbichl 9 · ☎ +43 53 58 23 95 · Fax: 23 95 56
Neue, Reg. u. Intern. Küche · **Tische:** 60/170 Plätze   *VISA* 💳
info@hotelbaer.com · www.hotelbaer.com · f

Speisekarte: 1 Menü von 55,00 bis 75,00 €
🍷🍷🍷🍽   170 Weinpos.

Kulinarische Abwechslung wird im "Der Bär" großgeschrieben: Es gibt die traditionelle Bauernstube, das stilvolle Kaminrestaurant und das Gartenrestaurant mit Showcooking-Bereich, um genussreiche Stunden in schönem Ambiente zu verbringen. Die Auswahl ist so vielfältig wie es die Gäste des Hauses sind. Aber egal, welche Wahl man trifft – das Ergebnis ist ein gutes, denn Küchenchef Herbert Wieser kocht sehr facettenreich, leicht und verführerisch gut. Viele der Zutaten kommen aus dem Umland und werden zu regionalen Speisen mit Alpe-Adria-Elemen-

Ellmau

ten kombiniert, die mit internationalen Spezialitäten eine feine Ergänzung finden. Robert Lechner ist allgegenwärtiger und souveräner Maître und expertenreicher Sommelier, der als Hüter des großen Weinschatzes auch eine unerlässliche Hilfe bei Fragen rund um den Rebensaft ist. Die Hotelbar ist ideal, um den Tag bei Drinks und frisch gemixten Cocktails gesellig oder romantisch ausklingen zu lassen. Die große Sonnenterrasse mit traumschönem Blick aufs Alpen-Panorama und den majestätischen Wilden Kaiser ist an warmen Tagen ein place to be.

Kaiserhof

Bhf→10 km

✉ 6352 · Harmstätt 8 · ☎ +43 53 58 20 22 · Fax: 2 02 26 00 · HP-Restaurant, Panoramaterrasse, Skybar, Outdoor-Spielplatz, Unlimited Mountain Pool, 24-h-Rezeption

 5 km   VISA AE ⓓ ⓒ EC

info@kaiserhof-ellmau.at · www.kaiserhof-ellmau.at · f

52 Zimmer und Suiten ab 450,00 €

Man kann sich gar nicht entscheiden, was beim Kaiserhof am besten ist: die fantastische Lage auf einem Sonnenplateau oberhalb von Ellmau mit herrlichem Blick auf den Wilden Kaiser, der individuelle Stil und der persönliche Service im Hause oder die komfortabel in moderner Eleganz eingerichteten Zimmer (Preise inkl. Gourmetpension), von denen viele erst kürzlich noch vergrößert und mit großen Panoramafenstern versehen wurden. Egal, wie die Antwort ausfällt – immer ist es wunderschön im Kaiserhof und die Zeit dort Balsam für die Seele.

Das liegt sicherlich auch am exzellenten Spa- und Wellnessbereich, der 2020 noch zusätzlich erweitert wurde, u. a. mit einem Unlimited Mountain-Pool. Finnische Sauna, Biosauna, Soledampfbad, Infrarotkabine, Wärmebank, Erlebnisduschen, Freiluftzone, großzügige Ruheräume, biologischer Naturbadeteich, eine Vielzahl von Anwendungen (s.a. Wellness-Special) und nicht zuletzt die tollen Freizeitmöglichkeiten (u. a. Golf, Wandern, Skilaufen) gehören zum vielseitigen Angebot. An kleine Gäste wurde mit einem Spielzimmer und Outdoor-Spielplatz mit Trampolin (Sommer) gedacht.

Ellmau

Kaiserhof - Kulinarium

Bhf→10 km

✉ 6352 · Harmstätt 8 · ☎ +43 53 58 20 22 · Fax: 2 02 26 00
Intern., Österreichische u. Reg. Küche · **Tische:** 8/26 Plätze
info@kaiserhof-ellmau.at · www.kaiserhof-ellmau.at · ⓕ

Speisekarte: 1 Menü von 97,00 bis 127,00 € ❤❤❤🐌🐌   400 Weinpos.
Die Panoramafenster im schlicht und edel gestalteten Gourmetrestaurant „Kulinarium 2.0" erlauben einen hinreißenden Blick auf den majestätischen Wilden Kaiser. Aber auch die kulinarischen Kunstwerke auf den Tellern erhalten zu Recht ganz viel Aufmerksamkeit. Seit knapp zwei Jahren ist David Wagger hier bereits Chef de Cusine und präsentiert seine Auffassung einer modernen, leichten und zeitgemäßen Küche, ohne die Liebe zur Tradition und die regionale Verwurzelung der Speisen zu vernachlässigen. Neugier und Ehrgeiz sorgen dafür, dass er immer offen für Neues ist. So darf der Gast Speisen auf kulinarischem Topniveau erwarten, in denen Traditionelles und Innovatives eine perfekte Symbiose eingehen. Passende Weine runden das facettenreiche Angebot perfekt ab, hier gibt Diplom-Sommelier Karl Rotheneder, der auch mit Übersicht den zuvorkommenden Service leitet, wertvolle Tipps. Bei passendem Wetter kann man den kulinarischen Genuss auf die wunderschöne Sonnenterrasse verlagern. Hier mit Blick auf die hochalpine Landschaft und den Wilden Kaiser zu sitzen, ist ein echtes Highlight.

Fehring

✪✪✪ Malerwinkl Kunsthotel

✉ 8361 · Hatzendorf 15 · ☎ +43 31 55 22 53 · Restaurant, Tesla-E-Ladestation, E-Bike Verleih (gegen Gebühr), Zimmerpreise inkl. Frühstück
🚭♿🅿🍴🛏❄ 13 km
office@malerwinkl.com · www.malerwinkl.com · ⓕ

10 **DZ** von 171,80 bis 179,80 €;
EZ von 79,90 bis 99,00 €
Im Südosten Österreichs im Zentrum des Steirischen Vulkanlandes findet sich die Stadtgemeinde Fehring. Hier wartet mit dem "Malerwinkl Kunsthotel" ein Hotel, dass einfach ein bisschen anders ist. "Ein unerwartetes Kleinod für Genießer aller ART" nennt Familie Troißinger ihr Refugium, dass zu einer Auszeit in ganz besonderer Atmosphäre einlädt. Rund ums Haus stehen verschiedenste Skulpturen, im Interieur hängen Acrylbilder von Kochkollegen und man kann überall kleine Accessoires und wundersame Details entdecken. Jedes der zehn Zimmer (Preise inkl. Frühstück) trägt einen

eigenen Namen und ist liebevoll individuell gestaltet. Egal, ob man im Pop Art-,

Fehring

Marilyn-, Klimt-, Wies'n- oder Tigerzimmer nächtigt – Peter Troißinger der Ältere hatte seine künstlerische Hand im Spiel, um jedem Raum einen Stempel aufzudrücken. Der Morgen beginnt mit einem üppigen, so stärkenden Vulkanland Frühstück, dass man danach die vielen Freizeitmöglichkeiten, Thermen, Rad- und Wanderwege in der Region entdecken kann. Wer Tipps braucht: Das zuvorkommende Hotelteam ist gerne behilflich. Und wer ganz unabhängig sein möchte, kann auch die behaglich eingerichtete Ferienwohnung nutzen (2 Ps. 89,- €/Nacht, 599,- €/Wo., exkl. Frühstück und Endreinigung).

Malerwinkl Kunsthotel

✉ 8361 · Hatzendorf 15 · ☎ +43 31 55 22 53
Neue und Regionale Küche · Tische: 22/50 Plätze
office@malerwinkel.com · www.malerwinkl.com · f
VISA AE ● ●

Speisekarte: 11 Hauptgerichte von 18,90 bis 37,00 €; 3 Menüs von 65,80 bis 91,80 €
♢♢❦ 160 Weinpos.

Das Restaurant im „Malerwinkl Kunsthotel" ist sehr charmant gestaltet. Ob in den Stuben "Luftraum" und "Herzstück" – überall lassen sich kleine und große, liebevoll platzierte Details mit künstlerischem Twist entdecken und fügen sich zu einem außergewöhnlichen, aber harmonischen Ganzen zusammen. In dritter Generation von den Geschwistern Anna und Peter Troißinger engagiert geführt, wird man hier mit einem facettenreichen kulinarischen Angebot verwöhnt. Peter Troißinger, junior, steht am Herd. Er kocht, was gefällt und wozu ihn die jahreszeitlichen Zutaten inspirieren. Denn immer geht es saisonal und frisch auf der Speisekarte zu. Von Anfang Mai bis Mitte November kommt das gesamte Gemüse aus dem eigenen 600 m² großen Garten. Gekocht wird unter slow food Aspekten, denn sowohl den Gaben der Natur als auch den handwerklich konzentrierten Zubereitungen sollte man seine Aufmerk-

samkeit widmen und in aller Ruhe genießen, was in der Küche so sorgfältig und fantasievoll zubereitet wird. Regionale Speisen interpretiert er gerne neu und alle kulinarischen Kreationen bekommen durch frische Kräuter aus dem eigenen Garten den ganz besonderen Aromakick. Ein zuvorkommender Service unter Leitung von Karl Krachler begleitet den Restaurantbesuch. Urlaubsflair pur vermittelt die wunderschöne Gartenterrasse.

Ein Restaurant mit anspruchsvoller Küche.

Feuersbrunn

MÖRWALD Relais & Chateaux Gourmet TONI M.

Bhf→1 km

✉ 3483 · Kleine Zeile 15 · ☎ +43 27 38 2 29 80 · Fax: 22 98 60
Klassische, Neue und Regionale Küche · **Tische:** 8/32 Plätze
toni@moerwald.at · www.moerwald.at ·

Speisekarte: 10 Hauptgerichte von 28,00 bis 72,00 €; 1 Menü von 120,00 bis 180,00 €

♥♥♥☘☘☘ 2800 Weinpos.

Primus inter pares im Mörwald'schen Kulinarik-Imperium ist zweifellos das im Stammhaus in Feuersbrunn am Wagram beheimatete Gourmetrestaurant "TONI M.". Mit Braun- und Beigetönen gestaltet, fein eingedeckten Tischen und plissierten Lampen ist das unprätentiöse Interieur eine elegante Melange aus Retrochique und Avantgarde und vermittelt eine entspannte Lounge-Atmosphäre. Küchenchef Toni Mörwald ersinnt eine raffinierte Fusionsküche, die sich zwar im Spektrum der österreichischen Kochkultur bewegt, aber dank des Ideenreichtums des Patrons weit darüber hinausgeht. Mit ausgesuchten Grundzutaten interpretiert er Regionales neu, verbindet Traditionelles und zeitgeistige Moderne, wird Klassisch-Französisches mit grenzübergreifenden Elementen bereichert. Ein zugewandter und liebenswürdiger Service unter kompetenter Leitung von Daniel Eber, der bei der hinreißenden Weinauswahl eine unverzichtbare Hilfe ist, begleitet den Restaurantbesuch. Private Dining und die Kochschule mit Kursen im privaten oder geschäftlichen Rahmen sowie das monatlich stattfindende Wine & Dine Event sind feste Bestandteile des kulinarischen Konzepts.

MÖRWALD Relais & Chateaux Gourmet ZUR TRAUBE

Bhf→1 km

✉ 3483 · Kleine Zeile 15 · ☎ +43 27 38 2 29 80 · Fax: 22 98 60
Klassische, Neue und Regionale Küche, veget./vegan · **Tische:** 20/80 Plätze

rezeption@moerwald.at · www.moerwald.at ·

Speisekarte: 20 Hauptgerichte von 11,00 bis 48,00 €; 1 Menü von 59,00 bis 89,00 €
♥♥♥☘☘ 1800 Weinpos.
Küchenchef Toni Mörwald kreiert modern interpretierte Klassiker der österreichischen Küche und internationale Gerichte auf eigene Art. Serviert werden sie in einem eleganten Ambiente, wo der Charme des ursprünglichen Dorfwirtshauses trotzdem noch zu spüren ist.

MÖRWALD Relais & Chateaux Hotel am Wagram

✉ 3483 · Kleine Zeile 13-17 · ☎ +43 27 38 22 98-0
Gourmetrestaurant, SPA, Penthouse-Suite, Zimmerpreise inkl. Frühstück
↘8 km
office@moerwald.at · www.moerwald.at ·

14 **DZ** ab 320,00 €;
5 **Suiten** von 400,00 bis 900,00 €

Das "MÖRWALD Relais & Chateaux Hotel am Wagram" wurde in die "Mörwald-Zeile" integriert und ist ein luxuriöses Refugium für den anspruchsvollen Gast.

Feuersbrunn

Die mit hochwertigen Holzböden, einem behaglichen Sitzbereich, W-LAN, Klimaanlage sowie teilweise mit Balkon und begehbarem Ankleideraum ausgestatteten Zimmer sind ein wunderschönes und niveauvolles Zuhause auf Zeit. Das sehr durchdacht konzipierte Wagram SPA garantiert die perfekte Auszeit vom Alltag und setzt auf nachhaltige Erholung. Neben einem Dampfbad, Sauna, Ruhebereich und der Außenterrasse gibt es unterschiedlichste Wellness-Treatments. Für Hotelgäste ist die Nutzung des SPA-Bereichs im Zimmerpreis inkludiert. Massagen- und Kosmetikbehandlungen können zusätzlich gebucht werden, so dass man sich sein ganz individuelles Wohlfühlpaket zusammenstellen kann. Den Tag mit einem Besuch des Gourmetrestaurants und dem Genuss von Toni Mörwalds Küche zu beschließen, ist das komplette Verwöhnprogramm für alle Sinne.

Fladnitz
Almwellness Hotel Pierer

✉ 8163 · Teichalm 77 · ☎ +43 31 79 71 72
Restaurant, Bar, Bistro, Vinothek, Kamin, E-Bike Ladestation, Arrangements
hotel.pierer@almurlaub.at · www.hotel-pierer.at

83 **DZ** ab 400,00 €;
5 **Suiten** ab 520,00 €
In 1.200 Meter Höhe inmitten unberührter Natur platziert, bietet das Hotel nicht nur einen fantastischen Ausblick, sondern auch vollen Komfort – inklusive 5.000 m² Wellnessbereich. Familie Pierer heißt ihre Gäste bereits in 4. Generation willkommen und legt besonderen Wert auf Regionaität und Nachhaltigkeit.

Fulpmes
Stubaier Hof

✉ 6166 · Herrengasse 9 · ☎ +43 52 25 62 266
Restaurant, Kamin, Ladestation, Preise inkl. HP
hotel@stubaierhof.at · www.stubaierhof.at

DZ ab 222,00 €;
als **EZ** ab 111,00 €;
8 **Suiten** ab 286,00 €
Der Stubaier Hof im Herzen Tirols lädt zum Entspannen, Genießen und Aktivsein ein. Das familiengeführte Hotel kombiniert liebevoll eingerichtete Zimmer & Suiten im modernen Alpenstil mit einem einladenden Wellnessbereich sowie einer exquisiten Küche.

Filzmoos

Der Guster

✉ 5532 · Filzmooserstraße 22 · ☎ +43 64 53 83 55 55
Regionale und Saisonale Küche · Tische: 18/60 Plätze
hallo@derguster.at · www.derguster.at · 🌐

Speisekarte: 10 Hauptgerichte von 17,90 bis 45,00 €; 1 Menü von 64,00 bis 79,00 €
🍷🍷🍷

Am Ortsanfang von Filzmoos steht das Aparthotel „das Filzmoos", in dem man mit dem „Der Guster" ein formidables Restaurant findet. Umlaufende Bänke mit Stoff in hübschem Dschungeldesign, farblich passende Fauteuils in Grau und sanftem Weinrot und fein eingedeckte Tische verbinden sich zu einem Ambiente im Landhausstil mit modernen Elementen und sind eine schöne Kulisse für den Besuch. Namensgeber des Restaurants, Küchenchef Roman Guster, hat in verschiedensten Restaurants und Hotels Erfahrungen gesammelt und zeigt seine ganz eigene Vorstellung einer frischen und facettenreichen Küche. Die basiert erstklassigen regionalen Produkten, die gerne auch den wechselnden Jahreszeiten entsprechen. Regionales kombiniert er mit internationalen Elementen und präsentiert eine monatlich wechselnde Auswahl, die sowohl Feinschmeckern als auch gesundheitsbewussten Essern gefällt und Genuss und Lebensfreude zugleich ist. Ein freundlicher Service begleitet den Restaurantbesuch.

Gleinstätten
Gasthof Literwirt

✉ 8443 · Goldes 1 · ☎ +43 34 57 22 55
Regionale Küche · **Tische:** 30/100 Plätze
reservierung@literwirt.at · www.literwirt.at

Speisekarte: 10 Hauptgerichte von 13,00 bis 39,00 €; 1 Mittagsmenü ; 1 Menü ab 62,00 € 30 Weinpos.

Der „Gasthof Literwirt" in Gleinstätten in der Südsteiermark ist einen Besuch wert, denn es wird mit großem Einsatz und Liebenswürdigkeit in dritter Generation in allerbester Familientradition von Susanne und Walter Schmid mit großem Einsatz und viel Herzblut geführt. Viel Holz und klassische ländliche Gestaltungsdetails im Interieur erscheinen in dezent-modernem Gewand und fügen sich zu einer ungemein einladenden Atmosphäre. Egal, ob er oder sie zum feinen Dinner, dem Mittagstisch oder einfach einem Glas Wein oder einer Tasse Kaffee an der Bar vorbeikommt – jeder Gast wird gleich herzlich begrüßt und zuvorkommend umsorgt. Die beiden sprühen vor Ideen, gehen mit der Zeit und sind dennoch ganz tief in der Heimat verwurzelt. Gerade dieser Spagat zwischen Tradiertem und Innovativem macht das Konzept im "Literwirt" so reizvoll. Walter Schmidt steht selber am Herd und bringt die richtigen Tugenden – Neugierde, Ehrgeiz, Fleiß und Leidenschaft – mit, um aus tradierten regionalen Speisen ganz neue Genusserlebnisse zu machen. Wichtig ist, dass es dem Gast schmeckt und er rundum zufrieden zum Wiederholungstäter wird. Dafür sorgt auch Ehefrau Susanne mit nicht weniger Einsatz im Service. Und wenn man das gesamte gastronomische Spektrum im Literwirt ausloten möchte: Es gibt noch einen Chef's Table, den schicken Barbereich, eine Terrasse und ein exzellentes Catering-Angebot.

 Sie finden diese Hotels und Restaurants auch bei facebook oder instagram.

Golling

⭐⭐ ⭐⭐ ♛ 🍴 Genießerhotel Döllerer Bhf→500 m

✉ 5440 · Markt 56 · ☎ +43 62 44 4 22 00 · Fax: 62 44 69 12 42 · Restaurants, Enoteca, Weinhandel, Feinkost, Zi.-Preise inkl. Frühstück, E-Auto-Ladestation, Arrangements
🍽 🚲 ♿ 🅿 🛗 ⛰ 🛁 🏊 ⛷ 15 km   VISA AE ⓓ ⓒ ⓔ
office@doellerer.at · www.doellerer.at · f

2 **Suiten** ab 390,00 €;
23 **Studios** ab 200,00 €

Das mit Herzblut von Christl und Andreas Döllerer geführte traditionsreiche "Genießerhotel Döllerer" ist im Zentrum von Golling, nur wenige Kilometer von der Mozartstadt Salzburg entfernt. Was sich hier in allerbester Familientradition alles unter einem Dach findet, ist wirklich staunenswert. Und überall trifft man auf Mitglieder der Familie Döllerer. Ob im Wirtshaus, in Döllerers Feine Kost, im Restaurant, in der Enoteca und im Weinhaus – jeder hat eine Aufgabe, ein besonderes Talent und jeder packt mit an. Drei Generationen sorgen für herzliche Gastlichkeit und bieten neben einer formidablen Logis noch so viel mehr. Hinter der historischen Fassade versteckt sich ein moderner Kern: Die 25 Studios und Suiten (einige mit Balkon oder Terrasse, das Frühstück ist im Preis inkludiert) sind mit dezenten alpenländischen Akzenten gestaltet, sehr behaglich und werden von zeitgemäßen Annehmlichkeiten geprägt. Der Blick geht entweder auf die Burg Golling und das Göllmassiv oder auf Döllerers Essbaren Garten hinaus, der mit Obstpflanzen und -gehölzen aus dem Alpenraum und aller Welt eine kleine Naturoase ist. Im Wellnessbereich gibt es Saunen und die Infrarotkabine (eine Wellnesstasche mit Bademantel und Badetüchern steht in jedem Zimmer bereit). In der Umgebung warten Kulturschätze ebenso wie zahlreiche (Rad-) Wanderwege und eine Vielzahl weiterer Freizeitangebote. Und wer gerne im Hause bleiben möchte, kann sich die Zeit mit Weinverkostungen, kulinarischen Schmankerln, Stöbern in der Enoteca oder einem Besuch im lauschigen Gastgarten vertreiben.

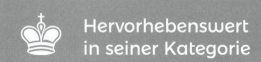

Hervorhebenswert in seiner Kategorie

Golling

♜ Döllerers Restaurant

Bhf→500 m

✉ 5440 · Markt 56 · ☎ +43 62 44 4 22 00 · Fax: 62 44 69 12 42
Klassische und Neue Küche · Tische: 14/60 Plätze
office@doellerer.at · www.doellerer.at · f

Speisekarte: 1 Samstagmittag Alpine-Lunch von 69,00 bis 109,00 €; 2 Menüs ab 159,00 €

❤❤❤❤❤🍇🍇🍇   3.000 Weinpos.

"Döllerers Restaurant" ist ein gastronomisches Gesamtkunstwerk, passt hier doch alles perfekt zusammen: Interieur, Ambiente, Service, Weinkunde und last but not least die Küche. Die Einrichtung ist unprätentiös, fast schlicht und zeugt mit sanft geschwungenen Fauteuils in Braun- und Beigetönen an den edel eingedeckten Tischen, raffinierter Wandgestaltung und ausgefallener Illumination von hohem gestalterischem Niveau. Patron und Chefkoch Andreas Döllerer lebt sein Handwerk und erhebt es zur Kunstform, wenn er den Gästen seine faszinierend facettenreiche Cuisine Alpine präsentiert. Der Alpenraum ist für ihn Heimat, Kraft- und Inspirationsquelle zugleich, Wildkräuter, Pflanzen, Wild und Milchprodukte von auf den Almen grasenden Kühen sind die Basis für seine Speisen. Diese enorme Kenntnis der alpinen Flora und Fauna steht immer im Fokus der genial ausgeklügelten Gangfolgen. Mit großer Neugierde, Experimentierfreude und handwerklicher Präzision setzt er Altbewährtes und traditionelle Rezepturen in einen neuen Kontext und kreiert Geschmackswelten, die Vergessenes wie alte Kulturpflanzen wieder gegenwärtig machen. Das sorgfältig ausgetüftelte Menü „Göllüberquerung" nimmt die Gäste auf eine Alpenerkundung der kulinarischen Art mit. Dazu gibt es Weine aus dem historischen Gewölbekeller in staunenswerter Auswahl und Qualität. Master Sommelier Alexander Koblinger und Christoph Messerig hegen und pflegen diesen Schatz. Anna Meister umsorgt die Gäste mit ihrem top geschulten Serviceteam aufmerksam und sehr charmant. Im 1. Stock von Döllerers Stammhaus ist das Atelier, ein Multifunktionsraum mit exklusiv ausgestattetem Küchenstudio, der auch als High-End-Besprechungs- und Veranstaltungsraum geeignet ist.

Restaurant mit einer der besten Küchen des Landes.

Golling

♖ Döllerers Wirtshaus
Bhf→500 m

✉ 5440 · Markt 56 · ☎ +43 62 44 4 22 00 · Fax: 62 44 69 12 42
Gehobene Regionale Küche · **Tische:** 18/80 Plätze
office@doellerer.at · www.doellerer.at · ☐   VISA AE ① ● ℃

Speisekarte: 15 Hauptgerichte von 24,00 bis 49,00 €; 2 Menüs von 69,00 bis 75,00 €
♛♛♛♛❀❀   3.000 Weinpos.

Döllerers Wirtshaus war schon im Jahre 1909 ein solches. Diese familiäre, gastliche Tradition wurde weitervererbt und ist heute für Christl und Andreas Döllerer eine lieb gewordene Verpflichtung und Herzensangelegenheit, die Einheimischen, Touristen, Hotelgästen, hungrigen Wanderern und Durchreisenden zu Gute kommt. Unter der imposanten Gewölbedecke warten rustikale Holzmöbel, Wandmalereien und bleiverglaste Fenster. Zum regionalen Flair passt die bodenständige Küche des Patrons perfekt. Er nutzt das vielfältige heimische Warenangebot für die gut durchdachten, ehrlichen und aromenstarken Speisen. Die authentischen Zubereitungen spiegeln auch immer wieder die wechselnden Jahreszeiten und werden von klassischen Schmankerln wie Schlutzkrapfen, Gulasch und Wiener Schnitzel ergänzt. Ob man à la carte isst oder das 3-

oder 4-Gänge-Wirtshausmenü oder das 6-Gang-Überraschungsmenü wählt – alles wird mit Sorgfalt frisch zubereitet und ist obendrein auch noch sehr fair kalkuliert. Seit 2020 kann man die kraftvolle Wirtshausküche sogar zu Hause genießen, denn viele der nach altbewährten Rezepturen hausgemachten Leckerbissen, verschiedenste Suppen und Saucen gibt es als Döllerer-to-go in Gläsern.

Grafenegg

♖ MÖRWALD Grafenegg Restaurant
Bhf→2 km

✉ 3485 · Grafenegg 12 · ☎ +43 27 35 26 160
Neue, reg. Küche, veget./vegan · **Tische:** 30/120 Plätze
grafenegg@moerwald.at · www.moerwald.at   VISA AE ① ● ℃

Speisekarte: 6 Hauptgerichte von 19,00 bis 38,00 €; 1 Menü ab 59,00 €
♛♛♛♛❀❀

Das Restaurant Grafenegg bietet nicht nur ein nobles Ambiente, sondern auch einen exzellenten Hochgenuss. Küchenchef Jörg Durec interpretiert die gehobene österreichischen Küche völlig neu – vom klassischen Mittagessen bis zum mehrgängigen Menü am Abend.

Grän

Grän

Hotel ***** Bergblick & SPA

✉ 6673 · Am Lumberg 20 · ☎ +43 56 75 6 39 60 · Kaminzimmer, Bar, Kinderspielzimmer, Billardzimmer, Bibliothek, Zimmerpreise inkl. HP
 30 km
info@hotelbergblick.at · www.hotelbergblick.at · ▪

32 **DZ** von 390,00 bis 520,00 €;
36 **Jui.**-/**Suiten** von 550,00 bis 650,00 €

Das Tannheimer Tal auf 1.100 Metern zählt zu den schönsten Hochtälern Europas und mit dem Hotel ***** Bergblick & SPA hat man eine Logis in absoluter Toplage gefunden. Umgeben von sattgrünen Wiesen geht der Blick ungehindert in die weite Landschaft und faszinierende Bergwelt, herrliche Ruhe und klare Luft sind verheißungsvolle Vorboten für nachhaltige Erholung. Begleitet von einem herzlichen und zuvorkommenden Service wird der Urlaub angesichts der Fülle von Freizeitmöglichkeiten wie Wandern, Biken, Klettern, Schwimmen und im Winter natürlich Skifahren und -langlaufen, Rodeln, Langlaufen, Eisstockschießen uvm. zu einer hinreißenden Auszeit vom Alltag. Die individuell eingerichteten Zimmer sind mit viel Holz in dezenter Landhausromantik gestaltet, verfügen über zeitgemäßen Komfort und sind ein behaglicher Rückzugsort. Veranstaltungen finden im Hotel einen schönen Rahmen, Wellnessangebote gibt es in toller Auswahl, dem steht die Kulinarik in nichts nach. Überall im Hause hängen wunderschöne historische Uhren und erinnern daran, dass Zeit etwas Kostbares ist – im „Bergblick" lässt sie sich entspannt mit der ganzen Familie nutzen.

Gourmetrestaurant Grunstube

✉ 6673 · Am Lumberg 20 · ☎ +43 56 75 6 39 60
Klassische Küche · **Tische:** 7/16 Plätze
info@hotelbergblick.at · www.hotelbergblick.at · ▪

Speisekarte: 1 Menü zu 148.00 €

Das Interieur des Gourmetrestaurants „Grunstube" ist eine Demonstration des guten Geschmacks. Regionale Materialien kommen in moderner Ausführung zum Einsatz und verbinden sich zu einer unverkrampften und kosmopolitischen Atmosphäre, zu der auch der hinreißende Panoramablick in die imposante Bergwelt seinen Beitrag leistet. Der verantwortliche Mann am Herd, Daniel Kill, ist weit gereist und hat an Topadressen seiner Zunft gearbeitet. Mit Können, Neugierde und raffinierten Ideen kreiert er Speisen, die ehrlich und expressiv sind. Viele der edlen Zutaten kommen aus der Region und werden mit überlieferten Rezepturen, die der ambitionierte Chef am

Grän

Herd geschickt neu interpretiert, zu einzigartigen kulinarischen Erlebnissen. Die raffinierten Kombinationen sprechen alle Sinne an und nehmen den Gast auf eine faszinierende Genussreise mit, in der das Produkt der Fixpunkt ist und Tradition, Regionalität und Moderne in einem spannenden Wechselspiel stehen. Erlesene Weine – überwiegend von kleinen, qualitätsbewussten Betrieben aus biologischer bzw. biodynamischer Produktion und mit österreichischem Fokus – begleiten die Speisen. Markus Jelinek, der auch zuvorkommend den sympathischen Service leitet, gibt jederzeit und gerne wertvolle Tipps dazu.

Sonnenhof

✉ 6673 · Füssener-Jöchle-Straße 5 · ☎ +43 56 75 63 75
Restaurant, Bar, Vinothek, Arrangements, Wellnessgarten, Preise inkl. VP
25 km
post@sonnenhof-tirol.com · www.sonnenhof-tirol.com

43 **DZ** von 300,00 bis 560,00 €;
8 **Suiten** von 400,00 bis 600,00 €

Das große Engagement von Familie Müller ist allgegenwärtig in ihrem „Sonnenhof". Zwischen Vilsalpsee und Haldensee, nahe der Allgäuer Alpen gelegen, ist das Haus dank des tollen Angebotes der perfekte Ort für einen Erholungsurlaub für die ganze Familie. Die Zimmer sind stylisch und schick eingerichtet (Preise inkl. Vollpension) und bieten herrliche Ausblicke auf Berge, Wiesen und Wälder. Zeit zum Durchatmen nimmt man sich auch in der Wellness-Oase und nutzt das Sauna-, Spa-, und vielseitige Anwendungs-Angebot. Der Winter hat mit dem Skigebiet Füssener Jöchle vor der Tür seine eigenen Reize, Wandern kann man zu jeder Jahreszeit und wird begeistert sein, was es alles an Benefits (u. a. Stöcke, Tourenvorschläge, Wanderbibibliothek) im Hotel gibt. Das kulinarische Verwöhnprogramm mit zwei Restaurants und ihrer mehrfach ausgezeichneten Weinkarte passt zur Vielseitigkeit des Sonnenhofs. Er ist das perfekte Domizil für Menschen, die in zwangloser Atmosphäre einen Urlaub verbringen möchten, der mit dem freundlichen Lächeln der Mitarbeiter bereits beim Betreten des Hauses beginnt.

Grän

Genießerwirtshaus Das Müllers

✉ 6673 · Füssener-Jöchle-Straße 5 · ☎ +43 56 75 63 75
Gehobene Regionale und Internationale Küche · **Tische:** 6/25 Plätze
post@sonnenhof-tirol.com · www.sonnenhof-tirol.com/geniessen/sonnenhofs-wirtshaus · ▪

Speisekarte: 10 Hauptgerichte von 24,00 bis 65,00 €; 1 Menü von 65,00 bis 85,00 €
❀❀❀❀❀ 1500 Weinpos.
Urgemütlich und gesellig geht es im Genießerwirtshaus "Das Müllers" zu, das landestypisch mit modernem Touch geschmackvoll eingerichtet ist und mit alpinem Lifestyle und ganz viel Behaglichkeit zum bodenständigen Genuss einlädt. Auch hier legt Küchenchef Patrick Müller allergrößten Wert auf Zutaten in kompromisslos guter Qualität, bevorzugt von bekannten Händlern aus der Region. Nur das Beste ist gut genug, um unter den fachkundigen Händen des Küchenteams zu unverfälschten, aromenstarken und grundehrlichen Speisen der traditionellen österreichischen und internationalen Küche zu werden. Ob Wiener Schnitzel, feine Fischgerichte, Vegetarisches, Wild-Spezialitäten oder saftige Steaks – die Auswahl bietet für jeden Geschmack etwas Passendes und greift selbstverständlich auf die Beste Weinkarte des Jahres 2022 zurück, die vom kenntnisreichen Sommelier Rainer Müller kuratiert wird.

Gourmetrestaurant Alps & Ocean

✉ 6673 · Füssener-Jöchle-Straße 5 · ☎ +43 56 75 63 75
Klassische Küche · **Tische:** 7/16 Plätze

post@sonnenhof-tirol.com · www.sonnenhof-tirol.com/geniessen/gourmet-hotel-tirol · ▪

Speisekarte: 1 Menü zu 190,00 €
❀❀❀❀❀ 1500 Weinpos.
Das Gourmetrestaurant „Alps & Ocean" im „Sonnenhof" ist eine Welt für sich. Hier steht alles im Zeichen anspruchsvollen Genusses und feiner Lebensart. Mit edlen Materialien in warmen Erdtönen und mit sehr viel Geschmack niveauvoll gestaltet, ist die Atmosphäre entspannt, unaufgeregt und weltoffen. Für außergewöhnliche kulinarische Auftritte sorgt Küchenchef Patrick Müller, gemeinsam mit Daniel Walch und einer Menge raffinierter Ideen. Die Speisen des Küchenchefs, der auch Mitglied der Jeunes Restaurateurs Österreich ist, basieren auf handverlesenen Zutaten aus aller Welt. Sie unterliegen keiner eng begrenzten Stilrichtung und werden zu genialen Verbindungen von grenzübergreifenden Elementen und Tradiertem in neuem Gewand.

Bereits der Restaurantname verrät, wohin die Genussreise geht. Die edlen Porzellan-Gedecke sind auf die einzelnen Gänge abgestimmt, von denen jeder zu einem kleinen, sehr kunstvollen Unikat gerät. Begleitende Weine gibt es in stau-

Grän

nenswerter Fülle von einer Karte, die – u. a. mit edelsten Champagnern – zu den besten in Österreich zählt. Hier berät Rainer Müller als sensibler Sommelier mit staunenswerter Fachkenntnis und verrät auch, wann wieder „Wine & Dine"-Veranstaltungen und Weinverkostungen auf dem Programm stehen.

Graz

♜ Parkhotel Graz – Zur goldenen Birn   Bhf→3 km

✉ 8010 · Leonhardstraße 8 · ☎ +43 3 16 36 30
Neue Küche, eigene Kreationen · **Tische:** 9/18 Plätze
zurgoldenenbirn@parkhotel-graz.at · www.zurgoldenenbirn.at

Speisekarte: 1 Menü ab 200.00 €
❦❦❦❦❦   250 Weinpos.

Das Gourmetrestaurant "Zur goldenen Birn" ist im Grazer Parkhotel beheimatet, welches wiederum vor etwa 450 (!) Jahren seine Anfänge als "Gasthaus Zur Goldenen Birn" nahm – und so schließt sich der Kreis, ist das Gourmetrestaurant doch eine formvollendete Verbeugung vor dieser langen gastlichen Tradition. Denn Küchenchef Jan Eggers nimmt u. a. diese lange Historie als Inspirationsquelle für seine faszinierende Küche. Sein sorgfältig zusammengestelltes Menü ist eine Folge tradierter österreichischer und Kronländer Spezialitäten sowie eigens kreierter Speisen. Die Kronländer Küche, also Speisen aus dem alten Mitteleuropa, birgt unzählige kulinarische Schätze, die der Chefkoch wieder aufleben lässt und mit handwerklichem Geschick und überbordender Kreativität behutsam dem Zeitgeist anpasst. Das Ergebnis ist eine hochspannende Zeitreise! Diese modernen und einzigartigen Interpretationen überlieferter Rezepturen des großen Habsburger Reiches haben

einen ganz besonderen Reiz und hauchen vergessenen Zutaten, Aromen und Texturen neues Leben ein. Philipp Florian ist formvollendeter, doch immer nahbarer Maître und leitet die Gäste mit Leichtigkeit durch den Abend. Oliver Petritz berät mit Expertise zu den Weinen, die den Speisen den allerletzten Schliff geben. Wer in Graz ein besonderes kulinarisches Erlebnis sucht, sollte dem Restaurant "Zur goldenen Birn" einen Besuch abstatten.

 Sehr gute Serviceleistung

Graz

Bhf→3 km　　　　　　　　　　♜ **Parkhotel Graz**

✉ 8010 · Leonhardstraße 8 · ☎ +43 3 16 36 30
Restaurants, Bar, Café, Rosen-Gastgarten, E-Mobil-Ladestation, Arrangements
✕🛏♿🅿🚭✎🛌☂↔☼♨⛌🍽15 km　　　　　VISA AE ① ⦿ ⓔ
office@parkhotel-graz.at · www.parkhotel-graz.at · ⓕ

25 **DZ** von 158,00 bis 248,00 €;
als **EZ** von 138,00 bis 198,00 €;
10 (**Jui.-**)**Suite** von 181,00 bis 365,00 €

Schon 1574 als Gasthof „Zur goldenen Birn" bekannt, wurde 1867 der noch heute bestehende Gebäudekomplex in zentraler Altstadtlage errichtet. Nach Höhen und noch mehr Tiefen erwarb das Bäckermeisterpaar Maria und August Florian 1933 das Anwesen und eröffnete es im März 1934 als „Parkhotel" neu. Seitdem ist es in Familienbesitz der Florians und entwickelt sich stetig weiter, ohne dass seine historischen Wurzeln vergessen würden. Heute betritt der Gast ein erstklassiges Haus, in dem die Pracht vergangener Zeiten sich harmonisch mit zeitgemäßem Luxus verbindet. Alle Zimmer sind – oft mit historischen Bilder oder antiken Möbeln – elegant gestaltet, mit edlen Materialien eingerichtet und verfügen über moderne Annehmlichkeiten wie Klimaanlagen, kostenloses Highspeed WLAN sowie SKY TV. Ob rauschende Feste oder produktive Tagungen – passende, technisch perfekt bestückte Räumlichkeiten stehen ebenso bereit wie eine top geschulte Begleitung der individuell geplanten Veranstaltung. Ein exklusiver Wellnessbereich bietet mit Pool, Saunen, Fitnessraum sowie Kosmetik- und Beauty-Behandlungen Entspannung. Wer es aktiver mag, erkundet Graz und die Steiermark – gerne ist das zuvorkommende Hotelteam mit Tipps behilflich. Das 4 Sterne Superior Parkhotel ist ein Ort, an dem gelebte österreichische Traditionen und gegenwärtiger Zeitgeist so perfekt verschmelzen, dass jeder Besuch zu einem ganz besonderen Erlebnis wird.

 Hervorragendes Hotel mit außergewöhnlichem Komfort

Graz

♜ Parkhotel Graz – Florian

Bhf→3 km

✉ 8010 · Leonhardstraße 8 · ☎ +43 3 16 36 30
Klassische und Regionale Küche · **Tische:** 30/70 Plätze
office@parkhotel-graz.at · www.parkhotel-graz.at

Speisekarte: 9 Hauptgerichte von 20,00 bis 35,00 €; 1 Mittagsmenü zu 25,00 € ♥♥♥🍇🍇 250 Weinpos.

Das Restaurant „Florian" – der Name ist eine Hommage an die Inhaberfamilie Florian, für die Gastfreundschaft und feine Kulinarik eine echte Herzensangelegenheit sind – findet sich mitten in der Grazer Altsatdt im „Parkhotel Graz" und ist der perfekte Ort, um eine kleine Auszeit vom Alltag zu nehmen und das quirlige Großstadttreiben für ein paar Stunden hinter sich zu lassen. Dafür stehen das in unaufdringlicher Eleganz gestaltete Restaurant, der Wintergarten und der Rosen-Gastgarten, der an warmen Tagen zu den schönsten Sehnsuchtsorten der Stadt wird, zur Verfügung. Die Atmosphäre ist herrlich entspannt, das exquisite Flair passt zur ambitionierten Küche von Küchenchef Kurt Mörth. Er kocht unverfälscht und aromenstark, hat ein feines Gespür für ausbalancierte Zusammenstellungen und präsentiert Speisen, die von sorgfältig zubereiteten klassischen bis zu geschickt neu interpretierten regionalen Spezialitäten reichen. Gerne wählt er Zutaten aus der Region und lässt sich auch vom saisonalen Angebot inspirieren. Zusätzlich zur Speiseauswahl gibt es immer auch Klassiker wie Tafelspitz, Beef Tatar und Wiener Schnitzel. Im „Florian" ist das Zusammenspiel von Küche und Service – der sehr aufmerksam von Andreas Silly geleitet wird – perfekt. Und wenn es ausnahmsweise mal nur ein Glaserl Wein sein soll: Oliver Petritz hilft gern und berät mit Fachkenntnis.

Kehlberghof

Bhf→5 km

✉ 8054 · Kehlbergstraße 83 · ☎ +43 3 16 28 41 25
Reg. Küche, eig. Kreat. · **Tische:** 14/40 Plätze
restaurant@kehlberghof.at · www.kehlberghof.at

Speisekarte: 6 Hauptgerichte von 23,00 bis 36,50 €; 2 Mittagsmenüs von 29,00 bis 49,00 €; 1 Menü von 86,00 bis 99,00 € ♥♥♥🍇🍇🍇 800 Weinpos.

Im Kehlberghof macht's die Mischung: Küchenchef Hermann Ordner präsentiert einen gekonnten Mix aus regionalen und grenzübergreifenden Speisen, die auf erstklassigen, jahreszeitlich geprägten Zutaten basieren.

Grieskirchen

Waldschänke

Bhf→3 km

✉ 4710 · Kickendorf 15 · ☎ +43 72 48 6 23 08
Klass. u. Regionale Küche · **Tische:** 15/60 Plätze
restaurant@waldschaenke.at · www.waldschaenke.at

Speisekarte: 8 Hauptgerichte von 20,50 bis 36,50 €; 1 täglich wechselndes Mittagsmenü und zusätzlich a la carte von 22,90 bis 24,90 €; 2 Menüs von 75,00 bis 110,00 €
♥♥♥🍇🍇🍇 ca. 1000 Weinpos.

Mit sehr viel Herzblut haben Elisabeth und Heinz Grabmer aus einer westlich

Grieskirchen

von Linz und ca. 1 km nordöstlich von Grieskirchen gelegenen ehemaligen Jausenstation ihr weithin bekanntes Restaurant "Waldschänke" gemacht. Umgeben von weiten Wiesen und Wäldern und in einem schlichten Landhausstil gestaltet, kann man hier für ein paar Stunden den Alltag hinter sich lassen und sorgfältig zubereitete Speisen genießen. Für die sorgen Elisabeth Grabmer und Sohn Clemens in familiärer Eintracht und befeuern sich gegenseitig mit Ideen, Regionales raffiniert und innovativ neu zu interpretieren, ohne dass beliebte heimatliche Klassiker auf der Strecke bleiben. Sie setzen bevorzugt auf saisonale, heimische Zutaten, die sie mit ausbalancierten Aromen und Texturen bereichern. Beim sehr fair kalkulierten Mittagslunch wählt man aus drei Vor-, Hauptspeisen und Desserts je nach Laune zwei oder drei Gänge. Heinz Grabmer ist der Hüter eines fulminanten Weinschatzes, in dem Österreich, Frankreich Bordeaux, Italien, Spanien, Kalifornien und Chile im Fokus stehen. Er empfiehlt passende Tropfen und lädt zu Verkostungen und Präsentationen ein. An schönen Tagen sollte man im romantischen Gastgarten speisen.

 Dieses Restaurant bietet Ihnen eine exzellente Küche.

Großarl

Tauernhof

✉ 5611 · Unterbergstraße 55 · ☎ +43 64 14 26 40
Restaurant, Bar, PKW-E-Ladestation, Arrangements, Zi.-Preise inkl. HP
 20 km   VISA AE
info@tauernhof.com · www.tauernhof.com

DZ ab 294,00 €;
Appartement ab 324,00 €

Die Geschichte des Tauernhof beginnt 1977. Ein Vierteljahrhundert, drei Erweiterungen und einige Modernisierungen später gehört das Haus zu einem der beliebtesten in der Ferienregion. Das liegt nicht nur an der zentralen Lage in Großarl, sondern vor allem an der familiären Atmosphäre. Denn eines hat sich auch in der dritten Generation der Hetteggers nicht geändert: der Wunsch und das Bemühen, jedem Gast einen erinnerungswürdigen, erholsamen Aufenthalt zu bereiten. Dafür stehen charmant eingerichtete Zimmer mit zeitgemäßem Komfort bereit, wartet morgens ein üppiges Frühstücksbuffet und abends ein feines Dinner und alles ist bereits im Zimmerpreis inkludiert. Eine gepflegte Wellnessoase mit Pool-, Sauna- und Beauty-Landschaft bietet Erholung und Entspannung (s. a. Wellness-Special). Das kulinarische Angebot ist nicht weniger vielseitig. Kleine Gäste werden den Erlebnisspielplatz, den Streichelzoo im Sommer und den hauseigenen Bauernhof lieben. Ob man in der Freizeit an geführten Wanderungen teilnimmt oder im Winter die schneebedeckten Hänge hinunterwedelt – Wanderwege, Pisten und Skilift liegen direkt am Hotel. Und damit die ursprüngliche Natur vor der Haustür so lange wie möglich gesund bleibt, setzt man im Tauernhof

Großarl

auf ein sehr nachhaltiges Bewirtschaftungskonzept und ist vom Dach bis zum Keller bereits jetzt fast energieautark. Für dieses große Engagement gab es zurecht das österreichische Umweltzeichen für den Tauernhof.

 ### Tauernhof – Die Schatzarei

✉ 5611 · Unterbergstraße 55 · ☎ +43 64 14 26 40
Regionale Küche · Tische: 30/100 Plätze
info@tauernhof.com · www.tauernhof.com

VISA AE ● E

Speisekarte: 15 Hauptgerichte von 14,80 bis 35,80 €; 1 Menü von 59,00 bis 69,00 € ♥♥ 80 Weinpos.

Viel Holz in schlichter, geschmackvoller Gestaltung und Naturtöne prägen das Interieur des Restaurants, das mit dem Namen „Schatzarei" bestens aufgestellt ist, denn einerseits ist es tatsächlich ein kleiner kulinarischer Schatz und andererseits bedeutet pongauerische Wort „Plauderei". Und unaufgeregt, gesellig und genussvoll geht es hier zu. Für letzteres übernimmt Küchenchef Maximilian Ruppert mit seiner facettenreichen Küche die Verantwortung. Eingekauft wird frei nach dem Motto „brutal regional", denn Regionalität gehört quasi zur DNA des Hauses. Ob typische Salzburger Spezialitäten, Klassiker aus Österreich, Internationales oder eine kreative Mischung aus allen dreien – die Zutaten für die kreativ zubereiteten Gerichte kommen bevorzugt aus der Region, Wild- und Rindfleisch aus dem Großarltal, Honig, Käse und Milch täglich frisch von den Bauern aus der Umgebung und Backwaren entweder aus der eigenen Backstube oder von österreichischen Traditionsbäckern. Und das eine oder andere liefert der eigene Bauernhof. Auch die wechselnden Jahreszeiten stehen Pate, wenn neue Speisen präsentiert werden. Egal, ob Maximilian Ruppert österreichische Klassiker präsentiert oder weit über den Tellerrand schaut, seine Speisen sind wunderbar unverfälscht und aromenstark. Den zugewandten Service leitet Claudia Taxer überaus liebenswürdig und berät auch kenntnisreich zu den passenden Weinen und Getränken.

Groß St. Florian
Edler im Landhaus Oswald

✉ 8522 · Unterbergla 15 · ☎ +43 3464 22 70
Klassische und Regionale Küche · **Tische:** 20/80 Plätze
info@edler-landhaus.at · https://www.edler-landhaus.at

Speisekarte: 14 Hauptgerichte von 15,00 bis 40,00 €; 1 Menü von 45,00 bis 90,00 € 850 Weinpos.

Mitten in Unterbergla in der Weststeiermark gab es bereits 1909 mit dem „Häferlschank" von Familie Oswald eine klassische Dorfwirtshaus. Jahrzehnte gingen ins Land und aus dem kleinen Gasthaus wurde dank Familie Edler ein formidables Restaurant, das "Edler Landhaus Oswald". Hier gehen herzliche Gastfreundschaft und erstklassiger Service – geleitet von Maria Edler – eine perfekte Symbiose ein. Die Stube ist in dezenter Eleganz eingerichtet, die feine Tischkultur gibt einen Ausblick auf die zu erwartenden Gaumenfreuden. Für die sorgt Küchenchefin Nina Edler-Reisinger mit ganz viel Schwung und Leidenschaft. Sie beherrscht ihr Handwerk und entwickelt es mit immer wieder neuen Ideen raffiniert weiter. Man merkt und schmeckt, dass sie mit Können und Freudet kocht, wenn sie die Zutaten kreativ kombiniert. Stets empfehlenswert sind ihre jahreszeitlich inspirierten Spezialitäten und die gerne besuchten Thementage. Georg Reisinger bringt den Gästen als fachkundiger Sommelier steirische, nationale und internationale Weine charmant und mit Feingefühl näher. Im hinreißend sortierten und stylish eingerichteten Weinkeller finden Verkostungen statt. Wer den Genuss lieber in die eigenen vier Wände holen möchte – ein exzellentes Catering macht es möglich.

Die Küchenleistung dieses Restaurants ist hervorhebenswert in seiner Kategorie.

Harmisch

Gasthaus Csencsits

✉ 7512 · Harmisch 13 · ☎ +43 3 36 6 7 72 20
Innovative, zeitgemäße Küche · **Tische:** 15/60 Plätze
gasthaus@csencsits.at · https://csencsits.at · f

Speisekarte: 1 Menü von 89,00 bis 109,00 €

In Harmisch, einem kleinen Ortsteil von Kohfidisch im Südburgenland, führen Melanie und Jürgen Csencsits ihr Restaurant. In schlicht-eleganter Moderne gestaltet, präsentiert der Patron hier seine Vorstellung einer genussreichen, saisonalen Küche, die gehoben, aber nicht abgehoben und eine Hommage an seine Herkunft ist – pannonisch harmonisch eben. Er kocht nicht nur kraftvoll und authentisch, er kocht auch ursprünglich, denn das Herzstück seiner Küche und seiner Kochphilosophie ist ein Holzofen, über dessen Feuer er brät, schmort, brutzelt, köchelt, gart, einkocht. Er beherrscht das komplexe Spiel mit den unterschiedlichen Temperaturen, bei dem der Duft des brennenden Holzes, von Aromen und Gewürzen appetitanregend jedem Gast in die Nase steigt. Mit einer Fülle kreativer Ideen werden Fische, Flusskrebse und sogar Kaviar aus heimischen Gewässern, Fleisch vom Metzgerladen aus dem Nachbarort, Kräuter aus dem eigenen Garten und weitere Produkte aus der Umgebung sowie von bekannten Landwirten und Händlern zu genuss- und reizvollen Speisen. Melanie Csencsits ist die liebenswürdige Dame des Hauses und hilft mit ihrem Serviceteam gerne weiter. Bei 700 Weinpositionen sollte man die Expertise und sensible Beratung von Sommelier Geza Pungör in Anspruch nehmen.

Hadersdorf am Kamp

Esslokal

✉ 3493 · Hauptplatz 16 · ☎ +43 6 64 88 74 70 20
Fusionsküche
office@esslokal.com · www.esslokal.com

Speisekarte: 1 Menü von 90,00 bis 165,00 €

Schlicht und behaglich eingerichtet, wird der Gast in Barbara und Roland Hubers Restaurant auf eine genussreiche Reise mitgenommen, die von regionalen und fernöstlichen Elementen geprägt ist und mit immer wieder neuen Geschmackserlebnissen aufwartet.

Hinterglemm

Wiesergut ✪✪✪ ✪✪

Bhf → 22 km

✉ 5754 · Wiesern 48 · ☎ +43 65 41 63 08 · Fax: 63 08-38 · Restaurant, Bar, Piazza m. kleinen Gerichten, Wanderwege vor der Suite beginnend
🍴⛷🏔🏠📺🚗✈⛵☀️🎵🏊🧖♨️🚶🧘🅿️♿ 🛜 26 km   VISA AE ● DC
info@wiesergut.com · www.wiesergut.com · ⓕ

26 **Suiten** von 390,00 bis 5290,00 €;
Suiten zur Einzelnutzung von 330,00 bis 1130,00 €

Das "Wiesergut" – in Hinterglemm Richtung Talende gelegen – ist ein Hideaway der Extraklasse. Der spannende architektonische Kontrast von Tradition und Innovation macht den enormen Reiz des Gesamtkomplexes aus, bei dem die Grenzen von Außen und Innen fließend sind. Rechteckig angeordnet, umgeben die einzelnen Gebäude einen großzügigen Innenhof mit Obstbäumen, üppiger Blumenpracht und offenen Feuerstellen – alles wie gemacht für einen Ort der Begegnung und Entschleunigung. Das Hauptgebäude mit Fensterläden aus Holz, die schon seit Urzeiten in Gebrauch sind, wird mit den anderen Gebäudeteilen durch gläserne Gänge verbunden, die umgebende Hügellandschaft und die Bergwelt sind die majestätische Kulisse. Ganz neu sind ein 350 m² großes BergLoft und eine BergSuite mit eigenem BergGym, Privat-Spa und weiteren luxuriösen Annehmlichkeiten. In familiärer Tradition verwurzelt, war es die junge Generation mit Martina und Josef Kröll, die aus dem Vierseithof ein exklusives Resort mit (Garten-)Suiten – alle mit Terrasse oder Balkon –, Restaurant und einem SPA-Bereich machte. Eichen- und Walnussholz, Naturstein, Granit, Glas und Sichtbeton prägen das äußere Erscheinungsbild, warme Farbtöne, edle Leinen- und Lodenstoffe sowie wettergegerbtes Leder das Interieur. Treatments und Beauty-Anwendungen gehören zum Angebot, den Urlaub in der Natur individuell zu gestalten, den Alltag hinter sich zu lassen und das Wiesergut-Motto – „wir nennen es Glück" – zu fühlen.

Hinterglemm

Wiesergut

Bhf→14 km

✉ 5754 · Wiesern 48 · ☎ +43 65 41 63 08 · Fax: 63 08-38
Klass., Neue Mediterrane u. gehobene Regionale Küche · **Tische:** 24/60 Plätze

info@wiesergut.com · www.wiesergut.com

Speisekarte: 7 Hauptgerichte von 34,00 bis 54,00 €; 1 Menü, ab 3 Gänge von 68,00 bis 88,00 €

❧❧❧❧🐌 150 Weinpos.

Das Interior Design im Restaurant Wiesergut ist mit Natursteinwänden und schlicht-edler Möblierung eine Hommage an die umgebende, alpine Naturlandschaft, ganz ohne verkitschte Alpenromantik. Der Pinzgau mit seinen rauen Bergen und satten Wiesen wird hier zur Projektionsfläche für die klare und unverfälschte Küche von Chefkoch Andreas Hollin. Die Zutaten kommen fast ausschließlich aus der Region, handgepflückt aus dem eigenen Gemüse- und Kräutergarten, aus der eigenen Landwirtschaft und Jagd. So geht es nicht um die schnelle Nahrungsaufnahme, sondern um konzentrierten Genuss und darum, die Gaben der Natur wertzuschätzen. Nachhaltigkeit, Tierwohl und Respekt vor der Natur sind die Eckpfeiler, die das gesamte Küchenkonzept tragen. Er kocht im saisonalen Rhythmus und stellt vieles selber her – das traditionelle Wiesernbrot wird noch nach alter Rezeptur im Holzofen gebacken, feinste Eissorten und spritzige Sorbets sind hausgemacht. Der Chefkoch arbeitet konzentriert, präzise, interpretiert Traditionelles neu, lässt auch kreative Elemente in die vielseitige Küche einfließen und improvisiert gerne. Franziska Hollin ist die gute Seele des Hauses, sie sorgt mit ihrem liebenswürdigen Serviceteam für einen reibungslosen Ablauf des Abends, berät zu den passenden Weinen und ist auch bei kleinen Sonderwünschen immer ansprechbar.

 Hervorragende Serviceleistung

Hirschegg

Birkenhöhe

Bhf→11 km

✉ 6992 · Oberseitestraße 34 · ☎ +43 55 17 55 87 · Restaurants, Weinkeller, Sonnenterrasse, Zimmerpreise inkl. Verwöhnpension, Arrangements
info@birkenhoehe.com · www.birkenhoehe.com

28 **DZ** ab 284,00 €;
4 **EZ** ab 143,00 €;
7 **FeWo - 2 Ps. o. Speisen** ab 170,00 €;
3 (**Jui.-)Suiten** ab 322,00 €

Mit einer kleinen Pension, die 1968/69 eröffnet wurde, begann die Geschichte des Hotels „Birkenhöhe", das heute in zweiter Generation engagiert von Familie Bantel geführt wird und ein Urlaubsdomizil von besonderer Klasse ist. Jeder Urlaub im Kleinwalsertal wird von der atemberaubenden Bergkulisse des Alpenhauptkamms begleitet und macht den Aufenthalt zu einem unvergesslichen Erlebnis. Sommers wie winters kann man hier ein so vielseitiges Freizeitangebot nutzen, dass ein einmaliger Besuch gar nicht ausreicht, um alles (Wandern, Mountainbiken, Golfen, 120 km Skipisten uvm.) zu entdecken. Die Zimmer sind geschmackvoll eingerichtet, verfügen über zeitgemäßen Komfort und sind ein liebevoll gestaltetes Zuhause auf Zeit (Preise inkl. Verwöhnpension). In der 650 m² großen Vitalwelt wird jede Stunde zu einem kostbaren Geschenk. Gut geschulte Mitarbeiter sorgen mittels zahlreicher Anwendungen für nachhaltige Entspannung. Pool, Saunen, Dampfbad, Massagen, Fitnessraum und spezielle Packages gehören zum großen Wellnessangebot des Hauses. Fürs leibliche Wohl wird innerhalb der ¾-Pension und im à la carte Restaurant gesorgt. Genuss, Entschleunigung, Entspannung und Erholung – kurz gesagt: Hotel Birkenhöhe.

Birkenhöhe – Sonnenstüble

Bhf→11 km

✉ 6992 · Oberseitestraße 34 · ☎ +43 55 17 55 87
Moderne und gehobene Regionale Küche · **Tische:** 7/20 Plätze
info@birkenhoehe.com · www.birkenhoehe.com

Speisekarte: 4 Hauptgerichte von 25,00 bis 44,00 €; 2 Menüs von 59,00 bis 147,00 €
204 Weinpos.

Neben dem Restaurant „Felix", das auch externe Gäste besuchen können, gibt es noch das à la carte Gourmetrestaurant „Sonnenstüble", das nur am Wochenende geöffnet ist und nicht nur deshalb mit ganz besonderem kulinarischem Genuss aufwartet. Das Interieur mit schönen Holzkassettenwänden und -decken, rustikalen Stoffen und einem wunderschönen Kachelofen spiegelt die Ursprünglichkeit der Berge auf charmante und einladende Art wider. In familiärer Eintracht stehen Vater und Sohn Matthias und Felix Bantel am Herd und verwöhnen mit einer aromenprononcierten, leichten und raffinierten Küche. Die Zutaten für die vielseitigen Speisen kommen bevorzugt von heimischen Bauern und den „Walser Buura", einem Direktvermarkter-Verein im Kleinwalsertal. Die kurzen Wege sind Garant für Frische. Die beiden kochen mit großem Ideenreichtum und handwerklichem Können und stellen die Produkte zu Speisen zusammen, die in der alpinen Heimat verwurzelt sind und doch im-

Hirschegg

mer wieder neu interpretiert werden. Gabriele Frech leitet den liebenswürdigen Service und berät zu den Weinen, die in herrlicher Fülle im Weinkeller lagern.

Hof bei Straden

🎩🎩🎩 Genusstheater Krispel
✉ 8345 · Neusetz 29 · ☎ +43 3473 78 62
Kreative Regionalküche · **Tische:** 12/45 Plätze
office@krispel.at · www.krispel.at · 📘   VISA 💳

Speisekarte: 4 Hauptgerichte von 23,00 bis 26,00 €

Das Genussgut Krispel im steirischen Vulkanland ist ein Familienbetrieb mit verschiedenen Standbeinen. Seit zwei Generationen werden außergewöhnliche Weine produziert, außerdem gibt es eine eigene Mangalicazucht und das „Genusstheater Krispel". Letzteres ist ein Restaurant mit einem Interior-Design, das man so kein zweites Mal findet. Ein 25 Meter langer und 5 Meter breiter Vorhang aus schmalen Lärchenholzstäben spart den Blick in die Küche aus, in der Chefkoch Daniel Weißer zeigt, was er kann. Und das ist einiges! Ein malerischer Innenhof mit schimmernden Pflastersteinen, mediterranen Farben und kleinen grünen Oasen schließt sich an. Im Genusstheater wird Essen und Trinken eine Bühne bereitet, auf der unverfälschter Genuss die Hauptrolle spielt. Daniel Weißer beherrscht sein Handwerk, hat es an verschiedenen Karrierestationen verfeinert und überzeugt seine Gäste gemeinsam mit dem engagierten Team mit einer ungemein kreativen und ambitionierten Küche. Er kocht im jahreszeitlichen Rhythmus, kauft nur erstklassige Zutaten bevorzugt im Umland ein, nutzt das Wollschwein aus der eigenen Zucht, werkelt mit frischem oder fermentiertem Gemüse, präsentiert Gutes aus der Rindfleischküche und kocht aromenprononciert und klar. Gerne setzt er raffinierte asiatische Akzente. Nina Kazianschütz ist herzliche Gastgeberin, die mit ihrem Serviceteam aufmerksam die Gäste betreut und zu den Weinen berät, bei denen die Qualitätstropfen vom eigenen Gut eine Sonderstellung einnehmen.

Innsbruck

♜ Gaia Cuisine

✉ 6020 · Höttinger Gasse 6 · ☎ +43 676 9 11 20 12
Crossover-Küche · **Tische:** 13/60 Plätze
sanyonagpal@hotmail.com · www.gaiacuisine.at · f

Speisekarte: 7 Hauptgerichte von 27,00 bis 58,00 €; 1 Menü von 58,00 bis 75,00 € 80 Weinpos.

Das Restaurant "Gaia Cuisine" inmitten der historischen Innsbrucker Altstadt ist alles, aber nicht alltäglich. Das wird bereits beim Betreten der Räume augenfällig. Das Interieur lebt ähnlich wie die Speisen von raffinierten Kontrasten. Das denkmalgeschützte Gewölbe des ehemaligen Klosters ist modern und minimalistisch eingerichtet, eine raffinierte Lampengestaltung setzt die Einrichtung in ein exklusives Licht und trägt ebenso wie ausgesuchte Gestaltungsdetails zur kosmopolitischen Atmosphäre bei. Kulinarisch gibt es einiges zu entdecken, geht der Blick weit über den nationalen Tellerrand, denn Küchenchef Sanyo Nagpal hat indische Wurzeln. Gemeinsam mit Eva Martvonova, die u. a. für die verführerische Patisserie im Gaia Cuisine verantwortlich zeichnet, führt er das Restaurant mit großem Einsatz. Die Küche lässt sich in keine Schublade stecken, vielmehr spielt sie mit den verschiedensten Zutaten, Gewürzen, Kräutern und Garzuständen. Hier vermischen sich unterschiedlichste Stile und kulinarische Kulturen. Regional, asiatisch, mediterran, karibisch – dank der handwerklichen Präzision und Experimentierfreude kommt man in den Genuss einer einfallsreichen, aber immer geerdeten Fusionsküche. Wer gerne ausgetretene kulinarische Pfade verlässt, ist hier genau richtig. Der Service wird sehr zuvorkommend von der Dame des Hauses geleitet, die auch mit Expertise zur Wein- und Getränkebegleitung berät.

Oniriq

✉ 6020 · Bürgerstraße 13 · ☎ +43 660 15 60 902
Neue Küche, eig. innovative Kreationen · **Tische:** 8/24 Plätze
reservierung@oniriq.at · www.oniriq.at

Speisekarte: 2 Menüs von 99,- bis 189,- € 350 Weinpos.

Das Oniriq und Chefkoch Udo Hermann präsentieren vegetarische Küche auf allerhöchstem Niveau (wahlweise wird auch Fleisch und Fisch serviert). Die ausgezeichneten, innovativen Gerichte verblüffen mit virtuoser Aromenvielfalt und werden in lässiger, familiärer Atmosphäre serviert.

Innervillgraten

Innervillgraten

Der Gannerhof

✉ 9932 · Gasse 93 · ☎ +43 48 43 52 40
Regionale Bioküche · **Tische:** 12/50 Plätze
gannerhof@gannerhof.at · www.gannerhof.at

VISA ●● EC

❦❦❦🍇🍇 350 Weinpos. Josef und Carola Mühlmann verwöhnen ihre Gäste mit österreichischer Bioküche auf Topniveau. Bodenständig und kreativ, wird größter Wert auf die Verarbeitung regionaler Produkte gelegt. Serviert werden kulinarische, jahreszeitlich geprägte Köstlichkeiten, die mit originellen Geschmacksbildern überraschen.

Ischgl

Schlossherrnstube

✉ 6561 · Dorfstraße 85 · ☎ +43 54 44 56 33
Klass. Reg. Küche · **Tische:** 5/15 Plätze
office@schlosshotel-ischgl.com · www.schlosshotel-ischgl.com

VISA AE ●● ●● EC

Speisekarte: 2 Menüs von 112,00 bis 178,00 €
❦❦❦❦🍇🍇🍇 300 Weinpos. Das ausgezeichnete Gourmetrestaurant ist bis weit über die Landesgrenzen hinaus bekannt. Executive Chef de Cuisine Patrick Raaß kocht mit viel Leidenschaft und Akribie und präsentiert mit urigem Tiroler Charme kulinarische Genüsse der Sonderklasse.

Tirol   Bhf→25 km

✉ 6561 · Dorfstraße 77 · ☎ +43 54 44 52 16 · Fax: 5 21 66 · Rest. mit Intern. und Regionaler Küche, Bar, Terrasse, Kinderspielzimmer, Zi.-Preise inkl. Halbpension
hotel@tirol-ischgl.at · www.tirol-ischgl.at

VISA ●● EC

35 **DZ** ab 268,00 €;
6 **EZ** ab 147,00 €

In wunderschöner Lage im Paznaun-Tal direkt neben der Silvretta Seilbahn steht dieses prachtvolle Anwesen mit sehr individuellem Service. Zu jeder Jahreszeit wird es als Freizeitparadies und First-Class-Domizil zugleich von anspruchsvollen Gästen geschätzt. Im rustikal-eleganten Ambiente des Hauses prägt warmes Holz das Interieur und setzt natürlich auch innenarchitektonische Akzente in den komfortablen Zimmern (Preise = HP). Keine Wünsche offen lässt der sehr gepflegte Alpin Spa mit Pool und Whirlattraktionen, zwei Saunen, Infrarot, Dampfbad, Nebelgrotte, Panorama-Fitnessraum uvm. In den stilvollen Speiseräumen wird eine gehobene Frischeküche geboten. Attraktive Pauschalwochen für Skifahrer und Mountainbiker runden das vielseitige Angebot perfekt ab.

Ischgl

Bhf →30 km   **Trofana Royal - Paznauner Stube**

✉ 6561 · Dorfstr. 95 · ☎ +43 54 44 6 00 · Fax: 6 00 90
Regionale u. Intern. Küche · **Tische:** 12/35 Plätze
office@trofana.at · www.trofana.at

Speisekarte: 2 Menüs von 165,00 bis 305,00 €

Elegante Landhausromantik prägt die wirklich zauberhafte Paznauner Stube.

Chef de Cuisine Martin Sieberer macht aus traditionellen Tiroler Rezepturen luftig-leichte Speisen, die sich in keine Schublade pressen lassen, und von großer Kunstfertigkeit zeugen.

Bhf →30 km   **♛ YSCLA**

✉ 6561 · Dorfstraße 73 · ☎ +43 54 44 52 75 · Fax: 5 27 54 · Gourmetrestaurant "Stüva", Halbpensions-Restaurant, Terrasse, Cocktailbar, Frühstücksbuffet
35 km
info@yscla.at · www.yscla.at

22 **DZ** ab 220,00 €;
7 **EZ** ab 115,00 €

1927 erbaut, war das Hotel "YSCLA" – rätoromanisch für Ischgl – mit seiner Fassade mit wunderschönen Engadiner Fresken das erste Haus an der Straße nach Galtür und punktet heute u. a. mit seiner zentralen Lage an der Fußgängerzone und der Silvrettaseilbahn. Die behaglich mit alpinem Charme eingerichteten Zimmer verfügen über zeitgemäßen Komfort (Preise inkl. Frühstück) und sind schallisoliert. Nach einem erlebnisreichen Ski- oder Wandertag kann man sich in der gepflegten, von Tageslicht durchfluteten Yscla-Vital-Therme mit direktem Zugang ins Freie erholen. Bio- oder Finnische Sauna, Dampfbad und das Aquaviva – Relaxen bei Wald- und Naturgeräuschen – gehören u. a. zu den vielseitigen Angeboten. In der „Church of Iron" warten modernste Fitnessgeräte. Am besten lässt man sich einmal von den attraktiven Pauschalangeboten des "YSCLA" zu einem Urlaub inspirieren, in dem Luxus, Komfort und Exklusivität Hand in Hand gehen.

Bhf →30 km   **YSCLA - Stüva**

✉ 6561 · Dorfstraße 73 · ☎ +43 (0) 54 44 52 75 · Fax: 5 27 54
Klassische und Neue Küche · **Tische:** 11/30 Plätze
info@yscla.at · www.yscla.at

Speisekarte: 1 Menü von 138,00 bis 234,00 €

900 Weinpos. Auszeichnungen sammelt Benjamin Parth wie andere Menschen Briefmarken. Was jedoch nicht sein Kerngeschäft ist! Das ist das Kochen. Klingt simpel, geschieht aber mit einem Einsatz und einer Hingabe, die ihresgleichen suchen. Da es nicht ausreicht, das Handwerk zu beherrschen, kommen bei Benjamin Parth noch eine nie versiegende Neugier, Fleiß und Freude hinzu und so gelingen ihm Speisen von faszinierender Schlichtheit und kulinarischer Wucht zugleich. Er kocht intuitiv, bleibt stets fokussiert und benötigt nicht mehr als drei Hauptkomponenten. Das Spiel mit ihnen ist dennoch grenzenlos, raffiniert, expressiv und feinsinnig zugleich, auch, wenn es darum geht, Rätoromanischem Raum zu geben. Unterstützt wird Benjamin Parth von einem hochengagierten Team und Ehefrau Sarah Parth, die als char-

Ischgl

mante Mittlerin zwischen Küche und Gast durch den Abend leitet, die Speisen ihres Mannes erläutert und wertvolle Tipps rund um das hinreißende Weinangebot gibt. Und weil zu einem exklusiven Essen auch ein besonderes Ambiente gehört, findet das Genusserlebnis in einem wunderschönen, feinen Interieur statt: Zurückhaltendes Steingrau und Brauntöne, fast naturbelassene Hölzer an Decke und Wänden, Dielenboden und blanke Tischen nehmen Bezug auf die Ursprünglichkeit der Ischgl umgebenden hochalpinen Landschaft und sind ebenso mehr Sein als Schein wie die Küche von Benjamin Parth.

Kaltenbach

✪✪ Hochzillertal Kräuterhotel
✪✪
♚

✉ 6272 · Dorfstraße 16 · ☎ +43 52 83 24 20 · Kräuterlädchen mit vielen Produkten und Mitbringseln, Zimmerpreise inkl. HP, Gastgartenterrasse
🍴♨🅿🚗🛏 ↔ ☀ 🐾 4 km   VISA AE ◐ EC
info@hotel-hochzillertal.at · www.hotel-hochzillertal.at · f

35 **DZ** von 202,00 bis 308,00 €;
12 **Junior-Suiten** ab 204,00 €

Elke und Michael Platzer übernahmen den Familienbetrieb, dessen Grundstein Michaels Großeltern und Eltern 1979 mit einer Café-Pension gelegt hatten. Nicht nur echte und familiäre Gastfreundschaft gehört zu den Grundpfeilern des Hotels, sondern auch die Positionierung als außergewöhnliches Kräuterhotel. Aus Interesse und Leidenschaft für Kräuter wuchs die Überzeugung, den Gästen mit diesem spannenden Konzept gastronomisch und kulinarisch etwas ganz Besonderes bieten zu können. Das beginnt bereits in den liebevoll und individuell eingerichteten Kräuterzimmern (Preise inkl. HP), die mit energetisiertem Quellwasser nach Grander versorgt werden. In einigen Zimmern sorgen Betten mit gepressten Wiesen- und Kräuterplatten aus Tirol für ein besonderes Raum- und Duftgefühl. Für sein persönliches Wohlbefinden kann man sich aus dem Kräuter-Kissen-Menü sein Lieblingskissen aussuchen. Ätherische Kräutersubstanzen für den regenerierenden Schlaf bis hin zu speziellen Materialien für eine positive Wirkung auf das Herz- und Kreislaufsystem füllen die

Kissen, die man auch käuflich erwerben und die Erholung mit nach Hause nehmen kann. In der Freizeit warten im Zillertal unzählige Möglichkeiten: Das rund 1.400 km große Wegenetz reicht von leichten Almwanderungen bis zu Gipfeltouren. Dazu kommen 1.200 km ausgeschilderte Mountainbike- und Fahrradrouten mit über 30 verschiedenen Touren zwischen Strass und Mayrhofen stehen dem in nichts nach. Nur fünf Autominuten entfernt ist ein 18-Loch-Championship-Golfplatz. Und im Winter gehört das Skigebiet Hochzillertal-Hochfügen mit 91

Kaltenbach

Pistenkilometern zu einem der schönsten in ganz Österreich. Die Gondelbahn zum Skigebiet Hochzillertal befindet sich 100 Meter neben dem Hotel und als Hotelgast erhält man ein kostenfreies Skidepot an der Talstation.

Hochzillertal Kräuterhotel - Liebstöckl

✉ 6272 · Dorfstraße 16 · ☎ +43 52 83 24 20 33
Regionale Kräuterküche · Tische: 30/100 Plätze
info@liebstoeckl.eu · www.liebstoeckl.eu · f

Speisekarte: 10 Hauptgerichte von 13,00 bis 49,00 € 100 Weinpos. Das Motto des Hotels "Erholung mit der Kraft der Alpen" kann im Restaurant „Liebstöckl" getrost in „Genuss mit der Kraft der Alpen" umgewandelt werden, denn in der feinen Küche kommen frische Kräuter in einer faszinierenden Vielfalt zum Einsatz. Patron und Chefkoch Michael Platzer arbeitet unter nachhaltigen Aspekten, weiß die Region und bekannten Händler mit ihren erstklassigen Produkten zu schätzen – Fleisch kommt von der heimischen Metzgerei, Milchprodukte von der Zillertaler Heumilch-Sennerei, Speck aus der hauseigenen Selche und naturbelassene Kräuter aus dem eigenen Kräutergarten – und präsentiert eine unverfälschte und gut durchdachte Küche, für die gentechnikfreie, vollwertige Produkte unabdingbar sind. Der Geschmack, Duft und auch die vielfältige Wirkung von Kräutern auf Körper und Geist faszinieren die Menschen seit Jahrtausenden. Dieses alte Wissen darf nicht verloren gehen und so tüftelt Michael Platzer damit und verbindet mit seiner Kochkunst Tradition und Moderne. Entsprechend aromenstark sind die regionalen Speisen, die auch immer die wechselnden Jahreszeiten spiegeln und von besten Weinen sowie vielerlei Kräuterschnäpsen und Likören abgerundet werden. Zu denen gibt Elke Platzer gemeinsam mit ihrem hochmotivierten Team gerne Auskunft. Die Gäste werden von Familie Platzer stets mit einem herzlichen Lächeln begrüßt.

 Sehr gute Serviceleistung

Kaprun

Gastwirtschaft Tafern

✉ 5710 · Peter-Buchner-Straße 2 · ☎ +43 65 47 2 04 28
Regionale und Moderne Küche · **Tische:** 15/60 Plätze
essen@tafern.at · www.tafern.at

Speisekarte: 10 Hauptgerichte von 21,00 bis 36,00 €; 3 Tagesgerichte zu 12,00 €; 1 Mittagsmenü von 14,50 bis 16,00 €; 1 Menü zu 129,00 €
❦❦❦ 70 Weinpos.

Die Gastwirtschaft Tafern findet sich im Zentrum von Kaprun, das in der Hochgebirgsregion Hohe Tauern liegt und für den Kitzsteinhorn Gletscher und seine wild-romantische Landschaft bekannt ist. Das Restaurant ist sehr behaglich mit wertigen Naturmaterialien und landestypischen Details eingerichtet, man fühlt sich sofort wohl inmitten der einladenden und entspannten Atmosphäre, begleitet von einem liebenswürdigen Service unter Leitung von Patron Herbert Andexer. Küchenchef Sebastian Wittmann sorgt mit Können und einer Fülle guter Ideen für eine moderne Regionalküche mit österreichischen Spezialitäten. Er versteht es, mit bekannten Produkten unverfälschte und ehrliche Gerichte zu kreieren, wobei die Zutaten bevorzugt von

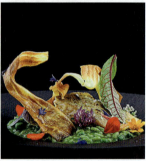

bekannten Händlern aus dem Umland kommen. Pizza, saisonale Spezialitäten und edle Steakzubereitungen ergänzen die Speisen. Als diplomierter Sommelier berät Herbert Andexer zu den begleitenden Weinen. Angesichts etlicher Raritäten auf seiner Karte spürt und schmeckt man die Leidenschaft, mit der er die Auswahl immer wieder neu zusammenstellt.

Kirchberg am Wechsel

Molzbachhof - Gourmetrestaurant Gaumenkitzel

✉ 2880 · Tratten 36 · ☎ +43 26 41 22 03
Kreative Regionale und Neue Küche · **Tische:** 8/18 Plätze
office@molzbachhof.at · www.molzbachhof.at

Speisekarte: 1 Menü von 109,00 bis 129,00 € ❦❦❦❦ 180 Weinpos.
Im Gourmetrestaurant "Gaumenkitzel" hat Küchenchef Peter Pichler mit „Cook the Gart'l" seine ganz eigene Küchenlinie entwickelt und verbindet großes handwerkliches Können mit raffinierten, kulinarischen Ideen.

Kitzbühel

Kitzbühel
Berggericht

✉ 6370 · Hinterstadt 15 · ☎ +43 6 70 6 04 54 50
Klassische Küche, eigene Kreationen · **Tische:** 9/36 Plätze
hallo@berggericht.at · www.berggericht.at

Speisekarte: 2 Menüs von 199,00 bis 239,00 €

🍴🍴🍴🍴 🍇🍇🍇

Das Gourmetrestaurant „Berggericht" findet sich im ersten Stock des einstigen Finanzamts und Berggerichts in der Kitzbüheler Altstadt. Das detailgenau renovierte historische Haus ist Teil des The European Heritage Project und nicht zuletzt dank Küchenchef Marco Gatterer ein echter Hotspot für anspruchsvolle Gourmets. Zauberhaft landestypisch eingerichtet, dominiert eine zurückhaltende Eleganz, vermittelt das Interieur eine unaufgeregte, weltoffene Atmosphäre, ist der Service sehr zuvorkommend und aufmerksam. Marco Gatterer arbeitet mit erstklassigen Zutaten und sorgt mit handwerklichem Können und großer Präzision für Speisen, die in der Klassischen Küche verwurzelt sind, aber dank raffinierter Neuinterpretationen weit darüber hinaus gehen. Gerne greift er tradierte Rezepturen aus der Region auf und tüftelt mit anderen Zutaten, Zubereitungsformen und Garmethoden, um sie auf ein neues Level zu heben. Das Ergebnis sind expressive Speisen, kreativ, detailreich, aber nie verspielt um des Effektes willen, vielmehr bleiben die Menüfolgen (es gibt eine vegetarische Variante) stets verständlich. Die faszinierende Aromenwelt weckt Erinnerungen und Emotionen, die über den Genuss hinaus im Gedächtnis bleiben. Erlesene Weine von bekannten und ganz neuen Winzern stehen zur Auswahl, um die Speisen abzurunden. Diplom-Sommelier Martin Kern hilft mit großer Expertise und nicht minder großem Feingefühl bei Fragen gerne weiter.

 Restaurant mit exzellenter Weinkarte

Kirchberg in Tirol

Stubn 1972
Bhf→2 km

✉ 6365 · Brandseitweg 26 · ☎ +43 53 57 27 78
Reg. Küche, eig. Kreationen · Tische: 4/15 Plätze
info@hotel-sportalm.at · www.hotel-sportalm.at

250 Weinpos.

Chefkoch Bernhard Hochkogler garantiert eine kreative Frischeküche auf höchstem Niveau. Verwendet werden regionale Zutaten der Saison – möglichst biozertifiziert. Zur Begleitung stehen 250 Weine zur Wahl.

Klagenfurt

Das Vogelhaus

✉ 9020 · Domgasse 22 · ☎ +43 (0)463 5 58 01
Klass. neue Küche, eig. Kreationen · Tische: 7/20 Plätze
restaurantvogelhaus@gmail.com · www.restaurant-vogelhaus.at

Speisekarte: 1 Menü von 68,00 bis 110,00 €

Das Vogelhaus vereint Genuss mit Qualität und feinen Details. Für Küchenchef Fabian Kurz stehen Regionalität und Saisonalität immer im Mittelpunkt und mit seinen kreativen Ideen sorgt er stets gekonnt für kulinarische Abwechslung.

Dolce Vita
Bhf→1,5 km

✉ 9020 · Heuplatz 2 · ☎ +43 4 63 5 54 99 · Fax: 55 49 94
Mediterrane Küche · Tische: 8/24 Plätze
www.dolce-vita.at

Speisekarte: 6 Hauptgerichte ab 43,00 €;
2 Menüs von 99,00 bis 138,00 €

400 Weinpos.

Patron und Chefkoch Stephan Vadnjal setzt seine Philosophie „Kochen ist Herzenssache" mit echtem Einsatz und einer Fülle kreativer Ideen i die Tat um und präsentiert eine leichte, aromentiefe, mediterran geprägte Küche.

Krumbach

Triad

✉ 2853 · OT Bad Schönau · Ödhöfen 25 · ☎ +43 26 46 83 17
Klassische Küche, eigene Kreationen · Tische: 15/60 Plätze
office@triad-machreich.at · www.triad-machreich.at

Speisekarte: 2 Hauptgerichte von 26,90 bis 38,00 €; 4 Tagesgerichte von 24,80 bis 38,00 €; 1 Mittagsmenü von 74,00 bis 119,00 €; 3 Menüs von 74,00 bis 145,00 €

600 Weinpos.

Im malerischen Kurort Bad Schönau inmitten der „Wiener Alpen" haben Uwe und Veronika Machreich in einem von weiten Wiesen und Feldern umgebenen ehemaligen Stallgebäude ein behagliches, ungemein charmantes Restaurant etabliert. Grüne, ländliche Idylle ist die Kulisse für eine von Herzen gelebte Gastlichkeit und außergewöhnliche Genussmomente. Hier präsentiert Patron Uwe Machreich, der auch Mitglied bei den Jeunes Restaurateurs d'Europe ist, eine Küche, die geerdet und innovativ zugleich ist. Viele der erstklassigen Zutaten kommen aus dem Umland und dem eigenen Kräuter- und Gemüsegarten und werden zu Aromenlieferanten für die handwerklich präzisen ideenreichen Speisen. Die ausgeklügelten Kombinationen sind in der Region verwurzelt, gehen aber häu-

Krumbach

fig darüber hinaus. Jeder Teller, der über den Pass kommt, ist auch optisch ein kleines Kunstwerk. Ein ganz besonderes kulinarisches Erlebnis findet jeden Dienstagabend statt; dann beginnt der Abend um 18:30 Uhr mit einem Aperitif und Einblick in die Küche, anschließend sitzt man bei mehreren Gängen mit Wein- oder alkoholfreier Begleitung gemeinsam in der Stube und genießt das "Triad privat" (für 158,- € p./Ps.). Wer nicht ans Heimfahren denken möchte, nutzt das ÜberNacht, im eigenen Häuschen „Stöckl" oder in einem der 11 „Bett in da Wies'n"-Doppelzimmer. Feinste Mitbringsel (Kräutersalz, Produkte verschiedener Lieferanten uvm.) stehen im hübschen Hofladen zum Verkauf.

Langenlebarn
Gastwirtschaft Floh

Bhf→1 km

✉ 3425 · Tullnerstraße 1 · ☎ +43 22 72 6 28 09 · Fax: 62 80 94
Reg. Bio-Küche, eig. Kreat. · **Tische:** 16/80 Plätze
floh@derfloh.at · www.derfloh.at

Speisekarte: 9 Hauptgerichte von 20,00 bis 37,00 €; 1 Menü zu 90,00 €
❤❤❤🌿🌿 1980 Weinpos.
Seit über 25 Jahren geht es im Floh mit herrlich unverkrampfter Atmosphäre ein bisschen unkonventionell zu. Die Speisen sind dank des Fleißes und Ideenreichtums des Patrons genussreich, vielseitig und basieren auf Zutaten, die den 66 km Radius fast nie überschreiten.

Langenwang
Krainer

Bhf→0,5 km

✉ 8665 · Grazer Straße 12 · ☎ +43 38 54 20 22
Neue und Regionale Küche · **Tische:** 9/36 Plätze
restaurant@hotel-krainer.com · www.hotel-krainer.com · f

Speisekarte: 1 Menü von 105,00 bis 140,00 € ❤❤❤🌿🌿
Die Krainers führen ihren seit Jahrzehnten gewachsenen Familienbetrieb mit echtem Herzblut und dank Haubenkoch Andreas Krainer seit 2006 auch äußerst ambitioniert. Der Küchenchef kann auf illustre Karrierestationen zurückblicken (Haeberlin, Obauer und Lisl Wagner-Bacher sind nur ein paar der Top-Adressen) und kocht unverfälscht und ehrlich. Nicht verhandelbare Basis dafür ist ein Netzwerk von Mürztaler Bauern und Lieferanten, die unter Aspekten von Slow Food, Regionalität, Bio, Fair Trade und Tierwohl anbauen, ernten und produzieren. Die

Langenwang

einsehbare Liste der heimischen Händler ist unglaublich detailliert und schafft auch und besonders für den Gast eine mehr als vertrauensvolle Basis und Transparenz. Mit überbordender Fantasie kombiniert Andreas Krainer diese Ingredienzien zu seinem ausbalancierten und exklusiven Menü "Wald & Heimat", das sich immer am aktuellen Marktangebot orientiert und niemals die Bodenhaftung und den Bezug zur Region verliert, selbst wenn Tradiertes in einem innovativen, zeitgeistigen Gewand erscheint. Den kulinarischen Abend begleitet Hannes Pretz mit seinem zugewandten Serviceteam, er berät auch zu den passenden Weinen

✪✪ Krainer
✪✪
Bhf→0,5 km

✉ 8665 · Grazer Straße 12 · ☎ +43 38 54 20 22
Restaurants, Bar, Café, E-(Mountain) Bike-Verleih, Zimmerpreise inkl. Frühstück
restaurant@hotel-krainer.com · www.hotel-krainer.com

15 DZ ab 180,00 €

Eingebettet in die waldreiche Landschaft der Steiermark, ist Langenwand ein schöner, kleiner Ort, um die reizvolle Gegend kennenzulernen. Das „Krainer" ist eines der ältesten Gasthäuser der Region und der perfekte Ausgangspunkt für Erkundungsfahrten, Wanderungen und Bike-Touren (E-Mountain/Bikes werden im Haus vermietet) in die Umgebung mit Alpen, Bergen, Almwiesen und auch kulturellen Zielen. Die Zimmer sind mit wertigen Naturmaterialien gestaltet, verfügen über zeitgemäße Annehmlichkeiten und sind ein sehr behagliches Zuhause auf Zeit (Preise inkl. Frühstück). Im „Krainer" bewirtet man seit Jahrhunderten Gäste und so ist auch heute noch die ganze Familie – inklusive der Eheleute Krainer Senior – stets darum bemüht, dass jeder Besucher sich wohl fühlt. Entspannen kann man in der Finnischen Sauna oder dem Dampfbad. Kulinarischer Genuss wartet im Gourmetrestaurant und Wirtshaus und Leckermäuler werden das Café mit hausgemachten Torten, Kuchen und Mehlspeisen sicher mehr als einmal besuchen.

Langenwang

Krainer Wirtshaus

Bhf→0,5 km

✉ 8665 · Grazer Straße 12 · ☎ +43 38 54 20 22
Regionale und Gutbürgerliche Küche · **Tische:** 12/60 Plätze
restaurant@hotel-krainer.com · www.hotel-krainer.com

Speisekarte: 9 Hauptgerichte von 17,90 bis 55,00 €; 1 Mittagsmenü von 13,90 bis 19,50 €

Es ist Familie Krainer eine Freude, an die lange Wirtshaustradition des Hauses anzuknüpfen, das wahrscheinlich schon seit dem 14. Jahrhundert eine Gaststätte war. Auch heute ist hier immer noch ein Treffpunkt für Menschen, die den Genuss lieben, die Geselligkeit und Kommunikation pflegen. Das Wirtshaus ist im Wintergarten beheimatet, zeitlos modern eingerichtet und eine gediegene Kulisse für das facettenreiche Speiseangebot „für jeden Tag". Auch hier sind erstklassige Zutaten, die unter nachhaltigen und jahreszeitlichen Aspekten von bekannten Händlern und Erzeugern eingekauft werden, die Basis der gutbürgerlichen, zeitgemäßen Küche von Andreas Krainer. Mit handwerklicher Präzision und einer Menge guter Ideen präsentiert er Klassiker wie Wiener Schnitzel, Schweinebäckchen, Mehlspeisen, aber auch Steaks und knackige, saisonale Salate. Die gelungene Regionalküche wird zusätzlich mit saisonalen Spezialitäten ergänzt. Ein liebenswürdiger Service steht gut gelaunt bereit und kümmert sich eifrig um die Gäste.

 Restaurant mit gehobener Küche

Lech am Arlberg

Burg Vital Resort OT Oberlech

Bhf→17 km

✉ 6764 · Oberlech 568 · ☎ +43 55 83 31 40 · Fax: 31 40 16 · Restaurants mit Klass. und Regionaler Küche, Bar, Teebar, Terrasse, Indoor-Golf, E-Bike-Verleih
... 2 km
office@burgvitalresort.com · www.burgvitalresort.com

31 **DZ** von 423,00 bis 958,00 €;
als **EZ** von 306,00 bis 720,00 €;
6 **EZ** von 283,00 bis 500,00 €;
9 **App. (3-4 Ps.)** von 677,00 bis 1846,00 €;
20 **(Ju.-)Sui.** von 475,00 bis 6450,00 €

Das Burg Vital Resort ist ein ruhig gelegenes, exklusives Chalet-Hotel am Arlberg mit sehr persönlichem Service und betont entspannter und heiterer Atmosphäre, die vor allem von Familien sehr geschätzt wird. Die Zimmer sind großzügig geschnitten und lassen keinen Komfort missen (Die Preise verstehen sich inkl. Frühstück, zzgl. Ortstaxe). Im großzügigen Spa- und Wellnessbereich mit einem mehr als vielseitigen Angebot (s. a.

Lech am Arlberg

Wellness-Special) bleibt der Alltag außen vor, steht Entspannung an erster Stelle. Auch für Tagungsgäste ist das Hotel mit verschiedenen, technisch top ausgestatteten Räumen ideal, um in inspirierender Atmosphäre effektiv zu arbeiten. Die Gründerfamilie Lucian legt in ihren Restaurants besonderen Wert auf eine gesunde, saisonfrische und kräuterbetonte Gourmet- und Vitalküche.

Burg Vital Resort – Griggeler Stuba   Bhf→17 km

✉ 6764 · OT Oberlech · Oberlech 568 · ☎ +43 55 83 31 40 · Fax: 31 40-16
Gourmet-Küche auf regionaler-saisonaler Basis · **Tische:** 5/22 Plätze
VISA AE ◐ ● ⬤

office@burgvitalresort.com · www.burgvitalresort.com · f

Speisekarte: 1 Menü ab 190,00 €
🍷🍷🍷🍷 🍇🍇🍇   3000 Weinpos.
Das Gourmetrestaurant „Griggeler Stuba" ist mit viel Geschmack in schlichter Eleganz gestaltet und nimmt unübersehbar Bezug auf die umgebende, alpine Landschaft. Edle Naturmaterialien in geradliniger Gestaltung, Braun- und Grautöne prägen das Interieur. Chefkoch Sebastian Jakob hat sein Handwerk von der Basis auf gelernt, an illustren Karrierestationen verfeinert und präsentiert nun mit großer Fachkenntnis, Einsatz, Neugier und Leidenschaft seine ganz eigene Küchenlinie, die von Ideen und feinsinnigen Zubereitungen strotzt. Er bevorzugt den Einsatz heimischer Lebensmittel und orientiert sich zusätzlich an den wechselnden Jahreszeiten. Fisch, Krustentiere, Gemüse, aber auch Fleisch kombiniert er filigran und dennoch herrlich unverfälscht und nimmt den Gast auf eine einmalige kulinarische Reise mit, die ihm in bester Erinnerung bleiben wird. Passende Weine – die Weinkarte ist von schier unglaublicher Fülle und Qualität – und andere Getränke, die die Speisen abrunden, empfiehlt Michael Bauer mit Expertise und großem Feingefühl. Holger Streck begleitet mit seinem zuvorkommenden Service aufmerksam und liebenswürdig den Restaurantbesuch.

 Restaurant mit exzellenter Weinkarte

Lech am Arlberg

Bhf→17 km   **Burg Vital Resort – Picea**

✉ 6764 · OT Oberlech · Oberlech 568 · ☎ +43 55 83 31 40 · Fax: 31 40 16
Regionale Küche · **Tische:** 55/140 Plätze
office@burgvitalresort.com · www.burgvitalresort.com

Speisekarte: 4 Hauptgerichte von 30,00 bis 50,00 €; 4 Tagesgerichte von 20,00 bis 40,00 €; 2 Menüs von 60,00 bis 110,00 € 3000 Weinpos.
Der Blick auf die umgebenden Bergwelt durch die Panoramafenster des Restaurants "Picea" (übrigens die botanische Bezeichnung der Fichte) ist einfach hinreißend. Man sitzt in einem angenehm schlichten und einladenden Interieur und kann sich auf eine wirklich durchdachte Küche freuen. Executive Chef Benedict Jakob und Küchenchef Dominic Baumann interpretieren innerhalb der Kulinariklinien „Einfach genießen" und „vitalKOCHEN" regionale und internationale Rezepturen neu und setzen auch österreichische Spezialitäten gerne in einen neuen Kontext. Dabei greifen sie bei der Auswahl der Zutaten bevorzugt auf Höfe zurück, die noch mit kleinbäuerlicher Struktur nach althergebrachten Regeln geführt werden, produzieren und anbauen. Die Wertschätzung der Gaben der Natur und ihre schonende Verarbeitung stehen in der Küche ganz obenan. Passende Weine gibt es in erster Güte und einer schier unglaublichen Fülle. Chefsommelier Michael Bauer ist hier eine unerlässliche Hilfe.

 Sie finden diese Hotels und Restaurants auch bei facebook oder instagram.

Bhf→10 km   **Romantik Hotel "Die Krone von Lech"**

✉ 6764 · Dorf 13 · ☎ +43 55 83 25 51 · Fax: 25 51 81 · Restaurants, Café-Terrasse, Eisbar, Bar, Zigarren-Lounge, Preise inkl. Halbpension
3 km
email@kronelech.at · www.kronelech.at

29 **DZ** von 260,00 bis 660,00 €;
14 **EZ** von 130,00 bis 330,00 €;
15 **(Jui.-)Suiten** von 380,00 bis 1096,00 €
Individualisten, die traditionellen Charme lieben und modernen Komfort genießen wollen, sind in der Krone von Lech goldrichtig. Bereits 1741 als ältestes Gasthaus am Ort erwähnt, wird sie in fünfter Generation engagiert von Familie Pfefferkorn geleitet, kann man hier unbeschwerte Urlaubstage inmitten der herrlichen Alpenlandschaft verbringen. Die Zimmer mit alpenländischem Charme sind ein behagliches Zuhause auf Zeit (Preise inkl. HP). In der Wellness- und Beautyabteilung u. a. mit Panorama-Schwimmbad, Hamam und Wüstensanarium entspannt man bei sanften Mas-

Lech am Arlberg

sagen, herrlichen Anwendungen und duftenden Bädern. Im Winter werden die Skifans aktiv und nutzen die unzähligen Pisten rund um Lech. Mit Gourmetrestaurant, gemütlichen Bauernstuben, dem Panorama-Restaurant (für Hotelgäste), dem à-la-carte Restaurant "Der runde Saal", Bar und Café-Terrasse ist das gastronomische Angebot sehr vielfältig und niveauvoll.

♖ Krone-Stuben

Bhf→10 km

✉ 6764 · Dorf 13 · ☎ +43 55 83 22 02
Klassische u. Regionale Küche · Tische: 9/28 Plätze
info@kronelech.at · www.kronelech.at · ⓕ

VISA AE ●

Speisekarte: 10 Hauptgerichte von 22,00 bis 46,00 €; 1 Mittagsmenü ab 35,00 €; 1 Menü von 85,00 bis 95,00 €

🍷🍷🍷🍽🍽🍽   1300 Weinpos.

1741 wurde die Krone von Lech erstmals urkundlich erwähnt und zur Freude der Gäste blieb die damalige Einrichtung in großen Teilen erhalten, so dass die wunderschöne Rundum-Holzvertäfelung und der massive Holzboden zusammen mit edlem Leinen und sanft schimmernden Kerzen auf den Tischen für eine ganz besondere Atmosphäre und romantische Stimmung sorgen. Dieses kulinarische Kleinod mit alpinem Charme ist genau die richtige Bühne für den Küchenauftritt von Küchenchef Thomas Hammerschmid. Er nutzt am liebsten Zutaten aus dem Umland und präsentiert klassische Speisen, die er mit raffiniert neu interpretierten regionalen und internationalen Spezialitäten ergänzt, gerne werden die wechselnden Jahreszeiten zu zusätzlichen Ideengebern. Dabei bleiben die ausbalancierten Kompositionen immer authentisch und genussreich. Ein großes Highlight ist der Weinkeller in einem freigelegten Gewölbe aus dem 17. Jh. Hier lagern in rustikalem Ambiente gut 25.000 Flaschen feinster Tropfen von renommierten österreichischen und internationalen Weingütern. Patron Johannes Pfefferkorn – unterstützt von weiteren, diplomierten Kollegen – ist der Ansprechpartner für den hinreißenden vinologischen Schatz. Das Gewölbe wird auch regelmäßig zur exklusiven Location für Präsentationen und Verkostungen.

Leogang

PURADIES Mein Naturresort
Bhf→1 km

✉ 5771 · Rain 9 · ☎ +43 65 83 82 75 · Gourmet- u. HP-Res., Raucherlounge, Bibliothek, Bauernhof, Bioladen, Bar FREIRAUM, Zi.-Preise inkl. 3/4-Pension
🍽🅿♿🏠🖥📶🅿⚓⛰⛉≋⛵🅷🔆♿🛎🆓🍷15 km   VISA AE ●
info@puradies.com · www.puradies.com · f

90 **DZ** ab 340,00 €;
als **EZ** ab 180,00 €

Auf einem Sonnenplateau, umgeben von der grandiosen Leoganger Bergwelt findet sich mit dem PURADIES Naturresort ein echtes gastronomisches Schmuckstück. Ein von der Natur inspiriertes Chaletdorf und der Hotelbereich mit edlen Materialien in alpin-modernem Stil gehen unmerklich ineinander über, so dass auch die Chaletgäste die exzellenten Hotelleistungen auf Wunsch in Anspruch nehmen können (die Preise verstehen sich inkl. 3/4 Verwöhnpension). Das unvergleichliche 500.000 m² große Wohlfühl- und Wellnessareal ist ein Hideaway mit Niveau, das sich mit unaufdringlichem, reduziertem Interieur präsentiert. Zeitgemäße Annehmlichkeiten mit Hightech-Charakter verschmelzen mit traditioneller Handwerkskunst und geerdeter Natürlichkeit zu einem Ambiente alpiner Exklusivität. Das Badhaus "Innere Mitte" ist eine romantische Berghütte und birgt mit Saunen, Erlebnisduschen und dem angeschlossenen Spa-Bereich mit Anwendungen, Programmen uvm. Wellness auf Topniveau. Outdoor-Aktivitäten beginnen vor der Haustür: 400 km Wanderwege und Klettersteige, 720 km Rad-und Mountainbikestrecken, Golfplätze und das grandiose Skigebiet Saalbach/Hinterglemm sind nur ein Teil der Möglichkeiten. Das kulinarische Angebot entspricht dem hohen PURADIES-Standard. Ein erinnerungswürdiger Besuch gilt am Tagesende der Bar „FREIRAUM", die in aufwändiger Gestaltung mit bäuerlichem Wissen und modernster Technik aus 16.000 Eichenholzwürfel gefertigt wurde.

Leogang

Bhf ›1 km

ESS:ENZ

✉ 5771 · Rain 9 · ☎ +43 65 83 82 75
Klassische, Neue und gehobene Regionale Küche · **Tische:** 8/20 Plätze

info@puradies.com · www.puradies.com · f

Speisekarte: 6 Hauptgerichte von 24,00 bis 47,00 € ❤❤❤❤ 🍷🍷 300 Weinpos. Im Gourmetrestaurant ESS:ENZ gibt es nur wenige gerade Linien, das Interieur mit Show Cooking Front ist in einem modernen Landhausstil mit viel Holz gestaltet. Naturfarbtöne dominieren ebenso wie organisch geschnittene Dekorationselemente und verbinden sich zu einer wirklich einladenden, weltoffenenen Atmosphäre. Das Motto im Restaurant „ESS:ENZ – Garden of Eating" nimmt die kulinarische Ausrichtung von Chefkoch Albert Dschulnigg vorweg. Die an Wäldern, Seen und Weiden reiche Landschaft des Pinzgau ist eine echte Schatzkammer für erstklassige Ware. Heimische Landwirte sind wichtige Lieferanten u. a. von Fisch, Milchprodukten, Obst und Gemüse, das Fleisch kommt vom hauseigenen Bio-Bauernhof, um im Dry Ager perfekt zu werden, und die Kräuter wachsen direkt vor der Haustür. Albert Dschulnigg kocht konzentriert und mit ebenso viel Sorgfalt wie Ideenreichtum. Seine frische, leichte und unverfälschte Cuisine Alpine bereichert er mit mediterranen Elementen. Stets gibt es auch Spezialitäten, die sich

an den wechselnden Jahreszeiten orientieren und dank der Showküche kann man bei der Zubereitung der aromenstarken und ehrlichen Speisen zuschauen und locker mit dem Team ins Gespräch kommen. Kulinarische Langweile gibt es mit der monatlich wechselnden Karte nicht, bestellt wird nach Gusto – egal ob es ein Menü, Hauptspeisen, Fisch, Fleisch, Vegetarisches oder Veganes ist. Zdravka Katucic trägt mit dem zugewandten Service und guter Weinberatung zum genussreichen Besuch bei.

Kirchenwirt

✉ 5771 · Dorf 3 · ☎ +43 65 83 82 16
Regionale und Internationale Küche · **Tische:** 10/45 Plätze
info@k1326.com · www.hotelkirchenwirt.at

❤❤❤❤ 🍷🍷🍷   1200 Weinpos.
Mit dem nötigen Respekt vor dem erstmalig 1326 urkundlich erwähnten Kirchenwirt wird heute noch auch in der Küche mit großem Einsatz gearbeitet. Stefan Birnbacher gelingt mit raffinierten Speisen der Spagat zwischen regionalen Produkten und gekonnt ertüftelten internationalen Zubereitungen.

Leogang

★★★ Naturhotel Forsthofgut ★★ ♛

Bhf→5 km

✉ 5771 · Hütten 2 · ☎ +43 65 83 85 61 · Fax: 85 61-77 · ForsthofgutKüche, Wildgehege, waldSPA, weinWAld, Zimmerpreise inkl. 3/4 Pension
🍴 ⛷ 🚴 🏠 🅿 📶 ♿ ⛷ ♨ ↔ ⚓ 🐕 15 km
info@forsthofgut.at · www.forsthofgut.at · f

VISA ●

 Family

35 **DZ** ab 480,00 €

Umgeben von Wiesen und hauseigenen Wäldern, war das Naturhotel "Forsthofgut" inmitten der majestätischen Leoganger Steinberge mit 30.000 m² großer Gartenanlage einst im Forstwirtschaftsbetrieb und wird heute mit ganz viel Herzblut von Christina und Christoph Schmuck in bester Familientradition geführt. Worte und Werte wie "ländlich, naturverbunden, familiär, feinfühlig, besonnen" sind keine leeren Worthülsen, sondern die Triebfeder, den Gästen einen unvergesslichen Urlaub in einem hinreißenden, komplett aus Holz erbauten Hotel zu bereiten. Zimmer und Interieur begeistern in geschmackvollem Alpinschick. Das waldSPA© (s. a. Wellness-Special) ist in seiner Form und mit seinem Angebot etwas ganz Besonderes. Zum Familienurlaub im Salzburger Land lockt das Naturhotel Forsthofgut zudem mit dem Kinderbauernhof Pinzgauer miniGUT zum Selbstwirtschaften und einem Erlebnis-Spielplatz am Waldrand. Hinreißend ist das Kulinarik-Konzept: Auf 200 m² wartet der verpackungsfreie Genussmarkt mit eigener Metzgerei, Käserei, Obst- und Gemüseauswahl sowie Kaffeebar. An den "Marktständen" kann man sich sein ganz individuelles Frühstück zusammenstellen. Im "weinWALD" lagern erlesene Tropfen und warten auf Verkostungen. Die Bar & Naturapotheke "Botanist" hält nicht nur Hochprozentiges bereit. Direkt vor dem Haus beginnt das weit verzweigte Wegenetz des Salzburger Landes. Wanderungen und Bike-Touren werden zeitweise von Familie Schmuck geführt. Im Winter besticht das Haus durch seine direkte Lage an der Skiabfahrt mit eigener Skischule mitten im weltbekannten Skigebiet „Skicircus Saalbach Hinterglemm Leogang Fieberbrunn".

Naturhotel Forsthofgut – 1617

✉ 5771 · Hütten 2 · ☎ +43 65 83 85 61 · Fax: 85 61-77
Österreichische Küche · Tische: 10/20 Plätze
info@forsthofgut.at · www.forsthofgut.at · f

VISA ●

Speisekarte: 9 Hauptgerichte von 21,80 bis 48,00 € ❦❦❦🍷🍷🍷 550 Weinpos.
„1617" – der Restaurantname ist eine Hommage an das Jahr, in dem mit einem Forstbetrieb alles begann und das Forsthofgut aus der Taufe gehoben wurde. Hier wird die Heimat von Chefkoch Ingo Lugitsch gekonnt kulinarisch in Szene gesetzt. Das beginnt mit der wunderbar rustikalen Einrichtung der holzgetäfelten Bauernstube, in der das grobe Holz die umgebende alpine Landschaft spiegelt, Geweihe die Decke zieren und Teil der raffinierten Beleuchtung sind. Viele der Zutaten für die handwerklich präzise, aromenstarke Küche sind aus dem nahen Umland und kommen von nachhaltig arbeitenden Händlern und Erzeugern sowie vom eigenen Bauernhof. Hier kann man Österreich in seiner genussvollsten Form kennenlernen, denn hier werden all die beliebten Klassiker von Schlutzkrapfen über Kürbisknödel und Seesaibling bis zum Rehrücken und Salzburger Nockerln serviert. Katrin Halbwachs gibt wertvolle Tipps rund um das exzellente

Wein- und Getränkeangebot, Tim Schelter leitet den zuvorkommenden Service und hilft bei kleinen Sonderwünschen gerne weiter.

Bhf→5 km ### Naturhotel Forsthofgut – Seerestaurant Mizūmi

✉ 5771 · Hütten 2 · ☎ +43 65 83 85 61 777
Japanische Küche · **Tische:** 20/60 Plätze
mizumi@forsthofgut.at · www.mizumi.at · ❐

Speisekarte: 6 Hauptgerichte von 18,50 bis 85,00 €; 8 Tagesgerichte von 13,80 bis 29,90 € ❖❖❖❀❀❀   550 Weinpos. Das „Mizūmi" ist neben dem „silva" und dem „1617" das dritte Restaurant der kulinarischen Forsthofgut-Flotte und eine fernöstliche Alternative zu traditioneller Austria- und klassischer Gourmetküche. Vom See umgeben, ist der Name „Mizūmi" perfekt gewählt, steht er für Wasser und See. Chefköchin Sonja Pfeffer sorgt hier gemeinsam mit einem Sushimeister für japanische Spezialitäten – Sushi und Sahimi inklusive –, die auf hochwertigen Lebensmitteln basieren.

Die Showküche bietet spannende Einblicke, wenn edle Grillgerichte, Ramen und Gebackenes zubereitet werden. Aber hier wird nicht nur hervorragend gekocht, hier wird dem Besucher auch die lange Tradition des Gastgebersein in Japan vermittelt, in der das gemeinsame Essen fester Bestandteil ist. Eine abwechslungsreiche Sake-Auswahl (der Reiswein wird aus Reiskörnern gewonnen) ergänzt die Speisen perfekt. Und wer sich die klare und elegante Küche mit nach Hause nehmen möchte, bestellt eine oder mehrere der erstklassig zusammengestellten und beliebten Bento Boxen.

 Restaurant mit exzellenter Weinkarte

Leogang

Riederalm – Dahoam

✉ 5771 · Rain 100 · ☎ +43 65 83 73 42
Moderne, kreative Regionalküche · **Tische:** 6/20 Plätze
info@riederalm.com · www.riederalm.com · f

Speisekarte: 1 Menü von 140,00 bis 180,00 €

❤❤❤❤❀❀ 220 Weinpos.

Im hohen Norden würde man beim Gourmetrestaurant „Dahoam" vom Flaggschiff der stolzen „Riederalm"-Flotte sprechen, ganz ohne geographische Zuordnung ist es schlicht ein echtes Kleinod. Vor grandioser Alpenkulisse nimmt man im schlicht-eleganten Interieur Platz und lässt sich eine Speisekarte reichen, die das Besondere dieses Restaurants unterstreicht. Aus weißem, gerolltem Stierleder gefertigt, ist sie mit Zeichen bestückt, die speziell ausgewählte, heimische Manufakturen und bäuerliche Betriebe symbolisieren, von denen die Zutaten für die Küche stammen. So ist bereits die Speisekarte ein großes Bekenntnis zur Heimat, das auch für die Küche von Patron und Chef de Cuisine Andreas Herbst gilt. Seine tiefe Verbundenheit fließt in die Speisen ein und macht sie zu einer verführerischen und modernen Alpinküche. Zu der Jeunes Restaurateur Vereinigung gehörend, hat er sein Handwerk bei den

großen seiner Zunft gelernt und verfeinert und ertüftelt nun im „Dahoam" seit 2015 im elterlichen Betrieb seine ganz eigene Herbst'sche Linie. Scheinbar Bekanntes kommt in einem ganz neuen Gewand daher und verblüfft den Gast angesichts der unendlichen Möglichkeiten, mit denen Andreas Herbst Tradiertes neu interpretiert. Fernando Fanaro leitet als umsichtiger Maître durch den Abend und berät zur bestens sortierten Weinkarte.

Riederalm – good life resort leogang

✉ 5771 · Rain 100 · ☎ +43 65 83 73 42
Restaurant, Bar, Bistro, Zi.-Preise inkl. Frühstück, E-Auto-Ladestation
🍴🧖‍♀️🏋️🏠📶🅿️🚗♨️⛷️🛷♻️🚲👶🐕 10 km
info@riederalm.com · www.riederalm.com · f

DZ ab 354,00 €;
als **EZ** ab 210,00 €

Die Lage der „Riederalm" im Salzburger Land zwischen Kitzbüheler Alpen und den Leoganger Steinbergen ist exzellent. Umgeben von Wäldern und majestätischen Bergen geraten bereits die Anreise und der Ausblick zum Genuss. Das Genießerhotel wird mit großer Gastfreundschaft und echter Leidenschaft von Familie Herbst geleitet. Die Eltern Friedl und Elfriede legten 1989 den Grundstein, die Söhne bringen sich gemeinsam mit ihren Partnerinnen ebenfalls mit voller Kraft ein, so dass neben dem engagierten Hotelteam immer jemand aus der Familie im Hause anzutreffen ist und ein offenes Ohr hat. Eng mit der Natur ver-

Leogang

bunden, ist Nachhaltigkeit ein großes Thema, so kommt fast alle Energie fürs Haus aus dem eigenen Biomasse Heizwerk und der Photovoltaikanlage. Der Gast logiert in individuell eingerichteten Zimmern, denen viel Holz eine landestypische und doch sehr zeitgemäße, edle Note gibt (Preise inkl. Frühstück). In der „Riederalm" sind Kinder herzlich willkommen, gibt es in der exklusiven Wellnessoase mit Mountain Spa extra für kleine Gäste ein Plantschbecken und die Erlebniswasserrutsche, außerdem einen Erlebnispark und ein tolles Spielzimmer. Die Nähe zu 400 km Wander- und 700 km Bikewegen, Klettersteigen, dem Skilift im Skicircus Saalbach Hinterglemm und zum Epic Bikepark Leogang lassen bereits erahnen, dass es hier zu jeder Jahreszeit unzählige Freizeitangebote gibt. Und das erstklassige kulinarische Angebot wurde noch gar nicht erwähnt ;-)

Leutschach
Gut Pössnitzberg – Kreuzwirt

✉ 8463 · Pössnitz 168 · ☎ +43 34 54 2 05
Regionale Küche · **Tische:** 26/70 Plätze
gut@poessnitzberg.at · www.poessnitzberg.at

Speisekarte: 12 Hauptgerichte von 18,50 bis 32,50 €; 1 Menü von 56,00 bis 88,00 €
600 Weinpos.

Herrlich entspannt und behaglich geht es im „Kreuzwirt" zu. Geradlinig und mit Geschmack schlicht eingerichtet, wird der Gast dank der bodentiefen Fenster mit einem hinreißenden Ausblick in die Landschaft mit den malerischen Weinbergen begrüßt. Das Restaurant ist der perfekte Ort, um sich mit Freunden und Familie oder in romantischer Zweisamkeit zu treffen und eine abwechslungsreiche, gut durchdachte, frische Küche zu genießen. Für die sorgt Küchenchef Daniel Rauter mit Freude, handwerklichem Geschick und Raffinesse. Gemeinsam mit seinem Team setzt er auf eine bodenständige, vitale und gesunde Küche, die auf ausgesuchten Zutaten basiert. Die kommen bevorzugt aus heimischer, ökologischer Landwirtschaft sowie dem hauseigenen Kräuter- und Gemüsegarten. Unverfälscht und authentisch wer-

den aromenstarke regionale Speisen und saisonale Spezialitäten aus der Steiermark zubereitet. Passende Weine gibt es in großartiger Auswahl – hier hilft Patrick Bresnigg mit viel Expertise weiter. Nicole Bütow begleitet mit ihrem zugewandten Serviceteam den Besuch im „Kreuzwirt". Für Feierlichkeiten bis zu 70 Personen stehen schöne Räumlichkeiten bereit.

Leutschach

Gut Pössnitzberg

✉ 8463 · Pössnitz 168 · ☎ +43 34 54 2 05 · Lobby, Terrasse, Weingarten, Bar, Vinothek, E-Auto-Ladestation, Zimmerpreise inkl. Frühstück
🗙♨✚☎🖶🎞♿♒⚭🎱⛳ 30 km *VISA* 💳
gut@poessnitzberg.at · www.poessnitzberg.at · f

29 **DZ** ab 200,00 €;
als **EZ** ab 140,00 €

Inmitten malerischer Weinberge gelegen, ist Gut Pössnitzberg ein gastronomisches Kleinod an der Südsteirischen Weinstraße. Die komfortablen Zimmer sind mit viel Geschmack in feiner, zurückhaltender Eleganz in harmonischen Farben gestaltet, die Suiten verfügen über eine großzügige Terrasse und Whirlpool-Badewannen. Die Ausblicke auf die umliegende Naturlandschaft und die herrliche Ruhe tragen vom ersten Moment an zum Wohlgefühl bei. Diese Ruhe ist auch ein großer Pluspunkt, wenn es um Tagungen in einem inspirierenden Umfeld geht. Die Seminarräume sind mit modernem technischem Equipment ausgestattet. Jede Veranstaltung wird individuell geplant und profitiert von einem persönlichen Rundumservice. Hervorhebenswert ist das freistehende Seminarhaus mit einzigartiger Aussicht. Hochzeiten werden in der romantischen Naturlandschaft der Steiermark zu einem unvergesslichen Erlebnis: Vom Empfang auf der Sonnenterrasse (oder Lobby) bis hin zum Galamenü und dem Hochzeitsbrunch am Morgen nach der Feier ist alles maßgeschneidert. Die Südsteiermark ist perfekt für eine vielseitige Freizeitgestaltung – Wandern, Radfahren (E-Bikes kann man im Hotel mieten), Golfen, Ausflüge zu Schlössern, Museen, Weingütern, Destillerien und Buschenschenken sind nur einige der Möglichkeiten.

Lichtenberg

Der Holzpoldl

✉ 4040 · Am Holzpoldlgut 2 · ☎ 72 39 62 25
Regionale und Neue Küche · **Tische:** 12/70 Plätze   *VISA* 💳
holzpoldl@manuelgrabner.at · www.manuelgrabner.at

Speisekarte: 15 Speisen zum Teilen ab 10,00 €; 1 Menü von 70,00 bis 150,00 €
❤❤❤❤

Patron Manuel Grabner und Lebensgefährtin Claudia Stiglitz führen ihr Restaurant mit Leidenschaft. Seine Küche ist unverfälscht und überrascht den Gast mit genussreichen Kombinationen aus Tradition und Innovation. Sonntagmittag wartet die klassische Wirtshauskarte.

Ein Restaurant mit anspruchsvoller Küche.

Linz

Linz

Bhf→2,5 km

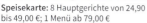 **Zum kleinen Griechen**

✉ 4020 · Hofberg 8 · ☎ +43 7 32 78 24 67 · Fax: 94 40 96
Neue u. Internationale Küche · Tische: 11/42 Plätze
info@zumkleinengriechen.at · www.zumkleinengriechen.at · f

Speisekarte: 8 Hauptgerichte von 24,90 bis 49,00 €; 1 Menü ab 79,00 €

350 Weinpos.

2022 feierte das Restaurant „Zum kleinen Griechen" sein 40-jähriges Jubiläum. Ein Verdienst, dass sich Renatá und Andreas Mair auf ihre Fahnen schreiben dürfen und das eng verbunden mit der Wertschätzung ihrer Gäste ist. Das mittelalterliche Haus, in dem das Restaurant beheimatet ist, liegt inmitten der Linzer Altstadt nahe dem Salzamt und der Donau. 1982 bekam es nach umfangreichen Renovierungen sein heutiges Gesicht, wobei natürlich das historische Gewölbe erhalten blieb und zur behaglichen Atmosphäre beiträgt. Renatá Mair begann vor über 30 Jahren als Autodidaktin in der Küche und entdeckte ihre Leidenschaft für gute Speisen und ideenreiche Zusammenstellungen. Ihr Steckenpferd sind exzellente Fischzubereitungen, aber auch alle anderen Speisen – bevorzugt internationale und raffinierte eigene Kreationen – sind von erster Güte und basieren auf handverlesenen Produkten. Sie arbeitet mit Wertschätzung der Zutaten, kocht präzise und setzt hinreißende, aromenprononcierte mediterrane Akzente. Egal ob Lamm, Rinderfilet, Iberico-Schwein, Edelfische, Scampi & Co. – alles wird frisch und durchdacht zubereitet. Ein saisonales Menü steht immer zur Auswahl, Vegetariern wird gerne eine fleischlose Speisefolge zusammengestellt. Zu Fragen rund um die sehr gute Weinauswahl gibt Andreas Mair kenntnisreich Auskunft. 2018 wurde ihm der Titel des Weinwirts Oberösterreich verliehen. Zusätzlich zum Restaurant gibt es eine kleine Außengastronomie. Inmitten der schönen Altstadt genießt man beides: erlesene Speisen und historisches Linzer Flair. Da sich der kleine Grieche ungebrochener Beliebtheit erfreut, ist eine Reservierung vor dem geplanten Besuch unbedingt erforderlich.

 Sie finden diese Hotels und Restaurants auch bei facebook oder instagram.

Maria Alm

Moser-HOCHKÖNIG

✉ 5761 · Am Dorfplatz 2 · ☎ +43 65 84 77 21
Restaurant, Bar, Feinkostladen, Zimmerpreise inkl. 3/4-Pension
🍴♿🛏🏠📶🚗🅿♨🏊🧖•⚫💻📶 3,5 km
info@mein-moser.at · www.mein-moser.at · ⓕ

18 **DZ** von 188,00 bis 220,00 €;
3 als **EZ** von 114,00 bis 130,00 €

Maria Alm liegt nahe bei Saalfelden am Steinernen Meer in der Bergregion Hochkönig und ist zu jeder Jahreszeit ein lohnenswertes Urlaubsziel. Bereits 1716 wurde das Moserhaus im Ortszentrum geschichtlich erwähnt. Nach einigen Besitzübergängen wurde es 1937 von den Niederreiters erworben. Hier wird es nun in bester Familientradition geführt und inzwischen ist bereits die vierte Generation am Start und sorgt mit gewohntem Einsatz dafür, dass das Moser-Haus im Zentrum von Maria Alm eine echte Begegnungsstätte für Jung und Alt, für Einheimische und Urlauber ist. Die Zimmer sind ein behagliches Zuhause auf Zeit. Wertige Naturmaterialien fügen sich in klarer und moderner Gestaltung zu einem charmanten Rückzugsort. Die Preise beinhalten u. a. ein vitales Frühstückbuffet und feines 5-Gänge-Abendmenü mit drei Wahlhauptgängen, die Nutzung des kleinen Wellnessbereichs sowie die Hochkönigcard mit vielen Inklusivleistungen. Für Tagungen und Festivitäten steht ein großzügig geschnittener Raum zur Verfügung. Zum Hause gehört noch ein kleiner Feinkostladen, in dem man von Eingemachtem und Glasgerichten über Tees, Milchprodukte und Brot bis zu edlen Spirituosen viele Leckereien erwerben kann, die sich auch bestens als Mitbringsel eignen.

Moser-HOCHKÖNIG

✉ 5761 · Am Dorfplatz 2 · ☎ +43 65 84 77 21
Regionale Küche · **Tische:** 15/60 Plätze
info@mein-moser.at · www.mein-moser.at · ⓕ

Speisekarte: 20 Hauptgerichte von 11,90 bis 35,00 €; 2 Tagesgerichte von 22,50 bis 35,00 € 🍷🍷🍷 40 Weinpos.

Im Wirtshaus Moser hängt der Himmel (sprich die Decke) nicht voller Geigen, sondern voller Töpfe. Das Wirtshaus ist eines im besten Wortsinne, ist mit viel Holz landestypisch eingerichtet, ungemein gemütlich und einladend und ein Ort, an dem man den Alltag gerne einige Stunden vergisst. In schöner Familientradition steht Sebastian Niederreiter am Herd und begeistert mit einer kraftvollen und authentischen Landesküche. Er hat sein Handwerk von der Pike auf an illustren Stationen (u. a. bei Harald Wohl-

Maria Alm

fahrt) gelernt, bringt seit zehn Jahren all seine Erfahrung im elterlichen Betrieb ein und setzt mit großem Einsatz seine Vorstellung einer raffinierten Regionalküche um. Geschmacksverstärker kommen nicht in seine Küche, vielmehr sprechen die ausgesuchten Zutaten von bekannten Bauern und Lieferanten aus dem Umland für sich. Mit Können, Präzision und einer großen Prise Leidenschaft und Ideenreichtum verbindet er die Ingredienzien zu ausgeklügelten Speisen, die bodenständig und innovativ, international und ländlich zugleich sind und dem Gast genussvolle Geschmackserlebnisse garantieren. Besonders gerne erweckt er vergessene Zutaten und Rezepturen wieder zu neuem Leben. Vegetarisches und Veganes sind bei ihm kein Lifestyle, sondern mit einer eigenen Karte ganz selbstverständlicher Bestandteil des facettenreichen Angebots. Seniorchef Reinhard Niederreiter begrüßt und umsorgt die Gäste mit einem zugewandten und lie-

Maria Wörth

Gourmetrestaurant Hubert Wallner

Bhf→25 km

✉ 9082 · Seeplatz 6 · ☎ +43 4273 38 58 9
Klassische, Neue und Gourmet-Küche · **Tische:** 12/32 Plätze
office@hubertwallner.com · www.hubertwallner.com · f

Speisekarte: 4 Hauptgerichte von 60,00 bis 75,00 €; 2 Menüs von 188,00 bis 208,00 €

❀❀❀❀❀ 🍇🍇🍇   5.000 Weinpos.
Das Gourmetrestaurant von Hubert Wallner ist der perfekte Ort für außergewöhnlichen Genuss (s. a. Kulinarisches Special). Der beginnt bereits mit der exklusiven Lage am südlichen Ufer des Wörthersees, hinreißender Seeblick inklusive. Das Interieur ist unprätentiös, schlicht-elegant und vermittelt angenehme Privatheit. Kerstin Wallner ist die charmante Seele des Hauses, sie begrüßt die Gäste mit so natürlicher Liebenswürdigkeit, dass man sich sofort wohlfühlt. Der familiäre Einsatz der Wallners ist auch in der Küche allgegenwärtig, wo Vater Hubert am Herd steht, unterstützt von Sohn Sebastian und dem engagierten Team. Mit handwerklicher Präzision und faszinierendem Einfallsreichtum präsentieren die Wallners Speisen, die zum Besten gehören, was es in Österreich zu genießen gibt. Die feinsinnige Alpe-Adria Küche hat die Optimierung des Grundprodukts im

Fokus und mündet in ein Gesamtbild, das geradlinig und gleichzeitig ungemein lebendig ist. Klassisches interpretiert er raffiniert neu und kreiert kulinarische Perfektion mit Seele. Ganz exklusiv geht es am Chef's Table mit direktem Blick in die Küche zu. Bei schönem Wetter können die Gäste ihre Speisen auch auf der Terrasse genießen – die Tisch-Reservierung beinhaltet dort automatisch einen Platz, so dass man ganz nach Laune völlig stressfrei auch open air sitzen kann. Maître Christoph Gusenleitner leitet sympathisch den zugewandten Service und hilft bei der Weinbegleitung weiter, was angesichts von unglaublichen 5.000 Positionen eine echte Hilfe ist. Das Gourmetrestaurant steht für Festlichkeiten und Seminare zur Verfügung und kann bei rechtzeitiger Voranmeldung ab 50 Personen sogar exklusiv reserviert werden. Weinproben, Kochkurse uvm. bringen dem Gast die Topgastronomie näher.

Südsee by Kerstin & Hubert Wallner   Bhf→25 km

✉ 9082 · Süduferstraße 258 · ☎ +43 664 4 18 14 00
Crossover Küche · Tische: 14/40 Plätze
office@sued-see.at · www.sued-see.at   VISA AE EC

Speisekarte: 5 Hauptgerichte von 20,00 bis 44,00 €; 1 Menü von 69,00 bis 85,00 € ❦❦❦☙☙☙ 5.000 Weinpos.

Das "Bistro Südsee by Kerstin & Hubert Wallner" findet sich – natürlich, möchte man sagen – am südlichen Teil des Wörthersees. Hier wird ein Besuch zu einer perfekten Auszeit vom Alltag, denn die Lage, Atmosphäre und die Küche ergeben ein mehr als erholsames und genussreiches Gesamtpaket. Das schick gestylte Interieur in dezentem Industrial Design trägt zur Lässigkeit hier ebenso bei wie der herzliche Empfang von Gastgeberin Kerstin Wallner, die gemeinsam mit ihrem zuvorkommenden Team für einen reibungslosen Ablauf des Restaurantbesuchs sorgt. Chefköchin Anna Kolmitzer setzt das kulinarische Konzept von Patron Hubert Wallner mit großem handwerklichem Geschick, Können und kreativen Ideen um. Die Zutaten für die frische Crossover-Küche kommen bevorzugt aus dem Umland und entsprechen dem jahreszeitlichen Angebot. Internationales, gehobene Regionalia und Spezialitäten mit fangfrischem Wörtherseefisch gehören zum facettenreichen Angebot, das mit aktuellen Tagesempfehlungen und einem umwerfenden Weinangebot ergänzt wird. Zusätzlich kann man hier – und auch im Gourmetrestaurant – eine Sonnenuntergang-Bootsfahrt inkl. Dinner mieten (119,--599,- € p. Ps.). Eine Sonnenterrasse mit Lounge, die im Bedarfsfall überdacht werden kann, fehlt natürlich auch nicht, um den perfekten "Sommer-Sonne-See"-Tag zu erleben.

Mattsee

♜ Schlosshotel Iglhauser

✉ 5163 · Schlossbergweg 1 · ☎ +43 62 17 52 05
Restaurant, Zimmerpreise inkl. Frühstück, Liegewiese, Seezugang
schlosshotel@iglhauser.at · www.schlosshotel-igl.at

DZ ab 196,00 €;
als **EZ** ab 98,00 €

Die einstige, idyllisch am Ufer des Mattsees gelegene Hoftafern aus dem Jahre 1398 ist heute ein besonders charmantes Schlosshotel, in dem sich historische und moderne Architektur, das Flair vergangener Zeiten und zeitgemäße Annehmlichkeiten aufs Feinste verbinden. Behagliche Eleganz prägt die Zimmer und Suiten, die in der ehemaligen Schlossbrauerei beheimatet sind, deren Bausubstanz bis auf das im Jahre 1200 errichtete Frohnhaus zurückgeht. Ob Festspielprominenz, Top-Manager oder Urlauber – jeder fühlt sich angesichts des individuellen und persönlichen Service im Hause sofort wohl und wird aufmerksam umsorgt. Für Seminare stehen fünf verschiedene Räume mit passendem Tagungs-Equipment zur Verfügung und ermöglichen effektives Arbeiten in einer inspirierenden Atmosphäre. In der Freizeit warten ein Pool, Sauna, die Liegewiese im romantischen Garten und natürlich der See direkt vor der Tür. Der ist auch die perfekte Kulisse für Hochzeiten und andere private Feierlichkeiten, die im Schlosshotel Iglhauser immer einen unvergesslich schönen Rahmen finden.

♜ Schlosshotel Iglhauser

✉ 5163 · Schlossbergweg 1 · ☎ +43 62 17 52 05
Östrreichische Küche · **Tische:** 8/24 Plätze
schlosshotel@iglhauser.at · www.schlosshotel-igl.at

Speisekarte: 6 Hauptgerichte von 24,00 bis 34,00 €; 3 Menüs von 36,00 bis 50,00 €
150 Weinpos.

Die Kombination von Traditionen, landestypischer Behaglichkeit und Moderne in Form eines verglasten Anbaus ist im „Schlosshotel Iglhauser" besonders augenfällig und reizvoll. Hingucker im Restaurant ist der historische Ofen mit wunderschönen, alten Fliesen. Seniorchefin Anna Iglhauser steht selber am Herd und sorgt für eine aromenstarke und vielseitige österreichische Küche. Grundvoraussetzung sind frischeste Zutaten, die sie im saisonalen Wechsel aus der Region bezieht, wobei vieles aus eigenem Anbau und Zucht kommt, denn Familie Iglhauser besitzt im Ort 30 Hektar Wiesen, Felder und Wald. Fisch aus eigenen Gewässern, Krebse vom regionalen Züchter, das Wild wird gar selbst erlegt. So ge-

Mattsee

hören Wildgerichte zu den Spezialitäten des Hauses, außerdem rundet die Chefköchin die Speisen mit selbstgezogenen Kräutern ab und kocht regelmäßig historische Rezepte der alten »Salzburger Kuchlgärten« nach. Langweilig wird es in der Iglhauser'schen Küche also nie. Ehemann und Patron Jakob Iglhauser verwaltet den wohlsortierten Weinkeller des Hauses, in dem sich viele österreichische Tropfen und auch einige echte Raritäten finden.

Mauerbach (bei Wien)

Berghotel Tulbingerkogel   Bhf→15 km

✉ 3001 · Tulbingerkogel 1 · ☎ +43 22 73 73 91 · Fax: 73 91 73
Regionale und Saisonale Küche · Tische: 50/120 Plätze
hotel@tulbingerkogel.at · www.tulbingerkogel.at

Speisekarte: 11 Hauptgerichte von 16,00 bis 42,00 €; 2 Menüs von 46,00 bis 68,00 € 🍷🍷🍷🍷🍷 1400 Weinpos.
Inmitten des Wienerwald, umgeben von ganz viel Natur, ist auch das Restaurant ein lohnenswertes Ziel, um genüssliche Stunden abseits der quirligen Stadt zu verbringen. Gediegen und behaglich eingerichtet, sitzt man in entspannter Atmosphäre und lässt sich von der formidablen Frischeküche verwöhnen. Für die sorgt Küchenchef Georg Bläuel, der allergrößten Wert auf Topzutaten legt, bezieht er doch Gemüse, Salate und Kräuter aus dem Hausgarten, Wild und Pilze aus den umliegenden Wäldern und Fleisch aus traditioneller heimischer Tierhaltung. Mit kreativen Ideen und handwerklicher Präzision stellt er die Ingredienzien zusammen und präsentiert Speisen, die in der Region verwurzelt sind, modern interpretiert und mit österreichischen Klassikern ergänzt werden. Verschiedenste Themenwochen (Wildbret, Trüffel, Spargel) sowie bunte Blumengerichte, Feinschmecker-Leichtmenüs und Degustationsmenüs mit Weinbegleitung ergänzen das Angebot. Im Tulbingerkogel gibt es eine historische Kochbuch-Sammlung zu bewundern, die an ausgesuchten Abenden tradierte Rezepturen für das mehrgängige „Diner Historique" liefert. In bester Familientradition ist die Dame des Hauses, Maria Bläuel, charmante Ansprechpartnerin, wenn es um den Service geht. Ernst Mantler hütet einen Weinschatz mit über 1.400 Positionen aus aller Herren Länder, der in eine der bestsortiertesten Weinkarten der Welt mündet. Dank seiner Expertise lässt sich so mancher neuer Lieblingstropfen entdecken. An warmen Tagen werden die bodentiefen Sprossenfenster zur von mächtigen Bäumen beschatteten Terrasse hin geöffnet, die einen herrlichen Blick über den Wienerwald erlaubt.

Berghotel Tulbingerkogel   Bhf→15 km

✉ 3001 · Tulbingerkogel 1 · ☎ +43 22 73 73 91 · Fax: 73 91 73
Kaminstüberl, Terrasse, Bar, Shuttle-Service, Weinkeller
🍽🏠🍴🚗🅿♿🎾🧖‍♀️🏊⛳♨💆 25 km
hotel@tulbingerkogel.at · www.tulbingerkogel.at

40 **DZ** ab 184,00 €;
15 **EZ** ab 132,00 €
Seit über 70 Jahren in Besitz der Familie Bläuel, wird im Hotel Tulbingerkogel großer Wert auf kultivierte Gastlichkeit gelegt. Es ist der perfekte Ort, um eine

Mauerbach (bei Wien)

Auszeit von Hektik und Stress zu nehmen und sich inmitten der weiten Landschaft des Wienerwaldes zu erholen. Nur 8 Kilometer von Wien entfernt, liegt dem Gast die Donaumetropole gleichsam zu Füßen, kann er einen Abstecher in die Stadt unternehmen, das reichhaltige Freizeitangebot des Hotels nutzen oder die umgebende Natur genießen. Die Zimmer sind individuell, mal romantisch, mal zeitlos modern eingerichtet, mit allen zeitgemäßen Annehmlichkeiten ausgestattet und jedes für sich ist ein stilvolles Refugium. Tagungen, Seminare und auch private Veranstaltungen – in- und outdoor – werden dank der top geschulten Mitarbeiter rundum betreut, das Equipment ist auf dem neuesten Stand. Ein Wohlfühlbereich mit ganzjährig beheiztem Pool, Saunen, Liegewiesen, entspannenden Anwendungen uvm. sorgt für nachhaltige Erholung. Die Mischung aus Tradition, Moderne und persönlicher Zuwendung ist im Tulbingerkogel perfekt.

Mautern

Landhaus Bacher

Bhf→3 km

✉ 3512 · Südtirolerplatz 2 · ☎ +43 27 32 8 54 29
Klassische Küche · **Tische:** 17/60 Plätze
info@landhaus-bacher.at · www.landhaus-bacher.at · f

Speisekarte: 2 Tagesgerichte von 32,00 bis 38,00 €; 1 Mittagsmenü von 72,00 bis 84,00 €; 4 Menüs von 180,00 bis 235,00 € ♡♡♡♡♡🍇🍇🍇 1200 Weinpos.

Das „Landhaus Bacher" ist weit über die österreichischen Landesgrenzen hinaus eine kulinarische Institution. Lisl Wagner-Bacher hatte bereits ihren Vater in den 1980ern in der Küche beerbt und gab das Küchenzepter an ihren Schwiegersohn Thomas Dorfer weiter. So war auch das Restaurant immer ein engagiert geführter Familienbetrieb und wird es hoffentlich noch ganz, ganz lange bleiben. Die Atmosphäre im Restaurant ist dank der herzlichen Begrüßung durch Susanne Dorfer-Bacher unbeschwert heiter und ganz entspannt. Sie ist die perfekte Mittlerin zwischen dem Gast und den exzellenten Speisen, die ihr Mann kreiert. Thomas Dorfer hat sich der klassischen Küche verschrieben, ist aber immer offen für Neues, lässt sich von Strömungen aus aller Herren Länder inspirieren und spielt gekonnt mit Aromen und Texturen. Oberstes Gebot ist für ihn, Speisen zu kreieren, die seinen Gästen ein besonderes Genusserlebnis bieten und schmecken. Deshalb arbeitet er auch nur mit ausgesuchten, marktfrischen Zutaten, die er dort einkauft, wo er die beste Qualität erhält. Im fulminant bestückten Weinkeller lagern in verheißungsvoller Zahl und beeindruckender Jahrgangstiefe edelste Tropfen. Mit Klaus Wagner, Susanne Dorfer-Bacher und Sommelière Ivanna Kuspita stehen gleich drei Fachleute bereit, um den Speisen das i-Tüpfelchen aufzusetzen.

 Restaurant mit exzellenter Weinkarte

Mautern

✪✪✪ Landhaus Bacher
Bhf→3 km

✉ 3512 · Südtirolerplatz 2 · ☎ +43 27 32 8 54 29 · Arrangements, Gourmetrestaurant, romantischer Garten, Frühstück 35,- € p./Ps.
info@landhaus-bacher.at · www.landhaus-bacher.at

10 **DZ** von 210,00 bis 280,00 €;
als **EZ** von 130,00 bis 135,00 €

In nunmehr dritter Generation ist das Landhaus Bacher ein gastronomisches Kleinod für weitgereiste Feinschmecker und Gäste, die die Wachau entdecken möchten. Das Übernachtungsangebot ist klein, aber sehr fein. Die Zimmer sind unprätentiös, freundlich und geschmackvoll gestaltet. Private Atmosphäre und unaufdringlicher Luxus machen sie zu einem zauberhaften Zuhause auf Zeit. Der Tag beginnt mit einem Buffet voller erlesener Köstlichkeiten. Unbedingt dazu gehören Lisls handgemachte Marmelade, die Wachauer aus der legendären Bäckerei Schmidl in Dürnstein, Beinschinken mit Kren, Räucherlachs, frische Fruchtsalate, feinste Müslis sowie Mehlspeisen aus der eigenen Küche. Viel mehr braucht es für den perfekten Start in den Tag auch nicht. Wenn es darum geht, die Zeit bis zum Restaurantbesuch am Abend erholsam zu nutzen – die Wachau, eine der ältesten und schönsten Kulturlandschaften Europas – liegt gleichsam vor der Tür. Weinberge, Wander- und Radwege, kulturelle Highlights und Sehenswürdigkeiten gibt es in großer Zahl und aufmerksame Mitarbeiter, die gute Tipps geben.

Mayrhofen

✪✪✪ Hotel Perauer

✉ 6290 · Ahornstraße 854 · ☎ +43 52 85 6 25 66
Restaurant, Butcher Bar, Arrangements, Zimmerpreise inkl. à la carte Pension
info@perauer.at · www.perauer.at

26 **DZ** ab 202,00 €;
1 **Junior-Suite** ab 246,00 €

Die Zillertaler Bergwelt ist die mächtige, besonders beeindruckende Kulisse für den Hotel-Gasthof Perauer. Hier geht es ungemein lässig und familiär zu, denn nichts ist den Perauers Senior und Junior wichtiger als die Besinnung auf Traditionen, Heimatliebe, Herzlichkeit und ganz hoch über allem: ehrliche Gastfreundschaft. Es liegt nicht nur an dem großen Einsatz des gesamten Teams, dass das Hotel vom ersten Tag an ein zweites Zuhause wird, sondern auch an den bis ins kleinste Detail liebevoll und originell eingerichteten Zimmern mit alpenländi-

Mayrhofen

schem Flair – im rustikalen Tiroler- oder im modernen Landhausstil – und Balkon mit Weitblick. Wenn es an einem schlechten Tag mal nicht auf die Piste – die Mayrhofner Bergbahnen sind direkt neben dem Perauer – oder einen der 1.400 Kilometer Wanderwege geht, nutzt man die 200 m² große, pfiffig gestaltete Wellnesssalm im Hause u. a. mit Sauna, Erlebnisduschen, Saunarium, Dampfbad, Wasserbett und Ruheliegen um die Seele baumeln zu lassen. Private Feiern sind ein willkommener Anlass, um rauschende Feste zu feiern. Im Perauer werden sie in-

Gasthof Perauer

✉ 6290 · Ahornstraße 854 · ☎ +43 52 85 6 25 66
Regionale Küche · **Tische:** 50/120 Plätze
info@perauer.at · www.perauer.at ·

Speisekarte: 18 Hauptgerichte von 17,90 bis 42,00 € ❤❤   50 Weinpos.
Im „Perauer" geht beides: ländlich rustikal und modern. Die eine Gaststube ist genauso wie man sich eine Einkehr in Tirol vorstellt: Vollholzverkleidet, traditionell, urgemütlich mit Dielenboden, blanken Tischen, Kachelofen und Sprossenfenstern, die andere ist mit geradliniger, schlichter Einrichtung das Kontrastprogramm. Ähnlich wie beim Appetit, bevorzugt man mal das eine, mal das andere. Aber egal, welche Stube oder welches Essen man wählt: Die Wahl ist gut geraten. Denn Küchenchef Robert Raditsch sorgt mit guten Ideen und handwerklicher Genauigkeit für ehrlichen Genuss.

Er bezieht die Zutaten für seine frische Küche am liebsten aus dem Umland und der hauseigenen Metzgerei, brät, flambiert, schmort und präsentiert traditionelle Klassiker, Saisonales, internationale und vegetarische Spezialitäten sowie Süßes zum Abschluss. Dazu werden feine Weine und edle Brände gereicht – Wolfgang Bartosch hilft gerne weiter. In der modern gestalteten Butcher Bar gibt's das Schmankerl des Tages und feine Antipasti, um eine Grundlage fürs Hochprozentige zu schaffen. Im Untergeschoss wartet der stylish renovierte GENUSSRAUM, der maximal 10 Personen als privater Rückzugsort zum Plaudern und Genießen dient.

Mayrhofen

Pane e Vino Da Michele

✉ 6290 · Hauptstraße 456 · ☎ +43 664 3 80 78 94
Italienische Frischeküche · **Tische:** 17/38 Plätze
michelevitaritti@hotmail.com · www.pane-e-vino.net

Speisekarte: 6 Hauptgerichte von 11,00 bis 38,00 € ◇◇◇ 120 Weinpos. Nicht nur Mayrhofen-Besucher, sondern auch Einheimische werden das Restaurant „Pane e Vino" im Ortszentrum zu ihrem „Lieblingsitaliener" küren. Hier ist man genau richtig, wenn man sich mit genussreichen italienischen Speisen verwöhnen lassen möchte. Patron Michele Viteritti präsentiert die Küche und Weine seiner Heimat in ihrer verführerischsten Form. Egal ob Bruschetta, Salat, und Meeresfrüchte als Vorspeise, Fisch- und Fleischgerichte, Spaghetti, Lasagne, Taglioni und Risotto als Hauptgang und Tiramisu, Profiteroles, Tartufo Nero, Millefoglie und Semifreddo als Dessert – alles wird nach Originalrezepten frisch zubereitet und das schmeckt man auch. Michele Viteritti arbeitet konzentriert, präzise und aromenbetont und sorgt dafür, dass seine Küche herrlich kraftvoll und authentisch ist. Tagesaktuelle Gerichte und saisonale Spezialitäten ergänzen das vielseitige Angebot. Und wenn jemand

einen kleinen oder gar größeren Sonderwunsch hat: Im „Pane e Vino" ist das freundliche Serviceteam unter charmanter Leitung von Rosalba Pellizzi immer bemüht, ihn zu erfüllen. Weine gibt es in toller Auswahl, sie kommen aus den besten Anbaugebieten Italiens, u. a. aus der Lombardei, Umbrien, der Toskana, dem Piemont, Kampanien, Kalabrien, Sizilien und Sardinien.

Restaurant mit gehobener Küche

Die Küchenleistung dieses Restaurants ist hervorhebenswert in seiner Kategorie.

Mayrhofen

Bhf → 2 km ## Zillergrund – Rocky 7

✉ 6290 · Zillergrund 903 · ☎ +43 52 85 6 23 77
Klassische Küche · **Tische:** 3/12 Plätze
info@zillergrund.at · www.zillergrund.at · ⬛

Speisekarte: 2 Menüs von 80,00 bis 155,00 €

❦❦❦🐝🐝

Im „ZillergrundRock" wartet mit dem „Rocky7" ein Boutique Restaurant, das besonderen kulinarischen Genuss in einem exklusiven Ambiente verspricht. Stylisch, lässig, weltoffen ist das Interieur, das von viel Holz – in moderner Gestaltung klar und geradlinig verbaut – dominiert wird und eine schöne Hommage an alpine Traditionen und moderne Lebensart ist (s. a Kulinarischer Traum). Mit Küchenchef Alexander Hönigsberger steht ein Mann am Herd, für den Kochen Leidenschaft ist. Seine Speisen sind von einer gewissen Lässigkeit und Eleganz, was nur vordergründig widersprüchlich erscheint, denn er versteht es, gekonnt Klassische Küche ideenreich mit moderner zu verschmelzen, saisonale Elemente einzufügen und so für leichten und unverfälschten Genuss zu sorgen. Die handverlesenen Zutaten – bevorzugt aus der Region – verbindet er zu sorgfältig ausgetüftelten Menüfolgen, die zeigen, wie gut und kreativ er sein Handwerk beherrscht. Ein sehr liebenswürdiger, top geschulter Service unter Leitung von Christian Pfister, der auch zur exklusiven Weinkarte berät, begleitet den Restaurantbesuch.

Mayrhofen

Zillergrund Rock Luxury Mountain Resort Bhf→2 km

✉ 6290 · Zillergrund 903 · ☎ +43 52 85 6 23 77 · Restaurant, Kaminzimmer, zahlreiche Serviceleistungen, Zimmerpreise inkl. 3/4-Pension
18 km   VISA
info@zillergrund.at · www.zillergrund.at · f

68 **DZ** von 360,00 bis 600,00 €;
36 **Suiten** von 440,00 bis 720,00 €
Familie Pfister ist in der fünften Generation mit Leidenschaft Gastgeber in einem Hotel, das eine perfekte Symbiose aus Architektur, Natur, Tradition und Innovation ist. Ihr „ZillerGrund Rock" begeistert mit unaufdringlichem Luxus, einem Interior Design von großer gestalterischer Klasse und unzähligen, zeitgemäßen Annehmlichkeiten. Die Zimmer – die exklusive ¾-Pension ist im Preis inbegriffen – mit Balkon und Weitblick sind individuell gestaltete Hideaways in alpinem Schick. Ein ganz besonderes Wohlfühlangebot wartet in der etwa 3.000 m² großen Wellnessoase: eine Saunalandschaft, exquisite Ruheräume, Vital-Lounge, Kneipp-Ablage, Indoor-Pool, Dampfbäder und vielfältige Beauty- und Wellnessanwendungen stehen zur Auswahl. Eines der Highlights ist der Infinity Pool auf zwei Ebenen, direkt am Waldrand gebaut, geht der Blick ins Grüne und die Zillertaler Bergwelt – eine Kulisse die fasziniert und

inspiriert. Die Region rund um Mayrhofen ist zu jeder Jahreszeit einen Besuch wert. Über 1.000 km Wanderwege, Routen und Klettersteige, Rafting, geführte Wanderungen, 800 km Mountainbike-Strecken, perfekt präparierte Pisten in fünf Skigebieten, gespurte Loipen und Rodelhänge – und das „ZillerGrund Rock" in einem kleinen, westlichen Seitental von Mayrhofen mittendrin.

Mieming

♜ Restaurant 141 | by Joachim Jaud im Alpenresort Schwarz

✉ 6414 · Obermieming 141 · ☎ 52 64 52 12-300
Österreichische und Neue Küche · **Tische:** 8/20 Plätze   VISA AE
hotel@schwarz.at · www.schwarz.at

Speisekarte: 1 Menü von 168,00 bis 198,00 €
❖❖❖❖

Das schlicht gestaltete Interieur im Restaurant 141 ist die edle Kulisse für die Speisen von Küchenchef Joachim Jaud. Auf der Basis österreichischer Küche entwirft er sorgfältig ausgeklügelte Menüfolgen, die er mit französischen und japanischen Elementen fantasievoll bereichert.

Neufelden

Genießerhotel Mühltalhof

✉ 4120 · Unternberg 6 · ☎ +43 72 82 62 58
Restaurant mit Regionaler und Internationaler Küche, Zimmerpreise inkl. Frühstück
reception@muehltalhof.at · www.muehltalhof.at

Speisekarte: 15 Hauptgerichte von 19,00 bis 48,00 €
Nicht nur im Hotel mit Altem, Designtem und zeitgenössischer Kunst überraschen die Kontraste. Im Restaurant ist es genauso, hier kombiniert Philip Rachinger gekonnt Tradiertes mit Innovativem und Regionales mit Grenzüberschreitendem.

Neuhofen an der Ybbs

Zur Palme

✉ 3364 · Marktplatz 6 · ☎ +43 74 75 5 27 94
Klassische Küche, eigene Kreationen · **Tische:** 12/50 Plätze
kontakt@zur-palme.at · www.zur-palme.at · f

Speisekarte: 5 Hauptgerichte von 16,00 bis 38,00 €; 1 Menü ab 87,00 €
✿✿✿🍇🍇 250 Weinpos.

Theresia Palmetzhofer hat aus dem einstigen Café ihrer Mutter ein formidables Restaurant gemacht. Wunderbar schlichtelegant eingerichtet, kontrastiert der dunkelgrüne Samt der Stühle und umlaufenden Bänke aufs Feinste mit dem Weiß der Wände und edel eingedeckten Tische. Am Herd verbindet die junge Chefköchin die Erfahrungen ihrer Wanderjahre mit raffinierten eigenen Ideen. Sie kauft bevorzugt Zutaten in Bio-Qualität von regionalen Produzent*innen aus dem Mostviertel ein. Kompromisse geht sie bei der Qualität nicht ein und so bestimmen die Jahreszeiten und das Angebot auch häufig den Speiseplan. Der ist facettenreich und vielseitig. Von klassisch bis modern-innovativ finden sich sorgsam ausgetüftelte, durchaus unkonventionelle Gerichte, die nie überkandidelt sind, dafür aber mit einer tollen Aro-

menvielfalt begeistern. Natürlich steht ein engagiertes Team hinter der Chefköchin, doch bleibt sie noch immer erste Ansprechpartnerin im Service und der Weinberatung. Montags gibt es mittags erstklassige frisch gebackene Pizzen. Im Sommer wartet ein üppig begrünter, malerischer Gastgarten.

Neustift im Stubaital

SPA Hotel Jagdhof – Hubertusstube

✉ 6167 · Scheibe 44 · ☎ +43 52 26 26 66
Klassische, Regionale und Intern. Küche · **Tische:** 4/16 Plätze
mail@hotel-jagdhof.at · www.hotel-jagdhof.at · f

Speisekarte: 1 Menü von 145,00 bis 199,00 €

🍷🍷🍷🍷 🍇🍇🍇 1.250 Weinpos.

Warmes Holz mit aufwändigem Schnitzwerk, Stubenofen, warme Farben und edel eingedeckte Tische verbinden sich in der „Hubertusstube" zu einem zauberhaften Interieur im alpenländischen Stil und machen das Gourmetrestaurant zu einem wahren Kleinod. Küchenchef Christian Jeske hat sein Handwerk von der Pike auf gelernt, u. a. in der Küche von Schloss Elmau verfeinert und kreiert nun mit seinem engagierten Team unvergessliche Genussmomente. Seine auf handverlesenen Zutaten basierenden Speisen sind in der Klassik und der Alpenregion verwurzelt und spiegeln immer wieder auch Stubaier Traditionen und die umgebende Natur wider, gehen aber in ihrer Komplexität und Kreativität darüber hinaus und münden zusammen mit einer Fülle großartiger Ideen in eine fulminante Aromaküche. Ein zugewandter Service unter souveräner Leitung von Karlheinz Joknak begleitet den Restaurantbesuch. Albin Mayr berät zu den Weinen, die in einem prämierten Weinkeller lagern und mit fantastischer Jahrgangstiefe und Auswahl begeistern.

 Dieses Restaurant bietet Ihnen eine exzellente Küche.

✪✪✪✪✪ SPA Hotel Jagdhof Relais & Châteaux

✉ 6167 · Scheibe 44 · ☎ +43 52 26 26 66
Gourmetrestaurant "Hubertusstube", Bar, Kamin, Zimmerpreise inkl. HP
mail@hotel-jagdhof.at · www.hotel-jagdhof.at · f

70 **DZ** ab 474,00 €;
(Jui.-)**Suiten** ab 608,00 €

Auf 994 Höhenmetern ist Neustift im Stubaital ein Ort, an dem man zu jeder Jahreszeit abwechslungsreiche Urlaubstage verbringen kann. Und mit dem Jagdhof findet der Besucher ein Hotel, in dem Gastfreundschaft einen ganz besonderen Stellenwert hat. Hier wird der Aufenthalt zu einer kostbaren Auszeit, was an dem vielseitigen Angebot und der von Herzen kommenden Gastfreundschaft liegt. Jedes Zimmer (Preise inkl. Halbpension) ist ein charmantes Unikat, das mit alten Bauernmöbeln, hellen Hölzern von Fichte und Zirbe und traditionellem Kunsthandwerk ausgestattet ist, zusätzlich rücken die großzügigen Balkone die imposante Bergwelt ins rechte Licht. Es ist das harmonische Zusammenspiel von

Neustift im Stubaital

persönlichem Service, kulinarischer Vielfalt und ganzheitlicher Erholung im 3.000 m² großen SPA mit Vital- und Badewelt, das den Aufenthalt hier zu einem erinnerungswürdigen Erlebnis macht. Privatsphäre und Freiraum, Regionalität und Weltoffenheit – im Jagdhof findet jeder Gast das, was ihm im Urlaub wichtig ist.

Petzenkirchen

Bärenwirt ✪✪✪

✉ 3252 · Ybbser Straße 3 · ☎ +43 74 16 5 21 53
Bar, Biergarten, Arrangements, Zimmerpreise inkl. Frühstück
info@baerenwirt1.at · www.bärenwirt.at

28 **DZ** ab 120,00 €;
EZ ab 69,00 €

Der Sage nach ließ ein Ritter aus der Gegend nach seinem siegreichen Kampf gegen einen mächtigen Bären als Dank eine Kirche erbauen, der Ortsname „Petz(en)kirche(n)" entstand und da war es dann nur folgerichtig, dass es Jahrhunderte später auch einen "Bärenwirt" direkt gegenüber der Kirche gab. Das ist seit vielen Jahrzehnten der Vollblutgastronom Erich Mayrhofer, der mit seinem Landgasthaus im Mostviertel eine freundliche Einkehr mit Restaurant betreibt. Petzenkirchen im Bezirk Melk ist von weiten Wiesen und Feldern umgeben, im "Bärenwirt" kann man ausspannen und logiert in modern eingerichteten Zimmern. Für Tagungen, Seminare und Kongresse stehen passende Räumlichkeiten (für bis zu 180 Personen) zur Verfügung – fürs gesunde leibliche Wohl wird nach individueller Absprache natürlich gesorgt. Auch private Feierlichkeiten, im kleinen Rahmen bis hin zur großen Hochzeit, finden im Gasthaus ihren passenden Rahmen.

✪✪✪ Sehr gutes, komfortables Hotel

Petzenkirchen

Bärenwirt

✉ 3252 · Ybbser Straße 3 · ☎ +43 74 16 5 21 53
Kreative, Regionale Küche · Tische: 30/100 Plätze
info@baerenwirt1.at · www.bärenwirt.at

Speisekarte: 13 Hauptgerichte von 20,00 bis 35,00 €; 1 Menü zu 59,00 €
♥♥❀ 150 Weinpos.

In der niederösterreichischen Marktgemeinde Petzenkirchen findet man mit dem „Bärenwirt" im besten Wortsinne ein traditionelles Gasthaus mit modernem Touch. Mit viel Holz in schlichter Eleganz eingerichtet, kann man hier in verschiedenen behaglichen Stuben begleitet von besten Speisen entspannte Stunden verbringen. Mit Renate Schlaufer hat Patron Erich Mayrhofer für seine Küche die perfekte Frau am Herd gefunden. Sie arbeitet unter Aspekten der Nachhaltigkeit und so werden die Zutaten wenn immer möglich im Umland von achtsam arbeitenden Bauern, Erzeugern und Händlern eingekauft. Das garantiert kurze Wege und Frische gleichermaßen. Natürlich stehen auch die wechselnden Jahreszeiten Pate, wenn es darum geht, kreative, genussreiche Speisen zusammenzustellen, die in der Region verwurzelt sind. Mit raffinierten Ideen versteht die Küchenchefin, den österreichischen Gerichten eine ganz eigene, fantasievolle Note zu geben. Zu den passenden Weinen – fast ausschließlich aus der Alpenrepublik – berät Markus Perger mit Fachwissen und feinem Gespür. Er kann auch Auskunft zu den exquisiten Bränden geben, von denen viele von umliegenden Höfen kommen. Erich Mayrhofer ist gut aufgelegter Ansprechpartner und leitet den liebenswürdigen Service. Wenn möglich zeigt er im Sommer gerne einen Platz im malerischen Gastgarten.

Pöllau

Berggasthof König

✉ 8225 · OT Pöllauberg · Oberneuberg 5 · ☎ +43 33 35 23 11
Regionale Küche · Tische: 25/80 Plätze
info@berggasthof-koenig.at · www.berggasthof-koenig.at

Speisekarte: 12 Hauptgerichte von 13,90 bis 46,90 €; 2 Menüs von 24,00 bis 150,00 €
♥♥❀❀ 500 Weinpos.

Die Pfarrkirche am Pöllauberg ist sowohl Wallfahrtsort als auch ein Hauptwerk der steirischen Gotik. Direkt gegenüber der Wallfahrtskirche steht der etwa 250 Jahre jüngere Berggasthof König, der seit 1628 ein Ort der Geselligkeit und Stärkung ist. In der wunderschönen Gaststube mit Kachelofen und Holzbalkendecke wird Geschichte wieder lebendig. Ganz im Hier und Jetzt ist die Küche von Chefkoch Manfred Geier. Er nutzt das große Warenangebot der Region und bezieht die Zutaten für seine gekonnten und aromenstarken Gerichte bevorzugt im Umland. Im jahreszeitlichen Wechsel präsentiert er handwerklich präzise zubereitete, unverfälschte, steirische Speisen. Für Feierlichkeiten (und geschäftliche Veranstaltungen) stehen ausgesprochen schöne Räumlichkeiten und auch ein großer Saal zur Verfügung. Jede Hochzeit wird zu einem unvergesslichen Ereignis, wenn sie im romantischen Weingarten mit herrlicher Aussicht über den Naturpark Pöllauer Tal oder einer der verschiedenen

Pöllau

schön gestalteten Räumlichkeiten stattfindet. In der behaglich eingerichteten Weinothek kann man edle Tropfen verkosten und dabei in gemütlicher Atmosphäre beisammensitzen. Rund ums Jahr finden verschiedenste Events statt. Im Sommer wird der romantische Gastgarten zu einer blühenden Genuss-Oase.

Berggasthof König ✪✪✪

✉ 8225 · OT Pöllauberg · Oberneuberg 5 · ☎ +43 33 35 23 11
Restaurant, Zimmerpreise inkl. Frühstück

VISA ●

info@berggasthof-koenig.at · www.berggasthof-koenig.at · f

6 **DZ** ab 170,00 €;
EZ ab 105,00 €

Geschichtsträchtig und traditionsreich sind Pöllau und der dortige Berggasthof König. Pöllauberg ist einer der ältesten und bedeutendsten Marien-Wallfahrtsorte Österreichs, dessen Anfänge bis in das 12. Jahrhundert zurückgehen. Die gotische Wallfahrtskirche neben dem Gasthaus wurde in den Jahren 1340 bis 1375 erbaut. Heute kommen neben Wallfahrern auch zahlreiche Urlauber und Feinschmecker, um die Region im allgemeinen und den Berggasthof König im Speziellen zu entdecken. Bereits 1628 als Taverne der Herrschaft Neuberg urkundlich erwähnt, ist der Gasthof seit 1708 im Besitz der Familie König. Diese familiäre Tradition ist als entspannt-heitere Atmosphäre überall im Hause gegenwär-

tig. Die Zimmer (Preise inklusive Frühstück) sind mit viel Holz sehr behaglich eingerichtet und perfekt, um nach einem genussvollen Abend im Restaurant eine schöne Logis zu haben.

Ratsch

⊛⊛⊛⊛ Ratscher Landhaus
✉ 8461 · Ottenberg 35 · ☎ +43 34 53 2 31 30
Restaurant, Vinothek, Ladestation, Arrangements, Preise inkl. HP
info@ratscher-landhaus.at · www.ratscher-landhaus.at

DZ ab 272,00 €;
Suiten ab 340,00 €
Das familiengeführte Wein- und Genusshotel liegt inmitten der Südsteiermark an der Südsteirischen Weinstraße. Die idyllische Umgebung, das moderne Ambiente im gemütlichen südsteirische Stil und das kulinarische Angebot bilden den perfekten Mix für erholungssuchende Genussmenschen.

Rauris

⊛⊛⊛ Andrelwirt
✉ 5661 · Dorfstraße 19 · ☎ +43 65 44 64 11 · Restaurant, E-Auto-Ladestation, Arrangements, Frühstück im Zimmerpreis inkludiert
📶 20 km
info@andrelwirt.at · www.hotel-rauris.com

13 **DZ** ab 130.00 €;
als **EZ** ab 90.00 €
Der Andrelwirt ist ein Traditionsgasthof im Raurisertal, der 1486 erstmals urkundlich erwähnt wurde. Zunächst eine Pferdewechselstation für Säumer, die Waren von Venedig über die Hohen Tauern nach Salzburg transportierten, entwickelte sich das Anwesen nach und nach zum hübschen Hotel hinter altehrwürdiger Fassade. Geschichte und Traditionen werden hier großgeschrieben und so ist es fast folgerichtig, dass Familie Mayer sich seit mehr als 100 Jahren, nunmehr in vierter Generation, um das Wohlergehen der Gäste kümmert. Die Zimmer (Preise inkl. Frühstücksbuffet) sind ungemein gemütlich eingerichtet, einige etwas moderner, andere rustikal-elegant mit bildhübschen Voglauer Möbeln. Die herrliche Alpenlandschaft im Salzburger Land bietet im Sommer und Winter eine große Fülle von Freizeitaktivitäten, gerne gibt das liebenswürdige Hotelteam Tipps. E-Bikes kann man halbtägig nach Verfügbarkeit sogar kostenfrei im Hause ausleihen, um die Region zu erkuden. Zum Hause gehört noch der „Nationalpark Camping Andrelwirt" – hier kann man das ganze Jahr über Campingurlaub machen und auf Wunsch die kulinarischen Angebote des Hotels nutzen.

⊛⊛⊛ Sehr gutes, komfortables Hotel

Rauris

♜ Andrelwirt

✉ 5661 · Dorfstraße 19 · ☎ +43 65 44 64 11
Regionale Küche · Tische: 30/100 Plätze
info@andrelwirt.at · www.hotel-rauris.com · f

Speisekarte: 15 Hauptgerichte von 11,00 bis 35,00 €; 2 Tagesgerichte von 16,00 bis 21,00 €
✿✿✿ 70 Weinpos.

Gemütlich, gesellig und herrlich unverkrampft geht es beim „Andrelwirt" zu. Das Gasthaus mit schönem Kachelofen als Hingucker und einem Tresen mit Bar lädt ins urgemütlich gestaltete Restaurant ein. Hübsch und mit Liebe zum Detail im landestypischen Stil eingerichtet, ist es ein Treffpunkt für Jedermann- und frau, hier finden sich Hausgäste, Camper, Einheimische und Stammgäste ein und genießen neben der einladenden Atmosphäre eine richtig gute, ehrliche Küche und einen zuvorkommenden Service. Fürs leibliche Wohl sorgt Küchenchef und Juniorwirt Ludwig Mayer. Er kocht mit kreativem Schwung, eigenen Ideen und besonders gerne besinnt er sich auch auf traditionsreiche Speisen, denen die besten Rezepte seiner Mutter (die sie wiederum von ihrer Schwiegermutter hatte) zugrunde liegen. So kommt man in den Genuss einer unverfälschten Regionalküche, die nur behutsam dem Zeitgeist angepasst wird, denn manches – z. B. der flaumig karamellisierte Kaiserschmarrn und die berühmte Lammkrone vom Pinzgauer Tauernlamm – waren irgendwie immer schon da und sind es mehr als wert, in die heutige Zeit übernommen zu werden. Ludwig Mayer nutzt bevorzugt das reiche Warenangebot im Umland mit seinen vielen Höfen, Wiesen und Weiden. Nicht nur verschiedene Weine runden die Speisen perfekt ab, auch heimische Schnäpse gehören zum Angebot. Für Firmenfeiern, private- und Vereinsveranstaltungen gibt es passende Räumlichkeiten.

 Restaurant mit sehr guter Küche

 Sie finden diese Hotels und Restaurants auch bei facebook oder instagram.

Reith b. Kitzbühel

S'Pfandl

Bhf→5 km

✉ 6370 · Kitzbühelerstraße 69 · ☎ +43 53 56 6 22 71
Regionale Küche · **Tische:** 17/95 Plätze
info@pfandl.co.at · www.pfandl.co.at · f

Speisekarte: 14 Hauptgerichte von 29,00 bis 46,00 €

Das Restaurant „s´Pfandl" ist urgemütlich eingerichtet. Ganz viel Holz, ein offener Giebel, großer Kamin und fein eingedeckte, blanke Tische vermitteln eine gesellig-entspannte Atmosphäre. Genau so stellt man sich ein Wirtshaus vor. Zusätzlich gibt es noch ländlich-romantische Stuben und den urigen Weinkeller, die perfekt für eine Feier oder Familientreffen sind. Küchenchef Thomas Hagleitner sorgt für eine ehrliche, herzhafte Tiroler Hausmannskost wie Kalbshaxe, Rostbraten, Wiener Schnitzel & Co, die in großen, gusseisernen Pfannen serviert und mit verschiedenen Beilagen ergänzt wird. Außerdem gibt es Fischgerichte und Pfandl-Spezial-Spieße sowie 14-tägig wechselnde Empfehlungskarten mit regionalen und internationalen Spezialitäten. Die Küche ist unverfälscht, aromenstark und basiert auf heimischen Zutaten. Melanie Hagleitner ist die gute Seele des Hauses: Sie leitet liebenswürdig den Service und berät zu den begleitenden Weinen und Getränken. An warmen Tagen trifft man sich auch gerne auf der überdachten Terrasse mit Blick in den gepflegten Garten.

Rennweg am Katschberg
🍴 Gamskogel Fine Dining by Stefan Lastin

✉ 9863 · Gamskogel/Herzerlweg · ☎ +43 6 64 3 37 66 78
Klassische und Regionale Küche · Tische: 12/35 Plätze
info@gamskogel.at · www.gamskogel.at

Speisekarte: 1 Menü von 90,00 bis 175,00 €

❦❦ 250 Weinpos.

Dass die auf 1.850 m gelegene Gamskogelhütte zu einem alpinen und kulinarischen Kleinod wurde, war nicht zwingend vorauszusehen, denn noch in den 1970er Jahren kam sie, obschon ein beliebtes Ausflugs- und Wanderziel, ohne Wasser und Strom aus. Heute kehrt man hier ein und wird von einer einzigartigen Atmosphäre begrüßt. Viel Holz, ein offener Giebel, große Fensterflächen, ein rustikaler Natursteinboden und tolle großformatige Bilder fügen sich zu einem modernen, geradlinigen Interieur mit landestypischer Behaglichkeit. Geheizt wird mit Erdwärme, Solar und Holz, das Wasser fließt aus drei Quellen. In der Küche steht Stefan Lastin am Herd und kocht vorwiegend mit feinsten Zutaten aus der Region. Seine Speisen spiegeln das saisonale Angebot wider. Speck und Hartwürste werden im Frühjahr und Herbst gemacht und hängen in der hauseigenen Selch- und Trockenkammer, im Sommer kommen u. a. Kräuter und Gemüse aus dem eigenen Garten zum Einsatz, das Sauerteigbrot wird je nach Bedarf frisch gebacken. Raffiniert interpretiert Stefan Lastin Traditionelles neu und kreiert ideen- und finessenreiche Gerichte. Besonders beliebt ist die Hütte auch für Hochzeitsfeiern (ein Standesamt ist im ersten Stock, die Marienkapelle für kirchliche Trauungen nebenan). In zauberhafter Atmosphäre kann man sich das Ja-Wort geben und von der fulminanten Gourmetküche verwöhnen lassen.

Ein Restaurant mit anspruchsvoller Küche.

Die Küchenleistung dieses Restaurants ist hervorhebenswert in seiner Kategorie.

Saalbach-Hinterglemm

 Gold + Pepper

✉ 5753 · Schulstraße 29 · ☎ +43 65 41 77 77
Gehobene Regionale Küche · **Tische:** 15/65 Plätze
office@gold-pepper.at · www.gold-pepper.at

Speisekarte: 8 Hauptgerichte von 31,00 bis 46,00 € ❦❦❦ 80 Weinpos. „Gold & Pepper" – der Name nimmt den Charakter gleich vorweg: edel und temperamentvoll präsentiert sich das mitten in Saalbach gelegene Restaurant mit integrierter Bar, die der perfekte Treffpunkt vor dem Dinner ist. Das Interieur ist in warmen Farben mit dunkelbraunem Holz, wertigen Materialien und eleganten Dekoelementen gestaltet und vermittelt eine gesellige, weltoffene und behagliche Atmosphäre. Küchenchef Peter Domijan hat sein Handwerk von der Pike auf gelernt und setzt hier seine Philosophie einer mit südländischen Akzenten ergänzten Alpin Cuisine um und überzeugt mit seinen facettenreichen Kreationen auch den anspruchsvollen Feinschmecker. Die Zutaten kommen vorzugsweise aus dem Umland und bekommen durch mediterrane Kräuter den richtigen Aromaboost. Neben Klassikern wie

Beef Tatar, Filetsteak vom Black Angus Rind, Wiener Schnitzel und Jakobsmuscheln gibt es moderne und innovativ ausgetüftelte Gerichte. Dalibor Pavelka berät kenntnisreich zu den passenden Weinen und Getränken, während Timea Domijan liebenswürdig den gut aufgelegten Service leitet.

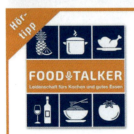

Gespräche übers Kochen und gutes Essen mit Menschen die etwas davon verstehen.

Zum Mithören bei spotify, itunes und überall dort, wo es gute Podcasts gibt.

www.foodtalker.de

Saalfelden

Saalfelden
Boutique Stadthotel „Die Hindenburg" ✪✪✪✪

✉ 5760 · Bahnhofstraße 6 · ☎ +43 65 82 7 93 · Restaurant, Bar, Zi.-Preise inkl. Frühstück, Zugang zum Congresszentrum Saalfelden
✕ ⇞ ⌂ Ⓟ ⛰ ⛁ ● 🕪 ⤻ 8 km VISA 💳 💳
office@die-hindenburg.at · www.die-hindenburg.at · 🅕

DZ ab 180,00 €;
als **EZ** ab 95,00 €

Das 2017 neu renovierte Boutique Stadthotel „Die Hindenburg" und das im Herbst 2024 eröffnete Hindenburg „s´Bistro" befinden sich im Zentrum von Saalfelden, mitten im Herzen der Salzburger Bergwelt. Das Haus besticht durch seinen altehrwürdigen Charme – der perfekten Symbiose von historischer Bausubstanz und der modernen, zeitgemäßen und geschmackvollen Innenarchitektur. Das Haus wird familiär geführt und verbreitet eine angenehme und entspannte Atmosphäre. Durch die enge Zusammenarbeit mit dem Congresszentrum Saalfelden und die direkten Verbindungskorridore zum Gebäude bieten sich natürlich auch Aufenthalte für Schulungen und Veranstaltungen an, so dass man während des Aufenthaltes alle Annehmlichkeiten in vollen Zügen genießen kann. Der Tag beginnt mit einem vitalen Frühstücksbuffet. Die wohlverdiente Auszeit gibt es im gepflegten Wellnessbereich mit Dachterrasse und fabelhaftem Ausblick auf die umliegende imposante Bergwelt. Aktiver geht es im kleinen Fitnessstudio mit eigener Sauna zu. Fürs leibliche Wohl sorgt das Team im Hindenburg s´Bistro mit feinen, ausgewählten, kulinarischen Genüssen. Auch externe Gäste sind beim herzhaften Frühstücksbuffet und im Hindenburg s´Bistro sehr herzlich willkommen. Das Boutique Stadthotel „Die Hindenburg" ist im Sommer wie im Winter ein idealer Ausgangspunkt, um sich vom facettenreichen Freizeitangebot der Region begeistern zu lassen.

 Sie finden diese Hotels und Restaurants auch bei facebook oder instagram.

Salzburg

Animo by Aigner

✉ 5020 · Nonntaler Hauptstraße 55 · ☎ +43 662 83 40 17
Mediterrane und Östrreichische Küche · **Tische:** 13/45 Plätze
office@animobyaigner.at · www.animobyaigner.at

Speisekarte: 8 Hauptgerichte von 20,00 bis 45,00 € ♥♥♥♥ 🍷🍷 150 Weinpos. Ab Mai 2024 musste das seit Jahrzehnten unter „Prosecco by Aigner" firmierende Restaurant einen neuen Namen finden, weil der italienische Weinverband Prosecco rechtliche Schritte angedroht hatte. Also haben die beiden Vollblutgastronomen Lizzy und Jakob Aigner aus der Not eine Tugend gemacht und mit „Animo" ein durchweg positiv besetztes Wort gewählt, denn mit „Schwung und Lust" kann man hier seiner „Vorliebe" für gutes Essen frönen und in einer Atmosphäre speisen, die einfach gute Laune macht. Egal ob geselliges Beisammensein mit Freunden und der Familie, ein Geschäftsessen, das romantische Dinner oder um einfach ein oder zwei Gläser Wein zu trinken der Anlass sind – hier geht es lebensfroh, leidenschaftlich und weltoffen zu, hier steht Lizzy Aigner mit ihrem Team am Herd und verwöhnt die Gäste mit einer fulminanten und authentischen mediterranen Küche. Sie kocht ohne Schnick-Schnack, dafür mit umso mehr Können und mit erstklassigen Zutaten, die von kleinen ausgewählten Erzeugern aus Österreich und Italien kommen.

Handgemachte Pasta, im Ganzen zubereitete Fische, Muscheln raffiniert kombiniert, traditionelle Fleischgerichte mit innovativer Note und schlichte mediterrane Speisen gehören zum facettenreichen, verführerischen Angebot. Und weil mit den Jahreszeiten gekocht wird, kommen immer wieder neue Köstlichkeiten auf die Teller. Jakob Aigner kümmert sich mit seinem engagierten Serviceteam um die Gäste und berät mit Feingefühl zu ausgewählten Weinen.

Esszimmer

Bhf→2 km

✉ 5020 · Müllner Hauptstraße 33 · ☎ +43 6 62 87 08 99
Neue Küche u. eig. Kreat. · **Tische:** 14/50 Plätze
office@esszimmer.com · www.esszimmer.com

Speisekarte: 1 Mittagsmenü zu 72,00 €; 3 Menüs von 115,00 bis 185,00 €
♥♥♥♥ 🍷🍷 300 Weinpos. Wenn man kulinarische Leidenschaft schmecken kann, dann bei Patron und Chefkoch Andreas Kaiblinger. Er arbeitet in seiner Showküche mit Können, Hingabe und kulinarischem Feingefühl. Seine Speisen sind das perfekte Beispiel für österreichische Esskultur at its best.

Salzburg

Das Schrei

✉ 5020 · Rudolf-Biebl-Straße 3a · ☎ +43 6 64 1 54 44 02
Klassische Küche, eigene Kreationen · **Tische:** 8/22 Plätze
restaurant@das-schrei.at · www.das-schrei.at

Speisekarte: 1 Menü von 80,00 bis 118,00 €
❦❦❦ 90 Weinpos.

SCHmidt und REIfecker – das gibt einen formidablen SCHREI und zeigt die Gleichberechtigung sowie Unkonventionalität von Jakob Schmid und Daniel Reifecker, die seit Jahren in der Topgastronomie zu Hause sind und ihre glühende Leidenschaft fürs Kochen in ihr eigenes Restaurant stecken. Schlicht und unprätentiös eingerichtet, ist die Atmosphäre im Restaurant herrlich entspannt, lässig und kosmopolitisch. Das eingespielte Duo am Herd ruht sich nicht auf Erreichtem aus, vielmehr präsentieren die beiden mit ungeheurem Elan, Können und Neugierde ihr Konzept, den Gast nicht nur edelst zu bekochen, sondern auch Service und Weinberatung zu übernehmen und in einen lebendigen Dialog mit ihm zu treten. Ohne Reservierung geht nichts, dafür wird der Abend dann genussreich und auf ganz unkonventionelle Art höchst vergnüglich. Sie empfangen ihre Gäste, servieren, erläutern, beantworten Fragen, nehmen Kritik ernst, beraten zu den Weinen (viel Biodynamisches von aufstrebenden Winzern) und sorgen für einen Abend der Extraklasse. Sie kochen nach dem Motto „Essen muss Spaß machen". Und das tut es hier. Aus marktfrischen Zutaten kreieren sie Speisen, die dem Grundsatz nach klassisch sind, aber in ihrer Virtuosität weit darüber hinausgehen. Die Ingredienzien sind von kompromisslos guter Qualität, die Zubereitungen klar, präzise und unverfälscht und die Speisen expressiv, elegant und komplex. Wer das Überraschungsmenü gerne in vegetarischer Ausführung möchte, sagt das schon bei der Reservierung. Unkomplizierter und lässiger als im Edel-Beisl „Das Schrei" geht es wirklich kaum.

 Dieses Restaurant bietet Ihnen ein gutes Genuss-/Preisverhältnis.

Bhf→1 km

🍴 Gasthof Schloss Aigen

✉ 5026 · Schwarzenbergpromenade 37 · ☎ +43 6 62 62 12 84
Regionale Küche · **Tische:** 21/90 Plätze
office@schloss-aigen.at · www.schloss-aigen.at

Speisekarte: 12 Hauptgerichte von 22.00 bis 46.50 €; 0 Menüs zu 78.00 €
❦❦❦ 220 Weinpos.

Das Restaurant ist ungemein gemütlich im Landhausstil eingerichtet. Chefkoch Kurt Berger Junior präsentiert grundehrliche österreichische Speisen, die gerne das jahreszeitliche Warenangebot spiegeln und die er mit exzellenten Rindfleischzubereitungen (mit eigener Karte) ergänzt. Im Sommer wartet ein romantischer Biergarten.

Salzburg

Merkel und Merkel

✉ 5020 · Morzger Straße 31 · ☎ 06 62 49 96 63 40
Klassische und Regionale Küche · **Tische:** 13/40 Plätze
info@merkelundmerkel.at · www.merkelundmerkel.at · VISA

Speisekarte: 7 Hauptgerichte von 26,50 bis 51,00 €; 1 Mittagsmenü von 18,50 bis 24,50 €; 1 Menü von 64,00 bis 94,00 €

Das Gwandhaus in Salzburg, ein prächtiges Anwesen im Stadtsüden, ist nicht nur die "Heimat der Tracht" der Firma Gössl sowie eine Veranstaltungs- und Kulturstätte, sondern beherbergt auch das Restaurant „Merkel und Merkel". Das wird mit Leidenschaft, Hingabe und großer Gastfreundschaft von den Eheleuten Ramona und Alexander Merkel geführt. Beide stehen am Herd und ergänzen einander mit ihren fantasievollen Ideen, wie man handwerklich präzise und mit überbordender Fantasie zugleich kochen kann. Die Wurzeln der expressiven Speisen liegen in der Alpenregion und österreichischen Heimat. Beliebte Klassiker wie Wiener Schnitzel, Tafelspitz und Kaiserschmarrn werden raffiniert neu interpretiert und von eigenen, gelungenen kulinarischen Tüfteleien ergänzt. Die Merkel'sche Küche ist herrlich unverfälscht, macht einfach Spaß und schmeckt. Ein gut aufgelegtes Serviceteam unter liebenswürdiger Leitung von Marina Breitwieser begleitet den Restaurantbesuch.

Restaurant Ikarus im Red Bull Hangar-7 Bhf→5 km

✉ 5020 · Wilhelm-Spazier-Str. 7a · ☎ +43 6 62 21 97 · Fax: 21 97 37 86
Welt- u. Europ. Küche · **Tische:** 12/40 Plätze
ikarus@hangar-7.com · www.hangar-7.com

Speisekarte: 3 Menüs von 175,00 bis 265,00 €   450 Weinpos. Für das exklusive Restaurantkonzept des „Ikarus" – jeden Monat repräsentiert ein neuer Spitzenkoch die Küche seines Landes – sorgen Patron Eckart Witzigmann und Executive Chef Martin Klein. Für jeden Gourmet liegt die Faszination in der Vielfalt der Speisen und der virtuosen Kunstfertigkeit der Köche.

Schloss Mönchstein Bhf→1,5 km

✉ 5020 · Mönchsberg Park 26 · ☎ +43 662 84 85 55-0 · Fax: 84 85 59 · Gourmetrestaurant, SPA, Schlosspark, Bar, Terrasse, E-Auto-Ladestation, Hochzeits-Location
salzburg@monchstein.at · www.monchstein.at

10 **DZ** ab 525,00 €;
14 **Suiten** ab 880,00 €

1350 erstmals urkundlich als "Tetelheimer Turm" erwähnt, findet sich hier

Salzburg

nach wechselvoller Geschichte mit dem "Schloss Mönchstein" ein Luxushotel internationalen Zuschnitts mit spektakulärem Blick auf die Mozartstadt. Die Altstadt ist in nur sieben Minuten über einen romantischen Fußweg oder alternativ mit dem Mönchsbergaufzug erreichbar. Die gelungene Mischung aus Tradition und Trends gibt dem Hause eine ganz besondere Atmosphäre. Alle Zimmer sind individuell eingerichtet. Kostbare Antiquitäten und antike Möbel spiegeln den unvergleichlichen und edlen Charakter des Schlosses wider und bilden eine harmonische Symbiose mit modernen Austattungsdetails. Mit nur 24 Zimmern sind eine persönliche Atmosphäre und individueller Service garantiert. Der hinreißende Blick auf die Stadt oder den malerischen, 14.000 m² großen Schlosspark trägt zum erlesenen Ambiente bei. Für Tagungen stehen ebenso passende Räumlichkeiten zur Verfügung wie für private Veranstaltungen. Erwähnenswert ist der historische "Gotische Salon", ein echtes Kleinod für Trauungen in unvergesslichem Ambiente. Ein exklusives Spa mit Fitnessbereich und dem Außen-Infinity-Pool nebst Blick über Salzburg macht die Freizeit zu einer erholsamen Angelegenheit. Die Apollo-Bar mit ihrer stylischen Stahl- und Glaskonstruktion und gediegenem, britischem Design ist ein beliebter und außergewöhnlicher Treffpunkt.

Bhf→1,5 km Schloss Mönchstein – The Glass Garden

5020 · Mönchsberg Park 26 · ☎ +43 662 84 85 550 · Fax: 84 85 59
Regionale u. Internationale Küche · **Tische:** 12/40 Plätze
salzburg@monchstein.at · www.monchstein.at · f

Speisekarte: 6 Hauptgerichte von 33,00 bis 82,00 €; 2 Menüs von 110,00 bis 190,00 €

250 Weinpos. Der Name „Glass Garden" erschließt sich dem Gast direkt beim Betreten des Restaurants, über dem sich eine mächtige, fast futuristisch anmutende Glaskuppel wölbt, die in spannungsreichem Kontrast zum mittelalterlichen Schloss Mönchstein mit seinem Turm, den Türmchen und Treppengiebeln steht. Ein echter eyecatcher im Interieur von zeitloser Moderne ist die exklusiv gefertigte, mundgeblasene Glasskulptur "Chrysolite Aqua Tower" des amerikanischen Künstlers Dale Chihuly. So exklusiv das Interior-Design ist, so vorzüglich ist auch die Küche im Restaurant. Küchenchef Simon Wagner sorgt im Gourmet-Restaurant „The Glass Garden" des Hotel Schloss Mönchstein*****s für bemerkenswerte Gaumenfreuden und lockt damit internationale Hotelgäste und Salzburger Gourmetfreunde gleichermaßen an. Mit „1350" sowie „veganes Mönchstein" wählt man zwischen zwei aufsehenerregenden Menüvariationen in jeweils 4- oder 6-Gängen. Wagners' kulinarische Passion liegt darin, die jeweilige Jahreszeit mit allen Sinnen zu interpretieren und mit jedem Gericht, nachhaltig zu überraschen. In der Restaurantkarte findet der Gast Mönchstein-Klassiker wie u.a. Seezunge, Steinbutt, Kalbs-Kotelette. Besonders exklusive kulinarische Wünsche gibt es auf Vorbestellung unter dem Titel „Grosses Pieces". An warmen Tagen werden die Panoramafenster geöffnet, erlauben einen hinreißenden Blick auf Salzburg und setzen dem Restaurantbesuch ein zusätzliches Glanzlicht auf. Während der Salzburger Festspiele werden die Öffnungszeiten angepasst.

Salzburg

♖ SENNS.Restaurant

Bhf→4 km

✉ 5020 · Söllheimer Str. 16, Objekt 6 · ☎ +43 664 4 54 02 32
Moderne, kreative Küche · **Tische:** 10/39 Plätze
info@senns.restaurant · www.senns.restaurant · ƒ

Speisekarte: 1 Menü zu 275,00 €

200 Weinpos.

Bereits beim Betreten von "SENNS.Restaurant" am Stadtrand von Salzburg wird augenfällig, dass es einen solchen Ort kein zweites Mal gibt: Über 400 Jahre lang eine Glockengießerei, blieb die Backsteinarchitektur mit unverputzten, dunklen Ziegelsteinwänden erhalten. Die große Glocke im offenen Giebel, Werkbänke, eine alte Feuerwehrpumpe, Stahltreppe und -tische sowie ein Förderband sind markante, ins Interieur integrierte Gestaltungselemente mit historischem Industriecharme. Sie werden von modernen, geschwungenen Sitzmöbeln kontrastiert und lenken dennoch nicht von der eigentlichen Kraftquelle ab – der mittig im Restaurant platzierten Küche, die spannende Einblicke ins Kochgeschehen gibt. Avantgardistisch, außergewöhnlich, faszinierend anders – Attribute, die auch die Küche von Andreas Senn charakterisieren. Gemeinsam mit einem sehr engagierten Team und Christian Geisler – Küchenchef und guter Freund – präsentiert er einen raffinierten Stilmix, der sich in keine Schublade pressen lässt. Vielmehr sind die Speisen weltumspannend, regional, österreichisch, europäisch – die Fantasie und Tüfteleien von Andreas Senn sind grenzenlos, die Speisen herrlich unverfälscht, das Spiel mit Aromen und Texturen ist virtuos. Thomas Kracher leitet den zugewandten Service und gibt zusätzlich wertvolle Tipps zu den begleitenden Weinen und Getränken, die die Speisen zusätzlich adeln.

Salzburg

Bhf → 5 km

♜ VIGNE Pfefferschiff

✉ 5300 · OT Söllheim · Söllheim 3 · ☎ +43 6 62 66 12 42
Neue u. Regionale Küche · **Tische:** 14/40 Plätze
restaurant@pfefferschiff.at · www.vigne.at · f

Speisekarte: 1 Menü von 135,00 bis 215,00 €

♕♕♕♕♕☗☗☗ 800 Weinpos.

Eines der besten österreichischen Restaurants findet sich nahe von Salzburg in Söllheim. Hier haben Iris und Jürgen Vigne aus einem ehemaligen barocken Pfarrhaus ein zauberhaftes kulinarisches Kleinod mit einem romantischen Gastgarten geschaffen. Die Atmosphäre ist nicht zuletzt dank Iris Vigne, die ihre Gäste persönlich begrüßt und mit ihrem Serviceteam sehr zugewandt agiert, wirklich locker und entspannt. Jürgen Vigne steht für ein modernes Küchenkonzept, das auf Zutaten basiert, die teils aus dem eigenen Garten oder von einheimischen Produzenten kommen und dem Jahreskreislauf entsprechen. Er kocht schnörkellos und doch filigran, mit großem Tiefgang und faszinierender Aromenfülle. Frankophile Elemente geben den ausgeklügelt zusammengestellten Speisen eine besonders luftig-leichte Note. Hausgemachte Rehbratwürste, eigens hergestellter Senf, hauseigene Chutneys, Gelee und Honig gehören zu den Spezialitäten des Restaurants. Exklusive Weine runden die Speisen ab. Zur Auswahl der edlen Tropfen berät Mark Kiss mit großer Expertise. Wer sich fragt, woher der ungewöhnliche Restaurantname kommt – er basiert auf einer charmanten Legende: Ein Salzburger Handelsgeselle kaufte von seinen gesamten Ersparnissen ein verschollenes Schiff und hoffte, es möge unversehrt wieder auftauchen. Seine Hoffnung (und Gebete) erfüllten sich, das mit wertvollen Spezereien und dem seinerzeit immens teuren Pfeffer beladene Schiff tauchte wieder auf und Johann Anton Kaufmann war ein reicher Mann. Zum Dank baute er in Söllheim eine kleine Kirche mit Pfarrheim und so schließt sich der Kreis. Die Zeit der Salzburger Festspiele bringt besondere Öffnungszeiten mit sich: Dann ist das Restaurant an sieben Tagen in der Woche und auch mittags geöffnet!

Restaurant mit einer der besten Küchen des Landes.

Schärding

Lukas Restaurant
Bhf→1 km

✉ 4780 · Unterer Stadtplatz 7 · ☎ +43 664 3 41 32 85
Innovative Gourmetküche · **Tische:** 10/24 Plätze
lukas@lukas-restaurant.at · www.lukas-restaurant.at

Speisekarte: 1 Menü von 115,00 bis 175,00 €

350 Weinpos.

„Lukas Restaurant" ist ein besonderer Ort, um gute Speisen zu genießen: Ungewöhnlich, weltoffen, gesellig, gemütlich und herrlich entspannt geht es dort zu. Das Interieur ist eine Welt der Kontraste, denn dem mächtigen, alten Kreuzgewölbe stehen moderne Gestaltungselemente gegenüber. An einer der beiden Stirnwände ist ein bodentiefes Sprossenfenster, an der anderen die offene Küche, die so unmittelbar in den Besuch einbezogen ist. Was passt, ist sie doch das Kraftzentrum im „Lukas". Patron und Chefkoch Lukas Kienbauer kocht, was gefällt bzw. was der Markt und die Jahreszeiten hergeben. Und weil das einem steten Wandel unterworfen ist, gibt es keine Speisekarte, sondern ein häufig wechselndes Überraschungsmenü. Nicht verhandelbar hingegen ist die Kompromisslosigkeit bezüglich der Topqualität der Zutaten. Auch aus Respekt den Produkten gegenüber, werden Tiere im Ganzen und Pflanzen von der Wurzel bis zum Blatt verarbeitet. Auch stilistisch gibt es keinerlei Dogmen in der Kienbauer'schen Küche: Frisch, unverfälscht und handwerklich präzise ist die Pflicht, ideenreich, raffiniert und aromastark die Kür. Timo Weisheidinger leitet locker und nahbar den Service und berät zu den Weinen und Getränken. Wobei die nichtalkoholischen alle selber kreiert werden.

Lukas Steak
Bhf→1 km

✉ 4780 · Oberer Stadtplatz 21 · ☎ +43 664 8 25 78 88
Innovative Steak-Spezialitäten · **Tische:** 8/23 Plätze
lukas@lukas-steak.at · www.lukas-steak.at

Speisekarte: 18 Hauptgerichte von 26,00 bis 79,00 €; 5 Tagesgerichte von 18,00 bis 22,00 €

60 Weinpos.

Ein Steak-Restaurant in einem historischen Gewölbekeller ist eher ungewöhnlich, für Lukas Kienbauers "Lukas Steak" aber ganz normal. Der eigens für das stylishe Interieur geplante Holzkohlegrill ist das Herzstück des Restaurants und liefert unter tatkräftigem Einsatz von Chefkoch Alexander Hofer gegrillten Fisch und Fleisch in hinreißender Qualität und Zubereitung. Neben erstklassigen Cuts vom Cult Beef (Kalbin, jung und sehr zart) über X. O. Beef (dry aged, sehr geschmacksintensiv), Bison und japanisches Wagyu gibt es noch raffinierte Vorspeisen, Beilagen und Edelprodukte wie Bayerische Garnele, Gänseleber, Hummer und Kaviar. Jede*r Gast bekommt sein Steak auf den Wunschpunkt gebraten. Den Service leitet Maria Weisheidinger mit Charme, während Timo Weisheidinger zu den Weinen und Getränken Auskunft gibt. An warmen Tagen bietet ein Platz auf der Terrasse nicht nur open air Genuss, sondern auch einen Blick auf die wunderschöne barocke Silberzeile. Wer an den beliebten Themenabenden und Grillworkshops teilnehmen möchte, sollte unbedingt rechtzeitig reservieren.

Schloss Rosenau

♜ Schlosshotel Rosenau

✉ 3924 · Schloss Rosenau · ☎ +43 2822 58 22 1 · Restaurant, Terrasse, Café, Arrangements, E-Bike-Verleih, Frühstück im Zimmerpreis inklusive
schloss@schlosshotelrosenau.at · www.schlosshotelrosenau.at · f

DZ von 198,00 bis 268,00 €;
EZ von 111,00 bis 123,00 €

Westlich von Zwettl im niederösterreichischen Waldviertel, inmitten weiter Felder und Wälder steht Schloss Rosenau, das Ende des 16. Jh. erbaut wurde und nach sehr wechselvoller Geschichte seit Mitte der 1970er Jahre ein Hotel beherbergt. Hier logiert man in herrlicher Ruhe, abseits von Hektik und Stress. Kultururlauber, Gourmets, Hochzeits- und Tagungsgäste fühlen sich gleichermaßen wohl, was nicht zuletzt am persönlichen Service und den freundlichen Mitarbeitern liegt. Das Ambiente im Haus mit seinem antiken Flair ist sehr gediegen und behaglich. In der Freizeit wartet neben unzähligen Wanderwegen und Ausflügen in die Umgebung im Hotel selber ein neu angelegter formidabler Wellnessbereich mit Doppelkuschelliegen, Dampfbad, finnischer Sauna, Ruhe- & Yogaraum, Privatgarten mit Kleinbadeteich und Sonnenplätzchen (s. a. Wellness-Special). Da ist nachhaltige Entspannung gleichsam garantiert. Besonders beliebt ist das Schloss auch für Feste aller Art. Jede Feier wird individuell geplant, auf ganz persönliche Wünsche zugeschnitten und nicht zuletzt dank der malerischen Umgebung zu einem unvergessliches Fest. Eine Vielzahl attraktiver Arrangements kann gebucht werden, um Schloss Rosenau kennenzulernen.

Hervorhebenswert in seiner Kategorie

♜ Schlosshotel Rosenau

✉ 3924 · Schloss Rosenau · ☎ +43 2822 58 22 1
Regionale und Moderne Küche · **Tische:** 18/58 Plätze
schloss@schlosshotelrosenau.at · f

Speisekarte: 8 Hauptgerichte von 16.50 bis 28.00 €; 2 Menüs von 41.00 bis 59.00 €
🍷🍷 75 Weinpos.

Im Schlossrestaurant Rosenau kann man zu jeder Jahreszeit ein paar entspannte und von genussreichen Speisen begleitete Stunden verbringen. Umlaufende Polsterbänke und großzügig gestellte Tische unter einem beeindruckenden Kreuzgewölbe geben dem Interieur eine sehr gediegene und einladende Note. Chefkoch Michael Pehn und das gesamte, engagierte Küchenteam sorgen dafür, dass die Gäste in Schloss Rosenau auch kulinarisch bestens verwöhnt werden. Der Meister am Herd kauft die ausgesuchten Zutaten im jahreszeitlichen Wechsel bevorzugt von regionalen Händlern und Erzeugern und stellt sie mit Können und Kreativität zu landestypischen Speisen zusammen. Passende Weine runden die Speisen perfekt ab. Charmante Gastge-

Schloss Rosenau

berin ist Monika Gressl, die für einen reibungslosen Ablauf sorgt. Ganz besonders schön sitzt man im Sommer auf der Terrasse mit Blick ins Grüne. Verschiedene kulinarische Events finden rund ums Jahr statt und sind ebenso beliebt wie das Candle-Light-Dinner oder das romantische Rosendinner in sechs Gängen.

See in Tirol

Bergwiesenglück

✉ 6553 · Neder 400 · ☎ +43 54 41 20 77
Restaurant, Bar, PKW-E-Ladestation
🍽🛏🛗🐕📶🏨🏊⛰♨♿🚻♨

info@bergwiesenglueck.at · www.bergwiesenglueck.at · f

VISA AE ●

2 **Suiten** ab 480,00 €;
12 **Chalets** ab 600,00 €

„Bergwiesenglück" – der Name wurde nicht von ungefähr gewählt, denn was den Gast in diesem exklusiven Boutique Hotel auf 1.250 Metern Höhe im Paznauntal erwartet, hat viel mit Bergwiesen und Glücksgefühlen zu tun. Modern und traditionell entworfen, wurden zwölf Chalets in die alpine Landschaft integriert. Alle sind auf drei Etagen mit hochwertigen, modernen Holzmöbeln im typisch alpinen Stil eingerichtet, verfügen über einen überdachten Balkon sowie zwei Schlafzimmer mit Bad und gefallen besonders mit einem ungemein behaglichen Interieur, in dem heimische Materialien das Design bestimmen, und der Ausblick in die umgebende Bergwelt Licht, Luft, Weite und erholsamen Freiraum bedeutet. Weiche Lodenstoffe, ein auf Wunsch sofort warmer Ofen, hochwertige Bäder und ein eigener Hahn mit frischem Bergquellwasser gehören ebenso zur Ausstattung wie eine eigene Sauna und das Almbad. Nur wenige Meter von den Chalets entfernt wartet ein 29-30° Grad warmer Infinity-Pool, der die Grenzen des Hier und Jetzt zur umgebenden Landschaft einfach aufhebt. Jeder Kurzurlaub im Bergwiesenglück-Ensemble gerät zur ganz privaten Entspannungsreise.

See in Tirol

Bergwiesenglück – HERMANNS KITCHEN

✉ 6553 · Neder 400 · ☎ +43 54 41 20 77
Regionale Küche · **Tische:** 6/20 Plätze
info@bergwiesenglueck.at · www.bergwiesenglueck.at · f

Speisekarte: 14 Hauptgerichte von 18,00 bis 48,00 €; 3 Tagesgerichte von 15,00 bis 36,00 € 150 Weinpos.

Die imposante Berglandschaft begleitet jeden Restaurantbesuch in HERMANNS KITCHEN und spiegelt sich im großzügig verbauten Holz und gedeckten Naturtönen der gepolsterten Stühle und umlaufenden Bänke. Trotz Geweihen an den Wänden der Jagd- und Zirbenstube dominiert nicht landestypische Verspieltheit, sondern prägt eine geradlinige, moderne Gestaltung das behagliche Interieur mit der entspannten Urlaubsatmosphäre. Am Herd steht René Zangerl und kocht, was die Jahreszeiten und das Umland an frischen und erstklassigen Produkten hergeben. Er kocht traditionsbewusst und sehr authentisch. Spezialitäten der Region werden ebenso angeboten wie ein ideenreiches Tiroler Sushi, außerdem kann man verschiedene kulinarische Events – z. B. Kaiserschmarrn-Kochkurs – reservieren. Das Angebot vom regionalen Frühstücksbuffet und à-la-carte Dinner gilt für Hotelgäste und Restaurantbesucher gleichermaßen. Neben der großen Terrasse gibt es noch Platz für Gesellschaften. Zugewandter Gastgeber ist Patron Rudolf Schuchter, der nicht nur den Service leitet, sondern auch mit Expertise passende Weinen empfiehlt, die es in bester Auswahl gibt.

Sölden

Bergland Sölden Design- und Wellnesshotel

✉ 6450 · Dorfstraße 114 · ☎ +43 52 54 2 24 00
Bar, Kaminzimmer, Sportshop, Zi.-Preise inkl. Gourmet-Halbpension
info@bergland-soelden.at · www.bergland-soelden.at ·

86 (Jui.-)Suiten ab 412,00 €

Das Bergland Sölden - berührend mit allen Sinnen. In bester Lage im weltweit bekannten Ötztal ist das Bergland ein Hotel der Extraklasse. Die moderne Architektur, gepaart mit natürlichen, wertigen Materialien und einer stilvollen Einrichtung sorgt für ein freundlich und behagliches Ambiente, das liebenswürdige Mitarbeiterteam für einen persönlichen Service. Hier wird nachhaltige Erholung großgeschrieben, wartet ein breites gastronomisches Angebot mit verschiedenen Highlights. Holz, Stein, Loden, Wolle und Leinen sind in den edel und charmant ausgestatteten Suiten allgegenwärtig und nehmen Bezug auf den alpinen Kulturraum. Das 2.200 m² große Sky Spa überzeugt mit einem erstklassigen Verwöhnangebot. Ob Saunen, Pool, Beautybehandlungen, Fitnessraum, Sonnenterrasse oder der Private und Day-SPA – der Erholung steht nichts im Wege. Zu jeder Jahreszeit warten kilometerlange Wanderwege, Loipen, Pisten und unzählige Freizeitan-

gebote. Die Talstationen der Bergbahnen sind in nur wenigen Gehminuten erreichbar, auch der Skibus hält ganz in der Nähe. Gerade der unaufdringliche Luxus im Design- und Wellnesshotel Bergland war einer der zahlreichen Gründe, weshalb viele Mitglieder der Filmcrew – allen voran Daniel Craig – von James Bonds „Spectre", der rund um Sölden gedreht wurde, im Bergland wohnten.

Bergland Sölden Design- und Wellnesshotel

✉ 6450 · Dorfstraße 114 · ☎ +43 52 54 2 24 00
Klassische und Internationale Küche · Tische: 8/16 Plätze
info@bergland-soelden.at · www.bergland-soelden.at ·

Speisekarte: 2 Menüs von 120,00 bis 210,00 € 🍷🍷🍷 200 Weinpos.

Das Gourmetrestaurant „Black Sheep" im Bergland Design- und Wellnesshotel ist ein Ort für den kulinarischen Genuss in einem besonderen Ambiente. Das dunkle Anthrazit der Wände und umlaufenden Polsterbänke wird von beigem Leinen auf den edel eingedeckten Tischen kontrastiert. Die meisten der kunstvoll designten, an der Wand hängenden Schafsköpfe gehören weißen und nicht schwarzen Schafen, was die Deko zum Hingucker und augenzwinkernden Spiel mit dem Restaurantnamen macht. Die Speisen von Küchenchef Hannes Schwaiger sind nicht

Sölden

weniger raffiniert als das stylische Interior-Design. Er kocht handwerklich präzise und die Zutaten für seine virtuose Küche kommen möglichst aus dem nahen Umland und werden von ihm – gerne mit saisonalen Inspirationen – zu einem sorgfältig zusammengestellten Degustations- und einem vegetarischen Menü mit ausgeklügelten Speisefolgen zusammengestellt. Neben klassischen Zubereitungen finden sich auch tradierte Rezepturen, die in der Region verwurzelt sind und mit Ideenreichtum neu interpretiert werden. Christoph Maier leitet den zuvorkommenden Service und hilft bei kleinen Wünschen gerne weiter. Der top sortierte Weinkeller hält einiges an edlen Tropfen bereit – hier steht Johannes Hochschwarzer den Gästen mit Rat und Tat hilfreich zur Seite.

Söll
Der Greil Wein und Gourmethotel
Riedel Room@Greil

✉ 6306 · Pirchmoos 26 · ☎ +43 53 33 52 89
Klassische und Regionale Küche · **Tische:** 5/20 Plätze
info@hotelgreil.com · www.hotelgreil.com

Speisekarte: 1 Menü von 80,00 bis 130,00 € 🍽🍽🍽🍷🍷🍷   250 Weinpos.
Im „Riedel Room@Greil", dem ersten seiner Art in Europa, kommt der Restaurantname nicht von ungefähr, denn hier erstreckt sich der Genuss von der Küche bis zur besonders exklusiven Tischkultur. Und die beinhaltet vor allem mundgeblasene Gläser des traditionsreichen Kufsteiner Unternehmens Riedel. Hier findet sich die weltweit größte Auswahl der erlesenen Gläser, es gibt allein 18 verschiedene rebsortenspezifische, in denen der Wein und weitere Spirituosen die allerletzte Vollmundigkeit bekommen und zusätzlich an Geschmack gewinnen. Sepp Greil, der auch den Service liebenswürdig leitet, kann zur gelebten Weinkultur mit knapp 250 Positionen Wissenswertes beitragen. In der Küche sorgt Sandro Greiderer gemeinsam mit seinem Team für ehrliche, authentische und genussreiche Speisen, die in der Heimat verwurzelt sind. Tirol ist reich an feinsten

Produkten, das Umland hat viele verantwortungsbewusst und nachhaltig arbeitende Landwirte und Produzenten, die die ausgesuchten, gerne saisonalen Zutaten liefern. Mit handwerklicher Sorgfalt entstehen daraus Speisen mit alpinem und mediterranem Bezug, regionale Rezepturen werden geschickt neu interpretiert. Immer steht der Genuss des Gastes

Söll

im Mittelpunkt. Verschiedenste Veranstaltungen und Specials runden das durchdachte kulinarische Angebot im „Greil" perfekt ab.

Der Greil Wein und Gourmethotel

✉ 6306 · Pirchmoos 26 · ☎ +43 53 33 52 89
Restaurant, Bar, Vinothek, Kaminzimmer, Zimmerpreise inkl. 3/4-Pension
info@hotelgreil.com · www.hotelgreil.com

30 **DZ** ab 260,00 €;
8 **Suiten** ab 360,00 €

Die Landschaft des Gebirges rund um den Wilden Kaiser ist die erhabene Naturkulisse für das kleine, ungemein feine „Greil Wein und Gourmethotel". Hier wird Individualität großgeschrieben, wird jeder Gast aufs herzlichste persönlich begrüßt. Hier sorgt sich Familie Greil mit ihrem langjährigen Mitarbeiterteam ums Wohlergehen jedes einzelnen Besuchers, hier wird Herzlichkeit mit Seele gelebt. Nicht umsonst ist das ehrliche „Dahoam beim Greil" ein Motto des Hauses. Man fühlt sich wohl, man genießt den Aufenthalt in der faszinierenden Tiroler Bergwelt mit ihren unzähligen Freizeitmöglichkeiten, egal ob man im Winter oder Sommer zum Greil kommt. Im Hotel setzt man bewusst auf Klasse statt Masse und lässt die überschaubare Größe genau so, wie sie ist, damit sich niemals unpersönliche Anonymität einschleichen kann. Die Zimmer sind charmant, zeitgemäß und geschmackvoll eingerichtet und der Preis inkludiert bereits die umfangreiche ¾-Pension mit Frühstücksbuffet, Snacks und Kuchen von 14-17 Uhr und einem abendlichen Genussmenü mit Vorspeisen- und Salatbuffet. Hallenbad, Sauna, der Ruheraum „Stille Alm", Massagen und die Sonnenterrasse inmitten grüner Bergwiesen bieten bereits nachhaltige Erholung, ohne dass man das Hotel verlässt.

 Hervorragendes Hotel mit außergewöhnlichem Komfort

St. Andrä - Höch

♜ Am Pfarrhof

✉ 8444 · Sankt-Andrä im Sausal 1a · ☎ +43 660 3 94 46 28
Kreative Neue Küche · **Tische:** 8/24 Plätze
office@ampfarrhof.com · www.ampfarrhof.com · f

Speisekarte: 1 Menü von 152,50 bis 177,50 € 🍷🍷🍷🍷🍇🍇🍇800 Weinpos. Sankt Andrä-Höch ist eine kleine Gemeinde an der Weinstraße in der Südwest-Steiermark, hier steht gegenüber der Kirche ein alter Pfarrhof aus dem 14 Jh., der detailreich renoviert und zu einem echten kulinarischen Kleinod wurde. Liebenswürdige Gastgeber sind Harald Irka und seine Lebensgefährtin Lisa Gasser, die jedem Besucher einen erinnerungswürdigen Aufenthalt ermöglichen möchten. Harald Irka steht am Herd, man sieht und schmeckt die Leidenschaft, mit der er kocht und zu einem der besten Köche Österreichs wurde. Er liebt es, in Vergessenheit geratenes Gemüse und Früchte mit großer handwerklicher Präzision zu präzise ausgeklügelten Speisen zu verbinden, die er in einem innovativen Kontext zu einem ganz neuen Leben erweckt. Das Spiel mit Garzuständen, Temperaturen, Texturen und Aromen ist beeindruckend, nicht minder seine Fähigkeit, den Gast mit den Speisen herauszufordern, aber nie zu überfordern. Lisa Gasser ist charmante Mittlerin zwischen Küche und Gast, Peter Hlinak der Hüter des fulminanten Weinschatzes. Auf der Terrasse inmitten von Weinstöcken zu sitzen, den Blick in die weite Landschaft schweifen zu lassen und die klaren Speisen von Harald Irka zu genießen, ist nicht weniger als ein perfekter Genussmoment im Leben. In der "Ostrea" gibt es Mittwoch und Donnerstag ab 18 Uhr eine unverfälschte Produktküche mit exzellenten Fischspezialitäten.

 Restaurant mit exzellenter Weinkarte

St. Georgen an der Leys

Hueber - Der Wirt in Bründl

✉ 3282 · St. Georgen an der Leys 18 · ☎ +43 74 82 46206
Regionale und Neue Küche · **Tische:** 15/60 Plätze
office@gasthof-hueber.at · www.hueberderwirt.at

Speisekarte: 10 Hauptgerichte von 15,00 bis 28,00 €; 1 Menü zu 85,00 € 🍷🍷🍇🍇

Seit 1892 gibt es das Gasthaus am nördlichen Rand der Alpen, in dem Chefkoch Stefan Hueber mit der Wirtshausküche 2.0. neue kulinarische Pfade geht. Mit fundiertem Wissen und innovativen Ideen interpretiert er die österreichische Küche überraschend neu und anders.

 Restaurant mit gehobener Küche

St. Veit im Pongau

Kräuterreich by Vitus Winkler

✉ 5621 · Kirchweg 2 · ☎ +43 64 15 42 23
Alpine Gourmetküche · **Tische:** 10/30 Plätze
sonnhof@vituswinkler.at · www.sonnhof-vituswinkler.at ·

Speisekarte: 1 Überraschungsmenü von 168,00 bis 228,00 €

🍷🍷🍷🍷🦞🦞🦞 400 Weinpos.

In seinen Geburtsort ist Vitus Winkler vor Jahren zurückgekehrt und hat mit dem Gourmetrestaurant „Kräuterreich by Vitus Winkler" einen Ort geschaffen, an dem die Gäste mit allen Sinnen genießen und den Patron auf einer unvergesslichen kulinarischen Reise begleiten können. Stagnation gibt es nicht und so zieht das Restaurant im Dezember in neue, mit viel Holz puristisch gestaltete Räumlichkeiten. Die Küche wird auf derselben Ebene ebenfalls komplett neu konzipiert, hier wartet ein Chef's Table, der eher ein Kitchen's Table ist – unmittelbarer kann der Gast nicht erleben, wie kunstvolles Kochen geht. Bei Vitus Winkler beginnt es mit dem Einkauf (und Einsammeln) der saisonalen, kompromisslos frischen Zutaten. Die vermeintlich karge alpine Naturlandschaft hat ihre ganz eigenen Rezepturen hervorgebracht, die dank einem tief in seiner Heimat verwurzelten Küchenchef nicht vergessen, sondern zu raffinierten und tiefgründigen Neuinterpretationen werden, die eine Hommage an die Region sind. Die Rückbesinnung auf althergebrachte Küchentechniken findet in Form von Einlegen, -wecken und Fermentieren statt. So vieles stellt er selber her. Können trifft Kreativität, wenn er die handverlesenen Zutaten in immer wieder andere Kontexte setzt. Was bleibt, sind einzigartige Genussmomente, die in einer faszinierenden Aromenwelt angesiedelt sind, für die der Chefkoch das Jahr über selber sorgt, wenn er schon im Morgengrauen loszieht, um frische Wildkräuter zu sammeln, sein persönliches „Kräuterreich" ist das Ausrufezeichen, das er hinter jede seiner Kompositionen setzt. Ganz besonders exklusiv wird es, wenn man die Speisen im privaten Rahmen am Chef's Table genießt, der sich im Übrigen auch bestens für kleine Veranstaltungen für bis zu 14 Personen eignet. Ehefrau Eva-Maria Winkler ist charmante und herzliche Gastgeberin, leitet mit ihrem zugewandten Serviceteam aufmerksam durch den Abend und ist kongeniale Mittlerin zwischen Küche und Gast. Als geprüfter Sommelier und bester Kenner seiner Speisen sorgt Vitus Winkler persönlich für die begleitenden Weine und erläutert gerne die Wahl.

St. Veit im Pongau

Sonnhof by Vitus Winkler

✉ 5621 · Kirchweg 2 · ☎ +43 64 15 42 23 · Restaurant, Gourmetrestaurant Kräuterreich by Vitus Winkler, Vinothek, Terrassen, Zi.-Preise inkl. Frühstück
🍴♿🐕🏠🅿️🚭⛰♨️🏊‍♂️★☀️♿📶📡 10 km VISA ●● 🅴
sonnhof@vituswinkler.at · www.sonnhof-vituswinkler.at · 📘

10 **DZ** ab 292,00 €;
1 **EZ** ab 155,00 €;
11 **(Jui.-)Suiten** ab 310,00 €

Der Sonnhof by Vitus Winkler findet sich etwa 60 km von Salzburg entfernt auf einem 760 m hohen Hochplateau in St. Veit im Pongau, einem der sonnenreichsten Orte Österreichs. In jahrhundertealter Tradition verwurzelt, erinnern das tiefgezogene Dach und die umlaufenden Balkone des Hauses an die landestypische Bauweise. Die wird im Inneren durch einen modernen und puristischen Stil auf sehr spannende Weise aufgebrochen. Man spürt sofort, dass man an einem besonderen Ort ist, an dem die umliegende Bergwelt als Kraftquelle mit einbezogen wird. Die Zimmer, um Juniorsuiten und eine Suite erweitert, sind mit sehr viel Geschmack gestaltet und verfügen über zeitgemäße Annehmlichkeiten (Preise inkl. Frühstück). Die mit Naturmaterialien konzipierte Wellness- und Spa-Welt hat die alpine Naturlandschaft als allgegenwärtige Kulisse, während man eine der Saunen besucht, sich massieren lässt, den exklusiven Yogaraum nutzt, in einem der Ruheräume entspannt oder das neue Fitnessstudio besucht. Noch unmittelbarer erlebt man Bergpanorama, frische Luft und Sonnenstrahlen auf den Panorama-Terrassen und im Infinity-Pool. Geschäftliche und private Veranstaltungen, allen voran romantische Hochzeiten, finden im Sonnhof einen immer passenden Rahmen – hier gibt es einen neuen, top ausgestatteten Seminarraum – und werden individuell geplant und professionell betreut. Freizeitmöglichkeiten warten zu jeder Jahreszeit in facettenreicher Auswahl. Um alles zu entdecken, reicht ein Urlaub gar nicht aus.

 Hotel mit anspruchsvollem Wellnessangebot

St. Kathrein am Offenegg

Der Wilde Eder

✉ 8171 · Dorf 3 · ☎ +43 31 79 82 35 0
Restaurant mit Neuer Küche, Zimmerpreise inkl. Genießerpension VISA ●● 🅴
info@der-wilde-eder.at · www.der-wilde-eder.at

In bester Familientradition wurde der „Wilde Eder" vom Gasthaus zum Wohlfühlhotel mit Almblick. Zu den Highlights gehört das Restaurant ZeitRAUM, in dem Stefan Eder ein Fine-Dining-Menü mit hohem Genuss- und Suchtfaktor kreiert.

St. Wolfgang

🍴 Gourmet Restaurant Poll's Kaiserterrasse Bhf→20 km

✉ 5360 · Markt 74 · ☎ +43 61 38 23 06 66
Moderne und Regionale Küche · **Tische:** 11/32 Plätze
restaurant@weissesroessl.at · www.weissesroessl.at

Speisekarte: 4 Hauptgerichte ab 44,00 €; 2 Menüs ab 138,00 €

🍷🍷🍷🍇🍇🍇 400 Weinpos.

Im Restaurant „Poll's Kaiserterrasse" ist bereits der Blick auf den Wolfgangsee einen Besuch wert. Die Lage so unmittelbar am Wasser wähnt den Gast beinahe, über dem See schwebend zu speisen. Durch einen Torbogen rechts in der Rösslgasse ist der Eingang für externe Gäste. Im vorderen Bereich findet sich eine Kaminbar, in der man sich auf einen Aperitif treffen kann, um sich in entspannter Atmosphäre auf einen schönen Abend einzustimmen. In zurückhaltender Eleganz eingerichtet, gefällt das geschmackvolle Interieur, in dem an den Wänden Bilder von Kaiser Franz Joseph und Sisi nicht fehlen. Seit über 15 Jahren kocht Chef de Cuisine Hermann Poll im Weissen Rössl, ohne Einsatz, Neugierde und tüftelnde Freude eingebüßt zu haben. Er kreiert immer wieder neue Speisen, mit denen er das klassische und gehoben-regionale Angebot bereichert. Mit erstklassigen Zutaten arbeitet er konzentriert und handwerklich korrekt und präsentiert eine moderne und aromenprononcierte Küche, die sich immer an den wechselnden Jahreszeiten orientiert. Aus den angebotenen Menüs kann der Gast auch à la carte wählen. Ein liebenswürdiger Service begleitet den Restaurantbesuch. Die Weinkarte und der Felsenkeller sind mit fulminanten Weinen aus Österreich bestückt. Die beiden diplomierten Sommeliers helfen kenntnisreich bei der passenden Weinbegleitung weiter.

 Restaurant mit exzellenter Weinkarte

St. Wolfgang

♜ Romantik Hotel Im Weissen Rössl am Wolfgangsee

✉ 5360 · Markt 74 · ☎ +43 61 38 23 06 0
Restaurants, Café, Kaminzimmer, Bistro, Bar, Café
🍴🐕🏠🍽️🛋️♨️🔥♨️🧖‍♀️📶✈️☀️🅿️🚗📺🔑 15 km   *VISA* AE ● ● E
welcome@weissesroessl.at · www.weissesroessl.at

56 **DZ** ab 310,00 €;
8 **EZ** ab 210,00 €;
26 **Suite** ab 510,00 €

Vor fast 100 Jahren schrieb Ralph Benatzky seine Operette vom Weissen Rössl und vor über 60 Jahren sang Peter Alexander das bekannte Lied im Film. So legendär und in aller Munde das aus mehreren historischen, miteinander verbundenen Häusern bestehende Weisse Rössl immer war, so wenig rückwärtsgewandt ist man heute. Zwar wird der Tradition Raum gegeben, blieben originale Elemente erhalten, aber sie sind in einem zeitgemäß-stilvollen Setting integriert. Jedes der geschmackvoll und charmant eingerichteten Zimmer und Suiten ist ein Unikat. Das Weisse Rössl ist mehr als ein Hotel, angefangen beim kulinarischen Angebot, wie dem Seerestaurant, gefolgt vom Gourmet Restaurant "Poll's Kaiserterrasse", dem legendären Felsenkeller und der Fischhütte mit der eigenen Saiblings-Fischzucht. Eine auf drei Ebenen verteilte Wellnessoase bietet alles, was man zur Erholung braucht: Massagen und Beautybehandlungen verwöhnen den Besucher, man kann das Sool-Dampfbad oder die Sauna mit Seeblick besuchen und im ganzjährig beheizten Seebad oder im schwimmenden Rösslpool die Seele baumeln lassen. Für Tagungen stehen zwei Räume zur Verfügung. Die Mitarbeiter planen und unterstützen die Abwicklung der Veranstaltung. Dasselbe gilt natürlich und vor allem für private Events, die hier einen außergewöhnlichen Rahmen finden. Romantischer kann eine Hochzeit kaum sein als im Weissen Rössl mit dem kristallklaren Wolfgangsee als Traumkulisse. Der Gast hat die Auswahl und kann auch die zahlreichen Freizeitangebote in der malerischen Umgebung nutzen, denn das Salzkammergut ist zu jeder Jahreszeit ein ganz besonderes landschaftliches Kleinod.

Stainz

terra

✉ 8510 · Rathausplatz 2 · ☎ +43 664 5 01 12 69
Regionale und Österreichische Küche · **Tische:** 10/40 Plätze
reservierung@johann-schmuck.at · www.johann-schmuck.at · f

Speisekarte: 2 Hauptgerichte von 35,00 bis 36,00 €; 2 Menüs von 145,00 bis 175,00 € ❦❦❦❦❦❦ 650 Weinpos. Bereits der Name des Restaurants – „terra", die Erde, das Land – stellt den unübersehbaren Bezug zur umgebenden Natur der schönen Landschaft am Rande der Weststeiermark her. Das Interieur ist mit dem aus den Wänden wachsenden Moos so ausgefallen wie einladend. Handgefertigte, geschwungene Holzbohlen wölben sich von der Wand über die Decke, samtbezogene Bänke und Stühle in einem erdigen Braunton und blanke Tische komplettieren das raffinierte Interior-Design. Das Team um Johann Schmuck und Maximilian Grandtner präsentiert eine nachhaltige Küche, die eine einzige Verbeugung vor den reichen Gaben der Natur ist, dem entsprechend wird im jahreszeitlichen Rhythmus gearbeitet. Die häufig selbst gesammelten und gepflückten Kräuter und Früchte münden in innovative Ideen und un-

verfälschte Speisen, die keinen Modeerscheinungen unterliegen, denn die passen nicht zum beständigen Jahreslauf der Natur. Joachim Retz ist der Ansprechpartner für die Gäste, er berät, erklärt und empfiehlt den passenden Tropfen aus einem fulminanten Weinschatz mit vielen Naturweinen und internationalen Gewächsen.

Steyr

🍴 Kapeller

✉ 4400 · Damberggasse 27 · ☎ +43 72 52 2 56 30
Neue und Regionale Küche
reservations@lukaskapeller.at · www.lukaskapeller.at

Speisekarte: 1 Menü zu 150,00 €
❦❦❦
Nahe der Steyr'schen Altstadt hat Lukas Kapeller sein Design-Penthouse-Restaurant mit außergewöhnlichem Ambiente und einer fulminanten Küche etabliert. Gemeinsam mit Michael Schlöglhofer kocht er mit Wucht, Passion und so nehmen sie ihre Gäste auf eine faszinierende kulinarische Reise mit.

Stumm im Zillertal

Guatzessen

✉ 6275 · Obere März 36 · ☎ +43 6 64 1 67 03 50
Moderne Vegetarische und Vegane Küche · Tische: 10/35 Plätze
info@guatzessen.at · www.guatzessen.at · f

Speisekarte: 1 Menü von 105,00 bis 135,00 € ✿✿✿ 35 Weinpos. Küchenchef und Patron Peter Fankhauser lebt mit einer bewundernswerten und arbeitsintensiven Konsequenz in seinem Restaurant „Guatzessen" ein Küchenkonzept, in dem „farm to table" kein Lippenbekenntnis ist, sondern wirklich aus dem Garten auf den Teller bedeutet. Das Interieur des Restaurants ist unprätentiös und behaglich, warme Farben, Naturmaterialien wie Birkenstämme als Raumteiler und ein Blick in die Küche verbinden sich zu einer locker-entspannten Atmosphäre, in der das Essen einfach Spaß macht. Der gebürtige Zillertaler hat sein Handwerk an verschiedensten Stationen weltweit und in österreichischen Tophäusern gelernt und verfeinert, bis das Fernduch Heimweh ersetzt wurde und er in seine alte Heimat zurückkehrte, um mit dem „Guatzessen" seine Philosophie einer nachhaltigen Küche umzusetzen. Permanent (agri)culture – „dauerhafte Landwirtschaft" ist ein Konzept für Landwirtschaft und Gartenbau, das darauf basiert, natürliche Ökosysteme und Kreisläufe in der Natur genau zu beobachten und nachzuahmen. Hinter dem Haus ist ein großer Permakulturgarten (durch den es zwischen Juni und Oktober freitags von 15-17 Uhr erklärende Führungen gibt), in dem das Gemüse bis zum optimalen Reifegrad wachsen kann. Erst dann werden daraus vegetarische und vegane Speisen, die vor Fankhausers Ideenreichtum nur so strotzen und die mit überbordender Fantasie und Detailfülle zu kleinen Kunstwerken auf den Tellern geraten. Gerne erläutert er dem Gast seine Speisen selber, aber da er nun mal auch mit kochen beschäftigt ist, übernimmt das ebenso gerne Barbara Garber, die charmant den liebenswürdigen Service leitet.

Straden

Saziani Stub´n

✉ 8345 · Sazianiweg 42 · ☎ +43 34 73 86 51
Eig. Kreationen, biodynamisch zertifiziert · **Tische:** 10/34 Plätze
saziani@neumeister.cc

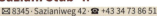

Speisekarte: 2 Hauptgerichte von 26,00 bis 28,00 €; 1 Menü zu 155,00 €

250 Weinpos. Küchenchef Christoph Mandl präsentiert im Restaurant „Saziani Stuben" eine puristische, elegante Küche – basierend auf französischer Klassik. Sowohl die regionalen Zutaten als auch die 250 Weinspezialitäten stammen überwiegend aus biodynamischem Anbau.

Taxenbach

Taxenbacher Hof

✉ 5660 · Raiffeisenstraße 6 · ☎ +43 65 43 52 15
Regionale Küche · **Tische:** 15/45 Plätze
info@taxenbacherhof.at · www.taxenbacherhof.at

Speisekarte: 13 Hauptgerichte von 14,90 bis 42,00 €; 1 Menü von 52,00 bis 83,00 €

100 Weinpos. Das Restaurant ist mit wertigen Naturmaterialien schön und geschmackvoll gestaltet und bietet durch die großen Fenster einen herrlichen Blick auf die imposante Landschaft am Rande des Nationalparks Hohe Tauern. Im Winter gibt der Kamin mit dem knisternden Feuer dem Raum eine besonders behagliche Note. Patron Wolfgang Brugger steht selber am Herd. Die Zutaten für seine aromenstarke, facettenreiche Küche kauft er bevorzugt bei bekannten Händlern und Erzeugern ein. Er arbeitet handwerklich präzise und setzt immer wieder ideenreiche Akzente, wenn er traditionelle Speisen in moderner Ausführung kreiert und mit saisonalen Spezialitäten ergänzt. Alle Zubereitungen sind grundehrlich und egal, ob man den klassischen Braten genießen möchte, Wiener Schnitzel, Backhendl oder ausgesuchte Fisch- und Wildspezialitäten – hier ist für jeden Geschmack et-

was dabei. Die separate Bistrokarte listet kleinere Speisen, die man als Stärkung in der Wanderpause auch mittags genießen kann. Ehefrau Sandra Brugger-Holler ist die gute Seele im Taxenbacherhof (EZ/DZ ab 45,-/90,- € inkl. Frühstück). Sie leitet den Service, berät zur guten Weinauswahl und ist stets ansprechbar, wenn man eine Veranstaltung, z. B. im hübschen Wintergarten, plant.

Traunkirchen

Bootshaus

✉ 4801 · Klosterplatz 4 · ☎ +43 76 17 22 16
Regionale und Internationale Küche
traunsee@traunseehotels.at · www.dastraunsee.at

Speisekarte: 1 Menü

Die großen Fenster im schlicht-schönen Restaurant erlauben einen tollen Blick auf den Traunsee, nicht weniger schön ist der auf die expressiven Teller von Küchenchef Lukas Nagl, der sich keine kulinarischen Grenzen setzt, sondern vielmehr vom aktuellen Warenangebot inspirieren lässt.

Tux

Bhf → 20 km

Alpenhof OT Hintertux

✉ 6293 · Hintertux 750 · ☎ +43 52 87 85 50 · Restaurant, Bar, Terrasse, Kinderspielzimmer, Sporthalle, Alpengarten, E-Auto-Ladestation, Zi.-Preise inkl. 3/4-Pension

35 km
info@alpenhof.at · www.alpenhof.at

DZ ab 350,00 €;
als **EZ** ab 200,00 €;
Junior-Suite ab 400,00 €

Am Ende des Zillertals findet sich in ruhiger Lage und mit überwältigendem Blick auf den Hintertuxer Gletscher mit dem "Alpenhof" das einzige Vier Sterne Superior Hotel in Hintertux. Seit über vier Generationen macht Familie Dengg alles, um ihren Gästen unvergessliche, entspannte Tage in der Tiroler Bergwelt zu ermöglichen. Aus der einfachen Pension im Jahre 1934 wurde mit den Jahrzehnten und einem kompletten Neubau des Hauses im Jahre 2006 ein formidables Hotel, das alles bietet, was man sich von einem erholsamen Urlaub verspricht. Die Zimmer sind komfortabel und mit ihrer landestypischen Einrichtung ein wunderschönes Zuhause auf Zeit (Preise inkl. 3/4-Pension). Neben dem 2.800 m² großen VITALIS SPA mit Saunen, Dampfbädern, Indoor-Schwimmbad, Beauty- und Massageanwendungen gibt es den ALPENGARTEN mit XXL-Außen-Whirlpool, Sonnenterrasse, Liegen und Ruhebereich sowie zahlreiche Angebote wie Rodel- und Fondueabende, Schneeschuh-Fun-Biathlon und geführte Wanderungen, Verleih von Mountain- und E-Bikes, Sonnenaufgangstouren, Bergjausen und vieles, vieles mehr, um in jeder Jahreszeit die richtige Balance von passiver und aktiver Erholung zu genießen. Und gerade, weil die tradierten Werte wie Bodenständigkeit und Menschlichkeit im Hotel "Alpenhof" kein Lippenbekenntnis, sondern allgegenwärtig sind und vom ganzen Team gelebt werden, fühlt man sich hier jederzeit willkommen und rundum wohl.

Tux

Alpenhof – Genießerstube

✉ 6293 · Hintertux 750 · ☎ +43 52 87 85 50
Regionale Küche, eigene Kreationen · **Tische:** 4/16 Plätze
info@alpenhof.at · www.alpenhof.at · ❙

Speisekarte: 1 Menü von 125,00 bis 155,00 €

❤❤❤❀ 160 Weinpos.

Gäste, die das Besondere lieben, sollten in der "Genießerstube" im "Alpenhof" einkehren, aber unbedingt vorher reservieren, denn es gibt in der wunderschönen Stube nur vier Tische. Vollholzverkleidet ganz unprätentiös in schlichter Eleganz im alpenländischen Stil eingerichtet, fühlt man sich sofort wohl, was auch am unaufdringlichen und top agierenden Sericeteam unter Leitung von Maître Daniel Poms liegt. Chefkoch Maximilian Stock kocht unter der Prämisse „Ich will mein Urlaubsziel nicht nur entdecken, sondern auch ‚erschmecken'". Dieses Vorhaben beginnt bei ihm mit einem sorgfältigen Einkauf der Zutaten. Er kennt alle Händler und Lieferanten persönlich und teilt mit ihnen die Philosophie einer Arbeit unter nachhaltigen Aspekten. Fleischprodukte kommen vom eigenen Bauernhof in Obsteig, die Milchprodukte liefern Hintertuxer Bauern. Selber im Tuxertal aufgewachsen, weiß er die Ursprünglichkeit der Region und seiner Heimat zu schätzen, ohne moderne Strömungen außen vor zu lassen. „Alpine Taste" nennt er seine Küche, in der tradierte Rezepturen mit innovativen Interpretationen auf eine ganz neue, kreative Ebene gehoben werden. Johannes Aistleithner berät mit Expertise und Feingefühl zu korrespondierenden Weinen, die zu 80% aus Österreich stammen.

Sehr gute Serviceleistung

✪✪✪ Bergfried – Aktiv- und Wellnesshotel
✪✪

✉ 6293 · OT Lanersbach · Lanersbach 483 · ☎ +43 52 87 8 72 39
Bar, Kaminzimmer, Arrangements, Zimmerpreise inkl. HP
🍴🛏️🛗🏠🅿️🎿⛷️🏔️♨️🧖‍♀️🏊‍♀️≋≋🛗↔️☼☕♿🎰🅿📞30 km

3 **EZ** ab 228,00 €;
6 **Suiten** ab 538,00 €;
60 **Doppelz. + Junior-Suiten** ab 462,00 €

Das Aktiv- und Wellnesshotel „Bergfried" ist ein Luxushotel in den Tiroler Alpen in Tux-Lanersbach im Zillertal, das seinen Gästen immer das gewisse Mehr bietet. Egal zu welcher Jahreszeit und ob als Familie, Paar oder Individualreisender – ein Besuch hier ist etwas ganz Besonderes und bietet für jede Urlaubsplanung allerbeste Voraussetzungen. Die Zimmer sind mit viel Geschmack von moderner Behaglichkeit bis hin zu stilvoller Tradition eingerichtet und ein ebenso schönes und komfortables Zuhause auf Zeit wie die top ausgestatteten Appartements in der nur 20 Meter entfernten Ferienvilla. Die Wellnessoase im Hotel ist ungemein großzügig gestaltet und bietet Entspannung pur (s. a. Wellness-Special). Das große Engagement von Familie Stock und ihrem Team sind überall im „Bergfried" allgegenwärtig. Fürs leibliche Wohl

Tux

wird im schick gestalteten Restaurant gesorgt, abends warten verschiedene Bars, z. T. mit Livemusik. In der Freizeit werden vielfältige Aktivitäten angeboten, man kann den Tuxer Sport- und Wanderbus nutzen, auf 250 km Wanderwegen die Region erkunden, golfen, biken, klettern, reiten – der Platz reicht nicht, alle Möglichkeiten aufzuzählen. Für Kinder gibt es ein eigenes Aktivprogramm, auf 1.000 m² eine Playarena, Betreuung sowie den Kids & Teens Club über zwei Stockwerke.

Bergfried – Chefs Table

✉ 6293 · OT Lanersbach · Lanersbach 483 · ☎ +43 52 87 8 72 39
Klassische Küche, eigene Kreationen · **Tische:** 3/14 Plätze
info@bergfried.at · www.bergfried.at · ▯   VISA

Speisekarte: 1 Neun-Gang-Tastingmenü ab 160,00 € 300 Weinpos. Im Hotel „Bergfried" kann der Gast sich zusätzlich zum Besuch der 400 Jahre alten Bauernstube mit authentischer Tiroler Küche den ganz besonderen kulinarischen Genuss gönnen. Den lernt er am Chefs Table von Küchenchef Sebastian Stock kennen. Nur 14 Gäste finden in dem mit viel Holz schön und schlicht eingerichteten Raum Platz. Die offene Küche steht im Mittelpunkt des Geschehens und bietet spannende Einblicke in die präzise, gekonnte und konzentrierte Arbeit von Sebastian Stock und seinem Team.

Mit Staunen sieht man, mit wie viel Aufwand und wie detailreich und sorgfältig hier gekocht wird. Die Zutaten sind von allererster Güte und kommen bevorzugt aus dem Umland. Sie werden mit handwerklichem Können und großem Ideenreichtum zu klassischen Speisen und traditionellen Rezepturen, die er dank fantasievoller Ideen in immer wieder neuem Gewand präsentiert. Das ist eine Küche, die den exklusiven Genussmoment bietet und die einfach Spaß macht. Franz Stock begleitet aufmerksam durch den Abend, während Johann Vlasisch kenntnisreich zu den passenden Weinen berät.

 Restaurant mit sehr gutem Weinangebot

Uderns

Uderns

Wöscherhof

✉ 6271 · Kirchweg 26 · ☎ +43 52 88 6 30 54 · Restaurant, Liegewiese, Terrasse, Arrangements, Zimmerpreise inkl. 3/4-Pension
🔣 400 m
office@woescherhof.com · www.woescherhof.com · f

VISA ●

29 **DZ** ab 270,00 €;
32 **Suiten** ab 380,00 €

Aus den kleinen Anfängen einer Frühstückspension von Familie Daigl aus dem Jahr 1970 machte Andreas Daigl nach und nach eines der führenden Wellnesshotels im Zillertal. Das Äußere mag sich geändert haben, die Werte aber sind geblieben. Lieferant für Milch und ausgezeichnetes Fleisch ist immer noch der eigene Bauernhof. Der familiäre Einsatz ist so engagiert, leidenschaftlich und gastzugewandt wie eh und je, das spürt man bereits beim Betreten des Hotels, das in einem schönen Landhausstil gestaltet ist. Die Zimmer – alle mit Balkon – spiegeln mit Holz, Stein und Naturfarben die alpine Landschaft wider, sind gemütlich und modern gestaltet und ein wunderschönes Zuhause auf Zeit (Preise inkl. ¾-Pension). Der Spa-Bereich des Hauses wurde so ausgebaut, dass er eine eigene, lichtdurchflutete Wellnessresidenz ist (s. a. Wellness-Special). Das Restaurant und die Bar sind gesellige Treffpunkte mit behaglicher Atmosphäre und einer leichten, österreichischen Naturküche. Zu jeder Jahreszeit hat man in der Freizeit die Qual der Wahl, so vielseitig ist das Angebot mit Wander- & Mountainbike-Routen, drei Skigebieten, Shoppingcentern in Schwaz und Wörgl und einem nur 400 m entfernten, landschaftlich reizvoll gelegenen 18-Loch-Golfplatz. Außerdem gibt es ein abwechslungsreiches Wochenprogramm mit geführten Wanderungen, Bike- und Radtouren, Musik- und Cocktailabenden u.v.m. Wer einmal den Wöscherhof besucht hat, kommt wieder.

Villach

Frierss Feines Haus

✉ 9500 · Gewerbezeile 2b · ☎ 0 42 42 30 40 45
Klass. Küche · **Tische:** 25/70 Plätze
info@feines-haus.at · feines-haus.at

VISA ●

Speisekarte: 12 Hauptgerichte von 19,00 bis 43,00 €; 1 Mittagsmenü von 16,00 bis 23,00 € 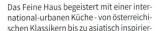 250 Weinpos.

Das Feine Haus begeistert mit einer international-urbanen Küche - von österreichischen Klassikern bis zu asiatisch inspirierten Gerichten. Mit größter Leidenschaft für Altbewährtes und Mut zu Neuem sorgt Küchenchef Gregor Wohlgemut für unvergessliche Geschmackserlebnisse.

Weinzierl am Riederberg
Landgasthaus Böhm

✉ 3004 · Dorfstraße 4 · ☎ +43 27 71 22 40
Regionale Küche · **Tische:** 16/80 Plätze
info@landgasthaus-boehm.at · www.landgasthaus-boehm.at

Speisekarte: 7 Hauptgerichte von 24,00 bis 39,00 €; 1 Mittagsmenü ab 12,00 €
❦❦❦ 🐌   160 Weinpos.

Ein paar Kilometer westlich von Wien und Klosterneuburg liegt das idyllische Weinzierl am Riederberg. Hier ist mit dem Landgasthaus Böhm ein Restaurant zu Hause, wie man es sich wünscht: Unprätentiös, behaglich, entspannt und einladend. Das Interieur ist in schlichter Moderne gehalten, eine originale Wurlitzer-Musikbox ist ein schöner nostalgischer Blickfang. Die Blicke richtet man aber auch zu gerne auf die schön angerichteten Teller, die aus der Küche von Patron und Chefkoch Michael Böhm kommen, der das Gasthaus in bester Familientradition 2008 von seinen Eltern übernommen hat. Seine Küche ist ambitioniert zu nennen. Er kocht bevorzugt regional, vergisst aber nicht, über den nationalen Tellerrand zu schauen und versteht es, vermeintlich Bekanntem und althergebrachten Rezepturen einen modernen Twist zu geben und raffinierte Verfeinerungen zu kreieren. Da steht das Wiener Schnitzel zu Recht ganz selbstbewusst neben einem Kalbsbries mit Garnele. Ob individuell geplante kleine Geburtstagsfeiern oder große Hochzeiten – liebevoll dekorierte Räumlichkeiten stehen bereit und werden auch kulinarisch erstklassig begleitet. Von Mitte Mai bis Ende September ist der überdachte Gastgarten ein ganz besonderer Publikumsmagnet. Der gut aufgelegte Norbert Heneis leitet den zuvorkommenden Service und berät kenntnisreich zu Weinen und Getränken.

 Die Küchenleistung dieses Restaurants ist hervorhebenswert in seiner Kategorie.

Weißensee

Weißensee

Genießerhotel Die Forelle

✉ 9762 · Techendorf 80 · ☎ +43 47 13 23 56
Restaurant mit Neuer Küche, Zi.-Preise inkl. BERG.SEE.GENUSS-3/4-Pension
urlaub@dieforelle.at · www.dieforelle.at

Speisekarte: 1 Menü zu 170,00 €
Umgeben von herrlicher Natur, lässt man in „Der Forelle" den Alltag vor der Tür. Dazu trägt auch die aufs Wesentliche konzentrierte, grundehrliche Küche von Hannes Müller bei. Er setzt auf saisonale und regionale Zutaten und verarbeitet sie mit Präzision, Können und Wagemut.

Werfen

♖ Obauer
Bhf→500 m

✉ 5450 · Markt 46 · ☎ +43 64 68 52 12 · Fax: 52 12 12
Reg. Küche, eig. Kreationen · Tische: 21/65 Plätze
ok@obauer.com · www.obauer.com

Speisekarte: 16 Hauptgerichte von 26,00 bis 68,00 €; 2 Tagesgerichte von 29,00 bis 38,00 €; 1 Mittagsmenü von 50,00 bis 85,00 €; 2 Menüs von 72,00 bis 215,00 €   650 Weinpos.
Was die Brüder Karl und Rudolf Obauer in ihrem charmanten Restaurant präsentieren, gehört zum Besten, dass es in Österreichs Küchen zu entdecken gibt. Immer nah an der Natur und ihren reichen Gaben, kreieren sie Speisen voller kulinarischer Überraschungsmomente und begeistern mit aromentiefen, ausbalancierten Menüs.

Wien

♖ Amador

✉ 1190 · Grinzinger Str. 86 · ☎ +43 1 06 60 9 07 05 00
Eigene Kreationen · Tische: 12/90 Plätze
info@restaurant-amador.com · www.restaurant-amador.com

Speisekarte: 1 Mittagsmenü; 1 Menü zu 395,00 €
   1100 Weinpos.
Die in klassischer Eleganz eingedeckten Tische stehen in spannungsvollem Kontrast zum mächtigen Tonnengewölbe des Restaurants, in dem Juan Amador seine Gäste auf eine faszinierende kulinarische Reise mitnimmt. Seine konzentrierte und reduzierte Küche verliert bei aller Innovation nie die Bodenhaftung, fordert, aber überfordert nicht.

Apron
Bhf→2 km

✉ 1030 · Am Heumarkt 35/37 · ☎ +43 1 71 61 60
Moderne Österreichische Küche · Tische: 6/30 Plätze
welcome@restaurant-apron.at · www.restaurant-apron.at

Speisekarte: 1 Menü von 160,00 bis 190,00 €   230 Weinpos.
Im Restaurant APRON ist das prämierte Interior Design eine Demonstration erlesenen Geschmacks. In schlichtem Understatement verbinden sich ein ausgefallener, illusionistischer Parkettboden, samtige goldfarbene Fauteuils und dunkles Braun zu einem Ambiente von urbanem Schick und weltoffener Lässigkeit. Chef de Cuisine Jakob Karner kocht frei nach seinem Motto "Essen ist Erlebnis. Erlebnis ist Freude". Er setzt auf ausgesuchte Zutaten, die er gerne aus der Region bezieht, und lässt sich vom jahreszeitlichen Wechsel inspirieren. Die in der klassischen Küche verwurzelten Speisen werden modern und mit österreichischem Bezug interpretiert, machen aber nicht jede kulinarische Modetorheit mit. Mit jedem Gang des raffiniert ausgetüftelten Menüs erzählt Jakob Karner eine kleine Geschichte, die auch optisch zu einem Kunstwerk gerät. Dennoch verliert er nie aus den Augen, dass die Gerichte am Ende dem Gast schmecken sollen. Die offene Küche gibt spannende Einblicke, wie konzentriert und akribisch das ganze Küchenteam arbeitet. Der zuvorkommende Service unter umsichtiger

Wien

Leitung von Alexander Fürst-Milenkovic begleitet den Abend und hilft bei kleinen Sonderwünschen gerne weiter. Für die Feier eines besonderen Tages im kleineren Kreis steht ein schlicht-eleganter Private Dining Room zur Verfügung.

Bhf→2 km **Hotel am Konzerthaus Vienna – MGallery**

✉ 1030 · Am Heumarkt 35/37 · ☎ +43 1 71 61 60
Restaurant, Bar, 24-Stunden-Rezeption, Gepäckaufbewahrung, Ticket-Service
h1276@accor.com · www.hotelamkonzerthaus.com

DZ ab 179,00 €;
als **EZ** ab 160,00 €;
Jui.-/Suiten ab 289,00 €

Das Hotel am Konzerthaus Vienna - MGallery im Bezirk Landstraße besticht zuallererst durch seine zentrale Lage nur 1 km vom Stadtzentrum Wiens entfernt. Die Staatsoper ist in 850 Meter erreicht, der Stephansdom in 1,4 km. Das Haus ist perfekt auf Gäste aus aller Welt eingestellt, die von hier aus Wien mit seinen zahlreichen, geschichtsträchtigen Sehenswürdigkeiten erkunden wollen. Aber auch für Tagungen stehen zwei technisch gut bestückte Räume bereit. Die 211 Designzimmer wurden erst 2020/21 umfassend renoviert und sind mit einem Mini-Bar-Kühlschrank, kostenlosem WLAN sowie mit einem Wasserkocher und einer Kaffee-/Teemaschine ausgestattet. Der Tag beginnt mit einem reich bestückten Frühstücksbuffet, das keine Wünsche offen lässt. Das hauseigene, klimatisierte Restaurant steht für kulinarischen Genuss bereit. Zuvorkommende und liebenswürdige Mitarbeiter sind bei jedem Besuch zur Stelle und helfen auch gerne, wenn die Gäste Fragen rund um ihre Freizeitgestaltung in einer der schönsten europäischen Metropolen haben.

Bhf→5 km   **ænd**

✉ 1060 · Mollardgasse 76 · ☎ +43 1 5 95 34 16
Moderne Europäische Küche · Tische: 10/30 Plätze
hello@aend.at · www.aend.at

Speisekarte: 1 Mittagsmenü zu 110,00 €;
1 Menü von 210,00 bis 240,00 €

Chefkoch Fabian Günzel arbeitet zwar in einer Showküche, aber seine Küche ist alles andere als Show, vielmehr arbeitet er konzentriert und kreiert europäische Speisen von großer Klarheit und Aromentiefe.

Doubek

✉ 1080 · OT Josefstadt · Kochgasse 13 · ☎ 43 6 64 78 20 11 44
Neue Küche · **Tische:** 5/20 Plätze
office@restaurantdoubek.at · www.restaurantdoubek.at

Speisekarte: 1 Menü zu 265,00 €
Stefan Doubek kocht in seinem klar und schlicht eingerichteten Restaurant nur mit Feuer. Das erfordert Können und Leidenschaft gleichermaßen. Beides bringt er mit und kreiert expressive Menüs, in denen jeder Gang eine genussreiche Geschichte erzählt.

El Gaucho

Bhf→4 km

✉ 1030 · Rochusplatz 1 · ☎ +43 1 38 10 00
Internationale Küche, Steak-Spezialitäten · **Tische:** 35/170 Plätze
rochusmarkt@elgaucho.at · www.elgaucho.at ·

Speisekarte: 30 Hauptgerichte von 21,00 bis 68,00 €
♥♥✼✼ 250 Weinpos.
Direkt gegenüber der Haltestelle Rochusgasse der U3 findet sich am quirligen Rochusmarkt im 3. Wiener Bezirk das Restaurant „El Gaucho". In der stylischen Bar im Erdgeschoss kann man je nach Laune einen Aperitif und Digestif einnehmen oder bei frisch gemixten Drinks die Nacht zum Tage machen. In der Etage darüber ist das in einem lässigen Bistrostil gestaltete Restaurant mit einladender, weltoffener Atmosphäre. Liebhaber*Innen edler Fleischcuts sind hier genau richtig. Ob erlesenes Gaucho- oder steirisches Dry Aged Beef, gekrönt mit Gänseleber, Soft Shell Crab oder Trüffel – Küchenchef Jeffrey Bartolome sorgt für erstklassige Zubereitungen der feinen Fleischstücke und brät auf den individuellen Wunschpunkt genau. Sorgfältig abgestimmte Side-Dishes und Saucen begleiten die saftigen Cuts. Aber auch Vegetarier werden im „El gaucho" fündig. Zu den legendären Trüffelgnocchi gesellen sich weitere fleischlose Specials. Yasin Kaman leitet den aufmerksamen Service mit Übersicht und hat auch ein Auge darauf, dass das mittägliche Businesslunch zügig serviert wird. Martin Knirsch kann auf eine große Auswahl an Weinen von internationalen Top-Winzern zurückgreifen und berät sachkundig.

Edvard

✉ 1010 · OT 1. Bezirk · Schottenring 20 · ☎ 1 236 10 00 80 82
Klassische und Neue Küche · **Tische:** 12/40 Plätze
edvard.palaishansen@anantara-hotels.com · www.edvard-restaurant.com

Speisekarte: 1 Menü von 128,00 bis 198,00 € ♥♥♥♥
Schlichte Eleganz prägt das Interieur des Restaurants, in dem Küchenchef Paul Gamauf die große Bandbreite seines Könnens zeigt. Der Natur und ihren erlesenen Zutaten gilt sein Respekt, entsprechend sorgfältig verarbeitet er sie mit Feingefühl zu saisonalen Speisen, in denen sich Tradition und Innovation verbinden.

Wien

Gasthaus Möslinger

✉ 1020 · Stuwerstraße 14 · ☎ +43 1 7 28 01 95
Regionale Küche · **Tische:** 32/140 Plätze
kontakt@gasthausmoeslinger.at · www.gasthausmoeslinger.at

Speisekarte: 30 Hauptgerichte von 13,30 bis 29,90 €
45 Weinpos.

Im Schatten des Praters ist das "Gasthaus Möslinger" seit über dreißig Jahren eine beliebte Anlaufstelle für Wiener und Touristen gleichermaßen. In zweiter Generation traditionsbewusst geführt, hält hier das quirlige Leben der österreichischen Hauptstadt für einen Moment inne, vergisst man für ein paar Stunden die Hektik des Alltags. Ursprünglich und gemütlich eingerichtet, lässt man sich vom späten Vormittag bis abends von einer abwechslungsreichen Küche verwöhnen. Für die ist Chefkoch Roman Taudes verantwortlich. Er kocht frisch, handwerklich perfekt und bevorzugt Produkte aus dem Umland. Ob regionale Speisen, Wiener Schmankerl, hausgemachte Desserts, genussvoller Mittagstisch, Genießerbrunch, Fisch-Spezialitäten oder Vegetarisches – das Angebot ist vielseitig, gut durchdacht und hält für jeden Geschmack etwas passendes bereit. Gleich neun österreichische Fassbiere, Qualitätsweine und naturbelassene Fruchtsäfte begleiten die Speisen. Hier berät Richard Taudes, der auch umsichtig das zuvorkommende Serviceteam leitet. An warmen Tagen wird der gemütliche Schanigarten zu einem echten Publikumsmagneten. Für gut betreute Veranstaltungen stehen ein Clubzimmer und ein Saal zur Verfügung.

 Restaurant mit gehobener Küche

Bhf→2 km

♜ Grand Hotel Wien ✪✪✪✪✪

✉ 1010 · Kärntner Ring 9 · ☎ +43 1 51 58 00 · Fax: 5 15 13 13
Rest. "Unkai" mit Japan. Küche, Grand Brasserie, Schanigarten, "Kavalierbar"
reservation@grandhotelwien.com · www.grandhotelwien.com

175 **DZ** ab 562,00 €; als **EZ** ab 298,00 €;
30 (**Jul.-**)**Suiten** ab 852,00 €

Im Grand Hotel Wien spürt man den Atem der Geschichte, besonders in der imperialen Halle im Stil der Belle Époque. Den Zimmern und Suiten geben wertvolle Stoffe und ausgesuchte Antiquitäten individuelle Eleganz und glanzvolle Klasse.

Herzig

Bhf→5 km

✉ 1150 · Schanzstraße 14 · ☎ +43 6 64 1 15 03 00
Moderne Küche, eigene Kreationen · **Tische:** 12/40 Plätze
servus@restaurant-herzig.at · www.restaurant-herzig.at

Speisekarte: 1 Menü von 155,00 bis 175,00 €

500 Weinpos.

Im historischen Dorotheum-Fünfhaus – einem fünfstöckigen Sichtbetonbau im 15. Bezirk, der 1928 vom Architekten Michael Rosenauer entworfen wurde – ist das Restaurant „Herzig" beheimatet und bietet von der Dachterrasse aus einen fantastischen Blick auf Wien. Doch ist das eigentliche Highlight hier natürlich die Küche von Patron und Küchenchef Sören Herzig. Im minimalistisch gestalteten Interieur, das zugleich Präsentationsfläche für die Werke zeitgenössischer Künstler wie Peter Jellitsch und Clemens Wolf aus der Galerie Clemens Gunzer ist, gefällt die kosmopolitische, lässige Atmosphäre. Sören Herzig, der auch Mitglied der Jeunes Restaurateurs ist, kocht durchdacht und unverfälscht, grenzüberschreitend und doch immer verständlich und bevorzugt Zutaten aus nachhaltiger Erzeugung. Ganz ohne Dogmen experimentiert und tüftelt er mit Aromen, Garzuständen, Texturen und zeigt sich immer offen für Neues, gerade auch dann, wenn es darum geht, Klassiker innovativ

neu zu interpretieren. Jeder Teller, der über den Pass geht ist ein kunstvolles, detailreiches Unikat, das auch optisch ausgetretene Pfade verlässt. Die Weinkarte ist feinfühlig zusammengestellt und dem Küchenstil angepasst, höchst unkonventionell und wird von Sebastian Pfitzner mit großer Sachkenntnis und sensiblem Gespür für den Gästewunsch erläutert. Saskia Herzig, führt als Dame des Hauses und Ansprechpartnerin mit ihrem zuvorkommenden Team liebenswürdig und sehr zugewandt durch den Abend.

Heunisch & Erben

✉ 1030 · Landstrasser Hauptstrasse 17 · ☎ +43 1 286 85 63
Reg. und eigene Kreationen · **Tische:** 20/45 Plätze
erben@heunisch.at · www.heunisch.at

Speisekarte: 11 Hauptgerichte von 15,00 bis 32,00 €; 1 Menü von 64,00 bis 124,00 €

1700 Weinpos.

Das lässige Restaurant liegt im Herzen von Wien. Küchenchef Michael Gubik präsentiert seine originellen Kreationen gerne zeitgemäß und zwanglos - ohne viel Chichi - aber auf den Punkt genial lecker. Robert Brandhofer sorgt für die perfekte Weinbegleitung.

Wien

Bhf→2 km
Konstantin Filippou

✉ 1010 · Dominikanerbastei 17 · ☎ +43 1 5 12 22 29
Int. Küche, Eig. Kreationen · **Tische:** 13/45 Plätze
reservation@konstantinfilippou.com · www.konstantinfilippou.com

Speisekarte: 1 Mittagsmenü von 69,00 bis 184,00 €; 1 Menü von 245,00 bis 360,00 € ❤❤❤❦❦❦ 350 Weinpos. Patron und Chefkoch Konstantin Filippou ist halb Grieche und halb Österreicher und nimmt das Beste aus beiden kulinarischen Welten, um eine Küche zu kreieren, die mit innovativen Kombinationen begeistern und deren Fokus klar auf Fisch und Meeresfrüchten liegt.

Bhf→2 km
Mraz und Sohn

✉ 1200 · Wallensteinstraße 59 · ☎ +43 1 3 30 45 94 · Fax: 3 50 15 36
Int. Küche, eig. Kreationen · **Tische:** 12/40 Plätze
restaurant@mrazundsohn.at · www.mraz-und-sohn.at

Speisekarte: 1 Abendmenü zu 178,00 €
❤❤❤❤❦❦❦ 1040 Weinpos.
Was sich Vater Markus und Sohn Lukas Mraz so einfallen lassen, um ihren Gästen ein Stück Österreich und sogar die ganze Welt kulinarisch zu Füßen zu legen, respektive auf die blanken Tische zu bringen, ist genussreich, innovativ und handwerklich grandios. Sohn Manuel komplettiert als Sommelier das Trio.

Bhf→1 km
♜ Palais Coburg Residenz

✉ 1010 · Coburgbastei 4 · ☎ +43 1 51 81 81 30
Gourmetrestaurants, SPA, Weinkeller "Weinarchiv"
hotel.residenz@palais-coburg.com · www.palais-coburg.com

34 **Suiten** von 795,00 bis 2895,00 €
Das Ensemble des imposanten "Palais Coburg" bezaubert mit seiner 600-jährigen Geschichte, den luxuriösen Suiten und einem vielseitigen Spa gleichermaßen. Der exzellente Concierge- und VIP-Service und das gastronomische Angebot sind außergewöhnlich.

♜ Palais Coburg Residenz
Silvio Nickol Gourmet Restaurant

✉ 1010 · Coburgbastei 4 · ☎ +43 1 5 18 18-130 · Fax: 5 18 18-818
Klass. u. Int. Küche · **Tische:** 12/35 Plätze
restaurant@palais-coburg.com · www.palais-coburg.com

Speisekarte: 1 Menü (5-9 Gänge) von 255,00 bis 275,00 €
❤❤❤❤❦❦❦
Bereits seit über 10 Jahren demonstriert Chef de Cuisine Silvio Nickol seine kulinarische Klasse. Er kocht mit unbändiger Leidenschaft, Akribie und Neugierde Speisen, die sich in einem faszinierenden Spannungsfeld von Tradition und Moderne bewegen.

Bhf→500 m
♜ Steirereck im Stadtpark

✉ 1030 · Am Heumarkt 2a · ☎ +43 1 7 13 31 68 · Fax: 71 33 16 82
Neue Österr. Küche
wien@steirereck.at · www.steirereck.at

Speisekarte: 14 Hauptgerichte von 58,00 bis 75,00 €; 1 Menü von 225,00 bis 245,00 €
❤❤❤❤❦❦❦ 1200 Weinpos.
In schlichter und kubusförmiger Modernität fällt das "Steirereck" bereits optisch aus seiner organischen Umgebung im Stadtwald. Diese Spannung transportieren auch die genialen Speisen von Chef de Cuisine Heinz Reitbauer, der erst zufrieden ist, wenn Aromen und Texturen auf dem Teller zu außergewöhnlichen Kreationen werden und eine ausbalancierte Einheit finden.

Restaurant mit einer der besten Küchen des Landes.

Wimpassing

 Ziegelwerk Gasthaus

✉ 2485 · Ziegelofengasse 28 · ☎ +43 26 23 7 37 96
Moderne und saisonale Wirtshausküche · **Tische:** 25/100 Plätze
info@ziegelwerk-gasthaus.at · www.ziegelwerk-gasthaus.at · facebook

VISA

Speisekarte: 8 Hauptgerichte von 17,00 bis 29,00 €

❤❤❤❤   70 Weinpos.

Wo bis 1974 körperlich schwer gearbeitet wurde, im Ziegelwerk mit Steinbruch von Johann Wimmer, kann man heute genussvoll speisen. Das liegt am Familienbewusstsein der Urenkel Werner und Roland Tschiedel, die mit Hingabe erst einen der Kalköfen renovierten und sich nach und nach weiter vorarbeiteten, um ihr Gasthaus zu erschaffen, das nicht nur ein Ort für kulinarischen Genuss, sondern auch einer für vielerlei Begegnungen. Alte Sichtziegel- und Steinmauerwerk wurden raffiniert integriert und sorgen für ein außergewöhnliches Ambiente mit viel Industrieromantik. Werner Tschiedel, der gemeinsam mit Markus Zapfel am Herd steht, lernte 2008 bei einem österreichischen Caterer in New York City die Vorarlbergerin Julia kennen und lieben und eröffnete 2019 gemeinsam mit ihr und seinem Bruder Roland das „Ziegelwerk". Hier lässt es sich leben, hier kann man entspannen und vor allem eine ehrliche und unverfälschte Küche genießen. Die Produkte kommen von Händlern und Erzeugern aus dem Umland und Österreich, Obst und Kräuter stammen aus dem eigenen Garten. Im jahreszeitlichen Wechsel kochen sie eine facettenreich und moderne Wirtshausküche, die mit Spezialitäten aus dem Leithaland und aus Vorarlberg und von einer erstklassigen Patisserie ergänzt werden. Julia Weber ist die gute Seele des Hauses und leitet liebenswürdig den Service. Auf dem Gelände des Ziegelwerks mit tollem Gastgarten kann man zusätzlich (auf Wunsch im Grünen) tagen und auch hervorragend feiern.

 Hotels und Restaurants mit diesem Zeichen befinden sich in einem historischen Gebäude.

Zell am See

Landhotel Erlhof OT Thumersbach

Bhf→5 km

✉ 5700 · Erlhofweg 11 · ☎ +43 65 42 5 66 37 · Fax: 5 66 37 63 · Restaurant, Bar, Café, E-Bike-Ladestation, Kinderspielplatz, Zi.-Preise inkl. Frühstück
🍽♨♿🏠🅿🚲♨🛏 5 km   VISA
erlhof@aon.at · www.erlhof.at · f

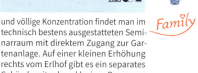

Family

8 **DZ** von 300,00 bis 320,00 €;
als **EZ** von 90,00 bis 280,00 €;
4 **Suiten** von 200,00 bis 310,00 €
In unmittelbarer Nähe zum Skigebiet Schmittenhöhe, oberhalb des Zeller Sees mit tollem Blick auf die Bergwelt des Nationalpark Hohe Tauern und mit eigenem Badestrand findet man dieses schöne Hotel – mit erster urkundlicher Erwähnung 1137 eines der ältesten Häuser der Region und ein liebevoll gepflegtes Refugium für die ganze Familie. Die komfortablen Zimmer (das Frühstück ist im Preis inkludiert, Aufzahlung HP 30,-/35,- € p. P.) sind im Landhausstil eingerichtet und haben zum größten Teil Sonnenbalkons mit herrlicher Aussicht. Erfolgreiches Tagen und völlige Konzentration findet man im technisch bestens ausgestatteten Seminarraum mit direktem Zugang zur Gartenanlage. Auf einer kleinen Erhöhung rechts vom Erlhof gibt es ein separates Gebäude mit sehr exklusiven Panorama Premium Suiten mit Balkon und Traumblick durch die großen Fensterfronten auf den See und die Berge. In der Freizeit warten der kristallklare See und eine der schönsten Golfanlagen Österreichs. Im nahe gelegenen Golfclub Zell am See-Kaprun wird Hotelgästen eine 30%ige Greenfee-Ermäßigung gewährt. Auf zahlreichen Wanderwegen und (E-)Bikestrecken kann man die faszinierende Alpenlandschaft erkunden.

 Ein Restaurant mit anspruchsvoller Küche.

Erlhof

Bhf→6 km

✉ 5700 · OT Thumersbach · Erlhofweg 11 · ☎ +43 65 42 5 66 37 · Fax: 5 66 37 63
Neue u. gehobene Regionale Küche · **Tische:** 14/50 Plätze   VISA
erlhof@aon.at · www.erlhof.at

Speisekarte: 14 Hauptgerichte von 18,50 bis 42,00 €; 2 Menüs von 85,00 bis 108,00 € ❤❤❤🍷🍷   300 Weinpos.
Im Restaurant im "Erlhof" werden überlieferte Traditionen – kombiniert mit herzlicher Gastfreundschaft – gelebt. Gewölbedecken, warme Farben, edel eingedeckte Tische, hübsche Stoffe und ein schöner, offener Kamin verbinden sich in der Pinzgauer- und Kaminstube zu einem charmanten Landhausambiente. Josef Brüggler und Tochter Sonja stehen in familiärer Eintracht am Herd und bringen ihre Ideen einer frischen österreichischen Küche ein, in der zusätzlich zu regionalen Schmankerln auch zeitgeistige Speisen und feine Fischspezialitäten auf der Karte stehen. Gekonnt, präzise und unverfälscht stellen sie die Zutaten zusammen, die bevorzugt aus dem Umland kommen und von bekannten Händlern und Erzeugern geliefert werden, denen

Zell am See

Tierwohl und Nachhaltigkeit wichtig sind. Mutter Renate Brüggler und Tochter Katrin komplettieren das familiäre Quartett. Erstere leitet charmant den herzlichen Service und letztere gibt wertvolle Tipps rund um die toll bestückte Weinkarte mit österreichischem Schwerpunkt und beide sind Ansprechpartnerinnen, wenn es um Veranstaltungen im Hause geht. An warmen Tagen ist Terrasse am Wald- und Wiesenrand eine Oase der Ruhe und des Genusses.

Steinerwirt 1493

✉ 5700 · Dreifaltigkeitsgasse 2 · ☎ +43 65 42 7 25 02
Regionale Küche · **Tische:** 20/80 Plätze
office@steinerwirt.com · www.steinerwirt.com · f

Speisekarte: 30 Hauptgerichte von 14,90 bis 62,90 € 🍇🍇🍇🍇 250 Weinpos. So, wie der „Steinerwirt" eingerichtet und gestaltet ist, stellt man sich ein traditionelles Gasthaus vor: Dunkle Holzbänke und -stühle, fein eingedeckte Tische mit gedrechselten Beinen, Herrgottswinkel, und ein knarzender Holzdielenboden mit der perfekten Patina fügen sich zu einem Ambiente, das aus einem Märchenbuch aus vergangenen Zeiten entsprungen sein könnte. Fürs kulinarische Angebot ist Chefkoch Branislav Radic verantwortlich, der bevorzugt in der Region und im saisonalen Rhythmus die Zutaten für seine abwechslungsreiche Küche einkauft. Er präsentiert traditionelle österreichische Gerichte (Salzburger Nockerl und Apfelstrudel fehlen selbstverständlich nicht), die er mit modernen Elementen bereichert. Bereits mittags beginnt der aromenreiche Genuss, der auch bei einheimischen Gästen beliebt ist. Sabrina Wimmer leitet den herzlichen Service und ist stets ansprechbar. Patron Simon Schuster berät zur vielseitig zusammengestellten Weinkarte. Er lässt die Besucher auch gerne einmal einen Blick in den wirklich sehenswerten, jahrhundertealten Gewölbekeller werfen, in dem neben österreichischen Tropfen echte Raritäten aus aller Welt lagern.

🍇🍇 Restaurant mit sehr gutem Weinangebot

Zell am See

Steinerwirt 1493 ★★★

✉ 5700 · Dreifaltigkeitsgasse 2 · ☎ +43 65 42 7 25 02
Restaurant, Biergarten, E-Bike-Ladestation, Zi.-Preise inkl. Frühstück
✗ ⇞ ⌂ ▢ ⌶ ⊙ ⌸ ⌕ 5 km   VISA ● ▣
office@steinerwirt.com · www.steinerwirt.com · ⓕ

31 **DZ** von 138,00 bis 238,00 €;
als **EZ** von 69,00 bis 119,00 €

Im Herzen der Ferienregion Pinzgau ist Zell am See. Hier findet man im Ortszentrum, inmitten der Fußgängerzone den Steinerwirt 1493. Der Zahlenzusatz ist tatsächlich das Ursprungsjahr des Hauses. 1622 wurde es erstmals als Wirtshaus erwähnt. In den letzten 500 Jahren hat sich allerdings viel geändert, heute ist das Hotel der perfekte Ort für Gäste die eine stimmige Kombination von Aktivität und Genuss, gepaart mit einem besonderen Ambiente, erwarten. Die Gastgeber Julia Haidinger und Simon Schuster sorgen gemeinsam mit ihrem engagierten Team für eine einladende und familiäre Atmosphäre. Die Zimmer (Preise inkl. Frühstück) sind mit viel Geschmack und wertigen Materialien individuell eingerichtet, die massiven Fichtenholzmöbel erscheinen in einem modernen Gewand. Wer sich von einem aktiven Tag inmitten sommerlicher oder winterlicher Natur erholen möchte, kann im gepflegten Wellnessbereich entspannen. Die Region Zell am See-Kaprun ist ideal, um das Salzburger Land kennen zu lernen. Ob Wandern, Klettern, Golfen, Mountainbiken, Baden – und im Winter natürlich Skifahren und Snowboarden – die Möglichkeiten sind für die ganze Familie unbegrenzt. An warmen Tagen kann man sich auch in den malerischen Gastgarten setzen und im Steinerwirt einfach nur wohlfühlen.

 Sehr gutes, komfortables Hotel

 Die Küchenleistung dieses Restaurants ist hervorhebenswert in seiner Kategorie.

Zell am See

♜ Schloss Prielau

Bhf→2,5 km

✉ 5700 · OT Prielau · Hofmannsthalstr. 12 · ☎ +43 65 42 72 91 10 · Fax: 7 29 11 11
Bistro, Café, Bar, Vinothek, Frühstück 28,- € p. P., Gewölbestube, Terrasse
🚁 ⛷ 🅿 🚂 ⛰ ≋ ● 🛏 ↘ 5 km   VISA AE ⊕ ⦿ ⋐
info@schloss-prielau.at · www.schloss-prielau.at · ■

7 **DZ** von 280,00 bis 350,00 €;
als **EZ** ab 200,00 €;
2 **Suiten** von 600,00 bis 1200,00 €

Schloss Prielau am Nordufer des Zeller Sees ist ein Kleinod österreichischer Gastlichkeit, das seinen Gästen die Annehmlichkeiten eines internationalen Luxushotels bietet und mit großem Engagement und viel Herzblut von Anette und Andreas Mayer geführt wird. Ein Privatbadestrand für Hotelgäste und ein "Badehaus" mit Caldarium, Dampfbad und Massagen bieten nachhaltige Entspannung. Im Winter finden alpine Skifahrer und Skilangläufer in der malerischen Landschaft beste Bedingungen vor. Top ausgestattete Tagungsräume und eine toll gestaltete Scheune für Events und Bankette (für bis zu 200 Personen) ergänzen das vielfältige Angebot. Sogar einen Hubschrauberlandeplatz gibt es. Ferien, Feiern und Genießen auf Schloss Prielau – ein idealer Rahmen. Das gesamte Schloss lässt sich für bis zu 24 Personen für 6.500,- € pro Tag mieten. Hier eine Hochzeit zu feiern, wird zu einem unver-

gesslichen Erlebnis für alle Gäste, denn das zuvorkommende Hotelteam begleitet exklusive Events von der Buchung bis zur Verabschiedung. Feuerwerke, Outdoor-Shows, Livemusik, Show-Barkeeper – den Möglichkeiten sind kaum Grenzen gesetzt. Ganzjährig geöffnet, hat das Haus eine Schlosswirtschaft, in der man von 12-22 Uhr gehobene regionale Speisen genießen kann (Sommer-Ruhetage: Sa./So., Winter-Ruhetage: Mi./Do.).

Hotel mit anspruchsvollem Wellnessangebot

Zell am See

Bhf→2,5 km 🍴 Schloss Prielau – Mayer's Restaurant 👨‍🍳👨‍🍳👨‍🍳 👨‍🍳👨‍🍳

✉ 5700 · OT Prielau · Hofmannsthalstr. 12 · ☎ +43 65 42 72 91 10 · Fax: 7 29 11 11
Klassische u. Neue Küche, eigene Kreationen · **Tische:** 7/24 Plätze VISA AE 〇 〇
info@schloss-prielau.at · www.mayers-restaurant.at · f

Speisekarte: 2 Menüs von 165,00 bis 270,00 €

♥♥♥♥♥ 🍷🍷🍷   240 Weinpos.

Abgetöntes Weiß und Anthrazit sind die dominanten Farbtöne im unprätentiös eingerichteten Restaurant. Runde Tische und sanft geschwungene Fauteuils, ausdrucksstarke Bilder und ein üppiger Glaslüster spielen raffiniert mit Gegensätzen, münden jedoch in ein stimmiges Interieur mit lässiger Atmosphäre. Seit über einem Jahrzehnt steht Andreas Mayer in seinem gleichnamigen Restaurant in verantwortlicher Position am Herd und präsentiert Speisen voller kreativer Wucht. Vor dem Hintergrund klassisch französischer Küche entwickelt er eine ganz eigene Linie raffinierter Kombinationen mit Aromen und Texturen, die durchaus in einem Spannungsfeld stehen können, das aber nie zum Selbstzweck wird und den Gast überfordert. Der wird mit einem außergewöhnlichen Genuss von großer kulinarischer Tiefe belohnt. Wenn irgend möglich beziehen Andreas Mayer und sein Souschef Harrie Lutz die Zutaten für ihre faszinierende Küche im Pinzgau, das wirklich reich an erstklassigen Bauern, Jägern und Händlern ist. Ein veganes Menü kann nach rechtzeitiger Vorstellung serviert werden. Anette Mayer begleitet als charmante Gastgeberin mit ihrem gut geschulten, herzlichen Team durch den Abend. Unterstützt wird sie von Reinhard Walcher, der kenntnisreich und sensibel zu den korrespondierenden Weinen und Getränken berät.

CHAMPAGNE

Laurent-Perrier

MAISON FONDÉE
1812

Zell am See

♜ SEEHOTEL BELLEVUE ****superior   Bhf→5 km

✉ 5700 · Seeuferstraße 41 · ☎ +43 65 42 2 18 28 · Fax: 2 18 28 52 · Restaurant, Bar, Weinkeller "Cave 1872", Seeterrasse, Bistr, Zimmerpreise inkl. Frühstück
🍴♨↟⌂▣🕀⛰⛼≋↔•⚲🛌🛏 4 km   VISA ⬤ EC
info@seehotel-bellevue.at · www.seehotel-bellevue.at

27 **DZ** von 250,00 bis 445,00 €;
als **EZ** ab 168,00 €;
5 **Suiten** von 295,00 bis 462,00 €;
10 **Resid.-App.** von 398,00 bis 765,00 €

Seit 1872 thronte das imposante Anwesen über dem Ufer des Zeller Sees bei Thumersbach und war für die "Schönen und Reichen" Blickfang und Treffpunkt zugleich. Das Gastgeberehepaar Michael und Andrea Schnell hat sich mit dem SEEHOTEL BELLEVUE einen Lebenstraum erfüllt und führt es – tatkräftig unterstützt von Tochter Anna-Lena – als ein Haus, in dem Traditionen und Moderne eine gelungene Symbiose eingehen, das eine Demonstration guten Geschmacks und trotz seiner wechselvollen Geschichte ein Ort der Begegnungen, des Genusses und der Vergnügungen – allerdings in moderner Interpretation – geblieben ist. Der Gast logiert in komfortablen, stilvoll und geradlinig mit edlen Naturmaterialien gestalteten Zimmern, die Preise inkludieren bereits das erlesene Frühstück.

Das gastronomische Angebot ist verführerisch und vielseitig. Die BistroBar-Lounge GEISTREICH, in der von 13-17 Uhr eine Bistrokarte mit feinen, kleinen Speisen gereicht wird, gefällt in puristischer Moderne, die durch zahlreiche alte Ölbilder mit See- und Bergmotiven raffiniert aufgebrochen wird. Auf der traumschönen Seeterrasse SEE LA VIE wird man eins mit seinem Urlaubsgefühl. Der Wellnessbereich steht unter dem Motto "laissez faire" und verspricht mit einem tollen Angebot mehr als nur momentane Erholung. Ob im Sommer oder Winter – die Urlaubsregion Kaprun bietet eine riesige Fülle von Freizeitmöglichkeiten. Der private und exklusive Beach Club VUE inklusive gemütlichem Bistro Pavillon - Gastro Outlet mit „Bar, Lounge & Chill Area" und eigener Bootsanlegestelle ist die perfekte Event-Location mit privatem und exklusivem Zugang zum Zeller See. Feierlichkeiten finden im BELLEVUE einen einzigartigen Rahmen.

Zell am See

Bhf→5 km ♜ **SEENSUCHT-Restaurant am See**

✉ 5700 · Seeuferstraße 41 · ☎ +43 65 42 2 18 28 · Fax: 2 18 28 52
Crossover Küche · **Tische:** 25/60 Plätze
info@seehotel-bellevue.at · www.restaurant-am-see.at · f

Speisekarte: 6 Hauptgerichte von 29,00 bis 95,00 €; 2 Menüs von 66,00 bis 90,00 € ♡♡♡♡🥂🥂   180 Weinpos.

Das Restaurant SEENSUCHT passt zum hohen Niveau des SEEHOTEL BELLEVUE und ist der perfekte Ort, um erstklassige Speisen in einzigartigem Flair zu genießen. Geradlinig mit viel Holz, blanken Tischen und weich gepolsterten, schwarzen Fauteuils eingerichtet, ist das Interiordesign sowohl schick als auch behaglich. Jeder Besuch wird von einem fantastischen Ausblick auf den Zeller See und das Kitzsteinhorn begleitet und natürlich von der genussreichen Küche, für die Patron und Küchenchef Michael Schnell verantwortlich zeichnet. Mit einer Vielzahl von Ideen und erstklassigen Zutaten, die vorzugsweise von bekannten Händlern und Erzeugern aus der Region kommen, tüftelt er gekonnt aromastarke Speisen einer frischen und modernen Crossover Küche aus, die er geschickt mit alpin-mediterranen Elementen bereichert und mit neu interpretierten Klassikern, edlen, auf den Punkt gebratenen Fleisch-Cuts und heimischen Schmankerln ergänzt. Ehefrau Andrea Schnell leitet den herzlichen und zuvorkommenden Service mit liebenswertem Charme und ist erste Ansprechpartnerin bei kleinen Sonderwünschen. Savolt Zoltan weiß mit Expertise die passenden Weine und Getränke zu empfehlen. Die Restaurant- und Lounge-Terrasse „SEE LA VIE" wird an schönen Tagen zu einem echten Publikumsmagneten. Hier kann man vom Frühstück über Lunch und Teatime bis zum Dinner das vielseitige Angebot genießen oder auch eine (Geburtstags-) Party feiern. In der Bar GEISTREICH klingt der Tag in lässiger Atmosphäre bei frischen Drinks gesellig aus. Wer das exquisite Speiseangebot gern in die eigenen vier Wände oder an einen Wunschort holen möchte, nutzt bei privaten Feierlichkeiten und Firmenevents die exzellente SCHNELL CUISINE – the new style of catering.

Auf den folgenden Seiten präsentieren wir Ihnen eine Auswahl an inspirierenden Destinationen für Urlaub und Genuss in Südtirol.

Algund

Schlosswirt Forst – Luisl Stube

Bhf→1 km
✉ 39022 · Vinschgauer Straße 4 · ☎ +39 04 73 26 03 50
Mediterrane Küche · **Tische:** 4/12 Plätze
info@schlosswirt-forst.it · www.schlosswirt-forst.it · f

Speisekarte: 2 Menüs von 142,00 bis 175,00 €

Die Geschichte des Schlosswirt Forst reicht bis ins Mittelalter zurück. 1302 erstmals urkundlich erwähnt, ist es um so faszinierender, dass bis zur heutigen Zeit Traditionen hochgehalten und Gäste gerne gesehen werden. Das ist für Familie Luis Haller Herausforderung und Verpflichtung zugleich und so bieten sie nicht nur erstklassiges Logis, sondern auch eine erstklassige Küche. Mit der "Luisl-Stube" ist sie sogar sternegekrönt. Vollholzverkleidet mit Herrgottswinkel, einem in opulenter Ornamentik blau-weiß gekachelten Kamin, umlaufenden Bänken, nostalgischen Details und blanken Tischen, präsentiert sie sich in wunderbar behaglicher, landestypischer Anmutung und ist eine zauberhafte Bühne für die Küche vom Patron Luis Haller. Er kocht nach dem Motto "die Natur gibt den Ton an". Das ist kein Lippenbekenntnis, sondern wird hier Tag für Tag gelebt. Entsprechend hochwertig sind die Produkte, bevorzugt vom "Köstbamergut" und von heimischen Händlern und Erzeugern. In konzentrierter Form und begrenzter Zahl – weniger ist mehr – werden sie gekonnt zu klaren, grundehrlichen und unverfälschten Speisen kombiniert. "Vom Gemüsegarten auf den Teller" ist genau das, was die ausgeklügelten Zusammenstellungen so expressiv und aromenintensiv macht. Das facettenreiche Spiel verschiedenster Aromen und Texturen gehört zur Individualität der Speisen. Den zugewandten Service leitet Nicola Spimpolo mit Übersicht und er berät mit großer Sachkenntnis und viel Feingefühl zu den korrespondierenden Weinen.

Wirtshaus Schlosswirt Forst

Bhf→1 km
✉ 39022 · Vinschgauer Straße 4 · ☎ +39 04 73 26 03 50
Regionale Küche · **Tische:** 16/46 Plätze
info@schlosswirt-forst.it · www.schlosswirt-forst.it · f

Speisekarte: 5 Hauptgerichte von 25,50 bis 28,80 €; 1 Menü zu 71,00 €

Südtiroler Lebensart in seiner genussreichsten Form wartet im Wirtshaus des Schlosswirt Forst. Dessen Gestaltung ist eine Verbeugung vor der Region, ist die Stube doch mit viel Holz, bildschönen Landhausmöbeln, Butzenglas und prächtigen Bodenfliesen landestypisch und ungemein gemütlich gestaltet. Luis Haller arbeitet mit seinem Küchenteam ebenso konzentriert wie im Gourmetrestaurant, doch ist die Küche hier bodenständiger und näher an den Jahreszeiten. Er setzt auf tradierte Rezepturen und authentische Südtiroler Spezialitäten, die aromenstark und grundehrlich zubereitet werden. Die Küche ist saisonal inspiriert, die Zutaten kommen aus dem Umland, so der Spargel z. B. aus Marling, die Rinder sind aus kontrollierter Zucht und Süßwasserfische aus Quellwasser, Kräuter und biologische Gemüsesorten stammen von Lieferanten aus der Umgebung. Ein ganz besonderes Highlight ist der romantische Schlossgarten mit üppigem Grün und dem majestätischen, über 200 Jahre alten Blauglockenbaum.

♜ Zur Blauen Traube

Bhf→3 km

✉ 39022 · Alte Landstraße 44 , Strada Vecchia 44 · ☎ +39 04 73 44 71 03
Neue, kreative Küche mit regionalen Produkten · **Tische:** 14/28 Plätze
info@blauetraube.it · www.blauetraube.it

Speisekarte: 1 Menü zu 99,00 €

143 Weinpos.

Die Existenz des Gasthauses lässt sich bis ins 16. Jahrhundert zurückverfolgen. Zur Gründungszeit führte hier eine Handelsroute vom Reschenpass nach Meran vorbei, so dass es an hungrigen Gästen keinen Mangel hatte. Heute geht es um deutlich mehr als den Hunger zu stillen, denn seit 2019 ist Christoph Huber Patron im Restaurant „Zur Blauen Traube" und hat daraus eine exklusive Adresse für Feinschmecker gemacht. Das Interieur mit Gewölbedecken, Holzdielenboden und blanken Tischen ist nicht nur sehr einladend und behaglich, es passt auch perfekt zur Küche, die unter dem Motto „Radikal lokal" steht. Das sieht man und das schmeckt man, wenn man die Speisen von Christoph Huber auf schönem, handgetöpfertem Geschirr aus einer heimischen Töpferei betrachtet und erst recht, wenn man sie isst. Die Zutaten kommen von bekannten Händlern und Erzeugern aus dem Umland, gelangen im jahreszeitlichen Wechsel in seine Küche und werden unter nose-to-tail- und Nachhaltigkeits-Aspekten verarbeitet. Das setzt gleichermaßen Können und Kreativität voraus. Die raffinierten kulinarischen Ideen fließen in ein innovatives Menü mit Bodenhaftung, in dem das Hauptgericht beinahe täglich wechselt. Im Sommer ist die Terrasse ein echter Sehnsuchtsort.

Bozen

Bozen

Bhf→500 m **Meta**

✉ 39100 · Piazza Walther 13-1 · ☎ +39 342 0401131
Regionale und Internationale Küche · **Tische:** 20/70 Plätze
hello@meta-restaurant.com · www.meta-restaurant.com

Speisekarte: 10 Hauptgerichte von 18,00 bis 35,00 €; 3 Menüs von 64,00 bis 89,00 €
 450 Weinpos.

Das historische Bozner Palais Campofranco, ein wunderschönes Barock-Palais mit neoklassizistischer Fassade, beherbergt das Restaurant „Meta", in dem stylisches Ambiente und Fine Dining eine perfekte Verbindung eingehen. Bronze, Gold und das Petrol der samtbezogenen Fauteuils sind die dominanten Farbtöne in einem Interieur, das so lässig und kosmopolitisch daherkommt, dass der Besuch zu einer höchst entspannten Angelegenheit wird. Chefkoch Peter Telser lässt sich bei seiner konzentrierten Arbeit in der Showküche über die Schulter schauen und präsentiert eine unverfälschte, ehrliche und raffinierte Küche. In Südtirol verwurzelt, gehen seine virtuosen Speisen weit darüber hinaus und bündeln kulinarische Elemente aus aller Herren Länder. Er kocht mit Leidenschaft und überbordender Fantasie und lädt die Gäste zu einer Grenzen überschreitenden Reise ein. Die bevorzugt mit heimischen Zutaten ertüftelten Kompositionen bleiben

dabei immer geerdet und verständlich. Einen besonderen Zauber entfaltet das Restaurant am Abend, wenn der Blick über das funkelnde Bozen gleitet. Für Nachtschwärmer gibt es nach 21:30 Uhr eine kleinere Karte, so dass sie die Speisen sogar bis Mitternacht genießen können. Ein Platz auf der weitläufigen Terrasse mit Loungecharakter ist besonders schön, werden die Speisen doch von einem herrlichen Blick auf die Altstadt und die Berge begleitet.

Bhf→800 m **Löwengrube**

✉ 39100 · Zollstange 3 · ☎ +39 04 71 30 32 74
Klassische u. Regionale Küche · **Tische:** 14/40 Plätze
info@loewengrube.it · www.loewengrube.it

Speisekarte: 5 Hauptgerichte von 32,00 bis 40,00 €; 6 Tagesgerichte von 17,00 bis 22,00 €; 1 Menü zu 94,00 €
 960 Weinpos.

In Bozens ältester Gaststube verbinden sich auch in der Küche Tradition und Moderne aufs Feinste. Chefkoch Philip Mantinger lässt sich bei seinen gehobenen Speisen von kulinarischen Strömungen aus aller Welt inspirieren.

Bozen

🍴🍴🍴 🍽 Restaurant Laurin

Bhf→150 m

✉ 39100 · Laurinstr. 4 · ☎ +39 04 71 31 10 00 · Fax: 31 11 48
Alpin-mediter., Intern. u. Reg. Küche
info@laurin.it · www.laurin.it · ▮

VISA AE ● ▬

Speisekarte: 6 Hauptgerichte von 25,00 bis 35,00 €; 1 Mittagsmenü zu 25,00 € ♥♥♥♥🐾🐾 380 Weinpos. Das Interieur im Restaurant "Laurin" hebt sich mit der originalen Jugendstileinrichtung in seiner Exklusivität ab und ist die perfekte Kulisse für die vielseitig Küche von Chefkoch Dario Tornatore. Er sorgt dafür, dass internationale Inspirationen und lokale Zutaten zu einer Symphonie der Aromen verschmelzen.

Brenner

Feuerstein Nature Family Resort

Bhf→9 km

✉ 39041 · Pflersch 185 · ☎ +39 04 72 77 01 26 · Restaurants, Bar, Café, bemerkenswerte Kinderbetreuung, Zi.-Preise inkl. VP uvm.
🍴🚴🏊🛌🎾🏕⛷▲🏔♨↔♿🅿
info@feuerstein.info · www.feuerstein.info · ▮

VISA ● ▬

20 **DZ** ab 308,00 €;
50 **Familienzimmer**, 2-5 Ps. ab 620,00 €;
21 **Chalets/Fam.-Sui.**, 2-6 Ps. ab 646,00 €
Am Ende des Pflerschtales direkt am Fuße des Tribulauns gibt es ein Naturesort, dass in dieser Form seinesgleichen sucht. Über allen Bemühungen des top geschulten und unglaublich engagierten Hotelteams steht, Familien einen unvergesslichen Urlaub zu bereiten, in dem sich jeder nach seinen Wünschen entfalten kann. Das über die Jahre gewachsene Familienhotel in wunderschöner Naturlandschaft bietet eine unglaubliche Fülle durchdachter Angebote jenseits von Plastik, TV und Spielkonsole. Hier lebt es sich nach dem Motto "Raus aus der digitalen Welt, rein ins Leben." Letzteres ist bunt und vielfältig: Im hauseigenen See auf dem Hotelgelände schwimmt ein Abenteuerfloß, in der mehrstöckigen Spielescheune warten ein echter Heuboden sowie eine beaufsichtigte Holzwerkstatt, im Malatelier dürfen die Kids kreativ werden (wer einen Pinsel heben kann, egal wie alt, darf rein) und in der einsehbaren Turnhalle für Ballspiele mit Toren und Baskets kann gestobt werden. Rucksäcke und Kinderwagen für Wanderungen stehen bereit. Außerdem wird von 9-16 Uhr eine an die Maria-Montessori-Grundsätze angelehnte Kinderbetreuung angeboten, von 16-18 Uhr findet die beliebte Eltern-Kind-Zeit statt und von 18-21 Uhr kann man das weitere Betreuungsangebot mit Vorlesen, Spielen uvm. nutzen. Im Reiterhof können Anfänger und Fortgeschrittene das Glück auf dem Rücken von Pferden und Ponys in der Halle und auf Ausritten erleben. Es ist diese fantastische Auswahl sinnvoller Inhalte, die weit über das Angebot klassischer Familienhotels hinausgeht. Hier wird man kindlichen Bedürfnissen ebenso gerecht wie denen der Eltern. Darüber hinaus verfügt das Hotel über einen weitläufigen Wellnessbereich mit Mountain Spa, Familiensauna, einem Adults Only Bereich über drei Etagen sowie vier Innen- und Außenpools mit Riesenrutschen.

Brenner

Gourmetrestaurant Artifex im Feuerstein Nature Family Resort

✉ 39041 · Pflersch 185 · ☎ +39 04 72 77 01 26
Regionale Küche mit intern. Elementen · **Tische:** 4/16 Plätze
info@feuerstein.info · https://artifex.feuerstein.info ·

Speisekarte: 1 Menü von 95,00 bis 140,00 € 500 Weinpos.
Der „Artifex" war im Mittelalter und in der Renaissance ein Handwerker, der mit einfachen Mitteln Schönes und Nützliches schuf und seinen Beruf fachgemäß verstand. Er war bescheiden und bodenständig und arbeitete in einer Gemeinschaft – da verwundert die Namenswahl für das Restaurant, mit dem sich Chefköchin Tina Marcelli ihren Herzenswunsch erfüllt hat, nicht. Für sie ist Kochen Handwerk, Kunst und traditionelles Arbeiten im Rhythmus der wechselnden Jahreszeiten. Sie verzichtet auf alle Zusatzstoffe, spielt mit Gewürzen und Kräutern und bringt dem Gast ursprünglichen Genuss nahe, ohne dogmatisch zu werden. Die Küche greift die Naturregion Alpen auf und präsentiert Speisen, deren frische Produkte bevorzugt aus Südtirol und einer heimischen Landwirtschaft kommen, in der artgerechte Tierhaltung und gentechnikfreies Futter selbstverständlich sind. In Vergessenheit geratene Techniken wie das Fermentieren und Konservieren sorgen für zusätzliche Elemente in einer Küche, die zugleich Leidenschaft ist und in dieser Qualität nur garantiert werden kann, weil ein eingespieltes Team die authentischen Speisen zubereitet, die „in Südtirol verwurzelt, in der Welt zuhause" sind. Restaurantleiter und Sommelier Alessio Scholl sorgt für einen harmonischen Abend und gibt wertvolle Tipps rund um die Weinauswahl.

Brixen

Bhf → 1,2 km 🛎 **Elephant**

✉ 39042 · Weißlahnstr. 4 · ☎ 04 72 83 27 50 · Rest. "Elephant", Haus-Museum, Bar, Parkanlage, Vinothek, Zi.-Preise inkl. Frühstück
info@hotelelephant.com · www.hotelelephant.com

25 **DZ** ab 210,00 €;
16 **EZ** ab 135,00 €;
3 (**Jui.**-)**Suiten** ab 290,00 €
Das traditionsreiche Grand-Hotel "Elephant" mit über 500-jähriger Geschichte präsentiert sich als gelungene, hochkomfortable Mischung aus Business- und Urlaubshotel mit Top-Service.

Bhf → 1,2 km 🛎 **Elephant – Apostelstube**

✉ 39042 · Weißlahnstr. 4 · ☎ +39 04 72 83 27 50 · Fax: 83 65 79
Intern. Küche, eig. Kreationen · **Tische:** 4/20 Plätze
info@hotelelephant.com · www.hotelelephant.com

Speisekarte: 1 Menü zu 165,00 €
498 Weinpos.
Das Interieur der "Apostelstube" ist in exklusivem Art-déco-Stil gestaltet, die Küche von Chefkoch Mathias Bachmann begeistert mit raffinierten Kombinationen, die durch handwerkliche Kunst zu innovativen Speisen werden.

Brixen

♜ Künstlerstübele Finsterwirt Bhf→2 km

✉ 39042 · Domgasse 3 · ☎ +39 04 72 83 53 43 · Fax: 83 56 24
Regionale Küche, eig. Kreationen
info@finsterwirt.com · www.finsterwirt.com   VISA AE ● ● ●

Speisekarte: 6 Hauptgerichte von 22,00 bis 39,00 €; 3 Menüs von 79,00 bis 98,00 €
❀❀✿✿ 400 Weinpos.
Genussvolles und bewusstes Essen ist dem Küchenteam wichtig und so kommen die Zutaten bevorzugt aus der Region und werden mit Sorgfalt aromenstark und schonend verarbeitet.

Burgstall

Günther Bhf→7 km

✉ 39014 · Romstraße 32 · ☎ +39 04 73 29 11 24 · Fax: 29 09 20 · Hotel garni (Preise inkl. Frühstücksbuffet), Wintergarten, Liegewiese, Dampfbad
✕⌂✦⌂☐⌂⌂♨⌂⚇⌂♨
info@hotel-guenther.com · www.hotel-guenther.com   VISA ● ●

12 **DZ** ab 144,00 €
Nur einen Kilometer von der Autobahnabfahrt Meran-Bozen entfernt, ist das Hotel "Günther" der ideale Ort, um sowohl erholsamen als auch aktiven Urlaub in wunderschöner Landschaft zu genießen. Die behaglichen Zimmer (Preise inkl. Frühst.) bieten Ruhe und stilvollen Wohnkomfort.

Hidalgo – Aomi - Wagyu Restaurant Bhf→2 km

✉ 39014 · Romstr. 7 · ☎ +39 04 73 29 22 92 · Fax: 29 04 10
Regionale u. Mediterrane Küche
info@restaurant-hidalgo.it · www.restaurant-hidalgo.it   VISA ● ●

Speisekarte: 10 Hauptgerichte von 23,00 bis 62,00 €; 3 von 69,00 bis 90,00 €
❀❀❀✿✿✿ 600 Weinpos.
Das „Hidalgo" ist ein klassisches Grill Restaurant mit bester Auswahl an frischen Zubereitungen. Highlight ist ein Besuch des „Aomi" – hier gibt es ausschließlich edelste Wagyu-Cuts.

Corvara / Alta Badia

Art. Romantik Hotel Cappella
Rollerstube + Luis Trenker Stube Bhf→34 km

✉ 39033 · Colfosco - Peceistr. 17 · ☎ +39 04 71 83 61 83 · Fax: 83 65 61
Klass., Intern., Mediter. u. Reg. Küche · **Tische:** 6/25 Plätze   VISA AE ● ● ●
info@hotelcappella.com · www.hotelcappella.com

❀❀❀✿✿ 400 Weinpos.
Auch im Restaurant spürt man die Handschrift von Familie Pizzinini. In verschiedenen Stuben kann man die vielseitige Küche von Chefkoch Paul Mittermair genießen. Dessen Speisen sind handwerklich präzise und blicken über den regionalen Tellerrand, denn er lässt internationale Elemente ebenso einfließen wie mediterrane.

Cappella Bhf→34 km

✉ 39033 · Colfosco - Peceistr. 17 · ☎ +39 04 71 83 61 83 · Fax: 83 65 61
HP-Rest., Kinderspielraum mit Kletterwand, Terrasse, Preise = HP
✕⌂✦⌂☐⌂⚇✚⌂♨
info@hotelcappella.com · www.hotelcappella.com   VISA AE ● ● ●

43 **DZ** ab 288,00 €;
als **EZ** ab 210,00 €;
8 **Suiten** ab 494,00 €
Inmitten der Bergwelt der Dolomiten ist das Romantikhotel "Capella" ein Refugium für den besonderen Geschmack. Komfortzimmer, Treppenhäuser, die zugleich eine veritable Kunstgalerie sind, Kaminzimmer und Smoker's Lounge sowie erstklassige Wellnessangebote und vor der Haustür beginnende Wanderwege gehören zum Angebot.

Corvara / Alta Badia

La Stüa de Michil

Bhf→30 km

✉ 39033 · Col Alt Str. 105 · ☎ +39 04 71 83 10 00 · Fax: 83 65 68
Klass. u. Reg. Küche · **Tische:** 12/35 Plätze
info@hotel-laperla.it · www.hotel-laperla.it

🍷🍷🍷🍷🍴🍴🍴   1800 Weinpos.
Die Stuben des Restaurants sind so zauberhaft schön, dass man hier einfach einmal einkehren muss. Chefkoch Simone Cantafio belohnt auch mit einer virtuosen Küche, in der er Orent und Okzident, Trends und Traditionen gekonnt und ausbalanciert verbindet.

Dorf Tirol

♜ Ansitz Golserhof

Bhf→8 km

✉ 39019 · Aichweg 32 · ☎ +39 04 73 92 32 94 · Fax: 92 32 11
Rest. für Hausgäste, Panoramaterrasse, Bibliothek, Lobby Bar
🍽🛌♿🐕🅿🚭🏊⛰☀🏋🧖♨🎾✝ℹ
info@golserhof.it · www.golserhof.it

16 **DZ** ab 324,00 €;
6 **EZ** ab 197,00 €;
8 (**Jui.-**)**Suiten** ab 428,00 €
Heiter und familiär ist die Atmosphäre im "Golserhof" (Preise inkl. HP), einem exklusiven Urlaubshotel eingebettet in die traumhafte Bergwelt und idyllische Obst- und Weingärten.

Castel ✪✪✪ ✪✪

Bhf→5 km

✉ 39019 · Keschtngasse 18 · ☎ +39 04 73 92 36 93 · Fax: 92 31 13 · Rest. "Àla-Carte" für Hotelgäste, Bar mit Kamin, Panorama-Café-Terrasse, Zimmerpreise inkl. Halbpension
🍽🛌♿🐕🅿🚭🏊⛰☀🏋🧖♨🎾✝ℹ♿♿📶🚴 8 km
info@hotel-castel.com · www.hotel-castel.com · f

25 **DZ** ab 460,00 €;
als **EZ** ab 296,00 €;
20 (**Jui.-**)**Suiten** ab 606,00 €
Das "Castel" als inhabergeführtes Hotel ist nicht nur auf der Sonnenterrasse am Südhang eines Weinbergs mit herrlichem Blick auf Meran und die Texelgruppe ein besonderer Kraftort und Aushängeschild Südtirols. Das Ambiente ist geprägt von unaufdringlichem Luxus und die Atmosphäre ist einfach wohltuend entspannt – so und nicht anders sollte Urlaub sein. In diesem First-Class-Hotel finden sich Zimmer (Preise = Halbpension) mit exklusiver Einrichtung, voller Eleganz und Großzügigkeit. Mit dem Restaurant "Àla-Carte" (im Rahmen der Halbpension) und dem Gourmetrestaurant "Castel finedining" ist man kulinarisch bestens aufgestellt Gerade letzteres spiegelt die einzigartige Klasse des Hauses wider. Der sehr gepflegte Beauty- und Wellnessbereich "Meranesse fine Spa" ist mit seiner exklusiven Ausstattung und der Fülle von Angeboten und persönlichen Behandlungen (u. a. Gesichts- und Körperpflege, Massagen, Ayurveda, Saunen, Bäder) ein Geschenk für alle Sinne. Ein harmonischer Tag klingt am Abend in der modernen Bar perfekt aus.

Dorf Tirol

Castel finedining
Bhf→5 km

✉ 39019 · Keschtngasse 18 · ☎ +39 04 73 92 36 93 · Fax: 92 31 13
Alpin-mediterrane Gourmetküche · **Tische:** 5/20 Plätze
info@hotel-castel.com · www.castelfinedining.com

Speisekarte: 1 Menü zu 228,00 €
♥♥♥♥♥🍷🍷 520 Weinpos.

Das Gourmetrestaurant "Castel finedining" ist ein kulinarisches Kleinod der Extraklasse. In einem eigenen, architektonisch extravagant geschnittenen Gebäude zu finden, ist das Interieur eine Demonstration erlesenen Geschmacks. Klar, minimalistisch und in schlichter Eleganz gestaltet, gibt es nur fünf Tische und jeder einzelne ist ein Logenplatz, denn er steht unmittelbar an der bodentiefen Fensterfront, die einen hinreißend weiten Ausblick auf Meran erlaubt, das bei Nacht zu einem funkelnden Lichtermeer wird. Mit Gerhard Wieser steht ein Chefkoch am Herd, der zu den besten seiner Zunft gehört. Die Zutaten für seine facettenreiche Landesküche werden unter Aspekten von Ethik, Nachhaltigkeit und Tierwohl bezogen, vieles kommt aus dem Umland, alle Produkte sind von kompromisslos guter Qualität. Gekonnt und mit überbordender Kreativität kombiniert er alpine und mediterrane Elemente und schafft wunderbar expressive Geschmackserlebnisse, die noch lange nachhallen. Niemals wirkt eine Speisefolge routiniert, immer ist sie Teil der kulinarischen Geschichte, die Gerhard Wieser virtuos erzählt. Simon Oberhofer leitet den Service mit leichter Hand und ist ein natürlich und liebenswürdig agierender Maître. Zur Weinauswahl berät Ivana Capraro mit enormem Fachwissen und feinem Gespür für den Gästegeschmack.

Sonnbichl
Bhf→5 km

✉ 39019 · Segenbühelweg 15 · ☎ +39 04 73 92 35 80 · Fax: 92 31 66 · Restaurant für Hausgäste, Bar, Panoramaterrasse, Zimmerpreise inkl. Halbpension
info@sonnbichl.it · www.sonnbichl.it

26 **DZ** ab 338,00 €; 1 **EZ** ab 234,00 €; (Junior-)Suite ab 382,00 €
Ein Paradies inmitten grandioser Natur ist das "Sonnbichl" (Zimmerpreise inklusive Halbpension). Ein Highlight des Hauses ist sicher der Außenpool mit atemberaubendem Blick auf die umliegende Bergwelt.

Eppan

Gartenhotel Moser & Ramus Suites
Bhf→15 km

✉ 39057 · Montiggler See 104 · ☎ +39 04 71 66 20 95 · Fax: 66 10 75 · Rest. mit Reg., Intern. und Ital. Küche, Bar, Vinothek, Kinderparadies, Zi.-Preise f. 2 Ps. inkl. 3/4-Pension light
info@gartenhotelmoser.com · www.gartenhotelmoser.com

22 **DZ** ab 284,00 €;
als **EZ** ab 142,00 €;

20 **Suiten** ab 354,00 €;
20 **Fam.Suiten** ab 400,00 €

Eppan

In dem liebevoll geführten Hotel inmitten des Biotops Montiggler Wald und umgeben von malerischen Weinbergen, genießt der Gast jeglichen Komfort in den hellen und geschmackvoll eingerichteten Zimmern. Das private See- und Badehaus am Montiggler See begeistert Groß und Klein gleichermaßen.

Weinegg

Bhf→8 km

✉ 39057 · Lammweg 22 · ☎ +39 04 71 66 25 11 · Fax: 66 31 51 · À-la-carte-Restaurant mit Regionaler, Ital. u. Mediterraner Küche. Preise inkl. Frühstück.
info@weinegg.com · www.weinegg.com

20 **DZ** ab 484,00 €;
als **EZ** ab 316,00 €;
66 **(Jui.-)Suiten** ab 502,00 €

Unbeschwert und harmonisch ist die entspannte Atmosphäre in diesem von Obst- und Weingärten umgebenen Urlaubs- und Wellnesshotel mit sehr zuvorkommendem Service und hohem Wohlfühlfaktor. Die Zimmerpreise verstehen sich inklusive Frühstück.

♖ Zur Rose

Bhf→8 km

✉ 39057 · Josef-Innerhofer-Str. 2 · ☎ +39 04 71 66 22 49 · Fax: 66 24 85
Klass., Neue, Reg. u. Mediter. Küche · **Tische:** 16/45 Plätze
info@zur-rose.com · www.zur-rose.com

Speisekarte: 3 Hauptgerichte zu 38,00 €;
2 Menüs von 90,00 bis 130,00 €

500 Weinpos.
Das Restaurant "Zur Rose" kann auf eine lange Geschichte zurückblicken, die bis ins 16. Jh. zurückgeht. Konstanz gehört offensichtlich zum Anspruch, denn die Küche in der Rose ist seit nunmehr dreißg (!) Jahren sternegekrönt. Chapeau. Schlicht, unaufgeregt und behaglich eingerichtet, fühlt sich hier jeder Gast unter der mächtigen, historischen Gewölbedecke sofort willkommen und wohl. Was natürlich auch an der Dame des Hauses, Margot Hintner, liegt, die das kulinarische Kleinod gemeinsam mit ihrem Mann zu dem gemacht hat, was es heute ist: Ein Ort des Genusses und der Begegnung. Mit nicht weniger Leidenschaft steht Ehemann Herbert Hintner gemeinsam mit Sohn Daniel am Herd. Seine Südtiroler Heimat liegt ihm am Herzen und er weiß deren vielfältige Gaben der Natur zu schätzen und gekonnt einzusetzen. In erntefrischer Qualität kommen die Zutaten von Händlern und Höfen, in denen unter Aspekten von Nachhaltigkeit und Tierwohl gearbeitet wird. So zeitgemäß sein Küchenstil ist, so gerne lässt er sich von tradierten Rezepturen und in Vergessenheit geratenen Speisen inspirieren. Sein Spiel mit verschiedensten Aromen, Texturen und Würzungen ist ungemein vielseitig. Und am Ende stehen wunderbar ehrliche kulinarische Kompositionen, gebündelt in einer Speisefolge mit dem schönen Titel „Vater-Sohn Menü".

 Restaurant mit exzellenter Weinkarte

Freienfeld

 Gourmetstube Einhorn Bhf→3 km

✉ 39040 · Mauls 10 · ☎ +39 04 72 77 11 36
Klass., Neue u. Reg. Küche · **Tische:** 5/14 Plätze
info@stafler.com · www.stafler.com · f

Speisekarte: 1 Menü von 159,00 bis 199,00 € 🍷🍷🍷🍷🥂🥂 300 Weinpos. Wenn die „Gourmetstube Einhorn" ein Schmuckkästchen ist, sind die Speisen von Peter Girtler die Preziosen darin. Die kleine getäfelte Stube ist schlicht zauberhaft und vereint unter der historischen Gewölbedecke halbhohe Kassettenwände in dunklem Holz, Schnitzwerk, Erker, Kachelofen und Butzenscheiben und vermittelt nostalgischen und romantischen Charme. Der Chefkoch schafft den Spagat, in der Heimat verwurzelt zu sein und ihre Gaben zu nutzen und gleichzeitig Speisen zu kreieren, die weit über die regionalen Grenzen hinausgehen. Entsprechend sind die Basis für seine bisweilen magisch anmutenden Kompositionen Zutaten, die er gerne aus Südtirol und am liebsten vom eigenen Gutshof bezieht. Mit leidenschaftlichem Einsatz, Neugierde, Fleiß und Experimentierfreude ersinnt er daraus immer wieder neuen Menüfolgen. Unterstützt von einer konzentriert arbeitenden, hochmotivierten Küchencrew werden heimische Rezepturen zu aufregend neuen Gerichten, werden mit modernen Elementen,

Garmethoden, verschiedensten Texturen und Aromen gekonnt in Szene gesetzt und erfahren innovative Neuinterpretationen. Fast möchte man die kleinen Kunstwerke nicht zerstören, aber dann könnte man die fantasievollen Girtler'schen Geschmackswelten nicht erkunden. Lea Messner begleitet mit ihrem gut geschulten, zugewandten Team den harmonischen Ablauf des Restaurantbesuchs und sorgt zusätzlich mit einer sensiblen Weinberatung für das I-Tüpfelchen auf den Speisen.

 Romantik Hotel und Restaurant Stafler Bhf→3 km

✉ 39040 · Mauls 10 · ☎ +39 04 72 77 11 36 · Lobby mit Bar, Sonnenterrasse, im Zi.-Preis inkl. u. a. Halbpension, E-Bike-Verleih, Active-Card Light
🍴🥂🛏️🐕🐾📺🖨️🎾▲⛵≋↔✱🕐📞 10 km
info@stafler.com · www.stafler.com · f

15 **DZ** ab 252,00 €;
als **EZ** ab 159,00 €;
3 **EZ** ab 134,00 €;
14 (**Jui.-**)**Sui.**/2 **Ps.** ab 336,00 €

Im Jahre 1270 als Poststation erbaut, ist das Haus bereits seit fast 270 Jahren Herberge für anspruchsvolle Gäste. Es präsentiert sich in einer perfekten Melange aus Tradition und modernem Komfort. Jedes Gästezimmer bezaubert mit

Freienfeld

individuellem, antikem und sehr wohnlichem Interieur. Im Zimmerpreis sind die Halbpension und sehr viele Extras (z. B. E-Bike-Verleih, Active-Card, Verleih von Wanderkarten und -zubehör) enthalten. Ob Schwimmen, Wandern: Jeder kommt in der Freizeit auf seine Kosten. Entspannung bieten die Finnische-, Bio- und Kräuter-Sole-Dampf-Sauna, die Infrarotkabine, Massagen, Beautybehandlungen und die herrliche Parkanlage mit Teich. Für kleine Gäste ist ein Besuch des Bauernhofes Stafler ein ganz besonderes Vergnügen. Raucherlounge, Regionales in "Stafler's Gasthofstube" und die sterngekrönte Küche von Peter Girtler im Gourmetrestaurant runden das Angebot ab. Immer empfehlenswert sind die verschiedenen, attraktiven Arrangements und Packages.

 Hotel mit anspruchsvollem Wellnessangebot

Bhf ~3 km
✉ 39040, Mauls 10 · ☎ +39 04 72 77 11 37
Intern. u. Reg. Küche · **Tische:** 19/50 Plätze
info@stafler.com · www.stafler.de · ❊

♜ Stafler's Gasthofstube 🍴🍴🍴

Speisekarte: 4 Hauptgerichte von 20,50 bis 35,00 € ❖❖❖🍷🍷   300 Weinpos. In "Staflers Gasthofstube" geht es grundehrlich zu, stehen Genuss und Südtiroler Lebensart im Mittelpunkt. Landestypisch und behaglich eingerichtet, lässt man in der entspannt-geselligen Atmosphäre den Alltag einfach vor der Tür.

Freienfeld

Chefkoch Peter Girtler präsentiert seine durchdachte "mare e monti"-Küche, in der das Beste aus den Bergen und dem Meer, ergänzt mit mediterranen Elementen, auf die Tische kommt. Traditionelle Rezepturen werden raffiniert verfeinert und zu aromatischen, unverfälschten und grundehrlichen Neuentdeckungen. Der Einsatz frischer Kräuter gibt den Speisen den letzten Aromakick. Speck, Lammschinken, Hirschschinken und Kaminwurzen aus der eigenen Selchkammer muss man einfach einmal probiert haben, um zu schmecken, wie genial gut Geräuchertes sein kann. Auf Vorbestellung werden auch gerne Menüs zusammengestellt. Zur Weinauswahl gibt Sommelière Lea Messner viele wertvolle Tipps. Der malerische Garten unter alten Bäumen, inmitten blühender Rosen kann mit frisch aus der Küche kommenden Speisen zu einem romantischen Picknick genutzt werden. Stimmungsvoller und exklusiver als am Seerosenteich lässt sich ein Menü kaum genießen – romantische Anlässe gibt es gewiss genug.

Girlan

Ansitz Rungghof

✉ 39057 · Rungweg 26 · ☎ +39 04 71 66 58 54
Bistro, Weindegustationen, Kochkurse, Arrangements, Zi.-Preise inkl. Frühstück
🍴🐕🌿🛗🅿️📺🍳♨️🧖‍♀️↕♿🚗10 km   VISA AE ◉ 💳
info@rungghof.it · www.rungghof.it · f

15 **DZ** von 260,00 bis 350,00 €;
7 **Suiten** ab 480,00 €

Der im typischen Überetscher Stil erbaute Ansitz Rungghof, umgeben von malerischen Weinreben, geht bis ins Jahr 1524 zurück und ging nach wechselvoller Geschichte 1917 in den Besitz der Familie Mauracher über. Sie verwandelte den einstigen Bauernhof in ein Gasthaus und in den letzten Jahren wurde daraus behutsam eine moderne Logis mit exklusiven Annehmlichkeiten, ohne dass das historische Flair verlorenging. Hektischer Alltag bleibt außen vor, das Familiäre, Persönliche und herzliche Südtiroler Lebensart treten an dessen Stelle. Hier treffen geschichtsträchtige Räume auf exklusive Private Spa Suiten – eine Begegnung, die das Besondere verspricht. Die Farbgebung in den Zimmern (Preise inkl. Frühstück) greift mit zartem Grün und warmem Braun die umgebende Natur mit ihrer jahrhundertealten Weinbaukultur auf. Ursprünglichkeit und Luxus sind im An-

sitz Rungghof kein Gegensatz, sondern verschmelzen zu einer untrennbaren Einheit. Das Freizeitangebot des Rungghofs umfasst einen Wellnessbereich mit Finnischer und Biosauna, Ruheräumen und Outdoor-Pool, Fahrräder können ausgeliehen werden (E-Bikes gegen Gebühr), Wanderwege durch die traumschöne Kulturlandschaft beginnen quasi vor der

Girlan

Haustür und der Gast erhält den WinepassPlus mit MobilCard, der verschiedenste, interessante Leistungen und Angebote beinhaltet.

Manuel's Chef Table

✉ 39057 · Runggweg 26 · ☎ +39 04 71 66 58 54
Neue Küche · **Tische:** 8/32 Plätze
info@rungghof.it · www.rungghof.it · f

Speisekarte: 1 Menü von 95,00 bis 145,00 €

Der Rungghof ist nicht nur ein exklusives Logis für Gäste, die das Besondere lieben, auch kulinarisch wird hier einiges geboten. Im Bistro 1524 – in diesem Jahr wurde der Grundstein des Ansitzes gelegt – gibt es mit „Manuel's Chef Table" noch einen Raum, der dem Gourmetgenuss vorbehalten ist. Das Interieur ist sehr charmant eingerichtet: Holz und Glas sind die dominanten Gestaltungselemente, ersteres in klarer, geradliniger Anmutung, letzteres in Form bodentiefer Panoramafenster. Weinrote Sofas, elegant geschwungene, graue Fauteuils und Tische aus edlem Nussholz fügen sich zur perfekten Kulisse für den fulminanten Auftritt von Patron und Küchenchef Manuel Ebner. Er kocht mit echter Hingabe, Leidenschaft, Neugierde und großem Ideenreichtum. Dabei ist er tief in der Kulturregion Überetsch verwurzelt, ohne seinen Kochstil in eine Schublade packen zu lassen. Gerne nutzt er das heimische Warenangebot und den eigenen Kräutergarten, um Speisen zu kreieren, in denen sich Tradiertes und Neues in feiner Balance verbinden. Expressive Texturen und pointierte Aromen stellt er zu genussvollen und fantasiereichen Speisefolgen zusammen. Ruben Candioli begleitet mit seinem Serviceteam den Restaurantbesuch und berät zur fulminant sortierten Weinkarte. An warmen Tagen wird die Terrasse mit hinreißendem Etschtalblick zu einem echten Sehnsuchtsort.

Ein Restaurant mit anspruchsvoller Küche.

Hafling

Hirzer 2781 Pure Pleasure Hotel

✉ 39010 · Falzebener Straße 66 · ☎ +39 04 73 27 93 06
Restaurant, Bar, Arrangements, Zimmerpreise inkl. 3/4-Pension
🍽🐕🚭🏠 P 🅿️ ♨ ✈ ⛰ 🏔 ≋ 🏊 ↪ ♿ 🅿️ ⛳ 15 km   VISA AE 💳
info@hotel-hirzer.com · www.hotel-hirzer.com · f

19 **DZ** ab 280,00 €;
23 **Suiten** ab 350,00 €

Hoch über dem Meraner Talkessel auf dem Hochplateau Tschöggelberg liegt das beschauliche Hafling. Hier findet man mit dem „Hirzer 2781 Pure Pleasure Hotel" ein Hideaway für Menschen, die das Besondere lieben und Kettenhotellerie nichts abgewinnen können. Echte Herzlichkeit, Gastfreundschaft und persönliche Fürsorge stehen bei der Betreiberfamilie Mair und ihrem Team ganz obenan. Das Interior-Design des Hauses und der Zimmer ist schlicht bezaubernd. Mit zeitlosen Farben, stilistisch außergewöhnlichen Mustern und einem stimmigen Gesamtkonzept ist jeder Raum exklusiv gestaltet. Mit ganz viel Liebe zum Detail, geradlinig und verspielt, heimelig und zeitgemäß, peppig und edel eingerichtet, ist das Spiel mit Gegensätzen genial, ist das Ambiente einladend, lässig und weltoffen. Ein Freizeit- und Wellnessangebot vom Allerfeinsten wartet auf den Gast. Pool und Sonnengarten mit Traumblick, wohltuende Wärme in der Saunaoase, schmeichelnde Anwendungen in der Beauty- & SPA-Welt „La Bellezza", Auspowern im Fitnesscenter und auf sich selbst besinnen im Meditationsraum – im Hirzer wird Erholung zu einem nachhaltigen Erlebnis. Zu jeder Jahreszeit ist das Hotel der perfekte Ausgangspunkt, um die alpine Landschaft vor der Haustür zu erkunden, das Wander- und Skigebiet Meran 2000 ist bequem zu Fuß, mit dem Rad, Bus oder Auto erreichbar und das Hirzer-Team gibt tolle Tipps.

Hafling

Le Cheval

✉ 39010 · Falzebener Straße 66 · ☎ +39 04 73 27 93 06
Klassische Küche · **Tische:** 4/10 Plätze
info@hotel-hirzer.com · www.hotel-hirzer.com · f

Speisekarte: 1 Menü zu 140.00 €

Hafling ist in aller Welt bekannt für seine robusten Gebirgspferde und so gefällt die Namensgebung des Restaurants einerseits als Verbeugung vor den Pferden, andererseits durch das französische „Le Cheval" als Ausblick auf die Gourmetküche, die den Gast erwartet. Heimatverbundenheit und feinsinniger Genuss sind hier kein Gegensatz, sondern eine faszinierende Bereicherung der kulinarischen Palette von Küchenchef Peter Oberrauch. Er kauft gerne in der Region ein, weiß die nachhaltig arbeitenden Händler, Höfe und Erzeuger zu schätzen. Seine Speisen basieren auf handverlesenen Ingredienzien, sind in der klassischen französischen Küche verwurzelt, werden aber mit handwerklicher Präzision und virtuosen Ideen neu interpretiert. Das Spiel mit Aromen, Texturen und Würzungen ist genial, Kulinarisches aus aller Welt ergänzt er mit französischen und mediterranen Elementen. Tradierte Südtiroler Rezepturen werden in einen innovativen, modernen

Kontext gesetzt. Das sorgfältig ertüftelte Menü punktet mit klarer Struktur und ist auch optisch ein kleines Kunstwerk. Christoph Gerischer leitet den unaufdringlichen Service und ist bei der Weinauswahl eine große Hilfe. Als Weinkulturexperte ist er Mitglied im internationalen Champagner-Orden und als Sommelier in der Confrérie de la Chaîne des Rôtisseurs – so viel Fachkenntnis und Leidenschaft versprechen nur Gutes.

Bhf → 16 km

San Luis ★★★ ★★

✉ 39010 · Vöranerstraße 5 · ☎ +39 04 73 27 95 70 · Fax: 37 80 65
Restaurant im Clubhouse, SPA, Lobby, Bibliothek, Natursee mit Badesteg
info@sanluis-hotel.com · www.sanluis-hotel.com

51 Chalets + Baumhäuser p. Ps. pro Nacht mit HP ab 930,00 €

Im auf 1.400 m² Höhe gelegenen "San Luis" mit Restaurant, Spa und einer 4 ha großen Bio-Landwirtschaft wohnt man inmitten überwältigender Natur. Umgeben von Wald und Wiesen, kann der Gast zwischen Baumhäusern und Chalets wählen, die mit charakteristischen Südtiroler Materialien gestaltet sind.

Jenesien

Jenesien

Saltus

Bhf→14 km

✉ 39050 · Freigasse 8 · ☎ +39 0471 1 55 11 90
Saltino Bistro, Arrangements, Zimmerpreise inkl. Halbpension
32 km
info@hotel-saltus.com · www.hotel-saltus.com ·

23 **DZ** ab 410,00 €;
1 **EZ** ab 240,00 €;
3 **Suiten** ab 558,00 €

Über das Hotel "Saltus" zu schreiben, ist das eine, das Haus und sein Konzept zu erleben, das andere. Wem Nachhaltigkeit, Achtsamkeit und bewusstes Leben auch im Urlaub wichtig sind, sollte hier unbedingt einen Aufenthalt planen. In einer Höhenlage von 1.100 Meter zwischen Dolomiten, Salten und ganz nah bei Bozen, eingebettet in einen Wald, findet sich dieses außergewöhnlich gestaltete Hotel mit seiner besonderen Dynamik zwischen Natur und Architektur. Auf verschiedenen Höhen bieten zahlreiche Plattformen im Innen- und Außenbereich unterschiedliche Blickwinkel auf die umliegende, waldreiche Landschaft. Heimische Baumaterialien wie Lärchenholz, Bienenwachs und roter Porphyr prägen das einzigartige Erscheinungsbild. Die Hotelzimmer (Preise inkl. Halbpension) sind in wunderschöner Schlichtheit gehalten, unterliegen einem durchdachten Wabi-Sabi-Stil und lassen die Philosophie im Saltus erkennen: Nachhaltigkeit, Ruhe, eins sein mit der Natur, die vor dem Fenster oder der Loggia beginnt. Zum Haus gehört eine separat liegende Wellnessanlage. Der Forest Spa mit Ein-

führungen in die bewährtesten Entspannungstechniken und vielfältigen Behandlungen ist ein Ort der Besinnung und Inspiration. Zwischen Latemar und Schlern sind ein Indoor und ein Outdoor Sky-Pool, beide ganzjährig beheizt und mit traumschönem 180° Blick auf die Dolomiten. Im Restaurant Tschögglbergerhof werden noch alte Bräuche gelebt, arbeitet das Küchenteam mit lokalen Bauern und Produzenten und präsentiert im Rahmen der Halbpension traditionelle Südtiroler Gerichte, die von der Jahreszeit geprägt sind. A-la-carte-Genuss, Kochkünste und ein geselliges Ambiente warten im Saltino Bistro.

Hervorhebenswert in seiner Kategorie

Jenesien

Zum Hirschen ⭐⭐⭐

Bhf→15 km
✉ 39050 · Schrannz 19 · ☎ (00 39) 4 71 35 41 95
Restaurant, Wein- und Fahrradwanderungen, Zimmerpreise inkl. Halbpension
info@hirschenwirt.it · www.hirschenwirt.it

16 **DZ** ab 224,00 €;
EZ ab 112,00 €;
9 **Suiten** ab 264,00 €

Nur 10 Autominuten von Bozen entfernt, liegt der "Hirschen" in herrlicher Ruhe inmitten malerischer Landschaft. Familiäre Gastfreundschaft, Komfort in den charmant eingerichteten Zimmern (Preise inkl. Haalbpension) sowie ein exklusives Wellness- und Freizeitangebot zeichnen das moderne Refugium mit traditionellen Wurzeln aus.

Kastelbell

Kuppelrain

Bhf→50 m
✉ 39020 · Bahnhofstr. 16 · ☎ +39 04 73 62 41 03
Klass., Neue u. Medit. Küche · **Tische:** 11/30 Plätze
info@kuppelrain.com · www.kuppelrain.com · f

Speisekarte: 1 Menü von 125,00 bis 145,00 €

780 Weinpos.

Schlichte Eleganz prägt das Ambiente des Gourmetrestaurants, das Familie Trafoier zu einem stilvoll-lässigen Ort des Genusses und der Begegnung gemacht hat. Ihr persönlicher Einsatz, ihre Leidenschaft und ihre Freude, Gastgeber zu sein, sind allgegenwärtig und schließt die Liebe zur Heimat gleich mit ein. Traditionen zu bewahren und gleichzeitig mit der Zeit verbunden zu sein gehört zur kulinarischen DNA, die von Sonya und Jörg Trafoier an ihre Kinder weitergegeben wurde. Und so steht Kevin Trafoier am Herd und ertüftelt ideenreiche Speisen, die ihren Ursprung im Vinschgau haben und doch immer wieder neu interpretiert werden. Viele der Zutaten werden im Jahreslauf selber gesammelt oder kommen vom Biologischen Gartenbau in Latsch, der im Übrigen auf Inklusion und Arbeitsrehabilitation setzt, und bereits vor 30 Jahren vom Land Südtirol die Auszeichnung „Wirtschaften mit der Natur" bekam. Als gelernte Sommelière hütet Sonya Trafoier den hinreißenden Weinschatz und ist gemeinsam mit Ehemann Jörg stets für die Gäste da. Tochter Nathalie liefert die verführerische Patisserie, Giulya hilft, wann immer Hilfe benötigt wird. Die Gartenterrasse mit herrlichem Blick auf blühende Stauden und Rabatten lädt zur genussreichen Auszeit ein.

Kuppelrain – Bistrot

Bhf→50 m
✉ 39020 · Bahnhofstr. 16 · ☎ +39 04 73 62 41 03
Mediterrane Bistroküche · **Tische:** 11/30 Plätze
info@kuppelrain.com · www.kuppelrain.com · f

Speisekarte: 4 Hauptgerichte ab 32,00 €; 1 Mittagsmenü zu 49,00 €; 1 Bistrot-Gourmetmenü zu 95,00 €

780 Weinpos.

Nicht nur das „Kuppelrain" kann mit großartiger Küche überzeugen, auch im "Bistrot" wird man aufmerksam bewirtet. Das Interieur ist lässig und einladend gestaltet: Warmer Holzboden, weiße Wände mit goldgerahmten Gemälden und elegant eingedeckte Tische unterstreichen die Ambition des Gesamtauftritts, der weit über ein klassisches Bistro hinausgeht. Gemeinsam mit seinem Team präsentiert Chefkoch Kevin Trafoier eine unprätentiöse, ehrliche und doch raffinierte Frischeküche. Knackige Salate, warme Pasta-Gerichte und Carpaccios werden von gut durchdachten Hauptspeisen und dem täglich wechselnden Mittagsmenü ergänzt. Natalie Trafoier ist als gelernte Konditorin und Pa-

Kastelbell

tissière für himmlische Desserts, Kuchen, Gebäck, Mehlspeisen und Eisspezialitäten zuständig. Die im Sommer im romantischen Rosengarten natürlich extra gut schmecken. Auch im Bistrot ist Mutter Sonya liebenswürdige Ansprechpartnerin für die Gäste. Sie verweist gerne auf die zum Haus gehörenden, hübschen Zimmer (165,-/185,- € f. 2 Ps. inkl. Frühstück), die ideal sind, um von hier aus per pedes oder mit dem Fahrrad den Vinschgau mit seinen malerischen Obst- und Weingärten zu erkunden.

Kastelruth

Lamm   Bhf→25 km

✉ 39040 · Dolomitenstraße 19 · ☎ +39 04 71 70 63 43
Restaurant, Bar, Café, Preise inkl. Halbpension
🍴🛏🏠🚗🏔☀💆♨🛁♿✈🏊 6,5 km
info@lamm-hotel.it · www.lamm-hotel.it · ⓕ   VISA AE ● EC

50 **DZ** ab 318,00 €
Mit "bevorzugte Lage" ist es noch zurückhaltend formuliert, wenn man das Hotel "Lamm" im Herzen von Kastelruth betrachtet: Nahe der Seiser Alm, dem größten Hochplateau Europas und Eingangstor zu den Dolomiten, oberhalb des Eisacktals gelegen, kann man im Sommer und Winter einen Urlaub verbringen, der auch hohen Ansprüchen gerecht wird. Alle Zimmer und Suiten sind mit Eichenholzböden, Balkon-Loggia oder Terrasse, einer Wohnzimmerecke sowie Bio-Klimaanlage, Flat-SAT-TV, WLAN uvm. sehr hochwertig ausgestattet. Die Preise verstehen sich inklusive Halbpension und beinhalten auch einen Tiefgaragenplatz. Eine Wellnesslandschaft mit Saunen, Dampfbad, Ruhebereich findet eine wunderschöne Erweiterung mit der Dachterrasse mit Sky Spa und Skypool über den Dächern des Ortes. Bereits die überwältigende Aussicht ist Balsam für die Seele. Egal zu welcher Jahreszeit – das Freizeitangebot ist sehr vielseitig und reicht von präparierten Pisten über Rodelbahnen bis zu tollen Wanderwegen. Fürs leibliche Wohl wird im Restaurant und Café gesorgt. Ein besonderes Highlight ist ein Besuch der "Lampl Stube".

Lampl Stube   Bhf→25 km

✉ 39040 · Dolomitenstraße 19 · ☎ +39 04 71 70 63 43
Internationale und Neue Küche · **Tische:** 3/12 Plätze
info@lamm-hotel.it · www.lamm-hotel.it · ⓕ   VISA AE ● EC

Speisekarte: 2 Menüs, 5 oder 7 Gänge von 120,00 bis 150,00 €
🍷🍷🍷🍴   200 Weinpos.
Das Interieur des Gourmetrestaurants greift das natürliche Farbspektrum der umgebenden, alpinen Landschaft auf. Holz ist in moderner Ausführung verbaut, umlaufende, gepolsterte Bänke und sanft geschwungene Sitzmöbel geben dem Raum eine Note eleganter Behaglichkeit. Ein zuvorkommender Service unter aufmerksamer Leitung von Gianluca Rovai begleitet den Restaurantbesuch und hilft bei Fragen gerne weiter. Die bleiben jedoch angesichts der faszinierenden Küche und des facettenreichen Genusses meistens aus, denn Chefkoch Marc Oberhofer kocht so leidenschaftlich, dass der Gast staunt und genießt. Die Berge sind die Inspiration für eine kulinarische Reise,

Kastelruth

in der immer der Geschmack im Mittelpunkt steht und die in zwei fulminante Menüs mit verblüffenden Kombinationen mündet. Er ist stark mit seinen regionalen Wurzeln verbunden, hat eine klare Weltsicht und lässt sich entschlossen und virtuos von Spontaneität, Instinkt und seinem ausgeprägten Geschmackssinn leiten. Die hervorragenden lokalen Rohstoffe interpretiert er mit einer zeitgenössischen Note neu, setzt mediterrane Akzente und schaut dabei immer auch über den Tellerrand. Erstklassige Weine runden die Speisen vollmundig ab.

Bhf→15 km
Chalet Tianes - Alpine Relax

✉ 39040 · St. Michael 3/2 · ☎ +39 04 71 70 80 82 · Fax: 70 88 18 · HP-Rest. m. Reg. u. Mediter. Küche, Terrasse, Lounge, Zi.-Preise inkl. 3/4-Pension
info@hotel-tianes.com · www.hotel-tianes.com   *VISA* AE ● ●

21 **DZ** ab 286,00 €;
als **EZ** ab 286,00 €;
9 **Suiten** ab 303,00 €

Umgeben von herrlicher Naturlandschaft, kann man in diesem Hotel zu jeder Jahreszeit unbeschwerte Urlaubstage verbringen. Die Gäste logieren in stilvoll eingerichteten Komfortzimmern (Preise inkl. 3/4 Pension) und können die gepflegte Saunalandschaft nutzen.

Klausen

Bhf→3 km
Unterwirt

✉ 39043 · Nr. 45 · ☎ +39 04 72 84 40 00 · Fax: 84 40 65
Internationale u. Regionale Küche · **Tische:** 11/30 Plätze   *VISA* AE ● ●
info@unterwirt-gufidaun.com · www.unterwirt-gufidaun.com

Speisekarte: 2 Hauptgerichte von 38,00 bis 42,00 €; 2 Menüs zu 98,00 €
276 Weinpos.

Familiär geht es in den charmanten Gaststuben bei Cornelia – ausgezeichnete Sommelière – und Thomas Haselwanter zu. Letzterer steht am Herd und sorgt für eine raffinierte und authentische Landesküche, die er ideenreich mit mediterranen Elementen ergänzt.

Lana
♜ Gschwangut

Bhf→2,5 km

✉ 39011 · Treibgasse 12a · ☎ +39 04 73 56 15 27 · Fax: 56 41 55 · Rest. m. Intern. u. Region. Küche, Zi.-Pr. inkl. Frühst., Bar m. Kaminzimmer, Wintergarten, Park
info@gschwangut.com · www.gschwangut.com   *VISA* ● ●

DZ ab 208,00 €;
als **EZ** ab 140,00 €;
15 (**Jui.**-)**Suiten** ab 264,00 €

Dieses familienfreundliche Hotel mit herrlicher, mediterraner Gartenanlage und einem vielfältigen Freizeit- und Wellnessangebot ist ideal, um unbeschwerte Ferientage zu genießen.

Lana

Vigilius Mountain Resort

Bhf→6 km

✉ 39011 · Vigiljoch · ☎ +39 04 73 55 66 00 · Fax: 55 66 99 · Stube "Ida", Restaurant "1500", Lounge, Bar, Terrassen, Spa, Zi.-Preise inkl. Frühstück
info@vigilius.it · www.vigilius.it

VISA AE ● ☰

35 **DZ** ab 405,00 €;
als **EZ** ab 305,00 €
6 **Suiten** ab 545,00 €

Das edle Hotel lebt mit der Natur als Vorbild. Die Wärme der Materialien Holz, Lehm und Leinen spiegelt sich in der natürlichen Herzlichkeit und dem übers bordenen Komfort wider. Der imposante Ausblick auf die Dolomiten macht den Aufenthalt perfekt.

Mals

♛ Weisses Kreuz

Bhf→3 km

✉ 39024 · Burgeis 82 · ☎ +39 0473 83 13 07
Restaurant, Bar, Kaminzimmer, Zimmerpreise inkl. Halbpension

info@weisseskreuz.it · www.weisseskreuz.it ·

VISA ● ☰

25 **DZ** von 300,00 bis 360,00 €;
22 **Suiten** von 360,00 bis 500,00 €

Wie lange es das Weisse Kreuz in Burgeis schon gibt, kann heute niemand mehr so genau sagen. Aber als Krämerladen, Gastwirtschaft und Traditionshotel war es schon immer ein Ort der Begegnung und der Gastfreundschaft. An der Via Claudia Augusta, einer legendären Handelsroute aus der Römerzeit gelegen, ist das Weisse Kreuz von einer bewegten Geschichte geprägt, treffen sich hier Vergangenheit und Zukunft. Zum Anwesen gehört auch das über 800 Jahre alte Haus des Ansitz zum Löwen, das 2011 aus seinem Dornröschenschlaf geweckt und in enger Zusammenarbeit mit dem Südtiroler Denkmalamt zu einer einzigartigen Symbiose aus historischer Bausubtanz und zeitgenössischer Architektur wurde. Visionen wurden zur Realität und heute ist hier eine einzigartige historische Unterkunft mit jahrhundertealten, kunstvoll geschnitzten Holzdecken, gotischen Bauernstuben, erlesenen Suiten und einem traumschönen Wohlfühlbereich mit Fitness-, Yoga- und Meditationsraum und einem Garten mit Infinity Pool. Das ganze Ensemble beherbergt eine Wellnessoase, charmante Zimmer und Suiten mit einer sehr stil- und geschmackvollen Innenausstattung, das Fine Dining Restaurant, Dorfcafé und einen Feinkostladen. Das Weisse Kreuz ist der perfekte Ausgangspunkt, um zu jeder Jahreszeit das Vinschgau, eine der schönsten Kulturlandschaften Europas, zu erkunden.

Mals

Bhf→3 km ♜ **Weisses Kreuz – Mamesa**

✉ 39024 · Burgeis 82 · ☎ +39 0473 83 13 07
Moderne Crossover Küche · **Tische:** 5/14 Plätze
info@weisseskreuz.it · www.weisseskreuz.it · f

Speisekarte: 3 Hauptgerichte von 45,00 bis 55,00 €; 1 Menü von 140,00 bis 170,00 €
♥♥♥🦞🦞

„Mesa" ist rätoromanisch für „Tisch" und wird mit den zwei Anfangsbuchstaben des Chefkochs Marc Bernhart zu „Mamesa" kombiniert. So kommt zusammen, was zusammenpasst, denn dass Marc Bernhard fürs Kochen brennt, entdeckte er schon als Jugendlicher im Gasthof der Tante. Seine Leidenschaft wurde an illustren Karrierestationen zum Beruf, den er zur Begeisterung der Gäste im Gourmetrestaurant des Hotels „Weißes Kreuz" ausführt. Große Glasfronten dominieren das schlichte, erlesen gestaltete Interieur und erlauben einen weiten Blick auf das hinreißende Bergpanorama der Ostalpen. Nicht weniger beeindruckend ist der Blick auf die Teller, die aus der Küche von Marc Bernhart kommen. Mit Sorgfalt und hohem Qualitätsanspruch kauft er die erstklassigen Zutaten vorzugsweise in der Region ein, greift aber auch auf edle Produkte aus anderen Ländern und Gewässern zurück. Sein Kochstil passt in keine vorgefertigte Schublade, denn Marc Bernhart lässt sich von den Jahreszeiten, Impressionen aus aller Herren Länder, Alpe-Adria Elementen und eigenen Lieblingsspeisen inspirieren. Präzise, kunstfertig und mit großem Ideenreichtum gelingen ihm leichte, expressive und unverfälschte Menüfolgen. Ein sehr freundlicher Service unter liebenswürdiger Leitung von Jennifer Unterweger begleitet den Restaurantbesuch. Gastgeberin Mara Theiner berät mit viel Feingefühl und Expertise zu den korrespondierenden Weinen.

Marling bei Meran

Bhf→3 km **Giardino Marling**

✉ 39020 · St.-Felixweg 18 · ☎ +39 04 73 44 71 77 · Fax: 44 54 04
Restaurant, attraktive Arrangements rund ums Jahr, Zi.-Preise inkl. HP
🍽🚲♿🅿🚭🛁⛷🏊🧖♨♒☂🕐↻🛎
info@giardino-marling.com · www.giardino-marling.com

28 **DZ** ab 452,00 €;
2 **EZ** ;
8 **Suiten** ab 506,00 €
In einer grünen Oase der Ruhe wohnt der Gast dieses Hotels in stilvollen Räumen (Preise inkl. Gourmethalbpension). Im Restaurant bereitet Erlesenes aus Küche und Keller Gaumenfreude.

Meran

♜ Castel Rundegg

Bhf→2,5 km

✉ 39012 · Schennastraße 2 · ☎ +39 04 73 23 41 00 · Fax: 23 72 00 · Rest. mit Klassischer und Reg. Küche, Bar, Lesezimmer, Garten, Zi.-Preise inkl. Frühst.
info@rundegg.com · www.rundegg.com   VISA AE ● E

19 **DZ** ab 310,00 €;
6 **EZ** ab 175,00 €;
5 (**Jui.-**)**Suiten** ab 404,00 €

Das Schlosshotel bietet ein romantisch-stilvolles Ambiente, einen weitläufigen Garten, eine große Wellness- und Spa-Anlage sowie großzügig geschnittene, individuell und sehr exklusiv eingerichtete, behagliche Zimmer (Preise inkl. Frühstücksbuffet).

♜ Relais & Châteaux Castel Fragsburg
Bhf→8 km

✉ 39012 · Via Fragsburg 3 · ☎ +39 04 73 24 40 71 · Fax: 24 44 93 · Frühstück Royale (im Zi.-Preis inkl.), Alchemistisches Heilspa, Schlossgarten mit beheiztem Außenpool
info@fragsburg.com · www.fragsburg.com · f   VISA AE ● E

2 **DZ** ab 490,00 €;
18 (**Jui.-**)**Suiten** ab 538,00 €

Eingebettet in einen 50.000 m² großen Schlosspark liegt das charmante Relais & Châteaux Hotel mit seinen 20 Zimmern hoch über Meran auf einem privaten Hügel. Die Inhaberfamilie Ortner und ihr Team sorgen engagiert für das Wohl der Gäste. Das alchemistische Heilspa, das erste seiner Art auf der Welt, bietet einzigartige Anwendungen und das Gourmet Restaurant Prezioso kulinarische Glücksmomente.

♜ Relais & Châteaux Castel Fragsburg – Prezioso

Bhf→8 km

✉ 39012 · Via Fragsburg 3 · ☎ +39 04 73 24 40 71 · Fax: 24 44 93
Neue Küche · **Tische:** 4/14 Plätze
info@fragsburg.com · www.fragsburg.com   VISA AE ● E

Speisekarte: 1 Menü zu 185,00 €
🍷🍷🍷🍇🍇

Chefkoch Egon Heiss präsentiert eine aromenstarke Küche, die ihre kulinarischen Wurzeln in der Region hat und bevorzugt auf heimischen Zutaten basiert. Die höchst kreativen Speisen sind eine Reduktion auf das Wesentliche und spiegeln sein Motto "Perfektion der Einfachheit" wider.

Sissi - Andrea Fenoglio

Bhf→500 m

✉ 39012 · Galileistraße 44 · ☎ +39 04 73 23 10 62 · Fax: 23 74 00
Eigene Kreationen · **Tische:** 12/50 Plätze   VISA ● E
sissi@andreafenoglio.com · www.sissi.andreafenoglio.com

Speisekarte: 3 Hauptgerichte zu 39,00 €;
3 Menüs von 105,00 bis 125,00 €
🍷🍷🍷🍇🍇   500 Weinpos.

Ein Besuch im "Sissi" ist ein Rundumerlebnis. Ob Speiseraum oder Stube – Chefkoch Andrea Fenoglio entführt seine Gäste in eine Welt, die kulinarische Traditionen und Avantgarde umfasst.

Montan

Luisa Gourmet

✉ 39040 · Klammweg 3 · ☎ +39 04 71 143 00 95
Eig. Kreationen · **Tische:** 5/22 Plätze   VISA AE ● E
info@mannaresort.it · www.mannaresort.it

Speisekarte: 1 Menü von 98,00 bis 138,00 €
🍷🍷🍷🍷🍇🍇   500 Weinpos.

Chefkoch Michele Iaconeta vereint regionale Zutaten mit mediterranen und orientalischen Inspirationen. Serviert werden die unwiderstehlichen Gourmetmenüs in einem ausgesprochen edlen Ambiente.

Montan

Manna Resort

✉ 39040 · Klammweg 3 · ☎ +39 04 71 143 00 95
Restaurant, Bar, Bistro, Arrangements, Preise inkl. Frühstück
🏴7 km   VISA AE ◐ ● ▣
info@mannaresort.it · www.mannaresort.it

3 **Chalets** ab 770,00 €
Das exklusive Manna Resort ist umgeben von Alpengipfeln und bezaubert mit einem weiten Blick auf das grüne Etschtal. Elegante Junior Suiten und Chalets voller Komfort, ein erholsamer Spa-Bereich und exklusive Restaurants runden den Aufenthalt ab.

Oberbozen

♜ Holzner – 1908

Bhf → 20 km

✉ 39054 · Dorf 18 · ☎ +39 04 71 34 52 32 · Fax: 34 55 93
Regionale Küche · **Tische:** 7/25 Plätze   VISA AE ◐ ●
info@restaurant1908.com · www.restaurant1908.com

Speisekarte: 1 Menü von 90,00 bis 162,00 €
♥♥♥🍷 400 Weinpos.
„Holzner – 1908", der Name des Restaurants verweist aufs Gründungsjahr des Park-Hotel Holzner. Ein Jahr, in dem Künstler und Vorreiter des Jugendstils auch in Südtirol mit visionären Ideen für eine neue Lebensart und Formensprache eintraten. Mit Hilfe des Brixener Architekturbüros BergmeisterWolf wurde diese Vorstellung, etwas Neues im Alten, einen Ort der Freiheit, Neugier und Lebensfreude zu schaffen, auch aufs Restaurant übertragen. Mit wertigen Materialien, blanken Tischen aus hellem Holz, Stühlen aus weißem und einer dunkelgrünen Wand mit Sprossenregalen sehr schlicht und puristisch gestaltet, lädt es mit lässiger und weltoffener Atmosphäre die Gäste ein, die Küche von Chefkoch Stephan Zippl kennenzulernen. Als gebürtiger Rittener sind ihm viele der Bauernhöfe, Almen und Jagden, die Zulieferer für das vielseitige Warenangebot in seiner Küche sind, lange bekannt. Er blickt weit über den regionalen Tellerrand hinaus und lässt sich von modernen Küchentechniken ebenso inspirieren wie von kulinarischen Strömungen aus aller Welt. Er kreiert Speisen, die man mit alpin-innovativ beschreiben kann und hat mit Fleiß, Neugierde und Fantasie seinen ganz eigenen Stil entwickelt. Seine Küche basiert auf vier Komponenten – süß, sauer, pikant, knusprig –, die immer wieder in den ausgeklügelten Menükompositionen auftauchen und harmonisch zusammenfinden. Als umsichtiger und zugewandter Restaurantleiter begleitet Markus Schnitzer mit seinem Team die Gäste durch den Abend.

 Dieses Restaurant bietet Ihnen ein gutes Genuss-/Preisverhältnis.

Oberbozen

♜ Parkhotel Holzner Bhf→17 km

✉ 39054 · Dorf 18 · ☎ +39 04 71 34 52 31 · Fax: 34 55 93
Park, Bibliothek, Vinothek, Zi.-Preise inkl. Genießer-HP, Arrangements
info@parkhotel-holzner.com · www.parkhotel-holzner.com

21 **DZ** ab 310,00 €;
als **EZ** ab 155,00 €;
2 **EZ** ab 180,00 €;
29 **Suiten** ab 344,00 €

Am Südhang des Rittner Hochplateaus gelegen, geht der Blick ungehindert auf die hinreißend schöne Südtiroler Bergwelt und die weichen Hügel und Weinberge im südlichen Unterland. Im "Parkhotel Holzner", das sich seit über 100 Jahren und in nunmehr vierter Generationen in Familienbesitz befindet, trifft alpiner Jugendstil auf die klaren Linien der Moderne. Das architektonisch ungemein reizvolle Haus hat sich seine Geschichte bewahrt und dem neuen Zeitgeist dennoch nie verweigert. Viele erhaltene Einrichtungsdetails wie z. B. originale Thonet-Möbel verbinden sich mit modernen Elementen. Die Zimmer und Suiten sind höchst individuell gestaltet und ein zauberhaftes Zuhause auf Zeit (Preise inkl. Genießer-HP). Bibliothek und WLAN haben ebenso ihren Platz wie der veritable Weinkeller oder Holzidragos Zirkuszelt mit einem durchdachten Unterhaltungsprogramm für Kinder. Ein sehr gepflegter Spa-Bereich mit Pool-Landschaft, Saunen, Hamam, Behandlungen und Massagen lässt keine Entspannungswünsche mehr offen. Besondere Erwähnung verdient das hochengagierte Serviceteam, das zusammen mit Familie Holzner stets bemüht ist, jedem Gast einen maßgeschneiderten und angenehmen Aufenthalt zu bereiten.

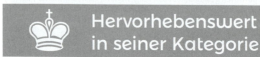

Hervorhebenswert in seiner Kategorie

Olang

Mirabell Bhf→1 km

✉ 39030 · H.-v.-Perthaler-Str. 11 · ☎ +39 04 74 49 61 91 · Fax: 49 82 27
HP-Rest., Lobby mit Bar, Terrasse, Zi.-Preise = 3/4-Verwöhnpension
hotel@mirabell.it · www.mirabell.it

5 **DZ** ab 304,00 €;
3 **EZ** ab 167,00 €;
38 **Juniorsuiten** ab 328,00 €;
9 **Suiten** ab 378,00 €

In diesem luxuriösen Wellness-Hotel erlebt man die Leichtigkeit des Seins. Die edel und freundlich gestalteten Komfortzimmer garantieren erholsame Nächte nach ereignisreichen Tagen in der reizvollen Umgebung.

Pfalzen

Pfalzen

Schöneck

Bhf→10 km

✉ 39030 · Schloss-Schöneck-Str. 11 · ☎ +39 04 74 56 55 50
Reg., Int. und Neue Küche, eig. Kreat. · **Tische:** 19/60 Plätze
info@schoeneck.it · www.schoeneck.it

Speisekarte: 8 Hauptgerichte von 28,00 bis 42,00 €; 1 Menü von 89,00 bis 99,00 €
624 Weinpos.
Historische Südtiroler Bauernstuben sind die Bühne für den großen Küchenauftritt von Karl Baumgartner. Seine Küche ist grundehrlich und raffiniert zugleich, die Speisen sind in der Region verwurzelt, werden aber kunstvoll zu innovativen Neuinterpretationen.

Rabland / Partschins

♜ Hanswirt

Bhf→1 km

✉ 39020 · Geroldplatz 3 · ☎ +39 04 73 96 71 48 · Fax: 96 81 03 · Bauernstube, reichhaltiges Frühstück (im Zimmerpreis inkludiert), Fahrradverleih
info@hanswirt.com · www.hanswirt.com

12 **DZ** ab 316,00 €;
10 (**Jui.-**)**Suiten** ab 356,00 €
Mitten in der phantastischen Bergwelt des Vinschgau steht dieses traditionsreiche Hotel und erzählt von seiner abwechslungsreichen 400-jährigen Wirtshauskultur und großer Gastfreundschaft. Mit viel Sinn für Harmonie und Liebe zum Detail sind die komfortablen Zimmer ausgestattet.

♜ Hanswirt

Bhf→1 km

✉ 39020 · Geroldplatz 3 · ☎ +39 04 73 96 71 48 · Fax: 96 81 03
Mediter., Intern., Reg. Küche · **Tische:** 30/80 Plätze
info@hanswirt.com · www.hanswirt.com

Speisekarte: 8 Hauptgerichte ; 6 Tagesgerichte
183 Weinpos.
Das "Hanswirt" ist ein Gasthaus im klassischen Sinne und man fühlt sich hier einfach sofort rundum wohl. Das liegt zum einen an der urgemütlichen Stuben-Einrichtung, und natürlich vor allem an den unverfälschten Speisen, die von Matthias Laimer sehr kreativ zubereitet werden.

Sarntal

♜ Terra

✉ 39058 · Prati 21 · ☎ 04 71 62 30 55
Regionale und Neue Küche · **Tische:** 7/24 Plätze
info@terra.place · www.terra.place

1012 Weinpos.
Die umgebende Natur ist ein Fixpunkt im niveauvoll gestalteten Restaurant. Hier beherrscht Chefkoch Heinrich Schneider die Klaviatur der großen Küche. Er arbeitet mit Virtuosität und großer Kunstfertigkeit, die in ausgeklügelte, sehr naturnahe Speisen münden.

Terra The Magic Place

Bhf→23 km

✉ 39058 · Auen/Prati 21 · ☎ +39 04 71 62 30 55 · Restaurant, Bar, Bistro, Terrasse, Arrangements, Zimmerpreise inkl. Gourmetfrühstück
info@terra.place · www.terra.place

8 **DZ** ab 342,00 €;
2 (**Jui.-**)**Suiten** ab 479,00 €
Ein magischer Ort, um Stille zu genießen. Mitten in der Natur mit atemberaubender Aussicht auf die Dolomiten liegt das von den Geschwistern Gisela und Heinrich Schneider sehr persönlich geführte Hotel mit äußerst geschmackvoll eingerichteten Zimmern und einem kleinen, heimeligen Wellnessbereich.

Schenna

Schenna

Hohenwart

Bhf→6 km

✉ 39017 · Verdinserstraße 5 · ☎ +39 04 73 94 44 00 · Fax: 94 59 96
Restaurant, Kaminhalle, Vinothek, Terrasse, Zi.-Preise inkl. Verwöhnpension
info@hohenwart.com · www.hohenwart.com   VISA

68 **DZ** ab 346,00 €;
14 **EZ** ab 143,00 €;
18 **Suiten** ab 404,00 €

Oberhalb Merans in sonniger Panoramalage, bietet das Haus eine gelungene Mischung aus typischer Südtiroler Tradition und stilvoller Moderne, aus ganzheitlichem Wellness-Erlebnis und exzellenter Küche. Die Preise verstehen sich inklusive der Verwöhnpension.

St. Martin (bei Meran)

Quellenhof Luxury Resort Passeier

Bhf→12 km

✉ 39010 · Pseirerstraße 47 · ☎ +39 04 73 64 54 74 · Fax: 64 54 99 · Gourmetrest, Teppanyaki-Rest., 9 Stuben, von Anfang Jan.-Ende Februar geschlossen
info@quellenhof.it · www.quellenhof.it   VISA

50 **DZ** ab 500,00 €;
10 **EZ** ab 250,00 €;
40 **Suiten** ab 530,00 €;
10 **Chalets** ab 1500,00 €

Das inmitten üppiger Wiesen und Wälder, nur wenige Autominuten von Meran entfernt liegende Quellenhof Luxury Resort Passeier ist ein hinreißend schönes und perfekt konzipiertes Urlaubs-Paradies für die ganze Familie. Überall erwarten den Gast auserlesene Zimmer, Suiten und Chalets mit erstklassiger Ausstattung, zeitgemäßem Komfort und je nach Kategorie exklusiven Extras wie Sauna, Loggia oder Dachterrasse (die Preise verstehen sich inkl. Gourmet-Halbpension). Die Fülle der Freizeitmöglichkeiten ist schlicht hinreißend. Hier kann man Wellnessurlaub auf über 10.500 m² verbringen. Alleine, zu Zweit oder mit den Kindern. Für die gibt es den Aqua Family Parc, den Miniclub mit Betreuung und Animation, ein Sportcamp, Kinderkurse uvm. Auf die großen Gäste warten top gepflegte Tennisplätze, Sauna-, Wasser- und Ruhe-Welten, Wellnessanwendungen, Heil- und Pflegeanwendungen, ein Medical Center, Massagen und ästhetische Medizin – eigentlich gibt es in diesem Urlaubs-Resort der Extraklasse nichts, was es nicht gibt. Natürlich auch eine breite gastronomische Palette – u. a. mit der "Quellenhof Gourmetstube 1897". In nur einem Urlaub kann man die fantastischen Angebote kaum alle nutzen und so wird man angesichts der vielen Möglichkeiten und familiären Atmosphäre sehr gerne zum Wiederholungstäter.

 Dieses Restaurant bietet Ihnen eine exzellente Küche.

St. Martin (bei Meran)

Bhf→12 km ### Quellenhof Gourmetstube 1897

✉ 39010 · Pseirerstraße 47 · ☎ +39 04 73 64 54 74 · Fax: 64 54 99
Alpin-Mediterrane Küche · **Tische:** 5/15 Plätze
info@quellenhof.it · www.quellenhof-gourmetstube1897.it

Speisekarte: 1 Menü von 125,00 bis 155,00 € 🍴🍴🍴 🍇🍇🍇 1200 Weinpos. Zeitlose Moderne und zurückhaltende Eleganz prägen das Interieur des Restaurants "Gourmetstube 1897", das mit edlen Naturmaterialien, warmen Farbtönen, offenen Weinregalen, expressiven Bildern und avantgardistischen Lampen gestaltet ist, und im Namen das Gründungsjahr des „Quellenhof" gleich mitliefert. Dieser langen Tradition fühlt Chefkoch Michael Mayr sich so eng verbunden, dass sie in sein Küchenkonzept und seine Speisen einfließt. Die Bio-Produkte für seine Küche kauft er in erntefrischer, kompromisslos guter Qualität bei Bauern und Produzenten aus Südtirol ein. „Back to the Roots" ist die sorgsam und konzentriert umgesetzte Philosophie, Nachhaltigkeit, Tierwohl und zero waste gehören dazu. Das ist keine Einschränkung für Michael Mayr, vielmehr kitzelt sie sein Können zusätzlich, wenn er mit den ausgesuchten Zutaten alpin-mediterrane Speisen kreiert, in denen Traditionelles auf Zeitgeist trifft. Kräuter aus dem eigenen Garten setzen das aromatische i-Tüpfelchen (und können auf Kräuterwanderun-

gen mit der Küchen-Crew entdeckt werden). Die alles umfassende Klammer sind unverfälschte, ehrliche Zubereitungen, gerne mit jahreszeitlichem Bezug und immer in bildschöner Optik. Matteo Lattanzi gibt als umsichtiger Maître gerne nähere Auskunft zu den Speisen und berät zu den passenden Weinen, die in verführerischer Fülle und Top-Qualität warten. Im Weinkeller mit Bruchsteinwänden, unzähligen Holzregalen, Fässern und über 20.000 Flaschen werden auch Verkostungen angeboten.

St. Ulrich / Gröden

Bhf→36 km ### Relais & Châteaux Gardena Grödnerhof

✉ 39046 · Vidalongstraße 3 · ☎ 04 71 79 63 15 · Fax: 79 65 13
Gourmetrestaurant, Hotelbar, Weinkeller, Kinderclub, Kamin-Lobby, SPA
info@gardena.it · www.gardena.it

48 **DZ** ab 582,00 €;
6 **Suiten** ab 783,00 €
Die Atmosphäre von unaufdringlichem Luxus und traditionellen alpinen Details schafft Behaglichkeit und Freiräume im Grödnerhof. Die Komfortzimmer (Preise

St. Ulrich / Gröden

inkl. Frühstück) sind ein Refugium der Ruhe. Ein exklusives Spa und Möglichkeiten der Freizeitgestaltung zu jeder Jahreszeit gehören zum Angebot.

"Anna Stuben" Gourmet Restaurant

Bhf→13 km

✉ 39046 · Via Vidalong 3 · ☎ +39 04 71 79 63 15 · Fax: 79 65 13
Kreative u. innovative Küche · **Tische:** 7/25 Plätze
info@gardena.it · www.gardena.it

Speisekarte: 6 Hauptgerichte von 40,00 bis 62,00 €; 3 Menüs zu 180,00 €

750 Weinpos.

Die Gestaltung der Anna-Stube ist alpine Romantik pur. Chefkoch Reimund Brunner arbeitet leidenschaftlich mit heimischen Zutaten und kreiert expressive, aromastarke Speisen. Aus den drei Menüs kann auch à la carte gewählt werden.

Steinhaus im Ahrntal

LUNARIS 1964 Gourmet Restaurant

Bhf→30 km

✉ 39030 · Hittfeld 1a · ☎ +39 04 74 65 21 90
Regionale und Internationale Küche · **Tische:** 4/12 Plätze
lunaris@wellnessresort.it ·

Speisekarte: 2 Menüs von 124,00 bis 144,00 €

250 Weinpos.

Vor einem halben Jahrhundert, im Jahre 1964 begann die gastronomische Tätigkeit von Familie Steger, die ihr gastronomisches Reich nach dem großen Umbau und der Wiedereröffnung vor sieben Jahren LUNARIS nannte. So berücksichtigt der Name „LUNARIS 1964" beide Ankerpunkte, treffen sich in ihm Moderne und Tradition. Eine gelungene Verbindung, die auch in der facettenreichen Küche von Matthias Kirchler zu finden ist. Seine Speisen sind in der Region verwurzelt, bekommen aber dank Können, Neugierde und Experimentierfreude ein neues Gewand und erscheinen in leichter und genussreicher Ausführung. Bevorzugt kommen heimische Produkte zum Einsatz, internationalen Zutaten versperrt er sich nicht, nicht verhandelbar hingegen ist deren kompromisslos gute Qualität. Dass er dabei nach dem Prinzip "nose to tail" arbeitet, ist für ihn auch eine Frage der Nachhaltigkeit und des Respektes. Mit vielseitigen Ideen stellt er ein zwölfgängiges, alpin-mediterranes Menü – auch in vegetarischer Variante – zusammen, bei dem das "FINE" von Fine-Dining großgeschrieben werden muss. Das zugewandte und liebenswürdige Serviceteam begleitet durch den Abend und berät kompetent zur top sortierten Weinkarte.

LUNARIS Wellnessresort

Bhf→30 km

✉ 39030 · Hittfeld 1a · ☎ +39 04 74 65 21 90
Restaurant, Sky Bar & Lounge, Vinothek, Zi.-Preise inkl. VP, Arrangements
lunaris@wellnessresort.it · www.wellnessresort.it ·

DZ ab 406,00 €;
Suiten ab 440,00 €;
Familiensuiten ab 440,00 €

Das Lunaris Wellnessresort beeindruckt mit seiner Großzügigkeit. Die Lobby, der Zuschnitt der Zimmer, die Außenanlagen:

Steinhaus im Ahrntal

hier ist Platz zum Atmen, nichts steht einem Urlaub abseits ausgetretener Pfade im Weg. Im Herzen der Skiworld Ahrntal, neben der Kabinenbahn und den Pisten der Skiarena Klausberg gelegen, wird der Winter inmitten der wunderschönen Schneelandschaft zu einer bevorzugten Jahreszeit. Aber auch im Sommer ist das exklusive Lunaris Wellnessresort ein Ort, an dem man den Alltag vergisst, sich verwöhnen lässt und "runterkommt". Der Gast logiert in individuell eingerichteten Zimmern, die modern gestaltet sind und mit wertigen Naturmaterialien einen unmittelbaren Bezug zur Alpenregion herstellen (Preise inkl. Vollpension). Der Wellnessbereich ist eine Welt für sich. Auf über 5000 m² gibt es Saunen, Eisbecken, Fitnessangebote, Beauty-Treatment-Behandlungsräume, Family-Spa, Juniorclub und Wasser, immer wieder Wasser: Gleich sechs In- und Outdoor-Pools für kleine und große Gäste erwarten den Besucher. Highlight ist fraglos der Sunset-Sky-Pool: Er verschmilzt gleichsam mit der alpinen Bergwelt und bietet einen Weitblick, der magisch anmutet. Ein ungemein herzliches und top geschultes Serviceteam begleitet den Aufenthalt, steht den Gästen jederzeit zur Verfügung, gibt Tipps zum vielseitigen Freizeitangebot und trägt zur Erholung in diesem luxuriösen Hideaway mit exklusivem Ambiente bei.

Sterzing

Bhf→1 km

arbor Stube

✉ 39049 · Geizkoflerstraße 15 · ☎ +39 04 72 76 42 41 · Fax: 76 51 28
Regionale und Mediterrane Küche · Tische: 6/25 Plätze
info@arbor.bz.it · www.arbor.bz.it

Speisekarte: 2 Hauptgerichte von 28,50 bis 29,50 €; 1 Menü von 68,00 bis 85,00 € 200 Weinpos.
Wer einmal in der „arbor Stube" eingekehrt ist, wird es nicht vergessen, so wunderschön ist sie eingerichtet, so exquisit ist die Küche. Die historische Zirnstube ist eine der ältesten Gaststuben Sterzings und bezaubert mit Dielenboden, Holzverkleidung, imposantem Kachelofen und edel eingedeckten Tischen. Patron Armin Siller hat sein Handwerk von der Pike auf gelernt. Er nutzt bevorzugt Waren von einheimischen Bauern und Erzeugern, Wild kommt aus den umliegenden Jagdrevieren, geräuchert wird gerne selber. Er ergänzt die in der Region verwurzelten Speisen mit modernen, italienischen Elementen und lässt sich zusätzlich von den wechselnden Jahreszeiten zu aromenstarken, saisonalen Spezialitäten in-

spirieren. Übers Jahr verteilt gibt es verschiedene Themenwochen, während der man ein speziell abgestimmtes Menü entdecken kann. Ehefrau Doris leitet den Service mit lebendiger Natürlichkeit und ist als diplomierte Sommelière die rich-

Sterzing

tige Ansprechpartnerin, wenn es um begleitende Weine – mit Südtiroler Schwerpunkt – geht. Mit einem vielseitigen Catering sorgt das arbor-Team auch für ein kulinarisches Gelingen außer Haus. Der malerische Gastgarten macht den Restaurantbesuch zu einem Freiluftvergnügen. Ein kleiner, charmant gestalteter Saal steht für Veranstaltungen bereit.

♜ Kleine Flamme
Bhf→500 m

✉ 39049 · Neustadt 31 · ☎ +39 04 72 76 60 65 · Fax: 76 60 65
Internationale Küche, eig. Kreationen · **Tische:** 7/30 Plätze
info@kleineflamme.com · www.kleineflamme.com
VISA

Speisekarte: 4 Hauptgerichte
❀❀❀ 113 Weinpos.
Kulinarischer Weltenbummler und Chefkoch Burkhard Bacher entführt seine Gäste in eine Welt der italienischen, thailändischen, japanischen oder französischen Aromenvielfalt. Mit viel Feingefühl und Enthusiasmus schafft er spannende Geschmackssynergien, die voller Überraschungen stecken.

Terlan

♜ Patauner
Bhf→500 m

✉ 39018 · Bozner Straße 6 · ☎ +39 04 71 91 85 02
Landestypische Küche · **Tische:** 16/50 Plätze
restaurant-patauner@rolmail.net · www.restaurant-patauner.net
VISA AE

Speisekarte: 18 Hauptgerichte von 15,00 bis 22,00 € ❀❀❀ 132 Weinpos.
Seit vier Generationen erwartet den Gast im rustikal-behaglich eingerichteten Restaurant herzliche Gastlichkeit. Dafür sorgt Familie Patauner mit großem Engagement. Vater Heinz und Sohn Florian kochen wunderbar ehrlich und aromenstark, nutzen saisonale, heimische Zutaten und stellen vieles selber her.

Tisens/Tesimo

♜ Zum Löwen
Bhf→3 km

✉ 39010 · Hauptstraße 72 · ☎ +39 04 73 92 09 27 · Fax: 92 73 12
Regionale, Neue u. Mediterrane Küche · **Tische:** 13/35 Plätze
zumloewen@rolmail.net · www.zumloewen.it
VISA

Speisekarte: 6 Hauptgerichte von 24,00 bis 35,00 €; 1 Menü von 98,00 bis 130,00 €
❀❀❀❀❀❀ 325 Weinpos.
Echte Leidenschaft ist die halbe Miete, wenn man etwas Besonderes tun möchte. Anna Matscher war vor Jahrzehnten Quereinsteigerin mit dem brennenden Wunsch zu kochen und hat sich zur Freude ihrer Gäste nicht davon abbringen lassen. Ihre Speisen sind Ausdruck überbordender Fantasie und großer Handwerkskunst.

Tscherms / Meran

♜ Miil
Bhf→5 km

✉ 39010 · Gampenstr. 1 · ☎ +39 04 73 56 37 33
Reg. u. Neue Küche, eig. Kreat. · **Tische:** 16/45 Plätze
info@miil.info · www.miil.info
VISA

Speisekarte: 4 Hauptgerichte; 4 Tagesgerichte; 1 Menü
❀❀❀ 244 Weinpos.
Chefkoch Daniel Werth verarbeitet möglichst nur biologische und fair erzeugte Produkte und begeistert seine Gäste mit einer ambitionierten Saisonküche, die sich auf das Wesentliche konzentriert: Geschmack und nachhaltigen Genuss.

Villanders

Villanders

♛ Ansitz Steinbock ✪✪✪✪

Bhf→5 km

✉ 39040 · Franz v. Defreggergasse 14 · ☎ +39 04 72 84 31 11 · A la Carte Frühstück im Preis inklusive, Terrasse, Zigarrenraum, Weinkeller mit 850 verschiedenen Positionen

✖ ♿ 🅿 🚂 ⚞ 🐾 ⛶ 20 km   VISA AE ● ▭

info@ansitzsteinbock.com · www.ansitzsteinbock.com · f

12 **exklusive Suiten** ab 360,00 €

Im 15. Jh. war dieses Gebäude im malerischen Eisacktal der Sitz eines alten Adelsgeschlechtes und bereits 1750 gab es hier ein Gasthaus. Die lange Historie ist stets gegenwärtig in dem wunderschönen Haus, wo herzliche Gastfreundschaft großgeschrieben wird. Die ungemein schön eingerichteten Suiten sind mehr als nur ein komfortables Zuhause auf Zeit (Preise inkl. Frühstück), sie sind individuell gestaltete Hideaways für Gäste, die das Besondere suchen. In historischen Mauern mit Honesty Bar und Private Spa ist in jedem der exklusiven Suiten eine Sauna vorhanden! Auf der Gartenterrasse bzw. Gartenlounge mitten im Dorf von Villanders trifft man sich, genießt kulinarische Häppchen oder feiert unvergessliche Feste. Das dreigeteilte Restaurantkonzept hält für jeden Geschmack etwas Passendes bereit. Die reizvolle Umgebung, so zum Beispiel die Villanderer Alm – eine der schönsten Hochalmen von Südtirol – bietet eine Fülle von verschiedenen Freizeitmöglichkeiten.

♛ Fine Dining – Defregger 👨‍🍳👨‍🍳👨‍🍳

Bhf→5 km

✉ 39040 · Franz v. Defreggergasse 14 · ☎ +39 04 72 84 31 11
Intern., Reg. u. Mediterr. Küche · Tische: 4/14 Plätze   VISA AE ● ▭
info@ansitzsteinbock.com · www.ansitzsteinbock.com · f

Speisekarte: 2 Menüs von 129,00 bis 156,00 € ♥♥♥❀❀❀ 850 Weinpos. Gleich drei unterschiedliche Restaurantkonzepte stehen im "Ansitz Steinbock" zur Auswahl: eines für Hausgäste, ein mittägliches und abendliches à la carte Angebot und Fine Dining mit Dinner-Menüs. Primus inter pares – alle Stuben sind wunderschön gestaltet – ist die 300 Jahre alte, original erhaltene, holzgetäfelte Defregger-Stube, in der sich schlichte Tischkultur mit Truhen, Schränken und aufwändig gestalteten Holztüren zu einem ganz besonders charmanten Flair verbindet. Dem optischen Genuss steht der kulinarische in nichts nach. Küchenchef René Tschager überzeugt mit traditionell zubereiteten Speisen, die elegant, kreativ und sehr durchdacht sind. Komplex im Detail, präzise, ohne Chichi, dafür mit besonde-

Villanders

ren Überraschungsmomenten, vor allem, wenn er vergessene Zubereitungsmethoden, wie z. B. das Fermentieren, zurück in die Gegenwart holt. Unter seinen Händen wird Bodenständiges zu Exklusivem, eine handwerkliche Kunst, die wahrlich nicht jeder Koch beherrscht. Und weil immer der unverfälschte Geschmack im Fokus steht, verzichtet er auf unnötige Dekorationen, sondern konzentriert sich aufs Wesentliche. In den Tiefen des historischen Weinkellers warten edle Tropfen in einer Auswahl, die den Weinkulturpreis Südtirol 2024 erhalten hat, und von Chefsommelier Bastian Winkler mit Leidenschaft kuratiert wird.

Vintl

Aktiv- und Genusshotel Lodenwirt
Bhf→700 m

✉ 39030 · Pustertaler Straße 1 · ☎ +39 04 72 86 70 00 · Fax: 86 70 70 · Reichhaltiges Frühstücksbuffet im Zimmerpreis inkludiert, Terrasse, Bar, Arrangements
info@lodenwirt.it · www.lodenwirt.it   VISA

50 **DZ** ab 138,00 €; als **EZ** ab 100,00 €
Das Hotel "Lodenwirt" inmitten alpiner Natur ist der ideale Ort, um auszuspannen und sich aktiv zu erholen. Die komfortablen Zimmer sind mit Stil behaglich eingerichtet (die Preise verstehen sich inkl. Frühstücksbuffet). Im Restaurant wartet mit Pizza, Pasta und Südtiroler Spezialitäten kulinarischer Genuss.

La Passion
Bhf→8 km

✉ 39030 · St. Nikolausweg 5/B · ☎ +39 04 72 86 85 95
Reg., Mediterr. u. Int. Küche · Tische: 5/20 Plätze
info@lapassion.it · www.lapassion.it   VISA AE

Speisekarte: 13 Hauptgerichte von 12,00 bis 34,00 €; 4 Menüs von 57,00 bis 90,00 €
250 Weinpos.
Die konzentrierten und kreativen Speisen von Patron Wolfgang Kerschbaumer sind eine Hommage an seine Südtiroler Heimat und bündeln auch immer die Vielfalt italienischer Aromen.

Völs am Schlern

♜ Romantik Hotel Turm
Bhf→15 km

✉ 39050 · Kirchplatz 9 · ☎ 04 71 72 50 14 · Fax: 72 54 74
Rest., Bar, Arrangements, Zi.-Preise inkl. Frühstück, hauseigener Golfplatz
info@hotelturm.it · www.hotelturm.it   VISA AE

29 **DZ** ab 338,00 €;
3 **EZ** ab 221,00 €;
10 **Suiten** ab 382,00 €
Im Hotel "Turm" mit gepflegter Wellnessoase lässt sich vor hinreißender Alpenkulisse in den stilvoll eingerichteten Zimmern (Preise inkl. Frühstück) und den mit unzähligen Bildern dekorierten Räumlichkeiten ein herrlicher Urlaub verbringen.

Völs am Schlern

Bhf→15 km ♖ **Romantik Hotel Turm**

✉ 39050 · Kirchplatz 9 · ☎ +39 04 71 72 50 14 · Fax: 72 54 74
Mediterrane Küche · **Tische:** 22/65 Plätze
info@hotelturm.it · www.hotelturm.it

Speisekarte: 6 Hauptgerichte; 3 Menüs ✿✿✿❀❀ 400 Weinpos.

Charmant in alpinem Stil eingerichtet, zeigt Chefkoch Mathieu Domagala im "Turm", wie kraftvoll und filigran zugleich kreative Küche sein kann. Seine durchdachten und ausbalancierten Speisen basieren auf regionalen Zutaten, die er ideenreich kombiniert.

Welschnofen

Bhf→17 km ♖ **Johannesstube**

✉ 39056 · Gummerer Str. 3 · ☎ +39 04 71 61 31 31
Reg. u. Neue Küche · **Tische:** 6/24 Plätze
booking@hotel-engel.com · www.hotel-engel.com

Speisekarte: 5 Hauptgerichte ; 1 Menü ✿✿✿❀❀ 300 Weinpos.
Was nicht selbst angebaut und gemacht wird, kommt vom Bauernhof nebenan.

Diese Produktvielfalt nutzt Chefkoch Theodor Falser für seine leidenschaftliche und expressive Küche, die seinen Anspruch „Taste nature" widerspiegelt.

Wolkenstein

Bhf→40 km **Alpenroyal Gourmet Restaurant**

✉ 39048 · Meisules 43 · ☎ +39 04 71 79 5 55 · Fax: 79 41 61
Klass. u. Innovative Gourmetküche mit mediterr. Schwerpunkt · **Tische:** 9/25 Plätze
info@alpenroyal.com · www.alpenroyal.com

Speisekarte: 6 Hauptgerichte; 3 Menüs ✿✿✿❀❀❀ 600 Weinpos.
Chefkoch Mario Porcelli liebt das Spiel mit den verschiedensten Aromen und Texturen. Entsprechend facettenreich ist seine mediterran inspirierte Küche, die dem Gast unvergessliche Genussmomente beschert.

> Die Küchenleistung dieses Restaurants ist hervorhebenswert in seiner Kategorie.

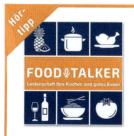

Gespräche übers Kochen und gutes Essen mit Menschen die etwas davon verstehen.

Zum Mithören bei spotify, itunes und überall dort, wo es gute Podcasts gibt.

www.foodtalker.de